JN425825

정 책 학

이론과 사례의 통합

전정판

김행범 · 구현우

부산대학교출판부

전정판 서문

필자들은 2014년에 『정책학: 이론과 사례의 통합』을 출간한 바 있다. 이 책은 그 책을 토대로 했지만 이를 근본적으로 수정한 것이다. 먼저 체제 면에서 큰 변화는 9장이었던 기존 책이 이번 판에서는 3편 14장으로 확대・개편되었다. 공공정책을 이해하는 데 있어서 정책이론이 매우 중요하다는 맥락에서 초판에 한 개 장이었던 정책이론을 편으로 확대하여 그 아래에 여섯 개 장으로 편성하였다. 전반적 체제뿐만 아니라, 세부적인 체제에서도 많은 변화를 겪었다. 그리고 정책사례의 수를 대폭 줄였다. 정책 이론과 정책 사례의 유기적 연결이 필요하다는 맥락에서 초판에 많은 사례들을 수록했는데, 이것이 오히려 가독성을 떨어뜨린다는 지적도 있었다. 본질적으로 원론이란 점을 감안하여, 꼭 필요한 사례의 경우 보론 형식으로 자세하게 언급하고 대부분의 사례들은 본문에서 간단하게 설명하는 방식으로 서술하였다. 그리고 독자들이 읽을 필요가 있는 몇 개 사례들을 추가했다. 또한 인용 주와 설명 주를 모두 미주 형식으로 각 편 말미에 수록하였다. 이러한 서술 방식은 가독성을 높이는데 도움이 된다고 판단하여 이번 전정판에서 전면적으로 도입하였다. 이 방식은 또한 독자들에게 '선택의 기회'를 준다는 점에서도 의미가 있다. 본문 내용 수준만으로 이해가 된 경우에는 말미의 주석을 볼 필요가 없으며, 보다 깊이 있는 이해를 필요로 하는 학생들은 주석을 참고하면 된다. 이런 목적으로 따로 주석을 만든 이상 미주 내용은 충분한 깊이를 담았고, 특히 설명 주에서는 최근의 이론이나 연구 성과들을 최대한 반영하려고 노력하였다. 그 결과 주석 분량이 증가한 느낌이 있지만, 이는 독자들이 취사선택할 수 있는 부분이기 때문에 분량 증가가 큰 압박감으로 다가오지는 않을 것이다.

체제뿐만 아니라, 내용 면에서도 근본적인 수정을 거쳤다. 초판의 내용 중 중요도가 낮은 부분은 과감하게 생략했고, 기존의 설명방법 중 부족한 부분은 보완을 하였다. 그리고 기존의 내용을 보충할 새로운 내용들을 많이 추가하였는데, 특히, 정책이론 부분에서는 근본적인 수정・보완이 이루어졌다. 이렇게 내용 면에서 근본적인 변화가 있었지만, 전정판이라는 취지에 걸맞게 새로운 내용들을 많이 추가하였다. 구체적으로 살펴보면, "제약 하에서의 선택", "농지개혁을 추진하는 과정에서 나타난 국가의 이해관계", "과대성장국가론과 한국에서의 적용가능성", "신제도주의의 의의 및 신·구제도주의의 비교", "내생적 제도변화 이론", "사회구성주의", "문화이론", "제2세대 합리적 선택 모형", "분석적 서술방법", "전통적 정치학의 관점과 정책중심적 관점의 비교", "만주국의 정책유산과 박정희식 발전모델과의 관계", "정치엘리트들의 상징조작", "민주적 정치과정과 공공정책", "비난회피전략으로서의 정책의 표류", "거버넌스의 한계", "이슈네트워크의 한계", "점증적인 정책대안 탐색의 근거", "정책대안의 원천으로서 대면적 토론법", "정책대안의 결과예측의 한계", "정책대안의 결과예측 기법으로서 시나리오 기법", "비용편익 분석의 특징", "매몰비용의 정치경제적 성격", "정책집행에 영향을 미치는 요인 추가", "성과관리와 정책평가" 등이다.

이렇게 근본적인 수정·보완을 거친 전정판을 집필할 때 세운 집필 목표를 언급하지 않을 수 없다. 그것을 세 가지로 요약하면 정책학 내용은 질적으로 정확하게 서술해야 하고(정확성), 공공정책 현실을 풍부하게 담아야 하고(적실성), 그러면서도 독자들의 지적 호기심을 유발하고 충족하는 것(흥미성)이다. 첫째, 정확한 내용을 다루어야 한다. 정책학이 미국에서 출발한 학문이다 보다 기존의 저술들이 이를 한국에 소개하는 국면에서 오류 및 왜곡들이 있은 것은 사실이다. 무엇보다 학생들에게 정확한 내용을 소개하는 것이 중요하다. 건강에 필수적인 약이 쓰기도 하듯이 꼭 필요한 내용이라면 유행과 상관없이 반드시 포함되어야 할 필요가 한다. 그리고 여러 학자들의 이론을 깊이 있게 소화해 바로 소개하고자 하였다. 정책학이 공공정책이란 정부 현상을 설명하고 해석하는 과학(science)인 이상, 이에 가장 먼저 초점을 두었다.

둘째, 정확하면서도 정책 현실을 충분히 포괄적으로 커버할 수 있어야 한다. 그래서 필수적인 한국의 여러 정책 사례들도 서술 과정에 곳곳에 소개하며 이해를 돕고자 하였다. 정확성이 깊이에 관한 것이라면 이 적실성은 넓이에 관한 것이다. 음식점에 비유하자면 몇몇 음식만 다루는 '전문 음식점'이 아니라 여러 음식들을 다루는 '뷔페'에 가깝다. 다채로운 정책 현상들을 다양한 이론으로 소개하고자 했다. 이렇게 '질'외에 '양'까지 다 고려하다보니 저자들은 항상 선택의 고민에 빠진다. 그러나 흔히 생각하듯이 그것이 반드시 이율배반적인 것은 아니다. 오히려, 그것이야 말로 저자들이 독자들을 위해 만들어 완수해야 할 과제이며 이를 위해 최선의 노력을 가하였다. 교과서는 아주 기본적인 사항만 언급하면 된다는 시각도 있고, 입문서나 교양서적의 경우에 그것으로 충분하지만, 전공서적의 경우에는 그 깊이와 넓이를 다 고려해야 하기 때문이다. 그러나 질적인 완성도를 높이는 것이 더 중요하다는 것이 필자들의 지론이다.

셋째, 깊이와 넓이를 갖추었다 하더라도 궁극적으로 학생들의 지적 호기심을 유발하고 충족시켜줘야 한다. 일단 읽혀져야 바른 내용도 이해될 수 있기 때문이다. 맨큐(Nicholas Gregory Mankiw)의 경제학 교과서들은 재미있게 경제 원리를 이해하게 만드는 것으로 정평이 나 있다. 그것은 저자가 먼저 이론을 정확하게 소화했기 때문에 쉽고 간결한 설명을 할 수 있었으며, 무엇보다도 관련된 많은 사례들을 들어 적실하게 인용하여 설명하기 때문이다. 본서도 정책과 관련된 많은 사례들을 수록했으며, 여타 정책 교과서와는 달리, 특히 한국의 역사적인 사례들도 많이 수록했다. 이들 사례들을 언급할 때에는 그 요지만 간략하게 언급하는 것이 아니라, 사례의 원인과 그 결과 사이의 인과관계를 보다 구체적으로 논증하려고 했다. 덧붙여, 독자들에게 흥미를 주어 '가독성'이 높아지도록 가능한 한 설명을 구체적으로 하였다. 요점정리식 서술은 '이해'를 어렵게 만들기 때문에 결국에는 그것이 의도했던 '암기'를 더 어렵게 만들기 때문이다.

독자들의 교과서에 대한 수요에서 유의할 현실적인 점으로, 행정학이나 정책학과 같이 공직 수험에 관련된 서적은 '수험용'으로 되어야 한다는 요구이다. 이것마저 교과서에 대한 수요의 한 부분이겠지만, 교과서의 궁극적인 목적은 지식 전달이지 시험합격의 지름길을 만들어 주는데 있지 않다. 진정한 수험의 목적이라면 그야말로 정확하게 설명된 교과서를 토대로 정책 사례를 해석하도록 구성된 책을 선택해 충실히 공부하는 것이 가장 효과적이고도 능률적인 수험 방법이라는 사실을 꼭 기억하기 바란다.

본서는 3편 14장으로 구성되어 있다. 각 편에서 다루고 있는 내용과 서술 방향의 개요를 총괄적으로 요약하면 다음과 같다. 첫째, 제1편에서는 정책학의 대두배경, 공공정책의 필요성과 한계, 정책이 추구하는 가치, 정책의 의의, 유형, 정책 환경 등 정책학의 총론적인 내용을 다루고 있다. 총론이 으레 그러하듯이, 여기서는 일반적인 내용을 많이 다루고 있지만, 전문적이고 심층적인 내용을 다룬 부분도 있다. 정부실패는 그러한 것의 대표적인 예가 될 수 있다. 시장실패와 달리 정부실패는 교과서마다 다루는 내용이 다른데, 정책학에서는 대체로 울프(Charles Wolf Jr.)의 이론에 따라 이를 정부의 효율성 문제로 접근하고 있다. 그러나 정부가 아무리 효율적이라고 하더라도, 특정 계급에 편향되게 정책을 결정한다면 그러한 정부는 좋은 정부라고 말할 수 없다. 따라서 본서에서는 정부실패를 효율성 측면뿐만 아니라, 대표성 측면도 고려하여 다차원적으로 접근하였다.

둘째, 제2편에서는 정책연구의 이론적 토대를 다루고 있는데, 본서가 가장 심혈을 기울인 부분이다. 국내의 정책학 교과서에서는 정책이론을 독립적으로 다루지 않고 정책과정을 서술하면서 언급하는 경우가 많은데, 이러한 방식은 문제가 있다고 생각한다. 비유를 하자면 기초공사를 한 후 건물을 올리는 것이 아니라, 건물을 올리면서 기초공사를 병행하는 것과 같기 때문이다. 이러한 맥락에서 국내의 정책학 교과서와 달리, 외국의 정책학 교과서들은 정책이론을 독립된 장에서 다룬 다음 정책과정이나 정책사례에 대해 논의하고 있는데, 본서는 그러한 서술방식을 따르고 있다. 2편에서 다루고 있는 이론들은 전통적인 이론들도 있지만, 최근 학계에서 주목을 받고 있는 이론들도 많다. 특히 7장에서 다루고 있는 '정책중심적 관점(policy-centered perspective)'은 국내에서는 거의 논의가 되고 있지 않지만, 미국에서는 정치학계를 중심으로 활발하게 논의가 이루어지는 분야로 민주국가의 정책과정에 대한 이해를 하는 데 많은 도움을 주기 때문에 본서에서는 자세하게 설명하고 있다. 특히, 이는 정책이 민주적 정치과정의 산물이라는 기존의 '지배적인 이론(mater theory)'에 대한 유력한 반론이 될 수 있다.

셋째, 제3편에서는 정책과정의 참여자, 정책의제설정, 정책분석, 정책집행, 정책평가, 정책변동 등 정책과정을 다루고 있다. 정책과정은 국내외를 막론하고 교과서에서 다루는 내용이 큰 차이가 없다. 다만, 본서는 공공정책이 정치적 맥락에서 결정되고 집행된다는 관점에서, 정책과정이 일어나는 '기술적(technical)' 국면을 충실히 서술하면서도, 그것만으로는 정책현상의 실제를 놓치기 쉽기 때문에 정책과정의 '정치적(political)' 국면도 지적하고자 했다. 특히, 정책분석과정에서 나타나는 경제논리와 정치논리의 문제를 검토하여, 분석적 결정과 정치적 결정이 현실의 정책결정과정에서 가지고 있는 함의를 구체적으로 논증하였다.

의욕적인 노력을 기울여 새 책을 개정했지만 여전히 당초의 기대에는 미흡해 보인다. 끊임없는 시행착오의 과정을 거쳐야만 한 권의 좋은 책이 나올 수 있다는 평범한 진리를 깊이 깨닫게 된다. 그렇기 때문에 독자들의 반응이 무엇보다 중요하다. 필자들은 그들의 진지한 반응에 귀 기울일 것이며, 그에 따라 앞으로도 계속 좋은 책을 만들기 위해 노력할 것을 약속한다. 끝으로 번거로운 업무들을 잘 감당하여 좋은 책으로 완성해 주신 부산대학교 출판부 관계자분들께도 깊은 감사를 드린다.

2019년 2월

김행범 · 구현우

목 차

제 I 편 정책학 총론

제Ⅱ편 정책연구의 이론적 토대

제Ⅲ편 정책과정론

표 목차

그림 목차

제 I 편 정책학 총론

제 1 장 정책학의 기초
제 2 장 정책의 기초

제1장 정책학의 기초

제1절 정책학의 대두 배경

1. 정책문제의 중요성

1) 공공부문의 확대

정부의 역할과 기능이 확대됨에 따라 공공정책의 역할이 가일층 증대되었으며, 정부가 각종 집단 · 계층 간의 대립 · 갈등이나 이해관계의 조정 · 해결까지 요구받게 되었다. 이러한 공공부문의 확대는 최근 신자유주의나 신공공관리론의 등장으로 비판의 대상이 되고 있지만, 그렇다고 공공부문의 확대 경향이 제어 받고 있다는 뚜렷한 증거는 없는 실정이다.[1] 오히려 많은 국가에서 정부는 더 많은 역할을 요구받고 있으며, 특히 한국에서는 민주화 이후 복지정책과 관련된 정부 역할의 확대를 요구하는 목소리가 높다.

2) 정치 · 행정 이원론의 후퇴와 정치 · 행정 일원론의 대두

고전적 삼권분립론이나 근대민주주의 하에서는 '정책결정기능'과 '정책집행기능'을 엄격하게 구분하여 입법부는 전자를, 행정부는 후자를 담당하는 것이 이상적인 정부운영방식으로 간주되었다. 그러나 행정국가화의 경향과 행정의 전문화에 따라 행정부의 정책결정역할이 중요하게 대두되었고, 정책결정은 국민들에게 정치적 책임을 지는 정치인이 담당하는 것이 바람직하다고 본 고전적 민주주의 이론은 수정이 불가피하게 되었다. 오늘날 정책결정은 전문성이나 정보 면에서 우위를 점하고 있는 관료제에 의해 사실상 주도되고 있다.

3) 시장실패

공공재, 외부효과, 독점, 정보의 부족과 같이 시장에서의 자원배분이 효율적이지 못한 시장실패(market failure)를 치유하기 위해 정부가 시장기능을 보완하게 되어 공공정책이 필요하게 되었다. 이러한 시장실패는 하딘(G. Hardin)이 말한 '공유지의 비극(the tragedy of the common)'으로 적절하게 설명할 수 있다. 하딘은 공유의 목초지에서 가축을 방목할 때 방목자들은 다음과 같은 두 가지 사실에 기초하여 자신의 이익을 극대화하려 한다고 보았다. 첫째, 목초지에 방목하는 가축의 수가 많을수록 그 가축은 자신이 소유물이므로 성장한 가축을 팔 때 그 이익은 모두 자신에게 돌아올 것이란 사실을 알게 된다. 둘째, 과다한 방목으로 인해 목초지에 피해가 생긴다면 그 피해는 목초지를 공유하고 있는 모든 사람들에게 분산될 것이므로 자신에게 돌아오는 피해는 일부분에 불과하다는 사실을 안다. 즉, 이 경우 편익은 '개인화(privatized)'되는 반면 비용은 '사회화(socialized)'된다. 따라서 방목자는 계속해서 방목하는 가축의 수를 늘리려는 유인을 갖게 된다. 그런데 문제는 목초지를 공유하여 사용하는 모든 방목자들이 같은 생각을 하게 된다는 것이다. 결국 개개인의 이익 추구가 보장되고 모든 사람들이 자유로이 목초지를 사용할 수 있는 이런 체제 하에서는 목초지가 제한된 자원이라는 사실을 알면서도 방목하는 가축의 수를 무제한으로 늘리는 결과를 가져오게 되며, 결국 목초지의 황폐화로 모두가 공멸하는 비극을 초래하게 된다.[2] 따라서 이 경우에는 아담 스미스의 '보이지 않는 손(invisible hand)'의 논리가 적용되지 않는다.

시장실패가 정부정책을 정당화한다는 '공공재 국가이론'은 기본적으로 홉스의 사회계약설에 기초하고 있다. 자연상태의 사람들은 그 이기적 본성으로 인해 파레토 열위적 선택을 할 수밖에 없기 때문에 부득이 사람들이 사회계약을 통해 국가라는 '리바이어던'을 만들었다는 것이다. 따라서 이 경우에 공공정책은 파레토 열위적 선택(자연상태)을 파레토 우위적 선택(사회상태)으로 바꾸는 '파레토 개선(Pareto improvement)'의 기제인 것이다. 그러나 시장실패가 발생하였다고 하여 정부가 시장에 '당연히' 정책적 조치를 취할 수 있는 것은 아니다. 왜냐하면 정부도 시장과 마찬가지로 실패할 가능성이 있는 '불완전한 선택대안(imperfect alternatives)'일 뿐이기 때문이다. 따라서 시장실패는 정부개입의 '필요조건'일 뿐 '충분조건'은 아니다. 이러한 맥락에서 '시장실패'는 공공정책의 필요성을, 그리고 '정부실패'는 공공정책의 한계를 설명하는 이론적 관점이라고 할 수 있다.

4) 국민생활과 정책의 밀접한 관련성

국민생활은 직접 · 간접으로 공공정책과 밀접 · 불가분의 관계를 맺고 있기 때문에, 정책의 합리적 결정은 중요하게 부각된다. 그런데 이 같은 정책의 성격 때문에 정책이 합리적으로 결정되기 어렵다는 양면성도 가지고 있다는 점을 명심해야 한다. 왜냐하면 정책이 광범위한 이해관계자들(stake holders)을 가질 경우, 정책을 결정하는 데에는 이들 이해관계자 사이의 협상과 타협이라는 '정치'가 개입될 수밖에 없기 때문이다. 예를 들어, 고르비츠(Peter

Gourevitch)에게 있어 이해관계는 공공정책을 설명하는 주요 변수이며, 이러한 이해관계는 그들의 계급 위치의 산물이다. 즉, 고르비츠가 적절하게 지적하고 있듯이, "사람들이 원하는 바는 그들의 사회적 위치에 좌우된다."[3] 요컨대, 크래프트(Michael E. Kraft)와 펄롱(Scott R. Furlong)이 적절하게 지적하고 있듯이, "정치를 검토함이 없이 공공정책을 이해하는 것은 불가능하며,"[4] 극단적으로 말한다면 정책과정은 '정치과정(political process)'이라고 할 수 있다.[5]

2. 해롤드 라쓰웰의 제안과 현대적 정책학의 등장

현대적 정책학은 1951년에 발표된 해롤드 라쓰웰(Harold D. Lasswell)의 '정책지향(The Policy Orientation)'이라는 논문에서 시발된다.[6] 이 논문에서 라쓰웰은 정책학의 궁극적인 목적을 '인간의 존엄성 실현'에 두고 이를 "민주주의 정책학(policy science for democracy)"이라고 했다. 이러한 목적을 위하여 정책학은 "인간이 사회 속에서 봉착하는 근본적인 문제", 즉 문명사적 갈등을 일으키는 문제, 시대사적 사회변동 또는 세계적 혁명추세, 체제질서 차원에서 일어나는 문제 등의 해결에 초점을 맞추어야 한다.[7] 이와 같은 중요한 문제를 해결하기 위해 라쓰웰은 정책과정(policy process)에 대한 연구와 정책에 필요한 지식(intelligence needs of policy)에 대한 연구가 필요하다고 주장하였다. 전자가 정책이 어떻게 결정되고 집행되는지에 관한 체계적이고 경험적인 연구를 의미한다면, 후자는 실용적 관점에서 정책결정자가 정책결정과정을 개선하고 보다 나은 정책을 결정하는데 적합한 지식과 정보를 의미한다.[8]

그러나 이러한 라쓰웰의 제안은 행태주의 혁명(behavioral revolution)에 밀려 별다른 주목을 받지 못했다. 1950년대 정치학계를 휩쓸었던 행태주의는 과학적·실증적·경험적 연구방법을 특징으로 하는데, 이는 과학의 3대 요소인 경험성, 객관성, 재생가능성을 갖춘 연구방법으로, 가설을 검증하여 명제를 만들고, 이렇게 검증된 명제를 다시 이론으로 정립하는 과정을 거치는 논리적 실증주의(logical positivism)에 근거하고 있다.[9] 따라서 행태주의는 특정한 윤리나 정치적 신조를 정당화하지 않는다. 오히려 불편부당한 관찰을 통해 얻을 수 있는 '사실'과 현상을 가장 간명하게 설명할 수 있는 정치적으로 중립적인 이론을 제시할 뿐이다.[10] 이처럼 행태주의에서는 사회과학이 진정한 과학이 되기 위해서는 경험적 검증이 가능한 '사실(fact)' 문제만 연구대상으로 해야 한다고 주장하였기 때문에, 본질적으로 '가치

(value)' 문제를 수반할 수밖에 없는 정책에 대한 연구는 자연스럽게 관심 범위에서 제외되었다.[11] 따라서 정책학은 행태주의의 위세가 수그러진 1960년대 말에 와서야 비로소 주목을 받게 되었다.[12]

3. 후기행태주의의 등장과 정책학의 재출발

가치중립적인 연구에 치중하였던 행태주의가 1960년대 미국 사회의 혼란에 대한 적절한 처방을 제시하지 못하자 정치학자들과 행정학자들은 좀 더 적실성 있는 이론개발에 노력하였다. 샌더스(David Sanders)가 말했듯이, 행태주의는 "무의미한 경험주의(mindless empiricism)"에 몰입하고 있었던 것이다.[13] 그리고 이러한 노력의 일환으로 이루어진 것이 '후기행태주의(Post Behavioralism)'이다. 후기행태주의를 주도한 정치학자 이스턴(D. Easton)은 후기행태주의의 성격을 '적실성의 신조(credo of relevance)'와 '실천'이라고 주장하였다. 즉, 사회과학자는 연구 결과가 그 사회의 개선에 기여할 수 있는 적실성 있는 연구를 해야 하며, 연구 결과가 정책을 통해서 구현되도록 해야 한다는 것이다. 그런데 여기서 한 가지 유의해야 할 것은 후기행태주의자들이 과학적 연구를 반대한 것은 아니라는 사실이다. 즉, 후기행태주의자들이 강조한 것은 과학적 연구를 하되, 과학적 연구를 통해 얻은 지식과 기술을 급박한 사회문제를 해결하는 데 사용해야 한다는 것이다. 이러한 맥락에서 후기행태주의는 '본질(substance)'이 기법에 우선해야 한다는 점을 강조한다. 정교한 분석 기법은 그 자체로 의미가 있는 것이 아니라 그것은 '수단'에 불과하고, 보다 중요한 것은 시급한 사회문제를 해결해야 한다는 '목적'이라는 것이다.[14]

이와 같이 후기행태주의가 사회문제 해결을 위한 정책연구를 그 핵심으로 하게 됨에 따라 정책학이 1960년대 후반 폭발적으로 증가하게 되었고, 이러한 맥락에서 라쓰웰은 자신의 혁신적인 논문이 발표된 지 20년만인 1971년에 발간된 책에서 사회과학자들이 종래의 입장으로부터 충분히 '선회하게(turned around)' 되었다고 술회한 바 있다.[15] 라쓰웰은 다시금 1970년의 논문 "The Emerging Conception of the Policy Sciences"와 1971년의 저술 *Pre-view of Policy Sciences*에서 정책학의 연구대상은 정책결정에 관한 지식과 정책결정과정에 필요한 지식이라고 주장하면서, 정책학의 연구목적이 현실적합성(relevance)을 고려한 맥락지향성(contextuality), 문제지향성(problem orientation), 방법의 다양성(diversity)이라고 강조하였다. 문제지향성에 해당하는 지적 활동으로는 ① 목표의 명시, ② 경향의 파악, ③ 여건의 분석,

④ 미래의 예측, ⑤ 대안의 개발 · 평가 · 선택을 들었으며, 근본적 문제해결을 통해 인간 존엄성의 실현을 강조하였다. 문제해결에서 요구되는 다섯 가지 영역, 즉, 명시, 파악, 분석, 예측, 선택이 실증주의의 가치중립적 활동의 연장선상이라는 비판에 대해서는, 이를 극복하기 위해 세 가지 철학적 기초를 제시할 필요가 있다고 역설하였다. 즉, ① 윤리적 기초로서(목적구조)로서 인간의 존엄성과 근본적 문제의 지향, ② 행태적 기초(주관적 극대화의 원리)로서 참여 및 토론에 기초한 절차적 민주성의 원리 위에서 주관적 가치의 극대화의 원리와 적극적 정책지향, ③ 철학적 기초(실용주의 철학)로서 듀이(J. Dewey)의 미국 실용주의 철학에 기초한 현실적합성과 상황적합성 지향을 제시하였다. 그런데 이는 맥락지향성과 매우 밀접하게 연결되어 있는데, 정책이 과정과 내용의 지식을 통해 사회의 민주적 가치실현에 기여하기 위해서는 시간적 맥락(역사적 맥락), 공간적 맥락(세계적 관점), 사회과정모형(사회적 맥락) 등 정책이 처한 맥락적 상황에 대한 분석을 매우 중요한 지향점으로 본다.

또한 정책학이 추구하는 방법론도 단순한 관리과학(OR), 비용편익분석, 체제분석 등 계량분석 뿐만 아니라, 정치학, 심리학, 인류학, 생물학 등에 대한 포괄적인 연구접근, 즉 최근에 강조되고 있는 '통섭(consilience)' 또는 '학제적 접근(interdisciplinary approach)'이 필요하다고 강조하였다. 라쓰웰은 이러한 방법의 다양성이 문제해결 및 맥락분석에 기여한다고 보았다.[16)]

1960년대 후반부터 정책연구가 폭발적으로 증가하였지만, 정책학에 대한 공통적인 틀이 마련된 것은 아니었는데, 정책학의 틀을 형성하는데 드로어(Y. Dror)의 공헌을 빼놓을 수 없다. 드로어는 1968년과 1971년에 세 권의 중요한 책을 연달아 발표하여 정책학의 패러다임을 제시하려고 노력하였는데, 그 주된 내용은 다음과 같다.[17)] 첫째, 정책학의 목적은 사회지도체제(societal direction system), 특히 정책결정체제에 대한 이해를 증진시키고 이를 개선시키는 것이다. 둘째, 위의 연구목적에 따라 대안의 개발, 대안의 비교 · 선택을 위한 정책분석, 정책결정의 전략, 그리고 기본정책결정(meta-policy making) 등에 구체적인 연구의 초점을 둔다. 셋째, 위의 두 번째 내용을 보다 체계적으로 파악할 수 있게 하기 위해 상위정책결정(meta-policy making), 정책결정단계(policy making), 정책결정이후단계(post-policy making)로 구성되는 최적모형(optimum model)을 제시하였다. 넷째, 정책학은 방법론상 처방적 접근(prescriptive approach)을 채택하여, 학제적인 접근(interdisciplinary approach)을 한다.

후기행태주의에 입각한 정책연구의 가장 큰 장점은 그것이 공공정책 과정의 혼란스러운 실체에 더 기꺼이 다가갈 수 있다는 점이다. 정책과정을 정연하고 질서가 있으며 심지어 기계적이라고 인식하는 행태주의자들과 달리, 후기 행태주의자들은 정책과정이 복잡하고 혼란스러울 수 있다는 점을 인정한다. 행태주의자들에게 있어 정책문제는 정치(精緻)한 기술적 분석과정을 거쳐 적절한 해결책이 마련된다면 효과적으로 대응할 수 있는 기술적 문제(technical issues)가 대부분이라고 인식한다. 이에 반해 후기행태주의자들은 상이한 가치관과 이해관계에 기초한 갈등을 포함하는 다른 요인들에 대한 광범위한 연구를 통해 기술적 분석과정이 보완될 필요가 있다는 점을 적절하게 지적하고 있다.[18]

후기행태주의적 정책연구의 또 다른 장점은, 그것이 참여와 민주적 의사결정에 강조점을 둔다는 사실이다. 이는 라쓰웰(H. D. Lasswell)이 말한 "민주주의 정책학(policy science for democracy)"[19]과도 일맥상통하는데, 드라이젝(J. S. Dryzek)은 이러한 점을 다음과 같이 적절하게 지적하고 있다. "보다 참여적인 정책과정은 보다 효과적이고 유능한 시민들을 형성하는 데 도움을 주는데, 이들은 또한 정책과정 내외에서 보다 효과적인 문제해결자가 되기도 한다. 이들은 또한 복잡한 문제의 상이한 양상에 관심을 가지고 있는 다른 사람들과 건설적인 관계를 형성하는 데 보다 많은 도움을 줄 수 있다."[20]

제 2 절 공공정책의 필요성과 한계

전술한 바와 같이, 공공정책의 필요성을 설명하는 이론적 관점은 시장실패이고, 공공정책의 한계를 설명하는 이론적 관점은 정부실패이다. 이하에서는 이러한 시장실패와 정부실패에 대해 구체적으로 살펴보고자 한다.

1. 시장실패

1) 시장의 효율성

공공정책에 대해 본격적으로 고찰하기 전에 공공정책이 변화시키고자 하는 대상인 시장(market)이 어떤 측면에서 효율적인가에 대해 살펴볼 필요가 있다. 왜냐하면 여기서 논의하고 있는 시장의 효율성에 근거하여 정부의 시장에 대한 정책적 조치를 탐탁치 않게 생각하는 학자들도 있기 때문이다.[21] 시장의 효율성 주장은 일찍이 아담 스미스(Adam Smith)에 의해 제기되었다. 스미스는 자신의 저서 『국부론(An Inquiry into the Nature and Causes of the Wealth of Nations)』에서 시장에서의 개인의 사익 추구가 '보이지 않는 손(invisible hand)'에 인도되어 공익을 실현시킬 것이라고 주장하였다. 직접 그의 유명한 주장을 인용하면 다음과 같다.

> 진실로 각 개인은 공공이익을 증진시키려고 의도하지 않을 뿐만 아니라 그 자신이 얼마나 많이 공공이익을 증진시키고 있는 지 알 수도 없다. … 각 개인은 그 자신의 이득만을 추구하며, 그는 이 경우뿐만 아니라 다른 경우에도 보이지 않는 손에 인도되어 그 자신의 의도의 일부가 될 수 없는 목적을 증진하게 된다. 자신의 이기적 이익을 추구함으로써 그 자신이 진정으로 사회의 이익을 증진하게 되는 것이다. 나는 공공의 이익을 위해 장사를 한다고 하는 사람들에 의해 공공의 이익이 크게 증진되었다는 사실을 들어본 적이 없다.[22]

이러한 스미스의 주장은 시민을 보호하기 위해 등장한 국가가 공공선의 수호자 역할을 할 것인가에 대한 '홉스의 딜레마'에 대해 시장체제의 발전이 공공선을 실현시켜 줄 것이라는 논리이기 때문에 시장은 효율적일 뿐만 아니라 도덕적으로도 정당화된다.[23] 결국 스미스는 추상적인 '공익'을 명분으로 국가가 시장에 정책적 조치를 취하는 것에 대해 반대했기 때문에, 그의 이론은 자유방임주의의 강력한 이론적 자원이 되었다.

이러한 스미스의 이론은 그 후 신고전파 경제학(new classical economics)[24]에 의해 보다 체계적으로 완성되었다. 신고전파 경제학은 시장의 수요(demand)와 공급(supply)이 만나는 점에서의 자원배분이 사회적으로 최적이라는 점을 '사회적 잉여(social surplus)'라는 개념을 통해 규명하고자 했다.[25] 먼저 신고전파 경제학에서는 "모든 소비자의 선호체계가 강단조성을 갖고 경제 안에 외부성이 존재하지 않으면 일반경쟁균형의 자원배분은 파레토 효율적[26]이다"라는 후생경제학(welfare economics) 제1정리를 세움으로써 아담 스미스의 '보이지 않는 손'을 이론적으로 정당화시켰다.[27] 시장이 일반경쟁균형 상태에 있을 때, 개인은 사회전체에 미칠 파급효과를 고려할 필요 없이 각각 자신의 사적인 이익을 추구하면 된다. 시장의 힘이 상충되는 욕구를 조정하며, 무질서한 혼돈의 상태에 균형이라는 질서를 부여함으로써 개인의 사익과 공익은 조화를 이루게 된다. 즉, 개인의 이기적 이익 추구라는 사적인 악이 시장에 의해 공익 실현이라는 공적인 덕성으로 화하게 된다는 것이다. 이처럼 파레토 효율적 자원 배분은 외적인 도움 없이 시장에서의 자발적인 교환으로 달성할 수 있기 때문에, 시장에서의 자원배분에 변화를 가져오는 공공정책은 다시 한 번 필요하지 않다. 신고전파 경제학의 두 번째 정리는 제1정리의 역이다. 즉, 초기부존자원이 적절하게 분배된 상태에서, 모든 사람의 선호가 연속적이고 강단조적인 위에 볼록성을 가지고 있으면 파레토 효율적 자원배분은 일반경쟁균형이 된다는 것이다. 그러므로 설사 시장에 의해 생성된 소득분배가 사회적으로 받아들일 수 없다고 하더라도 정부가 할 수 있는 모든 것은 초기 부존자원을 재분배 해주는 것뿐이다. 왜냐하면 초기부존자원이 재분배되면 시장이 효율적 결과가 나올 수 있도록 보장해 주기 때문이다. 후생경제학 제1정리가 완전경쟁시장 하에서 정부는 필요하지 않다는 것으로 요약될 수 있다면, 제2정리는 재분배를 위한 목적으로 정부가 시장기능에 간섭하는 것이 바람직하지 않다는 것으로 요약될 수 있다.

수요와 공급의 힘이 만나는 점에서의 자원배분이 효율적이라는 후생경제학 제1정리를 받아들인다면 이러한 시장균형을 교란시키는 정부의 정책은 효율성의 상실을 가져올 뿐이다. 이러한 정부 정책의 비효율성을 '가격상한제'를 통해 설명하면 다음과 같다. 가격상한제는 정부가 특정한 재화나 서비스의 가격이 지나치게 높다고 판단할 경우 그러한 재화나 서비스가 정부가 설정한 가격 이상으로 받지 못하도록 제한을 가하는 것이다. 〈그림 1-1〉은 이러한 가격상한제와 그것의 경제적 효과를 보여주고 있다. 예를 들어, 정부가 쇠고기의 가격이 지나치게 높아 서민들의 가계비 부담이 가중되고 있다고 판단하여 쇠고기의 가격을 $\overline{P}$ 이상으로 받지 못하도록 제한을 가한다고 가정하자. 가격상한제가 시행되기 전의 자원배분은 수요곡선과 공급곡선이 만나는 점 E에서 이루어지고, 이 때의 가격은 P_0이고 거래량은 Q_0이다. 가격상한제가 시행되기 전의 소비자 잉여[28]는 그림에서 $\triangle AP_0E$이며 생산자 잉여[29]는 $\triangle BP_0E$이기 때문에, 소비자 잉여와 생산자 잉여를 합친 사회적 잉여는 $\triangle ABE$가 된다. 그런데 정부가 쇠고기 가격이 너무 높다고 판단하여 $\overline{P}$ 이상 받지 못하도록 제한을 가할 경우 어떤 경제적 결과를 가져올까? 먼저 가격이 균형가격보다 낮기 때문에 수요는 Q_0에서 Q_2로 증가하는 반면, 공급은 Q_0에서 Q_1으로 감소하여 $(Q_2 - Q_1)$ 만큼 초과수요가 발생한다. 초과수요의 경우 살려는 사람이 아무리 많아도 공급량이 제한되어 있기 때문에 시장거래량은 부족한 공급량에서 결정된다. 즉, Q_1이 가격상한제 실시 후의 쇠고기 시장의 거래량이 되며, Q_1보다 많은 생산량은 시장에서 거래되지 않기 때문에 검토할 필요가 없다. 따라서 가격상한제 실시 이후의 소비자 잉여는 $\square A\overline{P}DC$이고 생산자 잉여는 $\triangle\overline{P}BC$이기 때문에, 소비자 잉여와 생산자 잉여를 합친 사회적 잉여는 $\square ABDC$가 된다. 그런데 이는 가격상한제 실시 전의 사회적 잉여보다 음영으로 표시된 $\triangle CDE$ 만큼 작은 것을 알 수 있다. 바로 이 $\triangle CDE$를 가격상한제 실시로 인한 '자중손실(deadweight losses)'이라고 한다. 이처럼 시장이 자원을 효율적으로 배분하는 상황에서 정부가 시장에 개입하여 정책적 조치를 취하는 것은 자원배분의 왜곡을 가져올 뿐이다.[30]

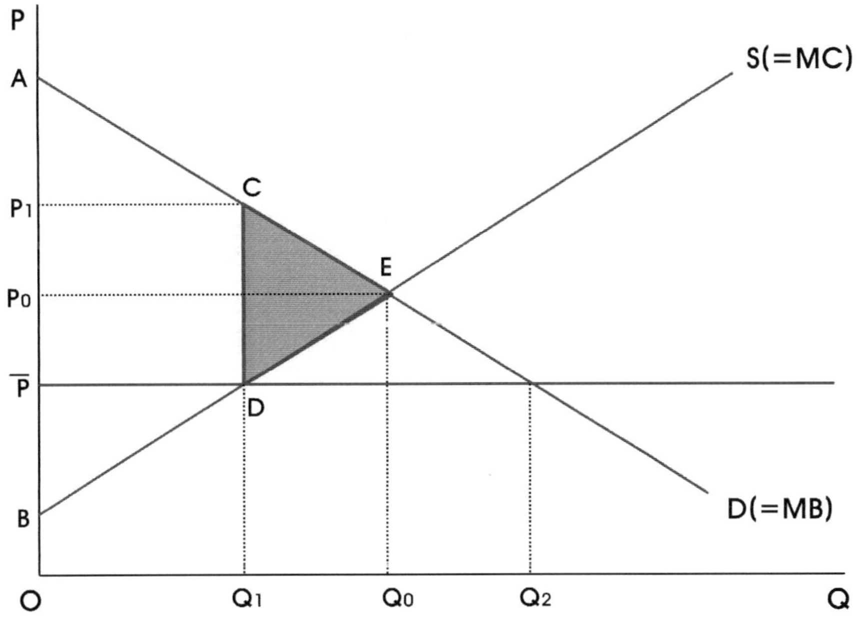

<그림 1-1> 가격상한제의 경제적 효과

그러나 신고전파 경제학이 상정하고 있는 완전경쟁 시장모델은 비현실적이라는 비판을 받았다. 현실 세계에서 생산품은 동질적이라기보다는 특화되어 있고, 거래비용(transaction costs)은 피할 수 없으며, 지식도 수많은 사람들에게 쪼개져 있기 때문에 사람들이 얻는 정보는 불완전하고 부분적인 정보와 지식일 수밖에 없다.[31] 또한 완전경쟁시장이 작동하고 있지 않은 재화나 서비스의 영역이 도처에 존재하고 있다. 이러한 영역에서의 자원배분은 파레토 효율적이지 못한 '시장실패(market failure)' 현상을 초래하게 된다. 시장실패는 공공정책을 정당화시켜주는 가장 강력한 이론적 자원이기 때문에 이하에서 보다 구체적으로 살펴보고자 한다.

2) 죄수의 딜레마

시장이 효율적이고 윤리적이라는 주장은 개인의 사익추구라는 사적인 악이 공익실현이라는 공적인 덕성으로 전환시키는 '보이지 않는 손'이 그 기능을 발휘하는 경우 타당성이 인정된다. 그런데 만일 보이지 않는 손이 작동되지 않아 사익과 공익 또는 개인적 합리성과 사회적 합리성이 조화되지 않는 상황에서는 시장의 힘만으로는 공익을 실현시킬 수 없다. 바로 이러한 '사회적 딜레마(social dilemma)'를 설명하는 고전적인 게임유형으로 '죄수의 딜레마 게임(prisoner's dilemma game)'을 들 수 있다. 죄수의 딜레마 게임은 각각 별실에 구금되어 상호의사소통이 불가능한 두 명의 죄수가 범행사실을 자백할 것인가를 놓고 심각한 선택의 고민에 빠지는 상황을 나타내는데, 기본적인 보수행렬(pay-off matrix)은 다음과 같다.

<표 1-1> 죄수의 딜레마 게임의 보수행렬

		죄수 B	
		부인	자백
죄수 A	부인	(R , R)	(S , T)
	자백	(T , S)	(P , P)

위 보수행렬에서 죄수들의 입장에서 보면 범행을 부인하는 전략은 협조전략(cooperative strategy)이고 범행을 자백하는 전략은 비협조전략(non-cooperative strategy)이 되는데, 보수행렬의 R(Reward for mutual cooperation)은 두 경기자(죄수) 모두 협조전략을 선택했을 때 얻는 보수인 반면 P(Punishment for mutual defection)는 두 경기자 모두 비협조전략을 선택했을 때 얻는 보수이다. 그리고 T(Temptation to defect)는 자신은 비협조전략을 선택한 반면 상대방 경기자는 협조전략을 선택한 경우 얻게 되는 보수이며, S(Sucker's payoff)는 자신은 협조전략을 선택한 반면 상대방 경기자는 비협조전략을 선택한 경우 얻게 되는 보수이다. 이러한 보수행렬 구조에서 $T>R>P>S$로 보수의 크기가 결정되고 $R>(T+S)/2$일 경우,[32] 각 경기자(죄수)에게 있어 우월전략(dominant strategy)이 무엇인지 살펴볼 필요가 있다. 먼저 죄수 A에게 있어서는 죄수 B가 범행사실을 부인하든지 자백하든지 상관없이 범행사실을 자백하는 것이 본인에게 유리하기 때문에 자백하는 전략이 우월전략이 된다.[33] 마찬가지로 죄수 B에게 있어서도 죄수 A가 어떤 전략을 선택하는지에 상관없이 범행사실을 자백하는 것이 우월전략이 된다. 따라서 두 죄수 모두 범행사실을 자백하는 점에서 우월전략균형(dominant strategy equilibrium)이 이루어진다(위 보수행렬에서 음영으로 표시한 부분).[34] 그런데 위 보수행렬을 자세히 살펴보면 두 죄수 모두 지금의 균형에서 더 나은 상태로 이동할 수 있는 가능성이 있다. 즉, 두 죄수 모두 협조하는 전략(즉, 범행사실을 부인하는 전략)을 선택함으로써 어느 누구의 후생 수준을 감소시키지 않고서도 적어도 한 사람 이상의 후생을 증가시킬 수 있는 '파레토 개선(Pareto improvement)'이 가능한 것이다. 이러한 맥락에서 위 보수행렬의

우월전략균형은 파레토 열위(Pareto inferior)에 해당한다. 개인이 합리적으로 선택을 한 것이 두 죄수로 구성된 사회 전체적으로는 비합리적인 결과로 귀결된 것이다. 따라서 죄수의 딜레마 게임의 주요 함의는, 개인의 합리적 선택이 반드시 사회 전체적인 합리적 결과로 귀결되는 것은 아니라는 사실이다.[35)]

그렇다면 죄수의 딜레마를 어떻게 해결할 것인가? 다시 말해, 모두에게 유익한 파레토 개선을 어떻게 이끌어낼 것인가? 이 물음에 대한 해답을 구하는 것은 사회과학의 오랜 숙제 중의 하나이다. 이와 관련하여 올슨(Mancur Olson)은 공통의 이해관계가 결부된 문제를 집합적으로 해결하지 못하는 딜레마를 해결하기 위한 필요조건으로 '선별적 유인(selective incentive)'을 제시한 바 있다.[36)] 또한 코핸(Robert O. Keohane)도 비슷한 맥락에서, 제도개혁과 같은 공공재가 적정하게 공급되기 위한 전제조건으로 미래의 규칙에 대한 통제권이나 잠재적 경쟁자에 대한 진입장벽과 같은 '앞선 자의 이득(first-mover advantages)'을 제시하고 있다.[37)]

이러한 올슨과 코핸의 주장은 기본적으로 '합리적 경제인(rational economic man)'의 가정에 기초한 전통적인 합리적 선택 이론(rational choice theory)에 입각해 있다고 볼 수 있다. 이러한 합리적 선택 이론의 논리 하에서 '죄수의 딜레마'나 '집합적 행위의 딜레마'와 같은 '사회적 딜레마'의 문제는 선별적 유인의 제공 등을 통해 해결될 수 있을 뿐 자발적 협력을 통한 해결가능성은 배제하였으나, 많은 경험적 연구들은 이러한 경우에도 협력이 가능하다는 것을 보여주고 있다. 이러한 이론과 경험세계의 불일치 문제를 해결하기 위해 등장한 것이 '제2세대 합리적 선택 모형'이다. 제2세대 합리적 선택 모형은 제1세대 합리적 선택 모형과는 달리, 신뢰(trust)나 상호성(reciprocity)과 같은 문화적 요인들도 중요하게 고려하여 상대방이 협조할 것이라는 신뢰와 상대방이 협조하는 경우 협조하겠다는 상호성의 규범이 존재한다고 가정하기 때문에, 상호협조를 통해서 사회적으로 최적인 결과(협동)가 가능하다는 것을 예측할 수 있다.[38)]

이상에서 간략하게 살펴본 바와 같이, 죄수의 딜레마에 대한 해법은 다양하지만, 대체로 합의를 보고 있는 것은 정부가 파레토 개선을 이끄는 데 핵심적인 역할을 한다는 것이다. 즉, 정부는 '법의 지배 원칙(the principle of the rule of law)'에 의해 재산권(property rights)을 보호함으로써 정부가 존재하지 않았을 경우 발생할 수 있는 죄수의 딜레마 문제를 막는데 결정적인 역할을 한다는 것이다.[39)] 이러한 맥락에서 죄수의 딜레마는 정부의 공공정책에 당위성을 부여하는 가장 강력한 이론적 자원이 되고 있다.

3) 시장실패의 유형

시장실패란 시장에서의 자원 배분이 파레토 효율적이지 못한 경우를 의미한다. 이러한 시장실패는 다시 미시경제적 시장실패와 거시경제적 시장실패로 나눌 수 있는데, 여기에서는 미시경제적 시장실패에 대해서만 구체적으로 살펴보고자 한다. 미시경제적 시장실패로는 일반적으로 공공재, 외부효과, 독점, 정보의 부족 등과 같은 요인을 들 수 있으며, 이 외에도 시장의 윤리적 문제로 분배의 불공평성을 시장실패 요인으로 드는 경우도 있다.

(1) 공공재

공공재(public goods)란 사적재(private goods)에 대한 개념으로서, 다음과 같은 세 가지 성질을 가지고 있는 재화나 서비스를 말한다. 첫째, 생산과 소비가 동시에 이루어져서 축적되지 않는 성질(비축적성)을 가진 재화나 서비스를 말한다. 이는 공공재의 서비스적 성격에서 연유한 것이다.

둘째, 비배제성(non-excludability), 즉 어느 누구도 공공재의 소비에서 배제할 수 없는 재화나 서비스를 말한다. 비재제성으로 인해 합리적 행위자에게 있어 최적 전략은 무임승차자(free-rider)가 되는 것이기 때문에, 공공재의 공급과 관련하여 '죄수의 딜레마' 문제에 직면할 수 있다. 즉, 공공재의 경우 모두의 이해관계에 결부되어 있지만, 어느 누구도 공공재에 대해 기여하려고 하지 않는 역설적인 현상에 직면할 수 있다.[40]

셋째, 비경합성(non-rivalry), 즉 한 사람의 소비는 다른 사람의 소비를 방해하지 않는 성질을 지닌 재화나 서비스를 말한다. 공공재의 경우에는 비경합성으로 인해 재화나 서비스를 한 단위 더 생산하는데 비용이 들지 않기 때문에 한계비용(marginal cost)이 영(zero)이 된다. 따라서 완전경쟁시장에서 가격은 한계비용과 같은 수준에서 결정된다는 공식(P = MC)에 의한다면 공공재의 경우에는 가격이 영이 되고, 민간부문에서 제공될 수 없게 된다. 그런데 만일 공공재에 양의 가격을 설정한다면 가격과 한계비용이 일치하지 않아 사회적 잉여(social surplus)가 줄어들기 때문에, 어느 누구에게도 귀속되지 않는 후생손실(welfare loss) 내지 자중손실(deadweight loss)이 생길 수 있다.[41] 이러한 성질을 가지고 있는 공공재를 사적재와 비교하면 다음과 같다.

<표 1-2> 공공재와 사적재의 비교[42)]

사적재(private goods)	공공재(public goods)
상대적으로 재화의 질과 양의 측정이 용이함	상대적으로 재화의 질과 양의 측정이 곤란함
오직 한 사람만이 소비할 수 있음	많은 사람들이 동시에, 그리고 공동으로 소비할 수 있음
대가를 지불하지 않은 사람들을 쉽게 배제할 수 있음	대가를 지불하지 않은 사람들을 배제하기 곤란함
일반적으로 개인들은 소비여부에 관해 선택권을 가짐	일반적으로 개인들은 소비여부에 관해 선택권을 가지지 못함
일반적으로 개인들은 재화의 종류와 질에 관한 결정권을 가짐	일반적으로 개인들은 재화의 종류와 질에 관한 결정권을 가지지 못함
재화에 대한 비용지불은 수요 및 소비와 밀접하게 관련됨	재화에 대한 비용지불은 수요 또는 소비와 밀접하게 관련되지 않음
분배에 관한 의사결정은 주로 시장메커니즘을 통해 이루어짐	분배에 관한 의사결정은 주로 정치과정을 통해 이루어짐

전술한 바와 같이, 공공재는 비배제성과 비경합성의 성질을 가지고 있는 재화나 서비스를 의미하는데, 현실에서는 이 두 가지 성질을 모두 가지고 있는 순수 공공재(pure public goods)는 드문 편이며, 한 가지 성질만 가지고 있는 준공공재(quasi public goods)가 더 많다. 예를 들어, 사바스(E. S. Savas)는 재화나 서비스를 배제성과 경합성의 정도에 따라 다음과 같은 네 가지 유형으로 나눈 바 있다.[43)] 이 중 요금재(toll goods)는 배제성은 강해서 요금을 지불하지 않은 사람은 재화나 서비스를 이용하지 못하지만, 경합성은 약해서 동시에 수많은 사람들이 소비할 수 있는 성질을 가지고 있다. 요금재 중 규모의 경제(economies of scale) 효과가 커서 평균비용이 체감하는 재화나 서비스의 경우(예: 전기, 통신, 철도, 지하철 등) 시장에서는 자연독점(natural monopoly) 현상이 나타날 수 있기 때문에 정부가 공기업 등을 통해 직접 공급하는 경우가 많다. 다음으로 공유재(common pool resources)의 경우에는 배제성은 약해서 비용부담 여부와 상관없이 누구나 사용할 수 있지만, 경합성은 강해서 한 사람의 소비는 다른 사람의 소비가능성이나 편익을 감소시키는 성질을 가지고 있다. 공유재의 경우에는 배제성이 약해 많은 사람들이 소비할 수 있지만, 자원의 양이 한정되어 있기 때문에 지나친 소비는 자원의 고갈을 가져올 수 있다. 즉, 공유재의 경우 자원의 과다사용은 하딘(G. Hardin)이 말한 '공유지의 비극'과 같은 현상으로 이어질 수 있다.

<표 1-3> 재화와 서비스의 유형[44]

		경합성	
		강함	약함
배제성	강함	사적재 (빵, 신발, 자동차, 택시, 전문교육, 병에 든 음료수, 주택, 의류 등)	요금재 (통신서비스, 상하수도, 전기, 유선방송(케이블 TV), 공원, 전화서비스, 한산한 유료도로, 일기예보, 도서관 등)
	약함	공유재 (지하수, 수산자원, 해저광물, 지하자원, 광활한 방목지, 강, 호수, 관개수로, 온천, 유정에서 추출한 원유, 혼잡한 무료도로, 혼잡한 무료공원 등)	순수공공재 (무선방송, 국방, 치안, 공동체의 평화와 안정, 소방, 한산한 무료도로, 등대, 예방접종, 환경오염방지 등)

공공재의 경우에는 비배제성으로 인해 양(+)의 가격을 설정하는 것이 곤란할 뿐만 아니라, 비경합성으로 인해 양의 가격을 설정하는 것이 바람직하지도 않다. 그런데 시장기능은 가격을 통해서만 발휘될 수 있기 때문에 이와 같은 공공재의 성격은 시장실패를 가져올 수밖에 없다. 공공재의 경우에는 시장에서 적절하게 공급될 수 없기 때문에 정부가 국민으로부터 세금을 거두어들여 이를 공급하게 된다.

그렇다면 공공재의 공급에 있어 정부가 시장보다 우위에 있는 이유는 무엇인가? 한마디로 말한다면, 시장은 무임승차자를 규제할 수 없는데 반해, 정부는 무임승차자를 규제할 수 있기 때문이다.[45] 시장은 필요의 이중일치에 따른 자발적 교환관계에 기초하고 있기 때문에 강제력을 행사할 여지가 없는 반면, 정부는 정치적 권력관계에 기초한 경우도 많기 때문에 무임승차자에 대해 강제력을 행사할 수 있다. 보다 구체적으로 정부의 '비교우위(comparative advantage)'를 설명하면 다음과 같다.[46] 첫째, 정부는 국민이라는 '보편적 회원'을 거느린다. 보편적 회원제 하에서 국민은 어떤 특정한 국가를 선택할 수 없으며, '퇴거(exit)'의 자유는 극히 제한적이다. 퇴거의 자유의 제한이야말로 정부로 하여금 다른 조직이 상상할 수 없는 강제력을 향유하게 하는 것이다. 둘째, 따라서 정부는 세금을 부과할 수 있고, 어떤 특정한 행동을 금지할 수 있으며, 불성실한 계약자를 처벌할 수 있고, 거래비용(transaction cost)을 감소시킬 수 있으며, 무엇보다도 공공재의 공급에서 무임승차자를 제재할 수 있다.[47]

바로 이러한 국가의 능력 때문에 공공재의 공급과 관련하여 나타날 수 있는 시장실패를 방지하고 시장이 수행할 수 없는 재분배의 문제를 해결할 수 있는 필수적인 시장 수호자로서 정부를 상정하는 경우가 많다. 다만, 공공재의 공급과 관련하여 정부가 시장보다 우위에 있다는 것이 정부만이 공공재를 공급할 수 있다는 의미는 아니다. 공공재의 경우에도 정부에 의한 직접공급방식 이외에 정부 간 협의, 민간과의 계약, 자선단체에 의한 공급방식 등 다양한 방식을 활용하여 공급할 수 있다.[48]

≫ 보론 1-1 공공재의 공급과 죄수의 딜레마

공공재의 경우 그 공급과 관련하여 '죄수의 딜레마' 현상이 나타나서 시장에서는 적절한 수준까지 이루어지지 못하는 이유를 간단한 예를 통해 설명하면 다음과 같다.[49] 주민 A와 주민 B는 홍수방지시설을 설치하려고 하는데, 각자 1,000 만원까지 비용을 부담하려고 생각하고 있으나 이러한 사실을 숨기고 있다. 이 경우에 홍수방지시설이 일단 설치되면 비용을 부담한 사람이나 부담하지 않은 사람이나 모두 혜택을 누릴 수 있고(비배제성), 한 사람을 더 소비시킨다고 하여 다른 사람의 소비가능성이나 효용이 줄어들지 않기 때문에(비경합성), 이는 공공재(public goods)의 일종이라고 볼 수 있다. 위와 같은 경우에 주민 A와 주민 B 모두 1,000 만원씩 비용부담을 하면 적절한 홍수방지시설이 설치되어 각자에게 1,500 만원씩의 편익이 발생하고(따라서 순편익은 각자 500 만원이 됨), 둘 중 한 명만 1,000 만원을 부담하고 다른 사람은 전혀 비용을 부담하지 않으면 불충분한 홍수방지시설이 설치되어 각자 750 만원의 편익이 발생하게 된다(따라서 1,000 만원의 비용을 부담한 사람에게는 250 만원의 순손실이 발생하고 비용을 전혀 부담하지 않은 사람에게는 750 만원의 순편익이 생긴다). 물론 둘 다 비용을 부담하지 않으면 홍수방지시설은 설치되지 않고, 따라서 편익은 발생하지 않는다. 이 경우를 보수행렬로 나타내면 다음과 같다.

<표 1-4> 홍수방지시설설치 게임의 보수행렬

		주민 B	
		비용부담	부담하지 않음
주민 A	비용부담	(500 , 500)	(-250 , 750)
	부담하지 않음	(750 , -250)	(0 , 0)

위 보수행렬에서 우월전략균형(따라서 당연히 내쉬 균형)은 주민 A와 주민 B 모두 비용을 부담하지 않는 전략의 짝이다(위 보수행렬에서 음영으로 표시된 부분). 왜냐하면 주민 A는 주민 B가 무슨 전략을 선택하는지에 상관없이 비용을 부담하지 않는 전략이 자신의 보수를 크게 하는 전략(우월전략)이며, 마찬가지 논리로 주민 B도 비용을 부담하지 않는 전략이 우월전략이 되기 때문이다. 그런데 이 균형은 주민 A와 주민 B 모두에게 이득이 되는 변화, 다시 말해

위 보수행렬에서는 주민 A와 주민 B 모두 비용을 부담하는 전략의 짝으로의 변화가 가능하기 때문에(즉, 파레토 개선이 가능하기 때문에), '파레토 열위적 선택'이다. 공공재의 경우에는 '비배제성(non-excludability)'으로 말미암아 이기적인 합리성에 의해 전략을 선택한다면 자신들의 진정한 선호를 숨기면서 '무임승차자(free-rider)'가 되는 전략을 선택할 것인데, 이것은 사회 전체적으로는 비합리적인 결과에 해당된다. 다시 말해, 공공재는 그 비배제적 성격으로 말미암아 개인적 합리성과 집단적 · 사회적 합리성이 조화를 이루지 못하는 '죄수의 딜레마' 현상이 나타나서 시장에서는 과소공급될 가능성이 높은 것이다. 결국 공공재의 경우 시장에서는 적정한 수준까지 공급되기 어렵기 때문에, 정부가 국민들로부터 세금을 거두어들여 이를 공급하게 된다.

(2) 외부효과

외부효과란 어떤 한 사람의 행동이 제3자에게 의도하지 않은(unintended) 이득이나 손해를 가져다주는 데도 이에 대한 대가를 받지도 지불하지도 않는 경우를 말하는데, 이는 한 사람의 행위(생산, 소비)가 다른 사람의 후생에 영향을 주어서는 안 된다는 시장의 기본원칙에 위배되는 것이다.[50] 외부효과는 쉡슬(Kenneth A. Shepsle)이 말한 "자발적 활동의 의도하지 않은 부산물(the unintended by-product of voluntary activity)"로서의 성격이 강하지만,[51] 여기서 더 중요한 것은 이에 대한 대가를 받지도 지불하지도 않는 경우이다. 만일 외부효과가 발생하더라도 이에 대해 대가를 받거나 지불하는 경우 그것은 더 이상 외부효과라고 할 수 없으며, 마치 시장에서 거래가 이루어지는 것처럼 외부효과는 '내부화(internalize)'된다. 그리고 이는 코즈 정리의 핵심을 이룬다.[52]

외부효과는 다시 외부경제와 외부불경제로 나눌 수 있는데, 외부경제는 사회적 (한계) 편익이 사적 (한계) 편익보다 큰 경우를 말하고(예: 교육, 기술개발 등), 외부불경제는 사회적 (한계) 비용이 사적 (한계) 비용보다 큰 경우를 말한다(예: 환경오염, 교통혼잡 등). 외부경제의 경우에는 어떤 생산활동의 결과로 얻어지는 사회적 편익이 사적 편익보다 크기 때문에 생산활동을 하는 사람들이 구태여 이를 만들려고 하지 않고, 따라서 사회적인 최적 산출량 수준보다 적게 산출되는 문제가 있다. 이에 반해, 외부불경제의 경우에는 사적 비용보다 사회적 비용이 크기 때문에 사람들이 무분별하게 많이 만들려는 경향이 나타나서 사회적인 최적 산출량 수준보다 많이 산출되는 문제가 있다. 즉, 외부효과가 발생하면 사회적으로 최적인 자원배분을 이루지 못하여 시장실패를 초래하게 된다.

〈그림 1-2〉는 외부효과 하에서의 자원배분을 보여주고 있다. 그림에서 (a)는 외부경제의

예이고 (b)는 외부불경제의 예인데, (a)에서는 사회적 한계 편익이 사적 한계 편익보다 크게 나타나 있고 (b)에서는 사회적 한계 비용이 사적 한계 비용보다 크게 나타나 있다. 외부경제의 경우 사회적인 최적 산출 수준은 사회적 한계 편익 곡선과 공급 곡선이 만나는 점에서의 산출량 Q_0이지만, 실제 산출량은 사적 한계 편익 곡선과 공급 곡선이 만나는 점에서의 산출량 Q_1이 되어 (Q_0- Q_1) 만큼 과소산출된다. 이에 반해 외부불경제의 경우에는 사회적인 최적 산출 수준은 사회적 한계 비용 곡선과 수요 곡선이 만나는 점에서의 산출량 Q_0이지만, 실제 산출량은 사적 한계 비용 곡선과 수요 곡선이 만나는 점에서의 산출량 Q_1이 되어 (Q_1 - Q_0) 만큼 과다산출된다.

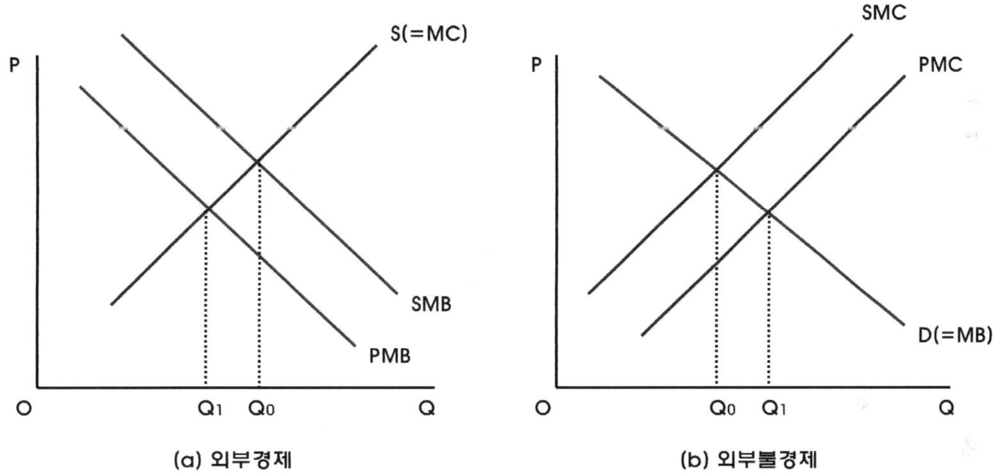

<그림 1-2> 외부효과 하에서의 자원배분

이러한 외부효과가 존재하면 정부는 시장에 대해 정책적 조치를 취하게 되는데, 외부경제의 경우에는 특허제도나 보조금 지급 등을 통해 사회적 편익을 '내부화(internalization)'하고, 외부불경제의 경우에는 조세부과(피구세, 혼잡세 등)나 직접규제 등을 통해 사회적 비용을 내부화하는 방식을 선택한다.[53)]

(3) 독점

완전경쟁시장에서는 생산자와 소비자가 모두 다수이어서 어느 누구도 가격의 설정자가 되지 못하고 가격의 수용자가 되어야 한다고 가정한다.[54)] 따라서 독점의 경우와 같이 시장에서의 공급자가 하나만 존재하는 경우 시장은 실패하게 된다. 독점이 생기는 이유에는 희소자원의 독점적 소유, 특허, 정부의 독점적 허가, 규모의 경제 등 여러 가지가 있는데,[55] 특히 생산기술과 관련하여 나타나는 자연독점(natural monopoly) 현상에 주목할 필요가 있다. 규모의 경제(economies of scale) 효과가 커서 기업의 생산 또는 시설규모가 증가함에 따라 단위당 평균비용(average cost)이 감소하는 경우(비용체감산업인 경우), 어떤 한 기업이 생산량을 높이면 경쟁기업에 비해 비용상의 이점을 얻을 수 있기 때문에 이들을 모두 도태시킬 수 있고, 따라서 자연스럽게 독점체제를 형성할 수 있다.[56]

독점이 시장실패를 가져오는 이유를 살펴보면 다음과 같다. 〈그림 1-3〉은 독점시장의 자원배분을 보여주고 있다. 설명의 편의를 위해 한계비용(MC) 곡선은 수평으로 상정했는데, 완전경쟁시장에서의 자원배분은 수요곡선(한계편익 곡선)과 공급곡선(한계비용 곡선)이 만나는 점 Ec에서 이루어지며, 이 때 시장가격은 Pc이고 시장거래량은 Qc가 된다. 그림에서는 공급곡선(한계비용 곡선)이 수평이기 때문에 생산자 잉여는 없으며, 소비자 잉여는 △APcEc가 된다. 그런데 독점시장에서는 수요곡선과 한계수입(MR) 곡선이 일치하지 않는다. 수많은 생산자가 존재함으로써 각 생산자가 가격순응자로서 시장에 참여하는 완전경쟁시장에서는 개별기업의 한계수입은 가격과 일치하게 마련이다(P=MR). 그러나 독점기업의 경우에는 한계수입이 가격보다 낮을 수밖에 없다. 왜냐하면 독점기업의 경우 그 기업의 생산물에 대한 수요곡선이 곧 시장 전체의 수요곡선이기 때문에 더 많은 재화를 판매하기 위해서는 가격을 낮출 수밖에 없기 때문이다. 따라서 독점시장에서는 MR=MC〈P 라는 관계가 성립하며, 이 때 가격은 Pm으로 상승하고 거래량은 Qm으로 감소한다. 또한 소비자 잉여는 △APmB이고 생산자 잉여는 □PmPcEmB가 되어 소비자 잉여와 생산자 잉여를 합친 사회적 잉여는 □APcEmB가 된다. 따라서 완전경쟁시장과 비교할 때 독점시장은 △BEmEc 만큼 사회적 잉여가 작다. 이처럼 △BEmEc는 어느 누구에게도 귀속되지 않는 후생의 손실로, 이를 독점으로 인한 '자중손실(deadweight losses)' 또는 '하버거의 삼각형'이라고 부른다.

요컨대, 독점으로 인해 자원배분은 왜곡을 가져온다. 독점으로 인한 자중손실의 크기에 대해 하버거는 GDP의 0.1%에 지나지 않는다고 하였다. 이에 대해 스티글러는 하버거의 측정방법에 문제가 있음을 지적하고 자중손실의 크기가 과소평가될 수밖에 없었다고 주장하였다. 예를 들면, 자중손실의 크기는 수요의 가격탄력성이 높아짐에 따라 커지게 되는데, 하버거는 모든 산업에서 탄력성이 1이라는 가정 하에서 측정하였다는 점을 지적했다. 독점기업의 이윤이 극대화되는 점에서 수요의 가격탄력성은 반드시 1 이상이 되는데, 하버거는 이러한 기본적인 사실조차 제대로 반영하지 못했다는 것이다.[57]

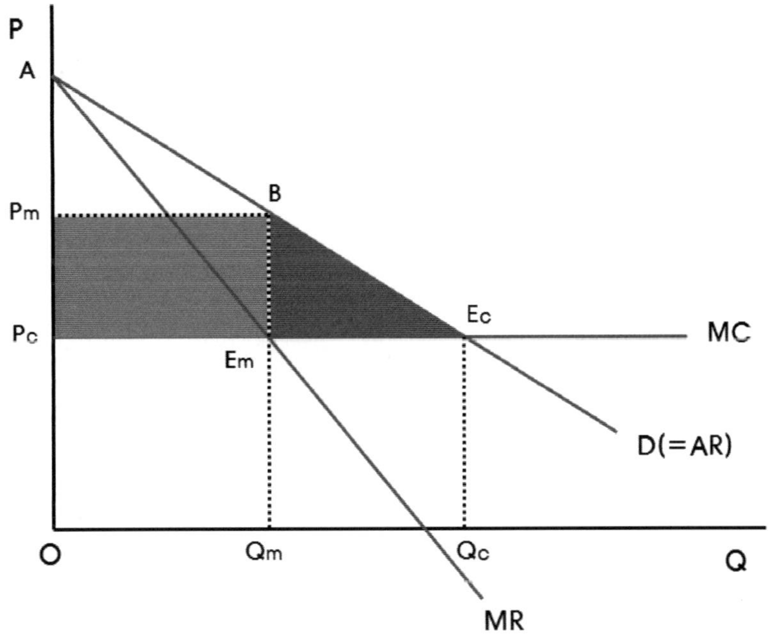

<그림 1-3> 독점시장의 자원배분

뿐만 아니라, 독점의 경우에는 역진적인 소득분배,[58] 지대추구활동(rent-seeking activities)으로 인한 사회적 낭비, 경쟁의 부재로 인한 X-비효율성(X-inefficiency)[59] 등과 같은 부수적인 문제도 초래하게 된다. 독점은 시장실패를 가져오기 때문에 정부가 시장에 개입하여 정책적 조치를 취하게 되는데, 자연독점산업(natural monopoly industry)이 아닌 일반적인 독점산업의 경우에는 반독점 및 기업결합의 규제, 경쟁제한적 불공정거래에 대한 규제 등을 하며, 자연독점산업의 경우에는 정부가 독점기업의 가격과 이윤을 직접 규제하는 방법을 사용하거나 이런 기업을 공기업으로 전환시키는 경우도 있다.[60]

(4) 정보의 부족

완전경쟁시장에서는 소비자와 생산자 모두 완전한 정보를 가지고 있다고 가정하지만, 현실의 시장에서는 정보의 '비귀속성'과 집합적 행위의 문제로 인해 정보가 부족한 경우가 많다.[61] 특히, 정보의 부족 문제는 어느 한 경제주체가 다른 경제주체에 비해 정보를 적게 가지고 있는 '비대칭적 정보(asymmetric information)' 상황 하에서 더욱 심각해진다. 정보의 부족이나 비대칭성의 문제가 생기면 '소비자주권(consumer's sovereignty)'이 실현되기 어려운데,[62] 이를 해결하기 위해 정부는 여러 가지 정책적 조치를 취하게 된다. 즉, 정부는 소비자들을 위험에 빠뜨리는 각종의 위해요인에 대한 정보를 스스로가 생산하여 시장에 제공하거나, 기업들로 하여금 정보를 공급하도록 의무화함으로써 개별 소비자들이 부담해야만 하는 정보비용(information cost)을 낮추어 주는 방법을 사용하기도 하며, 허위 · 과장 광고를 규제하기도 한다.

(5) 분배의 불공평성

이 밖에도 학자에 따라서는 분배의 불공평성을 시장실패 요인으로 지적하기도 한다.[63] 앞서 살펴본 시장실패 요인을 모두 극복하여 일반경쟁균형의 자원배분이 파레토 효율적이라는 후생경제학(welfare economics) 제1정리가 성립한다고 하더라도, 파레토 효율적인 자원배분이 분배적 정의를 보장해주지는 못한다. 파레토 효율성은 분배의 형평성에 관한 규범적 기준과는 거리가 먼 자원의 낭비가 없는 효율적인 배분상태를 보여줄 뿐이기 때문이다.[64] 그런데 사회적 형평성은 도덕적 정당성을 가질 뿐만 아니라 정치체제의 유지 · 존속이라는 정치현실의 맥락에서도 매우 중요한 행정이념이기 때문에,[65] 이를 결코 경시할 수 없다. 따라서 현대 정부는 한편으로는 효율성을 증진해야 하고 다른 한편으로는 형평성을 증진해야 하는 '이중의 과제'을 해결해야만 하며, 이러한 맥락에서 각국 정부는 복지제도와 같은 제도적 장치를 통해 사회적 안전망(social safety)을 구축하고자 노력하고 있다.[66]

2. 정부실패

공공재, 외부효과, 독점, 정보의 부족 현상과 같은 시장실패 요인들과 분배의 불공평성이라는 시장의 윤리적 측면의 문제 때문에 정부가 시장에 정책적 조치를 취하는 것이 정당화되지만, 그것이 '당연한' 것이라고 볼 수는 없다. 정부 역시 시장과 마찬가지로 실패할 가능성이 있는 '불완전한 선택대안(imperfect alternatives)'일 뿐이며, 따라서 시장실패는 정부가 시장에 개입하는 '필요조건'일 뿐 '충분조건'은 아닌 것이다. 정부실패에 대한 이론은 여러 가지 관점에서 제기될 수 있지만, 가장 널리 알려진 것은 울프(Charles. Wolf Jr.)의 이론이다.[67] 그러나 그의 이론은 사회적 선택(social choice)과 대의정부(representative government)에 관한 보다 근본적인 문제를 무시하고 있다는 비판이 제기되기도 한다. 대표적으로 와이머(David L. Weimer)와 바이닝(Aidan R. Vining)의 견해를 들 수 있는데, 이들은 정부실패를 집합적인 선택(collective choice)이 예측할 수 있는 방식으로 바람직한 사회적 가치를 증진하는데 실패한 현상으로 이해하면서, 이러한 정부실패의 유형으로 직접민주주의에 내재된 문제, 대의정부에 내재된 문제, 관료적 공급에 내재된 문제, 그리고 분권화에 내재된 문제 등 네 가지를 제시하고 있다.[68] 따라서 여기서는 정부실패를 정부의 대표성 측면의 문제와 효율성 측면의 문제로 나누어 살펴보고자 한다.

1) 비시장[69]수요와 공급의 특징[70]

(1) 비시장수요의 특징

첫째, 시장실패에 대한 일반대중의 인식이 고조되고 있다. 최근에 시장에 의한 결과가 사회적으로 최적상태가 아니라는 인식이 확산되고 시장에 대한 정보가 널리 퍼짐에 따라 시장실패에 대한 일반대중들의 인식이 놀랄 만큼 증가하였다. 그 결과 시장에 대한 일반대중의 인내심이 줄어들게 되었다.

둘째, 정치적 조직화와 권익이 신장되고 있다. 이전에는 정치과정에 소외되었던 많은 이익집단들의 정치적 조직화와 정치적 권익신장이 시장실패에 대한 일반대중의 인식고조에 영향을 주어 시장실패를 시정할 수 있는 입법과 규제조치 및 다른 계획을 수립하도록 정부에 압력을 행사하기 시작하였다. 그 결과 시장의 결함을 시정하기 위한 비시장개입이 확대되는 계기가 마련되었다.

셋째, 정치적 보상구조의 왜곡 문제이다. 시장실패를 해결하라는 고조된 공적 요구를 중개하는 정치적 과정에서의 보상이, 집행의 책임은 지지 않으면서 문제점을 집약하고 공개하며 제시된 해결책을 입법화하려는 국회의원이나 정부 관료들에게 돌아간다.

넷째, 전술한 정치과정의 보상구조와 선거직의 짧은 임기 때문에 정치행위자들의 시간할인율은 사회의 그것보다 높을 수 있다. 따라서 미래에 생기는 비용과 편익은 무시되거나 대폭 할인되지만, 현재 또는 가까운 시일 내에 생기는 비용과 편익은 확대된다. 그러한 결과가 소위 펠드스타인(Martin Feldstein)이 말하는 "정치과정에 내포되어 있는 본질적인 근시안적 사고방식"이다.

다섯째, 정부사업의 경우 그 사업으로 인해 편익을 누리는 집단과 비용을 부담하는 집단이 일치하지 않는 특성이 있다. 이와 같이 편익을 누리는 집단과 비용을 부담하는 집단이 서로 다를 경우 잠재적 수혜자집단들은 정치적 조직화나 로비 등을 통해 수요를 창출하려고 할 것인데, 이렇게 하여 창출된 수요는 정치적으로는 효율적일지 모르지만 경제적으로는 비효율적인 것이다. 즉, 정부 부문에는 초과 공급이 아니라 초과 수요의 문제에 직면한다. 물론 시장에서도 초과 수요의 문제가 생긴다. 그러나 시장에서는 초과수요가 발생하면 가격기구의 신속한 조정에 의해 균형 상태로 돌아갈 수 있지만, 정부에는 가격기구가 없는 경우가 많기 때문에 초과수요의 문제는 효율성의 상실로 이어질 수밖에 없다. 이러한 분리현상은 두 가지 상이한 측면을 내포하고 있다. 첫째, "미시적 분리(micro decoupling)"로서, 이는 기존의 또는 예상되는 정부사업으로부터 얻을 수 있는 편익은 특정집단에 집중되어 있으나, 그 비용은 납세자나 소비자로서의 일반대중 사이에 널리 퍼져 있는 경우를 말한다.[71] 둘째, "거시적 분리(macro decoupling)"로서, 이는 정부사업으로부터 얻을 수 있는 편익은 다수에게 넓게 분산되지만, 그 비용은 소수가 부담하는 것을 말한다.[72] 즉, 잘 조직된 소수가 다수를 이용하는 것이 미시적 분리라면 다수가 소수를 이용하는 것이 거시적 분리이다.

(2) 비시장공급의 특징

첫째, 비시장산출물은 원칙적으로 정의하기도 어렵고, 실제로 잘못 정의되며, 따라서 양적으로 측정하거나 질적으로 평가하는 것이 극히 어렵다. 그 결과 비시장의 산출물은 기껏해야 의도된 최종산출물의 "대용물(proxies)"로서의 중간재인데,[73] 이러한 중간재적인 비시장산출물이 그것이 의도하는 최종산출물에 기여하는 정도는 매우 애매하여 측정하기 어렵다. 이와 같이 비시장산출물의 가치를 직접 측정하기 어렵기 때문에 비시장산출물을 투입요소로써 측정하는 것이 용인되고 있다.

둘째, 정부는 독점적 성격이 강해 정부의 비시장산출물은 대개 어떤 특정분야에서 독점적 관할권이 법률적으로 위임되거나 행정적으로 용인되거나, 또는 두 경우가 모두 허용되는 단일기관에 의해 공급된다. 이러한 지속적인 경쟁의 결여는 비시장산출물의 질을 평가하기 어렵게 만드는 요인이다.

셋째, 비시장산출물의 생산기술은 대개 알려져 있지 않은 것이 보통이고, 설령 알려져 있다 해도 상당히 불확실하며 애매모호하다.

넷째, 일반적으로 비시장산출물은 시장산출물에 적용되는 손익계산서에 견줄만한 업적평가를 위한 어떤 "최저선(bottom-line)"을 가지고 있지 않다. 따라서 비시장활동의 경우 성공적이지 못할 때 그것을 종결시키는 신뢰할 만한 메커니즘이 없는 것이 보통이다. 정부사업의 종결메커니즘이 결여되어 있다는 것은 정부가 X-효율성을 추구할 유인이 부족하다는 말과 일맥상통한다. 시장에서 기업들은 경쟁에 노출되어 있고 종결메커니즘을 가지고 있기 때문에 반드시 그런 것은 아니지만 운영과정에서의 효율성을 추구할 강한 유인을 가지고 있다. 이에 반해 정부는 자연독점산업이고 종결메커니즘도 결여되어 있는 경우가 대부분이기 때문에 운영과정에서 효율성을 추구하여 생산비용을 줄이기보다는 오히려 필요이상으로 인원과 예산을 늘리려는 경향이 있고(파킨슨의 법칙, 니스카넨의 관료제모형), 그 결과 라이벤스타인이 말한 'X-비효율성(X-inefficiency)'의 문제에 시달릴 가능성이 높다.

2) 정부실패의 유형

(1) 대표성 측면의 정부실패

가. 직접민주주의에 내재하는 문제

가) 애로우의 불가능성 정리

주어진 경제적 자원을 가장 바람직한 방법으로 활용하기 위해서는 특정한 가치판단을 반영하는 사회후생함수를 도입해야 한다. 그런데 애로우(Kenneth Arrow)는 그러한 사회후생함수의 존재에 대해 의문을 표시하고 있다. 그는 사회적 선호체계가 가져야 할 바람직한 성격으로 다음과 같은 네 가지 공리(axiom)를 제시하고 있다. ① 완비성과 이행성: 모든 사회적 상태를 비교・평가할 수 있어야 하며, A, B, C라는 세 사회적 상태에 대해 A를 B보다 더 선호하고 B를 C보다 더 선호한다면 A를 C보다 더 선호해야 한다. ② 약 파레토 원리: 이 사회의 모든 사람들이 A를 B보다 더 선호한다면 사회도 A를 B보다 더 선호해야 한다. ③ 비독재성: 이 사회의 어느 한 구성원의 선호가 전체 사회의 선호를 좌우해서는 안 된다. ④ 무관한 선택대안으로부터의 독립성: A와 B의 두 사회적 상태를 비교한다고 할 때, 이들과 직접 관련이 없는 제3의 선택대안 C의 존재는 이들 사이의 선호순위에 아무런 영향을 주지 말아야 한다. 애로우는 이들 공리 중 ①, ②, ④를 모두 만족시키는 사회적 선호체계는 반드시 공리 ③을 위배하게 된다는 것을 증명하였는데, 이것이 불가능성 정리의 핵심이다.[74] 따라서 이 정리에 의하면 이 네 가지 바람직한 성격을 두루 갖춘 합리적이고 민주적인 사회후생함수는 존재할 수 없다는 결론에 이르게 된다.[75]

불가능성 문제를 해결하기 위해 사람들의 선호에 제약을 주는 가장 흔한 방법은 소위 '단봉선호체계(single-peaked preferences)'를 설정하는 것이다. 여기서 단봉선호체계란 사람들의 효용이 이상점(ideal point)에서 멀어질수록 단조감소하는 경우를 말한다. 이에 대해 '다봉선호체계(multi-peaked preferences)'란 사람들의 효용이 이상점에서 멀어지더라도 효용이 단조감소하지 않고 감소하다가 증가하는 경우를 말한다. 경제이론에서 단봉선호체계가 주는 주요한 이점은 어떤 장점이든 '유일한' 이점으로 확신이 가능하다는 것이다. 즉, 만일 효용이 어떤 점에서 양 방향으로 떨어지면 우리는 투표권자가 이 선택을 가장 선호하고 있다고 확신을 할 수 있게 된다. 뒤에서 살펴보는 것처럼, 사람들의 선호가 단봉선호체계를 가지면 다수결투표제도는 일관성 있는 결과를 가져올 수 있다. 다행히도 단봉선호체계는 일반적으로 선호에 대해 합리적 수준에서 가능한 가정이라고 할 수 있다. 대부분의 경우 국방서비스와 같은 공공재를 선택할 때 개인은 하나의 선택수준을 가질 것이며 그 국방수준보다 높거나 낮으면 효용은 하락할 것이다. 그러나 공공재에 대한 민간의 대체재가 있을 경우에는 단봉선호체계는 잠재적으로 문제가 있는 가정이다. 예를 들어, 동네 공원의 질에 대해 투표하는 경우를 생각해보면, 개인은 매우 훌륭한 동네 공원을 가지거나 아주 없는(차라리 뒤뜰에 자신의 정원을 꾸미는) 상태를 원할 것이며, 중간 정도의 동네 공원(지방세를 내서 만든)은 가장 최악의 선택이 될 것이다.[76]

애로우의 불가능성 정리는 비록 개인적으로는 합리적인 선택이 가능하다고 하더라도 집단적(사회적)으로는 합리적인 선택이 불가능하다는 것을 증명함으로써 민주적 선택 이론에 치명타를 가했다.[77] 애로우의 주장과 같이, 개인의 합리적 선택이 집단적 합리성을 보장하지 못한다면, 국민주권(popular sovereignty)과 집단적 합리성(collective rationality)은 갈등을 일으킬 수 있으며, 선거를 통한 대의정부는 심각한 대표성의 문제에 직면할 수 있다.[78] 이와 같이 공공선택이론은 일반적으로 애로우의 불가능성 정리를 받아들여 국민의 의사가 충실하게 반영되는 성숙한 민주주의가 불가능할 것이라고 주장하지만, 버드(Colin Bird)는 이러한 주장이 국민의 의사가 표출되는 합리적인 절차가 전제될 때에만 가능한 것이라고 비판하면서, 현실에서는 "사회의 의사(social will)"가 "공동선(common good)"의 이름으로 결집되는 "자치정부(Self-Government)"가 가능할 수 있다고 주장하였다.[79]

나) 투표의 역설

사람들의 선호구조가 단봉성을 띨 경우에는 중위투표자 정리가 성립하여 중위투표자가 가장 선호하는 대안(사업)이 과반투표제 하에서 콩도세(Condorcet) 승자가 된다.[80] 그러나 사람들의 선호구조가 '다봉성(multi-peakedness)'을 띨 경우, 다시 말해 이상점에서 멀어지더라도 효용(만족)이 단조감소하지 않는 경우에는 과반수투표제는 안정적인 균형점을 이루지 못하고 순환하는 '투표의 역설(paradox of voting)' 현상을 초래할 수 있다.[81] 예를 들면, 다음과 같은 경우이다.

<표 1-5> 투표역설의 예

	A	B	C
1	x	y	z
2	y	z	x
3	z	x	y

편의상 x, y, z는 정부예산의 규모라고 하고, 그 크기가 $x<y<z$라고 하자. 두 개 대안씩 묶어서 투표하는 경우, 먼저 x와 y에 대해 투표하면 A와 C는 x를 선호하는 반면 B는 y를 선호하기 때문에 과반수투표제 하에서 x는 y를 2:1로 패배시킨다. 다음으로 x와 z에 대해 투표하면 A는 x를 선호하는 반면 B와 C는 z를 선호하기 때문에 과반수투표제 하에서 z는 x를 역시 2:1로 패배시킨다. 이러한 경우 이행성의 조건에 따라 z는 당연히 y를 패배시켜야 하지만, 실제로는 y가 z를 2:1로 패배시킨다. 따라서 다수결투표제도와 같은 정치제도는 콩도세 승자와 같은 안정적인 균형을 얻는 데 실패한다.

그렇다면 왜 이러한 역설적인 결과가 나타난 것일까? 이는 C의 선호구조 때문이다. C는 z를 가장 선호하고, x를 그 다음으로 선호하며, y를 가장 덜 선호한다. 따라서 이상점에서 멀어지더라도 효용은 단조감소하지 않는다. 만일 C의 선호순서가 $z>x>y$가 아니라 $z>y>x$인 경우에는 투표의 역설 현상이 사라져서 중위투표자 정리가 성립하고, 그 결과 y가 콩도세 승자가 된다.

그런데 여기서 우리는 다수결투표제도로부터 일관성 있는 승리자(콩도세 승자)를 얻는 데 실패한다는 것이 개인의 실패를 의미하는 것은 아니라는 사실에 주목할 필요가 있다. 6장에서 살펴보는 것처럼, 개인은 완비성과 이행성의 선호의 집합을 가지고 있다. 문제는 이들의 선호를 사회의 선호로 합하는 데 있다. 우리는 개인의 선호를 일관성 있는 사회의 선호로 만들 수 있는 투표제도를 가지고 있지 못하다. 이것은 어떻게 투표가 이루어져야 하는가를 결정짓는 의제설정자가 결과에 큰 영향을 미칠 수 있음을 의미한다. 예를 들어, 낮은 재정지출을 원하는 의제설정자(위 표에서는 투표자 A)는 첫 번째로 y 대 z에 대해 투표하도록 하면 y가 이기게 되고, 그 이후 y 대 x에 대해 투표를 하면 x가 이기게 되어 x가 최종적으로 콩도세 승자가 된다는 결론을 얻게 된다. 또한 높은 재정지출을 원하는 의제설정자(위 표에서는 투표자 C)는 첫 번째로 x 대 y에 대해 투표하도록 하면 x가 이기게 되고, 그 이후 x 대 z에 대해 투표를 하면 z가 이기게 되어 z가 최종적으로 콩도세 승자가 된다는 결론을 얻게 된다. 이러한 예에서도 알 수 있듯이, 우리는 투표의 역설 현상이 생기는 경우에는 의사진행조작(agenda manipulation)이 투표의 결과에 중요한 영향을 미친다는 결론에 이를 수 있다. 그리고 이것은 의제설정자에게

궁극적으로는 독재권을 부여할 수도 있다는 것을 내포하고 있다.[82]

다음으로 투표의 역설이 가지고 있는 중요한 함의는 '제도'가 결과에 중요한 영향을 미칠 수 있다는 사실이다. 위 상황에서 투표의 역설이 나타난 이유는, z를 1라운드에서 탈락한 y와 비교를 했기 때문이다. 그런데 만일 제도로써 z를 y와 비교하지 않는다면 투표의 역설은 생기지 않고 z가 최종적인 승자가 된다. 즉, 제도가 하나의 답을 제시했다는 것인데, 쉡슬(Kenneth A. Shepsle)은 이를 "구조에 의해 유도된 균형(structure-induced equilibrium)"으로 표현한 바 있다.[83]

지금까지 살펴본 바와 같이, 단일차원 쟁점(one-dimensional issues)의 경우에는 사람들의 선호가 단봉성을 띨 경우 중위투표자 정리가 성립하지만, 다차원적 쟁점(multi-dimensional issues)의 경우에는 사람들의 선호가 단봉성을 띤다고 하더라도 과반수투표는 안정적인 균형을 이루지 못하고 순환하는 투표의 역설 현상을 초래할 수 있다.[84]

나. 대의정부에 내재하는 문제

가) 지대추구이론

공공선택이론을 주도하고 있는 학파 중 하나인 버지니아 학파는 국가의 비효율성을 지적하기 위해 '지대(rent)'라는 개념을 강조하고 있다. 여기서 말하는 지대란 경제적 지대(economic rent)로서 "기회비용을 초과하는 독점이윤", 또는 뷰캐넌(J. M. Buchanan)의 정의에 의한다면 "어떤 자원의 소유자에게 그 자원을 다른 방식으로 사용했을 때 얻을 수 있는 것보다 많이 지불되는 부분"을 의미한다.[85] 이러한 지대의 존재는 두 가지 측면에서 문제를 초래한다. 하나는 민주국가의 '대표성'과 관련된 문제이다. 지대가 존재할 경우 정책형성의 정치는 효율성보다 분배문제로 귀착될 가능성이 높다. 이럴 경우 '구유통 정치(pork barrel politics)'가 만연하여 정부정책은 다수의 비용부담으로 소수에게 특혜를 제공하는 편협한 '후견주의(clientelism)'에 빠질 수 있다.[86] 정치적 측면에서 대표성의 문제뿐만 아니라, 지대의 존재 자체가 효율성의 관점에서도 심각한 문제를 가져온다는 것이 버지니아 학파의 주장이다. 즉, 국가가 규제 등을 통해 사회에 지대를 제공하는 경우, 사회 내의 여러 이익집단들은 지대추구자(rent-seeker)로 변모하게 되는데, 이 과정(지대추구과정)에서 소요되는 비용은 바그와티(J. N. Bhagwati)가 적절하게 지적한 바와 같이, '직접적으로 비생산적인 이윤추구활동(Directly Unproductive Profit-seeking: DUP)'으로서 전혀 생산적으로 사용되지 못하고 낭비라는 것이다.[87] 즉, 공공선택이론의 체계 내에서 지대추구활동이란 "어떤 사회구성원이 자기의 경제적 이익을 증진시키기 위해 국가개입이나 중재를 동원해 다른 구성원으로부터 자신

에게로 부의 이전을 꾀하는 사회적으로 낭비적인 활동"을 의미한다.[88]

그렇다면 여기서 보다 근본적인 물음을 제기할 필요가 있다. "사회전체적인 낭비를 가져옴에도 불구하고 지대추구행위가 광범위하게 이루어지는 이유는 무엇인가?" 이 문제에 대한 해답은 정부 정책의 수혜집단과 비용부담집단 사이에 존재하는 '비대칭적 조직화(asymmetric organization)'에서 찾을 수 있다. 정부 정책이 소수의 집단에게 지대를 제공할 경우 정책으로 인한 편익은 소수의 동질적인 집단에게 좁게 집중되고 개인 입장에서는 그것이 대단히 크기 때문에 정치적 조직화가 쉽게 이루어지는 반면, 정책으로 인한 비용은 이질적인 불특정다수에게 넓게 분산되고 개인 입장에서 그것은 사소한 것이기 때문에 '집합적 행위의 딜레마(collective action dilemma)'에 빠지기 쉽다.[89] 정치학자 윌슨(J. Q. Wilson)은 이러한 상황을 "고객정치(client politics)"로 범주화하여 치밀한 논리를 제시한 바 있다.[90]

이러한 맥락에서 지대추구이론은 경제주체들의 이기적인 행동이 사회전체적인 효용의 증가를 가져오지 못한다는 '죄수의 딜레마(prisoners' dilemma)'로부터 논의를 출발한다. 다시 말해, 지대추구이론의 논지는 개인의 사익추구라는 사적인 악이 공익의 실현이라는 공적인 덕성으로 전환시켜 줄 '보이지 않는 손(invisible hand)'이 존재하지 않는다는 것이다. 그러나 지대추구이론은 정통 경제학과 달리, 경제주체들의 이기적 행동이 가져온 바람직하지 않은 결과를 '시장실패(market failure)'가 아닌 '정부실패(government failure)'의 문제로 본다. 즉, 동일한 이기적 행동이라 하더라도 그것이 자유시장의 조건이 아닌 정부의 개입에 의해 만들어진 지대를 추구하는데 목적을 두고 있다면 사회적으로 바람직하지 못한 결과를 가져온다는 것이다.[91] 이윤추구(profit seeking)와 지대추구(rent seeking)가 모두 '의도하지 않은 결과(unintended consequences)'를 가져오지만, 그 결과가 전자는 사회적으로 유익한 반면 후자는 사회적으로 유익하지 않다는 뷰캐넌(J. M. Buchanan)의 지적도 이러한 맥락에서 이해할 수 있다.[92] 즉, 이윤추구과정에서는 개인적 합리성이 사회적 합리성과 조화되지만, 지대추구과정에서는 개인의 합리적 행위가 사회전체적인 합리적 결과를 가져오지 못한다는 것이다. 요컨대, 버지니아 학파의 결론은 국가의 존재 자체가 사회 내의 여러 이익집단들을 '이윤추구자(profit seeker)'가 아닌 '지대추구자(rent-seeker)'로 만들며,[93] 지대추구의 게임은 'negative-sum game'일 수밖에 없다는 것이다.[94]

나) 정치적 경기순환이론

경제학에서 경기변동을 설명하는 이론으로는 전통적으로 실물적 경기변동이론(real business cycle theory)과 화폐적 경기변동이론(monetary business cycle theory)이 있는데, 공공선택이론에서는 여기에 더해 정치적인 동기에 의해 경기가 변동할 수 있다는 '정치적 경기순환이론(political business cycle theory)'을 제시하고 있다. 이 이론에 의하면 선거에서의 승리를 위해 정치인들이 거시경제를 자신들에게 유리하도록 조작함으로써 경기가 변동할 수 있는데, 그 결과로 나타나는 것은 경제의 효율성 상실이다.[95] 터프티(Edward Tufte)가 보여주는 바와 같이 재선을 위한 정치인의 최적 경로는 공익의 경로와는 차이가 발생한다. 예를 들어, 실업률을 감소시키는 것이 정치공동체의 목표라고 할 때, 유권자들의 이익은 가능한 빠른 시일 내에 실업률이 감소될 때 극대화되지만, 재선을 추구하는 정치인은 선거 직전에 실업률을 급감시켜 경제정책의 가시적 성과를 보여줌으로써 득표(지지)를 극대화하려 한다는 것이다. 결국 정치적 경기순환이론의 논지는 시민들의 이익이 극대화되는 공익의 경로와 정치인의 이익이 극대화되는 정치인의 최적 경로 사이에 차이가 발생하고 그 차이만큼 효율성의 상실을 가져온다는 것이다. 이와 같이 정치행위자의 이기적 동기가 경제에 부정적인 영향을 미친다면 할 수 있는 최선의 방법은 경제를 정치의 통제 영역 밖에 두는 것이다. 즉, 경제정책은 비정치적으로 결정되어야 한다고 공공선택이론가들은 단언한다. 따라서 정치적 경기순환이론에서는 정치의 경제적 통제에 따른 사회적 비용을 제거하기 위해서는 '경제정책의 비정치화'가 필요하다고 결론짓고 있다.[96]

다) 니스카넨의 관료제 모형

관료조직은 추상적인 '공익'을 목표로 하기 때문에 그 조직내부의 목표가 원래의 목표를 대체하는 경우가 많다.[97] 관료조직의 경우에는 '관할권(jurisdiction) 확대'가 그러한 목표인데, 이와 관련하여 니스카넨(W. A. Niskanen)의 관료제 모형은 많은 시사점을 준다.[98] 니스카넨은 공공선택이론의 관점에서 관료가 공익의 대변자가 아니라 자신들의 효용극대화를 추구하는 '이기적인 존재'로 보는데,[99] 관료들의 효용함수는 '예산에 대한 단조증가함수'라고 가정한다. 즉, 예산이 커질수록 관료들의 효용도 이에 비례하여 커진다는 것이다. 시장에서의 소비자와 마찬가지로 관료들도 효용극대화(utility maximization)를 추구하는 존재라면 그들은 당연히 '예산극대화(budget maximization)'를 추구할 것이다. 그러나 관료들이 예산을 무한정 늘릴 수는 없다. 예산은 궁극적으로 국회의 심의 · 의결을 받아야 하기 때문이다. 따라서 의회와 관료제는 일종의 '쌍방독점관계'에 있는데, 이러한 쌍방독점관계에서 최종결과는 양측의 상대적 권력과 협상력, 그리고 정보의 양에 달려 있기 때문에 불확실한 것이 보통이다. 특히, 공공부문의 관계는 산출물을 정의하기 어렵기 때문에 불확실성의 문제가 더욱 부각된다. 이와 같이 결과는 불확실하지만, 다운즈(A. Downs), 윌다브스키(A. Wildavsky), 니스카넨 등은 의회와 관료제 간의 쌍방독점관계의 게임에서 관료제가 더 유리한 입장에 있다고 결론짓는다.[100] 왜냐하면 의회와 관료제 사이에는 본인(principal)-대리인(agent) 관계에서 파생되는 "비대칭적 정보(asymmetric information)"의 문제가 있는데, 일반적으로 관료제는 의회에 비해 "정보 상의 우위(informational advantage)"를 점하고 있기 때문이다.[101] 따라서 예산은 사회적인 최적 산출수준보다 약 2배 정도 과잉산출되어 효율성의 상실을 가져온다는 것이다. 또한 로머(P. M. Romer)와 로젠살(J-L Rosenthal)은 니스카넨의 관료제 모형을 더욱 발전시켜 관료가 직접민주제 하에서 주민투표를 이용하여 원하는 예산수준을 정치인으로부터 얻어낸다는 점을 연구하였다. 이러한 연구들은 결국 베버식의 관료제에 토대를 둔 전통적인 행정학은 타당하지 않다는 것을 나타낸다.[102]

그러나 니스카넨의 관료제 모형에 대해서는 여러 비판이 제기되기도 한다. 먼저 미그(J-L Migue)와 빌레인저(G. Belanger)는 관료들의 효용은 예산액의 크기뿐만 아니라 직책에 따른 특권에 의해서도 영향을 받는다는 점을 강조하면서, 이를 고려할 경우 예산액의 과다산출정도는 니스카넨 모형에 비해 줄어든다고 주장하였다.[103] 또한 던리비(Patrick Dunleavy)는 관료들이 공적인 결정을 내림에 있어서 자신의 사적인 이익을 극대화하고자 한다는 가정을 받아들이지만, 니스카넨의 관료제모형은 모든 국가기관들을 엄격한 계층제적 계선관료제인 것으로 간주하고, 관료들의 효용함수를 너무 광범위하고 모호하게 정의함으로써 공공선택론의 기본가정에 일치하지 못하고 있으며, 모든 관료들의 행동을 동질적인 것으로만 가정함으로써 기관의 목표나 전략의 다양성을 분석할 수 있는 방법을 제시하지 못하며, 단일 관청의 단순한 확대 유추를 통해 복잡한 관청 체계의 행동을 분석함으로써 조직간 관계의 다양성을 간과하고 있다고 비판하였다.[104] 이러한 맥락에서 던리비는 예산의 유형과 기관의 성격에 따라 예산극대화 동기가 달라진다고 주장하였다. 즉, 그에 의하면 합리적 고위관료들은 예산극대화보다는 정치권력의 중심지인 참모기능을 수행하기를 원하며, 핵심예산이나 관청예산과 직결된 전달기관은 예산극대화 동기가 강하나 사업예산(다른 공공기관으로 이전되는 예산)이 포함된 통제기관은 강하지 않다고 한다.

(2) 효율성 측면의 정부실패

가. 대리손실

대리인이론은 사회 및 정치생활이 일련의 계약(합의관계)으로 이해될 수 있다는 관점에 입각해 있다. 대리인이론에 의하면 개인은 공공선택이론이나 신고전파 경제이론과 마찬가지로 합리적이고 자기이익 추구적이라고 보기 때문에, 본인과 대리인의 이해관계가 상충될 가능성이 있다. 더욱이 본인과 대리인의 관계는 불완전한 정보, 비대칭적 정보, 거래비용으로 인한 계약의 불완전성, 그리고 다양한 불확실성에 의해 복잡하게 얽혀 있다. 본인과 대리인 사이의 '대리손실(agency loss)'은 모든 대리관계에 본질적으로 내재된 것이기 때문에 정부와 기업 모두에서 나타날 수 있지만, 정부 부문은 다음과 같은 이유 때문에 특히 문제가 된다.[105)]

첫째, 정부의 성과를 측정하기 어려운 점이다. 정부의 경우에는 기업과 달리 공익이라는 추상적이고 다원적인 목표를 추구하고, 생산함수도 명확하지 않으며, 가격 기구도 존재하지 않는 경우가 많다. 이러한 이유로 정부에서는 재화나 서비스의 가치를 측정할 수 있는 명확한 방법이 없다. 그런데 이러한 가치를 측정할 수 있는 신뢰할만한 방법의 부재는 공공기관의 최적 규모를 결정하기 어렵게 만드는 요인이다.

둘째, 정부 부문의 경쟁이 제한되어 있다는 점이다. 경쟁은 기업으로 하여금 최저 비용으로 재화나 서비스를 생산하도록 만든다. 기업이 가장 효율적인 방식으로 자원을 사용하지 않는다면, 그 기업은 시장에서 도태되고 말 것이다. 그러나 정부 부문은 직접적인 경쟁에 직면하는 경우가 드물기 때문에 비효율적으로 운영되더라도 생존할 수 있다. 그 결과 정부는 'X-비효율성'을 초래할 가능성이 높다. X-비효율성은 경쟁의 부재에서 나오는 문제이기 때문에 독점기업이나 정부 모두에서 문제가 될 수 있지만, 특히 정부는 '공익'과 같은 추상적이고 다원적인 목표를 추구하기 때문에 더 문제가 될 수 있다.

셋째, 정부 부문의 경직성 문제이다. 정부 부문은 다음과 같은 두 가지 측면에서 경직성을 가져온다. 먼저 공무원 인사시스템의 계속성과 비당파성이 정부 부문의 구조조정을 어렵게 한다. 다음으로 전술한 공무원 인사시스템으로 인해 관료들이 국민들의 요구에 무감각하다는 비판을 받고 있다. 정부는 자연독점산업이기 때문에 국민이 정부가 생산하는 재화나 서비스가 만족스럽지 못하더라도 공급자를 변경할 수는 없다. 게다가 정치인들이 국민의 요구에 반응하기 위해 관료들에게 영향력을 행사하려고 해도 강력한 공무원 인사시스템이 그러한 영향력을 차단할 수 있다. 결국 정치와 행정을 구분하려는 필요가 국민의 요구에 효과적으로 대응할 수 있는 정부의 능력을 제한한 것이다.

나. 수입과 비용의 절연

시장은 비록 불완전하기는 해도, 어떤 활동을 행하고 생산하는데 드는 비용과 그러한 행위를 지속하게 하는 수입을 연계시킨다. 그리고 이러한 연결은 가격에 의해 이루어진다. 그러나 정부활동을 지속시키는 수입은 시장가격이 아닌 다른 원천, 즉, 세입, 헌금, 그리고 가격이 붙어지지 않는 다른 원천으로부터 나오기 때문에 수입과 비용은 직접적으로 연결되지 않으며 일정한 산출물을 생산하는데 필요 이상의 자원이 소모되거나, 또는 정부활동이 시장실패 때문에 정당화되는 수준보다 더 많이 공급될 수 있다.

다. 내부성

공공기관의 경우에는 시장조직과 달리 직접적인 성과기준이 없기 때문에 그들 자신의 행동지침으로 사용할 수 있는 기준을 개발해야만 한다. 그러한 내부적 기준을 '내부성(internality)'이라고도 하는데, 이것은 어떤 기관의 성과 및 그 기관의 인력의 성과를 유도하고 조절하며 평가하기 위하여 정부조직 내부에서만 적용되는 목표를 지칭하는 것으로서, '사적'인 조직목표를 의미하는 것으로 사용된다. 왜냐하면 그것들은 그 기관이 부여받은 책무 속에 규정된 공식적 목표보다는 그 기관내부의 개인적 또는 집합적 행위 이면에 존재하는 동기부여를 제공하기 때문이다. 이와 같은 내부성의 구체적 목표는 다음과 같은 세 가지 형태로 나타난다.

첫째, 예산증대를 위한 노력으로 나타난다. 정부기관은 시장에서처럼 어떤 성과를 이루도록 동기를 부여하고, 또 그러한 성과를 평가할 수 있는 기준으로서의 이윤을 결여하고 있기 때문에 예산의 크기를 주요 내부성으로서 최소한 묵시적으로 채택하거나 받아들일 가능성이 높다. 따라서 비용을 줄이기보다는 오히려 비용을 정당화시키는데 참여한 사람들이 보상을 받게 된다. 이러한 관료조직 내부에서의 보상체계의 왜곡을 '관료적 제국주의(bureaucratic imperialism)'라고도 하는데, 니스카넨의 관료제모형이나 파킨슨의 법칙[106]은 이와 관련하여 많은 시사점을 주고 있다.

둘째, 최신기술에 대한 집착이다. 정부산출물의 질에 대한 평가가 어렵기 때문에 '새롭고 복잡한 것'을 선호하는 경향이 있다. 이러한 경향을 반드시 나쁘다고 평가할 수는 없지만, 문제는 이러한 기술적 진보에 소요되는 추가적 비용만큼 가치 있는 것인가를 명백하게 따져보지 않고 최신기술을 선호하는데 있다.[107] 이러한 최신기술에 대한 집착과 반대로 새로운 기술을 반대하는 편견도 정부실패를 야기할 수 있다. 즉, '익숙하고 단순한(familiar and simple) 것이 더 좋은 것'으로 여겨지는 경우도 있다. '보몰 병(Baumol's disease)'이 암시하는 바와 같이 노동집약적인 산업인 정부부문에 최신기술을 도입하면 발생할 수 있는 인원감축에 대한 우려 때문에 관료들이 최신기술의 도입에 저항하는 경우도 있다.

셋째, 정보의 획득 및 통제이다. 정보는 일종의 권력원이므로 다른 사람들이 모르는 정보를 많이 획득하게 되면 그 만큼 더 많은 권력을 누릴 수 있다. 울프는 미국의 경우 이러한 현상이 외교 및 안보분야에서 극히 뚜렷하다고 지적한다.

이러한 내부성의 문제는 정부산출물의 질과 성과를 평가하는 기준이 모호하기 때문에 조직의 내부목표가 사회적 목표를 대체하는 경우로서, 관료조직 내의 '목표의 전환'과 밀접하게 관련된다.[108] 다시 말해, 수단이 종종 목표가 되어 수단과 목표 간의 구분이 모호하게 된다는 것이다. 따라서 이러한 문제를 해결하기 위해서는 조직목표와 개인목표 사이의 괴리를 가능한 줄이는 방법으로 관리전략을 수립할 필요가 있다.

라. 파생적 외부성

정부실패의 또 다른 유형으로 파생적 외부성을 들 수 있다. 여기서 '파생적 외부성(derived externality)'이란 시장실패를 시정하려는 정부의 정책이 초래하는 예기치 못한 결과를 의미한다. 이러한 파생적 외부성은 인간사회에 존재하는 불확실성(uncertainty)으로 인해 어느 정도 불가피한 면이 있으나, 문제는 정치인들의 좁은 시계와 높은 시간할인율로 인해 잠재적 문제를 간과하는데 있다. 즉, 공공정책으로 인해 단기적으로 나타나는 문제에 대해서는 민감하게 반응하면서도, 장기적으로 나타날 수 있는 문제에 대해서는 크게 신경 쓰지 않거나 무시할 수 있다. 특히, 유권자들이 근시안적인(myopic) 관점에서 투표를 한다면 이러한 바람직하지 못한 경향은 확대 · 심화될 수 있다. 숱한 비난에도 불구하고 현실 정치에서 '대중영합주의(populism)'가 팽배하는 것은 이러한 선거정치의 논리와 무관하지 않다.[109] 그런데 이러한 파생적 외부성은 정부실패의 유형 중 가장 심각한 것이라는 지적이 있는데, 그 이유는 개입이 개입을 부르는 메커니즘이 작동하는 악순환이 반복되기 때문이다.[110]

제 3 절 정책의 가치

1. 정책가치의 분류

로버트 달(Robert A. Dahl)과 같은 행태론자들은 이념이나 가치와 같은 변수들을 경시하였지만, 현실적으로 정책이란 상이한 가치들 중 하나의 가치를 선택한 결과이다. 따라서 정책의 가치는 중요할 수밖에 없다. 정책가치는 도구성을 기준으로 본질적 정책가치와 도구적 · 수단적 정책가치로 나누어지는데, 본질적 정책가치는 정책을 통해 이룩하고자 하는 궁극적 가치를 의미하며, 수단적 정책가치는 궁극적 목표로서의 본질적 가치를 실현하는 것을 가능하게 하는 가치를 의미한다. 본질적 정책가치로는 정의, 공익, 복지, 형평, 자유, 평등 등을 들 수 있으며, 수단적 정책가치로는 합리성, 능률성, 효과성, 민주성, 책임성, 합법성, 투명성 등을 들 수 있다. 이 중 여기서는 본질적 정책가치 중 공익, 정의, 형평성, 그리고 수단적 정책가치 중 합리성과 능률성, 그리고 효과성에 대해 살펴보고자 한다.

2. 본질적 정책가치

1) 공익

공공정책은 어떤 식으로든지 많은 사람들에게 영향을 미치기 때문에 공익과 밀접하게 관련될 수밖에 없다.[111] 그러나 공익이 무엇을 의미하는가에 대해서는 모호한 면이 있다. 이러한 이유로 소로프 등 일부 학자들은 공익이 특정 집단의 이해관계를 합리화한다고 주장하면서, 공익 개념의 모호성으로 인해 공익이라는 명목으로 공익에 반하는 특수 이익을 추구하는 행정을 정당화시킬 우려가 있다고 지적한다. 따라서 공익이 무엇을 의미하는가는 중요할 수밖에 없는데, 공익의 본질에 대해서는 실체설과 과정설의 대립이 있다.[112]

(1) 실체설

공익에 대한 실체설은 공익은 사익과는 본질적으로 다른 선험적 실체인 것으로 보는 견해이다. 이 견해는 사익의 총합이 공익이라고 보는 견해에 대한 반발로서 등장하였다. 공공재의 '무임승차자 문제(free-rider problem)'나 '공유지의 비극(the tragedy of commons)'과 같은 경우에서 볼 수 있는 것처럼, 현실에서는 사익이 공익과 조화되지 않는 '사회적 딜레마(social dilemmas)' 현상이 생길 수 있다.[113] 따라서 공익에 관한 실체설에 의한다면, 공익은 공공재의 공급이나 공유지의 비극을 막기 위한 공동체 구성원들 사이에 이루어진 약속을 의미한다.[114]

이러한 맥락에서 공익 실체설은 공익은 사익과는 다르며, 사익의 총합 역시 공익과는 다르다고 인식한다. 다만, 공익 실체설이 인간의 힘으로 이해하기 힘든 신비주의적인 개념으로서의 공동선(common good)이나 국가이익을 공익이라고 주장하는 것은 아니며, 기본권을 중심으로 공익 개념을 구성한다. 즉, 자유, 평등, 인권 등과 같은 기본권과 정의, 안정 등과 같은 사회적 가치가 중요한 공익의 내용이 되며, 이들은 사익의 합계를 의미하는 것이 아니라 본질적으로 다른 속성을 지닌 것이다. 따라서 공익은 사익을 추구하는 과정에서 부수적으로 생기는 것이 아닌, 의도적이고 명시적인 노력에 의해 도달 가능한 것이다.[115] 이와 같이 실체설은 공익과 사익 사이의 차별성을 강조하지만, 공익은 사익보다 우선된다는 '공익우선주의'에 기초하고 있기 때문에 이 둘 사이에 궁극적인 갈등은 없다고 본다. 즉, 실체설은 공익을 사익을 초월한 실체적 · 규범적 · 도덕적 개념으로 파악하기 때문에 공익과 사익 간의 갈등은 있을 수 없다고 인식한다.[116]

공익 실체설은 전체주의의 등장을 옹호하는 학설로 비춰져 그동안 부정적으로 인식되어 왔지만, 최근에는 민주화의 과정에서 발생하는 지나친 집단이기주의나 지역이기주의의 문제를 해결하기 위해 실체설적인 입장을 반영한 판례가 늘고 있는 추세이다.

(2) 과정설

공익에 대한 과정설은 공익이 사익과는 다른 선험적 실체가 아니라 사익 간의 상호작용에 의해 형성되는 것으로 이해하는 입장이다. 현실주의적이고 개인주의적인 공익 개념을 주장하는 과정설은 공익이 실질적으로 과정 · 제도 · 절차적 국면을 통해 형성되며, 여러 사회집단이 대립 · 투쟁 · 협상 · 타협을 벌이는 과정에서 결과적으로 다수 이익에 일치되는 것이 도출된다고 인식한다.[117] 만일 모든 개인과 집단이 정책 이슈를 둘러싼 정치과정에 참여할 동등한 권한을 가지고 있다면, 그러한 과정의 결과는 그것이 무엇이든지 간에 공익이라고 인식한다.[118] 다시 말해, 공익은 시장주의자들이 주장하듯이, 사익을 추구하는 과정에서 부수적으로 나타나는 '부산물(by product)' 내지 거기에 어떠한 것도 담을 수 있는 '빈 상자(empty box)'에 불과하다.[119] 이러한 맥락에서 사익을 초월한 공익은 있을 수 없으며, 객관적으로 존재하는 것이 아니라 주관적으로 발견되는 것이다.[120]

공익에 대한 과정설은 크게 세 가지 주장을 하고 있다. 첫째, 공익은 개인이익 또는 집단이익들의 집합에 불과하다.[121] 둘째, 공익은 정책결정과정에서 결정되는 것이다. 셋째, 공익의 극대화를 위해서는 결정과정을 합리화해야 한다. 따라서 과정설에 의한다면, 공익이란 특별한 것이 아니며, 사익과의 차별성도 인정할 수 없다.

과정설의 이론적 근거로는 이익집단론을 들 수 있다. 이익집단론은 이익집단이 민주주의를 완성하기 위한 국민의 결집수단이 된다는 것인데, 여기서는 모든 이익이 특수이익이고 부분이익이라고 주장한다. 따라서 추상적인 공익은 정책내용을 둘러싸고 대립하는 이익집단들이 타협과 흥정과정에서 구체적으로 합의한 내용에 불과하다고 본다. 즉, 과정설에 의한다면, 공익은 사익을 추구하는 이익집단들의 타협과 흥정과정에서 합의된 조정된 집단 이익들의 합계에 불과하다.[122] 왜냐하면 사익에 입각한 이익집단들 사이의 자유로운 경쟁과 타협을 통하여 최대다수를 위한 최대의 선(the greatest good for the greatest number)이 보장될 수 있다고 보기 때문이다.[123] 결국 과정설에서 말하는 공익은 대립되는 집단들 간의 타협으로 정책이 결정될 때 집단들이 얻게 되는 이익의 합계를 의미한다. 따라서 과정설의 관점에서 보면 공공재를 공급하기 위하여, 또는 공유지의 비극을 회피하기 위해서는 구체적으로 정책이 결정되는 과정에 주목할 필요가 있다고 제안한다.

2) 정의

(1) 정의의 개념

정의의 개념에 대해서는 학자들에 따라 다양한 견해가 제시되고 있지만, 대체로 가치 배분의 구체적 원칙에 관한 서술적 의미보다는 '옳다'라고 하는 정의적(情意的) 의미를 담고 있는 가치 개념이라고 볼 수 있다. 따라서 공익 개념 속에서 형평과 평등이라는 사회적 가치의 배분 원리에 관한 서술적 의미를 도출할 수 있다.

그러나 배분적 정의를 어떻게 도출할 것인가는 고대 그리스 이래 철학의 영원한 주제 중 하나이다. 즉, 배분적 정의를 도출하기 위해서는 사회 후생(social welfare), 다시 말해 지역사회 구성원들이 경험하는 만족의 총량을 측정하기 위한 방법을 찾아야 하는데, 이것이 용이한 것은 아니다. 따라서 "어떠한 정책을 통하여 특정인이나 특정집단의 복지가 아닌 사회전체의 복지를 어떻게 극대화할 것인가?" 라는 질문에 답을 구하는 과정은 배분적 정의와 관련하여 매우 중요한 함의를 가지고 있다. 이하에서는 이에 대해 보다 구체적으로 살펴보고자 한다.

(2) 사회 후생을 극대화하기 위한 몇 가지 방법론

사회 전체의 후생을 극대화하기 위한 몇 가지 방법론을 살펴보면 다음과 같다.[124]

첫째, 개인후생의 극대화(maximize individual welfare)이다. 시장모형에서 사회의 후생은 개인 후생의 총합으로 간주된다.[125] 따라서 이러한 논리에 의한다면, 정책결정자는 모든 개인의 후생을 동시에 극대화하기 위해 노력할 수 있는데, 이를 위해서는 모든 개인의 가치에 기초해서 단일의 이행적 선호순위를 구성할 필요가 있다. 그러나 앞서 살펴본 애로우의 불가능성 정리(impossibility theorem)에서 보듯이, 개인의 후생을 극대화하기 위한 노력이 순환(cycling)적인 결과를 가져오기도 한다.

둘째, 최소복지의 보장(protect minimum welfare)이다. 정책결정자는 최악의 상태에 있는 일부 집단의 지위를 보장하면서 일부 사람들의 복지를 향상시키기 위해 노력할 수 있다. 이 접근방법을 '파레토 기준(Pareto criterion)'이라고도 하는데, 이는 어떤 사람의 후생도 악화됨이 없이 적어도 한 사람 이상의 후생이 증가한다면 그 사회상태가 그 이전의 상태보다 더 낫다는 것을 말한다. 또한 '파레토 최적(Pareto optimum)'은 이러한 파레토 개선(Pareto improvement)이 더 이상 되지 않는 상태, 다시 말해 다른 사람의 후생을 감소시키지 않고서는 어느 누구의 후생도 증가시킬 수 없는 자원의 최적 배분 상태를 의미한다.

셋째, 순후생의 극대화(maximize net welfare)이다. 여기에서 정책결정자는 순편익(총편익-총비용)의 증가를 시도하지만, 그 결과로 발생한 이익은 손실자에게 보상하는데 사용된다고 가정한다. 이 접근방법을 '칼도-힉스 기준(Kaldor-Hicks criterion)'이라고도 하는데, 이는 능률면에서 순편익(총편익-총비용)이 있고, 그 이익을 얻은 집단이 손해를 본 집단에게 보상할 수 있다면 그 사회상태는 이전의 사회상태보다 낫다는 것을 의미한다. 칼도-힉스 기준은 전통적인 비용편익분석의 기초 중 하나이다.[126]

넷째, 재분배후생의 극대화(maximize redistributive welfare)이다. 여기서 정책결정자는 사회의 선택된 일부 집단들, 예를 들면 소수인종, 빈곤층, 병자 등에 대한 재분배편익의 극대화를 시도한다. 그 한 가지 재분배 기준이 철학자 존 롤즈(John Rawls)에 의해 제기되었는데, 이는 최악의 상태에 있는 사회구성원의 복지에 이익을 가져온다면 그것이 다른 사회상태보다 더 낫다는 것이다(최소극대화 원칙). 롤즈의 사회정의 원리에 대해서는 아래에서 보다 구체적으로 살펴보고자 한다.

(3) 롤즈의 사회정의 원리

롤즈는 '무지의 베일(weil of ignorance)'에 가려져 있는 '원초상태(original position)'하에서 사회구성원이 합의하는 규칙 또는 원칙이 공정할 것이라고 전제한다. 자유와 기회, 소득과 부(富), 인간의 존엄성 등과 같은 사회적 가치는 평등하게 분배되어야 하며, 사회적 가치가 불평등하게 분배되는 경우에는 그것이 사회의 최소수혜자들에게 유리한 경우에만 정당화된다고 본다(최소극대화의 원칙(maximin principle)). 롤즈는 이러한 사회정의의 기본원리로서 다음과 같은 두 가지 원리를 제시하고 있다.

① 정의의 제1원리(기본적 자유의 평등 원리): 각인은 다른 사람의 유사한 자유와 상충되지 않는 한도 내에서 최대한의 기본적 자유에의 평등한 권리가 인정되어야 한다는 것을 말한다.

② 정의의 제2원리(차등 조정의 원리): '차등 조정의 원리'는 다시 '차등원리'와 '기회 균등의 원리'로 나누어지는데, 차등원리란 저축원리[127]와 양립하는 범위 내에서 가장 불우한 사람들의 편익을 최대화해야 한다는 원리를 말하며, 공정한 기회 균등의 원리란 사회·경제적 불평등은 그 모체가 되는 모든 직무와 지위에 대한 기회균등이 공정하게 이루어진 조건 하에서 직무나 지위에 부수해 존재해야 한다는 원리를 말한다.

롤즈에 의하면 두 가지 원리가 충돌할 때에는 제1원리가 제2원리에 우선하고, 제2원리 내에서 충돌이 생길 때에는 '기회균등의 원리'가 '차등의 원리'에 각각 우선되어야 한다고 본다. 이러한 맥락에서 롤즈의 사회후생함수는 평등주의(egalitarian) 사회후생함수와는 구별해야 한다. 평등주의 사회후생함수에서는 사회구성원들이 모두 똑같은 몫을 배분받아야 한다고 보는 반면, 롤즈의 사회후생함수에서는 경우에 따라 '차별'을 인정하고 있기 때문이다.[128]

이러한 롤즈의 최소극대화 원칙은 공리주의의 문제점에 대한 대안으로 주목을 받고 있다. 공리주의는 벤담의 "최대다수의 최대행복(greatest good for the greatest number)"이라는 말에서 알 수 있듯이 사회구성원들의 효용을 합친 총효용이 큰 대안이 바람직하다고 인식한다.[129] 이러한 공리주의에 대해서는 ① 사람들 간의 효용이 동일하다고 간주하여 교환이 가능하다고 인식한 점, ② 총효용이 동일한 대안들 사이에 우열을 가릴 수 없다는 점, ③ 형평의 문제를 고려하지 못한다는 점, ④ 개인의 효용은 다른 사람들의 효용과 독립적이지 않기 때문에 개인 효용의 총합으로 사회의 효용을 도출하는 것은 바람직하지 않다는 점,[130] ⑤ 개인의 효용에 대한 정확한 정보를 얻기 어렵다는 점[131] 등의 한계가 있는 것으로 지적된다. 사회구성원들 간의 효용을 단순히 합산하여 정책대안들 사이의 우열을 가리는 공리주의와 달리 롤즈의 최소극대화 원칙에서는 정책대안이 가져오는 분배적 측면도 고려한다. 예를 들면, 다음과 같다.

<표 1-6> 정책대안의 예시

	정책대안 A	정책대안 B	정책대안 C
구성원 甲의 효용	100	250	170
구성원 乙의 효용	80	50	100
구성원 丙의 효용	70	30	50
총효용	250	330	320
최소값	70	30	50

위 표에서 공리주의 기준에 의한다면 사회의 총효용이 가장 큰 대안 B가 선택된다. 그러나 이 대안을 실행할 경우 구성원 甲의 효용은 가장 크게 나타나겠지만, 최소값에 해당하는 구

성원 丙의 효용은 세 대안 가장 적다. 오히려 공리주의 기준에 의하면 가장 낮은 총효용 수준을 보여 가장 바람직하지 않은 대안으로 간주되는 대안 A가 최소값이 가장 커 롤즈의 최소극대화원칙에 의한다면 가장 바람직한 정책대안으로 채택된다.[132)]

롤즈의 정의관은 전통적 자유주의와 사회주의의 양 극단을 지양하고 자유와 평등의 조화를 추구하는 중도적 입장을 취하고 있는데, 그 결과 우파로부터는 평등을 지향하는 롤즈의 정의관이 자유의 제한을 초래한다는 점에서 비판을 받고, 좌파로부터는 롤즈가 말하는 '바람직한 불평등'이 아닌 '완전한 평등'을 추구해야 한다는 점에서 비판을 받는다. 또한 실제로 원초상태에 있는 사람들이 롤즈가 가정하고 있듯이 위험회피적이어서 '최소극대화 원칙'에 동의할 것인지도 의문이다.[133)] 이 밖에 윤리 그 자체에 대한 성찰적 연구를 의미하는 '메타 윤리(meta-ethics)'의 관점에서 보면, 롤즈의 정의관도 그 기준의 정당성에 의심이 갈 뿐만 아니라, 그가 말한 윤리적 책무도 더 이상 이성적인 사회적 담론의 산출물이 아니다. 예를 들면, 트라이브(Lawrence H. Tribe)는 롤즈가 말하는 윤리적 책무가 실제로는 '도구적 합리성'과 매우 유사한 것이기 때문에, 목표와 관련된 정당성의 문제는 논외로 하고 그 수단의 적합성 문제에만 천착했다고 비판한 바 있다.[134)]

(4) 분배 정의

분배 정의란 어떤 사람의 소득도 ① 국민총생산에의 기여도에 따라 공정하게(공헌원칙), ② 생활유지의 필요에 따라 공평하게(필요원칙) 라는 두 가지 기준이 균형되는 소득이 국민에게 분배되는 것을 의미한다.[135)] 공헌원칙에 따른 분배는 사회경제적 약자에 대한 분배가 불충분하게 되므로 필요원칙에 따라 이들의 필요에 응하여 공평하게 소득취득의 기회가 주어져야 한다. 정부는 경제적 규제 등을 통하여 이들의 생존권을 보장하기 위해 일정한 소득이나 사회보장 및 사회복지 등을 보장할 필요가 있다.

3) 형평성

형평성은 다의적인 개념이기 때문에 그것이 무엇을 의미하는가에 대해서는 일률적으로 정의하기 어려운 면이 있지만, 여기서는 이익 또는 손해를 받을만한 동등한 가치가 있는 집단들에게 이익 또는 손해를 동등하게 제공하는 것으로 정의하고자 한다.[136)] 따라서 형평성은 법적 · 사회적 합리성과 밀접하게 관련되어 있으며, 사회 내의 여러 집단 사이에서의 효과성과 노력의 배분을 의미한다.[137)]

3. 수단적 정책가치

1) 합리성

합리성(rationality)이 무엇을 의미하는가에 대해서는 다양한 견해가 제시되고 있고, 사회구성주의(social constructivism)의 관점에서는 합리성이라는 것도 사회구성원들이 인식하는 '사회적 규정(social definition)'의 산물에 불과하다. 다만, 여기서는 경제학적 관점에서 합리성을 '도구적 합리성(instrumental rationality)', 다시 말해 목표가 '주어진(given)' 경우 그러한 목표를 달성하기 위한 최선의 수단을 선택한다는 의미로 이해하고자 한다. 이러한 도구적 합리성의 관점에서 합리성을 이해한 대표적인 학자로 막스 베버(Max Weber)를 들 수 있다. 그는 사회적 행위의 유형을 의도된 목표의 성공적 달성과 관련된 '수단-목적 합리적(means-ends rational)' 행위와 본질적인 가치와 관련된 '가치 합리적(value-rational)' 행위로 구분한 바 있다.[138] 수단적 합리성과 가치 합리성은 조화를 이루는 것이 바람직하다. 이 둘이 조화를 이루기 위해서는 추구하는 목적과 이를 달성하기 위한 수단 모두 도덕적으로 정당하고 사회적으로 공감대가 형성된 보편적 가치이어야 한다.[139]

합리성은 다양한 관점에서 분류할 수 있는데, 여기서는 사이몬(Herbert A. Simon)의 분류와 디싱(Paul Diesing)의 분류에 대해 살펴보고자 한다. 먼저 사이몬은 합리성을 내용적 합리성(substantive rationality)과 절차적 합리성(procedural rationality)으로 나눈 바 있다.[140] 내용적 합리성은 앞서 살펴본 도구적 합리성과 비슷한 맥락에서 주어진 조건과 제약 요인의 한계 내에서 주어진 목표의 성취에 적합한 행동을 하는 것을 의미한다. 내용적 합리성 하에서는 주어진 목표에 대해 정확한 해답을 찾아야 하므로 내용적으로 합리적인 해답은 오직 한 가지이고 두 가지가 있을 수 없다. 이에 반해 절차적 합리성은 결정과정이 이성적인 사유(reasoning)에 따라 이루어지는 것을 의미한다. 내용적 합리성은 완전한 합리성을 가진 '경제인'을 전제로 한 것이지만, 현실의 인간은 인지능력상 한계가 있는 '제한된 합리성(bounded rationality)'을 가진 '행정인'이다. 따라서 사이몬에 의하면 정확한 해답을 찾는 것보다는 그것을 찾아가는 과정이 중요하다.[141] 이처럼 절차적 합리성의 일차적인 관심은 합리성의 내용보다는 결정 과정에 있기 때문에, 문제의 해결책보다는 해결책을 발견하는 과정에 관심이 있다.

다음으로 디싱은 합리성을 기술적 합리성(technical rationality), 경제적 합리성(economic rationality), 사회적 합리성(social rationality), 법적 합리성(legal rationality), 그리고 정치적 합

리성(political rationality) 등 다섯 가지로 나누어 설명하고 있다. 이에 대해 간략하게 살펴보면 다음과 같다.[142] 첫째, 기술적 합리성은 목표-수단 계층제를 전제로, 목적달성에 적절한 수단을 탐색하는데 중점을 두는 합리성을 말한다. 둘째, 경제적 합리성이란 비교가 가능한 대립되는 두 가지 이상의 목표의 존재를 전제로, 비용과 편익을 측정・비교하여 목표를 선택・평가하는 과정과 관련된 합리성을 말한다. 셋째, 사회적 합리성은 가치 있는 사회제도의 유지・개선, 제도화의 촉진과 관련된 합리성을 말한다. 넷째, 법적 합리성은 확립된 규칙과 선례에 부합되고 있는가를 기준으로 하는 합리성을 말한다. 다섯째, 정치적 합리성은 보다 나은 정책을 추진할 수 있는 정책결정구조의 합리성을 말한다.

합리성을 논의함에 있어 빠트리지 말아야 할 것이 바로 개인적 합리성과 사회적 합리성 사이의 관계이다. 아담 스미스 이래 전통적인 자유주의 경제학에서는 개인의 사익추구라는 사적인 악이 '보이지 않는 손'과 같은 시장메커니즘을 통해 공익실현이라는 공적인 덕성으로 전환될 수 있다고 하면서, 개인의 합리적 선택은 사회전체적인 합리적 결과로 귀결될 것이라고 주장하였다. 그러나 이러한 가정과 달리, 현실에서는 개인적 합리성과 사회적 합리성이 조화되지 않는 '사회적 딜레마' 상황을 심심치 않게 볼 수 있다. 한 예로 '공유지의 비극'을 들 수 있는데, 재산권이 설정되어 있지 않아 누구나 이용할 수 있는 '공유자원'의 경우 개인에게 귀속되는 편익을 극대화하기 위해 한 행위가 공유자원의 남획으로 이어져 모두에게 파멸적인 결과를 가져올 수 있다.

2) 효과성

효과성(effectiveness)이란 일반적으로 목표달성의 정도(degree of goal achievement)를 의미한다.[143] 기술적 합리성과 밀접하게 관련되는 효과성은 대체로 산물과 서비스 단위 또는 화폐 가치로 측정된다.[144]

3) 능률성

능률성(efficiency)이란 가장 간단하게 정의하면 투입(input)과 산출(output)의 비율을 의미한다.[145] 경제적 합리성과 동의어인 능률성은 효과성과 노력 간의 관계를 의미하며, 노력은 보통 화폐단위로 표현된다.[146] 이와 같은 능률성은 목표의 달성정도(degree of goal attainment)를 의미하는 효과성과는 구별해야 한다. 즉, 능률성은 투입 대 산출의 비율로 정의되는 개념인데 반해, 효과성은 보통 산출의 양이라는 관점에서 정의되는 개념이다.[147]

제 4 절 사회적 자본

1. 사회적 자본의 의의

사회적 자본(social capital)이 무엇을 의미하는가에 대해서는 학자들에 따라 여러 가지 견해가 제시되고 있다. 그러나 사회적 자본에 관한 학자들의 정의는 절대적이기보다는 상대적이며, 상당한 정도의 공통점을 가지고 있다. 이것은 다음과 같은 두 가지 특징으로 요약된다.[148] 첫째, 사회적 자본은 사회구조의 일정한 측면으로 구성되어 있다. 사회구조적 자원으로서 사회적 자본은 사람들 사이의 관계에 내재한다. 다른 형태의 자본과 달리 사회적 자본은 네트워크에 참여하는 당사자들이 공동으로 소유하는 자산이며, 한 행위자만이 배타적으로 소유권을 행사할 수 없다. 둘째, 사회적 자본은 사회구조와 네트워크 내에서 개인의 행동을 촉진하는 역할을 수행한다. 사회적 자본은 이것이 없이는 불가능하거나 적어도 가외의 비용을 지불해야 얻을 수 있는 목적을 달성할 수 있게 한다. 이러한 측면에서 사회적 자본은 사회적 관계에서 거래비용을 감소시켜 주는 기능을 수행한다. 이러한 맥락에서 퍼트남(Robert D. Putnam)은 사회적 자본을 "사회구성원들 간의 협력적 행위를 촉진시켜 사회의 효율성을 높일 수 있는 사회적 신뢰, 상호성의 규범,[149] 그리고 시민참여의 네트워크와 같은 사회조직의 속성"으로 정의하고 있다.[150]

2. 사회적 자본의 특징

지식정보화 사회가 도래하면서 신뢰(trust)나 상호성(reciprocity)은 단순히 문화적인 차원에서만 논의되는 것이 아니라, 인적·물적 자본 외에 사회적 자본으로서 국력의 척도로 평가받고 있다. 그렇다면 사회적 자본은 전통적인 인적·물적 자본과 어떤 면에서 차이가 있을까? 퍼트남의 논의를 중심으로 이를 정리하면 다음과 같다.

첫째, 사적재의 성격을 가지고 있는 인적·물적 자본과 달리, 사회적 자본은 '공공재(public goods)'의 성격을 가지고 있다. 즉, 사회적 자본은 그 이용에 있어서 어느 누구도 배제할 수 없으며(비배제성), 한 사람의 이용이 다른 사람의 이용가능성을 줄이는 것도 아니다(비경합성). 따라서 민간에서는 저평가되고 적게 공급되는 경향이 있다.[151]

둘째, 사회적 자본의 생성과 파괴에는 '선순환 · 악순환 관계'가 있기 때문에 사회적 신뢰, 상호성의 규범, 시민참여의 네트워크와 같은 사회적 자본의 스톡(stock)은 자기강화적(self-reinforcing)이고 축적되는 성질을 가지고 있다. 즉, 사회적 자본을 축적하여 이를 사용함으로써 사회적 자본이 늘어나는 선순환에서는 높은 수준의 협력, 사회적 신뢰, 상호성의 규범, 시민참여, 그리고 집단적인 부유함 등을 가져오는 사회적 균형을 이룰 수 있으나, 사회적 자본이 축적되지 않아 이를 사용하지 않음으로써 사회적 자본이 감소하는 악순환에서는 패배감, 불신, 위축, 소외감, 무질서, 그리고 정체가 나타난다는 것이다.[152]

셋째, 사회적 자본이 선순환 · 악순환 관계에 있다고 한다면, '처음 시점에서 사회적 자본이 지역에 따라 상이한 양상을 보인 이유는 무엇인가?' 라는 점을 규명할 필요가 있다. 이와 관련하여 퍼트남은 이탈리아 남부와 북부 사이의 사회적 자본 축적의 상이성은 많은 부분 역사의 '우연'에서 비롯되었으며, 그러한 우연이 시간이 경과함에 따라 확대 · 재생산되었다고 보고 있다. 따라서 그는 과거의 역사적 사건이 현재에도 인과론적으로 영향을 미치는 '자기강화 과정(self-enforcing process)'에 초점을 맞추고 있다.

3. 집합적 행위의 딜레마와 사회적 자본

집합적 행위의 딜레마(collective action dilemma)나 죄수의 딜레마(prisoners' dilemma)와 같은 사회적 딜레마의 해결에 있어서 전통적인 합리적 선택 이론에서는 '선별적 유인(selective incentive)'과 같은 '경제적 유인(economic incentive)'을 강조하였으나, 최근에는 신뢰나 상호성과 같은 문화적 가치를 통해 해결하려는 견해가 유력하게 제시되고 있다.

1) 지역의 발전과 사회적 자본

지역의 발전이 공공재의 성격을 띠고 있다는 피터슨(Paul E. Peterson)의 견해를 받아들인다면,[153] 지역발전과 관련하여서는 '집합적 행위의 문제'가 생길 수 있다. 따라서 사회적 자본은 지역발전과 관련하여 나타날 수 있는 조정의 문제(coordination problem)를 해결하는 데 있어 중요한 함의를 가지고 있다. 이와 관련된 대표적인 연구로 퍼트남의 연구를 들 수 있는데, 그에 의하면 사회적 신뢰, 상호성의 규범, 시민참여의 네트워크와 같은 사회적 자본의 축적정도가 지역의 집합적 행위의 수준과 발전에 중요한 영향을 미쳤다고 한다. 즉, 사회적 자본이 축적되어 이것이 증가하는 선순환(virtuous circle) 지역(이탈리아 북부)에서는 사람들 사이의 협력을 위한 보다 왕성한 기반이 제공됨으로써 지역이 발전한 반면, 사회적 자본이 축적되지 않아 이것이 감소하는 악순환(vicious circle) 지역(이탈리아 남부)에서는 협력이 제대로 이루어지지 않아 지역이 낙후되었다는 것이다.[154)]

2) 공공재의 공급과 사회적 자본

학자에 따라서는 공공재의 공급과 관련되어 나타나는 집합적 행위의 문제를 해결하기 위한 대안으로 사회적 자본을 제시하기도 한다. 앞서 살펴본 바와 같이, 공공재의 경우에 합리적 행위자에게 있어 우월전략(dominant strategy)은 그 비배제적 성격으로 인해 자신들의 진정한 선호를 숨기면서 무임승자차(free-rider)가 되는 것인데, 다른 사람들 역시 합리적 행위자라면 이러한 전략을 선택할 것이고, 그 결과 공공재가 공급되지 않는 점에서 우월전략균형(따라서 당연히 내쉬 균형)이 형성된다. 그런데 이 균형은 공공재가 공급되어 모두에게 이득이 되는 방향으로의 변화, 즉 파레토 개선(Pareto improvement)이 가능하기 때문에 파레토 열위적(Pareto inferior) 균형이고, 따라서 집단 전체적으로는 비합리적인 결과에 해당된다. 이 같은 문제는 기본적으로 행위자들 사이에 신뢰가 없기 때문인데, 개인들이 다른 사람들을 보다 신뢰할 수 있을 때 더욱 이타적이 된다는 연구결과가 제시되고 있다. 예를 들어, 앤더슨 등(L. R. Anderson et al.)은 신뢰에 대한 태도지표(attitudinal measures)와 행태지표(behavioral measures)를 토대로 공공재에 대한 실험을 하였는데, 신뢰에 대한 이러한 지표와 공공재에 대한 고액기부 사이에는 정(+)의 상관관계가 있는 것으로 나타났다.[155)]

3) 개혁과 사회적 자본

개혁은 일반적으로 공공재의 성격을 가지고 있다. 따라서 개혁의 과정에는 전환비용(transition cost)의 부담 여부를 둘러싸고 조정의 문제에 직면할 수 있다. 이와 관련하여 정치학자 코핸(Robert O. Keohane)은 전통적인 합리적 선택 이론의 관점에서 이러한 문제의 해법으로 '앞선 자의 이득(first mover advantage)'을 제시하고 있다. 즉, 개혁의 발안자에게는 특별한 혜택을 줘야 한다는 것이다.[156)] 그러나 최근에는 앞선 자의 이득과 같은 선별적 유인이 없는 경우에도 집합적 행위가 이루어진다는 것이 많은 실증연구에서 밝혀진 것이며, 따라서 최근에는 신뢰와 같은 문화적 가치에 대한 관심이 높아지고 있다.

4. 사회적 자본의 함의

1) 국부(國富)의 원천

신뢰, 상호성, 네트워크 등은 전통적으로 문화론적 관점에서 논의되었지만, 최근에는 인적·물적 자본 외에 사회적 자본을 구성하는 중요한 스톡(stock)으로서 경제성장을 이끄는 핵심적인 요인으로 평가받고 있다. 예를 들어, 세계은행은 '국부(國富)는 어디에서 오는가'라는 보고서에서 한 나라의 국부 창출에 있어서 핵심 중에 핵심 역할을 하는 것이 바로 '사회적 자본'이라고 분석했다. 보고서에 따르면 사회적 자본의 국부창출 기여도는 선진국 클럽인 경제개발협력기구(OECD) 국가의 경우 81%에 달한 반면, 후진국과 중진국은 각각 50%와 68%에 불과했다. 각 국가의 국부 수준의 차이가 결국은 사회적 자본의 수준 차에서 비롯된다는 얘기다.[157)]

2) 작은 정부

사회적 자본은 최근에 주목을 받고 있는 '작은 정부론'과 관련하여서도 중요한 함의를 가지고 있다. 사회적 자본은 정부가 시장에 개입하는 중요한 이론적 근거인 사회적 딜레마의 경우에도 정부가 직접 개입하는 것보다는 이해당사자들 사이의 자발적인 협력을 강조한다는 점에서 정부의 역할과 기능을 줄이고자 하는 최근의 작은 정부론과 일맥상통하는 면이 있기 때문이다. 다만, 사회적 자본의 축적에 있어서는 정부의 역할이 중요하기 때문에, 경우에 따라서는 정부의 적극적 역할이 필요한 때도 있다.

5. 사회적 자본의 순기능 및 역기능

1) 사회적 자본의 순기능

사회적 자본의 순기능으로는 정보(information), 통제(control), 결속감(solidarity) 등을 들 수 있다.[158)]

첫째, 사회적 자본의 중요한 한 형태는 사회관계를 이용하여 필요한 정보를 획득한다는 것이다. 즉, 사회적 자본은 아주 적은 비용으로 정보(information channel)의 원천에 접근하도록 한다. 또한 조직 사이의 연계망은 기업이 새로운 기술과 지식을 획득하는 데 상당한 혜택을 가지고 있다. 다른 형태의 자본과 마찬가지로 사회적 자본도 불확실하지만 미래에 기대를 가지고 투자할 수 있는 자원이다. 개인적 · 집단적 행위자들은 대외적인 관계의 연결망을 투자를 통해서 구축하여, 그들의 사회적 자본을 증가시킬 수 있으며, 이에 따라 가치 있는 정보에 접근할 수 있다.

둘째, 효과적인 규범의 존재는 강력한 사회적 자본을 형성한다. 대부분의 사람들이 규범을 준수하고 시민참여의 네트워크가 확고하게 구축된 사회에서는 규범을 지키지 않는 사람들을 처벌하는 것이 용이하다. 특히, 엄격한 지역사회의 네트워크에 의해 형성된 사회적 자본은 그 지역의 규율을 유지하고 사람들로부터 복종이나 협력을 요구할 때, 부모, 선생님, 경찰당국에게 매우 유용하게 이용될 수 있다.

셋째, 사회적 자본을 가진 사람들 사이에서는 가치관, 규범, 목적의 공유를 통해서 결속감(solidarity)을 만들어낼 수 있다. 그리고 사회적인 연대는 사람들 사이에 상호 신뢰와 약속이 있을 때 두 사람 또는 그 이상의 사람들 사이에서 나타나게 된다. 사회적 연결망과 관련된 강력한 사회적 규범과 믿음은 규칙과 관례에 따르도록 하고, 공식적인 통제의 필요성을 감소시킨다. 더 많은 사람들이 서로 연결되고 그들의 신뢰를 통해서 사회적 자본은 강력한 집합적인 속성을 갖게 되므로 그들은 개인적으로나 집단적으로 더욱더 잘살게 된다. 즉, 전체로서의 사회적 · 경제적 시스템은 사회적 자본을 형성한 행위자들 사이의 결속감 때문에, 그 기능을 매우 잘 발휘한다는 것이다.

2) 사회적 자본의 역기능

사회적 자본과 관련된 연구들은 대부분 그 순기능에 초점을 맞추고 있지만, 경우에 따라서는 사회적 자본이 역기능을 초래하기도 하는데, 이를 정리하면 다음과 같다.[159)]

첫째, 그라노베터(Mark Granovetter)가 경고하듯이, 사회적 자본이 폐쇄적인 연줄망으로 귀결될 수 있다. 어떤 집단에 대한 제한된 결속과 신뢰는 그 집단에게 사회 · 경제적 지위와 기업가적 발전에 대한 원천을 제공하지만, 다른 집단에게는 이러한 제한된 결속과 신뢰가 정반대의 부정적인 효과를 갖기도 한다. 제한된 결속이 집단 간의 배타성과 분열을 조장하여 궁극적으로는 '공공 악재(public bads)'를 양산할 수 있기 때문이다.

둘째, 지역사회에서 효과적인 통제기제로 작용하는 사회적 연대(social connections)가 경우에 따라서는 개인의 표현의 자유를 제한하고, 지역사회를 넘나드는 접촉의 정도를 제한함으로써 혁신을 방해할 수 있다.

셋째, 사회적 자본이 나쁜 목적으로 사용될 경우 이는 사회적 불평등으로 이어질 수 있다. 어떤 집단에게는 이로운 규범과 연결망이 되지만 만일 이들 규범과 연결망이 사회적으로 인종 차별적인 요소를 갖고 있다면 이것들은 다른 집단에게는 해로운 것이 될 수 있다.

6. 사회적 자본의 정책학적 함의: 신뢰할 수 있는 약속 제시

전술한 바와 같이, 사회적 자본은 선순환・악순환 관계에 있기 때문에, 사회적 자본의 악순환을 끊고 선순환으로 나아가기 위한 합리적인 방안을 마련하는 것은 중요할 수밖에 없다. 특히, 한국은 사회적 자본의 결핍이 심각한 문제로 대두되고 있다. 후쿠야마(Francis Fukuyama)는 한국 사회를 문화적 차원에서 '저신뢰 사회'로 규정하고, 한국 사회에 만연된 불신이 사회적 비효율성의 원인이 되고 있음을 지적한 바 있다.[160] 혐오시설의 입지 결정이나 이명박 정부 초기 미국산 쇠고기 수입 문제 등의 사례에서 볼 수 있듯이, 정부 신뢰의 상실 및 저하가 추가적인 사회적 비용의 문제로 지적되고 있다. 실제로 세계은행이 조사한 국민 1인당 사회적 자본 순위에서 한국은 세계 118개국 중 26위에 머물렀다. 또한 OECD 국가 평균 사회적 자본의 크기는 1인당 35만 3,339달러인 데 반해 우리는 10만 7,864달러로 선진국의 3분의 1에 그치고 있다.[161]

사회적 자본의 축적과 관련하여 최근에는 기존의 사회중심적(society-centered) 시각에서 벗어나 사회적 자본의 형성에 있어서도 정부가 중요한 역할을 수행한다는 점이 강조되고 있다.[162] 특히, 정부가 어떤 정책을 추진하는 경우에는 그러한 정책에 대한 '신뢰할 수 있는 약속(credible commitment)'을 제시할 필요가 있다. 다시 말해, 정부가 정책 추진에 대한 재량의 여지를 최소화하여 정책을 '불가항력적인 공약(imperative commitments)'[163]이 되도록 할 필요가 있다는 것이다. 이는 정책 추진 과정에서 흔히 나타나는 죄수의 딜레마 문제를 해결할 수 있는 한 방안이 될 수 있으며, 그에 따라 정책 추진에 수반되는 '전환비용(transition cost)'을 최소화할 수 있다.[164] 예를 들면, 합리적 기대 이론(rational expectation theory)의 주창자인 토머스 사전트(Thomas Sargent)는 정부 정책이 확고하고 명백하여 민간 경제주체들이 이를 신뢰하는 경우, 전통적인 경제학이 가정하는 것보다 인플레이션 비용이 훨씬 적을 수 있다는 점을 강조한 바 있다.[165]

제 2 장 정책의 기초

제 1 절 정책의 의의

1. 정책의 개념 및 성격

1) 정책의 개념

'정책(policy)'이 무엇을 의미하는가에 대해서는 학자들에 따라 다양한 견해가 제시되고 있다. 예를 들면, 이스턴(D. Easton)은 "가치를 배분하는 의사와 행동의 관계망"이라고 정의하였고, 헤클로(H. Heclo)는 "특정한 의사 또는 행동이라기보다는 행동 또는 비행동(inaction)의 과정"으로 정의하였으며, 젠킨스(W. I. Jenkins)는 "특정한 상황에서 목표와 이를 달성하기 위한 수단의 선택과 관련된 일련의 상호의존적 의사의 집합"으로 정의하였다.[166] 또한 앤더슨(J. E. Anderson)은 "공적 문제를 다루려고 하는 일단의 행위자들이 채택한 상대적으로 안정적이고 의도적인 일련의 행동 또는 비행동"으로 정의하였으며,[167] 다이(T. R. Dye)도 비슷한 맥락에서 "정부가 어떤 조치를 취할 것인지 말 것인지를 결정하는 것"으로 정의하였다.[168] 이처럼 정책에 대해서는 다양한 견해가 제시되고 있지만, 여기서는 정정길 외의 견해에 따라 "바람직한 사회 상태를 이룩하려는 정책목표와 이를 달성하기 위해 필요한 정책수단에 대하여 권위 있는 정부기관이 공식적으로 결정한 기본방침"으로 정의하고자 한다.[169]

이러한 정책은 시책, 대책, 사업 등과 거의 같은 뜻으로 사용되지만, 이들은 정책 중에서 하위정책을 의미할 때가 많다. 즉, 상위정책을 집행하기 위한 하위정책을 흔히 시책이라고 한다.[170] 또한 정책과 제도의 관계도 문제가 된다. 이와 관련하여 정책을 '공식적 제도의 구현'으로 보면서 공식적인 제도와 정책을 혼용하여 사용하는 경우가 있는가 하면,[171] 양자의 개념구분이 불명확하다는 견해도 있다.[172] 또한 제도와 정책을 영향을 주고받는 관계가 아니라 차원을 달리하는 병렬적인 관계로 이해하는 경우도 있다. 예를 들면, 피어슨(Paul Pierson)은 정책과 제도 모두 '행태에 대한 법적인 제약(legally binding constraints on behavior)'으로 정의하면서도, 정책은 제도에 비해 쉽게 변할 수 있는 속성을 가지고 있다고 지적한다.[173] 그러면서 그는 제도와 정책을 서로 영향을 주고받는 관계로 이해하고 있다. 5장에서 살펴보는 바와 같이, 제도는 국가를 구성하는 거시적인 구조적 틀로서 정책이 결정되는 토대를 형성하기도 하지만, 경우에 따라서는 정책이 제도적 틀을 바꾸기도 한다. 다시 말해, 피어슨이 적절하게 지적하고 있듯이, 정책이 "경제적 · 정치적 자원의 배분에 영향을 미치고, 대안적인 정치전략과 관련된 비용과 편익을 변경하며, 따라서 후속 정치의 진전을 바꿈으로써" 제도에 영향을 미칠 수 있다.[174]

2) 정책의 기본적 성격

정책의 정의로부터 도출할 수 있는 기본적 성격은 다음과 같다.[175] 첫째, 정책은 공적인 문제를 다루는 것이지 사적인 문제를 다루는 것이 아니다.[176] 즉, 민간기업이 어떤 경영상의 방침을 마련했다고 하더라도 그것은 '정책'이라고 부르기 어렵다. 이러한 맥락에서 '의사결정'과 '정책결정'은 구분해야 한다. 양자는 모두 여러 대안들 중에서 하나의 대안을 선택하는 과정이라는 점에서는 공통되지만, 의사결정은 공 · 사조직 모두에서 나타날 수 있는 현상인 반면 정책결정은 오직 공공부문에서만 나타나는 현상이다.[177]

둘째, 정책은 사회를 일정한 방향으로 변화시키는 것을 의도하고 있기 때문에, 바람직한 상태를 실현하려는 목표지향성을 가지고 있다.

셋째, 정책을 통해 바람직한 상태를 이루려면 목표만 있어서는 곤란하고 이를 달성할 수 있는 구체적인 수단을 구비하고 있어야 한다. 정책수단은 정책목표에 비해 구체적이고 정책의 실질적 내용을 구성하고 있기 때문에 정책수단을 정책으로 부르기도 한다.

넷째, 사회문제를 해결하기 위한 수단으로 정책을 이해할 경우, 정책과 그것의 시행으로 인해 나타난 효과 사이에는 인과관계가 있어야 한다.

다섯째, 정책은 바람직하지 않은 상태를 바람직한 상태로 변화시키고자 하는 문제해결지향성 내지 변동지향성을 가지고 있다.

여섯째, 정책으로 인해 일부 집단은 혜택을 보는 반면 일부 집단은 비용을 부담하기 때문에, 사회적 가치의 배분에서 중요한 역할을 담당한다. 이러한 이유로 이스턴(D. Easton)은 정책을 "전체 사회에 대한 가치의 권위적 배분"으로 정의하고 있다.

일곱째, 정책은 사회를 어떻게 만들겠다고 정부가 공식적으로 결정하여 공포한 것이다. 따라서 정책결정자가 정책과 관련하여 개인적인 의견을 표명한 것은 정책이라고 보기 어렵다.

여덟째, 정책은 다양한 행위자들이 참여하는 의사결정구조의 산물이며, 시간이 지남에 따라 변화하는 성질을 가지고 있다. 따라서 정책은 하나의 산출물(product)인 동시에 하나의 과정(process)이다.

아홉째, 정책은 여러 대안들을 합리적 · 분석적으로 비교 · 평가하여 하나의 대안을 선택하는 합리적 과정의 산물인 동시에, 관련 이해관계자들 사이의 협상 · 타협 · 정치적 흥정에 의해 결정되는 정치적 과정의 산물이다.

열째, 정책은 다른 형태의 집합적 의사결정(collective decision making)과 다르게, 그것을 채택한 조직의 구성원들에게 강제나 제약을 가할 수 있다.

열한째, 정책은 조직의 최상위 수준에서 결정된다. 따라서 여기서의 의사결정은 장기적으로 영향을 미치며, 다량의 정보와 체계적인 정책분석을 요한다.

2. 정책의 구성요소

정책의 3대 구성요소는 정책목표, 정책수단, 그리고 정책대상집단이다. 이에 대해 살펴보면 다음과 같다.[178)]

1) 정책목표

(1) 정책목표의 의의

정책목표(policy goals)란 "정책을 통해 이룩하고자 하는 미래의 바람직한 상태(desirable state)"를 의미한다. 이러한 정책목표는 미래성과 방향성을 가지고 있으며, 주관적이고, 타당성이나 규범성을 가지고 있다. 정책목표는 다시 소극적(치유적) 목표와 적극적(창조적) 목표로 나눌 수 있는데, 치유적 또는 소극적 목표는 문제 발생 이전에 존재했던 상태를 정책목표로 삼는 경우를 말하며, 창조적 또는 적극적 목표는 과거에 경험해보지 못한 새로운 상태를 창조하려는 것을 말한다.[179)] 대부분의 정책목표는 치유적 목표이지만, 후진국의 경우에는 창조적 목표를 설정하는 경우도 많다. 예를 들어, 개발연대 한국 정부는 경제개발 5개년 계획을 수립했는데, 그 내용은 이전에 없던 전혀 새로운 경제 상태를 지향하는 경우도 많았다.

이러한 '정책목표(policy goals)'와 구분되는 것으로 '정책목적(policy objectives)'이 있다. '정책목표'와 '정책목적'은 모두 미래지향적인 특성을 가지고 있으나, 정책목표는 '포괄적 의미(broad purpose)'로 표현되는데 반해, 정책목적은 정책의 '구체적인 의도(specific aim)'로 구성된다. 정책목표와 정책목적은 다음과 같은 차이가 있다.[180)]

첫째, 정책목표와 정책목적의 구체화 정도를 비교하면, 정책목표는 폭넓게 정의되는 반면, 정책목적은 구체적으로 정의된다.

둘째, 정책목표와 정책목적을 정의하는 데 사용하는 '용어(terms)'를 비교하면, 정책목표는 '형식적(formal)'인 반면, 정책목적은 '조작적(operational)'이다.

셋째, 정책목표와 정책목적이 정하는 '시간적 범위(time period)'을 비교하면, 정책목표는 구체적이지 못한 데 비해, 정책목적은 구체적으로 시간의 범위를 설정한다.

넷째, 정책목표와 정책목적의 '측정 과정(measurement procedure)'을 비교하면, 정책목표는 '계량화(quantify)'하기 어려운 반면, 정책목적은 계량화가 가능하다.

다섯째, 정책목표와 정책목적이 '정책대상집단(policy target groups)'을 정의하는 방법을 비교하면, 정책목표는 정책대상집단을 폭넓게 정의하는 반면, 정책목적은 구체적으로 정의한다.

(2) 바람직한 정책목표의 요건

바람직한 정책목표는 다음과 같은 요건을 갖추어야 한다.[181]

첫째, 정책목표는 실질적 내용 면에서 타당성을 지녀야 한다. 정책목표의 타당성은 '적합성(appropriateness)'과 '적절성(adequacy)'을 포괄하는 개념이다. 정책목표의 적합성이 정책목표가 여러 가지 요소 중에서 가장 바람직한 요소를 목표로 선정했느냐의 여부를 의미한다면, 정책목표의 적절성은 정책목표의 달성 수준이 지나치게 높거나 낮지 않고 적정한 수준인지의 여부를 의미한다. 즉, 적합성이 정책목표의 '내용(content)'과 관련된다면, 적절성은 정책목표의 '수준(level)'과 관련된다.

둘째, 정책목표는 일관성을 유지하여야 한다. 즉, 종적인 차원에서 하위목표는 내용상 상위목표의 수단이 되는 목표 · 수단 연쇄 관계가 유지되어야 하며, 횡적으로도 다른 목표들과 상충되지 않아야 한다.

셋째, 정책목표는 실현가능한 것이어야 한다. 여기서 실현가능성이란 정책목표의 '채택가능성'과 '집행가능성'을 포함하는 개념이다. 실현가능성이 없는 정책목표는 결국 실패로 끝날 뿐만 아니라 자원의 낭비마저 초래하게 된다. 이러한 실현가능성에는 정치적 실현가능성, 법적 · 윤리적 실현가능성, 재정적 · 경제적 실현가능성, 행정적 실현가능성, 기술적 실현가능성 등이 있다.[182]

넷째, 정책목표는 구체적이고 실제적이어야 한다. 현실적으로 정책목표는 갈등을 회피하기 위한 정치적 동기에서 추상적으로 규정되는 경우가 많다. 그러나 정책목표가 지나치게 추상적이거나 애매모호하게 되면 정책대안의 탐색이나 정책의 집행, 평가에서 적절한 기준이 될 수 없을 뿐만 아니라 혼란을 야기시킬 수 있다. 따라서 정책목표는 가능한 한 측정 가능한 단위로 제시하는 것이 바람직하다.

다섯째, 정책목표는 가능한 한 여러 관련 집단의 이익을 반영하여 합의가 이루어져야 한다. 정책목표에 대한 합의가 이루어지지 않은 상태에서 다음 단계로 넘어갈 경우 많은 충돌과 혼란이 예상되기 때문이다.

(3) 정책목표들 사이의 관계

하나의 정책은 단일의 목표가 아니라 여러 가지 정책목표를 가지고 있는 경우가 많은데, 이들 목표들 간에는 다음과 같은 상호관계가 있을 수 있다. 첫째, 상하관계이다. '목표-수단의 계층제(ends-means hierarchy)'에서 하위목표는 상위목표의 수단이 될 수 있다. 이 경우 어떤 요소가 상위목표를 지니면서 하위수단에 대해서는 그 자신이 목표로서 역할을 하는 경우 이 목표를 '도구적 목표(instrumental goal)'라고 부른다.[183] 목표-수단 계층제에서 상위목표로 갈수록 추상적이고 무형적인 성격을 가지고 있어 정책을 둘러싼 갈등을 흡수하는 성격을 가지고 있다. 따라서 실제 정책결정과정에서는 주로 상위 차원의 목표가 결정되고 하위 차원의 목표는 주로 정책집행과정에서 구체화된다. 둘째, 보완관계이다. 동일한 상위목표의 달성을 위해 몇 가지 하위목표들이 서로 보완관계에 있는 경우이다. 이럴 경우 상하목표들 사이에는 인과관계가 있어야 할 경우가 많다. 셋째, 모순·충돌관계이다. 하나의 정책문제를 해결하면 다른 문제가 더욱 악화되는 '상충관계(trade-off)'에 있는 경우이다. 현실의 정책결정에서 상충되는 정책목표를 규정하는 이유는 많은 부분 다양한 이해관계를 반영하여 지지를 얻으려는 정치적 동기 때문이다. 넷째, 경쟁관계이다. 이용가능한 자원을 획득하기 위해 목표들 간에 경쟁관계에 있는 경우이다.

(4) 정책목표의 기능

그렇다면 정책목표는 어떤 기능을 수행하는가? 우선 지적할 수 있는 것은 사회의 상태를 바람직한 방향으로 변화시키려는 기능이다. 이것이 정책목표의 본래적·1차적 기능이라고 할 수 있다. 이 밖에 정책목표의 부차적 기능으로는 정책과정과 관련된다. 정책과정에서 정책목표는 효과성을 측정하는 기준으로 다음과 같은 역할을 수행한다.[184]

첫째, 정책목표는 여러 가지 정책수단들 중에서 최선의 것을 선택하는 기준이 된다. 정책분석론에서 살펴보는 것처럼, 정책대안 또는 수단을 선택하기 위해 사용되는 기준은 효과성(목표달성의 정도) 외에 여러 가지가 있지만, 목표달성의 정도가 대안선택에서 가장 중요한 기준 중의 하나임에는 틀림없다.

둘째, 정책목표는 정책집행의 지침이 된다. 정책결정을 할 때 집행과정에 필요한 정책수단의 내용이나 기타 필요한 활동에 대한 지침(directives)을 모두 결정할 수는 없기 때문에, 집행과정에서 정책수단의 구체적인 내용이 결정되는 경우가 많다(행정적 결정). 이 경우 집행과정상에서의 결정이나 활동은 정책목표 달성의 극대화를 기준으로 삼아야 하며, 따라서 정책목표는 정책집행과정에서의 결정이나 활동의 길잡이 역할을 한다.

셋째, 정책목표는 정책평가의 기준을 제시한다. 정책평가는 정책을 사후적으로 평가하는 것인데, 일반적으로 정책집행과정에서의 평가(형성적 평가 또는 과정평가)와 정책목표달성으로 나타난 정책효과의 발생여부를 판단하는 평가(총괄적 평가)로 나누어진다. 전자의 경우에는 앞서 살펴본 바와 같은 이유 때문에 정책목표가 그 평가기준이 되고, 후자의 경우에는 정책목표의 달성여부가 가장 중요한 기준이 된다. 정책평가를 하려면 정책목표의 확인이 필요하지만, 여기에도 다음과 같은 문제가 있다.[185] 목표확정평가(goal-fixed evaluation)의 경우에는 공식적인 정책목표를 확인만 하면 되지만, 다목적평가(multi-goal evaluation)나 결정·이론평가(decision-theoretic evaluation)를 택하는 경우에는 공식적 목표뿐만 아니라 정책관련자들이 가지고 있는 여러 가지 목표를 현재화시키고 확인하는 작업이 이루어져야 한다. 그러나 목표중립평가(goal-free evaluation)를 택하면 목표의 확인이라는 단계 자체가 불필요하지만, 목표중립평가는 많은 문제를 내포하고 있기 때문에 이를 배격하는 사람들이 많다.

2) 정책수단

(1) 정책수단의 의의

정책수단이란 말 그대로 정책목표를 달성하기 위한 수단을 의미한다. 이러한 정책수단은 정책대안(policy alternative)과는 구분해야 하는데, 정책수단이 정책목표를 달성하기 위한 수단을 의미한다면 정책대안은 정책목표와 정책수단 사이의 조합(combination)을 의미한다. 흔히 정책수단은 정책이라는 말과 혼동되어 쓰이는데, 이는 그 만큼 정책수단이 국민들에게 혜택을 주거나 피해를 주는 직접적인 원인이 된다는 말이다. 이처럼 정책수단은 국민들에게 직접적인 영향을 미치기 때문에 이를 둘러싼 이해관계자의 갈등이 치열하다. 특정한 정책수단을 특정집단이 반대하는 것은 그 수단을 실시 또는 실현할 때 피해를 입기 때문인 경우가 많다. 이처럼 정책수단의 실현은 누군가가 부담해야 하는 사회적 희생을 동반하게 되는데 이것을 우리는 정책비용이라고 부른다.

(2) 정책수단의 유형

가. 실질적 정책수단과 실행적 정책수단

정책수단은 다시 실질적 정책수단과 실행적 정책수단으로 나누어진다. 실질적 정책수단은 우리가 흔히 말하는 정책수단으로서 상위목표를 달성하기 위한 정책수단의 실질적 내용을 의미하는 것으로, 정책에 따라 그 구체적인 내용이 달라진다. 실질적 정책수단과 정책목표 사이에는 인과적 타당성이 있어야 한다. 만일 정책목표와 정책수단 사이에 타당한 인과이론이 존재하지 않는다면 정책수단을 실현한다고 하더라도 의도한 정책효과는 달성할 수 없다. 예를 들어, 이명박 정부 하에서의 물가 상승은 많은 부분 저금리-고환율의 경제정책 기조 때문이었는데, 이러한 본질적인 문제에 대해 접근하지 않고 지엽적으로 접근을 했기 때문에 의도한 물가 안정의 효과를 거두기 어려웠다.

이에 대해 실행적 정책수단이란 실질적 정책수단을 현실로 실현시키기 위하여 필요한 수단을 의미하는 것으로, ① 순응확보수단으로서 설득, 유인, 강압, ② 집행기구 및 집행요원, ③ 자금, ④ 공권력 등을 들 수 있다. 실행적 정책수단은 거의 모든 정책에서 필요한 것이다. 정책학에서 관심을 가지는 정책수단은 정책의 내용에 따라 상이한 실질적 정책수단이 아니라 거의 모든 정책에 공통된 실행적 정책수단이다.

나. 정부의 개입 방식에 따른 분류

크래프트(Michael E. Kraft)와 펄롱(Scott R. Furlong)은 정부 개입의 방식에 따라 정책수단을 다음과 같이 다섯 가지로 나누고 있다.[186]

가) 규제

가장 잘 알려진 정책수단 중 하나는 규제인데, 여기에는 법이나 규칙과 같은 제도에 근거한 다양한 유형의 정부 활동이 포함된다. 규제는 정부가 시민들로 하여금 어떤 특정한 행위를 하도록 요구하거나 하지 않도록 금지하는 것을 말한다. 따라서 규제는 이행 사항을 따르지 않을 경우 벌금이나 구속과 같은 강제력을 수반하는 것이 보통이다. 대부분의 경우 시민과 기업은 이러한 법적인 요구 사항을 자발적으로 따르지만, 경우에 따라서는 강제력을 행사할 필요가 있다.

나) 정부 관리

정부는 공공정책의 수단으로서 직접적인 서비스 제공이나 경제적 자원에 대한 직접적 관리를 사용하기도 한다. 교육, 국방, 공원, 그리고 경찰, 소방과 같은 대부분의 도시 서비스가 시민들에게 정부가 직접적으로 서비스를 제공하는 정책수단의 예이다. 정부가 이러한 서비스를 제공하는 이유는, 그렇게 할 필요가 있기 때문이다. 예를 들면, 국립공원을 대부분의 사람들이 이용하도록 하기 위해 정부는 낮은 요금으로 이를 개방하고 있다. 그러나 최근에는 특히 지방정부 수준에서 민간기업이 이러한 서비스를 제공하도록 하는 위탁 계약이 광범위하게 이루어지고 있다.

과거 정부가 제공한 공공서비스를 민간기업이 제공하는 것이 적절한가? 라는 문제는 공공정책을 둘러싼 논쟁에서 가장 중심이 되는 주제이다. 넓은 의미의 민영화(privatization)와 관련된 이러한 문제는 이론적으로 뿐만 아니라 현실 정치에서도 치열한 논쟁의 대상이 되고 있다. 따라서 정책결정자들은 효과성, 비용, 서비스의 질, 일반국민들에 대한 책임 등과 같은 다양한 기준을 가지고 이 문제에 대해 접근할 필요가 있다. 최근에는 공공부문의 비효율성에 대한 광범위한 비판을 반영하여, 폐기물 처리, 교도소, 소방, 고속도로 건설 및 유지 등의 분야에서 민영화와 민간위탁이 많이 이루어지고 있는 실정이다.

다) 과세와 지출

정부는 또한 정책목표를 달성하기 위해 세금과 지출을 활용할 수 있다. 지출 정책의 하나의 형태는 사회보장 지출과 같이 시민들에게 직접적으로 현금을 지급하는 것이다. 또 다른 형태의 지출은 정부가 바람직하다고 생각하는 행동을 한 경제주체에게 현금 보조를 하는 것이다. 폐수정화 시설을 설치한 기업에게 보조금을 지급하는 것이 그 예이다.

정부는 어떤 행동을 촉진하거나 억제하기 위해 조세정책을 사용하기도 한다. 예를 들면, 최근 박근혜 정부는 부동산 경기를 활성화하기 위해 취득세와 양도세율 인하 등 각종 세제상 혜택을 제공한 바 있다. 또한 미국의 많은 주정부들은 세입을 확보하고 흡연을 억제하기 위해 담배에 부과되는 세율을 높인 바 있다.

라) 시장 기제

정부는 공공정책의 한 형태로 시장 기제를 이용할 수도 있다. 시장을 이용한다는 것은 정부가 어떤 식으로든지 개입하지 않고 수요와 공급의 법칙과 같은 시장원리가 적용될 수 있도록 한다는 명시적인 의사표시의 한 형태라고 볼 수 있다. 대부분의 경우에, 정부는 인터넷 전자상거래에 대해 규제를 하지 않거나, 심지어 인터넷상의 매매에 대해 세금을 부과하지도 않는다. 정부는 또한 배출권 거래제와 같은 시장 유인(market incentives)을 통해 정책목표를 달성하려고 하기도 한다.

마) 교육, 정보 제공, 그리고 설득

또 다른 형태의 정책수단은 시민들이 어떤 특정한 방식으로 행동하도록 하기 위해 그들을 교육하는 것이다. 예를 들면, 자연재해가 발생하면 정부는 시민들에게 어려운 이웃을 도와줄 것을 호소하기도 한다. 이러한 유형의 메시지는 권고(exhortation), 또는 권고적 호소(hortatory appeal)로 불리며, 공직의 권위(bully pulpit)는 자연재해와 같은 특수한 상황에서 공공정책의 효과적인 수단이 될 수 있다. 그러나 여론조사는 정부와 정치인에 대한 신뢰가 감소하는 모습을 보여주고 있는데, 이처럼 신뢰가 감소하면 정책수단으로서의 설득의 효과도 떨어지기 마련이다. 사람들이 정부나 정부의 정책에 대해 신뢰하지 않으면 정부가 요구하는 행동을 하지 않을 수 있기 때문이다.

일반국민들에 대한 정보 제공 역시 강력한 정책수단이 될 수 있다. 슈나이더(Anne Schneider)와 인그램(Helen Ingram)은 이를 훈련, 교육, 기술적 지원, 그리고 정보를 유용하게 만드는 다른 방법들을 통해 사람들에게 정보를 제공하고, 계몽하며, 권능을 부여하는 가능성과 결부된 "능력 개발(capacity building)" 수단으로 명명한 바 있다.[187] 따라서 정보 제공은 선거 캠페인 자금, 효율적인 에너지 사용, 그리고 기업의 재무 활동 등과 같은 여러 정책적 관심사에 대한 공적 담론을 형성하는 데 중요한 역할을 한다.

(3) 바람직한 정책수단의 판단기준

바람직한 정책수단은 다음과 같은 요건을 갖추어야 한다.[188]

가. 소망성

정책목표의 달성도가 높을수록(효과성), 한정된 자원의 제약 속에서 적은 비용을 들여 더 높은 목적 달성도를 나타낼수록(능률성), 그리고 정책효과와 정책비용의 배분적 정당성이 인정될수록(형평성), 그 정책수단은 바람직하다고 할 수 있다.

따라서 정책목표와 정책수단 사이에는 타당한 인과이론이 정립되어야 한다. 즉, 정책수단은 정책목표를 달성하기 위한 유효적절한 것이 되어야 한다. 만일 정책목표와 정책수단 사이에 인과관계가 없다면 정책수단을 집행한다고 하더라도 의도했던 효과는 생기지 않을 것이다. 이명박 정부가 물가 상승을 억제하기 위해 가장 확실하고 유효적절한 수단인 고환율-저금리 기조를 바꾸지 않은 채 지엽적인 수단만을 강구한 결과 물가 상승을 잡지 못한 것은 그 대표적인 예가 될 수 있다.

나. 실현가능성

정책수단이 공식적인 정책으로 채택되고, 그 내용이 충실하게 집행될 가능성을 의미한다. 따라서 실현가능성은 정책수단의 채택가능성과 집행가능성을 포함한다. 채택가능성과 관련하여서는 정치적 실현가능성, 법적・윤리적 실현가능성이 문제가 되고, 집행가능성과 관련하여서는 행정적 실현가능성, 경제적・재정적 실현가능성, 그리고 기술적 실현가능성이 문제가 된다. 실현가능성이 결여된 정책은 정책의도의 실현의지가 결여된 정책이거나 또는 상징적인 정책에 불과하다.

다. 당위성

정책수단이 아무리 효율적이고 실현가능한 것이라고 하더라도, 당위성 차원의 기준에 어긋나면 그것은 바람직한 정책수단이라고 평가받기 어렵다. 정책수단 역시, 정책목표와 마찬가지로, 인간의 육체적・정신적 존엄성에 부응하는 수단으로서 인간을 주체적 존재로서 대우하는 수단이어야 한다. 당위성 차원은 성찰성과 민주성을 포함한다. 라쓰웰(Harold D. Lasswell)이 민주주의 정책학이라고 불렀던 민주성과, 그 민주주의가 실현된 최상위 정책적 가치로서의 인간의 존엄성을 포함하는 개념이다. 즉, 당위성은 인권・정의・존엄으로서의 가치(성찰성)와 참여성・숙의성・합의성으로서의 가치(민주성)를 포함하는 개념이다.

3) 정책대상집단

(1) 정책대상집단의 의의

정책대상집단 또는 정책대상자란 정책의 적용을 받는 집단 또는 사람들을 말한다. 정책대상집단은 정책의 적용을 받는 집단이기 때문에 그 정책이 실제로 대상집단에게 효과가 있었는지의 여부는 별개의 문제이다. 이러한 맥락에서 던(W. N. Dunn)은 '정책대상집단(policy target groups)'과 '정책수혜자(policy beneficiaries)'를 구분하고 있는데, 여기서 정책대상집단이 정책과 프로그램을 통해 영향을 미치고자 하는 개인, 조직, 지역사회를 의미한다면, 정책수혜자는 정책의 효과를 유익하거나 가치 있는 것으로 느끼는 집단을 의미한다.[189] 정책대상집단은 정책의 적용을 받는 집단으로서, 이미 존재하는 집단이 아니라 정책결정과정을 통해 만들어지는 집단이다.[190]

(2) 정책대상집단의 유형

가. 사회구성이론에 따른 분류

사회구성이론(theory of social construction)의 관점에서 봤을 때 정책대상집단은 사회적 또는 문화적인 사회화(socialization) 과정을 통해 형성된 사회적 실체이다. 따라서 어떤 집단에 대한 인식, 이미지, 상징 등은 '사회적으로 구성되는데(socially constituted)', 슈나이더(Anne Schneider)와 인그램(Helen Ingram)은 정책대상집단을 크게 두 가지 차원에 근거하여 네 가지로 유형화하고 있다(〈표 2-1〉 참조).[191] 하나는 사회구성적 시각에서 긍정적 또는 부정적 이미지를 갖고 있는지의 여부에 따른 구분이며,[192] 다른 하나는 이들 집단이 '사회적인' 관점에서 가지고 있는 권력의 강약에 따른 구분이다. 이들이 나눈 정책대상집단의 네 가지 유형에 대해 간략하게 살펴보면 다음과 같다.

첫째, 수혜집단(advantaged)이다. 이는 집단의 사회적 이미지가 긍정적이고 사회적 권력 또한 상대적으로 강한 경우로서, 기업, 과학자, 퇴역 군인, 노인 등이 그 예이다. 수혜집단에 대해서는 정부의 정책이 비용보다는 편익에 집중되는 것이 보통이다.

둘째, 의존집단(dependents)이다. 이는 집단의 사회적 이미지는 긍정적이지만 사회적 권력은 약한 경우로서, 아동, 부녀자, 장애인 등이 그 예이다. 이 경우에는 정책대상집단이 '좋지만 약한 이해관계(good weak interest)'를 가지고 있는데, 스톤(Deborah A. Stone)은 이러한 이해관계의 수사적 묘사(rhetorical characterizations)로 "집합적인(collective)", "분산된(diffused)", "넓은(broad)", "장기적인(long-term)", "정신적인(spiritual)", "사회적인(social)", "공적인(public)", "서민(the people)", "99%" 등을 제시하고 있다.[193] 이러한 긍정적인 이미지는 사회로부터 '헤게모니'의 지위를 가지고 있기 때문에, 너무나 당연하다고 인식되어 의문의 여지가 별로 없다. 그러나 집단에 대한 사회의 이미지는 고정된 것이 아니라 시간의 경과에 따라 변할 수 있으며, 특히 정책이 그러한 변화에 결정적으로 중요할 수 있다. 예를 들어, 미국의 경우 복지정책의 수혜자들은 1930년대까지는 사회로부터 긍정적인 이미지로 비춰졌지만, 시간의 경과에 따라, 특히 빈곤을 사회구조적 문제로 다루지 않고 개인적 문제로 다루는 정책의 결과로 말미암아 현재에는 그러한 긍정적인 이미지가 많이 퇴색되었다.[194] 의존집단에 대해서도 정부의 정책은 비용보다는 편익에 집중되는 경우가 많지만, 그들이 행사하는 사회적 권력 때문에 그 정도는 수혜집단보다 작은 것이 보통이다.

셋째, 투쟁집단(contenders)이다. 이는 집단의 사회적 이미지는 부정적이지만 그들이 행사하는 사회적 권력은 강한 경우로서, 부자, 거대 노조, 문화 엘리트, 소수 집단 등이 그 예이다. 이 경우에는 의존집단과는 반대로 정책대상집단이 '나쁘지만 강한 이해관계(bad strong interests)'를 가지고 있는데, 스톤(Deborah A. Stone)은 이러한 이해관계의 수사적 묘사로 "개인적인(individualistic)", "집중된(concentrated)", "좁은(narrow)", "단기적인(short-term)", "물질적인(material)", "경제적인(economic)", "특수한(special)", "엘리트(elites)", "1%" 등을 제시하고 있다.[195] 투쟁집단에 대해서는 그들이 행사하는 사회적 권력 때문에 정부의 정책이 비용보다는 편익에 중점을 두지만 이들에 대한 편익 제공은 일반대중들의 반발을 불러일으킬 수 있다. 이러한 이유로 이들에 대한 편익 제공은 일반대중들에게 명확하게 드러나지 않는 방식으로 이루어지는 경우가 많다. 예를 들어, 최근 우리나라에서도 문제가 된 '부자감세' 논란에서 벗어나기 위해 정치엘리트들은 세율을 조정하는 정책보다는 '허점(loophole)'을 만드는 정책을 선호한다. 세율의 조정은 그 효과를 일반대중들이 명확하게 알 수 있지만, 정책의 허점은 전문가들로부터 조언을 받을 수 있는 소수의 사람들-특히 부자들-을 제외하고는 이를 알기 어려운 경우가 많기 때문에 일반 납세자들의 비난을 회피하기에 유리하기 때문이다.[196]

넷째, 일탈집단(deviants)이다. 이는 집단의 사회적 이미지도 부정적이고 그들이 행사하는 사회적 권력도 약한 경우로서, 약물중독자, 범죄자, 공산주의자, 국기 소각자, 범죄 집단 등이 그 예이다. 이러한 집단에 대해서는 그 비용부담이 정당할 뿐 아니라 이들의 저항도 쉽게 물리칠 수 있기 때문에 정부는 큰 부담 없이 비용을 부과할 수 있다.

정책대상집단에 대한 사회구성적 접근은 왜 어떤 집단이 지속적으로 정책과정에서 지배적인 권한을 행사하는지 그 이유를 분석하는데 유용하며, 다른 한편으로는 왜 다른 집단은 계속 소외되는지 그 숨겨진 원인을 탐색하는데 유용하다.

<표 2-1> 사회구성이론에 따른 정책대상집단의 분류[197]

		사회적 이미지	
		긍정적(positive)	부정적(negative)
권력	강함	수혜집단(advantaged) 노인(the elderly) 기업(business) 퇴역 군인(veterans) 과학자(scientists)	투쟁집단(contenders) 부유층(the rich) 거대노동조합(big unions) 소수집단(minorities) 문화 엘리트(cultural elites)
	약함	의존집단(dependents) 아동(children) 부녀자(mothers) 장애인(disabled)	일탈 집단(deviants) 범죄자(criminals) 약물 중독자(drug addicts) 공산주의자(communists) 국기 소각자(flag burners) 범죄 집단(gangs)

나. 정책의 효과에 따른 분류: 승자(winners)와 패자(losers)의 확인

정책대상집단은 정책으로부터 혜택을 받는 수혜집단과 정책으로부터 비용을 부담하는 비용부담집단으로 나누어 설명하는 것이 보통이다. 여기서 수혜집단은 정책으로 인해 편익을 누리게 되는 집단을 의미하는 반면, 비용부담집단은 정책으로 인해 비용을 부담하게 되는 집단을 의미한다. 예를 들어, 국민기초생활보장법으로 정부의 지원을 받는 영세민이 수혜집단이라면, 영세민 지원을 위해 세금을 부담하는 일반시민은 비용부담집단인 것이다. 수혜집단과 비용부담집단은 특정될 수도 있고 불특정다수일수도 있다. 예를 들어, 특정 지역에 다리를 건설하는 정책은 그 지역 주민에게 혜택이 집중되는 반면, 비용은 일반 납세자에게 분산된다. 이와는 반대로 특정 기업에게 폐수정화시설을 설치하는 것을 강제하는 정책은 기업에게 비용이 집중되는 반면, 편익은 일반국민에게 넓게 분산된다.

이러한 맥락에서 정책으로 인한 편익과 비용의 집중·분산 여부는 정치적으로 중요한 함의를 가지고 있다. 이와 관련하여 윌슨(J. Q. Wilson)은 자신의 '규제정치이론(the politics of regulation)'에서 편익이나 비용이 분산될 때보다 집중될 때 정치적으로 쉽게 고무된다고 주장한 바 있다.[198] 편익이나 비용이 집중될 때에는 정책대상집단이 그것에 대해 인식할 가능성이 높지만, 그것이 분산될 경우에는 '집합적 행위의 딜레마(collective action dilemma)'에 빠져 조직적인 활동을 하지 못하는 경우가 많기 때문이다. 여기서 집합적 행위의 딜레마란 공통의 이해관계가 결부된 문제를 조직적·집단적으로 해결하지 못하는 현상을 지칭한다. 집합적 행위의 딜레마가 생기는 이유에 대해서는 다음과 같은 다섯 가지를 생각할 수 있다.

첫째, 동기부여의 부족이다. 정책의 편익이나 비용이 넓게 분산되는 경우, 개인 입장에서는 그 크기가 크지 않아 집합적 행위를 할 유인이 생기지 않을 수 있다. 둘째, 공공재의 무임승차자 문제이다. 정책의 과실(果實)이 공공재의 성격을 띠고 있다면, 개인 입장에서는 비용을 부담하지 않으면서 정책의 과실을 누리려는 무임승차자가 되는 것이 합리적 전략이다. 셋째, 이해관계의 공유 문제로서, 집단의 이질성이 크면 이해관계의 공유가 어려워 집합적 행위를 하기 어려워진다. 넷째, 리더십의 부재이다. 다수 일반대중의 역량을 결집시킬 수 있는 '정책기업가(policy entrepreneurs)'가 존재하지 않는다면 집합적 행위가 이루어지기 어렵다. 다섯째, 과다한 조직화 비용과 정보비용의 문제이다. 이는 스티글러(George Stigler)가 주장한 것으로, 그는 정부규제가 소수의 잘 조직된 이익집단의 이익에 봉사하는 현상의 본질을 조직화 비용과 정보비용에서 찾았다. 즉, 다수인들은 이러한 비용이 과다하게 들기 때문에, 조직화하는 데 상당한 애로가 있고, 따라서 소수에 비해 적극적인 정치 활동을 하기가 어렵다는 것이다.[199]

후술하듯이, 윌슨은 정책으로 인한 편익과 비용의 집중·분산 여부에 따라 네 가지 규제

정책 유형을 제시하고 있다. 그런데 그의 이론은 규제정책에만 적용되는 것이 아니라 다른 정책에도 확대·적용될 수 있다. 특히, 수혜집단과 비용부담집단이 '비대칭적 조직화(asymmetric organization)' 양상을 보이는 경우가 문제가 된다. 먼저 수혜집단은 특정적인데 반해 비용부담집단은 불특정다수인 경우이다. 이럴 경우 편익을 누리는 집단은 조직화의 강한 유인을 가지지만 비용부담집단은 집합적 행위의 딜레마에 빠져 조직적인 활동을 하지 못하는 경우가 많다. 후술하듯이 배분정책의 경우가 이러한 예에 해당하는데, 이러한 유형에서는 정책을 둘러싼 갈등이 크지 않은 것이 보통이다. 갈등을 일으키는 주체인 비용부담집단이 조직적인 활동을 하지 못하기 때문이다. 이는 비용부담집단 입장에서 비용에 대한 인식이 별로 없어 정치 활동의 동기부여가 제대로 되어 있지 않아 그럴 수도 있고, 공공재의 무임승차자 문제 때문일 수도 있으며, 조직화 비용이나 정보비용 때문일 수도 있다.

경제학자 캐플란(Bryan Caplan)에 따르면, 민주국가에서 정책은 집중된 편익과 분산된 비용의 형태를 띠는 경우가 대부분이라고 한다.[200] 정책결정자에게 있어 이러한 형태의 정책 유형은 피어슨(Paul Pierson)이 말한 "신뢰추구의 정치(politics of credit claiming)"와 "비난회피의 정치(politics of blame avoidance)" 모두에서 유리하기 때문이다.[201] 7장에서 살펴보는 바와 같이, 이럴 경우 수혜집단의 환류 효과는 크게 나타나는 반면, 비용부담집단의 환류 효과는 작게 나타나는 경향이 있다. 그러나 이러한 형태의 정책 유형이라고 하여 반드시 정치적 갈등이 없는 것은 아니다. 대표적인 예로 재분배정책의 경우를 들 수 있다. 배분정책과 재분배정책은 모두 경제적 자원의 이전을 가져오고, 윌슨이 말한 '고객정치(client politics)'와 유사한 정치상황에 직면한다는 점에서 비슷한 맥락의 논의라고 볼 수 있다. 다만, 배분정책은 주로 '가진 자(the haves)'를 대상으로 한다면 재분배정책의 경우 주로 '못 가진 자(the have-nots)'를 대상으로 한다는 점에서 다를 뿐이다.[202] 이럴 경우 수혜집단은 편익에 대해 강한 인식을 가지고 있는 반면, 비용부담집단인 일반 납세자들은 '재정환상(fiscal illusion)'[203]으로 인해 특정 정책에 대한 비용부담을 거의 인식하지 못한다. 따라서 이러한 정치적 상황에서는 안정적인 패턴이 형성되는 것이 보통이다. 그런데 배분정책과 달리 재분배정책의 경우 정책을 둘러싼 이념 논쟁이나 정치 갈등이 심한 경우가 많다. 이처럼 상이한 패턴이 나타난 근본적인 이유는 정책의 '가시성(visibility)' 때문이다. 재분배정책의 경우 '가진 자'와 '못 가진 자'라는 계급의 존재를 전제로 한 '계급정책(class policy)'일 뿐 아니라,[204] 정부의 역할과 범위에 대한 근본적인 문제의식을 제기하는 경우가 많다. 게다가 '복지병'이나 '복지여왕'과 같은 상징적 은유가 매스미디어를 통해 널리 확산되는 경우 정책의 정당성에 대한 근본적인 의문이 제기될 수 있다. 결국 정책의 가시성이 비용부담에 대한 인식을 증가시켰고, 그것이 정책을 둘러싼 이념 논쟁이나 정치적 갈등으로 이어진 것이다.

다음으로 수혜집단은 불특정다수인 반면 비용부담집단은 특정적인 경우이다. 이러한 경우에는 수혜집단과 비용부담집단의 조직화가 전술한 경우와 반대로써, 수혜집단은 '집합적 행위의 딜레마'에 빠져 조직적인 활동을 하기 어려운 반면 비용부담집단은 조직화의 강한 유인을 가지게 된다. 대표적인 예로 규제정책을 들 수 있는데, 환경규제를 하면 특정 기업들이 비용을 부담하지만 편익은 불특정다수의 국민들이 누린다. 따라서 이러한 경우에는 정책을 둘러싼 정치적 갈등이 크게 나타나는 것이 보통이다.

(3) 정책대상집단의 특징

정책과정에 영향을 미치는 정책대상집단은 다음과 같은 특징을 지닌다.[205)]

가. 정책대상집단의 규모

정책대상집단은 그 규모에 따라 다른 특성을 가진다. 정책대상집단의 규모가 작으며 격리되어 있는 경우에는, 정책에 대한 정치적 지지를 얻기가 용이하며, 따라서 그 정책이 이룩하고자 하는 목표의 달성이 용이하다.

나. 정책대상집단의 조직화 정도

정책대상집단이 조직화되어 있을수록, 정책과정에 영향을 크게 미치게 된다. 정책대상집단의 조직화에는 정책으로 인한 이해관계의 배열이 큰 영향을 미친다. 첫째, 이해관계의 크기가 클수록 조직화가 용이하다. 이럴 경우 집단행동을 할 강한 동기를 가지게 된다. 그런데 여기서 이해관계의 크기는 전체 입장보다는 개인 입장이 중요한 변수로 작용한다. 둘째, 이해관계의 공유가 클수록 조직화가 용이하다. 이는 정책대상집단 내부의 동질성과 밀접하게 관련된다. 셋째, 이해관계의 성격이 '사적재'의 성격을 가질수록 조직화가 용이하다. 만일 이해관계의 성격이 '공공재'의 성격을 가진다면, 공통의 이해관계가 결부된 문제를 조직적 · 집단적으로 해결하지 못하는 "집합적 행위의 딜레마(collective action dilemma)" 문제에 직면할 수 있기 때문이다.

다. 과거의 경험

정책대상집단의 과거 경험이 새로운 정책의 집행에 영향을 미친다. 정책대상집단이 과거에 정책의 영향을 받은 경험이 있느냐 하는 문제와, 그러한 정책에 대하여 정책대상집단이 어떠한 반응을 보였느냐 하는 문제는 새로운 정책의 성패에 영향을 미치게 된다.

라. 행태변화의 정도

정책대상집단을 변화시키려는 행태가 복합적이고 다양할수록 정책의 효과적인 집행이 어렵다. 변화시키려는 행태의 정도가 크고 복잡할수록 정책대상집단은 정책에 대해 반발할 가능성이 크기 때문이다.

4) 정책의 기타 특징

지금까지 정책의 3대 구성요소(정책목표, 정책수단, 정책대상집단)에 대해 살펴보았는데, 정책을 보다 정확하게 이해하려면 정책이 지닌 다음과 같은 특성에 대해서도 살펴볼 필요가 있다.[206]

(1) 권위 있는 정부기관의 결정

정책은 '권위 있는 정부기관'이 결정한 것이다. 정책을 결정할 권한을 지닌 정부기관으로는 정치제도에 따라 다르지만, 삼권분립적 민주제도 하에서는 원칙적으로 국회와 정치적 책임을 지는 대통령 및 장관 등이다.

(2) 기본방침

정책은 그 내용이 전문적이고 기술적인 것이 많기 때문에, 정책을 결정할 때에는 추상적인 '기본방침'만 정하는 것이 일반적이다. 정책은 이를 결정할 당시에는 기본방침만을 정하고 집행을 하면서 그 내용을 세밀하게 구체화하는데, 이를 '행정적 결정'이라고도 한다.

(3) 정책을 추진 · 집행할 '정책의지'

정책목표를 수립하고 이를 달성하려는 정책수단을 결정하고 이를 적용할 정책대상집단을 규정하는 것은 있을 수 있는 반대나 희생을 무릅쓰고 이 정책을 추진해 나가려는 정부의 의지가 배후에 있는 것이다. 한편 정책 중에서는 이를 집행할 정책의지가 전혀 없는 것도 있다. 산업화 초기 단계 하루 14-15시간을 일하더라도 좋으니 취직을 하겠다는 실업자가 무수히 많았기에 하루 8시간 노동을 규정한 1960년대 초의 근로기준법과 같은 정책은 집행되기 어려웠다. 따라서 이는 앞으로 우리가 도달하려고 하는 이상을 그린 상징적인 의미만 있을 뿐이었다.

제 2 절 정책의 유형

1. 정책유형론의 의의

정책유형 분류의 목적은 정책들 사이의 유사점과 차이점을 이해함으로써 정책현상에 대한 이해를 쉽게 하고, 정책연구나 실무에 도움을 주고자 하는 데 있다. 전통적인 정치학에서는 정책을 '종속변수'로 취급하여 정책유형에 대해 별다른 주목을 하지 않았지만, 로위(Theodore J. Lowi)는 정책을 '독립변수'로 인식하여 정책유형을 중요하게 다루었다. 즉, 정책유형론에서는 '정치과정에 따라 정책이 달라진다'는 전통적인 정치학의 시각에서 벗어나서 '정책유형에 따라 정치과정이 달라진다'는 새로운 논리를 제시하고 있다.[207)]

2. 정책의 유형

1) 로위의 분류

정책유형론의 효시로서 오늘날 가장 많이 원용되고 있는 유형론이다. 그는 엘리트이론과 다원론을 상황론적 관점에서 통합하려는 의도로 정책을 ① 배분정책, ② 규제정책, ③ 재분배정책으로 분류하고, 후에 ④ 구성정책을 추가하였다.[208)]

2) 리플리와 프랭클린의 분류

리플리(Randall B. Ripley)와 프랭클린(Grace A. Franklin)은 정책결정과정뿐만 아니라 정책집행과정에서도 수많은 정부기관과 이해관계집단들이 참여하여 이들 사이에 협상 · 타협 · 정치적 흥정이 이루어진다고 보고, 정책의 유형을 정책집행상의 특성, 예를 들면 SOP에 의한 원만한 집행의 가능성 등에 의해 ① 배분정책, ② 경쟁적 규제정책, ③ 보호적 규제정책, ④ 재분배정책으로 분류하고, 이후 ⑤ 구조적 정책, ⑥ 전략적 정책, ⑦ 위기정책 등을 추가하였다.[209)] 리플리와 프랭클린의 정책유형 중 비교적 특징적인 유형인 경쟁적 규제정책과 보호적 규제정책을 좀 더 구체적으로 살펴보면 다음과 같다.

먼저 경쟁적 규제정책이란 많은 경쟁자들 중에서 몇몇 개인이나 집단에게 일정한 재화나 서비스를 공급할 수 있도록 하는 반면, 공익을 위하여 서비스 제공의 일정한 측면을 규제하는 배분정책적 성격과 규제정책적 성격을 모두 가지고 있는 잡종(hybrid) 정책으로, 구체적으로는 라디오·TV 방송권, 항공노선 취항권, 고속버스 노선 운행권 부여 등을 들 수 있다. 경쟁적 규제정책의 동기는 다음과 같은 세 가지 관점에서 이해할 필요가 있다.[210] 첫째, 텔레비전 채널이나 라디오 주파수와 같이 분리될 수 없는 희소한 자원을 배분하기 위해서이다. 둘째, 재화나 서비스를 공급함에 있어 과당경쟁을 방지하기 위해서이다. 셋째, 성과표준을 설정하고 이를 주기적으로 검사함으로써 일정 수준 이상의 서비스 질(quality)을 확보하기 위해서이다.

경쟁적 규제정책의 대상이 되는 재화와 서비스는 그것이 가지고 있는 희소성으로 말미암아 정부의 개입이 요구된다. 이 때 정부는 특정 재화나 서비스를 제공받는 데 필요한 자격이나 기준을 마련하고, 그 권리를 향유할 수 있는 기간을 정해 다수의 경쟁 잠재력을 가진 집단과 경쟁을 정례화하며, 일단 선정된 개인이나 집단이 특정 재화나 서비스를 의도한대로 제공하고 있는지 감시·감독한다.[211] 경쟁적 규제정책의 경우 그 성격상 이익집단들 간의 경쟁이 정책과정에서 지배적이며, 그 내용도 전문적인 경우가 많기 때문에 일반대중들에게 잘 알려져 있지 않고 정치적 현시성(political saliency)도 낮은 것이 보통이다. 또 특정 재화나 서비스를 얻기 위해 경쟁하는 이익집단들은 조직력과 자금력을 갖춘 경우가 많기 때문에 정부가 어느 특정 집단에 포획(capture)될 가능성은 낮다. 따라서 경쟁과정에서 승자독식(winner takes all)이 이루어지기는 어려우며, 많은 경쟁자들이 혜택을 나누어 가지는 경향이 있다.[212] 예를 들어, 한 항공사에서 모든 항공노선을 독차지하는 것이 아니라 여러 항공사들이 항공노선을 나누어가지는 경우가 많다.

다음으로 보호적 규제정책은 일반 국민을 보호하려는 목적으로 개인이나 집단의 행위를 포괄적으로 제한하는 정책이다. 최저 임금제의 도입, 항공 요금, 버스 요금, 택시 요금의 책정, 식의약품에 대한 관리, 근로기준법, 독과점을 방지하기 위한 공정거래법, 환경 규제 등을 들 수 있다. 보호적 규제정책의 경우 배분정책과 달리 적용 대상이 광범위하고 강제력을 수반하기 때문에 규제 대상이 되는 개인이나 기업 및 집단들로부터 규제의 정도나 내용에 따라 큰 반발을 초래하기도 하지만, 일반 국민들의 소위 '민생'정책과 직결되므로 정치권의 우선적 관심영역으로 다뤄진다.[213]

보호적 규제정책의 경우 '공익'을 명분으로 특정 집단의 행위를 제약하는 것이기 때문에 본질적으로 갈등을 수반한다. 이러한 갈등에는 규제기관과 정책대상집단 간의 갈등뿐만 아니라, 정부 내에서 규제의 확대 여부를 둘러싸고 이루어지는 규제기관과 의회 사이의 갈등도 포함된다.[214] 따라서 보호적 규제정책이 결정되고 집행되는 과정은 대단히 정치적이며, 협상과 타협 또는 린드블럼(C. E. Lindblom)이 말한 "진흙탕 통과(muddling through)"[215]가 보편적으로 나타나기 때문에, 갈등의 완전한 해소는 어렵고 대부분은 지속적인 논란의 대상이 된다.

3) 알몬드와 파웰의 분류

알몬드(G. A. Almond)와 파웰(G. B. Powell Jr.)은 정치체제의 산출활동의 기능적 특성을 중심으로 정책을 ① 배분정책, ② 규제정책, ③ 추출정책, ④ 상징정책으로 구분하고 있다.[216] 여기서 추출정책은 조세, 병역, 물자 수용, 노력 동원 등과 관련된 정책을 의미하고, 상징정책은 경복궁 복원, 군대 열병, 88 서울올림픽, 2002년 한・일 월드컵 등과 관련된 정책을 의미한다.

3. 로위의 분류

1) 배분정책

(1) 의의

배분정책(distributive policy)이란 특정한 개인, 기업체, 조직, 지역사회에 공공서비스와 편익을 배분하는 정책으로, 구체적으로는 수출특혜 금융, 지방자치단체에 대한 국가보조금 지급, 주택자금의 대출, 택지 분양 등을 들 수 있다.[217]

리플리(Randall B. Ripley)와 프랭클린(Grace A. Franklin)은 미국 정책과정의 특징 중 하나로 배분정책 중심이라는 점을 들었다.[218] 이처럼 민주국가의 정책이 대부분 집중된 편익과 분산된 비용을 특징으로 하는 배분정책의 형태를 띠고 있는 이유는, 대부분의 국민들이 그러한 정책을 원하기 때문이다.[219] 즉, 이 경우에도 다른 사람의 비용 부담으로 정책의 편익을 누리고자 하는 '무임승차(free riding)' 동기가 지배적인 전략이 되는 것이다.[220]

(2) 일반적 특징

배분정책은 다음과 같은 특징을 가지고 있다.

첫째, 배분정책의 경우 여러 가지 사업들로 구성되고 이 사업들은 상호 커다란 연계 없이 독립적으로 집행될 수 있기 때문에 이러한 세부사업들의 집합이 하나의 정책을 구성한다. 예를 들면, 로위(T. J. Lowi)는 다음과 같이 지적한다. "배분정책이란 사실은 정책이 아니며, 개별적인 의사들의 누적을 통해서만 정책으로 불릴 수 있다."[221)]

둘째, 배분정책의 경우, 편익은 소수에게 좁게 집중되는 반면, 비용은 과세의 형태로 불특정다수인에게 넓게 분산된다.[222)] 이 경우 수혜집단들은 집중된 편익을 인식할 수 있지만, 비용부담집단은 '재정환상(fiscal illusion)'으로 인해 분산된 비용을 인식하지 못하는 경우가 대부분이다. 따라서 배분정책은 수혜집단과 비용부담집단 사이에 존재하는 '정보의 비대칭성(asymmetry of information)'에 근거한 정책이라고 할 수 있다.[223)]

셋째, 배분정책의 결정과정에서는 저수지 건설과 관련한 후보지구간의 싸움이나 수출보조금이나 융자금을 더 많이 받으려고 기업들이 다툼을 벌이는 것과 같은 '구유통 정치(pork barrel politics)'가 많이 나타난다. 여기서 구유통 정치란 국민 전체에게 혜택이 돌아가는 정책보다는 자신의 선거구민에게 혜택이 집중되는 정책을 선호하는 정치인들의 행태를 말한다.[224)] 이럴 경우 정치인들은 자신들의 정치적 '업적을 내세우기(credit claiming)' 용이하다. 왜냐하면 이 경우 정치인들은 "일반납세자들의 돈으로 특정 유권자들의 표를 살 수 있기 때문이다."[225)] 물론 구유통 정치는 유권자들이 정치인의 과거 성과에 근거하여 투표한다는 '회고적 투표(retrospective vote)' 행태에 따라 임기동안 선거구민을 만족시키는 정치활동을 한 경우에만 재선할 수 있다는 가정에 기초하고 있다.[226)] 그런데 모든 정치인들이 득표극대화 전략의 일환으로 구유통 정치를 할 경우 필요 이상으로 많은 사업이나 정책들이 채택되어 자원의 낭비를 가져올 수 있다. 따라서 이 경우에도 정치인들의 합리적 선택이 사회전체적으로는 비합리적인 결과를 가져오는 '죄수의 딜레마' 문제에 직면한다.[227)] 이러한 맥락에서 신우파(New Right) 진영에서는 '과잉 민주주의'를 경계한다. 예를 들어, 마칸드(David Marquand)는 민주주의를 '초콜릿'에 비유하면서, "적게 먹으면 해가 없지만 많이 먹으면 화를 부르는 것"이라고 경고한 바 있다.[228)]

넷째, 이러한 다툼이 있는 데에도 승자와 패자가 정면대결을 벌일 필요가 없음을 로위는 강조하고 있다.[229)]

다섯째, 배분정책의 경우 수혜집단은 특정되는 반면, 비용부담집단은 불특정다수이기 때문에 수혜집단과 비용부담집단 사이에 '비대칭적 조직화(asymmetric organization)'가 나타나기 쉽다.[230)] 수혜집단은 강력하게 조직화될 수 있는 반면, 비용부담집단은 '집합적 행위의 딜레마(collective action dilemma)'에 빠져 조직적인 활동을 하기가 어렵기 때문이다.

(3) 정책과정상의 특징

가. 정책의제설정

배분정책의 경우 윌슨(J. Q. Wilson)이 말한 '고객정치(client politics)'의 논리와 유사하게 편익은 소수에게 집중되는 반면, 비용은 불특정다수에게 넓게 분산되는 성격을 가지고 있기 때문에 정책의제설정을 반대하는 집단보다는 정책의제설정을 주도하는 집단이 적극적인 역할을 하는 경우가 많다.[231] 따라서 정책의제설정은 수혜집단이 정책결정자에게 접근하여 은밀하게 이루어지는 '내부접근형'이 나타나는 경우가 많다.

나. 정책결정

배분정책의 경우 정치적 갈등이나 정치적 논란이 별로 없는 '일상적인 문제(routine problem)'가 많기 때문에 '철의 삼각'(이익집단, 의회의 상임위원회, 관료조직)과 같은 폐쇄적인 정책네트워크가 정책결정과정을 지배하는 경향이 있다. 이처럼 배분정책의 경우 철의 삼각과 같은 안정적이고 폐쇄적인 정책네트워크가 주도하기 때문에 급격한 변화가 이루어지기 어려우며 점진적인 변화가 대부분인 것이 특징이다.[232] 여기서 정치인들은 재선을 위해 자신의 지지 기반에 혜택을 집중시키려고 하는 '구유통 정치'의 행태를 보이며, 다른 정치인과 정치적으로 거래하는 행태를 보이기도 한다(투표의 거래 또는 로그롤링).

다. 정책집행

배분정책의 경우 편익은 소수에게 집중되고 비용은 전체에게 넓게 분산되는 성격을 가지고 있기 때문에, 수혜집단은 정치적 조직화의 강한 동기를 가지고 있는 반면 비용부담집단은 집합적 행위의 딜레마(collective action dilemma)에 빠져 조직적인 활동을 하지 못하는 경우가 많다. 따라서 정책집행은 별다른 정치적 갈등이 없이 안정적으로 이루어지는 것이 보통이며, 표준운영절차(Standard Operating Procedure: SOP)와 같은 안정적인 루틴에 의한 원만한(smooth) 집행이 이루어질 가능성이 높다.

라. 정책평가

수혜집단의 평가활동에의 참여는 미미한 편이나, 정부나 의원의 경우 대국민홍보를 위해 평가결과를 적극적으로 활용한다.

2) 규제정책

(1) 의의

규제정책(regulatory policy)이란 특정한 개인, 기업체, 조직의 행동이나 재량권에 제재나 통제 및 제한을 가하는 정책으로, 구체적으로는 환경오염과 관련된 규제, 독과점 규제, 공공요금 규제, 기업 활동 규제 등을 들 수 있다. 앞서 살펴본 바와 같이, 리플리(Randall B. Ripley)와 프랭클린(Grace A. Franklin)은 정책집행을 염두에 두고 규제정책을 보호적 규제정책(protective regulatory policy)과 경쟁적 규제정책(competitive regulatory policy)으로 나눈 바 있다. 여기서 보호적 규제정책이란 개인이나 집단의 권리행사 또는 행동의 자유를 구속·통제함으로써 일반대중을 보호하려는 정책으로, 구체적으로는 소비자를 보호하기 위한 공정거래법, 식품위생법, 근로자를 보호하기 위한 근로기준법 등을 들 수 있으며, 경쟁적 규제정책이란 많은 경쟁자들 중에서 몇몇 개인이나 집단에게 일정한 재화나 서비스를 공급할 수 있도록 하는 반면, 공익을 위하여 서비스 제공의 일정한 측면을 규제하는 배분정책적 성격과 규제정책적 성격을 모두 가지고 있는 잡종(hybrid) 정책으로, 구체적으로는 라디오·TV 방송권, 항공노선 취항권, 고속버스 노선 운행권 부여 등을 들 수 있다.

(2) 일반적 특징

규제정책은 다음과 같은 특징을 가지고 있다.

첫째, 정책의 불응자에게 강제력을 행사한다. 정책의 불응자에게 강제력을 행사하는 이유는, 이익형량의 관점에서 침해되는 사익보다 보호되는 공익이 더 크기 때문이다.

둘째, 규제정책은 국민 개개인의 자유와 권리를 제한하기 때문에 법률의 형태를 띠는 경우가 대부분이다. 현행 헌법에서도 국민의 자유와 권리를 제한하기 위해서는 법률의 근거가 있어야 한다고 규정하고 있다(헌법 제37조 제2항). 여기서 말하는 법률은 국회에서 제정한 형식적 의미의 법률이며, 따라서 조례와 같은 하위 법령으로 국민의 자유와 권리를 제한하기 위해서는 법률의 위임이 있어야 한다(지방자치법 제22조 단서).

셋째, 정책으로부터 혜택을 보는 집단과 피해를 보는 집단을 정책결정시에 선택하기 때문에 양자 간의 갈등이 심각하게 나타난다. 규제정책으로 인해 피해를 보는 집단은 규제의 불필요성을 주장하는 반면 혜택을 보는 집단은 규제의 필요성을 주장한다. 이러한 논쟁 과정에서 규제정책은 어느 한 집단은 '승자(winner)'로 만드는 반면 다른 집단은 '패자(loser)'로 만든다.[233]

넷째, 규제정책을 둘러싼 갈등은 많은 부분 경제적 관계에서 비롯된다. 이러한 관계에서 열등한 위치에 있는 집단들은 정부의 정책적 조치를 통해 자신들의 지위를 높이려고 할 것이다. 예를 들어, 현재의 임금에 만족하지 못하는 저임금 노동자들은 최저임금 법안이 통과되도록 노력할 것이며, 시장에서 불리한 위치에 있다고 느끼는 소비자들은 유해식품이나 유해물질로부터 자신들을 보호해줄 것을 정부에 요구할 것이다. 이에 반해 경제적 관계에서 우월한 위치에 있는 집단들은 사적인 관계를 통해서도 자신들의 목표를 만족스럽게 달성할 수 있기 때문에, 정부 정책은 불필요하고 부적절하며 바람직하지 않다고 주장하면서 이해관계의 갈등을 사적인 방법으로 해결하려고 할 것이다.[234]

다섯째, 규제정책은 그것이 성공적으로 수행되었을 경우 시장실패의 교정이라는 효과를 가져오기도 하지만, 의도하지 않은 결과를 초래하기도 한다. 예를 들어, 규제가 기업으로 하여금 규제순응 비용을 부담하도록 함으로써 생산비용을 증가시켜 산업 경쟁력에 부정적인 영향을 미치기도 하고, 경쟁을 제한하여 동태적 비효율성을 초래하기도 한다. 또한 규제의 실행 과정에서 경제주체 간의 이해관계를 변화시켜 의도하지 않게 소득재분배의 결과를 가져오기도 한다.[235]

(3) 정부규제에 관한 이론적 관점[236]

가. 정부규제의 공익이론

정부규제가 시장실패라는 기능적 결함을 해결하기 위한 공익적 견지에서 이루어진다는 주장이다. 공익이론에서 말하는 공익 개념은 사익의 단순한 집합체도 아니고 사익들 간의 타협의 소산도 아니지만 사익과 완전히 분리된 별개의 것도 아니라는 생각에 기초하고 있다. 결국 전체 사회의 이익이 되도록 하는 정부의 행위가 곧 공익이며, 행정기관이 독립적인 입장에서 양심적으로 행동할 때 공익이 보장된다고 본다.[237] 공적인 동기에서 규제기관이 설정하는 정부규제의 목표는 크게 내부적 목표와 외부적 목표로 나눌 수 있다. 정부규제의 내부적 목표로는 ① 자연독점(natural monopoly)의 통제, ② 파괴적 경쟁의 방지, ③ 외부비용의 내부화, ④ 부적합한 시장정보의 배제, ⑤ 주요산업의 육성, ⑥ 자연자원의 적절한 사용의 촉진 등을 들 수 있으며, 외부적 목표로는 ① 경쟁산업의 규제, ② 교차보조(cross-subsidization)의 촉진, ③ 부당이득의 방지, ④ 부당한 가격차별의 방지, ⑤ 기업 간 불공정한 경쟁방지 등을 들 수 있다.[238] 그러나 이러한 기능주의 이론은 ① 국가 경영자들이 공적인 목표를 달성하기 위해 헌신하지 않을 수 있다는 '이기적 국가의 문제'와, ② 공익에 헌신하려고 해도 이를 달성할 수 없는 '국가의 능력 문제'에 직면한다.[239]

나. 정부규제의 사익이론(공공선택이론의 입장)

정부규제가 잘 조직된 이익집단과 정치인 및 관료의 사익적 동기에서 이루어지는 것으로 이해하는 입장이다. 예를 들면, 스티글러(G. Stigler)는 기존의 정부규제이론이 정부규제를 공익적 견지에서 당연히 이루어져야 할 어떤 것으로 파악하고 있다고 비판한다. 그는 정부규제를 하나의 재화로 인식하여 공급자와 수요자가 있는 것으로 보는데, 정부규제의 수요자는 규제로부터 모종의 편익을 얻을 것으로 기대되는 피규제산업 또는 피규제직종으로 대표되는 이익집단이고, 정부규제의 공급자는 강제력을 지니고 있는 규제자(구체적으로는 입법을 담당하고 있는 국회의원 및 행정기관)라고 한다. 스티글러에 의하면 조직의 규모가 커질수록 정보비용(information costs)과 조직화하는 비용(costs of organization)이 급증하기 때문에 규모가 작은 집단이 정부규제에 대한 영향력 있는 수요자가 될 수 있고, 그 결과 정치인과 관료는 공익을 대변하는 다수국민이 아니라 항상 소규모의 특수 이익집단에 특혜적인 정부규제를 공급하게 된다고 한다.[240] 요컨대, 스티글러의 논지는 민주주의 정치과정에서 개별 산업들은 각자의 사익을 위해 규제를 획득하고자 하며, 실제 운용되는 규제정책도 그 산업의 이익에 부합되도록 고안된다는 것이다. 그러나 정책적 제언에 관해 스티글러는 프리드먼(Milton Friedman)과는 다른 견해를 피력한다. 즉, 정치인은 그 자신의 득표의 극대화가 목표이므로 경제학자들이 정치인을 설득하여 경제적 후생을 높이는 방향으로 가게 할 수는 없다는 것이다. 따라서 규제완화를 주장하는 것 외에 정치인에게 경제정책에 대한 조언을 한다는 것은 무의미하다고 보았다.[241] 그러나 정부규제의 사익이론은 경제적 규제는 설명할 수 있지만, 사회적 규제는 설명할 수 없다는 한계가 있다.

다. 윌슨의 규제정치이론

윌슨(James Q. Wilson)은 정부규제의 공익이론과 사익이론이 모두 현실의 규제를 제대로 설명하지 못한다고 비판하면서, 정부규제로 인한 편익과 비용의 집중·분산 여부에 따라 규제정치 상황을 고객정치(client politics), 기업가적 정치(entrepreneurial politics), 대중적 정치(majoritarian politics), 그리고 이익집단 정치(interest group politics) 등 네 가지로 분류하여 설명하였다(〈표 2-2〉 참조).[242] 윌슨은 규제정치 상황을 도출하기 위해 다음과 같은 두 가지 기본전제를 제시하였다. 첫째, 개인이나 집단은 순편익(편익-비용)이 증가하는 경우보다 급격하게 또는 상당한 정도로 감소하는 경우에 정치적으로 민감하게 반응한다.[243] 그렇기 때문에 피어슨(Paul Pierson) 같은 학자에게 있어 '축소의 정치(politics of retrenchment)'는 '팽창의 정치(politics of expansion)'와 본질적으로 다른 것이다.[244] 둘째, 정치적 행동(political action)은 편익이나 비용이 이질적인 불특정 다수인에게 넓게 분산되는 경우보다 소수의 동질적인 집단에게 좁게 집중되는 경우 쉽게 고무된다. 이는 7장에서 살펴볼 '환류효과(feedback effects)'라는 정책의 특징적인 양상으로 설명할 수 있다. 편익이나 비용이 집중될 경우가 분산될 경우보다 정책이 사람들의 선호에 영향을 미치는 환류효과가 더 크게 나타난다. 또한 집단구성원의 동질성 수준도 정치적 행동의 강약에 중요한 영향을 미친다. 윌슨의 규제정치이론은 현실의 규제를 분석하는데 유용하게 사용될 수 있기 때문에 이하에서는 이에 대해 보다 구체적으로 살펴보고자 한다.[245]

<표 2-2> 윌슨의 규제정치 상황

		규제로 인한 편익	
		넓게 분산	좁게 집중
규제로 인한 비용	넓게 분산	대중적 정치	고객정치
	좁게 집중	기업가적 정치	이익집단 정치

가) 고객정치

고객정치 상황은 정부규제로 인한 편익은 소수의 동질적인 집단에게 좁게 집중되고 그 크기가 대단히 큰 반면, 비용은 불특정 다수인에게 넓게 분산되고 그 크기가 그다지 크지 않은 경우이다. 이러한 유형의 규제로는 진입규제나 가격규제와 같은 전형적인 경제적 규제(economic regulation)를 들 수 있다. 고객정치 상황에서 수혜집단은 정치적 행동을 할 강한 유인이 존재하는 반면, 비용을 부담하는 사람들은 집합적 행위의 딜레마(collective action dilemma)[246]에 빠져 조직적인 정치적 행동을 하지 못하는 경우가 많다. 이 상황에서는 공익단체(public interest associations)의 반대가 없는 한 별다른 논쟁의 여지가 없이 규제가 이루어지기 때문에 가시성(visibility)이 낮으며, 또한 규제기관이 피규제산업에 포획될 가능성이 높기 때문에 규제기관과 피규제산업 사이에 '공생관계(symbiotic relationship)'가 형성된다.

나) 기업가적 정치

기업가적 정치 상황은 고객정치 상황과는 반대로 편익은 이질적인 불특정 다수인에게 넓게 분산되고 그 크기가 그다지 크지 않은 반면, 비용은 소수의 동질적인 집단에게 좁게 집중되고 그 크기가 대단히 큰 경우이다. 이 유형에 속하는 정부규제로는 환경규제, 보건·위생규제, 산업안전규제, 소비자보호규제 등 전형적인 사회적 규제(social regulation)를 들 수 있다.

이 규제정치 상황은 잘 조직된 이익집단이 집합적 행위의 딜레마에 빠진 일반대중에게 밀리는 경우를 상정한 것으로, 사회경제적 위기나 재난의 발생, 정권의 변동, 그리고 기업가적 정치인(entrepreneurial politicians)의 주도적인 노력에 의해 채택될 수 있다.[247] 기업가적 정치 상황에서는 규제기관이 피규제산업과 적대적인 관계에 놓이기 때문에 장기적으로는 규제기관이 피규제산업에 포획될 가능성이 있으며, 그 결과로 나타나는 것은 느슨한 정책집행이다.

다) 이익집단 정치

이익집단 정치 상황은 정부규제로 인한 편익과 비용 모두 소수의 동질적인 집단에게 좁게 집중되고 그 크기가 대단히 큰 경우를 의미한다. 이익집단 정치 상황에서는 수혜집단과 비용부담집단 모두 정치적 행동을 할 강한 유인이 존재하여 정부에 대해 강력한 영향력을 행사하려고 한다. 따라서 정부가 어느 한 집단에 포획될 가능성은 낮은 반면, 소송 등을 통해 문제를 해결하려고 하기 때문에 정치적 현시성(political salience)은 높은 것이 보통이다. 이러한 유형의 규제로는 제반 노・사 관계에 대한 규제, 의・약 분업제도 등을 들 수 있다.

라) 대중적 정치

대중적 정치 상황은 이익집단 정치 상황과는 반대로 정부규제로 인한 편익과 비용이 모두 이질적인 불특정 다수인에게 넓게 분산되고 그 크기가 그다지 크지 않은 경우를 의미한다. 대중적 정치 상황에서는 수혜집단과 비용부담집단 모두 집합적 행위의 딜레마에 빠져 조직적인 정치적 행동을 하지 못하는 경우가 많다. 그런데 사회의 발전에 따라 새로운 사상이나 신념이 대두되고 영향력 있는 기업가적 정치인이 있을 때에는 정치적 의제로 등장할 수 있다. 이러한 유형의 규제로는 독과점 및 불공정거래에 대한 규제, 신문・방송・출판물의 윤리규제, 사회적 차별에 대한 규제, 낙태에 대한 규제, 종교 활동에 대한 규제 등을 들 수 있다.

(4) 정책과정상의 특징

가. 정책의제설정

규제정책은 일반적으로 편익은 전체에게 돌아가고 비용은 일부 집단이 부담하는 '기업가적 정치(entrepreneurial politics)' 또는 크렌슨(Matthew A. Crenson)이 말한 '전체적 문제(collective problem)'의 성격이 강하기 때문에, 정책의제설정과 관련하여 이를 주도하는 집단과 반대하는 집단 사이의 정치적 갈등이 심한 것이 특징이다.[248] 여기서 규제를 원하지 않는 피규제집단은 정부규제를 사유재산권의 침해라고 주장하는 반면, 규제를 원하는 집단은 자유와 사회정의의 구현을 위해 필요한 것이라고 주장함으로써 이념적 논쟁이 벌어진다.

나. 정책결정

정책결정과정에서도 규제정책은 혜택을 보는 집단과 피해를 보는 집단 사이의 갈등이 첨예하게 전개된다. 이 때 양대 세력은 지지 세력의 확대를 위해 다른 집단과 정치적 연합을 형성하려고 하며, 경우에 따라서는 양대 세력이 직접적인 협상과 흥정에 의해 정책이 결정되기도 한다. 따라서 로위(Theodore J. Lowi)에 의하면 규제정책의 경우 다원론자들의 주장이 옳다고 한다. 규제정책은 갈등의 해소가 대단히 완만하며, 대부분의 경우에 지속적인 논란의 대상이 된다.[249]

다. 정책집행

정책집행과정에서도 정부규제의 타당성에 대한 논란이 지속되고, 피규제집단이 조직적으로 저항하여, 집행과정에서 정치적 갈등이 커진다. 특히, 편익은 다수에게 분산되고 비용은 소수에게 집중되는 상황에서는 규제기관이 피규제집단의 입장에 동조하는 '포획현상'이 나타날 가능성이 높다. 따라서 규제정책의 경우에는 SOP와 같은 안정적인 루틴에 의한 원만한 집행이 이루어질 가능성이 낮은 것이 특징이다.

라. 정책평가

규제정책에서는 관련집단들이 자료와 정보제공 등을 통해 자신들에게 유리한 평가를 하려고 노력한다. 여기서 수혜집단은 주로 정책의 성공을, 그리고 비용부담집단은 주로 정책의 실패를 강조한다.

(5) 규제개혁의 기본 방향

가. 규제의 대표성 확립

민주국가에서 규제를 포함한 모든 정책은 규범론적 · 당위론적 차원에서 대표성을 가져야 한다. 즉, 정책은 대다수 국민들에게 혜택이 돌아가도록 결정되고 집행되어야 한다. 하지만 현실은 이와 다른 경우가 많다. 버지니아 학파가 주장하고 있듯이, 국가가 규제 등을 통해 특정 이익집단에게 '경제적 지대(economic rent)'를 제공해준다면 그 결과는 독점자본의 출현에 의한 시장질서의 왜곡과 정부규제의 정당성에 대한 약화로 인한 국가의 정통성과 신뢰성의 저하로 나타나게 된다. 결국 규제의 대표성은 규제로 인해 궁극적으로 돌아가는 편익과 비용을 분석하여 대다수 국민에게 비용부담을 전가하고 소수에게 독점 이익을 제공하는 규제는 완화 내지 철폐하는 제도개혁을 통해 이룰 수 있다.

그러나 이러한 논의는 그리 쉬운 일이 아니다. 왜냐하면 대표성 측면에서 문제가 많은 규제의 경우 편익을 누리는 집단은 조직력과 자금력을 갖춘 잘 조직된 이익집단인 반면, 비용을 부담하는 사람들은 집합적 행위의 딜레마에 빠져 조직적인 활동을 못하는 경우가 많기 때문이다. 게다가 지대를 추구하는 집단들도 표면상으로는 항상 공익을 명분으로 내세우기 때문에 이들의 주장을 반박하기 어려운 경우도 많다. 이러한 규제개혁의 어려움을 극복하기 위해서는 공익을 우선시하는 정치인, 언론, NGO 등 '기업가적 정치인들(entrepreneurial politicians)'의 창도적인 노력이 필요하다. 이들의 적극적인 활동은 규제개혁에 반대하는 집단의 논리를 꺾을 수 있으며, 일반국민들의 여론을 조성하여 정부가 규제개혁에 나서지 않을 수 없도록 만드는 원동력이다.

나. 사회적 규제의 강화

최근에 국민들의 교육수준과 생활수준이 향상됨에 따라 '삶의 질(quality of life)'에 대한 관심이 높아지고 있다. 그리고 이러한 삶의 질에 대한 관심고조는 자연스럽게 사회적 규제에 대한 국민들의 기대수준과 요구수준을 높이고 있다. 하지만 우리의 현실은 이에 부응하지 못하는 면이 있었던 것도 사실이다. 과거 개발연대 시절 사회적 규제에 대한 논의는 '무의사결정(non-decision making)'되었고, 정치사회의 민주화가 진전된 이후에도 사회적 규제가 강화된 면이 있기는 하지만 아직 부족한 점이 많이 있다. 또한 기업 측에서는 사회적 규제의 강화가 경제성장의 걸림돌이 된다는 측면을 집중 부각시켜 사회적 규제의 완화를 주장하고 있다. 실제로 미국에서 보수주의자인 레이건이 대통령에 당선된 이후 규제완화를 추진하였을 때 그 대상은 경제적 규제뿐만 아니라 사회적 규제도 포함되었다. 그러나 이것은 지나친 규제로 인해 경제에 부담을 가중시켰던 미국의 사례이고, 사회적 규제가 아직 충분히 제도화되지 않은 우리의 경우에는 적절한 얘기가 아니다. 아직 초보단계의 사회적 규제를 완화해야 한다는 주장은 어불성설이 아닐 수 없기 때문이다. 또한 사회적 규제가 반드시 경제에 악영향을 미치는 것만도 아니다. 과거 환경부에서 추진한 'ECO-2 프로젝트'에서 보듯이, 환경관련산업의 발전이 경제에 긍정적인 영향을 미칠 수 있기 때문이다. 그러나 무엇보다도 사회적 규제를 강화해야 할 당위적 필요성은 사회적 규제가 보호하는 이익이 민주국가 실현의 최고가치인 인간의 존엄성을 구현하는데 필요한 전제조건인 인간의 생명 · 신체라고 하는 점이다. 사회적 규제의 적절한 제도화가 이루어지지 않고서는 진정한 의미의 민주주의의 실현은 요원할 수밖에 없다.

다. 규제정책결정과정의 민주화

과거 한국의 규제정책은 다른 정책과 마찬가지로 폐쇄적으로 결정되는 경우가 많았다. 그 결과 국민들의 다양한 의사가 정책에 반영되지 못하고 소수의 목소리 큰 정치행위자들이 정책과정을 주도하였다. 그러나 정치사회의 민주화가 진전됨에 따라 이러한 폐쇄적인 정책결정체제는 근본적인 재검토를 요구받고 있다. 다양한 이해관계자들의 참여가 필요한 것은 바로 여기에 있다. 다만, 너무 많은 사람들이 정책과정에 참여할 경우 결정비용이 증가할 수 있을 뿐만 아니라, 거부점(veto points)이 증가하여 개혁이 지지부진할 수도 있다(공동행동의 복잡성). 따라서 뷰캐넌(James M. Buchanan)과 털록(Gordon Tullock)의 논의에서 볼 수 있는 것처럼 결정비용과 집행비용을 합친 총비용이 최소가 될 수 있도록 적정 참여자의 수를 결정할 필요가 있다.

라. 규제정책결정과정의 합리화

과거 한국에서 규제정책은 즉흥적이고 단시간 내에 결정되는 경우가 많았다. 이러한 주먹구구식 정책결정은 많은 부작용을 초래하여 이를 해결하기 위해 다시 규제를 해야 하는 악순환이 반복되어 정부의 팽창과 정부실패를 초래하였고, 그 결과 정부규제에 대한 일반국민들의 신뢰를 저하시키는 문제를 야기하였다. 물론 정부규제의 누증적 증가현상은 '규제총량제'와 같은 제도개혁을 통해 어느 정도 해소할 수 있지만, 규제정책의 합리적 결정이 없이는 근본적인 해결이 될 수 없는 것이 사실이다. 따라서 규제정책은 '합리적 · 분석적'으로 이루어질 필요가 있으나, 이는 많은 이해관계자와 관련되어 있는 경우가 많기 때문에 경제적 합리성과 정치적 합리성이 조화를 이루는 수준에서 접점을 찾아야 할 것이다.

마. 일반국민들과 정부의 의식개혁

'보충성의 원칙'이 함의하는 바와 같이, 정부는 민간이 자율적으로 해결할 수 없는 문제에 한해 개입해야 한다. 그러나 한국의 경우 과거 유교문화의 영향과 일제의 잔재, 그리고 계속되는 권위주의 통치 등으로 인해 국민의 국가에 대한 의존성의 정도가 높아 시장과 시민사회의 자율적 힘에 의해 해결할 문제도 국가에 의해 해결해 줄 것을 기대하는 그릇된 사고방식을 가지고 있는 경우가 많다. 또한 정부 역시 시장과 시민사회에 대한 불신과 정부의 역할과 능력에 대한 과신으로 인해 지나치게 시장에 개입하는 모습을 보여 왔다. 이러한 잘못된 의식이 개혁되지 않는 한 규제개혁은 요원할 수밖에 없다. 그런데 국민들이나 정부관료들의 의식개혁은 사회화 과정을 수반해야 하기 때문에 제도개혁에 비해 장시간이 소요되는 경향이 있다.

바. 처방적 규제에서 금지적 규제로의 전환

국민의 자유와 권리는 원칙적으로 최대한 보장되어야 한다는 헌법의 기본이념에 비추어, 이를 제한하는 규제도 필요한 최소한도 내에서 이루어져야 한다. 따라서 정부규제의 기본방향도 '원칙금지, 예외허용'의 'positive system'에서 '원칙허용, 예외금지'의 'negative system'으로 전환될 필요가 있다.

사. 제도개혁을 통한 경로의존성 타파

규제제도를 포함한 모든 제도는 일단 만들어지면 오래 지속되는 경향이 있다. 역사적 제도주의(historical institutionalism)에서는 이를 제도의 '경로의존성(path dependence)'이라고 표현하는데, 이러한 경로의존성으로 인해 현실에서는 비효율적이거나 역기능적인 제도가 존속하는 경우를 종종 볼 수 있다. 경로의존성이 제도와 관련하여 나타나는 문제라면 그 해결방안 역시 제도개혁을 통해 모색할 수 있다. 현재 우리나라에서 시행하고 있는 행정규제기본법에서는 '규제일몰제'나 '규제총량제' 등을 규정하고 있는데, 이러한 제도들이 그 방안 중의 하나가 될 수 있다. 다만, 제도개혁은 '공공재'의 성격을 띠고 있는 경우가 많기 때문에 이를 추진하는 과정에서 '집합적 행위의 문제(collective action problem)'가 나타날 수 있다.

자. 관료제에 대한 통제와 사기앙양방안 마련

규제개혁의 실패요인 중 규제기관의 '포획현상'을 드는 경우가 많은데, 규제기관의 포획은 규제기관 관료들의 부정부패로 초래되는 경우가 대부분이다. 이러한 이유로 역대 정권들은 통제위주의 행정개혁을 추진하였지만, 이러한 통제만능주의는 관료들의 '복지부동(伏地不動)'이라는 저항을 유발시켰다. 그런데 관료들의 복지부동은 부패만큼이나 문제가 많기 때문에, 규제기관 관료들에 대한 행정부 내·외의 통제를 강화하는 것과 병행하여 동기부여를 위한 적극적인 방안을 마련할 필요가 있다.

3) 재분배정책

(1) 의의

재분배정책(redistributive policy)이란 돈이나 재산, 권력, 권리들을 많이 소유하고 있는 집단으로부터 그렇지 못한 집단으로 이전시키는 정책으로, 구체적으로는 누진소득세, 영세민

취로사업이나 임대주택의 건설, 세액공제나 감면 등을 들 수 있다. 과거에는 재분배정책의 효과는 경제적인 것으로만 생각했으나, 최근에는 지위나 신분도 재분배정책의 대상으로 인식하게 되었다. 민권정책이나 여권신장정책을 재분배정책으로 분류하는 이유가 바로 여기에 있다.[250]

(2) 일반적 특징

재분배정책은 다음과 같은 특징을 가지고 있다.

첫째, 재분배정책은 가진 자와 못 가진 자, 그리고 자본가 계급과 노동자 계급 사이의 계급정치의 산물이다. 따라서 재분배정책은 계급정책(class policy)이라고 할 수 있으며, 이를 둘러싼 정치적 갈등이 첨예하게 이루어진다.[251] 정책은 이해관계의 갈등으로부터 나오는데, 자본주의 국가에서 그러한 갈등은 많은 부분 경제적 관계에 기인하기 때문이다.[252] 특히, 자본주의 국가의 구조적 제약을 생각하면 가진 자에게서 못 가진 자로 부를 이전하는 정책은 심각한 저항에 직면할 수 있다. 이명박 정부 하에서 논의되었던 이익공유제를 둘러싼 정치 논쟁은 그 대표적인 예라고 할 수 있다.

둘째, 재분배정책은 규제정책이나 배분정책과 달리 재산권의 행사에 관련된 것이 아니라 재산 그 자체를, 그리고 평등한 대우의 문제가 아니라 평등한 소유를 문제로 삼고 있다는 특징을 지닌다. 예를 들면, 로위(Theodore J. Lowi)는 재분배정책의 목표에 대해 다음과 같이 설명하고 있다. "(재분배정책의) 목표는 재산권의 행사가 아니라 재산권 그 자체이며, 평등한 대우가 아니라 평등한 소유이며, 행동이 아니라 존재에 있다."[253]

셋째, 경제적 자원의 이전이라는 맥락에서 보면 배분정책도 '재분배적' 요소를 포함하고 있다. 배분정책의 경우에도 일반납세자들의 세금을 재원으로 하여 특정인에게 혜택을 주는 정책이기 때문이다. 그러나 배분정책의 경우 심각한 정치적 갈등이 생기지 않는 이유는 비용부담집단인 일반납세자들이 정책으로 인한 비용을 인식하지 못하기 때문이다. 하지만 재분배정책의 경우 가진 자와 못 가진 자와 같은 계급의 존재를 전제로 하기 때문에, 계급 간 경제적 자원의 이전을 추구하는 정책은 심각한 정치적 갈등 및 이념 갈등을 초래할 수 있다.[254]

넷째, 우리나라의 지하철 무임승차 사례에서도 볼 수 있듯이, 재분배정책의 경우 '단속적 효과(ratchet effect)'가 크게 나타나 감축을 지향하는 정책변동은 상당한 저항에 직면한다. 즉, 재분배정책의 경우 정책의 성립과 소멸 시이에 비대칭적 양상을 보이는 경우가 많다.

(3) 정책과정상의 특징

가. 정책의제설정

재분배정책은 어느 집단의 권리를 다른 집단에게 이전시키는 것이기 때문에 정책의제설정을 둘러싸고 복지정책이나 작은 정부에 대한 이념 논쟁이 치열한 양상으로 전개된다. 여기서 정책의 수혜집단은 조직화가 어려운 하위계층인 반면, 비용부담집단은 조직화가 용이한 상위계층이기 때문에 비용부담집단의 반대로 정책의제설정이 어려운 경우가 많다. 따라서 정책의제로 채택되기 위해서는 정치이념 등 정치적 분위기의 변화, 일반대중의 지지, 그리고 정치지도자의 강력한 정책의지가 필요하다.

나. 정책결정

수혜집단과 비용부담집단 사이의 이해관계의 대립과 이념논쟁이 지속된다. 여기서 정책결정은 관련집단의 정상연합체(peak association)에 의해 집권적으로 이루어지기 때문에, 로위에 의하면 재분배정책의 경우에는 엘리트론자들의 주장이 타당하다고 한다. 리플리(Randall B. Ripley)와 프랭클린(Grace A. Franklin)에 따르면, 재분배정책의 경우 대통령의 영향력이 강력하게 반영되기 때문에 철의 삼각의 영향력은 상대적으로 작다고 한다.[255)]

다. 정책집행

재분배정책을 둘러싼 이념 논쟁이 정책집행과정에서도 지속된다. 여기서 참여자들 간의 관계는 안정적(지속적)이지만, 재분배정책을 반대하는 세력의 정치적 반대와 조직적인 저항은 심한 편이다. 따라서 SOP의 확립이 곤란하며, 원만한 집행 또한 어렵다.

라. 정책평가

비용부담집단이 이념적인 측면과 집행상의 능률성 · 효과성의 측면에서 정책의 효과를 비판하는 경우가 많다.

4) 구성정책

(1) 의의

구성정책(constitutional policy)이란 정부기관의 신설이나 변경, 선거구 조정 등과 같이 정치체제의 구조와 운영에 관한 정책을 말한다. 로위(Theodore J. Lowi)에 의하면, 구성정책은

"정부 구조의 확립, 정부가 활동하기 위한 규칙(또는 절차)의 확립, 현재와 미래의 정부 정책이 만들어지는 권력과 관할 영역의 배분에 관한 규칙에 대해 공식적이고 명시적으로 관심을 가지는 정책"을 의미한다.[256] 따라서 구성정책은 종종 "국가형성(state-building)"이라는 말로 표현된다.

(2) 일반적 특징

구성정책은 정책결정과정에서 정당이 중요한 역할을 한다. 미국과 같은 나라에서는 헌정 질서에 급격한 변동을 가져오는 새로운 구성정책은 거의 없는 편이지만, 한국에서는 구성정책의 결정을 둘러싸고 정치적 갈등이 심각하게 나타나는 경향이 있다.

또한 구성정책은 정부 활동이 어떻게 이루어지는가와 정부 활동에 대해 누가 책임지는가에 대한 기본적 절차를 규정하고 있기 때문에 정부 활동의 결과에 중요한 영향을 미친다.[257]

4. 로위 분류의 수정보완론

1964년 로위의 분류가 발표된 이후 지난 30여 년 동안 많은 학자들의 찬사와 비난을 동시에 받았다. 로위의 분류에 문제점과 개선의 여지가 있다고 생각한 학자들은 로위 분류의 수정을 시도하거나 새로운 분류를 제시하였다.[258]

1) 솔리스버리의 자율규제정책

솔리스버리(R. H. Salisbury)의 정책 유형에 관한 연구의 특징은 정책을 종속변수로 보았다는 점과 자율규제정책을 제시하고 있다는 점이다. 그의 유형론은 정책의 결정 체제와 요구패턴이라는 두 가지 요소를 가지고 있는데, 이들 각각의 요소가 통합적이냐 분산적이냐에 따라 다음의 〈그림 2-1〉에서 보는 바와 같은 네 가지 정책 유형이 나타난다고 한다.

솔리스버리의 연구에서 특이한 것은 자율규제라는 새로운 정책 유형이 나타났다는 점이다. 그가 말하는 자율규제정책은 규제대상자에게 그 소속활동에 대한 규제기준의 설정과 그 집행권한까지 위임하여 특정한 전문직업집단에게 자율성과 함께 규제권한까지 부과하는 경우로서, 전문직업집단(변호사회, 약사회, 의사협회 등)의 면허제도 등을 들 수 있다. 이것은 어떤 문제에 대한 고도로 통합된 요구가 분산적인 의사결정 행태와 결합되는 상황에서 나타날 가능성이 높은 정책 유형으로 보고 있다. 가령 이들과 같은 전문직업집단이 입법부에 대해서 어떤 정책 요구를 할 경우, 이들 집단 구성원은 매우 응집적인 반면, 일반대중들은 이들이 제기하는 이슈에 대해 거의 모르거나 관심을 가지지 않는다는 점에서 이들의 요구 패턴은 매우 통합적이라고 볼 수 있다. 또한 그와 같은 요구에 대한 결과는 대체로 이들 전문직업집단에 그 직업 분야에 들어오는 것에 대한 통제를 위임하는 면허법(licensing law)인 경우가 많은데, 이것은 이 분야에 대한 정책결정 권한을 정부가 사회로 분산시키는 형태가 되는 것이다. 이러한 자율규제정책은 어떤 문제나 집단에 대해 제한을 가하거나 통제를 가한다는 점에서는 전술한 경쟁적 규제정책과 유사하지만, 경쟁적 규제정책과 달리 자율규제정책은 집단 구성원의 이익을 위해 규제를 받는 집단에게 더 많은 규제권한을 부여한다는 점에서 차이가 있다.[259]

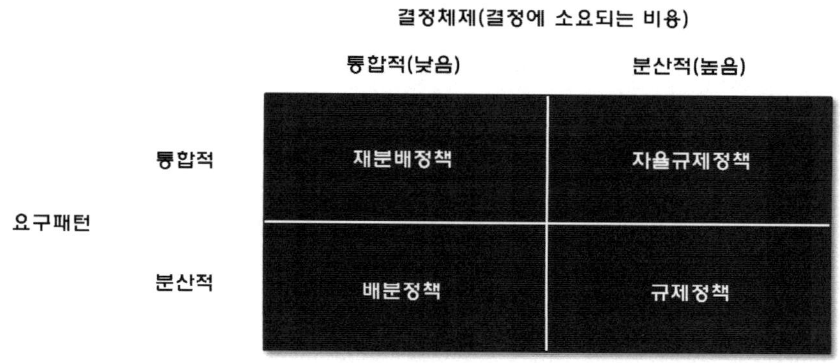

자료: 유훈(1995: 380) 및 한석태(2013: 45)를 토대로 작성

<그림 2-1> 솔리스버리의 정책 유형

2) 자본정책과 윤리정책의 추가

프로혹(F. M. Frohock)은 로위의 배분정책, 규제정책, 재분배정책의 3분법을 토대로 자본정책(capitalization policy)과 윤리정책(ethical policy)을 추가한 5분법을 제시하였다.

자본정책은 배분정책이면서도 사회제도의 생산능력을 향상시키는 것을 목적으로 하는 자원의 배분을 의미하는 것으로 복지 프로그램의 소비적인 배분과 대조된다. 생산능력 향상을 위한 중앙정부의 경제 제도에 대한 지원은 (1) 농민에게 현금을 보조하여 농업을 개선하는 방안, (2) 산업분야를 선별하여 연구개발과 생산을 촉진시키기 위한 조세감면, 그리고 (3) 지방자치단체에 대한 저리융자, 공공사업에 대한 재정지원 등이 포함된다.

한편 윤리정책은 규제정책의 영역에 포함되면서 도덕적인 이슈를 다루고 있는 정책을 말한다. 예를 들면, 1973년 미 연방대법원은 임신 3개월 이내에는 청구에 의한 낙태는 합법적이라는 결정을 내렸다. 이 결정은 행위를 규제하는 것이 목적이지만 도덕적인 문제를 다루고 있다. 1977년 미 상원이 통과시킨 윤리강령은 윤리 문제 자체를 직접 다루고 있다.

3) 순수영역과 혼합영역의 구분

스피처(R. J. Spitzer)는 로위가 제안한 네 가지 정책영역, 즉 배분, 규제, 재분배, 구성정책의 구분을 받아들이면서도 각 영역을 순수 영역과 혼합 영역으로 구분하여 모두 8개 범주로 구분하자고 제안하였다.

순수 영역은 각 유형별 정책의 특징을 잘 나타내고 있는 영역이며, 혼합 영역은 주어진 영역에 해당되면서 그 특징이 분명하게 나타나지 않는 영역을 말한다. 예를 들면, 재분배정책의 영역에서 순수한 정책은 계급 간에 소득이전이 직접적으로 이루어지는 정책을 말하며, 혼합적 정책은 1965년과 1968년의 주택 및 도시재개발 정책과 같이 재분배정책과 재개발정책 등 다른 유형의 정책이 혼합된 정책 영역을 말한다.

4) 경제적 규제정책과 사회적 규제정책의 구분

각 정책의 유형에 관한 순수 영역과 혼합 영역의 구분과 더불어 스피처(R. J. Spitzer)는 타타로비치(Raymond Tatalovitch)와 데인즈(Byron Daynes) 등의 학자들과 더불어 규제정책을 경제적 규제정책과 사회적 규제정책으로 구분할 것을 제안하였다.

이들은 낙태정책이나 총기규제와 같은 정책들은 규제정책의 영역에 포함되면서도 기존 규제정책 논의의 주류를 이루는 경제적 규제와는 성격이 다르다는 점을 지적한다. 따라서 이들은 경제적 규제(소위 '구'규제)와 사회적 규제(소위 '신'규제)를 구분한다. 일반적으로 경제적 규제정책은 가격이나 시장참여의 제한 등을 통해 대상집단을 규제하고 대상집단의 범위가 국지적인 반면에, 사회적 규제정책은 법률을 통하여 사회적 가치, 제도적 관행, 대인간 행태를 새로운 양식으로 변경하거나 대체하고자 하는 정책이며, 영향력의 범위가 매우 광범위하다.

스패로우(M. K. Sparrow)는 사회적 규제는 보건, 위생, 복지, 작업조건, 그리고 환경과 같은 이슈를 다루는 반면, 경제적 규제는 시장이 건강하게 작동하는 것에 관심을 가지는 것으로 본다. 사회적 규제를 담당하는 기관은 특수한 위험(risks)이나 위협(threat)을 다루면서 그 업무범위에 모든 산업분야를 포함하는 경향이 있다. 반면에 경제적 규제를 담당하는 기관은 특정한 산업 분야를 규제하며 적정한 경쟁, 능률적인 시장, 공정거래질서, 소비자 보호 등을 추구한다. 경제적 규제와 사회적 규제는 다음과 같이 여러 가지 면에서 차이가 있다.[260)]

<표 2-3> 경제적 규제와 사회적 규제의 비교[261)]

	경제적 규제	사회적 규제
연혁	비교적 역사가 긴 전통적인 규제	비교적 최근에 중요시되고 있는 규제
정치경제적 상황	특정산업을 대상으로 함으로써 규제기관이 피규제산업에 포획될 가능성이 높음	전체산업을 대상으로 하기 때문에 규제기관이 피규제산업에 포획될 가능성이 낮음
경제에 미치는 파급효과	특정산업을 대상으로 하기 때문에 파급효과가 작음	전 산업을 대상으로 하기 때문에 파급효과가 큼
시장경쟁과의 관계	시장경쟁 제한	시장경쟁과 직접적 관계가 없음
이론적 배경	시장경쟁의 효과성·공평성에 대한 불신	시장실패
정치적 현시성	낮음	높음
규제기관의 형태	독립규제위원회형	행정부처형
규제대상	기업의 본원적 경제활동	기업활동의 과정에서 부수적으로 발생하는 사회문제

5) 챔프니의 공공재의 공급과 관련된 정책 유형

챔프니(Leonard Champney)는 정부 활동에 관련된 세 가지 차원을 이용하여 공공재의 공급에 관한 정부의 활동을 분류하고 있는데, 분류를 위한 요소들에 관해 다음과 같은 세 가지를 제시하고 있다.[262)]

첫째, 공공재가 가지고 있는 불가분성(indivisibility)이 재화의 생산으로부터 발생하는가 아니면 재화의 소비 때문에 발생하는가에 따라 전자를 '생산적 불가분성', 후자를 '소비적 불가분성'으로 명명하고 있다. 전자는 어떤 재화를 생산하기만 하면 모든 사람이 그 혜택을 입게 되는 외부효과가 발생하는 경우로서, 등대나 국방 등이 이에 해당한다. 한편 후자는 생산을 하는 경우 그 재화의 공급을 누구나 무차별적으로 받을 수 없으나, 그러한 재화를 받는 사람이 많으면 많을수록 사회 전체가 발전함으로써 결국은 사회 구성원 모두에게 혜택이 돌아가는 재화를 말하며, 교육이 이에 해당한다. 둘째, 어떤 형태의 공공재이든 이것의 공급을 위해서는 유인이나 제재가 필요하게 되는데, 그것이 강제적인 수단이냐 경제적인 수단이냐에 따라 규제와 배분으로 나눈다. 셋째, 정책의 대상이 개인인가 집단인가의 두 가지로 나누고 있다.

챔프니는 국가가 강제와 경제적 유인책 중 어느 것을 쓰는지에 따라 또 이들 유인책의 대상이 개인이냐 집단이냐에 따라 공공정책에 관련된 정치적 특징이 달라지고 정책과 관련된 비용과 편익의 분배도 영향을 받는다고 한다. 예를 들면, 국민 각자에게 병역 의무를 부과한다든가 또는 국방을 위해 중장비를 징발하는 경우, 비용은 개인들에게 분배되면서 편익은 잠재적으로 많은 국민에게 주게 되는 것이다. 이와 같이 정책 유형마다 그 정책과 관련된 비용과 편익의 집중 형태가 달리 나타나는데, 이것은 정책과정에서 갖는 정치적 의미가 다를 수 있음을 의미한다. 편익이 집중적으로 나타나는 경우는 분산되어 나타나는 경우보다 관련 공무원에게 정치적으로 더 큰 보상이 돌아간다고 볼 수 있고, 비용의 경우는 분산되어 나타나는 경우가 집중된 경우보다 정책을 수행하는 데 정치적으로 더 용이할 것이다. 앞서 살펴본 바와 같이, 집중된 편익과 비용이 분산된 편익과 비용에 비해 정치적 조직화의 강한 유인을 만든다는 것이 정치학의 오랜 정설 중 하나이기 때문이다.

	생산적 불가분성	소비적 불가분성
규제	개인: 징병제도, 과세권 집단: 환경규제	개인: 의무교육, 직업면허 집단: 자연독점규제, 수송요금규제
배분	개인: 에너지절약에 대한 조세유인과 같은 개인에 대한 보조금 집단: 군수산업에 대한 지원과 같은 기업에 대한 보조금	개인: 교육보조금과 같은 개인에 대한 보조금 집단: 교육기관에 대한 보조와 같은 연구개발에 대한 보조금

자료: Champney(1988: 989)를 토대로 작성

<그림 2-2> 챔프니의 정책 유형

≫ 보론 2-1 정책의 유형에 따른 제도개혁의 상이한 접근: 1990년대 미국의 연방주의에 대한 피터슨의 평가

주지하듯이 미국은 연방체제의 국가이므로, 단일국가에 비하여 정부계층간의 권한과 책임은 복잡할 수밖에 없다. 따라서 이러한 권한과 책임의 분담이 어떻게 이루어지고 있고, 또 그것이 규범적인 관점에서 정당화될 수 있는가를 고찰하는 것은 이론적으로 뿐만 아니라, 현실적으로도 매우 의미 있는 연구라고 할 수 있다. 피터슨(Paul E. Peterson)의 논문 "Who Should Do What? Divided Responsibility in the Federal System"은 이러한 문제의식을 가지고 '연방정부의 권한과 책임을 주정부 및 지방정부로 이양하려고 하는 1990년대 미국의 연방주의(American federalism)를 어떻게 평가할 것인가?'라는 근본적인 의문을 제시하면서, 이를 몇 개의 정책유형으로 나누어 해답을 제시하고 있다.[263)]

먼저 저자는 1990년대 미국의 연방주의 경향을 설명하고 있는데, 이것은 주정부 및 지방정부의 자율성을 증대시키는 방향, 다시 말해 주와 지방정부의 프로그램에 대한 연방정부 지출의 삭감과 주정부가 그들의 특정한 요구에 맞는 프로그램을 설계할 수 있도록 하는 방향으로 나아가는 것을 의미한다. 이러한 미국에서의 1990년대 연방주의 경향을 평가하기 위하여 저자는 정책을 개발정책과 재분배정책으로 나누고 있다. 여기서 개발정책은 국가의 경제성장을 위해서 필요한 물리적 · 사회적 인프라 구조를 관리하는 정책을 의미하며, 재분배정책은 경제개발로부터 가장 많이 얻는 사람들로부터 가장 적게 얻는 사람들에게 경제적 자원을 이전하는 정책을 의미한다. 저자는 연방정부와 주정부 및 지방정부가 이러한 두 가지 정책영역에서 어느 정도의 역할을 수행하고 있는가에 관하여, 각각의 정책에 대한 연방정부와 주정부 및 지방정부의 재정지출액이 GNP에서 어느 정도를 차지하고 있는가에 관한 통계자료를 제시하면서 설명하고 있다. 이러한 분석의 결과, 개발정책의 경우에는 주정부 및 지방정부가 중요한 역할을 수행하는 반면, 재분배정책의 경우에는 연방정부가 중요한 역할을 수행하는 것으로 나타났다.

그렇다면 이와 같은 정책영역에 따른 책임분담에서의 비중의 상이성이 발생하는 이유는 무엇인가? 이에 대해 피터슨은 비교적 자세한 설명을 하고 있다. 우선 개발정책의 경우, 피터슨에 의하면 지방정부가 가장 효율적으로 공급할 수 있다고 보고 있다. 그 이유에 대해 저자는 티부 가설의 논리에 따라 주민들은 발에 의한 투표(vote with feet)를 할 것이고, 따라서 지방정부는 지역기업과 주민들의 요구에 민감하게 대응할 수밖에 없다는 점을 지적하고 있다. 그러나 개발정책이 지방정부만 가질 수 있는 것이라고 보고 있지는 않는데, 주요한 운송체계, 대기 및 수질오염규제, 그리고 고등교육의 일부 유형은 상당한 지리적 구역을 통해 조정되어야 하며, 따라서 주정부 역시 경제개발에서 중요한 참여자가 된다고 보고 있다. 이러한 지방정부와 주정부의 경우와 달리, 연방정부는 가장 효율성이 낮은 경제개발정책의 공급자라고 저자는 보고 있다. 그 이유에 대해 저자는 연방정부의 경우, 시장과 유사한 제약 하에서 운영되지 않기 때문이라고 설명한다. 즉, 국민들이 다른 나라로 이주할 자유는 제한되어 있으며, 따라서 연방정부는 일련의 잘못된 정책으로 인한 발에 의한 투표를 염려할 필요가 없기 때문에 경제개발과 관련하여 지역기업과 주민들의 요구에 민감하게 반응하지 못한다는 것이다. 그러면서도 저자는 광범위한 영향을 미치는 과학적 연구에 대한 투자와 같은 일부 정책의 경우에는 연방정부에 의해 수행될 필요가 있다는 점도 지적하고 있다.

다음으로 재분배정책의 경우에는 앞서 설명한 개발정책과는 상반된 논리에 따라 연방정부가 주도적인 역할을 수행한다. 그렇다면 무슨 이유로 지방정부나 주정부는 부를 효과적으로 재분배하지 못하는가? 이에 대하여 저자는 노동과 자본의 이동성 때문이라고 보고 있다. 즉, 노동과 자본이 자유롭게 이동하기 때문에 재분배정책을 강하게 시행하는 주나 지방에는 가난한 사람들이 몰려오고 부유한 사람들이 빠져나감으로써, 주정부나 지방정부의 재원이 부족해지는 현상을 초래하게 된다. 따라서 주정부나 지방정부는 이러한 '복지자석(welfare magnet)'을 우려할 수밖에 없고, 그 결과 재분배정책에 대하여 소극적이라고 피터슨은 보고 있다. 그러나 이러한 주정부나 지방정부와 달리, 연방정부는 소득재분배기능을 가장 잘 수행할 수 있는데, 그 이유는 연방정부의 경우 외국으로부터의 노동유입을 금지할 수 있고 자본의 해외유출에 대하여 우려할 필요가 없으며, 이러한 노동과 자본의 이동성의 제한이 '복지자석'에 대한 우려를 줄여줌으로써 재분배정책을 적극적으로 나설 수 있기 때문이라는 것이다.

이러한 분석을 토대로 저자는 1990년대 연방정부에서 주정부와 지방정부로 권한을 이양하려고 하는 미국의 연방주의에 대하여 평가하고 있다. 우선 경제개발기능을 주정부나 지방정부에 이양하려는 계획에 대해서는 상당히 긍정적으로 평가하고 있는데, 그 이유는 경제개발을 가장 잘 관리할 수 있는 정책결정자들의 수중에 그러한 기능을 두기 때문이라고 분석하고 있다. 그러나 재분배기능을 주정부 및 지방정부에 이양하려는 계획에 대해서는 저자가 부정적으로 평가하고 있는데, 그 이유는 그러한 변동이 연방체제의 저변에 깔려 있는 구조와 조화가 되지 않기 때문이라고 분석하고 있다. 따라서 이러한 재분배기능을 주정부나 지방정부에 이양하려는 것은 "시계를 거꾸로 돌리는(turn the clock backward)" 것과 같다고 저자는 보고 있다.

결국 이 논문에서 피터슨이 말하고자 하는 핵심논지는 주정부와 지방정부로 권한을 이양하려고 하는 1990년대 미국의 연방주의가, 개발정책의 경우에는 타당하지만 재분배정책의 경우에는 그렇지 않기 때문에 시행에 신중을 기할 필요가 있다는 것이다.

이 논문은 연방체제에서의 정부계층간 역할분담을 비교적 간단·명료하게 설명하고 있고, 특히 개발정책과 재분배정책에서 정부계층간 역할분담이 차등적이어야 한다는 것을 명확한 이유와 함께 제시한 것은 긍정적으로 평가할 수 있다. 그렇지만 피터슨의 이러한 주장을 일반화(generalization)시키기에는 일정한 한계가 있다고 생각한다. 우선 저자가 분류한 개발정책이나 재분배정책 내부에도 많은 하위정책들이 있을 수 있고, 이러한 하위정책들에 따라 정부계층간 역할비중은 차등이 있을 수 있는 것이다. 뿐만 아니라, 정책유형론에서 일반적으로 제시되고 있는 규제정책의 경우에는 정부계층간 역할의 비중이 어떻게 나타나는가에 관한 논의도 생략되어 있다. 그리고 연방체제에서의 정부계층간 역할분담을 논의하면서도, 또 다른 중요한 주제, 즉 주정부와 지방정부 사이의 역할분담에 관해서는 충분한 논의가 이루어지지 않고 있다. 물론 피터슨이 주정부가 지방정부에 비해 지리적 범위가 넓기 때문에, 재분배기능을 보다 잘 수행할 수 있다고 설명하고 있지만, 지리적 범위의 차이에 따른 이 정도의 차별성에 대한 설명만으로는 준주권적 권능을 가지고 있다고 인정되는 주정부와, 주헌법과 법률에 의해 권능이 부여되는 지방정부 사이의 책임분담에 관한 명쾌한 해답이 되기에는 부족하다는 생각이 든다. 또한 피터슨은 지방정부와 주정부의 경우에는 '발에 의한 투표'로 인한 강한 시장적 제약에 직면하지만 연방정부의 경우에는 이러한 제약이 적다고 주장한다. 물론 정도상의 차이가 있기는 하겠지만, 자본과 금융의 빌 빠른 이동에 따른 세계시장의 출현으로 대변되는 경제적 세계화의 시대에는 지방정부나 주정부 못지않게 중앙(연방)정부도 강한 시장적 제약에 직면한다고 보아야 한다.

제 3 절 정책 환경

1. 정책 환경의 의의

정책이 결정되고 집행되는 정치체제(political system)는 환경과 끊임없이 상호작용하는 '개방체제(open system)'이다. 따라서 정치체제의 성격뿐만 아니라, 경제 상태, 사회 상태, 문화 수준, 자연환경 등과 같은 환경적 맥락도 정책에 중요한 영향을 미친다.

2. 정책결정요인론

1) 정책결정요인론의 의의

체제이론에서 주장하고 있듯이, 정치체제와 환경은 끊임없이 상호작용한다. 정치체제는 환경으로부터 투입을 받아 이를 정책(산출)으로 전환시키는 역할을 수행한다. 이 경우 정책의 내용을 결정하는 것은 환경으로부터의 투입(사회경제적 요인)인가? 아니면 정치체제의 특성(정치적 요인)인가? 이를 둘러싼 논쟁이 정책결정요인론이다. 즉, 정책결정요인론은 정책의 내용을 결정하는 요인이 무엇인가를 밝히는 이론을 말한다.

2) 정책결정요인론의 전개

정책결정요인론은 정치학, 행정학, 경제학 등 사회과학 전반에 걸쳐 이루어졌는데, 이를 구체적으로 살펴보면 다음과 같다.[264)]

(1) 초기 정치학자와 행정학자들의 환경연구

정책을 정치체제의 산물로 보는 체제이론에 의한다면, 정치체제의 투입을 결정하는 환경은 중요할 수밖에 없다. 따라서 정치학이나 행정학에서는 환경에 대한 연구가 오래전부터 이루어지고 있는데, 예를 들면, 고오스(J. M. Gaus)는 정부 기능을 설명하는 유용한 환경 변수로 국민(people), 장소(place), 과학기술(physical technology), 사회적 기술(social technology), 욕구와 이념(wishes and ideas), 재난(catastrophe), 개성(personality) 등 일곱 가지를 들었으며, 리그스(F. W. Riggs)는 행정의 환경변수로 경제적 기초, 사회구조, 이념적 요인, 통신 및 정치체제 등 다섯 가지를 제시하였다.

(2) 경제학자들의 환경연구

정치학자나 행정학자들과는 별개로 경제학자들도 정책 환경을 연구했는데, 이들은 대체로 소득과 같은 사회경제적 요인을 강조하였다. 예를 들어, 페브리컨트(S. Fabricant)는 미국 주정부 예산을 분석하여 1인당 소득, 인구밀도, 그리고 도시화 등 세 가지 변수로 주정부 간 총 지출액의 차이를 72% 정도 설명할 수 있음을 발견하고, 주정부 예산의 규모를 좌우하는 것은 사회경제적 요인이라고 주장하였다. 또 브레이저(H. Brazer)는 1959년 미국 전역으로부터 2만 5천 명 이상의 인구를 지닌 462개 도시를 대상으로 연구하였는데, 사회경제적 변수들 중에서 지출 면에 가장 강력한 영향을 미치는 것으로 나타난 것은 인구밀도, 가구소득, 그리고 타 정부기관으로부터의 보조였다.

(3) 정치학자들의 환경연구

전술한 경제학자들의 환경연구는 정책을 정치의 최종 산물로 이해하고 있던 정치학자들에게 큰 충격이었다. 따라서 정치학자들도 나름대로의 논리로 정책 환경의 영향력을 규명하려고 노력했는데, 이를 정리하면 다음과 같다.

가. 참여경쟁모형

키(V. O. Key Jr.)는 대단위 농장(plantation)이 많이 발달해 있는 미국 남부 지역에서는 복지지출이 적다는 점에 착안하여 정당 간 경쟁이 정책에 결정적인 영향을 미친다고 주장하였다. 즉, 미국 남부 지역에서는 주로 백인인 농장주가 저소득층의 정치적 영향력의 증대를 막기 위해 정당 간 경쟁을 축소시켰고, 이것이 복지지출의 감소로 이어졌다는 것이다(대단위 농장 ⇒ 정당 간 경쟁 제한 ⇒ 복지지출 감소). 또 다른 맥락에서 로커드(D. Lockard)는 경제가 복잡해질수록 경제적 이익이 다양해져서 양당제가 번성할 수 있는 토양이 마련되며, 이러한 경제적 이익의 다양성은 특정 이익의 추구자들이 정책결정을 지배하기 어렵게 만드는 요인이 된다고 주장하였다(경제발전 ⇒ 정당 간 경쟁 심화 ⇒ 복지지출 증가).

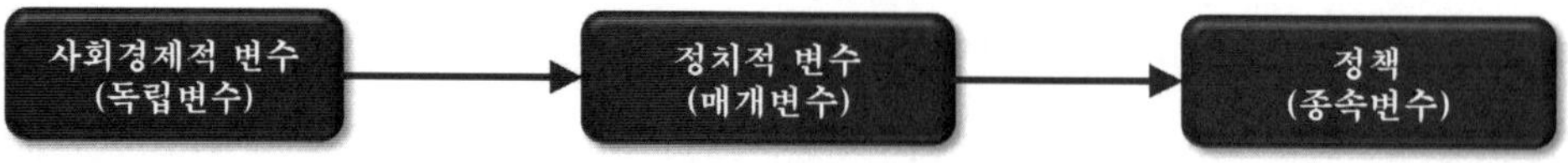

자료: 정정길 외(2010: 81)를 수정 보완

<그림 2-3> 참여경쟁모형

나. 경제적 자원 모형

앞서 살펴본 키와 로커드의 연구는 사회경제적 변수, 정치적 변수, 그리고 정책이라는 세 변수 사이에는 순차적 관계(developmental sequence)가 있음을 지적하고 있다. 그러나 도슨(R. E. Dawson)과 로빈슨(J. A. Robinson)은 사회경제적 변수, 정치체제, 그리고 정책 사이의 이러한 순차적 관계를 부정하면서, 사회경제적 변수가 정치체제와 정책에 모두 영향을 미쳤고, 이것이 정치체제와 정책의 상관관계를 초래하였다고 주장하였다. 따라서 사회경제적 변수를 통제하면 정치체제와 정책의 사이의 관계는 사라지는데, 이는 양자의 관계가 '허위관계'에 불과하다는 것을 보여주며, 사회경제적 변수는 정치체제와 정책 사이에서 '허위변수(spurious variable)'로 작용한다.

또한 다이(T. R. Dye)도 미국의 50개 주정부의 공공지출을 분석한 결과, 1인당 소득, 도시화율, 교육수준, 고용 분포와 같은 사회경제적 요인이 투표율, 정당 간 경쟁, 정당의 응집성, 의원 수 할당(apportionment)과 같은 체제의 속성과 정책 산출에 모두 영향을 미쳤고, 체제의 속성과 정책 산출 사이의 관계는 거의 없는 것으로 나타났다. 다이는 이러한 관점에서 다음과 같은 결론을 내리고 있다.

> 주정부의 정치를 다루고 있는 대부분의 문헌들은 양대 정당의 득표 분포, 정당 간 경쟁의 수준, 투표율, 그리고 주 의회의 불균등한 의원 수 할당의 정도 등과 같은 변수들이 모두 공공정책에 영향을 미친다고 암시하고 있다. 게다가 주 정부 사이의 정책 차이가 정당 간 경쟁의 차이와 결부되어 있다는 사실이, 언뜻 보면 정당의 의석 분포나 투표율과 같은 체제의 속성이 공공정책에 영향을 미친다는 생각을 강화시켜주는 것처럼 보인다. … 그러나 부분상관분석(partial correlation analysis)의 결과는 이러한 체제의 속성이 주 정부의 정책 산출에 거의 영향을 미치지 못하는 것을 보여주고 있다. 경제 발전이 정치체제와 정책 산출에 모두 영향을 미쳤으며, 체제의 속성과 정책 산출 사이의 관계의 대부분은 경제 발전에 기인하였다. 상이한 정치체제의 유형과 결부된 주 정부의 정책 선택의 차이는 정치적 변수의 직접적인 산물이라기보다는 대부분 상이한 사회경제적 수준의 산물이라는 것이 입증되었다. 도시화, 산업화, 소득, 그리고 교육 수준이 정치체제의 속성보다 정책 산출을 형성하는 데 더 큰 영향을 미치는 것으로 보인다.[265]

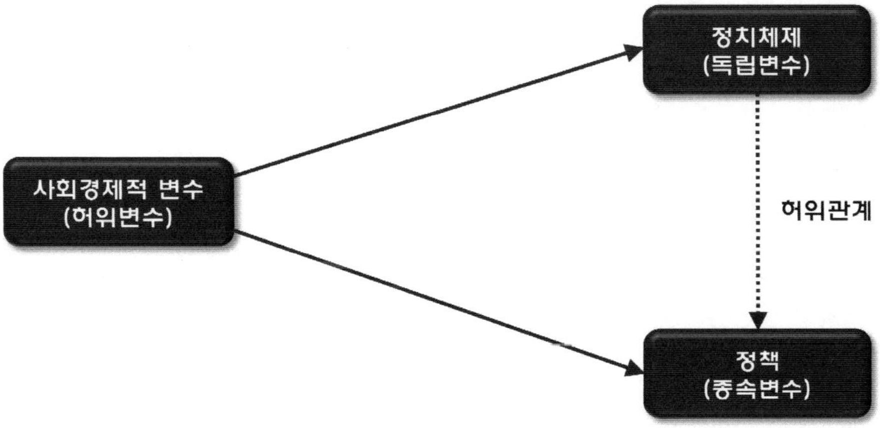

자료: 정정길 외(2010: 82)를 수정 보완

<그림 2-4> 경제적 자원 모형

다. 혼합모형

일부 정치학자들은 정치체제와 정책의 상관관계가 사회경제적 변수에 전적으로 의존한다는 주장에 반대하면서, 사회경제적 변수뿐만 아니라 정치적 변수도 정책에 독립적인 영향을 미친다고 주장하였다. 대표적으로 크누드(C. F. Cnudde)와 맥크론(D. J. McCrone)의 '혼합모형(hybrid model)'을 들 수 있는데, 여기서 사회경제적 변수는 정치체제와 정책 사이에서 '혼란변수(confounding variable)'로 기능한다.[266] 즉, 사회경제적 변수를 통제하더라도 정치체제와 정책 사이의 관계가 부분적으로는 설명이 가능하다.

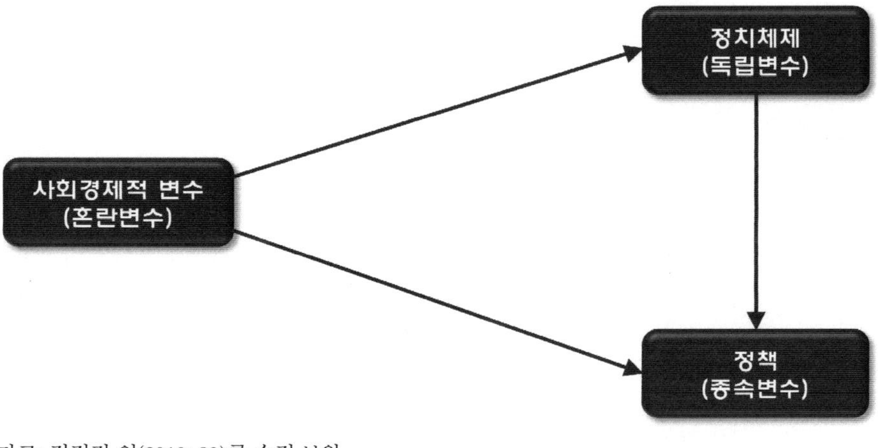

자료: 정정길 외(2010: 83)를 수정 보완

<그림 2-5> 혼합모형

3) 정책결정요인론의 충격

이상과 같은 내용을 담고 있는 정책결정요인론은 사회과학 전반에 큰 영향을 미쳤는데, 이를 정리하면 다음과 같다.[267)]

(1) 정치적 변수의 역할인식에 대한 충격

정치적 변수가 정책에 단독으로 영향을 미치지 못한다는 정책결정요인론자들의 주장은, 정치이념이나 정치체제의 특성이 정책의 내용을 결정하는 가장 중요한 요인으로 인식하는 비교정치학자들이나 정당 간 경쟁이나 투표를 민주주의의 핵심적인 기제로 이해하는 다원론자들에게 큰 충격으로 다가왔다.

(2) 정책학의 학문적 역할인식에 대한 충격

정책결정요인론이 주장하듯이, 정책이 정치적 변수가 아니라 주로 사회경제적 변수에 의해 결정된다면, 정치체제를 변화시키려는 노력이나 합리적 정책결정을 위한 노력 등이 무의미해진다는 일종의 운명론적인 벽에 부딪치면서 정책학의 학문적 가능성에 대한 회의가 일기 시작했다.

4) 정책결정요인론의 한계

지금까지 살펴본 정책결정요인론도 여러 가지 문제점을 가지고 있다. 정책결정요인론에 대한 비판은 주로 정치학자와 행정학자들로부터 나오고 있는데, 이를 정리하면 다음과 같은 두 가지이다.[268)]

(1) 변수선정상의 문제

첫째, 정책결정요인론은 계량화가 용이한 변수는 과대평가되는 반면 계량화가 곤란한 변수는 과소평가되는 한계가 있다. 예를 들어, 정책결정요인론에서는 정치적 변수로 계량화가 용이한 정당 간 경쟁, 투표율, 선거구 할당의 공평성 등을 주로 제시하고 있지만, 이보다 중요한 정치적 변수는 무수히 많다. 예를 들어, 행정부와 의회의 상대적 권한, 관료권의 확대 여부, 국가권력의 실질적 행사집단의 존재와 이 집단의 움직임 등은 정책결정요인론에서는 간과되는 변수지만 선진국과 후진국의 차이를 나타내는 중요한 변수들이다.

둘째, 정책수준의 차이에 따른 문제이다. 정책결정요인론에서는 소득이 정책의 내용을 가장 크게 좌우하는 것으로 나타났는데, 이는 정책의 수준을 상위수준으로 잡았기 때문이며, 보다 하위수준으로 내려가면 그 관계는 약화되는 경향이 있다. 즉, 국민소득에 따라 정부가 사용할 수 있는 총가용자원이 결정되지만, 세부사업 수준의 결정은 총가용자원의 범위 내에서 선택할 수 있으므로 이때는 어느 사업을 중시할 것이냐를 결정하는 정치적 결정이 중요해지게 된다.

셋째, 정책의 종류에 따라 영향을 미치는 요인도 상이하다는 점을 간과하고 있다. 정책 중에는 정부의 재정지출이 크게 문제되지 않으면서도 국민 생활에 큰 영향을 미치는 것들이 있다(예: 노동정책, 환경정책, 독과점 규제정책 등). 이처럼 예산상의 지출을 수반하지 않으면서도 사회에 큰 영향을 미치는 정책의 경우, 정치적 요인이 정책의 내용을 결정하는 중요한 변수로 작용할 수 있음에도 불구하고 정책결정요인론에서는 계량화가 어렵다는 이유로 그 차이를 무시하고 있다.

(2) 불명확한 인과관계

첫째, 정치체제나 정책이 환경에 미치는 영향을 무시했다는 점이다. 정책결정요인론에서는 정책 환경이 정치체제나 정책에 미치는 영향은 인정하지만, 정치체제나 정책이 정책 환경에 미치는 영향은 인정하지 않는 일방향적 영향관계를 상정하고 있다. 그러나 정치체제나 정책은 장기적으로 정책 환경을 바꿀 수 있다. 예를 들어, 경제정책이나 도시정책의 경우 비록 단기간에는 큰 변화를 가져오지 않지만, 장기적으로는 소득, 산업구조, 그리고 도시의 성장에 큰 영향을 미칠 수 있다.

둘째, 정치체제의 중개경로적 역할을 무시했다는 점이다. 정책이란 투입만 있다고 해서 당연히 이루어지는 것은 아니며, 정부가 투입을 산출로 바꾸는 전환과정(conversion process)이 필수적으로 요구된다. 그런데 정책결정요인론은 이렇게 중요한 전환과정의 역할을 간과함으로써, 사회경제적 환경의 변화가 어떤 경로를 거쳐 정책의 변화로 이어지는지에 대한 인과관계를 명확하게 보여주지 못한다는 한계가 있다.

5) 환경 · 정치제체 · 정책 사이의 관계

정책은 이해관계(stake)를 수반하기 때문에 필연적으로 정치적 성격을 띨 수밖에 없다. 특히, 사회가 민주화되고 다원화될수록 이러한 경향은 더욱 증대된다. 린드블럼(C. E. Lindblom)이 점증모형을 제시하면서 미국의 복잡한 정책결정과정을 "진흙탕 통과(muddling through)"에 비유한 것도 이러한 맥락에서 이해할 수 있다.[269] 그런 관점에서 보면 사회경제적 요인을 지나치게 강조하는 정책결정요인론은 한계가 있을 수밖에 없다. 아무리 사회경제적 요인이 변화해서 정책에 대한 투입(input)이 변한다고 하더라도 기성 엘리트들의 정치적 이해관계에 따라 정책의 내용은 원하는 방향으로 이루어지지 않을 수 있기 때문이다. 정치체제 내에 거부점(veto points)이 많으면 정책의 급격한 변화는 어렵다는 '거부점 분석(veto point analysis)'이나 정책요구에 대한 정부의 대응은 엘리트들의 이해관계에 따라 선별적으로 이루어진다는 '무의사결정론(non decision making theory)'은 모두 이러한 맥락에서 나온 것이다. 따라서 정치체제의 구조나 정치이념, 정당 간 경쟁과 같은 정치적 요인은 정책을 설명하는데 있어 결정적으로 중요하다.

그러나 현실의 정책을 설명하는데 있어 사회경제적 요인의 중요성도 간과해서는 안 된다. 정부를 움직이는 인적·물적 자원의 변화는 정부 정책에 장기적인 영향을 미칠 수 있기 때문이다. 따라서 정책결정요인론의 타당성 여부도 상황적합적으로 접근할 필요가 있다. 즉, 재정적인 자원을 좌우하는 소득 등의 사회경제적 요인은 장기적으로 정책의 큰 틀을 형성하는 반면, 정치적 요인은 이러한 큰 틀 내에서 단기적으로 정책에 유의미한 영향을 미친다. 그리고 경제가 고도로 발전하고 사회가 민주화 될수록 재정적인 제약은 약화되는 반면 정책에 대한 이해관계자들의 참여는 광범위하게 이루어지기 때문에 정치적 요인은 사회경제적 요인보다 더 큰 영향을 미친다.

따라서 정책은 사회경제적 환경과 정치체제에 모두 영향을 받을 수 있을 뿐만 아니라, 정책이 이들 변수에 영향을 주기도 하는데, 7장에서 살펴보는 바와 같이 이는 '환류효과(feedback effect)'라는 개념으로 설명할 수 있다. 즉, 정책은 '종속변수(dependent variables)'인 동시에 '독립변수(independent variables)'이다.[270] 이러한 맥락에서 환경, 정치체제, 정책 사이에는 다음과 같은 다차원적 관계구조를 설정할 수 있다. 각각의 경로에 대해 보충설명을 하면 다음과 같다. A와 E 경로는 체제이론에서 말하는 투입·산출 관계를 보여주고 있다. B 경로는 거부점 분석과 같은 정치 구조적 설명방식에 따른 경로로 정치학자들이 즐겨 사용하는 경로이다. 그러나 C 경로는 정책결정요인론에서 경제학자들이 강조하는 경로로 사회경제적 요인이 정책의 내용과 수준에 결정적인 영향을 미친다는 것이다. 이 밖에 D와 F 경로는 정책이 정치과정에서 독립변수로 기능한다는 점을 강조하는데, 7장에서 살펴볼 "정책중심적 관점"이 이러한 입장을 견지하고 있다. 특히, D 경로를 피어슨(Paul Pierson)은 "체제적 축소(systemic retrenchment)"라고 하여 정책 자체의 변화를 의미하는 "프로그램적 축소(programmatic retrenchment)"와 구분하고 있다.[271]

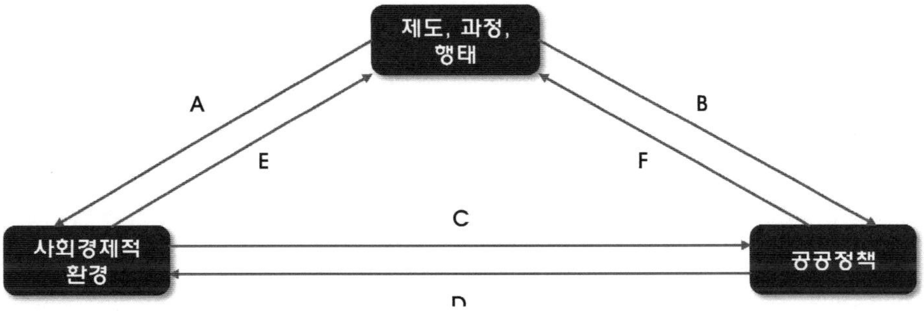

자료: Dye(2013: 8)

<그림 2-6> 환경 · 정치체제 · 정책 사이의 관계구조

3. 정책 환경과 정책

체제론적 관점에서 볼 때 정책 환경은 정치체제에 대한 투입(input)을 통해 정책에 영향을 미친다. 이러한 투입은 요구(demand)와 지지(support)로 나누어진다. 첫째, 정치체제에 대한 환경의 요구는 사회문제의 해결을 요구하는 행태로 나타난다. 둘째, 지지는 정치체제가 정책 환경의 요구에 부응하는 정책을 제공하는데 필요한 능력을 제공해주는 것을 말한다.

4. 정치체제와 정책

정치체제의 특성이 정책에 미치는 영향은 다음과 같이 정치체제의 담당자, 분위기와 규범, 정치체제의 구조로 나누어 살펴볼 수 있다.

첫째, 정치체제의 구성원이 가지고 있는 전문적인 능력과 정치적 능력, 그리고 정책담당자들이 가지고 있는 성향, 즉 가치관, 태도, 의식 등이 정책에 영향을 미친다. 특히, 공식적 · 비공식적 요인에 의해 대통령에게 권력이 집중되어 있는 한국의 정치체제에서는 대통령의 정책 성향은 정책의 내용과 수준에 큰 영향을 미친다.

둘째, 정치이념과 정치문화는 정치체제 내의 규범과 분위기를 조성함으로써 정책에 영향을 미친다. 예를 들어, 1970년대 영국에서 거시경제정책의 기본방향이 급격하게 변화한 것은 '케인즈주의'에 대한 대안으로서의 '통화주의'가 영국 사회에 급격하게 확산된 것과 밀접하게 관련된다.[272)]

셋째, 중앙과 지방의 관계, 행정부와 입법부의 관계, 행정부 내의 상하관계, 대통령과 관료집단 간의 관계와 같은 정치체제 내부의 권력구조도 정책에 영향을 미친다. 정치체제의 구조는 정책과정이나 활동의 양상에 영향을 미침으로써 간접적이지만 정책내용이나 정책결과에 중대한 영향을 미친다. 예를 들면, '거부점 분석(veto point analysis)'이 예상하는 것처럼 정치체제의 구조가 분권화되어 거부점이 많을 경우 기존 질서를 크게 변화시키는 혁신적인 정책은 채택되기 어렵다.[273]

정치체제의 구조와 관련하여 특히 주목할 필요가 있는 것이 입법부와 행정부의 관계로 구체화되는 정부형태이다. 정부형태에 대해서는 학자들에 따라 다양한 분류가 가능하지만, 가장 보편적인 분류는 이를 의원내각제와 대통령제로 나누는 것이다. 먼저 의원내각제는 행정부가 입법부의 의원들에 의하여 선출되며, 의원들 다수에 의하여 신임을 받는 동안 행정부를 구성하여 권한을 행사할 수 있다. 의원내각제는 입법부와 행정부 사이의 '권력의 융화'에 기초하고 있기 때문에, 행정부의 성립과 존속은 의회에 의존한다. 따라서 국회의 '내각불신임권'과 내각의 '의회해산권'이 인정된다. 의원내각제는 국회의 내각신임에 의한 국회의 법적 우위성을 기초로 하고 있으나, 현실적으로는 의회의 다수당이 내각을 구성하기 때문에 내각의 국회에 대한 우위성을 보여주고 있다.[274]

이에 대해 대통령제는 입법부와 행정부의 엄격한 권력분립을 전제로 하기 때문에 행정부의 성립과 존속은 의회에 의존하지 않는다. 대통령제는 다음과 같은 특징을 가지고 있다.[275] ① 행정부는 그 성립 · 조직과 존속 · 지위에 있어 입법부로부터 독립되어 있다. 즉, 대통령제는 대통령과 의회 모두 국민의 직접적인 위임을 받는 '이중적 정통성(dual legitimacy)'에 기초하고 있다.[276] ② 대통령제는 분립(separation) 또는 분리의 원리에 따라 입법부와 행정부의 조직이나 작용에 있어서 가능한 한 양자를 분리시키고 있다. ③ 대통령제에서는 입법부와 행정부 사이의 견제(checks)와 균형(balances)이 강조된다.

의원내각제와 대통령제를 국가 권력의 집중 · 분산이라는 관점에서 보면 일반적으로 의원내각제가 대통령제보다 국가 권력의 통합이 가능한 정부형태이다. 의원내각제의 경우, 입법부와 행정부의 공화관계(共和關係)를 전제로 하고 있고 의회다수당이 내각을 구성하는 경우가 많기 때문에 국가 권력은 내각을 중심으로 집중되는 경향이 있다. 특히, 양당제도가 확립되고 정당의 기율(discipline)이 강한 경우 내각은 의회 다수당의 집행위원회의 성격이 강하기 때문에 내각이 제안한 정책안은 의회에서 큰 수정이 없이 통과되는 것이 관례이다. 물론 집권당이 의회에서 과반수를 차지하지 못하여 다른 소수당과 연립하여 내각을 구성하는 경우에는 연립내각을 구성한 소수당의 요구에 의하여 또는 지지의 대가로 제안한 정책을 수정하기도 한다. 그러나 일반적으로 의원내각제 하에서의 정책결정은 행정부에 집중되어 있기 때문에, 행정부가 하기로 선택하면, 결정적인 조치를 취할 수 있는 것이 일반적이다.[277] 따라서 정책 혁신(policy innovation)이라는 관점에서 보면 의원내각제는 후술하는 대통령제보다 유리한 위치에 있다.

입법부와 행정부의 공화관계를 전제로 하는 의원내각제와 달리, 대통령제는 엄격한 분립관계를 전제로 하기 때문에, 국가 권력이 입법부와 행정부로 분산되는 경향이 있다. 특히, 대통령 소속 정당과 의회 다수당이 다른 분점 정부(divided government) 하에서 의회는 행정부가 제안한 정책안에 대한 중요한 거부집단(veto group)이 될 수 있다. 국회의원들과 국회의 위원회들은, 대통령이 제안한 정책안들을 포함하여 정책들을 설계하는 과정에서 적극적인 역할을 수행한다. 다수의 지지를 얻어야 하는 경우, 대통령은 지지에 대한 대가로 행정상 또는 예산상의 양보를 제안함으로써 국회의원들과 협상하여야 한다. 법안들을 기초(drafting)하는 과정에 국회의원들이 적극적으로 관여함으로써 상임위원회에서 심사 등 여러 시점에서 행정부와 갈등을 증폭시키기도 한다. 또한 그러한 심의과정은 이해관계집단들과 선거구민들이 정책과정에 더 큰 영향을 미칠 수 있는 기회들을 제공하고, 그 결과 정책들은 약화되거나 서로 내용이 상충되는 정책들이 제정되기도 한다.[278] 따라서 새로운 정책의 도입이나 현존 정책에 대한 급격한 변화는 상당한 저항에 직면할 수 있다.

주 석

1) 사실 '작은 정부'는 정치적 수사(political rhetoric)로서의 성격이 강하다. 2013년 현재 선진국 클럽인 OECD 국가들의 국내총생산(GDP) 대비 일반정부 총지출 비율은 평균 42%에 이르고 있다.
2) Kenneth A. Shepsle. *Analyzing Politics: Rationality, Behavior, and Institutions*. Second Edition. New York and London: W. W. Norton & Company. 2010. pp. 335~342.
3) Peter Gourevitch. *Politics in Hard Times: Comparative Responses to International Economic Crises*. Ithaca: Cornell University Press. 1986. p. 56.
4) Michael E. Kraft and Scott R. Furlong. *Public Policy: Politics, Analysis, and Alternatives*. 4th Edition. Thousand Oaks, California: Sage Publication, Inc. 2013. p. 11.
5) Randall B. Ripley and Grace A. Franklin. *Congress, the Bureaucracy, and Public Policy*. 4th Edition. Homewood, Illinois: the Dorsey Press. 1987. 정치는 해롤드 라쓰웰(Harold D. Lasswell)이 말했듯이, "누가 무엇을, 언제, 그리고 어떻게 얻는가?(who gets what, when, and how?)"와 관련된 사회적 과정이다. Thomas A. Birkland. *An Introduction to the Policy Process: Theories, Concepts, and Models of Policy Making*. Third Edition. New York: Routledge. 2011. p. 6에서 재인용. 다시 말해, 정치는 사회 내 유의미한 자원 획득을 둘러싼 경쟁과 그것을 결정하는 정치권력의 문제에 집중하는 경향이 있다. 따라서 정책의 경우에도 사회 내 자원의 이전과 그것을 가능하게 하는 '권위'의 문제를 주로 다룬다. 이스턴(David Easton)이 말한 것처럼 정책은 "가치의 권위적 배분"을 의미한다. 노화준. 『정책학원론: 복잡성과학과의 융합학문적 시각』. 제3전정판. 서울: 박영사. 2012. p. 15에서 재인용.
6) Harold D. Lasswell. "Policy Orientation." In D. Lerner and H. Lasswell(eds.). *Policy Sciences*. Stanford: Stanford University Press. 1951.
7) 권기헌. 『정책학: 현대 정책이론의 창조적 탐색』. 서울: 박영사. 2008. p. 10.
8) 남궁 근. 『정책학: 이론과 경험적 연구』. 경기: 법문사. 2008. pp. 17~18.
9) 권기헌. 전게서. p. 46. 행태주의에서 상정하는 방법론적 특징과 그 한계는 '실증적' 행정학을 주장한 사이몬(H. A. Simon)과 '규범적' 행정학을 주장한 왈도(D. Waldo) 사이의 논쟁에 잘 나타나는데, 이들의 논쟁이 미국의 정치학회지인 *American Political Science Review* 46권 2호에 수록되어 있다. 이들의 주장 중 일부를 인용하면 다음과 같다.

   "왈도 씨의 전제의 옳고 그름을 떠나서, 그와 다른 대부분의 정치이론가들이 채택하고 있는 느슨하고, 문학적이며, 은유적인 스타일로 사고하고 글을 쓴다면 정치철학이 어떻게 진보할 수 있을지 나는 도무지 알 수 없다. 정치이론에서 허용되는 느슨한 기준으로는 아리스토텔레스의 논리학이든 상징논리학이든 초보적인 과정도 이수할 수 없다. 만일 정치철학자들이 그들 스스로 무미건조한 실증주의로 간주하는 것들로부터 민주주의를 지키려고 한다면, 그들은 우선 자신의 논리에 따라 실증주의자들을 공격할 수 있는 충분한 기술을 현대 논리분석에서 습득할 것을 제안한다. 그렇게 된다면, 나의 동료 실증주의자들과 경험주의자들은 그들을 적으로 간주하기보다는 진리를 탐구하는 동반자로 받아들일 것이다." Herbert A. Simon, Peter F. Drucker, and Dwight Waldo. ""Development of Theory of Democratic": Replies and Comments." *American Political Science Review*. 46(2). 1952. p. 496.

   "사이몬 교수는 내가 실증주의의 신성한 장소를 모독하고 있다고 비난하고 있으며, 나 또한 그럴 것을 우려하고 있다. 비유적인 표현을 사용한다면, 사이몬 교수는 세속화된 요즘 시대에 보기 드문 신앙심이 깊은 사람이다. 그의 신념은 너무나 확고하다. (그래서) 이단과 죄에 대한 그의 관용은 전무하다. 구원의 길은 명확하지만, 좁고, 단일하며, 개인이 전유하고 있다." ibid. p. 501.

   즉, 위 인용문에서 사이몬은 당시 사회과학에 지배적이었던 비과학적인 연구방법을 비판하였고, 왈도는 사이몬의 연구방법론이 가지고 있는 '편협함'을 비판하였던 것이다.

10) David Sanders. "Behavioural Analysis." In Vivien Lowndes, David Marsh and Gerry Stoker(eds.). *Theory and Methods in Political Science*. Fourth Edition. London: Palgrave Macmillan. 2018. pp. 28~29.

11) 정책은 사회문제를 문제로 인식하는 단계에서 출발한다. 그런데 정책분석론에서 자세하게 살펴보는 것처럼 문제를 인식하는 과정은 가치판단이 개입되는 주관적인 과정이다.

12) 정정길 외. 『정책학원론』. 서울: 대명출판사. 2003. pp. 5~6.

13) David Sanders. op. cit. pp. 26~28.

14) 김태룡. 『행정이론: 행정사와 이론을 중심으로』. 개정판. 서울: 대영문화사. 2010. p. 341.

15) 정정길 외. 전게서. pp. 7~13.

16) 권기헌. 전게서. pp. 47~48.

17) 정정길 외 전게서. pp. 13~14.

18) Michael Howlett et al. *Studying Public Policy: Policy Cycles & Policy Subsystems*. Third Edition. Toronto: Oxford University Press. 2009. p. 29.

19) Harold D. Lasswell. "The Political Science of Science: An Inquiry into the Possible Reconciliation of Mastery and Freedom." *American Political Science Review*. 50(4). 1956.

20) John S. Dryzek. "A Post-Positivist Policy-Analytic Travelogue." *The Good Society*. 11(1). 2002. p. 35.

21) 미국의 제40대 대통령 자리에 오른 레이건은 1981년 1월 취임식 석상에서 신자유주의자들에게 널리 회자(膾炙)되는 유명한 말을 남겼다 "정부는 우리의 문제에 대한 해답이 아닙니다 정부가 바로 문제입니다(Government is not the solution to our problem. Government is the problem)." 이준구. 『미국의 신자유주의 실험』. 서울: 문우사. p. 1에서 재인용.

22) 임혁백. 『시장・국가・민주주의: 한국민주화와 정치경제이론』. 서울: 나남출판. 1994. p. 121에서 재인용.

23) 상게서. pp. 120~121.

24) 신고전파 경제학은 멩거(C. Menger), 왈라스(L. Walras), 제본스(S. Jevons) 등 한계효용 개념을 들고 나온 일군의 경제학자들이 정리한 이론체계로서, 현대 경제학에서 정설로 인정받고 있는 주류경제학(mainstream economics)을 의미한다. 이준구・이창용. 『경제학원론』. 제3판. 서울: 법문사. 2005. p. 605.

25) David L. Weimer and Aidan R. Vining. *Policy Analysis: Concepts and Practice*. 5th Edition. New York: Longman Publisher. 2011. pp. 57~68.

26) 여기서 파레토 효율성이란 "다른 사람의 후생을 감소시키지 않고서는 어느 누구의 후생도 증가시킬 수 없는(the inability to make someone better off without making someone else worse off)" 자원의 최적 배분 상태를 의미한다. ibid. p. 133.

27) Michael C. Munger. *Analyzing Policy: Choices, Conflicts, and Practices*. New York and London: W. W. Norton & Company. 2000 및 David Besanko and Ronald R. Braeutigam. *Microeconomics: An Integrated Approach*, John Wiley & Sons Inc. 2002. 이병락(역). 『미시경제학』. 서울: 시그마프레스. 2002 참조.

28) 소비자 잉여(consumer surplus)란 소비자가 지불할 용의가 있는 금액에서 실제 지불액을 뺀 것을 말하며, 수요곡선 아래 시장가격 위 영역에 해당한다.

29) 생산자 잉여(producer surplus)란 생산자가 실제 받은 금액에서 받아야겠다고 생각한 금액을 뺀 것을 말하며, 시장가격 아래 공급곡선 위 영역에 해당한다.

30) 그러나 이는 자원배분의 '효율성'이라는 측면에서만 그렇다는 것이다. 정부가 정책적 조치를 취하는 데에는 효율성뿐만 아니라 형평성이나 다른 가치들도 중요하게 고려한다. 또한 후술하는 공공재나 외부효과와 같은 '시장실패' 상황에서는 정부의 정책적 조치가 효율성을 증진시킬 수도 있다.

31) 최근에 주목을 받고 있는 신제도주의 경제학(new institutional economics)에서는 신고전파 경제학의 엄격한 가정이 비현실적이라고 비판하면서, 현실의 시장에서는 무시하지 못할 정도의 거래비용이 존재하며 개인들이 얻는 정보도 불완전하다는 점을 인정한다. 하연섭. 『제도분석: 이론과 쟁점』. 서울: 다산출판사. 2003 참조.

32) 김행범. "집합적 행위의 행정문제에 있어서 'Tit-For-Tat' 전략과 그 안정성에 관한 연구." 한국사회와 행정연구. 11(1). 2000. p. 313.

33) 죄수 B가 범행사실을 부인하는 경우 죄수 A가 같이 부인하면 보수 R을 얻는 반면 자백을 하면 보수 T를 얻게 되는데, T>R이므로 자백하는 것이 본인에게 유리한 전략이다. 마찬가지로 죄수 B가 범행사실을 자백하는 경우 죄수 A가 부인하면 보수 S를 얻는 반면 같이 자백을 하면 보수 P를 얻게 되는데, P>S이므로 이 경우에도 자백하는 것이 본인에게 유리한 전략이다. 따라서 죄수 A는 죄수 B의 전략과 관계없이 자백을 하는 것이 본인에게 유리한 전략이기 때문에 죄수 A의 우월전략은 범행사실을 자백하는 것이다.

34) 게임이론에서 '균형(equilibrium)'은 전략의 짝을 의미하는 것으로, 우월전략균형 외에 '내쉬 균형(Nash equilibrium)'이 있다. 내쉬 균형이란 상대방 경기자의 전략이 '주어진' 경우 자신에게 최적인 전략을 선택할 때, 그 전략의 짝을 의미한다. 내쉬 균형은 우월전략균형에 비해 덜 엄격한 균형이기 때문에, 우월전략균형은 반드시 내쉬 균형이지만 내쉬 균형은 우월전략균형인 경우도 있고 아닌 경우도 있다.

35) 개인의 합리적 선택이 사회전체적인 합리적 결과로 귀결되지 않는 '사회적 딜레마(social dilemma)'에는 죄수의 딜레마 외에도 몇 가지 경우가 더 있다. 첫째, '공유지의 비극(the tragedy of the commons)'으로, 이는 배제성은 약하지만 경합성은 강한 공유자원을 남획하여 공유자원이 고갈되는 것을 말한다. 둘째, '집합적 행위의 딜레마(collective action dilemma)'로, 이는 공통의 이해관계가 결부되어 있는 문제를 조직적 · 집단적으로 해결하지 못하는 것을 말한다. 셋째, '투표의 역설(paradox of voting)'로, 이는 과반수 투표제의 결과가 안정적인 균형으로 귀결되지 않고 순환하는 것을 말한다.

36) Mancur Olson. *The Logic of Collective Action: Public Goods and the Theory of Groups*. Cambridge: Harvard University Press. 1965. 윤여덕(역). 『집단행동의 논리』. 서울: 청림출판. 1987.

37) Robert O. Keohane. "Governance in a Partially Globalized World." Presidential Address. American Political Science Association. 2000. *American Political Science Review*. 95(1). 2001.

38) 이명석. "합리적 선택론의 신제도주의." 정용덕 외 『합리적 선택과 신제도주의』. 서울: 대영문화사. 1999. pp. 15~16.

39) Arye L. Hillman. *Public Finance and Public Policy: Responsibilities and Limitations of Government*. Cambridge: Cambridge University Press. 2003. pp. 24~32.

40) Dennis C. Mueller. *Public Choice Ⅲ*. Cambridge: Cambridge University Press. 2002 및 ibid. 참조.

41) David L. Weimer and Aidan R. Vining. op. cit. p. 81.

42) Vincent Ostrom, and Elinor Ostrom. "Public Goods and Public Choice." In E. S. Savas(ed.). *Alternatives for Delivering Public Services: Toward Improved Performance*. Colorado: Westview Press. 1977. p. 16.

43) E. S. Savas. *Privatization: The Key to Better Government*, Chatham House Publishers Inc. 1987. 박종화(역). 『민영화의 길: 보다 나은 정부를 향하여』. 서울: 한마음사. 1994 참조.

44) Vincent Ostrom, and Elinor Ostrom. op. cit. p. 16; ibid. pp. 72~73; 최병선. 『정부규제론: 규제와 규제완화의 정치경제』. 서울: 법문사. 1992. p. 79 등을 토대로 작성.

45) Kenneth A. Shepsle. op. cit. pp. 309~314.

46) 임혁백. 전게서. p. 63.

47) 공공재의 경우 무임승차자의 문제로 인해 정치과정을 통해 이를 공급하려고 하지만, 여기서도 문제는 생길 수 있다. 과반수 투표제는 다수가 소수의 희생 하에 이익을 얻으려고 하는 것이기 때문이다. 이러한 문제에 대한 대응으로 공공재의 공급에 있어서도 '편익의 원칙'을 적용해야 한다는 주장이 제기되고 있다. 즉, 공공재로 인해 편익을 누리는 사람들이 비용을 부담해야 한다는 것이다. 이럴 경우 반대하는 사람이 없어서 과반수 찬성은 물론 만장일치도 가능할 뿐만 아니라, 무임승차자의 문제나 조세저항의 문제도 생기지 않아 효율적인 자원배분도 가능하다는 주장이다. 황수연. "홀콤(Randall G. Holcombe)의 공공선택론 시각에서 본 조세정책." 한국행정학회 재무행정연구회 『현대재무행정이론』. 서울: 대영문화사. 2007 참조. 휘발유세 등 몇몇 경우에 이러한 편익의 원칙이 적용되기도 하지만, 실제로는 수혜자들을 특정하기 어려울 뿐만 아니라 정치적 형평 논쟁이 제기되는 등 체제에 큰 부담이 될 수도 있다.

48) 김학로 외. "부산시 공공서비스공급의 민영화에 관한 연구: 형평과 능률의 관점에서." 지방과 행정연구. 3(1). 1991 참조.

49) 이준구. 『재정학』. 제2판. 서울: 다산출판사. 1999. pp. 116~118.

50) Michael C. Munger. op. cit. pp. 120~123.
51) Kenneth A. Shepsle. op. cit. p. 325.
52) 환경오염이나 교통혼잡과 같은 외부불경제의 경우 조세부과(피구세, 혼잡세 등)나 보조금과 같은 공공정책을 통해 해결할 것을 주장하는 것이 전통적인 견해였는데, 이 경우에도 사적인 해결책(private solutions)을 선호하는 이론들도 있다. 대표적으로 코즈의 정리를 들 수 있는데, 노벨 경제학상을 수상한 코즈(Ronald H. Coase)는 외부효과가 발생하는 경우 정부가 시장에 정책적 조치를 취하는 것을 당연시했던 전통적인 견해에 반대하면서 외부효과가 정부의 시장개입을 당연히 정당화시키지는 않으며, 시장을 통해 그러한 문제가 해결될 수 있음을 강조하였다. 즉, 그의 주장의 논지는 외부효과로 인해 영향을 받는 모든 이해당사자들이 자유로운 협상을 통해 상호간의 이해를 조정할 수 있다면 정부의 개입이 없이도 효율적인 자원배분을 달성할 수 있으며, 정부의 역할은 이해당사자들 사이에서 자발적인 합의가 쉽게 이루어질 수 있도록 제도적・행정적 지원을 제공하는데 국한되어야 한다는 것이다. 이러한 코즈의 정리는 시장실패의 대표적인 요인으로 지적되는 외부효과의 경우에도 시장기구를 통해 효율적인 자원배분이 가능하다고 주장하는 이론으로, 정부기능의 팽창에 대해 부정적인 시각을 가지고 있는 사람들에게 강력한 이론적 자원을 제공했지만, 이해당사자가 누구인지 파악하기 어렵다는 점, 인간의 생명, 안전과 관련된 위험을 시장거래에 방임해도 괜찮은 것인지에 대한 철학적・윤리적 문제가 제기된다는 점 등의 비판이 제기되기도 한다. 코즈 정리에 대해서는 최병선. 전게서. pp. 90~93 및 이준구. 전게서. pp. 179~181 참조.
53) 외부효과에 대해 피구세(Pigouvian tax)나 보조금(subsidies)과 같은 공공정책(public policy)을 사용하는 것에 대해서는 다음과 같은 문제가 있는 것으로 지적된다. 첫째, 피구세나 보조금의 사용은 시장의 수요와 공급에 관한 정보가 충분해야 하지만, 현실적으로는 정보가 부족한 경우가 많다. 둘째, 피구세나 보조금을 통한 공공정책은 정부관료제에 의해 집행되는데, 이 경우 일반국민과 관료제 사이에 본인-대리인 문제(principal-agent problem)가 생길 수 있다. 셋째, 공공정책으로 보조금을 사용하는 경우 보조금은 세금으로 충당되는데, 이러한 조세부과가 납세자에게 초과부담(excess burden)을 가져올 수 있다. 넷째, 피구세나 보조금은 시장에서 균형가격(equilibrium price)이 당연히 존재하는 것으로 전제하기 때문에 이러한 균형가격이 존재하지 않으면 적용하기가 곤란하다. Arye L. Hillman. op. cit. pp. 269~270.
54) 완전경쟁(perfect competition)이라고 부르는 상황이 성립하기 위해서는 다음과 같은 조건들이 충족되어야 한다. 첫째, 시장의 참여자들은 가격이나 품질 등에 관한 정보에 자유롭고 손쉽게 접근할 수 있어야 한다. 둘째, 시장의 참여자들은 가격을 주어진(given)으로 받아들이는 '가격의 수용자(price takers)'이어야 한다. 셋째, 한 사람의 선택은 다른 사람의 후생에 영향을 주어서는 안 된다. 넷째, 시장에서 거래되는 재화는 생산을 하는 데 소요되는 한계비용이 영(zero)이고 배제하는 데 많은 비용이 소요되는 공공재가 아니어야 한다. 다섯째, 시장의 공급자는 동질적인 상품(homogeneous product)을 생산・공급해야 한다. 여섯째, 모든 경제적 자원은 자유로운 진입(entry)과 이탈(exit)이 가능하여 경제의 어느 부문으로든 자유롭게 이동할 수 있어야 한다. Michael C. Munger. op. cit. p. 114 및 이준구. 『미시경제학』. 제5판. 경기: 법문사. 2008. p. 300 참조.
55) 최병선. 전게서. p. 67.
56) 이준구・이창용. 전게서. pp. 176~177.
57) 이준구. 전게서. 2002. pp. 329~330.
58) 〈그림 1-3〉에서 □PmPcEmB는 소비자에게서 독점기업으로 이전된 사회적 잉여의 일부인데, 소비자보다 독점기업이 부유한다는 가정 하에서는 독점으로 인해 소득분배가 역진적으로 이루어졌다는 것을 알 수 있다. 한편 □PmPcEmB를 하버거의 삼각형과 대비하여 '털록의 사각형'이라고 한다.
59) X-효율성은 배분적 효율성(allocative efficiency)과 대비되는 것으로 주로 조직 내부의 운영과정에서 나타나는 효율성을 의미한다. 이 개념을 창안한 라이벤스타인(H. Leibenstein)에 의하면 독점기업은 경쟁의 압력이 없기 때문에 최대한 X-효율성을 추구할 동기가 없고, 따라서 X-효율성의 측면에서 문제를 지니고 있다고 한다. 이준구. 『미시경제학』. 제4판. 서울: 법문사. 2002. pp. 330~331. 이러한 라이벤스타인의 주장에 대해서는 독점기업도 기업인 이상 이윤을 극대화하기 위해 최대한 효율성을 추구할 것이라는 반론도 만만치 않지만, 미국 제조업 센서스상의 자료를 이용하여 미국 제조업체들의 기술적 효율성 수준을 살펴본 케이브스(R. Caves)와 바튼(D. Barton)의 연구에 의하면 기술적으로 효율적인가를 결정하는 중요한 요소는 라이벤스타인의 주장과 비슷

한 맥락에서 해당 기업이 다른 기업들로부터 받는 경쟁의 정도라고 한다. 이들은 외국 수입품으로부터 경쟁이 심하지 않은 산업에 속한 기업들은 수입품과 상당한 경쟁을 해야 하는 산업에 속한 기업들보다 기술적으로 더 효율적인 경향을 보인다는 사실을 발견하였다. 결국 이들 연구의 논지는 기업이 높은 경쟁상태에 놓여 있을 경우 보다 효율적으로 생산을 할 가능성이 높아진다는 것이다. David Besanko and Ronald R. Braeutigam. op. cit. p. 257에서 재인용. 한편 X-비효율성은 시장실패 요인인 동시에 정부실패 요인이 된다. 정부는 전형적인 자연독점산업(natural monopoly industry)으로서 경쟁의 압력이 없기 때문에 효율성을 추구할 유인이 부족하다는 것이다. David L. Weimer and Aidan R. Vining. op. cit. pp. 181~182. 특히, 이윤극대화라는 구체적인 목표를 추구하는 독점기업과 달리, 정부는 '공익'이라고 하는 추상적인 목표를 추구하기 때문에 X-비효율성의 가능성은 더 높다고 할 수 있다.

60) 최병선. 전게서. p. 70.

61) 상게서. pp. 71~73.

62) 노벨경제학상을 수상한 저명한 정보경제학자 스티글리츠(Joseph Stiglitz)는 정보가 불충분한 경우에 아담 스미스의 '보이지 않는 손'은 '임금님의 새 옷'과 같다고 지적하였다. 동화에서 보았듯이 임금님의 새 옷이 보이지 않는 것은 옷이 없었던 것과 마찬가지로 보이지 않는 손은 실제로는 존재하지 않을 수도 있다는 말이다. 임혁백. 전게서. p. 129.

63) Charles Wolf Jr. *Markets or Governments: Choosing Between Imperfect Alternatives*. Cambridge, Mass: The MIT Press. 1988. 전상경(역). 『시장과 정부: 불완전한 선택대안』. 한국학술진흥재단 번역총서 119. 서울: 교문사. 1991 참조.

64) Michael C. Munger. op. cit. p. 78. 간단한 예를 들어 설명하면 이해하기 쉽다. A와 B 두 사람으로 이루어진 아주 단순한 사회를 가정하자. 이 때 그 사회의 모든 자원을 A가 소유하고 있고 B는 아무것도 소유하고 있지 못해도 그 상태는 파레토 최적이다. 왜냐하면 그 상태에서 A가 가지고 있는 자원의 일부를 B에게 준다면 A는 이전보다 더 나쁜 상태가 되기 때문이다. 즉, 이 경우도 다른 사람의 후생을 감소시키지 않고서는 어느 누구의 후생도 증가시킬 수 없는 자원의 최적배분 상태를 의미한다.

65) 김 인. "행정이념으로서의 사회적 형평성." 부산대학교 사회과학논총. 6(1). 1987.

66) 그러나 자유지상주의자들(libertarians)에 의하면 각자가 정당한 방법을 통해 얻은 소득과 재산은 어느 누구도 가져갈 수 없으며, 따라서 정부가 재분배를 명목으로 부유한 사람들로부터 돈을 거둬가는 것은 윤리적으로 결코 정당화될 수 없다고 한다. 이준구. 『시장과 정부: 경쟁과 협력의 관계』. 서울: 다산출판사. 2004. p. 57. 또한 공공선택이론가들은 정부의 소득재분배정책이 모든 국민에게 그 혜택이 골고루 돌아가는 '공공재'의 성격을 가지고 있기보다는 특정계층이나 특정인들의 이익에 부합하는 '사적재'의 성격을 더 많이 가지고 있다고 지적하면서, 소득분배의 불공평성을 해소하기 위한 정부의 개입에 대해 회의적인 견해를 피력하고 있다. 이정전. 『경제학에서 본 정치와 정부』. 서울: 박영사. 2005. p. 266. 따라서 소득분배를 개선하기 위한 정부의 정책은 치열한 정치 논쟁의 대상이 될 수밖에 없는데, 최근의 이익공유제를 둘러싼 논쟁도 그 중 하나이다. 결국 이들에게 있어 재분배를 위한 정부의 노력은 '새는 양동이(leaky bucket)'와 같이 자원의 낭비만 가져올 뿐이다. Deborah A. Stone. *Policy Paradox: The Art of Political Decision*. Third Edition. New York and London: W. W. Norton & Company. 2012. pp. 80~81.

67) Charles Wolf Jr. op. cit. 참조.

68) David L. Weimer and Aidan R. Vining. op. cit. pp. 156~190.

69) 울프는 정부라는 용어대신 '비시장(non market)'이라는 용어를 사용한다. 여기서 비시장이란 가격 이외에 헌금, 세금, 그리고 가격이 붙여지지 않은 다른 원천으로부터 그 주된 수입을 조달하는 조직을 의미한다. 따라서 비시장에는 정부뿐만 아니라 다른 공공단체 및 비영리조직도 포함되지만 그 중에서도 정부가 가장 크고 영향력이 있는 단체라는 것은 두말할 필요도 없다.

70) 여기서의 논의는 Charles Wolf Jr. op. cit. pp. 38~55를 토대로 이를 보완한 것임. 한편 피어슨(Paul Pierson)은 '시장'과 구분되는 '정치'의 본질적 특성을 다음과 같은 네 가지로 정리한 바 있다. Paul Pierson. "Increasing Returns, Path Dependence, and the Study of Politics." *American Political Science Review*. 94(2) 및 *Politics in Time: History, Institutions, and Social Analysis*. Princeton: Princeton University Press.

① **정치의 집합적 성질(The Collective Nature of Politics)**: 시장에서의 소비자들의 의사결정은 '원자적(atomistic)'이다. 즉, 나의 선택은 본질적으로 다른 소비자의 선택과 독립적이다. 그러나 정치 영역에서는 나의 선택의 결과는 다른 사람의 선택에 크게 의존하고 있다. 예컨대, 자신의 표가 사표(死票)가 될 것을 우려하는 '전략적 투표자(strategic voters)'는 다른 투표자의 선택에 영향을 받은 경우이다. 정치의 집합적 속성은 올슨(M. Olson)의 선구적 연구에서 잘 나타나는데, 공공재를 공급하기 위한 집합적 행위의 논리(logic of collective action)는 무임승차하려는 다른 행위자의 동기에 많은 부분 의존한다. '악대차 효과(bandwagon effect)'라고도 불리는 이러한 '조건부(conditional)' 행태는 시장에서도 나타나지만, 특히 정치의 영역에서 두드러지게 나타난다. Deborah A. Stone. op. cit. pp. 26~27.
② **정치 영역에서의 제도의 밀집 상태(The Institutional Density of Politics)**: 시장에서는 자발적 교환(voluntary exchange)에 근거하여 시장에서의 진입(entry)과 퇴거(exit)는 기본적으로 자유롭다. 그러나 정치의 영역에서는 광범위한 제도적 제약이 있기 때문에 진입과 퇴거가 자유롭지 못한 경우가 많다. 요컨대, 시장이 '교환'에 근거하고 있다면 정치는 '권위(authority)'에 근거하고 있다.
③ **정치적 권위와 권력의 비대칭성(Political Authority and Power Asymmetries)**: 시장에서의 교환은 평등한 경제주체들 간의 자발적 의사결정의 산물이지만, 정치의 영역에서는 권력관계가 불평등한 경우가 많다.
④ **정치의 복잡성과 불투명성(The Complexity and Opacity of Politics)**: 시장에서 경제주체들의 선택은 가격과 같은 관찰가능하고, 명확하며, 종종 양적으로 측정할 수 있는 지표들을 통해 예측하고 평가할 수 있다. 시장에서 경제주체들의 선택과 그 결과 사이의 관계는 일반적으로 명확하며, 따라서 자신의 실수를 교정하기 위한 학습효과(learning effect)의 메커니즘도 잘 발달되어 있다. 그러나 정치의 영역에서는 가격 메커니즘이 없는 경우가 많다. 정치 행위자들은 넓은 범위의 목표를 추구하고, 게다가 정치적 성과의 중요한 측면은 관찰하거나 측정하기 매우 어렵다. 정치 행위자들의 선택과 그 결과 사이의 관계는 일반적으로 복잡하고 긴 시차(time lag)를 가지고 있으며, 따라서 시행착오의 과정(trial and error process)을 통한 학습효과의 메커니즘도 제대로 작동하기 어렵다. 물론 유권자들은 투표를 통해 정치 행위자들에게 책임을 물을 수 있지만, 그들의 행동은 그것이 합쳐질 때에만 정치적 결과를 가져온다는 점에서 한계가 있다.

71) 이는 후술하는 윌슨의 규제정치 유형 중 '고객정치(client politics)'와 유사하다.

72) 이는 후술하는 윌슨의 규제정치 유형 중 '기업가적 정치(entrepreneurial politics)'와 유사하다.

73) 중간재의 구체적인 예로는 식품의약품관리청(FDA)에 의한 식품 및 의약품의 유통금지 및 제한, 연방통신위원회(Federal Communication Commissions)에 의한 면허의 발급과 기각, 군대가 고용하거나 개발하는 인력 및 장비, 보건 및 복지기관의 처리건수(cases)와 금액(payments) 등을 들 수 있다. Charles Wolf Jr. op. cit. pp. 51~52.

74) Michael C. Munger. op. cit. pp. 176~178.

75) 이준구. 『미시경제학』. 제4판. 서울: 법문사. 2002. pp. 543~545.

76) Jonathan Gruber. *Public Finance and Public Policy*. 2nd Edition. New York and Basingstoke: Worth Publishers. 2008. 이인실 외 공역. 『재정학과 공공정책』. 서울: 시그마 프레스. 2009. pp. 279~281.

77) 임혁백. 전게서. pp. 37~38.

78) 최병선. 전게서. pp. 149~151.

79) Colin Bird. "The Possibility of Self-Government." *American Political Science Review*. 94(3). 2000 참조.

80) Gordon Tullock. *The Vote Motive, with a British Commentary by Morris Perlman*. London: The Institute of Economic Affairs, Hobart Paperback No. 9. 1976. 황수연(역). 『득표동기론: 공공선택론 입문』. 부산: 경성대학교 출판부. 1994 및 Melvin J. Hinich and Michael C. Munger. *Analytical Politics*. Cambridge: Cambridge University Press. 1997 참조.

81) Dennis C. Mueller. op. cit. pp. 84~85.

82) Paul Pierson. op. cit. 2004. pp. 59~60 및 Jonathan Gruber. op. cit. p. 278 참조.

83) Kenneth A. Shepsle. "Institutional Arrangements and Equilibrium in Multidimensional Voting Models." *American Journal of Political Science*. 23(1). 1979 및 "Studying Institutions: Some Lessons from the Rational Choice Approach." *Journal of Theoretical Politics*. 1(2). 1989 참조.

84) 다차원적 쟁점에서의 투표의 역설 현상과 그 문제가 해결될 수 있는 특별한 조건에 대해서는 Allan M. Feldman. *Welfare Economics and Social Choice Theory*. Boston: Martinus Nijhoff Publishing. 1980. 김덕영 외(공역). 『후생경제학과 사회선택 이론』. 서울: 경문사. 1990. pp. 200-206 및 Melvin J. Hinich and Michael C. Munger. op. cit. Chapter 3. "Two Dimensions: Elusive Equilibrium" 참조.

85) James M. Buchanan. "Rent Seeking and Profit Seeking." In James M. Buchanan, Robert Tollison, and Gordon Tullock(eds.). *Toward Theory of Rent-Seeking Society*. 3-15. College Station: Texas A & M University Press. 1980. p. 3. 본래 지대(rent)란 알프레드 마샬(Alfred Marshall)이 창안한 개념으로, 정부에 의한 경우뿐만 아니라 정상적인 이윤추구활동에 의해서도 나타난다. 그러나 버지니아 학파에서 말하는 지대란 "정부에 의해 인위적으로 만들어진 것(rent contrived artificially)"을 의미하며, 따라서 전통적인 지대 개념 중 일부만을 좁게 재정의한 것이다. 김행범. "지대추구비용(Rent-seeking Cost) 규모에 관한 비판적 연구: 규범적 지대추구(normative rent-seeking theory)을 중심으로." 한국사회와 행정연구. 13(3). 2002. p. 81. 한편 경제적 지대를 하버거의 삼각형에 대비하여 '털록의 사각형'이라고도 한다.

86) 김시윤. "국가와 경제발전: 약탈적 국가론에 대한 비판적 고찰." 한국행정학보. 38(2). 2004. p. 219.

87) Jagdish N. Bhagwati. "Directly Unproductive Profit-seeking(DUP) Activities." *Journal of Political Economy*. 90(5). 1982. 한편 이익집단은 '지대추구자(rent seeker)'로서 지대추구활동을 할 뿐만 아니라, 경우에 따라서는 스스로 '지대배분자(rent distributor)'가 되려고 노력하기도 한다. 지대추구의 세 가지 수준에 대해서는 James M. Buchanan. op. cit. 참조.

88) 소병희. "공공선택론의 이해와 정책학 분야에서의 응용." 한국정책학회보. 5(2). 1996. pp. 95~96.

89) Jonathan Gruber. op. cit. pp. 287~289.

90) James Q. Wilson. "The Politics of Regulation." In James Q. Wilson(ed.). *The Politics of Regulation*. New York: Basic Books Inc. 윌슨의 규제정치 이론에 대해서는 2장에서 구체적으로 살펴보고자 한다.

91) 김시윤. "국가와 경제발전: 약탈적 국가론에 대한 비판적 고찰." 한국행정학보. 38(2). 2004. p. 207.

92) James M. Buchanan. op. cit. 참조.

93) Ibid. 참조.

94) Gordon Tullock. "Rent Seeking as a Negative Sum Game." In James M. Buchanan, Robert Tollison, and Gordon Tullock(eds.). *Toward Theory of Rent-Seeking Society*. 16-36. College Station: Texas A & M University Press. 1980. 공공선택이론이나 신고전파 경제학에서는 국가를 지대의 원천으로 인식하여 부정적으로 평가하는 반면, 신제도주의에서는 국가가 경제발전에서 중요한 역할을 한다고 주장한다. 예를 들면, 신고전파 경제학에서는 지대의 존재 자체를 부정적으로 인식하는 반면, 신제도주의에서는 지대의 존재 자체보다는 지대를 배분하는 '방식'에 초점을 맞추어 국가의 개입이 지대를 창출한다고 하더라도 그것을 개발목표를 달성하는데 적절하게 사용한다면 경제성장에 긍정적인 영향을 미칠 수 있다고 주장한다. 이러한 맥락에서 구현우는 이승만 정부와 박정희 정부의 산업화 사례를 비교·분석하고 있다. 두 정부 모두 시장(경제)에 광범위하게 개입하여 많은 지대가 창출되었지만, '약탈국가(predatory state)'의 단계에 머물렀던 이승만 정부와 달리 박정희 정부는 '발전국가(developmental state)'의 단계에 진입할 수 있었던 이유는, 지대를 사회적으로 유익한 생산 활동으로 전환시킬 수 있는 '선별적 유인(selective incentives)'을 제도화했기 때문이라는 것이 그의 설명이다. 구현우. "발전국가, 배태된 자율성, 그리고 제도론적 함의: 이승만 정부, 박정희 정부, 전두환 정부의 산업화 정책을 중심으로." 한국사회와 행정연구. 20(1). 2009.

95) 정치적 경기순환이론에 대해서는 William Nordhaus. "The Political Business Cycle." *Review of Economic Studies*. 42(2). 1975 및 Edward Tufte. *Political Control of the Economy*. Princeton: Princeton University Press. 1978 참조. 안용흔은 ARIMA 시계열회귀분석을 통해 한국 집권정부의 재정정책과 통화정책에 대한 선거의 영향을 규명하였는데, 분석결과 재정정책의 경우 선거와 같은 정치적 변수에 의해 단기적인 영향을 받아 선거가 다가올수록 점증적으로 재정을 확대해 나가는 경향을 보였지만 통화정책의 경우 선거의 영향력은 발견할 수 없는 것으로 나타났다. 그렇다면 이러한 분석결과는 어떤 함의를 가지고 있는가? 재정정책은 정부의 직접적인 통제 아래에 있지만, 금융정책의 경우에는 중앙은행이 주로 결정한다. 따라서 이러한 분석결과에 의한다면, 한국에서도 정치사회의 민주화가 진전된 이후 중앙은행의 독립성이 강해졌다고 말할 수 있다. 안용흔. "선거, 선

거압력, 그리고 거시경제정책: 한국에서의 선거의 정치경제학." 한국정치학회보. 37(1). 2003 참조.

96) 임혁백. 전게서. p. 137.

97) 후술하는 바와 같이, 울프(C. Wolf Jr.)는 이를 '내부성(internalities)'이라고 표현한 바 있다.

98) William A. Niskanen. *Bureaucracy and Representative Government*. Chicago: Aldine-Atherton. 1971.

99) 관료제를 구조적 측면이나 기능적 측면에서 파악하는 전통적인 견해와 달리, 니스카넨은 경제학적 관점에서 관료제를 "수입과 비용의 차이를 사적 소득으로 전용하지 않고, 산출물의 판매가 아닌 다른 원천으로부터 반복적인 수입을 얻는 조직형태"로 정의하고 있다. ibid. p. 15.

100) 전상경. "William A. Niskanen의 관료제모형." 오석홍(편). 『행정학의 주요이론』. 서울: 경세원. 1996. pp. 161~162.

101) Jeffrey S. Banks and Barry R. Weingast. "The Political Control of Bureaucracies under Asymmetric Information." *American Journal of Political Science*. 36(2). 1992.

102) 니스카넨은 개개의 관료가 자신이 몸담고 있는 조직의 크기를 극대화하려 하며 거대정부가 그들을 지배하려 한다는 것을 가정한 반면, 브레넌(G. Brennan)과 뷰캐넌(J. M. Buchanan)은 국가 자체를 투표자의 무지를 이용해 공공부문의 크기를 극대화하려는 괴물, 즉 '리바이어던'으로 본다. Jonathan Gruber. op. cit. p. 296.

103) 이준구. 전게서. 1999. pp. 149~151.

104) 정용덕. "관청형성 모형." 정용덕 외. 『합리적 선택과 신제도주의』. 서울: 대영문화사. 1999. pp. 96~97.

105) David L. Weimer and Aidan R. Vining. op. cit. pp. 181~183.

106) 파킨슨의 법칙은 공무원 수의 증가와 행정 업무량의 증가는 직접적인 상관관계가 없다는 법칙을 말한다. 파킨슨이 측정한 바에 따르면, 공무원 수는 매년 5.75%의 비율로 증가했다. 그는 공무원 수가 증가하는 이유로 '부하배증의 법칙'(제1공리)과 '업무배증의 법칙'(제2공리)을 들고 있다. 제1공리인 '부하배증의 법칙'은 A라는 공무원이 과중한 업무에 허덕이게 될 때 그는 자기의 동료 B를 보충 받아 그 업무를 반분하기를 원치 않고 그를 보조해 줄 부하 C를 보충 받기를 원한다는 것이다. 제2공리인 '업무배증의 법칙'은 업무가 증가되면 과거에 A 혼자서 일하던 때와는 달리 지시, 보고, 승인, 감독 등의 파생적 업무가 창조되어 본질적 업무의 증가 없이 업무량의 배증 현상이 나타난다는 것이다. 그리고 이상과 같이 제2공리에 의해 배증된 업무량 때문에 다시 제1공리인 부하 배증 현상이 나타나고 이는 다시 업무 배증 현상이 창조되는 순환 과정을 거침으로써 본질적 업무량과는 관계없이 정부 규모가 커져 간다는 것이다. 이종수·윤영진 외. 『새 행정학』. 5정판. 서울: 대영문화사. 2008. p. 55

107) 예를 들면, 월남전에서 가장 큰 역할을 한 것은 첨단 군사장비를 갖춘 최신 비행기가 아니라 밀림지대에서 무기와 탄약을 공급하는 군수기능을 효과적으로 발휘할 수 있었던 헬리콥터 수송기였는데, 무장 헬리콥터 생각을 실행체제로 전환하는 데에는 군 당국이 그것을 기술적 퇴보과정으로 간주하여 반대하였기 때문에 5년이 지체되었다.

108) Bryan Jones, and Patrick G. Grasso. "The Policy Performance of States and Localities: An Overview." In Dennis R. Judo(ed.). *Public Policy across States and Communities*. Greenwich, Connecticut: Jai Press Inc. 1985. p. 6.

109) 이는 정책의 환류 효과(feedback effect)라는 관점에서도 분석할 수 있는데, 이에 대해서는 7장에서 구체적으로 살펴보고자 한다.

110) 김규정. 『행정학원론』. 신판. 서울: 법문사. 1997. p. 56. 이와 관련된 대표적인 예로 '타르-베이비 효과(tar-baby effect)'를 들 수 있다. '타르-베이비 효과'란 조엘 해리스(Joel Harris)의 소설 속에서 토끼를 유혹하기 위해 사용된 tar 인형(tar doll)에서 유래된 말로서, 토끼들이 검은 칠을 한 인형을 친구로 착각하여 주변에 자꾸 모여들게 되듯이 잘못된 정부규제가 또 다른 정부규제를 불러오는 현상을 지칭한다. 최병선. 전게서. p. 224.

111) Thomas A. Birkland. op. cit. p. 8.

112) 학자에 따라서는 공익개념에 대한 견해를 다음과 같이 다양하게 제시하는 경우도 있다. 첫째, 규범설이다. 이 견해는 공익을 규범적 관점에서 전체사회가 추구해야 할 궁극적·절대적 가치로 인식한다. 둘째, 공유가치설이다. 이 견해에 의하면 사회공동체의 구성원이 공유하고 있는 일반적 가치관에 의해 공익이 결정되어야 한다고 본다. 이 견해는 사회구성원의 가치관이 고정되어 있지 않고 유동적이기 때문에 공익은 끊임없이 재규정·재평가되어야 한다는 입장을 취한다. 셋째, 정의설이다. 이 견해는 '공정성(fairness)'을 정의로 인식하는 롤즈의 학설로서, 사회적으로 가장 불리한 입장에 있는 사람들의 이익을 극대화하는 것이 최종적으로 사회 전체의 이익을 증진하는 것으로 이해한다. 넷째, 집단이익설(무의미설)이다. 이 견해는 정치현상을 이익집단 활동의

산물로 이해하는 이익집단론에서 주장한 것으로, 정치생활의 기반으로서 공동체의 존재를 부인하며 공익은 공상의 산물에 지나지 않는다고 한다. 다섯째, 전체효용의 극대화설이다. 이는 공리주의자들이 주장하는 것으로, 벤담의 '최대다수의 최대행복'의 원칙에서 공익결정의 윤리적 기준을 찾는다. 따라서 이 학설에 의하면 공익은 사회구성원의 효용의 총계를 의미한다. 여섯째, 절차설이다. 이 견해는 이익집단간의 상호작용을 규제하는 절차를 통해 공익이 확보된다고 인식한다. 이 학설은 절차 자체에 중점을 두기 때문에, 공익을 실현하기 위해서는 정책결정과정이 실질적으로 보장되어야 한다고 본다. 김규정. 전게서. pp. 144~146.

113) 공익을 정치경제학(political economy)적 맥락에서 접근하는 학자들은 이를 '공공재(public goods)'의 일종으로 보기도 한다. 공공재는 사적재에 대한 개념으로서 소비의 '비배제성(non-excludability)'과 '비경합성(non-rivalry)'을 특징으로 한다. 즉, 공공재의 경우 어느 누구도 공공재의 소비에서 배제할 수 없으며, 한 사람의 소비는 다른 사람의 소비가능성이나 효용을 감소시키지 않는다. 공공재의 경우 '무임승차자의 문제(free-rider problem)'로 인해 시장에서는 적절한 수준으로 공급되기 어렵다. 즉, 모두의 이해관계가 결부되어 있는 공공재의 생산에 어느 누구도 기여하지 않으려는 역설적 현상이 나타날 수 있는데, 이와 마찬가지로 공익도 그 기여 여부를 둘러싸고 '조정의 문제(coordination problem)'에 직면할 수 있다.

114) 이달곤 외. 『테마 행정학』. 서울: 법우사. 2007. p. 88.

115) Deborah A. Stone. op. cit. pp. 24~25.

116) 이종수 · 윤영진 외. 『새 행정학』. 6정판. 서울: 대영문화사. 2012. p. 161.

117) 상게서. p. 162.

118) James E. Anderson. *Public Policymaking: An Introduction*. 7th Edition. Boston: Wadsworth Publishing Company. 2011. p. 142.

119) Deborah A. Stone. op. cit. pp. 24~25.

120) 이달곤 외. 전게서. p. 89.

121) 사익의 총합이 공익이라는 주장은 사익의 극대화가 공익의 극대화를 가져온다는 아담 스미스 이래 자유주의 경제학과 '최대다수의 최대행복'이라는 공리주의 철학의 기본논리와 맥을 같이한다. 그러나 이러한 주장은 다음과 같은 문제가 있다. 첫째, 형평성의 문제이다. 완전경쟁시장의 자원배분이 파레토 효율적이라는 후생경제학 제1정리가 성립한다고 하더라도 파레토 효율적 자원배분이 분배적 정의를 보장해주는 것은 아니다. 이는 자유주의와 동반하는 공리주의가 개인의 이기적 행복추구를 정당화하려는 의도를 지니고 있기 때문에 어쩔 수 없는 결과이기도 하다. 둘째, 부분의 최적화가 전체의 최적화를 가져오지 못하는 문제이다. 죄수의 딜레마나 집합적 행위의 딜레마와 같은 사회적 딜레마 상황은 개인의 합리적 선택이 사회전체적인 합리적 선택이 되지 못함을 보여준다. 개인이익의 극대화가 전체이익의 극대화를 가져온다는 자유주의 공익이론의 가장 치명적 약점들은 공공재, 준공공재(요금재, 공유재), 외부성과 무임승차자의 문제와 관련하여 나타난다. 정정길. 『행정학의 새로운 이해』. 서울: 대명출판사. 2000. pp. 283~284.

122) 이달곤 외. 전게서. p. 89.

123) 이러한 공리주의적 정책관에 입각한 다원주의적 접근방법은 부당한 정부간섭 또는 다수의 지배로부터 국민의 권리를 보호하는 데에는 효과적일지 몰라도, 그것과 관계없이 정부의 적극적인 노력을 요구할 수 있는 국민들의 당연한 권리(rights), 예를 들면 최저생활수준의 보장 등을 소홀하게 다루기 쉽다는 한계가 있다. 최병선. "Steven Kelman의 정책결정과정 평가기준." 오석홍 · 김영평(공편). 『정책학의 주요이론』. 제2판. 서울: 법문사. 2000. p. 316.

124) William N. Dunn. *Public Policy Analysis: An Introduction*. 5th Edition. Prentice Hall, Inc. 2011. 남궁 근 외 공역. 『정책분석론』. 제5판. 경기: 법문사. 2013. pp. 272~273.

125) Deborah A. Stone. op. cit. p. 68.

126) '파레토 기준', '칼도-힉스 기준', 그리고 '비용편익분석'에서 사용되는 다양한 기준에 대해서는 11장에서 구체적으로 살펴보고자 한다.

127) 저축의 원리란 사회협동의 모든 산물 중 어느 정도 비율의 것을 분배나 재분배에 충당하지 않고, 설비나 기타 생산 수단 및 교육에의 투자 등의 형태로 장래 세대의 복지를 위해 유보 내지 저축하는 것이 적절한 것인가를 규정하는 원리를 말한다.

128) Robert S. Pindyck and Daniel L. Rubinfeld. *Microeconomics*. 8th Edition. Pearson. 2012. 박원규(역). 『미시경

제학』. 제8판. 서울: 시그마프레스. 2012. pp. 717~718.

129) 공리주의에서의 사회적 후생함수는 동일한 비중을 갖는 개인적 후생함수의 총합으로 구성된다. 이종수. 『새 행정윤리』. 서울: 대영문화사. 2012. p. 69. 따라서 공리주의 사회후생함수를 간단한 식으로 나타내면 SW = UA + UB 이다. 이 식이 의미하는 바는 첫 번째 구성원의 효용증가가 두 번째 구성원의 효용감소보다 크다면 첫 번째 구성원으로부터 두 번째 구성원에게로 자원의 이전이 일어나야 한다는 것이다. 다시 말해, 사회는 빈부나 사회계층에 관계없이 모든 사람들의 효용을 동일하게 간주한다. Jonathan Gruber. op. cit. p. 63. 이처럼 공리주의 사회후생함수의 논리에서는 총효용이 사회 구성원들의 효용의 단순한 합으로 이해되기 때문에, 이는 벤담이 말한 "최대 다수의 최대 행복"을 의미하는 것이 아니라 단순히 "최대 행복(greatest good)"을 의미할 뿐이다. 따라서 이는 후술하는 '칼도-힉스 기준'이나 '비용편익분석(cost benefit analysis)'의 이론적 기초가 된다. David L. Weimer and Aidan R. Vining. op. cit. p. 135.

130) Deborah A. Stone. op. cit. pp. 78-80.

131) Ethan Bueno de Mesquita. *Political Economy for Public Policy*. Princeton: Princeton University Press. 2016. pp. 21~22.

132) 따라서 롤즈의 사회후생함수를 간단한 식으로 나타내면 SW = min(U_A, U_B) 이다. 이 식에 따른다면, 사회의 후생은 사회의 최소효용에 의해 결정되므로 사회구성원 중에서 가장 불우한 사람의 효용을 극대화시키면 사회 전체의 후생이 극대화된다. 만일 사회구성원 각자가 동일하고 재분배에 따른 효율 감소라는 비용이 들지 않는다면 공리주의 사회후생함수에서와 마찬가지로 롤즈의 사회후생함수에서도 소득의 완전평등 분배상태에서 사회적 후생이 극대화된다. Jonathan Gruber. op. cit. p. 64.

133) David L. Weimer and Aidan R. Vining. op. cit. pp. 135~136.

134) William N. Dunn. op. cit. 참조.

135) 김규정. 전게서. p. 46.

136) Stuart S. Nagle. "Ethical Dilemmas in Policy Evaluation." In William N. Dunn(ed.). *Values, Ethics, and the Practice of Policy Analysis*. Lexington, MA: Lexington Books. 1983. p. 79.

137) William N. Dunn. *Public Policy Analysis: An Introduction*. 3rd Edition. Prentice Hall, Inc. 2004. 남궁 근 외 공역. 『정책분석론』. 제3판. 경기: 법문사. 2005. p. 286. 형평성에 대해서는 11장에서 구체적으로 살펴보고자 한다.

138) 이종수 · 윤영진 외. 전게서. 2012. p. 168.

139) 임의영. 『생각을 여는 행정학』. 서울: 대영문화사. 2015. pp. 168~171.

140) 김영평. "Herbert A. Simon의 절차적 합리성 이론." 오석홍 · 김영평(공편). 『정책학의 주요이론』. 제2판. 서울: 법문사. 2000 참조.

141) 임의영. 전게서. pp. 175~177.

142) 김규정. 전게서. 1997. p. 20.

143) 정정길 외. 전게서. p. 387.

144) William N. Dunn. op. cit. 2005. p. 281. 효과성에 대해서는 11장에서 구체적으로 살펴보고자 한다.

145) 정정길 외. 전게서. p. 389.

146) William N. Dunn. op. cit. 2005. p. 282.

147) 능률성에 대해서는 11장에서 구체적으로 살펴보고자 한다.

148) 이종수 · 윤영진 외. 전게서. 2008. pp. 317~318.

149) '상호성(reciprocity)'이란 한마디로 '주고받는(give and take)' 것, 다시 말해 '당신이 도와주면 나도 도와줄 것'이라는 조건부 협력에 대한 상호 동의를 말한다. 이러한 상호성은 특히 '보장게임(assurance game)'과 관련하여 중요한 함의를 가지고 있다. 보장게임의 논리를 공공재와 관련하여 살펴보면 다음과 같다. 보장게임은 두 행위자의 공동노력이 공공재를 공급하는 데 필요하지만, 어느 누구도 혼자서는 공공재를 공급할 수 없는 경우이다. 이 게임에는 두 개의 내쉬 균형이 존재하는데, 하나는 두 경기자 모두 재화의 공급에 기여하는 경우이고, 다른 하나는 어느 누구도 기여하지 않는 경우이다. 보장게임의 경우에는 "당신이 그렇게 할 경우 나도 그렇게 할 것"이라는 '조건부 협력 동의(conditional cooperation agreements)'가 파레토 우위적 내쉬 균형을 형성하는 데 중요한 역할을 한다. Edgar Kiser and Shawn Bauldry. "Rational Choice Theories in Political Sociology." In Thomas

Janoski, Robert R. Alford, Alexander M. Hicks, and Midred A. Schwartz(eds.). *The Handbook of Political Sociology: States, Civil Societies, and Globalization*. Cambridge: Cambridge University Press. 2005. p. 181.

150) Robert D. Putnam. *Making Democracy Work: Civic Tradition in Modern Italy*. Princeton, New Jersey: Princeton University Press. 1993. p. 167. 그러나 크낵(Stephen Knack)은 사회적 신뢰, 상호성의 규범, 시민참여의 네트워크 등과 같은 퍼트남이 제시한 사회적 자본의 '스톡(stock)'이 정부성과에 동일한 정도의 영향을 미치는 것은 아니라고 주장하고 있다. 그는 미국 주정부의 자료를 이용하여 사회적 자본과 정부성과 사이의 관계를 회귀분석하였는데, 분석결과 사회적 신뢰나 자발적인 활동, 설문조사에 대한 반응 등과 같은 상호성(reciprocity)과 관련된 사회적 자본은 정부성과에 유의미한 영향을 미쳤지만, 조합에서의 활동과 비공식적 사회활동 등을 포함하는 사회적 연계성(social connectedness)과 관련된 사회적 자본은 정부성과에 유의미한 영향을 미치지 않은 것으로 나타났다. 이러한 분석결과를 토대로 크낵은 사회적 신뢰 및 상호성의 지표와 사회적 연계성의 지표를 혼용하는 이질적인 지표의 사용에 대해 신중을 기할 필요가 있다고 결론짓고 있다. Stephen Knack. "Social Capital and the Quality of Government: Evidence from the States." *American Journal of Political Science*. 46(4). 2002 참조.

151) Robert D. Putnam. op. cit. p. 170.

152) Ibid. p. 177.

153) Paul E. Peterson. *City Limits*. Chicago: University of Chicago Press. 1981 참조.

154) 퍼트남의 주장은 시민사회가 활성화된 지역에서는 집합적인 노력이 왕성하게 이루어져 지역이 발전할 수 있다는 논리이기 때문에, 사회가 발전하면 '분배연합(distributional coalition)'이 양산되어 국가경제에 부정적인 영향을 미친다는 올슨(M. Olson)의 주장과는 상반된다. Mancur Olson. *The Rise and Decline of Nations: Economic Growth, Stagflation, and Social Rigidities*. New Haven: Yale University Press. 1983. 최 광(역). 『국가의 흥망성쇠』. 서울: 한국경제신문사. 1990.

155) Lisa R. Anderson et al. "Social Capital and Contributions in a Public Goods Experiment." University of Chicago, Harris School Working Paper Series 03/17. 2003.

156) Robert O. Keohane. "Governance in a Partially Globalized World." Presidential Address. American Political Science Association. 2000. *American Political Science Review*. 95(1). 2001.

157) 서울신문. 2008년 9월 16일.

158) 전진석. "사회자본론." 윤영진 · 김태룡 외 『새 행정이론』. 서울: 대영문화사. 2002. pp. 251~253.

159) 상게논문. pp. 253~254.

160) Francis Fukuyama. *Trust: The Social Virtues and the Creation of Prosperity*. New York: Free Press. 1995 참조. 그러나 이와는 달리, 헌팅턴(Samuel Huntington)은 한국의 급속한 발전을 1960년대의 아프리카 가나와 비교하면서 한국인이 갖고 있는 근면성, 미래에 대한 투자, 교육열 등에 기인했다고 보고, 이와 같은 사회적 자본이 한국의 경제 발전과 민주주의를 함께 이루었다고 언급한 바 있다. 임승빈. 『정부와 NGO』. 서울: 대영문화사. 2009. p. 21.

161) 서울신문. 2008년 9월 16일.

162) 라운데스(V. Lowndes)와 윌슨(D. Wilson)은 퍼트남의 사회적 자본 논의가 지나치게 사회중심적인 시각이어서 국가의 행위와 이와 관련된 정치적 요인을 과소평가하고 있다고 비판하면서, 사회적 자본의 형성과 동원에 있어서도 제도설계의 내용이 큰 영향을 미친다고 주장하고 있다. Vivien Lowndes, and David Wilson. "Social Capital and Local Governance: Exploring the Institutional Design." *Political Studies*. 49(4). 2001 참조.

163) 불가항력적 공약(imperative commitment)이란 쉡슬(K. A. Shepsle)이 제시한 것으로, 자신이 원하든 원치 않든 간에 약속과 다르게 행동하는 것이 법 · 제도적으로 불가능하도록 재량의 행사 여지를 아예 없애는 것을 말한다. 최병선. "경제개혁의 평가와 과제: 제도개혁과 재량적 개입의 상충성을 중심으로." 한국행정연구. 9(2). 2000. p. 36.

164) 루카스, 사전트, 키드랜드, 프레스콧 등 합리적 기대학파는 정부의 신뢰성 있는 정책약속이 '최적정책의 동태적 비일관성(dynamic inconsistency of optimal policy)' 문제를 극복하는 핵심이라고 주장한다. 따라서 이들은 경제정책에 있어 '재량주의'보다는 '준칙주의'를 선호한다.

165) N. Gregory Mankiw. *Macroeconomics*. 6th Edition. New York: Worth Publisher Inc. 2007. 이병락(역). 『거시경제학』. 제6판. 서울: 시그마프레스. 2007. pp. 429~430.

166) Michael Hill. *The Public Policy Process*. 6th Edition. Pearson Education Limited. 2013. p. 15에서 재인용.

167) James E. Anderson. op. cit. p. 6.

168) Thomas R. Dye. *Understanding Public Policy*. 14th Edition. Pearson Education, Inc. 2013. p. 3. 한편 피터스(B. Guy Peters)는 정책을 다음과 같은 세 가지 수준으로 나누고 있다. 첫째, '정책 선택(policy choices)'으로, 시민들의 삶에 영향을 미칠 의도로 공적인 권력을 사용하는 것을 의미한다. 둘째, '정책 산출(policy outputs)'로, 정책 선택을 실행에 옮기는 것을 말하며, 프로그램과 동의어로 사용된다. 셋째, '정책 영향(policy impacts)'으로, 정책 선택과 정책 산출이 시민들에게 미친 결과를 의미한다. B. Guy Peters. *American Public Policy: Promise and Performance*. 9th Edition. Washington DC: CQ Press. 2013. pp. 4~5.

169) 정정길 외. 전게서. p. 54.

170) 상게서. p. 54.

171) 이민창. "정책변동의 제도론적 분석: 그린벨트와 영월댐사례를 중심으로." 서울대학교 대학원 박사학위논문. 2001 참조.

172) 정정길. "행정과 정책연구를 위한 시차적 접근방법: 제도의 정합성 문제를 중심으로." 한국행정학보. 36(1). 2002 참조.

173) Paul Pierson. op. cit. 2000 참조. 한편 제도와 정책 사이에 미묘한 차이가 있다는 피어슨의 주장은 최근 논문에서도 이어지고 있다. 그는 여기서 "제도로서의 공공정책(public policies as institutions)"을 주장하지만, "공식적 제도와 달리 정책이 정치에 미치는 영향은 간접적"이라고 하면서 양자를 구분하고 있다. Paul Pierson. "Public Policies as Institutions." In Ian Shapiro, Stephen Skowronek and Daniel Galvin(eds.). *Rethinking Political Institutions: The Art of the State*. New York and London: New York University Press. p. 116.

174) Paul Pierson. "When Effect Becomes Cause: Policy Feedback and Political Change." *World Politics*. 45(2). 1993. p. 596.

175) 노화준. 전게서. pp. 14~16.

176) Thomas A. Birkland. op. cit. p. 6.

177) 또한 의사결정은 정책결정과정뿐만 아니라, 정책과정 전반에 걸쳐 나타날 수 있다. 대표적으로 12장에서 자세히 살펴보는 바와 같이, 현대적 의미의 정책집행과정에서는 정책결정자가 결정한 정책의 내용을 수정 · 보완하기도 하는데, 이러한 '행정적 결정'도 의사결정의 한 양태로 간주될 수 있다.

178) 정정길 외. 전게서. pp. 56~69.

179) 그러나 이러한 구분이 불명확한 면도 있다. 문제 해결을 통해 달성한 상태가 과거에 존재했던 것인지, 아니면 전혀 새로운 것인지를 구별하기 힘든 경우가 많을 뿐 아니라, 원래의 상태를 회복하는 것 자체도 어렵고, 기껏해야 그와 유사한 상태를 만들어내는 것에 불과하기 때문이다. 강근복. 『정책분석론』. 전정 제3판. 서울: 대영문화사. 2016. p. 147.

180) 류지성. 『정책학』. 서울: 대영문화사. 2007. pp. 217~218.

181) 박병식 외. 『정책사례연구』. 서울: 대영문화사. 2002. pp. 102~103.

182) 실현가능성에 대한 자세한 설명은 제11장 "정책분석" 해당 부분 참조.

183) 정정길 외. 전게서. pp. 61~62.

184) 상게서. p. 42.

185) 유　훈. 『정책학원론』. 개정증보판. 서울: 법문사. 1995. p. 248.

186) Michael E. Kraft and Scott R. Furlong. op. cit. pp. 104~107.

187) Anne Schneider and Helen Ingram. *Policy Design for Democracy*. Lawrence: University Press of Kansas. 1997 참조.

188) 권기헌. 전게서. pp. 71~72.

189) William N. Dunn. op. cit. 2013. p. 338.

190) 문상호 · 권기헌. "한국 정책학의 이상과 도전: 한국적 맥락의 정책수용성을 위한 성찰적 정책모형의 유용성

에 관한 고찰." 한국정책학회보. 18(1). 2009. p. 8.

191) Anne Schneider and Helen Ingram. "The Social Construction of Target Populations: Implications for Politics and Policy." *American Political Science Review.* 87(2). 1993 및 "Policy Analysis for Democracy." In Michael Moran, Martin Rein, and Robert E. Goodin(eds.). *The Oxford Handbook of Public Policy.* Oxford: Oxford University Press. 2006 참조.

192) 물론 집단이 행사하는 정치권력이나 그들에 대한 사회의 이미지는 고정된 것이 아니라 시간의 경과에 따라 변할 수 있으며, 특히 정책이 그러한 변화에 결정적으로 중요할 수 있다. 예를 들어, 미국의 경우 복지정책의 수혜자들은 1930년대까지는 사회로부터 긍정적인 이미지로 비춰졌지만, 시간의 경과에 따라, 특히 빈곤을 사회구조적 문제로 다루지 않고 개인적 문제로 다루는 정책의 결과로 말미암아 현재에는 그러한 긍정적인 이미지가 많이 퇴색되었다. Helen Ingram. "Poverty, Policy, and the Social Construction of Target Groups." In Joe Soss, Jacob Hacker, and Suzanne Mettler(eds.). *Remaking America: Democracy and Public Policy in an Age of Inequality.* New York: Russell Sage Foundation. 2010.

193) Deborah A. Stone. op. cit. p. 245.

194) Helen Ingram. op. cit. 참조.

195) Deborah A. Stone. op. cit. p. 245.

196) Randy T. Simmons. *Beyond Politics: The Roots of Government Failure.* Oakland, California: The Independent Institute. 2011. pp. 70~71.

197) Anne Schneider and Helen Ingram. op. cit. 1993. p. 336.

198) James Q. Wilson. op. cit. 참조.

199) 최병선. 전게서. 참조.

200) Bryan Caplan. *The Myth of the Rational Voter: Why Democracies Choose Bad Policies.* Princeton: Princeton University Press. 2007 참조.

201) Paul Pierson. *Dismantling the Welfare State? Reagan, Thatcher, and the Politics of Retrenchment.* Cambridge: Cambridge University Press. 1994 참조.

202) James E. Anderson. op. cit. pp. 12~15.

203) 여기서 재정환상이란 조세구조의 복잡성, 차입 환상, 끈끈이 효과(flypaper effect) 등으로 인해 국민들이 정부사업의 편익과 비용의 인과적 연계를 제대로 인식하지 못하는 현상으로, 재정환상이 생기면 국민들이 보다 많은 정부사업을 요구하는 태도가 나타날 수 있다. 즉, 유권자가 수많은 선거구에서 정부에 의해 동시다발적으로 추진되는 공사의 비용이 결국 조세로부터 조달되며 자신의 선거구뿐만 아니라 다른 선거구도 혜택을 받게 된다는 사실을 제대로 깨닫지 못하고 있다는 것이다. 이처럼 국민들이 재정환상에 빠지면 비용부담에 대한 인식 없이 보다 많은 정부 사업을 요구하게 된다. 그 결과 유권자들은 적정수준을 초과하는 정부지출행위를 제재하기보다는 오히려 보상하는 우를 범하게 된다. 그런데 이처럼 유권자들이 보다 많은 정부사업을 요구하면서도 세금은 적게 내려고 한다는 데 문제의 본질이 있다. 시장에서와 달리 정부 부문에서는 자신이 낸 세금에 대한 즉각적인 효과가 나타나지 않기 때문에 사람들은 항상 자신이 손해를 본다고 생각하게 되는데, 이러한 인식은 사람들의 조세저항으로 이어져 조세증가에 따른 정치적 부담이 가중되게 된다.

204) Theodore J. Lowi. *Four Systems of Policy, Politics and Choice.* New York: Inter-University Case Program. 1971.

205) 권기헌. 전게서. p. 79.

206) 정정길 외. 『정책학원론』. 서울: 대명출판사. 2010. pp. 47~48.

207) 예를 들면, 그는 다음과 같이 주장한다. "정책이나 정부 활동의 영역은 실제 권력의 장(arenas)을 규정한다. 각각의 장은 그 자신의 고유한 정치구조, 정치과정, 엘리트와 집단 관계를 형성하는 경향이 있다." Theodore J. Lowi. op. cit. pp. 689~690.

208) 로위의 정책유형론에 대해서는 뒤에서 자세히 살펴보기로 한다.

209) Randall B. Ripley and Grace A. Franklin. op. cit. 참조.

210) Ibid. p. 24.

211) 류지성. 전게서. p. 51.

212) Randall B. Ripley and Grace A. Franklin. op. cit. p. 24.

213) Ibid. pp. 24~25.

214) 정정목. "Randall B. Ripley와 Grace A. Franklin의 의회와 관료제의 관계." 오석홍 · 김영평(공편). 『정책학의 주요이론』. 제2판. 서울: 법문사. 2000. p. 184.

215) 린드블럼(C. E. Lindblom)은 미국과 같은 분절화된(fragmented) 정치체제에서 나타나는 변화에 대한 제약을 "진흙탕 통과(muddling through)"라는 비유적인 표현으로 설명한 바 있다. Charles E. Lindblom. "The Science of Muddling Through." *Public Administration Review*. 19(2). 1959 참조.

216) Gabriel A. Almond and G. Bingham Powell. *Comparative Politics*. 3rd Edition. Boston: Little Brown. 1980 참조.

217) 배분정책을 영향을 받는 '범주(category)'보다 '지역(geography)'을 중심으로 정의하는 경우도 있다. 대표적으로 웨인개스트 등(B. R. Weingast et al.)의 정의를 들 수 있는데, 이들의 정의에 의한다면 어떤 특정 집단에게 혜택을 준다고 하더라도, 이들이 '지리적으로' 인접하지 않으면(예: 영양실조 아동에게 지급하는 식권, 빈곤층에게 제공되는 의료보호, 은퇴자에게 지급되는 연금, 재해근로자에게 지급되는 산재 보상 등) 배분정책이라고 할 수 없다. Barry R. Weingast et al. "The Political Economy of Benefits and Costs: A Neoclassical Approach of Distributive Politics." *Journal of Political Economy*. 89(4). 1981 참조.

218) Randall B. Ripley and Grace A. Franklin. op. cit. 참조.

219) Bryan Caplan. op. cit. 참조.

220) Michael Howlett et al. *Studying Public Policy: Policy Cycles & Policy Subsystems*. Third Edition. Toronto: Oxford University Press. 2009

221) Theodore J. Lowi. "American Business, Public Policy Case Studies, and Political Theory." *World Politics*. 16. 1964. p. 690.

222) Barry R. Weingast et al. op. cit. 참조.

223) Bryan Caplan. op. cit. 참조.

224) Michael E. Kraft and Scott R. Furlong. op. cit. p. 107.

225) Randy T. Simmons. op. cit. p. 67.

226) 신가희 · 하연섭. "예산심의과정에서 예비타당성조사제도의 정치적 수용성에 관한 연구: 예산결산특별위원회 회의록 분석을 중심으로." 한국정책학회보. 24(2). 2015. p. 530. 따라서 정치인과 유권자 사이에 과거 성과와 관련된 '정보의 비대칭성'이 있다면 구유통 정치는 이루어지기 어렵다.

227) 강윤호 외. 『현대 지방재정론』. 제4판. 서울: 박영사. 2015. pp. 76~77.

228) David Marquand. *The Unprincipled Society: New Demands and Old Politics*. London: J. Cape. 1988 참조.

229) James E. Anderson. op. cit. p. 13.

230) Ibid. p. 12.

231) James Q. Wilson. op. cit. 참조.

232) 문태훈. 『환경정책론』. 서울: 형설출판사. 1997. p. 31.

233) James E. Anderson. op. cit. p. 13.

234) Ibid. p. 44.

235) 배용수. 『규제정책론』. 전정판. 서울: 대영문화사. 2013. pp. 55~58.

236) 문태훈은 규제이론을 규범적 규제이론(normative theory of regulation)과 기술적 규제이론(descriptive theory of regulation)으로 나누고 있다. 문태훈. 전게서 참조. 여기서 규범적 규제이론이란 정부규제의 이론적 타당성을 밝히는 데 주된 관심을 가지는 이론으로 주로 어떤 상황적 조건 하에서 정부의 규제가 행해지는 것이 타당한가에 연구의 초점이 주어지는 반면, 기술적 규제이론은 실질적으로 규제가 어떻게 만들어지고 어떠한 모습으로 집행이 되는가에 대한 설명을 주된 목적으로 하는 이론을 말한다. 그런데 그는 기술적 규제이론에 정부규제의 공익이론(public interest theory of regulation)을 포함시키고 있는데, 이는 적절치 않은 것으로 생각한다. 왜냐하면 정부규제의 공익이론이란 정부규제가 시장실패를 치유하기 위한 공익적 견지에서 이루어진다는 것으로, 그의 분류에 의한다면 규범적 규제이론에 포함될 수 있기 때문이다. 물론 그가 이러한 주장을 한 배경에는 현실의 정부규제가 공익적 견지에서 이루어지는 경우도 있다는 것을 보여주기 위함이라고 생각되지만, 규

범적 규제이론에서 규제가 이루어지는 상황적 조건이 시장실패라는 점을 감안한다면 정부규제의 공익이론은 규범적 규제이론에 포함시키는 것이 유형론의 핵심인 '배타성'이라는 관점에서 보다 타당한 것으로 생각한다.

237) 배용수. 전게서. p. 44.

238) 김규정. 전게서. 1997. p. 47.

239) 피어슨(Paul Pierson)은 제도의 설계와 변화에 관한 기능주의 이론의 한계를 다음과 같은 세 가지로 제시하고 있다. 첫째, 정치 행위자들이 주어진 목표를 달성하기 위해 도구적으로 행동하지 않을 수 있다. 둘째, 정치 행위자들은 보통 좁은 시계(time horizon)를 가지고 있다. 셋째, 제도는 의도한 결과뿐만 아니라 의도하지 않은 결과(unintended consequences)도 가져올 수 있다. Paul Pierson. "The Limits of Design: Explaining Institutional Origins and Change." *Governance*, 13(4). 2000 참조.

240) 최병선. 전게서. pp. 105~108.

241) 배용수. 전게서. p. 50.

242) James Q. Wilson. op. cit. 참조.

243) 이 같은 가정은 행태경제이론에서 말하는 '부존효과(endowment effect)'로도 설명이 가능하다. 부존효과란 어떤 물건을 소유하는 사람이 그것을 포기하는 것을 싫어하는 성향이 있기 때문에 나타나는 효과로서, 이러한 부존효과가 존재하면 똑같은 물건인데도 소유하고 있는 것을 팔 때 받아야 하겠다는 금액(willingness-to-accept)과 소유하지 않은 상황에서 그것을 살 때 지불하려고 하는 금액(willingness-to-pay) 사이에 차이가 나는 결과가 나타난다. 만약 소비자가 잘 정의되고 안정적인 선호체계를 갖는다면 한 상품에 대한 평가는 어느 상황에서든 똑같아야 하기 때문에, 부존효과의 존재는 소비자의 선호체계에 대한 전통적 경제이론의 기본 가정에 의문을 품게 만드는 한 요인이 될 수 있다. 이준구. 전게서. 2008. p. 708.

244) Paul Pierson. op. cit. 1994 참조.

245) 최병선. 전게서. pp. 125~139. 그러나 현실의 정책사례에서는 정책의 수혜집단과 비용부담집단을 특정하기 어렵기 때문에, 윌슨의 규제정치이론의 어느 한 유형으로 포섭하기 어려운 경우가 많다. 예를 들어, 기업형 슈퍼마켓(SSM) 영업제한 정책의 경우 수혜집단은 영세상인으로 비교적 명확하게 드러나지만 비용부담집단은 기업형 슈퍼마켓 관계자일 수도 있고, 일반 소비자일 수도 있다. 만일 비용부담집단을 기업형 슈퍼마켓 관계자로 볼 경우 SSM 영업제한 정책은 이익집단 정치라고 할 수 있지만, 일반 소비자로 볼 경우 그것은 고객정치라고 할 수 있다.

246) 전술한 바와 같이, 집합적 행위의 딜레마(collective action dilemma)란 공통의 이해관계가 결부된 문제를 조직적·집단적으로 해결하지 못하는 현상을 지칭하는 것으로, 공공재의 '무임승차자 문제(free-rider problem)'와 관련된다. 상게서. pp. 121~124.

247) 와이머(David L. Weimer)와 바이닝(Aidan R. Vining)에 의하면 기업가적 정치는 다음과 같은 세 가지 조건 하에서 이루어질 수 있다고 한다. 즉, 정책문제에 대한 대중의 관심, 집중된 편익에 대한 대중의 반발, 분산된 편익을 증진시키기 위해 노력하는 '정치적 기업가(political entrepreneurs)'의 존재 등이다. David L. Weimer and Aidan R. Vining. op. cit. p. 170.

248) Matthew A. Crenson. *The Unpolitics of Air Pollution*. Baltimore: John Hopkins University Press. 1971.

249) 정정목. 전게논문. p. 184.

250) 유 훈. 전게서. p. 381.

251) James E. Anderson. op. cit. p. 15.

252) Ibid. p. 44.

253) Theodore J. Lowi. op. cit. p. 691.

254) James E. Anderson. op. cit. p. 15.

255) Randall B. Ripley and Grace A. Franklin. op. cit. 참조.

256) Theodore J. Lowi. *Arenas of Power*. Boulder CO: Paradigm Publishers. 2009. p. 15.

257) James E. Anderson. op. cit. p. 12.

258) 남궁 근. 전게서 및 한석태. 『정책학개론』. 서울: 대영문화사. 2013 참조.

259) James E. Anderson. op. cit. p. 14.

260) 그러나 공공선택론자, 구체적으로는 오스트리아 학파는 경제적 규제와 사회적 규제의 구분 자체를 인정하지 않는다. 경제적 규제와 사회적 규제의 구분 자체가 어려운 경우가 많을 뿐만 아니라, 사회적 규제가 중시하는 가치를 표방하지만, 실제로는 경제적 규제의 동기에서 이루어지는 규제가 많기 때문이다(일정한 환경 · 안전 요건을 갖춘 업체에게만 사업인허가 부여, 외국자동차의 통관 시에 복잡한 환경안전요건 부과 등). 따라서 현실에서는 외관상 사회적 규제이지만 실제로는 경제적 규제가 많은 실정이다. 이달곤 외. 『테마 행정학』. 개정판. 서울: 법우사. 2012. p. 893.

261) 최병선. 전게서. pp. 43~48를 토대로 구성.

262) Leonard Champney. "Public Goods and Policy Types." *Public Administration Review*. 48(6). 1988 참조.

263) Paul E. Peterson. "Who Should Do What? Divided Responsibility in the Federal System." In Dennis R. Judd and Paul Kantor(eds.). *The Politics of Urban America: A Reader*. New York: Longman Publisher. 1995 참조.

264) 정정길 외. 전게서. 2010. pp. 78~83.

265) James E. Anderson. op. cit. p. 46에서 재인용.

266) 인과관계의 추론에서 배제해야 할 '외재적 변수'에는 '허위변수'와 '혼란변수'가 있다. 허위변수는 독립변수와 종속변수에 모두 영향을 미치고 독립변수와 종속변수 사이의 인과관계를 모두 설명할 수 있는 변수인 반면, 혼란변수는 독립변수와 종속변수에 모두 영향을 미치지만 두 변수 사이의 인과관계를 부분적으로만 설명할 수 있는 변수이다. 따라서 제3의 변수(외재적 변수)를 통제할 경우 독립변수와 종속변수 사이의 인과관계가 전혀 설명되지 않는다면 제3의 변수는 허위변수인 반면, 제3의 변수를 통제하더라도 두 변수 사이의 인과관계가 부분적으로 설명된다면 제3의 변수는 혼란변수이다. 인과관계의 추론에 관해서는 13장에서 보다 구체적으로 살펴보고자 한다.

267) 정정길 외. 전게서. 2010. pp. 83~84.

268) 상게서. pp. 84~87.

269) Charles E. Lindblom. op. cit. 참조.

270) Thomas R. Dye. op. cit. p. 7.

271) Paul Pierson. op. cit. 1994 참조.

272) Peter A. Hall. "The Movement from Keynesianism to Monetarism: Institutional Analysis and British Economic Policy in the 1970s." In Sven Steinmo, Kathleen Thelen and Frank Longstreth(eds.). *Structuring Politics: Historical Institutionalism in Comparative Analysis*. New York: Cambridge University Press. 1992 참조.

273) Ellen M. Immergut. "The Rules of the Game: The Logic of Health Policy-Making in France, Switzerland, and Sweden." In Sven Steinmo, Kathleen Thelen and Frank Longstreth(eds.). *Structuring Politics: Historical Institutionalism in Comparative Analysis*. New York: Cambridge University Press. 1992 참조.

274) 남궁 근. 전게서. pp. 130~131.

275) 상게서. pp. 128~129.

276) 강원택. "행정 개혁과 관료 저항." 한국사회와 행정연구. 12(3). 2001. p. 8.

277) 노화준. 전게서. p. 166.

278) 상게서. p. 165.

제Ⅱ편 정책연구의 이론적 토대

제3장 정책결정의 이론 모형

제1절 개인적 정책결정 이론 모형

개인적 정책결정모형[1]은 정책결정자가 지적인 측면에서 합리적으로 정책결정을 하는지의 여부에 따라 합리모형(rational model)과 인지모형(cognitive model)으로, 그리고 정책결정론을 연구하는 목적에 따라 규범론(normative theory)과 실증론(positive theory)으로 나눌 수 있다.

먼저 합리모형은 정책결정자가 합리적인 정책결정을 한다고 가정하면 나타나리라고 예상되는 것을 유추하여 실제의 정책결정과정을 설명하거나, 정책결정자가 합리적인 정책결정을 하려고 할 때 따라야 하는 논리나 절차를 밝히는 정책결정론의 유형인 반면, 인지모형은 인간의 능력에 한계가 있기 때문에 합리모형에서와 같은 정책결정이 이루어질 수 없다는 실증적인 측면을 강조하는 유형이다.

다음으로 규범론은 당위(sollen)에 관한 이론으로서 무엇이 바람직한 목표이며 이를 위해서는 무엇을 해야 하는가를 밝히고자 하는 이론인 반면, 실증론은 존재(sein)에 대한 이론으로서 실제로 발생하고 있는 현상을 기술(describe)하고 설명(explain)하고자 하는 목적을 가지고 있는 이론을 말한다. 이러한 분류기준에 따라 개인적 의사결정모형을 유형화하면 다음과 같다.

<표 3-1> 개인적 정책결정 이론 모형의 분류[2]

연구목적 / 정책결정자의 능력	규범적	실증적
합리적	A (선형계획, 의사결정분석, 비용편익분석)	B (가격이론, 게임이론, 공공선택이론)
인지적	C (점증주의)	D (만족모형, 점증주의, 회사모형)

1. 합리모형

합리모형(rational model)은 정책결정자가 고도의 이성과 합리성에 근거하여 결정하고 행동한다고 보며, 목표달성을 위해 합리적 대안을 탐색 · 선택한다고 보는 이상적 · 규범적 접근방법이다. 합리모형에서는 정책결정자가 다음과 같은 전제조건을 구비하고 있다고 가정한다. 첫째, 사회의 모든 가치 선호와 그것의 상대적 비중에 대해 알고 있다. 둘째, 가능한 모든 대안에 대해 알고 있다. 셋째, 각각의 대안의 모든 결과들을 알고 있다. 넷째, 각각의 대안이 가져올 편익과 비용의 비율을 정확하게 계산한다. 다섯째, 가장 효율적인 대안을 선택한다. 여섯째, 대안과 관련된 완전한 정보를 구비하고 있다. 따라서 합리모형의 틀 내에서 정책결정자는 주어진 문제를 가장 효율적으로 해결하기 위해 정보를 수집하고 분석하는 '기술자(technicians)' 내지 '경영인(business managers)'으로 간주된다.[3]

합리모형에 대해 가장 다각적으로 검토한 사이몬(H. A. Simon)은 게임이론(game theory)에 의거한 서양장기의 논리, 독점기업들의 생산량 상호 조정이론, 가격이론(price theory)의 기초가 되는 기업체의 생산결정이론, 그리고 통계적 결정이론(statistical decision theory) 등을 들고 있고, 합리모형에 가장 비판적인 린드블런(C. E. Lindblom)은 합리적 · 연역적 이상형과 사회후생함수(social welfare function)를 합한 총괄적 정책분석(synoptic policy analysis)을 합리모형의 예로 들고 있다.

합리모형에서 말하는 '합리성'은 정책목표를 가장 효율적으로 달성할 수 있는 수단을 선택하기 위한 '절차(procedures)'를 처방한다는 의미이다.[4] 따라서 합리모형은 일반적으로 다음과 같은 합리적 · 분석적 정책결정과정을 거쳐 정책이 형성된다고 본다.[5] 첫째, 정책문제의 정의 및 정책목표의 설정, 둘째, 정책대안의 탐색 및 개발, 셋째, 정책대안의 결과예측, 넷째, 정책대안의 비교 · 평가, 다섯째, 최선의 정책대안 선택 등이다. 사이몬이나 린드블럼과 같은 학자들은 합리모형이 완전분석적 결정을 의미한다고 주장하는 반면, 다른 학자들은 불완전분석적 결정도 합리모형에 속하는 것으로 주장한다.

합리모형은 대체로 다음과 같은 요소를 포함하고 있는 것으로 지적된다.[6] 첫째, 정책결정자는 다른 문제와 분리될 수 있거나 적어도 다른 문제와 의미 있는 비교를 할 수 있는 문제를 처리한다.

둘째, 정책결정자를 이끄는 목표(goals)나 목적(objectives) 또는 가치는 알려져 있으며, 그것들을 중요성에 따라 명확하게 서열화할 수 있다.

셋째, 문제에 대한 다양한 대안들이 검토될 수 있다.

넷째, 각각의 대안들이 가져올 결과(편익과 비용, 혜택과 불이익)는 예측될 수 있다.

다섯째, 따라서 각각의 대안들과 그 결과는 다른 대안들과 비교할 수 있다.

여섯째, 정책결정자는 그들의 목표나 목적 또는 가치를 극대화할 수 있는 대안을 선택한다.

이론을 평가함에 있어서는 '실증적 관점(positive perspective)'과 '규범적 관점(normative perspective)'으로 나누어 살펴볼 수 있다. 즉, 이론이 "얼마나 현실을 잘 설명할 수 있는가?"와 "바람직한 결과를 산출할 수 있는가?"라는 두 가지 관점에서 살펴볼 수 있다. 따라서 여기서도 합리모형의 한계를 실증적 관점과 규범적 관점으로 나누어 살펴보고자 한다.

먼저 실증적 관점에서는 현실의 정책결정을 제대로 설명하지 못한다는 비판이 많이 제기된다. 대표적으로 합리모형에서는 정책결정자가 완전한 합리성과 정보를 가지고 있다고 가정하지만, 사이몬(H. A. Simon)이 지적한 바와 같이, 인간은 인지능력상 한계가 있을 뿐만 아니라 정보수집능력과 처리능력 면에서도 한계가 있다. 따라서 합리모형에서 강조하는 합리성에 대한 가정은 엄밀한 경험적 검증의 대상이지 논의의 출발점이 되어서는 안 된다.[7] 이러한 정책결정자의 인지능력상 한계로 인해 현실의 정책결정은 최적의 대안을 선택하기보다는 '만족할만한' 대안을 선택하는 것에 그친다는 것이 그의 주장이다.[8] 한 가지 예만 들면 전술한 바와 같이, 합리모형에서는 목표의 명확한 정의를 중요한 구성요소로 하는데, 현실에서는 전문성 부족이나 '비난회피(blame avoidance)'라는 정치적 동기에 의해 애매모호하고 추상적으로 규정하는 경우가 많다. 그런데 사이몬은 인간의 합리성에 대한 이러한 제약 때문에 오히려 행정이론이 필요하다고 역설하고 있다.

> 행정이론의 필요성은 다음에서 찾아볼 수 있다. 인간의 합리성에는 실질적인 제약이 있다는 점, 또 이러한 제약이 정태적이지 않고 의사결정이 이루어지는 조직 환경에 따라 좌우된다는 점이다. 따라서 각 개인이 결정을 함에 있어 될 수 있으면 합리성에 가까이 가도록 그 환경을 설계하는 것이 행정의 임무이다.[9]

게다가 합리모형은 정책의 정치적 성격을 고려하지 않는다는 점에서도 비현실적이다. 이는 합리모형이 신봉하는 정책분석의 한계와도 맥락을 같이하는데, 정책분석의 경우에도 "정치가 없는 조언(advice without politics)"이라는 비난에 시달리고 있다.[10] 분명 이러한 '정치성의 결여'는 적어도 실증적인 관점에서는 문제가 있는 것이다. 1장에서 언급한 바와 같이, 공공정책은 많은 이해관계자들을 가지고 있기 때문에 본질적으로 정치적 성격을 가질 수밖에 없기 때문이다. 그래서 후술하는 점증주의에서는 "정책과정은 정치과정"이라고 단언했던 것이다. 따라서 현실의 정책결정은 합리적 · 분석적 과정을 통해 이루어지기보다는 관련 이해당사자들 사이의 협상·타협·정치적 흥정이라는 '정치과정'을 통해 이루어지는 경우가 많다.

이러한 맥락에서 현실의 정책결정은 일련의 제약 하에서 이루어지는 선택 과정으로 이해할 필요가 있다. 다시 말해, 현실의 정책결정은 테일러(Matthew M. Taylor)가 지적하고 있듯이, '진공 상태(vacuum)'에서 이루어지는 것이 아니다.[11] 그리고 그러한 제약에는 개인의 인지능력상 한계와 같은 미시적 요인뿐만 아니라, 정치나 문화와 같은 거시구조적 요인도 있다.[12]

다음으로 합리모형은 규범이론으로서도 한계가 있다. 먼저 분석에 소요되는 비용이라는 관점에서 접근할 필요가 있다. 합리모형에서 말하는 합리적·분석적 결정과정이 정당화되려면 분석에 소요되는 비용보다 분석으로 얻게 되는 편익이 더 커야 한다. 만일 편익보다 비용이 더 크다면 그러한 분석은 '경제적인' 관점에서도 정당화되기 어렵다. 따라서 반복적이거나 일상적인 문제에 대해서는 합리적·분석적 과정을 거치지 않고, 표준운영절차(Standard Operating Procedure: SOP)에 따라 프로그램 목록(program repertory)에서 대안을 선택하는 것이 바람직할 수 있다.

또한 합리모형에서 정치적 요인을 배제하는 것이 바람직한가의 문제이다. 정치에 대한 불신이 극에 달하면서 정치라고 하면 대개 비효율적이고 낭비적이며 바람직하지 않은 것으로 인식하는 경향이 강하다. 그러나 '정치'가 실종된 곳에서 어떤 결과가 나타났는가는 역사상 많은 독재국가가 분명하게 보여준 바 있다. 따라서 정치적 결정을 '필요악' 정도로 치부하는 것은 적어도 민주국가에서는 바람직하지 않다. 정책이 정치적으로 결정되는 것이 불가피할 뿐만 아니라 경우에 따라서는 그러한 정치적 결정이 바람직한 것으로 볼 여지도 있다는 말이다. 다만, 정치적 결정이 규범적으로 정당화되기 위해서는 '정치적 합리성(political rationality)'이 전제되어야 한다. 즉, 다양한 이해관계자들이 광범위하게 참여하여 이들 사이의 이성적이고 합리적인 토론을 통해 합의안을 도출하는 '담론(discourse)' 과정이 반드시 필요한 것이다.[13]

≫ 보론 3-1 제약 하에서의 선택

전술한 바와 같이, 합리모형의 기본 가정은 개인이 선택을 함에 있어 아무런 제약 없이 자신의 이익 내지 효용을 극대화한다는 것이다. 그러나 개인이 모든 선택을 함에 있어 이익극대화 내지 효용극대화를 하는 것도 아닐뿐더러, 그들이 아무런 제약 없이 선택을 한다는 것도 비현실적이다. 셀린(Kathleen Thelen)과 스테인모(Sven Steinmo)가 적절하게 지적하고 있듯이,

"우리들 중 대부분은, 그리고 대부분의 경우에 사회적으로 규정된 규칙을 따르고 있으며, 심지어 그렇게 하는 것이 자신의 사익에 직결되지 않는 경우에도 그러하다."[14] 따라서 제약 하에서의 선택이라는 문제에 대해 주목할 필요가 있다.[15]

먼저 제약의 본질에 대해 살펴볼 필요가 있다. 합리성을 제약하는 요인으로는 다음과 같은 세 가지에 주목할 필요가 있다. 첫째, 인간의 인지능력상 한계이다. 합리모형의 논리를 적용하는 데에는 많은 시간과 고도의 분석능력을 필요로 하지만, 현실의 정책결정자들은 전문지식적 기술이나 시간, 그리고 분석기법에 대한 이해가 부족한 경우가 많다.

둘째, 권력관계이다. 현실사회에 존재하는 권력관계의 불평등성이 의사결정자의 전략적 선택을 구조화하고 제약할 수 있다는 점을 간과할 수 없다. 일찍이 바흐라흐(Peter Bachrach)와 바라츠(Morton S. Baratz)는 "권력의 두 얼굴(two faces of power)"을 주장하면서, 정치권력은 명시적인 측면에서 정책문제를 해결하는 과정에서 영향력을 행사할 수 있을 뿐만 아니라, 묵시적인 측면에서 정책결정자들이 선택할 수 있는 메뉴를 제한하는 데에도 영향력을 행사할 수 있다는 점을 설득력 있게 논증한 바 있다.[16] 따라서 제도나 정책에 의해 현실의 권력관계가 불평등하게 재생산되기도 하고, 사회의 정책 요구가 의도적으로 배제되기도 한다.

셋째, 문화적 제약이다. 사회구성원들이 공유하는 일련의 규범 내지 행동양식이 정책결정자의 선택을 제약할 수 있으며, 이 경우 선택은 그라노베터(Mark Granovetter)가 말했듯이, 사회관계의 구조 속에서 "배태된(embedded)" 결과물이다.[17] 이처럼 문화적 제약에 주목한다면, 개인의 선택은 그 사회의 지배적인 문화나 사회상규, 그리고 관행과 같은 사회적 맥락과는 별개로 이루어질 수 없는 '사회적 규정(social definition)'의 산물이다. 그렇기 때문에 행위자는 헤이(Colin Hay)가 말했듯이, '전략적인(strategic)' 동시에 '사회화된(socialized)' 존재이다.[18] 따라서 이러한 논리의 관점에서 합리적 선택은 실상 문화적 제약이 규정한 제한된 범위 내에서의 최적 선택 또는 극단적으로 말한다면 단순히 '사회적 규범(social norms)'에 따른 관행적인 행동에 지나지 않는다.

그렇다면 외생적인 요인에 의해 제약을 받는 상황에서의 선택 결과는 어떠한 양상을 보일까? 이와 관련하여 가장 먼저 지적할 수 있는 것은 제약으로 인해 '선택 메뉴(option menu)'가 줄어듦으로써 제약이 없는 상황에서보다 바람직하지 못한 결과가 나올 수 있다는 점이다. 그런데 더 큰 문제는 그러한 바람직하지 못한 결과가 합리적인 결과로 판단될 수 있다는 사실이다. 다시 말해, 선택 메뉴가 줄어들 경우 외관상 합리적으로 보이는 정책도 실상은 그렇지 않을 수 있다는 것인데, 정치학자 모(Terry M. Moe)는 다음과 같은 적절한 비유를 통해 설명하고 있다.[19]

어느 날 길을 걷다가 강도를 만난 경우를 상정해보자. 강도는 "돈을 내놔라. 그렇지 않으면 죽일 것이다"라고 협박할 것이다. 이 때 피해자는 돈을 순순히 내놓든지 아니면 죽임을 당하든지 둘 중 하나를 선택해야 한다. 죽임을 당하는 것보다는 돈을 순순히 내놓는 것이 피해자 입장에서는 바람직한 것이기 때문에 피해자는 돈을 순순히 내놓을 것이다. 그러나 이는 강도를 만난다는 상황 하에서는 합리적인 대응이지만, 애초에 강도를 만나지 않았다면 돈도 뺏기지 않았을 것이다. 즉, 피해자는 강도를 만났기 때문에 자신이 선택할 수 있는 대안의 폭이 제한된 것이다. 이와 같이 권력을 가진 정치행위자들이 사람들이 선택할 수 있는 대안의 폭을 제한함으로써, 자신들에게 편향적인 제도나 정책이 만들어질 수 있도록 권력을 행사할 수 있다.

이처럼 제약 하에서의 선택은 기능적인 관점에서 비효율적이거나 역기능적이라고 인식된다. 그러나 사회적 딜레마 논의에서 볼 수 있듯이, 개인의 합리적 선택이 사회전체적으로는 비합리적인 결과를 가져오는 것과 마찬가지로, 제약 하에서의 선택 결과도 일률적으로 판단해서는 안 된다. 예를 들어, "초점(focal points)"과 같은 '문화적 공유 지식(cultural common knowledge)'은 가능한 행위의 집합을 제한함으로써 행위의 결과에 대한 예측력을 높여줄 수 있다.[20] 특히, '복수의 내쉬 균형(multiple Nash equilibria)'이 존재하는 경우와 같이 합리성의 논리로 해결하지 못하는 문제에 대해 초점은 '하나의 해답'을 제시하는 데 도움을 줄 수 있다.

2. 만족모형

합리모형이 가지고 있는 가치판단의 어려움과 사실판단의 어려움을 극복하기 위한 대안으로 제시된 것 중 하나가 만족모형(satisficing model)이다. 사이몬 등은 합리모형이 추구하는 추상적 가정의 이상세계보다는, 실제 정책결정이 상황의 변화에 따라 각각 달리 특징지워진다는 점을 강조하고 있다. 따라서 이 모형이 제안하고 있는 실제 정책결정자들의 정책결정상황은, ① 애매하고 서툴게 정의된 문제의 성격, ② 대안에 대한 불완전한 정보, ③ 문제의 배경이나 기초에 대한 불완전한 정보, ④ 예상대안이 가져올 결과에 대한 불완전한 정보, ⑤ 가치, 선호, 관심의 내용과 범위에 대한 불완전한 정보, ⑥ 제한된 시간, 기술, 자원 등이라고 주장한다.[21]

사이몬은 이러한 상황에서는 정책결정자가 '제한된 합리성(bounded rationality)' 하에서 정책결정을 한다고 전제한다. 여기서 제한된 합리성이란 정책결정자가 그의 가치를 극대화시키는 대안이 아닌, 만족하는 또는 좋은 대안을 선정하는 것을 말한다.[22] 따라서 정책결정과정에서도 '최적(optimum)'의 대안이 아니라 '만족할 만한(satisficing)' 대안을 선택한다고 주장한다. 다시 말해, 정책결정자는 원칙적으로 행위의 편익을 가능한 최대한 증진시킬 수 있는 모든 대안을 고려할 필요는 없으며, 편익에 있어서 '사리에 맞는(reasonable)' 증가를 가져오는 가장 분명한 대안만을 고려할 필요가 있다는 것이다.[23]

사이몬은 합리모형에서 가정하는 정책결정자를 '경제인(economic man)'이라고 부르면서, 자신이 제시하는 합리성의 제약을 받는 정책결정자인 '행정인(administrative man)'과 구분하고 있다. 즉, 경제인이 목표달성의 극대화를 위해 모든 가능한 대안 중 최선의 대안을 선택한다면 행정인은 모든 대안을 검토하지 않고 만족할 만한 대안을 찾으면 선택하고, 경제인이 모든 대안의 결과를 예측한다면 행정인은 몇 개의 대안을 무작위적(random)이고 순차적(sequential)으로 예측하며, 경제인이 복잡하고 동태적인 상황을 있는 그대로 모두 고려하여 대안의 결과를 예측한다면 행정인은 불확실성이나 불충분한 정보·자료 때문에 대안의 결과를 정확하게 예측할 수 없음을 알고 있다.[24]

사이몬의 만족모형의 약점으로는 다음과 같은 점을 들 수 있다. 첫째, 처방적·규범적 측면에서 만족할 만한 대안을 찾은 후 대안탐색을 중단하게 되면 훨씬 더 중요한 대안이 있어도 이것이 탐색되지 않고 포기되는 것을 들 수 있다. 둘째, 만족여부는 기대수준에 달려 있기 때문에 만족여부를 객관적으로 판단하기 어렵다는 점을 들 수 있다. 셋째, 차별적이고 중대한 정책결정에서는 보다 분석적 결정이 이루어질 가능성이 높다는 점을 들 수 있다.

3. 사이버네틱스 모형

사이버네틱스(Cybernetics) 모형은 합리모형과 가장 극단적인 대조를 이루는 모형으로서, 분석적 합리성이 완전히 존재하지 않는 상태에서의 '습관적 정책결정'을 가장 잘 설명하는 모형이다. 사이버네틱스적 정책결정의 내용으로는 적응적 정책결정, 불확실성의 통제, 집단적 정책결정, 사이버네틱스 패러다임에서의 학습(learning) 등을 들 수 있다.[25]

첫째, 합리모형에서는 정책결정을 통해서 달성하고자 하는 목표 또는 가치가 먼저 존재하는 것으로 전제하는 반면, 사이버네틱스 모형에서는 고차원의 목표가 반드시 사전에 존재하지 않는다. 여기서는 일정한 중요 변수의 유지를 위한 끊임없는 적응에 초점을 둔다(적응적 의사결정).

둘째, 합리모형에서는 대안의 결과예측을 위해 새로운 정보를 얻으면서 새로 추가되는 정보에 따라 대안의 결과예측을 수정해 나가며, 이에 따라 정책대안의 결과에 관한 불확실성을 감소시켜 나간다. 이에 반해 사이버네틱스 모형에서는 어떤 대안이 어떤 결과를 가져올 것인가 하는 것은 전혀 고려하지 않고 단지 정책결정자에게 부닥친 상태가 사전에 설정된 범위에서 이탈했는가 하는 점만 고려한다. 즉, 사이버네틱스 모형에서는 환류(feedback) 채널을 통해 들어오는 몇 가지 정보에 따라 시행착오적인 적응을 하는 것이다(불확실성의 통제). 이러한 정책결정의 구체적인 예를 자동온도조절장치에서 찾을 수 있다. 간단히 말하면, 자동온도조절장치는 방안의 온도를 일정한 범위 내에서 유지하는 기계라고 할 수 있다. 이 기계의 작동원리는 방안의 온도를 모니터하여 미리 정해진 범위보다 낮아지면 난방기구를 작동하고 반대로 그보다 높아지면 냉방기구를 작동시킴으로써 방안 온도를 항상 일정한 범위 내로 유지한다는 것이다. 요컨대, 사이버네틱스 메커니즘의 핵심은 그저 주어진 규칙을 단순히 따라감으로써 결정이 내려지게 되고, 또 많은 경우 이러한 단순한 방식에 의한 결정이 상당히 성공적으로 문제를 해결한다는 것이다.[26)]

셋째, 사이어트(R. M. Cyert)와 마치(J. G. March)에 의하면 조직이란 다양한 목표를 가지고 느슨하게 연계된 하위조직들의 연합체라고 한다. 이러한 조직에서는 조직의 결과가 어떤 '허용할 만한 수준'의 범위 내에 있는 한, 계속 프로그램화된(programmed) 활동을 일상적으로 수행한다. 즉, 보통의 경우에는 '표준운영절차(Standard Operating Procedure: SOP)'에 따른 정책결정을 하지만, 조직이 설정한 범위를 벗어났을 경우에는 새로운 대안을 찾기 위한 정책결정이 있게 된다. 이러한 사이버네틱스 패러다임의 논리를 집단적 정책결정의 연구에 도입한 예로는 마치와 사이어트 등이 체계화한 회사모형(firm model)과 앨리슨(G. T. Allison)의 정책결정모형 중 모형 Ⅱ(조직과정모형) 등을 들 수 있다.

넷째, 합리모형에서는 대안의 결과에 대한 새로운 정보가 나타나면 대안의 결과예측도 수정되는 '인과적 학습(causal learning)'을 통해 정책결정이 이루어진다. 이에 반해 사이버네틱스 모형에서는 정책결정자가 가지고 있는 '프로그램 목록(program repertory)'이 바뀌는 데 따른 학습이 일어난다. 즉, 사이버네틱스 모형에서는 어떤 대안이 좋은 효과를 보면 계속해서 그 대안을 채택하는 반면, 나쁜 효과를 보면 다른 대안을 채택해보는 식으로 학습이 이루어진다.

4. 점증모형

합리모형은 규범적인 측면에서 바람직한 모형으로 간주되었지만, 현실에서 이러한 모형을 적용하는 데에는 한계가 있는 것으로 지적되었다. 브레이브룩(David Braybrooke)과 린드블럼(Charles E. Lindblom)은 합리모형의 한계를 다음과 같은 여덟 가지로 정리하고 있다. 첫째, 인간의 문제해결능력(problem-solving capacities)에 한계가 있다. 둘째, 정책결정자는 가지고 있는 정보가 충분하지 않다. 셋째, 분석에 너무 많은 비용이 소요된다. 넷째, 만족할만한 분석기법을 구성하기 어렵다. 다섯째, 현실의 정책결정과정에서는 가치(value)와 사실(fact)을 명확하게 구분하기 어렵다. 여섯째, 현실의 정책결정과정에서는 여러 가지 변수들이 개입할 수 있다. 일곱째, 분석과정에서 전략적 선택을 할 필요가 있다. 여덟째, 의사결정자가 현실적으로 부딪치는 문제는 다양한 형태를 띠고 있는 경우가 많다.[27)]

이러한 합리모형의 비현실성을 극복하기 위해 린드블럼(C. E. Lindblom), 윌다브스키(A. Wildavsky) 등이 제시한 이론모형이 점증모형(incremental model)이다. 점증모형은 합리모형의 비판에서 출발한다는 점에서는 사이몬의 만족모형과 유사하지만, 사이몬이 인간의 인지과정(cognitive process)의 제약에 관심을 집중하여 개인적 정책결정에 기초를 쌓은 데 비해, 점증모형은 이 기초 위에서 정책결정 자체에 초점을 두고 있다.

점증주의자들에 따르면, 현실의 의사결정은 '계속적인 제한된 비교(successive limited comparisons)' 과정이라고 한다. 점증주의는 현존 정책에서 소폭의 변화만 있는 제한된 수의 대안만 검토할 뿐만 아니라, 몇몇 가능한 대안의 결과들을 검토하지 않음으로써 의사결정과정을 단순화시킨다.[28)]

린드블럼(C. E. Lindblom)에 따르면, 점증주의는 미국과 같은 다원주의 사회에서 지배적인 의사결정방식이라고 한다. 왜냐하면 다원주의 사회에서는 관련 이해당사자들 사이의 '합의(consensus)'를 가장 중요한 정치적 가치로 간주하는데, 이를 위해서는 '점증적인' 변화가 불가피하기 때문이다. 따라서 의사(decisions)와 정책(policies)은 의사결정과정에 참여하는 수많은 정치행위자들 사이의 정치적 흥정(give and take)과 상호합의의 산물이며,[29)] 공공정책은 기술적으로 바람직한 것이라기보다는 정치적으로 실현가능한 것이다.[30)]

점증주의는 정치적으로 가장 수용가능한 정책결정방식인데, 그 이유는 여기서는 근본적인 수정보다는 지엽적인 수정을 함으로써 관련 이해당사자들 사이에 합의를 이끌어내기 용이하기 때문이다.[31)] 또한 정책결정과정에서 나타날 수 있는 '위험(risk)'과 '불확실성(uncertainty)'을 감소시킬 수 있다는 장점도 있다.[32)] 점증적 변화만 이루어진다면 심각한 실수는 회피할 수 있고, 정책결정자가 상황에 맞게 방향을 조정할 수 있기 때문이다.[33)] 따라서 린드블럼에 의하면, 점증모형이 현실의 정책결정을 설명하는 데 유용한 '실증모형'일 뿐 아니라, 다원주의 사회에서는 그러한 정책결정이 바람직하다는 '규범모형'으로서의 성격도 가지고 있다. 점증모형의 구체적 내용은 다음과 같다.[34)]

첫째, 점증모형은 '현존 정책에서 소폭적인 변화만을 가감한 것을 정책대안으로 하여 정책을 결정하는 방법'을 말한다. 따라서 정책 = 현존정책 ± α 인 것이다.

둘째, 합리모형에서는 대안의 모든 중요한 결과를 포괄적으로 비교 · 분석(comprehensive analysis)하는데 비해, 점증모형에서는 결과 중에서 일부만을 제한적으로 비교 · 분석(limited comparison)한다.

셋째, 점증모형에서는 불완전한 예측을 전제로 정책대안을 실시한 다음 그 때 나타나는 결과를 보아서 잘못된 부분이 있으면 그 부분만 다시 수정 · 보완하는 식으로 '계속적인 정책결정(successive comparison)'이 이루어지는 것이다.

넷째, 점증주의에서는 정책결정이 부분적 · 분산적(piecemeal and fragmented)으로 이루어진다고 본다. 다시 말해, 정책결정은 한 번에 이상적인 상태에 도달할 수 있는 '합리적 과정'이라기보다는 환류되는 정보를 토대로 현상을 점진적으로 개선하는 '학습과정'으로서의 성격이 강한데, 브레이브룩(David Braybrooke)과 린드블럼(Charles E. Lindblom)은 이를 '분할적 점증주의(disjointed incrementalism)'라고 표현한 바 있다.[35)]

다섯째, 합리모형에서는 정책목표를 먼저 명확하게 결정한 다음 그러한 목표를 달성할 수 있는 수단을 탐색하여 최선의 수단을 선택한다고 주장하지만, 점증모형에서는 정책목표(가치)와 수단이 동시에 결정된다고 주장한다.

점증모형의 한계도 실증적 · 기술적 모형과 처방적 · 규범적 모형으로 나누어 파악할 수 있다. 먼저 실증적인 관점에서 점증모형은 우수한 것으로 평가받고 있다. 실제로 숱한 비난에도 불구하고 점증모형이 특히 예산 분야를 중심으로 아직까지 주요 이론모형으로 남아 있는 이유는, 이 모형이 현실의 의사결정을 설명하는 데 유용하기 때문이다.[36)] 그러나 실증적인 관점에서도 점증모형은 한계가 있는데, 우선 점증적 변화가 어느 정도인가에 대해 합의가 이루어지기 어렵다는 점을 들 수 있다. 예를 들어, 전년도 예산을 근거로 얼마만큼의 변화를 점증적 변화로 볼 것인지 학자들 사이에 논쟁이 있다. 이와 관련하여 베일리(J. Bailey)와 오코너(R. J. O'Connor)는 10% 이내의 변화를 점증적이라고 보고 있으며, 윌다브스키(A. Wildavsky)는 30% 미만, 페노(R. F. Fenno Jr.)는 25% 미만, 그리고 트루(J. True)는 20% 정도의 변화를 점증적이라고 보고 있다.[37)] 이처럼 학자들은 점증적 변화에 대해 몇 가지 견해들을 제시하고 있기는 하지만, 모두 뚜렷한 논리적 근거는 제시하고 있지 못하는 실정이다. 이론의 가장 중요한 부분에 대한 논거가 부족하다는 것은 현실의 정책결정과정을 설명하는 데 분명한 한계로 작용한다.

또한 점증모형은 정치적 다원주의, 원활한 투입 기능, 그리고 정부의 조정자적 역할이 전제된 선진국의 정치체제에서는 적용이 용이하지만, 후진국의 정치체제에는 적용하기 곤란하다는 한계도 있다. 예를 들어, 베일리와 오코너는 미국 연방정부, 컬럼비아 중앙정부, 그리고 버지니아 주정부의 기관별 예산증감을 조사한 결과, 10% 기준으로 볼 때 미 연방정부는 49.1%, 컬럼비아 중앙정부는 22.7%, 그리고 버지니아 주정부는 34.7%로 모두 절반 이하에 불과한 것으로 나타났다. 특히, 인플레이션이 심한 컬럼비아 정부의 경우 이를 불변가격으로 환산하더라도 10% 이하가 43.9%에 불과했다.[38] 또한 위기(crisis)에 봉착했을 때에는 선진국에서조차 점증모형을 적용하기 어려운 경우가 많다. 예를 들어, 2008년 금융위기에 대응한 미국 정부의 정책적 조치는 점증모형의 예측을 넘어서는 경우가 많았다.[39]

다음으로 규범이론으로서도 점증모형은 한계가 있다. 전술한 바와 같이, 린드블럼 같은 학자는 미국과 같은 다원적인 정치체제에서는 점증적으로 결정하는 것이 바람직하다는 주장을 하기도 했지만, 규범이론의 관점에서는 문제가 많은 것으로 지적된다. 특히, 점증주의가 정치적 실현가능성과 정책의 안정성을 중시하여 정치적 현상유지(status quo)를 지나치게 옹호하는 반혁신적 · 무소주의에 가깝다는 약점이 있다.[40]

과거의 결정과 조금 다른 결정은 시간과 비용을 절약하고 불확실성을 줄일 수 있다는 장점이 있기는 하지만, 드로어(Y. Dror)가 말한 '타성을 조장하고 쇄신을 저해하는(pro-inertia, anti-innovation)' 결정이 될 수도 있다.[41] 제한적 분석을 한다는 것은 새로운 대안의 개발을 등한시할 수 있으며, 협상과 타협에 의한 결정은 종종 야합(野合)에 그칠 우려가 있다. 그리고 이러한 타성은 이해관계(stake)의 산물이며, 윌다브스키(A. Wildavsky) 자신도 타성의 문제를 다음과 같이 적절하게 설명한 바 있다.

> 새로운 정책을 가져오는 새로운 절차의 도입은 쉽지 않다. 타성은 항상 문제이다. 행정기구의 구성원들과 그 고객집단들은 과거의 정책에 대해 이해관계를 가지고 있다.[42]

물론 변화가 적은 안정적인 상황에서는 점증적 결정만으로도 큰 문제가 없지만, 지금의 상황은 '소용돌이의 장(turbulent field)'에 비유될 수 있을 정도로 급변하고 있다. 이러한 급변하는 상황에서 점증적인 결정은 변화하는 환경에 대응하지 못하는 한계를 노정하고 있다. 정치학자 해커(J. S. Hacker)가 미국과 같은 '분절화된' 정치체제에서 나타나는 근본적인 문제로 정책의 "표류(drift)"를 제시하고 있는 것도 이러한 맥락에서 이해할 수 있다. 그가 말한 정책의 표류란 정책 자체에는 변화가 없지만, 환경이 변화하여 정책의 결과가 바뀐 현상을 지칭한다.[43]

5. 혼합탐사모형

혼합탐사모형(mixed-scanning model)은 합리모형의 '비현실성'과 점증모형의 '보수성'을 극복하기 위한 대안으로 제시된 모형으로서, 정책결정을 기본적 결정과 지엽적 결정으로 구분한 다음 기본적 결정에 대해서는 합리모형을, 그리고 지엽적 결정에 대해서는 점증모형을 적용하는 모형을 말한다. 이 모형을 체계화한 에치오니(A. Etzioni)는 혼합탐사모형을 인간의 미시적 결정 행태뿐만 아니라 사회지도체제(societal guidance system)의 조직 원리로 발전시켰으며, 따라서 이 모형은 '능동적 사회(active society)'에 적합한 전략이라고 지적하였다.[44] 혼합탐사모형은 합리모형과 점증모형의 한계를 모두 극복할 수 있는 대안적인 정책결정모형이라고 평가할 수도 있지만, 절충모형으로서 이론의 독창성이 결여되었다는 부정적인 평가도 있다.

6. 최적모형

혼합탐사모형을 제시한 에치오니(A. Etzioni)와 마찬가지로 드로어(Y. Dror)도 합리모형과 점증모형 모두에 대해 불만을 품고 한편으로는 두 모형을 종합하면서 다른 한편으로는 많은 새로운 요소들을 가미하여 '규범적 최적 모형(normative optimal model)'을 제시하였다. 이 모형에서는 경제적 합리성과 함께 직관, 통찰력, 판단력, 창의력 등과 같은 '초합리성(extra-rationality)'도 중요하게 고려한다.

최적모형에 대해서는 다음과 같은 한계가 있는 것으로 지적된다. 첫째, 초합리적 요소를 지나치게 강조하여 자칫 신비주의(mysticism)에 빠질 위험이 있다. 둘째, 규범적이고 처방적인 모형이지만 최적의 의미가 명확하지 않다.

제 2 절 집단적(조직적) 정책결정 이론 모형

집단적(조직적) 의사결정모형은 집단의 응집성에 따라 여러 가지로 분류할 수 있다. 집단의 응집성이 강한 조직은 마치 유기체와 같이 조정과 통제가 잘 되지만, 집단의 응집성이 약한 조직에서는 독립적인 개별 행위자들의 협상·타협에 의해 정책이 결정되게 된다. 집단의 응집성에 따라 의사결정모형을 분류하면 다음과 같다.

<표 3-2> 집단적 정책결정 이론 모형의 분류[45)]

집단의 응집성	조직구조	의사결정모형
강함	조정과 통제가 잘 된 유기체조직	앨리슨의 모형 Ⅰ(합리적 행위자 모형)
	집단 내 어떤 규범에 대한 동조현상이 강한 조직	집단사고모형
중간	느슨하게 연결된 반독립적인 하위조직들의 연합체	앨리슨의 모형 Ⅱ(조직과정모형), 조직모형, 회사모형(연합모형)
약함	독립적인 개별 행위자들의 단순한 집합체	앨리슨의 모형Ⅲ(관료적 정치모형)
	상하관계가 분명하지 않은 대학조직	쓰레기통모형

위 표에서 집단의 응집성이 중간 정도인 경우에는 정책결정의 논리가 비슷하다. 즉, 표준운영절차(Standard Operating Procedure: SOP)와 프로그램 목록(program repertory)에 의한 정형적 정책결정이 이루어진다. 그러나 집단의 응집성이 강한 경우나 약한 경우에는 모형에 따라 정책결정 논리가 상이하다. 예를 들어, 집단의 응집성이 강한 경우 앨리슨의 모형 Ⅰ은 개인적 차원의 합리모형이 조직(집단) 차원으로 확대 적용된 경우이지만, 집단사고 모형은 조직(집단)의 정책결정에 대한 무비판적 수용이라는 병리현상을 설명하고 있다. 또한 집단의 응집성이 약한 경우에도 앨리슨의 모형 Ⅲ은 정치적 결정을 설명하고 있지만, 쓰레기통 모형은 응집성이 약한 조직에서 나타나는 무작위적(random) 결정을 설명하고 있다.

1. 조직모형

사이몬의 만족모형의 논리를 분입화된 계층적 구조를 지닌 조직 내부의 정책결정에 적용한 것이 조직모형과 후술하는 회사모형이다. 조직모형의 기본논리를 설명하면 다음과 같다.[46)]

첫째, 정책결정은 두 가지 방식이 있다고 전제한다. 조직도 개인과 마찬가지로 일정한 자극(stimulus)을 받으면 반응(response)을 한다. 자극이 과거에 반복적으로 경험한 것이라면 그에 대한 반응도 상례화(routinized)되는데, 이를 '상례화된 결정 또는 프로그램화된(programmed) 결정'이라고 한다. 반면, 자극이 이례적이면 어떤 반응을 해야 할 것인가를 새로이 결정해야 하는데, 이를 '문제해결식(problem-solving) 또는 비프로그램화된(non-programmed) 결정'이라고 한다.

둘째, 상례화된 결정과 프로그램 목록을 강조한다. 전술한 바와 같이, 조직의 정책결정은 선례가 있는 상례화된 결정과 선례가 없는 문제해결식 결정으로 나누어지지만, 현실의 정책결정은 상례화된 결정이 대부분이라고 인식한다. 예를 들면, 마치(J. G. March)와 사이몬(H. A. Simon)은 "새로운 상황이 일어나도 완전히 새로운 프로그램을 만드는 경우는 거의 없고, 이미 존재하고 있는 프로그램 요소들을 재조합하여 새로운 상황에 적용하는 경우가 대부분이다"라고 지적하고 있다. 상례화된 결정이란 어떤 문제를 해결하기 위한 방법으로서 이미 개발된 프로그램 목록 속에 저장되어 있는 프로그램 중에서 어느 하나를 선택하는 행위를 지칭한다. 따라서 상례화된 결정에서는 프로그램들의 집합소 내지 창고와 같은 프로그램 목록이 중요하게 부각된다.

셋째, 요소분해와 업무 및 목표의 분화를 추구한다. 현실의 복잡성에 비해 인간의 능력은 한정되어 있기 때문에 제한된 합리성이나마 도모하려면 복잡한 문제를 단순화(simplifying) 시켜야 한다. 따라서 해결할 문제를 요소분해(factoring)하여 이 부분들을 어느 정도 독립성을 지닌 상이한 하위부서들에 분담시키는 '분업의 원리'가 필요하다. 이러한 요소분해는 조직 전체의 업무를 목표-수단의 계층제 또는 프로그램 구조에 의하여 하위 수준의 업무로 단순화·전문화함으로써 업무추진의 속도를 증가시키는 장점이 있지만, 목표의 전환(수단의 목표화), 부처할거주의, 그리고 하위 조직이 편향되게 정보를 제공하는 '불확실성의 흡수(absorption of uncertainty)'와 같은 문제도 발생한다.

넷째, 조직 내 갈등이 생길 수 있음을 인정한다. 조직 내 갈등은 목표의 차이나 지각의 차이 때문에 생길 수 있는데, 이러한 갈등을 해결하는 방법은 네 가지가 있다. 첫 번째 방법은 문제해결(problem solving)로, 목표는 동일한데 상황에 대한 인지의 차이로 합의를 보지 못하는 경우, 새로운 대안(해결책)을 탐색하고 보다 많은 정보를 수집함으로써 합의할 수 있는 대안을 선택한다. 두 번째 방법은 설득(persuasion)으로, 개인들의 목표가 상이한 경우에 적용할 수 있으며 상위목표에 의한 조정으로 합의할 수 있는 대안을 선택한다. 세 번째 방법은 흥정(bargaining)으로, 앞의 두 경우와는 달리 목표의 차이를 해소할 수 없을 때 타협 등의 방법으로 대안에 대한 합의를 구한다. 네 번째 방법은 정치(politics)로, 모든 상황이 흥정과 같지만 참여자가 흥정에서와 같이 고정되어 있지 않고 연합(coalition)을 구성하기 위해 새로운 외부 세력을 끌어들이는 경우이다. 첫 번째와 두 번째 방법을 분석적(analytic)이라 부르고, 세 번째와 네 번째 방법을 흥정(bargaining)이라고 부를 수 있는데, 개인들 간의 갈등은 분석적으로 해결될 가능성이 크지만 집단 간의 갈등은 흥정에 의해 해결될 가능성이 크다고 한다.

2. 회사모형

개인적 차원의 만족모형을 조직이나 집단 차원으로 확대·적용한 것이 회사모형(firm model)이다. 회사모형을 발전시킨 사이어트(R. M. Cyert)와 마치(J. G. March)는 기업이 합리모형에 따라 결정을 하는 것으로 간주하는 고전파 경제학을 비판하면서, 첫째, 기업은 이윤만이 아니라 다른 목표들도 가지고 있고, 둘째, 완전한 지식이 아니라 제한된 합리성 때문에 최선의 대안을 선택할 수 없으므로 실제 회사의 결정은 고전파 경제학자의 가정과는 다르다고 보았다. 회사모형의 주요 내용은 다음과 같다.[47]

첫째, 회사모형에서는 회사조직을 서로 다른 목표를 가지고 있는 구성원들의 연합체(coalition)라고 가정하기 때문에, 갈등의 완전한 해결은 불가능하고 '준해결(quasi-resolution)'에 머문다고 본다.

둘째, 보통의 결정에서는 목표나 해결할 문제를 확인한 다음 대안탐색이 이루어지지만, 회사에서는 문제에 의하여 탐색이 시작되어 문제의 해결책을 찾는 방향으로 향하는 '문제중심의 탐색(problemistic search)'이 이루어진다고 한다.

셋째, 회사는 고도의 불확실성 속에서 결정을 하기 때문에, 합리모형에서처럼 대안의 결과를 예측·평가하여 비교하는 방법을 사용하지 못하고, 단기적 환류에 의존한 의사결정절차(feedback-react decision procedures)나 환경과의 타협(negotiated environment)과 같은 방법으로 불확실성을 회피한다.

넷째, 회사모형에서는 개인과 마찬가지로 조직도 구성원의 학습을 통하여 조직 전체가 학습할 수 있다고 본다.

다섯째, 회사모형에서는 조직이 장기적인 적응과정에서 학습한 결과이자 구성원 통제의 수단이며 단기적인 결정을 좌우하는 것으로서의 '표준운영절차(standard operating procedures: SOP)'를 강조한다.

회사모형에 대해서는 민간조직을 대상으로 하고 있기 때문에 권력적 측면이 강한 공공부문에 적용하는 데에는 한계가 있고, SOP에 입각한 결정은 보수적인 성격을 띠어 급격한 사회변동을 경험하고 있는 발전도상국의 조직에 적용하는 데에는 한계가 있으며, 민주적 · 분권적 조직관에 입각하고 있기 때문에 권위주의적 조직에 적용하는 데에도 무리가 있다는 비판이 제기된다.

3. 쓰레기통 모형

쓰레기통 모형(garbage can model)은 조직의 구성단위나 구성원 사이의 응집성이 아주 약한 혼란상태, 코헨, 마치, 올센 등이 말한 '조직화된 무정부상태(organized anarchies)'에서 이루어지는 결정의 특징적 측면을 강조하는 모형이다. 쓰레기통 모형은 합리성을 극도로 제약하는 세 가지 전제조건 하에서 네 가지 요소가 우연히 결합하여 정책결정이 이루어지는 경우가 많다고 지적한다.

쓰레기통 모형의 세 가지 전제조건은 다음과 같다.[48] 첫째, '문제성 있는 선호(problematic preference)'이다. 이는 첫째, 정책결정에 참여하는 사람들 사이에 무엇을 선택하는 것이 바람직한지에 대해 합의가 없고, 둘째, 참여자 중 어느 한 사람을 두고 볼 때 스스로 자신이 무엇을 좋아하는지조차 모르면서 정책결정에 참여하는 경우가 있음을 말하는 것이다. 둘째, '불명확한 기술(unclear technology)'이다. 어떤 목표를 달성하기 위해 무엇을 수단으로 선택해야 하는지가 불분명한 경우가 많다는 것이다. 셋째, '수시적 참여자(part-time participants)'이다. 집단에 속한 개인이 정책결정을 할 때 참여하기도 하고 참여하지 않기도 하는 경우를 말한다.

쓰레기통 모형에서는 정책결정이 이루어지려면 네 가지 요소, 즉 결정해야 할 문제, 문제의 해결책, 참여자, 의사결정의 기회가 구비되어야 하는데, 이 네 가지 요소들이 아무 관계없이 독자적으로 움직인다고 주장한다. 그런데 경우에 따라서는 이러한 네 가지 요소가 합쳐지기도 하는데 그 때 정책결정이 이루어진다고 본다. 정책결정의 네 가지 요소가 합쳐지는 계기를 점화계기(triggering event)라고 하며, 극적 사건이나 정권교체 · 정치이념의 변화와 같은 정치적 사건을 그 구체적인 예로 들 수 있다.

쓰레기통 모형과 같은 조직화된 무정부상태에서의 정책결정은 다음과 같은 두 가지 방식으로 나타난다고 한다.[49] 첫째, '진빼기 결정(choice by flight)'이다. 해결해야 하는 주된 문제와 함께 이와 관련된 다른 문제들이 있어서 결정이 이루어지지 않을 때, 관련된 문제들이 스스로 다른 정책결정기회를 찾아서 떠날(flight) 때까지 기다려서 결정을 하는 것이다. 둘째, '날치기 통과(choice by oversight)'이다. 관련된 다른 문제들이 제기되기 전에 재빨리 정책결정을 하는 것을 말한다.

쓰레기통 모형으로 설명되는 결정 상황에 직면한 정책결정자들의 유형은 다음과 같은 세 가지로 나눌 수 있다.[50] 첫째, '개혁적 정책결정자(reformist)'이다. 개혁주의자는 조직화된 무정부상태를 제거시키거나 피할 수 있는 방법을 모색하는 의사결정자들이며, 좀 더 체계적이고 합리적으로 정책결정을 하려는 존재이다. 둘째, '실용적 정책결정자(pragmatist)'이다. 실용주의자는 조직화된 무정부상태를 불가피한 것으로 보며, 이러한 상황을 적절하게 이용하려고 한다. 즉, 실용주의자들은 문제, 해결책, 의사결정 기회, 참여자의 흐름을 적절하게 조정해 정책결정이 이루어지도록 노력한다. 셋째, '열정적 정책결정자(enthusiast)'이다. 이들은 조직화된 무정부 상태에서 '새로운 비전'을 찾으려고 노력하는 부류이며, 이를 마치 '시장(market)'과 같은 상황으로 이해한다. 시장에서와 같이 '선호'는 다르지만 궁극적으로 선호하는 것을 찾아내며, 따라서 조직화된 무정부 상태의 가장 큰 장점은 '유연성(flexibility)'이라고 할 수 있다.

쓰레기통 모형에 대해서는 조직화된 무정부상태가 대부분의 조직에 적용될 수 있는 보편적인 상태가 아니며, 따라서 많은 조직들이 보다 합리적이고 체계적으로 정책결정을 하고 있다는 비판이 제기된다.

4. 앨리슨 모형

앨리슨(G. T. Allison)은 1960년대 초 쿠바가 소련의 미사일을 도입하려고 했을 때 미사일이 운반되지 못하도록 미국이 해상봉쇄라는 대안을 채택한 이유를 '합리적 행위자 모형(rational actor model)', '조직과정모형(organizational process model)', 그리고 '관료적 정치모형(bureaucratic politics model)'이라는 세 가지 모형을 통해 설명하려고 했다.[51]

1) 합리적 행위자 모형(모형 Ⅰ)

합리적 행위자 모형에서는 국가 또는 정부를 합리적이고 단일한(unitary) 결정자로 파악하며, 일관된 선호, 일관된 목표, 일관된 평가기준을 가지고 있기 때문에, 국가목적이나 전략적 목표를 극대화시키는 대안을 선택한다고 본다. 따라서 이러한 상황 하에서 정책을 결정한다면 정책결정에 참여하는 자들은 국가전체의 이익을 위하여 개인의 이익을 전혀 고려하지 않을 것이다.

따라서 조직구성원 또는 참여자들은 합리적인 정책을 결정하기 위해서 최선의 노력을 기울이는 것으로 가정한다. 또한 참여자의 능력도 합리적인 결정을 하기에 충분하다고 가정한다. 이러한 가정 하에서 정책이 합리적으로 결정되면 정부 전체적으로 상호모순·충돌되는 정책들도 있을 수 없으며 장기적으로 보아도 정책의 일관성이 유지된다.

집단적 정책결정이 합리적으로 이루어지는 경우는 드물지만, 외교정책이나 국방정책의 경우에는 합리모형에 의한 설명이 보다 설득력이 있을 때가 많다. 그렇지만 전체적으로 보아 이 모형이 널리 적용된다고 볼 수는 없다.

2) 조직과정모형(모형 II)

국가 또는 정부는 모형 I에서와 같은 단일적 결정주체가 아니라, 느슨하게 연결된 반독립적인 하위조직들의 연합체이다. 따라서 정책은 하위조직들의 내부절차에 의하여 결정되는 조직의 산물이다.

반독립적인 하위조직들로 정부가 구성되어 있기 때문에 하위조직들은 각각 상이한 목표들을 지니고 정책결정에 임하게 된다. 즉, 정책결정에 참여하는 하위조직의 구성원들은 국가적 목표보다 하위조직의 목표를 달성하려고 한다. 서로 다른 목표들을 지닌 하위조직들이 참여하여 정책을 결정하면 이들 간의 갈등은 불가피하며, 어느 하위조직의 입장에서 보더라도 완전한 해결은 아니며 준해결(quasi-resolution)의 상태에 머물러 있다.

조직 전체의 정책결정은 하위조직들의 목표에 의해서 크게 영향을 받는 동시에 그들의 정책결정 방법에 의해서도 크게 영향을 받는다. 하위조직은 전체조직과 마찬가지로 불확실성을 회피하려고 노력하며, 정책결정에 적용될 규칙들을 습득하는데, 특히 조직은 학습을 통하여 표준운영절차(Standard Operating Procedures: SOP)와 프로그램 목록(program repertory)을 만들고 이들에 의존하여 정책결정을 한다. 극단적으로 보면 정부전체의 결정은 하위 조직체가 상례화된(routinized) 절차에 따라서 정책결정을 시작하도록 하는 점화역할을 한다.

3) 관료적 정치모형(모형 III)

국가정책을 결정하는 주체는 단일주체로서의 정부(합리적 행위자 모형)나 하위조직으로서의 부처들의 연합체(조직과정모형)가 아니라 참여자들 개개인이라고 본다. 그러므로 정책은 전체가 부닥친 문제의 해결을 위해 채택한 해결책이라기보다는 개개 참여자들 간의 협상·타협·갈등·흥정 등의 정치적 결과(political resultant)이다.

구성원들 사이의 응집성이 약한 집단이 하나의 목표를 놓고 의사결정을 할 때에는 구성원들 각자가 달성하고자 하는 목표가 각각 다르게 된다. 구체적으로 보면 조직 전체의 목표, 하위조직들의 목표, 개별 행위자들의 목표가 혼합된 상태에 있으며, 정책결정에 참여하는 구성원들 간의 목표의 공유도도 극히 약하다. 따라서 개개인은 자신이 지닌 정치적 자원을 이용하여 정치적 게임의 규칙에 따라 목표달성을 위해서 노력하게 된다.

<표 3-3> 앨리슨의 세 가지 모형의 비교[52)]

	합리적 행위자 모형	조직과정모형	관료적 정치모형
조직관	조정과 통제가 잘 된 유기체	느슨하게 연결된 반독립적인 하위 조직들의 연합체	독립적인 개인적 행위자들의 집합체
권력의 소재	조직의 두뇌와 같은 최고지도자가 보유	반독립적인 하위조직들이 분산소유	개인적 행위자들의 정치적 자원에 의존
행위자의 목표	조직전체의 목표	조직전체의 목표+하위조직들의 목표	조직전체의 목표+하위조직들의 목표+개별 행위자들의 목표
목표의 공유도	매우 강하다	약하다	매우 약하다
조직의 응집성	높음	중간	낮음
정책결정의 양태	최고지도자가 조직의 두뇌와 같이 명령하고 지시	SOP에 대한 프로그램 목록(program repertory)에서 대안 추출	정치적 게임의 규칙에 따라 타협과 흥정이 지배
정책결정의 일관성	매우 강하다(항상 일관성 유지)	약하다(자주 바뀐다)	매우 약하다(거의 일치하지 않는다)
적용가능 계층	조직의 모든 계층에 적용가능	주로 조직의 하위계층에 적용가능	주로 조직의 상위계층에 적용가능

5. 집단사고모형[53)]

집단사고(group think)란 응집력이 강한 집단에게 생기는 하나의 사고방식으로서, 집단 내 어떤 규범에 대한 동조 현상(concurrence-seeking)이 강해 해당 대안의 현실적인 평가를 하지 않게 되는 것을 말한다.[54)] 이러한 집단사고는 비판적 사고를 억압하고 결과적으로 정보의 합리적 수집과 이용을 방해하여 정책결정의 실패를 가져온다는 것이다.

제니스(Irving L. Janis)의 집단사고 이론모형에 의하면, 동조과잉으로 특징되는 집단사고에 영향을 주는 7가지의 선행 또는 전제조건이 있고, 이러한 동조과잉의 집단사고는 8가지의 심리적인 집단사고의 증상들이 나타나며, 이들 8가지 집단사고는 다시 7가지의 결함 있는 의사결정의 증상으로 연결되고, 종국적으로 이러한 7가지의 의사결정의 증상은 정책결정의 실패로 이어진다고 한다.

재니스가 제시한 집단사고의 7가지 전제조건으로는 집단 응집성, 전문가 집단으로부터의 고립, 공정한 지도자의 부재, 절차적 규범의 부족, 집단 구성원의 동질성, 외부 위협으로부터의 높은 스트레스, 최근의 실패에 대한 낮은 자긍심 등이 있다.

재니스는 집단사고의 7가지 전제조건 하에서는 ① 집단 성원들을 지나치게 낙관주의로 이끌고 고도의 위험성을 쉽게 받아들이도록 하는 '무결점의 환상(illusion of invulnerability)', ② 소속 집단은 가장 이상적인 목표를 가지고 있기 때문에 비판받아서는 안 된다는 감정인 '도덕성의 환상(illusion of morality)', ③ 대다수 집단구성원의 판단과 의견에 관한 공유된 '만장일치의 환상(illusion of unanimity)' 등이 나타나 집단 의사결정 시에 이성적인 사고를 마비시킨다고 주장한다.[55)]

또한 재니스는 이 밖에도 집단 내에서 집단사고가 팽배할 때 다음과 같은 행태가 나타난다고 지적한다.[56)] 첫째, 부정적 환류는 회피하게 되고 경고적인 암시들(warning signals)은 무시된다. 둘째, 비판자들은 고립되거나 축출된다. 셋째, 만장일치가 중심적인 집단 규범이 된다. 넷째, 지도자에게 해가 된다고 여겨지는 외부 환경으로부터의 투입 요소로부터 지도자를 보호하기 위한 '심적 경호 역할'이 나타난다. 다섯째, 자체 검열이 발생한다. 여섯째, 자신들의 견해에 호의적이 아닌 정보는 합리화 과정을 통해 변형된다. 일곱째, 집단 외부의 의견들을 고려해 보기 위한 어떠한 시도들도 행해지지 않는다.

이러한 집단사고는 7가지 결함 있는 정책결정의 증상을 야기할 수 있는데, 이에는 대안의 불완전한 조사, 목표의 불완전한 조사, 우선시 되는 선택안의 재검토 실패, 기각된 대안의 재검토 실패, 빈약한 정보탐색, 정보처리에 있어서 선택적 편견, 상황계획 개발의 실패 등을 포함한다. 이러한 결함 있는 정책결정과정은 모든 이용 가능한 행동대안을 현실적으로 평가하기 전에 정책결정을 하게 되어 결과적으로 그러한 정책결정의 결과가 성공적으로 되기 어렵게 한다는 것이다.[57)]

그러나 재니스의 집단사고모형에 대해서도 여러 가지 비판이 제기된다. 특히, 집단사고의 전제조건 중 집단의 응집성에 대해 비판이 집중된다. 집단정책결정에 있어서 집단사고는 집단의 응집성 때문이라고 보기 어렵다는 것이다. 오히려 집단이 침체기에 빠져 있을 때에도 의기소침하여 정책결정과정에서 비판과 합리성이 결여된 정책이 결정될 수 있다.

제 4 장 정책결정의 권력 이론

제 1 절 엘리트이론과 다원론

1. 엘리트이론

1) 엘리트이론의 전개

엘리트이론의 관점에서 봤을 때, 공공정책은 통치엘리트의 가치관과 선호가 반영된 결과물에 불과하다. 흔히 공공정책은 대중의 요구를 반영한 것이라고들 하지만, 엘리트론자들이 봤을 때 그것은 정치현실을 정확하게 반영한 것이 아닌 "신화(myth)"에 불과하다.[58] 이러한 엘리트이론은 고전적 엘리트이론, 1950년대 미국사회에 대한 실증분석을 시도한 통치엘리트이론, 그리고 다원론의 비판에 대응한 신 통치엘리트이론으로 발전하였는데, 이하에서는 이에 대해 구체적으로 살펴보고자 한다.

(1) 고전적 엘리트이론

고전적 엘리트이론은 프롤레타리아 혁명을 통해 계급 없는 사회(classless society)가 도래할 것이라는 맑스주의와 선거나 정치참여를 통해 국민주권의 원리가 실현될 것이라는 고전적 자유민주주의를 모두 부정하는 이론으로, 사회는 지배하는 소수 엘리트와 지배를 받는 다수 일반대중으로 뚜렷하게 양분된다는 사회이원론에 입각하고 있다. 예를 들어, 이탈리아의 엘리트론자인 모스카(Gaetano Mosca)는 고전적 엘리트이론의 기본적인 논리를 다음과 같이 집약적으로 설명한 바 있다.

> 모든 정치체제에서 발견되는 일관된 사실과 경향성 중 하나는 너무나 명확해서 대부분의 인과적 관점에서 분명하게 드러난다. 가장 저발전된 사회와 문명화를 거의 경험하지 않은 사회로부터 가장 발전되고 강력한 사회에 이르기까지 모든 사회는 지배를 하는 계급과 지배를 받는 계급이라는 두 계급으로 구성된다. 첫 번째 계급은 항상 소수이고, 모든 정치적 기능들을 수행하며, 권력을 독점하고 그러한 권력이 가져오는 여러 가지 특혜들을 누리는 반면, 두 번째 계급은 보다 많은 수의 사람들로 구성되며, 첫 번째 계급에 의해 지시를 받거나 통제를 받는데, 그 방식이 최근에는 합법적으로 나타날 뿐만 아니라, 때로는 자의적이고

폭력적으로 나타나기도 한다.[59)]

고전적 엘리트이론의 기본 가정은 다음과 같다. 첫째, 사회는 권력을 소유한 소수 엘리트와 권력을 소유하지 못한 다수 일반대중으로 이원화되어 있다.[60)] 파레토(Vilfredo Pareto)는 "지금까지의 인류의 역사는 계급투쟁의 역사"라는 맑스의 주장을 반박하면서, 인류의 역사는 정확히 말하면 "소수 엘리트 사이의 투쟁의 역사"에 지나지 않으며, 프롤레타리아 혁명을 통한 '계급 없는 사회'의 도래는 환상에 지나지 않는다고 비판하였다.[61)] 고전적 엘리트론자들에 따르면 엘리트와 일반대중을 구분 짓는 것은 개인의 능력과 심리적인 차이이며, 따라서 엘리트 지배는 인류 역사의 필연적인 법칙이라고 지적한다. 예를 들어, 마이젤(J. H. Meisel)은 이러한 점을 다음과 같이 지적하고 있다. "모든 사회에서 과거와 미래의 역사는 곧 지배계급의 역사라고 할 수 있다. … 지배계급은 앞으로도 항상 존재할 것이다. 따라서 계급적 약탈도 지속될 것이다. 이러한 사실은 反사회주의적인 현상이며, 특히 反마르크스주의적인 것으로서 … 19세기의 마지막 10년 사이에 서서히 대두되었던 엘리트이론의 핵심적인 주장이기도 하다."[62)]

둘째, 엘리트는 폐쇄적이고 동질적이며 일반대중에게 책임을 지지 않는다. 엘리트들은 일반대중들과는 다른 가치관과 이해관계를 가지고 있으며, 그들 내부에서는 사회의 기본적 가치에 대한 광범위한 공감대가 형성되어 있다. 따라서 일반대중들이 엘리트에게 영향을 미칠 가능성은 거의 없으며, 정치적 영향력은 엘리트에서 일반대중으로 하향적으로 이루어진다.

셋째, 엘리트의 가치관과 이해관계에 따라 공공정책이 결정되고 이것이 일반대중에게 하향적으로 집행된다.[63)] 따라서 공공정책은 사회의 기본적 가치를 침해하지 않는 범위 내에서만 허용된다. 고전적 엘리트론자로는 소수 지배의 필연성을 강조한 모스카(G. Mosca), 엘리트의 순환을 주장한 파레토(V. Pareto), 과두지배의 철칙을 주장한 미헬스(R. Michels) 등을 들 수 있다.

(2) 신통치엘리트이론

엘리트이론은 소수 엘리트에 의한 지배를 필연적인 현상으로 주장하고 있지만, 이러한 주장을 뒷받침할 수 있는 정치(精緻)한 실증연구를 한 것은 아니었다. 이러한 한계를 인식하여 1950년대 일단의 미국학자들은 미국사회의 실증분석을 시도하여 엘리트이론을 계승·발전시켰다. 먼저 밀즈(C. W. Mills)는 '지위접근법(positional approach)'을 사용하여 미국사회 전체를 분석하였다. 밀즈는 국가 내의 권력 배분의 단계를 다음과 같은 세 가지로 나누고 있다. 가장 낮은 단계는 정치적으로 분절화된 '대중사회(society of the masses)'이고, 중간단계는 자원배분을 둘러싸고 경쟁하는 반 조직화된 이익집단(semi-organized interest groups)이며, 가장 높은 단계는 행정부, 대기업, 군부라는 세 행위자 집단이다. 이러한 맥락에서 밀즈는 다원주의와 맑스주의를 모두 비판한다. 즉, 다원주의는 국가 전체의 권력 구조를 간과한 채 중간 단계의 권력 구조만 검토하는 한계가 있고, 맑스주의는 '파워 엘리트' 중 경제적 권력을 행사하는 집단만 강조하는 한계가 있다는 것이다.[64)]

이러한 맥락에서 밀즈는 '군 · 산 · 정 복합체'라고 하는 소수집단이 미국의 정치 · 경제 · 사회를 지배하는 '파워 엘리트'라고 주장하였다. 이러한 파워 엘리트들이 미국의 중요한 국가정책을 좌우하여 다른 사회집단들은 이들 파워 엘리트에 의해 결정된 정책에 적응하는 역할밖에 하지 못한다. 그런데 밀즈에 의하면 미국의 파워 엘리트에 관한 한, 부와 사회적 지위가 최근으로 올수록 점차로 집중화됨으로써 일반적으로 알려지고 있는 미국 사회의 민주성에 역행하고 있다는 것이다. 밀즈가 미국의 저명인사록(Social Register)에 기록된 인사들 중 경제적으로 가장 저명한 1900년 세대 90명, 1925년 세대 95명, 1950년 세대 90명 등 총 275명 중 그들의 아버지가 상류사회출신인 자는 1900년 세대 중 39%이며, 1925년 세대 중 56%, 그리고 1950년 세대에는 68%이며, 이들 275명 중 자녀의 결혼이라든가 다른 방법으로 서로 간에 인척관계를 맺고 있는 자는 1900년 세대에 33%, 1950년 세대에 62%이며, 대학교를 졸업한 자 가운데 소위 미국 동부의 10대 명문대학교(Ivy League)를 나온 자는 1900년 세대 37%, 1950년 세대 60%가 된다는 것이다. 이러한 사실을 발견하고 밀즈는 미국의 자유민주주의의 성격을 단적으로 묘사하는 미국의 상류사회 내에 내재하고 있는 불균형에 대한 이론을 전개해 나가야 한다고 주장하였다.[65)]

또한 헌터(F. Hunter)는 '명성접근법(reputational approach)'을 사용하여 미국 조지아 주 애틀랜타 시를 분석하였다. 즉, 인구가 약 50만(1950년대 초)인 미국 조지아 주 애틀랜타 시의 저명인사록에서 정치계, 경제계, 자유기업계, 지방정부 관료계, 문화계, 교육계 등 여러 정치사회집단의 지도자들 175명을 선정한 다음, 그 지역사회 내의 27명의 저명인사들에게 위의 175명 중 누가 그 지역사회 내의 정책형성과정에서 가장 큰 영향력이 있는가라고 물어서 다시 40명을 선정하였다. 이들을 직업별로 보면 상업, 금융계, 제조업 분야의 기업가 및 최고 경영자가 23명으로 가장 많고 노동계 지도자 2명, 변호사 5명, 그리고 시정부의 고위공직자가 4명으로 밝혀졌다. 이들 지도자들은 거의가 서로 인근지역에 모여 살고 있으며, 시내에서 만날 때에는 거의가 일정한 장소에서 만난다는 것이다. 헌터에 의하면 이들 지도자들이 애틀랜타 시의 정책의 기본방향을 결정하고, 일반대중들은 이들이 결정한 정책을 그대로 받아들인다. 요컨대, 지역사회의 엘리트들이 강한 응집성을 가지고 담배연기 자욱한 방(smoke-filled rooms)에서 결정한 정책은 조용한 일반대중들에 의해서 받아들여지고 있다는 것이다.[66)]

이 밖에 오래 전부터 엘리트이론을 지지해 온 다이(Thomas R. Dye)도 최근 저서에서 엘리트론을 재차 옹호하고 있다. 다이는 밀즈의 제도적 엘리트이론을 계승하여 미국의 국가엘리트는 사회의 자원을 배분하는 기관에서 권한을 소유하고 있는 개인들이라고 본다. 이들은 정부, 회사, 은행, 보험회사, 투자회사, 언론, 법률회사, 주요 연구재단, 대학, 영향력 있는 민간·문화단체 등에 자리 잡고 있다. 다이에 따르면 미국 사회에서 권력은 대규모 조직과 제도를 통제하는 비교적 소수의 사람들에게 집중되어 있으며, 이들이 '국가 엘리트들'을 구성하여 주요 정책을 좌우한다고 한다. 그리고 민주주의 국가에서도 정부, 기업, 비영리민간부문에서 직접 정책을 결정하는 사람들은 소수이므로, 정책결정의 엘리트가 존재한다는 것은 정치생활의 현실이라고 주장한다.[67]

밀즈의 연구와 헌터의 연구로 대변되는 1950년대 미국의 통치엘리트이론은 다음과 같은 특징을 가지고 있다.[68] 첫째, 사회는 권력을 소유한 소수 엘리트와 권력을 소유하지 못한 다수 일반대중으로 이원화되어 있다. 이 때 권력의 원천은 공식적 직위, 부, 기술적 전문성, 지식 등 다양하다. 그런데 이러한 권력의 원천은 '누적적(cumulative)'이지만, 어느 한 원천에 전적으로 의존하지는 않는다.[69] 권력을 가진 소수 엘리트는 피지배대중을 대표하지 않으며, 사회의 상류계층에서 형성된다. 따라서 정치적 영향력은 일반대중에서 엘리트로 "상향적(upward)"으로 이루어지지 않고, 엘리트에서 일반대중으로 "하향적(downward)"으로 이루어진다.

둘째, 단지 소수의 엘리트들만이 사회의 기본적 가치를 분배하는데 중요한 영향을 미치며, 일반대중들은 부차적인 역할만을 수행할 뿐이다. 엘리트들은 적극적이고 정책에 대해 폭넓은 지식을 가지고 있는 반면, 일반대중들은 수동적이고 무감각하며 정책에 대한 지식이나 정보도 부족하다. 따라서 적극적인 엘리트들이 수동적인 일반대중들에게 영향을 받는 경우는 거의 없으며, 일반대중의 여론이라는 것도 실상은 엘리트에 의해 형성되고 조작된 것에 불과하다.

셋째, 엘리트는 폐쇄적이고 동질적이며 일반대중에게 책임을 지지 않는다. 엘리트들은 일반대중들과는 다른 가치관과 이해관계를 가지고 있으며, 그들 내부에서는 사회의 기본적 가치에 대한 광범위한 공감대가 형성되어 있다. 미국에서 이러한 공감대적 가치는 사유재산권의 신성불가침성, 제한정부, 그리고 개인의 자유 등이다. 따라서 엘리트들 간에 경쟁이 있다고 하더라도, 그 경쟁은 공감대적 가치에 의해 제약을 받게 된다.

넷째, 엘리트이론에서도 일반대중이 엘리트로 지위 상승을 할 수 있다는 것은 인정하였다. 즉, 정치체제가 "신선한 피(fresh blood)"를 필요로 할 경우 일반대중이 엘리트가 되기도 하는 "엘리트의 순환(circulation of elites)"이 일어날 수 있다는 것이다. 그러나 그 과정은 매우 점진적이고 안정적인 형태를 띠며, 엘리트의 기본적인 가치관과 이해관계에 대해 공감하는 경우에 한해서만 엘리트로 지위 상승할 수 있다.

다섯째, 엘리트의 가치관과 이해관계에 따라 정책이 결정되고 이것이 일반대중에게로 하향적으로 집행된다. 공공정책은 사회의 기본적 가치를 침해하지 않는 범위 내에서만 허용되며, 급진적(revolutionary)이기보다는 점진적인(incremental) 형태를 띤다. 따라서 공공정책은 "변형되는(modified)" 경우가 대부분이며, "대체되는(replaced)" 경우는 거의 없다.

이처럼 통치엘리트이론은 지배 엘리트의 가치관이나 이해관계가 정책결정과정에 어떤 영향을 미치는가를 강조함으로써, 미국의 정책결정과정이 일반적으로 알려진 것과 달리 민주적이지 않다는 점을 논증하고 있다.[70]

(3) 신통치엘리트이론

이러한 엘리트이론은 후에 달(R. Dahl)에 의해 비판을 받았는데, 달은 뉴 헤이븐 시를 대상으로 한 실증분석에서 일반대중에게 책임을 지지 않는 폐쇄적이고 동질적인 엘리트의 존재를 부정하면서, 엘리트의 다원성과 일반대중의 엘리트나 정책에 대한 간접적인 영향력을 주장하였다. 이러한 달의 다원론에 대해 신통치엘리트론자인 바흐라흐(Peter Bachrach)와 바라츠(Morton S. Baratz)는 달의 방법론이 단순히 명성만으로 정치권력의 영향력을 분석한 헌터의 방법론보다는 우수하지만, 정치권력의 한 측면만을 파악하고 다른 중요한 측면을 파악하지 않고 내린 결론이라고 비판한다. 즉, 이들에 의하면 정치권력은 두 얼굴을 가지고 있는데(two faces of power), 밝은 측면의 얼굴은 정책문제를 해결하기 위한 정책결정과정에 영향력을 행사하지만, 어두운 측면의 얼굴은 정책결정과정에 선행하는 정책문제의 채택과정(정책의제설정과정)에 영향력을 행사하여 엘리트들에게 불리한 문제는 채택 자체가 봉쇄되도록 영향력을 행사한다는 것이다. 이와 같이 정치권력은 양면성을 가지고 있음에도 불구하고, 행태론자인 달은 정치권력의 명시적인 영향력만 분석하여 그 이면에 있는 은밀한 영향력 행사를 분석하지 못했다고 이들은 주장한다.[71] 따라서 권력은 다원론에서 가정하는 것보다 훨씬 불균등하게 배분되어 있다고 본다. 이러한 이유로 학자에 따라서는 이를 '신엘리트이론(Neo-Elitist)'으로 명명하는 경우도 있다.[72]

바흐라흐와 바라츠는 샤츠슈나이더(E. E. Schattsneider)가 개념화한 '편견의 동원(mobilization of bias)'[73]을 차용하여 의제설정과정은 엘리트들에게 무해한(innocuous) 문제에 한정된다는 점을 강조한다. 이들은 이러한 과정을 '무의사결정(non decision making)'이라는 개념으로 설명하는데, 이는 정치권력이 갈등을 억압하고 그것이 정치과정에 진입하는 것을 막는 데 이용되는 것을 말한다. 즉, 무의사결정이란 "지배적인 공동체의 가치관, 신화(myth), 그리고 정치제도 및 절차를 조작함으로써 "안전한(safe)" 이슈로 실제의 의사결정과정의 범위를 제한하려고 하는 관행"을 의미한다.[74] 이러한 맥락에서 권력을 가지고 있는 엘리트들이 이를 행사하는 방법에는 자신이 선호하는 방향으로 대안 선택의 범위를 제한하는 것까지 포함한다.[75]

2) 엘리트이론의 정책관

이상에서의 논의를 종합하여 엘리트이론이 공공정책을 바라보는 관점은 다음과 같이 정리할 수 있다.

첫째, 공공정책은 대중의 이익이나 사회전체의 이익과는 상관이 없는 엘리트의 사익을 구현하기 위한 것이다.

둘째, 정치권력이 엘리트와 일반대중 간에 불평등하게 배분되어 있기 때문에 엘리트는 일반대중에 대하여 책임을 지지 않으며, 일반대중은 엘리트에 대해서 영향력을 행사할 수 없다. 따라서 정책과정에서 일반대중이 실질적으로 참여하여 그들의 이해관계를 반영할 수 없고, 엘리트의 필요에 의해 제한적 또는 명목적 참여만이 있을 뿐이다.

셋째, 엘리트가 정책대안을 검토할 때는 자신들의 근본적인 가치에 합치되는 대안만 한정적으로 검토한다. 따라서 중요한 사회문제들이 모두 정책의제화될 수 있는 것은 아니다. 엘리트들의 가치에 부합된 이슈만이 논의되고 불리한 문제는 거론조차 못하게 봉쇄되는 이른바 무의사결정이 이루어진다. 이러한 무의사결정은 정책의제설정에서 뿐만 아니라 정책과정 전반에 걸쳐서 이루어진다.

넷째, 창조적인 능력을 가진 소수의 엘리트들이 국가의 중요한 모든 정책을 결정하고, 일반대중들은 엘리트들의 의사에 따른다. 일반대중은 수동적이고 정책에 무관심하여 왜곡된 정보를 가지고 있기 쉽고, 이 때문에 그들은 엘리트에 의해 쉽게 이용되며 엘리트들의 정책활동에 거의 영향을 미치지 못한다.

다섯째, 엘리트들의 주된 관심 중의 하나는 체제유지이기 때문에 정책은 보수적·점진적으로 변화한다.

3) 엘리트가 정책과정에 미치는 영향

엘리트들은 자신들의 이해관계에 따라 정책과정 전반에 영향력을 행사하는데 이를 정리하면 다음과 같다.[76]

첫째, 사회문제가 정책의제로 전환되는 정책의제설정(policy agenda setting) 과정에서 엘리트들은 그들의 이해관계에 상반되는 문제가 채택되지 못하도록 영향력을 행사한다. 이러한 과정에서 나타나는 것이 바흐라흐와 바라츠가 말한 '무의사결정(non-decision making)'인데, 이는 정부가 정책적으로 대응하지 않겠다는 결정을 말한다. 따라서 어떤 사회문제가 정책의제로 전환되는 것은 본질적으로 엘리트들 사이의 합의에 따른다.

둘째, 직접적인 정책결정은 개방적이고 공적인 과정에서 이루어진다. 이 단계의 정책결정 과정에서 협상과 결탁, 설득과 타협, 이익집단 사이의 경쟁, 선출된 공직자의 경력관리가 이루어지므로 많은 학자들은 이러한 활동이 정책결정과정 전체의 특징으로 결론을 내리는 경향이 있다. 그러나 무의사결정론에서 보듯이 정부의 공식적인 정책의제로 채택된 사회문제는 엘리트들의 이해관계에 반하지 않는 것이기 때문에 이 과정이 반드시 개방적인 상황에서 모든 대안을 검토할 수 있는 것은 아니다. 특히, 엘리트들이 여론 등에 밀려 자신들의 이해관계에 상반되는 문제를 정책의제설정 과정에서 막지 못한다면 정책결정 과정에서 고려되는 대안의 범위를 제한하여 실질적인 내용이 없는 명목상의 정책에 그치게 압력을 행사할 수 있다. 이는 일종의 '탈지현상(cream skimming)'으로 볼 수 있는데, 이 과정에서 고려되는 대안은 핵심적이고 본질적인 것이라기보다는 지엽적이거나 부차적인 것에 국한된다. 예를 들어, 최근 검찰 개혁 문제는 이와 관련하여 중요한 함의를 가지고 있다. 검찰과 관련된 각종 부정부패와 스캔들이 불거지자 국민들의 검찰 개혁 요구가 어느 때보다도 높게 나타났다. 그 결과 검찰개혁이라는 의제를 공식적인 정치의 장에 진입하는 것은 막을 수 없었지만, 정책결정 과정에서 본질적이고 중요한 개혁 의제, 예를 들면 중수부 폐지, 경찰의 수사권 독립, 공수처 설치 등은 검토하지 않은 채 지엽적인 방안만을 검토하려고 영향력을 행사하였다.

셋째, 결정된 정책은 정부의 집행부서로 이관되어 추진된다. 관료제는 헌법적으로 정책결정권한을 부여받지 않았지만 정책집행과정에서 정책의 실질적 내용을 결정하기도 한다(이른바 '행정적 결정'의 문제). 특히, 정책집행과정에서 이루어지는 행정적 결정은 정책결정에 비해 가시성(visibility)이 떨어지는 것이 보통이기 때문에, 엘리트들은 집행과정에서 대중들의 이목(耳目)에서 벗어나 자신들의 이해관계를 관철시키시려고 노력한다.[77] 정책집행 과정에서 관료들은 이익집단이나 국회의 통제를 받는데, 이는 국가 엘리트들이 집행 과정에서 정책이 변질되지 않는지, 법률의 취지가 관료의 활동에 반영되는지 확인하는 과정이라는 것이다. 특히, 엘리트들은 자신들에게 불리한 정책이 집행되는 것을 최대한 막기 위해 정책집행에 필요한 예산배정이나 인력공급을 최소화하기도 한다.

넷째, 정책평가과정은 공공정책의 효과를 확인하는 과정이다. 그 과정에서 공공정책의 효과가 원래 의도했던 것이었는지, 그 결과가 투입된 비용에 비추어 가치 있는 것인지를 판단한다. 엘리트들은 제공받은 정보를 토대로 스스로 정책을 평가하기도 하고, 정책대상집단(policy target group)으로서 평가자에게 관련 정보를 제공하기도 한다. 이 과정에서 엘리트들은 정책평가가 자신들에게 유리하게 이루어지도록 영향력을 행사한다.

지금까지 살펴본 것처럼 엘리트들은 정책의제설정, 정책결정, 정책집행, 정책평가 등 정책과정 전반에 걸쳐 영향력을 행사할 수 있다. 따라서 정책과정의 각각의 지점은 엘리트들의 이해관계에 반하는 정책을 무력화시킬 수 있는 '거부점(veto points)'이 될 수 있다. 그런데 정책의 주창자들은 모든 거부점에서 이겨야 하는 반면, 정책의 반대자들은 거부점 중 어느 한 곳에서만 이겨도 되기 때문에, 현상을 크게 바꾸는 개혁적인 정책은 린드블럼(C. E. Lindblom)이 말한 "진흙탕 통과(muddling through)"와 같은 어렵고 복잡한 정치과정에 직면할 수밖에 없다.[78)]

2. 다원론

1) 다원론의 전개

정치학자 스미스(M. J. Smith)는 다원론의 핵심적인 원리로 다음과 같은 세 가지를 제시하고 있다.[79)] 첫째, 이익집단이 정치과정의 중심이다. 둘째, 권력은 집중되기보다는 분산된다. 셋째, 갈등보다는 합의에 대한 믿음이 정치과정의 주된 동력이다. 이러한 원리에 기초한 다원론은 집단이론, 로버트 달(Robert Dahl)의 다원론, 그리고 신다원론으로 전개되었는데, 이하에서는 이에 대해 구체적으로 살펴보고자 한다.

(1) 집단이론

집단이론은 이익집단들 사이의 상호작용이 정치의 핵심적인 부분이라는 가정에서 출발한다.[80)] 이처럼 이익집단이 현대 국가의 정치과정에서 필수적인 요소로 간주되는 이유는 사회의 복잡성 증대와 그 궤를 같이 한다. 사회가 이질적이고 복잡해지면 필연적으로 이해관계의 '분절화(fragmentation)'를 가져오게 되는데, 이는 일련의 '동원(mobilization)'과 '반동원(countermobilization)'의 연쇄과정을 거쳐 이익집단의 확산으로 이어지기 때문이다(파도 이론, 확산 이론).[81)] 어찌됐든 집단이론의 관점에서 보면 이익집단은 공공정책을 형성하는데 가장 중요한 정치 행위자이며, 사회라는 것도 그것을 구성하는 이익집단들의 복잡한 배열에 다름 아니다. 따라서 공공정책은 구성원들의 이익을 증진시키려고 하는 집단들 사이의 경쟁

(competition)과 협력(collaboration)의 산물이다.[82] 예를 들면, 래탬(Earl Latham)은 이러한 점을 다음과 같이 지적하고 있다. "공공정책이라고 불릴 수 있는 것은 어느 시점에서의 집단 갈등이 균형(equilibrium)에 이른 것이며, 경쟁하는 파벌 또는 집단이 그들의 선호를 반영하기 위해 노력하는 조화(balance)의 표현이다."[83] 만일 어떤 요인으로 인해 이러한 균형이 흐트러지거나 위협을 받는다면 이익집단들은 그에 따라 대응을 하게 된다.[84]

전술한 바와 같이, 집단이론은 공공정책을 어느 시점에서 이익집단 간 경쟁이 균형에 이른 결과로 이해하고 있다. 그런데 이러한 균형은 여러 이익집단들 사이의 상대적 영향력(relative influence)에 의해 좌우된다. 따라서 이익집단 간 상대적 영향력에 변화가 있을 경우 정책도 변동할 것이라고 예측할 수 있다. 즉, 영향력을 잃은 집단이 원하는 바에서 영향력을 얻은 집단이 원하는 바로 공공정책이 움직일 수 있다. 그리고 이러한 이익집단의 영향력은 집단 구성원의 수, 경제력·재정력, 조직의 힘, 리더십, 정책결정자와의 관계, 집단의 응집성 등 여러 가지 요인들에 의해 좌우된다.[85]

집단론자들은 '공익과정설'의 관점에서 사회의 모든 이익은 부분이익 내지 특수이익에 불과하고, 공익도 사익 상호간에 조정·합의된 결과이기 때문에 민주국가에서 일반국민들의 이익과 요구를 결집시키는 이익집단은 필수적이며, 규범적으로도 정당화된다고 주장한다. 그러나 이러한 주장에 대해서는 조직화되지 않은 다수, 특히 사회적 약자의 이해관계가 대변되지 않는다는 비판이 제기된 바 있다. 예를 들면, 샤슈나이더(E. E. Schattschneider)는 다음과 같이 지적한다. "다원주의 천국의 결점은 천국의 합창을 강력한 상류층이 부른다는 것이다."[86] 결국 다원주의가 가정하는 것과 달리, 기득권을 가지고 있는 세력들은 선거라는 가시적인 정치적 경쟁의 장 외곽에서 영향력을 행사할 수 있으며, 정책결정자들 역시 일반적인 유권자들의 요구가 아닌 잘 조직되고 강력한 소수의 요구에 부응하는 '편향성(bias)'을 보일 수 있다.[87] 그런데 이러한 편향성은 '다원주의적 침체(pluralist stagnation)'라고 불리는 문제로 이어질 수 있다. 강력한 이익집단의 요구로 인해 정부에 '과부하(overload)'가 걸려 통치를 할 수 없는 상황에까지 이르게 된다는 것이다.[88]

물론 일반적으로 알려져 있는 것과 다르게, 집단이론가들도 모든 집단이 동등한 영향력을 행사하거나 정부에 대해 동등한 접근권을 가지고 있다고 생각하지는 않는다.[89] 즉, 집단이론가들도 이익집단은 구성원의 수, 응집력, 재정력(경제력), 사회적 명성, 정책결정자와의 관계 등 정치적 자원의 면에서 다양한 양태를 보인다는 점을 인정한다. 그럼에도 불구하고 집단이론가들은 이러한 불평등이 정책과정에서 큰 문제가 되지는 않는다고 인식한다. 왜냐하면 미국과 같은 다원적인 정치체제에서는 '자기수정기제(self-correction mechanism)'가 작동하여 소수의 특수 이익이 정책과정을 지배하는 것을 막을 것이라고 믿었기 때문이다. 즉, 정책결정자가 잠재집단의 존재를 염두에 두고 정책을 결정한다는 '잠재적 이익집단이론'과 이익집단의 구성원은 복수의 집단에 속해 있기 때문에 어느 한 집단의 이해관계가 지배적이지는 않을 것이라는 '중복회원이론', 그리고 집단 간의 경쟁을 감시하고 균형을 유지하도록 하는 체제의 기능과 같은 자기수정기제를 통해 소수의 특수이익이 정책과정을 지나치게 지배하지는 않을 것이라고 주장하였다.[90] 이러한 맥락에서 정책과정은 사회 내에 포진하고 있는 이익집단이 주도하는데, 그 결과 정치체제는 절대 최선을 지향하는 것이 아니라 차선에 만족하는 정치제도라고 할 수 있다. 그리고 이는 기능적 분화 현상의 당연한 결과이며 규범적으로도 정당화된다.

집단이론은 특히 미국과 같은 다원주의 사회에서 정책이 형성되는 과정을 설명하는 데 적합한 면이 있기는 하지만, 이익집단의 정책과정에서의 영향력을 과대평가한 나머지 관료나 정치인들의 영향력을 과소평가한 한계가 있다. 게다가 집단이론의 가정과는 달리, 관료나 정치인과 같은 국가의 경영자들도 정책에 이해관계를 가지고 있기 때문에 이들에 의해 이익집단이 형성되는 측면도 무시하지 못한다.[91] 다시 말해, 공공정책에 의해 이익집단의 형성과 활동 패턴이 달라진다는 것인데, 이에 대해서는 7장에서 보다 구체적으로 살펴보고자 한다.

(2) 로버트 달의 다원론

이러한 집단이론은 달(R. Dahl)에 의해 계승·발전되었다. 달은 뉴 헤이븐 시를 대상으로 실증분석을 시도했는데, 그가 여기서 주로 논증하고자 한 것은 권력 자원의 분배 문제와 엘리트들 사이의 관계구조의 양상이었다.[92] 그의 결론은 1780년대부터 1950년대까지 분석한 결과 뉴 헤이븐 시가 '과두적인' 사회에서 '다원적인' 사회로 점진적으로 변했으며, 어느 한 개인이나 집단도 정책과정에서 지배적인 영향력을 행사하지 못한다는 것이다.

그에 따르면, 정치적 자원의 분배는 누적적이 아니라 분산적이기 때문에 권력은 여러 행위자들 사이에 분산되어 있으며, 따라서 어떤 특정분야의 엘리트는 다른 분야의 엘리트가 아닌 경우가 많다(엘리트의 다원성). 이러한 맥락에서 달은 권력의 범위(scope of power)가 조사되어야 한다고 강조하고 A집단이 B집단, C집단, … 등을 지배한다고 할 때 어떤 정책을 가지고 지배하느냐의 문제가 제기되어야 한다고 주장한다.[93]

또한 어느 한 개인이나 집단이 정책과정을 주도하는 경우는 거의 없으며, 대부분의 경우 이들은 경쟁관계에 놓여 있다. 뿐만 아니라 일반대중들도 선거나 정치참여 등을 통해 엘리트나 정책에 영향을 미치기 때문에 정책과정을 지배하는 엘리트들은 일반대중의 정책요구에 민감하게 반응한다(일반대중의 간접적 영향력). 특히, 달은 경쟁적인 선거에 주목한다. 그에게 있어 선거는 엘리트와 일반대중 사이의 신뢰할만한 연결고리가 되는 동시에, 이 둘 사이의 소통을 위한 통로로 기능한다.[94)]

이 밖에 달은 정치권력을 가지고 있다는 것과 그것을 실제로 행사하는 것은 별개의 문제라고 지적한다. 달은 예일대학교가 위치하고 있는 뉴 헤이븐 지역사회 내의 여러 가지 정책(8개의 선거후보자 추천, 8개의 공립학교 정책 및 8개의 도시개량정책)의 형성과정을 조사한 결과, 그 지역사회 내에서의 권력엘리트라고 할 수 있는 경제계의 지도자들은 이들 정책수립과정에 참여를 해서 영향력을 미칠 수 있는 잠재적 권력을 가지고는 있었으나, 실제로는 한 건도 참여하지 않았고, 영향력도 미치지 않은 것으로 나타났다.[95)] 이어서 달은 권력자(the powerful)란 정치자원(political resource)을 가진 사람 가운데에서도 정책형성과정에 참여할 의사(incentives)가 있으며, 또 이런 의사가 있으면서도 자기가 원하는 정책을 관철시킬 수 있는 능력(skill)까지도 있는 권력엘리트라고 주장하였다(잠재적 권력(potential power)과 실제적 권력(actual power)의 구분).

집단과정이론과 다원적 권력이론으로 대별되는 다원론의 주요 특징을 살펴보면 다음과 같다. 첫째, 서구 민주정치체제에서는 권력이 다양한 세력에 넓게 분산되어 있다. 이는 전술한 것처럼 권력의 분배가 '누적적'이지 않고 '분산적'이기 때문이다. 그리고 이러한 엘리트의 다원성이야말로 어느 한 엘리트 집단이 정책과정을 지배하는 것을 막는 확실한 방벽이 된다고 다원론자들은 인식한다.[96)]

둘째, 정책과정을 지배하는 엘리트들이 존재한다고 하더라도, 이들은 폐쇄적이거나 동질적이라기보다는 다양한 가치관과 이해관계를 가진 이질적인 집단을 형성한다.[97)] 즉, 슈버트 등(Louis Schubert et al.)이 적절하게 지적하고 있듯이, "권력을 가지고 있는 사람들(powerholders)이 외부에서 진입할 수 없는 견고한 단일체(monolithic body)를 구성하고 있는 것도 아니고, 그들이 항상 공적인 문제에 대해 합의를 이루고 있는 것도 아니다."[98)] 또한 엘리트 집단 전체가 일반대중의 정책요구에 민감하게 반응한다. 주기적으로 실시되는 선거는 엘리트와 일반대중을 연결하는 '가교' 역할을 충실히 하며, 여기에 민주적 정치과정론의 핵심이 있다. 선거라는 정치과정에 직면한 엘리트들은 일반대중들의 정책 요구에 민감하게 반응하여 이를 정책에 반영할 것이라는 주장이다.[99)]

셋째, 사회의 각종 이익집단들은 정부의 정책과정에 동등한 접근기회를 가지고 있으나, 이익집단들의 영향력에 차이가 있음도 인정한다. 이익집단의 영향력을 좌우하는 정치적 자원에는 집단 구성원의 수, 집단의 경제력·재정력, 집단의 사회적 명성, 집단의 응집력, 정책결정자와의 관계 등이 있다. 이처럼 이익집단들 간에 영향력의 차이가 있기는 하지만, 전체적으로는 균형을 유지하고 있다고 본다. 또한 이익집단들 간에는 상호 경쟁적이지만 기본적으로는 게임의 규칙을 준수해야 한다는 합의를 하고 있다. 넷째, 정책과정을 주도하는 것은 이익집단이며, 정부의 역할은 갈등적 이익을 조정하거나 정치적 게임의 규칙준수를 독려하는 '중립적 중개자(neutral broker)' 내지 '공평한 심판(honest umpire)'으로 인식한다. 그리고 이러한 정부의 '중립성'은 정부가 공익 내지 공동선의 대변자라는 인식과 맞닿아 있다.[100)]

(3) 다원론의 한계와 신다원론

이러한 다원론의 관점은 이후 여러 가지 비판을 받게 되는데, 그 주요한 내용을 살펴보면 다음과 같다. 첫째, 정부를 '중립적 중개자' 내지 '공평한 심판'으로 인식하는데, 현실적으로 정부가 그러한 역할을 수행하고 있는가라는 의문을 제기하는 경우가 있다. 초기에는 다원주의의 열렬한 옹호자였다가 이후에 구조주의자로 전향한 린드블럼(C. E. Lindblom)이 적절하게 지적하고 있듯이, 자본주의 국가는 '공평한 심판'이라기보다는 자본가 계급이 가지고 있는 투자의 특권 때문에 특정 계급(자본가 계급)의 이익에 봉사하는 편향된 존재일 수 있다.[101)] 그러면서 그는 자본주의 국가의 관료를 "감옥에 갇힌 죄수"에 비유했는데, 그의 표현처럼 자본주의 국가의 관료가 감옥에 갇힌 죄수라면, 그들이 가지고 있는 활동의 자유는 시장이라는 감옥 내에서 이루어지는 극히 제한된 것일 뿐이다. 따라서 구조주의적 관점에서 본 다원주의의 가장 큰 한계는 자본주의 국가의 계급 편향성 문제이다.[102)]

둘째, 스미스(M. J. Smith)가 적절하게 지적하고 있듯이, 공공정책 연구에 다원론을 적용함에 있어 가장 큰 문제는 다름 아닌 공공정책 결정에서 국가가 수행하는 역할을 불분명하게 다루고 있다는 점이다.[103)] 예를 들어, 다원론은 기본적으로 '사회중심적 접근방법(society-centered approach)'이기 때문에 국가를 '블랙박스'로 인식할 뿐 정치인이나 관료와 같은 국가경영자들의 이해관계에 의해 정책이 좌우될 수 있다는 사실을 무시하고 있다.[104)] 그러나 국가중심론에서 자세하게 살펴보듯이, 국가는 스스로의 이해관계를 가지고 있으며, 그 이해관계를 관철시키기 위해 다양한 정책수단을 강구하는 존재이다. 따라서 홀(P. A. Hall)이 적절하게 지적하고 있듯이, 국가는 사회 내의 이익집단들 사이에서 이리저리 움직이는 "당구공(billiard ball)"이 아니라,[105)] 집단갈등의 성격과 결과를 구조화할 수 있는 "제도들의 복합체(complex of institutions)"이다.[106)]

셋째, 행태론자인 달의 경우 많이 나타나는 경우로서, 정책결정과정에서 이데올로기의 역할을 경시하고 있다는 것이다. 그러나 후술하는 무의사결정론에서 살펴보듯이, 1960-70년대 저축문제, 외자도입문제, 수출문제 등은 쉽게 정책의제화된 반면, 노동문제, 복지문제, 환경문제 등은 정책적으로 대응이 제한되었던 근본적인 이유는 '경제성장제일주의'라는 이데올로기 때문이었다.

넷째, 서로 다른 집단의 영향력에 관한 것이다. 라운데스(Vivien Lowndes)와 로버츠(Mark Roberts)가 적절하게 지적하고 있듯이, 다원주의는 '다원성(plurality)'의 의미에 대해 오해를 하고 있다. 다원주의는 사회 내에 여러 집단이 존재하는 것만으로 이들 사이의 권력배분이 균등할 것이라고 너무 쉽게 가정하는 경향이 있다.[107] 그러나 다음과 같은 문제는 중요하게 다루어질 필요가 있다. "모든 집단이 동등한 영향력을 가질 수 있는가?" 또는 "모든 집단이 정부에 동등한 접근기회를 가질 수 있는가?" 물론 다원론자들도 사실상 집단에 따라 이용 가능한 재원 및 자원과 정부에 대한 접근기회가 상당히 다르다는 점을 인정하고 있다. 그러나 다원주의 이론가들은 집단의 서로 다른 역량이 정부의 정책결정에 어떠한 영향을 미치는지를 밝히지 못했다고 비판을 받는다.[108]

다섯째, 정치권력의 한 측면만을 검토한다는 한계가 있다. 예를 들면, 바흐라흐(Peter Bachrach)와 바라츠(Morton S. Baratz)는 샷슈나이더(E. E. Schattsneider)가 말한 '편견의 동원(mobilization of bias)' - 안전한 이슈로 의사결정을 한정하는 과정 - 이라는 개념을 차용하여 정치권력은 두 얼굴(two faces of power)을 가지고 있다고 지적한다.[109] 즉, 정치권력의 명시적인 측면은 정책문제를 해결하기 위한 정책결정과정에 영향력을 행사하지만, 묵시적인 측면은 정책결정과정에 선행하는 정책문제의 채택과정(정책의제설정과정)에 영향력을 행사하여 엘리트들에게 상대적으로 무해한(innocuous) 문제만 검토의 대상으로 삼는다는 것이다. 이들에 의하면, 다원론은 정치권력의 명시적 측면만 파악하고 묵시적 측면은 파악하지 못했다는 것이다. 따라서 어떤 문제는 정치체제의 '편견의 동원' 때문에 정책결정과정에 진입하는 데 실패할 수 있다.[110]

여섯째, 다원론은 현상유지 편향(status quo bias)을 가지고 있다는 것이다. 로위(Theodore J. Lowi)는 다원론이 현상유지를 정당화한다고 비판하였다. 이익집단을 통한 정부운영은 변화에 대한 저항을 가져오기 때문에 보수적이 되기 쉽다. 정부가 이익집단과 협상하여 정책을 결정하면, 사회의 다른 부분을 희생시키고 하나의 이익집단에 혜택을 주는 결과가 초래된다. 정부에 접근할 수 있는 혜택이 부여된 이익집단이 새로운 집단이 진입하는 것을 방해할 수 있다는 것이다.[111]

이러한 다원론의 문제점을 의식하여 등장한 것이 바로 '신 다원론(neo pluralism)'이다. 신 다원론은 우선 자본주의 국가의 구조적 제약을 인식하여 자본주의 국가의 정부는 친 자본가적일 수밖에 없다고 지적한다. 즉, 자본주의 산업화가 심화될수록 산업 사회에 존재하는 여러 가지 요소들이 정부로 하여금 합리적 의사결정을 하기 어렵게 만들며, 전통적으로 다원주의자들이 가지고 있던 선입관들, 예를 들어, 다수파와 소수파 상호 간의 균형 잡힌 조정, 국가권력의 집중방지, 특정이익을 위한 권력남용의 통제 등은 이미 공익실현을 위한 정책결정을 보장하기에 불충분하다는 것이다.[112] 또한 정치인이나 관료의 이해관계가 정책과정이나 정치과정에 많이 반영된다는 점을 인정하며, 이러한 맥락에서 크래스너(Stephen D. Krasner)는 미국의 대외 경제정책의 결정에서 가장 중요한 역할을 한 것은 '국가의 이익(national interest)'이었다고 주장한다.[113] 따라서 신 다원론에서는 현상유지 편향과 불평등 구조의 심화를 방지하기 위하여 다원적 민주주의의 구조적 개혁이 필요하다고 역설한다.

그러나 신다원론도 문제가 없는 것은 아니다. 예를 들어, 신다원론은 공공정책을 형성하고 집행하는 데 있어 국제체제(international system)가 수행하는 역할을 간과하고 있다.[114] 그러나 후술하듯이, 세계화 시대에는 국가 간에 경제적 상호의존성이 증대되어 개별 국가의 정책은 국내 이익집단의 압력과 무관하게 국제적 압력에 많이 노출되어 있기 때문에, 이러한 국제적 요인에 대한 무관심은 심각한 문제가 될 수 있다.

2) 다원론의 정책관

지금까지의 논의를 종합하여 다원론에서 공공정책을 바라보는 관점은 다음과 같이 정리할 수 있다.

첫째, 정책이란 결국 다양한 집단들 간의 협상과 타협의 산물이며, 집단들 간의 이익갈등을 정부가 공정하고 중립적인 입장에서 조정한 결과로서의 균형(equilibrium)이다. 공공정책이 궁극적으로 지향하는 바는 특정집단이나 엘리트의 사익이 아닌, 사회전체의 후생을 증진시키는 데에 있다.

둘째, 권력이 사회 내의 여러 집단에 골고루 분산되어 있고, 중복회원, 잠재집단의 존재, 집단 간·정부부처 간의 견제와 균형 등으로 인하여 특정 집단이나 엘리트가 정책과정을 지배할 수 없으며, 다양한 집단 및 대중의 요구가 정책에 반영된다.

셋째, 엘리트는 일반대중의 정책요구나 선호에 민감하게 반응하며, 일반대중도 선거나 정치참여 등을 통하여 엘리트나 정책과정에 영향을 미칠 수 있다.

넷째, 정치체제로의 투입기능과 대의절차는 매우 중요하며, 어떠한 사회문제든지 정치체제로 침투할 수 있다.

제 2 절 국가론

1. 네오 베버리안 국가론(국가중심론)

공공정책은 궁극적으로 국가의 의사를 통해 결정된다는 점에서 국가는 정책연구에서 핵심적인 위치를 차지한다고 볼 수 있다. 그러나 오랫동안 국가에 대한 체계적인 연구는 이루어지지 않았다. 이러한 사회과학 분야에서의 국가에 대한 상대적 부관심은 국가를 '부르주아 계급의 공동문제를 처리하는 집행위원회'로 본 맑스주의 전통에 따른 것이기도 하지만, 보다 구체적으로는 1950년대와 1960년대 정치학과 사회학 분야에서 풍미했던 다원주의(pluralism)와 구조기능주의(structural-functionalism)의 영향 때문이었다. 이러한 이론적 관점에서 본 국가는 낡은 개념으로 간주되었고, 국가에 대한 연구는 무미건조하고 법적・형식적 논리에 사로잡힌 것으로 인식되었다. 따라서 국가는 독립적 행위자로서 심각하게 다루어질 수 없었고, 국가 조직상에서의 상이성도 모든 사회의 정치체제에 의해 만들어진 일반적 기능보다 중요하게 간주될 수 없었다. 그러나 현실은 이들의 논리와 다른 경우가 많았다. 다원주의가 가정했던 것과는 달리, 정치인이나 관료와 같은 국가 경영자들은 특정한 정책의 결정에서 중요한 역할을 담당하였고, 이익집단이나 선거구민의 요구를 넘어서는 정책 발안을 하는 경우도 많았다. 또한 서구의 역사나 비서구 정치체제에 자신들의 거대이론(grand theories)을 적용한 구조기능주의자들 역시, 자신들이 원래 가정했던 것과 실제 역사의 결과는 상이하다는 점을 발견하게 되었다.[115] 이러한 이론과 실제 사이의 괴리를 해결하기 위해 국가에 대한 체계적인 연구가 1960년대 후반부터 네오 맑시스트들을 중심으로 활발하게 이루어졌는데, 이들은 주로 자본주의 국가의 성격을 규명하는 데 많은 노력을 기울였다.

네오 맑시스트들 사이의 자본주의 국가의 성격에 대한 논쟁이 가열될 무렵, 우파 진영에서도 국가에 대한 체계적인 연구가 이루어지기 시작했다. 이러한 연구경향을 총칭해서 '네오 베버리안 국가론'이라고 한다. 네오 베버리안 국가론은 다원론과 맑스주의 국가론을 모두 비판하면서, 국가란 이익집단들 사이의 '중립적인 심판'도 아니고, 그렇다고 자본가 계급의 '도구'도 아닌 스스로 결정하는 힘을 가진 실체라고 인식한다.[116] 즉, 홀(Peter A. Hall)이 적절하게 지적하고 있듯이, 국가는 사회 내의 여러 이익집단들 사이에서 이리저리 움직이는 "당구공(billiard ball)"이 아닌 것이다.[117] 네오 베버리안 국가론은 그 명칭에서 알 수 있듯이, 그 지적 전통을 베버의 국가에 대한 인식에 두고 있다. 베버는 계급관계에 바탕을 둔 사회중심적 시각에서 국가를 단순히 부수현상이며 소멸될 존재로 인식하는 맑스의 견해와 달리, 법과 합리성이 정당성의 근거로 수립된 관료제를 중심으로 국가를 이해하며, 수동적으로 지배계급의 이익을 확대·재생산하는 계급국가의 성격을 부정하고 산업사회에서 국가권력을 합리적으로 행사하는 주체라고 인식하여 국가의 절대적 자율성을 주장하였다. 베버에 의하면 국가는 경제적으로는 자기충족적인 단위이고, 정치적으로는 배타적인 통치권을 행사하는 주권의 전유자이며, 문화적으로는 공통된 문화전통과 문화적 이해의 바탕을 정립하는 사회적 제도이고, 사회적으로는 공동체의 연대성을 유지하기 위한 조직체라는 것이다.[118]

이러한 베버의 국가에 대한 인식은 네오 베버리안이라고 불리는 일단의 학자들에게 영향을 주었는데, 이들의 이론 체계 내에서 국가는 모든 것을 설명할 수 있는 개념은 아니더라도 적어도 사회 내의 여러 집단들이 경쟁하고 갈등하는 단순한 '장(arenas)'을 의미하는 것은 결코 아니다. 예를 들면, 스카치폴(Theda Skocpol)은 네오 베버리안이라고 불리는 이론 체계의 기본적 성격을 다음과 같이 적절하게 설명하고 있다.

> 이러한 관점에서, 국가는 확실히 모든 것(everything)을 의미하는 것은 아니다. 다른 조직과 기구들 역시 사회관계와 정치를 구조화하며, 연구자들은 국가의 구조와 활동이 이들과 어떤 관계를 맺고 있는 지 검토해야만 한다. 그러나 이러한 국가에 대한 베버주의자들의 관점은 국가가 정치적 투쟁 내지 타협 과정에서 사회 집단들이 요구하고 참여하는 단순한 장(arenas)을 훨씬 넘어선다는 시각을 요구한다.[119]

네오 베버리안 국가론은 국가이익, 국가구조, 지배연합, 국제체제 등을 중심으로 국가의 성격을 파악하고자 한다.[120] 첫째, 국가이념(state ideology) 또는 국가이익(state interest)에 대한 논의는 크래스너(Stephen D. Krasner)로 대표되는데, 그는 원료산업분야에서 정책결정을 할 때 다국적 기업의 이해관계보다는 국가이익을 옹호하는 결정을 내렸다고 한다.[121] 이처럼 국가가 그 자신의 고유한 이해관계를 가지고 있는 실체로 파악한다면, 국가는 사회 내의 가장 강력한 이익집단의 하나로 간주될 수 있다. 둘째, 국가구조론(state structure theory)은 카첸스타인(Peter Katzenstein), 자이스만(John Zysman), 아이켄베리(G. John Ikenberry) 등이 주장한 것으로, 국가정책의 결정이 그 국가의 구조, 즉 국가가 지배계급과 맺고 있는 권력의 집중성, 국가관료제도의 집권성과 분권성 등과 관련하여 이루어진다는 점을 강조한다. 셋째, 지배연합(ruling coalition) 또는 사회연합(social coalition) 이론은 고르비츠(Peter A. Gourevitch), 스카치폴(Theda Skocpol), 해거드(Stephan M. Haggard) 등이 주장한 것으로, 국가를 지배계급의 연합으로 파악하여 지배계급의 성격에 따라 정책결정이 이루어진다는 것이다. 즉, 특정 사회집단이 배제되거나, 다른 집단이 지배집단의 주도적인 구성원이 됨에 따라 국가의 정책도 지배동맹 구성원의 이념적 · 물질적 이익과 밀접히 관련되도록 이루어진다는 것이다. 넷째, 국제체제이론은 레이크(David Lake), 스클라(Richard Sklar) 등이 주장한 것으로, 국가를 국제환경과 국제관계의 제약 하에서 행위하는 존재로 보는 이론이다. 이 이론은 개별 국가의 국제적인 자율성을 어느 정도 제한적인 것으로 본다는 점에서는 월러스타인(I. Wallerstein)의 주장과 유사한 측면이 있지만, 국가 간의 외교관계나 경제관계를 사회체제라는 단일체제나 논리로 파악하지 않고, 국제기구와 개별국가 사이의 관계라는 자유주의적인 측면에서 파악하고 있다는 점에서 차이가 있다.

네오 베버리안을 중심으로 한 전통적인 국가중심론은 맑스주의나 다원주의와 같은 사회중심론에서 소홀히 다룬 국가에 대한 체계적인 이해를 시도한 점에서는 높이 평가할 수 있으나, 사회집단의 조직적 특성을 무시하는 결과를 낳음으로써 국가와 사회의 상호작용을 소홀히 다루는 문제가 있다. 다시 말해, 국가중심론의 가장 큰 한계는 국가가 다른 사회 조직들과 맺고 있는 관계성의 논리를 무시한 '정치적 격리성'의 문제이다.[122] 이러한 맥락에서 국가중심론을 계승 · 발전시킨 역사적 제도주의는 국가와 사회를 연결하는 제도적 모습에 초점을 맞춰, 국가가 사회와 상호작용하는 특징적인 방식과 절차를 통해 국가행위를 이해하고자 한다. 즉, 역사적 제도주의는 국가의 성격이 정책을 결정한다는 국가중심론적 시각에서 벗어나, 국가를 구성하는 각 사회조직들 간에 형성된 문제해결의 틀이라는 제도적 특성에 의해 정책이 결정된다는 중범위이론적 설명방식을 취하고 있다.[123] 예를 들면, 카첸스타인(Peter J. Katzenstein)은 1970년대 선진산업국가들이 경제위기에 대응하여 상이한 정책적 대응을 한 이유를 국가와 사회의 관계망이라는 국내구조(domestic structure)의 상이성에서 찾고 있다. 즉, 그는 권력구조와 연계된 국가의 제도적 구조, 특히 관료조직의 집권성(centrality) 및 자율성(autonomy)과, 노동 및 자본의 분파이익을 통제하고 집권적으로 조직화할 수 있는 정상연합체(peak association)의 존재 여부에 따라 6개 선진산업국가들의 국내구조를 분석하였다. 그리고 이러한 국내구조의 상이성이, 예를 들면 영국과 미국과 같은 앵글로 색슨 계 국가에서는 의회중심의 정부형태와 국제정치경제체제에서 자유주의 전략을 선호하는 '원자적(atomistic)' 자본주의 형태로 나타난 반면, 일본에서는 집행부 주도의 정부형태와 중상주의 전략을 선호하는 '국가자본주의(state capitalism)' 형태로 나타났다고 한다.[124]

지금까지 간략하게 살펴본 바와 같이, 국가중심론은 거시적인 구조에 주목하고 있지만, 그렇다고 개인의 행위와 같은 미시적인 변수를 무시하는 것은 아니다. 신제도주의 경제학과 마찬가지로 국가중심론적 정책연구에서도 거시적인 사회구조가 개인의 행위에 미치는 영향과 개인의 행위가 거시적인 사회구조에 미치는 영향을 모두 인정하고 있다. 예를 들면, 영국과 프랑스의 거시경제정책을 비교한 연구에서 정치학자 홀(Peter A. Hall)은 이러한 점을 다음과 같이 적절하게 지적하고 있다.

> 여기서 사용되는 제도의 개념은 정체(polity)와 경제(economy)의 다양한 수준에서 개인들 사이의 관계를 구조화하는 공식적 규칙(formal rules), 순응절차(compliance procedures), 그리고 표준운영관행(standard operating practices)을 의미한다. 그러한 이유로 제도는 문화적 규범보다 공식적 규정에 더 가깝지만 관행과 대조되는 법 규정이라는 개념을 반드시 의미하는 것은 아니다. 강조할 것은 제도의 관계적 속성이다. 다시 말해, 제도는 개인들의 상호작용을 구조화한다. 이러한 의미에서, 강조되어야 할 것은 제도의 조직적 속성이며, 여기서 '조직'은 실제로 '제도'와 동의어로 사용된다.[125)]

그러나 국가중심론은 신제도주의 경제학과 다음과 같은 몇 가지 점에서 차이가 있다.[126)] 첫째, 국가중심론에서는 제도를 규범, 규칙, 또는 관행과 같은 보다 덜 조직화된 사회적 상호작용의 유형으로 분류하려는 노력이 없다. 둘째, 국가중심론에서는 행위자 중심적인 신제도주의 경제학에서와 같이 제도를 개인과 개인적 행동의 수준으로 분류하려는 시도가 없다. 셋째, 국가중심론에서는 제도를 단순히 '주어진 것(givens)', 다시 말해 그 자체로 관찰할 수 있는 역사적·사회적 실체로 간주하며, 인간의 인지 내지 존재의 선험적 원리(priori principle)로부터 제도의 기원을 설명하려는 노력이 거의 이루어지지 않고 있다.

이러한 국가중심론은 동아시아 정치경제론과 관련하여 이들 국가의 급속한 경제성장을 국가의 전략적 선택의 결과로 이해한다. 즉, 이들 국가는 신고전파 경제학에서 주장하는 것처럼 시장실패를 교정하는 수준에서 국가가 경제에 개입하는 것이 아니라, 국가가 주도적으로 경제를 일정한 방향으로 유도·조장·촉진하는 '시장형성적인' 존재를 의미하였다. 따라서 국가중심론에서는 경제계획을 일관되게 추진할 수 있는 관료기구의 존재, 공공부문과 민간부문 사이의 유기적인 정책네트워크의 형성, 그리고 최고 통치권자의 정책의지 및 리더십 등과 같은 국가의 제도적 요소를 강조한다.[127)]

≫ 보론 4-1 농지개혁을 추진하는 과정에서 나타난 국가의 이해관계

이승만 정부는 출범한 직후 농지개혁을 단행하여 봉건적인 지주-소작제도를 청산하려고 했다. 해당 당시 남한 인구의 77%가 농업에 종사했으며, 농민 가운데 순수 자작농은 14%에 불과하고 자소작과 순소작으로서 소작농이 86%의 절대다수를 차지하였다. 또 전체 농지 가운데 자작지는 36%에 불과하고, 나머지 64%는 소작지였다.[128] 따라서 농지개혁을 단행할 역사적 당위성이 있었다.

이에 따라 이승만 정부는 1949년 6월 농지개혁법을 제정하였는데, 그 주요 내용은 신한공사가 관리하는 적산농지와 공유로 소유자가 분명하지 않은 자의 농지, 3정보를 초과하는 농지는 국가에서 유상으로 매수하여 3정보의 범위 내에서 영세농민에게 유상으로 분배하되, 지주에게는 해당 농지의 연수확량의 150%로 5년간 연부상환 보상하도록 하는 지가증권을 발급하고, 농지를 분배받은 영세농민에게는 5년 연부상환으로 해당 토지 수확량의 30%씩을 곡물이나 금전으로 상환하도록 한다는 것이다. 이러한 내용을 담고 있는 농지개혁은 한국사회에 다음과 같은 두 가지 중요한 영향을 미쳤다.

첫째, 농지개혁으로 지주계급이 몰락하였다. 당시 농지개혁법에는 지주전업 알선조항이 있어 제도대로라면 지주가 산업자본가로 전신(轉身)할 가능성이 있었지만, 실제 시행과정에서는 그러한 조항들이 실효성 있게 지켜지지 못했다. 예를 들어, 귀속재산처리법안에는 지주계급의 귀속재산 불하 우선권을 인정했지만, 이를 구체화한 시행령에는 지주가 귀속재산을 매수할 실제 순위에서 가장 하위로 밀려나고 말았다.[129] 따라서 이 시행령대로라면 농지개혁 이전에 이미 귀속기업체의 연고권을 확보해 둔 극소수의 지주를 제외한 대부분의 지주가 귀속재산을 불하받아 성공하기란 대단히 어려웠다. 실제로 대지주 중 3%만이 귀속 기업체를 불하받았고, 이 경우도 대부분 일제 강점기 때 이미 상업이나 제조업에 진출한 지주였다.[130]

그러나 더 큰 문제는 당시의 경제적 상황이 지주계급의 전신을 어렵게 만들었다는 사실이다. 농지개혁 과정에서 지주들은 지가증권을 교부받았지만, 한국전쟁으로 인한 과도한 인플레이션으로 인해 증권시장에서 이를 헐값으로 매각할 수밖에 없었으며, 그 결과 대부분의 지주들이 몰락하였다. 예를 들어, 전시 중 법정 미가(米價)는 시중의 실제 미가의 30~40%에 불과했던 반면, 전시 인플레의 결과로 1951년부터 1953년까지 도매물가는 17배 이상, 그리고 소매물가는 13배 이상 폭등하였다.[131] 따라서 상환액과 보상액 사이에는 큰 차이가 날 수밖에 없었는데, 전쟁기간 중 그것은 약 38억 환 정도였으며, 1950년부터 1959년 사이에는 총 270억 환에 이르렀다.[132] 이처럼 상환액과 보상액이 상당한 차이가 있음에도 불구하고, 당시 농지개혁은 분배농민에게는 '현물납(現物納)'으로 지가를 상환케 하면서도, 지주에게는 '현금제'로 지가를 보상해 주는 제도적 모순을 안고 있었다. 물론 이승만 정부가 이러한 조치를 취한 이유는 정부의 재정적 안정을 꾀하기 위함이었다.

그 결과 지주 출신이 귀속사업체를 불하받은 경우는 극히 드물었는데, 당시의 상황을 분석한 김윤수의 연구에 따르면 약 2,000명으로 추산되는 600석 이상을 보상받은 대지주 중 귀속사업체를 불하받은 사람은 34명에 불과했으며,[133] 국내 57개 기업인들의 전기(傳記)를 분석한 서재진의 연구에서도 그들 가운데 약 8.8%만이 지주 집안 출신인 것으로 나타났다.[134] 따라서 1950년대 한국에서는 토지자본의 산업자본으로의 전환이 이루어지지 못했다. 예를 들어, 이승만 정부 시절 부흥부 장관과 재무부 장관을 역임하면서 경제정책 입안과 시행의 사령탑 역할을 했던 송인상은 농지개혁에 대해 다음과 같이 평한 바 있다.

> 농지개혁은 경자유전(耕者有田)의 원칙에 의해 지주·소작제도가 아니라 농민이 그 땅을 소유한다는 원칙하에 이루어졌다. 그런데 대만에서 보듯이 농지개혁에서 얻은 지주자본이 귀속재산 불하와 연결되어 공업자본화 했더라면 하는 아쉬움이 지금도 있다. 토지개혁 직후 한국전쟁이 터지는 바람에 인플레이션이 연간 50%를 넘었다. 인플레 때문에 지주가 가지고 있던 지가증권의 가치가 폭락했고, 그 결과 산업자본으로 이어지지 못한 것이다. 유일한 민족자본이었던 토지자본이 공업자본화되지 못했기 때문에 우리나라의 자본부족 현상은 더욱 심해졌다.[135]

지주계급이 몰락하면서 그 자리를 대신한 것은 정치권에 기생한 '정치적 자본가들'이었다. 이들은 국가에 공물을 제공하고 그 대가로 독점지대를 얻으려고 한 존재였기 때문에 철저히 국가 내지 정치권력에 의존적이었다. 따라서 이들이 농지개혁으로 지주가 몰락한 틈을 비집고 들어오기는 했지만 지주의 몰락이 가져온 사회세력의 공백을 메우기에는 역부족이었다. 또한 지주계급의 몰락은 정치사회의 지형에도 중요한 영향을 미쳤다. 즉, 단기적으로 볼 때 지주계급의 몰락은 행정부에 대한 의회 약화의 시발점이 되었다. 지주계급과 연결된 민국당의 약화는 원내에서 반이승만 세력의 약화로 이어지며, 궁극적으로는 의회의 약화로 연결될 수 있었다. 그리고 이러한 의회의 약화는 부산정치파동과 발췌개헌으로 이어져 의회가 대통령 선출권을 빼앗긴 것으로 귀결되었다.

이승만 정부가 지주계급을 버리고 신흥 자본가계급을 선택함으로써 한국은 자본주의가 발전할 수 있는 중요한 토대가 마련되었다. 지주계급의 몰락으로 인해 한국 정치에서는 무어(B. Moore Jr.)가 말한 지주과두제적 요소[136]가 발을 붙일 수 없게 되었으며, 지주의 계급적 이해관계에 따라 자율성을 침식당한 허약한 국가가 아니라 효과적인 국가개입을 가능하게 하는 자율성과 능력을 갖춘 발전국가가 배태될 수 있었기 때문이다. 물론 그 이후의 역사과정은 무어의 테제와는 다른 양상을 보였다. 지주계급의 몰락이 민주주의를 가져온 것은 아니었기 때문이다. 이는 무어가 생각한 강한 국가와 1950년대 한국의 강한 국가는 그 성격이 달랐기 때문이다. 무어가 말한 강한 국가는 피지배계급(농민, 노동자)에 대해서는 억압적이면서도 지주계급에 대해서는 자율적이지 못한 국가를 의미했던 반면, 1950년대 한국의 국가는 피지배계급에 대해서 억압적일 뿐 아니라 지주계급과도 직접적인 연결 관계가 없는 '과대성장국가'를 의미했기 때문이다.

둘째, 농지개혁은 소규모 자영농을 크게 늘렸다. 농지개혁이 봉건적인 지주-소작제도의 청산에 얼마나 철저했는가에 대해서는 의견이 분분하지만, 농지개혁으로 소규모 자영농이 크게 늘었다는 것은 분명한 사실이다. 당초 정부에 의한 분배면적은 귀속농지 26만 8,000정보와 일반농지 31만 7,000정보를 합쳐 58만 5,000정보로 추계되었는데, 이는 1945년 소작지 면적의 46%에 불과한 것이었다. 그러나 정부의 분배에 의하든(58만 5,000정보) 지주의 임의처분에 의하든(71만 3,000정보) 농지가 자작지화된 점에서는 결과적으로 다를 바가 없었다. 결과적으로 볼 때 자작지 면적은 1945년 35%에서 1951년 92%로 크게 증가하였다.[137] 그리고 이는 전후 일본에서 토지개혁을 통해 달성된 자작지 비율 90%를 능가하는 수치였다.[138]

농지개혁의 결과 소규모 자영농이 크게 늘었다는 사실은 한국의 정치지형에서 중요한 함의를 가지고 있다. 김일영이 적절하게 지적하고 있듯이, 농민들의 체제에 대한 태도는 '이중적'이다.[139] 한편으로 그들은 체제에 저항할 수 있지만, 다른 한편으로는 토지에 대한 전통적인 애착 때문에 일단 토지가 분배되면 체제에 순응적일 수 있다. 실제로 북한에서 토지 재분배가 단행되자 이 소식을 들은 남한의 농민들은 토지 소유에 대한 강한 열망을 드러냈다. 만약 이승만이 이러한 농민의 열망을 무시했다면, 이들은 이승만 정권을 위협하는 세력으로 성장했을 것이다.

그러나 농지개혁은 순조롭게 진행되었고, 농민들의 불만도 점차 사라졌다. 1950년 4월 초대 주한미국대사 무초(John J. Muccio)는 농민이 더 이상 사회적 불안 계층이 아니라 "가장 사회 안정을 바라는 계층"이라고 분석한 바 있는데,[140] 이처럼 이승만은 성공적인 농지개혁을 통해서 강력한 지지층을 확보할 수 있었다. 인민군이 치고 내려오면 남한에서 20만 당원이 총궐기해서 통일을 순식간에 이룰 수 있다는 박헌영의 호언장담이 끝내 실현되지 않은 것도 제주 4 · 3 사건, 여순 반란사건, 그리고 농지개혁을 거치면서 농민들이 보수화 내지 체제내화된 결과였다.

농지개혁을 통해 보수화 · 탈정치화되기 시작한 농민들은 한국전쟁을 거치면서 그러한 성향이 더욱 강화되었다. 북한의 공식통계에 따르면, 점령 기간 동안 남한에서 총 경지면적의 43.4%에 해당하는 59만 6,202 정보를 몰수하여 그 가운데 57만 3,343정보를 총 농가수의 66%에 해당하는 126만 7,809호에 분배했다고 한다.[141]

그러나 전쟁 기간 중 북한 점령 지역에서의 토지 재분배가 고농(雇農, 머슴)과 토지가 없거나 적은 농민들에 의해 주도되어 소농(小農)화된 대다수 농민들의 지지를 받지 못했다. 남한 점령 지역에서의 토지개혁도 북한에서와 마찬가지로 분배농지에 대해 매매나 저당을 잡힐 수 없고 사용권만을 보장받았기 때문에, 이미 매매가 가능한 농지를 분배받은 농민들이 소유권이 보장되지 않는 토지개혁을 달가워할 이유가 없었기 때문이다. 그들에게 있어 북한이 시행한 토지개혁은 번거로운 재분배에 다름 아니었던 것이다. 특히, '농업현물세제'를 시행하는 과정에서도 제일 잘 익은 곡식의 낱알을 헤아려 전체 수확량을 추정하고 그것을 기준으로 세금을 부과하자 농민들 사이에서는 '왜놈들도 그렇지 않았다'는 등의 불만이 터져 나오기도 했다.[142] 결국 당시 점령지 주민들의 눈에 비춰진 북한의 모습은 전상인이 적절하게 지적하고 있듯이, "해방자가 아니라 약탈자에 더 가까웠다."[143]

농지개혁과 한국전쟁을 거치면서 보수화 · 탈정치화되기 시작한 농민들은 1950년대 내내 이승만 정부의 수동적 지지 기반을 형성했다. 이승만 정부는 전쟁 중에는 물론이고 전쟁 후에도 계속 농업 희생적인 경제정책을 폈고, 이 때문에 이들의 경제적 형편은 다시 악화되었다. 특히, 한국전쟁 중에 한시적으로 실시한 '임시토지수득세' 제도는 농민들을 곤궁에 빠트린 주요인이 되었다. 당시 이승만 정부는 인플레 유발 없이 막대한 군량미나 공무원 배급미를 조달하기 위해 다른 조세와 달리 이 임시토지수득세만은 유독 '현물납'으로 만들어놓아 전시 인플레 부담을 고스란히 농민들에게 전가하였다. 그러나 전쟁 중에만 실시하겠다던 약속을 어기고 1950년대 말까지 임시토지수득세를 지속시켰다. 임시토지수득세가 당시 정부의 주요 수입원이 되었기 때문이다. 예를 들어, 외국 양곡(특히, 미국의 잉여농산물)이 대량으로 도입된 1950년대 후반 이전에는 임시토지수득세가 전체 조세의 15%에서 많게는 30%에 이르렀고, 직접세에 대한 비율도 거의 40~50%대에 달하였다.[144]

임시토지수득세 제도나 각종 농가 잡부금의 강제징수 등으로 춘궁기 절량(絕糧) 농가가 증가하고 농촌 고리채에 허덕이게 되자 논에 벼를 세워 둔 채 팔아치우는 '입도선매(立稻先賣)' 행위가 크게 늘어났는가 하면, 부채 농가는 농지를 팔고 소작농으로 다시 전락하거나, 아니면 농촌을 떠나 도시로 향하는 이농 현상이 급속히 늘어났다. 이와 같이 1950년대 농민들은 이승만 정부로부터 수탈을 당하면서도 한국전쟁 당시 북한의 점령지 통치가 가혹했기 때문에 그래도 인공치하(人共治下)보다는 낫다는 생각을 가지고 있었으며, 쌀밥을 먹는 것도 이승만 덕분이라는 의식을 가지고 있었다. 산업화가 제대로 이루어지지 않아 노동계급의 활성화를 기대하기 어려운 상황에서, 이러한 농민들의 탈정치화는 결국 기층 계급 전체의 침묵을 의미했다.

이상에서의 논의를 종합해보면, 다음과 같은 결론을 얻을 수 있다. 즉, 농지개혁이 한국전쟁과 어우러지면서 지주가 몰락하고, 자본가가 국가에 의존적이 되었으며, 기층 사회 계급이 숨을 죽이고 있는 상황이 조성되었다. 이러한 상황에서 권위주의적인 국가에 대항할만한 사회세력의 성장은 기대하기 어려웠다.

2. 네오 맑시스트 국가론

맑스는 경제관계가 정치 · 문화 등 모든 사회관계를 지배한다는 논리에 따라, 경제를 지배하고 있는 자본가 계급이 자신들의 이익을 관철시키기 위해 국가를 장악하고 있다고 보았다.[145] 따라서 정책의 실질적인 결정권은 국가 또는 정부를 담당하고 있는 집단이 아니라 자본가들에게 귀속된다고 주장하였으며,[146] 그 결과 공공정책은 계급이익의 효과적인 확장 수단일 뿐이다.[147] 정부가 아니라 민간부문이 실질적 결정권을 장악하고 있다고 보는 점에서는 네오 베버주의를 반대하고, 민간부문 내에서 여러 집단이 아니라 자본가들만이 실질적 결정권을 장악하고 있다고 주장하기 때문에 다원론과도 정면으로 충돌한다.

그러나 이러한 교조적인 맑스주의는 1960년대 이후 한계에 봉착했는데, 구체적으로는 다음과 같은 두 가지 문제점이 지적되었다.[148] 첫째, 공공정책이 자본가들의 이해관계를 반영하고 있다고 하더라도, 그것이 반드시 자본의 강요에 의해 이루어지는 것은 아니라는 점이다. 자본주의 국가에서 정책을 결정하고 집행하는 주체는 정치인이나 관료와 같은 국가의 경영자들이며, 이들은 자신들의 이해관계에 따라 정책을 결정하고 집행하는 경우가 많다. 물론 이러한 정책이 궁극적으로는 자본가들의 이해관계와 일치할 수는 있지만, 그렇다고 그것이 자본가들의 이해관계만 충실하게 반영한 결과는 아니다. 둘째, 자본주의 국가에서 자본가들의 이해관계에 반하는 정책이 결정되는 현상을 체계적으로 설명할 수 없다는 점이다. 대표적으로 2차 세계대전 이후 급속도로 팽창한 사회복지정책은 자본가들의 심한 반대에도 불구하고 정치적 지지층 확보라는 국가 엘리트들의 이해관계에 따라 채택되었다. 이러한 한계에 대응하여 맑시스트들은 기존의 주장에서 한 걸음 물러나 맑스주의를 부분적으로 수정한 네오 맑스주의를 제시하였는데, 이들이 정통 맑스주의와 다른 점은 경우에 따라서는 국가가 어느 정도 자율성을 가질 수 있다는 점을 인정하고 있다는 사실이다.

이러한 네오 맑시스트 국가론은 밀리반드(Ralph Miliband)와 풀란차스(Nicos Poulantzas) 사이의 자본주의 국가의 성격을 둘러싼 논쟁을 통해 발전하였다. 이 논쟁의 시작은 밀리반드의 저서 *The State in Capitalist Society*에 중심을 두고 전개되었는데, 이 책에서 밀리반드는 로버트 달 등의 다원적 국가론을 비판하면서, 현대 자본주의 국가가 자본가 계급 출신의 과잉대표화, 정치엘리트와 경제엘리트 사이의 강한 유대 등을 통해 계급성을 갖게 된다고 주장하였다. 그에 의하면 자본가 계급은 압력단체의 형성이나 인맥과 학연 등을 통해 국가정책을 직접 또는 간접적으로 지배하고 있기 때문에, 자본주의 국가는 전체 자본가 계급의 장기적인 이익에 봉사하는 '도구적 역할'을 수행할 뿐이며 국가는 소유권을 결여한 '경영자'에 불과하다고 한다. 요컨대, 밀리반드의 논리에 따른다면, 자본주의 국가의 계급편향성은 국가를 운영하는 정치엘리트들의 출신배경이 경제적 지배계급과 중첩된다는 사실에서 유래한다.[149]

이러한 밀리반드의 주장에 대해 풀란차스는 "The Problem of the Capitalist State"라는 논문에서 국가와 지배계급 사이의 이익의 일치를 인적 유대에서 찾는 밀리반드를 '도구주의자

(instrumentalist)'로 규정하고 '계급'에 앞서는 '구조'를 중시할 것을 주장하면서, 국가의 '상대적 자율성(relative autonomy)'을 부각시키려고 노력하였다. 그는 자본주의 국가를 자본가 계급의 직접 지배로 이해하는 '도구주의적 전통'을 비판하면서 자본주의 국가는 도구적 자율성을 가질 수 있으며, 이러한 자율성을 가질 때 기능 내지 정책결과로서의 진정한 의미의 '도구'로 기능할 수 있다고 주장하였다. 즉, 풀란차스의 논지는 비록 국가 내지 정치엘리트의 활동이 자본가 계급의 이익에 귀결되었다고 하더라도, 그것은 국가 내지 정치엘리트가 자본가 계급에 예속되었기 때문이 아니라 자본주의 사회구성체에 귀속되었기 때문이며, 따라서 국가와 자본가의 관계도 '주관적인 관계'가 아닌 자본주의 국가의 구조적 제약을 반영한 '객관적인 관계'로 인식해야 한다는 것이다.[150]

그러나 풀란차스의 자율성 개념은 말 그대로 '상대적인' 것이기 때문에 국가가 자본가 계급의 분파이익에는 반할 수 있어도 그들 전체의 이익에는 반할 수 없으며, 사회의 전반적인 계급구조와 생산양식에 대해서는 자율성을 행사할 수 없다는 것으로 다분히 유보적이고 제한적인 것이다. 따라서 여기서 말하는 자율성은 친자본가적 '계급성'을 띠기 때문에 국가중심론에서는 말하는 자율성과는 근본적으로 다르다. 즉, 국가가 자율적이라는 것이 자본가 계급 전체의 이익을 위해서도 바람직하다는 논리이다. 예를 들어, 자본가 계급의 분파 이익과 달리 전체 이익은 많은 부분 '공공재'의 성격을 띠고 있기 때문에, 이 경우 국가는 자본가 계급 전체의 이익을 위해 무임승차하려는 개별 자본가들을 통제할 필요가 있다. 여기에 풀란챠스가 생각하는 자본주의 국가의 역할에 대한 인식이 있다. 즉, 그의 논리에 따른다면, 자본주의 국가의 역할은 자신을 기능하게 만드는 사회제도를 지속시키기 위해 자본주의의 장기적 이해관계에 봉사하는 일이다. 그는 다음과 같이 지적한다.

> 상대적 자율성으로 인해 국가는 피지배계급과 타협(결국에는 지배계급이나 분파의 경제적 이익을 위한 것이기는 하지만)을 하기도 하고, (구체적 국면에 따라 다르기는 하지만) 지배계급의 하나, 또는 다른 분파의 장기적인 경제적 이익에 반하는 개입을 할 수 있다. 왜냐하면 그러한 타협이나 희생이 부르주아지의 정치계급적 이익을 실현하기 위해서 때로는 필요하기 때문이다.[151]

결국, 풀란차스의 주장 역시 자본주의 국가의 상대적 자율성이 '국가와 자본가 계급 사이의 이익의 필연적 일치' 또는 '자본주의 국가의 친자본가적 계급성'으로 귀결되기 때문에, 밀리반드의 도구주의와 표면상으로 드러난 것만큼의 큰 차이를 발견할 수 없다. 즉, 네오 맑시스트들이 인식하는 '국가(the state)'란 명백하게 계급성을 띤 '자본가 국가(the capitalist state)'

를 의미할 뿐이다.[152] 예를 들어, 풀란차스에게 있어 자본주의 국가는 자본가들의 계급으로서의 결집과 노동자들의 계급으로서의 해체를 도모하는 양면적인 속성을 가진 존재이다.[153] 이러한 맥락에서 네오 맑시스트들은 정부를 여러 이익집단들 중 하나로 보는 다원론이나, 국가엘리트가 사회의 어떤 특정계급과 연계되어 있지 않다고 보는 엘리트론과 분명히 다른 입장을 견지하고 있다.[154]

요컨대 네오 맑시스트 국가론의 관점에서 본 공공정책은 자본주의의 계급관계를 반영한 구조의 산물이며, 그것은 지배계급의 이해관계를 편향되게 반영한 것이다. 그런데 공공정책을 이렇게 이해할 경우 '1달러 1표(one dollar, one vote)'라는 시장 원칙은 정치의 영역에도 확대 적용될 수 있으며, 그 결과 '소득의 불평등(income inequality)'은 '민주적 불평등(democratic inequality)'으로 자연스럽게 이어질 수 있다.[155]

이상에서 살펴본 바와 같이, 네오 맑시스트 국가론은 자본주의의 확대·재생산이라고 하는 자본주의의 일반적 이익을 위해 자본주의 국가가 수행하는 역할에 관심을 가지고 있다.[156] 즉, 네오 맑시스트 국가론의 틀 내에서 자본주의의 위기가 자본주의의 붕괴로 이어지지 않은 주된 이유는 자본주의 국가가 수행한 역할 때문인 것이다. 이와 관련하여 오코너(James O'Connor)는 현대 자본주의 국가가 수행하는 역할을 '자본축적'과 '정당화'로 요약하고 있다. 그러나 오코너에 의하면 이 두 가지 기능은 본질적으로 양립할 수 없다고 한다. 한 계급이 다른 계급의 희생을 통해 자본을 축적하도록 하기 위해 공권력을 사용한다면 자본주의 국가는 그 정당성을 상실하기 때문이다. 오코너는 본질적으로 양립하기 어려운 두 기능을 수행하기 위해 국가의 재정지출이 증가해야 하지만, 이에 소요되는 비용을 조달하는 것은 현실적으로 여러 가지 난관에 부딪히기 때문에 자본주의 국가는 필연적으로 재정위기(fiscal crisis)에 봉착할 수밖에 없다고 주장한다. 특히, 자본주의 국가는 사회의 여러 이익집단의 압력에 노출되어 있기 때문에 이러한 재정위기는 심화될 수밖에 없다는 것이다.[157]

이상에서의 논의를 종합해보면, 네오 맑시스트 국가론은 자본주의 국가의 계급편향성에 주목하면서 자본주의의 확대·재생산이라는 자본가 계급의 일반적 이익을 위해 국가가 수행하는 역할에 관심을 가지고 있다. 따라서 자본주의 국가의 공공정책이 자본가 계급의 이해관계를 반영하고 있다고 보면서도, 그것이 교조적인 맑시즘에서처럼 '도구적 의미'를 가진 것은 아니라는 다소 절충적인 입장을 취하고 있다. 그러나 네오 맑시스트 국가론은 자본주의 국가가 수행하는 기능을 지나치게 포괄적으로 규정하여 자본주의 체제 내에서의 국가 간 정책의 상이성을 체계적으로 설명할 수 없다는 한계가 있다. 네오 맑시스트 국가론의 관점에서 보면 자본주의 국가들은 그 본질상 큰 차이가 없다. 왜냐하면 자본주의 국가들은 모두 계급편향성을 가지고 있으며, 그것이 가지는 자율성도 자본가 계급의 분파 이익에 반하는 정책은 결정할 수 있을지 몰라도, 자본가 계급의 전체 이익에는 반하는 정책은 결정하지 못한다는 다분히 유보적이고 제한적인 '상대적 자율성(relative autonomy)'을 의미할 뿐이기 때문이다.[158]

게다가 토대와 상부구조 사이의 필연적 조응관계를 주장하는 맑스주의의 체계 내에서는 설명할 수 없는 '비대칭적 구조화'에도 주목할 필요가 있다. 예를 들어, '후기식민지 사회(post colonial societies)'에서는 고전적인 맑스주의의 '경제결정론'이 통용되지 않을 수 있는데, 이들 사회는 식민지 시대에 만들어진 각종 억압적 국가기구가 그대로 존속하여 토대와 상부구조가 필연적 조응관계에 있지 않고 상부구조가 과대성장될 수 있다. 이러한 맥락에서 알라비(Hamza Alavi)는 '과대성장국가론'을 제시한 바 있다. 알라비는 파키스탄이나 방글라데시와 같은 후기식민지 사회에서 나타난 과대성장된 국가를 식민지 시대의 유산으로 이해하고 있다. 특히, 그는 후기식민지 사회의 군부와 관료의 존재를 유럽사회적 인식에 입각하여 특정 지배계급의 하수인으로 인식하거나 간주할 수 없다고 주장하였다. 물론 후기식민지 사회도 부르주아 사회로서의 성격을 가지고 있기 때문에 상부구조와 하부구조는 필연적인 조응관계에 있다. 그러나 후기식민지 사회의 상부구조는 식민지의 경제적 하부구조와는 관계가 없이, 중심부 부르주아들이 그 곳에 이식시킨 중심부의 하부구조와 연결되어 있다. 이러한 상황 하에서 식민지 지배체제가 종식되면, 후기식민지 사회의 상부구조는 하부구조에 비해 '과대성장'될 수밖에 없으며. 식민지 시대의 유산으로 물려받은 강력한 관료 및 군부기구가 사회를 통제하고 조종하는 핵심적인 기제로 작용하게 된다는 것이다.[159]

≫ 보론 4-2 자본주의 국가의 정책 자율성: 김대중 정부의 '빅딜' 정책 사례[160]

발전국가는 부족한 자원을 효율적으로 사용하기 위해 '선택과 집중'의 원칙에 따라 시장에 전략적으로 개입한다. 이러한 정부의 발전전략은 경제구조가 비교적 단순하고 경제규모가 작은 경우에는 큰 효과를 발휘할 수 있지만, 경제구조가 복잡해지고 경제규모가 큰 경우에는 자원배분의 왜곡과 경제주체들의 '지대추구행위'를 유발할 수 있다는 한계가 있다. 따라서 신자유주의자들은 정부의 전략적 시장개입을 반대하면서 정부의 역할을 최소화하고자 한다. 즉, 정부는 공정한 '게임의 규칙(rules of the game)'을 만들고, 내·외부의 적으로부터 시장을 보호하는데 그 역할이 국한되어야 한다.

그러나 김대중 정부는 재량적 정책개입을 '최소화'한 것이 아니라 오히려 '최대화'했다. 이는 김대중 정부가 가장 요란스럽게 추진한 '빅딜' 사례만 보더라도 알 수 있다. 당초 김대중 정부는 특혜 시비를 없애기 위해 기업 구조조정을 금융권 주도로 할 것임을 천명했지만, 개혁이 지지부진하다는 명분으로 시장에 정책적으로 개입하기 시작했다. 김대중 정부가 시장에 개입하는 방식은 발전국가 때와 별반 다를 게 없이 금융과 세제상의 혜택을 통해서나 그러한 혜택을 박탈하는 방식에 의했다. 예를 들면, 대기업들이 정부의 구조조정정책에 순응하는 경우 자산양도차익에 대한 법인세 및 특별부가세 납부연기 및 취득세(2%), 등록세(3%)의 면제, 그리고 업종전문화를 위한 금융지원의 확대 등 세제상 · 금융상의 혜택을 제공한 반면, 정부정책에 불응할 경우에는 신규대출중단, 대출금회수, 시장에서의 퇴출 등 강력한 제재조치가 들어갔다. 따라서 시장경제의 창달을 표방한 김대중 정부 시기에도 '빅딜'이라는 '신산업정책'을 효과적으로 수행하기 위해 금융정책과 재정정책을 '도구적'으로 사용하는 모습을 보였다. 금융정책이나 재정정책과 같은 경제정책을 통해서 뿐만 아니라, 권력기관을 통해서도 '재벌 길들이기'에 나섰다. 공정거래위원회는 부당내부거래조사, 위장계열사 조사, 상호지급보증해소여부 점검에 착수했고, 금융감독위원회는 주요채권단협의회를 구성하여 1998년까지 자산실사, 퇴출계열사 결정을 마무리할 것을 채권은행단에 요구했으며, 검찰과 국세청은 외화유출가능성 조사, 변칙상속에 대한 과세에 착수했다.

'개혁'이라는 명분으로 정당성을 얻은 김대중 정부의 고압적인 태도에 자본가들은 '항복'할 수밖에 없었다. 5대 그룹 총수들은 1998년 8월 7일 재정경제부장관 등 경제팀과 민관정책간담회를 갖고 10대 주요과잉업종에 대한 자율적인 빅딜 프로그램을 마련하기로 정부와 약속한데 이어, 10월 22일 재차 간담회를 갖고 5대 그룹 전체구조조정을 12월 중순까지 마무리 짓도록 하였는데, 이 자리에서 정부는 이업종간 상호지급보증을 연말까지 완전해소하고 핵심사업 매각을 통한 외자유치노력을 배가해 줄 것을 강력히 요구한 반면, 재계가 요구한 구조조정 특별지원입법은 거절하였다. 해당그룹과 채권금융기관의 자율협의를 통해 5대 그룹의 구조조정 내용을 확정하되 합의도출에 실패하면 채권단 주도로 강제로 기업개선작업에 돌입하는데 합의했는데, 이는 형식적으로는 자율의 형태를 갖추었으나 실제로는 정부가 은행을 조정하여 강요한 것이었다. 그 후 김대중 대통령은 1998년 11월 24일 금융계 대표들과의 회동에서 금융기관들이 책임지고 5대 재벌개혁을 성사시킬 것을 지시하였고, 대통령의 지시를 받은 채권은행단은 5대 그룹들이 제출한 구조조정안에 정유부문만 승인하고 석유화학, 항공기, 철도차량 부문에 대한 시안에 대해서는 정부의 의도대로 기업의 자구노력이 부족하다는 이유를 내세워 반려했다. 청와대의 독촉에도 불구하고 구조조정이 미온적으로 진행되자 김대중 대통령은 5대 그룹 총수들을 청와대로 불러 대통령이 직접 압력을 행사하기 시작했다. 결국 1998년 12월 7일 대통령 주재 하의 합동간담회에서 반강제적이고 타율적인 5대 재벌들 간의 사업교환 합의가 이루어졌다. 해당기업들의 자발적인 의사와 공정경쟁의 목적을 조화시키면서 추진되었어야 할 빅딜정책을 정부의 획일적 방법에 따라 결정, 실행하였다는 것은 시장경쟁을 존중하는 경제논리에는 적절하지 않은 발전국가의 제도적 관행을 그대로 보여준 것이었다. 상황이 이렇다보니 정부주도의 빅딜, 공정거래위원회의 재무구조 규제, 금융감독위원회의 일괄적인

200% 부채비율 설정 등 한국의 개입주의식 재벌정책에 대한 우려의 목소리가 OECD로부터 나오기도 했다. 세이지 곤도 OECD 사무차장은 2000년 6월 2일 서울 프레스센터에서 기자회견을 갖고 이 같은 내용의 '한국의 규제개혁에 대한 심사 결과 보고서'를 발표했다. 이 보고서는 "재벌에 의한 시장 왜곡은 몇 십 년간의 정부정책 자체에도 그 책임이 있다"며 "재벌문제는 도덕적 해이의 문제인 만큼 그런 위험이 되풀이되지 않기 위해 정부가 (기업의) 투자나 구조조정의 의사결정에 개입하지 않도록 해야 한다"고 충고했다.

네오 맑시스트들은 자본주의 국가의 계급편향성을 강조하여 자본주의 국가란 자본가 계급의 '도구'에 불과하며, "국가의 이익"이라는 것도 결국 "자본가 계급의 이익"에 불과하다고 주장한다. 그러면서 자본주의 국가가 지배계급으로부터 자율성을 가질 수 있다고 하더라도, 그 자율성은 자본가 계급의 전체 이익이 아닌 분파 이익에 반하는 정책을 결정할 수 있다는 다분히 유보적이고 제한적인 '상대적인(relative)' 것일 뿐이라고 평가절하 한다. 그러나 김대중 정부의 빅딜 사례만 본다면 이러한 네오 맑시스트들의 주장이 옳지 않다는 것을 알 수 있다. 김대중 정부의 빅딜 정책은 자본가 계급의 이해관계에 따라 이루어진 것도 아니었을 뿐 아니라, 자본가들의 자율적 판단에 의해 이루어진 것도 아니었기 때문이다. 앞서 살펴본 바와 같이, 빅딜은 처음부터 끝까지 정부의 주도에 의해 이루어진 정부의 '작품'이었으며, 따라서 '국가의 이익(national interest)'에 따라 이루어진 측면이 강했다. 즉, 단시일 내에 가시적인 성과를 냄으로써 정치적 정당성을 확보하려는 정권의 이해관계가 빅딜 추진과정에 크게 반영되었던 것이다. 물론 이와 같이 김대중 정부가 국가이익을 관철시킬 수 있었던 것은 경제위기를 계기로 국가가 자본가들로부터 자율성을 확보한 데 많은 부분 기인하였다. 즉, 위기가 김대중 정부에게는 기회를 의미했던 것이다.

≫ 보론 4-3 과대성장국가론의 한국적 적용가능성

식민지 시대의 유산은 상당 기간 동안 지속될 수 있다. "과거는 결코 죽지 않는다. 심지어 아직 끝나지도 않았다"는 경구(警句)는 식민지 시대를 이해하는 데 적절한 말이다.[161] 앞서 살펴본 과대성장국가론은 바로 이러한 식민지 시대의 유산을 강조한 것이다. 과대성장국가론은 토대와 상부구조 사이의 필요적 조응관계를 주장하는 전통적인 맑스주의에서 벗어나 식민지 시대 유산으로 국가가 과대성장될 수 있다는 점을 주장해 학계의 주목을 받은 바 있다. 그런데 이러한 과대성장국가론을 35년 간 일제 치하에 있었던 한국에도 적용할 수 있을까? 이와 관련하여 필자는 한국에도 과대성장국가론이 부분적으로 적용될 수 있다고 본다.[162] 해방 직후 한국을 지배했던 미군정은 한국에 대한 지식이 거의 없었다. 미군정청 사령관이라는 중책을 맡은 하지(John Reed Hodge) 중장만 보더라도 그는 정치적 능력이 없는 전형적인 군인이었을 뿐만 아니라, 한국에 오기 전까지는 한국에 대한 지식이 거의 없던 '문외한'에 가까운 인물이었다. 그런 그가 미군정의 책임자가 된 것은 다름 아닌 그의 부대가 한국에서 가까운 오키나와(沖繩)에 주둔하고 있었기 때문이다. 한국 현대사 연구에서 아직까지 그 권위를 인정받고 있는 『소용돌이의 한국정치(Korea: The Politics of the Vortex)』(1968)에서 그레고리 헨더슨(Gregory Henderson)이 하지에 대해 다음과 같이 논평한 것은 아마 사실에 근접한 평가일 것이다.

> 하지는 강인하고 근면하며 결단력 있는, 일리노이 농장 출신의 실전파 장군이지만, 웨스트포인트 출신은 아니고 병졸에서 장군으로 승진한 사람이며 지성적이지도 못했고, 그가 맡은 정치적 성격의 업무에 필요한 자격 같은 것은 전혀 없는 전형적인 군인이었다. 아마 틀림없이 그는 단지 수송시간이 없다는 이유로 약 2,000만 명의 인구를 가진 나라에서 정치권력을 행사하는 자리에 선택된 사상 초유의 사람일 것이다.[163)]

따라서 미군정은 그들이 지향하는 정책이나 이념에 부합되는지 여부와 상관없이 도구적 효율성 차원에서 조선총독부의 법령이나 친일 관료들을 그대로 존속시켰으며, 이러한 경향은 이승만 정부가 출범한 이후에도 계속되었다. 특히, 이승만 정부는 행정의 효율성과 이를 위한 전문 인력의 필요성을 이유로 친일 관료가 다수 포함된 거대한 관료기구를 구성하였다. 1953년까지 이승만 정부는 일제가 한반도 전역을 지배하기 위해 필요로 했던 수의 거의 3배에 달하는 관료들을 한반도의 절반 지역을 통치하기 위해 고용했다.[164)] 그러나 더 큰 문제는 이렇게 증가된 관료기구의 상당 부분을 친일 관료들이 차지했다는 사실이다. 예를 들어, 이승만 정부 하에서 각료를 지낸 96명 중 부일협력의 전력자는 35명으로 전체의 36.5%에 달했다.[165)] 식민지 시대 관료 경험을 가지고 있던 이들은 그 시대에서 얻은 지배집단 의식과 특권 의식을 체화하고 있었기 때문에, 국민에게 봉사하지 않고 국민의 통치자로 군림하는 경우가 많았다.

이승만 정부의 국가기구의 억압성은 관료기구의 구성에서 뚜렷하게 나타난다. 이승만 정부의 경우 건국과 전후 경제부흥의 필요성에서 생산기능을 담당하는 관료기구가 가장 큰 비중을 차지하였다. 그런데 흥미로운 점은 사회구성원들이 기존의 사회계약을 수용하도록 사회적 합의를 확보하는 '합의기능'을 담당하는 관료기구가 전체의 20% 이상을 차지하는 것을 볼 수 있으며, 특히 군대, 경찰, 감옥 등 '억압기능'을 담당하는 기구가 합의기능 담당기구의 50% 이상을 차지하는 것을 볼 수 있다. 이러한 맥락에서 이승만 정부 시대는 새로운 국민국가의 건설을 위해 합의기구가 크게 제도화된 시기였다고 볼 수 있다. 그러나 일제의 식민지 유산과 한국전쟁, 그리고 이승만 대통령의 독재를 뒷받침하기 위해 군, 경찰 등 억압기구는 크게 성장한 반면, 의회민주주의 구현을 위한 기구와 대외관계 기구의 제도화는 상대적으로 취약하였다.[166)]

이처럼 '강한 국가와 약한 사회'의 정립구도가 1950년대 한국 정치의 지형이었는데, 이러한 비대칭적 조직화가 한국 정치에 미친 영향은 다음과 같은 두 가지이다. 첫째, 국가가 사회 제계급에 대해 지배적인 위치를 차지함으로써, 국가는 정책을 결정함에 있어 제반 사회세력의 직접적인 영향을 받지 않고 자율적으로 자신의 목표를 추구할 수 있게 되었다. 특히, 한국전쟁과 전후(戰後) 반공이념의 확산은 사회에 대한 국가의 자율성을 높여주는 결정적 계기가 되었다. 둘째, 보다 적극적으로 국가가 시민사회를 동원하고 조직화하여 지배의 수단으로 이용하는 경우도 있었다. 대한국민회, 대한청년단, 대한노총, 농민조합총연맹, 대한부인회 등이 자유당의 기간단체로 가입하였고, 이들에 의한 관제데모가 정권 유지에 큰 몫을 담당하였다.167) 이들 관제 사회단체들의 활동으로 이승만은 자신의 정치권력을 시민사회에 효과적으로 침투시킬 수 있었다.

3. 조합주의 국가론

조합주의(corporatism)는 미국과 같은 나라에서 보편화된 다원주의적 이익대표체계가 남미나 유럽 국가에는 적용되기 어렵다는 점을 인식하고 나온 이론이다. 슈미터(P. Schmitter)의 정의에 의하면, 다원주의적 이익대표체계는 다음과 같은 특징을 가지고 있다.

> 첫째, 구성단위가 다양(multiple)하고, 자발적(voluntary)이며, 경쟁적이고, 비계서적으로(non-hierarchial) 이루어진다. 둘째, 국가로부터 허가(license)·승인(recognition)·재정보조(subsidy)를 받지 않는다(국가에 의해 창설되지 않는다). 셋째, 대표자의 선출과 이익표출에 있어서도 국가의 통제를 받지 않는다. 넷째, 각 집단은 독자적으로 이익범주를 결정하고 조직화한다. 다섯째, 어떤 집단이든 이익대표권을 독점할 수 없다.168)

이러한 다원주의적 이익대표체계와 달리 조합주의는 이익집단간의 비경쟁적, 위계적 관계와 독점적 이익대표권을 인정하는 이익대표체계이며, 국가 또한 중립적인 심판이 아니라 개입자이기 때문에 '국가·노동·자본의 3자 연합'에 의해 공공정책이 결정된다고 보는 이론이다. 예를 들어, 조합주의적 이익대표체계를 이론적으로 집대성한 슈미터(P. Schmitter)는 조합주의를 다음과 같이 정의한다.169)

> 조합주의는 이익대표체로서, 그 속에서 구성단위들은 국가에 의해 인정되거나 허가된(비록 만들어진 것은 아닐지라도), 단일의, 강제적이고, 비경쟁적인, 계층적으로 틀 지워지고 기능적으로는 서로 다른 제한된 수의 범주들이라고 할 수 있다. 이들은 지도자의 선출, 지지와 요구의 표출에 대해 국가로부터 통제받는 것을 허용하는 대가로 관련범주를 대변할 수 있는

독점권을 부여받고 있다.[170]

조합주의적 이익대표체계 하에서 국가는 자원배분권을 이익집단과 어느 정도 공유하며, 국가와 이익집단 간의 관계는 후원자-고객 관계로 정형화되고 국가역할도 규제자적 입장을 지향하기 때문에, 국가의 상대적 자율성과 '하부구조와 상부구조'의 등식을 자동적으로 인정하지 않는 네오 맑시스트 국가론과 밀접한 관련을 가지고 있다. 다원주의와의 관계에서 조합주의의 특징을 정리하면 다음과 같다.[171]

첫째, 조합주의 체제 하에서의 이익집단은 기능적으로 분화된 범주를 가지고 단일의, 강제적, 비경쟁적, 위계적으로 조직화되어 있다.

둘째, 조합주의는 정부를 자체이익을 가지면서 이익집단의 활동을 규정하고 포섭 내지 억압하는 독립적 실체로 간주한다. 따라서 정부는 다원주의에서 주장하는 것처럼 중립적이지 않으며, 특정 이익집단에 대해서는 차별적으로 배제하기도 한다.

셋째, 정책결정과정에서 정부와 이익집단 간에는 합의가 형성되고, 이러한 합의는 공식화된 제도 속에서 이루어진다고 본다. 또한 이익집단의 협의대상은 주로 행정부라고 보며, 제도적 참여가 주된 활동방식이다.

넷째, 조합주의 하에서 이익집단의 결성은 성원의 이익 못지않게 사회적 합의를 유도하려는 정부의 의도가 크게 작용한다고 보기 때문에, 이익집단의 구성원들은 이익대변뿐만 아니라 정부목표의 달성에도 높은 가치를 부여하게 된다.

다섯째, 조합주의는 '삼자주의(tripartism)'에 기초를 두고 있다. 여기서 삼자주의는 국가·자본·노동으로 구성된 협의체제로서, 집단협의를 제도화하기 위해 고안되었다.[172] 물론 삼자주의에 참여하는 자본과 노동은 전국적 연합체를 의미하는 정상연합체(peak association)이며, 따라서 조합주의의 성공 여부는 정상연합체의 '대표성'과 '자율성'에 달려 있다.

조합주의 이론 체계 하에서, 공공정책은 국가와 이익집단 또는 국가에 의해 승인된 집단 사이의 상호작용에 의해 형성된다. 또한 집단들 사이의 상호작용은 국가가 설정한 틀 내에서 제도화되고 조정된다. 사회복지정책을 예로 들면, 이러한 정책은 국가와 사회의 여러 이해관계집단들, 즉 기업가 단체(business association), 사회복지 관련단체, 그리고 노동조합 사이의 협상에 의해 이루어진다. 이러한 협상의 결과는 관련 이익집단의 조직적 특성뿐만 아니라 이들 집단이 국가와 맺고 있는 관계구조의 친밀성(closeness)에 의해서도 좌우된다. 비록 거대한 단일 조직체(monolith)라기보다는 내적인 균열을 가진 다소 이질적인 집합체로 간주된다고 하더라도, 국가 그 자체는 정책과정에서 강력한 행위자(powerful actor)로 인식된다.[173]

슈미터는 조합주의를 다시 '국가조합주의(state corporatism)'와 '사회조합주의(societal

corporatism)'로 나누고 있다.[174] 국가조합주의는 국가가 통치력을 강화하기 위해 강제적으로 편성한 이익대표체계로서, 정책결정과정에 대한 이익집단의 통제된 참여를 핵심으로 하며, 이익집단의 상향적 투입기능보다는 국가에 의한 하향적 동원과 통제를 중요시한다. 이때 조합은 국가의 보조기관에 불과하며, 압력을 받는 집단으로서의 성격이 더 강하다. 국가조합주의는 라틴 아메리카에서처럼 지체된 종속자본주의와 비 패권적인 계급관계에 의해 촉진되며, 국가의 권위주의적 성격 및 기업가적 역할과 밀접하게 관련된다.

이에 대해 사회조합주의는 선진민주복지국가에서 나타나는 유형이며, 국가의 통치력 약화에 대한 반작용으로 형성되었다. 국가는 통치력 보강과 사회경제적인 위기를 해소하기 위해 이익집단에 의존하는 것이 특징이며, 이익집단과 국가와의 협력관계와 이익집단의 자율성을 본질로 한다.[175] 따라서 사회조합주의에서는 '상향적 투입기능'을 중시하며, 국가의 통제보다는 유인을 통해 이익집단의 협조를 이끌어내고, 이익집단은 자율적으로 국가에 협력한다는 데 그 특징이 있다.[176] 사회조합주의는 상대적으로 자율적이고 구조적으로 분화된 정치체제에서 생성되는 데 반해, 국가조합주의는 중앙집권성과 관료지배주의가 보편화된 정치체제에서 가능하며 이익집단에 대한 국가통제를 본질로 한다. 이러한 사회조합주의 또는 '신조합주의(neocorporatism)'는 다원적인 노·사관계가 가지고 있는 본질적 한계, 즉 집합재(collective goods)의 생산보다는 선택재(selective goods)의 생산에 주력함으로써 초래되는 '죄수의 딜레마' 문제를 극복하기 위한 목적에서 만들어진 이익대표체계이다. 즉, 사회조합주의는 노동자와 자본가들이 사적 이익정부를 구성하여 계급조직 간의 신뢰에 기초한 안정적인 사회협약(social pacts)을 구축하려는 것으로, 포괄적인 계급조직을 통해 개별계급 구성원들(개별노조, 개별자본가)이 선택재의 생산에 치중하는 것을 막고 계급전체의 집합재의 생산을 증대시키려는 이익대표체계를 말한다.[177] 그러나 사회조합주의는 본질적으로 '엘리트의 카르텔'로서의 성격이 강하기 때문에, 노동자와 자본가의 대표들이 충분한 대표성을 확보하지 못한다면 성공하기 어렵다는 한계도 있다.

≫ 보론 4-4 합의를 강조하는 조합주의적 이익대표체계는 급격한 개혁을 가로막는 구조적 제약요인인가?

미국과 같이 다원주의 국가에서는 급격한 개혁이 어렵다는 말을 많이 한다. 그런 이유로 린드블럼(C. E. Lindblom)은 미국의 정책결정과정을 여러 거부점을 힘들게 통과해야 하는 "진흙탕 통과(muddling through)"에 비유한 바 있다. 그런데 위에서 제시한 물음에서처럼 피어슨(Paul Pierson)은 "합의를 강조하는 조합주의적 이익대표체계가 급격한 개혁을 가로막는 구조적 제약 요인으로 작용한다"고 갈파한 바 있다.[178] 이러한 그의 주장은 전통적인 정치학의 주장과는 배치되는 것이다. 전통적으로 정치학에서는 쉐보르스키(Adam Przeworski)가 주장한 것처럼 사회적 합의 체제를 만들어내는 조합주의가 격렬한 정치적 갈등을 막음으로써 개혁의 성공에 유리하다고 보기 때문이다.[179] 그렇다면 피어슨이 그와 같은 주장을 하게 된 배경은 무엇인가? 우선 지적할 수 있는 것은 합의를 이끌어내는 과정이 어려울 수 있다는 점이다. '단일 거대 노조(one big union)' 이론에서 주장하고 있듯이, 조합주의에서는 이익집단들의 전국적 연합체인 '정상연합체(peak association)'가 정책결정과정을 주도한다. 거부집단(veto group)의 힘이라는 맥락에서 보면 개별 이익집단은 정상연합체에 비할 바가 못 된다. 즉, 정상연합체가 개혁을 거부할 경우 합의를 이끌어내는 과정은 다원주의에서보다 더 힘든 정치과정이 될 수 있다. 특히, 노사 간에 상생의 문화가 형성되어 있지 못한 나라에서는 더욱 그러할 것이다.

게다가 정상연합체 간에 합의가 이루어졌다고 하더라도 개혁적인 정책을 실행에 옮기는 데에는 넘어야 할 산이 많다. 이는 사회조합주의 또는 신조합주의의 본질적인 속성 때문에 나타나는 현상이다. 사회조합주의는 다원적인 노・사관계가 가지고 있는 본질적 한계, 즉 집합재(collective goods)의 생산보다는 선택재(selective goods)의 생산에 주력함으로써 초래되는 '죄수의 딜레마' 문제를 극복하기 위한 목적에서 만들어진 이익대표체계이다. 즉, 사회조합주의는 노동자와 자본가들이 사적 이익정부를 구성하여 계급조직 간의 신뢰에 기초한 안정적인 사회협약(social pacts)을 구축하려는 것으로 포괄적인 계급조직을 통해 개별계급 구성원(개별노조, 개별자본가)이 선택재의 생산에 치중하는 것을 막고 계급전체의 집합재의 생산을 증대시키려는 이익대표체계를 말한다. 그러나 사회조합주의는 본질적으로 '엘리트의 카르텔'로서의 성격을 가지고 있다. 일반시장에서 카르텔 협정을 맺은 기업들의 이기적 전략으로 인해 카르텔 협정이 제대로 지켜지지 못하는 것처럼, 엘리트의 카르텔로서의 사회조합주의도 노동자와 자본가의 대표들이 충분한 대표성과 자율성을 확보하지 못한다면 '죄수의 딜레마' 문제를 해결하는 데 별다른 도움을 주지 못할 수 있다. 즉, 개별 이익집단들이 사회적 합의를 무시하고 자신들의 이기적 전략에 따라 행동할 경우, 이해관계를 둘러싼 게임은 사회적인 최적 수준이 아닌 '최적 이하(sub optimal)'의 수준에서 균형이 이루어질 수 있다는 말이다. 이는 한국에서 노사정위원회가 실패한 데에서 잘 알 수 있다. 사회조합주의를 성공적으로 제도화시킨 선진국과 달리, 한국에서는 안정된 협의기제를 유지해 낼만한 구조적・조직적 조건을 구비하지 못하였고, 그 결과 한국에서 노사정위원회는 '계급타협의 장'이 아니라 치열한 '계급정치의 장'으로 전락하고 말았다.[180] 정상연합체의 대표성과 자율성이 전제되지 않는다면, 사회조합주의에서도 '공공재'의 생산보다는 '선택재'의 생산에 주력하는 '분배연합(distributional coalition)'의 정치가 얼마든지 나타날 수 있는 것이다. 이럴 경우 개혁을 둘러싼 정치과정은 다원주의 이상의 "진흙탕 통과"로 변질될 가능성이 높다.

제5장 신제도주의 이론

제1절 신제도주의의 의의

1990년대 이후 하나의 유행처럼 확산되고 있는 '신제도주의(new institutionalism)'는 1950년대와 1960년대에 풍미하였던 행태주의 혁명(behavioral revolution)에 비견될 정도로 경제학, 정치학, 사회학, 행정학 등 사회과학 전반에 걸쳐 혁명적인 변화를 이끌고 있다.[181] 신제도주의는 "제도가 중요하다(institutions matter)"는 기본전제에 입각하고 있다. 에이스모글루(Daron Acemoglu)와 로빈슨(James A. Robinson)의 연구에서 한 나라의 성공과 실패를 좌우하는 가장 핵심적인 요인은 다름 아닌 정치제도인 것으로 나타났다.[182] 이처럼 중요한 제도를 중심으로, 제도가 수행하는 기능이나 제도와 개인의 행태 사이의 관계, 그리고 제도의 성립과 변화의 문제를 설명하고자 하는 최근의 이론적 사조 내지 연구방법이 바로 신제도주의이다.

물론 제도는 사회과학의 오랜 연구주제 중의 하나이며, 따라서 제도에 대한 관심이 새삼스러운 것은 아니다.[183] 그러나 신제도주의자들은 행태주의 혁명 이전에 사회과학에서 풍미하였던 제도주의를 "구"제도주의("old" institutionalism)라고 지칭하면서 자신들의 연구경향과 분명한 선을 긋고 있다. 구제도주의는 1880년대와 1890년대의 사회과학자들에 의해 채택되어 1920년대까지 전성기를 구가한 연구방법으로서, '민주주의와 정부성과를 높이기 위한 정부형태는 무엇인가?', '단원제와 양원제 중 무엇이 우리의 실정에 맞는가?'와 같은 규범적인 연구문제에 답을 구하는데 관심을 집중했다. 그런데 규범적인 질문에 대한 해답은 현존 제도에 대한 상세한 '기술(description)'을 토대로 하기 때문에, 구제도주의는 행정구조 및 입법구조를 포함한 정치구조에 대한 병렬적인 기술에 초점을 두었다.[184]

그러나 행태주의 이후 이러한 기술적인 제도연구는 문제의 본질을 파악하지 못했다는 비판이 제기되었다. 왜냐하면 행태주의자들에게 있어 제도란 기껏해야 개인 행태의 총합에 불과한 '부수적인(epiphenomenal)' 것이었기 때문이다.[185] 따라서 중요한 것은 정적인 '제도'에 대한 연구가 아니라 방법론적 개인주의(methodological individualism)에 기초한 역동적인 '행태'에 대한 연구였기 때문에, 제도는 자연히 사회과학자들의 관심에서 멀어져갔다. 신제도주의는 행태주의 혁명 이후 잊혀졌던 '제도'에 대해 새롭게 관심을 가지고 이를 체계적으로 분석하였다는 데 그 의의가 있다. 즉, 신제도주의는 행태주의와 같은 정치행태와 맥락에 대한 '원자적이고(atomistic)' '비사회적인(asocial)' 설명방식을 거부하면서,[186] '제도에 의해 구조화되어 있는(institutionally situated)' 행위자와 그러한 행위자의 행태를 형성하는 데 있어서 제도가 수행하는 역할에 관심을 집중한다.[187]

신제도주의는 그 명칭에서 알 수 있듯이 '제도'를 강조한다. 여기서 제도는 인간의 행태나 정치를 구조화하는 '독립변수'로 기능하는데, 그 기본적인 속성으로는 다음과 같은 점을 들 수 있다.[188] 첫째, 제도는 보다 넓은 사회구조(social fabric)의 일부분일 뿐 아니라 일상적인 의사결정과 행동의 매개체로서 중위수준(middle-level)의 개념이다. 둘째, 제도는 개인행위를 제약하며, 제도적 맥락 하에서 이루어지는 개인행위는 규칙성을 띠게 된다. 셋째, 제도가 개인행위를 제약하지만. 개인 간 상호작용의 결과 제도가 변화할 수 있기 때문에 제도는 '독립변수'인 동시에 '종속변수'로서의 의미를 지닌다. 넷째, 제도는 공식적인 규칙이나 법률뿐만 아니라 비공식적인 규범 및 관습도 포함한다. 다섯째, 제도는 개별 행위자들의 선호를 넘어서는 정당성(legitimacy)을 가지고 있으며, 시간의 경과에 따라 상대적 안정성(relative stability)을 보인다. 여섯째, 제도는 정치과정에서 결코 중립적(neutral)이지 않다.[189]

신제도주의는 그 명칭에서도 알 수 있듯이, "구"제도주의의 존재를 전제로 한다. 따라서 신제도주의의 이론적 정체성을 명확하게 하기 위해서는 구제도주의와의 관계를 검토할 필요가 있다. 앞서 살펴본 바와 같이, 행태주의 혁명 이전에 사회과학 분야에서 풍미하였던 구제도주의는 헌법이나 법률과 같은 공식적인 제도에 대한 병렬적인 '기술'을 통해 민주주의와 정부성과에 대한 규범적인 연구문제를 해결하고자 했다.[190] 이러한 구제도주의와 신제도주의는 "제도가 중요하다"는 대전제에 기초하여 사회과학 연구의 핵심대상으로 제도를 상정한다는 점에서는 공통된다. 특히, 정치학에서의 신제도주의는 집단 사이의 상호작용을 강조한 점, 이들 집단의 의도를 합리적으로 파악한 점, 그리고 권력과 정책쟁탈과정에서 이들 의도가 변경될 수 있다는 것을 강조한 점 등에서 구제도주의와 밀접하게 관련되어 있다.[191] 그러나 신제도주의는 구제도주의와 동일한 것은 아니며, 구제도주의의 요소에 비제도주의적 정치이론을 결합한 것이라고 볼 수 있다.[192] 보다 구체적으로 신제도주의와 구제도주의를 비교하면 다음과 같다.[193]

첫째, 정치학에서의 신제도주의는 행태주의나 공공선택이론의 원자적이고 비사회적인 설명방식에 대한 반발로서 등장하였는데, 공식적인 정치구조와 헌법을 기술하는 데 치중한 구제도주의의 '기술적 전통(descriptive tradition)'을 넘어서서 정치행태에 영향을 미치는 심층적인 구조(deep structure)와 '게임의 규칙(rules of the game)'을 발견하는데 주로 관심을 가진다.

둘째, 경제학에서의 구제도주의는 제도적 맥락을 주어진(given) 것 내지 고정되고 외생적인(fixed and exogenous) 것으로 받아들이는 신고전파 경제학에 반발하여, 정치적 · 사회적 구조가 '정상적인' 경제과정을 왜곡시킬 수 있다고 주장하였다. 이와 같이 신고전파 경제학을 근저에서부터 비판하였던 구제도주의 경제학과 달리, 신제도주의 경제학은 균형지향적인 신고전파 경제학 내에서 제도가 분석될 수 있다는 전제 하에 개인의 효용극대화 행태를 받아들이는 동시에 의사결정자의 인지적 한계, 불완전한 정보, 그리고 계약을 감시하고 실행하는 데 있어서의 어려움에 직면하여 제도가 형성되고 지속되는 과정에 초점을 맞춘다.

셋째, 사회학에서의 신 · 구제도주의는 모두 효율성 내지 도구성의 논리보다는 문화적 가치에 따른 정당성을 강조하고 있다는 점에서는 공통되지만, 관심을 가지는 '연구대상(locus)' 면에서 차이가 난다. 즉, 사회학에서 구제도주의가 개별조직이 '제도화되는(institutionalized)' 방식을 주로 연구했다면, 신제도주의는 보다 넓은 '조직의 장(organizational fields)'에서 '제도적 전형(institutional templates)' 내지 '신화(myths)'에 적응하는 '제도화 과정(process of institutionalization)'에 초점을 맞춘다.

행태주의와 구조기능주의 등 기존의 지배적인 연구방법론에 대한 반발로서 등장한 신제도주의는, 그러나 정치학, 경제학, 사회학 등 다양한 학문분파로부터 태동하였기 때문에 통일된 이론체계가 형성되어 있는 것은 아니다. 따라서 그 내부에 다양한 분파가 존재할 수밖에 없는데, 가장 보편적인 분류방식은 토대가 되는 모학문을 기준으로 역사적 제도주의(historical institutionalism), 합리적 선택 제도주의(rational choice institutionalism), 그리고 사회학적 제도주의(sociological institutionalism)로 나누는 것이다.[194] 이들 신제도주의의 하위분파는 여러 중요한 관점에서 입장을 달리하지만, 한 가지 공통된 주장은 제도가 정치적 선호와 그 결과에 중요한 영향을 미친다는 것이다. 이하에서는 신제도주의의 세 분파에 대해 구체적으로 살펴보고자 한다.

제 2 절 역사적 제도주의

1. 역사적 제도주의의 대두 배경

역사적 제도주의(historical institutionalism)는 1960년대와 1970년대 정치학에서 풍미하였던 구조기능주의(structural functionalism)와 집단이론(group theories)에 대한 대응으로 발전하였다. 역사적 제도주의자들은 희소한 자원을 얻기 위해 경쟁하는 집단들 사이의 갈등이 정치학의 핵심에 있다는 집단이론의 기본가정은 받아들이지만, 집단이론과 달리 국가의 제도가 정치적 결과를 불평등하게 구조화하는 특징적인 방식에 초점을 맞추고 있다. 또한 역사적 제도주의자들은 정체(polity)를 상호 작용하는 전체 체제의 부분이라고 인식하는 구조기능주의의 영향을 받았지만, 개인의 사회적, 문화적, 심리적 특성에 주목하는 구조기능주의와 달리 정체 또는 정치적 구조를 특징적인 정치적 결과를 이끌어내는 주요인으로 보고 있다.[195)]

역사적 제도주의에서 제도를 정의하는 관점은 학자에 따라 다양하지만, 대체로 "정체(polity)나 정치경제(political economy)의 조직적 구조 속에 내재되어 있는 공식적・비공식적 절차(procedures), 상례(routines), 규범(norms) 및 관습(conventions)"으로 정의하고 있다.[196)] 역사적 제도주의에서 정의하는 제도의 범위에는 헌법이나 관료제의 표준운영절차(standard operating procedures)에서부터 노동조합의 행태나 은행-기업관계를 규율하는 관행까지 포함되기 때문에, 정치행위자들이 그들의 이익을 규정하는 방법과 그들의 권력관계를 구조화하는 국가와 사회제도의 전범위에 관심을 가지고 있다.[197)]

2. 역사적 제도주의의 주요 내용

1) 제도의 의의

역사적 제도주의자들은 합리적 선택 제도주의와 사회학적 제도주의의 중간 정도의 수준에서 제도를 정의하고 있는데, 몇몇 역사적 제도주의자들의 제도에 대한 개념정의를 살펴보면 다음과 같다. 먼저 가장 널리 알려져 있는 홀(Peter A. Hall)의 정의에 의하면 제도란 "정체(polity)와 경제(economy)의 다양한 수준에서 사람들 상호간의 관계를 구조화하는 공식적 규칙(formal rules), 순응절차(compliance procedures), 그리고 표준운영관행(standard operating practices)"을 의미한다.[198] 비슷한 맥락에서 셀린(Kathleen Thelen)과 스테인모(Sven Steinmo)도 제도를 "행위를 구조화하는 공식적 조직과 비공식적 절차 및 규칙"을 포함하는 것으로 정의하고 있다.[199] 이들은 정당체제와 경제 이익집단의 구조와 같은 중간수준의 제도(intermediate-level institutions)에 초점을 맞추면서, 계급구조(class structure)와 같은 '거시수준의 구조(macro-level structure)'는 제도의 개념에서 제외하고 있다.[200]

이와 같이 역사적 제도주의자들은 대체로 분석의 수준에 따라 '구조(structure)'는 '거시수준(macro-level)'을 지향하는 반면, '제도(institution)'는 '중범위 수준(mid-range level)'을 지향한다고 하여 양자를 구분하는 경향이 있다. 이에 대해 폰투쏜(Jonas Pontusson)은 제도를 일종의 '구조'로 이해하면서, 제도의 공식적 측면에 초점을 맞추는 레비(Margaret Levi)의 견해를 받아들여 제도가 부과하는 제약의 본질에서 구조와 제도를 구분하는 핵심을 찾고 있다. 즉, 제도는 구조와 달리, 법이나 상대적으로 명확한 강제구조에 기초하고 있는데, 이 견해에 의한다면 노조, 기업, 정당, 선거제도 등은 제도에 포함되지만, 부의 분배와 노동의 부문 간 구성은 제도에 포함되지 않는다고 한다.[201] 또한 이종찬도 제도를 거시적인 맥락에서 국가의 능력을 규정하는 정치적 변수로 이해하고 있다. 즉, 그에 의하면 정치적 제도란 "경제주체의 행태에 영향을 미치는 정치경제체제에 내재된 일련의 규칙을 의미하는데", 이러한 제도가 정책선택의 범위를 결정하고 정책입안과 결정을 위한 국가의 능력에 영향을 미친다고 한다. 다만, 이종찬은 정치적 제도를 "관료조직의 구조"를 의미하는 "국가제도"와 "정부와 기업, 정부와 자본가 단체, 기업들 사이의 제도적 연계"를 의미하는 "정책망"으로 나누어 설명하고 있다.[202]

이러한 포괄적인 견해에 대해 보다 구체적인 관점에서 제도를 정의하는 경우도 있다. 예를 들면, 아이켄베리(G. John Ikenberry)는 제도를 특징적인 세 가지 차원으로 나누어 설명하고 있는데, 그에 의하면 제도에는 정부제도의 구체적인 특성에서부터 국가의 보다 포괄적인 구조, 그리고 국가의 규범적인 사회질서까지 포함된다고 한다.[203] 또한 홀(Peter A. Hall)은 제도를 정의하는 수준에 따라, 민주주의 정체 및 자본주의 경제와 관련된 기본적인 조직구조를 의미하는 포괄적인 차원, 국가와 사회의 기본적 조직에 내재된 본질적 속성을 의미하는 중간차원, 그리고 공공기관과 조직의 표준운영절차(standard operating procedures), 규정(regulations), 상례(routines) 등을 포함하는 하위차원으로 나누어 이를 검토하고 있다.[204] 그런데 홀의 분류 중 포괄적인 차원의 제도는 실증분석 과정에서 문제가 생길 수 있다. 왜냐하면 김선혁이 적절하게 지적한 바와 같이, 제도의 개념을 지나치게 확장할 경우 제도의 설명력이 오히려 떨어질 수 있기 때문에, 제도가 "모든 것을 설명할 수 있으면서도, 동시에 아무 것도 설명할 수 없는" 역설적인 상황이 초래될 수 있기 때문이다.[205] 또한 제도를 이와 같이 포괄적으로 정의할 경우 미시적으로 중요한 많은 변수들을 간과함으로써[206] 사회구조적 분석이 범했던 '구조결정론(structural determinism)'의 오류에 빠질 수도 있다. 뿐만 아니라, 규범적인 질서를 제도의 개념에 포함시킨 아이켄베리의 견해도 문제가 있는 것으로 지적할 수 있다. 왜냐하면 셀린(Kathleen Thelen)과 스테인모(Sven Steinmo)가 적절하게 지적한 바와 같이, 규범적인 질서가 항상 행위자에게 "제도적인(institutional)" 제약을 가하는 것은 아니기 때문이다.[207]

이와 같이 역사적 제도주의들의 제도에 대한 개념정의는 다양하지만, 대체로 이를 "정체(polity)나 정치경제(political economy)의 조직적 구조 속에 내재되어 있는 공식적 · 비공식적 절차, 상례, 규범 및 관습"으로 정의하고 있다.[208] 따라서 역사적 제도주의자들은 정치행위자들이 그들의 이익을 규정하는 방법을 형성하고, 다른 집단에 대해 그들의 권력관계를 구조화하는 국가와 사회제도의 전범위에 관심을 가지고 있다.[209]

2) 제도와 정책의 관계

내생적인(endogenous) 역사적 과정을 통해 형성된 제도는 정치에 있어서 '독립변수'로 기능한다. 즉, 제도는 행위자들의 전략뿐만 아니라 그들의 목표를 형성하고 갈등 및 협력관계를 조정함으로써 정치적 상황을 구조화하고 정치적 결과에 중요한 영향을 미치는 핵심적인 인과요인이다.[210] 그렇다면 이와 같이 제도가 정치에서 중요한 위치를 차지하고 있는 이유는 무엇인가? 이에 대해 폰투쏜(Jonas Pontusson)은 기존 문헌들을 토대로 다음과 같은 네 가지를 제시하고 있다. 첫째, 제도가 정책을 형성하고 집행하는 정부의 능력을 결정하기 때문이다. 둘째, 제도가 기회와 제약을 통해 행위자들의 전략을 결정하기 때문이다. 셋째, 제도가 행위자들 사이의 권력배분을 결정하기 때문이다. 넷째, 제도가 행위자들의 이해관계를 관철시키는 방식을 결정하기 때문이다.[211] 비슷한 맥락에서 스테인모(Sven Steinmo)도 제도가 정치를 구조화하고 정치적 결과에 영향을 미치는 이유를 다음과 같은 세 가지로 제시하고 있다. 첫째, 특정 정치 영역에 참여하는 행위자를 결정하기 때문이다. 둘째, 다양한 행위자들의 정치적 전략을 형성하기 때문이다. 셋째, 행위자들이 가능하고 바람직하다고 인식하는 것, 다시 말해 그들의 선호에 영향을 미치기 때문이다.[212] 요컨대, 제도는 정책을 수행하는 정부의 능력뿐만 아니라 정부가 추구하는 정책목표와 정치에 있어서도 중요한 것이다. 물론 역사적 제도주의자들이 정치적 결과를 결정할 수 있는 유일한 인과요인으로 제도적 구조를 상정하고 있는 것은 아니다. 예를 들면, 셀린(Kathleen Thelen)과 스테인모(Sven Steinmo)가 적절하게 지적한 바와 같이, "제도가 정치를 제약하고 굴절시키지만, 정치적 결과의 유일한 인과요인(cause)은 결코 아닌 것이다."[213)]

정치적 상황을 구조화하고 정치적 결과에 영향을 미치는 독립변수로서의 제도를 상정할 경우, 제도와 정책은 밀접한 관련을 가진다고 말할 수 있다. 왜냐하면 체제이론 이후 정치학에서의 일반적인 견해는 정책을 정치체제의 산물로 이해하고 있기 때문이다. 그러나 이에 대해서는 학자들에 따라 다양한 견해가 제시되고 있다. 정책을 "공식적 제도의 구현"으로 보면서 공식적인 제도와 정책을 혼용하여 사용하는 경우가 있는가 하면,[214)] 양자의 개념구분이 불명확하다는 견해[215)]도 있다. 또한 제도와 정책을 영향을 주고받는 관계가 아니라 차원을 달리하는 병렬적인 관계로 이해하는 경우도 있다. 예를 들면, 피어슨(Paul Pierson)은 정책과 제도 모두 "행태에 대한 법적인 제약(legally binding constraints on behavior)"으로 정의하면서도, 정책은 제도에 비해 쉽게 변할 수 있는 속성을 가지고 있다고 지적한다.[216)]

이와 같이 제도와 정책의 관계에 대해서는 여러 가지 견해가 제시되고 있지만, 역사적 제도주의의 체계 내에서 제도와 정책은 명확하게 구분된다. 정책이 "바람직한 사회 상태를 이룩하려는 정책목표와 이를 달성하기 위해 필요한 정책수단에 대하여 권위 있는 정부기관이 공식적으로 결정한 기본방침"을 의미한다면,[217)] 제도는 국가를 구성하는 거시적인 조직적 틀로서 정책이 결정되는 토대를 형성한다.[218)] 즉, 제도는 정부의 정책결정과정을 구조화함으로써 정치적 결과에 중요한 영향을 미치며, 이러한 제도의 산물이 곧 정책인 것이다.[219)] 따라서 제도의 지속성과 변화가능성은 정책패턴의 지속성 및 변화가능성과 관련하여 중요한 함의를 가지고 있다.

3) 선호의 형성

전통적으로 역사적 제도주의자들은 선호형성과 관련하여 합리적 선택 제도주의자들과 분명한 선을 긋고 있다. 합리적 선택 제도주의에서는 개인의 선호를 외생적으로 주어진(exogenously given) 것 내지 고정된(fixed) 것으로 가정하기 때문에,[220)] 선호나 이익은 제도에 의해 설명되어야 할 대상이 아닌 논의의 출발점이 되고 있다.[221)]

그러나 이러한 합리적 선택 제도주의의 가정은 그 일반화(generalization) 가능성과 관련하여 문제가 제기될 수 있다. 왜냐하면 경우에 따라 선호가 다양한 삶의 양식을 지지하거나 반대하는 사회적 상호작용으로부터 나오는 '내생적인(endogenous)' 것으로 보아야 할 때도 있기 때문이다.[222] 다시 말해, 이러한 설명방식은 선호가 어떻게 형성되는가라는 '선호의 원천에 대한 설명(explanation of the origin of preference)'을 결여하고 있다는 것인데,[223] "사람들이 원하는 것을 어떻게 얻는가?" 뿐만 아니라, 보다 근본적으로는 "사람들이 왜 그것을 원하는가?"에 대해서도 살펴볼 필요가 있다는 윌다브스키(Aaron Wildavsky)의 지적은 이러한 맥락에서 나온 것이다.[224]

선호나 이익을 외생적으로 주어진 것으로 보는 합리적 선택 제도주의자들과 달리, 역사적 제도주의자들은 이를 제도적 맥락 하에서 설명되어야 할 '제도적 구조의 내생적 산물(endogenous product of an institutional structure)'로 인식한다.[225] 이와 같이 선호나 이익은 제도적 구조 속에서 형성되고 제약되기 때문에, '구조(structure)'와 '행위(agency)'는 서로 분리되지 않고 밀접하게 관련된다.[226] 즉, 제도는 그 자체로 독립적인 '응결된 사회구조(congealed social structure)'가 아니라, 행위자의 '전략적 계산(strategic calculations)'이나 제도와 행위자의 상호작용에 의해 설명되어야 할 대상인 것이다.[227] 따라서 역사적 제도주의의 체계 내에서 선호는 '역사성'과 '사회성'을 띠며, 시간과 공간의 벽을 넘어 보편적으로 적용될 수 있는 선호 이론이란 있을 수 없다고 인식한다.

이와 같이 역사적 제도주의와 합리적 선택 제도주의는 선호형성의 내생성과 외생성이라는 관점에서 명확한 입장 차이를 보이기 때문에, 학자에 따라서는 이것이 역사적 제도주의와 합리적 선택 제도주의를 구분 짓는 '핵심적인 차이(the core difference)'라고 주장하는 경우도 있다.[228] 그러나 최근에는 합리적 선택 제도주의 내에서도 선호가 제도적 맥락 하에서 형성된다거나,[229] 이론적으로 설명해야 할 내생적인 것으로 인식하는 경향이 강하기 때문에,[230] 선호형성의 내생성과 외생성에 대한 입장 차이가 역사적 제도주의와 합리적 선택 제도주의를 구분 짓는 절대적인 기준은 될 수 없다고 생각한다.[231]

4) 제도의 경로의존성

역사적 제도주의에서는 '역사(history)'와 '맥락(contexts)'이라는 두 개념을 중시하여, 특정 시점에 형성된 제도가 상당 기간 동안 지속되어 그 이후의 사회현상에도 지속적인 영향을 미친다고 인식한다.[232] 즉, t 시점에서의 기능적 요구에 의해 형성된 제도가 t+1 시점에서는 사회적 환경이 변화하여 전혀 다른 기능적 요구가 제기된다 할지라도 그 자체가 지속되는 경향을 띤다는 것이다.[233] 따라서 과거에 이루어진 어떤 경로가 현재 우리의 선택을 어떻게 구조화하고 제약하는가를 이해하는 것은 중요할 수밖에 없는데,[234] 이러한 제도의 '역사적 맥락

(historical contexts)'을 분석하기 위해 제시된 이론적 개념이 바로 제도의 '경로의존성(path dependence)'이다. 제도의 경로의존성이란 "제도적 진화가 조금씩 조금씩 일어나는 과정으로 어제의 제도적 틀이 오늘의 정치적 및 경제적 참여자들에게 나아갈 길을 제공하는 것"을 의미하며,[235] 제도분석에서는 과거에 이루어진 제도선택이 그 이후의 역사과정에도 지속적인 영향을 미쳐 현재나 미래의 정치적 상황을 구조화하고 제약하는 '맥락'으로서의 인과구조에 초점을 맞춘다. 예를 들면, 카츠넬슨(Ira Katznelson)은 역사적인 관점에서 영국과 미국의 정당제도를 비교 · 분석하였는데, 그에 의하면 참정권의 확대와 같은 과거에 이루어진 제도선택이 그 이후의 역사과정에도 지속적인 영향을 미쳐 영국에서는 노동자들이 정치적으로 조직화되었던 반면, 미국에서는 그렇지 않았다고 한다.[236] 이와 같이 제도가 경로의존적인 양상을 보인다면 행위자들은 과거에 이루어진 제도선택에 많은 영향을 받게 되고, 그들이 선택할 수 있는 대안의 폭은 제한될 수밖에 없다. 따라서 제도변화는 계속적이고(continuous) 점진적인(incremental) 과정이라기보다는 전쟁이나 공황과 같은 정치적 · 경제적 위기의 순간에 기존 제도가 붕괴되면서 이루어지는 간헐적이고(episodic) 비선형적인(nonlinear) 과정으로서의 성격을 띠게 된다.[237]

역사의 진전과정에서 경로의존성을 강조하는 학자들은 과거에 일어났던 역사적 사건이나 우연이 인과론적으로 현재나 미래에 미치는 영향을 강조하는 '결정론(determinism)'에 치우치는 경향이 있다.[238] 즉, 경로의존성에 대한 논의는 역사의 우연(contingency)에 의해 만들어진 결과가 시간이 경과함에 따라 확대 · 재생산되는 '자기강화 과정(self-reinforcing process)'에 초점을 맞추는데,[239] 이러한 맥락에서 이루어진 대표적인 연구로 퍼트남(Robert D. Putnam)의 연구와 데이비드(Paul A. David)의 연구를 들 수 있다. 먼저 퍼트남은 '사회적 신뢰', '상호성의 규범', 그리고 '시민참여의 네트워크'와 같은 '사회적 자본(social capital)'을 토대로 이탈리아 남부와 북부를 비교 · 분석하였는데, 그에 의하면 14세기에 있었던 역사적 사건이 그 이후의 역사과정에도 지속적인 영향을 미쳐 이탈리아 북부에서는 시민참여의 '선순환(virtuous circle)'을 가져온 반면, 이탈리아 남부에서는 불신의 '악순환(vicious circle)'을 가져왔다고 한다.[240] 또 다른 맥락에서 데이비드는 'QWERTY 자판배열'[241]과 같은 사회적으로 최적 이하(sub-optimal)의 기술이 '고착된(locked in)' 이유를 분석하였는데, 그에 의하면 이러한 자판배열은 역사의 우연에 의해 만들어졌으며, 강한 '기술적 상호의존성(technical interrelatedness)', '규모의 경제(scale economies)', 그리고 '학습과 습관화에 따른 역전불가능성(irreversibility)'이라는 세 가지 요인에 의해 고착되었다고 한다.[242] 요컨대, 데이비드의 논지는 역사의 우연이 일정한 패턴을 만들고 그것이 기술과 행위자 사이의 관계를 구조화함으로써, 그 이후의 역사과정에도 지속적인 영향을 미쳤다는 것이다.

이와 같이 역사의 진전과정에서 과거 경로의 결정론적 영향을 강조하는 견해에 의한다면, '시기(timing)'와 '순서(sequence)'는 정치적 결과에 중요한 영향을 미친다. 예를 들면, 피어슨(Paul Pierson)은 순차적인 과정에서 순서의 초기단계가 이후의 단계보다 결과에 더 큰 영향을 미친다는 점을 경제학의 '수확체증(increasing returns)'의 관점에서 분석하였으며,[243] 어트만(Thomas Ertman)은 유럽의 국가형성이 다양한 경로를 통해 발전한 이유를 식자층의 확산과 군사적 경쟁의 심화라는 역사적 사건의 상이한 조합에서 찾았다.[244]

제도의 경로의존성은 환경이 변화함에도 불구하고 기존의 정책과 제도가 변화하지 않는 이유와 원인을 고찰하는데 적절한 개념적 도구와 분석틀을 제시하고 있기 때문에,[245] 제도의 기원을 그 존재에 수반하는 결과라는 관점에서 이해하는 기능주의 이론(functional theory)이 설명하지 못하는 부분을 보충한다.[246] 즉, 현실에서는 조정을 촉진함으로써 집합적 행위의 딜레마를 해결하거나 거래비용을 줄여주는 이상적인 제도가 아닌 비효율적이거나 역기능적인 제도가 존속하는 경우를 종종 볼 수 있는데, 역사적 제도주의자들은 이러한 이상과 현실의 괴리가 나타나는 근본적인 원인을 제도의 경로의존성에서 찾고 있다. 왜냐하면 역사의 진전과정에서 제도가 어떤 특정한 경로에 고착될 경우 현재의 문제를 해결하는데 좀 더 효율적인 다른 경로를 밟을 가능성이 배제되기 때문에, 최적의 결과와 실제 결과는 괴리를 보일 수 있기 때문이다.[247] 따라서 기능주의적 관점과는 달리, 현실의 제도가 어떤 특정한 경로에 고착된다면, 그러한 제도는 변화하는 상황에 적절하게 대응하지 못하여 '의도하지 않은 결과(unintended consequences)' 내지 '비효율성(inefficiencies)'을 야기할 수 있다.[248]

제도의 경로의존성은 과거에 이루어진 제도선택이 현재나 미래의 선택을 구조화한다는 것으로, 그 이론적 핵심은 '왜 그와 같이 제도가 경로의존적인 양상을 보였는가?'라는 인과기제(causal mechanism)의 구체화이다. 그러나 많은 연구들은 경로의존성의 원인과 그 결과 사이의 인과관계를 설명하기보다는 결과를 기술하는 데 치중하는 경향이 있다. 예를 들면, 김선명은 한국 금융제도의 경로의존성을 논의하면서, 제도가 이해관계를 낳고 이러한 이해관계가 금융제도를 고착시켰다는 순환론(tautology)을 제시하는 데 그쳤으며,[249] 김영삼, 김대중, 노무현 정부의 행정개혁을 비교분석한 김연수의 연구도 기본적으로 이들 정부의 행정개혁이 경로의존적인 양상을 보였다는 점을 기술하는 데 치중하고 있다.[250]

이와 같이 제도의 경로의존성에 대한 연구가 단순히 현상을 '기술(description)'하는 수준에 머문다면, 마호니(James Mahoney)가 적절하게 지적하고 있듯이 실제로 그것은 "역사가 중요하다(history matters)"라든지 "과거가 미래에 영향을 미친다(the past influence the future)"와 같은 모호한 주장과 크게 다를 바가 없다.[251] 따라서 경로의존성에 관한 연구가 기존의 기술적 연구를 넘어서서 '설명적 연구'가 되기 위해서는 '왜 그러한 경로의존적 양상이 나타나게 되었는가?' 라는 현상의 원인과 그 결과 사이의 인과관계를 구체적으로 규명하는 수준까지 나아가야 한다. 다시 말해, 경로의존성 논의에서 "핵심은 특정한 경로 내지 궤적을 강화하는 기제(mechanisms)를 구체화하는 것이다."[252]

그렇다면 어떤 인과기제로 인해 제도가 지속성 내지 경로의존성을 보이는가? 이와 관련하여 초기 연구는 국가의 구조(state structure)와 정책유산(policy legacies)을 강조하는 경향이 있었다.[253] 그러나 이러한 견해는 '국가의 제도적 구조가 제도의 경로의존성을 가져왔다'라든지 '현존 정책이 정책의 지속성을 가져왔다'는 주장과 같이 '동어반복적(tautological)' 성격이 강한 것이기 때문에, 최근에는 이를 좀 더 구체적인 관점에서 논의하려는 경향이 강해지고 있다. 예를 들면, 아이켄베리(G. John Ikenberry)는 제도가 지속성 내지 경로의존성을 띠는 이유에 대해 다음과 같은 네 가지를 제시하고 있다.[254] 첫째, 특정한 제도적 장치가 어떤 개인이나 집단에게 특권적인 지위를 부여하기 때문에 현존 제도의 수혜계층들은 제도를 유지하려고 노력한다. 둘째, 조직 내의 개인들은 조직을 변화시키는 특정한 상황 하에서도 그들의 임무와 책임을 유지하고 보호하려고 노력한다. 셋째, 제도개혁은 변화를 위한 노력을 형성하고 제약하는 조직과 구조의 현존 배열 내에서 이루어진다. 넷째, 새로운 제도적 구조가 다수의 집단이나 개인에게 혜택을 가져다준다고 하더라도, 변화로 인한 비용과 미래의 불확실성이 현존 제도를 유지하려고 하는 유인을 만든다.

학자에 따라서는 경로의존성을 경제학에서의 '수확체증(increasing returns)'의 원리로 설명하려는 경우도 있다. 경제학자 아서(Brian W. Arthur)에 따르면, 수확체증을 가져오는 기술의 네 가지 속성 및 그 사회적 맥락은 다음과 같다.[255] 첫째, "대규모 착수비용 내지 고정비용(large set-up or fixed costs)"이다. 착수비용 내지 고정비용이 클 경우 단위당 비용을 낮출 수 있고 미래에 높은 보수를 가져올 수 있기 때문에(규모의 경제 효과), 개인이나 조직은 단일의 대안을 고수할 강한 유인을 가지게 된다. 둘째, "학습효과(learning effects)"이다. 복잡한 체제의 운영과정에서 얻은 지식은 반복적 사용을 통해 생산 활동에서 더 나은 혁신을 유도할 수 있다. 셋째, "조정효과(coordination effects)"이다. 다른 사람들이 동일한 대안을 선택함에 따라 "양(+)의 네트워크 외부효과(positive network externalities)"가 유발되어 개인에게 돌아가는 편익이 증가할 수 있다. 넷째, "적응적 기대(adaptive expectations)"이다. 미래에 대한 전망이 현재의 기술선택에 영향을 미치는 "자기실현적 속성(self-fulfilling character)"을 가질 수 있다.

그런데 이러한 수확체증의 논리는 비단 기술 분야에만 적용되는 것이 아니라, 다른 많은 사회적 상호작용에도 적용될 수 있는데,[256] 특히, 제도이론가들은 수확체증 현상에 따른 제도의 지속성에 주목하고 있다. 예를 들면 노스(Douglass C. North)는 제도가 지속성 내지 경로의존성을 띠는 이유로 수확체증과 유의미한 거래비용이 존재하는 불완전한 시장을 들고 있으며,[257] 피어슨(Paul Pierson)은 노스의 견해를 발전시켜 경로의존성을 "수확체증의 사회적 과정"으로 정의하면서 제도가 일단 만들어지면 "긍정적 환류(positive feedback)"로 인해 장기적으로 어떤 특정한 경로에 고착되어 그것을 바꾸는 것이 점점 어려워진다고 주장하였다. 특히, 그에 의하면, 정치의 영역에서는 정치행위자들의 "좁은 시계(the short time horizon)"와 "강한 현상유지편향(the strong status quo bias)"으로 인해 수확체증 현상이 강하게 나타날 수밖에 없다고 한다. 왜냐하면 제도변화의 전환비용은 단기적으로 나타나는 반면 제도변화의 편익은 장기적으로 나타나기 때문에, 정치의 영역에서는 제도변화의 유인이 상대적으로 적기 때문이다.[258] 이와 같이 특정한 제도의 경로가 수확체증 현상을 보인다면, 시간이 경과함에 따라 대안들 간의 차이는 커질 수밖에 없기 때문에 대안적인 경로는 선택된 기존 경로에 비해 열등한 위치에 머물게 된다.[259] 즉, 이 경우 제도는 긍정적 환류로 인해 어떤 특정한 경로에 고착되며, 따라서 제도의 성립과 소멸은 단순한 "인과적 경상(鏡像)(causal mirror)"이 아니다.[260] 정치학자 해커(J. S. Hacker)가 경로의존성을 "본질적으로 바꾸기 어려운 발전의 궤적"[261]으로 정의한 것도 이러한 맥락에서 이해할 수 있다.

또한 모(Terry M. Moe)는 정치 영역의 특수한 성격에서 유래한 정치 행위자들의 전략적 선택이 제도의 지속성을 가져온다고 주장한다.[262] 모가 적절하게 지적하고 있듯이, 정치의 영역은 본질적으로 "불확실성(uncertainty)"의 세계이다. 물론 시장에서도 불확실성이 문제가 되지만, 경제 행위자들과 달리 정치 행위자들은 그들의 정치적 경쟁자들이 집권할 가능성에 대비해야 한다. 정치의 세계에서는 영원한 승자도 영원한 패자도 없으며, 지금의 패자는 미래에 승자가 되기 위해 끊임없이 새로운 차원의 이슈를 제기한다.[263] 이처럼 정치의 세계가 본질적으로 불확실하다면, 지금 권력을 가지고 있는 사람들은 정치적 경쟁자들부터 자신들을 보호하기 위해 현존 제도를 바꾸기 어렵게 만들려고 할 것이다.

이 밖에 학자에 따라서는 "자산 전속성(asset specificity)"의 관점에서 제도의 지속성이 정치 행위자의 전략적 선택의 결과였음을 강조하기도 한다. 예를 들면, 피어슨(Paul Pierson)이 이러한 입장을 견지하고 있는데, 그는 보완적 제도나 정책 또는 노스(Douglass C. North)가 말한 "제도적 구조의 상호의존적 연계(the interdependent web of an institutional matrix)"와 같은 특정한 자산이 정치제도 속에 전속됨에 따라 제도가 "자기강화적" 성격을 띠게 된다고 주장한다. 즉, 정치제도 속에 전속된 자산(specified asset)이 제도변화의 비용을 증가시킴으로써 행위자들이 제도를 바꿀 유인을 갖지 않게 된다는 것이다. 물론 제도에 전속된 자산은 '매몰비용(sunk cost)'의 성격이 강하지만, 경제논리와 달리 정치논리에서는 매몰비용을 무시하지 못한다.[264] 특히, 피어슨은 긍정적 환류(positive feedback)와 적응적 기대(adaptive expectation)가 자산전속성을 장기적으로 더 강하게 만든다고 보고 있다. 제도는 시간이 지남에 따라 수확체증(increasing returns) 현상을 보이기 때문에 그것을 바꾸는 비용은 점점 증가할 수밖에 없으며, 제도가 지속될 것이라는 현재의 기대에 따라 사람들이 미래 행위를 조정함으로써 '자기실현적 예언(self-fulfilling prophecy)'이 현실화될 것이라는 설명이다.[265]

5) 제도의 변화가능성: 단절된 균형 모형과 그 한계

앞서 살펴본 바와 같이 역사적 제도주의에서는 제도의 지속성 내지 경로의존성을 강조한 결과 제도의 변화가능성에 대해서는 체계적인 설명을 하지 못하는 측면이 있었다. 이러한 비판을 의식하여 최근에는 역사적 제도주의자들도 나름대로의 논리로 제도의 형성과 변화의 문제에 대해 답변을 함으로써 제도와 정치 사이의 상호영향관계를 규명하려고 노력하고 있다.[266] 예를 들면, 크래스너(Stephen D. Krasner)의 '단절된 균형 모형(model of punctuated equilibrium)'은 안정적으로 유지되던 제도가 전쟁이나 공항 등과 같은 외생적인 사건(exogenous events)에 의해 촉발된 '결정적 전환점(critical junctures)'에 이르러서는 기존의 경로에서 벗어나서 급격하게 변할 수 있다는 것을 상정한 이론모형이다.[267] 여기서 "전환점이 결정적인 이유는 그것이 제도적 장치를 본질적으로 바꾸기 어려운 경로 내지 궤적에 놓기 때문이다."[268] 따라서 단절된 균형 모형의 논리에 의한다면, 제도가 만들어지는 결정적 전환의 순간과 제도가 지속되는 정체(stasis)의 시기는 명확하게 구분된다.[269] 다시 말해, 제도는 급격하게 대체된 후, 새롭게 대체되기 전까지 오랜 정체의 시기를 거치게 된다.[270] 예를 들어, 우루과이 라운드(UR)에 대한 비교역사분석(comparative historical analysis)에서 타이즈(Cameron G. Thies)는 농업 분야에서의 무역장벽의 약화는 농업기술의 변화와 1980년대 재정압박이 가져온 "결정적 전환점"의 산물이었다고 주장한다.[271]

아래의 그림은 단절된 균형 모형의 기본 논리를 간단하게 보여주고 있다. 그림에서 t 시점에서 생성된 제도는 경로를 따라 안정적인 패턴을 보이지만, t+1 시점에서 발생한 외생적인 충격으로 인해 기존 경로에서 완전히 벗어난 새로운 경로가 만들어져 제도는 새로운 경로를 따라 움직이게 된다. 이 때 새로운 경로는 기존 경로와 '선형적인(linear)' 연속관계가 아닌 불연속적인 단절관계에 있다.

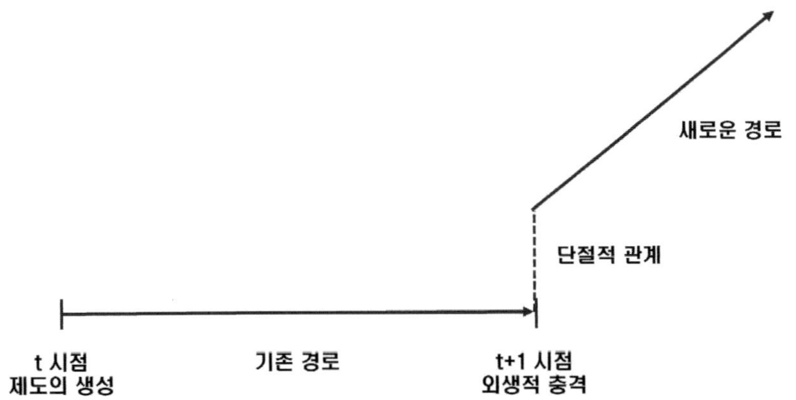

<그림 5-1> 단절된 균형 모형의 기본 논리

결정적 전환점을 재촉한 외생적 사건이 동일하다고 하더라도, 그에 대한 대응이 항상 동일한 양상을 보이는 것은 아니다. 역사적 제도주의자들이 설득력 있게 제시하고 있듯이, 사건에 대한 대응은 그 국가의 고유한 정치경제적 상황에 따라 상이할 수 있기 때문이다. 예를 들어, 흑사병이라는 전대미문의 대사건이 동일하게 유럽의 봉건제도를 흔든 것은 아니며, 동유럽 국가들에서는 '재판농노제(second serfdom)'와 같은 더욱 착취적인 제도가 만들어지기도 했다.[272]

크래스너의 단절된 균형 모형은 제도의 변화가능성에 대해 처음으로 체계적인 설명을 했다는 점에서는 일단 긍정적으로 평가할 수 있으나, 이 모형만으로는 여전히 부족한 점이 많다. 먼저 단절된 균형 모형은 점진적인(incremental) 제도변화를 설명하지 못한다. 그러나 피어슨(Paul Pierson)[273]이나 카민스(Edwin G. Carmines)와 스팀슨(James A. Stimson)[274]이 적절하게 지적하고 있듯이, 제도변화는 많은 경우 점진적이며, 이러한 점진적인 변화가 누적될 경우 장기적으로 사회에 큰 영향을 미칠 수 있다. 예를 들어, 미국에서 사회적 자본의 감소는 TV가 보편적인 것이 된 데 따른 장기적 결과였으며,[275] 전후 미국의 가장 심각한 도시문제 중 하나인 도시 간 불균등한 발전(urban sprawl)은 사람들의 정치적 레이더에 잡히지 않은 "스텔스 도시정책(stealth urban policy)"의 장기적이고 누적적인 결과였다.[276] 이와 같이 제도변화는 원인과 결과가 1대1로 대응하지 않는 "비선형 과정(nonlinear processes)"으로서의 성격이 강하기 때문에, 제도변화의 본질을 정확하게 이해하기 위해서는 급격한 변화 요인뿐만 아니라 현상의 토대가 되는 구조적인 요인에 대해서도 살펴볼 필요가 있다.[277]

그러나 단절된 균형 모형과 관련된 보다 근본적인 문제는 이 모형이 제도변화에 있어 '결정적 전환점(critical junctures)'의 역할을 강조하지만, 무엇이 이러한 결정적 전환점을 재촉하는가에 대해서는 경제적 위기나 군사적 갈등 등과 같은 외적 요인 외에는 명확한 답변을 하지 못한다는 것이다.[278] 이와 같이 행위자가 변화에 대해 내생적으로 조정하는 과정에 대한 설명이 없이 외생적인 충격만 강조한다면, 제도변화는 "행위가 없는(no agency)" "숙명의 산물(product of fate)"에 그칠 뿐이지만,[279] 이러한 논리는 구조적 요인에 매몰된 "결정론(determinism)"에 빠지기 쉽다.[280] 결국 크래스너의 단절된 균형 모형에서처럼 제도가 단순히 외적 변화를 반영하는 실체에 불과하다고 본다면, 제도는 크래스너 스스로가 밝힌 바와 같이 '부수적인(epiphenomenal)' 현상에 불과하며, 제도변화에 대한 연구는 외부로부터 발현되는 영향력에 관한 연구로 국한된다.[281] 따라서 크래스너의 '단절된 균형 모형'도 제도변화에 관한 이론모형이 설명해야 할 "언제, 그리고 어디서 제도변화가 가장 잘 이루어지며, 그 원인은 무엇인가?"[282]라는 근본적인 물음에 적절한 답변을 제시하지 못하는 한계가 있다.

외생적인 사건을 제도변화의 기제(mechanism for institutional change)로 설명하려는 이러한 경향은 제도의 경로의존성 논의의 연장선상에서 이해할 수 있다. 앞서 살펴본 바와 같이, 경로의존성 논의의 핵심은 제도가 내적으로 긴밀하게 연결되어 있기 때문에 외적인 충격이 없으면 쉽게 변하지 않는다는 것이다. 따라서 전통적인 경로의존성 논의 하에서 행위자는 설 자리가 없다. 그러나 현실의 제도는 긴밀하게 연결된 통일적인 유기체라기보다는, 이질적인 요소를 포함하고 있는 다소 무질서한 혼합체로서의 성격이 강하다. 오렌(Karen Orren)과 스코우로넥(Stephen Skowronek)이 적절하게 지적하고 있듯이, 이러한 "제도의 부조화(institutional dissonance)"가 제도변화의 주요 원천이 되며, 행위자는 느슨한 제도적 연계 속에서 제도를 바꿀 여지를 갖게 된다.[283] 정치학자 피어슨(Paul Pierson)이 "느슨하게 연계된 제도(loosely coupled institutions)" 하에서는 "상대적으로 잘 알려진 많은 수의 정치 전략에 접근할 수 있는" 정책기업가의 역할이 중요하다고 지적한 것도 이러한 맥락에서 이해할 수 있다.[284] 따라서 제도의 부조화 하에서 제도변화를 설명하기 위해서는 외생적인 사건뿐만 아니라 외생적인 사건에 대응한 내생적인 행위자의 전략적 선택도 함께 고려할 필요가 있다.[285]

6) 국가의 정책 자율성

앞서 살펴본 바와 같이, 국가는 오랫동안 사회과학 연구에서 관심의 대상에서 제외되었지만, 이러한 연구 경향은 경험적 관점에서 문제가 많은 것으로 지적되었다. 이러한 이론과 실제 사이의 괴리를 해결하기 위해 국가에 대한 체계적인 연구가 1960년대 후반부터 활발하게 전개되기 시작했는데, 이러한 국가에 대한 연구는 크게 보면 다음과 같은 두 가지 방향에서 이루어지고 있다.[286]

첫째는 제도적 접근방법(institutional approach)으로서, 이 접근방법은 국가를 이전의 역사적 사건에 의해 형성된 조직적 구조(organizational structure) 내지 법적·제도적 장치의 집합(set of law and institutional arrangement)으로 인식한다. 이 접근방법에 의하면 제도는 일단 형성되면 지속되는 경향을 보이는데, 이러한 제도의 지속성이 제도를 형성하도록 만든 이념과 상황이 지배적이지 않은 경우에도 정책에 영향을 미치는 주요 요인으로 작용한다고 한다. 두 번째 접근방법은 국가를 행위자로 인식하고 정책과정의 독립적 행위자로서의 정치인과 관료에 초점을 맞추는데, 특히 정치인과 관료의 선호에 부합하는 정책을 만들어내기 위한 이들의 목적지향적 행태(goal-oriented behavior)를 강조한다. 이 접근방법에 의하면 국가는 유일한 중요 행위자가 아닐뿐더러, 항상 합리적이고 통일된 실체로 활동하는 것도 아니라고 한다.

이상에서 간략하게 살펴본 두 가지 접근방법 중 역사적 제도주의자들은 '제도'를 중심으로, 국가를 경쟁하는 이익집단들 사이의 '중립적 중개자'나 자본가계급의 '도구'가 아닌 집단갈등의 성격과 결과를 구조화할 수 있는 '제도들의 복합체(complex of institutions)'로 인식함으로써, 정책과정에서 국가가 수행하는 독립변수 내지 매개변수로서의 역할에 초점을 맞춘다.[287] 즉, 홀(Peter A. Hall)의 표현을 빌린다면, 국가는 경쟁하는 이익집단들 사이에서 이리저리 움직이는 "당구공(billiard ball)"이 아닌 것이다.[288] 이와 같이 역사적 제도주의자들은 국가를 사회나 국제체제(international system)의 요구를 단순히 반영하는 '블랙박스'로 인식하지 않고 국가가 가지는 정책적 자율성을 강조하지만, 기본적으로 기능주의적 관점인 네오 맑시스트 국가론이나 국가와 사회의 상호작용을 경시하는 국가중심론과는 달리, 국가 간 정책의 상이성과 한 국가 내에서의 정책패턴의 지속성을 설명하기 위해 독립적·자율적 행위자로서 국가를 상정할 뿐만 아니라 보다 중요하게는 국가와 사회를 연결해주는 제도적 맥락에 초점을 맞춘다.[289] 즉, 역사적 제도주의는 국가의 성격이 정책을 결정한다는 국가중심론적 시각에서 벗어나, 국가를 구성하는 각 사회조직들 간에 형성된 문제해결의 틀이라는 제도적 특성에 의해 정책이 결정된다는 중범위이론적 설명방식을 취하고 있다.[290]

7) 권력관계의 불평등성

합리적 선택 제도주의에서는 독립적인 행위자들 사이의 자발적인 합의를 강조하지만,[291] 이는 제도가 일부 집단들에게 다른 집단들보다 많은 의사결정상의 접근권 내지 특권을 부여하는 '비대칭적 권력관계(asymmetrical relations of power)'를 소홀히 다루는 한계가 있다.[292] 제도는 필연적으로 배분적 결과(distributional consequences)를 가져오기 때문에 항상 갈등의 문제에 직면할 수밖에 없기 때문이다. 따라서 역사적 제도주의자들은 현실의 권력관계가 제도에 의해 불평등하게 재생산되며, 사회의 정책요구가 의도적으로 배제되는 구조적 편향성에 주목한다.[293)]

이러한 맥락에서 역사적 제도주의는 국가의 계급편향성을 강조하는 네오 맑시스트 국가론과 일맥상통하는 면이 있다. 이 점은 제도의 편향성을 지적한 히라(Anil Hira)와 히라(Ron Hira)의 다음 주장에서도 확인할 수 있다. "제도주의는 또한 계급과 집단갈등에 대한 시각을 가지고 있다. 네오 맑시스트들의 관점에서 보면, 국가제도는 지배계급의 도구이다. 그렇기 때문에 제도적 틀 그 자체가 상이한 개인과 집단에게 차별적인 기회, 규칙, 그리고 규제를 함으로써 지배계급이 현상을 유지하는데 이용될 수 있다. 따라서 신제도주의는 명백하게 전통적인 비맑스주의 경제학에서 무시해온 변수인 권력을 그들의 분석에 통합시키고 있다. 요컨대, 제도는 체제유지(system maintenance)와 정당화(legitimization)의 매우 강력한 도구인 것이다."[294)] 그런데 피어슨(Paul Pierson)은 이러한 구조적 편향성이 '긍정적 환류(positive feedback)'로 인해 시간이 경과함에 따라 확대・재생산되는 경향이 있다고 한다. 현재 권력을 장악하고 있는 사람들이 자신들에게 유리하게 게임의 규칙을 고쳐 미래의 권력관계를 구조화하고 고착화시키기 때문이라는 것이 그의 설명이다.[295)]

그러나 '자본축적'과 '정당화'라는 포괄적인 양대 기능을 중심으로 자본주의 국가를 설명하는 네오 맑시스트 국가론과 달리, 역사적 제도주의는 자본주의 국가가 수행하는 다양한 기능과 정책자율성에 관심을 가지고 있다. 이를 위해 역사적 제도주의자들은 거시수준의 '구조'보다는 중범위 수준의 '제도'에 관심을 가지면서 제도를 중심으로 정치적 결과를 설명하고자 한다.[296)]

이러한 권력관계의 불평등성 때문에 현실에서는 모두에게 혜택이 돌아가는 이상적인 제도(ideal institutions)보다는 권력을 가진 소수를 위한 비효율적인 제도(inefficient institutions),[297)] 다시 말해 코핸(Robert O. Keohane)이 말한 "특권을 가진 사람의(of the privileged), 특권을 가진 사람에 의한(by the privileged), 특권을 가진 사람을 위한(for the privileged) 제도"[298)]가 존속하는 경우를 종종 볼 수 있는 것이다.

8) 독립변수와 종속변수로서의 제도

역사적 제도주의자들은 제도가 개인의 행위를 제약하고 구조화하지만, 그와 동시에 개인의 행위에 의해서도 제도가 변할 수 있다고 주장한다. 즉, 라운데스(Vivien Lowndes)와 로버츠(Mark Roberts)가 적절하게 지적하고 있듯이, "제도는 변화를 주도하는 행위자(change agents)의 노력을 제약하는 요인인 동시에 그 변화의 대상인 것이다."[299] 이는 기든스(Anthony Giddens)의 '구조화이론(structuration theory)'과 비슷한 맥락에서 '구조-행위의 문제(structure-agency problem)'를 어느 한 측면에 치우치지 않고 해결하려는 것으로, 다음과 같은 스미스(Rogers M. Smith)의 주장에서 명확하게 알 수 있다.

> 앞서 지적한 바와 같이, 두 가지 대응의 수렴점은 사람이 만든 "제도" 내지 "구조"와 정치행위자의 의사 및 행동 사이의 상호관계(interrelationship)의 중요성에 관한 것이다. 정치학 연구의 이러한 접근방법에서, 제도는 이익, 차원, 그리고 궁극적으로는 판사, 정부관료, 정당 내지 이익집단의 지도자, 그리고 확인할 수 있는 사람들과 같은 정치행위자의 행동을 형성하는 것으로 상정된다. 동시에 이러한 사람들의 행동은 그러한 제도를 어느 정도 광범위하게 재형성하는 것으로 이해된다. 따라서 이상적으로 말한다면, 중요한 정치적 사건에 대한 완전한 설명은 "배경(background)"이 되는 제도적 맥락이 중요한 정치행위에 영향을 미치는 방식과 그러한 행위가 관련되는 맥락적 구조 내지 제도를 변화시키는 방식 모두를 고려하는 것이라고 할 수 있다.[300]

3. 역사적 제도주의의 한계

역사적 제도주의는 제도의 역사적 맥락과 거시적인 구조에 주목함으로써 국가 간 정책의 상이성과 한 국가 내에서의 정책패턴의 지속성을 효과적으로 설명할 수 있다는 장점이 있지만, 구체적으로는 다음과 같은 이론적 · 방법론적 한계가 있는 것으로 지적된다.

첫째, 앞서 살펴본 바와 같이, 역사적 제도주의자들은 대체로 과거에 이루어진 제도선택이 현재나 미래의 선택을 구조화하고 제약하는 '맥락'으로 작용한다는 점을 강조하고 있는데, 이러한 이론적 관점은 제도적 구조가 부과하는 제약을 지나치게 강조함으로써 '제도적 결정론(institutional determinism)'[301]의 오류에 빠져 '무엇이 가능하지 않은가?'는 설명할 수 있어도 '무엇이 가능한가?'는 체계적으로 설명할 수 없다는 한계가 있다.[302] 또한 역사적 제도주의에서는 제도의 지속성 내지 경로의존성을 강조함으로써 제도가 변화하는 인과기제를 설명하는 데 한계를 드러내고 있다. 즉, 히라(Anil Hira)와 히라(Ron Hira)가 적절하게 지적한 바와 같이, 신제도주의는 의사결정자에 대한 제도적 제약을 설명하는 데에는 유용하지만, 그러한 제약이 바뀌는 원천과 경로를 설명하는 데에는 실패함으로써 변화의 문제를 적절하게 다루지

못한다는 것이다.[303)]

둘째, 역사적 제도주의에서는 합리적 선택 제도주의와 사회학적 제도주의를 절충하여 '계산적 접근(calculus approach)'과 '문화적 접근(cultural approach)'을 동시에 시도하지만, 이러한 절충적인 접근방법은 제도가 개인의 행태에 어떤 영향을 미치는가에 대한 정확한 인과고리(causal chain)를 제대로 설명할 수 없다는 한계가 있다.[304)]

셋째, 역사적 제도주의는 현상에 대한 세심한 관찰을 통해 선호에 관한 모형을 도출하는 귀납적 방법에 토대를 두고 있기 때문에,[305)] 연구결과의 축적과 이에 기초한 일반이론(general theory)의 개발을 어렵게 한다. 특히, 역사적 제도주의에서 강조하는 '비결정성(indeterminancy)'과 사례의 독특성은 일반화된 이론개발을 어렵게 하는 주요인이라고 할 수 있다.[306)] 뿐만 아니라, 귀납적 방법에 의할 경우 잠재적으로 중요한 독립변수의 수가 이용할 수 있는 개별국가의 사례수를 넘어서는 경우가 생길 수 있기 때문에 모형을 검증하기가 점점 더 어려워질 수 있다.[307)] 이러한 이유로 합리적 선택 제도주의자들은 역사적 제도주의의 연구방법이 비이론적이고(atheoretical) 경우에 따라서는 이야기하기(storytelling) 수준에 불과한 것이라고 비판한다.[308)] 다만, 최근에는 역사적 제도주의 내에서도 인과관계에 대한 연역적인 모형을 통해 역사적 설명방식의 문제점을 보완하려고 하기 때문에,[309)] 합리적 선택 제도주의와 역사적 제도주의의 방법론적 간극(間隙)이 좁혀지는 추세에 있다.

넷째, 역사적 제도주의에서는 거시적인 차원의 변수에만 초점을 맞춤으로써 행위의 미시적 기초(micro-foundation)를 설명하는 데에는 한계를 드러내고 있다. 즉, 역사적 제도주의는 개인이나 집단이 행위하는 구조적 조건(structural conditions)을 해명하는 데에는 크게 공헌하였지만, 역사적 조건 하에서 나타나는 구체적인 개인의 행위를 설명할 수 있는 행위이론을 갖지는 못했다는 것이다.[310)]

다섯째, 역사적 제도주의에서는 제도라는 개념의 사용에 일관성이 부족할 뿐만 아니라 제도, 역사, 정책 등 상호경쟁적인 복수의 개념을 제시하는 경우가 많아 이론의 간명성(parsimony)이 떨어진다는 한계가 있다.[311)]

여섯째, 역사적 제도주의에서는 국가 간 정책의 상이성과 한 국가 내에서의 정책패턴의 지속성을 설명하는 핵심적인 변수로 '제도'를 설정하고 있지만, 제도만이 유일하게 그러한 정책패턴의 특징적인 양상을 설명할 수 있는지는 의문이다. 왜냐하면 제도는 보다 상위차원의 '구조'가 완벽하게 통제될 때에만 유의미한 변수가 될 수 있기 때문에, 구조가 상이하다면 제도적 변수를 통해서는 정책패턴의 양상을 설명할 수 없기 때문이다.[312)]

일곱째, 역사적 제도주의에서는 제도와 이념 내지 신념 사이의 관계를 강조하지만,[313)] 그러한 이념이 의사결정이나 제도변화에 어떤 영향을 미치는가는 명확하게 개념화하거나 연구하기 어렵다는 한계가 있다.[314)]

4. 역사적 제도주의의 최근 경향: 내생적 제도변화 이론

전술한 비판을 의식하여 역사적 제도주의의 체계 내에서도 이론적·방법론적 자기혁신이 이루어지고 있는데, 여기서는 제도변화에 있어 행위자의 전략적 선택과 제도 자체의 속성을 강조하는 '내생적 제도변화 이론(theory of endogenous institutional change)'에 대해 구체적으로 살펴보기로 한다. 본격적인 논의에 앞서 크래스너(S. D. Krasner의 단절된 균형 모형으로 대변되는 '외생적 제도변화 이론'과 최근에 주목을 받고 있는 '내생적 제도변화 이론'을 비교하면 다음과 같다.

<표 5-1> 외생적 제도변화 이론과 내생적 제도변화 이론의 비교[315)]

	외생적 제도변화 이론	내생적 제도변화 이론
제도변화의 기제	외생적 충격	환경적 맥락, 제도 자체의 속성, 행위자의 전략적 선택
제도변화의 과정	단절적 과정(제도의 지속과 변화는 엄격하게 구분됨)	연속적 과정(제도의 지속과 변화는 엄격하게 구분되지 않음)
행위자에 대한 가정	방관자(소극적 존재)	전략적 행위자(적극적 존재)
제도에 대한 인식	종속변수	종속변수이자 독립변수
제도변화의 양태	급격한 변화	급격한 변화, 점진적 변화

1) 자기강화적 제도와 자기파괴적 제도

전술한 바와 같이, 제도는 경로의존성에서의 논의와 달리, 긴밀하게 연결된 통일적인 유기체라기보다는 이질적인 요소를 포함하고 있는 다소 무질서한 혼합체로서의 성격이 강하며, 이러한 "제도의 부조화(institutional dissonance)"가 제도변화의 주요 원천이 된다. 즉, 이 경우 제도의 내적 요소 간 "알력(friction)"은 제도변화를 촉진하는 "추진체(impetus)"가 될 수 있다.[316)]

이러한 맥락에서, 환경적 맥락의 변화는 제도라는 '매개변수'를 통해 행위자에게 영향을 미치며, 이 경우 행위자의 전략적 선택은 제도 내에서 '내생적으로' 조정된다고 보아야 한다.

즉, 리흐바흐(Mark Irving Lichbach)가 적절하게 지적하고 있듯이, "제도가 구조와 행위를 연결하는 중요한 가교 역할을 할 수 있는 것이다."[317] 특히, 그라이프(Avner Greif)와 레이틴(David D. Laitin)은 제도의 속성이 행위자의 전략적 선택을 특정한 방식으로 구조화시키는 인과경로에 주목하는데, 이들은 이를 "자기강화적(self-reinforcing)" 제도와 "자기파괴적(self-undermining)" 제도로 표현한 바 있다.[318] 즉, 제도는 그 내부에 지속성의 요인과 변화의 요인을 모두 내포하고 있다는 것이다. 먼저 많은 제도이론가들이 지적하고 있듯이, 제도가 지속성을 띠는 이유는, 그것이 '내쉬 균형'과 같은 특정한 해(solutions)로 귀결되기 때문이다.[319] 내쉬 균형에서 기대는 결과와 같아지며 기대된 행태와 실제 행태는 수렴하기 때문에, 행위자들은 그러한 균형에서 벗어나려는 어떠한 유인도 갖지 않을 것이다.[320] 따라서 제도를 내쉬 균형으로 볼 경우 '내생적 제도변화'라는 말은 성립할 수 없다. 제도의 편익과 비용이라는 유인구조가 행위자의 전략을 '기존 제도의 고수'라는 특정한 방식으로 구조화시킬 것이기 때문이다.[321]

그러나 제도는 이러한 "자기강제적" 요인뿐만 아니라, 보다 중요하게는 "자기강화적" 요인에 의해서도 지속성을 띨 수 있다는 사실에 주목할 필요가 있다. 여기서 우리는 제도의 "자기강제적" 속성과 "자기강화적" 속성을 구분할 필요가 있다. 자기강제적 속성 하에서 제도는 외생적인 요인에 의해서 바뀔 수 있지만, 자기강화적 속성 하에서 제도는 외생적인 요인에 의해서도 바뀌지 않을 수 있다. 예를 들면, 그라이프(Avner Grief)와 레이틴(David D. Laitin)은 이러한 점을 다음과 같이 지적하고 있다. "제도가 자기강화적 속성을 띤다면, 보다 많은 상황에서 활동하는 보다 많은 행위자들이 제도와 연관된 행태를 고수하는 것이 최적이라는 것을 발견할 수 있을 것이다. 특히, 자기강화적 속성을 띠지 않았다면 제도가 변화했을 현존 상황에 대한 외생적인 변화가 실제로는 그러한 결과를 가져오지 않을 수 있다."[322] 이와 관련하여 보완적인 제도나 정책과 같은 특정한 자산이 현존 제도 속에 전속됨에 따라 제도가 "자기강화적" 성격을 띠게 된다는 주장에 주목할 필요가 있다. 즉, 현존 제도 속에 '전속된 자산(specified assets)'이 제도변화의 비용을 증가시킴으로써 행위자들이 제도를 바꿀 유인을 갖지 않게 된다는 것이다.[323] 예를 들면, 고르비츠(Peter Gourevich)는 이러한 점을 다음과 같이 설명한다.

> 정치행위자들은 투자나 관계, 기대, 특권, 절차적 지식 등과 같은 특정한 장치에 "전속된 자산"을 만드는 경향이 있는데, 이 모든 것들이 제도와 연관되어 있다. 제도의 전속적 자산에 대한 투자가 늘어나면, 정치행위자들은 제도변화의 비용이 이러한 자산을 매우 위협할 수 있다는 사실을 깨닫게 된다. 게다가, 정치행위자들은 이러한 상황에서 변화의 위험 부담을 전적으로 부담하는데 주저할 수 있다. … 전속된 자산에 대한 투자는 제도의 지속성을 설명

하는데 도움을 준다. 정치행위자들이 특정한 제도적 장치에 투자를 하게 되면, 그들은 변화를 거부함으로써 그들의 투자를 보호하려고 하는 유인을 가지게 된다.[324]

물론 제도에 전속된 자산은 '매몰비용(sunk cost)'의 성격이 강하지만, 경제논리와 달리 정치논리에서는 매몰비용을 무시하지 못한다.[325] 특히, 피어슨(Paul Pierson)은 긍정적 환류와 적응적 기대가 자산전속성을 장기적으로 더 강하게 만든다고 보고 있다. 제도는 시간이 지남에 따라 수확체증 현상을 보이기 때문에 그것을 바꾸는 비용은 점점 증가할 수밖에 없으며, 제도가 지속될 것이라는 현재의 기대에 따라 사람들이 미래 행위를 조정함으로써 '자기실현적 예언(self-fulfilling prophecy)'이 현실화될 것이라는 설명이다.[326]

그러나 제도에는 변화를 제약하는 "자기강화적" 요인뿐만 아니라 변화를 촉진하는 "자기파괴적" 요인도 있다. 즉, 제도가 더 이상 균형으로 인식되지 않을 때, 다시 말해 제도가 더 이상 혜택을 주지 못한다고 인식될 때 행위자들은 기존 제도를 바꿀 유인을 가지게 된다는 것이다. 특히, 제도변화가 올슨(Mancur Olson)이 말한 "집합적 행위의 논리(logic of collective action)"에 좌우될 수 있다는 사실에 주목할 필요가 있다.[327] 즉, 제도의 과실(果實)은 다수에게 넓게 분산되는 반면, 그 비용은 소수에게 좁게 집중되는 경우, 이러한 역설적인 현상이 나타날 수 있다.[328] 이 경우 제도변화를 지지하는 집단은 정치적으로 쉽게 조직화될 수 있는 반면, 그것에 반대하는 집단은 "집합적 행위의 딜레마"에 빠져 정치적 조직화가 어렵기 때문에, 선거정치로 진퇴가 결정되는 정치행위자들은 제도를 바꿀 유인을 가지게 된다는 것이다.[329] 따라서 이러한 상황에서 제도변화는 피어슨(Paul Pierson)이 말한 "신뢰를 얻기 위한 정치(politics of credit claiming)"의 핵심적인 수단이 될 수 있다.[330] 물론 제도변화가 유인 구조에 의해서만 영향을 받는 것은 아니며, 외생적인 요인에 대응한 행위자들의 "내생적 학습과정(endogenous learning process)"의 산물로 볼 여지도 있다. 다시 말해, 제도에 대한 신념의 변화는 끊임없는 상호작용의 결과 얻게 된 "지식(knowledge)"의 결과물이라는 것이다.[331] 그라이프(Avner Greif)가 최근 연구에서 중세 이탈리아 제노바에서 만들어진 'podestà'라는 자기강제적 정치제도가 씨족 간 전쟁이나 신성로마제국 황제의 위협과 같은 외생적인 요인에 대응하여 오랜 시간 동안 시행착오를 거친 내생적인 "역사적 학습과정"의 산물이었다고 주장한 것도 이러한 맥락에서 이해할 수 있다.[332]

요컨대, 내생적 제도변화 이론의 체계 내에서 제도변화는 제도 내부의 권력관계나 정치적 자원의 분배에 변화가 생겨 나타난 현상이다. 권력관계나 정치적 자원은 집합적 선택이나 제도 형성에 결정적으로 중요한 영향을 미치기 때문이다. 물론 제도가 일단 자리를 잡으면 그것은 장래의 권력관계나 정치적 자원의 분배에 영향을 미친다. 따라서 '시간적 선후관계(temporality)'는 내생적 제도변화 이론을 동어반복(tautology)의 오류에서 벗어나게 하는 유일한 요인이다.[333)]

내생적 제도변화는 단절된 균형과 같은 외생적 제도변화와 달리, 그 양상이 '점진적(gradual)'이거나 '진화적(evolutionary)'인 경우가 많다.[334)] 그렇지만 이러한 제도변화가 누적될 경우 그 결과는 원인과 사뭇 다를 수 있는데, 이러한 맥락에서 원인과 결과는 1대1의 상관관계에 있지 않을 수 있다. 피어슨(Paul Pierson)이 지적하듯이, "많은 경우에 점진적이거나 누적적인 원인이 점진적인 결과를 가져오는 것은 아니다. 오히려 이러한 과정은 어떤 결정적 수준에 이르기 전까지는 사소하거나 무시될 수 있는 원인이 주된 변화를 촉발시킨 것이다."[335)] 이러한 관점에서 슈트렉(Wolfgang Streeck)과 셀린(Kathleen Thelen)은 변화의 과정(process of change)뿐만 아니라 변화의 결과(result of change)도 고려하여 다차원적인 제도변화 유형을 설정한 바 있는데, 이 중 '점진적 변화(gradual transformation)'가 여기서 논의한 제도변화 유형에 해당한다고 볼 수 있다.

<표 5-2> 과정과 결과에 따른 제도변화 유형[336)]

		변화의 결과	
		연속적	단절적
변화의 과정	점진적	적응을 통한 재생산	**점진적 변화**
	급진적	생존과 회귀	붕괴와 대체

2) 제도변화의 제약요인

지금까지 살펴본 바와 같이, 내생적 제도변화 이론은 제도 자체의 속성과 행위자의 전략적 선택을 강조하고 있지만, 이러한 행위자의 전략적 선택에 따른 제도변화는 다음과 같은 세 가지 관점에서 제약에 직면할 수 있다.

(1) 권력관계의 불평등성

현실 사회에 존재하는 권력관계의 불평등성이 행위자의 전략적 선택 자체를 구조화하고 제약할 수 있다는 점을 간과할 수 없다. 특히, 제도 자체가 그러한 불평등성을 만든다는 주장에 주목할 필요가 있다. 제도는 필연적으로 배분적 결과(distributional consequences)를 가져오기 때문에 항상 갈등의 문제에 직면할 수밖에 없기 때문이다. 예를 들면, 피어슨(Paul Pierson)은 다음과 같이 주장한다. "권력을 가진 행위자가 제도를 만드는 것이 아니라, 제도적 장치가 그러한 행위자의 자질을 형성하는 데 중요한 역할을 할 수 있다."[337] 따라서 역사적 제도주의자들은 현실의 권력관계가 제도에 의해 불평등하게 재생산되며, 사회의 정책요구가 의도적으로 배제되는 구조적 편향성에 주목한다.[338] 예를 들면, 피어슨은 제도가 만든 구조적 편향성을 "긍정적 환류"에 따른 "자기강화 과정"으로 이해하고 있다. 현재 권력을 장악하고 있는 사람들이 자신들에게 유리하게 게임의 규칙을 고쳐 미래의 권력관계를 구조화하고 고착화시키기 때문이라는 것이다.[339] 물론 블럼-한센(Jens Blom-Hansen)이 지적하고 있는 것처럼 외적 요인이 변화할 경우 정치행위자의 상대적 협상력이 바뀔 수는 있지만,[340] 권력관계의 불평등성이 시간이 경과함에 따라 확대 · 재생산되어 조직이나 제도에 깊숙이 내재된다는 주장[341]에 의한다면 그러한 변화가 가지는 의미는 제한적일 수밖에 없다.

이러한 맥락에서 제도변화는 현실의 불평등한 권력관계를 반영한 구조적 결과물일 수 있다. 전통적으로 합리적 선택 제도주의에서는 제도의 기능적 측면에 주목하여 제도변화란 "협력의 문제를 해결하기 위해" 또는 "교환을 통한 이득"을 얻기 위해 이루어지는 것으로 보는 경향이 강하다.[342] 따라서 이들의 견해에 의한다면, 제도변화는 모두에게 보다 나은 결과를 가져오는 바람직한 것이며, 기능적인 관점에서 이루어지는 지극히 자연스러운 과정이다. 왜냐하면 행위자가 기존 제도의 결과에 만족하지 못한다면, 보다 나은 결과를 가져올 수 있는 새로운 제도를 만들 것이기 때문이다.[343] 그러나 이러한 기능주의 이론은 비효율적 제도가 존재하는 현실을 제대로 설명할 수 없다는 한계가 있다. 따라서 제도변화를 보다 냉혹한 측면에서 보는 견해도 있는데, 이러한 견해에 의한다면 제도변화는 "강제나 재분배를 위한 무기"이며, "정치적 승리자들이 자신들의 이익을 추구하는 구조적인 수단"일 뿐이다.[344] 이러한 맥락에서 제도를 만드는 사람들의 목표는 사회적 딜레마를 해결하기 위한 기능적 동기에 있지 않을 수 있다. 오히려 "제도적 규칙을 만드는 사람들의 주된 목표는 다른 행위자들에 대한 전략적 이득을 얻기 위한 것"에 있는지 모르기 때문이다.[345]

(2) 조정의 문제

제도변화를 위한 행위자의 전략적 선택이 이를 둘러싼 "조정의 문제(coordination problem)"에 직면하기도 한다.[346] 즉, 모두에게 이득이 되는 변화가 개별 행위자 입장에서는 저평가되어 이를 할 유인을 갖지 못할 수도 있다는 것이다. 예를 들면, 코핸(Robert O. Keohane)이 논의한 제도개혁의 사회적 딜레마 문제도 기본적으로 이러한 관점에 입각해 있다.[347] 코핸은 특정한 제도가 어떤 기능적 필요에 의해 만들어진다는 기능주의 이론(functional theory)이, 제도가 성립하게 되는 '수요의 문제(problems of demand)'는 해결할 수 있어도 현실적으로 제도가 만들어지는 '공급의 문제(problems of supply)'는 해결할 수 없는 한계가 있다고 비판한다. 왜냐하면 제도는 '공공재'의 성격을 띠고 있기 때문에 무임승차자의 문제(free rider problem)가 생길 수 있을 뿐만 아니라, 사회적으로 유익한 제도개혁에 반발하는 지대추구연합(rent-seeking coalitions)이 존재할 수 있기 때문에 제도적 필요가 항상 제도 형성으로 이어지는 것은 아니기 때문이다.[348]

그러면서 그는 이러한 사회적 딜레마를 해결하기 위한 대안으로 올슨(M. Olson)이 제시한 "선별적 유인(selective incentive)"과 비슷한 맥락에서 미래 규칙에 대한 통제권이나 잠재적 경쟁자에 대한 진입장벽과 같은 "앞선 자의 이득(first-mover advantages)"을 제시하고 있다. 코핸의 견해와 같이, 제도 자체가 공공재의 성격을 띤다면, 합리적 행위자에게 있어 최적 전략은 무임승차자가 되는 것이며, 따라서 기존 제도를 바꾸지 않거나 새로운 제도를 만들지 않는 점에서 내쉬 균형이 형성된다. 물론 이 경우에 개인의 합리적 선택은 사회전체적인 합리적 선택을 가져오지 못한다.[349] 특히, 정치행위자의 좁은 시계와 높은 시간할인율은 제도변화를 둘러싼 이러한 조정의 문제를 심화시키는 경향이 있다. 제도변화의 전환비용은 단기적으로 나타나는 반면, 그 편익은 장기적으로 나타나는 경우가 많기 때문이다.[350]

이러한 맥락에서 제도변화를 함에 있어서는 그 과정에서 나타날 수 있는 "집합적 행위의 문제(collective action problem)"를 어떻게 해결할 것인가가 중요한 문제로 부각될 수 있다. 집합적 행위의 문제는 대부분 제도변화의 배분적 결과(distributional consequences) 때문에 나타난다. 예를 들어, 제도변화의 과실(果實)이 공공재의 성격을 띠고 있고, 상대적으로 분산되어 그 크기가 개별 행위자들 입장에서는 무시할 수 있을 정도로 작은 경우 이러한 집합적 행위의 문제가 나타날 수 있다.[351] 따라서 '배분적 결과를 어떻게 조정할 것인가?'라는 권력관계(power relations)의 문제는 제도변화와 관련하여서도 중요한 함의를 가지고 있다.[352] 예를 들면, 명백하게 불평등한 권력관계를 전제로 하고 있는 계층제적 구조는 이러한 집합적 행위의 문제를 해결할 수 있는 가장 강력한 도구이다.

(3) 제도적 제약

이 밖에도 제도 자체가 행위자의 선택을 제약하기도 한다. 전통적으로 합리적 선택 이론에서는 행위자들이 '외생적으로 주어진(exogenously given)' 또는 '고정된(fixed)' 선호를 가진 존재로 인식한다.[353] 그러나 이러한 행위자에 대한 가정은 적어도 다음과 같은 두 가지 문제가 있다. 첫째, 선호가 어떻게 형성되는가라는 "선호의 원천에 대한 설명(explanation of the origin of preference)"을 결여하고 있다.354) "사람들이 원하는 것을 어떻게 얻는가?" 뿐만 아니라, 보다 근본적으로는 "사람들이 왜 그것을 원하는가?"에 대해서도 살펴볼 필요가 있다는 윌다브스키(A. Wildavsky)의 지적은 이러한 맥락에서 나온 것이다.355) 둘째, 이러한 가정은 행위의 결과로부터 동기를 추론하고, 이를 통해 다시 결과를 설명하는 "순환론(tautology)" 내지 "사후적 상관관계(post hoc correlation)"의 오류에 빠질 수 있다.356) 원인(선호)과 결과(행위) 사이의 설명의 선후관계가 역전되었다는 것이다.

이러한 맥락에서, 행위자는 합리적 선택 이론이나 신고전파 경제학이 가정하는 '제도의 진공상태(institution free)'에서 의사결정을 하는 존재는 아니며, 그들의 정치적 선택은 많은 경우 제도적 맥락에 의해 구조화되고 제약된다.357) 이러한 점은 체벨리스(George Tsebelis)에 의해 다음과 같이 집약적으로 제시된 바 있다. "제도가 행위자의 선택과 수(moves)의 순서뿐만 아니라, 그들이 통제하는 정보도 결정하기 때문에, 상이한 제도적 구조는 상이한 행위자의 전략과 상호작용의 결과를 가져온다."358) 따라서 제도와 행위자의 관계도 '일방향적인' 관계가 아니라 '양방향적인' 관계로 이해할 필요가 있다. 이러한 점은 "환류 효과(feedback effect)"라고도 하는 제도의 제약 효과에서 명확하게 나타나는데, 이에 대해서는 7장에서 구체적으로 살펴보고자 한다.

5. 역사적 제도주의와 비교정책연구

1) 정책패턴의 지속성에 관한 연구

정책패턴의 지속성을 다룬 연구들은 많지만, 대부분의 연구들은 정책패턴이 지속성을 띠는 이유를 '설명'하기보다는 단순히 결과를 '기술'하는 경우가 많았다. 그러나 이러한 기술적 정책연구에서 벗어나 보다 설명적인 연구가 되기 위해서는 제도적 틀이 정책패턴의 지속성에 어떤 영향을 미치는가를 구체적으로 규명할 필요가 있는데, 여기서는 이를 '거부점 분석(veto points analysis)'과 '정책단속 효과(policy ratchet effect)'로 나누어 설명하고자 한다.

(1) 거부점 분석

거부점 분석(veto points analysis)은 프레스만(Jeffrey L. Pressman)과 윌다브스키(Aaron

Wildavsky)의 오클랜드 사업실패에 대한 분석 이후 정책연구에서 많이 이용되고 있는데,[359] 역사적 제도주의자들은 제도적 구조 속에 내재되어 있는 거부점의 수와 위치가 정책의 내용과 수준에 유의미한 영향을 미친다는 점을 강조한다. 그런데 이러한 거부점은, 굿인(R. E. Goodin)이 말한 "여러 층위(hierarchy)에서 변화에 소요되는 비용을 증가시키는" "중복규칙(nested rules)"[360] 또는 이머굿(E. M. Immergut)이 말한 정책에 대한 "제도적 제약(institutional constraints)"[361]으로서의 성격이 강하기 때문에, 거부점이 많을수록 정책의 내용은 현존 정책에서 크게 벗어나지 않는 '점증적인(incremental)' 수준에서 이루어질 가능성이 높다. 특히, 정책의 지지자들은 모든 거부점에서 승리해야 하는 반면 정책의 반대자들은 거부점 중 어느 한 곳에서만 승리하면 되기 때문에,[362] 거부점의 증가는 정치 세계의 '현상유지 편향'으로 이어지기 쉽다.

그렇다면 여기서 보다 근본적인 질문을 할 필요가 있다. "왜 정치 엘리트들은 자신들을 속박할 수도 있는 거부점을 정치제도 속에 만들어놓는가?" 이 물음에 대한 '하나의 답(one answer)'은 정치 세계의 '불확실성(uncertainty)'에서 찾을 수 있다. 정치의 세계에서는 영원한 승자도 영원한 패자도 없으며, 지금의 승자는 미래의 승자로부터 자신들을 지키기 위해 현존 정책이나 제도에 대한 급격한 변화를 어렵게 하려고 할 것이다. 밀러(Gary Miller)가 말한 "자기준거적(self-referencing)"[363] 제도 하에서, 핵심적인 정치 행위자들은 제도변화로부터 자신들을 보호하기 위한 장치의 개발에 주력하게 된다.

이러한 자기준거적 제도에서는 거부점의 '수(number)'뿐만 아니라 '범위(scope)'나 '구조(structure)'도 중요하게 부각된다. 즉, 거부점의 범위가 넓고 그것을 통과하는데 가중된 요건(supermajority)을 규정하고 있는 경우, 현존 정책이나 제도에 대한 급격한 변화는 사실상 어렵다. 이와 관련된 구체적인 예를 미국의 대통령 선거제도에서 찾을 수 있다. 미국에서는 대통령을 선출할 때 유권자들이 대통령 선거인단을 선출하고 선거인단이 대통령을 선출하는 다단계 절차를 거쳐야 할 뿐만 아니라, 한 표라도 많이 받은 후보가 그 주의 선거인단을 모두 차지하는 '승자독식(winner takes all)'을 규정하고 있기 때문에 득표수가 많은 후보가 반드시 선거인단을 많이 확보할 수 있는 것은 아니다. 이러한 역설적인 현상이 실제로 일어났는데, 2000년 대통령선거에서 민주당의 앨 고어 후보가 공화당의 조지 W. 부시 후보보다 더 많은 득표를 했지만, 확보한 선거인단의 수에서는 뒤지는 결과를 가져왔다.[364] 이러한 불합리한 결과가 실제로 발생하자, 많은 미국인들이 대통령 선거제도를 바꾸기 위한 개헌 추진운동을 벌였지만, 개헌에 필요한 가중된 요건[365]으로 인해 개헌이 현실화되지는 못했다.[366]

이와 같은 거부점 분석에 기초하여 이루어진 대표적인 실증연구로 이머굿(Ellen M.

Immergut)의 연구[367]와 피어슨(Paul Pierson)의 연구[368]를 들 수 있다. 이머굿은 프랑스, 스위스, 스웨덴의 보건의료정책(전 국민건강보험제도)을 비교·분석하였는데, 그녀에 의하면 각국의 정책결정구조에 내재되어 있는 '게임의 규칙(rules of the game)', 다시 말해 거부점의 수와 위치에 따라 이익집단의 정치적 영향력과 그에 따른 보건의료정책의 구체적 내용이 상이하게 나타났다고 한다.[369] 즉, 거부점의 수가 많을수록 이익집단(의사협회)의 영향력은 커지기 때문에 정책변동의 폭은 제한적일 수밖에 없는데, 행정부 밖에 거부점이 없었던 스웨덴에서는 전 국민건강보험제도를 넘어 사실상의 국가의료서비스제도(national health service)로 전환된 반면, 불안정한 정치적 연합과 약한 정당기율로 인해 의회가 실질적인 거부점이 되었던[370] 프랑스에서는 우여곡절 끝에 전 국민건강보험제도가 겨우 채택되었으며, 주민투표의 장(arena)까지 거부점이 내려와서 가장 많은 거부점을 가졌던 스위스에서는 전 국민건강보험제도가 끝내 채택되지 못했다.[371]

비슷한 맥락에서 피어슨도 정치체제의 구조와 관련하여 미국의 레이건 정부와 영국의 대처 정부의 복지제도개혁 정책을 비교·분석하였는데, 그에 의하면 상대적으로 권력이 분산되어 있는 분절화된(fragmented) 미국의 정치체제에서는 거부점의 수가 많아 복지제도개혁이 상당한 저항에 직면한 반면, 상대적으로 권력이 집권화되어 있는 영국의 정치체제에서는 거부점의 수가 적어 큰 저항 없이 복지제도 개혁을 추진할 수 있었다고 한다.[372] 이 밖에 미국, 영국, 스웨덴의 조세정책을 거시수준의 구조적 정치제도와 연계시켜 분석한 스테인모(Sven Steinmo)의 연구[373]와 근대 이전 영국과 프랑스의 상이한 세율(tax rates)을 권력구조와 연계시켜 분석한 로젠샬(Jean-Laurent Rosenthal)의 연구[374]에서도 분권적인 정치체제와 한계적(marginal) 정책결정 사이에는 높은 상관관계가 있는 것으로 나타났다.

이러한 분석결과를 토대로 우리는 거부점 분석이 한 국가의 권력구조와 관련하여 중요한 함의를 가지고 있다는 결론을 얻을 수 있다. 예를 들어, 정부형태가 대통령제이고 대통령 소속 정당과 의회의 다수당이 다른 경우, 다시 말해 이른바 '분점정부(divided government)'인 경우 거부점의 수가 늘어나기 때문에 중요한 법안의 입법화 가능성은 낮아진다고 말할 수 있다.[375] 특히, 정당 간 이념적 간격이 크고, 정당 내부의 응집력이 강한 경우 이러한 경향은 심화된다.[376] 즉, 이들의 논리는 집권당이 의회에서 다수를 차지하지 못하는 경우, 의회는 단순히 '통법부(通法府)'에 머무는 것이 아니라 행정부가 제출한 법안을 실질적으로 무효화시킬 수 있는 중요한 '거부집단(veto group)'이 될 수 있기 때문에, 정책패턴은 지속성을 띠기 쉽다는 것이다. 따라서 이 경우에 정치체제는 해커(Jacob S. Hacker)가 말한 "제도적으로 유도된 교착상태(institutionally induced stalemate)"에 빠지게 된다.[377]

정치체제의 권력구조와 정책산출 사이의 유의미한 관계는 그동안 많은 연구들을 통해 입증된 바 있는데,[378] 비교적 최근 연구로는 피어슨 등(T. Perrson et al.)의 연구[379]와 치버브(J. A. Cheibub)의 연구[380]를 들 수 있다. 먼저 피어슨 등은 정치체제의 제도적 구조가 조세 정책, 재분배 정책, 그리고 지대 배분에 미친 영향을 분석하였는데, 이들에 따르면 권력분립의 정도가 다른 대통령제와 의원내각제가 여러 가지 면에서 상이한 경제적 결과를 가져왔다고 한다. 즉, 권력분립의 원리가 철저한 대통령제에서는 상호 견제와 균형으로 인해 지대와 같은 낭비적인 정부지출과 조세부담을 줄일 수 있었지만 이해관계의 상충으로 인해 재분배 정책이나 공공재의 공급은 효율적인 수준에서 이루어지지 못한 반면, 상대적으로 권력의 집중이 가능한 의원내각제에서는 낭비적인 정부지출과 조세부담은 증가하지만 정책을 실행에 옮길 수 있는 국가의 능력이 높아짐에 따라 보다 많은 공공재의 공급과 재분배 정책의 시행이 가능했던 것으로 나타났다.

또 다른 맥락에서 치버브는 정치체제의 제도적 구조가 경제적 결과에 미친 영향을 1970년부터 2002년까지 98개 민주주의 국가를 대상으로 분석하였는데, 분석결과 대통령제 국가가 의원내각제 국가에 비해 균형예산(budget balances) 원칙을 보다 잘 지킨 것으로 나타났다. 그러나 그는 이러한 결과가 나타난 이유를, 거부점 분석에서 말하는 권력구조에서 찾는 것이 아니라, 유권자들이 경제정책에 대해 특정인에게 책임을 물을 수 있는 시스템이 존재하는지 여부에서 찾고 있다. 즉, 대통령제의 경우 유권자들이 경제정책에 대해 대통령에게 책임을 물을 수 있는 가능성이 의원내각제의 경우보다 높기 때문에, 대통령은 균형예산 원칙을 고수하려는 강한 유인을 가지게 된다는 것이다.[381] 다만, 그도 대통령이 예산과정을 지배하고 있거나 효과적으로 거부권을 행사할 수 있는 경우가 그렇지 않은 경우에 비해 균형예산 원칙이 보다 잘 지켜질 수 있다는 점은 인정한다.

지금까지 거부점 분석의 논리에 대해 간략히 살펴보았는데, 실제 정책은 거부점의 수와 같은 정치제도의 속성뿐만 아니라, 하위 차원의 정책을 구조화하는 상위 차원의 정책에 영향을 받기도 한다. 따라서 보다 체계적인 분석이 되기 위해서는 정치제도와 정책의 구조를 연결하는 다차원적인 유형화가 필요한데, 이와 관련하여 해커(J. S. Hacker)는 정치제도의 거부점과 의료보호정책의 구조를 연결하는 4가지 상이한 조합을 제시한 바 있다. 즉, 거부점이 적고(veto-free) 정책의 구조가 계층적인(hierarchial) 유형(예: 영국), 거부점이 없고 정책의 구조가 분권적인(decentralized) 유형(예: 네덜란드), 거부점이 많고(veto-ridden) 정책의 구조가 계층적인 유형(예: 캐나다), 거부점이 있고 정책의 구조가 분권적인 유형(예: 독일, 미국)이 바로 그것이다. 여기서 정책의 구조가 집권적이라는 것은 정책을 수행하는 데 소요되는 비용을 대부분 정부가 부담하는 것을 의미하는 반면, 분권적이라는 것은 다양한 행위주체가 분담하는 것을 의미한다. 따라서 정책의 구조가 분권적인 경우 정책변동은 여러 행위주체 간 타협의 결과로 "점증적(incremental)"이거나 "간헐적(episodic)"인 성격을 띠게 된다.[382]

비슷한 맥락에서 마호니(James Mahoney)와 셀린(Kathleen Thelen)도 거부점의 수와 같은 정치구조적 속성과 제도(정책) 변화 사이의 특징적인 양상을 연결하려고 한 바 있다. 이들은 정치적 맥락의 속성(강한 거부 가능성, 약한 거부 가능성)과 제도의 속성(제도의 해석과 실행에 있어 낮은 수준의 재량, 높은 수준의 재량)이 특징적인 제도변화의 양상과 연결된다고 전제하면서 다음과 같은 네 가지 유형화를 시도하고 있다. 즉, 강한 거부 가능성과 높은 수준의 재량이 결합하면 "표류"(Drift: 환경의 변화에 따라 현존 제도의 영향이 바뀌는 유형)의 유형이 나타나고, 강한 거부 가능성과 낮은 수준의 재량이 결합하면 "중첩"(Layering: 현존 제도의 틀을 유지하는 가운데 그 위에 새로운 제도를 도입하는 유형)의 유형이 나타나며, 약한 거부 가능성과 높은 수준의 재량이 결합하면 "전환"(Conversion: 핵심적인 정치 행위자의 전략 변화에 따라 새로운 방식으로 현존 제도를 해석하거나 실행하는 유형)의 유형이 나타나고, 약한 거부 가능성과 낮은 수준의 재량이 결합하면 "대체"(Displacement: 현존 제도를 폐지하고 새로운 제도를 도입하는 유형)의 유형이 나타난다고 한다.[383]

(2) 정책단속 효과

제도적 구조만 정책패턴의 지속성에 영향을 미치는 것은 물론 아니다. 정책 자체가 정책패턴에 영향을 미치기도 하는데, 주로 복지제도를 연구하는 학자들이 이러한 주장을 하고 있다. 이들의 논리를 한마디로 말하면, 광범위한 복지정책의 유산이 후속 정책선택의 범위를 제한하는 구조적 요인으로 작용함으로써 현존 정책에 대한 급격한 변화는 사실상 어렵다는 것이다.[384] 특히, 사람들이 현재 가지고 있는 것에 대해 집착하는 '부존효과(endowment effect)'나 편익보다 비용에 더 민감하게 반응하는 '부정편향성(negativity bias)'으로 인해 이러한 경향은 심화될 수 있다.

예를 들면, 피어슨(Paul Pierson)은 복지국가의 해체라는 제도개혁이 어려운 과정일 수 있다는 점을 인정한다.[385] 왜냐하면 복지국가의 진전에 따른 '정책유산'이 제도의 경직성과 광범위한 이해관계자들(stake holders)을 형성하기 때문에 제도의 성립은 용이하다고 하더라도 그것의 소멸은 상당한 저항에 직면할 수 있기 때문이다.[386] 여기서 이해관계는 이른바 "전속된 자산(specified assets)"으로써 이러한 자산이 정치과정에 많이 있을수록 정책변동의 전환비용은 증가할 수밖에 없다.[387] 물론 정치과정에 전속된 자산은 매몰비용의 성격이 강하지만, 경제논리와 달리 정치논리에서는 매몰비용을 무시하지 못한다.[388] 매몰비용은 비용 이전에 '기득권'이라는 정치적 가치가 있기 때문이다.[389] 특히, 복지제도 개혁의 경우 편익은 넓게 분산되는 반면 비용은 좁게 집중되는 경향이 있기 때문에, 개혁을 잠재적으로 지지하는 집단은 정치적 조직화가 곤란한 반면 개혁에 저항하는 집단은 정치적으로 쉽게 고무될 가능성이 높다.[390] 요컨대, 이후 논문에서 피어슨 스스로가 밝히고 있듯이, "복지국가의 성장 자체가 사회정책을 둘러싼 정치의 지형을 바꿀 수 있으며",[391] 따라서 감축을 지향하는 복지제도 개혁에도 불구하고 "사회정책의 기본적 구조는 상대적으로 안정된 상태를 유지하고 있다"는 것이 그의 결론이다.[392]

이러한 맥락에서 그는 제도에 의해 정책이 결정되는 보편적인 인과구조보다는 정책이 제도를 구조화하는 특징적인 방식에 초점을 맞추고 있다.[393] 즉, 이후 연구에서 그가 지적하고 있듯이, "시민사회를 구성하는 개인과 사회조직 입장에서, 공공정책은 그들 사이의 상호작용을 규율하는 핵심적인 역할을 수행한다."[394] 그렇다면 정책이 정치에 미치는 영향은 전통적인 정치학에서 가정하는 것보다 더 장기적일 수 있다. 예를 들어, 에스핑-안데르센(Gosta Esping-Andersen)의 혁신적인 연구에서 "자유주의적(liberal)", "사회민주주의적(social democratic)", 그리고 "보수적(conservative)" 복지정책의 레짐은 상이한 정치권력의 배열을 가져와 정치에 지속적인 영향을 미친 것으로 나타났다. 특히, 정책 레짐은 일단 제도화되면 변화의 전환비용이 커질 수밖에 없지만, 정책 레짐의 변화는 많은 경우 '공공재'의 성격을 띠고 있기 때문에 이 경우 전환비용의 부담 여부를 둘러싸고 조정의 문제에 직면할 수 있다. 즉, 정책 레짐은 사람들의 선호를 근본적으로 바꿀 수 있다.[395]

피어슨의 연구에서도 볼 수 있듯이, 사람들의 선호가 정책에 영향을 미치는 전통적인 경로 외에, 정책이 사람들의 선호에 영향을 미치기도 하는데, 이를 "환류효과(feedback effects)"라고도 한다.[396] 즉, 선호의 "결과(effect)"로 인식되던 정책이 선호를 구조화하는 "원인(cause)"이 되기도 한다는 것이다. 그리고 앞서 살펴본 복지제도 개혁에서 보듯이, 이러한 환류효과로 인해 정책의 성립과 소멸이 비대칭적 양상을 보이기도 하는데, 휴버(E. Huber)와 스티븐스(J. D. Stephens)는 이를 "정책단속 효과(policy ratchet effect)"라는 개념으로 설명하고 있다. 즉, 정책은 일단 관성이 붙으면 그것을 되돌리기 매우 어렵다는 것이다. 이들은 다음과 같이 주장한다.

> 감축의 시대 이전에, 세속적인 보수정당이 사회민주당이나 기민당이 만들어놓은 복지제도 개혁을 되돌리는 경우는 드물었다. 게다가 그들은 보통 개별적인 새로운 개혁방안들을 그것

이 제도화된 이후에 받아들였으며, 정책의제의 새로운 중심도 사회 내의 진보세력이 제안한 혁신방안에 의해 규정되었다. 보수정당의 태도가 바뀐 이유는 개혁, 특히 연금, 교육, 그리고 의료보호 영역에서의 폭넓은 정책이 일반대중들에게 인기가 있었기 때문이다. … 정책에 대한 지지는 일단 시민들이 새로운 정책으로부터 혜택을 보는 경우 급속히 확산되기 때문에, 그러한 정책의 축소에 대한 대중의 반발은 그것을 도입했을 때의 지지보다 훨씬 크게 된다. 따라서 새로운 정책의 체계는 사람들의 선호를 근본적으로 바꾸어 놓는다(강조는 필자 추가).[397]

이러한 정책단속 효과에 의한다면, "정치가 정책을 형성한다(politics makes policies)"는 전통적인 논의를 넘어서서 "정책이 정치를 구조화한다(policies structure politics)"는 새로운 논의로 나아갈 수 있다.[398] 예컨대, 미국 복지제도 개혁의 역사를 분석한 해커(Jacob S. Hacker)는 역사적으로 누적된 광범위한 복지정책의 유산이 후속 정치과정을 구조화하여 "중첩(layering)", "전환(conversion)", "정책표류(policy drift)"와 같은 정책의 급격한 변화가 없어 가시성이 낮은 "숨겨진 정치(hidden politics)"가 정치엘리트들 사이에서 지배적인 전략이 된 역사적 인과과정을 훌륭하게 논증한 바 있다.[399] 이처럼 정치엘리트들이 가시성이 낮은 전략을 추구하는 근본적인 이유는 복지제도 개혁과 같은 "인기 없는 정책(unpopular policy)"을 추진하는 데 따른 "비난을 회피(blame avoidance)"하기 위한 동기 때문이다.[400] 이러한 맥락에서 역사적 제도주의의 체계 내에서 제도와 정책은 일방적인 관계가 아닌 서로 영향을 주고받는 양방향적 관계에 있다. 즉, 제도가 정치를 구조화함으로써 정책에 영향을 미치기도 하지만, 다른 한편으로는 정책이 정치의 지형을 바꿈으로써 제도에 영향을 미치기도 한다.[401]

복지제도 개혁을 중심으로 정책단속 효과를 논의하는 연구들은, 그러나 이러한 효과가 나타나는 이유에 대해 명확한 답변을 하지 못한다는 한계가 있다. 이 점에서 정책효과의 특징적인 양상에 따라 정책단속 효과의 다양한 패턴을 분석한 소쓰(Joe Soss)와 슈람(Sanford F. Schram)의 연구는 우리에게 시사하는 바가 크다.[402] 소쓰와 슈람은 정책이 사람들의 선호에 영향을 미치는 "정책환류 효과(policy feedback effect)"가 정책이 가지고 있는 "가시성(visibility)"과 "근접성(proximity)"에 따라 상이하다고 주장한다. 즉, 이들에 따르면, 정책의 정치적 현시성(salience)이 높고 그 효과가 직접적인 경우, 다시 말해 정책의 가시성과 근접성이 높은 경우 정책환류 효과도 크게 나타난다고 한다. 이 경우에는 정책의 상대적 편익과 비용이 증가하기 때문에 정책이 개인들의 선호에 미치는 영향도 커질 수밖에 없다는 것이 이들의 설명이다.

그런데 이 같은 주장은 사실 새로운 것이 이니며, 이미 오래 전에 윌슨(J. Q. Wilson)에 의해 비슷한 주장이 제기된 바 있다.[403] 2장에서 살펴본 바와 같이, 윌슨은 정부규제의 공익이론과 사익이론이 모두 현실의 규제를 만족스럽게 설명하지 못한다고 비판하면서 정부규제로 인한 편익과 비용의 집중·분산 여부에 따라 네 가지 규제정치 유형(고객정치, 기업가적 정치, 대중적 정치, 이익집단 정치)을 제시하였는데, 이 중 이익집단 정치 상황이 여기서의 논의와 유사하다. 이익집단 정치 상황은 잘 조직된 수혜집단과 비용부담집단이 정치과정에 병존하여 정치적 현시성이 높은 유형인데, 이 유형에서는 정부가 어느 한 집단에 포획될 가능성이 낮기 때문에 정책도 두 집단 모두 수긍할 수 있는 수준에서 타협이 이루어지는 것이 보통이다. 두 집단 모두 수긍할 수 있는 수준의 정책이란 보통 기존의 정책에서 크게 벗어나지 않는 것이기 때문에, 이 경우 정책단속 효과는 크게 나타날 가능성이 높다. 위버(R. Kent Weaver)가 최근 연구에서 제시한 "정책 카르텔(policy cartels)"[404]의 개념도 연금제도 개혁(pension reform)과 같은 현시성이 높은 사안에서 관련 이해관계 집단들 - 오렌(Karen Orren)과 스코우로넥(Stephen Skowronek)의 표현을 빌리면 "정책 고객들(policy clienteles)"[405] - 사이에 형성된 정책연합의 구조적 편향성을 잘 보여주고 있다. 그렇다면 정치의 세계에 고유한 '현상유지 편향'은 정치의 본질적인 속성 때문만은 아닐 것이다. 오히려 문제의 본질은 정치를 구조화하는 정책에 있을지 모르기 때문이다.

이 밖에 "긍정적 환류(positive feedback)"로 인해 현존 정책의 효과가 확대·재생산되는 "자기강화 과정(self-reinforcing process)"에서는 현존 정책의 제약 효과가 크게 나타날 수밖에 없다.[406] 특히, 현존 정책에 많은 자산이 투입된 경우 이러한 긍정적 환류효과는 정책 변동을 제약하는 중요한 요인이 될 수 있다. 물론 현존 정책에 투입된 '전속된 자산(specified assets)'은 '매몰비용(sunk costs)'으로서의 성격이 강하지만, 경제논리에서와 달리 정치논리에서는 매몰비용을 무시하지 못한다.

정책단속 효과는 현존 정책이 후속 정책선택의 범위를 제한하여 정책패턴이 지속성을 띤다는 것으로 얼핏 보면 제도이론과 직접적 관련이 없어 보이지만, 문제는 그리 간단하지 않다. 앞서도 언급한 바와 같이, 정책단속 효과에 의해 제도적 구조가 바뀔 수 있을 뿐만 아니라, 제도적 구조 자체가 정책단속 효과를 확대·강화하는 방향으로 작용할 수 있기 때문이다. 예컨대, 1930년대 영국, 미국, 스웨덴에서 케인즈주의가 상이하게 제도화된 양상을 분석한 위어(Margaret Weir)와 스카치폴(Theda Skocpol)의 연구를 통해 우리는 제도적 구조와 정책단속 효과 사이의 상호영향관계를 살펴볼 수 있다. 이들은 제도적 구조가 '정책유산(policy legacies)'으로 구체화됨으로써 그 이후의 역사과정에도 지속적인 영향을 미쳐 국가 간 정책의 상이성으로 이어지는 인과과정에 주목하고 있다. 예를 들어, 1930년대 케인즈주의의 확산이 영국과 스웨덴에서 상이한 양상을 띤 이유는, 1920년대 이들 국가에서 지배적이었던 복지

정책의 유산 때문이었다고 설명한다. 즉, 공공사업을 강조하였던 스웨덴의 경우에는 실업급여를 강조하였던 영국에 비해 정부 재정지출 확대를 통한 유효수요의 창출이라는 케인즈주의의 확산에 유리한 맥락적 조건을 구비하고 있었다는 것이다. 그런데 이들은 정책유산이 후속 정책선택을 구조화하는 방식이 정치체제의 제도적 구조에 따라 상이하다고 주장하였다. 즉, 스웨덴과 같은 집권적인 정치체제에서보다 미국이나 영국과 같은 분권화된 정치체제에서 정책유산의 영향이 큰 것으로 나타났다. 그렇다면 분권화된 정치체제에서는 왜 정책유산이 정책결정과정에 큰 영향을 미치는가? 이 물음에 대한 이들의 답은 사실 앞서 살펴본 거부점 분석의 논리와 크게 다르지 않다. 즉, 분권화된 정치체제에서는 정책유산이 후속 정책결정과정을 구조화하여 정책선택의 폭을 제한할 제도적 여지가 많지만, 집권적인 정치체제에서는 그러한 여지가 별로 없다는 것이다.[407]

2) 정책패턴의 변화가능성에 대한 연구

(1) 정책패러다임의 변동

역사적 제도주의자들은 한편으로는 제도의 경로의존성을 중심으로 제도나 정책의 지속성을 논의하면서도, 다른 한편으로는 '정책 패러다임(policy paradigm)'의 변동과 같은 급격한 변화를 설명하기도 한다.[408] 여기서 말하는 정책 패러다임의 변동이란 정책목표와 정책수단에 있어서 급격한 변화를 가져오는 정책변동을 의미한다. 그런데 이러한 연구도 앞서 살펴본 경로의존성에 대한 연구와 마찬가지로 현상의 원인을 설명하는 인과기제를 구체화시킬 필요가 있다. 특히, 국가 간 정책의 상이성에 대한 연구와 달리, 한 국가 내에서의 정책패턴의 변화 양상에 대한 연구는 특정 시점에서 제도적 구조가 중요하게 부각된 이유를 구체적으로 살펴볼 필요가 있다. 예를 들면, 홀(Peter A. Hall)은 1970년대 영국의 거시경제정책의 기본방향이 '케인즈주의(Keynesianism)'에서 '통화주의(monetarism)'로 급격하게 변동한 이유를 영국에 특유한 제도적 구조에서 찾고 있다. 그러면서 그는 이러한 제도적 구조의 구체적인 예로 '내각책임제 정부형태(responsible cabinet government)'와 '양당제도(two-party political system)'를 들고 있다. 즉, 내각책임제 정부형태는 정책혁신을 실행에 옮기는데 필요한 권한의 집중을 가능케 했으며, 양당제도는 야당에게 선거구민에 대한 특징적인 상(profile)과 집권여당에 대한 효과적인 비판을 할 수 있는 혁신적인 정책노선을 제안하려고 하는 강한 유인을 제공했다는 것이다. 이러한 맥락에서 그는 1970년대 영국이 경험한 급격한 정책변동은 영국 특유의 제도적 구조의 산물이며, 그러한 변동을 미국과 같은 '분절화된' 정치체제에서는

생각하기 어렵다고 결론짓고 있다.[409]

그런데 문제는 그러한 제도적 구조가 왜 대처 정부 하에서 크게 부각되었는가? 하는 점이다. 왜냐하면 그가 제시하고 있는 핵심적인 제도적 요인이 대처 정부 시기에만 특징적인 것은 아닐 것이기 때문이다.[410] 물론 홀도 이러한 점을 인식하여 대처 정부 시기에 급격한 정책변화가 이루어진 배경으로, 통화주의와 같은 "정책이념(policy ideas)"의 확산을 제시하고 있기는 하지만, 그가 제시하고 있는 정책이념은 제도와 구분되는 것이기 때문에[411] 이를 굳이 "제도론적 분석(institutional analysis)"이라고 할 이유가 없다.[412]

이러한 맥락에서 한 국가 내에서의 정책패턴의 변화는 제도적 구조의 변화와 함께 논의될 필요가 있다. 예를 들면, 김시윤은 통신산업정책의 변화를 거시구조적이고 역사적인 관점에서 분석하고 있는데, 그에 의하면 1980년대 말 이후의 통신산업정책의 자유화는 많은 부분 시장지향적 정책사고의 출현과 약화된 관료제의 집권성 및 대기업 관계, 그리고 새로운 정책사고를 가진 경제기획원의 정책결정기관으로서의 지위 회복 등과 같은 제도적 구조의 변화에 기인하였다고 한다.[413] 물론 여기서도 문제가 되는 것은 '무엇이 그러한 제도변화를 가져왔는가?'라는 제도변화의 인과기제에 대한 구체화이다. 앞서 살펴본 바와 같이, 역사적 제도주의자들은 전통적으로 외생적인 사건이 미치는 영향을 강조한다. 예를 들면, 방민석과 김정해는 대기업 규제정책의 단절적 변화요인으로 위기요인, 외부적 압력, 그리고 정권교체와 같은 외생적 요인을 강조하면서 이러한 요인들이 국가와 자본의 전략적 상호관계에 중요한 영향을 미쳤다고 주장하였으며,[414] 심상용도 97년 외환위기를 '정부주도의 생산요소 투입형 불균형 성장전략'의 경로의존성을 단절시킨 간헐적인 '외부적 충격'으로 이해하고 있다.[415] 크래스너의 '단절된 균형 모형'의 전통에 입각한 이러한 연구들은 외적 요인 외에 제도 내부의 조정 과정을 고려하지 못한다는 한계가 있다. 따라서 최근에는 '내생적 제도변화 이론'에 대한 논의가 활발하게 이루어지고 있는데, 이에 대해서는 제도의 변화가능성을 논의하면서 자세히 살펴보았다.

(2) 비교정태분석

앞서도 언급한 바와 같이, 정책이 결정되는 제도적 틀을 바꾸는 기본적인 동인은 환경적 맥락의 변화이다. 즉, 정치제도는 블론델(Jean Blondel)이 적절하게 지적하고 있듯이, 환경의 변화에 따라 고유한 의미를 갖는 "특정체(peculiar)"이다.[416] 예컨대, 블럼-한센(Jens Blom-Hansen)은 제도의 "협상적 관점(bargaining view of institutions)"에 근거하여, 기존 제도 하에서 불이익을 보는 사람들은 외적 요인에 의해 상대적 협상력이 변할 경우 그러한 제도를 바꾸려고 하는 유인(incentive)을 가지게 되며, 권력을 가진 사람들 또한 제도변화의 "배분적 결과(distributional consequences)"가 바뀔 경우 변화를 선호하게 된다는 논리를 제시한 바 있다.[417] 우리가 외생변수와 내생변수 사이의 상호관계를 중요하게 다루는 비교정태분석을 검토하는 이유도 바로 여기에 있다.

비교정태분석에서처럼 환경적 맥락의 중요성을 인식한다면, 무엇이 그러한 환경을 구성하는지 살펴보는 것이 중요하다. 여기서는 킹던(J. W. Kingdon)의 연구[418]에 따라 그가 제시하고 있는 세 가지 흐름(정치적 흐름, 문제의 흐름, 정책 흐름)을 본서의 틀에 맞게 수정하여 환경적 맥락의 구성변수를 설정하고자 한다. 즉, 본서에서는 환경적 맥락의 구성변수로 정치적 흐름에 해당하는 정권교체, 문제의 흐름에 해당하는 사회경제적 요인 및 극적 사건, 그리고 정책흐름에 해당하는 정책이념(policy ideas) 등을 설정하고자 한다. 그리고 이러한 환경적 맥락의 변화가 각국의 제도나 정책에 어떤 영향을 미쳤는지 구체적으로 살펴보고자 한다.

첫째, 정권교체는 정책변동에 중요한 영향을 미친다. 즉, 정권교체가 기존의 지배연합을 재구성하고 새로운 정책변화를 추구할 수 있는 결정적인 동인이 될 수 있다.[419] 앞서도 지적한 바와 같이, 정치의 세계에서는 영원한 승자도 영원한 패자도 없기 때문에,[420] 지금의 패자는 미래의 승자가 되기 위해 끊임없이 새로운 차원의 이슈를 제기할 것이다. 많은 연구들이 정치적 경쟁의 "패배자들(losers)"을 정책변동의 '촉매'로 설정하고 있는 것[421]도 이러한 맥락에서 이해할 수 있다. 특히, 한국의 경우처럼 과거 정권에 대한 부정을 통해 자신들의 정당성을 확보하려는 것이 오랜 관행처럼 굳어져 내려오고 있는 상황에서는 정권이 바뀔 때마다 전임 정권의 제도나 정책에 대해 급진적인 개혁의지를 표명하는 것은 어찌 보면 당연한 일일지 모른다.

둘째, 사회경제적 요인도 정책변동에 중요한 영향을 미친다. 역사적 제도주의자들은 "제도가 중요하다"는 기본전제가 입각하여 정치제도를 정치적 결과에 대한 유일한 인과요인으로 설정하는 경우가 많다. 즉, 이들에게 있어 사회경제적 맥락은 '구조'로서 정치적 결과에 의미가 있는 '제도'와는 차원이 다른 것이다. 그러나 이러한 '구조' 역시 '제도'에 영향을 미치며, 정치학자나 정치경제학자들이 설명하고자 하는 정치적 결과에 중요한 변수로 작용한다. 특히, 사회경제적 맥락의 변화는 그것이 '극적 사건'과 결합했을 때, 하나의 '점화계기'가 될 수 있다. 즉, 여기서 극적 사건은 크래스너(S. D. Krasner)가 말한 결정적 전환점을 재촉하는 핵심적인 인과요인으로 기능한다.[422] 이러한 맥락에서 제도적 결과에 대한 분석은 사회경제적 맥락의 변화를 반영하여 단기적인 것뿐만 아니라 장기적인 것도 포함시켜야 한다. "제도적 결과의 양방향성(bidirectionality of institutional effect)"이라고도 하는 이 문제는, 제도가 정치행위자들에게 기회와 위협을 동시에 주기 때문에 행정부와 의회의 관계와 같은 헌법적 수준의 제도만으로는 현실의 정치적 결과를 제대로 설명할 수 없다는 것이다.[423] 예를 들어, 스웽크(Duane Swank)의 연구는 이와 관련하여 중요한 함의를 가지고 있다. 스웽크는 분절화된 정치체제는 거부점이 증가함으로써 복지프로그램의 감축과 같은 개혁에 부정적인 영향을 미친다는 보편적인 주장에 대해, 제도적 구조의 장기적 결과가 그 동안 "상수(constant)"로 취급한 많은 변수들에 영향을 미침으로써 복지프로그램의 감축에 긍정적인 영향을 미칠 수도 있다는 반론을 제기하였다. 즉, 분절화된 정치제도가 초기 복지국가의 확대를 제한할 뿐만 아니라, 사회의 이질성 증대로 인해 복지국가를 지지하는 "포괄적 이익집단(encompassing interest group)"의 성장과 "보편주의(universalism)"의 문화적 기반을 약화시킬 수 있다는 것이다.[424] 해커(J. S. Hacker)가 최근 논문에서 "정책변동"을 가로막는 "제도적 장벽"을 상반된 효과를 지닌 "양날의 칼(double-edged sword)"에 비유한 것도 이러한 맥락에서 이해할 수 있다.[425]

셋째, 정책이념과 같은 문화적 변수도 정책변동에 중요한 영향을 미친다. 종래 비교정치경제학(comparative political economy) 분야에서는 이익이나 제도에 비해 이념과 같은 문화적 변수(cultural variable)를 상대적으로 소홀히 다루었지만,[426] 이들 변수는 정책변화와 방향의 길잡이가 될 뿐만 아니라, 제도화, 공고화의 과정을 통해 앞으로의 정책선택에 지속적인 영향을 미칠 수 있다.[427] 특히, 정책이념은 경우에 따라 물질적 이익을 규정하는 "사회적 구성물(social constructs)"이 되기도 하는데, 이럴 경우 미래 행위는 현재의 기대에 좌우되는 "자기충족적 속성"을 띨 수 있다.[428] 예를 들어, 벨란드(Daniel Beland)는 보다 구체적으로 정책결정과정에서 수행하는 이념의 역할을 다음과 같은 세 가지로 정리하고 있다. 첫째, 시간이 경과함에도 현존 제도와 정책이 재생산되도록 하는 "인지적 자물쇠(cognitive locks)"의 역할을 한다. 둘째, 정치 행위자들에게 개혁의 모델을 제공하는 "정책 청사진(policy blueprints)"의 역할을 한다. 셋째, 정치 행위자들로 하여금 현존 정책에 대해 도전할 수 있도록 하는 "강력한 이념적 무기(powerful ideological weapons)"의 역할을 한다.[429] 정책변동에서 정책이념의 역할을 논증한 최근 연구로 위어(Margaret Weir)의 연구를 들 수 있다. 위어는 이 논문에서 현존 정책에 대한 확고한 지지 기반을 약화시키거나 새로운 목소리를 대변할 수 있는 대안적인 정책이념의 존재가 정책변동의 중요한 기제가 된다고 주장하면서, 최근에 이루어지고 있는 미국의 복지제도 개혁을 분석하고 있다.[430] 그러나 정책이념만으로 정책이 변동하지는 않으며, 많은 경우 정책이념은 정치제도와 결합될 필요가 있다. 예컨대, 정책이념이 정치체제에 진입하기 위해서는 "문지기(gatekeepers)"의 허락을 받아야 하는데, 이러한 "문지기"의 역할을 담당하는 것이 바로 정치제도이다.[431] 따라서 정책이념의 확산은 정치제도의 성격에 따라 편향된 모습을 보일 수 있다.[432]

제 3 절 합리적 선택 제도주의

1. 합리적 선택 제도주의의 대두 배경

합리적 선택 제도주의(rational choice institutionalism)의 모태가 되었던 합리적 선택 이론에서 제도에 주목하기 시작한 것은 미국 의회에서의 정치적 결과가 그들이 이론적으로 예측한 것과 상이하다는 것을 발견하면서부터이다.[433] 전통적인 합리적 선택 이론에서는 의원들의 다봉선호구조(multi-peaked preference structure)와 다차원적 쟁점(multi-dimensional issues)이 지배적인 미국 의회에서는 투표의 '순환(cycling)'이 일반적으로 나타날 것이라고 예측하였으나, 실제로는 의회에서의 정치적 결과들이 상당한 안정성을 띠었다. 그렇다면 이러한 이론과 실제 사이의 불일치 현상을 어떻게 설명할 것인가? 쉡슬(Kenneth A. Shepsle)이나 웨인개스트(Barry R. Weingast) 등 일단의 의회정치학자들은 그 이유를 의회에서의 결정규칙이나 위원회제도(committee system)와 같은 제도적 장치에서 찾았다. 즉, 이들은 이러한 제도적 장치들(institutional arrangements)이 의회의 입법과정에서 생기는 거래비용(transaction costs)을 줄여주거나 선택가능한 대안 내지 실현가능한 결과의 범위를 제한함으로써 '구조에 의해 유도된 균형(structure-induced equilibrium)'을 이끌어낼 수 있다고 보았던 것이다.[434]

이러한 맥락에서 합리적 선택 제도주의자들은 제도의 기원을 그 존재에 수반하는 결과라는 관점에서 이해하는 기능주의적 관점을 취하고 있다. 다시 말해, 합리적 선택 제도주의자들에게 있어 제도란 "안정을 유도하고, 기회주의를 제한하며, 교환을 통한 이득을 현실화하기 위해 사용하는 문제해결기제(problem-solving devices)"이며,[435] 공동선(common good)에 부합하는 최적 선택을 하도록 행위자들을 제약함으로써[436] 궁극적으로는 '파레토 우위적 결과(Pareto-superior outcome)'를 가져오게 하는 핵심적인 인과요인(causal factor)인 것이다.[437]

합리적 선택 제도주의에서 제도를 정의하는 관점은, 크게 '균형점(equilibrium)'으로 보는 견해, '규범(norm)'으로 보는 견해, 그리고 '규칙(rule)'으로 보는 견해 등으로 나눌 수 있는데,[438] 대체로 합리적 행위자의 이기적 행태를 구조화하고 제약하는 '전략적 맥락(strategic contexts)'으로 인식한다.[439] 예를 들면, 노스(Douglass C. North)는 제도를 한 사회의 '게임의 규칙(rules of the game)' 또는 인간의 상호작용을 형성하는 '인위적으로 고안된 제약(humanly devised constraints)'으로 정의하였는데, 이러한 제약에는 '규칙(rules)'과 같은 공식적 제약뿐만 아니라 '관행(conventions)' 및 '행동규범(codes of behavior)'과 같은 비공식적 제약도 포함된다고 한다.[440] 물론 사람들이 이러한 제약에 대해 동의하는 이유는, 그것이 그러한 제약이 없었을 때보다 더 나은 결과를 가져다주기 때문이다.

2. 합리적 선택 제도주의의 주요 내용

1) 사회적 딜레마를 해결하기 위한 기능적 조정 장치로서의 제도

합리적 선택 제도주의에서는 제도를 사회적 딜레마와 같은 문제를 해결하기 위한 기능적 조정 장치로 이해한다. 앞서 살펴본 바와 같이, 사회적 딜레마란 개인의 합리적 선택이 사회 전체적인 합리적 결과로 귀결되지 않는 역설적인 현상을 말한다. 예를 들면, 애로우의 불가능성 정리는 개개인의 선호를 결집시켜 사회의 선호로 바꿀 수 있는 사회후생함수가 존재하지 않는다는 것으로, 이는 민주국가의 정치제도가 사회 전체의 후생을 극대화할 수 있는 대안을 선택할 수 없다는 '정치의 실패'를 잘 보여준다.[441] 이 정리에 의하면 개인의 선호는 합리적이라고 하더라도 개인의 선호가 결합되는 집합적 차원에서는 비합리적일 수 있다. 왜냐하면 사회의 선호순위에서 '이행성'이 인정되지 않아 '순환(cycling)'이 발생할 경우, 과반수 투표제는 안정적인 균형점으로 귀결되지 않는 '투표의 역설(paradox of voting)' 현상이 나타날 수 있기 때문이다.

합리적 선택 제도주의는 이러한 사회적 딜레마에 대한 대응으로 등장하였다. 즉, 합리적 선택 제도주의는 개인의 합리적 선택이 사회전체적인 합리적 결과를 가져오지 못하는 사회적 딜레마가 제도의 부재 때문이라고 보며, 잘 고안된 제도적 장치에 의해 이러한 문제가 해결될 수 있음을 강조한다.[442] 따라서 이 경우 제도는 기능주의적 관점에서 정당화되며, 모(Terry M. Moe)가 말했듯이 "집합적 행위의 문제를 해결하여 교환을 통한 이득(gains from trade)을 크게 하기 위해 고안되고 만들어진 구조"라고 할 수 있다.[443] 예를 들어, 정치학자 웨인개스트(Barry R. Weingast)는 합리적 선택 제도주의에 대한 문헌 비평에서 제도의 존재 이유와 그 기능을 다음과 같이 설명한 바 있다. "합리적 선택 모형은 제도가 존재하는 이유와 제도가 그와 같은 형태를 띠는 이유에 대해 설명한다. 간단히 말해, 그 답은 사람들이 협력을 통해 이득(gains from cooperation)을 얻도록 도와주는 제도를 필요로 하기 때문이라는 것이다. 제도가 없는 상황에서, 개인들은 그들의 합리적 행위가 모두에게 더 나쁜 결과를 가져오는 사회적 딜레마(social dilemma)에 종종 직면한다."[444] 요컨대, 합리적 선택 제도주의의 체계 내에서 제도는 일련의 사회적 딜레마를 해결하기 위한 기능적 조정 장치, 다시 말해 합리적인 개인의 행위로부터 "집단적 합리성(collective rationality)"을 이끌어내기 위한 "유인(incentives)" 내지 "제약(constraints)"을 의미한다.[445] 예를 들어, 공공재의 경우 모두의 이해관계에 결부되어 있지만, 배제할 수 없는 성격 때문에 어느 누구도 공공재의 생산에 기여하려고 하지 않는다. 그런데 제도가 무임승차 행위(free riding)와 같은 역기능적 행태를 제약한다면 사회적으로 바람직한 결과를 산출하도록 유도할 수 있다. 따라서 이러한 논리에 의한다면, 제도변화는 기능적인 관점에서 이루어지는 자연스러운 과정이다. 왜냐하면 행위자가 현존 제도의 결과에 만족하지 못한다면, 보다 나은 결과를 가져올 수 있는 새로운 제도를 만들 것이기 때문이다.[446]

개인의 합리적 선택이 사회전체적인 합리적 결과를 가져오지 못하는 사회적 딜레마를 해결하기 위해 특정한 제도가 만들어진다는 합리적 선택 제도주의의 관점은, 미국의 인디아나 학파에 의해 체계적으로 이론화되었다. 인디아나 학파는 개인적 합리성과 사회적 합리성 사이의 괴리를 해결하기 위한 제도의 역할을 논증하기 위해 '공유재(common-pool resources)'의 효율적 관리에 관심을 집중하고 있다. 여기서 공유재란 다수의 개별 주체들이 공유하고, 공동으로 사용하며, 잠재적인 이용자들을 그 사용에서 배제하는 것이 불가능하거나 많은 비용이 소요되어 곤란한 특성(비배제성)을 가지고 있는 동시에, 그 공급이 제한되어 있어 한 사람의 사용이 다른 사람의 사용가능성을 감소시키는 특성(편익감소성)을 가진 자원이나 인공적 시설물을 말한다.[447] 공유재의 경우에는 경합적 성격이 강하기 때문에 이를 효과적으로 사용하려면 각 개인들은 적정 수준 이상의 사용을 자제해야 하지만, 합리적 개인으로 구성된 공유재 사용자 집단은 자신들의 이익을 극대화하려는 개인들의 합리적 의사결정에도 불구하고 공유재의 사용을 자제하지 못하는 경우가 많다. 따라서 이 경우에는 사회전체적인 측면에서 최적성(social optimality)을 달성하지 못하게 되는데, 이를 하딘(G. Hardin)은 '공유지의 비극(the tragedy of the commons)'이라는 말로 표현하고 있다.[448] 그런데 이와 같은 공유재의 문제는 많은 경우 재화의 본질적인 속성 때문이라기보다는 배제를 불가능하게 하는 제도적인 요인 때문에 발생한다. 따라서 제도적 장치를 통해 공유재의 문제를 해결할 수 있다면, 이는 합리적 선택 제도주의에서 중요하게 다루어질 주제인 것이다. 이와 관련하여 오스트롬(Elinor Ostrom)은 공유재를 효율적으로 관리하기 위한 제도원칙으로, 공유재 이용자의 경계의 명확성, 지역실정에 맞는 운영규칙, 집합적인 선택장치, 공유재 이용상황을 감시하는 장치, 단계적 제재(gradual sanction), 공유재 사용자들 간의 갈등해소장치(conflict resolution mechanism), 공동체의 자치조직권 보장 등을 제시하고 있다.[449]

사회적 딜레마를 해결하기 위한 제도적 장치의 설계에 관심을 집중하고 있는 합리적 선택 제도주의는, 그러나 이들의 이론체계 내에서는 설명하지 못하는 현상에 직면하면서 한계에 봉착하는 경우도 있다. 예를 들면, 로드스타인(Bo Rothstein)은 “집합적 행위의 딜레마를 해결하기 위해 제도를 만든다는 것 자체가 집합적 행위의 문제”라고 지적함으로써 합리적 선택 제도주의에서 말하는 제도의 기능과 그 성립 사이에는 근본적인 모순이 있음을 지적하였다.[450] 즉, 제도의 기능은 이타적인 '자애로운 행위자(benevolent actors)'를 가정할 때에만 이해할 수 있음에도 불구하고, 제도를 만드는 사람은 이기적인 '합리적 경제인'으로 가정하는 것은 자기모순이라는 것이다.

2) 균형으로서의 제도

합리적 선택 제도주의에서는 제도가 일종의 '내쉬 균형(Nash equilibrium)'과 같이 구체화된다고 본다.[451] 즉, 합리적 선택 제도주의자들은 그들의 선택 가능한 대안이나 상대방에 대한 기대가 바뀌지 않는 한 현재의 상태를 유지하려고 하는 '전략적 균형(strategic equilibrium)'을 제도로 인식하는 경향이 강하다.[452] 그런데 제도를 내쉬 균형으로 볼 경우 제도의 지속성은 설명할 수 있어도 제도의 변화가능성은 설명할 수 없다는 본질적 한계가 있다. 왜냐하면 제도가 내쉬 균형이라면 행위자들은 그러한 균형에서 벗어날 어떠한 유인도 갖지 않을 것이기 때문이다. 예를 들어, 〈그림 5-2〉는 그러한 균형의 예를 보여주고 있다. 그림에서 A의 위치에 있는 공은 불안정한 상태에 있기 때문에 틀을 흔드는 것과 같은 외생적인 조건의 변화가 없다고 하더라도 쉽게 움직일 수 있다. 이에 반해 B의 위치에 있는 공은 안정된 상태에 있기 때문에 틀을 흔들지 않는 이상 좌우로 움직이지 않는다. 즉, 그림에서 A의 상태에 있는 공은 균형이 아닌 반면, B의 상태에 있는 공은 균형이라고 할 수 있다.

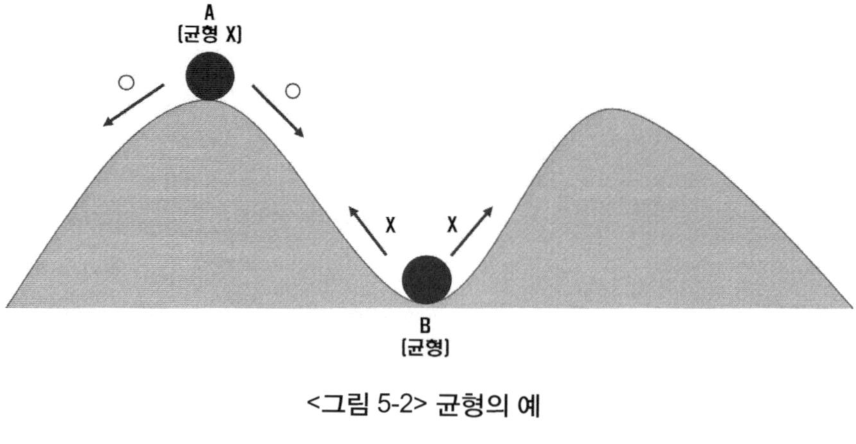

<그림 5-2> 균형의 예

이러한 맥락에서 피터스(B. Guy Peters)가 적절하게 지적하고 있듯이, "고안된 제도를 변경하는 것은 합리적 선택 제도주의에서 균형을 강조하는 것과 일정 부분 상충된다."[453] 이 경우 제도는 "자기강제적(self-enforcing)" 성격을 띤다고 하는데,[454] 이러한 제도의 속성을 그라이프(Avner Greif)와 레이틴(David D. Laitin)은 다음과 같이 적절하게 설명하고 있다. "자기강제적 제도는 개별 경기자들의 행태가 최적의 대응인 경우이다. 불가피한 결론은 자기강제적 제도가 변화하려면 반드시 외생적 요인이 있어야 한다는 것이다."[455]

제도가 내쉬 균형이라는 것은 그 제도가 사회 전체적으로 합리적이거나 효율적이라는 의미와는 본질적으로 다른 문제이다. 내쉬 균형은 단순히 개인적 합리성(individual rationality)을 반영한 것이지 사회적 합리성(social rationality)을 반영한 것은 아니기 때문이다. 즉, 내쉬 균형이 '파레토 최적(Pareto optimality)'을 보장해주는 것은 아니다. 이와 관련된 구체적인 예를 앞서 살펴본 '죄수의 딜레마 게임(prisoner's dilemma game)'에서 찾을 수 있다. 이는 각각 별실에 구금되어 있는 두 죄수가 나름대로 합리적인 판단을 통해 한 '우월전략(dominant strategy)'이 전체적으로는 '최적 이하(sub optimal)'의 선택으로 귀결되는 역설적인 현상을 잘 보여준다. 다시 말해, "개인적 합리성과 사회적 선택에서의 효율성 사이에는 논리적으로 *직접적인 관계가 없다*(강조는 원전)."[456] 그런데 이러한 논리에 근거한다면, 전술한 사회적 딜레마를 해결하기 위한 기능적 조정 장치로 제도를 이해하는 합리적 선택 제도주의의 기본 주장은 '순환론(tautology)'의 오류에 빠질 수 있다. 사회적 딜레마를 해결하기 위해 제도를 만들었지만, 그것이 또 다른 사회적 딜레마를 가져올 수 있기 때문이다.

그렇다면 이러한 제도는 어디로부터 나왔는가? 캘버트(Randall L. Calvert)의 견해에 따라 제도를 하나의 "균형"으로 이해하더라도, 그러한 균형이 어떻게 형성되었는가라는 문제는 여전히 남아있다. 왜냐하면 전통적인 경제학은 시장의 '보이지 않는 손(invisible hand)'이 균형을 가져오는 과정이나 기제를 소홀히 다루는 경향이 있기 때문이다. 이와 관련하여 합리적 선택 제도주의의 체계 내에서 제도의 기원을 설명하는 이론적 관점은 다음과 같은 세 가지로 정리할 수 있다.[457] 첫째, 제도를 사회적 관행(social conventions)의 일종으로 보는 견해이다. 이 견해는 제도가 사회적 상호작용을 조정하는 '초점(focal points)'으로 기능할 수 있다고 보면서, 그러한 사회적 맥락의 속성이 무작위적인 진화과정을 거쳐 제도로 굳어졌다고 본다. 둘째, 제도를 시장에서의 교환과 선택의 산물로 보는 견해이다. 이 견해는 상호 교환과 경쟁을 통해 이익을 얻을 수 있다는 시장이론에 기초하여, 그러한 시장기제가 특정한 제도형태의 생존을 결정하는 '동적인 선택기제(dynamic selection mechanism)'로 작용하였다고 본다. 셋째, 제도를 재분배를 둘러싼 협상의 산물로 보는 견해이다. 이 견해는 기본적으로 권력관계의 불평등성(asymmetries of power)을 전제로, 권력을 가진 행위자들이 그들에게 가장 바람직한 결과를 이끌어내기 위해 일련의 규칙을 만드는 과정에서 특정한 제도가 형성되었다고 본다.

이처럼 제도를 내쉬 균형으로 보는 합리적 선택 제도주의에 의한다면, '내생적 제도변화'라는 개념은 성립할 수 없으며, 따라서 제도변화의 문제는 '보수'나 '게임의 규칙'과 같은 행위자의 전략에 영향을 미치는 '외적' 요인들의 변화에 대한 논의로 집약된다.[458] 왜냐하면 그러한 외생적 요인의 변화가 없다면 행위자들은 자신의 전략을 바꿀 어떤 유인도 갖지 않을 것이기 때문이다. 따라서 이러한 관점은 전술한 단절된 균형 모형과 비슷한 맥락에서의 논의라고 볼 수 있다. 두 관점 모두 제도변화의 '내생적 요인'보다 '외생적 요인'을 강조하기 때문이다. 그러나 합리적 선택 제도주의의 체계 내에서는 '왜 그와 같이 게임의 규칙이나 보수가 변화하였는가?' 또는 보다 거시적인 차원에서 "정치체제가 하나의 균형에서 다른 균형으로 옮겨 간 이유는 무엇인가?"[459]와 같은 근본적인 물음에 대해서는 적절한 답변을 제시하지 못한다. 다시 말해, 합리적 선택 제도주의 그 자체는 보수(payoffs)나 선호(preferences)의 원천에 대해 어떠한 해답도 줄 수 없다는 것인데,[460] 이는 합리적 선택 제도주의, 보다 구체적으로는 게임이론이 모두 '몰역사적(ahistorical)' 관점이기 때문에,[461] 게임의 규칙이나 보수를 '외생적으로 주어진(exogenously given)' 것으로 간주할 뿐 그것이 형성되는 역사적 과정이나 시장의 '보이지 않는 손'이 균형을 가져오는 기제에 대해서는 소홀히 다루는 경향이 있기 때문이다.[462] 다시 말해, 게임의 규칙을 외생적인 것으로 볼 경우, 그것은 제도의 기원이 아니라 그 결과에 주로 관심을 가지게 된다.[463] 그리고 이러한 게임이론의 '역사적 맥락'에 대한 무관심은 '문화적 맥락'에 대한 무관심[464]과 더불어 이 이론의 적용 영역을 극히 제한하는 요인이 되고 있다.[465] 결국 합리적 선택 제도주의 역시 제도변화에 관한 중요한 요인을 외생변수로 간주함으로써 '내생적인' 역사적 과정을 통해 제도가 변할 수 있다는 점을 간과한 본질적인 한계가 있다.

3) 외생적 선호

합리적 선택 제도주의에서는 개인의 선호를 외생적으로 주어진(exogenously given) 것 내지 고정된(fixed) 것으로 가정하기 때문에,[466] 선호나 이익은 제도에 의해 설명되어야 할 대상이 아닌 논의의 출발점이 되고 있다.[467] 즉, 합리적 선택 제도주의는 "행위자들은 고정된 선호나 기회의 집합을 지니고 있으며, 이러한 선호의 성취를 극대화하기 위한 수단적 · 전략적인 행동을 취한다”는 가정에 기초한다.[468] 따라서 합리적 선택 제도주의는 행위의 결과로부터 동기를 추론하고 이를 통해 다시 결과를 설명하는 “사후적 상관관계(post-hoc correlation)”를 일반적으로 받아들인다.[469] 합리적 선택 제도주의의 체계 내에서 제도와 선호의 관계에 대해서는 다음과 같은 로드스타인(Bo Rothstein)의 설명이 이해하는 데 도움을 준다.

> 선호는 개인만이 가질 수 있으며 제도에 외생적으로 주어진다. 행위자들은 고정된 선호의 집합을 가지고 제도화된 게임에 참여하지만, 제도가 선호에 영향을 미치지는 못한다. 효용 극대화를 추구하는 존재로서, 행위자들은 그들의 선호를 배열하고 보편적인 제도적 규칙이 설정한 제약 내에서 다른 행위자들과 전략적 ‘교환의 논리(logic of change)’에 참여한다. 제도가 바뀌면, 행위자들은 보통 그들의 전략을 바꾸지만, 그들의 선호는 그렇지 않다. 이것이 행위자들의 선호는 항상 개인적인 기대효용을 극대화하려 한다는 행위의 계산적 성격에 보편적인 ‘교환의 논리’이다. 문제는 개인적 선호를 집합적인 차원에서 효과적으로 결집시킬 수 있는 제도를 어떻게 고안하는가이다.[470]

합리적 선택 제도주의자들이 외생적 선호를 인정한 결과 행위자들의 선호는 이행성(transitivity)의 조건을 충족하는 것과 같이 내적으로 일관된 모습을 보여야 한다. 즉, A를 B보다 선호하고 B를 C보다 선호한다면, A를 C보다 선호해야 한다(If A>B, B>C, then A>C). 그리고 이러한 선호를 구현하기 위해 행위자들은 전적으로 도구적으로 행동하며, 그것을 광범위한 계산에 기초한 고도의 전략적인 방식에 의해 수행한다고 가정한다.

요컨대, 합리적 선택 제도주의의 체계 내에서 선호는 제도와 분리되며, 제도가 형성되는 역사적 · 사회적 맥락과도 무관하다. 즉, 이 경우 선호는 역사성과 사회성을 띠지 않으며, 따라서 시간과 공간의 벽을 넘어 보편적으로 적용될 수 있는 선호에 관한 ‘일반이론(general theory)’의 구성도 가능하다.

4) 행위자의 전략적 상호작용

합리적 선택 제도주의자들은 정치적 결과를 결정하는 데 있어서 ‘전략적 상호작용(strategic interaction)’의 역할을 강조한다. 합리적 선택 제도주의자들은 인간의 행태가 몰개인적인(impersonal) 역사의 힘에 의해서가 아니라 전략적인 계산(strategic calculus)에 의해 좌우되며, 그러한 계산은 다른 행위자들도 그러한 행위를 할 것이라는 기대에 큰 영향을 받는다고 가정한다. 따라서 합리적 선택 제도주의자들은 제도가 어떻게 개인의 행위에 영향을 미치는가를 설명하기 위해 고전적인 '계산적 접근(calculus approach)'을 받아들이고 있다.[471]

따라서 여기서 말하는 행위자는 전통적인 합리적 선택 이론과 마찬가지로 '합리적 경제인'으로 인식된다. 다시 말해, 행위자는 자기 자신의 이익 내지 효용을 극대화하려는 이기적인 존재로 가정된다. 그렇지만 합리적 선택 제도주의는 두 가지 면에서 전통적인 합리적 선택 이론의 가정과 다르다. 첫째, 합리적 선택 제도주의는 효용극대화를 추구하는 합리적인 개인에 초점을 맞추는 방법론적 개인주의(methodological individualism)와 도구적 합리성(instrumental rationality)의 가정에 기초하고 있다는 점에서 전통적인 합리적 선택 이론의 기본가정과 맥락을 같이 하는 면이 있지만, 전통적인 합리적 선택 이론과 달리 개인을 완전한 합리성이 아닌 '제한된 합리성(bounded rationality)'을 가진 존재로 인식하며,[472] 제도와 규범, 맥락, 권력과 갈등, 그리고 경우에 따라서는 이타적인 동기에 대해서도 관심을 가진다.[473]

둘째, 합리적 선택 제도주의에서 말하는 행위자는 '제도의 진공상태(institution free)'에서 아무런 제약 없이 선택할 수 있는 존재가 아니라, 그들 선택의 많은 부분이 제도적 맥락에 의해 구조화되고 제약되는 '맥락특정적인(context specific)' 존재이다. 따라서 합리적 선택 제도주의의 체계 내에서 제도란 합리적 행위자의 이기적 행태를 구조화하고 제약하는 '전략적 맥락(strategic contexts)'을 의미한다.[474] 예를 들면, 노스(D. C. North)는 제도를 한 사회의 '게임의 규칙(rules of the game)' 또는 인간의 상호작용을 형성하는 '인위적으로 고안된 제약(humanly devised constraints)'으로 정의하였는데, 이러한 제약에는 '규칙(rules)'과 같은 공식적 제약뿐만 아니라 '관행(conventions)' 및 '행동규범(codes of behavior)'과 같은 비공식적 제약도 포함된다고 한다.[475]

그렇다면 이러한 행위자와 제도는 어떤 관계가 있을까? 전술한 바와 같이, 합리적 선택 제도주의의 체계 내에서 제도는 행위자의 전략적 선택의 산물이다. 그러나 제도와 행위자의 관계는 '일방향적'이지 않고 '양방향적(bi-directional)'이다. 한편으로 제도는 행위자의 전략적 이해관계에 따라 고안되고 만들어지지만, 다른 한편으로 일단 만들어진 제도는 행위자의 행태를 제약하는 맥락으로 작용한다. 물론 이러한 '역설적(paradoxical)' 결과는 집단적 합리성(collective rationality)이라는 관점에서 정당화된다. 그런데 제도가 개인의 행태를 제약할 수 있는 능력은 시간과 공간에 따라 상이하기 때문에, 이러한 능력을 일반화시키는 데에는 한계가 있다.[476]

5) 연역법의 논리

합리적 선택 제도주의자들은 제도가 어떻게 형성되는가를 설명하기 위해 연역적 방법을 사용한다. 합리적 선택 제도주의자들은 제도가 수행하는 기능에 근거하여 제도의 존재를 설명하기 때문에, 협력을 통한 이득이라는 가치를 구현하기 위해 제도가 형성된다고 가정한다. 따라서 합리적 선택 제도주의자들에 의하면 제도형성 과정은 관련 행위자들 사이의 자발적인 합의 과정이며, 어떤 특정한 제도가 경쟁적 선택과정에서 살아남는다면 그 이유는 대안적인 제도보다 그것이 관련 행위자들에게 더 많은 혜택을 주기 때문이다.[477)]

3. 합리적 선택 제도주의의 한계

합리적 선택 제도주의의 한계로는 다음과 같은 점들을 지적할 수 있다.

첫째, 전술한 바와 같이, 합리적 선택 제도주의자들은 선호나 이익을 외생적으로 주어진(exogenously given) 것 내지 고정된(fixed) 것으로 간주하기 때문에, 선호가 어떻게 형성되는가라는 '선호의 원천에 대한 설명(explanation of the origin of preference)'을 결여하고 있다.[478)] 또한 이러한 설명방식은 관찰된 행위로부터 선호를 추론한 후 이렇게 추론된 선호로부터 다시 행위를 설명하는 동어반복적(tautological) 설명방식의 오류에 빠질 수 있다.[479)]

둘째, 합리적 선택 제도주의에서는 행위자를 자기이익의 극대화를 추구하는 이기적인 존재로 가정하는데, 이러한 '합리적 이기주의(rational egoism)'의 가정은 시민정신(civic spirit)을 약화시키는 '규범적인 문제(normative problem)'가 있을 뿐만 아니라 사회적 실제(social reality)를 지나치게 단순화시키는 '분석적인 문제(analytical problem)'도 있다.[480)]

셋째, 합리적 선택 제도주의자들은 목표를 달성하기 위한 최선의 수단을 선택한다는 의미에서의 '도구적 합리성(instrumental rationality)'을 강조하지만, 그 목표를 명확하게 구체화하고 있는 것은 아니며, 부(wealth), 권력(power), 명성(prestige) 등과 같은 일반적인 목표(general goals)를 가정하는데 그치는 경향이 있다.[481)]

넷째, 합리적 선택 제도주의에서는 집합적 행위의 딜레마를 해결하거나 거래비용을 줄이기 위한 수단으로 의식적으로 만든 것이 제도라고 파악하기 때문에, 제도의 공식적 측면에만 초점을 맞출 뿐 규범이나 가치 등과 같은 제도의 비공식적인 측면을 소홀히 다루는 경향이 있다.[482)]

다섯째, 집합적 행위의 딜레마를 해결하기 위해 특정한 제도가 만들어진다는 합리적 선택 제도주의의 이론적 관점은 제도가 존재하는 이유와 그것이 수행하는 역할을 혼동하고 있을 뿐만 아니라, 공동체 전체의 차원에서 편익과 비용을 비교하여 제도를 설정한다는 것이 합리적 선택 제도주의에서 주장하는 개인은 합리적이고 이기적이라는 합리적 이기주의의 가정에 부합하지 않는 '자애로운 행위자(benevolent actors)'를 상정할 때에만 가능한 이론적 딜레마를 보여준다.[483] 이러한 맥락에서 로드스타인(Bo Rothstein)은 "집합적 행위의 딜레마를 해결하기 위해 제도를 만든다는 것 자체가 집합적 행위의 문제"라고 인식하고 있으며,[484] 베이츠(Robert H. Bates)는 이를 "제2차 집합적 행위의 딜레마"라고 명명하고 있다.[485]

여섯째, 합리적 선택 제도주의에서는 제도의 합리적·기능적 측면에 초점을 맞추기 때문에 현실에서 비효율적인 제도가 존재한다는 사실을 규명할 수 없을 뿐만 아니라, 기존 제도에 의해 야기되는 '의도하지 않은 결과'를 고려할 수 없다는 한계가 있다.[486]

일곱째, 합리적 선택 제도주의와 같은 기능주의 이론은 제도가 성립하게 되는 '수요의 문제(problems of demand)'는 해결할 수 있지만, 현실적으로 제도가 만들어지는 '공급의 문제(problems of supply)'는 해결할 수 없다는 한계가 있다. 왜냐하면 제도는 '공공재'의 성격을 지니고 있기 때문에 무임승차자의 문제(free-rider problem)가 생길 수 있을 뿐만 아니라, 사회적으로 유익한 제도에 반발하는 지대추구연합(rent-seeking coalition)이 존재할 수 있기 때문에, 제도적 필요가 당연히 제도형성으로 이어지는 것은 아니기 때문이다.[487]

여덟째, 합리적 선택 제도주의에서는 '균형(equilibrium)'으로서 제도가 만들어져 있는 상태에 대해서만 관심을 가지고 있기 때문에 그러한 균형상태에 이르게 된 과정에 대해서는 제대로 설명할 수 없다는 한계가 있다. 이러한 이유로 합리적 선택 제도주의는 '몰역사적(ahistorical)'이라는 비판을 받는다.[488]

아홉째, 합리적 선택 제도주의에서는 독립적인 행위자들 사이의 자발적인 합의를 강조하지만,[489] 이는 제도가 권력배분에 영향을 미쳐 일부 집단들에게 다른 집단들보다 더 많은 의사결정상의 접근권 내지 특권을 부여하는 '비대칭적 권력관계(asymmetrical relations of power)'[490]를 소홀히 다루는 한계가 있다. 이러한 권력관계의 불평등성 때문에 현실에서는 모두에게 혜택이 돌아가는 이상적인 제도(ideal institutions)보다는 권력을 가진 소수를 위한 비효율적인 제도(inefficient institutions),[491] 다시 말해 코핸(Robert O. Keohane)이 말한 "특권을 가진 사람의(of the privileged), 특권을 가진 사람에 의한(by the privileged), 특권을 가진 사람을 위한(for the privileged) 제도"[492]가 존속하는 경우를 종종 볼 수 있는 것이다.

4. 합리적 선택 제도주의의 정책학적 함의

합리적 선택 제도주의는 행위자의 전략적 선택에서 출발하여 그러한 행위자의 전략적 선택이 어떻게 사회적 딜레마를 해결할 수 있는 '균형(equilibrium)'으로 귀결되는가를 주로 연구한다. 따라서 제도나 정책은 행위자의 '전략적 상호작용(strategic interaction)'의 산물이다. 예를 들면, 홀(Peter A. Hall)과 소스키스(David Soskice)는 기본적으로 역사적 제도주의의 관점에서 각국의 고유한 제도적 구조에 따라 자본주의는 다양성을 띨 것이라고 주장하면서도, 제도가 전적으로 경제의 틀을 결정하는 것은 아니며 가능한 복수의 균형(multiple equilibrium) 중 하나의 선택은 개인의 전략적 행위가 중요하다는 절충적인 입장을 취하고 있다.[493] 또한 셀린(Kathleen Thelen)도 최근의 연구에서 구 제도를 새로운 목적을 위해 변용시킴으로써 제도적 제약을 극복하고자 하는 행위자의 전략에 초점을 맞추고 있다.[494] 이러한 논의의 연장선상에서 최근에는 "행위자 중심 제도주의(actor-centered institutionalism)"가 등장하여 학자들의 관심을 끌고 있는데, 여기서는 정책에 직접적인 영향을 미치는 것이 제도적 조건이 아니라 행위자의 전략적 상호작용이라는 논리를 펴고 있다.[495] 특히, 최근의 한 연구는 정치지도자의 리더십을 중요한 변수로 부각시키고 있는데, 예를 들면 유사하게 웨스트민스터식 의회 정치제도(Westminster-style parliamentary systems)를 가지고 있는 영국과 뉴질랜드에서, 영국의 연금제도 개혁이 보다 구조적이고 장기적인 양상을 띤 것은 정치적 위험을 무릅쓰고라도 개혁을 강력하게 추진하려고 한 대처 수상의 정치적 리더십에 많은 부분 기인하였다.[496] 비용과 편익의 비교라는 전통적인 '계산적 접근(calculus approach)'에서 벗어나서 합리적 선택 이론이 '리더십'과 같은 비경제적 변수에 주목하게 된 이유는, 리더십이 집합적 행위의 상황에서 '파레토 개선'을 가능케 하는 '선별적 유인'이 될 수도 있기 때문이다.[497]

정책 변동에서 행위자의 전략적 상호작용을 강조했을 때 특히 주목해야 할 것은 소위 "제도적 기업가(institutional entrepreneurs)"의 역할이다. 제도적 기업가란 리 등(Daokui David Li et al.)의 정의에 따르면, "기업적 사고를 확산시키려고 노력하고 그것을 성공적으로 정착시키기 위해 널리 퍼져 있는 비시장 제도를 타파하려고 시도하는 혁신적인 사람"을 의미하지만,[498] 이는 시장제도의 확산을 전제로 한 개념이기 때문에 여기서는 다음과 같이 보다 중립적인(neutral) 개념으로 사용하고자 한다. 즉, 제도적 기업가란 "대내외적 상황에 적절히 대응하여 국가가 가장 효과적으로 작동하도록 하는 대안들을 제시하고 그것이 정부의 공식적인 정책으로 채택되도록 창도하는 개인이나 집단"을 의미한다. 이러한 맥락에서 제도적 기업가는 전술한 정책이념의 확산에 중요한 역할을 한다. 이와 관련하여 슈미트(V. A. Schmidt)는 정책이념이 이미 확산된 경우 제도적 기업가의 역할이 중요하게 부각된다고 주장하였는데,[499] 여기서의 정의에 의한다면 이미 확산된 정책이념에 '편승한(piggyback)' 행위자는 정책이념의 "대리인"일 뿐 "제도적 기업가"라고 말하기 어렵다. 따라서 제도적 기업가는 이미 확산된 정책이념을 전파하는 행위자가 아니라, 새로운 정책이념을 널리 확산시키는 행위자라고 할 수 있다. 이러한 제도적 기업가에게 있어서는 상황 변화에 맞게 적합한 정책대안을 제시하는 전문적인 능력뿐만 아니라, 최고 정책결정자를 움직일 수 있는 설득 능력이나 정치적 능력도 있어야 한다.

따라서 정책변동에 있어서도 핵심적인 정치행위자의 능력은 중요한 변수로 작용한다. 예를 들면, 1983년부터 1996년까지 호주와 뉴질랜드의 경제정책을 비교·분석한 알퀴스트(John S. Ahlquist)의 연구에서 정책변동의 양상을 결정하는 가장 중요한 동인은 환경의 변화나 정책결정구조의 특성과 같은 일련의 구조적·맥락적 조건이 아니라, 그러한 조건에 대응하는 핵심적인 정치행위자의 능력이다. 즉, 핵심적인 정치행위자들이 장기간 반복적인 상호작용을 경험한 바 있고, 넓은 시계(time horizon)를 가지고 있으며, 감시와 실행 능력을 가지고 있는 경우, "협상을 통한 문제해결(negotiated solution)"이라는 정치적 교환 방식을 효율적으로 실행할 수 있다는 것이다. 그리고 이럴 경우 정치행위자의 협상 능력이 제고되고, 정치적 리더십을 발휘하기 쉬워진다는 것이 그의 설명이다.[500]

정책선택에서 행위자의 전략적 상호작용을 강조한다고 하더라도, 여기서 말하는 행위자는 신고전파 경제학이 가정하는 '제도의 진공상태(institution free)'에서 의사결정을 하는 존재는 아니며, 그들의 정치적 선택은 많은 경우 제도적 맥락에 의해 구조화되고 제약된다.[501] 예를 들면, 위어(Margaret Weir)는 이러한 점을 다음과 같이 적절하게 설명하고 있다.

> 점진적인 제도변화를 이해하는 데에는 행위자에 대한 보다 정치(精緻)한 이해를 필요로 한다. 나는 행위자가 속해 있는 복잡한 외적 네트워크뿐만 아니라 내적인 조직 정치(organizational politics)도 고려하는 다차원적 관점을 주장한다. 이러한 환경은 행위자들이 그들의 정책적 이해관계를 규정하고 대안을 검토하는 맥락을 제시한다. 따라서 행위자의 배열은 현존 정책에 의해 구조화되지만 제도적 환경은 복잡하고 다양하다. 이러한 다양한 행위자의 상황이 이해관계와 권력의 배열을 변화시키고, 궁극적으로는 정책변동을 위한 확대된 가능성을 열어 놓고 있다.[502]

따라서 이 경우 제도는 행위자의 전략적 선택에 영향을 미치는 '유인구조(incentive structure)'로 기능한다. 예를 들어, 로트스타인(Bo Rothstein)은 국가 간 노조 조직률

(unionization)이 차이를 보이는 이유를 노동자들의 집합적 행위의 문제를 해결할 수 있는 제도적 장치의 유무에서 찾고 있다. 즉, 노조가 관리하는 기금에 공적인 보조를 하는 겐트(Ghent) 시스템이 노동자들을 노조에 가입하도록 만드는 '선별적 유인(selective incentives)'으로 작용함으로써, 이러한 제도가 도입된 국가의 노조 조직률이 그렇지 않은 국가의 그것에 비해 높게 나타났다고 한다.[503] 또한 앞서 살펴본 스테인모(Sven Steinmo)의 연구에서도 미국, 영국, 스웨덴의 상이한 정치·경제제도가 조세정책을 둘러싼 행위자의 유인구조(incentive structure)에 영향을 미쳐 상이한 정책 산출로 이어졌다고 보고 있다.[504] 이러한 맥락에서 제도적 구조와 행위자의 전략적 선택 사이의 관계를 규명하려는 연구가 "내생적 제도변화 이론(theory of endogenous institutional change)"을 중심으로 활발하게 이루어지고 있음은 앞에서 살펴본 바 있다.

이처럼 행위자의 전략적 상호작용을 강조한다면, 제도나 정책을 사회적 딜레마를 해결하기 위한 기능적 조정 장치로 이해하는 전통적인 합리적 선택 제도주의의 주장은 수정될 필요가 있다. 이 경우에는 '사회적인' 관점이 아니라 '개인적인' 관점에서 제도나 정책이 만들어질 것이기 때문이다. 이러한 맥락에서 피어슨(Paul Pierson)이 말한 "행위자 중심 기능주의(actor-centered functionalism)"에 주목할 필요가 있다. 그가 말한 행위자 중심 기능주의는 "사회적 기능주의(societal functionalism)"와 달리, 전체 사회의 공익보다는 개인적 이익에 주목하여, 특정한 제도나 정책은 그것을 만든 사람들의 이익을 증진시키기 위해 존재한다는 것이다. 즉, "결과 X(제도, 정책, 조직 등)는 그것을 고안한 사람들이 기능 Y를 수행할 것이라고 믿기 때문에 존재하는 것이다."[505] 물론 개인적 이익을 위해 만든 제도나 정책이 전체 사회의 공익과 부합할 수도 있다. 서구 역사에서 개개인의 '재산권(property rights)'을 보장하는 제도적 장치는 서구 자본주의 발전에 결정적인 기여를 하였다. 그런데 그러한 제도적 장치는 왕이나 귀족들이 만들었지만, 그 혜택이 그들에게만 국한된 것은 아니었다.[506] 그리고 이러한 점은 피어슨 자신도 인정을 하고 있다. 예를 들면, 그는 다음과 같이 주장한다. "실제로 많은 행위자 중심 기능주의 논의들은 사회적으로도 바람직한 속성을 가진 제도적 결과들을 부각시키는 경향이 있다."[507] 그러나 제도를 만드는 사람들의 이해관계가 전체 사회의 공익과 반드시 일치하는 것은 아니다. 현실 사회에 존재하는 수많은 비효율적 제도나 정책이 이를 웅변으로 말해준다. 예를 들어, 최근 국회에서는 128억 규모의 국회의원 연금법이 통과되었는데, 이는 제도를 만드는 국회의원들의 이익을 위한 것이지 전체 국민을 위한 것은 아니었다. 밀러(Gary Millcr)가 권력을 가진 사람들에게는 '기능적인(functional)' 제도가 사회전체적으로는 '역기능적(dysfunctional)'일 수 있다는 점을 강조한 것도 이러한 맥락에서 이해할 수 있다.[508]

제 4 절 사회학적 제도주의

1. 사회학적 제도주의의 대두 배경

사회학적 제도주의(sociological institutionalism)는 형식적 수단-목적 합리성(a formal means-ends rationality)을 반영하는 사회적 세계와 '문화(culture)'와 관련된 관행을 표현하기 위한 사회적 세계 사이의 전통적인 구분을 논박한 조직이론의 하위분야로서 등장하였다.[509] 막스 베버를 포함한 많은 사회학자들은 관료제 구조가 현대 사회와 관련된 과업을 수행하기 위해 고안된 보다 효율적인 구조로서, 현대 사회의 조직 형태면에서의 유사성은 과업을 수행하는 데 있어 그러한 조직형태가 본질적으로 합리적이거나 효율적이라는 것을 반영한 결과라고 주장하였다. 막스 베버가 밝힌 관료제화 현상의 본질은 다음과 같다.

> 오늘날 자본주의 시장경제는 공식적인 행정업무가 정확히, 분명하게, 지속적으로, 그리고 가능한 빨리 처리하도록 요구하고 있다. 보편적으로 현대 자본주의의 대기업이야말로 엄격한 관료제 조직의 비할 바 없는 모형인 것이다.[510]

그렇다면 베버의 예측과 전통적인 조직사회학의 관점과 같이 관료제의 확산은 그 조직형태가 가지고 있는 합리성 내지 효율성에 따른 필연적인 결과였는가? 1970년대 후반 스탠포드 대학교 사회학자들이 중심이 된 일단의 학자들은 이에 대해 체계적인 반론을 제기하였다. 메이어(John W. Meyer)와 로완(Brian Rowan)은 공식적 구조의 확산이론(prevailing theories of formal structure)에 대한 그들의 비판에서, 이러한 이론은 행위에 대한 조정(coordination)과 통제(control)가 공식조직이 현대 세계에서 살아남는 결정적인 요인이라고 가정하지만, 이러한 가정은 경험적인 지지를 거의 받지 못한다고 지적하였다.[511] 게다가 관료제 조직은 그것을 필요로 하는 시장과 기술의 진보보다 더 빨리 확산되는 경향이 있다.[512]

이러한 맥락에서 사회학적 제도주의자들은 합리화 내지 효율화의 산물로서 관료제화를 주장하는 전통적인 조직사회학의 이론적 관점에 회의를 품고, 이를 다른 방향에서 연구하기 시작했다. 이들은 조직을 둘러싸고 있는 '제도적 환경(institutional environments)'에 주목하면서, '신화(myths)' 내지 '의식(ceremonies)'과 유사한 사회적으로 정당하다고 인식된 문화적 관행들을 받아들인 결과로서, 관료제 조직과 같은 공식적 구조의 확산을 설명한다.[513] 즉, 전통적 조직이론이 외부 환경으로부터 가해지는 '기술적 압력(technical pressure)'에 조직이 적응하는 과정에 초점을 맞춘다면, 사회학적 제도주의는 사회적으로 구성된 '제도적 압력(institutional pressure)'에 대한 조직의 순응에 초점을 맞춘다.[514] 이들이 봤을 때 목표-수단 계층제를 전제로 한 '도구적 합리성'은 문화와 같은 사회적 맥락을 경시한 것이며, 극단적으로 말해 '합리성'이라는 것 자체도 '사회적으로 구성된(socially constructed)' 것에 불과하다.[515] 따라서 이들은 가장 관료제적인 관행도 문화적으로 설명되어야 한다는 점을 강조한다. 이러한 이론적 관점에 입각하여 사회학적 제도주의자들은 왜 그 조직이 특정한 제도적 형태, 절차 또는 상징체계의 집합을 받아들이는가에 관해 설명하고자 했고, 그러한 관행이 어떻게 조직수준 또는 국가수준에 확산되는가를 분석하고 있다.[516]

2. 사회학적 제도주의의 주요 내용

1) 문화로서의 제도

사회학적 제도주의자들은 '제도'와 '문화'를 개념적으로 구분하지 않고 제도로서의 문화 그 자체를 재정의하려고 하는데, 대체로 제도를 공식적인 절차, 규범 이외에도 인간의 행동을 인도하는 의미의 준거틀(frame of meaning)을 제공하는 상징체계(symbol systems), 인지적 묘사(cognitive script), 그리고 도덕적 전형(moral templates) 등과 같은 것을 포함하는 것으로 이해하고 있다.[517] 즉, 사회학적 제도주의의 맥락에서 제도란 '공유된 문화적 이해(shared cultural understanding)'를 구체화하는 '사회적으로 구성된(socially constructed)' 것이라고 볼 수 있다.[518] 이러한 정의에서도 알 수 있듯이, 사회학적 제도주의의 체계 내에서 제도는 사회의 '구조적 속성(structural features)'과 '인지적 속성(cognitive features)'을 모두 포함하고 있다. 예를 들면, 피터스(B. Guy Peters)는 제도를 "이윤극대화를 추구하는 경제조직이든지 이타주의를 추구하는 종교조직 이든지 간에 그 조직구성원들이 어떻게 행동할 것인가에 대한 생각을 전달하는 의미의 체계(systems of meaning)"로 정의하고 있다.[519] 이러한 맥락에서 사회학적 제도주의자들은 정치학자들이 선호하는 조직의 구조에 기초한 '제도적 설명(institutional explanations)'과 공유된 태도나 가치로서의 문화에 대한 이해에 기초한 '문화적 설명(cultural explanations)' 사이의 전통적인 구분을 부인한다.

그런데 문화로서의 제도는 경제학에서 말하는 '도구적 합리성'과는 다른 제도 채택의 논리에 기초하고 있다. 이러한 논리에서 제도적 장치는 그것이 목표달성을 위해 가장 바람직한 수단이기 때문에 채택되는 것이 아니라, 그것이 사회구성원들로부터 적절하다고 인식되었기 때문에 채택된다. 예를 들면, 홀(Peter A. Hall)과 테일러(Rosemary C. R. Taylor)는 이러한 점을 다음과 같이 적절하게 설명하고 있다.

> 사회학에서의 신제도주의자들은 현대 조직에서 사용되고 있는 제도와 절차 중 많은 것들이 탁월한 '합리성'이라는 맥락에서 주어진 과업을 가장 효율적으로 수행할 수 있기 때문에 채택된 것은 아니라는 주장에서 출발하고 있다. 오히려 그들은 그러한 제도와 절차 중 많은 것들을 대부분의 사회에서 형성된 신화(myths) 및 의식(ceremonies)과 유사한 문화적으로 특유한 관행(culturally-specific practices)으로 인식하고 있으며, 반드시 형식적 수단-목적 효율성(formal means-ends efficiency)을 높이는 것은 아닌 보다 일반적인 문화적 관행의 전달과 연계된 과정의 산물로 이해해야 한다고 주장한다.[520]

사회학적 제도주의자들이 제도를 문화로 정의한 결과, 일단 외견상으로는 신제도주의의 하위 분파 중 제도를 가장 폭넓게 정의하고 있다고 볼 수 있다. 그러나 이는 외견상 그렇다는 것이고 실질적으로는 제도를 가장 좁게 정의하고 있다. 사회학적 제도주의에서 말하는 제도란 사회적으로 당연시되는(taken for granted) 문화적 관행을 의미하며, 이러한 관행은 현실적으로 드물기 때문이다. 특히, 하위문화(sub culture)가 폭넓게 형성되어 있는 현대 사회에서는 더욱 그러할 것이다.

2) 제도적 동형화

사회학적 제도주의는 제도의 '인지적' 측면과 그에 따른 '동형화(isomorphism)' 과정을 강조한다. 사회학적 제도주의자들은 제도적 관행이 어떻게 형성되고 변동하는가의 문제를 설명함에 있어 독특한 접근방법을 받아들이고 있다. 합리적 선택 제도주의자들은 제도의 진전을 '효율성'이라는 관점에서 설명하는 반면, 사회학적 제도주의자들은 그것을 '사회적 정당성(social legitimacy)'이라는 관점에서 설명한다. 즉, 조직이 새로운 제도적 관행을 받아들이는 것은, 그것이 보다 넓은 문화적 환경(cultural environment) 내에서 가치 있는 것으로 인식되었기 때문이라는 논리이다. 그런데 경우에 따라서는 그러한 관행이 조직의 공식적인 목표 달성이라는 관점에서 역기능적(dysfunctional)일 수 있는데, 캠벨(John L. Campbell)은 이러한 관점을 '도구성의 논리(logic of instrumentality)'와 대조되는 '사회적 적절성의 논리(logic of social appropriateness)'로 표현한 바 있다.[521] 따라서 사회학적 제도주의자들에게 있어 중요한 것은 환경의 규범적이고 가치지향적인(value-laiden) 압력에 대한 의식적인 대응이 아니라 당연시되는 인지구조가 개인의 행위에 미치는 영향과 그 결과라고 할 수 있다.[522] 이러한 맥락에서 사회학적 제도주의는 제도의 규범적 측면을 강조하는 마치(James G. March)와 올센(Johan P. Olsen)의 제도주의[523]와 구분된다. 즉, 사회학적 제도주의는 상황에 적합한 행동의 지침을 제시하기보다는 개인들이 주어진 상황의 의미를 해석하는 방법을 제시하는데 그친다. 예를 들면, 피터스(B. Guy Peters)는 제도의 규범적 측면을 '평가(evaluation)'라고 하고 제도의 인지적 측면을 '인식(perception)'이라고 하여 이 둘을 구분하고 있다. 전자가 주어진 상황에서 어떤 행동이 적합한가에 대해 알려주는 것이라면, 후자는 환경으로부터 얻은 자료를 어떻게 해석할 것인가와 관련된다. 직접 그의 주장을 인용하면 다음과 같다.

> 아마도 가장 근본적인 차이는 마치와 올센이 제도의 규범적 기반을 강조하는 경향이 있다면, 대부분의 사회학적 제도주의자들은 제도의 인지적 요소를 강조하고 있다는 점에 있을 것이다. 즉, 사회학적 제도주의에서는 의사결정을 하기 위해 주어진 상황을 해석하는 구조와 틀 내에서 어떻게 제도의 구성원들이 상황을 인식하는가에 대해 더 많은 관심을 가지고 있다. 따라서 이러한 인지적 요소에 대한 강조는 평가보다는 인식과 관련되어 있다. … 비록 '모든' 규범적 관점이 제도의 구성원들로 하여금 주어진 상황에서 어떤 행동이 적합한가에 대해 알려주고 있기는 하지만, 어떻게 환경으로부터 얻은 자료를 해석할 것인가와 관련해서는 규범적 관점보다 인지적 관점이 더 근본적이고 중요한 것으로 보인다.[524]

문화와 같은 제도적 환경의 영향을 강조하는 사회학적 제도주의자들의 관점은 디마지오(Paul J. DiMaggio)와 파웰(Walter W. Powell)이 체계화한 "제도적 동형화(institutional isomorphism)"라는 개념에 집약적으로 나타난다.[525] 디마지오와 파웰은 조직의 형태와 관행이 놀라울 정도로 '동질화(homogeneity)'되는 경향에 주목하면서, 이러한 경향의 원인을 '조직의 장(organizational fields)'에서 나타나는 '구조화(structuration)'에서 찾고 있다. 이들에 의하면 조직이 처음에는 이질적인 형태로 있게 되지만, 이러한 이질적인 조직들이 '실제의 장(actual fields)'으로 구조화되면 조직들 상호간에 유사하게 만드는 강력한 힘이 나오게 되는데, 그러한 힘에 의해 조직들은 제도적으로 '동형화(isomorphism)'된다고 한다. 여기서 동형화란 "어떤 조직이 동일한 환경조건에 직면한 다른 조직을 닮아가도록 만드는 제약과정(constraining process)"을 의미하는데, 이러한 유사성은 시간이 경과함에 따라 확대·강화되는 경향이 있다.[526] 디마지오와 파웰은 동형화를 '강압적 동형화(coercive isomorphism)', '모방적 동형화(mimetic isomorphism)', 그리고 '규범적 동형화(normative isomorphism)'로 나누고 있다.[527] 이들에 의하면 강압적 동형화는 조직 외부의 공식적 · 비공식적 압력과 정당성의 문제에서 비롯되고, 모방적 동형화는 불확실성(uncertainty)에 대한 표준적인 대응(standard responses)에서 비롯되며, 규범적 동형화는 전문화(professionalization)와 관련하여 나타난다고 한다. 물론 이러한 조직간 유사성 또는 디마지오와 파웰이 말한 제도적 동형화는 전통적인 조직사회학에서 말하는 경쟁의 압력에 따른 효율화와는 다른 것이다. 이와 관련하여 이들은 다음과 같이 주장한다.

> 우리는 관료제화와 합리화의 원인이 변하고 있다고 주장한다. 기업과 국가의 관료제화는 이미 이루어졌다. 조직은 보다 동질화되고 있고, 관료제는 보편적인 조직형태로 남아 있다. 그러나 오늘날 조직에서의 구조변화가 경쟁이나 효율성의 필요에서 이루어지는 경향은 점점 약해지고 있다. 오히려 우리는 관료제화와 다른 형태의 조직변화가, 그것을 보다 효율적으로 만듦이 없이 조직을 보다 유사하게 만드는 과정의 결과로서 나타나게 된다는 주장을 하고자 한다.[528]

그러나 조직간 제도의 유사성만으로는 제도적 동형화 이론이 함의하는 제도가 "도구성의 논리(logic of instrumentality)"가 아닌 "사회적 적절성의 논리(logic of social appropriateness)"에 의해 이루어졌다고 단정할 수 없다. 왜냐하면 제반사정을 합리적으로 판단하여 최선의 대안을 선택한 결과가 다른 조직의 제도와 유사해질 수 있기 때문이다. 이러한 맥락에서 사회학적 제도주의자들은 '제도(institution)'와 '제도화(institutionalization)'의 구별을 강조한다. 여기서 제도화란 개인들이 "사회적 실제에 대한 공유된 정의(shared definition)를 받아들이는 사회적 과정(social process)" 또는 "어떤 특정한 상태 내지 속성을 얻는 과정"을 의미하는데,[529] 일반적으로 제도가 사회적 정당성을 얻어 확산되는 과정을 의미한다.[530] 그리고 이러한 제도화 과정에 개입하는 기제로 메이어(John W. Meyer)와 로완(Brian Rowan)은 강압적 기제를,[531] 디마지오(Paul J. DiMaggio)와 파웰(Walter W. Powell)은 강압적 기제, 모방적 기제, 규범적 기제 등을 각각 제시하고 있다.[532] 이러한 점에서도 사회학적 제도주의는 전통적인 조직사회학과 입장을 달리한다. 즉, 합리성이나 효율성이라는 단일의 차원에서 보편적인 관료제화를 주장했던 전통적인 조직사회학과 달리, 사회학적 제도주의는 다양한 요인에 의해 나타나는 특정 분야에서의 수렴 현상에 주목하고 있기 때문이다.[533]

지금까지 최근에 조직이론에서 주목을 받고 있는 제도화이론에 대해 간략하게 살펴보았는데, 그 핵심적인 내용은 조직이 그들을 둘러싸고 있는 제도적 환경에 순응함으로써 정당성(legitimacy)을 얻게 된다는 것이다. 물론 이러한 주장이 새삼스러운 것은 아니다. 셀즈닉(P.

Selznick)과 같은 학자들도 이미 오래 전에 이와 유사한 주장을 하였다. 그러나 구제도화이론이 개별조직이 '제도화되는(institutionalized)' 방식을 주로 연구했다면, 신제도화이론은 보다 넓은 '조직의 장(organizational fields)'에서 '제도적 전형(institutional templates)' 내지 '신화(myths)'에 적응하는 제도화 과정(process of institutionalization)에 초점을 맞추고 있다는 점에서 차이가 있다.[534)]

3) 사회구성주의

사회학적 제도주의자들은 제도와 개인의 행태 사이의 관계에 대해 '문화적 접근'에 기초하고 있지만, 몇몇 특징적인 점도 있다. 사회학적 제도주의자들은 '사회구성주의(social constructivism)'를 받아들여 제도가 어떤 사람이 해야 하는 것을 구체화함으로써 행태에 영향을 미칠 뿐만 아니라, 주어진 맥락에서 그 자신이 할 것으로 상정되는 것을 구체화함으로써 행태에 영향을 미칠 수도 있다고 본다. 사회구성주의는 사회적 실재나 현상이 사회관계 속에서 주관적으로 의미가 부여되는 사회적 과정의 산물로 이해한다. 대화(dialogue)나 담론(discourse)과 같은 의사소통 과정은 그러한 사회적 과정의 핵심적인 부분이며, 이를 통해 사람들은 실재에 관한 '공유된 지식(shared knowledge)'을 얻게 된다. 따라서 사회적 실재는 어떤 객관화된 대상이 아니라, 그것에 의미를 부여하는 사회와 사회구성원 사이의 관계에서 구체화되는 '상호주관적인(inter-subjective)' 개념이다.[535)]

여기서 '상호주관'이란 하라리(Yuval Noah Harari)가 말했듯이, "많은 개인의 주관적 의식을 연결하는 의사소통 망 내에 존재하는 무엇이다."[536)] 즉, 이는 사회라는 관계구조 내지 관계망 속에 존재하는 공유된 것이기 때문에, 한 명의 개인이 자신의 인식을 바꾼다고 하여 변화할 수 있는 성질의 것이 아니다. 하라리가 설명하고 있듯이, "달러화, 인권, 미국은 이와 유사한 방식으로 수십억 명이 공유하는 상상 속에 존재한다. 한 개인은 누구라도 그 존재를 위협할 수 없다. 만일 나 혼자 달러나 인권, 미국의 존재를 믿지 않는다 해도 그건 전혀 중요하지 않다. 이런 상상의 질서는 상호주관적이며, 이를 변화시키려면 수십억 명의 의식을 동시에 변화시켜야 한다. 이것은 쉬운 일이 아니다."[537)]

이러한 사회구성주의의 관점에서 봤을 때 제도나 정책은 개인의 의도적이거나 합리적인 계산의 산물이 아니라 사회관계 속에서 "구성된(constituted)" 사회적 규정(social definition)의 산물이다.[538)] 여기서 사회적 규정은 객관적 사실에 대한 평가와는 별개로 현상의 주관적 의미를 해석하는 과정이기 때문에, 거기에는 현상의 보여지는 상징적 측면들이 많이 개입되

며 물질적 이해관계를 넘어서는 문화적 가치가 중요한 변수가 될 수 있다.[539)]

자연현상과 달리, 사회현상은 그 당부를 결정할 '이가성(bivalence, 二價性)'의 기준이 없다. 이는 곧 당부를 결정함에 있어 객관적 기준은 없다는 의미이며, 따라서 그 과정에는 가치 판단과 주관적 요소가 개입될 수밖에 없음을 의미한다. 또한 이는 인간 사고를 형성하는 언어가 중요하다는 것을 보여주기도 한다. 그런데 그 언어는 중립적이라기보다는 편향적이며, 전후 맥락에 따라 다르게 이해되고, 경우에 따라서는 특정 사항을 은폐하거나 왜곡하는 수단으로 사용될 수 있다.[540)] 그 결과 어떤 현상에 대한 사회적 규정은 특정 이념이나 가치에 편향적일 수 있다.

현상의 주관적 의미를 해석하는 과정이 중요한 맥락 하에서는, 현상의 '보여지는(expressive)' 상징적 측면들이 많이 개입되며 물질적 이해관계를 넘어서는 문화적 가치가 중요한 변수가 될 수 있다.[541)] 예를 들어, 피어슨(Paul Pierson)은 정책의 효과를 '해석적(interpretative)' 측면과 '자원적(resource)' 측면으로 나눈 바 있는데, 전자가 사회적 지위나 시민의식과 같은 상징적 메시지와 관련된다면, 후자는 편익이나 비용과 같은 물질적 이해관계와 관련된다.[542)] 이러한 맥락에서 전통적인 정책분석의 논리는 수정이 불가피하다. 전통적인 정책분석은 정책의 물질적 이해관계를 주로 볼 뿐, 정책을 둘러싼 문화적 가치나 이를 습득하는 '사회화(socialization)' 과정에 대해서는 체계적으로 검토하고 있지 않기 때문이다. 이는 다음과 같은 다이(Thomas R. Dye)의 설명에서 집약적으로 나타난다.

> 정책의 영향에는 또한 그것의 상징적 효과(symbolic effects)가 포함될 수 있다. 정책의 상징적 영향은 사람들이 정부 활동에 대해 가지고 있는 인식과 그것에 대한 그들의 태도를 다루고 있다. … 개인, 집단, 그리고 전체 사회는 종종 *유형적 성취(tangible accomplishments)*보다는 *좋은 의도(good intentions)*라는 관점에서 공공정책을 판단한다. 때때로 가장 인기 있는 정책이 긍정적인 유형적 영향을 거의 가지고 있지 않는 경우도 있다. … 과거 정치는 "누가 무엇을, 언제, 그리고 어떻게 얻는가"로 묘사되었다. (그러나) 오늘날 정치는 "누가 무엇을, 언제, 그리고 어떻게 *느끼는가*"에 관심을 집중하는 것으로 보인다. 정부의 언명은 실제로 정부가 하는 것만큼이나 중요하다. 체계적인 정책분석은 정부가 무엇을 하는가와 왜 그것을 하는가, 그리고 그것이 무슨 차이를 가져오는가에 관심을 집중하고 있다. (그러나) 정책분석은 정부의 언명에 대해서는 관심을 기울이지 않는 경향이 있다. 아마도 이것이 정책분석의 약점 중 하나일 것이다. 우리의 관심은 정부의 활동에 있지, 그것의 수사(rhetoric)에 있지 않다(강조는 원전).[543)]

사회구성주의를 받아들인 결과, 사회학적 제도주의자들은 제도가 개인의 가장 기본적인 선호와 정체성에 영향을 미치는 사회적 삶에 의미를 부여하는 것으로 인식한다. 결국, 많은 사회학적 제도주의자들은 제도와 개인의 행태 사이의 관계를 구성적인 관점에서 이해하며, 이는 그 사회의 지배적인 문화나 사회상규, 그리고 관행과는 별개로 이루어질 수 없는 '사회적 규정'의 산물인 것이다.[544] 물론 사회학적 제도주의자들이 개인이 의도적이거나 합리적이지 않다고 주장하는 것은 아니다. 그러나 이들이 말하는 '합리성'은 목표-수단 계층제를 전제로 한 '도구적 합리성'과는 차원이 다른 합리성, 예를 들면 리쓰(Thomas Risse)가 말한 "규범적 합리성(normative rationality)"의 의미로 이해하고 있다.[545] 즉, 사회적 규범이 무엇이 합리적인가를 규정한다는 것인데, 이러한 맥락에서 이들은 개인이 합리적 행위라고 보는 그 자체가 '사회적으로 구성된(socially constituted)' 것이라고 인식하며, 개인이나 조직의 세계는 사회적으로 적절한 방식에 따라 그들의 정체성을 정의하고 표현하는 것이라고 가정한다.[546] 따라서 그들에게 있어 '합리적 선택'이란 문화적 제약이 규정한 제한된 범위 내에서의 최적 선택[547] 또는 극단적으로 말한다면 단순히 '사회적 규범(social norms)'에 따른 관행적인 행동에 지나지 않는다.[548]

4) 배태성의 논리

전통적인 합리적 선택 이론의 맹점 중 하나는 개인의 합리적이고 전략적인 선택을 지나치게 강조한 결과 개인의 선택이 보다 거시적인 사회문화적 맥락 속에서 "배태된다는(embedded)" 사실을 무시하고 있다는 것이다.[549] 여기서 "배태성(embeddedness)"이란 "어떤 현상이나 사물이 발생하거나 일어날 원인을 속으로 가진다"는 의미로서, 주로 인간의 행위가 사회적 관계의 구조 속에 연결되어 있음을 지칭할 때 사용된다.[550] 따라서 합리적 선택 이론의 과소사회화되고(undersocialized) 원자화된(atomized) 행위자라는 가정과 반대로, 사회학적 제도주의자들은 사회적 관계 속에서 구체화되는 '맥락특정적(context specific)' 존재로서 행위자를 가정하고 있다. 즉, 행위는 "목표 의존적(goal driven)"이라기보다는 "맥락 의존적(context-driven)"이며, 특히 문화적 논리에 강한 영향을 받는다.[551] 요컨대, 사회학적 제도주의자들은 개인의 선택과 선호가 그들이 배태된 문화적 · 역사적 틀 밖에서는 제대로 이해할 수 없다고 본다.[552]

이러한 맥락에서 사회학적 제도주의자들은 제도와 개인의 관계에 대한 '계산적 접근(calculus approach)'을 거부한다. 계산적 접근의 논리에 의한다면, 특정한 제도의 양태가 만들어지는 것은 개인의 편익과 비용의 비교라는 '계산'에 근거한 선택의 결과로 본다. 그러나 사회학적 제도주의자들은 이러한 논리가 문화의 영향을 과소평가한 것이라고 비판한다. 개인의 선택은 그것의 토대가 된 문화적 맥락을 떠나서는 이해할 수 없으며, 문화적 제약이 개인이 선택할 수 있는 대안의 범위를 제한한다는 것이다.[553] 따라서 사회학적 제도주의자들은 사회적으로 당연시되는 문화적 관행들이 개인의 선호구조와 개인이 바꾸고자 하는 선택 그 자체를 구조화하고 제약하기 때문에 개인의 선택은 문화적 맥락을 떠나서는 이해할 수 없다는 '문화적 접근(cultural approach)'을 받아들인다.[554]

3. 사회학적 제도주의의 한계

조직의 구조에 영향을 미치는 문화적 맥락을 강조하는 사회학적 제도주의는 다음과 같은 한계가 있는 것으로 지적된다.

첫째, 사회학적 제도주의는 유사한 환경에 놓여 있는 조직들 간의 '수렴' 현상에 주목하기 때문에, 유사한 환경에 대한 조직의 상이한 대응을 설명할 수 없다. 예를 들어, 제도적 동형화 이론에 대해서는, 이 이론이 '동형화의 과정이 그토록 강하다면 경험적으로 관찰되는 조직형태의 다양성(diversity)을 어떻게 설명할 것인가?' 또는 '환경의 전형(templates)이 그토록 영향력이 있다면 조직구조와 문화에서의 변화(change)를 어떻게 설명할 것인가?'와 같은 물음에 적절한 답변을 하지 못한다는 비판이 제기된다.[555] 사실 제도적 동형화라는 개념 속에는 '역사(history)'라는 개념이 없기 때문에 동형화의 과정을 통해 도입된 제도가 개별 국가의 고유한 맥락에 의해 왜곡되는 현상은 체계적으로 분석할 수 없다.[556]

둘째, 사회학적 제도주의에서는 권력 개념이나 정치 현상을 고려하지 않는다는 한계가 있다. 사회학적 제도주의에서 말하는 '동형화'의 과정은 '권력'이나 '갈등'이 발붙일 틈이 없다. 그러나 문화적 패턴은 단순히 인지적 과정에 의해서만 형성되는 것이 아니라 권력을 바탕으로 인위적으로 조작될 수도 있다는 점에 주목할 필요가 있다.[557]

셋째, 사회학적 제도주의는 인지-문화적 접근과 거시적 수준에서의 분석이 결합된 것이기 때문에, 미시적 수준의 '행위'를 무시하고 있다. 따라서 사회학적 제도주의의 이론 체계 내에서는 구체적인 행위와 행위자는 없으며, 이해관계의 갈등도 없고, 권력현상도 존재하지 않으며, 무엇보다도 개인의 이익추구행위를 무시하고 있다.[558]

넷째, 사회학적 제도주의의 적용 범위가 제한적이라는 점도 지적할 수 있다. 무엇보다도 사회학적 제도주의는 환경에 대한 개인과 조직의 영향력을 무시하고 있다. 다시 말해, 사회학적 제도주의에서 주목하는 화살표의 방향은 "제도에서 조직과 행위"로만 향하고 있을 뿐, "행위와 조직으로부터 제도적 환경"을 설명하는 화살표의 방향은 아예 없는 것이다. 또한 사회학적 제도주의자인 디마지오(Paul J. DiMaggio) 스스로 밝힌 바와 같이, 사회학적 제도주의는 성공적으로 제도화된 조직형태의 확산과 재생산에 대해서만 제대로 설명할 수 있을 뿐, 제도를 둘러싼 다른 환경, 예를 들면 제도의 변화와 탈제도화(deinstitutionalization) 등의 현상은 제대로 설명하지 못하는 문제점을 드러내고 있다.[559]

다섯째, 사회학적 제도주의자들은 물질적 이익이 아니라 사회적 정당성(social legitimacy) 때문에 새로운 제도적 관행이 채택된다고 주장하지만, 결국 사회적 정당성의 기반 자체도 문화를 비롯한 제도이기 때문에 '순환론(tautology)'의 오류에 빠질 수 있다. 이러한 맥락에서 구제도주의를 옹호하는 스티치콤(Arthur L. Stinchcombe)은 사회학적 제도주의가 제도의 영향 과정에 관한 실질적인 인과이론이 빠진 "껍데기뿐인(no guts)" 이론이라고 혹평한 바 있다.[560]

4. 사회학적 제도주의의 정책학적 함의

사회학적 제도주의는 유사한 제도적 환경에 놓여 있는 조직들 간의 수렴 현상에 주목한다. 따라서 사회학적 제도주의는 조직 간 정책의 상이성보다는 유사성에 관심을 가지며, 그러한 정책의 유사성을 가져오는 인과기제를 구체화하는데 심혈을 기울이고 있다. 사회학적 제도주의자들이 생각하는 "동형화(isomorphism)" 기제는 사회적으로 정당하다고 인식된 문화적 관행이며, 그러한 관행을 받아들이는 기본논리는 경제학에서 말하는 "도구성의 논리(logic of instrumentality)"가 아니라 "사회적 적절성의 논리(logic of social appropriateness)"이다. 즉, 그러한 관행을 받아들인 것은 그것이 "사회적으로 적절하기(socially appropriate)" 때문이라는 논리이다.

그런데 여기서 한 가지 주목해야 할 것은 당연시되는 문화적 관행에 대한 동형화는 '외생적으로 주어진(exogenously given)' 것이라기보다는 '내생적으로 설명되어야' 할 대상이라는 사실이다. 이와 관련하여 홀(Peter A. Hall)은 최근 논문에서 제도변화를 일련의 "해석(interpretation)"과 "재해석(reinterpretation)" 과정으로 이해하고 있다. 즉, 주어진 환경적 맥락에 대한 이해는 그것의 의미를 둘러싼 해석 과정이며, 이는 여러 이해관계자들 사이의 명시적 · 묵시적 논쟁의 결과이다.[561] 이러한 과정에서 이해관계자들이 기존의 지배적인 제도적 관행에 대해 회의를 느끼고 점진적으로 "이탈(defection)"하여 새로운 제도적 관행에 권위를 부여하면 제도는 변화하게 된다.[562] 예를 들어, 한국에서 최초로 시행된 신자유주의 경제 정책이라고 할 수 있는 '4 · 17 안정화조치'는 1970년대 동안 한국의 경제체제에서 지배적이었던 '신중상주의'에 입각한 경제제도의 권위가 2차 석유파동으로 인해 나타난 세계경제의 불황과 맞물려 약화되고, 대안적인 '신고전주의'에 입각한 경제제도가 새롭게 권위를 부여받음으로써 나타난 결과였다.[563] 따라서 이 경우 제도적 관행에 대한 "순응(compliance)" 여부는 제도변화를 설명하는 중요한 "변수(variable)"가 된다.[564]

이러한 맥락에서 해석의 준거틀이 될 수 있는 '이념(idea)'의 역할에 주목할 필요가 있다. 이념은 정책결정자가 정책문제를 이해하고 그것에 대한 해결책을 탐구하는 인식의 틀이기 때문이다.[565] 캠벨(John L. Campbell)은 정책결정에서 이념의 역할을 다음과 같은 두 가지 차원에서 논의하고 있다.[566] 첫째, 이념이 정책논쟁의 이면(background)에 있는 근본적이고 때로는 당연시되는(taken for granted) 가정이 될 수도 있지만, 경우에 따라서는 정책결정자들에 의해 명시적으로 언급되는 정책논쟁의 표면(foreground)에 위치한 이론이나 개념이 될 수도 있다. 여기서 이념이 정책논쟁의 이면에 존재한다는 것은 광범위하게 받아들여지고 그것에 대해 의문을 제기하지 않는다는 의미인 반면, 정책논쟁의 표면에 존재한다는 것은 그것을 둘러싸고 치열한 경합이 이루어진다는 것을 의미한다. 둘째, 이념은 인지적(cognitive)이거나 규범적(normative)일 수 있다. 인지적 수준에서 이념은 인과관계를 구체화하는 기술(description)과 이론적 분석(theoretical analyses)인 반면, 규범적 수준에서 이념은 가치관(values)과 태도(attitudes)로 구성된다.

이러한 이념의 두 가지 차원에 따라 캠벨은 다음과 같은 네 가지 유형을 제시하고 있는데, 이러한 이념의 유형이 정책결정에 특징적인 영향을 미친다고 보고 있다. 예를 들어, 상징적 틀(symbolic frames)과 대중 정서(public sentiments)는 어떤 정책대안의 정당성 내지 '올바름(correctness)'에 대한 대중의 인식에 영향을 미치는 반면, 정책 패러다임(policy paradigms)은 정책결정자가 유용하고 검토할 필요가 있다고 인식하는 대안의 범위를 제한하는 데 영향을 미친다. 또한 프로그램은 전술한 패러다임 내에서 받아들여질 수 있는 대안의 목록 중에서 구체적인 해결책을 선택하는 과정에 영향을 미친다.[567] 따라서 이념은 정책 행위자들 사이의 "조정적 담론(coordinative discourse)"과 정치 행위자와 일반대중 사이의 "의사소통적 담론(communicative discourse)"에 모두 영향을 미친다.[568]

<표 5-3> 이념의 유형과 정책결정에 미치는 영향[569)]

	정책논쟁의 표면에 존재하는 개념과 이론	정책논쟁의 이면에 있는 근본적인 가정
인지적 수준	프로그램(Programs) 정책결정자가 구체적이고 명확한 정책 대안을 만들 수 있도록 도와주는 엘리트의 정책처방으로서의 이념	패러다임(Paradigms) 정책결정자가 선택할 수 있는 유용한 해결책의 인지적 범위를 제한하는 엘리트의 가정(assumption)으로서의 이념
규범적 수준	틀(Frames) 정책결정자가 대중에 대한 정책처방을 정당화할 수 있도록 도와주는 상징과 개념으로서의 이념	대중 정서(Public sentiments) 정책결정자가 선택할 수 있는 정당한 해결책의 규범적 범위를 제한하는 대중의 가정으로서의 이념

이러한 사회학적 제도주의자들의 주장은 최근에 진행되고 있는 '신자유주의의 세계화'와 관련하여 중요한 함의를 가지고 있다. 1990년대 들어 '신중세(New Medievalism)'로 표현되는 복합적 · 중층적인 국제체제의 등장과 자본과 금융의 발 빠른 이동에 따른 세계시장의 출현으로 인해, 신자유주의를 중심으로 각국의 경제정책이 수렴되어 가는 경향을 보이고 있다.[570)] 물론 이러한 경향이 각국의 경제현실을 합리적으로 판단하여 나온 결과일 수도 있지만, 경우에 따라서는 신자유주의가 세계화 시대에 하나의 '규범(norm)'으로 자리 잡으면서 그것에 편승하여 이루어진 '악대차 효과(bandwagon effect)'의 결과일 수도 있다. 후자의 경우 신자유주의는 각국의 경제정책을 일정한 방향으로 '제도화'시킨 외적인 기제로 작용한다. 이러한 예에서도 알 수 있듯이, 환경적 맥락은 경우에 따라 정책의 구체적인 내용을 결정하는 '독립변수'로 작용할 수 있다. 다만, 이 경우에도 제도적 맥락은 중요하게 작용한다는 점을 염두에 둘 필요가 있다. 왜냐하면 동형화의 과정을 통해 제도화된 정책이 각국의 제도적 맥락에 의해 '굴절(refraction)'되는 경우도 있는데, 이 경우 제도적 맥락은 정치적 결과를 보여주는 하나의 '렌즈'가 될 수 있기 때문이다.

따라서 사회학적 제도주의는 역사적 제도주의에 의해 보완될 필요가 있다. 역사적 제도주의에서는 역사적 과정을 통해 형성된 제도가 경로의존적으로 지속되는 양상에 주목하는데, 이와 같이 구제도의 요소가 지속된다면 제도적 동형화에 의한 제도개혁은 상당 부분 기존의 틀 내에서 구조화되고 제약될 가능성이 높다. 제도적 환경의 압력에 의해 제도적 동형화가 이루어진다고 하더라도, 정책이 결정되는 제도적 틀이 지속된다면 그러한 동형화는 시간의 경과에 따라 그 성격이 바뀔 수 있다. 특히, 제도개혁이 핵심적인 개혁추진세력들의 근본적인 사고의 전환에 기인한 것이 아니라, 객관적인 환경변화에 따른 대응의 결과라고 한다면 더욱 그러할 가능성이 높다.[571)] 왜냐하면 개혁추진세력들이 제도개혁에 대해 확고한 신념을 가지고 있지 않다면, 제도화의 기제가 약화되었을 때 그러한 제도개혁을 추진할 유인과 의지를 결여할 가능성이 높기 때문이다. 이러한 맥락에서 역사적 제도주의자들은 경제적 세계화(economic globalization)의 압력이 아무리 강하다고 하더라도, 그것이 국가 간 제도의 '수렴(convergence)'으로 이어지는 것은 아니기 때문에 세계화 시대에도 자본주의는 여전히 다양한 형태를 띨 것이라고 주장한다.[572] 즉, 이 경우에 정치제도는 세계화의 압력을 조정하는 중요한 "매개변수(intervening variables)"로 기능한다.[573] 특히, 이러한 연구들은 제도의 정적이고 자기강화적인 성격뿐만 아니라 그 결과(정책)에 대해서도 관심을 가지고 있다.[574]

≫ 보론 5-1 수렴가설 대 자본주의의 다양성

세계화 시대에 자본주의를 둘러싸고 그것이 신자유주의를 중심으로 '수렴'할 것인가에 대해서는 다음과 같은 '수렴가설'과 '자본주의의 다양성' 사이의 논쟁이 있다.[575]

1. 수렴가설

신자유주의를 중심으로 세계 자본주의가 '수렴'할 것이라는 주장은 현재 진행되고 있는 세계화라는 맥락에서 이해할 필요가 있다. 세계화는 정치 · 경제 · 사회 · 문화의 모든 면에서 국가 간 상호의존성이 증대되어 세계가 하나의 '지구촌(global village)'처럼 되어 가는 현상이지만, 정치학이나 행정학에서는 정치적 측면의 세계화와 경제적 측면의 세계화에 특히 주목하고 있다. 먼저 정치적 측면에서의 세계화는 국민국가(nation state)의 영향력 약화로 요약될 수 있다. 베스트팔리아 조약(1648년) 이후 국민국가는 국가의 규모에 상관없이 주권을 국제적으로 보장받을 수 있었으며, 영토 내에서는 배타적인 통치권을 행사할 수 있었다. 그러나 세계화가 도래하면서 이러한 '국가의 시대(time of states)'는 변하기 시작했는데, 이는 크게 보면 다음과 같은 두 가지 방향에서 이루어지고 있다.[576] 첫째, 국경을 넘나드는 초국가적 행위자의 등장에 의해 국민국가의 영향력이 약화되고 있다. 다국적 기업(multi-national corporations)이나 초국적 기업(trans-national corporations)과 같은 초국가적 경제행위자들뿐만 아니라, UN, IMF, 세계은행(World Bank)과 같은 국제기구와 우루과이라운드(무역), 블루라운드(노동), 그린라운드(환경), 테크노라운드(기술), 클린라운드(부패)와 같은 제도적 연합체, 그리고 EU와 같은 초국가적 주권연방(federation)이나 NAFTA, APEC, Mercosur, ASEAN과 같은 초국가적 국가연합체(confederation)가 속속 출현하여 국민국가의 영향력을 잠식시키고 있다. 둘째, 국민국가는 이러한 외적인 압력뿐만 아니라, 영토 내에서의 도전에도 직면하고 있다. 정보통신기술의 비약적인 발전 속에 시민사회는 그 자율성과 영향력을 확대해가고 있으며, '세방화(glocalization: globalization + localization)' 시대에 도시정부는 중앙정부의 매개 없이도 자체적으로 세계로 나아갈 수 있는 터전을 마련하게 되었다. 이와 같이 국민국가는 위·아래로부터 협공을 받게 되어 그 영향력의 상당 부분을 잃게 되었으며, 그 결과 '신중세(New Medievalism)'로 표현되는 복합적·중층적 국제체제가 등장하게 되었다. 세계화로 나타난 국민국가의 영향력 약화와 복합적·중층적 국제체제의 등장을 헤들리 불(Hedley Bull)이 신중세라고 표현한 이유는, 이것이 신성로마제국과 교황과 같은 세계정부와 자율권과 자치권을 가지고 있던 자치도시·자치영주로부터 협공을 받았던 중세국가의 상황과 유사했기 때문이다.[577)]

정치적 측면의 세계화가 국민국가의 영향력 약화로 나타났다면, 경제적 측면의 세계화는 자본과 금융의 발 빠른 이동에 따른 '세계시장의 출현'으로 나타나고 있다. 세계화의 진전으로 인해 국내외 자본들은 이제 한 국가의 경계 내에 머무는 것이 아니라 국가 간의 경계를 자유롭게 이동하려는 동기를 가지게 되었고, 그 결과 최고의 수익이 보장되는 곳을 향해 투자대상 지역을 자유롭게 이동하고 있다.[578)] 예를 들면, 외환거래량이 1973년에 하루 평균 150억 달러에서 1998년에는 1조 4천 9백억 달러, 그리고 2001년에는 1조 2천 백억 달러에 이르렀으며, 한 달 기준으로 봤을 때에는 약 30조 달러에 이르고 있다. 또한 외국인이 가지고 있는 은행예금의 총액도 1964년에 200억 달러에서 2001년에는 9조 6천억 달러에 이르렀으며, 국제상업은행의 대부규모도 1970년대 초에 2000억 달러에서 2001년에는 8조 달러를 넘어섰다.[579)] 이와 같이 자본과 금융이 발 빠르게 이동함에 따라 '발에 의한 투표(vote with feet)'로 인한 시장적 제약은 더 이상 지방정부 수준에서만 문제가 되는 것이 아니라, 변덕스러운 글로벌 자본의 "퇴거 위협(threat of exit)"에 대응하여 국가 역시 적극적인 친자본 정책을 시행할 수밖에 없는 구조적 제약에 직면하게 되었다.[580)] 즉, 1980년대 이후 국제금융활동의 폭발적 증가는 정부가 선택할 수 있는 정책의 범위를 제한하고 있다.[581)] 실로 경제적 세계화 하에서 그 어떤 국민국가의 경제도 독립적으로 존재할 수 없게 된 것이다. 특히, 이러한 변화는 정부의 재정정책에 있어서 뚜렷하게 감지되는데, 민간투자를 둘러싼 국가 간 경쟁이 국가로 하여금 조세삭감과 공공지출의 급격한 감축을 내용으로 하는 투자유인정책을 시행할 수밖에 없도록 만들었으며, 이는 결국 "바닥을 향한 경쟁(race to the bottom)"를 강요하는 결과를 가져왔다.[582)] 그런데 이 같은 조세경쟁(tax competition)은 정부의 조세부과 능력을 저하시킴으로써 궁극적으로는 정부가 공급하는 공공서비스의 수준이 저하될 우려가 있다.

지금까지 살펴본 바와 같이, 정치적 측면에서의 세계화는 국민국가의 영향력 약화와 복합적·중층적 국제체제의 등장으로, 그리고 경제적 측면의 세계화는 세계시장의 출현으로 구체화되고 있다. 그런데 여기서 한 가지 주목해야 할 것은 이러한 세계화로 인한 변화가 '신자유주의(new liberalism)'의 확산에 유리한 맥락적 조건(contextual contexts)을 제공하고 있다는 사실이다. 신자유주의는 시장의 효율성과 국가의 비효율성에 근거하여 시장에 의한 자원배분을 최대화하고 국가에 의한 자원배분을 최소화하고자 하는 이념적 사조인데, 세계화로 인한 여러 가지 변화가 궁극적으로는 국가주의의 쇠퇴와 시장경쟁의 활성화로 요약될 수 있기 때문이다. 따라서 지금 진행되고 있는 세계화는 '신자유주의의 세계화'인 것이다.[583)] 이처럼 자본과 금융의 세계화와 정보통신기술의 급격한 발달은 현재의 세계운영 질서가 신자유주의의 기반 위에 설 수밖에 없다는 '대세론'의 기반이 된다. 즉, 신자유주의의 주요 격언(axiom) 중 하나는 세계화된 자본주의 시대에 신자유주의 외에 "다른 대안은 없다(There Is No Alternative, 약자로 TINA)"는 것이다.[584]

2. 자본주의의 다양성

세계화 시대에 세계 자본주의가 신자유주의를 중심으로 '수렴'할 것이라는 수렴론자들의 주장에 대해 역사적 제도주의자들을 중심으로 한 일단의 학자들은 체계적인 반론을 제기하고 있다. 이들 주장의 요지는 세계화의 압력이 아무리 강하다고 하더라도 그것이 제도의 수렴으로 이어지는 것은 아니기 때문에, 세계 자본주의는 여전히 '다양성(varieties)'을 띨 것이라는 것이다.[585] 특히, 이들은 제도의 '경로의존성(path dependence)'에 주목한다. 제도의 경로의존성이란 "제도적 진화가 조금씩 조금씩 일어나는 과정으로 어제의 제도적 틀이 오늘의 정치적 및 경제적 참여자들에게 나아갈 길을 제공하는 것"을 의미하는 것으로,[586] 제도분석에서는 과거에 이루어진 제도선택이 그 이후의 역사과정에도 지속적인 영향을 미쳐 현재나 미래의 정치적 상황을 구조화하고 제약하는 '맥락'으로서의 인과구조에 초점을 맞춘다. 특히, 수확체증(increasing returns)이나 긍정적 환류(positive feedback)로 인해 과거에 만들어진 경로는 시간이 경과함에 따라 확대 · 재생산되는 "자기강화적(self-reinforcing)" 성격을 띨 수 있다.[587] 이처럼 제도가 경로의존성을 띤다면, 상황 변화에 따라 새로운 제도가 도입된다고 하더라도 새로운 제도가 기존 제도를 "대체(replaced)"하기보다는 기존 제도 위에 "중첩(layered)"되는 경우가 많을 것이다.[588] 그리고 이러한 경제제도의 '비정합성(incongruity)' 문제가 세계 자본주의의 다양성으로 이어질 수 있다.

자본주의의 다양성 논의는 비단 경로의존성 문제에 국한된 것은 아니다. 보다 중요한 것은 기존 경제제도를 고수하는 것이 합리적 행위자에게 있어 최적 전략이 될 수 있다는 점이다. 예컨대, 제도변화에 수반되는 '전환비용(transition cost)'이 변화의 편익보다 클 때 합리적 행위자는 지금 상태에서 벗어나려고 하지 않을 것이다. 특히, 정치행위자의 좁은 시계(short time horizon)와 높은 시간할인율로 인해 단기적으로 나타나는 전환비용은 크게 부각되는 반면, 장기적으로 나타나는 편익은 쉽게 무시될 수 있다.[589] 이러한 맥락에서 정치의 세계에 고유한 '현상유지편향(status quo bias)'은 정치행위자의 합리적 선택의 결과일 수 있다.

제도변화의 전환비용이 가져오는 단기적인 결과에 주목한다면, 최근 활발하게 논의되고 있는 '자산전속성(asset specificity)'은 이와 관련하여 중요한 함의를 가지고 있다. 예를 들면, 피어슨(Paul Pierson)은 보완적 제도나 정책과 같은 특정한 자산이 정치제도 속에 전속됨에 따라 제도가 "자기강화적" 성격을 띠게 된다고 주장한다. 즉, 정치제도 속에 전속된 자산(specified asset)이 제도변화의 전환비용을 증가시킴으로써 행위자들이 기존 제도를 바꿀 유인을 갖지 않게 된다는 것이다. 물론 제도에 전속된 자산은 '매몰비용(sunk cost)'의 성격이 강하지만, 경제논리와 달리 정치논리에서는 매몰비용을 무시하지 못한다. 특히, 피어슨은 긍정적 환류와 적응적 기대(adaptive expectation)가 자산전속성을 장기적으로 더 강하게 만든다고 보고 있다. 제도는 시간이 지남에 따라 수확체증 현상을 보이기 때문에 그것을 바꾸는 비용은 점점 증가할 수밖에 없으며, 제도가 지속될 것이라는 현재의 기대에 따라 사람들이 미래 행위를 조정함으로써 '자기실현적 예언(self-fulfilling prophecy)'이 현실화될 것이라는 설명이다.[590]

이러한 자산전속성의 논의를 여기서의 주제인 자본주의의 다양성과 관련하여 살펴보면, 어떤 특정한 생산양식에 전속된 자산이 변화에 수반되는 전환비용과 불확실성을 증가시킴으로써 기존 생산양식이 고착될(locked in) 가능성이 높다는 주장이 제기될 수 있다.[591] 이러한 주장은 세계화가 특징적인 자본주의 생산양식을 강화(reinforcing)하는 방향으로 나아갈 수 있음을 시사하는데, 예를 들면 세계화에 직면하여 조정된 시장경제를 가진 나라들은 기존 경제운영 방식을 고수하는 반면, 자유시장경제를 가진 나라들은 더욱 경제자유화에 박차를 가할 수 있다. 따라서 세계화는 자본주의 생산양식의 "수렴(convergence)"과 "발산(divergence)"이 동시에 일어나는 양면성을 가지고 있다.[592] 그렇다면 세계화 시대에 경제제도의 수렴여부는 '상황적합적'으로 접근할 필요가 있다. 예를 들어, 세계화에 직면하여 많은 국가들은 '중앙은행의 독립성' 제고와 같은 금융제도 개혁을 실시하고 있다. 즉, 발 빠른 글로벌 자본을 유치하기 위한 '유인'으로서, 또는 변동환율제도 하에서 유효적절한 정책수단이 되고 있는 금융정책의 일환으로서, 중앙은행의 독립성은 주권국가에게 있어 하나의 '규범'으로 인식되고 있다.[593] 그러나 다른 분야에서는 고도로 통합된 경제 내에서도 수렴현상을 발견할 수 없다는 것이 한 비교연구의 결론이다.[594]

≫ 보론 5-2 문화이론

1. 문화이론의 의의

문화인류학자 더글러스(Mary Douglas)와 정치학자 윌다브스키(Aaron Wildavsky) 등이 체계화한 문화이론(cultural theory)[595]은 특정한 삶의 양식은 특정한 문화편향(cultural bias)과 특정 사회관계(social relations)가 서로 정당화시켜 줄 때 하나의 삶의 양식(way of life)으로 살아남는다는 이론적 관점을 말한다.[596] 문화에 대한 정의는 보는 시각에 따라 다양하지만, 문화이론에서는 포괄적 의미에서 이를 어느 특정한 사회관계와 정신적 산물을 포함한 총체적 '생활방식(way of life)'으로 광범위하게 이해한다.[597]

문화이론은 기존의 문화에 관한 이론이 사회현상을 설명하는 데 한계가 있다는 인식에서 출발하였다. 즉, 기존의 발전주의 행정학과 관련된 문화연구는 문화적 요소가 사회현상에 어떤 영향을 가져오는가를 설명할 수 있는 일반이론(general theory)의 발전을 어렵게 하였는데, 이러한 문제점을 극복하기 위하여 더글러스, 윌다브스키 등 문화이론가들은 문화를 광의로 해석하고 문화적 편향, 사회적 관계, 삶의 양식 등의 개념을 구분하여 개념들 간의 관계를 규정함으로써 문화적 요소에 의해 사회현상을 설명하고자 하였다.[598] 이와 같이 문화이론은 기존의 여러 가지 문화이론에 비해 문화유형에 대한 규명이 비교적 간단하고, 일방적으로 한 방향으로 치우쳐 있지 않다는 장점이 있는 것으로 평가된다.[599]

문화이론은 제도(문화)가 개인들의 태도와 행태에 영향을 미치고, 그 결과 불확실성을 감소시킨다고 주장하는 점에서 신제도주의, 특히 사회학적 제도주의와 유사하다. 이러한 이유로 우리나라의 일반적인 견해는 문화이론을 사회학적 제도주의에 포함시켜 이해하고 있다.[600]

2. 문화의 유형

더글러스, 윌다브스키 등과 같은 문화이론가들은 사회적 관계를 '집단(group)'과 '망(grid)'으로 설명한 바 있다.[601] 여기서 집단은 개인의 상호작용이 특정집단 내에 한정되는 정도, 다시 말해 '사회편입(social incorporation)'의 차원을 나타내는 것으로, 구성원들의 특정한 관계에 경계선을 설정하여 일원과 일원이 아닌 경우를 구분하고 규범을 정해 일원들의 행동을 통제해서 공동체로서의 정체성을 확립하는 것을 의미한다. 그리고 망(gird)은 개인의 생활이 외부에서 부과된 규정이나 명령에 의해 한정되는 정도, 다시 말해 '사회적 규제(social regulation)'를 가리키는 것으로, 규제가 커질수록 개인의 협상에 의해 결정되는 생활 영역은 적어지게 된다. 문화이론에서는 이러한 집단과 망의 조합을 통하여 '개인주의(Individualism)', '계층주의(Hierarchy)', '운명주의(Fatalism)', 그리고 '평등주의(Egalitarianism)'라는 네 가지 제도(문화)를 일반화하고 있다.[602] 이러한 네 가지 문화유형에 대해 보다 구체적으로 살펴보면 다음과 같다.[603]

첫째, 개인주의 문화이다. 개인주의를 구성하는 사회관계는 역할과 집단이 약하다는 특징 때문에, 개인의 자유로운 선택의 폭이 상대적으로 큰 반면에 집단으로부터 구속력은 약하다. 개인주의 문화의 사회적 질서는 '자기규제(self-regulation)'이다. 개인주의 문화에서는 '결과의 평등(equality of outcome)'보다는 '기회의 평등(equality of opportunity)'이 중요하고, 실패를 제도 탓으로 돌리기보다는 개인적인 역량 부족(personal inadequacy) 탓으로 돌리며, 분화된 사회관계는 정당하고 사회는 '보이지 않는 손'에 의해 균형이 유지된다는 관점을 지지한다. 따라서 개인주의자들은 될 수 있으면 정치를 좁게 규정하려고 하고, 최소국가관을 지지하며, 자기규제를 강조하기 때문에 조정기제로서 시장제도를 선호한다.

둘째, 운명주의 문화이다. 운명주의 문화란 집단의 응집력이 약한 반면, 사회역할이 강하여 대부분의 결정이 외부에서 이루어지는 경우이다. 운명주의 문화는 사람들이 그들 주변에서 일어나고 있는 일들을 통제할 수 없다고 느낄 때 생겨나게 된다. 운명주의 문화에서도 개인주의 문화에서처럼 개인적 자율의 영역이 제한되는 경향이 높다. 통제의 위치(locus of control)가 외부에 있다고 보기 때문에 이 문화에 젖어 있는 사람들은 자신들의 삶을 결정하는 것으로부터 배제되어 있다고 보고 스스로의 운명개척에 소극적이고 회의적이다. 운명주의자들은 국가와 시장을 모두 불신할 뿐만 아니라, 평등주의자들처럼 공동체를 형성하지도 못하기 때문에 자신이나 가족의 생존을 위해 개별적 차원에서 사적 관계에 의존하려고 한다.

셋째, 계층주의 문화이다. 계층주의는 사회역할과 집단 모두 강하여 두 구성원 간의 상호관계를 정립할 때 서로가 서로에 대한 권리와 의무를 상하관계로 규정하여, 그 위치에 따라 한 사람은 지배자가 되는 반면에 다른 한 사람은 피지배자가 되는 관계를 말한다. 이러한 사회적 맥락에서 개인의 행위는 집단 내의 다른 구성원의 통제와 사회적으로 부가된 역할 요구에 의해 좌우되기 쉽다. 계층주의는 제도화된 권위이다. 그것은 노동의 분업과 전문화가 다른 대안적인 장치에 비해 사람들을 보다 조화롭게 만들고 보다 높은 효과성을 산출할 수 있도록 만든다는 믿음에 근거한다. 따라서 계층주의는 전체를 위한 부분의 희생을 가정하는 희생의 윤리(sacrificial ethics)에 의해 합리화된다. 계층주의자들은 개인의 선택과 자유보다는 전체의 조화를 위해 자신에게 할당된 지위와 역할을 수행하는 것을 강조함으로써 계층적 조직을 통한 공동선의 구현을 옹호한다.

넷째, 평등주의 문화이다. 평등주의 문화는 사회역할은 약한 반면에 집단은 강하게 조직화되기 때문에, 사회역할이 어떤 특정한 기준(인종, 성별, 사회신분 등)에 의해 상호간의 권리와 의무를 엄격하게 정의하지는 않지만(구성원 간의 평등 강조), 공동체를 바탕으로 외부와의 경계선을 설정하고 자신들의 가치가 반영된 규범에 의해 공동생활을 영위한다(외부와의 차별 강조). 평등주의 문화를 가진 사람들은 집단 구성원들 간의 관계가 애매하고, 모든 사람들이 권위를 불평등의 형태로 보고 이를 거부한다. 평등주의자들에 의하면, 사람들은 이기적이지 않고 배려적이며 협동적이고, 사람들이 부패하는 이유는 바로 시장이나 국가와 같은 착취적 혹은 억압적 제도 때문이라고 본다. 따라서 평등주의자들은 불평등을 조장하는 시장제도와 수직적 권위관계를 모두 거부하고 공동선의 추구와 관련하여 공동체적 접근을 강조한다.

지금까지 살펴본 문화유형과 그에 따른 조정기제를 그림으로 나타내면 다음과 같다.

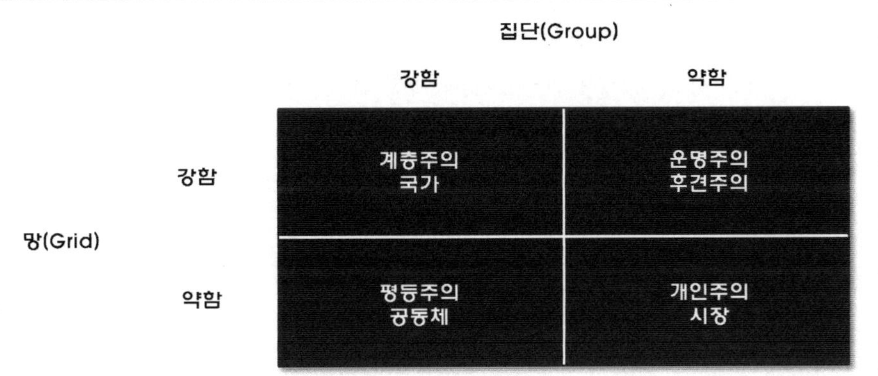

<그림 5-3> 문화유형과 조정기제[604]

3. 정책학적 함의

그렇다면 문화이론이 정책학과 관련하여 가지고 있는 함의는 무엇인가? 이는 한마디로 말하면 '문화의 갈등' 현상으로 설명할 수 있는데, 새로운 정책의 도입 과정에서 두드러지게 나타난다. 신공공관리론(New Public Management)을 예로 들면, 이것이 등장한 서구의 문화는 시장교환을 선호하는 개인주의 문화이지만, 이것을 수용한 제3세계 국가에서는 이러한 문화적 기반을 갖추지 못하고 여전히 강한 망-강한 집단의 계층주의 문화가 지배적인 경우가 대부분이다. 계층주의자들은 사적 영역의 축소와 공적 영역의 확대를 지지하는 '큰 정부' 지향적이기 때문에, 신공공관리론의 '작은 정부' 지향과 갈등관계에 놓일 수 있다.[605]

이러한 '문화의 갈등'은 '이익의 갈등'과 마찬가지로 제도개혁의 성과에 중요한 영향을 미치게 된다. 이러한 맥락에서 신공공관리론적 행정개혁이 성공을 거두려면 우리의 사회조직의 형태와 사고체계의 유형도 개인주의 문화로 변화되어야 하지만, 한번 형성된 문화가 쉽게 변할 수 있는 것은 아니다. 특히, 제도적 동형화에 의해 신공공관리론을 도입하였다면 그러한 개혁의 채택 여부를 결정할 정책적 자율성이 약화되는 것이 보통이기 때문에 문화적 전제조건에 대한 고려 없이 개혁을 추진한 결과, 개혁과정에서 '문화의 갈등' 현상이 나타날 가능성은 더욱 높다고 할 수 있다.

제 5 절 신제도주의의 최근 경향

우리가 일상생활에서 하는 의사결정은 기본적으로 제도적 맥락 하에서 이루어지기 때문에, 제도를 중심으로 현상을 분석하는 것은 현실을 체계적으로 분석할 수 있다는 장점이 있다. 특히, 신제도주의는 규범적인 연구문제에 대해 답을 구하였던 구제도주의와 달리, '비슷한 사회경제적 맥락 하에서도 국가 간 정책이 상이한 이유는 무엇인가?', '공동체에 따라 공유자원의 효율적 관리 정도가 다른 이유는 무엇인가?', '현대사회에서 관료제화 현상이 나타나는 이유는 무엇인가?'와 같은 경험적인 연구문제에 답을 구하려고 하기 때문에, 구제도주의가 결여한 '과학성'을 높일 수 있다는 장점이 있다.

앞서 살펴본 바와 같이, 신제도주의의 하위 분파들은 각각 다른 모학문의 토대 위에서 형성되었기 때문에 여러 가지 관점에서 차이를 보이고 있다. 따라서 모든 문제에 대해 만족할 만한 해답을 제시할 수 있는 제도의 수준은 존재하지 않는다는 것을 지적할 필요가 있다. 즉,

거시수준의 사회현상을 분석하기 위해서는 미시수준의 개인적 상호작용을 분석해야 하며, 미시수준의 사회현상 또한 거시수준의 제도적 맥락 하에서 이해해야 한다. 이러한 맥락에서 다음과 같은 오스트롬(Elinor Ostrom)의 지적은 우리에게 시사하는 바가 크다.

> 비록 행태주의 혁명의 분열이 "분파(separate tables)"를 만들었다고 하더라도, 다양한 지적 배경을 가진 제도 이론가들 사이의 두드러진 조화는 마침내 정치학자들로 하여금 축적된 학문의 영역을 형성하도록 만들고 있다. 그러한 "정치학의 학파(House of Political Science)"를 형성하기 위해서는 다양한 기술을 가진 전문가들이 필요할 것이다. 미시수주의 현상을 연구하는 데에는 이러한 이론을 검증하는 데 적합한 미시수준의 이론과 경험적 연구방법을 필요로 한다. 거시수준의 현상 또한 고유한 이론과 경험적 분석방법을 필요로 한다. 방법론적 환원주의자와 방법론적 전체주의자 사이의 논쟁은 모든 사회과학과 일부 생물학에서 이루어지고 있는데, 경우에 따라서는 격한 논쟁으로 변질되는 경우도 있다. 분명한 선을 긋기보다는 다양한 시간과 공간의 장에서 일어나는 반복적인 과정의 복잡한 모자이크를 고려하면서, 각각의 수준에서 연구하는 우리들을 생각해 볼 필요가 있다. 가장 미시적인 수준을 연구하는 학자들은 보다 넓은 윤곽을 볼 수 있는 학자들의 도움을 필요로 한다. 가장 거시적인 수준을 연구하는 학자들은 어떻게 개인들이 보다 높은 수준의 현상을 이끌어내기 위해 실제로 서로 간에 상호작용하는가를 이해할 수 있는 학자들의 도움을 필요로 한다. 그러한 사회과학의 세대에서는 모든 문제에 대해 최선의 답을 제시할 수 있는 단일 차원의 수준은 존재하지 않는다고 본다. 오히려, 우리들은 상이한 제도의 수준이 어떻게 다른 문제보다 일부 문제에 대해 보다 나은 해답을 제시할 수 있는가를 이해하는 것이 필요하다.[606]

이러한 맥락에서 최근에는 신제도주의의 각 분파들이 자신들의 이론체계 내에서는 설명할 수 없는 현상들을 다른 분파의 이론적 관점을 수용함으로써 해결하려고 하는 이론적 자기혁신 내지 '수렴' 경향을 보이고 있는데,[607] 몇 가지 구체적인 예를 살펴보면 다음과 같다.

첫째, 내생적 제도변화 이론이다. 역사적 제도주의가 구조적 조건 내에서 활동하는 구체적인 행위의 문제를 적절하게 고려하지 못한다는 비판을 의식하여, 최근에는 제도변화에 대한 논의를 중심으로 경제학에서의 비교정태분석(comparative statics analysis)을 이용하여 외생변수(exogenous variable)와 내생변수(endogenous variable) 사이의 관계를 규명하고자 하는 연구가 활발하게 이루어지고 있다.[608] 즉, 역사적 제도주의에서도 기존의 지배적인 제도변화 모형인 크래스너의 '단절된 균형 모형'에서 벗어나 외생적인 사건뿐만 아니라 그러한 사건에 대응하는 행위자의 전략적 선택에도 주목하고 있다.[609]

둘째, 분서적 서술방법이다. 합리적 선택 제도주의가 '몰역사적(ahistorical)'이라는 비판[610]과 역사적 제도주의의 방법론이 '이야기하기(story telling)' 수준에 불과하다는 비판[611]을 의식하여 최근에는 이 두 연구방법이 수렴되어가는 경향을 보이고 있다. 이러한 최근의 경향을 '분석적 서술방법(analytic narratives)'이라고 하는데, 이는 연역적 모형의 구성을 강조하는 합리적 선택 이론(rational choice theory)과 귀납적인 사례연구를 강조하는 비교연구방법(comparative method)의 방법론적 '종합(synthesis)'이라고 볼 수 있다.[612] 즉, 분석적 서술방법은 인과관계에 대한 연역적인 모형을 통해 복잡한 역사적 과정을 분석하고자 하는데,[613] 사건의 구체적인 전개과정과 그 메커니즘에 초점을 맞춘다.[614]

셋째, 제2세대 합리적 선택 모형이다. 정치학자 파웰(Robert Powell)은 "집합적 행위를 통해 잠재적 이득이 생길 수 있다는 사실이 협력을 할 유인으로 작용한다"고 주장하였지만,[615] 경제적 이득의 존재만으로 집합적 행위를 설명하기에는 여전히 부족한 점이 많다. 이러한 맥락에서 최근에는 집합적 행위의 딜레마나 죄수의 딜레마와 같은 '사회적 딜레마'를 해결하는 데 있어 문화적 가치의 중요성을 강조하는 견해가 제시되고 있다. 전통적인 합리적 선택 이론에서는 이러한 문제와 관련하여 '선별적 유인(selective incentives)'[616] 이나 '앞선 자의 이득(first-mover advantages)'[617]과 같은 '경제적 유인'을 강조하였지만, 실제 많은 경험적 연구들은 이러한 상황에서도 자발적인 협력이 가능하다는 것을 보여주고 있다.[618] 이러한 이론과 경험세계의 불일치 문제를 해결하기 위해 등장한 것이 '제2세대 합리적 선택 모형'인데, 여기서는 신뢰(trust)나 상호성(reciprocity)과 같은 문화적 요인들이 사람들 사이의 상호협조를 이끌어내어 사회적으로 최적인 결과를 도출할 수 있다고 주장한다.[619] 이러한 논의는 기본적으로 합리적 선택 제도주의의 문제인 사회적 딜레마를 경제적 유인보다 문화적 가치를 통해 해결하려는 것으로, 합리적 선택 제도주의와 사회학적 제도주의의 접점에서의 논의라고 볼 수 있다.[620]

제 6 장 공공선택 이론

제 1 절 공공선택 이론의 의의

전통적으로 정치학이나 행정학에서는 시장을 연구하는 경제학의 방법론이 공공부문에는 적용되기 어렵다는 입장을 견지하고 있었다. 필요의 이중일치에 따른 자발적 교환관계가 지배적인 시장과 달리 정부는 강제력에 근거한 경우가 많을 뿐만 아니라, 시장에서 활동하는 소비자나 생산자와 달리 정치인이나 관료와 같은 국가의 경영자들은 공익에 헌신하는 이타적인 인간으로 가정하는 경우가 많았기 때문이다. 이러한 전통적인 가정에 대해 공공선택 이론가들은 의문을 제기한다. 예를 들어, 시장에서 자신의 효용극대화를 위해 노력하던 소비자가 관청에서 공적인 업무를 수행하면 공익을 위해 노력할 것이라는 생각은 상식에 어긋난다는 것이다.

인간을 사익추구자라고 가정한다면 정부를 연구하는 정치학이나 행정학에도 경제학의 방법론을 적용할 수 있다는 것이 공공선택 이론가들의 생각이다. 즉, 공공선택 이론(public choice theory)이란 "비시장적 의사결정에 대한 경제학적 연구 또는 정치학에 경제학을 응용하는 연구"를 의미한다(Dennis C. Mueller). 따라서 공공선택 이론은 경제학적인 분석도구를 국가이론, 투표 규칙, 투표자 행태, 정당정치, 관료 행태, 이익집단 등의 연구에 적용하고자 한다. 공공선택 이론에서는 정부를 공공재의 생산자로, 그리고 시민들을 공공재의 소비자로 규정한다. 또한 공공서비스의 독점적 공급이 정부실패를 가져온다고 인식하기 때문에, 경쟁을 통한 공공서비스의 제공이 행정의 대응성을 높일 수 있다고 주장한다.

제 2 절 공공선택 이론의 기본 가정

1. 방법론적 개인주의

조금 과장되게 말한다면, 맑스주의나 체제이론과 같은 거시수준의 이론에서 행위자는 의미가 없다. 이들 이론에서 행위자는 거대한 역사적 설계(grand historical design)를 통해 형성된 '사회구조'에 의해 결정되는 존재이며, 그 자체가 의미가 있는 것은 아니다. 스카치폴(T. Skocpol)에 의하면 혁명에 필요한 정치 · 경제 · 사회적인 구조적 조건이 성숙되면 항상 혁명이 일어나며, 알튀세르(L. Althusser)의 구조주의적 맑시즘에서 개인의 행동은 계급위치의 집행에 불과하다.[621)]

그러나 이러한 '구조결정론(structural determinism)'은 많은 경우 현실과 부합되지 않는 것으로 나타났다. 현실에서 행위자는 구조가 미리 결정한(pre-determined) 역할을 단순히 집행하는 '수동적인 위치'에만 머무는 것은 아니었기 때문이다. 신고전파 경제학(new classical economics)의 강한 영향 속에서 태동한 공공선택 이론은 구조결정론에 매몰된 행위자들을 다시 중심적인 위치로 복원시켰다는 점에서 사회과학에 큰 반향을 불러일으켰다. 공공선택 이론에 있어 행위자는 몰개인적인(impersonal) 역사의 힘이나 눈에 보이지도 않는 구조에 의해 결정되는 존재가 아니라, 스스로 자신의 운명을 개척하고 사회구조까지 바꿀 수 있는 의사결정의 주체이다. 다시 말해, 사회구조는 객관적으로 주어진 것이 아니라, 행위자에 의해 선택될 수 있는 대상인 것이다. 따라서 공공선택 이론은 '개인' 수준의 이론으로부터 집단 수준의 이론을 구성해낼 수 있다는 '방법론적 개인주의'에 입각하여 사회현상을 행위자의 합리적이고 전략적인 선택의 결과로 이해한다.

여기서 방법론적 개인주의(methodological individualism)는 사회학적 또는 형이상학적 전체주의와 대조되는 연구방법으로, 사회현상에 관한 한 오직 개인들만이 궁극적 원인력(causal force)을 가지고 있기 때문에 개인적 사실만이 사회현상을 설명할 수 있다는 관점을 말한다.[622)] 다시 말해, 엘스터(Jon Elster)가 적절하게 지적하고 있듯이, 방법론적 개인주의의 체계 내에서 "사회적 삶의 기본 단위는 개별적인 인간 행위"인 것이다.[623)] 따라서 개인의 선호나 가치관은 다른 가치들, 예를 들면 집합적, 조직적 또는 사회적 가치보다 중요하게 간주된다.[624)]

공공선택 이론가들은 이러한 방법론적 개인주의를 받아들여 오직 개인만이 선택하고, 행동하며, 사회적 총합(social aggregate)은 단지 개인들이 행한 선택과 행동의 결과로서만 고려될 수 있다고 주장한다.[625)] 다시 말해, 공공선택 이론에서 "분석의 기본단위는 정당, 지역, 국가와 같은 유기체적인 전체가 아니라 선택하고 행동하는 개인인 것이다."[626)] 공공선택 이론가들이 방법론적 개인주의를 받아들인 결과, '구조-행위의 문제(structure-agency problem)'에서 행위가 부각되고 있기는 하지만, 그렇다고 구조가 전혀 무시되는 것은 아니다. 즉, 엘스터(Jon Elster)가 지적하고 있는 바와 같이, 구조적 제약이 개인의 행동을 완전히 결정하지는 않지만, 그들이 선택할 수 있는 가능한 행위의 집합(feasible set of action)을 설정하는 데에는 영향을 줄 수 있다.[627)] 따라서 방법론적 개인주의는 개인의 행위를 토대로 구조를 추론하는 단

순한 환원주의(reductionism)를 의미하는 것은 아니다.[628]

비록 공공선택 이론이 방법론적 개인주의에 기초하고 있다고 하더라도, 그것의 주된 관심은 개인의 선택 그 자체에 있지 않고 개인적 선택의 총합(aggregation of individual choice)에 있다. 즉, 공공선택 이론은 거시적인 과정과 사건에 대한 '미시적 기초(micro foundation)'를 제공하는 이론이다.[629] 물론 뒤에서도 언급하겠지만, 개인이 합리적이라도 개인적 선택의 총합이 반드시 합리적인 것은 아니며, 비합리적이거나 순환적인 결과가 나타날 수도 있다.

2. 합리적 경제인관

앞서 살펴본 바와 같이, 공공선택 이론에서는 행위자를 중심으로 사회현상을 설명하는데, 여기서 행위자는 '합리적 경제인(rational economic man)'으로 가정한다. 합리적 경제인을 분설하면, 행위자는 합리적이고 경제적이라는 것이다. 먼저 공공선택 이론은 합리적인 존재로서의 개인을 중심으로 사회현상을 설명한다. 그런데 사회과학의 다른 개념과 마찬가지로 '합리성(rationality)'이 무엇을 의미하는가에 대해서는 모호한 면이 있다. 극단적으로 5장에서 살펴본 사회구성주의(social constructivism)에서는 시간과 공간의 벽을 넘어 보편적으로 적용될 수 있는 합리성의 개념이란 있을 수 없으며, 이 역시 특정 시기에 배태된 사회관계라는 맥락에서 이해되는 '사회적으로 구성된(socially constituted)' 것에 지나지 않는다.[630] 이처럼 합리성의 개념에 대해서는 논란의 여지가 있지만, 공공선택 이론이 강한 영향을 받은 경제학에서는 대체로 이를 '도구적 합리성(instrumental rationality)'이라는 관점에서 이해한다. 여기서 도구적 합리성이란 목표가 주어진 경우 그러한 목표를 달성하기 위한 최선의 수단을 선택한다는 의미에서의 합리성이다.[631] 다시 말해, 사람들은 그들의 목표를 달성하기 위해 가장 바람직하다고 생각되는 일련의 행동을 취한다고 간주된다.[632] 목표-수단 계층제를 전제로 하는 이러한 유형의 합리성은 합리적 행위를 설명하는 문헌들에서 보편적으로 발견되며, 이러한 맥락에서 데니스 청(Dennis Chong)은 정치 행위를 "목표와 수단 사이의 관계에 대한 합리적 신념에 근거한 목표지향적 행태"로 규정한 바 있다.[633] 물론 여기서 목표는 외생적으로 주어진 것이기 때문에 구체적인 목표를 규정하는 것은 공공선택 이론의 영역 밖의 문제이며, 부, 권력, 명성 등과 같은 일반적인 목표를 가정하는데 그친다.[634]

의사결정의 주체로서 '합리적인 존재'란 '완비성(completeness)'과 '이행성(transitivity)'의 조건을 만족시키는 선호를 가진 존재라는 의미를 담고 있다.[635] 여기서 완비성이란 임의의 두 선택대안 A와 B를 비교할 때 A를 B보다 더 선호한다든지 아니면 B를 A보다 더 선호한다든지 A와 B를 동일한 정도로 선호한다든지 하는 취향을 분명히 밝힐 수 있는 성질을 말하며(A>B, A<B, A=B), 이행성이란 선호의 '내적 일관성'을 의미하는 것으로, 예를 들면 A를 B보다 더 선호하고 B를 C보다 더 선호한다면 A를 C보다 더 선호해야 한다는 것을 말한다(If A>B, B>C, then A>C).

다음으로 '경제적'이라는 것은 이기적인 동기, 다시 말해 자기 자신의 이익(self-interest) 내지 효용(utility)을 얻기 위한 의도에서 행동한다는 것이다. 공공선택 이론은 정치 영역에서의 행위자(정치인, 관료)는 시장 영역에서의 행위자(소비자, 생산자)와는 근본적으로 다르게 행동한다는 전통적인 정치학의 가정에 의문을 제기한다.[636] 정치 행위자를 경제 행위자와 달리 볼 아무런 이유가 없다는 것이다.[637] 따라서 공공선택 이론의 체계 내에서 정치인이나 관료는 시장에서의 소비자나 생산자와 마찬가지로 '재선(re-election)'이나 '관할권(jurisdiction)'의 확대와 같은 이기적인 동기에 의해 움직이는 경제인에 불과하다.[638] 예를 들면, 노벨 경제학상을 수상한 저명한 공공선택 이론가인 뷰캐넌(James M. Buchanan)은 이러한 논의가 "전혀 놀라운 일이 되어서는 안 된다"고 평한 바 있다. "그 이유는 정부는 개인들로 구성되는데, 개인들은 시장 경제이든 정치 영역이든 교환 과정에 참여한다면 사익에 의해 움직이는 존재이기 때문이다."[639]

이상에서의 논의를 종합해보면 공공선택 이론에서 강조하는 합리적 경제인이란 "자기 자신의 이익 내지 효용을 극대화(maximization)하려는 이기적인 존재"로 정의할 수 있다. 따라서 공공선택 이론의 체계 내에서 정책이란 자신 자신의 이익 내지 효용을 극대화하려는 행위자들 사이에서 이루어지는 '교환과정(exchange)'에 다름 아니다.

그러나 이러한 합리적 경제인의 가정에 대해서는 이타적 인간의 존재를 근거로 반론을 제기하는 경우도 있다.[640] 그러나 이타적 인간의 존재가 합리적 경제인의 가정을 흔드는 것은 아니라고 공공선택 이론가들은 단언한다. 이타적 인간이 존재하는 것은 사실이지만, 그것은 극소수(5% 정도)에 불과하며, 대부분의 인간은 편협한 경제적 이익에 의해 움직이는 이기적인 존재이기 때문이라는 것이다(털록의 가설).[641] 게다가 '합리성'이라는 개념을 단순히 "목표지향적 행태(goal-oriented behavior)"로 정의하는 경우[642] 지향하는 목표에 따라 다양한 형태가 나올 수 있는데, 이 경우 남을 배려하는 "이타적인 행동(altruistic behavior)"도 합리성의 개념에 포함될 수 있다.[643] 이처럼 공공선택 이론가들이 이타적 인간의 존재를 부정하지는 않으면서도 합리적 경제인의 가정을 고수하는 이유는, 그것이 방법론적으로 유용하기 때문이다.[644]

그런데 여기서 한 가지 주목해야 할 것은 공공선택 이론이 개인의 합리성을 전제한다고 하더라도, 개인 행위의 결과로 나타난 사회현상이 반드시 합리적인 것은 아니라는 사실이다.[645]

이는 앞서 살펴본 애로우의 '불가능성 정리'를 통해서도 확인할 수 있는데, 전통적인 공공선택 이론은 애로우의 불가능성 정리를 받아들여 개인의 선호가 합리적이라도 합리적 행위자의 선호가 합쳐지는 집합적 차원에서는 그것이 항상 '파레토 최적의 결과(Pareto-optimal outcomes)'로 귀결되는 것은 아니라는 점을 강조한다.[646] 즉, 전통적인 공공선택 이론은 개인의 합리적 선택이 사회전체적인 합리적 결과로 귀결되지 않는 '사회적 딜레마'로부터 출발한다.[647]

제 3 절 주요 이론모형

1. 중위투표자 정리(median voter theorem)

중위투표자 정리란 사람들의 선호가 '단봉성(single-peakedness)'을 띠고, 진실한 투표자(sincere voter)인 경우, 다수결투표제 하에서 중위투표자의 선호가 그 사회의 선호가 된다는 정리를 말한다. 중위투표자 정리를 간단한 예를 통해 설명하면 다음과 같다.

<표 6-1> 중위투표자정리의 예

	A	B	C
1	x	y	z
2	y	x	y
3	z	z	x

x, y, z는 예산의 크기를 나타내는 대안이며, 예산의 크기에 따라 배열하면 $x<y<z$라고 가정하자. 투표자의 소득에 따라 예산에 대한 선호가 달라진다고 가정한다면 중간수준의 예산을 가장 선호하는 B가 중위투표자(median voter)라고 할 수 있다. 왜냐하면 고소득자는 낮은 수준의 예산을 선호하는 반면 저소득자는 높은 수준의 예산을 선호하고 소득 수준이 중간인 경우 중간 정도 수준의 예산을 선호하기 때문이다. 그렇다면 중위투표자의 선호에 따라 A, B, C 세 사람으로 이루어진 극단적으로 작은 사회에서 어떤 대안이 과반수투표제에서 그 사회의 대안이 되는가를 살펴보도록 하자. 먼저 x와 y를 비교하면, A는 대안 x를 선호하는 반면, B와 C는 대안 y를 선호하여 과반수투표제 하에서는 y가 x를 2:1로 패배시킨다. 다음으로 대안

y와 대안 z를 비교하면, A와 B는 y를 선호하는 반면 C는 z를 선호하기 때문에 y가 z를 2:1로 패배시킨다.[648] 따라서 대안 y가 과반수투표제 하에서 콩도세 승자(Condorcet winner)가 된다. 대안 y는 중위투표자가 가장 선호하는 대안으로 중위투표자정리가 성립함을 알 수 있다. 즉, 중위투표자 B의 선호가 그 사회의 선호가 된다는 것인데, 예를 들면 대안 x와 대안 y의 비교에서 B가 선호하는 대안 y가 과반수투표제 하에서 그 사회의 선호가 되며, 대안 x와 대안 z의 비교에서도 B가 선호하는 대안 x가 과반수투표제 하에서 그 사회의 선호가 된다. 결국 사람들의 선호가 단봉성을 띠고 진실한 투표자라는 가정 하에서 중위투표자의 선호는 결정적으로 중요하다.[649]

물론 중위투표자 정리의 결과가 사회의 효율성을 보장해주는 것은 아니다. 사회적 효율성은 공공재의 사회적 한계편익과 사회적 한계비용이 일치해야 발생하는데, 중위투표자 정리의 결과는 선호의 강도를 반영하지 않았기 때문에 이러한 조건을 충족하지 못할 수도 있기 때문이다.[650] 만일 중위투표자의 양편에 있는 자의 선호가 같다면(즉 선호 분포가 대칭적이라면), 평균치와 중위수가 같게 되어 중위투표자 정리의 결과는 효율적이다. 그러나 만일 한편이 다른 편보다 더 집중적이라면 중위수와 평균값은 다르게 되며 중위투표자 정리의 결과는 비효율적이 될 것이다. 간단한 예를 통해 이를 설명할 수 있다.[651] 귀하의 마을에 사는 500명의 유권자는 귀하가 이 사회에 기여한 엄청난 공헌을 매우 잘 알고 있기 때문에 기념물을 세우는 데 100달러를 지불할 용의가 있다. 그러나 나머지 501명의 유권자는 귀하의 공헌에 대해 모르며 기념물을 건립하는 데 한 푼도 지불하려고 하지 않는다. 사회적 한계편익(공공재의 사회적 한계편익은 개개인의 한계편익을 모두 더한 값이다)은 따라서 500 × 100 + 501 × 0 = 50,000달러이다. 유권자 1인당 40달러씩 세금을 거두어 기념물을 건립한다고 할 경우 사회적 한계비용은 40,040달러이다. 따라서 사회적으로 효율적인 결과는 이 기념물을 건립하는 것이다. 그러나 유권자 1인당 40달러의 세금을 거두어 이 기념물을 건립하려는 제안은 찬성 500 대 반대 501로 과반수투표제 하에서 부결될 것이다. 중위투표자가 그 가격에 기념물을 건립하고자 원하지 않기 때문에 기념물이 건립되지 않는다.

중위투표자정리는 첫째, 민주적으로 선택되는 정책은 중위투표자가 가장 선호하는 정책이며, 둘째, 양당의 정책은 중위투표자의 선호와 일치하며, 셋째, 소득에 영향을 미치는 정책에 관한 결정에서 중위투표자는 중간적 소득을 가진 사람이라는 세 가지 가설에 기초한다.[652] 중위투표자 정리에 의하면 각 정당들은 집권하기 위해 극단적인 정책을 추구하기보다는 중위투표자의 선호에 가까운 정책을 추구할 가능성이 높기 때문에,[653] 현대국가의 포괄정당(catch all party)[654]화 경향을 설명하는데 적합하다.[655] 〈그림 5-1〉은 이러한 중위투표자 정리의 논리를 요약해서 보여주고 있는데, 득표극대화를 추구하는 정당이나 후보자는 이념의 양극단에 위치하기보다는 중앙에 위치하려고 한다. 그 결과 선거과정은 앤더슨(James E. Anderson)이 말했듯이, "선택보다는 반복(echo rather than a choice)"으로서의 양상을 띠게 된다.[656] 오로지 맹목적으로 이념에 추종하는 "이데올로그들"만이 이러한 정치 전략을 거부할 것이다.[657]

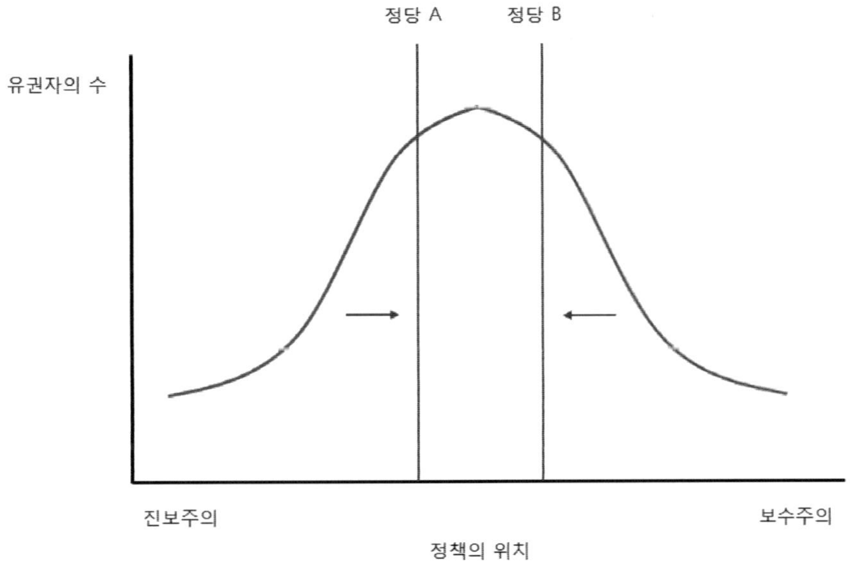

자료: Dye(2013: 27)를 수정

<그림 6-1> 중위투표자 정리

2. 투표의 거래(log rolling)

투표의 거래란 담합에 의하여 자신의 선호와는 무관한 대안에 투표하는 행동을 보이는 집단적 의사결정행태를 말한다. 예를 들면, 다음과 같은 경우이다.[658]

아래 표에서 첫째 의안(징병제)과 둘째 의안(가족법)을 각각 분리하여 과반수투표제에 의한다면, 징병제의 경우 B, D, E는 존속에, 그리고 A, C는 폐지에 투표하여 3:2로 징병제 존속이 과반수를 얻게 된다. 비슷한 맥락에서 가족법의 경우에도 A, B, C는 개정에, 그리고 D, E는 존속에 투표하여 3:2로 가족법 개정이 과반수를 얻게 된다. 그런데 만일 '선호의 강도(intensity)'가 고려되는 점수투표제에 의한다면 징병제 폐지와 가족법 존속이 더 높은 점수를 얻어 채택되었을 것이다. 그러나 과반수투표제 하에서는 선호의 강도를 표현할 길이 없어 그와 같은 반대의 결과가 나오게 된 것이다. 그런데 만일 징병제 폐지를 강하게 선호하는 A와 가족법의 존속을 강하게 선호하는 E가 연합(coalition)을 구성할 수 있다면 그 결과는 달라질 수 있다. 이들이 연합하여 자신의 선호와는 달리, 가족법 존속과 징병제 폐지에 각각 투표한다면 이번에는 반대로 징병제 폐지와 가족법 존속이 3:2로 과반수를 얻기 때문이다.

<표 6-2> 투표거래의 예[659)]

의 안	투 표 자					
	A	B	C	D	E	합계
1. 징병제						
존 속	0	6	4	6	6	22
폐 지	10	4	6	4	4	28
2. 가족법						
존 속	4	4	4	6	9	27
개 정	6	6	6	4	1	23

이러한 투표의 거래에 대해서는 ① 정치의 장에서 표를 교환하는 행위가 효율적인 집단의사결정을 가능하게 해준다는 점, ② 이를 통해 투표자의 선호의 강도가 반영될 수 있어 안정된 정치적 균형을 가져온다는 점, ③ 민주적인 정치체제에서는 타협이 중요하다는 점 등을 근거로 긍정적으로 보는 견해가 있는가 하면, ① 일반대중의 희생 하에 특정집단에게만 이익이 돌아가는 집단의사결정이 이루어질 가능성이 있다는 점, ② 이해관계를 공유하는 특정집단들의 야합(野合)에 의해 바람직하지 못한 결과를 야기할 수 있다는 점, ③ 다수의 사업이 선택됨으로써 예산이 낭비될 수 있다는 점 등을 근거로 부정적으로 보는 견해도 있다.[660)]

3. 티부 모형

공공재의 경우 효율적인 수준에서 공급되기 어려운 이유는 개개인이 공공재에 대한 선호를 정확하게 표출하지 않기 때문이다. 즉, 공공재의 경우 선호를 표출하는 메커니즘이 없다. 그런데 티부(C. Tiebout)는 '발에 의한 투표(vote with feet)'라는 선호표출 메커니즘을 통해 지방공공재의 경우 각 지방정부가 독자적으로 그 공급에 대한 결정을 내리는 분권화된 체제가 효율적인 배분을 가져온다는 것을 입증하였다. 티부는 자신의 모형을 설정하기 위해 다음과 같은 여러 가지 전제조건을 제시하였다.[661)] 첫째, 다수의 마을(a large number of communities)

이 존재해야 한다. 둘째, 완전한 정보(perfect information)가 존재해야 한다. 셋째, 완벽한 이동성(perfect mobility)이 존재해야 한다. 넷째, 외부효과(externalities)가 존재하지 않아야 한다. 다섯째, 규모의 경제(economies of scale)가 존재하지 않아야 한다.

이러한 가정에 입각하여 티부는 사람들이 사적재 시장에서 가장 좋은 질의 상품을 가장 싼 값에 구매하기 위해 찾아다니는 것처럼, 공공재의 경우에도 자신이 가장 원하는 공공재를 공급하는 지역으로 이주할 것이라는 가설을 설정하였다. 즉, 이 경우 이주행위는 시장에서 재화를 구매하려는 의지(willingness to buy a good)를 나타내는 '시장성 테스트(market test)'를 대신하는 것이라고 볼 수 있다.[662] 그 결과 이 모형에서 달성된 균형에서는 각자가 가장 선호하는 지역을 골라 거주하게 되기 때문에, 더 이상 개선의 여지가 없는 효율적인 상태가 이루어진다는 것이다.[663] 즉, 가격기제가 사적재의 생산과 소비에 있어서의 효율적인 자원배분을 가능하게 하듯이, '발에 의한 투표'야말로 공공재의 최적공급수준을 결정해주는 유일한 방법이라는 것이다.[664] 따라서 티부 모형은 공공재에 대해 비슷한 취향과 그것에 대한 지불능력을 가지고 있는 사람들이 그러한 공공재를 제공하는 지방정부의 관할구역에 자연스럽게 모이게 될 것이라는 견지에서 경제적 분리(economic segregation)를 정당화한다.[665] 그런데 이러한 경제적 분리는 추가적인 세원 또는 와이머(David L. Weimer)와 바이닝(Aidan R. Vining)이 말한 "긍정적인 재정적 외부성(positive fiscal externality)"을 확보하기 위한 지역 간 치열한 조세경쟁(tax competition)으로 이어질 수 있다. 그러나 지역의 이기적 전략에 의한 이러한 조세경쟁은 궁극적으로는 어느 누구도 그로부터 얻는 것이 없는 '죄수의 딜레마' 문제에 직면할 수 있다.[666]

그러나 티부 모형은 그 가정이 비현실적이라는 비판이 제기되었는데, 이를 좀 더 구체적으로 살펴보면 다음과 같다.[667] 첫째, 모든 사람의 욕구를 개별적으로 충족할 수 있을 정도로 다수의 지방자치단체가 존재한다는 가정이 완벽하게 충족될 수 없다. 둘째, 많은 지방자치단체가 공급하는 서비스의 질과 조세 부담의 관계를 정확히 판단할 수 있는 완벽한 정보의 수집이 불가능하다. 셋째, 발에 의한 투표를 통한 선택이 가장 효율적이기 위해서는 외부효과 또는 파급효과가 없다는 가정이 필수적이지만, 티부 자신도 인정하고 있듯이, '지역 간에는 명백히 외부경제와 외부불경제가 존재'한다는 한계가 있다. 넷째, 제도적인 경직성이 전혀 존재하지 않는다면 해당 인구만을 수용할 수 있는 소규모의 지방자치단체를 만들 수 있겠지만, 현실적으로 이와 같이 완벽하게 탄력적인 지방자치단체의 구조를 생각하기는 매우 어렵다. 다섯째, 티부 모형에 의한다면, 지방정부의 재정조달이 '정액세(lump-sum tax)'로 이루어진다고 가정한다. 여기서 정액세란 개인의 소득, 재화의 소비, 부 등과는 독립적인 고정된 금액의 조세로써, 이 같은 조세는 효율성의 상실을 가져오지는 않지만 형평성의 문제가 제기될 수 있다.[668]

4. 올슨의 집합적 행위의 논리

올슨(M. Olson)은 *The Logic of Collective Action*[669]에서 공통의 이해관계가 있으면 집합적인 노력이 이루어질 것이라는 전통적인 이익집단이론과 맑스의 계급투쟁이론을 모두 논박하면서, 집합적 행위의 논리를 경제학의 공공재 이론과 연계시켜 논의하고 있다. 그의 논지를 한마디로 요약하면, 공공재의 공급이 무임승차자의 문제(free-rider problem)로 인해 과소공급될 수 있는 것처럼, 집합적 행위의 산출물이 공공재인 경우에는 공통의 이해관계가 있다고 하더라도 그러한 행위가 이루어지지 않을 수 있다는 것이다. 그러면서 올슨은 집합적 행위가 이루어지기 위한 필요조건으로 다음과 같은 두 가지를 제시하고 있다.[670]

첫째, 특권집단(privileged group)이나 중간집단(intermediated group)과 같이 집단의 규모가 작아야 한다. 공통의 이해관계가 결부되어 있는 문제를 조직적 · 집단적으로 해결하지 못하는 집합적 행위의 딜레마가 생기는 주된 이유는, 개인의 무임승차 행위가 공유된 이해관계에 별 영향을 미치지 않을 것이라는 개인의 인식 때문이다. 그런데 만일 집단의 규모가 작아 개인의 무임승차 행위가 공유된 이해관계를 해친다고 판단할 경우 개인은 그러한 이기적 전략을 자제하게 된다.[671] 둘째, 집단의 규모가 큰 경우에는 집단의 구성원들에게 강제력(coercion)을 행사하거나 선별적 유인(selective incentive)을 제공해야 한다. 이럴 경우 '공공재'의 성격을 띠고 있는 집단행동의 과실(果實)은 '사적재'의 성격을 가진 것으로 바뀌게 된다.

올슨의 주장과 같이 공유된 이해관계를 조직적으로 해결하지 못한다면, 모든 집단이 어떤 종류의 정치적 목소리도 쉽게 낼 수 있다는 다원주의의 기본 가정은 수정이 불가피하다. 이러한 올슨의 주장은 이후 공공선택이론의 발전에 많은 영향을 미쳤으며, 이를 지지하거나 반대하는 많은 연구들이 있어 왔다. 그 중 여기서는 올슨이 제시한 선별적 유인을 제도개혁과 관련시켜 논의한 코핸(Robert O. Keohane)의 연구에 대해 간략하게 살펴보고자 한다.[672] 코핸은 특정한 제도가 어떤 기능적 필요에 의해 만들어진다는 기능주의 이론이, 제도가 성립하게 되는 '수요의 문제(problems of demands)'는 해결할 수 있지만, 제도가 현실적으로 만들어지는 '공급의 문제(problems of supply)'는 해결할 수 없다고 비판한다. 왜냐하면 제도는 '공공재'의 성격을 가지고 있기 때문에 무임승차자의 문제가 생길 수 있을 뿐만 아니라 사회적으로 유익한 제도개혁에 반발하는 지대추구연합(rent-seeking coalition)이 존재할 수 있기 때문에, 제도적 필요가 항상 제도형성으로 이어지는 것은 아니기 때문이다. 그렇다면 제도개혁과 관련하여 나타나는 이러한 '죄수의 딜레마' 문제를 어떻게 해결할 것인가? 이와 관련하여 코핸은 올슨이 제시한 선별적 유인과 비슷한 맥락에서, 미래 규칙에 대한 통제권이나 잠재적 경쟁자에 대한 진입장벽과 같은 '앞선 자의 이득(first-mover advantages)'을 제시하고 있다. 올슨이나 코핸의 주장에서 볼 수 있는 것처럼, 전통적인 공공선택이론에서는 집합적 행위의 딜레마나 죄수의 딜레마와 같은 사회적 딜레마를 경제적 이해관계와 결부된 문제로 이해하며, 따라서 그 해결책에 있어서도 선별적 유인이나 앞선 자의 이득과 같은 '경제적 유인(economic incentive)'을 강조한다.

제 4 절 공공선택 이론의 한계

공공선택 이론은 사회현상의 미시적 기초를 정교한 논리로 분석했다는 점에서는 높이 평가할 수 있으나, 다음과 같은 이론적·방법론적 한계가 있는 것으로 지적되기도 한다.[675]

첫째, 공공선택 이론의 '합리성'에 대한 가정이 문제로 지적된다. 전술한 바와 같이, 공공선택 이론에서는 문제와 관련된 모든 정보를 활용하여 최선의 선택을 한다고 가정하지만, 현실적으로는 정보가 제약되어 있을 뿐만 아니라, 선택을 함에 있어서도 일정한 '편향성(bias)'을 보이는 경우가 많다. 예를 들어, 힌드무어(Andrew Hindmoor)와 테일러(Brad Taylor)는 합리적 선택 이론(공공선택 이론)의 합리성에 대한 가정에 내재된 본질적인 한계를 다음과 같이 적절하게 설명한 바 있다.

> 합리적 선택 이론에서는 사람들이 그들의 목표를 달성하기 위한 최선의 수단을 선택한다는 의미에서의 합리적인 존재로 가정한다. 그러나 실제로 사람들은 그들 행동이 가져올 결과에 대해 항상 아는 것은 아니며, 따라서 궁극적으로는 그들의 이해관계에 반하는 방식으로 행동할 수 있다. (게다가) 사람들이 항상 완벽한 정보를 가지고 있는 것도 아니다. 사람들은 제한된 정보의 세계에서 활동하고 있으며, 도널드 럼스펠드(Donald Rumsfeld) 미 국방장관이 말했듯이, 우리는 우리가 알지 못하는 것을 알지 못하는 극단적인 불확실성에 놓여 있는 경우도 있다.
> 비록 사람들이 최선의 선택을 하기 위해 필요한 모든 정보를 가지고 있는 것은 아니라는 점을 합리적 선택 이론가들이 인정한다고 하더라도, 그들은 사람들이 주어진 정보를 최선으로 활용하여 선택을 할 것이라고 주장한다. 그러나 여기에도 문제가 있다. 사람들이 항상 최선의 결정을 하는 것은 아니다. 행태경제학자들이 반복적으로 제시하고 있듯이, 현실의 사람들은 최적 이하의 방식, 예를 들면, 미래의 일을 대폭 할인하거나 과거에 하던 방식에 지나

치게 의존하여 행동하는 경향이 있다. 비평가들이 지적하듯이, 사람들이 비합리적으로 행동한다면, 합리적 선택 이론은 현실 세계의 행태를 정확하게 예측하거나 적절한 통찰력을 제시해 줄 수 없다.674)

둘째, 공공선택 이론에서는 행위자들을 자기이익의 극대화를 추구하는 이기적인 존재로 가정하는데, 이러한 '합리적 이기주의(rational egoism)'의 가정은 시민정신(civic spirit)을 약화시키는 규범적인 문제(normative problem)가 있을 뿐만 아니라,675) 사회적 실제(social reality)를 지나치게 단순화시킨다는 분석적인 문제(analytical problem)도 있다.676) 다시 말해, 공공선택 이론은 현실 정치에 관한 하나의 유용하지만 부분적인 설명일 뿐이다. 또한 이러한 가정은 행위의 결과로부터 동기를 추론하고, 이를 통해 다시 결과를 설명하는 "순환론(tautology)"의 오류에 빠질 수 있다.677)

셋째, 공공선택 이론은 편협한 공리주의의 가정에 기초한 "원자화된(atomized)" 또는 "과소사회화된(undersocialized)" 행위자를 전제로 하기 때문에, 행위자나 그들의 행위가 문화와 같은 거시적인 사회적 맥락 속에서 "배태된다는(embedded)" 사실을 무시하고 있다.678)

넷째, 전통적인 공공선택 이론에서는 죄수의 딜레마나 집합적 행위의 딜레마와 같은 '사회적 딜레마'의 문제를 강제력의 행사나 선별적 유인의 제공을 통해 해결할 것을 강조할 뿐 자발적 협력의 가능성은 배제하였으나, 많은 경험적 연구들은 그러한 조건이 충족되지 않는 상황에서도 협력이 가능하다는 것을 보여주고 있다. 즉, 사회적 딜레마 문제의 해결에 있어서 공공선택 이론은 이론과 경험세계의 불일치에 직면하는 경우가 많다는 한계가 있다.679)

다섯째, 공공선택 이론에서는 목표가 주어진 경우에 그러한 목표를 달성하기 위한 최선의 수단을 선택한다는 의미에서의 '도구적 합리성(instrumental rationality)'을 강조하지만, 그 목표를 명확하게 구체화하고 있는 것은 아니며, 부(wealth), 권력(power), 명성(prestige) 등과 같은 일반적인 목표(general goals)를 제시하는 데 그친다.680)

여섯째, 전통적인 공공선택 이론의 체계 내에서는 해결할 수 없는 문제가 많다는 점도 지적할 수 있다. 예를 들면, 비겁자 게임(chicken game)이나 성의 대결 게임(battle of sexes game)과 같이 복수의 내쉬 균형(multiple Nash equilibria)이 존재하는 경우, 어느 균형이 게임의 해(solution)가 되는지는 '계산적 접근(calculus approach)'에 의해서는 해결할 수 없다.681) 따라서 공공선택 이론의 문제는 게임의 균형이 존재하지 않는 데 있는 것이 아니라, 현실적으로 너무 많은 균형이 존재하는 데 있다.682)

일곱째, 공공선택 이론은 귀납적인 사례연구를 강조하는 전통적인 방법론을 비이론적이고(atheoretical) 경우에 따라서는 이야기하기(storytelling) 수준에 불과하다고 비판하면서 연역적인 논리체계(deductive logical system)에 기초한 "보편적인 분석도구(universal tool kit)"의 구성을 강조하지만,[683] 이러한 방법론에 대해서는 그것이 세련된 이론을 개발할 수 있을지는 몰라도 경험적인 지지는 거의 받지 못한다는 비판이 제기되고 있다.[684] 다시 말해, 공공선택 이론은 현실을 분석하기 위한 "문제지향(problem-driven)"의 연구가 아니라, 자신들의 이론을 정당화하기 위한 "이론지향(theory-driven)" 내지 "방법론 지향(method-driven)"의 연구라고 할 수 있다.[685] 그렇기 때문에 경제학의 방법론을 정치학에 적용시키려고 한 공공선택 이론의 원대한 꿈은 현실 정치의 벽 앞에서 무력하다는 평가가 나오는 것이다.[686]

제 5 절 공공선택 이론의 정책학적 함의

공공선택 이론은 합리성에 대한 확고한 믿음에 기초하면서, 신고전파 경제학의 논리를 차용하여 인간 행태의 거의 모든 측면을 설명하려고 한다. 공공선택 이론의 가장 중요한 가정은 경제 행위자와 마찬가지로, 정치 행위자들도 자신의 '효용' 내지 '만족'을 극대화하기 위해 '합리적으로' 행동한다는 것이다. 노벨 경제학상을 수상한 저명한 공공선택 이론가인 뷰캐넌(James M. Buchanan)은 이를 다음과 같이 설명하고 있다. "어떤 의미에서, 모든 공공선택 이론 내지 정치학에서의 경제학적 이론은 사람들이 합리적인 효용극대화 추구자로 간주되어야 한다는 사실의 "발견(discovering)" 내지 "재발견(re-discovering)"으로 요약될 수 있다."[687] 따라서 정치 행위자들도 경제 행위자들과 마찬가지로 사익(self-interest)이라고 하는 개인적 합리성에 의해 동기가 부여된다.

공공선택 이론은 합리적 선택의 분석틀(rational choice framework)에 기초하여 정책분석에서도 자주 원용되고 있는데, 공공선택 이론의 일반적 원칙의 연역적 적용은 명확하고 일관된 정책처방을 제시해줄 것이라고 인식되었다. 공공선택 이론적 접근방법에서 개별 정치 행위자들은 그들이 정책결정자이든, 행정 관료이든, 유권자이든 그들에게 최선이라고 생각되는 일련의 행동을 선택할 것이라고 가정한다. 인간 행태의 기본에 관한 이러한 단순한 가정은 공공선택 이론가들로 하여금 정치와 정책결정의 다양한 양태를 설명하는 데 이용되는 상호 관련되는 일련의 가정을 제시하는 데 도움을 준다. 물론 이러한 가정은 개별 정치 행동이 사익에 기초한 것이라는 관점에 입각해 있다. 다시 말해 공공선택 이론이 정책학 분야에서 가장 크게 기여한 점은 정치와 정책결정과정을 움직이는 힘으로서의 '사익'의 중요성을 우리에게 상기시켜 주었다는 점이다.[688] 예를 들면, 셀프(Peter Self)는 시장에서 활동하는 행위자와 그들의 행동이 정치 영역에서의 활동이나 행위자와 동일할 수 있음을 다음과 같이 지적하였다.

> 이러한 접근방법에 따라, 유권자들은 소비자와 유사할 수 있고, 압력단체는 소비자 단체 내지 때때로 기업으로 간주될 수 있으며, 정당은 표의 교환으로 서비스와 세금의 경합적인 패키지를 제시하는 기업가가 될 수 있고, 정치 선전은 상업 광고와 동일할 수 있으며, 정부기관은 비용을 상쇄하기 위해 필요한 지지를 얻거나 이끌어내는 데 의존하는 공기업일 수 있다.[689]

공공선택 이론가들은 정책과정을 다양한 정치 행위자들이 경합적인 지대추구행위에 가담하는 일련의 과정으로 이해한다. 지대추구로서의 정책과정은 다시 '수요' 측면과 '공급' 측면으로 나눌 수 있는데, 수요 측면에서 개별 정치행위자들, 특히 유권자들은 사회적 잉여(지대)의 일정 부분을 얻기 위해 공공정책을 이용하고자 한다. 다시 말해, 이들은 다른 누군가의 비용부담으로 사회적 잉여를 얻고자 하는 '무임승차자(free-rider)'가 되는 것을 선호한다.[690] 그리고 이러한 지대추구행위는 정치인들의 '구유통 정치(pork-barrel politics)'와 '투표의 거래(log rolling)'로 이어져 불가피하게 재정이 팽창할 수밖에 없다. 따라서 공공부문에는 만성적인 '초과수요'의 문제에 직면한다. 마찬가지의 논리로, 공급 측면에서 정치인들도 자신들의 사익을 위해 공공정책을 이용하고자 한다. 예를 들어, 정치적 경기순환이론(political business cycle theory)에서 보듯이, 실업이나 인플레이션과 같은 가시성이 높은 문제에 대응하는 공공정책의 '시기(timing)'는 '선거력(electoral calendar)'과 대체로 일치하는 것으로 나타났다.[691] 또한 대중영합주의(populism)의 정치적 편익은 현재 정치인이 누리지만 그 비용은 미래 정치인이 부담하는 정치적 보상구조의 왜곡도 정치인들로 하여금 이러한 정책에 집착하도록 만드는 중요한 요인이 되고 있다.

따라서 공공선택 이론의 관점에서 본 공공정책은 공익을 증진시키기 위한 거창한 것이 아니라, 이기적인 정치 행위자들 간의 흥정의 결과물일 뿐이다. 뷰캐넌(James M. Buchanan)이 공공선택 이론을 "낭만이 없는 정치학(politics without romance)"이라고 한 것도 이러한 맥락에서 이해할 수 있다.[692] 그런데 이러한 정치적 흥정 과정은 불가피하게 공공부문의 팽창을 가져온다. 공공선택 이론가들은 이러한 팽창 과정을 거부하는데, 그 이유는 그것이 시장에 기초한 사회의 '자연스러운' 작동을 왜곡시키고 무임승차자나 다른 형태의 비생산적인 지대추구행위를 가져옴으로써 전반적인 사회의 후생 수준을 떨어뜨리기 때문이다.[693] 물론 공공선택 이론가들이 모든 형태의 공공정책이 사회의 효율성 상실로 이어진다고 보지는 않는다. 따라서 중요한 것은 개인의 사익추구가 공익실현으로 이어질 수 있도록 하는 제도개혁에 있다. 그러나 공공선택 이론가들은 그러한 제도개혁을 국가가 시장보다 더 잘 할 수 있다고 믿지는 않는다. 이들은 공공정책이 공익을 위해 봉사하는 것으로 인식하는 대부분의 정책분석에 대해 분명한 거부 입장을 보이고 있기 때문이다.[694] 오히려 시장을 대체하려는 정부 개입을 억제하고 조정함으로써 시장의 힘이 전체 사회를 위해 자원을 합리적으로 배분하도록 할 필요가 있음을 역설한다. 저명한 공공선택 이론가인 뷰캐넌이 공공선택 이론의 규범적 함의(normative implications)로, 정부의 역할과 기능을 제한하는 '제한정부론(limited government)'을 제시하고 있는 것도 이러한 맥락에서 이해할 수 있다.[695]

제7장 정책중심적 관점

제1절 정책중심적 관점의 의의

정책학의 아버지로 일컬어지는 해롤드 라쓰웰(Harold D. Lasswell)이 정치권력을 주로 연구한 저명한 정치학자였다는 사실을 언급하지 않더라도, 공공정책과 정치학은 불가분의 밀접한 관계에 있다. 정부의 역할과 기능이 확대된 현대국가에서 공공정책은 국민생활에 밀접한 관련이 가지게 되는데, 이처럼 정책이 광범위한 이해관계자들(stake holders)을 가질 경우, 정책을 결정하는 데에는 이들 이해관계자들 사이의 협상과 타협이라는 '정치'가 개입될 수밖에 없기 때문이다. 따라서 정책은 "누가 무엇을 얻는가?(who gets what?)"라는 '이해관계 정치'의 산물이며, 극단적으로 말한다면 정책과정은 "정치과정(political process)"이라고 할 수 있다.[696]

그럼에도 불구하고, 오랫동안 정치학에서 공공정책은 '부수적인(epiphenomenal)' 현상에 불과한 것으로 인식되어 왔다. 이러한 경향은 체제이론(system theory)의 전통을 따르는 것이다. 체제이론적 관점에서 본 공공정책은 외부환경의 변화를 단순히 반영하는 '산물(output)'에 불과하다. 따라서 정책은 다른 변수(예를 들면, 사회경제적 환경, 정치체제의 구조, 정치엘리트의 권력관계 등)의 변화를 반영하는 종속변수에 불과하며, 그 자체가 중요한 원인력(causal force)이 될 수는 없다고 인식되었다. 정치학자 피어슨(Paul Pierson)은 이러한 정치학의 오래된 전통을 다음과 같이 적절하게 설명하고 있다.

> 공공정책은 외부의 환경 변화에 매우 신축적이라는 견해가 대부분의 정치학 연구에서 암묵적으로 받아들여지고 있다. 전통적인 설명방식은 정책을 종속변수로만 취급하고 있다. 소쓰와 메틀러는 이러한 지배적인 견해를 "체제이론"적 접근방법이라고 적절하게 설명하고 있는데, 여기서는 정치과정이 사회적 "투입(inputs)"을 정책이라는 "산출(outputs)"로 전환시킨다고 보고 있다. 정책은 변형되기보다는 반영하는 것으로 인식된다. 따라서 현대 미국 정치에 관한 대부분의 문헌들은 정책을 여론 변화에 매우 민감하게 반응하는 것으로 간주한다. 게다가 이러한 반응성에 관한 논의들이 도전을 받는 경우에도, 그것은 *누가 정책에 대응하는가의 문제이지(예를 들면, 엘리트 또는 여론), 정책 그 자체가 중요한 영향을 미칠 수 있다는 전망은 아니다*(강조는 원전).[697]

정책을 정치의 종속변수로 취급하는 이러한 전통적인 정치학의 논의들은, 그러나 최근 도전을 받고 있다. 일찍이 샤슈나이더(E. E. Schattschneider)는 "새로운 정책이 새로운 정치를 만든다(new policies create a new politics)"고 갈파한 바 있는데,[698] 이는 정책이 단순히 정치의 결과물이 아니라 정치 그 자체를 바꿀 수 있는 '원인력'이 될 수도 있다는 말이다. 최근에 주목을 받고 있는 "정책중심적 관점(policy-centered perspective)"도 이러한 맥락에서 이해할 수 있다. 정책을 정치체제의 산물(output)로 인식하는 전통적인 정치학의 관점에서는 정책을 설명되어야 할 대상으로 인식하는 경향이 강하지만, 최근에는 정책이 정치과정을 설명하는 '독립변수'로 인식하는 경향이 강해지고 있다. 즉, 정책은 정치의 산물에 불과한 것이 아니라, 정치 그 자제를 바꾸는 핵심적인 인과요인으로 기능하기도 한다는 것이다. 결국 정책은 해커(Jacob S. Hacker)와 피어슨(Paul Pierson)이 비유적으로 말했듯이, 정치라는 이야기의 '결말(conclusion)'이 아니라 '시작(beginning)'일 뿐인데,[699] 정책중심적 관점이 지향하는 바는 해커 등(Jacob S. Hacker et al.)이 자신들의 새로운 관점을 "정책중심적 관점"으로 명명한 이유를 설명한 부분에서 명확하게 알 수 있다.

> 우리는 이러한 접근방법을 "정책중심적 관점"이라고 명명하고 있는데, 그 이유는 그것이 정책과 정치 사이의 관계를 분석의 중심에 두고 그러한 관계를 불평등의 새로운 정치에 더 많은 관심을 기울이는 렌즈로 사용하고 있기 때문이다. 이러한 관점에서, 정책은 단순히 정치의 결과물이거나 사회경제적 조건의 반영물이 아니라 그 이상의 것으로 인식된다. 그것은 또한 정치적 목표를 달성하기 위한 전략이고, 정치적 상호교환을 형성하는 구조이며, 지위와 정체성을 형성하는 상징적 대상이다. 요컨대, 정책은 정치의 산물(products)인 동시에 그것의 형성 주체(producers)이며, 정책중심적 관점은 이 두 가지 난제(難題)를 해결해야만 한다.[700]

물론 이러한 주장이 이전에 없던 전혀 새로운 것은 아니다. 일찍이 로위(Theodore J. Lowi)는 다음과 같이 주장한 바 있다. "정책이나 정부 활동의 영역은 실제 권력의 장(arenas)을 규정한다. 각각의 장은 그 자신의 고유한 정치구조, 정치과정, 엘리트와 집단 관계를 형성하는 경향이 있다."[701] 그러나 단순히 정책의 유형에 따라 정치과정의 양태를 분석한 로위와 달리, 정책중심적 관점은 정책의 구조뿐만 아니라, 그 효과, 제도적 구조, 그리고 최근에는 사회구성주의(social constructivism)의 영향을 받아 정책의 상징적(symbolic) 측면도 고려하여 다차원적인 분석을 시도하고 있다는 점에서 차이가 있다. 따라서 정책중심적 관점의 의의는 그것이 기존에 없던 전혀 새로운 연구방법이라는 데 있는 것이 아니라, 기존의 연구방법을 체계화하고 이를 보다 명료하게 이론화했다는 데 있다.[702]

제 2 절 전통적 정치학의 관점과 정책중심적 관점의 비교

1. 신축적 정책 대 경직적 정책

전통적인 정치학의 관점은 정책을 외부 환경의 변화에 매우 "신축적(plastic)"이라고 가정한다. 체제이론으로 대변되는 전통적인 정치학은 사회적 투입(inputs)을 정치체제가 정책이라는 산물(outputs)로 전환시킨다고 보고 있으며, 이는 정치체제의 유지・존속이라는 기능적 필요에 따른 당연한 결과이다.[703] 따라서 전통적인 정치학의 체계 내에서 정책은 변형되기보다는 반영하는 것이며, 외부의 환경 변화에 매우 민감하게 반응하는 것으로 간주된다.[704] 그러나 이러한 가정은 경험적 현실과 일치하지 않는 경우가 많다. 예를 들어, 1980년대 이후 영국과 미국에서는 사회경제적 환경의 변화에 따라 보수 정권이 들어섰지만, 이전 시기에 배태된 사회복지정책의 기본적 틀은 큰 변화를 경험하지 않은 것으로 나타났다.[705] 따라서 현실의 정책은 매우 "경직적인(sticky)" 양상을 띠고 있는 경우가 많은데, 5장에서 살펴본 바와 같이 신제도주의에서는 이를 "경로의존성(path dependence)"이라는 개념으로 적절하게 설명하고 있다.

정책을 외부 환경의 변화에 신축적인 것으로 보는 전통적인 정치학과 달리, 정책중심적 관점은 정책을 경직적이고 경로의존적인 것으로 본다. 물론 후술하듯이, 정책중심적 관점에서도 정책은 변할 수 있다는 점을 인정하고 있지만, 그 변화는 점진적이고(incremental) 진화적인(evolutionary) 양상을 띠는 경우가 많다는 점에서 전통적인 정치학에서 가정하는 정책변동과는 차이가 있다. 정책중심적 관점은 이러한 정책의 경직성을 "긍정적 환류 효과(positive feedback effect)"라는 개념으로 설명하고 있는데, 이는 현존 정책이 일단 자리를 잡으면 광범위한 지지 연합을 형성하는 경향이 있기 때문에 정책 변동은 현존 정책의 틀 내에서 주로 이루어진다는 것을 잘 보여준다.[706] 따라서 후술하듯이, 정책중심적 관점에서는 현존 정책이 정치에 미치는 영향을 훨씬 장기적인 관점에서 살펴보고 있다.

2. 단기적 시계 대 장기적 시계

전통적인 정치학은 정책연구의 시계(time horizon)가 좁은 경향이 있다. 전통적인 정치학에서 가정하는 공공정책은 정책결정과정에서 나타나는 정치동학(political dynamics)의 산물일 뿐이지, 그 자체가 후속 정치과정의 중요한 원인력이 되지는 못한다. 이처럼 전통적인 정치학의 관점은 공공정책이 결정되는 시점에서의 정치동학에만 관심을 기울인 결과, 공공정책을 둘러싼 핵심적인 정치과정(core political process)의 단지 한 면, 그것도 단기간에 나타나는 양상밖에 보지 못한다는 한계가 있다. 그러나 오히려 더 중요한 것은 정책이 결정된 이후 단계라고 할 수 있다. 왜냐하면 공공정책이 핵심적인 정치행위자들의 유인(incentives)과 자원(resources)을 바꿈으로써, 시간이 경과함에 따라 정치의 지형을 근본적으로 바꿀 수 있기 때문이다.[707] 특히, 정책이 많은 이해관계자들(stake holders)을 가지고 있는 경우 "단속적 효과(ratchet effect)"가 나타나 정치에 장기적인 영향을 미칠 수 있다.[708]

전통적인 정치학과 달리, 정책중심적 관점에서는 연구의 시계를 넓혀 정책이 결정되는 시점뿐만 아니라 그 이후의 시점에도 관심을 가져, 후속 정치과정에 중요한 영향을 미치는 핵심적인 인과요인으로 공공정책을 상정한다.[709] 따라서 과거 '정책의 유산(policy legacies)'은 현재의 정치와 정책에도 중요한 영향을 미칠 수 있다. 예컨대, 1930년대 영국, 미국, 스웨덴에서 케인즈주의가 상이하게 제도화된 양상을 분석한 위어(Margaret Weir)와 스카치폴(Theda Skocpol)의 연구를 통해 우리는 제도적 구조와 현존 정책의 제약 효과 사이의 상호 영향관계를 살펴볼 수 있다. 이들은 제도적 구조가 '정책유산'으로 구체화됨으로써 그 이후의 역사과정에도 지속적인 영향을 미쳐 국가 간 정책의 상이성으로 이어진 인과과정에 주목하고 있다. 예를 들어, 1930년대 케인즈주의의 확산이 영국과 스웨덴에서 상이한 양상을 띤 이유는 1920년대 이들 국가에서 지배적이었던 복지정책의 유산 때문이었다고 설명한다. 즉, 공공사업을 강조하였던 스웨덴의 경우에는 실업급여를 강조하였던 영국에 비해 정부 재정지출 확대를 통한 유효수요 창출이라는 케인즈주의의 확산에 유리한 맥락적 조건을 구비하고 있었다는 것이다.[710] 그렇다면 정책이 정치에 미치는 영향은 전통적인 정치학에서 가정하는 것보다 더 장기적일 수 있다. 왜냐하면 해커(Jacob S. Hacker)가 적절하게 지적하고 있듯이, "과거의 정책 선택은 강력한 이해관계와 기대를 낳고, 그것이 현재의 시점에서도 정책을 되돌리기 매우 어렵게 만드는 요인이 되기 때문이다."[711] 에스핑 안데르센(Gosta Esping-Andersen)의 혁신적인 연구에서 "자유주의적(liberal)", "사회민주주의적(social democratic)", 그리고 "보수적(conservative)" 복지정책의 레짐이 상이한 정치권력의 배열을 가져와 정치에 지속적인 영향을 미친 것은 이러한 맥락에서 이해할 수 있다.[712]

≫ 보론 7-1 박정희식 발전모델은 만주국의 정책유산인가?[713)]

앞서 언급한 정책유산은 '인적 유산'과 '물적 유산'으로 나눌 수 있는데, 이 중 인적 유산은 관련 정치 행위자들이 정책에 대해 배우는 '학습효과(learning effects)'가 가장 중요하다. 이 경우 관련 정치 행위자들이 정책을 학습함으로써 그 영향은 장기지속적 성격을 가질 수 있다는 것인데, 이러한 맥락에서 역사는 피어슨(Paul Pierson)이 적절하게 지적하고 있듯이, 이해관계자들의 일련의 '학습과정(learning process)'의 산물이라고 볼 수 있다.[714)] 학습과정의 결과로 역사를 이해하는 데 도움이 될 만한 사례로, 여기서는 박정희식 발전모델로 지칭되는 한국형 발전국가가 만주국의 정책유산인가에 대해 살펴보고자 한다.

박정희의 어린 시절은 상처받은 자존(damaged self-esteem)을 복원하려는 보상심리에서 권력동기가 잉태된다는 해롤드 라쓰웰(Harold D. Lasswell)의 이론이 거의 정확하게 적용될 수 있는 사례이다.[715)] 박정희 주변 인물들의 증언에 따르면 그는 비범한 아이였던 것으로 보인다.[716)] 그래서 그는 자신을 둘러싸고 있는 한탄스러운 현실에 순응하기보다는 그것에서 벗어나기 위해 권력을 추구하는 존재가 되었던 것이다. 그가 보통학교 교사라는 안정적인 직장을 마다하고 군인이 된 것을 둘러싼 여러 가지 가설적 논의들을 말하는 것은 의미가 없을 수 있다. 왜냐하면 해답은 간단한 데 있을 수 있기 때문이다. 즉, 권력을 얻고 싶었고 군국주의 시대 권력을 얻기 위한 가장 확실한 첩경은 군인이 되는 것이었다. 실제로 박정희가 대통령이 된 후 자신에 대한 소년용 전기를 준비하고 있던 김종신 공보비서관이 "각하 왜 만주에 가셨습니까?"라고 묻자 "긴 칼 차고 싶어서 갔지"라고 간단명료하게 대답했다고 한다.[717)] 일제 강점기 '긴 칼'은 권력을 상징하는 것이었기 때문에, 이 말은 권력을 얻기 위한 한 '방편'으로 군인의 길을 선택했다는 해석을 가능하게 해주는 대목이다. 어찌됐든 군인이 되겠다고 결심한 박정희는 만주군관학교를 수석으로 졸업한 후, 일본 육군사관학교 유학생대에 편입하여 3등이라는 발군의 성적으로 육군사관학교를 졸업하였다. 그 후 그는 만주군 제8단 소위로 배속되어 중국인 대령 탕지롱(唐際榮)의 전속부관으로서 인사 및 군사작전을 담당했다.

일본군은 오래 전부터 만주를 소련 및 중국으로부터의 가능한 공격에 대한 방어의 최전선으로 간주하여 경제계획과 경제발전을 군사 목적과 전략의 일환으로 이해하였다. 이러한 관점은 육군 출신의 총독뿐만 아니라, 해군 출신의 사이토 총독조차 동조한 것이었다. 예를 들어, 1920년대 사이토가 노구치 준(野口遵)의 조선수력 자원개발을 장려한 것은, 당시 대륙의 군사적 필요와 밀접하게 결부되어 있었다.[718)] 군사적 필요에서 만주가 개발되려는 일련의 징후가 보이자 식민지 조선은 크게 고무되는 모습을 보였다. 당시 조선인들의 눈에 비친 만주는 더 나은 삶을 영위할 것이라는 막연한 기대를 품게 하는 '유토피아'와 같은 공간이었다.[719)] 그 결과 수많은 조선인들이 앞 다투어 국경을 넘었으며, 자본가들 역시 그들의 이익을 좇아 만주로 사업을 확장하였다. 이들의 운명은 일본의 아시아 대륙으로의 경제적 · 군사적 진출의 전망과 밀접하게

결부되어 있었다.[720]

만주국의 경제시스템은 일본이나 조선에서와 마찬가지로, 기본적으로 국가가 관리하고 통제하는 '정치화된 시장경제'였지만, 몇 가지 측면에서는 다른 모습을 보여주기도 했다. 대표적으로 만주의 경제시스템은 국가가 자본축적의 주체로 기능하는 국가사회주의 내지 국가독점자본주의와 같은 형태를 띠었다. 일찍이 기타 이키(北一輝)는 자본가들과 지주들이 국가의 단합과 재건을 가로막는 주된 장애물이라고 간주하면서 이들에 대한 국가의 통제와 광범위한 국유화를 주장하였다. 그에게 있어 자본주의란 나라를 좀먹고 진정한 발전을 가로막는 암적 존재이며, 이것만 없어진다면 일본은 유럽을 대신하여 아시아의 새로운 중심 국가가 될 것이라고 확신하였다.[721] 아무리 후견자본주의라고 하더라도, 대자본가들의 기득권을 인정하지 않을 수 없었던 일본에서 이러한 과격한 주장은 받아들여지기 어려웠다. 착취 받는 대중들을 위해 경제적 지배계급을 공격하겠다고 공언했던 파시스트 정당들이 집권을 한 이후에는 비록 경제를 정치에 종속시키기는 했지만, 기본적으로는 자본주의적 계급관계와 자본가들의 특권적 지위를 인정했던 것처럼,[722] 일본 역시 보편적인 역사 경로에서 예외일 수는 없었다. 그렇기 때문에 1936년 2월 26일 울분에 찬 젊은 일본군 장교들이 기타 이키의 사상을 일본 사회 전반에 확산시키기 위해 쿠데타를 감행했던 것이다. 그러나 제국의 주변부이자 군부가 자신들의 영지라고 생각한 만주는 경우가 달랐다. 당시 만주는 관동군이 확실하게 장악하고 있었고, 그 결과 국가사회주의가 만개하여 주요 산업의 국유화와 광범위한 관료 통제가 이루어질 수 있었다.[723]

만주국의 경제시스템이 박정희의 사고에 어떤 영향을 미쳤는지는 명확하지 않다. 박정희와 같은 하급 장교가 어떻게 살았는지를 역사가 상세하게 기록할 리는 없기 때문이다. 그래서 박정희가 만주에서 어떤 군사 활동을 했는가를 둘러싼 의견이 분분한 것이다. 다만, '사후적 상관관계(post-hoc correlation)'라는 맥락에서 만주국의 경제시스템과 박정희식 발전모델의 유사성을 지적하는 경우가 있다. 일본이 만주에서 실험하고자 했던 것은 물자 · 사람 · 정보를 전면적으로 동원하기 위해 정치 · 경제 · 군사 등 사회 전체를 전면적으로 재편하는 '총력적 체제(total war system)'와 국가가 사적 경제를 계획적으로 지도 · 통제하는 '소련의 신경제정책'으로, 이는 '부국(富國)'과 '강병(强兵)'을 이루기 위해 국가가 장기적이면서 전략적으로 개입하여 경제를 일정한 방향으로 유도하는 박정희식 발전모델, 다시 말해 한국형 발전국가와 맥락을 같이 한다는 것이다.[724] 그런데 이러한 주장의 이면에는 박정희식 발전모델의 정당성과 관련된 정치적 함의도 내포하고 있다는 점에서 의미심장하다. 잘 알려진 것처럼, 만주국은 국제연맹으로부터 승인도 받지 못한 일제가 세운 괴뢰국이며, 그러한 국가의 경제시스템을 모방한 것은 결코 정당화될 수 없다는 주장이 제기될 수 있는 것이다.

그러나 사후적 상관관계에 따라 만주국의 경제시스템과 박정희식 발전모델을 연결시키려는 이러한 시도에 대해서는 다음과 같은 반론이 제기될 수 있다.[725] 첫째, 박정희가 만주에서 복무했던 기간이 짧았다는 점을 들 수 있다. 만주군관학교 시절까지 포함한다고 하더라도 박정희가 만주국에서 체재했던 기간은 채 4년이 되지 않는다. 이런 짧은 기간 동안에 만주국의 경제 시스템을 제대로 이해하기란 어려웠을 것이다. 게다가 박정희는 대통령이 되기 전까지는 경제에 관해 '문외한'에 가까웠고,[726] 주로 읽었던 서적도 역사책이었다는 점에서 그가 경제에 관해 관심을 가졌을 지도 의문이다. 그리고 결정적으로 그는 '경제 관료'가 아니라 '군인'이었다.

둘째, 만주국의 경제 시스템과 박정희식 발전모델은 여러 가지 면에서 상이했다는 점을 들 수 있다. 앞서도 언급한 바와 같이 만주국은 일본 관동군이 세운 '군대의 나라'였으며, 일본 내에서는 만개(滿開)하지 못한 기타 이키의 국가사회주의 사상에 강한 영향을 받아 주요 산업을 국유화하는 조치를 취했다. 실제로 만철(滿鐵) 이외에는 관동군 당국을 저지할 수 있는 확고한 기성 기업집단이 없었고, 만철조차도 결국 관동군의 총체적인 관료통제 시도에 순응할 수밖에 없었다.[727] 그러나 박정희 정부는 국가가 경제를 일정한 방향으로 유도했지만, 자본축적의 주체는 여전히 사적 자본이었다. 심지어 부국강병(富國强兵)의 핵심적인 수단인 중화학공업을 육성하는 과정에서도 이 같은 원칙은 지켜졌는데, 중화학공업화 선언 이후 1970년대 중화학공업 분야에서 국영기업체는 포항제철과 한국종합화학 둘 뿐이었다. 군대에 의해 사회가 완전히 장악되었던 만주국과 달리, 군사쿠데타로 집권했지만 민간인 복장으로 갈아입은 박정희 정부는 사회를 통제하거나 유도하는 방식에서 차이가 날 수밖에 없었다.

박정희가 만주국으로부터 무엇을 배웠는가에 대해서는 명확하지 않지만, 한 가지 분명한 것은 그가 국가주의 사고에 강하게 경도되어 있었다는 사실이다. 이는 그가 대통령이 된 이후의 행적에서도 확인할 수 있지만, 실제로는 그보다 훨씬 이전 시기로 소급할 수 있다. 한 예로 박정희는 일본 육군사관학교 재학시절 2·26 사건에 깊은 관심을 보였다고 한다. 전술한 바와 같이 2·26 사건은 1936년 2월 26일 '쇼와유신(昭和維新)'을 내걸고 일어난 젊은 일본군 장교들의 실패한 쿠데타를 말하는데,[728] 이는 특히 박정희의 개혁주의적 사고방식에 큰 영향을 준 것으로 보인다. 예를 들어, 박정희는 영관급 장교시절 당시의 정치와 사회를 비판하면서 이를 개혁하기 위해 2·26 사건이 한국에서도 가능하지 않겠느냐는 말을 하기도 했으며,[729] 박정희의 최측근 중 한 명이었던 오원철은 박정희 통치 후기에 그가 사명감을 가지고 추진한 일련의 개혁이 대부분 2·26 사건에서 얻은 가르침이었다고 회고한 바 있다.[730] 그래서 그는 일본의 발전이 국수주의자들의 기백 때문이며, 우리도 그러한 기백을 배워야 한다고 강변했던 것이다.[731] 역사학자 로버트 팩스턴(Robert O. Paxton)이 말했듯이 2·26 사건은 국가사회주의에 경도된 기타 이키의 저작에 영향을 받은 젊은 일본군 장교들이 일으킨 '아래로부터의 파시즘' 운동이라고 볼 수 있는데,[732] 박정희가 그런 2·26 사건에 큰 감명을 받았다는 것은 그의 국가주의적 사고의 일면을 볼 수 있는 대목이라고 할 수 있다.

제 3 절 독립변수로서의 공공정책의 중요한 양태

정치의 독립변수로서 중요하게 부각되는 공공정책의 양태를 여기서는 다음과 같은 세 가지 측면으로 나누어 살펴보고자 한다.

1. 정책의 편익, 비용, 그리고 이해관계의 배열

경제논리에서는 사회적 후생에 있어서 증가분이 손해를 입은 사람들에게 완전한 보상을 하고도 남는 것이 있다면 그 정책은 효과가 있다고 인식하는 '칼도-힉스(Kaldor-Hicks) 보상기준'에 의해 그들의 정책이 소규모 사업장이나 저소득층보다는 고소득자와 기업을 선호하는 것이라고 하더라도 정부의 재정적 안정을 최대화할 수 있다면 개의치 않는 반면, 정치논리에서는 정책이 가지고 있는 경제적 효과보다는 과연 그 정책이 그들의 정치적 연합에 어떤 이해관계를 가지고 있는가, 다시 말해 그들이 그러한 정책을 결정함으로써 재선기회가 증가할 것인가 하는 점을 중시한다.[733)]

따라서 현실의 정책결정에서는 편익과 비용의 비교라는 단순논리 이상의 것을 요구한다. 이와 관련하여 정치학자 위버(R. Kent Weaver)는 사람들이 가지고 있는 "부정편향성(negativity bias)"에 주목한 바 있다.[734)] 사람들은 그들이 받는 편익보다 그들이 부담해야 하는 비용에 더 민감하게 반응한다는 것이다. 그렇기 때문에 피어슨(Paul Pierson)같은 학자에게 있어 '축소의 정치(politics of retrenchment)'는 '팽창의 정치(politics of expansion)'와 본질적으로 다른 것인데,[735)] 이러한 부정편향성의 논리에 의한다면 정책이 칼도-힉스 기준을 충족시키더라도 현실 정치에서는 받아들여지기 어려울 수 있다. 예를 들어, 경제학자 캐플란(Bryan Caplan)에 따르면, 민주국가에서 대부분의 정책은 집중된 편익과 분산된 비용을 특징으로 하는 '고객정치(client politics)'의 형태를 띠고 있다고 한다.[736)] 공공선택이론가들이 적절하게 지적하고 있듯이, 대부분의 사람들은 다른 누군가의 비용부담으로 사회적 잉여(지대)를 얻고자 하는 '무임승차자(free rider)'가 되는 것을 선호하기 때문이다.[737)]

그런데 이러한 정책의 경우 분산된 비용이 집중된 편익을 능가하는 것이 대부분이라는 데 문제의 본질이 있다.[738)] 경제학자 털록(Gordan Tullock)이 지대추구 게임을 '네거티브 섬 게임(negative sum game)'으로 정의한 것도 이러한 맥락에서 이해할 수 있다.[739)] 따라서 현실의 정책결정을 제대로 이해하기 위해서는 칼도-힉스 기준 이상의 것을 요구한다. 예를 들면, 정치학자 위버(R. Kent Weaver)는 이러한 점을 다음과 같이 적절하게 지적하고 있다. "유권자들은 그들이 누리는 편익보다 그들이 부담해야 하는 비용에 더 민감하게 반응하는 경향이 있기 때문에, 정책의 편익이 비용을 초과하는 경우에도 정치인들은 일부 유권자 집단에게 집중적인 비용을 부과하는 정책을 결정하는 데 주저하는 모습을 보인다."[740] 요컨대, 현실의 정책결정과정을 보다 체계적으로 이해하기 위해서는 정책의 편익과 비용의 '절대적인' 크기보다는 그것의 '상대적인' 의미, 다시 말해 편익과 비용의 배분 방식이나 그것에 대한 사람들의 인식과 같은 유인 구조에 대해 구체적으로 살펴볼 필요가 있다. 정치학자 스톤(Deborah A. Stone)이 말했듯이, 이해관계는 정책에 본질적으로 내재된 것이 아니라 정치행위자들이 전략적으로 규정한 것이기 때문이다.[741]

시장과 달리 정치의 영역에서는 가격 기구가 존재하지 않기 때문에 편익과 비용이 직접적으로 연결되지 않는다.[742] 따라서 정부 정책의 경우 수혜집단과 비용부담집단이 분리되는 경우가 많은데, 이는 정치과정에 다음과 같은 영향을 미칠 수 있다. 우선 지적할 수 있는 것은 현존 정책이 윌슨(James Q. Wilson)이 말한 '고객정치(client politics)',[743] 다시 말해 편익은 좁게 집중되는 반면 비용은 넓게 분산되는 성질을 가지고 있을 때 현존 정책의 유산에 따른 제약효과가 크게 나타날 수 있다. 현존 정책이 고객정치의 성질을 가지고 있다면 그 정책의 폐지나 축소는 '기업가적 정치(entrepreneurial politics)'와 같은 상황에 직면한다. 즉, 정책으로 인한 편익은 불특정다수에게 넓게 분산되는 반면, 정책의 비용은 소수에게 좁게 집중된다. 이럴 경우 개혁을 잠재적으로 지지하는 집단은 집합적 행위의 딜레마(collective action dilemma)에 빠져 정치적 조직화가 곤란한 반면, 개혁에 저항하는 집단은 정치적으로 쉽게 고무될 가능성이 높다. 한마디로 정책변동 과정에서 수혜집단과 비용부담집단 사이에 '비대칭적 조직화' 양상이 나타날 수 있다. 따라서 정책변동 과정에는 비용부담집단이 주도적인 정치행위자가 될 가능성이 높다.[744]

이러한 맥락에서 정책은 일련의 '이해관계 정치'의 산물이라고 보아야 한다. 이러한 이해관계를 경제학에서는 '매몰비용(sunk costs)' 또는 '전속된 자산(specified assets)'이라고도 하는데, 이러한 경제적 가치들이 행위자들의 선택을 구조화하고 제약할 수 있다. 예를 들어, 정책이 지속될 것이라는 현재의 믿음에 근거하여 개인이나 집단이 어떤 특정한 정책에 투자를 할 경우, 그러한 투자는 정책이 지속되는 강한 '유인'을 형성한다. 즉, 이 경우 정책의 지속성은 '적응적 기대(adaptive expectations)'가 '자기실현적 예언(self-fulfilling prophecy)'을 통해 현실화된 결과이다.[745] 그런데 이러한 현존 정책의 제약효과는 정책에 따른 이해관계자들 사이의 배열에 따라 상이한 양상을 보이게 된다. 즉, 오렌(Karen Orren)과 스코우로넥(Stephen Skowronek)이 말한 "정책고객들(policy clienteles)"의 성격이 정책의 제약 효과에 큰 영향을 미친다는 것인데,[746] 특히 수혜집단과 비용부담집단 사이의 '비대칭적 조직화(asymmetric organization)'가 전제될 때 현존 정책의 제약효과는 크게 나타난다. 그렇다면 정책대상집단의 조직화에는 어떤 변수들이 중요하게 작용할까? 이와 관련하여서도 현존 정책으로 인해 나타나는 이해관계가 중요한 변수로 작용하는데, 구체적으로 살펴보면 다음과 같다.

첫째, 정책으로 인한 이해관계의 크기이다. 일반적으로 말해 이해관계의 크기가 크면 클수록 정책을 중심으로 선호관계가 재형성되어 집합적 행위가 용이해진다. 그런데 이러한 이해관계의 크기는 집합적 차원과 개별적 차원으로 나누어 살펴볼 필요가 있다. 집합적 차원에서는 이해관계가 크다고 하더라도 개별적 차원에서는 그것이 작을 수 있기 때문이다.[747] 이 경우 개인 입장에서는 집합적 행위를 하기 위한 동기부여가 생기지 않을 수 있다. 이러한 맥락에서 정책으로 인한 이해관계의 집중·분산 여부는 후속 정치과정과 관련하여 중요한 함의를 가지고 있다. 예를 들어, 재정적자를 화폐발행으로 충당하는 경우보다 정부차입으로 충당하는 경우 더 큰 정치적 반대에 직면할 수 있다. 왜냐하면 정부차입으로 충당하는 경우 '구축효과(crowding out effect)'로 인해 소수의 투자자들에게 비용이 집중되는 반면, 화폐발행으로 충당하는 경우 전반적인 물가상승을 통해 일반 소비자들에게 비용을 분산시킬 수 있기 때문이다.[748]

둘째, 이해관계의 크기뿐만 아니라, 그것을 공유하는 정도도 중요하다. 행위자들은 단일한 이해관계를 가지기보다는 정책의 영역에 따라 다양한 이해관계를 가질 수 있으며, 경우에 따라서는 상충되는 이해관계를 가지기도 한다. 이러한 상황에서는 행위자들이 이해관계에 대해 어떤 인식을 가지고 있는가라는 해석(interpretation)의 문제가 중요한 변수로 부각된다.[749] 특히, 정책이 이러한 이해관계의 '분절화(fragmentation)'를 촉진시킨다는 주장에 주목할 필요가 있다. 정책으로 인해 이해관계가 소득, 연령, 성별 등 사회관계의 유형에 따라 분리될 수 있다면 이해관계의 공유가 어려워진다고 할 수 있다. 피어슨(Paul Pierson)이 '분할(division) 전략'이라고도 한 이러한 정책의 성격으로 인해 이해관계자들은 동일한 이해관계를 가지기 어렵게 되며, 따라서 집단형성을 위한 역량은 분산되어 약화될 수밖에 없다. 예를 들면, 소득세의 세율을 모든 소득계층에 일률적으로 인상하기보다는 특정 소득계층에 한정하여 인상하는 경우 세율 인상에 따른 정치적 반발을 약화시킬 수 있다.[750]

셋째, 따라서 "정책의 편익과 비용이 누구에게 돌아가는가?"라는 이해관계의 '귀속' 문제는 후속 정치과정에서 중요한 변수로 작용한다. 정책은 수혜집단과 비용부담집단이 구분되는 것이 보통이지만, 경우에 따라서는 이 둘의 구분이 모호해지기도 한다. 예를 들면, 조던

(Jason Jordan)은 의료보호 제도를 "계층적 의료보호제도(hierarchial health care system)"와 "분권적 의료보호제도(decentralized health care system)"로 나눈 바 있는데,[751] 전자는 정책의 효과가 '보편적'인데 반해, 후자는 그 효과가 '선별적'인 경우를 말한다.[752] 조던에 의하면, 계층적 의료보호제도의 경우 수혜집단과 비용부담집단 사이의 전통적인 구분을 모호하게 함으로써, 가치 갈등을 둘러싼 현시성을 약화시키고 사회통합과 보편적 이해관계를 형성할 수 있는 데 반해, 분권적 의료보호제도의 경우 수혜집단과 비용부담집단, 그리고 수혜집단 내부에서도 많은 내적 구분을 함으로써 재분배를 둘러싼 계급갈등과 가시성을 높이고 보편적 이해관계의 형성을 저해할 수 있다. 따라서 '보편적(universal)' 프로그램은 '선별적(targeted)' 프로그램에 비해 안정적인 정치연합을 형성할 수 있다.[753]

넷째, 이해관계의 성격이다. '공공재'와 같이 정책의 과실(果實)을 배제하기 어려운 경우 무임승차자의 문제로 인해 집합적 행위가 어려워질 수 있다. 예를 들어, 노조가 국가를 상대로 협상하여 최저임금 수준을 높이는 법안을 통과시킨 경우, 그 혜택은 노조에 가입한 노동자들에게만 국한된 것은 아니기 때문에, 노동자들은 노조에 가입하지 않고 그 편익을 누리려고 하는 '무임승차' 동기가 생길 수 있다. 이는 개인의 합리적 선택이 사회전체적인 합리적 결과를 가져오지 못하는 것으로, '집합적 행위의 딜레마(collective action dilemma)'의 핵심적인 부분을 이룬다.[754]

다섯째, 이해관계의 정치적 현시성이 높은 경우 관련 이익 범주를 중심으로 강력한 조직화가 가능하다. 이 경우에는 편익과 비용에 대한 상대적 인식이 높아질 수 있기 때문이다. 위버(R. Kent Weaver)가 최근 연구에서 제시한 "정책 카르텔(policy cartels)"의 개념도 연금제도 개혁(pension reform)과 같은 현시성이 높은 사안에서 관련 이해관계 집단들 사이에 형성된 정책연합의 구조적 편향성을 잘 보여주고 있다.[755] 그렇다면 정치의 세계에 고유한 '현상유지 편향'은 정치의 본질적인 속성 때문만은 아닐 것이다. 오히려 문제의 본질은 정치를 구조화하는 정책에 있을지 모르기 때문이다.

2. 정책의 가시성과 근접성

정책의 효과라는 관점에서도 현존 정책의 제약 효과의 다양한 양태를 분석할 수 있다. 예를 들면, 소쓰(Joe Soss)와 슈람(Sanford F. Schram)은 정책이 사람들의 선호에 미치는 "정책 환류 효과(policy feedback effect)"가 정책이 가지고 있는 "가시성(visibility)"과 "근접성

(proximity)"에 따라 상이하다고 주장한다.[756] 여기서 가시성이란 정책이 일반대중들에게 잘 알려진 정도를 의미하며, 다음과 같은 요인에 의해 영향을 받는다.[757] 첫째, 정책의 내용상 구조로써 정책의 내용이 단순한 경우 정책의 가시성은 높아진다. 이 경우에는 정책의 내용과 그 효과 사이의 인과구조를 이해하기 위한 정보비용(information cost) 내지 학습비용(learning cost)이 감소하기 때문이다.[758] 지난 수 십 년 동안 미국에서 일어난 조세저항(tax revolt)의 주된 대상이 소득세(income tax)나 재산세(property tax)와 같은 직접세였다는 사실은 결코 우연이 아니다.[759] 조세의 구조가 단순한 직접세의 경우 그것이 복잡한 간접세에 비해 그 효과가 납세자에게 '가시적'으로 다가가는 경우가 많기 때문이다. 물론 정책의 내용이 복잡하다고 하더라도 정책을 자주 접하는 경우 일종의 '학습효과(learning effect)'가 생겨 가시성이 높아질 수 있다. 특히, 의료보호(health care)와 같이 국민의 일상생활과 밀접한 관련이 있는 정책의 경우 더욱 그러하다.[760]

둘째, 정책과 그 결과 사이의 인과 고리(causal chain)도 가시성에 중요한 영향을 미친다. 정책의 입안과 그 지각된 결과 사이에 놓여 있는 단계와 불확실성이 많으면 많을수록 그 정책의 가시성은 낮아지기 마련이다. 정책결정자들은 이런저런 방법들을 사용하여 인과 고리의 길이를 다양하게 만들 수 있는데, 이상적으로는 혜택은 짧은 인과 고리를 갖는 반면 비용은 긴 인과 고리를 갖는 방식으로 정책을 결정하려고 한다. 예를 들면, 시차(time lag)는 인과 고리의 길이와 복잡성을 크게 증가시키는 경향이 있는데, 이런 경우 정책결정자들은 즉각적인 혜택은 눈에 띄도록 부각시키면서 비용은 지연시키거나 은폐시키는 방식의 정책 설계를 선호한다.

셋째, 정책의 현시성(salience)도 가시성에 중요한 영향을 미친다. 여기서 현시성이란 "일반대중들이 인식하는 문제의 상대적 중요성(relative importance)"을 의미하는데,[761] 특히 정책의 부정적 결과와 관련하여 문제가 된다. 전술한 바와 같이, 민주국가의 정책은 많은 경우 비용이 분산된 형태로 나타난다. 이럴 경우 비용을 부담하는 사람들은 그 비용을 제대로 인식하지 못해 현시성이 떨어지는 것이 보통이다. 그러나 비용이 분산된 정책의 경우에도 '정치적 기업가들(political entrepreneurs)'이 정책의 부정적 결과에 초점을 맞추어 일반대중의 경각심을 불러일으킨다면 정책의 현시성은 높아질 수 있다. 즉, 이 경우 정치적 기업가들은 권리 위에 "잠자는 거인들(sleeping giants)"을 깨우는 역할을 한다.[762] 그런데 정치적 기업가들이 많이 사용하는 정치 전략은 매스미디어를 이용하는 것이다. 매스미디어에 많이 노출될수록 정책의 현시성은 높아지기 때문이다.[763] 후술하듯이, 정책에 대한 상세한 정보를 얻는 데에는 많은 비용이 소요되기 때문에, 일반대중들은 대부분 신문, 잡지, TV, 라디오, 인터넷 등 매스미디어를 통해 정책에 대한 정보를 얻게 된다. 따라서 매스미디어의 집중적인 조명을 받을 경우, 정책의 편익과 비용에 대한 일반대중들의 인식은 높아지기 마련이다.[764] 매스미디어는 해커(Jacob S. Hacker)와 피어슨(Paul Pierson)이 말한 '일상의 정치'와 '선거 정치' 모두에서 중요한 역할을 하지만,[765] 특히 선거 정치 과정에서 대중들의 여론을 결집시키고 이를 정책결정자들에게 전달하는 데 중요한 역할을 한다. 원래 매스미디어가 환류효과에 미치는 영향은 일반대중들의 여론 형성에서 특히 문제가 되지만, 매스미디어가 특정한 정책에 대해 관심을 가지는 데에는 관련 이익집단들의 활동도 중요한 변수로 작용하기도 한다. 예를 들면, 관련 이익집단들이 소송을 제기하거나 집회나 시위를 하는 경우, 또는 파업과 같은 실력행사를 하는 경우 매스미디어의 집중적인 조명을 받을 수 있다.

다음으로 근접성이란 정책이 즉각적이고 구체적인 형태로 사람들의 삶에 직접적인 영향을 미치는 정도를 의미하며, 다음과 같은 세 가지 요인에 의해 영향을 받는다. 첫째, 지리적 요인으로, 예를 들면 외국에서 시행 중인 정책의 경우 근접성이 떨어진다. 둘째, 사회관계의 유형으로서, 예를 들면 소득, 연령, 성별 등에 따라 정책의 효과에 차등을 둘 경우 근접성이 높아진다. 이는 이른바 효과의 '전속성(specificity)' 문제로서 어느 특정 사회계층에 정책의 효과가 집중되는 것을 말한다. 예를 들면, 최근 소득세법이 개정되면서 도입된 소위 '버핏세'는 과세표준이 1억 5천만 원을 초과하는 고소득자를 대상으로 하기 때문에,[766] 버핏세의 적용을 받는 고소득자는 변경된 정책으로 인해 직접적인 이해관계가 있어 근접성이 높지만 나머지 납세자들은 직접적인 이해관계가 없어 근접성이 낮다. 정책의 효과가 어느 특정 계층에 전속된다면, 그 크기가 큰 것이 대부분이지만 반드시 그런 것은 아니다. 예를 들면, 정책의 대상이 되는 사회계층의 폭이 넓다면 전체 입장에서는 효과의 크기가 크지만 개인 입장에서는 그 크기가 무시할 수 있을 만큼 작을 수 있다. 따라서 정책 효과의 전속성뿐만 아니라 개인 입장에서의 그 크기도 근접성에 중요한 영향을 미친다. 셋째, 시간적 요인으로서, 정책의 효과(특히 비용)를 미래 세대에 전가할 수 있는 경우 근접성이 떨어진다. 예를 들면, 대중영합주의(populism)의 편익은 현재 세대에게 집중되기 때문에 편익의 근접성은 높게 나타나지만, 비용은 미래 세대에게 전가할 수 있기 때문에 비용의 근접성은 낮게 나타난다.[767]

근접성에 영향을 미치는 세 가지 요인 중 특히 주목할 필요가 있는 것은 사회관계의 유형이다. 특정한 사회관계에 정책의 효과가 전속될 경우 그것을 중심으로 사람들의 선호관계가 재형성됨으로써 정치과정에 장기적인 영향을 미칠 수 있기 때문이다. 따라서 선호나 이해관계는 '외생적으로 주어진(exogenously given)' 것이라기보다는 특정한 정책의 구조에 따라 변할 수 있는 '내생적인(endogenous)' 것으로 이해할 필요가 있다. 이와 관련하여 미국 복지국가의 발전과정을 역사적으로 분석한 해커(Jacob S. Hacker)의 연구는 주목할 만하다. 그의 연구에서 특징적인 것은 정치경제학자들이 거의 고정된 것으로 간주한 고용주들의 정책선호를 정책의 영향을 받는 '내생적인' 것으로 이해한 점이다. 예를 들면, 미국에서 동일한 고용주들이 의료보호 정책에 대해서는 격렬하게 반대한 반면, 퇴직 정책에 대해서는 대체로 찬성한 것으로 나타났다. 그런데 이는 기존 정책의 구조가 고용주들이 얻을 것이라고 생각한 것뿐만 아니라, 그들이 바람직하다고 생각한 것을 변화시켰기 때문에 나타난 현상이라는 것이다.[768]

주요 정치행위자들이 바람직하다고 생각하는 선호뿐만 아니라, 그들이 가지고 있는 이해관계도 정책의 구조에 영향을 받는 내생적인 것으로 이해할 필요가 있다. 오랫동안 정치학에서 이해관계는 그들의 계급 위치의 산물로 간주되었다. 즉, 고르비치(Peter Gourevitch)가 적절하게 지적하고 있듯이, "사람들이 원하는 바는 그들의 사회적 위치에 좌우된다."[769] 그러나 지금은 인과관계의 고리를 바꿀 필요가 있다는 상당한 근거가 있다. 예를 들어, 고도로 중앙집권화된 노사관계 제도와 보편적 복지정책을 특징으로 하는 소위 '스웨덴 모델'에 대한 정치(精緻)한 분석에서 스웬슨(Peter A. Swenson)은 자본가들의 이해관계가 더 광범위한 시장 상황의 변화와 상호작용하여 시간이 경과함에 따라 변화한 역사의 궤적을 추적하고 있다. 스웬슨은 단체교섭 제도가 중앙집권화된 기원을 1930년대에 국제 경쟁에 노출된 산업의 고용주들과 저임금 부문의 노동자들 사이에 계급 간 동맹이 형성된 것에서 찾고 있다. 중앙집권화는 이러한 특정 고용주들의 이익에 기여했는데, 왜냐하면 국제 경쟁에 노출되지 않았던 고임금 부문(예를 들면 건설 부문)에 속한 고용주들과 노동조합의 파행적 행동을 통제할 수 있게 해주었기 때문이다. 하지만 중앙집권화된 단체교섭을 통해 임금 억제를 제도화하는 데에는 성공을 거두었지만, 여기에는 몇 가지 심각한 부작용이 뒤따랐다. 특히, 노동력 부족이 만성화되었는데, 수요가 늘어나는 성장 시기에 심각해졌다. 노동력 부족으로 인해 새로운 문제가 나타났고, 기존의 임금 규율 제도로는 통제할 수 없는 '부정한' 경쟁이 촉발되었던 것이다. 그리하여 1950년대에 스웨덴 자본의 중요 분파는 포괄적인 건강보험, 관대한 질병 수당, 그리고 적극적인 노동시장 정책이 실시되는 것을 조용히 지지하고 있었다. 왜냐하면 이러한 조치들이 스웨덴 노동시장에 특유한 문제점들에 대한 해결책을 제공해주었기 때문이다.[770]

3. 정책의 상징적 측면

공공정책에 의해 사람들의 선호가 결정된다는 '환류효과(feedback effect)'의 관점에서 본다면, 정치인들 입장에서는 지지의 환류효과는 극대화하는 반면 반대의 환류효과는 극소화하는 전략을 선택할 것이다. 즉, 정책결정과정에서는 피어슨(Paul Pierson)이 말한 "신뢰추구의 정치(politics of credit claiming)"와 "비난회피의 정치(politics of blame avoidance)"가 지배적인 전략이 된다.[771] 그렇기 때문에 앞서도 지적한 바와 같이, 민주국가의 정책은 대부분 '구유통정치(pork barrel politics)'나 배분정치의 논리에 좌우되는 것이다.[772] 그러나 이는 사람들의 이해관계에 직결되는 '미시정치(micro politics)'의 경우에 그렇다는 것이다. 사람들의 이해관계에 직결되지 않거나 이해관계와 관련되더라도 그 크기나 시차(time lag) 등으로 인해 그것을 인지하지 못하거나, 또는 정치의 큰 틀을 규정하는 '거시정치(macro politics)'의 경우에는 정책의 물질적 이해관계를 넘어서는 상징(symbol), 틀(frame), 이미지 등이 중요할 수 있다.

바로 이러한 공공정책의 상징적 측면에 주목하여 최근에는 정책 연구에서도 사회구성주의에 대한 관심이 높아지고 있다. 사회구성주의(social constructivism)는 사회적 실재나 현상이 사회관계 속에서 주관적으로 의미가 부여되는 사회적 과정의 산물로 이해한다. 대화(dialogue)나 담론(discourse)과 같은 의사소통 과정은 그러한 사회적 과정의 핵심적인 부분이며, 이를 통해 사람들은 실재에 관한 '공유된 지식(shared knowledge)'을 얻게 된다. 따라서 사회적 실재는 어떤 객관화된 대상이 아니라, 그것에 의미를 부여하는 사회와 사회구성원 사이의 관계에서 구체화되는 '상호주관적인(inter-subjective)' 개념이다.[773]

이러한 사회구성주의의 관점에서 봤을 때 정책은 개인의 의도적이거나 합리적인 계산의 산물이 아니라 사회관계 속에서 "구성되고(constituted)" 의미가 부여된 사회적 규정(social definition)의 산물이다.[774] 여기서 사회적 규정은 객관적 사실에 대한 평가와는 별개로 현상의 주관적 의미를 해석하는 과정이다. 예를 들어, 마치(James G. March)와 올센(Johan P. Olsen)의 제도주의에 대한 비판에서, 피터스(B. Guy Peters)는 제도에 대한 '평가(evaluation)'와 '인식(perception)'은 다르다는 점을 분명히 한다. 전자가 주어진 상황에서 어떤 행동이 적합한가에 대해 알려주는 것이라면, 후자는 환경으로부터 얻은 자료를 어떻게 해석할 것인가와 관련된다는 것이다.[775] 현상의 주관적 의미를 해석하는 과정이 중요한 맥락 하에서는, 현상의 '보여지는(expressive)' 상징적 측면들이 많이 개입되며 물질적 이해관계를 넘어서는 문화적 가치가 중요한 변수가 될 수 있다.[776] 예를 들어, 피어슨(Paul Pierson)은 정책의 효과를 '해석적(interpretative)' 측면과 '자원적(resource)' 측면으로 나눈 바 있는데, 전자가 사회적 지위나 시민의식과 같은 상징적 메시지와 관련된다면, 후자는 편익이나 비용과 같은 물질적 이해관계와 관련된다.[777]

현실정치에서 정책의 보여지는 상징적 측면이 중요한 이유는, 일반대중들이 정책에 대해 가지고 있는 지식이나 정보가 제한적일 뿐만 아니라 직접적인 이해관계가 없는 경우가 많기 때문이다. 특히, 정책이 일반대중들에게 널리 알려져 있지만 직접적인 이해관계가 있는 것은 아닌 경우 정책의 상징적 측면이 중요한 변수로 부각된다. 이 경우에는 정책에 대한 인식이 '경험'이나 '지식'보다는 외부로부터 들리는 '풍문(rumor)'에 많이 의존하기 때문이다.[778] 예를 들어, 관료들의 번잡한 서류작업(red tape)은 거의 대부분의 국민들에게 비판의 대상이 되지만, 국민들은 그 문제에 대해 직접적인 이해관계가 없거나 그것을 개혁함으로써 얻게 되는 편익도 거의 무의미한 수준이다. 따라서 번잡한 서류작업을 개혁하기 위한 정책은 일반 국민들에게 '상징적 의미'만 있을 뿐이다.[779]

여기서 우리가 정책의 보여지는 상징적 측면에 주목해야 하는 이유는 정치의 본질적인 속성 때문이다. 정치학자 모(Terry M. Moe)가 적절하게 지적하고 있듯이, 정치의 영역은 본질적으로 "불확실성(uncertainty)"의 세계이다.[780] 시장에서 경제주체들의 선택은 가격과 같은 관찰가능하고, 명확하며, 종종 양적으로 측정할 수 있는 지표들을 통해 예측하고 평가할 수 있다. 시장에서 경제주체들의 선택과 그 결과 사이의 관계는 일반적으로 명확하며, 따라서 자신의 실수를 교정하기 위한 학습효과(learning effect)의 메커니즘도 잘 발달되어 있다. 그러나 정치의 영역에서는 가격 메커니즘이 없는 경우가 많다. 정치 행위자들은 넓은 범위의 목표를 추구하고, 게다가 정치적 성과의 중요한 측면은 관찰하거나 측정하기 매우 어렵다. 정치 행위자들의 선택과 그 결과 사이의 관계는 일반적으로 복잡하고 긴 시차(time lag)를 가지고 있으며, 따라서 시행착오의 과정(trial and error process)을 통한 학습효과의 메커니즘도 제대로 작동하기 어렵다.

더구나 정치 영역에서의 실패와 그 책임소재가 비교적 분명하게 드러난다고 하더라도, 유권자 입장에서는 그 책임을 물을 수 있는 적절한 수단을 구비하고 있지 못하다. 물론 유권자들은 주기적으로 실시되는 투표를 통해 정치인들에게 책임을 물을 수 있지만, 이는 피어슨(Paul Pierson)이 말했듯이 "조악한(crude)" 책임확보수단에 불과하다.[781] 왜냐하면 투표는 간헐적인 수단일 뿐 아니라, 다른 유권자들의 행위와 결합될 때에만 정치적으로 의미가 있기 때문이다.[782] 따라서 정치 영역에서의 정보비용은 시장에서의 정보비용보다 큰 것이 보통이다.[783] 정치 영역에 고유한 불확실성으로 인해 정책과 그 효과 사이의 인과 고리의 길이가 길고 여러 변수가 개입할 뿐만 아니라 학습효과의 메커니즘도 제대로 개발되어 있지 않다면, 일반대중들이 정책의 보여지는 상징적 측면에 주목하는 것은 그들 나름대로의 '합리적 선택'의 결과로 볼 수도 있다. 정책의 실질적 효과를 인식하기 위해 지불해야 하는 정보비용이 그것을 인식함으로써 얻게 되는 편익보다 큰 경우가 대부분이기 때문이다. 그런데 문제는 그러한 합리성이 반드시 합리적인 결과로 귀결되는 것은 아니라는 사실이다. 즉, 일반대중들은

'비합리적인' 것을 '합리적으로' 선택하는 경향이 강하다. 최근 우리나라에서 시행하고 있는 기업형 슈퍼마켓(SSM)에 대한 영업제한 정책이 그 대표적인 예라고 할 수 있는데, 시몬스(Randy T. Simmons)는 이러한 역설적 현상을 다음과 같이 적절하게 설명하고 있다.

> 만약 그들(유권자들)의 투표가 정말로 중요하다면, 그들은 자신들이 선호하는 정책의 효과를 이해하려는 강한 유인(incentives)을 가질 것이다. 그러나 그들의 투표는 중요하지 않고 그 정보는 비싸다. (따라서) 그들은 정책의 이해관계가 그들의 사적인 이해관계나 공익에 명백하게 반한다는 사실을 알면서도, 자신들의 이해관계에 따라 투표하기보다는 감정적이고 상징적인 이해관계에 따라 투표하려고 한다. 예를 들어, 유권자들은 관세 정책이 그들에게 더 나쁜 결과를 가져온다는 사실을 알면서도, 국가의 자존심이라는 감정 논리에 따라 이를 주장하는 보호주의 정치인들에게 투표를 한다.[784]

정책의 상징적 측면과 관련하여 특히 주목해야 할 사항은 소위 '정당성(legitimacy)'의 문제이다. 예를 들어, 레비(Margaret Levi)는 납세의 의무나 국방의 의무와 같은 공적 의무는 강제 그 자체에 의해서만은 설명할 수 없으며, "준자발적인(quasi-voluntary)" "조건부 동의(contingent consent)"에 기초한 순응을 통해 설명해야 한다고 주장하였다. 즉, 그녀에 의하면 국가가 약속한 공공재를 공급하고 다른 시민들도 의무를 따르도록 할 경우 정당성을 가지게 되며, 그에 따라 시민들의 순응수준도 높아진다고 한다.[785] 물론 정책이 '정당성'을 가지고 있다고 하여 그 정책이 반드시 '효율성'이 있는 것은 아니다. 캠벨(John L. Campbell)이 말한 "도구성의 논리(logic of instrumentality)"와 "사회적 적절성의 논리(logic of social appropriateness)"는 차원이 다른 문제인 것이다.[786] 따라서 정책이 실질적인 측면에서는 효과가 없다고 하더라도 정당하다고 대중들이 인식한다면 그러한 정책은 '좋은(good)' 정책으로 간주되어 안정적인 패턴을 형성할 가능성이 높다. 물론 '좋은' 정책에 대한 판단은 정책의 물질적 이해관계 못지않게 상징적 측면에 의해서도 영향을 받는다. 이러한 맥락에서 전통적인 정책분석의 논리는 수정이 불가피하다. 전통적인 정책분석은 정책의 물질적 이해관계를 주로 볼 뿐, 정책을 둘러싼 문화적 가치나 이를 습득하는 사회화(socialization) 과정에 대해서는 체계적으로 검토하고 있지 않기 때문이다.

1장에서 살펴본 바와 같이, 총체적 효용 관념에 입각한 편협한 공리주의의 가정에 의한다면 빈부나 사회계층에 관계없이 모든 사람들의 효용은 동일하게 간주된다.[787] 다시 말해, 공리주의 기준 하에서 사람들이 받는 편익과 비용은 그 비중에 있어서 동일하며, 사회계층에 따른 어떠한 '가중치(weight)'도 부여될 수 없다.[788] 따라서 정책효과의 배분적 측면, 다시 말해 '정책의 편익이나 비용이 누구에게 돌아가는가?'라는 문제는 정책결정과정에서 고려대상이 아니다. 그러나 정책의 보여지는 상징적 측면이 중요한 변수가 되는 현실정치에서는 얘기가 달라진다. 예를 들어, 부녀자와 같이 긍정적 이미지를 가진 집단에 혜택을 주는 정책은 정당성을 가져 안정적인 패턴을 보이는 반면, 부자와 같이 부정적 이미지를 가진 집단에 혜택을 주는 정책은 정당성을 갖기 어려워 불안정한 패턴을 보이는 경우가 많다.

워커(R. Walker)와 던컨(S. Duncan)이 말했듯이, 정치란 거창한 구호가 아니라 유권자들의 마음과 표를 얻기 위한 전쟁이다.[789] 즉, 국민들의 환심을 사는 것이 정치엘리트들의 가장 중요한 전략이 될 수 있다는 말인데, 이러한 맥락에서 정치엘리트들은 공공정책에 긍정적인 이미지를 만들어 정책, 더 나아가 정부에 대한 정당성을 확보하고자 한다. 정치적 수사(political rhetoric)이든 실질적인 효과이든 정치엘리트들이 정책을 결정함에 있어 항상 '서민'과 같은 긍정적인 이미지를 가진 집단을 수혜집단으로 상정하고 있는 것은 그 같은 이유에서이다. 물론 유권자들의 환심을 사는 정책과정은 필연적으로 비용을 수반한다. 따라서 "비난회피"라는 또 다른 정치 전략이 중요한 변수가 될 수 있다. 이를 위해 정치엘리트들은 정책과 관련된 정보를 조작하고자 하는 "눈가리기(obstruction)" 전략, 정책의 비용을 일부 사회계층, 특히 '부자'와 같이 부정적인 이미지를 가진 집단에게 전속시키는 "분할(division)" 전략, 그리고 기득권을 인정하면서 기득권을 침해하지 않는 "보상(compensation)" 전략을 사용한다.[790]

정책의 보여지는 상징적 측면은 정치엘리트들의 상징조작(symbol manipulation)에 의해 확대·재생산되는 경향이 있다. 스톤(Deborah A. Stone)에 따르면, 정치엘리트들이 사용하는 상징조작의 방법에는 "이야기하기(narrative stories)", "제유(synecdoche)", "은유(metaphor)", 그리고 "모호성(ambiguity)" 등과 같은 네 가지가 있다고 한다.[791] 이야기하기는 어떤 정책과 관련된 상반된 상징물들(예를 들면, 영웅과 악당, 통제와 무기력, 쇠퇴와 성장 등)의 이야기를 전개하면서 정책과정에 영향을 미치는 것을 말한다. 이 때 사용되는 상반된 상징물들은 표면상으로는 대조적인 것처럼 보이지만, 실질적으로는 경상(鏡像, mirror images)과 같이 매우 밀접한 관련을 가지고 있다. 권력을 이야기할 때 상황이 어렵다는 '무기력(helplessness)'을 언급하면서도, 그것을 극복할 수 있다는 '통제(control)'를 동시에 언급하는 것은 그 구체적인 예라고 할 수 있다.

제유는 어떤 부분적 상징이 전체 내용을 상징할 때 사용되는 것이다(특수한 사례의 일반화). 이 때 사용되는 부분적 상징은 전체 문제를 정의하고 그에 대한 정책적 대응을 틀 지우는 전형적 사례(typical cases)에 해당한다. 예를 들면, 복지 보조금을 받아 호화롭게 생활하는 '복지여왕(welfare queen)'이라는 제유는 복지제도의 비효율성과 낭비를 상징한다.[792] 제유

방식의 특징적인 것으로 '공포 이야기(horror story)'의 구성이 있다. 사람들은 일반적으로 발생 확률이 낮은 것을 과대평가하는 심리적 편향성을 가지고 있는데,[793] 정치엘리트들이 이러한 심리적 경향을 이용하여 어떤 문제를 부각시키기 위해 그와 관련된 끔찍하거나 기이한 사건을 의도적으로 선택하는 경우가 있다. 그런데 이러한 이야기 구성은 그러한 문제에 대응하기 위한 정책에 필요한 정치적 지지를 형성하는 데 유용하게 사용될 수 있다. 예를 들어, 건강이나 안전이라는 면에서 원자력 발전소에 반대하는 사람들은 극히 드물게 일어나는 원자력 사고를 과대평가하여 대중들의 주목을 끌려고 한다.[794]

은유 방식은 정부정책 현상을 묘사하는 각종 단어들인데, '고질병', '사후약방문식 처방', '혈세낭비', '황제노역' 등과 같은 예를 들 수 있다. 또한 18대 대선 선거운동과정에서 민주당 문재인 후보가 이명박 정부의 감세정책을 비판하면서 제시한 '부자감세 100조'도 그 예가 될 수 있다. 은유는 현실의 정책과정에서 많이 사용되는 방식이지만, 현실을 왜곡할 가능성도 있다. 은유는 현상을 상징적인 대상물로 표현하지만, 그것은 현상의 일면만을 보여주기 때문이다. 예를 들면, 전종섭의 다음과 같은 지적에 주목할 필요가 있다. "은유는 … 불완전하고 제한적인 인식적 도구라고 할 수 있다. 현실의 개념들을 상징적인 형태로 유형화하는 경우, 개념의 총체성은 필연적으로 희생되기 마련이기 때문이다. 따라서 은유는 우리가 개념을 발전시키고, 직관적으로 표현하는 데 사용하는 절차로서 유용한 하나의 도구일 뿐 현실 그 자체라고는 할 수 없다."[795] 이러한 은유는 표면상으로는 하나의 대상을 다른 대상으로 비유하는 것이지만, 그 이면에 있는 더 중요한 함의는 이것이 정책을 둘러싼 이야기의 구성과 그것에 대한 처방과 관련되어 있다는 사실이다. 예를 들어, 분산된(fragmented) 사회서비스를 비판하면서 그 대안으로 사회서비스의 "통합(coordination)"을 제시하는 경우, 사회서비스를 '꽃병(vase)'에 비유하는 것은 적절한 은유 방식이다.

모호성은 다양한 맥락에서 서로 다른 의미로 해석되도록 함으로써, 정책을 둘러싼 갈등을 감소시키고 정책 협상이나 타협의 여지를 주어 광범위한 정책 연합의 형성과 정책 수용성을 높이는 데 기여하는 것을 말한다. 따라서 법률에는 대강만 규정하고 나머지 세부적인 내용은 하위법령에 위임하는 '골격입법(skeleton legislation)'의 문제를 의회의 전문성 부족에서만 찾는 견해는 부분적인 설명밖에 되지 못한다. 왜냐하면 "비난회피의 정치(politics of blame avoidance)"라는 정치적 동기가 더 근본적인 원인일 수 있기 때문이다. 이러한 맥락에서 시몬스(Randy T. Simmons)는 "정책상징주의(policy symbolism)"라는 용어로 정치인들의 행태를 설명한 바 있는데, 이는 정치인들이 실행에 옮기기 어려운 비현실적 내용을 정책에 포함시켜 정치적 지지를 얻으면서도 만일 정책이 실패하면 그 책임을 관료들에게 전가하는 것을 말한다.[796]

이러한 '상징물들'은 베커(Gary S. Becker)가 말한 정책의 효과를 설명하는 데 사용되는 "조악한 대용물(crude proxies)"에 불과하지만,[797] 정책에 대한 지식이 부족한 일반대중들은 이러한 대용물에 많이 의존할 수밖에 없다.

정책의 상징적 측면과 관련된 대표적인 사례로 이명박 정부의 감세정책 실패를 들 수 있다.[798] 한편으로는 '세금폭탄'으로 회자되는 노무현 정부의 실정에 대한 '정치적 학습효과' 때문에, 그리고 다른 한편으로는 '낙수효과(trickle-down effect)'로 표현되는 공급중심 경제학의 '순진한' 정책처방 때문에 이명박 정부는 감세정책을 대대적으로 추진하였다. 감세정책은 그 비용을 대부분 미래세대에 전가할 수 있기 때문에 현재세대에는 '희생자가 없는 정책(policy without victim)'으로 유명하다. 감세정책의 경우 이명박 정부의 경제철학, 다시 말해 'MB노믹스'의 한 축으로 매스미디어에서 대대적으로 보도됐기 때문에 가시성은 높지만, 근접성의 경우 수혜집단과 비용부담집단이 다르게 나타난다. 이명박 정부 감세정책의 수혜대상은 주로 고소득자이기 때문에 효과의 전속성으로 인해 수혜집단의 근접성은 높게 나타나지만, 감세정책의 비용은 미래세대에 전가할 수 있기 때문에 비용부담집단의 근접성은 낮게 나타난다.[799] 즉, 감세정책의 경우 수혜집단이 주도적인 정치 행위자가 될 가능성이 높고, 따라서 비교적 안정된 패턴을 유지한다. 그러나 평등주의 문화가 강한 한국 사회에서는 오히려 '부자감세' 논란만 초래하고, 선거를 앞둔 정치권의 여론 눈치 보기로 인해 정권 말 폐기되기에 이르렀다.[800] 결국 정책의 실질적인 측면보다는 정책의 정당성과 같은 '보여지는' 상징적 측면이 크게 작용한 것이다.

제 4 절 정책의 환류 효과

1. 민주적 정치과정과 공공정책

오랫동안 정치학에서는 정치과정의 산물로 공공정책을 상정하였다. 다운스(Anthony Downs)의 이론에서 연원하는 이러한 "지배적인 이론(master theory)"은 선거와 같은 민주적 정치과정을 통해 선출된 정치인들이 유권자들의 요구에 부응하여 공공정책을 결정할 것이라는 가정을 암묵적으로 받아들인다.[801] 따라서 이러한 이론 체계 내에서는 공공정책이 결정되는 과정에 대한 연구에 천착하는 경향이 있다. 예를 들어, 메틀러(Suzanne Mettler)와 소쓰

(Joe Soss)는 공공정책 연구에서 보편적으로 받아들여졌던 연구 전통을 다음과 같이 집약적으로 설명한 바 있다.

> 정치학자들은 보통 체제이론의 기본 모형과 동일한 논리로 공공정책을 의제설정, 형성, 집행, 평가라는 일련의 단계를 거쳐 만들어지는 산물로 이해한다. 학자들 사이에 널리 퍼져 있는 문제의식은 이러한 일련의 과정이 얼마나 민주주의에 부합하는가 라는 정도의 문제이다. 그러나 이러한 문제의식은 정책이라는 산물이 민주적인 방식으로 만들어지는가의 여부에 대해서만 관심을 가질 뿐, 정책이 민주주의 그 자체를 증진시키는 데 기여하는가의 여부에 대해서는 관심을 가지지 않는다.[802]

따라서 전통적인 정치학의 관점에서 공공정책은 정치과정의 종속변수에 불과하며, 선거와 같은 민주적 정치과정에 영향을 미치는 여러 가지 변수들이 주된 연구 대상이 되었다. 이처럼 전통적인 정치학의 관점에서는 민주적 정치과정에 초점을 맞춘 결과, 과정과 결과의 '선형적 관계(linear correlation)'를 너무 쉽게 받아들이는 경향이 있다. 즉, 과정이 좋으면 결과도 좋을 것이라는 '1대1의 상관관계'는 이들의 논의에서 핵심적인 위치를 차지하고 있다. 그러나 실증적인 관점에서 이들의 주장은 너무나 낙관적이라는 비판이 제기될 수 있다. 현실에서는 민주적 정치과정의 결과인 공공정책이 특권계층에 편향적인 경우를 심심치 않게 볼 수 있기 때문이다. 그렇기 때문에 오랫동안 엘리트 이론을 신봉한 슈버트 등(Louis Schubert et. al.)은 미국의 정치과정이 엘리트 지배의 재현에 불과하다고 역설한 것이다.[803]

이러한 전통적인 민주적 정치과정론과 달리, 정책중심적 관점에서는 공공정책을 정치과정의 종속변수가 아니라 독립변수로 이해했다는 점에서 그 의의를 찾을 수 있다. 이러한 점을 "환류 효과(feedback effects)"라고도 하는데, 이는 정치과정의 "결과(effect)"로 인식되던 정책이 경우에 따라서는 정치과정을 구조화하는 "원인(cause)"이 되기도 한다는 것이다.[804] 또한 이렇게 이해할 경우 공공정책은 후속 정치과정에 중요한 함의를 가지고 있기 때문에, 민주적 정치과정의 결과인 공공정책이 민주주의를 증진시킬 수도 있고, 퇴보시킬 수도 있다고 인식한다. 과정이 바람직하다고 하여 그 결과에 대한 규범적 예단을 하는 것은 바람직하지 않다는 논리이다. 그렇다면 공공정책이 후속 정치과정을 구조화하는 특징적인 양상에는 무엇이 있을까? 이제 그 구체적인 이야기를 하려고 한다.

2. 공공정책이 정치과정에 미치는 영향

1) 정치엘리트들의 전략에 미치는 영향

정책이 피어슨(Paul Pierson)이 말한 "신뢰추구의 정치(politics of credit claiming)" 상황에서는 정치엘리트들의 전략이 크게 문제가 되지 않는다. 왜냐하면 편익은 소수에게 집중되고 비용은 다수가 분담하는 상황에서는 수혜집단과 비용부담집단 사이의 '비대칭적 조직화' 양상이 나타나기 때문에, 정치엘리트들은 정치적 부담 없이 그러한 방향으로 정책을 바꿀 수 있기 때문이다. 따라서 문제가 되는 것은 피어슨이 말한 "비난회피의 정치(politics of blame avoidance)" 상황이다. 전술한 바와 같이, 유권자들은 일반적으로 "부정편향성"을 가지고 있어서 정책으로 인한 편익보다 비용에 더 민감하게 반응한다. 특히 편익은 넓게 분산되고 비용은 좁게 집중되는 경우 문제가 된다.[805] 집중화된 편익과 비용이 분산된 편익과 비용에 비해 더 강한 목소리를 낸다는 것이 정치학의 오랜 진실 중 하나이기 때문이다. 따라서 이러한 상황에서는 정치엘리트들이 정치적 비난을 최소화하기 위해 몇 가지 정치 전략을 사용하는데, 이들이 사용하는 전략을 구체적으로 살펴보면 다음과 같다.[806]

(1) 눈가리기 전략

눈가리기(obstruction) 전략은 정책의 변화와 관련된 정보를 조작하고자 하는 노력을 의미하며, 세 가지 전략 중 가장 중요한 전략에 속한다.[807] 유권자들은 정치인들에게 보상이나 처벌을 가하고자 노력하는데, 그들은 이를 위해 정책과 그 결과 사이의 '인과 고리(causal chains)'를 나름대로 재구성하고자 한다. 이러한 인과 고리는 크게 보면 다음과 같은 세 가지로 나누어진다. 첫째, 공공정책의 부정적 결과이다. 부정적 결과의 가시성을 떨어뜨릴 의도에서 자주 동원되는 방법은 '점감주의(decrementalism)' 전략이다. 예를 들면, 물가나 소득수준과 같은 경제적 맥락의 영향을 받는 사회복지 프로그램에서, 경제의 변화와 무관하게 어떤 프로그램을 동결시킴으로써 가시성을 떨어뜨릴 수 있다.

둘째, 공공정책과 그 부정적 결과 사이의 상관관계이다. 유권자들은 자신들의 처지가 이전보다 악화되었다는 것은 눈치를 채면서도 그 원인을 정부 정책의 변화에 제대로 연결 짓지 못할 수 있다. 예를 들면, 법률상 납세자와 사실상 담세자가 다른 간접세의 경우 공공정책과 그 부정적 결과 사이의 상관관계가 모호해지는데, 바로 그 때문에 간접세를 인상하게 되면 그에 따른 높은 세금에 대해 대중들이 용인하고 넘어갈 가능성이 그만큼 커진다.[808] 또한 정책의 구조를 복잡하게 만듦으로써, 공공정책과 그 부정적 결과 사이의 인과관계를 모호하게 만들기도 한다. 예를 들면, 전술한 '부자감세' 논란에서 벗어나기 위해 정치엘리트들은 세율을 조정하는 정책보다는 '허점(loophole)'을 만드는 정책을 선호한다. 세율의 조정은 그 효과를 일반대중들이 명확하게 알 수 있지만, 정책의 '허점'은 전문가들로부터 조언을 받을 수 있는 소수의 사람들 - 특히 부자들 -을 제외하고는 이를 알기 어려운 경우가 많기 때문에 일반 납세자들의 비난을 회피하기에 유리하기 때문이다.[809]

셋째, 부정적 결과를 가져온 공공정책과 그것을 결정한 정책결정자의 사이의 상관관계이다. 이를 '경로추적 가능성(traceability)'이라고도 하는데, 정책결정자들은 공공정책 결정에 대한 책임 추궁을 받지 않기 위해 몇 가지 비난회피 전략을 마련하기도 한다. 먼저 가능한 선택지는 '책임 떠넘기기(burden shifting)' 전략이다. 예를 들면, 정책결정의 책임을 관료들에게 떠넘기는 전략이다. 이를 위해 정치인들은 비난을 받을만한 정책을 자신들의 영역인 '법률'에 규정하지 않고 '하위법령(시행령, 시행규칙 등)'에 위임하는 경우가 많다. 이른바 '골격입법(skeleton legislation)'의 문제이다.[810] 다음으로 가능한 선택지는 '지연 전략'이다. 정책의 이해관계자들에게 즉각적으로 손실을 부과하게 되면 정치적 반대가 커지지만, 그러한 결과를 시간적으로 지연시키면 손실의 가시성이 떨어진다. 예를 들어, 주택정책의 경우 공공주택 건설의 삭감 조치는 지금 현재의 수혜자들에게는 아무런 영향을 미치지 않는다. 그러나 그 삭감조치의 결과는 잠재적인 미래의 수혜자들에게 집중된다. 이들 미래의 수혜자들은 자신들의 현재의 이익이 공공주택의 운명과 긴밀히 연결되어 있다고 생각할 가능성이 거의 없으며, 나아가 그들은 현재의 존재가 아니라 미래에 나타날 존재의 성격상 확인이 불가능하고, 따라서 조직화도 불가능하다. 어찌됐든 정책 변화의 부정적 결과가 피부에 와 닿기 시작할 즘이면, 정치적 의사결정의 책임 문제는 흘러간 과거 속에 묻혀 버리게 될 것이다. 대중영합주의의 (정치적) 편익은 현재 정치인(또는 현재 세대)이 누리지만, 그 비용은 미래 정치인(또는 미래 세대)이 부담하는 정치적 보상구조의 왜곡도 이러한 경향을 심화시키는 한 요인이 된다. 결국 정치의 영역에 고유한 '근시안적(myopic)' 사고가 정치엘리트들의 전략 선택에 결정적으로 중요하게 작용한다는 것인데, 이는 정치인과 유권자가 공유하는 문제이다. 이러한 점을 피어슨(Paul Pierson)은 다음과 같이 설명하고 있다.

> 정치행위자들, 특히 정치인들은 종종 그들 행동의 단기적 결과에만 관심을 가지고, 그것의 장기적 결과는 대폭 할인하는 경향이 있다. 그 주된 이유는 선거정치의 논리 때문이다. 선거에서 승리를 결정짓는 유권자들의 선택은 단기적인 관점에서 이루어지는 것이 대부분이기

때문에, 정치인들은 일반적으로 높은 시간할인율을 가지고 있다. 그들은 자신들의 행동이 장기적으로도 정치적으로 의미가 있거나, 또는 단기적인 선거 결과를 염려할 필요가 없을 경우에 한해 그들 행동의 장기적 결과에 관심을 가질 것이다. 케인즈는 결국 우리 모두는 죽는다고 갈파한 바 있는데, 정치인들이 그 메시지를 가슴 속 깊이 새기고 있는 특별한 이유가 있다.[811)]

정치의 오랜 격언 중 "삐걱거리는 바퀴에 기름칠을 한다(The squeaky wheel gets the grease)"는 것이 있다. 이 말이 표면상 의미하는 바는, 시끄러우면 돌봐준다는 것이지만, 이에 못지않게 중요한 함의는 조용하다는 것이 반드시 불만이 없다는 것을 의미하지는 않는다는 사실이다.[812)] 이와 마찬가지로, 눈가리기 전략의 결과 정책 변화와 관련된 정보를 제대로 인식하지 못한다면 잠재적 비용부담자들은 와이머(David L. Weimer)와 바이닝(Aidan R. Vining)이 말한 "조용한 패배자들(silent losers)"로 남게 된다. 이들이 말한 조용한 패배자들이란 공공정책으로 인해 피해를 보면서도 정부에 대해 조직적인 항의를 하지 못하는 사람들을 지칭한다. 이처럼 비용부담자들이 '조용히' 있는 이유는, 이들이 공공정책의 부정적 결과를 인식하지 못했기 때문일 수도 있고, 부정적 결과를 공공정책과 연결시키지 못했기 때문일 수도 있으며, 심지어는 비용부담자가 아직 태어나지도 않은 미래 세대이기 때문일 수도 있다.[813)] 샤슈나이더(E. E. Schattschneider)가 오래전에 말한 '정보의 비대칭성(asymmetries of information)' 문제는 정치과정에 보편적인 것이다.[814)] 이러한 비대칭성의 결과로 정치엘리트들의 정책요구에 대한 반응은 상반된 모습을 띠게 된다. 정책에 대해 어렴풋이 알고 있는 다수 일반대중들에게는 '상징적 대응(symbolic responsiveness)'을 하는 반면, 그것에 대해 잘 알고 있는 소수의 이해관계자들에게는 '실질적 대응(substantive responsiveness)'을 하는 것이다.[815)] 정부가 수입규제를 하면서 일반대중들에게는 자국 산업의 보호라는 일반적이고 추상적인 가치로 정서적 호소를 하면서도, 수입품과 경쟁관계에 있는 국내산업에는 실질적인 혜택을 주는 것은 그 구체적인 예라고 할 수 있다.

(2) 분할 전략

분할(division) 전략은 이해관계의 공유를 막기 위해 정책의 부정적 결과를 어떤 특정 사회계층에 전속시키는 전략이다. 모든 정책의 이해관계자 집단은 어느 정도 이질적이다. 소득이전 정책을 예로 들면, 그 구성원들 사이에서도 가구 구성, 소득 수준, 연령, 지리적 위치, 성별 등에 따라 다양한 차이를 보이고 있다. 기존 혜택을 박탈하는 정책의 경우 일부 수혜자들에게는 영향을 미치지만, 다른 수혜자들에게는 영향을 미치지 않는 방식으로 설계될 수 있다.

이런 식으로 수혜자를 분할하기 위한 가장 손쉬운 방법은 수급자격의 요건을 강화하는 방식으로 축소를 추진하는 것이다. 예를 들면, 대학생들의 등록금을 일률적으로 인상하기보다는 소득분위별로 인상하는 경우, 등록금 인상에 따른 정치적 반발을 상당 부분 줄일 수 있다. 수혜자 인구 집단 중에서 특정 하위 집단에 대해서만 삭감조치를 하는 '표적삭감'은 제안된 개혁안에 대한 잠재적 반대세력의 규모를 최소화시킬 수 있는 효율적인 방법 중 하나이다.[816)]

(3) 보상 전략

보상(compensation) 전략은 말 그대로 비용부담에 대해 일정한 보상을 하는 전략이다. 정책의 희생자들에게 뭔가 긍정적인 것을 제공할 수 있다면 그것은 격렬한 반대 세력이 등장할 가능성을 그만큼 낮추어줄 것이다. 현실적으로 "부정편향성"이 존재하는 사정을 감안할 때, 수혜자들에게 결코 손해를 입지 않으리라는 확신을 심어줄 수 있는 그럴듯한 방법을 갖고 있다면 크게 도움이 될 것이다. 예를 들면, 현재의 수혜자들은 정책 변화의 영향을 받지 않도록 '할아버지 조항(Grandfather clause)'[817)]이 도입될 수 있다. 이렇게 될 경우 손실은 불특정할 뿐 아니라 그래서 조직화의 가능성도 요원하다고 할 수 있는 미래의 수혜자 집단에게 집중될 것이다. 또 다른 대안으로, 정부는 사적 급여를 확대함으로써 공공부문의 축소에 대한 보상을 제공할 수 있다.

(4) 표류 전략

마지막으로 정책문제에 대해 의도적으로 외면하는 '표류(Drift)' 전략을 들 수 있다. 표류란 해커(Jacob S. Hacker)가 제시한 정책변동 유형으로, 환경이 변화함에도 불구하고 정책 자체는 변하지 않아 정책의 결과가 바뀐 현상을 지칭한다.[818)] 이러한 표류는 정치과정에서 이미 큰 몫을 차지하고 있는 정치엘리트들이 기득권을 유지하는 데 따른 비난을 회피하려는 정치전략의 일환으로도 이해할 수 있다. 정치 엘리트들 입장에서는 적극적인 조치를 취하지 않는 것이 명시적인 조치를 취하는 것보다 유리한 경우가 많기 때문이다. '가시성(visibility)'이나 '현시성(salience)'의 관점에서 보더라도 그러한데, 이는 피어슨(Paul Pierson)이 말했듯이 권력의 행사가 오히려 권력관계의 가시성을 떨어트리는 역설적인 현상으로 이해할 수 있다.[819)] 자신들의 이해관계에 반하는 문제에 대해서는 공식적으로 논의조차 하지 못하도록 '비가시성'의 덮개 하에서 무대응으로 일관한다는 것이다. 따라서 정치과정에서 이미 큰 몫을 차지하고 있는 기득권자들에게 있어 필요한 것은, 그들의 이익을 증진시키기 위해 변화를 추구하는 "공세(offense)" 전략이 아니라, 그들의 이익을 지키기 위해 변화를 제약하는 "수세(defense)"

전략이다.[820] 물론 문제에 대한 무대응이 일반대중들의 정치적 반발을 불러일으킬 수도 있지만, 정치 현실적으로는 킹돈(John W. Kingdon)이 말한 '초점사건(focusing events)'과 같은 점화계기가 생기지 않는 한 어떤 문제와 관련하여 광범위한 여론이 형성되는 경우는 드물다.[821]

2) 이익집단의 활동에 미치는 영향

체제이론, 보다 구체적으로는 고르비치(Peter Gourevitch)의 '사회연합이론' 이후 정책은 이해관계를 둘러싼 정치적 연합에 좌우된다는 사고가 정치학계에서 지배적이었으나,[822] 최근에는 인과관계의 고리를 바꿀 필요가 있다는 주장이 설득력을 얻고 있다. 최근의 한 연구도 이러한 점을 뒷받침하고 있는데, 독일과 일본의 숙련공 양성 프로그램을 분석한 셀린(Kathleen Thelen)의 연구에서 주요 정치 행위자들이 결집하고 동맹을 형성하는 데 결정적인 영향을 미친 것은 다름 아닌 국가의 정책이었다. 예를 들면, 독일에서는 국가 정책이 장인 집단을 집합적 행위자로서 보호하고 안정화시킨 반면, 일본에서는 전통적인 숙련공(craftsmen)을 적극적으로 해체했다. 19세기 말 독일은 국가 정책으로 장인 부문의 조직화와 근대화를 추진했고, 그 과정에서 숙련 형성 분야에 관해 '정부에 준하는(parapublic)' 자격인증 권한을 장인 부문에 부여하였다. 이에 반해 일본에서는 장인 부문을 근대화와 산업화의 장애물로 간주하고, 외국인 노동자의 유입을 늘리고 국영기업에서 훈련 프로그램을 실시하는 등 보다 직접적인 조치를 취했다.[823] 그 결과 독일의 직업훈련제도는 직종별 조합(craft unions)을 중심으로 한 '집합적인' 형태를 띤 반면, 일본의 직업훈련제도는 기업별로 이루어진 '분절적인' 형태를 띠었으며, 이들 국가에서 초기 숙련 형성 시스템은 상이한 경로를 밟게 되었다는 것이 그녀의 결론이다.[824] 따라서 이익집단의 형성과 정치 활동에 중요한 영향을 미치는 것은 다름 아닌 공공정책이다. 이러한 점을 피어슨(Paul Pierson)은 다음과 같이 설명하고 있는데, 그는 여기서 이익집단이 정치체제에 투입을 하면 그 결과로 정책이라는 산출물이 나온다는 체제이론적 인과구조와 반대되는 논리를 강조하고 있다.

> 전형적인 "체제이론(system theory)"적 접근방법은 이익집단을 정책 산출을 가져오는 정치적 투입(예를 들면, 로비 활동)에 몰두하는 존재로 인식한다. 그러나 지금은 인과관계의 고리를 바꿀 필요가 있다는 상당한 논거가 있다. 정책은 때때로 집합적 동원의 특정한 형태를 위한 기반을 제시하면서 형성된다. 정책은 조직화와 특정한 방식으로 조직하하기 위한 핵심적인 유인을 만들 수 있다. 정책은 또한 특정 조직에 실질적인 자원을 제공할 수 있다. 이러

한 자원에는 직접적 · 간접적 재정보조뿐만 아니라, 사적 행위자가 집합적 행위를 하기 위한 그들의 노력에 "편승(piggyback)"할 수 있는 조직의 하부 구조와 결정적인 정보가 포함된다. 이러한 유형의 외적 도움은 성공적인 집합적 행위를 하는 데 있어서 처음 나타날 수 있는 큰 장애물을 극복하는 데 결정적으로 중요한 높은 착수 비용과 조정의 문제를 다루는 데 있어서 특히 중요할 수 있다. 집합적 행위와 이익집단의 구조에 관한 사회과학의 연구들은 정책의 구조에 대해서는 상대적으로 거의 관심을 기울이지 않고 있다. (그러나) 동시에, 이러한 구조가 매우 중요할 수 있다는 점을 논증하는 수많은 연구들도 있다. 정책의 배열이 이익집단의 형성과 유지의 패턴에 영향을 미치는 기제를 구체화하는 데 관심을 기울이는 연구 의제는 비교연구에서 유망한 분야인 것으로 보인다.[825)]

이익집단들은 일반대중들에 비해 정책으로 인한 이해관계가 상대적으로 크기 때문에 쉽게 조직적인 활동을 할 수 있다고 결론내릴 수 있지만, 이것도 일률적으로 판단할 수 있는 것은 아니고 정책의 본질적 속성 내지 정책결정구조에 따라 상이한 양상을 보일 수 있다. 이익집단의 활동에 영향을 미치는 요인에는 크게 보면 외생적 요인과 내생적 요인으로 나눌 수 있다. 즉, 문제가 되는 정책 밖의 요인이냐, 아니면 정책 안의 요인이냐 로 나눌 수 있다는 것이다.

외생적 요인으로 가장 자주 언급되는 것은 정책이나 제도가 집합적 행위를 가능하게 하는 '선별적 유인(selective incentive)'이 될 수 있는가의 여부이다. 예를 들면, 로드스타인(Bo Rothstein)은 국가 간 노조 조직률(unionization)이 차이를 보이는 이유를 노동자들의 집합적 행위의 문제를 해결할 수 있는 제도적 장치의 유무에서 찾고 있다. 즉, 노조가 관리하는 기금에 공적인 보조를 하는 겐트(Ghent) 시스템이 노동자들을 노조에 가입하도록 만드는 '선별적 유인'으로 작용함으로써, 이러한 제도가 도입된 국가의 노조 조직률이 그렇지 않은 국가의 그것에 비해 높게 나타났다고 한다.[826)] 또 이익집단의 활동을 특정한 방식으로 구조화하는 제도적 틀의 영향을 받기도 한다. 정치체제의 권력구조가 분권적이어서 정책을 결정하는 데 많은 의사결정점(decision points)을 거쳐야 하는 경우, 이익집단의 정치적 영향력은 커진다고 할 수 있다. 이머긋(Ellen M. Immergut)의 연구에서 볼 수 있듯이,[827)] 정책결정에 필요한 일련의 의사결정점이 실질적으로는 '거부점(veto points)'으로 기능하는 경우, 정책결정은 "진흙탕 통과(muddling through)"에 비유되는 어려운 과정이 될 수 있다는 것이다.[828)] 이 밖에 분파이익을 통제하고 이를 집권적으로 조직화할 수 있는 '정상연합체(peak association)'가 존재하는 경우, 이익집단의 정치적 영향력은 커진다고 할 수 있다.[829)] 왜냐하면 집권적으로 조직된 정상연합체가 개별 정치 행위자들의 무임승차 행위(free riding)로 인한 '집합적 행위의 문제'를 해결할 경우, 이익집단은 정치과정에서 보다 조직적으로 활동할 수 있기 때문이다.

이익집단의 정치적 역량에 영향을 미치는 요인에는 전술한 이익집단의 내적 연계뿐만 아니라, 이익집단이 외부 정치세력과 연계를 하는 정치적 연합(political alliances)도 있다. 일반적으로 말해 이익집단이 보다 많은 정치세력과 연합을 형성할수록 이익집단의 정치적 역량은 커진다고 할 수 있다. 외부와 정치적 연합을 형성하기 위해 이들은 자신들에게 유리하게 상징조작(symbol manipulation)을 하기도 하며, 정치적 현시성을 높이기 위해 집회나 시회와 같은 집단행동을 하기도 한다. 특히, 현실 정치에서는 약하게 보일 때 오히려 더 강한 정치적 지지를 이끌어낼 수 있는 역설적 현상에 직면하는 경우가 많기 때문에, 이익집단들은 일반대중들의 지지를 이끌어내기 위해 자신들을 약한 존재로 부각시키려는 전략을 구사하기도 한다.[830] 따라서 정책을 둘러싼 '이해관계의 정치'는 이익집단의 배열에 따라 가변적인 모습을 보이게 된다.[831]

내생적 요인으로는 전술한 정책으로 인한 이해관계의 배열이 가장 중요한 요인으로 꼽힌다. 우선 정책으로 인한 이해관계가 크게 나타나야 한다. 여기서 이해관계가 크다는 것은 전체는 물론이고 개별 행위자 입장에서도 그렇다는 것이다. 이럴 경우 집합적 행위를 하기 위한 동기가 부여될 수 있다. 이해관계의 크기뿐만 아니라, 이해관계의 공유 정도도 중요하다. 정책으로 인한 이해관계가 어느 특정 사회관계의 유형에 전속될 경우 집단의 응집력은 상당부분 약화될 수밖에 없기 때문이다. 복지제도를 연구한 많은 학자들이 보편주의(universalism)의 문화적 기반을 복지국가의 팽창과 축소의 정치에서 중요한 변수로 간주한 것은 이러한 맥락에서 이해할 수 있다.[832] 예를 들면, 보겔(David Vogel)은 1970년대 초반 독점 규제에 대한 미국 기업들의 대응을 분석하면서, 이들의 활발한 대응이 많은 부분 이해관계의 공유에서 비롯되었다고 보면서 다음과 같이 설명하고 있다.

> 1970년대 초반 동안 실행된 규제정책의 가장 특징적인 양상은 그것이 특정 산업을 대상으로 하지 않았다는 데 있다. 오히려 그것은 다양한 산업에 속한 여러 기업들의 행태를 변화시키려고 했다. 그것은 많은 기업가들로 하여금 그들의 보편적이거나 계급적인 이해관계에 대해 훨씬 더 많은 인식을 갖도록 만들었으며, 동시에 기업 원탁회의(the Business Roundtable), 미국 상공회의소(the United States Chamber of Commerce), 그리고 전국 독립기업 연맹(the National Federation of Independent Business) 등과 같은 다양한 산업에 속한 여러 기업들을 대표하는 정치조직의 형성과 재건을 가져왔다.[833]

공공정책이 이익집단의 활동 패턴에 미치는 영향은 그 정책이 일반대중들에게 인식되는 효과에 의해서도 좌우된다. 일반적으로 말해 정책의 가시성과 근접성이 높을 경우에는 윌슨(James Q. Wilson)이 말한 '이익집단 정치'나 '고객정치'와 같은 상황이 이루어지기 어렵다.[834] 이럴 경우 일반대중들은 그 정책의 편익과 비용에 대한 인식이 높아져 이해관계의 정치에서 '들러리'로만 머물려고 하지 않을 것이기 때문이다. 그러나 가시성과 근접성이 낮을 경우, 특히 가기성이 낮을 경우 일반대중들의 정책과정에서의 영향력은 부차적일 수밖에 없다. 물론 문제는 여기서 그치지 않는다. 더 심각한 문제는 일반대중들이 강력한 이익집단들이 제공하는 오도(誤導)된 정보에 의해 동원될 가능성이 높다는 데 있다. 미국인들이 한 때 가졌던 효과적인 정부가 경제의 번영과 국민의 복리 증진을 가져올 것이라는 생각을 잊게 만든 것은, 자유로운 시장질서를 강조하면서 자신들의 기득권을 지키려고 한 가진 자들의 논리였다.[835] 이러한 맥락에서 헌법에 규정된 국민주권의 원리가 적어도 정책과정에서는 통용되지 않을 수 있는데, 경제학자 베커(Gary S. Becker)는 이러한 점을 다음과 같이 예리하게 지적하고 있다.

> 나는 유권자들의 선호가 정치적 행동에서 중요한 독립적인 힘이 되지 못하는 경우가 흔하다고 믿는다. 이러한 "선호들(preferences)"은 이익집단들이 제공하는 정보와 오도된 정보에 의해 조작되고 만들어질 수 있는데, 이러한 이익집단들은 부분적으로는 유권자와 정치인의 현시(revealed) "선호들"을 바꿈으로써 그들의 정치적 영향력을 높이기도 한다.[836]

3) 일반대중들의 여론 형성에 미치는 영향

일반대중들의 여론 형성에는 정책의 '가시성'과 '근접성', 그리고 정책의 상징적 측면이 크게 작용한다. 먼저 가시성이라는 측면에서 보면 정책의 구조가 단순하여 쉽게 이해할 수 있는 경우나 자주 접하여 정책에 대한 학습효과가 생긴 경우, 그리고 매스미디어의 집중적인 조명을 받아 정치적 현시성이 높은 경우, 높게 나타나는 경향이 있다. 다음으로 근접성이라는 측면에서 보면 정책의 효과가 지리적으로 가깝고, 특정한 사회관계의 유형에 전속되며, 미래세대에 전가할 수 없을 때, 높게 나타나는 경향이 있다. 그런데 여기서 한 가지 주목해야 할 것은 가시성과 근접성이 현실의 정책사례에서 명확하게 구분될 수 있는 성질의 것은 아니라는 사실이다. 예를 들어, 정책의 인과구조가 단순하면 가시성뿐만 아니라 근접성도 높아지는데, 간접세를 경감하는 정책보다 직접세를 경감하는 정책이 가시성뿐만 아니라 근접성도 높은 것은 이러한 맥락에서 이해할 수 있다. 그러나 가시성과 근접성이 동일한 차원의 변수는 아니다. 예를 들면, 이명박 정부의 법인세 감면 조치는 일반대중들에게 직접적인 이해관계가 있는 것은 아니었지만, 정치권에서 형평 논쟁이 제기되는 등 이슈가 됨으로써 많은 사람들에게 그것이 알려졌다. 따라서 근접성은 자신의 이해관계와 직결되는 경우 나타나는 변수인 반면, 가시성은 자신의 이해관계와 직결되지 않는 경우에도 나타날 수 있는 변수이다. 이러한 맥락에서 소쓰(Joe Soss)와 슈람(Sanford F. Schram)은 정책의 가시성과 근접성의 정도에 따라 다음과 같은 네 가지 정책유형을 제시한 바 있다.[837]

<표 7-1> 정책의 효과(가시성, 근접성)에 따른 정책유형[838]

		근접성	
		높음	낮음
가시성	높음	Ⅰ	Ⅱ
	낮음	Ⅲ	Ⅳ

첫째, Ⅰ 유형은 가시성과 근접성이 모두 높은 경우로써, 정책의 가시성과 근접성이 모두 높기 때문에 일반대중들은 그 정책에 대해 관심을 가지고 그들의 "개인적 문제"를 "사회구조의 공적 이슈"와 연계시키려고 한다. 따라서 정책에 대한 환류 효과는 크게 나타날 수밖에 없으며, 현존 정책에 대한 급격한 변화는 상당한 저항에 직면할 수 있다. 이 경우에는 사람들이 인식하는 정책의 상대적 편익과 비용이 증가하기 때문에 정책이 개인들의 선호에 미치는 영향도 커질 수밖에 없다는 것이 이들의 설명이다.

둘째, Ⅱ 유형은 가시성은 높은 반면 근접성은 낮은 경우로써, 가시성이 높기 때문에 정책에 대해 일반대중들이 관심을 가지고 있기는 하지만, 직접적인 이해관계는 없기 때문에 일반대중들의 정책에 대한 인식은 경험에 근거하기보다는 외부로부터 들리는 '풍문(rumor)'에 근거하는 경우가 많다. 따라서 정책의 실질적인 효과보다는 정책의 보여지는 상징적 측면이 일반대중의 환류 효과를 형성하는 데 결정적으로 중요하며, 이 과정에서 엘리트나 매스미디어의 역할이 중요하게 부각된다. 일반대중들이 정책의 실질적 효과보다는 보여지는 상징적 측면에 주목할 경우, 관련 정책을 중심으로 이슈네트워크(issue network)가 형성될 가능성이 높다. 철의 삼각(iron triangle)과 달리, 이슈네트워크에서는 정책의 물질적 이해관계보다 정서적 몰입(emotional commitment)이 중요하게 부각되기 때문이다.[839]

셋째, Ⅲ 유형은 가시성은 낮은 반면 근접성은 높은 경우로써, 정책의 가시성이 낮기 때문에 일반대중들에게 잘 알려져 있지는 않지만 근접성은 높기 때문에 일반대중들의 일상생활과 사회관계에 큰 영향을 미친다. 이 유형은 다음과 같은 두 가지 형태의 환류 효과를 예상할 수 있다. 첫째, 대중들의 일상생활에 큰 영향을 미치기 때문에 시민들의 신념, 기대, 그리고 행태에 관한 광범위한 패턴을 형성할 가능성이 높다. 이는 해커(Jacob S. Hacker)가 말한 "숨겨진 정치(hidden politics)"가 가시적인 "보이는 정치(visible politics)"보다 정치과정에 더 큰 영향을 미칠 수 있다는 것인데,[840] 드레이어 등(Peter Dreier et al.)에 따르면 전후(戰後) 미국의 가장 심각한 도시문제 중 하나인 도시 간 불균등한 발전(urban sprawl)은 사람들의 정치적 레이더에 잡히지 않은 "스텔스 도시정책(stealth urban policy)"의 장기적이고 누적적인 결과였다.[841] 이와 같이 원인과 결과가 1대1의 상관관계에 있지 않고 비대칭적 양상을 보이는 것을 '문턱 효과(threshold effect)'라고 부르기도 하는데, 이는 사소한 원인이 '장기간(long term)' 누적되어 어떤 결정적 임계 수준에 이르러서는 이전과 전혀 다른 엄청난 결과를 가져오는 것을 말한다.[842] 둘째, 정책 자체는 잘 알려져 있지 않지만, 대중들의 삶에 직접적인 영향을 미치기 때문에 정책의 실패나 정책 변동은 대중들의 주목을 끌 수 있다.

넷째, Ⅳ 유형은 가시성과 근접성이 모두 낮은 경우로써, 대중들은 정부 정책에 대해 무관심하고 모르는 경우가 많기 때문에 대중들의 관심을 끌만한 사건이 생겨 정치적 갈등이 없는 이상 관련 이익집단들이 정책과정을 주도할 가능성이 높다. 즉, 이 경우에는 '이익집단 정치(interest group politics)'가 지배적인 양상으로 나타난다. 따라서 일반대중의 환류 효과가 매우 낮게 나타나며, 정책 변동에 여론이 영향을 미치기도 어렵고, 정책 변동으로 인해 대중의 여론이 바뀌기도 어렵다.

이익집단과 달리, 일반대중들은 정책의 실질적 효과뿐만 아니라 그 상징적 효과에 의해서도 영향을 받는다. 예를 들면, 정책의 정당성, 특히 형평성에 문제가 있다고 인식할 경우 정책에 대한 반대 여론이 형성될 수 있다. 따라서 이 경우에는 관련 정책을 중심으로 이슈네트워크(issue network)가 형성될 가능성이 높다. 앞서도 말한 것처럼 철의 삼각과 달리, 이슈네트워크에서는 정책의 물질적 이해관계보다 정서적 몰입이 중요하게 부각되기 때문이다.

제 8 장 거버넌스와 네트워크 이론

제 1 절 거버넌스

1. 거버넌스의 의의

'거버넌스(governance)'라는 용어가 1990년대 이후 하나의 '정치적 표어(political catchword)'가 되고 있다.[843] 이와 같이 거버넌스가 최근 들어 인기 있는 개념이 되고 있지만, 그 개념규정은 부정확한 면이 있다.[844] 따라서 거버넌스가 단순한 '정치적 수사(political rhetoric)'가 아닌 현실성 있는 제도개혁의 모델이 되기 위해서는 이 용어에 대한 보다 구체적인 개념규정이 필요하다. 그렇다면 거버넌스란 무엇을 의미하는가? 웹스터(Webster) 사전의 정의에 의하면 거버넌스는 '정부의 동의어' 또는 '통치행위나 과정(act or process of governing)' 특히 '권위 있는 지시나 통제(authoritative direction and control)'를 의미한다.[845] 그러나 최근에 강조되고 있는 거버넌스의 개념은 사전적 정의에서 볼 수 있는 것처럼 정부의 동의어라고 볼 수는 없으며, 정부를 새롭게 하는 개념으로 보아야 한다. 이러한 맥락에서 거버넌스는 '새로운 통치과정'이나 '정연한 규칙의 변화된 조건' 또는 '사회가 통치되는 새로운 방식'으로 정의할 수 있다.[846]

거버넌스가 정부를 새롭게 하는 대안적인 개념이라고 하더라도, 그것은 정부 역할의 미래상에 대한 '은유(metaphor)'로서의 성격이 강하기 때문에,[847] 어떤 특정한 사회현상을 지칭하기보다는 여러 현상을 포괄하는 '우산개념(umbrella concept)'으로 이해될 수 있다. 예를 들면, 로즈(R. A. W. Rhodes)는 거버넌스를 최소국가(the minimal state), 기업거버넌스(corporate governance), 신공공관리론(the new public management), '좋은 거버넌스(good governance)',[848] 사회적 인공지능체계(a socio-cybernetic system), 그리고 자기조직적 네트워크(self-organizing networks) 등과 같은 일곱 가지 용어로 사용될 수 있다고 주장하였으며,[849] 피에르(Jon Pierre)와 피터스(B. Guy Peters)도 거버넌스가 정책네트워크(policy network), 공공관리(public management), 경제부문에서의 조정(coordination of sectors of the economy), 공・사 협력관계(public-private partnership), 기업거버넌스(corporate governance), 그리고 '좋은 거버넌스(good governance)' 등 다양한 현상을 포괄하는 개념이라고 주장하였다.[850]

거버넌스가 다양한 현상을 포괄하는 '우산개념'이라는 주장과 더불어, 이를 여러 차원으로 나누어 유형화하는 경우도 있다. 예를 들면, 김정렬은 '관리, 정책, 체계의 차원을 포괄하는 대안적 국정관리패턴'이라고 하는 광의의 거버넌스 개념과 '기존에 정부가 독점했던 권력의 행사를 대체하는 정책행위자간 상호작용의 네트워크'라고 하는 협의의 거버넌스 개념으로 나눈 다음, 거버넌스가 신공공관리론과 정책네트워크를 포괄하는 것으로 이해하고 있으며,[851] 이명석은 '조직, 사회체제, 또는 국가전체 등과 관련된 문제를 해결하는 다양한 방법을 포함하는 포괄적인 개념'으로 파악되는 최광의의 정의, '정부와 관련된 문제해결기제'로 이해되는 광의의 정의, 그리고 '광의의 거버넌스 유형 중의 하나의 독특한 형태의 거버넌스'로 정의되는 협의의 정의로 나눈 다음, 거버넌스가 기본적으로 '제도'라는 관점에서 '사회적 조정(social coordination) 기제'로서의 거버넌스를 강조하고 있다.[852] 또한 정정길은 뉴 거버넌스를 '국가통치행위'를 의미하는 최광의의 개념, '신공공관리론'을 의미하는 광의의 개념, 그리고 '서비스의 연계망'을 의미하는 협의의 개념으로 나눈 다음, 협의의 거버넌스 개념이 일반적으로 사용된다고 주장한다. 그에 의하면 이러한 서비스연계망은 정부기관만이 아니라 많은 비정부조직이나 기관들이 공공서비스 공급에 참여하고, 이들 사이에 계층제적인 방식이 아닌 서비스 연계망이 형성되며, 연계망의 구성 조직들은 서로 신뢰의 기반 위에 협조하는 관계를 유지하는 특성이 있다고 한다.[853]

이와 같이 거버넌스가 무엇을 의미하는가에 대해서는 학자들에 따라 다양한 견해가 제시되고 있지만, 한 가지 분명한 것은 이것이 전통적인 통치방식이었던 '정부(government)'와는 다른 통치방식을 요구하고 있다는 것이다. 즉, '정부'가 '공식적 권위(formal authority)'에 기초한 활동을 의미한다면, '거버넌스'는 '공유된 목표(shared goals)'에 기초한 활동을 의미하며,[854] '정부'가 국가중심적(state-centric)으로 국가와 사회의 관계를 수직적이고 위계적인 형태로 유지하는 것이라면 '거버넌스'는 사회중심적(society-centered)으로 국가와 사회를 수평적인 '협력관계(partnership)'[855] 내지 '네트워크 관계(networks)'로 운영하는 것을 의미한다.[856] 한마디로 '정부'가 '경성권력'이라면 '거버넌스'는 '연성권력'인 것이다.[857] 이러한 맥락에서 여기서는 거버넌스를 그 '방식'과 '기능'에 초점을 맞추어, "국가와 사회가 상향적 네트워크를 구성하여 공동의 문제를 해결하고자 하는 대안적인 조정기제"로 정의하고자 한다.[858]

2. 거버넌스와 정책과정

'정부'에서 '거버넌스'로의 통치방식의 변화는 정책과정에서 정부가 수행하는 역할의 변화를 가져왔다. 그러나 이러한 변화가 정부의 해체나 기능의 급격한 축소를 수반하는 것은 아니다. 앞서도 지적한 바와 같이, 거버넌스 시대에도 정부는 '네트워크 관리자'로서 중요한 조정 역할을 담당할 수 있다. 예를 들어, 피에르(Jon Pierre)와 피터스(B. Guy Peters)는 거버넌스 시대 정부의 역할을 다음과 같이 적절하게 설명하고 있다.

> 우리는 새로운 천년에 접어들어 국가의 역할이 감소하기보다는 제도적 권력에 기초한 역할에서 조정과 공·사 자원의 융합에 기초한 역할로 그 역할이 바뀌고 있다고 믿는다. 게다가 지금 진행되고 있는 세계화는 전통적인 정부 모형에 도전을 하지만, 반드시 그러한 방식으로 국민국가를 위협하는 것은 아니다. 국가는 재정적 제약, 강력한 조직화된 이익, 또는 심지어 정치적 저항과 정통성의 위기와 같은 다양한 도전에 직면하여서도 놀라울 정도로 유연하고 뛰어난 창의력을 발휘하고 있는 것으로 입증되고 있다.[859]

이러한 맥락에서 거버넌스 시대 정책과정도 공공부문과 민간부문 사이의 긴밀한 정책네트워크라는 관점에서 이해할 필요가 있다. 이러한 네트워크에서 정부는 민간과 대등한 입장에서 정책문제에 대해 고민하고 해결책을 찾는 중요한 '참여자'이다. 거버넌스 시대 정책과정의 변화를 간략하게 살펴보면 다음과 같다.[860]

1) 정책의제설정

정책의제설정은 정책과정의 첫 번째 단계이며, 모든 사회문제가 정책의제가 되지 않는다는 점에서 중요한 과정으로 부각된다. 과거에는 정부의 주도적인 의제형성이 일반적이었으나, 최근에는 거버넌스의 영향으로 NGO 등 시민사회의 의제설정자 역할이 상대적으로 높아지고 있으며, SNS 등을 통한 여론 형성으로 인해 사회로부터의 의제형성이 자유롭게 도출되어 정부에 압력을 가하고 있다. 특히, NGO는 다양한 사회문제를 제기하고, 그것을 쟁점화시키며, 과감하고 창의적인 대안을 제시하는 '정책기업가(policy entrepreneurs)'로서의 역할을 수행할 수 있다.

따라서 종래에는 의제설정과정에서도 관료제 내부에서 의제설정이 이루어지는 내부접근형 또는 정책결정자들이 주도하는 동원형이 상당한 비중을 차지하였으나, 새로운 거버넌스 체제 하에서는 내부접근형과 동원형의 의제설정은 감소하고 외부주도형의 의제설정의 비중이 증가하게 되는 것을 볼 수 있으며, 그에 따라 점차 풀뿌리 조직이 중심이 된 외부주도의 의제설정이 증가하고 있다.

2) 정책결정

정책의제설정과정뿐만 아니라 정책결정과정에서도 거버넌스의 영향으로 '철의 삼각'과 같은 폐쇄적인 정책결정구조가 '이슈네트워크'와 같은 개방적인 정책결정구조로 바뀌어가고 있다. 즉, 새로운 거버넌스 체제 하에서는 정책결정 단계에서 민간부문 참여자들의 영향력이 증대되는 '공 · 사 파트너십(public-private partnership)'이 광범위하게 형성된다. 이러한 개방적인 정책결정구조에서는 다양한 이해관계자들이 참여하여 그들 간 활발한 의사교환과 논의를 하게 되며, 이는 정부 독단의 생각으로부터 나온 정책결정보다 바람직한 결과를 가져올 수 있다. 물론 이러한 개방적 정책결정구조가 가지고 있는 한계도 간과해서는 안 된다. 즉, 정책을 둘러싼 이해관계를 조정하는 과정에서 나타날 수 있는 '시간소비적 의사결정'의 문제라든가, 참여자의 '대표성' 문제 등은 반드시 짚고 넘어가야 할 문제이다.

3) 정책집행

과거의 정책집행이 정부 주도로 이루어져 그에 대한 국민의 반응이나 효과를 적절하게 반영할 수 없었다면, 거버넌스를 통한 국정운영 하에서는 정책집행을 맡은 행정기관들은 원만한 정책집행을 위한 사전적 작업으로 정책집행에 직접적으로 관련되는 지역사회와 NGO 및 시민사회와 긴밀히 협력할 필요가 있다. 이처럼 거버넌스는 국민을 '피치자'의 대상으로 인식하는 것이 아니라 정부와 동등한 '고객'으로 인식하며, 따라서 그들의 요구와 필요에 능동적으로 대응할 필요가 있다. 이러한 거버넌스 체제를 통해 정부는 정책대상집단의 '순응(compliance)'을 넘어서는 '수용(acceptance)'의 단계로 나아갈 수 있다. 여기서 수용이란 정책대상집단인 국민이 정책의 내용을 내면적 · 심리적으로 받아들이는 것을 말하는데, 이는 '민본행정(民本行政)'이라는 민주적 가치의 실현일 뿐 아니라 국민의 삶의 질에 직결되는 내면적 가치의 구현이라는 점에서 그 정당성이 인정된다.[861]

따라서 새로운 거버넌스 체제 하에서는 관료제를 통한 정책집행이 압도적이었던 관행에서 벗어나 다양한 형태의 민관 협력 메커니즘이 도입되었다. 즉, 과거에는 정부가 재화와 서비스를 직접 제공하는 것이 가장 일반적이고 광범위하게 사용되었던 정책집행 방법이었다. 그러나 새로운 거버넌스의 대두와 더불어 여러 가지 대안이 대두되었다. 첫째, 사회적으로 필요한 재화와 서비스를 정부소유기업, 즉 정부가 일부 또는 전부 소유하지만 정부로부터 상당한 자율성을 누리는 공기업으로 하여금 제공하게 할 수 있다. 둘째, 정부를 대신하여 자선단체 또는 종교기관 등 비영리조직(NGO)이 제공하도록 할 수 있다. 셋째, 시장조직을 활용하여 정부가 해야 할 일을 수행하도록 할 수 있다. 이러한 방법에는 공기업의 민영화, 정부서비스의 민간위탁, 바우처[862]의 사용 등이 포함된다. 이 같은 다양한 방식의 정책집행이 이루어질 수 있기 때문에 이에 대한 경험적 연구들도 상당히 축적되어 있다.

4) 정책평가

정책평가 과정에서 거버넌스는 정책평가 주체의 다양화를 촉진한다. 종래 정책평가는 정부 주도로 이루어져 평가 결과의 공정성 시비가 끊이질 않았다. 이러한 문제에 대응하기 위해 거버넌스 체제 하에서는 정부 정책과 관련된 많은 이해관계자(stake holders), 전문가, 정책수혜자, 피해자 등 다양한 행위자들이 정책을 감시하고 평가하도록 하고 있다. 따라서 거버넌스 체제 하에서는 정책결과에 대해서 책임을 공유하는 정부-시장-시민사회 간의 파트너십이 중요하며, 이해당사자들의 자율적이고 독립적인 평가와 평가결과의 환류(feedback)가 중요하게 부각되고 있다.

3. 거버넌스의 한계

거버넌스의 경우 다원화되고 민주화된 현시점에서 문제해결능력이 제고되고, 절차적 합리성을 확보함으로써 정책의 정당성을 담보할 수 있다는 장점이 있는 것으로 지적된다. 그러나 거버넌스 역시 모든 문제를 해결할 수 있는 '만병통치약'은 아니며, 그 한계 역시 간과할 수 없다.

1) 거래비용의 문제

먼저 거버넌스적인 정책과정에서 지나친 거래비용이 소요된다는 주장이 제기될 수 있다. 여기서 말하는 거래비용에는 정책과정에 투입된 시간과 금전뿐만 아니라, 그 과정에서 발생하는 갈등의 조정비용도 포함된다. 이처럼 정책과정에 거래비용이 많이 소요된다면, 정책이 급변하는 환경에 적절하게 대응하지 못하는 한계가 있을 수 있다. 이는 특히 '분절화된(fragmented)' 정치체제에서 많이 나타나는데, 정치학자 해커(Jacob S. Hacker)는 정책이 급변하는 환경에 적절하게 대응하지 못하여 부정적인 결과를 야기하는 현상을 '표류(Drift)'라는 개념으로 적절하게 설명하고 있다.[863]

2) 대표성의 문제

정책과정에 참여하는 사람들의 대표성도 문제가 될 수 있다. 이론적으로 정책과정에는 정책으로부터 영향을 받는 이해관계자이면 누구나 참여할 수 있지만, 현실적으로는 제한된 사람들만 참여하고 있다. 특히, 참여자들의 규모가 크고 이질적이라면 참여자들의 대표성 문제는 심각하게 부각될 수 있다. 올슨(Mancur Olson)이 적절하게 지적하고 있듯이, 참여자들의 규모가 크고 이질적이면 '무임승차자'를 적절하게 규제하지 못하여 공통의 이해관계가 결부되어 있는 문제를 조직적·집단적으로 해결하지 못하는 '집합적 행위의 딜레마(collective action dilemma)' 현상이 나타날 수 있기 때문이다.[864] 이처럼 참여자들의 대표성이 담보되지 않는다면, 결국 정책과정은 소위 '목소리 큰 사람'에 의해 좌우되며, 다수의 일반대중을 와이머(David L. Weimer)와 바이닝(Aidan R. Vining)이 말한 '조용한 패배자들(silent losers)'로 만든다. 이들이 말한 조용한 패배자들이란 공공정책으로 인해 피해를 보면서도 정부에 대해 조직적인 항의를 하지 못하는 사람들을 지칭한다.[865]

3) 권력과 정보의 불균형

이론적으로 거버넌스적인 정책과정은 평등하고 자유로운 참여가 전제되어 있지만, 현실에서는 권력과 정보의 불균형 문제가 나타날 수 있다. 많은 학자들이 지적하고 있듯이, 정책과정을 지배하는 규칙은 엘리트들의 가치관이나 이해관계가 주로 반영되어 있으며, 이럴 경우 정책과정은 어떤 특정 계층의 이해관계가 과다 대표되는 구조적 편향성을 보일 수 있다. 따라서 이러한 상황에서 합의는 '왜곡된 합의(deceived consensus)'에 지나지 않으며, 실질적으로는 권력과 정보의 격차가 반영된 결과일 뿐이다.[866] 이 경우 거버넌스는 정책 과정의 모양새를 좋게 하기 위한 '정당화 수단' 또는 정책문제 해결에 대한 '책임회피 수단'에 불과하다.[867] 그런데 이러한 편향성은 참여자들 간의 불신을 조장하여 거버넌스 체제의 와해로 이어질 수 있다는 데 문제의 심각성이 있다. 거버넌스와 같은 협의체제는 기본적으로 신뢰와 같은 '사회적 자본(social capital)'에 기반을 두고 있기 때문이다.

4) 집단사고의 가능성

거버넌스를 옹호하는 학자들은 절차적 합리성이 내용적 합리성을 보장한다고 전제하지만, 때로는 거버넌스적 정책과정이 바람직하지 못한 결과를 산출할 수도 있다. 특히, 전술한 바와 같이 참여자들 사이에 권력과 정보가 균등하게 분배되어 있지 않다면, 비합리적인 결정이 이루어지더라도 이에 대해 무비판적으로 수용하는 '집단사고(group think)' 현상이 나타날 수 있다. 따라서 '과정'과 '결과'에 대한 규범적 판단은 '1대1의 상관관계'에 있지 않다. 과정이 좋다고 하더라도 그 결과가 반드시 좋은 것은 아니기 때문이다. 그렇기 때문에 피어슨(Paul Pierson)같은 학자는 시장과 다른 정치의 본질적인 속성 중 하나로 "원인과 결과 사이의 선형적 관계(linear relationship)의 부재"를 들고 있는 것이다.[868] 물론 정치에서 보다 근본적이고 중요한 것은 '결과'가 아니라 '과정'이다. 정치의 영역에 고유한 불확실성으로 인해 정치와 그 결과 사이의 인과관계에는 복잡하고 긴 시차(time lag)가 존재하고 정치적 성과의 중요한 측면은 파악하기 어렵거나 측정하기 어렵기 때문에, 결과를 토대로 정치를 판단하는 데에는 한계가 있기 때문이다. 따라서 과정은 좋지만 결과가 좋지 않은 것은 큰 문제가 되지 않는 반면, 과정은 좋지 않지만 결과가 좋은 것은 큰 문제가 될 수 있다.

5) 현실설명력의 문제

전술한 거버넌스의 한계는 '규범적인' 측면에서 문제해결능력의 한계를 지적한 것이라면, 여기서는 '실증적인' 측면에서 현실설명력의 한계를 지적하고자 한다. 사회가 민주화되고 다원화됨에 따라 거버넌스는 현실의 정책결정구조를 설명함에 있어 유리한 점이 있는 것은 분명 사실이지만, 이전 시기에 고착된 정책결정구조가 그렇게 쉽게 변한다고 가정하기 어렵다는 점도 사실이다. 이는 5장에서 살펴본 바와 같이, '경로의존성' 때문이기도 하고, 개혁과정을 둘러싼 '조정의 문제' 때문이기도 하다. 우리나라 지방정부 수준에서는 문제해결기제로서 계층제적인 조정이 거버넌스보다 현실설명력이 더 있다는 경험적 연구 결과는 그러한 맥락에서 이해할 수 있다.[869] 따라서 거버넌스는 현실의 정책결정구조를 설명하기 위한 '실증이론(positive theory)'이라기보다는 미래의 바람직한 정책결정구조를 설계하기 위한 '규범이론(normative theory)'으로서의 성격이 강하며, 극단적으로는 어떤 실증적 함의가 없는 단순한 규범적 주장에 불과하다는 비판이 제기될 수 있다.

4. 거버넌스의 제도론적 함의

제도를 폭넓게 정의하는 신제도주의의 관점에서 보면, 거버넌스 자체도 하나의 '제도'로 이해할 수 있다. 왜냐하면 거버넌스는 구성원, 구성원간의 관계, 조직 등의 '구조적 측면'과 규범, 규칙, 인식 등의 '문화적 측면'을 모두 포함하고 있을 뿐만 아니라, 집합적 행위의 결과를 결정하는 주요 요인으로 작용하기 때문이다.[870] 그런데 '제도'로서의 거버넌스에 대한 이해는 그 '기능'을 중심으로 이루어지며, 따라서 합리적 선택 제도주의의 관점에서 봤을 때 그것은 사회적 딜레마를 해결하기 위한 '사회적 조정기제'로서 이해된다.[871] 이와 같이 거버넌스를 그것이 수행하는 기능을 중심으로 이해할 경우, '정부(government)'로 대변되는 전통적인 조정기제보다 그것이 효율적으로 기능할 수 있는가라는 거버넌스의 '능력(capacity)' 문제에 대해 생각해볼 필요가 있다. 물론 이는 실증분석을 통해 해결되어야 할 문제이기는 하지만, 거버넌스론자들은 대체로 많은 사람들의 숙고와 토론을 통해 내려진 결론이, 시장이나 계층제를 통한 결정보다 우월하다는 가정에 근거하여 거버넌스가 사회적 조정을 위한 효과적인 기제가 될 수 있음을 강조한다. 특히, 전통적인 자원배분기제인 국가와 시장이 모두 실패할 가능성이 있는 '불완전한 선택대안(imperfect alternatives)'이라는 점에서,[872] 국가 · 시장 · 시민사회가 '상호협조적인 네트워크'를 형성하여 공적인 문제를 해결하고자 하는 거버넌스는 국가나 시장에 치우친 전통적인 통치방식보다 효율적일 수 있다.[873] 다만, 거버넌스와 같은 제도개혁의 경우 제도적 필요가 항상 제도형성으로 이어지는 것은 아니라는 '공급의 문제(problems of supply)'에 직면할 수 있다.[874] 이는 근본적으로 '무임승차자의 문제(free-rider problem)'로 인한 사회적 딜레마라고 볼 수 있는데,[875] 최근에는 그 해결책으로 경제적 유인보다는 '사회적 자본(social capital)'과 같은 문화적 가치를 중요시하는 견해가 유력하게 제기되고 있다.[876]

합리적 선택 제도주의의 관점에서 거버넌스를 이해하는 경우에는 대체로 그 기능을 중심으로 설명하지만, 거버넌스가 사회적 조정기제로서 효율적으로 기능을 하고 기능적 필요에 따른 적절한 제도가 만들어진다고 하더라도, 과거에 이루어진 '제도의 유산(institutional legacies)'이 성공적인 제도개혁을 방해할 수 있다는 사실 또한 간과할 수 없다. 여기서 우리는 신제도주의의 또 다른 분파인 역사적 제도주의(historical institutionalism)로부터 유용한 시사점을 얻을 수 있다. 역사적 제도주의자들은 과거에 이루어진 제도선택이 그 이후의 역사 과정에도 지속적인 영향을 미쳐 현재나 미래의 선택을 구조화하고 제약하는 '맥락(contexts)'으로 작용한다는 점을 강조한다. 그리고 이러한 제도의 역사적 맥락을 강조하기 위해 제도론자들이 즐겨 사용하는 이론적 개념이 바로 제도의 '경로의존성(path dependence)'이다. 5장에서 살펴본 바와 같이, 경로의존성이란 "제도적 진화가 조금씩 조금씩 일어나는 과정으로 어제의 제도적 틀이 오늘의 정치적 및 경제적 참여자들에게 나아갈 길을 제공하는 것"을 의미하는 것으로,[877] 제도가 경로의존적인 양상을 보인다면 제도변화의 과정은 계속적이고(continuous) 전진적인(incremental) 모습을 띠기보다는 전쟁이나 공황과 같은 정치적 · 경제적 위기의 순간에 기존 제도가 붕괴되면서 나타나는 간헐적이고(episodic) 비선형적인 (nonlinear) 모습을 띠게 된다. 이와 같이 역사의 진전과정에서 어떤 제도가 특정한 경로에 '고착된다면(locked in)' 현실의 문제를 해결하는 데 있어 보다 효율적인 다른 경로를 밟을 가능성이 배제되기 때문에 최적의 결과와 실제 결과는 괴리를 보일 수 있고, 따라서 기존 제도가 변화하는 상황에 적절하게 대응하지 못하여 '의도하지 않은 결과(unintended consequences)' 내지 '비효율성(inefficiencies)'을 야기할 수 있다.

따라서 역사적 제도주의가 거버넌스와 관련하여 가지고 있는 함의는, 전통적인 통치방식이 경로의존적인 양상을 보인다면, 거버넌스를 중심으로 한 제도개혁이 이루어지더라도 '정부'로 대변되는 전통적인 통치방식과 '거버넌스'로 대변되는 새로운 통치방식이 혼재하는 '제도의 비정합성(congruity)'[878]으로 인해 '의도하지 않은 결과'와 '비효율성'을 초래할 수 있다는 것이다. 물론 역사적 제도주의 내에서도 경우에 따라서는 제도가 기존의 경로에서 벗어나 급격하게 변할 수 있다는 점을 인정한다. 예를 들어, 5장에서 살펴본 크래스너의 '단절된 균형 모형(model of punctuated equilibrium)'은 안정적으로 유지되던 제도가 전쟁이나 공황과 같은 외생적인 사건(exogenous events)에 의해 촉발된 '결정적 전환점(critical junctures)'에 이르러서는 급격하게 변할 수 있다는 것을 상정한 이론모형이다. 그러나 최근에는 제도변화에 있어서도 외생적인 요인뿐만 아니라 내생적인 요인에 대해서도 주목하는 경향이 있다. 특히, 제도개혁에 있어서는 새로운 제도를 만들고 이를 유지할 능력과 유인을 가지고 있는 '정치적 기업가(political entrepreneurs)'의 역할이 중요하게 부각된다.[879] 다만, 거버넌스 체제 하에서 정치적 기업가의 리더십은 많은 부분 시민사회의 신뢰에 기반을 두어야 하며, 따라서 이 경우에도 사회적 자본은 중요한 변수로 부각된다.

제 2 절 정책네트워크

1. 정책네트워크의 의의

전술한 바와 같이, 거버넌스가 '협력관계' 내지 '네트워크 관계'를 강조한다는 점에서, 그리고 정부의 일방적인 주도가 아니라 정책의제에 따라 다양한 이해관계자들과 정부가 공동으로 정책을 결정하는 체제를 의미한다는 점에서, 공·사의 다양한 정책참여자들 사이의 상호작용을 통해 정책이 결정된다고 보는 정책네트워크를 거버넌스의 구체적인 양태로 설명하는 경우가 많다.[880] 거버넌스 체제 하에서 공공부문과 민간부문이 엄격하게 구분되지 않는 것과 마찬가지로, 정책네트워크 체제 하에서도 국가와 사회는 엄격하게 구분되지 않고 상호관계 속에서 긴밀하게 연결된다. 이러한 맥락에서 스미스(Martin J. Smith)는 정책네트워크의 성격을 다음과 같이 적절하게 설명하고 있다.

> 정책네트워크의 개념은 전통적인 엄격한 국가/시민사회 이원론과 타협하는 하나의 방식이다. … 국가 행위자들 역시 시민사회의 행위자들이며, 사회에 살고 있고 사회의 이익을 대변하는 여러 집단들과 끊임없이 접촉하고 있다. 따라서 국가 행위자들의 이해관계는 사회 집단 행위자들의 이해관계를 따라 형성되며, 자율성의 정도 역시 정책네트워크의 본질에 의존한다.[881]

일반적으로 네트워크는 '규정된 범위의 사람, 대상 또는 사건들을 연결하는 특정유형의 관계'로 정의되며, 네트워크 분석은 '관계, 특히 행위자들 간의 관계 그 자체에 관심을 가지고, 그러한 관계의 전반적인 체제를 효율적으로 기술하고 요약하며, 경우에 따라서는 다이아그램(diagram)을 사용하기도 하고, 다양한 상황에 대한 융통성과 적용가능성을 포함하고 있는 분석방법'을 의미한다.[882] 이러한 네트워크 분석의 일반론을 정책결정구조에 적용한 것이 바로 '정책네트워크(policy network)'이다. 정책네트워크는 다양한 현상을 포괄하는 '우산개념(umbrella concept)' 내지 변화된 정책결정구조에 대한 '은유(metaphor)'로서의 성격이 강하기 때문에 그것이 무엇을 의미하는가에 대해서는 논쟁의 여지가 있다. 몇몇 학자들의 견해를 살펴보면 다음과 같다.

먼저 바덴(F. v. Waarden)은 7가지 주요 차원과 37가지 하위차원을 포괄하는 근본적으로 다른 11가지 정책네트워크 개념들(국가주의, 포획된 국가주의, 후견주의, 압력다원주의, 부분별 조합주의, 거시조합주의, 국가조합주의, 후견다원주의, 보호관계, 철의 삼각, 이슈네트워크 등)을 확인하였다.[883] 유사하게 국가와 집단 사이의 관계에 관한 문헌연구에서 조던(G. Jordan)과 슈버트(K. Schubert)는 참여자의 수, 정책분야, 그리고 안정성이라는 세 가지 차원에 따라 여러 정책네트워크의 모든 다양성을 기술하는 11가지 가장 보편적으로 나타나는 개념들(압력다원주의(경쟁다원주의), 국가조합주의, 사회조합주의, 집단하위정부, 조합다원주의, 철의 삼각, 후견주의, 부문 또는 중간 조합주의, 이슈네트워크, 정책공동체, 협상된 강제 등)을 제시하였다.[884]

또한 김성제는 정책네트워크의 개념을 영국과 미국 학자들의 개념과 유럽 학자들의 개념으로 나누고 있는데, 그에 의하면 영국과 미국의 학자들은 정책네트워크를 공공부문과 민간부문의 '이익중재유형'으로 보면서, 정책참여자들 간의 상호작용에 의해서 형성되는 다양한 관계유형을 포괄하는 '중립적'이고 '형식적인' 개념으로 이해하는 반면, 유럽의 학자들은 정책네트워크를 시장과 계층제라는 제도에 대비되는 제3의 대안(제도)으로서 '거버넌스의 특수한 형태'로 이해함으로써, 네트워크 요소들 간의 연계와 상호작용의 유형뿐만 아니라 이들 구조 속에서 개별 행위자들이 행동하는 방법에 보다 많은 관심을 가지고 있다고 한다.[885] 그런데 김성제는 정책네트워크가 '제도'라는 관점에서, 이를 '정부와 조직화된 이익 사이의 상호작용을 규제하는 일련의 비공식적 절차'로 정의하고 있다.[886]

이 밖에 홀렛(M. Howlett)과 라메쉬(M. Ramesh)는 지배적인 행위자가 국가인지, 사회인지 여부, 그리고 참여자의 수가 많은지, 적은지 여부에 따라 네 가지 정책네트워크 유형을 도출하였다.[887] 즉, 이들은 정책네트워크 유형으로 지배적인 행위자가 국가이고 참여자의 수가 적은 국가조합주의 네트워크(State Corporatist Networks: 핵 문제나 화학물질 또는 유독물 규제와 같이 고도로 전문적인 정책 영역), 지배적인 행위자가 국가이고 참여자의 수가 많은 국가다원주의 네트워크(State Pluralist Networks: 교육 정책이나 국가가 주도하는 사회정책 영역), 지배적인 행위자가 사회이고 참여자의 수가 적은 사회조합주의 네트워크(Social Corporatist Networks: 대부분의 산업정책 영역), 그리고 지배적인 행위자가 사회이고 참여자의 수가 많은 사회다원주의 네트워크(Social Pluralist Networks: 교통정책이나 보건의료정책 영역) 등 네 가지를 제시하고 있다(〈그림 8-1〉 참조).

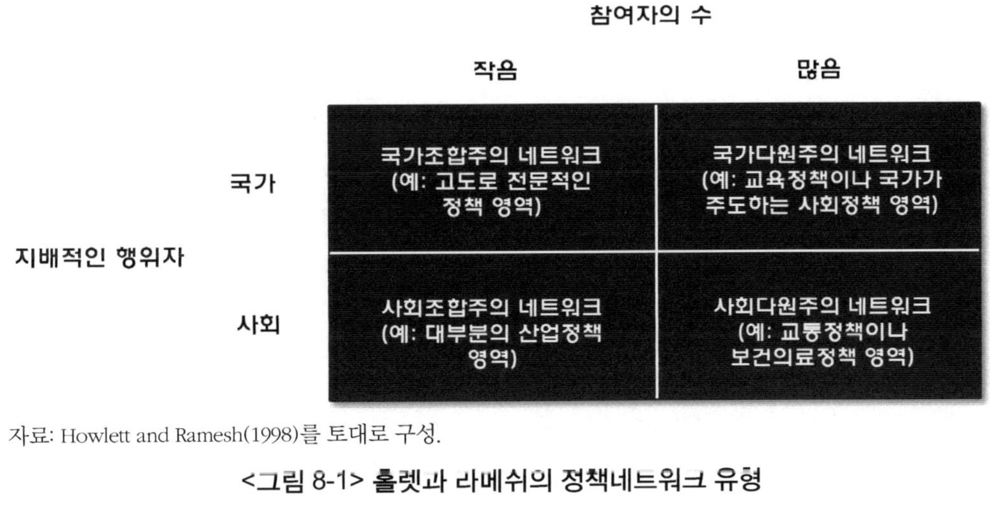

자료: Howlett and Ramesh(1998)를 토대로 구성.

<그림 8-1> 홀렛과 라메쉬의 정책네트워크 유형

이상에서 간략하게 살펴본 바와 같이, 정책네트워크의 개념을 둘러싸고 학자들 간에 견해의 대립이 있지만, 대부분의 학자들이 강조하고 있는 것은 이 개념이 정책결정과정을 구조화하는 하나의 틀(framework)이라는 것이다. 따라서 정책네트워크는 '특정 정책을 중심으로 형성된 관계구조 내지 관계망'으로 볼 수 있다.

2. 정책네트워크의 대두 배경

정책네트워크는 기존의 정책결정구조를 설명하는 이론적 관점들이 현실의 복잡한 정책결정과정을 제대로 설명하지 못한다는 인식에서 등장하였다. 기존의 정책결정구조를 설명하는 이론적 관점들로는 지역사회 권력구조 논쟁으로 유명한 엘리트이론과 다원론, 그리고 조합주의 이론 등을 들 수 있는데, 이러한 기존의 이론적 관점들은 나름대로의 장점을 가지고 있으나 현상의 어떤 특정한 측면만을 포착함으로써 다양한 정책결정양태의 동태적 상황을 정치하게 분석하지 못한 측면이 있었다.[888] 보다 구체적으로 기존의 이론적 관점의 한계를 제시하면 다음과 같다.

먼저 엘리트이론은 엘리트의 개념 자체가 불명확할 뿐만 아니라, 로버트 달(Robert A. Dahl)이 적절하게 지적하고 있는 바와 같이 정치적 자원의 배분은 누적적이 아니라 분산적이기 때문에 엘리트들은 다원적이며 이들 사이의 관계도 경쟁적이거나 갈등관계에 있는 경우가 많다는 점을 간과한 한계가 있다. 다음으로 다원론은 엘리트의 다원성과 일반대중의 간접적인 영향력을 주장하고 있다는 점에서는 민주국가의 정책결정과정을 보다 적실성 있게 설명할 수 있다는 장점이 있으나, 본질적으로 '사회중심적인 시각(society-centered perspective)'이기 때문에 국가를 사회의 정책요구를 단순히 반영하는 '블랙박스' 정도로 보고 있다는 점에서, 정치인이나 관료의 이해관계에 의해 정책이 결정되는 경우가 많은 현실을 제대로 설명할 수 없다는 한계가 있다. 또한 다원론은 국가를 '공평한 심판(honest umpire)'으로 보고 있으나, 자본주의 국가의 구조적 제약으로 인해 국가가 친 자본가적인 정책을 결정할 수밖에 없는 현실이 존재한다는 사실을 간과하고 있다. 그리고 조합주의의 경우에는 정책결정과정이 소수에 의해 지배되고 이익집단의 독점적 이익대표권을 인정한다는 특징을 가지고 있는데, 이 이론체계 내에서는 다양한 이익집단들 사이의 경쟁과 공익단체들의 활동증가와 같은 정책결정환경의 다원성과 복잡성을 제대로 설명할 수 없다는 한계가 있다.

이와 같은 기존의 이론적 관점들의 한계를 극복하기 위해 정책네트워크는 정책결정구조를 고정된 관계가 아닌 가변적인 관계로 설정하고 있으며, 정책참여자의 다양성과 그들 사이의 동태적 상호작용을 설명하는데 관심을 집중하고 있다.[889] 따라서 정책네트워크 이론은 기본적으로 '기술적(descriptive)' 이론이다.[890] 그러나 최근에는 단순히 현상을 기술하는 수준을 넘어서서, 그러한 현상이 나타난 원인에 대한 '설명(explanation)'을 추구하는 단계에까지 나아가고 있다.[891]

3. 정책네트워크의 유형

정책네트워크의 유형에 대해서는 학자들에 따라 다양한 견해가 제시되고 있지만, 여기서는 이샤이(Y. Yishai)의 유형론에 기초하여 철의 삼각(iron triangle), 이슈네트워크(issue network), 정책공동체(policy community), 정책커튼(policy curtain), 철의 듀엣(iron duet) 등 다섯 가지 유형에 대해 살펴보고자 한다.[892]

1) 철의 삼각[893]

철의 삼각(iron triangle)은 가장 널리 알려진 정책네트워크 유형으로서, 특히 미국과 같은 다원적 사회에서 비공식적 참여자로 분류되는 이익집단과 공식적 참여자로 분류되는 의회의 상임위원회 및 정부의 관료조직이 정치적 연합을 형성하여 해당 정책의 결정과 집행에서 실질적인 영향력을 행사한다는 모형이다.[894] 철의 삼각을 구성하는 세 집단인 이익집단, 의회의 상임위원회, 그리고 정부의 관료조직은 다루고자 하는 정책과 관련하여 직접적인 물질적 이해관계를 가지고 있다.[895] 또한 이들은 서로 다른 목표를 추구하지만(재선, 관할권 확대, 지대), 이들 목표는 양립가능하고 '회전문 현상(revolving door syndrome)'에서 볼 수 있는 것처럼 상호 활발한 인적 교류를 하고 있기 때문에 폐쇄적이고 안정적이며 공생적인(symbiotic) 정책네트워크를 형성할 수 있다.

이와 같이 철의 삼각은 정책참여자들 간에 공통된 이해를 반영하고 갈등관계보다는 협력관계를 상정하고 있기 때문에,[896] 대중들의 관심을 끌만한 복잡한 이슈나 갈등이 첨예화되는 규제정책이나 재분배정책보다는 일상적인 문제(routine matter)나 배분정책의 경우에 나타나기 쉽다.[897] 미국의 경우를 보면 농업 보조금, 석탄 채굴, 산림, 무기구매, 고속도로와 댐 건설 등과 같이 일반대중의 이해관계와 직결되지 않는 정책 영역에서 철의 삼각이 지배적인 형태를 띠는 경우가 많았다.[898]

이러한 맥락에서 철의 삼각은 일반대중의 정치적 레이더에 거의 잡히지 않으며, 이들의 가치관이나 정책선호에도 별로 영향을 받지 않는다.[899] 따라서 이 경우에는 관련 이해당사자들이 중심이 된 '미시정치(micro politics)'가 지배적인 양상이 되며, 일반대중들은 정책을 결정하고 집행하는 과정에서 배제되는 것이 보통이다. 이러한 이유로 철의 삼각을 비판하는 사람들은 이러한 정책네트워크가 일반국민의 이해관계보다는 산업이나 정책 고객의 이해관계를 편향되게 반영한다는 점을 지적하기도 한다.[900] 앞서도 언급한 바와 같이, 정책네트워크는 기본적으로 '기술적(descriptive)' 현상을 표현한 것이기 때문에, 그 내부에 이러한 네트워크가 정책문제 해결에 필수적이라는 관념과 동시에 그것이 특수이익에 봉사하는 수단에 불과하다는 상충된 인식이 공존하고 있는 것이다.[901]

철의 삼각은 폐쇄적이고 안정적인 정책네트워크이지만, 경우에 따라서는 외부참여자들(outsiders)에게 개방될 수 있다. 리플리(Randall B. Ripley)와 프랭클린(Grace A. Franklin)에 의하면 철의 삼각의 참여자들이 어떤 특정한 이슈와 관련하여 근본적으로 의견을 같이 하지 않는 경우, 대통령이나 고위 정부관료 및 의회 의원들이 공식적 · 비공식적 자원을 동원하여 철의 삼각의 기능에 대해 심각한 의문을 제기하는 경우, 그리고 외부참여자들의 관심을 끌 만한 새로운 이슈가 제기되는 경우 철의 삼각이 외부참여자들에게 개방될 수 있다고 한다.[902]

2) 이슈네트워크

철의 삼각 모형은 정책결정과정의 분석에서 상당한 설명력을 가지고 있는 것으로 인정받았지만, 최근에는 이익집단의 급증현상이나 집단 간의 경쟁심화, 그리고 권력구조를 분권화시키고 관할권의 중첩현상을 가져오는 제도의 변화 등으로 인해 안정적이고 폐쇄적인 철의 삼각 모형은 수정이 불가피하게 되었고, 이 과정에서 등장한 것이 '이슈네트워크(issue network)'이다.[903]

이슈네트워크는 특정한 정책이슈가 제기될 때, 정책참여자들 간에 일시적으로 형성되는 정책참여자간의 결합이 매우 느슨한 형태의 정책네트워크를 의미하는데, 철의 삼각이 복잡한 정책결정과정을 제대로 설명할 수 없게 되자 등장한 정책네트워크 유형이다. 이 개념의 확산에 큰 기여를 한 헤클로(H. Heclo)는 철의 삼각과 같은 안정적인 정책네트워크가 특정 정책분야를 중심으로 형성된다는 주장은, 권력을 가진 소수만을 관찰함으로써 거미줄처럼 엮어진 수많은 행위자들 간의 관계를 간과하게 된다고 지적하면서, 거미집 같이 수많은 행위자들 간의 유동적이고 불안정한 관계를 은유적으로 표현하여 이슈네트워크라고 지칭하였다.[904] 따라서 이슈네트워크의 경우는 다양한 행위자들이 정책과정에 참여하며 이들에게 개방적이다. 여기에는 관료, 이익집단, 정치인, 대학교나 연구소의 정책 전문가들, 언론 등 다양한 행위자들이 참여한다. 이들 사이의 관계는 '구름과 같이(cloudlike)' 명확하지 않고 '무형적이며(amorphous)', 어느 누구도 정책이나 이슈에 대해 지배적인 영향력을 행사하지 못한다. 이러한 이질성 내지 유동성으로 인해 이슈네트워크 내에서는 참여자들 간에 문제의 성격에 대해 합의를 하는 경우는 드물며, 공개적 갈등과 복잡한 협상과정이 뒤따른다.[905] 물론 이슈네트워크의 참여자들은 대부분 정책에 대해 직접적인 이해관계를 가지고 있지는 않지만, 적합한 정책에 대한 그들의 생각과 도덕적 신념 때문에 이러한 정책네트워크에 참여한다.[906]

철의 삼각과 이슈네트워크의 중요한 차이는 다음과 같다.[907] 첫째, 전자가 자율성이 큰 참여자들의 소규모 서클(circle)인데 비해, 후자는 그들 상호간의 약속(commitment)이나 의존성의 정도가 낮은 다수의 참여자들로 구성되어 있다. 둘째, 철의 삼각의 경우는 참여자들의 직접적인 이해관계가 있는 비교적 협소한 공공 프로그램을 통제하기 위하여 연합한 안정적인 일단의 참여자들로 구성되는 데 비해, 이슈네트워크는 이와는 반대로 참여자들이 자유롭게 네트워크에 참여하거나 탈퇴할 수 있으며, 프로그램을 지배하기 위하여 연합하기보다는 이슈(issue)를 통제하기 위하여 참여하고, 직접적인 물질적 이해관계(interest)는 지적 내지 정서적 몰입(emotional commitment)에 비해서는 부차적인 것이다.

참여자들 간의 높은 상호의존성과 높은 수준의 배제성을 특징으로 하는 철의 삼각과 달리, 이슈네트워크는 참여자들 간의 상호의존성도 없으며 신규참여의 가능성도 높은 특징을 가지고 있기 때문에,[908] 참여자들 간의 관계가 유동적이고 수시로 새로운 연합이 형성될 수 있다.[909] 이슈의 성격이 바뀜에 따라 그리고 정책 환경이 변함에 따라 새로운 행위자가 수시로 출입한다. 관계의 방향이나 행위자들 간의 의존 정도 역시 가변적이다. 이슈네트워크는 행위자들 간의 상호작용이 일정한 유형이 있거나 안정적인 것으로 가정하지 않기 때문에, 국가와 특정 행위자들 간에 제도화된 관계가 형성되는 것은 아니다. 그러나 다원주의처럼 반드시 이익집단들 간에 경쟁적이고 갈등적인 관계만을 가정하는 것은 아니다. 지향하는 목표와 이해관계가 일치하는 행위자들 간에는 지지연합(advocacy coalition)을 형성하기도 한다.[910]

이슈네트워크는 민주주의의 결정체로 간주되는 정책결정구조이지만, 그것이 가지고 있는 한계도 언급하지 않을 수 없다. 정부비용과 편익이라는 관점에서 일반대중들이 그 정책에 대해 합리적인 판단을 할 수 있는가의 문제이다. 바텔즈(Larry Bartels)가 말했듯이, 대부분의 유권자들은 단순한 경기순환(business cycle)의 결과를 경제정책의 성과로 잘못 파악하는 오류를 범하는 것처럼 말이다.[911] 오히려 일반대중들은 정책의 '보여지는' 상징적 측면에 주목하거나, 심지어는 잘 조직된 정치세력들이 제공한 '상징조작'이나 "조악한 대용물(crude proxies)"[912]에만 의존하여 잘못된 판단을 할 가능성이 높다. 소비자들의 선택권을 제한하는 기업형 슈퍼마켓(SSM)에 대한 영업제한 정책이 오히려 일반 소비자들의 광범위한 지지 하에 채택되는 이 '불편한' 진실은 바로 그러한 맥락에서 이해할 수 있다. 국민이 '주인'이라는 민주주의의 정치원리가 오히려 국민을 정치과정의 '들러리'로 만드는 이러한 역설적인 현상은 많은 공공선택이론가들의 지지를 받고 있다. 유권자들은 '바보'가 아니지만, 특정한 상황 하에서, 그리고 특정한 문제와 관련하여서는 '바보'가 될 수 있는 것이다.[913]

3) 정책공동체

이슈네트워크와 비슷하면서도, 특정 분야의 전문가들을 중심으로 구성된 정책네트워크 유형이 정책공동체(policy community)이다. 정책공동체는 다른 정책네트워크 유형과 달리 학자에 따라 상당히 다른 정의를 하고 있는데, 특히 이를 폐쇄적인 네트워크로 볼 것인가, 아니면 개방적인 네트워크로 볼 것인가가 중요한 쟁점이 되고 있다.[914]

먼저 폐쇄적 정책공동체는 1970년대 후반 주로 영국의 정책과정에 관한 연구를 위하여 도입된 이론으로, 제한된 소수의 참여자로 구성되고 경제적 또는 전문적 이익집단에 의해 우월적 지배가 이루어지는 정책네트워크 유형이다.[915] 이와 같이 폐쇄적 정책공동체는 앞서 살펴본 철의 삼각과 구별되는데, 특권적인 소수의 제한된 참여자로 구성되고, 이들 간의 상호의존성 및 관계의 지속성이 매우 높으며 신규참여가 어렵다는 점에서는 공통되지만, 정책과정에서 의회가 배제된다는 점에서 차이가 있다.[916] 또한 폐쇄적 정책공동체는 참여자가 소수이고, 그들 간의 상호의존성이 매우 높으며, 신규참여가 어렵다는 점에서, 참여자가 광범위하고, 상호의존성 및 관계의 지속성이 낮으며, 신규참여가 용이한 이슈네트워크와 구별된다.

이러한 폐쇄적 정책공동체는 정책네트워크의 유형 간 '배타성'이라는 관점에서 뒤에서 살펴볼 철의 듀엣과의 구별이 모호하기 때문에, 최근에는 이를 좀 더 개방적인 관점에서 이해하려고 하는 견해가 유력해지고 있다. 이러한 관점에서 정책공동체는 정치체제가 보유하고 있는 일종의 정책대안의 집합소(think tank)로서 정책을 둘러싼 정책문제, 정책대안, 추진되는 정책의 내용, 정책의 결과 등에 관심을 가지고 있는 대학교수, 연구소 연구원, 관료, 국회의원, 국회의원 보좌관, 이익집단 구성원, 신문기자들로 구성된 눈에 보이지는 않지만 계속적인 활동을 하는 일종의 공동체를 의미한다고 할 수 있다.[917] 즉, 개방적 정책공동체는 철의 삼각 모형의 주요 구성원인 행정관료, 정치인, 이익집단에 전문가집단이 추가된 것이라고 볼 수 있다.[918] 따라서 개방적 정책공동체는 철의 삼각보다는 개방적이고 참여 범위가 넓지만, 이슈네트워크보다는 정형적이고 확인가능한 통제 하에 있다.[919] 개방적 정책공동체의 구성원들은 개인적으로는 몰라도 정책에 대한 세미나, 토론회, TV 대담 등에 참여하면서 의견을 제시하고 비판·평가한다.[920] 개방적 정책공동체는 철의 삼각이나 폐쇄적 정책공동체와는 달리 구성원의 범위가 넓고, 참여가 개방적이라는 점에서 이슈네트워크와 유사한 면이 있으나, 참여자들 간의 관계가 보다 지속적이고 정책목표 및 수단에 대해 어느 정도 공감대가 형성되어 있다는 점에서 구별된다.

4) 철의 듀엣과 정책커튼

지금까지 살펴본 정책네트워크 유형, 즉 철의 삼각, 이슈네트워크, 정책공동체 등은 많은 연구들에서 제시되고 있는 유형들인데, 다음에서 살펴볼 정책커튼과 철의 듀엣은 이샤이(Y. Yishai)가 기존 이론을 바탕으로 독창적으로 개발한 정책네트워크 유형이다.[921]

먼저 철의 듀엣(iron duet)은 정부기구와 관련 전문가 집단 간의 배타적인 동맹관계인 '전문관료 정치(technocratic politics)'를 정형화한 형태로서, 외형상으로는 철의 삼각에서 의회 상임위원회가 배제된 형태이다. 이러한 철의 듀엣은 지식과 전문성에 근거하여 발생하며, 정부와 전문가 집단 간에는 밀접한 유대관계가 형성되고, 전문용어(jargon)의 사용 등을 통해 양자 간의 관계를 공중의 이목(public eyes)으로부터 은폐하고자 한다.

다음으로 정책커튼(policy curtain)은 다른 정책네트워크 유형과는 달리, 정책과정이 외부의 참여자에게까지 확장되지 않고 정부기구 내의 권력 장악자들에 의해 독점되는 가장 폐쇄적인 정책네트워크 유형이다. 외부 행위자들에 의한 정책요구는 전혀 고려되지 않으며, 이들의 요구는 커튼에 의해 정책결정의 장으로 진입되는 것이 차단(barring)된다. 따라서 이 경우에 정부엘리트들은 외부로부터 자율적이며 외부와의 상호의존은 이루어지지 않는다. 그러나 이러한 정책커튼은 '관료정치모형(bureaucratic politics model)'과는 상이하다. 정책커튼은 소수의 관료엘리트들이 긴밀하게 상호의존하면서 잘 정돈된 형태로 정책을 결정하는 과정을 표현하기 위한 것인 반면에, 앨리슨(G. T. Allison) 등이 주장한 관료정치모형은 비록 정부관료가 정책결정의 주도권을 행사하지만, 정부관료들 간에는 경쟁과 갈등이 심하다는 것을 전제로 하는 것이다.[922]

지금까지 살펴본 정책네트워크의 다섯 가지 유형을 상호 비교하면 다음과 같다.

<표 8-1> 정책네트워크 유형 간 비교[923)]

	참여자 수	주된 참여자	의존성	배제성	지속성
정책커튼	외부참여 無	정부부처	-	매우 높다	-
철의 듀엣	매우 제한적	정부부처, 관련 전문가집단	높다	높다	높다
철의 삼각	제한적	정부부처, 관련된 특정집단, 의회의 소관 상임위원회	높다	높다	높다
정책공동체	비교적 제한적	정부부처, 약간의 관련된 집단들	높다	보통	보통
이슈네트워크	제한 無	정부부처, 많은 수의 관심 있는 집단들	낮다	낮다 (개방적)	낮다

4. 블럼-한센의 설명적 정책네트워크 모형

블럼-한센(Jens Blom-Hansen)이 적절하게 지적하고 있는 바와 같이, 정책네트워크가 기술적 모형(descriptive model)에 머물지 않고 설명적 모형(explanatory model)으로 나아가기 위해서는 '정책네트워크는 왜 존재하는가?', '정책네트워크는 왜 지속되는가?', 그리고 '정책네트워크는 왜 변화하는가?'와 같은 세 가지 질문에 적절한 답변을 제시해야 한다. 이러한 질문에 대해 블럼-한센은 그 답변을 '신제도주의적 관점'에서 찾고 있다. 정책네트워크를 신제도주의적 관점에서 분석하는 이유는, 정책네트워크도 하나의 제도이기 때문에 제도를 중심으로 사회현상을 분석하는 신제도주의의 방법론이 적절하기 때문이기도 하지만, 보다 중요하게는 신제도주의 자체가 사회현상의 인과관계를 규명하는데 특히 관심을 가지고 있기 때문이다. 5장에서 살펴본 바와 같이, 신제도주의는 그 내부에 역사적 제도주의, 합리적 선택 제도주의, 그리고 사회학적 제도주의라고 하는 세 분파가 있는데, 블럼-한센은 합리적 선택 제도주의에 기초하여 행위자의 전략적 선택이라는 관점에서 앞서 자신이 제기한 문제에 대해 답을 구하고 있다.[924)]

1) 정책네트워크의 존재 이유

첫째, 정책네트워크의 존재이유에 대해, 블럼-한센은 종래의 정책네트워크 모형이 미시적인 기초(micro-foundation)를 결여함으로써 부분적인 설명밖에 하지 못한다고 비판하면서, '명시적인 행위자 모형(explicit model of actor)'을 사용할 필요가 있음을 지적한다. 블럼-한센은 제도의 출현에 관한 행위자들의 행동논리를 기능적 측면에 초점을 맞추는 견해와 보다 냉혹한 측면에 초점을 맞추는 견해로 나누어 이를 자세히 검토하고 있다. 전자를 대표하는 학자로는 쉡슬(Kenneth A. Shepsle)과 노스(Douglass C. North)를 들 수 있는데, 이들의 견해에 의하면 제도란 '협력의 문제를 해결하기 위해' 또는 '교환을 통한 이득'을 얻기 위해 형성되는 것이라고 한다. 따라서 이들의 견해에서 제도는 모두에게 보다 나은 결과를 가져오는 바람직한 것이다. 쉡슬과 노스는 모두 제도의 기능적 측면에 초점을 맞추고 있지만, 제도출현의 속도에 대한 인식에 있어서는 차이가 있다. 즉, 빠르고 급진적인 제도출현을 주장하는 쉡슬의 견해와 달리, 노스는 개인적 교환장치가 경로의존적인(path dependent) 과정을 거쳐 제도로 변화한다는 맥락에서 느리고 점진적인 제도출현을 주장한다. 이러한 견해에 대해 제도의 보다 냉혹한 측면에 주목하는 학자들은 의문을 제기한다. 대표적인 학자로 모(Terry M. Moe)와 나이트(Jack Knight)를 들 수 있는데, 모의 견해에 의하면 제도는 '강제나 재분배를 위한 무기'이며, '정치적 승리자들이 자신들의 이익을 추구하는 구조적인 수단'이라고 한다. 나이트도 제도가 힘이 있는 행위자들이 힘이 없는 행위자들의 희생으로 자신들의 이익을 추구한다는 모의 견해에 동의하면서, '제도적 규칙을 만드는 사람들의 주된 목표는 다른 행위자들에 대한 전략적 이득을 얻기 위한 것'이라고 주장하였다. 나이트가 제도의 출현에 있어서는 모의 견해에 동의하지만, 제도가 만들어지는 속도에 있어서는 모의 견해와 다른 관점을 견지하고 있다. 즉, 제도가 급격하게 만들어진다는 모의 견해와 달리, 나이트는 힘없는 행위자에 대한 제약이 점진적으로만 제도로 일반화되기 때문에 제도의 형성에는 시간이 소요된다고 주장한다. 이상에서 살펴본 여러 학자들의 견해를 제도의 출현과 그 속도에 관해 정리하면 〈표 8-2〉와 같다.

<표 8-2> 제도출현에 대한 설명[925)]

행동논리 / 출현속도	협동으로부터의 집합적 편익	일방의 배분적 편익
빠르고 급진적	Shepsle	Moe
느리고 점진적	North	Knight

제도가 출현하는 이유와 그 속도에 관한 여러 학자들의 견해 중 어느 견해가 맞다고 말할 수 없다는 것이 블럼-한센의 기본적인 생각이다. 그렇지만 행위자가 배분적 이익을 추구하는 과정에서 제도가 출현한다고 보는 '제도의 협상적 관점(bargaining view of institutions)'을 강조한다는 점을 생각하면 후자 쪽에 무게중심을 두고 있는 것으로 보인다.

2) 정책네트워크의 변화 가능성

정책네트워크의 변화가능성에 대해, 블럼-한센은 정책네트워크의 변화요인으로 외부의 환경적 요인을 제시한 학자들의 견해를 비판하면서 논의를 시작하고 있다. 즉, 기존의 정책네트워크 연구는 외부의 환경적 요인들이 정책네트워크의 변화로 이어지는 과정에 대해서는 적절하게 설명하지 못하는데, 이러한 한계를 극복하기 위해 블럼-한센은 행위자의 전략적 선택을 중심으로 정책네트워크의 변화가능성을 논의하고 있다. 그는 제도의 협상적 관점에 근거하여, 기존 제도 하에서 불이익을 보는 사람들은 외적 요인에 의해 상대적 협상력이 변할 경우, 그러한 제도를 바꾸려는 유인(incentives)을 가지게 되며, 권력을 가진 사람들 또한 제도변화의 배분적 결과(distributional consequences)가 바뀔 경우 - 이는 대부분 외적 요인의 변화에 기인한다 - 변화를 선호하게 된다고 주장한다.

3) 정책네트워크의 지속성

정책네트워크의 지속성과 관련하여, 블럼-한센은 기존의 정책네트워크 연구가 이 문제를 정책네트워크의 개념정의상 자명한(self-evident) 것으로 간주하고 있다고 비판하면서, 이 문제 역시 정책네트워크의 존재이유 및 그 변화가능성에 대한 논의와 마찬가지로 설명되어야 할 대상이라는 점을 강조하고 있다. 그는 정책네트워크가 안정성 내지 지속성을 띠는 이유를 제도변화에 따른 '거래비용(transaction costs)'과 행위자의 '시계(time horizon)'에서 찾고 있다. 즉, 제도변화에 따른 거래비용이 변화의 기대편익보다 클 때 변화는 이루어지지 않으며, 행위자가 미래에 보다 많은 가치를 둘 경우 단기적인 유인에도 불구하고 제도에 순응하는 것이 장기적인 합리적 전략(long-term rational strategy)이 될 수 있다는 것이다.

주 석

1) 여기서 논의하고 있는 이론 모형들을 교과서에 따라서는 의사결정 이론 모형으로 설명하는 경우도 있지만, 2장에서 살펴본 바와 같이 의사결정과 정책결정은 구분해야 된다는 맥락에서 여기서는 정책결정 이론 모형으로 통일하여 사용하고자 한다.
2) 정정길 외. 전게서. 2003. p. 473.
3) Michael Howlett et al. op. cit. p. 144.
4) Ibid. p. 144.
5) William N. Dunn. op. cit. 2013; 정정길 외. 전게서. 2010; 강근복. 전게서. 2016 참조.
6) James E. Anderson. op. cit. p. 127.
7) 구현우. "정책결정의 선택 논리: 합리성, 제약, 그리고 상징." 행정논총. 54(4). 2017. p. 280.
8) 이처럼 합리모형은 현실의 정책결정을 제대로 설명하지 못한다는 점에서 실증모형으로서 한계가 있지만, 그렇다고 이 모형이 무용한 것은 아니다. 왜냐하면 합리모형은 합리적·분석적 정책결정이 현실에서 적용되기 어려운 제약요인을 탐색하는데 유용하기 때문이다. 이와 관련하여 다이(T. R. Dye)는 이를 다음과 같은 아홉 가지 요인으로 정리하고 있다. Thomas R. Dye. op. cit. p. 19. 첫째, 상충되는 여러 비용과 편익을 비교하거나 가중치를 부여하는 것이 어려울 수 있다. 예를 들면, 규제의 비용과 사람의 생명의 가치를 비교하기는 어렵다. 둘째, 정책결정자들은 사회적 목표에 근거해서 정책을 결정하기보다는 권력, 지위, 재선, 그리고 금전과 같은 그들 자신의 이익극대화를 위해 정책을 결정할 수 있다. 셋째, 정책결정자들은 순사회이득(net social gain)을 극대화하기 위해 정책을 결정하는 것이 아니라 순전히 진전(progress)의 요구를 충족시키기 위해 정책을 결정할 수 있다. 따라서 그들은 "유일 최선의 방법(the one best way)"을 찾을 때까지 대안탐색을 중단하지 않는 것이 아니라, 쉽게 실행에 옮길 수 있는 대안을 찾으면 대안탐색을 중단한다. 넷째, 현존 프로그램과 정책에 대한 대규모 투자(매몰비용)가 정책결정자들로 하여금 이전 결정에서 폐기된 대안을 재검토하는 것을 막는다. 다섯째, 정책대안과 그 결과를 알기 위해 필요한 모든 정보를 수집하는 데에는 많은 장애요인이 있다. 여기에는 정보의 활용가능성, 정보수집비용, 시간 등이 포함된다. 여섯째, 자연과학과 마찬가지로 사회과학도 정책결정자가 정책대안의 모든 비용과 편익을 예측하는 데 충분히 지식을 제공해주지 못한다. 일곱째, 가장 발달된 컴퓨터 분석기술의 도움을 받는 정책결정자라도 비용과 편익을 정확하게 산정할 수 있는 충분한 지식을 가지고 있지 못하다. 특히, 다양한 정치적, 사회적, 경제적, 문화적 가치가 결부되어 있는 경우 더욱 그러하다. 여덟째, 다양한 정책대안의 결과에 관한 불확실성(uncertainty)이 정책결정자들로 하여금 예측하지 못한 부정적 결과의 가능성을 줄이기 위해 이전 정책에 될 수 있는 한 집착하도록 만든다. 이는 관료조직이 '표준운영절차(Standard Operating Procedure: SOP)'에 집착하는 중요한 원인 중 하나이다. 아홉째, 대규모 관료조직에서 나타나는 정책결정구조의 분절화된(segmentalized) 속성이 원활한 정책결정을 위한 조정된 노력을 방해할 수 있다.
9) Chris Ham and Michael Hill. *The Policy Process in the Modern Capitalist State*. Bristol: Wheatshef Books. 1984. 강성진(역). 『현대 자본주의 국가의 정책과정』. 서울: 대영문화사. 1991. p. 91에서 재인용.
10) Arnold J. Meltsner. "The Seven Deadly Sins of Policy Analysts." Policy Analysis in the Bureaucracy. 1986. Reprinted in J. M. Sharfritz and A. C. Hyde(eds.). *Classics of Public Administration*. Fourth Edition. Harcourt Brace & Company. 1997.
11) Matthew M. Taylor. "Institutional Development Through Policy-Making: A Case Study of Brazilian Central Bank." *World Politics*. 61(3). p. 490.
12) 제약 하에서의 선택 문제에 대해서는 후술하는 〈보론 3-1〉 참조.
13) 구현우. 전게논문. p. 281.
14) Kathleen Thelen and Sven Steinmo. "Historical Institutionalism in Comparative Politics." In Sven Steinmo,

Kathleen Thelen and Frank Longstreth(eds.). *Structuring Politics: Historical Institutionalism in Comparative Analysis.* New York: Cambridge University Press. 1992. p. 8.

15) 구현우. 전게논문. 참조. 일찍이 맑스(Karl Marx)도 〈루이 보나파르트의 브뤼메르 18일〉에서 제약 하에서의 선택 문제를 다음과 같이 지적한 바 있다. "인간은 자신의 역사를 만든다. 그러나 그들은 자신이 원하는 대로 만들지는 않으며, 자신이 스스로 선택한 환경 하에서 만들지도 않는다. 인간은 기왕에 존재하고 있거나, 과거로부터 주어지고 전승되어 온 환경 하에서 역사를 만든다." 임혁백. 『비동시성의 동시성: 한국 근대정치의 다중적 시간』. 서울: 고려대학교 출판문화원. 2014. p. 52에서 재인용. 즉, 위 인용문의 요지는 인간은 구조적 제약 하에서 자율적인 선택을 통해 역사를 만들어 간다는 것이다.

16) Peter Bachrach and Morton S. Baratz. "Two Faces of Power." *American Political Science Review.* 56(4). 1962 참조.

17) Mark Granovetter. "Economic Action and Social Structure: The Problem of Embeddedness." *American Journal of Sociology.* 91(3). 1985.

18) Colin Hay. "Constructivist Institutionalism." In R. A. W. Rhodes, Sarah A. Binder, & Bert A. Rockman(eds.). *The Oxford Handbook of Political Institutions.* Oxford: Oxford University Press. 2006. p. 58.

19) Terry M. Moe. "Power and Political Institutions." In Ian Shapiro, Stephen Skowronek, and Daniel Galvin(eds.). *Rethinking Political Institutions: The Art of the State.* New York and London: New York University Press. 2006. pp. 58~61.

20) Thomas S. Schelling. *The Strategy of Conflict.* Cambridge: Harvard University Press. 1960.

21) 황윤원. "John Forester의 제한된 합리성모델의 재검토." 오석홍 · 김영평(공편). 『정책학의 주요이론』. 제2판. 서울: 법문사. 2000. p. 280.

22) Chris Ham and Michael Hill. op. cit. p. 92.

23) William N. Dunn. op. cit. 2013. p. 68.

24) 정정길 외. 전게서. 2010. p. 445.

25) 정정길 외. 전게서. 2003 참조. 사이버네틱스 모형을 창안한 스타인브루너(John D. Steinbruner)는 사이버네틱 패러다임과 구별되는 분석적 패러다임을 다음과 같은 세 가지로 정리하고 있다. 첫째, 상이한 가치들의 종합(value integration)이다. 분석적 패러다임에서는 어떤 일관된 선호체계(preference system)를 지닌 단일 의사결정자(single decision-maker)를 상정하면서, 상이한 가치를 '효용(utility)'이라는 동일한 단위로 측정 · 비교한다. 둘째, 불확실성(uncertainty)이다. 분석적 패러다임은 의사결정상의 불확실성 문제를 단순한 확률의 문제로 취급하여, 각 사건별로 발생할 확률과 그 사건이 제공하는 효용 또는 가치를 곱한 값으로 최적 의사결정을 하는 '기대치 모형(expected value model)'을 활용한다. 셋째, 집합적 의사결정(collective decisions)이다. 분석적 패러다임에서는 의사결정체(decision-making entity)를 마치 하나의 개인처럼(as if a single person) 가정함으로써, 개인차원의 의사결정과 조직차원의 의사결정 간에 존재하는 논리적 격차(logical gap)를 해결하고자 한다. 김정수. "John D. Steinbruner의 사이버네틱 정책결정이론." 오석홍 · 김영평(공편). 『정책학의 주요이론』. 제2판. 서울: 법문사. 2000. pp. 250~252.

26) 김정수. 전게논문. p. 253.

27) David Braybrooke and Charles E. Lindblom. *Strategy of Decision.* New York: Free Press. 1963 참조.

28) Michael Hill. op. cit. p. 164.

29) Charles E. Lindblom. op. cit. 참조.

30) Michael Howlett et al. op. cit. pp. 146~147.

31) Thomas R. Dye. op. cit. p. 22.

32) James E. Anderson. op. cit. p. 129.

33) Chris Ham and Michael Hill. op. cit. p. 95.

34) 정정길 외. 전게서. 2003. pp. 495~501.

35) David Braybrooke and Charles E. Lindblom. op. cit. p. 73.

36) 윤성채. "트루(James L. True)의 쇄도와 점증주의: 미국의 정책결정과 예산." 한국행정학회 재무행정연구회 『현대재무행정이론』. 서울: 대영문화사. 2007.

37) 원구환. 『재무행정론』. 개정판. 서울: 대영문화사. 2014. p. 203.

38) 윤영진. 『새 재무행정학』. 제4판. 서울: 대영문화사. 2008. p. 299.
39) Thomas R. Dye. *Understanding Public Policy*. op. cit. 참조.
40) 그러나 김종호는 제도개혁으로는 사회구조의 장기적 변화를 이룰 수 없으며, 인간의 이기심이 반드시 타인의 희생 하에서만 추구될 수 있는 것은 아니라는 맥락에서 점진적 변화 = 보수주의라는 등식은 맞지 않다는 반론을 제기한 바 있다. 김종호. 『현대사회와 행정』. 서울: 형설출판사. 2003 참조.
41) Yehezkel Dror. "Muddling Through: Science or Inertia?" *Public Administration Review*. 24. 1964.
42) Aaron Wildavsky. "Rescuing Policy Analysis from PPBS." *Public Administration Review*. 29. 1969. Reprinted in J. M. Sharfritz and A. C. Hyde(eds.). Classics of Public Administration. Fourth Edition. Harcourt Brace & Company. 1997. p. 277.
43) 정책의 표류 현상에 대해서는 Jacob S. Hacker. "Privatizing Risk Without Privatizing the Welfare State: The Hidden Politics of Social Policy Retrenchment in the United States," *American Political Science Review*. 98(2). 2004 및 "Policy Drift: The Hidden Politics of US Welfare State Retrenchment." In Wolfgang Streeck and Kathleen Thelen(eds.). Beyond Continuity: Institutional Change in Advanced Political Economies. Oxford: Oxford University Press. 2005 참조.
44) 강근복 외. 『정책학』. 서울: 대영문화사. 2016. p. 237.
45) 정정길 외. 전게서. 2003. p. 523을 수정 · 보완.
46) 정정길 외. 전게서. 2010. pp. 478~481.
47) 정정길 외. 전게서. 2003 참조.
48) 상세서. 참조.
49) 상게서. 참조.
50) 류지성. 전게서. pp. 362~363.
51) 정정길 외. 전게서. 2003 참조.
52) 상게서. p. 553을 수정 · 보완.
53) 김홍회. "IMF 외환위기에 이르는 과정에서의 정부고위정책관료의 의사결정과정 연구: Janis의 집단사고(groupthink)를 분석의 틀로." 한국행정학보. 34(4). 2000 참조.
54) 이 개념을 창안한 재니스는 케네디 대통령 내각의 쿠바 피그만 침공사건, 일본의 진주만 기습에 대한 대응정책, 트루먼 대통령의 한국전 확대정책, 그리고 베트남 전쟁 확전과 관련된 정책결정 등 주요한 정책결정 실패사례를 분석하였다.
55) 오세덕 외. 『행정관리론』. 개정판. 서울: 대영문화사. 2013. pp. 174~175.
56) 상게서. p. 175.
57) 김홍회는 이러한 집단사고를 한국의 외환위기 사례에 적용하였는데, 분석결과 한국경제와 금융관료들의 정책결정과정에도 집단사고가 작동하고 있었던 것으로 나타났다.
58) Thomas R. Dye. op. cit. p. 23.
59) Louis Schubert et al. *The Irony of Democracy: An Uncommon Introduction to American Politics*. 16th Edition. Boston: Wadsworth Publishing Company. 2013. p. 2에서 재인용.
60) James E. Anderson. op. cit. pp. 22~23; Thomas R. Dye. op. cit. pp. 23~24. 엘리트이론은 선천적 우월성에 의해서 엘리트의 출현이 불가피하다고 보는 자연생성론과 엘리트는 근대 사회조직의 불가피한 산물이라고 보는 이론 등 두 종류의 이론으로 구분될 수 있다. 파레토와 모스카로 대표되는 통치엘리트 자연생성론에 의하면, 극소수의 통치엘리트는 국가사회에 권위 있는 지위나 중요한 물질적 자원을 조정하기 때문이 아니라 뛰어난 지능이나 남다른 기능을 소유하고 있기 때문이라고 인식한다. 이에 대해 통치엘리트를 근대 사회조직의 불가피한 소산으로 인식하는 미헬스의 관점에 의하면, 근대사회의 거대한 조직의 복잡성과 인적 · 물적 자원을 자유자재로 구사할 수 있는 조직체의 지도자적 지위가 엘리트를 형성하는 원인이 된다고 인식한다. 이수윤. 『정치학개론: 정치과학과 정치철학과 역사철학의 통일』. 서울: 법문사. 1998. pp. 585~586.
61) 이극찬. 『정치학』. 제5전정판. 서울: 법문사. 1993. p. 207.
62) 신복규. 『현대 정치사회학이론』. 서울: 삼영사. 1988. p. 374에서 재인용.
63) 이 말이 공공정책은 항상 일반대중의 이해관계에 상반된다는 것을 의미하지는 않는다. 다만, 일반대중의 이해

관계를 증진할 책임은 전적으로 엘리트에게 있다는 것이다. Louis Schubert et al. op. cit. pp. 4~5.

64) Vivien Lowndes and Mark Roberts. *Why Institutions Matter: The New Institutionalism in Political Science*. Basingstoke: Palgrave Macmillan. 2013. p. 85.

65) 서울대학교 정치학과 교수 공저. 『정치학의 이해』. 서울: 박영사. 2002. p. 129.

66) 정정길. 『정책학원론』. 개정판. 서울: 대명출판사. pp. 215~216; 서울대학교 정치학과 교수 공저. 전게서. p. 128~129.

67) 남궁 근. 전게서. p. 310.

68) James E. Anderson. op. cit. pp. 22~23; Thomas R. Dye. op. cit. pp. 23~24.; Louis Schubert et al. op. cit. pp. 2~5.

69) Michael Hill. op. cit. p. 38.

70) Michael E. Kraft and Scott R. Furlong. op. cit. pp. 78~79. 미국의 정책과정에 관한 광범위한 연구에서 리플리(Randall B. Ripley)와 프랭클린(Grace A. Franklin)도 미국의 공공정책이 특권계층에 편향적이라는 점을 강조하고 있다. 또한 이들은 미국 공공정책의 특징으로 변화가 적다는 점, 공익보다는 특수이익에 반응한다는 점, 배분정책 중심이라는 점 등을 제시하고 있다. Randall B. Ripley and Grace A. Franklin. op. cit. 참조.

71) Peter Bachrach and Morton S. Baratz. op. cit. 참조.

72) Richard M. Merelman. "On the Neo-Elitist Critique of Community Power." *American Political Science Review*. 62(2). 1968 참조.

73) 편견의 동원이란 정치체제가 특정한 요구에 선별적으로 반응하는 편향성을 말한다. 편견의 동원에 대해서는 E. E. Schattschneider. *The Semi-Sovereign People*. New York: Holt, Rinehart, and Winston. 1960 참조.

74) Peter Bachrach and Morton S. Baratz. "Decisions and Nondecisions: An Analytical Framework." *American Political Science Review*. 57(3). 1963. p. 642.

75) Terry M. Moe. "Power and Political Institutions." op. cit. pp. 57~61.

76) 남궁 근. 전게서. pp. 312~315.

77) James E. Anderson. op. cit. p. 232.

78) 린드블럼(Charles E. Lindblom)은 미국과 같은 분절화된(fragmented) 정치체제에서 나타나는 정치과정의 특성을 "진흙탕 통과(muddling through)"로 표현한 바 있다. Charles E. Lindblom. op. cit. 참조. 그리고 이러한 진흙탕 통과의 과정을 거쳐 결정된 정책은 '점증적인(incremental)' 패턴을 보이는 경우가 많다.

79) Martin J. Smith. "Pluralism." In C. May, M. Lister and D. Marsh(eds.). *The State: Theories and Issues*. Basingstoke: Palgrave Macmillan. 2006. p. 26.

80) Thomas R. Dye. op. cit. p. 22.

81) Burdett A. Loomis and Allan J. Cigler. "Introduction: The Changing Nature of Interest Group Politics." In Burdett A. Loomis and Allan J. Cigler(eds.). *Interest Group Politics*. Second Edition. Washington D.C.: CQ Press. 1986. pp. 6~7.

82) Michael Howlett et al. op. cit. p. 38.

83) James E. Anderson. op. cit. p. 20에서 재인용.

84) Ibid. p. 94.

85) Thomas R. Dye. op. cit. pp. 22~23.

86) E. E. Schattschneider. op. cit. pp. 34~35.

87) Jacob S. Hacker and Paul Pierson. "After the "Master Theory": Downs, Schattschneider, and the Rebirth of Policy-Focused Analysis." *Perspectives on Politics*. 12(3). 2014. p. 649.

88) Andrew Heywood. *Politics*. 4th Edition. Palgrave Macmillan. 2013. 조현수(역). 『정치학: 현대정치의 이론과 실천』. 개정신판. 서울: 성균관대학교 출판부. 2014. p. 186.

89) Grant Jordan. "The Pluralism of Pluralism: An Anti-theory?" *Political Studies*. 38(2). 1990. p. 287; Martin J. Smith. op. cit. pp. 303~304.

90) Thomas R. Dye. op. cit. p. 23.

91) James E. Anderson. op. cit. pp. 21~22.

92) Michael Hill. op. cit. pp. 28~30.
93) 서울대학교 정치학과 교수 공저. 전게서. p. 130.
94) Andrew Heywood. op. cit. p. 186.
95) 서울대학교 정치학과 교수 공저. 전게서. pp. 130~131.
96) Michael Hill. op. cit. p. 39.
97) James E. Anderson. op. cit. p. 23.
98) Louis Schubert et al. op. cit. p. 5.
99) 다운스(Anthony Downs)의 이론에서 연원하는 정치학의 "지배적인 이론(master theory)"은 선거와 같은 민주적 정치과정을 통해 선출된 정치인들이 유권자들의 요구에 부응하여 공공정책을 결정할 것이라는 가정을 암묵적으로 받아들인다. 따라서 이러한 관점에서 학자들의 주된 관심은 정책과정이 얼마나 민주주의에 부합하는가의 문제이다. Suzanne Mettler and Joe Soss. "The Consequences of Public Policy for Democratic Citizenship: Bridging policy Studies and Mass Politics." *Perspectives on Politics*. 2(1). 2004. p. 59. 그러나 전통적인 민주적 정치과정론은 다음과 같은 한계가 있는 것으로 지적된다. 첫째, 정책을 종속변수로 다루는 경향이다. '중위투표자 정리(median voter theorem)'에서처럼, 정책을 선거과정에서 유권자들의 선호에 대응한 결과물로 볼 경우, 선거 이면에 작동하는 조직화된 힘의 존재를 파악하기 어렵게 만든다. 따라서 이러한 관점은 중요한 정책이 '선거 정치'보다는 '일상의 정치'에서 결정된다는 사실을 간과하고 있다. 해커(Jacob S. Hacker)와 피어슨(Paul Pierson)이 적절하게 지적하고 있듯이, "누가 지배하는가를 알고자 한다면, 선거와 같은 가장 두드러진 정치 이벤트에만 주목해서는 안 된다." Jacob S. Hacker and Paul Pierson. op. cit. p. 649. 둘째, 정책의 장기적 진화 과정을 적절하게 설명할 수 없다. 정책은 많은 경우 선거 기간에 표출되는 선호에 따라 가변적이기보다는 장기간에 걸쳐 진행되는 사회경제적 환경의 변화에 따라 진화하는 경향이 있기 때문에, 선거과정에만 주목한다면 정책이 주요 행위자들의 선호 및 유인체계, 그리고 정치체제의 성격에 영향을 미치는 '긴 경기'를 관찰하기 어렵다. 조찬수. "연방제, 복지개혁, 그리고 분리주의: 캐나다 사례에 대한 정책중심 시각의 적용." 한국정치학회보. 51(2). 2017. pp. 98~99.
100) Andrew Heywood. op. cit. pp. 123~124.
101) Charles E. Lindblom. *Politics and Markets*. New York: Basic Books. 1977 및 "The Market as Prison." *Journal of Politics*. 44. 1982 참조.
102) Michael Hill. *The Public Policy Process*. 6th Edition. Pearson Education Limited. 2013. p. 37.
103) Martin J. Smith. op. cit. 참조.
104) 이러한 이유로 다원주의 국가론을 '풍향계 국가론'이라고도 한다. 바람이 부는 방향에 따라 이리저리 움직이는 풍향계와 같이, 국가는 그 자체의 이해관계를 가지고 있지 않는 사회의 반영물에 불과하다는 것이다.
105) Peter A. Hall. *Governing the Economy: The Politics of State Intervention in Britain and France*. New York: Oxford University Press. 1986.
106) Peter A. Hall and Rosemary C. R. Taylor. "Political Science and the Three New Institutionalisms." *Political Studies*. 44(4). 1996.
107) Vivien Lowndes and Mark Roberts. op. cit. p. 84.
108) 남궁 근. 전게서. p. 321.
109) Peter Bachrach and Morton S. Baratz. op. cit. 1962 참조.
110) Michael Hill. op. cit. p. 32.
111) 남궁 근. 전게서. p. 322.
112) 정용덕. 『현대국가의 행정학』. 서울: 법문사. 2011. p. 960.
113) Stephen D. Krasner. *Defending the National Interest: Raw Materials Investments and U.S. Foreign Policy*. Princeton: Princeton University Press. 1978 참조.
114) Michael Howlett et al. op. cit. p. 40.
115) Theda Skocpol. "Bringing the State Back In: Strategies of Analysis in Current Research." In Peter B. Evans, Theda Skocpol, Dietrich Rueschmeyer(eds.). *Bringing the State Back In*. Cambridge: Cambridge University Press. 1985. pp. 4~5.

116) 사회과학에서 국가에 대한 관심이 고조된 이유에 대해, 스카치폴(Theda Skocpol)은 케인즈 혁명(Keynesian revolution)에 대한 반성, 신생독립국의 등장, 그리고 1970년대 중반 이후 나타나고 있는 미국・영국 등의 세계 경제에서의 지위약화현상 등을 제시하고 있으며, 김석준은 이를 보다 세분하여 케인즈주의에 대한 반성, 정치 운동의 확산, 신생독립국의 등장, 경제적 이익중심의 세계질서 재편, 정치적 권위와 리더십에 대한 희구, 그리고 사회주의 국가에 대한 관심의 증대 등 여섯 가지를 제시하고 있다. Theda Skocpol. op. cit. p. 5 및 김석준. "국가론 연구의 경향변천과 국가능력 개념의 전개." 강 민 외『국가와 공공정책: 한국 국가이론의 재조명』. 서울: 법문사. 1991. pp. 41~43. 또한 박광주는 한국에서 국가론이 대두된 배경을 근대화이론의 한계에 대한 인식에서 찾고 있다. 즉, 그에 의하면 근대화이론이 상정한 것과는 달리, 선진국과 후진국간의 경제적 격차는 줄어들지 않고 오히려 심화되었으며, 경제발전이 정치발전을 가져오지도 못했다는 점을 인식하면서부터 근대화이론에서 소홀하게 다루었던 국가에 대한 관심이 고조되었다고 한다. 박광주.『한국권위주의 국가론: 지도자본주의체제하의 집정관적 신중상주의 국가』. 서울: 인간사랑. 1992. pp. 23~26. 한편 슈미트(Vivien A. Schmidt)는 비교정치경제학(comparative political economy) 분야에서 국가가 중요하게 부각된 이유를 다음과 같은 네 가지로 제시한 바 있다. 첫째, 정치를 구조화하는 제도적 틀을 형성하기 때문이다. 둘째, 거시역사적 구조나 유인구조로 기능하는 자본주의 생산양식을 결정하기 때문이다. 셋째, 정치경제 행위자들 사이의 상호작용을 규정하는 정치제도를 구성하기 때문이다. 넷째, 전략적 상호작용뿐만 아니라 이념이나 담론에 영향을 받는 행위자들로 구성되기 때문이다. Vivien A. Schmidt. "Putting the Political Back into Political Economy by Bringing the State Back In Yet Again." *World Politics*. 61(3). 2009. p. 517.

117) Peter A. Hall. op. cit. 참조.

118) 김석준.『한국산업화국가론』. 서울: 나남출판. 1992. p. 47.

119) Theda Skocpol. op. cit. pp. 7~8.

120) 김석준. 전게서. pp. 48~50. 국가중심론에서는 국가의 '자율성(autonomy)'과 '능력(capacity)'을 강조한다. 그렇다면 국가의 자율성과 능력은 어떤 관계가 있을까? 이에 대해 간략하게 살펴보면 다음과 같다. 국가의 능력이 높을 경우 효과적인 국가개입을 통해 조합주의적 행위주체로서 기능할 수 있고, 자율적으로 정책을 결정하고 집행할 수 있기 때문에 국가자율성은 높아진다고 할 수 있다. 그러나 국가능력과 국가자율성 사이의 관계는 일방향적인 관계는 아니며, 국가자율성이 국가능력에 영향을 미치는 경우도 있다. 즉, 국가의 자율성이 높으면 국가관리자들의 문제해결태도는 보다 능동적이고 적극적이기 때문에, 그들의 결정을 사회에 부과하는 능력 또한 향상될 것이다. 국가의 능력이 높으면 국가의 자율성이 높아진다는 인과관계를 설정하면 국가 자율성과 국가 능력은 거의 동일한 개념으로 볼 수 있지만, 이 둘 사이에 약간의 차이가 있는 것도 사실이다. 예를 들면, 스카치폴(Theda Skocpol)은 정책과정과 관련하여 국가의 자율성과 능력을 구분하고 있는데, 국가의 자율성이 정책결정자가 선택할 수 있는 대안의 범위를 의미한다면, 국가의 능력은 결정된 정책의 내용을 실행할 수 있는 가능성을 의미한다. Theda Skocpol. op. cit. 참조. 또한 김일영은 사회계급과의 관계에서 국가의 자율성과 능력을 구분하고 있는데, 국가의 자율성이 지배계급과의 관계에서 규정되는 "관계적 개념(relational concept)"이라면 국가의 능력은 지배계급의 영향력과는 무관하게 국가 내부적 요인에 의해 결정되는 "비관계적 개념(non-relational concept)"이라고 한다. 김일영. "계급구조, 국가, 전쟁 그리고 정치발전: B. Moore 테제의 한국 적용가능성에 대한 예비적 고찰." 한국정치학회보. 26(2). 1992. 따라서 국가의 자율성과 달리 국가의 능력은 국가와 사회의 관계구조보다는 국가 내부의 제도적 구조가 중요한 변수로 작용한다. 이와 같이 국가의 자율성과 국가의 능력을 구분하는 견해에 의한다면 이 둘 사이에는 직접적인 상관관계가 없게 된다. 예를 들면, 이호철은 국가의 능력을 "행정력, 수취력, 강제력의 절대적 크기"로 정의하면서, "이러한 국가능력을 사회 제세력에 대하여 자율적으로 행사할 수 있는 정도"를 국가의 자율성으로 이해하고 있는데, 이러한 견해에 의한다면 국가의 능력은 외생적으로 주어진(exogenously given) 것인 반면, 국가의 자율성은 사회와의 관계에서 규정되고 구체화되는 것이기 때문에 이 둘 사이에는 직접적인 관계가 없게 된다. 이호철. "사회, 국가, 그리고 제도: 정치경제의 제도론적 접근." 한국과 국제정치. 9(2). 1993. p. 249. 이처럼 국가중심론에서는 대체로 국가의 자율성과 능력을 구분하는 경향이 있기 때문에, 경우에 따라서는 이 둘 중 하나만 가지고 있는 국가의 유형이 나타날 수 있다. 예를 들면, 에반스(Peter B. Evans)는 국가를 "발전국가(developmental state)"와 "약탈국가(predatory state)"으로 구분한 바 있는데, 전자는 자율성과 능력을 모두 갖춰 국가 발전목표를 구체화하고 실행할 수 있는 국가인 반면, 후자는 자율성은 있지만 능력은 없어 사회로부터 경제적 자원의 착취에만 치중하고 경제발전 목

표는 무시되는 국가를 의미한다. Peter B. Evans. *Embedded Autonomy: States and Industrial Transformation*. Princeton: Princeton University Press. 1995 참조.
121) Stephen D. Krasner. op. cit. 참조.
122) 전통적인 국가이론의 한계와 그에 대응하여 등장한 제도이론의 기본 논리에 대해서는 하연섭. 전게서. 참조.
123) 역사적 제도주의에 대해서는 5장에서 구체적으로 살펴보고자 한다.
124) Peter J. Katzenstein. "Conclusion: Domestic Structures and Strategies of Foreign Economic Policy." In Peter J. Katzenstein(ed.). *Between Power and Plenty: Foreign Economic Policies of Advanced Industrial States*. Madison: The University of Wisconsin Press. 1978 참조.
125) Peter A. Hall. op. cit. p. 19.
126) Michael Howlett et al. op. cit. p. 46.
127) Chalmers Johnson. *MITI and the Japanese Miracle: The Growth of Industrial Policy, 1925-1975*. Stanford: Stanford University Press. 1982 및 "Political Institutions and Political Performance: The Government-Business Relationship In Japan, South Korea, and Taiwan." In Frederic C. Deyo(ed.). *The Political Economy of the New Asian Industrialism*. Ithaca: Cornell University Press. 1987; Alice H. Amsden. *Asia's Next Giant: South Korea and Late Industrialization*. New York: Oxford University Press. 1989; Robert Wade. *Governing the Market*. Princeton: Princeton University Press. 1990 참조. 그러나 발전국가론을 중심으로 하는 국가중심론은 다음과 같은 한계도 있는 것으로 지적된다. 그 중 하나는 국가의 자족성(自足性)을 전제로 하여 국가가 다른 사회 조직들과 맺고 있는 관계성의 논리를 무시한 '정치적 격리성'의 문제이며, 다른 하나는 특정 시기에 배태된 자본주의 생산양식을 장기지속적인 관점에서 설명하지 못하는 '몰역사성'의 문제이다.
128) 한국개발연구원. 『한국경제 60년사』. 제2권(산업). 서울: 한국개발연구원. 2010. p. 29.
129) 김일영. 『한국현대정치사론』. 서울: 논형. 2011. p. 34.
130) 임혁백. 전게서. 2014. p. 221.
131) 재무부 『한국세제사』. 상권. 서울: 재무부. 1979. p. 170.
132) 김일영. "농지개혁을 둘러싼 신화의 해체." 박지향 외(공편). 『해방전후사의 재인식 2』. 서울: 책세상. 2006. p. 333.
133) 김윤수. "8 · 15 이후 귀속기업체불하에 관한 일연구." 서울대학교 대학원 석사학위논문. 1988 참조.
134) 서재진. 『한국의 자본가 계급』. 서울: 나남출판. 1991 참조.
135) 전국경제인연합회. 『전경련 40년사』. 서울: 전국경제인연합회. 2001. p. 113.
136) Barrington Moore Jr. *Social Origins of Dictatorship and Democracy*. Boston: Beacon Press. 1966 참조.
137) 김성호 외. 『농지개혁사 연구』. 서울: 한국농촌경제연구원. 1989. p. 1029.
138) 유영익. 『건국대통령 이승만: 생애 · 사상 · 업적의 새로운 조명』. 서울: 일조각. 2013. p. 193.
139) 김일영. 전게논문. 1992. 참조.
140) Gregg Brazinsky. *Nation Building in South Korea: Koreans, Americans, and the Making of a Democracy*. University of North Carolina Press. 2007. 나종남(역). 『대한민국 만들기, 1945~1987: 경제 성장과 민주화, 그리고 미국』. 서울: 도서출판 책과 함께. 2011. pp. 49~50.
141) 전상인. "6 · 25전쟁의 사회사." 유영익 · 이채진(공편). 『한국과 6 · 25전쟁』. 서울: 연세대학교 출판부. 2002. pp. 194~195.
142) 예를 들어, 김성칠. 『역사 앞에서: 한 사학자의 6 · 25 일기』. 서울: 창작과 비평사. 1993. pp. 180~182, 196~197; 상게논문. pp. 194~196; 김일영. 『건국과 부국』. 서울: 생각의 나무. 2005. pp. 139~140 참조.
143) 전상인. 『고개 숙인 수정주의: 한국현대사의 역사사회학』. 서울: 전통과 현대. 2001. p. 242.
144) 김동노. "1950년대 국가의 농업정책과 농촌 계급구조의 재구성." 문정인 · 김세중(공편). 『1950년대 한국사의 재조명』. 서울: 도서출판 선인. 2004. p. 431.
145) 따라서 맑스주의에 의한다면, 프롤레타리아 혁명을 통해 계급의 대립이 소멸하면 국가는 수행해야 할 역할이 없어지기 때문에 자연스럽게 소멸하게 된다(국가소멸론). 이러한 맑스주의의 자본주의 국가에 대한 인식은 레닌이 프롤레타리아 혁명과 관련하여 엥겔스의 말을 인용한 다음과 같은 언급에서 명확하게 알 수 있다. "프롤레타리아는 국가권력을 장악해서 생산수단을 국가소유로 전환시킨다. 하지만 그들은 프롤레타리아라는 자기 스스로의 위치를 파괴시키고, 모든 계급구별과 계급적대를 없애며, 그리고 국가 자체도 소멸시킨다. 지금까지 사회는 계급적대 속에서 유지 · 운영됨으로 해서 국가를 필요로 했는데, 이 국가라는 것은 특정한 착취계급의 조직

이며, 생산의 외부적인 조건들을 유지하기 위한 것이고, 따라서 특히 피착취계급을 주어진 생산양식(노예제, 농노제, 임금노동)에 의해 정해진 억압의 조건들 속에 강제적으로 존속시키기 위한 조직이다. … 지배받는 계급이 더 이상 없게 되는 순간, 계급지배와 그리고 생산에 있어 현재의 무정부주의에 근거한 개인의 생존을 위한 투쟁과 그러한 투쟁으로부터 발생하는 충돌과 폭력 등이 사라지는 순간, 복종관계에 있는 것이라고는 더 이상 존재하지 않는다. … 사회적 관계들에서의 국가개입은 분야별로 점차 불필요한 군더더기가 되고 그럼으로써 스스로 소멸한다. 사람들로 이루어진 정부는 사무행정과 생산과정의 수행에 의해 대체된다. 국가는 '파괴되는(abolished)' 것이 아니라 '枯死된다(wither away)'." 박성복. 『정치경제학원론』. 서울: 법문사. 1992. pp. 48~49에서 재인용.

146) 맑스의 자본주의 국가에 대한 인식을 간명하게 소개한 문헌으로는 Jonathan H. Turner et al. *The Emergence of Sociological Theory*. 3rd Edition. Wadsworth Publishing Co. 1995. 김문조 외(공역). 『사회학이론의 형성』. 서울: 일신사. 1996 참조. 그런데 맑스의 자본주의 국가에 대한 인식은 사실 모호한 면이 있다. 잘 알려진 『공산당선언(The Communist Manifesto)』(1848)에서 그는 근대국가의 행정부를 "부르주아 계급의 공동문제를 처리하는 집행위원회에 불과하다"고 평가절하하면서 국가는 경제적 지배계급에 종속적인 자율성이 없는 허약한 존재로 인식한 반면, 『루이 보나파르트의 브뤼메르 18일(The Eighteenth Brumaire of Louis Bonaparte)』에서는 국가를 '소름 끼치는 기생적 기관(appalling parasitic body)'으로 묘사하면서 자신의 의지를 사회에 강요할 수 있는 '상대적 자율성(relative autonomy)'을 가진 존재로 인식하였다. Andrew Heywood. op. cit. p. 127.

147) Michael Howlett et al. op. cit. p. 36.

148) Ibid. pp. 36~37.

149) Ralph Miliband. *The State in Capitalist State: An Analysis of the Western System of Power*. New York: Basic Books. 1969 참조.

150) Nicos Poulantzas. "The Problem of the Capitalist State." *New Left Review*. 58. 1969 참조. 쉐보르스키(A. Przeworski)와 월러스타인((M. Wallerstein)은 자본주의 국가의 구조적 제약을 주장하는 "국가의 자본에 대한 구조적 종속이론(the theory of structural dependence state on capital)"의 타당성을 수학적인 모형을 사용하여 검증하였는데, 이들에 의하면 임금노동자와 자본소유주 사이의 소득의 분배가 실제로 지속적인 투자와 양립가능하기 때문에 정태적인 관점에서는 이 이론이 타당하지 않지만, 미래에 대한 불안은 자본소유주의 투자축소로 이어질 수 있기 때문에 동태적인 관점에서는 국가가 자본에 구조적으로 종속된다고 한다. Adam Przeworski and Michael Wallerstein. "Structural Dependence of the State on Capital." *American Political Science Review*. 82(1). 1988 참조. 상대적으로 진보적인 성향의 노무현 정부의 재벌개혁이 이전 정권과 마찬가지로 '친자본가적'으로 귀결되었다고 본 송백석의 연구도 기본적으로 풀란차스의 구조주의에 입각하고 있다. 송백석. "'삼성공화국' 현상과 자본주의 국가의 한계." 한국정치학회보. 41(1). 2007 참조.

151) Chris Ham and Michael Hill. op. cit. p. 45에서 재인용.

152) Edwin Amenta. "State-Centered and Political Institutional Theory: Retrospect and Prospect." In Thomas Janoski, Robert R. Alford, Alexander M. Hicks, and Midred A. Schwartz(eds.). *The Handbook of Political Sociology: States, Civil Societies, and Globalization*. Cambridge: Cambridge University Press. 2005 참조.

153) Nicos Poulantzas. *Political Power and Social Classes*. London: New Left Books. 1974 참조.

154) Ibid. p. 45.

155) Deborah A. Stone. op. cit. pp. 60~62.

156) 자유주의자들의 '공공재 국가이론'과 네오 맑시스트들의 '자본주의 재생산 국가이론'은 모두 시장실패나 자본주의 재생산 위기라는 기능적 결함을 국가가 보충해준다는 것을 상정한 이론적 관점들이기 때문에, 이 둘은 '기능주의 국가이론'이라는 맥락에서 접점을 이룬다. 임혁백. 전게서. p. 69.

157) James O'Connor, *The Fiscal Crisis of the State*. New York: St. Martin's Press. 1973 참조.

158) 특히, '위기'는 자본주의 국가의 정책 자율성을 강화시키는 경향이 있다. 97년 외환위기 이후 빅딜 추진과정에서 나타난 김대중 정부의 정책 자율성에 대해서는 후술하는 〈보론 4-2〉 참조.

159) Hamza Alavi. "The State in Post-Colonial Societies: Pakistan and Bangladesh." In Harry Goulbourne(ed.). *Politics and State in the Third World*. London: Macmillan. 1983 참조.

160) 여기서의 논의는 구현우. "발전국가의 산업화 정책 변동에 관한 제도론적 분석." 부산대학교 대학원 박사학위논문. 2010. 제6장 "발전국가 해체기의 사례 분석"을 토대로 하였음.

161) 박지향.『근대로의 길: 유럽의 교훈』. 서울: 세창출판사. 2017. p. 219.

162) 최장집은 함자 알라비의 논의를 토대로 1950년대 한국에서도 시민사회에 비해 국가가 "과대성장되었다고" 주장하였으며, 김영명도 경찰과 관료에 기초한 '강한 국가'와 계급으로 조직되지 못한 '약한 사회'의 정립구도를 1950년대 한국정치의 지형으로 설명하였다. Choi, Jang Jip. "Political Cleavages in South Korea." In Koo Hagen(ed.). *State and Society in Contemporary Korea*. Ithaca: Cornell University Press. 1993; 김영명. "이승만 정권의 흥망과 그 정치사적 의미." 한국정치학회보. 25(1). 1991 및 김영명.『한국의 정치변동』. 서울: 을유문화사. 2006 참조. 비슷한 논지의 연구로는 조희연 참조. 다만, 그는 과대성장국가론에 '냉전논리'를 더해 "비대한 식민지 국가가 새롭게 '안보 국가'로 전화되면서 과잉성장국가로 존속"할 수 있었다고 주장한다. 조희연.『동원된 근대화: 박정희 개발동원체제의 정치사회적 이중성』. 서울: 후마니타스. 2010. 그렇다면 이러한 국가와 사회의 힘의 비대칭성이 생긴 이유는 무엇인가? 이와 관련하여 전상인은 하나의 가설을 제시하고 있다. 그는 미군정 이후 한국사회에 정착된 '높은 국가성(high stateness)'과 '낮은 계급성(low classness)'의 뚜렷한 대비는 참정권의 확대에 따른 '1인 1표식 시민'이 탄생한 데 따른 역설적인 결과로 이해하고 있다. 즉, 참정권의 확대가 시민사회를 원자화 · 파편화시킴으로써 해방 직후 농민과 노동자를 중심으로 활발하게 전개되었던 계급사회 또는 계급정치가 약화되었다는 것이다. 전상인. 전게서. 참조. 비슷한 맥락에서의 논의로는 Ira Katznelson. "Working-Class Formation and the State: Nineteenth-Century England in American Perspective." In Peter B. Evans, Theda Skocpol, and Dietrich Rueschemeyer(eds.). *Bringing the State Back In*. Cambridge: Cambridge University Press. 1985 참조. 그는 이 논문에서 영국과 미국의 상이한 노동정치의 양상이 참정권의 확대라는 역사적 사건과 밀접하게 관련되어 있다고 주장한다. 그러나 다른 나라, 특히 서구 민주주의 국가의 경우 참정권의 확대는 계급정치의 약화가 아닌 강화로 나타났다는 점에서 선거제도 개혁만으로 한국 사회의 낮은 계급성을 설명하려는 것은 한계가 있다. 한편 문정인과 류상영은 강한 자유당(정치사회)과 약한 경무대(국가)의 정치구도가 1950년대에 지배적이었다는 맥락에서 과대성장국가론에 대해 반론을 제기하였지만, '이승만과 경무대 = 국가'라는 등식이 성립할 수 있는지는 의문이다. 문정인 · 류상영. "자유당과 경무대: 정치사회의 출현과 붕괴의 정치학." 문정인 · 김세중(공편).『1950년대 한국사의 재조명』. 서울: 도서출판 선인. 2004 참조.

163) Gregory Henderson. *Korea: The Politics of the Vortex*. Cambridge: Harvard University Press. 1968. 박행웅 · 이종남(공역).『소용돌이의 한국정치』. 경기: 도서출판 한울. 2013. p. 243.

164) Ibid. p. 305.

165) 김경순. "관료 기구의 형성과 정치적 역할." 한배호(편).『현대한국정치론 I : 제1공화국의 국가 형성, 정치 과정, 정책』. 서울: 나남출판. 1990. p. 235.

166) 행정자치부.『정부조직변천사』. 서울: 행정자치부. 1998 참조.

167) 김영명. 전게서. p. 74.

168) 김호진.『한국정치체제론』. 수정7판. 서울: 박영사. 1997. pp. 192~193에서 재인용.

169) 경우에 따라서는 조합주의를 특정 국가에서 발현된 특수한 현상으로 간주하기도 한다. 이러한 견해에 의한다면, 조합주의는 오스트리아 · 스웨덴 · 네덜란드 · 독일 · 일본 등과 같은 국가와 연관된 경제적 관리형태의 한 유형으로 이해된다. Andrew Heywood. op. cit. pp. 438~439.

170) Chris Ham and Michael Hill. op. cit. p. 47에서 재인용. 조합주의는 케인즈적 복지국가가 해체됨에 따라 그 설명력이 떨어지고 있는 것이 사실이지만, 몰리나(O. Molina)와 로즈(M. Rhodes)는 조합주의를 지나치게 거시적인 구조기능주의적 관점에서 보지 않는다면 현재에도 여전히 타당한 이론적 틀이라고 주장한다. Oscar Molina and Martin Rhodes. "Corporatism: The Past, Present, and Future of a Concept." *Annual Review of Political Science*. 5. 2002.

171) 정정길 외. 전게서. 2003. pp. 253~254. 최근의 한 연구는 정당제도와 이익대표체계 사이의 관계를 규명하고 있는데, 1900~1930년대까지 16개 국가의 양적 자료와 미국과 덴마크의 정상연합체(peak association)에 관한 사례연구를 토대로 마틴(C. J. Martin)과 스웽크(D. Swank)가 이러한 사실을 입증하였다. 이들은 기존 연구들을 토대로 다당제는 조합주의 이익대표체계와 연결되는 반면, 양당제는 다원주의 이익대표체계와 연결된다는 가설을 설정하였는데, 통계분석과 사례연구 결과 이러한 가설은 대체로 타당한 것으로 나타났다. Cathie Jo Martin and Duane Swank. "The Political Origins of Coordinated Capitalism: Business Organizations, Party Systems, and State Structure in the Age of Innocence." *American Political Science Review*. 102(2). 2008.

172) Andrew Heywood. op. cit. p. 439.

173) Michael Howlett et al. op. cit. p. 42.

174) 김호진. 전게서. pp. 197~198.

175) 따라서 사회조합주의는 전술한 다원주의와 표면상으로 드러난 것만큼의 큰 차이를 발견할 수 없다. 이러한 맥락에서 마틴(Ross M. Martin)은 사회조합주의 하에서 정부와 이익집단 간 협상관계는 다원주의의 그것과 정도상의 차이만 있을 뿐이라고 결론짓고 있다. Ross M. Martin. "Pluralism and the New Corporatism." *Political Studies*. 31(1). 1983.

176) 박천오. "한국 이익집단의 정책과정상의 영향력과 활동패턴: 정부관료제와의 관계를 중심으로." 한국행정학보. 33(1). 1999. p. 241.

177) 신조합주의의 의의와 한계는 여러 문헌들에서 볼 수 있는데, 특히 임혁백. 전게서. 제12장 "선진형 갈등해결기제의 모색"에 잘 정리되어 있다.

178) Paul Pierson. "The New Politics of the Welfare State." *World Politics*. 48(2). 1996 참조.

179) 임혁백. 전게서 및 김호진. 전게서 참조.

180) 김대중 정부 하에서 제도화된 노사정위원회의 실패 사례에 대해서는 구현우. 전게논문. 2010. 제6장 "발전국가 해체기의 사례 분석" 참조.

181) Jens Blom-Hansen. "A 'New Institutional' Perspectives on Policy Networks." *Public Administration*. 75(4). 1997.

182) Daron Acemoglu and James A. Robinson. *Why Nations Fail: The Origins of Power, Prosperity and Poverty*. New York: Crown Business. 2012. 최완규(역). 『국가는 왜 실패하는가』. 서울: 시공사. 2012. 이들은 한 나라의 성패를 좌우하는 경제제도를 '포용적 경제제도'와 '착취적 경제제도'로 나누었는데, 포용적 경제제도를 가진 나라들은 성공한 반면 착취적 경제제도를 가진 나라들은 실패한 것으로 나타났다. 이들이 말한 포용적 경제제도란 사유재산제도의 철저한 보장과 충분한 인센티브를 통해 개인의 창의성을 개발하고 독려하는 경제제도를 의미하는 반면, 착취적 경제제도란 사회의 지도층이나 엘리트들이 그들의 이익을 위해 대부분의 국민들을 착취하거나 공산주의에서처럼 개개인의 인센티브를 없애 발전을 저해하는 경제제도를 의미한다. 그런데 그러한 경제제도들을 결정하는 핵심적인 요인은 정치와 정치제도라는 것이 이들 주장의 요지이다.

183) 넬슨 폴스비(Nelson Polsby)는 "정치학은 제도를 연구하는 학문이다. 그렇다면 신제도주의에서 무엇이 새롭단 말인가?"라는 의문을 제기하면서, 신제도주의의 이론적 정체성에 대해 회의를 표명한 바 있다. Kathleen Thelen and Sven Steinmo. op. cit. p. 3에서 재인용.

184) Ibid. 및 남궁 근. 『비교정책연구: 방법, 이론, 적용』. 경기: 법문사. 1998 참조.

185) Vivien Lowndes. "Varieties of New Institutionalism: A Critical Appraisal." *Public Administration*. 74(2). 1996.

186) Paul J. DiMaggio and Walter W. Powell. "Introduction." In Walter W. Powell and Paul J. DiMaggio(eds.). *The New Institutionalism in Organizational Analysis*. Chicago: University of Chicago Press. 1991.

187) Stephen Bell. "The Limits of Rational Choice: New Institutionalsim in the Test Bed of Central Banking Politics in Australia." *Political Studies*. 50(3). 2002.

188) Vivien Lowndes. op. cit. 및 하연섭. 전게서. 참조.

189) Michael E. Kraft and Scott R. Furlong. op. cit. p. 82. 이들은 제도의 편향성을 제도이론의 '보편적 공리(common axiom)'로 제시하고 있다.

190) Kathleen Thelen and Sven Steinmo. op. cit. 및 John L. Campbell. *Institutional Change and Globalization*. Princeton, New Jersey: Princeton University Press. 2004 참조.

191) 안희남. "신·구제도주의 비교연구." 현대사회와 행정. 12(3). 2002.

192) James G. March and Johan P. Olsen. "The New Institutionalism: Organizational Factors in Political Life." *American Political Science Review*. 78. 1984.

193) Vivien Lowndes. op. cit. 참조.

194) Peter A. Hall and Rosemary C. R. Taylor. op. cit. 참조. 한편 김난도는 "사회학·정치학에서의 신제도론" 내지 "경제학적 신제도론"과 같이, 모학문을 기준으로 분류하는 것이 혼란의 소지가 있다는 맥락에서, 주된 분석단위(primary unit of analysis)가 '제도' 그 자체에 있는가, 아니면 '개인'에 있는가에 따라 "비환원주의적 제도론(holistic institutionalism)"과 "환원주의적 제도론(reductionist institutionalism)"으로 나누고 있다. 김난도. "신제

도경제학의 제도개념과 정책연구." 한국정책학회보. 6(1). 1997. 이러한 분류에 따른다면, 역사적 제도주의와 사회학적 제도주의는 비환원주의 제도론에, 그리고 합리적 선택 제도주의는 환원주의적 제도론에 각각 해당한다고 볼 수 있다. 한편 슈미트(Vivien A. Schmidt)는 전술한 신제도주의의 세 분파 외에 '담론적 제도주의(discursive institutionalism)'라는 네 번째 분파를 제시하고 있다. 그녀가 제시한 담론적 제도주의는 '의사소통의 논리(logic of communication)'에 따라 정치행위자들이 '사고(ideas)'를 형성하고 숙고하며 정당화하는 담론과정에 초점을 맞춘다. Vivien A. Schmidt. "Discursive Institutionalism: The Explanatory Power of Ideas and Discourse." *Annal Review of Political Science*. 11. 2008 및 "Taking Ideas and Discourse Seriously: Explaining Change Through Discursive Institutionalism as the Fourth 'New Institutionalism'." *European Political Science Review*. 2(1). 2010 참조.

195) 역사적 제도주의의 대두 배경에 대해서는 Peter A. Hall and Rosemary C. R. Taylor. op. cit. 참조.

196) Peter A. Hall and Rosemary C. R. Taylor. op. cit. p. 938. 학자에 따라서는 '제도'와 '구조(structure)'를 구별하지 않는 경우도 있지만, 제도는 '중위수준의 개념(mid-level concept)'인 반면 구조는 '거시수준의 개념(macro-level concept)'이라는 맥락에서 이 둘을 구분하는 것이 역사적 제도주의자들의 다수 견해이다. 따라서 역사적 제도주의는 거시수준의 '구조'와 미시수준의 '행위'를 연결하는 매개개념으로서의 '제도'에 주목하는 '중범위이론(mid-range theory)'을 지향한다. 제도와 구조를 구분하지 않으면서 구조론적 관점에서 역사적 제도주의를 비판한 통찰력 있는 연구로는 Jonas Pontusson, "From Comparative Public Policy to Political Economy: Putting Political Institutions in Their Place and Taking Interests Seriously." *Comparative Political Studies*. 1995 참조.

197) Kathleen Thelen and Sven Steinmo. op. cit. 참조.

198) Peter A. Hall. op. cit. p. 19.

199) Kathleen Thelen and Sven Steinmo. op. cit. p. 2.

200) Ibid. p. 11.

201) Jonas Pontusson, op. cit. pp. 125~126. 비슷한 맥락에서 리버만(E. S. Liberman)도 정당제도, 헌법, 조합주의적 구조, 금융제도 등 경제적 자원과 사회 내 관계의 배열(configuration)로 개념화되는 사회구조(social structure)를 제도의 핵심적인 변수로 설정하고 있다. Evans S. Liberman. "Causal Inference in Historical Institutional Analysis: A Specification of Periodization Strategies." *Comparative Political Studies*. 34(9). 2001 참조.

202) 이종찬. "통신산업자유화와 거버넌스: 한국에서 제도설계의 한계와 신뢰구축의 필요성." 김석준 외『거버넌스의 정치학』. 서울: 법문사. 2002 참조.

203) G. John Ikenberry. "Conclusion: An Institutional Approach to American Foreign Economic Policy." *International Organization*. 42(1). 1988. pp. 226~229.

204) Peter A. Hall. op. cit. 1992. pp. 96~97.

205) 김선혁. "비교정책학의 현재와 미래: 신제도주의, 사회적 구성주의, 신비교행정학을 중심으로." 한국정책학회보. 13(3). 2004. pp. 265~266.

206) Kathleen Thelen and Sven Steinmo. op. cit. p. 10.

207) Ibid. p. 29.

208) Peter A. Hall and Rosemary C. R. Taylor. op. cit. p. 938.

209) Kathleen Thelen and Sven Steinmo. op. cit. p. 2.

210) Peter A. Hall. op. cit. 1986. p. 19.

211) Jonas Pontusson, op. cit. 참조.

212) Sven Steinmo. "The New Institutionalism." In Barry Clark and Joe Foweraker(eds.). *The Encyclopedia of Democratic Thought*. London: Routlege. 2001 참조.

213) Kathleen Thelen and Sven Steinmo. op. cit. p. 3. 비슷한 맥락에서 홀(Peter A. Hall)과 테일러(Rosemary C. R. Taylor)도 다음과 같이 주장하고 있다. "… 비록 역사적 제도주의자들이 정치생활에서 제도의 역할에 주목하고 있기는 하지만, 제도가 정치에서 유일한 인과요인이라고 주장하지는 않는다. 그들은 독특하게 사회경제적 발전과 이념의 확산과 같은 다른 요인들의 역할을 포함하는 인과구조(causal chain)에 제도를 위치시키려고 한다. 이러한 측면에서, 역사적 제도주의자들은 합리적 선택 제도주의자들이 종종 가정하는 선호와 제도의 세계보다 좀 더 복잡한 세계를 가정한다(Hall and Taylor, 1996: 942)." Peter A. Hall and Rosemary C. R. Taylor. op. cit. p. 942.

214) 이민창. 전게논문 참조.

215) 정정길. 전게논문 참조.

216) Paul Pierson. op. cit. 2000 참조. 제도와 정책 사이에 미묘한 차이가 있다는 피어슨의 주장은 최근 논문에서도 이어지고 있다. 그는 여기서 "제도로서의 공공정책(public policies as institutions)"을 주장하지만, "공식적 제도와 달리 정책이 정치에 미치는 영향은 간접적"이라고 하면서 양자를 구분하고 있다. Paul Pierson. op. cit. 2006. p. 116.

217) 정정길 외. 전게서. 2003. p. 54.

218) 배응환. "권위주의정치체제하의 정부와 경제이익집단관계: 박정희정부와 전두환정부의 비교." 한국행정학보. 35(2). 2001. p. 108. 이는 역사적 제도주의가 방법론적 전체주의(methodological holism)에 기초하고 있다는 말과 일맥상통한다. 즉, 역사적 제도주의에서는 "정책이라는 종속변수를 설명하는 독립변수"로 "미시적인 개별행위가 아니라 제도라고 하는 거시적인 틀"을 설정하고 있다. 염재호. "국가정책과 신제도주의." 사회비평. 11. 1994. p. 22.

219) 구현우. "역사적 제도주의와 비교정책연구: 제도의 지속성, 변화가능성, 그리고 정책패턴을 중심으로." 한국정책학회보. 18(2). 2009 참조.

220) Peter A. Hall and Rosemary C. R. Taylor. op. cit. pp. 944~945 및 Stephen Bell. op. cit. p. 480.

221) Ira Katznelson. "Structure and Configuration in Comparative Politics." In Mark Irving Lichbach and Alan S. Zuckerman(eds.). *Comparative Politics: Rationality, Culture, and Structure*. Cambridge: Cambridge University Press. 1997. p. 104. 이러한 설명방식은 선호가 어떻게 형성되는가라는 '선호의 원천에 대한 설명(explanation of the origin of preference)'을 결여하고 있을 뿐만 아니라, 관찰된 행위로부터 선호를 추론한 후 이렇게 추론된 선호로부터 행위를 설명하는 동어반복적(tautological) 설명방식의 오류에 빠질 수 있다. 제도와 선호 사이의 관계에 대해서는 Bo Rothstein. "Political Institutions: An Overview." In Robert E. Goodin and Hans-Dieter Klingemann(eds.). *A Handbook of Political Science*. Oxford: Oxford University Press. 1996; Mark M. Blyth. "Any More Bright Ideas? The Ideational Turn of Comparative Political Economy." *Comparative Politics*. 29. 1997; Paul Ingram and Karen Clay. "The Choice-Within-Constraints New Institutionalism and Implications for Sociology." *Annual Review of Sociology*. 26. 2000 참조.

222) Aaron Wildavsky. "Choosing Preferences by Constructing Institutions: A Cultural Theory of Preference Formation." *American Political Science Review*. 81(1). 1987. p. 5.

223) Paul Ingram and Karen Clay. op. cit. p. 529.

224) Aaron Wildavsky. "Why Self-interest Means Less Outside of A Social Context: Cultural Contributions to a Theory of Rational Choices." *Journal of Theoretical Politics*. 6(2). 1994 참조.

225) Stephen D. Krasner. "Approaches to the State: Alternative Conceptions and Historical Dynamics." Comparative Politics. 16. 1984 및 "Sovereignty: An Institutional Perspective." *Comparative Political Studies*. 21(1). 1988 참조.

226) Ira Katznelson. op. cit. p. 104.

227) Ellen M. Immergut. op. cit. pp. 84~85.

228) Kathleen Thelen and Sven Steinmo. op. cit. p. 9.

229) Keith Dowding and Desmond King. "Introduction." In Keith Dowding and Desmond King(eds.). *Preferences, Institutions, and Rational Choice*. Oxford: Clarendon Press. 1995.

230) Robert H. Bates. *Beyond the Miracle of the Market: The Political Economy of Agrarian Development in Kenya*. Cambridge: Cambridge University Press. 1989. 비슷한 맥락에서 카츠넬슨(Ira Katznelson)과 웨인개스트(Barry R. Weingast)도 개인의 선호가 역사적·제도적 맥락에 의해 영향을 받는다고 주장했는데, 이들은 이를 '상황에 의해 유도된 선호(situationally induced preference)'라고 부르고 있다. Ira Katznelson and Barry R. Weingast. "Intersections Between Historical and Rational Choice Institutionalism." In Ira Katznelson and Barry R. Weingast(eds.). Preferences and Situations: Points of Intersection Between Historical and Rational Choice Institutionalism. New York: Russell Sage Foundation. 2005 참조.

231) 이러한 맥락에서 셀린(Kathleen Thelen)도 이후 논문에서는 기존의 주장에서 한 걸음 물러나 선호형성과 관련된 역사적 제도주의와 합리적 선택 제도주의의 입장차이가 이전보다 불분명해지고 있다는 점을 인정하고 있

다. Kathleen Thelen. "Historical Institutionalism in Comparative Politics." *Annual Review of Political Science.* 2. 1999. p. 375. 한편 쾰블(T. A. Koelble, 1995)에 따르면, 선호형성을 둘러싼 논쟁은 닭이 먼저냐 달걀이 먼저냐의 논쟁과 같다고 한다. 즉, 선호가 제도에 영향을 받는가 아니면 그 반대인가에 대해서는 그 누구도 명확하게 답변하기 어렵다는 것이다. Thomas A. Koelble. "The New Institutionalism in Political Science and Sociology." *Comparative Politics.* 27. 1995 참조.

232) 하연섭. 전게서. p. 37.

233) 하연섭. "역사적 제도주의." 정용덕 외『신제도주의 연구』. 서울: 대영문화사. 1999. p. 25.

234) Peter Dreier et al. *Place Matters: Metropolitics for the Twenty-first Century.* University of Kansas Press. 2004. p. 110.

235) 유동운.『신제도주의 경제학』. 서울: 선학사. 1999. p. 420.

236) Ira Katznelson. op. cit. 1985 참조.

237) G. John Ikenberry et al. "Introduction: Approaches to Explaining American Foreign Economic Policy." *International Organization.* 42(1). 1988. p. 10; G. John Ikenberry. op. cit. pp. 223~224; Cameron G. Thies. "A Historical Institutionalist Approach to the Uruguay Round Agricultural Negotiations." *Comparative Political Studies.* 34(4). 2001. p. 405.

238) 경로의존성의 결정론적·숙명론적 한계를 극복하기 위한 대안으로, 김선혁은 사회구성주의(social constructivism)에서의 '경로형성 가능성(path-shapability)'이라는 개념적 혁신을 제시하고 있다. 김선혁. 전게논문. 참조.

239) James Mahoney. "Path Dependence in Historical Sociology." *Theory and Society.* 29. 2000. pp. 513~514.

240) Robert D. Putnam. op. cit. 참조.

241) 원래 이러한 자판 배열은 타이프라이터 시대의 유물이다. 타이프라이터의 경우에는 기계식으로 작동하기 때문에 글을 쳐 넣을 때 엉키는 것을 최소화시키도록 글자를 배열하는 것이 중요했다고 한다. 그런데 오늘날 컴퓨터에는 그러한 문제가 전혀 없는데도 불구하고 예전에 쓰던 자판을 그대로 답습하고 있는 실정이다. 이준구. 전게서. 2008. p. 582.

242) Paul A. David. "Clio and the Economics of QWERTY." *American Economic Review.* 75(2). 1985 참조.

243) Paul Pierson. op. cit. 2000 참조.

244) Thomas Ertman. *Birth of the Leviathan: Building States and Regimes in Medieval and Early Modern Europe.* New York: Cambridge University Press. 1997 참조.

245) 김선명. "한국금융제도의 경로의존에 관한 연구: 역사적 제도주의 접근법을 중심으로." 한국정책학회보. 9(3). 2000. p. 189.

246) 기능주의 이론과 그 한계에 대해서는 Peter A. Hall and Rosemary C. R. Taylor. op. cit.; Paul Pierson. op. cit. 2000; Paul Pierson and Theda Skocpol. "Historical Institutionalism in Contemporary Political Science." In Ira Katznelson and Helen V. Milner(eds.). *Political Science: The State of the Discipline.* New York and London: W. W. Norton and Company. 2002 참조. 피어슨(Paul Pierson)은 제도의 기원에 관한 기능주의 이론의 한계를 정치행위자의 '단기적 시계'와 관련하여 설명하고 있다. 즉, 정치의 영역에서는 단기적 시계가 보편적 현상이며, 이럴 경우 제도의 장기적 결과는 그것이 전체사회에 순기능적이든 역기능적이든, 제도설계자의 도구적 목표에서 비롯되었다기보다는 그들의 선택이 가져온 "예상치 못한 결과(unanticipated effects)" 내지 "부산물(by-products)"일 가능성이 높다는 것이다. Paul Pierson. op. cit. 2004 참조.

247) 장지호. "김대중 정부의 대기업 구조조정정책 연구: 역사적 제도주의의 적용." 한국정책학회보. 12(2). 2003. pp. 94~95.

248) G. John Ikenberry. op. cit.; Peter A. Hall and Rosemary C. R. Taylor. op. cit.; Paul Pierson and Theda Skocpol. op. cit. 참조.

249) 김선명. 전게논문. 참조.

250) 김연수. "한국 행정개혁의 경로의존성 분석: 김영삼, 김대중, 노무현 정부를 중심으로." 성균관대학교 대학원 박사학위논문. 2006 참조.

251) James Mahoney. op. cit. p. 507.

252) Paul Pierson. op. cit. 2004 p. 49.

253) Margaret Weir and Theda Skocpol. "State Structure and the Possibilities for "Keynesian" Response to the Great Depression in Sweden, Britain, and the United States." In Peter B. Evans, Theda Skocpol, and Dietrich Rueschemeyer(eds.). *Bringing the State Back In*. Cambridge: Cambridge University Press. 1985 참조.

254) G. John Ikenberry. op. cit. pp. 223~224.

255) Brian W. Arthur. *Increasing Returns and Path Dependence in the Economy*. Ann Arbor: University of Michigan Press. 1994. p. 112.

256) Paul Pierson. op. cit. 2004. pp. 24~25.

257) Douglass C. North. *Institutions, Institutional Change and Economic Performance*. Cambridge: Cambridge University Press. 1990 참조.

258) Paul Pierson. op. cit. 2000 참조.

259) Jacob S. Hacker. "The Historical Logic of National Health Insurance: Structure and Sequence in the Development of British, Canadian, and U. S. Medical Policy." *Studies in American Political Development*. 12(1). 1998; Paul Pierson and Theda Skocpol op. cit. 2002; Paul Pierson. "Big, Slow Moving, and ... Invisible: Macrosocial Processes in the Study of Comparative Politics." In James Mahoney and Dietrich Rueschemeyer(eds.). *Comparative Historical Analysis in the Social Sciences*. New York: Cambridge University Press. 2003 참조.

260) Edgar Kiser and Shawn Bauldry. op. cit. pp. 184~185.

261) Jacob S. Hacker. *The Divided Welfare State: The Battle over Public and Private Social Benefits in the United States*. Cambridge: Cambridge University Press. 2002. p. 54.

262) Terry M. Moe. "The Politics of Structural Choice: Toward a Theory of Public Bureaucracy." In Oliver E. Williamson(ed.). *Organization Theory: From Chester Barnard to the Present and Beyond*. Oxford: Oxford University Press. 1990 참조.

263) Kenneth A. Shepsle. "Losers in Politics (and How They Sometimes Become Winners): William Riker's Heresthetic." *Perspectives in Politics*. 1(2). 2003.

264) Robert D. Behn. "Policy Analysis and Policy Politics." *Policy Analysis*. 7(2) 1981 및 Todd Swanstrom. "Semisovereign Cities: The Politics of Urban Development." *Polity*. 20. 1988. Reprinted in Dennis R. Judd and Paul Kantor(eds.). *The Politics of Urban America: A Reader*. New York: Longman Publisher. 2002 참조.

265) Paul Pierson. op. cit. 2004 참조.

266) Kathleen Thelen and Sven Steinmo. op. cit. p. 9. 따라서 제도는 '지속성'과 '변화가능성'이라는 두 가지 속성을 모두 가지고 있다. 레인어트(Erik S. Reinert)의 표현을 빌리면, 균형을 촉진하는 안정적인 제도는 "하이예크적 제도(Hayekian Institutions)"인 반면, 변화를 가능케 하는 동테적인 제도는 "슘페터적 제도(Schumpeterian Institutions)"이다. Erik S. Reinert. "Institutionalism Ancient, Old and New: A Historical Perspective on Institutions and Uneven Development." United Nations University World Institute for Development Economics Research. Research Paper No. 2006/77. 2006.

267) 단절된 균형 모형의 기본 논리에 대해서는 Stephen D. Krasner. op. cit. 1984 및 op. cit. 1988; Ruth Berins Collier and David Collier. *Shaping the Political Arena: Critical Junctures, The Labor Movement, and Regime Dynamics in Latin America*. Princeton: Princeton University Press. 1991; James Mahoney and Richard Snyder. "Rethinking Agency and Structure in the Study of Regime Change." *Studies in Comparative International Development*. 34(3). 1999 참조.

268) Paul Pierson. op. cit. 2004. p. 135. 단절된 균형 모형에서는 외생적인 충격에 의해 촉발된 결정적 전환점에서 제도가 급격하게 변한다고 주장하지만, 제도가 급격하게 변하는 경우는 외생적인 충격에 한정되지 않는다. 우선 외생적인 충격이 없는 경우에도 제도는 급격하게 변할 수 있다. 셀린(Kathleen Thelen)과 스테인모(Sven Steinmo)가 적절하게 지적하고 있듯이, 사회경제적 환경이나 정치적 맥락의 변화에 따라 '잠재적인(latent)' 제도가 갑자기 '현시적인(salient)' 제도로 바뀔 수 있기 때문이다. Kathleen Thelen and Sven Steinmo. op. cit. p. 18. 다음으로 제도 내부의 내생적 변화(endogenous change)에 의해 급격한 변화가 이루어질 수 있다. 내생적

제도변화는 대체로 점진적이고 진화적인 양상을 보이는 경우가 많지만, 그 결과는 원인과 사뭇 달라 급격하고 단절적으로 나타날 수 있다. Matthew M. Taylor. op. cit. p. 489.

269) Wolfgang Streeck and Kathleen Thelen. "Introduction: Institutional Change in Advanced Political Economies." In Wolfgang Streeck and Kathleen Thelen(eds.). *Beyond Continuity: Institutional Change in Advanced Political Economies*. Oxford: Oxford University Press. p. 7.

270) Matthew M. Taylor. op. cit. p. 488.

271) Cameron G. Thies. op. cit. 참조.

272) Daron Acemoglu and James A. Robinson. op. cit. pp. 149~155.

273) Paul Pierson. op. cit. 2003 참조.

274) Edwin G. Carmines and James A. Stimson. *Issue Evolution: Race and the Transformation of American Politics*. Princeton: Princeton University Press, 1989.

275) Robert D. Putnam. *Bowling Alone*. New York: Simon and Schuster. 2000 참조.

276) Peter Dreier et al. op. cit. 참조.

277) Jack A. Goldstone. *Revolution and Rebellion in the Early Modern World*. Berkeley: University of California Press. 1991 및 Paul Pierson. op. cit. 2004 참조.

278) Peter A. Hall and Rosemary C. R. Taylor. op. cit. 및 Kathleen Thelen. "Historical Institutionalism in Comparative Politics." op. cit. 1999. 또한 독재와 민주주의의 사회적 기원에 관한 무어의 고전적인 연구도 사회구조적 요인이 정치체제의 변화를 가져왔다고 보고 있다. Barrington Moore Jr. op. cit. 참조. 그런데 결정적 전환점에서 촉발된 외생적인 충격이 급격한 제도변화를 가져왔다는 이러한 주장은, 역으로 말하면 그러한 충격이 없는 경우에는 제도가 변하지 않는다는 것인데, 단절된 균형 모형은 그러한 제도의 지속성을 설명하는 기제를 구체화하고 있지 않다는 점에서도 한계가 있다. Margaret Weir. "When Does Politics Create Policy? The Organizational Politics of Change." In Ian Shapiro, Stephen Skowronek, & Daniel Galvin(eds.). *Rethinking Political Institutions: The Art of the State*. New York and London: New York University Press. 2006. p. 173. 따라서 단절된 균형 모형은 제도의 지속적인 변화를 설명하지 못한다. 즉, 셀린(K. Thelen)이 적절하게 지적하고 있듯이, 단절된 균형 모형은 "제도의 형성 시기와 그 '정체(stasis)'의 시기를 명확하게 구분하는 경향이 있다." Kathleen Thelen. op. cit. 2003. p. 19.

279) Sven Steinmo. "Historical Institutionalism." In Donatella Della Porta and Michael Keating(eds.). *Approaches in Social Sciences*, Cambridge: Cambridge University Press. 2007.

280) James Mahoney and Richard Snyder. op. cit. 참조.

281) Kathleen Thelen and Sven Steinmo. op. cit. p. 15.

282) Elisabeth S. Clemens and James M. Cook. "Politics and Institutionalism: Explaining Durability and Change." *Annual Review of Sociology*. 25. 1999. p. 442.

283) Karen Orren and Stephen Skowronek. "Beyond the Iconography of Order: Notes for a 'New Institutionalism'." In Lawrence C. Dodd and Calvin Jillson(eds.). *The Dynamics of American Politics: Approaches and Interpretations*. Boulder, CO: Westview Press. 1994 및 "The Study of American Political Development." In Ira Katznelson and Helen V. Milner(eds.). *Political Science: The State of the Discipline*. New York and London: W. W. Norton & Company. 2002 참조.

284) Paul Pierson. op. cit. 2004. p. 163.

285) 최근에는 합리적 선택 이론에서도 특정한 균형이 붕괴되어 행위자의 선택이 바뀌는 원인을, 독립변수에 대한 외생적인 충격 내지 변화에서 찾는 경향이 있다. Margaret Levi. "A Model, a Method, and a Map: Rational Choice in Comparative and Historical Analysis." In Mark Irving Lichbach and Alan S. Zuckerman(eds.). *Comparative Politics: Rationality, Culture, and Structure*. Cambridge: Cambridge University Press. 1997. pp. 27~28. 예를 들면, 중세 제노바의 정치경제를 분석한 그라이프(Avner D. Greif)에 의하면 씨족들 간의 관계 변화는 그들의 이익을 극대화하려는 전략적 선택의 결과였지만, 이는 많은 부분 외생적인 요인에 대응한 행위자의 '내생적인 조정과정'이었다고 한다. Avner Greif. "Self-Enforcing Political Systems and Economic Growth: Late Medieval Genoa." In Robert Bates et al., *Analytic Narratives*. Princeton: Princeton University Press. 1998 참조.

286) G. John Ikenberry. et al. op. cit. pp. 10~12. 다만, 최근에는 조직구조와 행위자로서의 국가라는 개념에 의해 두 접근방법이 통합되어가는 경향에 있다고 한다.

287) 국가의 정책 자율성을 강조하는 이른바 '국가론' 관련 논의들에 대해서는 Peter B. Evans et al.(eds.). *Bringing the State Back In*. Cambridge: Cambridge University Press. 1985 수록 논문들 참조.

288) Peter A. Hall. op. cit. 1986 참조.

289) 하연섭. 전게서. p. 51.

290) 염재호. "민주화와 경제개혁의 정치경제학: 정부-기업관계의 신제도주의적 접근." 노동문제논집. 12. 1996. p. 99.

291) Peter A. Hall and Rosemary C. R. Taylor. op. cit. 참조.

292) Ellen M. Immergut. "The Theoretical Core of the New Institutionalism." *Politics & Society*. 26(1). 1998.

293) James Mahoney and Kathleen Thelen. "A Theory of Gradual Institutional Change." In James Mahoney and Kathleen Thelen(eds.). *Explaining Institutional Change: Ambiguity, Agency*, and Power. Cambridge: Cambridge University Press. 2010. p. 8.

294) Anil Hira and Ron Hira. "The New Institutionalism: Contradictory Notions of Change." *American Journal of Economics and Sociology*. 59(2). 2000. p. 279.

295) Paul Pierson. op. cit. 2004. pp. 36~37.

296) Kathleen Thelen and Sven Steinmo. op. cit. 참조.

297) Paul Ingram and Karen Clay. op. cit. p. 526.

298) Robert O. Keohane. op. cit. p. 7.

299) Vivien Lowndes and Mark Roberts. op. cit. p. 130. 이러한 맥락에서 이들은 제도를 '야누스의 두 얼굴'에 비유하고 있다.

300) Rogers M. Smith. "Political Jurisprudence, the "New Institutionalism," and the Future of Public Law." *American Political Science Review*. 82(1). 1988. p. 91.

301) Kathleen Thelen and Sven Steinmo. op. cit. p. 14.

302) 폰투쏜(Jonas Pontusson)에 의하면 "제도적 결정론(institutional determinism)"은 "구조결정론(structural determinism)" 만큼이나 위험한 것이라고 한다. Jonas Pontusson, op. cit. p. 144.

303) Anil Hira and Ron Hira. op. cit. 참조. 그런데 이는 정책연구와 관련해서도 중요한 함의를 가지고 있다. 대부분의 역사적 제도주의자들은 국가 간 정책의 상이성과 한 국가 내에서의 정책패턴의 지속성에 주로 관심을 가지고 있기 때문에 기존 정책이 변화하거나 새로운 정책이 만들어지는 과정에 대해서는 소홀히 다루는 경우가 많다. Margaret Weir. op. cit. p. 171.

304) Peter A. Hall and Rosemary C. R. Taylor. op. cit. p. 950.

305) Stephen Bell. op. cit. pp. 485~486.

306) 하연섭. 전게서. p. 61. 이러한 이유로 역사적 제도주의는 '이론(theory)'이라기보다는 '접근방법(approach)' 내지 하나의 '시각(perspective)'이라는 주장이 제기된 바 있다. 예를 들면, G. John Ikenberry. op. cit.; Ellen M. Immergut. op. cit.; Paul Pierson. op. cit. 2004; Sven Steinmo. op. cit. 2007 참조.

307) Peter A. Hall. "The Role of Interests, Institutions, and Ideas in the Comparative Political Economy of Industrialized Nations." In Mark Irving Lichbach and Alan S. Zuckerman(eds.). *Comparative Politics: Rationality, Culture, and Structure*. Cambridge: Cambridge University Press. 1997. p. 183.

308) Kathleen Thelen and Sven Steinmo. op. cit. p. 12. 이러한 비판에 대해서는 합리적 선택 이론이 세련된 이론을 개발할 수 있을지는 몰라도 현실을 제대로 설명하지 못한다는 반론도 있다. Donald P. Green and Ian Shapiro, *Pathologies of Rational Choice Theory: A Critique of Applications in Political Science*. New Haven: Yale University Press. 1994 참조.

309) Tim Büthe. "Taking Temporality Seriously: Modelling History and the Use of Narrative as Evidence." *American Political Science Review*. 96(3). 2002.

310) 하연섭. 전게서. p. 62. 신제도주의와 관련하여 논의하고 있지는 않지만, 드레이어 등(Peter Dreier et al.)도 비슷한 맥락에서 구조적인 요인(structural factors)뿐만 아니라 구조적인 제약 내에서 활동하는 정치의 역할에 대

해서도 주목할 필요가 있다는 점을 강조하고 있다. 즉, 이들은 '철의 새장(iron cage)'이라는 비유를 하면서, 도시정부가 빈곤문제를 다루는 데 있어서 강한 재정적 제약 상태(fiscal straitjocket)에 놓여 있다는 점을 인정하면서도, 다른 한편으로는 그러한 문제를 다루는 데 있어서 특징적인 철학을 가지고 있고 상이한 접근방법을 형성하는 '도시레짐(urban regime)' 역시 중요한 역할을 담당한다는 점을 인정하고 있다. 이에 대한 보다 자세한 설명은 Peter Dreier et al. op. cit. Chapter 5 "Urban Politics and City Limits: What Cities Can and Cannot Do to Address Poverty" 참조.

311) 남궁 근. 전게서. 1998. p. 226.

312) 최정욱. "비교정치경제에서의 사회구조적 분석과 역사적 제도주의간의 논쟁: 분석수준과 인과론적 우선성을 중심으로." 한국정치학회보. 39(2). 2005. p. 476.

313) Peter A. Hall and Rosemary C. R. Taylor. op. cit. p. 942.

314) John L Campbell op cit 2004 p 27

315) 구현우. "제도변화의 통합적 접근: 신제도주의 하위 분파간 통합적 접근의 가능성." 국정관리연구. 7(2). 2012. p. 78.

316) Kellee S. Tsai. "Adaptive Informal Institutions and Endogenous Institutional Change in China." *World Politics*. 59(1). 2006.

317) Mark Irving Lichbach. "Thinking and Working in the Midst of Things: Discovery, Explanation, and Evidence in Comparative Politics." In Mark Irving Lichbach and Alan S. Zuckerman(eds.). *Comparative Politics: Rationality, Culture, and Structure*. Second Edition. Cambridge: Cambridge University Press. 2009. p. 42.

318) Avner Greif and David D. Laitin. "A Theory of Endogenous Institutional Change." *American Political Science Review*. 98(4). 2004 참조.

319) 제도가 행위자의 전략을 특정한 방식으로 제한하는 '자기강제적(self-enforcing)' 속성에 대해서는 Randall L. Calvert. "Rational Actors, Equilibrium, and Social Institutions." In Jack Knight and Itai Sened(eds.). *Explaining Social Institutions*. Ann Arbor: University of Michigan Press. 1995; Peter A. Hall and Rosemary C. R. Taylor. op. cit.; ibid; Jack Knight and James Johnson. "The Priority of Democracy: A Pragmatist Approach to Political-Economic Institutions and the Burden of Justification." *American Political Science Review*. 101(1). 2007 참조.

320) David Besanko and Ronald R. Braeutigam. op. cit. pp. 712~713.

321) Ibid; Kellee S. Tsai. op. cit.; Orion Lewis and Sven Steinmo. "Taking Evolution Seriously." Paper presented at the QoG Lunch Seminar. 2008.

322) Paul Pierson. op. cit. 2004. p. 147에서 재인용.

323) 전술한 바와 같이, 내생적 제도변화 이론에서는 환경 변화에 대응한 행위자의 전략적 선택을 강조한다. 따라서 여기서 말하는 행위자는 합리적 선택 이론에서 말하는 구체적인 역사과정과는 무관한 "원자화되고(atomized)" "동질적인(homogeneous)" 존재가 아니다. David M. Woodruff. "Rules for Followers: Institutional Theory and the New Politics of Economic Backwardness in Russia." *Politics & Society*. 28(4). 2000; ibid.; Kenneth A. Shepsle. "Old Questions and New Answers about Institutions: The Riker Objection Revisited." In Barry R Weingast and Donald Wittman(eds.). *The Oxford Handbook of Political Economy*. Oxford: Oxford University Press. 2006. 그런데 이러한 행위자에 대한 가정은 내생적 제도변화 이론의 중요한 기초를 형성한다. 내생적 제도변화 이론에서는 게임의 균형, 다시 말해 제도를 외생변수에 대한 행위자의 내생적 조정과정으로 이해하는 경향이 강하기 때문이다. Avner Greif and David D. Laitin. op. cit.; Kenneth A. Shepsle. ibid.; Kellee S. Tsai. op. cit. 참조.

324) Peter Gourevitch. "The Governance Problem in International Relations." In David Lake and Robert Powell(eds.). *Strategic Choice and International Relations*. Princeton: Princeton University Press. 2000. pp. 144~145.

325) Robert D. Behn. op. cit. 및 Todd Swanstrom. op. cit. 참조.

326) Paul Pierson. op. cit. 2004 참조.

327) Mancur Olson. op. cit. 1965 참조.

328) 내생적 제도변화는 '기업가적 정치'와 같은 불안정한 권력구조에서만 문제되는 것이 아니라, '고객정치'와 같은 정치적 특혜구조에서도 문제가 된다. 앞서도 지적한 바와 같이, 제도는 '동질체'라기보다는 다소 이질적인

요소들을 포함하고 있는 '혼합체'로서의 성격이 강하다. 이처럼 제도 내부에 모순적인 요소들이 포함되어 있거나 '중첩(layering)' 현상에서처럼 신·구제도가 조화되지 않는 경우 현존 제도는 의도하지 않은 결과나 부작용을 낳을 수 있다. 물론 대부분의 경우에 제도의 부작용은 기존의 고착화된 정치적 특혜구조에 위협이 되지 않지만, 초점사건(focusing events)과 같은 점화계기가 작동하여 재정환상에 빠진 일반대중들이 비용부담에 대해 인식하는 경우 그러한 구조를 타파하기 위한 광범위한 여론이 형성될 수 있고, 그 결과 제도변화를 위한 확대된 가능성이 열릴 수 있다.

329) 여기에 민주주의의 역설이 있다. 다수 일반국민보다는 소수의 잘 조직된 이익집단에 좌우되는 미국 정치의 '편향성'을 훌륭하게 분석한 최근 연구로는 Jacob S. Hacker and Paul Pierson. *Winner-Take-All Politics: How Washington Made the Rich Richer And Turned Its Back on the Middle Class*. Simon & Schuster. 2011.

330) 피어슨은 정치엘리트들의 전략을 "신뢰추구의 정치(politics of credit claiming)"와 "비난회피의 정치(politics of blame avoidance)"라는 두 가지 맥락에서 분석한 바 있다. 피어슨이 말한 정치 전략에 대해서는 본서 제7장 "정책중심적 관점"에서 구체적으로 살펴보고자 한다. 또한 Paul Pierson. op. cit. 1994 참조.

331) Avner Greif and David D. Laitin. op. cit. 2004 참조.

332) Avner Grief. op. cit. 1998 참조. 또한 러시아의 조세제도 개혁을 분석한 롱(P. J. Luong)과 웨인샬(E. Weinthal)의 연구도 기본적으로 제도변화를 외생적인 충격에 대응한 행위자의 내생적 학습과정의 산물로 이해하고 있다. Pauline Jones Luong and Erika Weinthal. "Contra Coercion: Russian Tax Reform Exogenous Shocks, and Negotiated Institutional Change." *American Political Science Review*. 98(1). 2004 참조. 그런데 이러한 학습과정은 두 가지 관점에서 이해할 필요가 있다. 하나는 그것이 도구적인 관점에서 효율적일 수 있다는 것이고, 다른 하나는 그것이 사회적인 관점에서 정당성을 가질 수 있다는 것이다. Alan S. Zuckerman. "Advancing Explanation in Comparative Politics: Social Mechanisms, Endogenous Processes, and Empirical Rigor." In Mark Irving Lichbach and Alan S. Zuckerman(eds.). *Comparative Politics: Rationality Culture, and Structure. Second Edition*. Cambridge: Cambridge University Press. 2009. pp. 81~82. 이러한 맥락에서 보더라도 제도이론을 "계산적 접근(calculus approach)"과 "문화적 접근(cultural approach)"으로 양분하는 이원론은 더 이상 타당하다고 할 수 없다. 계산적 접근과 문화적 접근으로 나누어 제도이론을 분석한 연구로는 Peter A. Hall and Rosemary C. R. Taylor. op. cit. 참조.

333) Matthew M. Taylor. op. cit. p. 490.

334) Ibid. pp. 489~490.

335) Paul Pierson. op. cit. 2004. p. 83. 이처럼 원인과 결과가 1대1의 상관관계에 있지 않고 사소한 원인이 큰 결과를 가져오는 것을 '문턱효과(threshold effect)'라고 한다. 따라서 문턱 효과는 이전부터 누적된 사소한 원인이 결정적으로 중요한 의미를 가지는 특정 시점에 도달했을 때 나타나는 것이다. 영국, 프랑스, 스페인의 상이한 경제제도의 원인을 설명하면서 에이스모글루(Daron Acemoglu)와 로빈슨(James A. Robinson)은 다음과 같이 지적한 바 있다. "일단 결정적 분기점(전환점)에 다다르면, 초기의 제도적 차이는 사뭇 다른 반응을 불러일으키게 되고, 언뜻 사소해 보였지만 알고 보니 의미가 큰 차이였다는 사실이 밝혀지게 된다. 잉글랜드, 프랑스 및 에스파냐의 비교적 사소해 보이는 제도적 차이가 근본적으로 다른 발전 과정으로 이어진 이유이기도 하다. 이런 갈림길이 만들어진 것은 유럽인이 대서양 무역을 통해 경제적 기회를 잡게 되면서 결정적 분기점이 도래했기 때문이다." Daron Acemoglu and James A. Robinson. op. cit. p. 162.

336) Wolfgang Streeck and Kathleen Thelen. op. cit. p. 9.

337) Paul Pierson. op. cit. 2004. p. 153.

338) James Mahoney and Kathleen Thelen. op. cit. p. 8.

339) Paul Pierson. op. cit. 2004. pp. 36~37.

340) Jens Blom-Hansen. op. cit. 참조.

341) 예를 들면, Paul Pierson and Theda Skocpol. op. cit. 2002; Paul Pierson. op. cit. 2004; Terry M. Moe. op. cit. 2006; Jack Knight and James Johnson. op. cit. 참조.

342) 합리적 선택 제도주의에서 제도를 이해하는 관점에 대해서는 Kenneth A. Shepsle. op. cit. 1989; Douglass C. North. op. cit.; B. Guy Peters. *Institutional Theory in Political Science: The 'New Institutionalism'*. New York: Continuum. 2005 참조.

343) Claus Offe. "Political Institutions and Social Power: Conceptual Explorations." In Ian Shapiro, Stephen Skowronek, and Daniel Galvin(eds.). *Rethinking Political Institutions: The Art of the State*. New York and London: New York University Press. 2006. pp. 10~11.

344) 권력관계의 불평등성이라는 관점에서 제도의 형성과 변화의 문제를 다룬 연구로는 B. Guy Peters et al. "The Politics of Path Dependency: Political Conflict in Historical Institutionalism." *Journal of Politics*. 67(4). 2005; Terry M. Moe. op. cit. 2006; James Mahoney and Kathleen Thelen. op. cit. 참조.

345) Jack Knight. *Institutions and Social Conflict*. Cambridge: Cambridge University Press. 1992 및 Jack Knight and James Johnson. op. cit. 참조.

346) 조정의 문제에 대해서는 Paul Pierson. op. cit. 2004 참조.

347) Robert O. Keohane. op. cit. 참조.

348) 제도가 공공재라는 주장은 일찍이 린(J. Y. Lin)에 의해서도 제기되었다. 이러한 맥락에서 그는 제도가 "유도된 혁신 과정(induced innovation process)"으로는 확립되기 어려우며, "정부의 전폭적인 지원이 없이는 사회에 존재하기 어렵다"고 주장한 바 있다. Justin Yifu Lin. "An Economic Theory of Institutional Change: Induced and Imposed Change." *Cato Journal*. 9(1). 1989. p. 30. 그러나 이러한 주장과는 달리, 제도가 배제적이거나 경합적이라고 보는 경우도 있다. 예를 들면, 에거트쏜(T. Eggertsson)은 기술을 생산 기술(production technology)과 사회적 기술(social technology)로 나누고 있는데, 그에 의하면 사회 제도가 구체적인 사회적 결과를 가져오게 하는 사회적 기술은, 생산 기술과 달리 다른 나라에 쉽게 이식되지 않는 성질을 가지고 있다고 한다. Thràinn Eggertsson. *Imperfect Institutions: Possibilities and Limits of Reform*. Ann Arbor: University of Michigan Press. 2005 참조.

349) Dennis C. Mueller. op. cit. pp. 9~14 및 Arye L. Hillman. op. cit. pp. 73~75.

350) Paul Pierson. op. cit. 2000 및 op. cit. 2004 참조.

351) Mancur Olson. op. cit. 1965 및 James Q. Wilson. op. cit. 참조.

352) Jack Knight. op. cit.; Jack Knight and James Johnson. op. cit.; Peter A. Hall. "Historical Institutionalism in Rationalist and Sociological Perspective." In James Mahoney and Kathleen Thelen(eds.). *Explaining Institutional Change: Ambiguity, Agency, and Power*. Cambridge: Cambridge University Press. 2010.

353) Peter A. Hall and Rosemary C. R. Taylor. op. cit. pp. 944~945 및 Stephen Bell. op. cit. p. 480.

354) Paul Ingram and Karen Clay. op. cit. p. 529.

355) Aaron Wildavsky. op. cit. 참조.

356) Margaret Levi. op. cit. p. 24 및 Jacob S. Hacker and Paul Pierson. "Business Power and Social Policy: Employers and the Foundation of the American Welfare State." *Politics & Society*. 30(2). 2002. pp. 283~286.

357) 예를 들면, Fritz W. Scharpf. "Institutions in Comparative Policy Research." *Comparative Political Studies*. 33(6/7). 2000; Pauline Jones Luong. *Institutional Change and Continuity in Post-Soviet Central Asia*. Cambridge: Cambridge University Press. 2002; Karen Orren and Stephen Skowronek. op. cit. 2002; Jacob S. Hacker. op. cit. 2004 참조.

358) Fritz W. Scharpf. op. cit. 2000. p. 770에서 재인용.

359) Jeffrey L. Pressman and Aaron Wildavsky. *Implementation*. 3rd Edition. Berkeley: University of California Press. 1984.

360) Robert E. Goodin. "Institutions and Their Design." In Robert E. Goodin(ed.). *The Theory of Institutional Design*. Cambridge: Cambridge University Press. 1996 참조.

361) Ellen M. Immergut. "Institutional Constraints on Policy." In Michael Moran, Martin Rein, and Robert E. Goodin(eds.). *The Oxford Handbook of Public Policy*. Oxford: Oxford University Press. 2006 참조.

362) Jeffrey L. Pressman and Aaron Wildavsky. op. cit. 및 Paul Pierson. op. cit. 2004 참조.

363) 자기준거적 제도에 대해서는 Gary Miller. "Rational Choice and Dysfunctional Institutions." *Governance*. 13(4). 2000 참조.

364) 이러한 역설적인 결과가 2016년 미국 대선에서도 재현되었다. 2016년 대선에서 민주당의 힐러리 클린턴(Hilary R. Clinton) 후보가 공화당의 도널드 트럼프(Donald J. Trump) 후보보다 총 득표수에서는 앞섰으나 선거인단 확보에서 밀려 트럼프가 대통령에 당선되었다.

365) 미국에서 헌법을 개정하기 위해서는, 상하 양원에서 각각 재적 의원 과반수의 출석과 출석의원 2/3 이상의 의결로 개헌을 발의하거나 전체 주의 2/3 이상에 해당하는 주 의회의 요구로 헌법회의를 소집하는 방식으로 개헌안을 발의하게 되면, 일반적으로 전체 주의 3/4 이상(38개 주 이상)의 주 의회의 찬성이 있어야 한다.

366) 비슷한 예를 캐나다의 연금제도 개혁에서도 찾을 수 있다. 캐나다의 소득 연계 연금제도(earnings-related pension scheme)가 오랫동안 지속될 수 있었던 이유는 정책변동을 어렵게 하는 헌법 수준의 제도적 절차 규칙 때문이었다. 즉, 캐나다에서 연금제도를 바꾸기 위해서는 연방정부뿐만 아니라 전체 인구의 3분의 2를 대표하는 적어도 7개 이상의 주정부의 동의를 얻어야 하는데, 이는 캐나다 헌법에 규정된 절차적 규정 가운데 가장 엄격한 것 중 하나이다. Keith G. Banting. "The Welfare State as Statecraft: Territorial Politics and Canadian Social Policy." In Stephan Leibfried and Paul Pierson(eds.). *European Social Policy: Between Fragmentation and Integration*. Washington, DC: Brookings Institution Press. 1995 참조.

367) Ellen M. Immergut. op. cit. 1992 참조.

368) Paul Pierson. op. cit. 1994 참조.

369) 전통적으로 비교정치학에서는 이익집단의 정치적 영향력을 그것의 정치적 자원에 따라 판단하는 경향이 있지만, 이머굿은 이러한 일률적인 설명만으로는 각국의 다양한 정치현실을 제대로 설명할 수 없다고 비판하면서, 이익집단의 정치적 영향력을 제도적 맥락과 연계시켜 논의하고 있다. 즉, 그녀에 의하면 정치체제의 제도적 구조에 거부점이 많은 경우 이익집단은 각각의 거부점에서 자신들의 이익을 표출할 수 있기 때문에, 거부점의 수가 적은 경우에 비해 상대적으로 강한 정치적 영향력을 행사할 수 있다고 한다. 이러한 맥락에서 이익집단의 정치적 자원은 그 정치적 영향력을 설명하기 위한 '필요조건'일 뿐 '충분조건'은 아니라고 할 수 있다. 비슷한 맥락에서 기업(자본)의 "구조적 힘(structural power)"을 거부점의 수와 같은 제도적 맥락의 영향을 받는 "변수(variable)"로 이해한 최근 연구로는 Jacob S. Hacker and Paul Pierson. op. cit. 2002 참조.

370) 그러나 프랑스 제5공화국 헌법에서는 행정부가 의회를 우회할 수 있도록 규정함으로써, 의회는 더 이상 실질적인 거부점이 될 수 없었고, 따라서 정치의 장은 행정부로 넘어오게 되었다.

371) 이머굿의 연구에 대해서는 제9장에서 보다 구체적으로 살펴보고자 한다.

372) 물론 피어슨은 복지제도 개혁이라는 정책변화가 어려운 과정이라는 점을 인정하였다. 그가 적절하게 지적하고 있듯이, '축소의 정치(politics of retrenchment)'는 '팽창의 정치(politics of expansion)'와 본질적으로 다른 것이다. 이러한 현상은 '정책단속 효과'라는 개념으로 적절하게 설명할 수 있는데, 이에 대해서는 후술하기로 한다.

373) Sven Steinmo. *Taxation and Democracy: Swedish, British and American Approaches to Financing the Modern State*. New Haven, CT: Yale University Press. 1993 참조.

374) Jean-Laurent Rosenthal. "The Political Economy of Absolutism Reconsidered." In Robert H. Bates et al., *Analytic Narratives*. Princeton: Princeton University Press. 1998 참조.

375) 예를 들면, George Tsebelis. "Veto Players and Law Production in Parliamentary Democracies: An Empirical Analysis." *American Political Science Review*. 93(3). 1999 및 "Veto Players and Institutional Analysis." Governance. 13(4). 2000; Giuliano Bonoli. "Political Institutions, Veto Points, and the Process of Welfare State Adaptation." In Paul Pierson(ed.). *The New Politics of the Welfare State*. Oxford University Press. 2001; R. Kent Weaver. "Government Institutions, Policy Cartels, and Policy Change." In Ian Shapiro, Stephen Skowronek, and Daniel Galvin(eds.). *Rethinking Political Institutions: The Art of the State*. New York and London: New York University Press. 2006 참조. 일반의 통념과는 다르게 의원내각제가 대통령제에 비해 권력이 집중되어 있다. 의원내각제의 경우 내각은 의회 다수당의 집행위원회의 성격이 강하기 때문에 내각을 중심으로 권력이 집중되는 반면, 대통령제의 경우 대통령 소속정당이 의회의 과반수를 차지하지 못하는 '분점정부'의 가능성이 상존하기 때문에 권력이 의회와 행정부로 양분되기 때문이다. 따라서 최근 우리 사회 일각에서 의원내각제로 개헌을 하자는 주장은 권력구조의 본질을 이해하지 못한 채 너무 '정치공학적'으로 접근한 것이라는 인상을 지울 수 없다. 대통령에게 권력이 집중되어 있기 때문에 권력구조를 바꾸자고 주장하면서 권력이 더욱 집중되어 있는 의원내각제를 그 대안으로 제시한 것은 말이 되지 않기 때문이다.

376) 정당제도와 관련하여 체벨리스(George Tsebelis)는 또한 정당의 수가 많을수록 중요한 법안의 입법화 가능성은 낮아진다고 주장하였는데, 이는 구성원의 수가 많을수록 집합적 행위의 가능성은 낮아진다는 올슨(Mancur Olson)의 주장과 일맥상통한다. George Tsebelis. ibid. 1999 및 ibid. 2000 참조. 비슷한 맥락에서 메인워링

(Scott Mainwaring)도 대통령제 정부형태(presidential government)가 다당제(multiparty system)와 결합했을 때 정치의 불안정을 가져올 가능성이 높아진다고 주장하였다. Scott Mainwaring. "Presidentialism, Multipartism, and Democracy: The Difficult Combination." *Comparative Political Studies*. 26(2). 1993 참조. 이처럼 정당제도는 주로 국가권력구조와 연계시켜 논의하는 경향이 있지만, 학자에 따라서는 정당제도와 다른 사회제도 사이의 관계를 연구하기도 한다. 1900~1930년대까지 16개 국가의 양적 자료와 미국과 덴마크의 정상연합체(peak association)에 관한 사례연구를 토대로 정당제도와 이익대표체계 사이의 관계를 규명한 최근 연구로는 Cathie Jo Martin and Duane Swank. op. cit. 참조. 이들의 결론은 다당제는 조합주의적 이익대표체계와 연결되는 경우가 많은 반면, 양당제는 다원주의적 이익대표체계와 연결되는 경우가 많다는 것이다.

377) Jacob S. Hacker. "The Welfare State." In R. A. W. Rhodes, Sarah A. Binder, and Bert A. Rockman(eds). *The Oxford Handbook of Political Institutions*. Oxford: Oxford University Press. 2006. p. 402.

378) 그러나 이와는 달리, 정치체제의 제도적 구조가 정책에 유의미한 영향을 미치는 않은 것으로 나타난 연구도 적지 않다. 예를 들어, 1947년부터 1995년까지 미국 연방정부의 예산자료를 계량적으로 분석한 존스 등(Bryan. D. Jones et al.)의 연구에 따르면, 분점정부와 같은 제도적 요인이 정부 재정지출 규모에 일관된 영향을 미치지 않은 것으로 나타났다. Bryan D. Jones et al. "Does Incrementalism Stem From Political Consensus or From Institutional Gridlock?" *American Journal of Political Science*. 41(4). 1997 참조.

379) Torstein Perrson et al. "Comparative Politics and Public Finance." *Journal of Political Economy*. 108. 2000 참조.

380) Josè Antonio Cheibub. "Presidentialism, Electoral Identifiability, and Budget Balances." *American Political Science Review*. 100(3). 2006 참조.

381) 그러나 대통령제의 경우 권력이 행정부와 의회로 분산되기 때문에, 책임소재가 의원내각제에 비해 명확하지 않다는 반론이 제기될 수 있다. 이에 대해서는 Paul Pierson. op. cit. 1996 참조.

382) Jacob S. Hacker. op. cit. 2005 참조.

383) James Mahoney and Kathleen Thelen. op. cit. 참조. 마호니와 셀린의 정책변동 유형에 대해서는 제14장에서 보다 구체적으로 살펴보고자 한다.

384) Paul Pierson. op. cit. 1996; John Myles and Paul Pierson. "The Comparative Political Economy of Pension Reform." In Paul Pierson(ed.). *The New Politics of the Welfare State*. Oxford: Oxford University Press. 2001; Jacob S. Hacker. op. cit. 2002.

385) Paul Pierson. op. cit. 1994 참조.

386) 이러한 맥락에서 그는 '축소의 정치(politics of retrenchment)'는 '팽창의 정치(politics of expansion)'와 본질적으로 다른 정치과정이라는 점을 강조한다.

387) Jacob S. Hacker. op. cit. 2004 및 Paul Pierson. op. cit. 2004 참조.

388) Robert D. Behn. op. cit. 및 Todd Swanstrom. op. cit. 참조.

389) John Myles and Paul Pierson. op. cit. 및 Isabela Mares, Isabela. "The Comparative Political Economy of the Welfare State." In Mark Irving Lichbach and Alan S. Zuckerman(eds.). *Comparative Politics: Rationality, Culture, and Structure*. Second Edition. Cambridge: Cambridge University Press. 2009 참조.

390) 이는 2장에서 살펴본 윌슨(J. Q. Wilson)의 규제정치 상황 중 "기업가적 정치(entrepreneurial politics)"와 유사하다.

391) Paul Pierson. op. cit. 1996. p. 144.

392) __________. op. cit. 1994. p. 182.

393) 복지정책의 유산이 광범위한 정책의 지지연합을 형성하여 거부점의 증가라는 정치제도의 변화로 이어질 수 있다고 본 최근 연구로는 Giuliano Bonoli. op. cit. 2000 및 op. cit. 2001 참조. 따라서 정치제도에 대한 분석은 국가의 제도적 구조뿐만 아니라 사회의 조직화 정도도 아울러 살펴볼 필요가 있다. 국가와 사회의 집권화 정도 및 이 둘의 상이한 조합을 토대로 1970년대 선진 산업국가의 경제정책을 비교분석한 카첸스타인(P. J. Katzenstein)의 연구도 기본적으로 이러한 관점에 입각해 있다. Peter J. Katzenstein. op. cit. 참조.

394) Paul Pierson. op. cit. 2004. p. 165.

395) Gosta Esping-Andersen. *The Three Worlds of Welfare Capitalism*. Princeton: Princeton University Press. 1990 참조.

396) 환류효과에 대해서는 Paul Pierson. op. cit. 1993 및 구현우. "정치의 원인으로서의 공공정책: 정책중심적 관점의 정책학적 함의." 행정논총. 51(3). 2013 참조.

397) Evelyne Huber and John D. Stephens. *Development and Crisis of the Welfare State: Parties and Policies in Global Markets*. Chicago: University of Chicago Press. 2001. pp. 28~29. 비슷한 맥락에서 복지정책이 사람들의 정책 선호(policy preferences)를 바꿈으로써 복지국가가 지속될 수 있었다고 본 최근 연구로는 Clem Brooks and Jeff Manza. "Why Do Welfare State Persist?" *Journal of Politics*. 68(4). 2006 참조. 또한 자본주의의 다양성을 주장하는 연구의 논지도 현존 제도적 구조가 노동자의 선호와 전략에 영향을 미쳐 세계화의 압력에도 불구하고 기존 생산체제를 바꾸지 않으려고 한다는 것이다. Peter A. Hall and David Soskice. "An Introduction to Varieties of Capitalism." In Peter A. Hall and David Soskice(eds.). *Varieties of Capitalism: The Institutional Foundation of Comparative Advantages*. Oxford: Oxford University Press. 2001 참조.

398) Paul Pierson. op. cit. 1996; Karen Orren and Stephen Skowronek. op. cit. 2002; Paul Pierson and Theda Skocpol. "American Politics in the Long Run." In Paul Pierson and Theda Skocpol(eds.). *The Transformation of American Politics: Activist Government and the Rise of Conservatism*. Princeton: Princeton University Press. 2007.

399) Jacob S. Hacker. op. cit. 2005 및 op. cit. 2006 참조.

400) Paul Pierson. op. cit. 1994 및 op. cit. 1996 참조.

401) Karen Orren and Stephen Skowronek. op. cit. 2002; Margaret Weir. op. cit. 2006.

402) Joe Soss and Sanford F. Schram. "A Public Reformed? Welfare Reform as Policy Feedback." *American Political Science Review*. 101(1). 2007 참조.

403) 물론 윌슨이 정책단속 효과라는 개념을 사용한 것은 아니며 규제정치의 유형에 따라 정치과정이 상이한 양상을 띠는 과정을 분석하였지만, 그 기본논리는 여기서의 논의와 유사하다.

404) R. Kent Weaver. op. cit. 2006 참조.

405) Karen Orren and Stephen Skowronek. op. cit. 2002 참조.

406) Alan M. Jacobs. "How Do Ideas Matter? Mental Models and Attention in German Pension Politics." *Comparative Political Studies*. 42(2). 2010. pp. 102~104.

407) Margaret Weir and Theda Skocpol. op. cit. 참조.

408) 정책패러다임의 변동에 대해서는 Peter A. Hall. "Policy Paradigms, Social Learning, and the State: The Case of Economic Policymaking in Britain." *Comparative Politics*. 25. 1993 참조.

409) Peter A. Hall. op. cit. 1992 참조.

410) 국가 간 정책의 상이성에 대한 연구와 달리, 한 국가 내에서의 정책패턴의 변화양상에 대한 연구는 '시간(temporality)'이라는 개념을 부각시킬 필요가 있다. 왜냐하면 국가 간 정책의 상이성을 분석할 경우에는 시간의 경과에 따른 제도적 구조의 변화를 설명함이 없이 국가 간 상이한 제도가 정책적 대응의 차이를 가져왔다고 하더라도 제도적 구조와 정책 사이의 인과가설을 받아들일 수 있지만, 한 국가 내에서의 정책패턴의 변화양상을 분석할 경우에는 제도적 구조의 변화에 대한 설명이 없이 정책변동을 설명한다면 제도적 구조와 정책 사이의 인과가설은 다른 경쟁가설(rival hypothesis)에 의해 기각될 가능성이 높기 때문이다.

411) 이 논문뿐만 아니라, 홀의 또 다른 논문에서도 이러한 사실을 확인할 수 있다. Peter A. Hall. op. cit. 1997 참조.

412) 물론 이러한 비판에 대해서는 사회경제적 맥락 또는 정치적 맥락의 변화에 따라 "잠재적인(latent)" 제도가 "현시적(salient)" 제도로 바뀔 수 있다는 반론도 가능하다. Kathleen Thelen and Sven Steinmo. op. cit. p. 18. 예를 들면, 해탬(Victoria C. Hattam)은 19세기 영국과 미국에서 상이한 노동운동이 전개된 이유를 의회와 법원의 관계라는 제도적 구조에서 찾고 있는데, 이러한 제도적 구조는 노동자의 조직화가 진전됨에 따라 갑자기 중요하게 부각되었다고 한다. Victoria C. Hattam. "Institutions and Political Change: Working-Class Formation in England and United States, 1820-1896." In Sven Steinmo, Kathleen Thelen and Frank Longstreth(eds.). *Structuring Politics: Historical Institutionalism in Comparative Politics*. New York: Cambridge University Press. 1992 참조. 또한 캐나다의 분권적 연방제도를 분석한 왓츠(Ronald L. Watts)는 이러한 제도형태가 연방제도의 성립 초기에는 중요하지 않은 것으로 간주된 복지제도가, 경제가 발전함에 따라 중요하게 부각됨으로써 나타난 결과로 이해하고 있다. Ronald L. Watts. "The American Constitution in Comparative Perspectives: A Comparison of Canada and the United States." Journal of American History. 74. 1987 참조.

413) 김시윤. 전게논문. 1997 참조.
414) 방민석 · 김정해. "대기업규제정책에 대한 신제도주의적 분석: 정책변화의 경로의존성을 중심으로." 한국행정학보. 37(4). 2003 참조.
415) 심상용. "과거 성장전략의 경로의존성과 혁신주도 동반성장의 과제에 관한 연구." 한국정책학회보. 14(4). 2005 참조.
416) Jean Blondel. "About Institutions, Mainly, but not Exclusively Political." In R. A. W. Rhodes, Sarah A. Binder, and Bert A. Rockman(eds.). *The Oxford Handbook of Political Institutions.* Oxford: Oxford University Press. 2006. p. 727.
417) Jens Blom-Hansen. op. cit. 참조.
418) John W. Kingdon. *Agenda, Alternatives and Public Policies.* Boston: Little Brown and Company. 1984 참조.
419) 방민석 · 김정해. 전게논문. p. 249.
420) 모(Terry M. Moe)의 표현을 빌린다면, 정치의 영역에서는 '소유권'은 없고 '사용권'만 있을 뿐이다. Terry M. Moe. op. cit. 1990 참조.
421) 예를 들면, William H. Riker. "Implications from the Disequilibrium of Majority Rule for the Study of Institutions." *American Political Science Review.* 74(2). 1980; Elisabeth Clemens. *The People's Lobby: Organizational Innovation and the Rise of Interest Group Politics in the United States, 1890-1925.* Chicago: University of Chicago Press. 1997; Elisabeth Clemens and James M. Cook. op. cit.; Gerard Alexander. "Institutions, Path Dependence, and Democratic Consolidation." *Journal of Theoretical Politics.* 13(3). 2001; Kathleen Thelen. op. cit. 2003 참조.
422) Stephen D. Krasner. op. cit. 1984 참조.
423) Jonas Pontusson, op. cit. pp. 134~135.
424) Duane Swank. "Political Institutions and Welfare State Restructuring: the Impact of Institutions on Social Policy Change in Developed Democracies." In Paul Pierson(ed.). *The New Politics of the Welfare State.* Oxford: Oxford University Press. 2001 참조. 비슷한 예를 캐나다의 연방제도에서도 찾을 수 있다. 초창기 캐나다는 미국에서 일어난 남북전쟁의 공포로 인해 미국보다 더 집권적인 연방제도를 채택했지만, 시간이 경과하면서 오히려 미국보다 더 분권적인 제도로 바뀌었다. 왜 이런 현상이 나타났을까? 그 한 가지 이유를 캐나다 연방제도가 사회정책의 결정권을 각 주에 위임했다는 데서 찾을 수 있다. 연방제도 초창기에는 경제가 단순하여 이것이 문제가 되지 않았지만, 경제가 성장함에 따라 경제적 상호의존성과 사회복지정책에서 정부가 수행하는 역할이 증대되었고, 이것이 주정부의 권한을 확대시키는 결과를 가져왔던 것이다. Ronald L. Watts. op. cit. 참조.
425) Jacob S. Hacker. op. cit. 2006. p. 402. 예를 들면, 정치제도의 응집성이 복지제도 개혁에 저항하는 거부점의 수를 줄여줄 수 있지만, 다른 한편으로는 정치적 책임의 집중을 가져와 정치인들로 하여금 복지제도 개혁과 같은 인기가 없는 정책(unpopular policy)을 시행할 유인을 감소시킬 수도 있다. Paul Pierson. op. cit. 1996 참조.
426) Peter A. Hall. op. cit. 1997. p. 183.
427) 김시윤. 전게논문. 1997. pp. 329~330.
428) Colin Hay. op. cit. pp. 68~69.
429) Daniel Beland. "The Social Exclusion Discourse: Ideas and Policy Change." *Policy and Politics.* 35(1). 2007 참조.
430) Margaret Weir. op. cit. 참조.
431) Robert C. Liberman. "Ideas, Institutions, and Political Order: Explaining Political Change." *American Political Science Review.* 96(4). 2002.
432) 이념이란 실제로 물질적 이해관계의 산물이기 때문에 사람들이 처해 있는 경제적 상황에 따라 가변적이다. 예를 들어, 2008년 금융위기에 의해 촉발된 미국의 경기침체를 분석한 마거리트(Yotam Margarit)의 연구에 따르면, 경제위기는 유권자들이 가지고 있는 이념 성향에 상관없이 사회복지정책에 대한 광범위한 지지와 선호를 형성하였지만, 경제상황에 따른 그러한 선호는 이후 경제가 호전되자 일시적인 것으로 판명되었다. 이러한 연구에서도 알 수 있듯이, 이념에 따른 선호관계는 개인이 처해 있는 상황과 독립적이지 않다. Yotam Margarit. "Explaining Social Policy Preferences: Evidence from the Great Recession." *American Political Science Review.* 107(1). 2013 참조.

433) 합리적 선택 제도주의의 대두 배경에 대해서는 Peter A. Hall and Rosemary C. R. Taylor. op. cit. 참조.

434) 예를 들면, Kenneth A. Shepsle. op. cit. 1979; Kenneth A. Shepsle and Barry R. Weingast. "Structure-Induced Equilibrium and Legislative Choice." *Public Choice.* 37(Jun.). 1981 및 "The Institutional Foundations of Committee Power." *American Political Science Review.* 81(1). 1987; Barry R. Weingast and William J. Marshall. "The Industrial Organization of Congress; or, Why Legislatures, Like Firms, Are Not Organized as Markets." *Journal of Political Economy.* 96(1). 1988 참조. 그러나 이러한 주장에 대해 라이커(William Riker)는 제도적 구조 자체의 선택과 관련하여서도 투표의 역설 현상이 나타날 수 있다는 맥락에서, 구조에 의해 유도된 균형은 안정적인 균형이 될 수 없다는 반론을 제기하였으며, 로드스타인(Bo Rothstein)도 "집합적 행위의 딜레마를 해결하기 위해 제도를 만든다는 것 자체가 집합적 행위의 문제"라고 지적함으로써, 합리적 선택 제도주의에서 말하는 제도의 기능과 그 성립 사이에는 근본적인 모순이 있음을 지적하였다. William H. Riker. op. cit. 및 Bo Rothstein. *Just Institutions Matter: The Moral and Political Logic of Universal Welfare State.* Cambridge University Press. 1998 참조. 또한 디어메이어(D. Diermeier)와 크레비엘(K. Krehbiel)은 경험적인 관점에서 구조에 의해 유도된 균형이 의회 밖의 영역에서는 적용이 제한된다는 점을 지적하였다. Daniel Diermeier and Keith Krehbiel. "Institutionalism as a Methodology." *Journal of Theoretical Politics.* 15(2). 2003 참조. 구조에 의해 유도된 균형이 의회 밖의 영역에서 적용이 제한되는 이유 중 하나는, 의회가 샤프(F. W. Scharpf)가 말한 "고도로 구조화되고 높은 수준의 전략적 행위 능력을 가진 제한된 수의 행위자들 사이에 주기적으로 상호작용이 이루어지는" 정치의 장(arena)이기 때문일 가능성이 높다. Fritz W. Scharpf. *Games Real Actors Play: Actor-Centered Institutionalism in Policy Research.* Boulder, Colorado: Westview Press. 1997. p. 62. 한편 쉡슬(Kenneth A. Shepsle)과 웨인개스트(Barry R. Weingast)는 전술한 "라이커의 반론(Riker's Objection)"에 대해 새로운 제도규칙의 선택을 지배하는 비과반수 투표규칙, 변화에 수반되는 위험, 그리고 잘 규정된 현상유지대안(well defined status quo alternatives)의 존재 등으로 인해 헌법적 수준(제도적 규칙의 선택 수준)에서도 제도적 장치는 안정적인 균형을 이끌어낼 수 있다고 논박하였다. Kenneth A. Shepsle and Barry R. Weingast. op. cit. 1981. pp. 516~517. 다시 말해, 쉡슬과 웨인개스트의 논지는 "선택규칙의 선택(the choice of a choice rule)"은 다른 제도규칙과 다르게 취급해야 한다는 것이다.

435) Marc Schneiberg. "Combining New Institutionalisms: Explaining Institutional Change in American Property Insurance." *Sociological Forum.* 20(1). 2005. p. 99.

436) Paul Ingram and Karen Clay. op. cit. 참조.

437) Barry R. Weingast. "Rational-Choice Institutionalism." In Ira Katznelson and Helen V. Milner(eds.). *Political Science: The State of the Discipline.* W. W. Norton & Company. 2002; 하연섭. 전게서.; 김성제. 『정책혁신과 정책네트워크: 신제도론적 관점』. 경기: 한국학술정보(주). 2005.

438) Sue E. S. Crawford and Elinor Ostrom. "A Grammar of Institutions." *American Political Science Review.* 89(3). 1995; 이명석. 전게논문. 1999. 크로포드와 오스트롬은 이러한 견해들을 종합하여 제도를 "규칙, 규범, 그리고 공유된 전략에 의해 구조화된 상황에서의 인간행위의 지속적인 정형성(enduring regularities of human action)"으로 정의하고 있다.

439) Kathleen Thelen and Sven Steinmo. op. cit. p. 7; 남궁 근. 전게서. 1998. p. 216.

440) Douglass C. North. op. cit. pp. 3~4.

441) B. Guy Peters. op. cit. 2005. p. 53.

442) 하연섭. 전게서. p. 77.

443) Terry M. Moe. op. cit. 1990. pp. 217~218.

444) Barry R. Weingast. op. cit. 2002. p. 670.

445) B. Guy Peters. op. cit. 2005. pp. 48~50.

446) Claus Offe. op. cit. pp. 10~11.

447) 이명석. "공유재문제의 자치적 해결가능성." 한국행정학보. 29(4). 1995.

448) Elinor Ostrom. *Governing the Commons: The Evolution of Institutions for Collective Action.* New York: Cambridge University Press. 1990. pp. 2~3.

449) Ibid. 참조. 오스트롬의 주장이 주목할 받았던 이유는, 그녀가 시장을 통한 '사적인' 해결방법과 정부를 통한 '공적인' 해결방법이 아닌 '공동체'와 같은 제3의 해결방법을 제시하였기 때문이다.

450) Bo Rothstein. op. cit. 1998 참조.
451) Randall L. Calvert. op. cit. 참조.
452) John L. Campbell. op. cit. 2004. pp. 3~4.
453) B. Guy Peters. op. cit. 2005. p. 62.
454) John M. Carey. "Parchment, Equilibria, and Institutions." *Comparative Political Studies*. 33(6/7). 2000; Barry R. Weingast. op. cit. 2002; Avner Grief and David D. Laitin. op. cit.
455) Avner Grief and David D. Laitin. ibid. p. 633.
456) Gary Miller. op. cit. p. 542.
457) Jack Knight and James Johnson. op. cit. pp. 52~54.
458) Avner Grief and David D. Laitin. op. cit.; Orion Lewis and Sven Steinmo. op. cit.
459) Sven Steinmo. op. cit. 2001.
460) Fritz W. Scharpf. op. cit. 1997; Robert H. Bates et al. "Introduction." In Robert H. Bates et al., Analytic Narratives. Princeton University Press. 1998; Paul Pierson. *Politics in Time: History, Institutions, and Social Analysis*. Princeton: Princeton University Press. 2004.
461) 하연섭. 전게서. 참조.
462) Jack Knight and James Johnson. op. cit. 참조.
463) Kenneth A. Shepsle. op. cit. 2006 참조.
464) Mark Granovetter. op. cit. 1985 참조.
465) Paul Pierson. op. cit. 2004. pp. 60~63.
466) Peter A. Hall and Rosemary C. R. Taylor. op. cit.; Vivien Lowndes and Mark Roberts. op. cit.
467) Ira Katznelson. op. cit. p. 104
468) 강윤호. "제도, 제약 및 관료의 예산결정행태: 지방정부 예산결정에 대한 신제도주의적 접근." 한국정책학회보, 9(1). 2000. p. 84.
469) Jacob S. Hacker and Paul Pierson. op. cit. 2002. pp. 283~286.
470) Bo Rothstein. op. cit. 1996. p. 147.
471) Peter A. Hall and Rosemary C. R. Taylor. op. cit. 참조.
472) Paul Ingram and Karen Clay. op. cit. p. 528.
473) Margaret Levi. op. cit. 1997. p. 22.
474) Kathleen Thelen and Sven Steinmo. op. cit. p. 7.
475) Douglass C. North. op. cit. pp. 3~4.
476) B. Guy Peters. op. cit. 2005. pp. 62~64.
477) Peter A. Hall and Rosemary C. R. Taylor. op. cit. 참조.
478) Paul Ingram and Karen Clay. op. cit. p. 529.
479) Bo Rothstein. op. cit. 1996; Mark M. Blyth. op. cit. 1997.
480) Robert O. Keohane. op. cit. pp. 6~7.
481) Edgar Kiser and Shawn Bauldry. op. cit. p. 173.
482) 하연섭. 전게서. pp. 90~91.
483) 상게서. p. 347.
484) Bo Rothstein. op. cit. 1998. p. 126.
485) 이종찬. "동아시아 정치경제이론들에 대한 비판적 고찰: 신제도주의 이론을 중심으로." 한국정치학회보. 29(4). 1995. p. 586에서 재인용.
486) Peter A. Hall and Rosemary C. R. Taylor. op. cit.
487) Robert O. Keohane. op. cit. p. 4.
488) 하연섭. 전게서. p. 94.
489) Peter A. Hall and Rosemary C. R. Taylor. op. cit. p. 952.
490) James G. March and Johan P. Olsen. op. cit. p. 744; Peter A. Hall and Rosemary C. R. Taylor. op. cit. pp. 940~941.

491) Paul Ingram and Karen Clay. op. cit. p. 526.
492) Robert O. Keohane. op. cit. p. 7.
493) Peter A. Hall and David Soskice. op. cit. 참조.
494) Kathleen Thelen. *How Institutions Evolve: The Political Economy of Skills in Germany, Britain, the United States and Japan.* Cambridge: Cambridge University Press. 2004 참조.
495) 행위자 중심 제도주의에 대해서는 Fritz W. Scharpf. op. cit. 1997 및 op. cit. 2000; 김선희. "의료개혁 지체에 대한 행위자 중심 제도주의 분석: 포괄수가제 정책을 중심으로." 한국정책학회보. 18(1). 2009 참조. 그런데 이러한 행위자의 전략적 선택은 위기나 불확실성이 높은 시기에 특히 중요한 변수로 작용한다. 예를 들면, 카자흐스탄, 키르기스스탄, 우즈베키스탄에서 선거제도가 제도화된 양상을 비교·분석한 Pauline Jones Luong. op. cit. 참조.
496) R. Kent Weaver. op. cit. 2006 참조.
497) Kenneth A. Shepsle. "Rational Choice Institutionalism." In R. A. W. Rhodes, Sarah A. Blinder, and Bert A. Rockman(eds.). *The Oxford Handbook of Political Institutions.* Oxford: Oxford University Press. 2006 참조.
498) Daokui David Li et al. "Institutional Entrepreneurs." *American Economic Review.* 96(2). 2006. p. 358.
499) Vivien A. Schmidt. op. cit. 2010 참조.
500) John S. Ahlquist. "Navigating Institutional Change: The Accord, Rogernomics, and the Politics of Adjustment in Australia and New Zealand." *Comparative Political Studies.* 44(2). 2011 참조.
501) Pauline Jones Luong. op. cit.; Karen Orren and Stephen Skowronek. op. cit. 2002; Jacob S. Hacker. op. cit. 2004.
502) Margaret Weir. op. cit. p. 184.
503) Bo Rothstein. "Labor-Market Institutions and Working-Class Strength." In Sven Steinmo, Kathleen Thelen, and Frank Longstreth(eds.). *Structuring Politics: Historical Institutionalism in Comparative Analysis.* New York: Cambridge University Press. 1992 참조.
504) Sven Steinmo. op. cit. 1993 참조.
505) Paul Pierson. op. cit. 2004. p. 107.
506) Douglass C. North. op. cit. 참조.
507) Paul Pierson. op. cit. 2004. p. 106.
508) Gary Miller. op. cit. 참조.
509) 사회학적 제도주의의 대두 배경에 대해서는 Peter A. Hall and Rosemary C. R. Taylor. op. cit. 참조.
510) Paul J. DiMaggio and Walter W. Powell. "The Iron Cage Revisited: Institutional Isomorphism and Collective Rationality in Organizational Fields." In Walter W. Powell and Paul J. DiMaggio(eds.). *The New Institutionalism in Organizational Analysis.* Chicago: University of Chicago Press. 1991. p. 63에서 재인용.
511) John W. Meyer and Brian Rowan. "Institutionalized Organizations: Formal Structure as Myth and Ceremony." *American Journal of Sociology.* 83. 1977 참조.
512) Martha Finnemore. "Norms, Culture, and World Politics: Insights from Sociology's Institutionalism." *International Organization.* 50(2). 1996 참조.
513) John W. Meyer and Brian Rowan. op. cit. 참조.
514) 김용운. "제도적 동형화와 형식적 동형화." 배병룡(편). 『제도와 행위』. 서울: 대영문화사. 2015.
515) W. Richard Scott. *Institutions and Organizations: Ideas, Interests, and Identities.* 4th Edition. Thousand Oaks, CA: Sage Publications, Inc. 2013.
516) Peter A. Hall and Rosemary C. R. Taylor. op. cit.
517) Ibid.
518) Kathleen Thelen. op. cit. 1999. p. 386.
519) B. Guy Peters. op. cit. 2005. p. 118.
520) Peter A. Hall and Rosemary C. R. Taylor. op. cit. pp. 946~947.
521) 제도채택의 두 가지 논리에 대해서는 John L. Campbell. "Institutional Analysis and the Role of Ideas in Political Economy." In John L. Campbell and Ove K. Pedersen(eds.). *The Rise of Neoliberalism and Institutional Analysis.* Princeton: Princeton University Press. 2001 참조.
522) John L. Campbell. op. cit. 2004.

523) James G. March and Johan P. Olsen. op. cit.
524) B. Guy Peters. op. cit. 2005. p. 113.
525) Paul J. DiMaggio and Walter W. Powell. op. cit. 1983 참조.
526) Vivien Lowndes and Mark Roberts. op. cit. p. 115.
527) 그러나 이들에 의하면 이러한 구분은 분석적인 것이기 때문에, 경험적으로 항상 명확한 것은 아니라고 한다. 한편 그라노베터(Mark Granovetter)는 이러한 유형 외에 '제도간 동형화(cross-institutional isomorphism)'라는 또 다른 유형을 제시하고 있다. 그에 의하면 제도간 동형화란 "기업조직이 그들이 관여하는 비기업제도를 닮아가는 과정"을 의미한다. Mark Granovetter. "Business Groups and Social Organization." In Neil J. Smelser and Richard Swedberg(eds.). *The Handbook of Economic Sociology*. 2nd Edition. Princeton: Princeton University Press. 2005. p. 437.
528) Paul J. DiMaggio and Walter W. Powell. op. cit. 1983. p. 147.
529) Ronald L. Jepperson. "Institutions, Institutional Effects, and Institutionalism." In Walter W. Powell and Paul J. DiMaggio(eds.). *The New Institutionalism in Organizational Analysis*. Chicago: University of Chicago Press. 1991 참조.
530) 배병룡. "조직환경론에서의 신제도주의." 정용덕 외 『신제도주의 연구』. 서울: 대영문화사. 1999. p. 124.
531) John W. Meyer and Brian Rowan. op. cit. 참조.
532) Paul J. DiMaggio and Walter W. Powell. "The Iron Cage Revisited: Institutional Isomorphism and Collective Rationality in Organizational Fields." In Walter W. Powell and Paul J. DiMaggio(eds.). *The New Institutionalism in Organizational Analysis*. Chicago: University of Chicago Press. 1991 참조. 이들이 제시하고 있는 몇 가지 제도화 기제를 살펴보면 다음과 같다. 1. 강압적 동형화: ① 관계구조의 긴밀성, ② 자원의존상황. 2. 모방적 동형화: ① 목표의 모호성, ② 상황의 불확실성. 3. 규범적 동형화: ① 높은 수준의 구조화, ② 높은 수준의 전문화.
533) B. Guy Peters. op, cit. 2005. p. 114.
534) Vivien Lowndes. op. cit. 참조.
535) 사회구성주의에 대해서는 Jun Jong S. *The Social Construction of Public Administration: Interpretive and Critical Perspectives*. State University of New York Press. 2008. 권향원 외 (공역). 『행정학: 해석, 비판, 그리고 사회적 구성』. 서울: 대영문화사. 2015 참조. 한편 이러한 사회구성주의의 논리에 의한다면, '생물학적인 성(sex)'과 '사회적 성(gender)'은 구분해야 하는 개념이다. 생물학적 성과 달리 사회적 성은 특정 성(남성, 여성)에 대한 사회의 역할 기대가 투영되어 있기 때문에 역사성 · 사회성을 띠는 것이 보통이다. 하라리(Yuval Noah Harari)가 설명하고 있듯이, "(생물학적) 성은 남성과 여성으로 나뉘고, 이 구분의 속성은 객관적이기 때문에 역사를 통틀어 변함없이 지속되어 왔다. (그러나) 젠더(의 범주 내에 있는) … 소위 '남자다운' 속성과 '여자다운' 속성의 내용은 상호주관적이며 끊임없이 변화한다." Yuaval Noah Harari. *Sapiens: A Brief History of Humankind*. New York: Harper. 2015. 조현욱(역). 『사피엔스』. 경기: 김영사. 2015. p. 219.
536) Yuval Noah Harari. ibid. p. 176.
537) Ibid. pp. 176~177.
538) Thomas Risse. "Constructivism and International Institutions: Toward Conversations across Paradigms." In Ira Katznelson and Helen V. Milner(eds.). *Political Science: The State of the Discipline*. New York and London: W. W. Norton and Company. 2002; Colin Hay. op. cit. 2006.
539) Joe Soss and Sanford F. Schram. op. cit.; Helen Ingram. op. cit.
540) 사회구성주의의 관점에서 제도나 정책을 연구한 국내 문헌으로는 사공영호. "제도와 마음: 현상학 및 언어 · 심리철학적 접근." 행정논총 50(1). 2012 및 "'틀린' 정책 문제 정의: 의미와 기원." 한국정책학회보. 24(3). 2015 참조.
541) Joe Soss and Sanford F. Schram. op. cit. 및 Helen Ingram. op. cit. 참조. 사회구성주의에서는 편익이나 비용과 같은 이해관계의 '절대적 크기'보다는 그것에 대해 행위자들이 어떤 인식을 가지고 있는가라는 '해석(interpretation)'의 문제가 중요한 변수로 부각된다. Peter A. Hall. op. cit. 1997. 예를 들어, 정치학자 스톤(Deborah A. Stone)에게 있어 이해관계는 정책에 본질적으로 내재된 것이 아닌 정치행위자들이 그것에 의미를 부여한 '사회적 규정'의 산물이다. 그리고 그러한 사회적 규정에 영향을 미치는 중요한 변수 중 하나가 바로 '상징'이며, 따라서 이해관계를 규정하는 과정에서 자의적 해석이 개입할 수 있다. Deborah A. Stone. op. cit. 2012 참조.

542) Paul Pierson. op. cit. 1993.
543) Thomas R. Dye. op. cit. pp. 65~66.
544) Alan S. Zuckerman. op. cit.
545) '규범적 합리성'의 의미에 대해서는 Thomas Risse. op. cit. 참조.
546) W. Richard Scott. op. cit.
547) Victor Nee. "Sources of the New Institutionalism." In Mary C. Brinton and Victor Nee(eds.). *The New Institutionalism in Sociology*. New York: Russell Sage Foundation. 1998.
548) Dimitri Landa. "Rational Choice as Social Norms." *Journal of Theoretical Politics*. 18(4). 2006.
549) Mark Granovetter. op. cit. 1985.
550) 정정길 외. 전게서. 2003. p. 910.
551) Vivien Lowndes and Mark Roberts. op. cit. pp. 30~31.
552) 정정길 외. 전게서. 2003. p. 910.
553) 이른바 '제약 하에서의 선택(choice within constraints)' 문제에 대해서는 Victor Nee. op. cit. 참조.
554) Peter A. Hall and Rosemary C. R. Taylor. op. cit.
555) Vivien Lowndes. op. cit. p. 185.
556) 하태수. "제도의 이전, 토착화 그리고 신제도주의." 한국행정학회. 춘계학술대회 발표논문. 2002.
557) Roger Friedland and Robert R. Alford. "Bringing Society Back In: Symbols, Practices, and Institutional Contradictions." In Walter W. Powell and Paul J. DiMaggio(eds.). *The New Institutionalism in Organizational Analysis*. Chicago: University of Chicago Press. 1991.
558) 하연섭. 전게서. pp. 123~124.
559) Paul J. DiMaggio. "Culture and Cognition." *Annual Review of Sociology*. 23. 1997 참조.
560) Arthur L. Stinchcombe. "On the Virtues of the Old Institutionalism." *Annual Review of Sociology*. 23. 1997 참조.
561) Peter A. Hall. "Historical Institutionalism in Rationalist and Sociological Perspective." In James Mahoney and Kathleen Thelen(eds.). *Explaining Institutional Change: Ambiguity, Agency, and Power*. Cambridge: Cambridge University Press. 2010 참조.
562) Ibid. pp. 216~219.
563) 이 과정에서 '신중상주의'를 신봉한 상공부와 '신고전주의'를 신봉한 경제기획원 간에 치열한 경제담론 논쟁이 있었다. 1970년대와 1980년대 경제담론을 둘러싼 논쟁에 대해서는 박태균. "1970, 80년대 경제정책 주체의 변화와 새로운 경제담론." 유철규(편). 『박정희 모델과 신자유주의 사이에서』. 서울: 함께 읽는 책. 2004 참조.
564) James Mahoney and Kathleen Thelen. op. cit.
565) Michael Howlett et al. op. cit. pp. 50~52.
566) John L. Campbell. "Institutional Analysis and the Role of Ideas in Political Economy." *Theory and Society*. 27(3). 1998 참조.
567) 이러한 맥락에서 제도변화에 이념의 역할을 강조하는 슈미터(Vivien A. Schmidt)가 말한 "담론적 제도주의(discursive institutionalism)"에 대해 주목할 필요가 있다. 그녀가 말한 담론적 제도주의란 이념과 그것을 둘러싼 상호 의사소통 과정에서 특정한 제도의 양태가 나온다는 이론적 관점을 말한다. Vivien A. Schmidt. op. cit. 2010 참조.
568) Vivien A. Schmidt. op. cit. 2008.
569) John L. Campbell. op. cit. 1998. p. 385.
570) Stephen Bell. op. cit.
571) 최은봉은 1980년대 일본의 국유철도 분할과 민영화 정책을 분석하였는데, 그에 의하면 이러한 정책들은 기술적인 관점에서 시장이 효율적이라는 판단에 근거한 것이 아니라 객관적 환경변화에 대응하여 이루어진 것이었기 때문에, 기존 일본의 정치·사회체제의 연계성을 크게 벗어나지 않는 범위 내에서 고려되었다고 한다. 최은봉. "일본 공공정책 결정구조와 과정 연구: 좀더 적실한 접근법의 탐색." 고려대학교 행정문제연구소. 행정과 정책. 창간호. 1992 참조.
572) 수렴가설과 자본주의의 다양성 사이의 논쟁에 대해서는 후술하는 〈보론 5-1〉 참조.
573) Miles Kahler. "The State of the State in World Politics." In Ira Katznelson and Helen V. Milner(eds.). *Political*

Science: State of the Discipline. New York and London: W. W. Norton & Company. 2002. pp. 58~60.

574) Kathleen Thelen. "The Political Economy of Business and Labor in the Developed Democracies." In Ira Katznelson and Helen V. Milner(eds.). *Political Science: State of the Discipline*. New York and London: W. W. Norton & Company. 2002 참조. 비슷한 맥락에서 경제사회학(economic sociology) 분야에서도 유사한 기능적 필요에 따라 기업구조가 수렴할 것이라는 주장에 대해 체계적인 반론을 제기하고 있다. Mark Granovetter. op. cit. 2005 참조. 그러나 자본주의의 다양성을 주장하는 이러한 연구들은 현존 제도의 지속성 문제에 치중한 나머지 변화의 문제를 적절하게 설명하지 못한다는 한계가 있다. Kathleen Thelen. op. cit. 2004 및 Wolfgang Streeck and Kathleen Thelen. op. cit. 참조. 따라서 보다 체계적인 연구가 되기 위해서는 변화가 구조화되고 제한되는 요인에 대한 구체적인 검토가 필요하다. 예를 들면, 정책단속 효과의 논의에서 볼 수 있듯이, 제도의 결과가 가시성이 높고 직접적일 때 변화를 가로막는 긍정적 환류효과(positive feedback effects)가 크게 나타날 수 있다. Joe Soss and Sanford F. Schram. op. cit. 참조.

575) 구현우. "세계화, 신자유주의, 그리고 제도론적 함의: 김대중 정부의 경제개혁을 중심으로." 국정관리연구. 6(2). 2011 참조.

576) 임혁백. 『세계화시대의 민주주의: 현상 · 이론 · 성찰』. 서울: 나남출판. 2000. pp. 73~74.

577) 상게서. p. 71. 그러나 허스트(Paul Hirst)에 의하면 중세시대에는 사회와 경제의 상호의존성이 낮은 수준이었던 반면, 현재에는 이들 분야에서 상호의존성이 증대되고 있기 때문에 세계화 시대의 국제질서는 중세시대의 그것과는 다르다고 한다. Paul Hirst. "Democracy and Governance." In Jon Pierre(ed.). *Debating Governance*. Oxford: Oxford University Press. 2000. p. 24.

578) 오연천 · 이달곤 외. 『세계화시대의 국가정책』. 서울: 박영사. 2004. pp. 3~4.

579) Jan Aart Scholte. "Governing Global Finance." In David Held and Anthony McGrew(eds.). *Governing Globalization: Power, Authority and Global Governance*. Polity Press. 2002. pp. 190~191.

580) Miles Kahler. op. cit. pp. 59~60. 2장에서 살펴본 바와 같이 피터슨(Paul E. Peterson)은 지방정부와 주정부의 자율성을 증대시키는 방향으로 나아가고 있는 1990년대 미국의 연방주의를 평가하면서, 지방정부와 주정부는 '발에 의한 투표(vote with feet)'로 인한 시장적 제약에 직면하기 때문에 이러한 제약이 적은 연방정부에 비해 경제개발정책을 효율적으로 제공할 수 있다고 주장한 바 있다(〈보론 2-1〉 참조). 그러나 자본과 금융이 발 빠르게 이동하는 세계화 시대에는 지방정부나 주정부 못지않게 연방(중앙)정부도 강한 시장적 제약에 직면한다고 보아야 한다.

581) Jeffry Frieden and Lisa Martin. op. cit. pp. 122~123.

582) Jon Pierre and B. Guy Peters. *Governance, Politics and the State*. New York: St Martin's Press. 2000. p. 57.

583) 임혁백. 전게서. 2000; 허철행. "김대중 정부의 신자유주의적 정부혁신의 비판적 재검토." 한국행정학회 춘계학술대회 발표논문. 2000 및 "세계화와 한국의 정부혁신." 지방과 행정연구. 12(1). 2000 참조.

584) 그러나 신자유주의적 세계화의 반대론자들은 신자유주의가 여러 가능한 대안들 중 하나일 뿐이라고 반박한다. 즉, 신자유주의 외에 다른 대안이 없는 것이 아니라 "대안은 무수히 많다(There Are Thousands Alternatives, 약자로 TATA)"는 것이다. 손호철. 『현대 한국정치이론과 역사: 1945-2003』. 서울: 사회평론. 2003. p. 520. 한편 문(Bruce E. Moon)에 따르면, 세계화가 돌이킬 수 없는 대세라는 것을 전파한 데에는 헤게모니의 지위를 계속 유지하려고 하는 미국의 역할이 지대했다고 한다. Bruce E. Moon. "The United States and Globalization." In Richard Stubbs and Geoffrey R. D. Underhill(eds.). *Political Economy and the Changing Global Order*. Oxford: Oxford University Press. 2005 참조.

585) Peter A. Hall and David Soskice. op. cit. 참조. 자본주의의 다양성 이론은 신자유주의라는 동시성의 시간에 비동시적인 자본주의 생산양식이 공존하는 이른바 '비동시성의 동시성(the contemporaneity of the contemporary)' 문제라고 할 수 있다. 이러한 관점에서 세계화 시대 자본주의를 분석한 연구로는 임혁백. 전게서. 2014 참조.

586) 유동운. 전게서. p. 420.

587) James Mahoney. op. cit. 2000; Paul Pierson. op. cit. 2000 및 op. cit. 2004 참조.

588) 제도의 중첩 현상에 대해서는 David Stark and L. Bruszt. *Postsocialist Pathways: Transforming Politics and Property in East Central Europe*. Cambridge University Press. 1998; Eric Schicker. *Disjointed Pluralism: Institutional Innovation and Development of the U.S. Congress*. Princeton: Princeton University Press. 2001;

Paul Pierson and Theda Skocpol. op. cit. 2002; Kathleen Thelen. op. cit. 2003; Jacob S. Hacker. op. cit. 2004 및 op. cit. 2005; Paul Pierson. op. cit. 2004; Wolfgang Streeck and Kathleen Thelen. op. cit. 참조.

589) Paul Pierson. op. cit. 2000 및 op. cit. 2004 참조.

590) __________. op. cit. 2004 참조.

591) Torben Iversen and David Soskice. "An Asset Theory of Social Policy Preferences." *American Political Science Review.* 95(4). 2001; Paul Pierson. op. cit. 2004.

592) 세계화 시대 자본주의 생산양식의 수렴과 발산 현상에 대해서는 Herbert Kitschelt et al.(eds.). *Continuity and Change in Contemporary Capitalism.* Cambridge: Cambridge University Press. 1999; Torben Iversen and Jonas Pontusson. "Comparative Political Economy: A Northern European Perspective." In Torben Iversen, Jonas Pontusson, and David Soskice(eds.). *Unions, Employers and Central Banks.* Cambridge: Cambridge University Press. 2000; Peter A. Hall and Daniel W. Gingerich. "Varieties of Capitalism and Institutional Complementarities in the Macroeconomy: An Empirical Analysis." MPIfG Discussion Paper 04/5. 2004 참조.

593) Sylvia Maxfield. *Gatekeepers of Growth: The International Political Economy of Central Banking in Developing Countries.* Princeton: Princeton University Press. 1997; William Roberts Clark and Mark Hallerberg. "Mobile Capital, Domestic Institutions, and Electorally Induced Monetary and Fiscal Policy." *American Political Science Review.* 94(2). 2000.

594) Suzanne Berger and Ronald Dore(eds.). *National Diversity and Global Capitalism.* Ithaca, New York: Cornell University Press. 1996.

595) 더글러스, 윌다브스키 등의 문화이론을 1960년대 정치학에서 활발하게 논의된 정치문화론과 구별하기 위해 "신"문화이론으로 명명하는 경우도 있으나, 더글러스, 윌다브스키, 톰슨, 엘리스 등 문화이론가들은 자신들의 이론을 '문화이론(cultural theory)'으로 부르고 있으며, 우리나라의 다수설도 이를 따르고 있기 때문에 여기서는 문화이론으로 통일하여 사용하기로 한다.

596) 문화이론에 대해서는 Aaron Wildavsky. op. cit. 1987; Michael Thompson et al. *Cultural Theory.* Boulder, CT: Westview Press. 1990; 김종완. "신문화이론." 정용덕 외. 『신제도주의 연구』. 서울: 대영문화사. 1999; 박종민·김서용. "신자유주의 정부개혁의 문화적 분석." 박종민(편). 『정책과 제도의 문화적 분석』. 서울: 박영사. 2002; 안성민. "신제도주의와 문화이론." 박종민(편). 『정책과 제도의 문화적 분석』. 서울: 박영사. 2002; 박종민·왕재선. "큰 정부 대 작은 정부: 이념, 구조 및 문화." 한국행정학회. 춘계학술대회 발표논문. 2004 참조.

597) 이러한 관점에서 문화를 정의하는 견해에 대해서는 Aaron Wildavsky. op. cit. 1987 참조.

598) 박종민·김서용. 전게논문. pp. 54~59 및 안성민. 전게논문. pp. 35~37 참조.

599) 김판석. "Michael Thompson과 Richard Ellis 그리고 Aaron Wildavsky의 문화이론." 오석홍(편). 『정책학의 주요이론』. 제2판. 서울: 법문사. 2000. p. 108.

600) 정용덕 외. 『신제도주의 연구』. 서울: 대영문화사. 1999 참조.

601) Michael Thompson et al. op. cit. 참조.

602) 윌다브스키(Aaron Wildavsky)에 의하면, 우리가 상정할 수 있는 잠재적 문화는 무수히 많지만, 대부분의 인간들의 상호관계를 유형화할 수 있는 문화는 극히 제한되어 있기 때문에, 문화이론의 기본적인 명제는 '불가능성 정리(impossibility theorem)'라고 한다. Aaron Wildavsky. op. cit. 1987. p. 6.

603) Aaron Wildavsky. op. cit. 1987; Michael Thompson et al. op. cit.; 김종완. "신문화이론." 전게논문; 김판석. 전게논문; 박종민·김서용. 전게논문; 박종민·왕재선. 전게논문 참조.

604) 박종민·김서용. 전게논문. p. 61을 수정·보완.

605) 박종민·김서용. 전게논문 참조. 또한 우리나라처럼 여성적 성향의 문화를 갖고 있는 나라는 상호의존관계를 중시하면서 외적 성과나 성장보다는 삶의 질이 더욱 중시되어, 성공한 사람들을 찬양하는 것보다는 불행에 처한 사람들에 대한 동정심을 유발하게 하는 것이 일반적 사회 분위기이다. 따라서 내부시장화를 통해 공공부문에 경쟁메커니즘을 도입하여 성과에 따른 차등보상을 하려는 신공공관리론의 논리는 여성주의 문화 하에서는 큰 힘을 발휘하기 어려운 실정이다. 이창원. "김대중 정부의 행정개혁에 있어서 행정학, 행정학자의 역할: 개혁과정과 결과를 중심으로." 한국행정학회. 춘계학술대회 발표논문. 2001 참조.

606) Elinor Ostrom. "New Horizons in Institutional Analysis." *American Political Science Review.* 89(1). 1995. pp.

177~178.

607) 하연섭. "신제도주의의 최근경향: 이론적 자기혁신과 수렴." 한국행정학보. 36(4). 2002 참조.

608) Avner Grief and David D. Laitin. op. cit.; 구현우. 전게논문. 2012.

609) 내생적 제도변화 이론에 입각한 몇몇 실증연구들을 살펴보면 다음과 같다. 먼저 그라이프(Avner Greif)는 중세 이탈리아 제노바의 씨족들 사이의 관계변화가 많은 부분 씨족 간 전쟁이나 신성로마제국 황제의 위협과 같은 외생적인 요인에서 비롯되었다고 보면서, 그것이 이익극대화를 추구하는 씨족의 전략적 선택에 의해 내생적으로 조정되었다고 이해하고 있다. 그리고 이러한 내생적 조정과정은 궁극적으로 'podestà'라는 정치제도로 귀결되었는데, 이것이 씨족 간의 갈등을 조정・중재함으로써 제노바가 지중해의 상업중심지가 될 수 있었다고 그라이프는 보고 있다. 따라서 그의 논리에 의한다면, 조정을 촉진하는 "자기강제적 정치제도(self-enforcing political systems)"는 내생적인 "역사적 학습과정(historical learning process)"의 산물인 것이다. Avner Greif. op. cit. 참조. 또한 국제커피기구(International Coffee Organization)의 안정성을 분석한 베이츠(Robert H. Bates)는 카르텔 조직의 안정성이 외생적인 요인 때문이라고 결론짓고 있다. 즉, 국제 환경이 안정적인 경우 카르텔 조직은 시장경쟁으로 인해 죄수의 딜레마 문제에 직면하는 반면, 환경이 불안정할 경우에는 미국과 같은 대규모 커피소비국이 조정・중재자로 나서게 됨으로써 경쟁시장의 균형은 보다 안정적인 새로운 균형으로 대체된다는 것이다. 물론 베이츠 또한 그라이프의 연구와 마찬가지로 내생적 조정과정이 국제커피기구의 규칙과 같은 파레토 우위적 결과를 가져오는 특정한 제도로 귀결된다고 보기 때문에, 그의 주장은 합리적 선택 제도주의의 논리와도 맞닿아 있다. Robert H. Bates. "The International Coffee Organization: An International Institution." In Robert H. Bates et al., *Analytic Narratives*. Princeton: Princeton University Press. 1998 참조.

610) 하연섭. 전게서 참조.

611) Kathleen Thelen and Sven Steinmo. op. cit. 참조.

612) 분석적 서술방법에 대한 간명한 소개에 대해서는 Robert H. Bates et al. op. cit. 및 James Mahoney. "Rational Choice Theory and Comparative Method: An Emerging Synthesis?" *Studies in Comparative International Development*. 35(2). 2000 참조. 한편 스카치폴(T. Skocpol)은 역사사회학(historical sociology)의 연구방법을 ① 일반 모델을 역사에 적용하는 이론지향적 역사연구, ② 역사 해석을 위해 개념을 활용하는 개념의존적 역사이해, ③ 역사 속에 인과적 규칙성을 분석하는 거시인과적 역사분석으로 나누고 있는데, 이 중 이론지향적 역사연구가 분석적 서술방법과 비슷한 맥락에서의 논의라고 볼 수 있다. Theda Skocpol. "Emerging Agendas and Recurrent Strategies in Historical Sociology." In Theda Skocpol(ed.). *Vision and Method in Historical Sociology*. Cambridge: Cambridge University Press. 1984 참조. 따라서 분석적 서술방법의 의의는 그것이 기존에 없던 전혀 새로운 연구방법이라는 데 있는 것이 아니라, 기존의 연구방법을 체계화하고 이를 보다 명료하게 이론화했다는 데 있다. Robert H. Bates et al. "The Analytic Narrative Project." *American Political Science Review*. 94(3). 2000 참조. 분석적 서술방법은 정치 현실을 제대로 설명할 수 없다는 합리적 선택 이론의 한계와 비이론적이라는 비교연구방법의 한계를 모두 극복할 수 있는 방법론적 종합으로 이해되기도 하지만, 그렇다고 문제가 전혀 없는 것은 아니다. 엘스터(Jon Elster)는 분석적 서술방법이 기존의 합리적 선택 이론과 마찬가지로 인간의 선호나 의도를 연역적으로 가정하고, 불확실성을 무시하며, 역사적인 자료에 그들의 모형을 억지로 적용시키려고 하는 한계가 있다고 지적하였다. Jon Elster. "Rational Choice History: A Case of Excessive Ambition." *American Political Science Review*. 94(3). 2000. 또한 분석적 서술방법이 합리적 선택 이론과 비교연구방법의 방법론적 종합이라고는 하지만, 실제로는 합리적 선택 이론에 치우쳐 이 이론의 틀 내에서 설명이 가능한 사례만을 선정하는 한계를 보이고 있다. 하연섭. 전게서. pp. 306-307. 게다가 경우에 따라서는 이것이 두 연구방법의 장점을 취하는 것이 아니라, 단순한 절충이나 한 연구방법으로의 안일한 도피로 귀결될 분석적 위험도 내포하고 있다. 예를 들면, 마호니(James Mahoney)의 다음과 같은 지적은 우리에게 시사하는 바가 크다. "비록 이러한 새로운 연구들이 수식이론(formal theory)과 비교연구방법(comparative method)의 "두 세계 모두에서 최상의(best of both worlds)" 종합으로 간주된다고 하더라도, 나는 두 연구전통 사이에 무시하지 못할 갈등이 있다고 본다. 게다가 가장 비관적인 시나리오에서, 새로운 합리적 선택 연구는 비교연구방법의 장점을 활용함이 없이 그것의 특징적인 장점을 훼손하고 있다. 따라서 합리적 선택 이론가들은 가설의 검증(hypothesis testing), 개념적 타당성(conceptual validity), 그리고 이론개발(theory development) 등의 관점에서 비교연구방법의 장점을 향유하는 데 어려움을 겪는 경우에도, 보편적 이론화의 가능성과 연역적 연구의 우수성에 대한 초기 논의

에서 점점 손을 떼고 있다." James Mahoney. op. cit. 2000. p. 92.

613) Tim Büthe. op. cit.

614) 하연섭. 전게서. 분석적 서술방법에서 가정하는 행위자는 구체적인 역사 속에서 "배태된(embedded)" '맥락특정적인(context-specific)' 존재라고 할 수 있다. Robert H. Bates et al. op. cit. 1998 참조. 이러한 점은 남북전쟁 이전 시기의 정치적 안정을 분석한 웨인개스트(Barry R. Weingast)의 연구를 통해서 확인할 수 있다. 웨인개스트는 미국 정치의 안정성이 일련의 제도 규칙, 예를 들면 1820년의 미주리 협약과 권력분립의 정치제도, 그리고 연방제도에 의해 형성된 정치적 결과였다고 이해하고 있다. 특히, 상원의 지역배분 원칙이 노예제도에 대한 "신뢰할 수 있는 약속"이 됨으로써 이러한 현상유지 편향은 확대 · 재생산될 수 있었다. 그러나 미국 경제가 성장함에 따라, 특히 북부만이 지역적으로 성장함에 따라 그러한 지역 간 균형 원칙은 변하기 시작하였고, 행위자들은 그들의 정치적 전략을 바꿀 유인을 가지게 되었다. 그 결과 남부와 북부는 정치적으로 분열되었고, 결국에는 남북전쟁의 파국으로 이어졌다고 웨인개스트는 보고 있다. Barry R. Weingast. "Political Stability and Civil War: Institutions, Commitment, and American Democracy." In Robert H. Bates et al., *Analytic Narratives*. Princeton: Princeton University Press. 1998 참조.

615) Robert Powell. "Bargaining Theory and International Conflict." *Annual Review of Political Science*. 5. 2002. p. 2.

616) Mancur Olson. op. cit. 1965 참조.

617) Robert O. Keohane. op. cit. 참조.

618) 예를 들면, 태안지역 기름유출사고에 대한 대규모 시민참여 사례를 분석한 이연경의 연구에서도 "회피할 수 없는 시급한 문제라는 사례의 특성"과 "대규모 집합적 행위를 확인할 수 있는 기제"와 같은 전통적인 합리적 선택 이론의 논의에서는 포섭할 수 없는 요인이 충족되면 대규모 집합적 행위가 가능한 것으로 나타났다. 즉, 이러한 요인들이 충족되면 "자신의 비용을 의미 있는 지출"로 인식하는 변화가 생겨나 집합적 행위의 선순환 구조가 형성될 수 있다는 것이다. 이연경. "시민의 대규모 공익적 집합행동 요인에 관한 연구: 태안 사례에 대한 Olson 이론의 적용가능성을 중심으로." 서울대학교 대학원 석사학위논문. 2008 참조.

619) 이명석. 전게논문. 1999 참조.

620) 전통적인 합리적 선택 이론과 달리 신뢰와 같은 문화적 맥락에서 사회적 딜레마 문제에 접근한 대표적인 연구로 퍼트남(Robert D. Putnam)의 연구를 들 수 있다. 퍼트남은 신뢰, 상호성, 네트워크와 같은 '사회적 자본'을 토대로 이탈리아 남부와 북부를 비교 · 분석하였는데, 그에 의하면 사회적 자본의 축적 정도가 지역의 집합적 행위의 수준과 발전에 중요한 영향을 미쳤다고 한다. 즉, 사회적 자본이 축적되어 이것이 증가하는 선순환(virtuous circle) 지역(이탈리아 북부)에서는 사람들 사이의 협력을 위한 보다 왕성한 기반이 제공됨으로써 지역이 발전한 반면, 사회적 자본이 축적되지 않아 그것이 감소하는 악순환(vicious circle) 지역(이탈리아 남부)에서는 협력이 제대로 이루어지지 않아 지역이 낙후되었다는 것이다. Robert D. Putnam. op. cit. 1993 참조. 또한 이명석 외는 신뢰뿐만 아니라 선택의 순서와 같은 제도적 요인, 그리고 보수의 비대칭성과 같은 경제적 요인까지 고려하여 이러한 요인들이 사회적 딜레마 상황에서의 협동가능성에 미치는 영향을 실험 및 설문조사를 통해 분석하였는데, 보수의 비대칭성이나 선택의 순서와 달리 신뢰는 보수가 대칭적이고 선택이 동시에 이루어지는 단순하고 이해하기 쉬운 실험 상황에서 협동가능성과 높은 상관관계가 있는 것으로 나타났다. 이명석 외. "제도, 이질성, 신뢰 그리고 사회적 딜레마 상황에서의 협동가능성." 한국행정학보. 38(1). 2004 참조. 이상에서 살펴본 일련의 연구결과에서도 알 수 있듯이, 신뢰와 같은 문화적 요인은 많은 부분 경제적 이해관계에서 비롯되는 사회적 딜레마를 해결하는 데 있어서도 중요한 변수가 될 수 있지만, 이와 관련하여 논쟁의 여지가 없는 것은 아니다. 예를 들면, 그라노베터(M. Granovetter)는 죄수의 딜레마 상황에서 다른 죄수가 범행사실을 부인할 것이라고 신뢰하는 경우 자신은 더욱 자백하려고 할 것이라는 맥락에서 신뢰만으로는 부족하고 외적인 강제가 필요하다고 주장하였으며, 제1차 세계대전 당시 서부전선의 일화를 분석한 악셀로드(R. Axelrod)는 이해당사자들 사이에 협력을 이끌어내는 것은 신뢰가 아니라 '관계의 지속성(durability of the relationship)'이라고 주장하였다. Mark Granovetter. op. cit. 1985 및 Robert Axelrod. *The Evolution of Cooperation*. New York: Basic Books. 1984 참조. 악셀로드의 연구에서도 볼 수 있듯이, 반복적인 죄수의 딜레마 게임에서는 배반(defection)에 대한 "보복전략(Tit-For-Tat)"이 협력을 이끌어내는 중요한 변수가 될 수 있다. David Lalman et al. "Formal Rational Choice Theory: A Cumulative Science of Politics." In Ada W. Finifter(ed.). *Political Science: The State of the Discipline II*. Washington D.C.: The American Political Science Association. 1993; Barry R.

Weingast. op. cit. 2002; 김행범. 전게논문. 2000. 특히, 이 경우에 행위자들이 현재의 보수보다 미래의 보수에 더 큰 비중을 둘 경우 협력의 정도는 높아진다. 집합적 행위에서 협력을 이끌어내기 위한 조건으로 쉡슬(Kenneth A. Shepsle)이 "선별적 유인"과 "리더십" 외에 "반복시행(repeat play)"을 제시하고 있는 것도 이러한 맥락에서 이해할 수 있다. Kenneth A. Shepsle. op. cit. 2006 참조.

621) 임혁백. 전게서. 1994 참조. 이러한 논의들은 과학철학자 칼 포퍼(Karl R. Popper)가 『열린사회와 그 적들(the open society and its enemies)』에서 신랄하게 비판한 "역사주의(historicism)"와 비슷한 맥락이라고 볼 수 있다. 포퍼가 말한 역사주의란 개인이 역사 속에 매몰되어 그 주체적 의미를 상실하는 것을 말한다.

622) 황수익. "사회행위와 의도하지 않은 결과, 기능적 설명, 그리고 개인주의적 설명." 한국정치학회보. 23. 1989.

623) Jon Elster. *Nuts and Bolts for the Social Sciences*. Cambridge: Cambridge University Press. 1989. p. 13.

624) James E. Anderson. op. cit. p. 25.

625) 소병희. 전게논문. p. 271.

626) James M. Buchanan. "Politics Without Romance: A Sketch of Positive Public Choice Theory and Its Normative Implications." In Philip Pettit(ed.). *Contemporary Political Theory*. New York: Macmillan Publishing Company. 1991. p. 218.

627) 임혁백. 전게서. 1994. p. 23에서 재인용.

628) Edgar Kiser and Shawn Bauldry. op. cit. p. 173. 최근에 주목을 받고 있는 혼돈이론(chaos theory)도 체제를 아는 것과 그 구성요소를 아는 것은 본질적으로 다른 문제라는 '비환원성(irreducibility)'에 기초하고 있다.

629) Margaret Levi. op. cit. 1997. p. 23.

630) 이러한 관점에서 합리성을 정의하는 견해에 대해서는 Peter A. Hall and Rosemary C. R. Taylor. op. cit. 및 W. Richard Scott. op. cit. 참조.

631) 도구적 합리성의 의미에 대해서는 Edgar Kiser and Shawn Bauldry. op. cit.; 강원택. "지역주의 투표와 합리적 선택: 비판적 고찰." 한국정치학회보. 34(2). 2000; 정준표. "합리적 선택 이론에 있어서 합리성의 개념." 대한정치학회보. 11(2). 2003 참조.

632) Andrew Hindmoor and Brad Taylor. "Rational Choice." In Vivien Lowndes, David Marsh and Gerry Stoker(eds.). *Theory and Methods in Political Science*. Fourth Edition. London: Palgrave Macmillan. 2018. p. 41.

633) Dennis Chong. *Rational Lives: Norms and Values in Politics and Society*. Chicago: University of Chicago Press. 2000. p. 13.

634) Edgar Kiser and Shawn Bauldry. op. cit. p. 173.

635) 완비성과 이행성의 의미에 대해서는 Kenneth A. Shepsle. op. cit. 2010; 김영세. 『전략과 정보: 게임이론적 접근』. 서울: 박영사. 2000; 이정전. 『경제학에서 본 정치와 정부』. 전게서 참조.

636) Thomas R. Dye. op. cit. p. 25.

637) 정치행위자와 경제행위자는 추구하는 목표 면에서 차이가 있는 것이 아니라, 그들의 행동이 미치는 영향 면에서 차이가 있다. 즉, 경제행위자들은 주로 자신들에게 영향을 미치는 결정을 하는 반면, 정치행위자들은 주로 다른 사람들에게 영향을 미치는 결정을 한다. Gordon Tullock et al. *Government: Whose Obedient Servant?: A Primer in Public Choice*. London: The Institute of Economic Affair. 2000. 김정완(역). 『공공선택론: 정부실패』. 서울: 대영문화사. 2005. p. 25.

638) 이러한 맥락에서 뷰캐넌(James M. Buchanan)은 공공선택이론을 "낭만이 없는 정치학(politics without romance)"이라고 표현하고 있다. 이와 같이 공공선택이론은 "실증적인 이론(positive theory)"으로서의 성격이 강하지만, 그는 실증적인 이론으로부터 "규범적인 함의(normative implications)"도 이끌어내고 있는데, 그가 생각하고 있는 규범적 함의는 정부의 역할과 기능을 축소하는 '제한정부론(limited government)'이다. 즉, 정치인이나 관료와 같은 정부의 경영자들도 이타적이지 않을 뿐 아니라 능력상 한계로 실패할 수 있는 존재라면, 이들의 활동을 제한하여 정부실패의 가능성을 줄이는 것이 바람직하다는 것이다. James M. Buchanan. op. cit. 1991 참조. 그러나 이러한 보편적인 주장에 대해, 힐만(Arye L. Hillman)은 정치인들이 진정으로 원하는 것은 선거에서 승리하는 것이 아니라 선거에서 승리하여 그들이 원하는 정책을 실행에 옮기는 것이라는 반론을 제기하였는데, 이러한 정치인들의 행동을 그는 "원칙이 있는 정치 행태(principled political behavior)"라고 표현하고 있다. Arye L. Hillman. op. cit. 참조.

639) James E. Anderson. op. cit. p. 25에서 재인용.

640) 사람들이 정말로 이기적인가를 알아보기 위해 경제학자들은 많은 실험 상황을 고안하였는데, 그 중 하나가 '최후통첩 게임(ultimatum game)'이다. 이 게임은 주어진 금액을 나눠 갖기 위해 두 행위자가 직면하게 되는 전략적 상황을 잘 보여주는데, 여기서 한 사람이 제안을 하고 다른 사람이 그 제안을 받아들이면 제안된 비율에 따라 돈을 나눠 갖는 반면, 제안을 거부하면 두 사람이 아무 것도 가지지 못한다고 한다. 사람이 이기적이라고 가정하는 신고전파 경제학의 논리에 따른다면, 이 경우 한 사람은 자신에게 최대한 유리하도록 제안을 하고 다른 사람은 '울며 겨자 먹기' 식으로 그 제안을 받아들일 것이라고 예측되지만, 실제 실험결과는 이러한 이론적 예측과 다른 경우가 많았다. 최후통첩 게임에 대한 보다 자세한 설명은 이준구. 『미시경제학』. 전게서. 2008. 제23장 "행태경제이론" 참조.

641) 이달곤 외. 『새 테마 행정학』. 서울: 법우사. 2015. p. 123.

642) Gary Miller. op. cit. p. 538.

643) David Lalman et al. op. cit. p. 79.

644) Ethan Bueno de Mesquita. op. cit. p. 8. 그러나 이론적인 차원에서 뿐만 아니라 실제로도 인간이 경제인이라고 주장하는 학자도 있다. 대표적으로 스티글러(George Stigler)를 들 수 있는데, 그는 인간이 모든 부문에서 효용극대화를 추구하지만 가끔 실수를 하는 것은 인간이 가지고 있는 정보가 불완전하기 때문이라고 주장하는가 하면, 윤리(ethics)의 경우에는 이를 "자신에게 돌아오는 이익에 비해서 타인이 이로 인해 부담해야 하는 비용이 과도하게 많다든지 또는 단지 근시안적으로만 자신에게 이익이 되는 행위들을 금지하는 대인관계에서의 규칙"에 지나지 않는다고 주장하였다. 소병희. 전게논문. p. 272에서 재인용.

645) 게다가 더 큰 문제는 개인이 합리적인 선택을 하는 것도 아니라는 점이다. 프랑스 헌법제정의 역사를 분석한 엘스터(Jon Elster)에 따르면, 프랑스의 헌법제정자들은 합리적 선택 이론의 도구적 합리성에 비추어봤을 때 비합리적인 행태를 보였다는 것이다. Jon Elster. "Beyond Rational Self-Interest: Authors and Actors in French Constitution-Making." In Ian Shapiro, Stephen Skowronek, and Daniel Galvin(eds.). *Rethinking Political Institutions: The Art of the State*. New York and London: New York University Press. 2006 참조.

646) Margaret Levi. op. cit. 1997; 하연섭. 전게서. 2003.

647) Elinor Ostrom. "A Behavioral Approach to the Rational Choice Theory of Collective Action." Presidential Address. *American Political Science Association*. 1997. American Political Science Review. 92(1). 1998; 이명석 외. 전게논문. 2004.

648) 투표의 역설 현상이 나타나지 않는가를 검토하기 위해 대안 x와 대안 z를 비교하면, A와 B는 x를 선호하는 반면 C는 z를 선호하기 때문에 x가 z를 2:1로 패배시킨다. 따라서 y>x>z 라는 사회선호의 순위가 형성된다.

649) 중위투표자 정리에 대해서는 이를 경험적으로 지지하는 연구도 많지만, 현실에서는 중위투표자 정리가 적용되기 어렵다는 연구도 적지 않다. 예를 들면, 같은 주 출신의 다른 정당을 대표하는 두 명의 상원의원을 비교한 레비트(S. D. Levitt)의 연구에 따르면, 한 주에서 서로 다른 정당의 후보가 각각 당선되었을 때 당선된 상원의원들은 매우 다른 투표를 하는 것으로 나타났다. 즉, 그들은 같은 당에 있는 다른 주의 상원의원과 비슷한 성향의 투표를 한다는 것이다. 레비트는 국회의원들이 중위투표자, 핵심 유권자의 투표자, 소속당의 정강정책에 대해 각각 대략 비슷한 비중으로 고려하여 이 요인들을 다 합쳐 대략 40% 정도만이 투표행태를 설명할 수 있다는 결론을 내렸다. 투표행태에 대한 나머지는 의원 개인의 이념적 차이에 의해 설명된다는 것이다. 정치인들의 이념이 중요하다는 것은 최근의 워싱턴(E. Washington)의 연구에서도 나타나고 있다. 그녀는 딸을 둔 국회의원과 아들을 둔 국회의원을 비교·분석하였는데, 분석결과 국회의원의 자녀 중 딸의 비중이 더 높으면 여성문제, 예를 들어 낙태라든가 여성의 안전과 같은 문제에 대해 호의적인 투표를 하는 것으로 나타났다. 워싱턴의 연구는 개인적인 이념이 중요하다는 주장을 강력히 뒷받침하고 있다. 즉, 정치인은 단지 투표자의 수요가 아니라 그들 자신의 경험에 반응한다는 것이다. Jonathan Gruber. op. cit. p. 290에서 재인용.

650) 이러한 이유로 선호의 강도가 반영되는 '점수투표제'나 '보다(Borda) 투표제'가 제시되기도 한다. 여기서 점수투표제는 기수적 순위에 점수를 매기고 이 점수의 합을 계산해서 가장 많이 받은 후보를 승자로 선출하는 방식인 반면, 보다 투표제는 서수적 순위에 점수를 매기고 이 점수의 합을 계산해서 가장 많이 받은 후보를 승자로 선출하는 방식이다. 다음과 같은 예를 통해 점수투표제의 결과와 보다 투표제의 결과가 다를 수 있음을 보이고자 한다.

〈표〉 5명의 투표자의 서수적 그리고 계량수적 효용

순위 \ 유권자	1	2	3	4	5
1	a(1.00)	d(1.00)	e(1.00)	b(1.00)	b(1.00)
2	d(0.90)	a(0.61)	c(0.80)	d(0.90)	e(0.96)
3	b(0.60)	b(0.60)	a(0.70)	a(0.75)	c(0.70)
4	c(0.55)	e(0.59)	b(0.55)	e(0.74)	a(0.60)
5	e(0.50)	c(0.50)	d(0.50)	c(0.50)	d(0.50)

자료: 임혁백. 전게서. 1994. p. 38.

위 표에서 첫째 순위에 4점을 주고 차례로 3, 2, 1, 0점을 줄 경우 보다 투표제에서는 13점을 얻은 b가 승자가 되지만, 점수투표제에서는 3.8점을 얻은 d가 승자가 된다.

651) Jonathan Gruber. op. cit. p. 282.

652) 최병선. 전게서. p. 150.

653) Gordon Tullock. op. cit. 1976.

654) 포괄정당이란 커크하이머에 따르면 선거에서의 승리를 최대의 목표로 하여, 탈급진화와 복지국가의 이념을 표방하는 사회주의 정당과 혼합 경제체제를 지향하는 자본주의 정당을 말한다. 박현모. 『현대정치학』. 서울: 법문사. 1994. p. 146. 현대 정당들이 이와 같은 포괄정당의 성격을 띤다면 정당 간 이념의 스펙트럼은 급격히 좁아지는 경향이 있다고 말할 수 있다. 예를 들면, 뉴질랜드에서는 1985년 노동당 정부의 초대 재무부 장관이었던 로저 더글러스(Roger Douglas)가 전통적인 정부개입정책을 비판하고 시장자유화에 근거한 급진적인 정부개혁을 입안하였는데, 이러한 "로저노믹스"라고 불리는 뉴질랜드 좌파 정권의 일련의 경제개혁조치는 1980년대 영국과 미국의 신보수주의 정권이 취한 경제개혁의 기본방향과 그 궤를 같이하는 것이다. 김동건. "세계화와 공공부문 개혁." 오연천 · 이달곤 외 『세계화시대의 국가정책』. 서울: 박영사. 2004. p. 30.

655) 중위투표자정리에 기초하여 정부 예산의 크기를 분석한 멜처(A. H. Meltzer)와 리처드(S. F. Richard)의 연구에 따르면, 현대국가에서 재분배정책이나 예산의 증가는 많은 부분 선거권의 확대에 기인하였다고 한다. 즉, 중위투표자보다 높은 소득을 가지고 있는 사람들은 낮은 세금과 보다 적은 재분배정책을 선호하는 반면, 중위투표자보다 낮은 소득을 가지고 있는 사람들은 높은 세금과 보다 많은 재분배정책을 선호하게 되는데, 19세기에서 20세기에 걸친 선거권의 확대로 인해 중위투표자의 상대적 소득이 낮아짐으로써 민주국가의 정책은 보다 많은 재분배정책과 예산을 집행하는 것으로 나타났다는 것이다. Allan H. Meltzer and Scott F. Richard. "A Rational Theory of the Size of Government." *Journal of Political Economy*. 89(5). 1981 참조. 그러나 이러한 멜처와 리처드의 연구는 중산층의 정치적 태도를 지나치게 단순하게 해석했다는 비판이 있다. 중산층의 정치적 태도와 그에 따른 정책 지향(policy orientation)을 정치제도와 연결시켜 분석한 최근의 통찰력 있는 연구로는 아이버센(T. Iversen)과 소스키스(D. Soskice)의 연구를 들 수 있다. 이들은 선거제도, 예를 들면 다수대표제적 양당제도 하에서는 중위투표자가 부유층과 정치적 연합을 형성하여 복지 재정지출 확대를 반대하는 반면, 비례대표제적 다당제 하에서는 빈곤층과 정치적 연합을 형성하여 복지 재정지출 확대를 지지한다고 주장하였다. Torben Iversen and David Soskice. "Electoral Institutions and the Politics of Coalitions: Why Some Democracies Redistribute More Than Others." *American Political Science Review*. 100(2). 2006 참조.

656) James E. Anderson. op. cit. p. 25.

657) Thomas R. Dye. op. cit. 2013. p. 27.

658) 이준구. 전게서. 1999. pp. 142~144.

659) 상게서. p. 143.

660) 상게서. pp. 144~145.

661) 하연섭. 『재정학의 이해』. 서울: 다산출판사. 2008. pp. 412~413.

662) 강윤호 외. 전게서. p. 99.

663) 이준구. 전게서. pp. 626~631. 한편 피터슨(Paul E. Peterson)은 『도시한계론(City Limits)』에서 티부 모형의 문제점으로 경험적 논거 부족을 들고 있다. 즉, 티부는 지방정부가 서비스를 가장 효율적으로 제공할 수 있는 '최적규모(optimum size)'를 유지하기 위해 노력할 것이라고 주장하였지만, 피터슨은 최적규모가 존재한다는 증거가 없을 뿐만 아니라 득표극대화를 추구하는 정치인들이 도시의 규모 확대보다 최적규모를 선호할 가능성은

높지 않다는 반론을 제기한 바 있다. Paul E. Peterson. op. cit. 1981 참조.

664) 하연섭. 전게서. 2008. p. 411.

665) 지역 간 경제적 분리에 대해서는 Peter Dreier et al. op. cit. 참조. 그러나 드레이어 등에 의하면 이러한 공공선택이론적 관점은, 정부정책이 사람들의 선택을 구조화할 수 있다는 점을 소홀히 다루고 있으며, 가난한 사람들보다는 중산층 주택소유자들에게 더 많이 봉사하는 이론이라는 결함을 지니고 있다고 한다. 이러한 맥락에서 이들은 자유시장의 형성에 있어서도 정치와 정부의 역할은 중요하며, 시장은 정부, 공공정책, 그리고 정치로부터 단절될 수 없다고 주장한다.

666) David L. Weimer and Aidan R. Vining. op. cit. pp. 188~189.

667) 손희준 외. 『지방재정론』. 개정3판. 서울: 대영문화사. 2008. pp. 79~80.

668) Jonathan Gruber. op. cit. p. 315.

669) 올슨의 유명한 저작 *The Logic Collective Action: Public Goods and the Theory of Groups*는 그의 하버드 대학교 박사학위논문이었으며, 이 책이 출간된 지 30여 년이 지난 시점에서도 1993년 미국경영학술원(American Academy of Management)은 "영원한 기여상(enduring contribution award)"을 수여했고, 미국정치학회(American Political Science Association)는 Epstein 상(Epstein Award)을 수여했다. 올슨의 생애와 학문세계에 대해서는 최 광. "올슨교수의 생애와 학문세계." 공공경제. 5(2). 2000 참조.

670) Mancur Olson. op. cit. 1965; Burdett A. Loomis and Allan J. Cigler. op. cit.; 김행범 · 문경주. "정부정책에 대한 압력단체 활동의 이론모형에 관한 공공선택론적 연구." 인제대학교. 인제논총. 13. 1997; 권기헌. "Mancur Olson의 집합적 행동이론." 오석홍 · 김영평(공편). 『정책학의 주요이론』. 제2판. 서울: 법문사. 2000 참조.

671) Andrew Hindmoor and Brad Taylor. op. cit. p. 43.

672) Robert O. Keohane. op. cit. 참조.

673) 공공선택이론(합리적 선택 이론)의 한계에 대응하여 최근에는 공공선택이론 내부에서도 그 이론적 지평을 넓히기 위한 여러 가지 노력들이 이루어지고 있다. 이에 대해서는 구현우 · 이정애. "합리적 선택 이론의 새로운 지평." 한국사회와 행정연구. 19(4). 2009 참조.

674) Andrew Hindmoor and Brad Taylor. op. cit. pp. 48~49.

675) 신공공관리론의 "소비자 주권(consumer sovereignty)"의 논리가 "시민의 덕성(civic virtue)"을 말살시킨다는 주장에 대해서는 Joel D. Aberbach and Tom Christensen. "Citizens and Consumers: An NPM Dilemma." *Public Management Review*. 7(2). 2005 참조. 즉, 이들의 논지는 자기 이익만 추구하는 소비자는 공동체 전체의 이익에 대해서는 무관심하기 때문에, "공화적 시민정신(republican citizenship)"이라는 미국 사회의 전통적인 가치관이 약화될 수밖에 없다는 것이다. 비슷한 맥락에서 신공공관리론이 공적인 덕성을 갖춘 시민보다는 이기적 소비자만 양산시킨다는 비판에 대해서는 Hindy L. Schachter. "Reinventing Government or Reinventing Ourselves: Two Models for Improving Government Performance." *Public Administration Review*. 55(6). 1995 참조.

676) Robert O. Keohane. op. cit. pp. 6~7.

677) Margaret Levi. op. cit. 1997. p. 24.

678) Mark Granovetter. op. cit. 1985. 이러한 맥락에서 윌다브스키(A. Wildavsky)는 합리적 선택 이론(공공선택이론)이 그 이론적 지평을 넓히기 위해서는 "사람들이 원하는 것을 어떻게 얻는가?" 뿐만 아니라, 보다 근본적으로는 "사람들이 왜 그것을 원하는가?"에 대해서도 살펴볼 필요가 있음을 역설하고 있다. Aaron Wildavsky. op. cit. 1994 참조.

679) 이명석. 전게논문. 1999. pp. 15~16. 앞서도 언급한 바와 같이, 현실에서는 '선별적 유인'과 같은 물질적 이해관계가 없음에도 불구하고 집단행동이 이루어지는 경우를 심심치 않게 볼 수 있는데, 이러한 맥락에서 집단행동을 가로막는 '무임승차자 문제(free rider problem)'는 루미스(Burdett A. Loomis)와 시글러(Allan J. Cigler)가 지적했듯이 "넘지 못할 장애물(insurmountable barrier)"은 아닌 것이다. Burdett A. Loomis and Allan J. Cigler. op. cit. p. 9.

680) Edgar Kiser and Shawn Bauldry. op. cit. p. 173.

681) 이와 같이 개인의 사익을 극대화하는 둘 이상의 선택 내지 결과가 존재하는 경우, 게임이론적 틀은 어떤 해가 선택될 것인가를 결정할 수 있는 다른 방법에 의해 보완될 필요가 있다. Kathleen Thelen and Sven Steinmo. op. cit. p. 9. 그리고 그러한 다른 방법 중 가장 대표적인 것이 토머스 쉘링(Thomas S. Schelling)이 체계화한 "초점(focal

points)"의 제시를 통한 조정의 방법이다. Thomas S. Schelling. op. cit. 참조. 여기서 초점은 행위자들 사이에 명시적인 의사소통이 없는 상황에서도 조정 행위를 가능케 하는 "문화적 공유지식(cultural common knowledge)"으로부터 나오는 것으로, "게임의 가능한 모든 균형 중에서 특정 균형이 그 게임에 임하는 경기자들이 틀림없이 선택하게 될 균형이라고 믿게 되는 균형"을 의미한다. 따라서 관심의 초점은 그 게임에 임하는 경기자들 사이의 "기대의 수렴(convergence of expectations)"을 필요로 한다. Edgar Kiser and Shawn Bauldry. op. cit. p. 173 및 전상경. 『정책분석의 정치경제』. 개정판. 서울: 박영사. 2001. p. 434 참조. 그렇다면 초점이 형성되는 "공유지식"은 어디로부터 나오는 것인가? 이와 관련하여 많은 학자들은 그러한 공유지식이 공동체 구성원들이 당연시하는 사회적 맥락 속에서 구체화된다고 보고 있다. Peter J. Katzenstein et al. "International Organization and the Study of World Politics." *International Organization*. 52(4). 1998. 예를 들면, 가렛(Geoffrey Garret)과 웨인개스트(Barry R. Weingast)는 공유된 신념이 행위자들을 결집시킬 수 있는 "구성된 초점(constructed focal points)"이 될 수 있다고 주장하면서 유럽 공동체(European Community)에 의해 형성된 내부시장의 제도적 구조를 설명하였으며, 파프(Steven Pfaff)와 양(Guobin Yang)은 정치기념일이나 극적인 사건이 집합적 행위를 조정하는 초점으로 기능할 수 있다고 주장하였다. Geoffrey Garret and Barry R. Weingast. "Ideas, Interests, and Institutions: Constructing the European Community's Internal Market." In Judith Goldstein and Robert O. Keohane(eds.). *Ideas and Foreign Policy: Beliefs, Institutions, and Political Change*. Ithaca, New York: Cornell University Press. 1993 및 Steven Pfaff and Guobin Yang. "Double-edged Rituals and the Symbolic Resources of Collective Action: Political Commemorations and the Mobilization of Protest in 1989." *Theory and Society*. 30. 2001 참조.

682) David Austen-Smith and Jeffrey S. Banks. "Social Choice Theory, Game Theory, and Positive Political Theory." *Annual Review of Political Science*. 1. 1998; Peter J. Katzenstein et al. ibid. 그러나 복수의 균형이 존재한다는 사실 자체가 공공선택이론을 '무용지물'로 만드는 것은 아니다. 왜냐하면 이 경우에도 '이론'은 어느 한 균형을 찾기 위한 경험적 연구의 토대가 될 수 있기 때문이다. Robert H. Bates et al. op. cit. 1998. p. 15.

683) Kathleen Thelen and Sven Steinmo. op. cit. p. 12.

684) Donald P. Green and Ian Shapiro. op. cit.

685) 하연섭. 전게서. 2003. p. 104.

686) 공공선택이론(합리적 선택 이론)의 주요 내용과 그 한계에 관한 최근의 문헌 비평에 대해서는 Andrew Hindmoor and Brad Taylor. op. cit. 참조.

687) James M. Buchanan. op. cit. 1980. p. 5.

688) James E. Anderson. op. cit. 2011. p. 26.

689) Peter Self. *Political Theories of Modern Government: Its Role and Reform*. London: Allen and Unwin. 1985. p. 51.

690) James M. Buchanan. op. cit. 1980.

691) Edward Tufte. op. cit. 참조.

692) James M. Buchanan. op. cit. 1991 참조.

693) Michael Howlett et al. op. cit. pp. 33~34.

694) C. K. Rowley. "The Political Economy of the Public Sector." In R. J. B. Jones(ed.). *Perspective on Political Economy*. London: Pinter. 1983 참조.

695) James M. Buchanan. op. cit. 1991 참조.

696) 국내와 달리 외국에서는 정치적 맥락이라는 관점에서 공공정책을 분석하는 문헌들이 많이 있다. 예를 들면, Randall B. Ripley and Grace A. Franklin. op. cit.; James E. Anderson. op. cit.; Deborah A. Stone. op. cit.; Michael Hill. op. cit.; Michael E. Kraft and Scott R. Furlong. op. cit. 참조.

697) Paul Pierson. op. cit. 2006. p. 117. 요컨대, 체제이론의 관점에서 본 공공정책은 외부환경의 변화를 반영한 '부수적인(epiphenomenal)' 현상에 불과하다. 그러나 체제이론의 관점과 달리, 공공정책에 영향을 미치는 것은 외부 환경만은 아니며, 정치체제의 구조와 같은 정치적 요인도 중요하게 작용한다. 즉, 환경으로부터의 '투입'을 정책이라는 '산출물'로 만드는 과정에서 정치체제의 '전환'기능이 중요한 역할을 할 수도 있다는 말이다. 비유를 통해 설명하면 이해하기 쉽다. 만일 빵을 만드는 데 밀가루와 물만 제공된다면 아무리 훌륭한 제빵사가 오더라도 맛있는 빵을 만들 수 없다. 이와 마찬가지로 아무리 훌륭한 재료가 제공되더라도 실력이 형편없는 제

빵사가 오면 재료를 적절하게 배합하는 데 실패함으로써 맛있는 빵을 만들 수 없다. 한편 정책의 내용을 결정하는 데 가장 중요한 요인이 사회경제적 환경이냐, 정치체제의 구조이냐를 둘러싸고 이른 논쟁이 있었는데, 이에 대해서는 제2장 "정책결정요인론" 해당 부분 참조.

698) Paul Pierson. op. cit. 1993. p. 595에서 재인용.

699) Jacob S. Hacker and Paul Pierson. op. cit. 2014. p. 645.

700) Jacob S. Hacker et al. "The New Politics of Inequality: A Policy-Centered Perspective." In Joe Soss, Jacob Hacker, and Suzanne Mettler(eds.). *Remaking America: Democracy and Public Policy in an Age of Inequality*. New York: Russell Sage Foundation. 2010. p. 4.

701) Theodore J. Lowi. op. cit. 1971. pp. 689~690.

702) 정책중심적 관점을 다룬 국내 문헌으로는 구현우. 전게논문. 2013 및 조찬수. 전게논문 참조.

703) 체제이론의 기본논리와 공공정책과의 관계에 대해서는 James E. Anderson. op. cit.; Michael E. Kraft and Scott R. Furlong. op. cit.; Michael Hill. op. cit. 참조.

704) Paul Pierson. op. cit. 2006.

705) ________. op. cit. 1994 참조. 그러나 피어슨의 연구는 복지제도 변화의 '가시적인' 측면에만 초점을 맞추었다는 비판이 있다. 예를 들면, 해커(Jacob S. Hacker)는 피어슨의 연구에 대한 비평에서 복지제도 변화에 대한 평가는 '가시적인' 것뿐만 아니라 '비가시적인' 것도 포함시켜야 한다고 주장한 바 있다. 그에 따르면, 사회복지지출 수준이 떨어지지 않았다고 하여 복지제도가 근본적인 변화를 경험하지 않았다고 이해하면 안 되며, 사회복지제도의 구조적 변화를 통해 재분배 기능이 약화되었다면 이것 역시 사회복지정책의 후퇴를 의미한다는 것이다. 그는 이러한 논의를 바탕으로 가시적인 '보이는 정치(visible politics)'보다 비가시적인 '숨겨진 정치(hidden politics)'가 장기적으로 정치의 지형을 더 크게 바꿀 수 있다는 점을 강조하고 있다. Jacob S. Hacker. op. cit. 2004 참조.

706) R. Kent Weaver. op. cit. 2006.

707) Jacob S. Hacker and Paul Pierson. op. cit. 2002.

708) Evelyne Huber and John D. Stephens. op. cit.

709) Jacob S. Hacker et al. op. cit.

710) Margaret Weir and Theda Skocpol. op. cit. 참조. 정책유산이 후속 정치과정을 구조화하는 특징적인 양상을 분석한 또 다른 연구로는 기무라 미쓰히코. "파시즘에서 공산주의로: 북한 집산주의 경제정책의 연속성과 발전." 박지향 외 공편. 『해방전후사의 재인식 1』. 서울: 책세상. 2006 참조. 그는 이 논문에서 일제의 식민지 공업화 정책과 북한의 집산주의 경제정책의 연속성을 강조하고 있다. 현존 정책유산의 '고착효과(lock in effect)'를 강조하는 이러한 연구들은, 그러나 지나치게 결정론에 치우친다는 비판이 있다. 이에 대한 자세한 문헌비평에 대해서는 Adrian Kay. "A Critique of the Use of Path Dependency in Policy Studies." *Public Administration*. 83(3). 2005 및 Michael Howlett and Jeremy Rayner. "Understanding the Historical Turn in the Policy Sciences: A Critique of Stochastic, Narrative, Path Dependency and Processing-Sequencing Models of Policy Making over Time." *Policy Sciences*. 39(1). 2006 참조.

711) Jacob S. Hacker. op. cit. 2004. p. 245. 정책유산의 영향은 주로 이해관계라는 맥락에서 이해되지만, 이를 '학습효과(learning effects)'라는 관점에서 접근할 수도 있다. 학습은 본질적으로 개인의 '인지과정(cognitive processes)'으로서의 성격이 강하지만, 이는 또한 제도나 정책과 같은 외재적 요인의 영향을 받는 구조의 반영물일 수도 있기 때문이다. C. Mantzavinos et al. "Learning, Institutions, and Economic Performance." *Perspectives on Politics*. 2(1). 2004 참조. 이러한 맥락에서 역사는 피어슨(Paul Pierson)이 적절하게 지적하고 있듯이, 이해관계자들의 일련의 '학습과정'의 산물이라고 볼 수 있다. Paul Pierson. op. cit. 1993 참조. 예를 들어, 한국 자본가들의 대국가 종속성 내지 의존성은 일제 식민지 시대의 유산이라고 볼 수 있다. 일제 식민지 시대의 '후견자본주의'는 경제를 정치에 종속시키고 국가가 의도하는 방향으로 경제를 이끌어나갔는데, 그 과정에서 국가의 정책에 순응하는 자본가들은 급성장할 수 있었던 반면 그렇지 못한 자본가들은 도태될 수밖에 없었다. 이러한 식민지 시대의 후견자본주의를 경험한 한국의 자본가들은 공식적이든 비공식적이든 국가와의 연계를 통해 성장을 도모하는 것이 자신들의 생존에 필수적이라는 것을 깨닫게 되었다. 즉, '학습효과(learning effect)'가 한국 자본주의의 발흥에 중요한 영향을 미쳤을 수 있다는 것이다. 이는 경성방직(경방)의 성장사를

분석한 에커트(Carter J. Eckert)의 탁월한 연구에 잘 정리되어 있다. Carter J. Eckert. *Offspring of Empire: The Koch'ang Kims and the Colonial Origins of Korean Capitalism, 1876~1945*. University of Washington Press. 1991. 주익종(역). 『제국의 후예: 고창 김씨가와 한국 자본주의의 식민지적 기원, 1876~1945』. 서울: 도서출판 푸른 역사. 2008. 한편 주익종은 에커트의 연구를 비판한 연구에서 일제 하 경성방직과 김성수 · 김연수 형제는 예속적 자본이나 친일자본으로 매도되어서는 안 되며, 기업가정신을 몸소 체득하여 이후 수많은 한국 자본가들의 선구가 된 "대군의 척후"로 평가받아야 마땅하다고 주장한 바 있다. 주익종. 『대군의 척후: 일제하의 경성방직과 김성수 · 김연수』. 서울: 도서출판 푸른 역사. 2008. 그러나 주익종이나 기업주도론자들이 공통적으로 간과한 사실이 있다. 도대체 한국에서 자본가들이 기업가정신을 발휘할만한 자생적인 시장이 존재했는가 말이다. 오히려 그들이 말하는 기업가정신이란 시장의 힘이 아니라 정부 정책의 힘에 의해 추동된 정부 정책의 외생적 산물에 지나지 않는다. 따라서 주익종이 말한 '학습자'로서의 한국 자본가는 순수한 의미의 기업가 정신을 가진 '합리적 자본가'라기보다는 정부 정책에 순응하고 정부와 다양한 네트워크를 통해 유대를 맺으려고 골몰한 '정치적 자본가'에 다름 아니다.

712) Gosta Esping-Andersen. op. cit. 참조.

713) 구현우. "역사, 정책유산, 그리고 기억의 정책학: 박정희식 발전모델의 기원을 찾아서." 행정논총. 56(1). 2018 참조.

714) Paul Pierson. op. cit. 1993 참조.

715) Harold D. Lasswell. *Power and Personality*. New York: The Viking Press. 1948 참조.

716) 박정희의 어린 시절에 대한 증언은 조갑제가 쓴 박정희 전기 『내 무덤에 침을 뱉어라』 제1권에 잘 정리되어 있다.

717) 조갑제. 『박정희의 결정적 순간들: 62년 생애의 62개 장면』. 도서출판 기파랑. 2009. p. 70.

718) Carter J. Eckert. "Total War, Industrialization, and Social Change in Late Colonial Korea." In Peter Duus, Ramon H. Myers, and Mark R. Peattie(eds.). *The Japanese Wartime Empire, 1931~1945*. Princeton: Princeton University Press. 1996 참조.

719) 당시 조선인들의 눈에 비친 만주의 모습에 대해서는 김 철. "몰락하는 신생: '만주'의 꿈과 〈농군〉의 오독." 박지향 외 (공편). 『해방전후사의 재인식』. 제1권. 서울: 책세상. 2006 및 강상중 · 현무암. 『기시 노부스케와 박정희: 다카키 마사오, 박정희에게 만주국이란 무엇이었는가』. 서울: 도서출판 책과 함께. 2012 참조.

720) Carter J. Eckert. op. cit. 1996 참조.

721) Robert O. Paxton, *The Anatomy of Fascism*. Vintage Books. 2004. 손명희 · 최희영(공역). 『파시즘: 열정과 광기의 정치 혁명』. 서울: 교양인. 2005. pp. 444~445. 기타 이키는 과격하고 비현실적인 주장을 많이 하여 '마왕(魔王)'으로 불리기도 했다. 그는 쿠데타에 의한 국가개조를 주장하여 행동파 장교들에게 큰 영향을 주었지만, 2 · 26 사건의 주모자로 지목되어 처형되었다. 강상중 · 현무암. 전게서 참조.

722) 파시즘 국가 내에서 나타난 자본주의 국가의 구조적 제약에 대해서는 Robert O. Paxton, op. cit. 2004 참조.

723) Carter J. Eckert. op. cit. 1991. pp. 115~116.

724) 만주국의 경제 시스템과 박정희식 발전모델의 연속성을 강조하는 견해에 대해서는 한홍구. 『대한민국史』. 제1권. 서울: 한겨레신문사. 2003; 박태균. "1960년대 안보위기와 제2경제론." 정성화(편). 『박정희시대 연구의 쟁점과 과제』. 서울: 도서출판 선인. 2005; 김일영. "한국에서 '기획' 개념과 제도의 역사적 기원과 발전." 한국동북아논총. 47. 2008 참조.

725) 사실 이 문제는 박정희가 만주국의 경제시스템을 모방했다기보다는 만주 군관학교와 일본 육군사관학교를 거치면서 체화한 '군사주의(militarism)' 문화를 집권한 이후 실행에 옮겼다고 보는 것이 옳은 해석일 것이다. 군사주의 문화 하에서 군대는 가장 효율적인 조직으로 간주되기 때문에, 국가가 위기에 봉착하면 전면에 나서 정치, 경제, 사회 등 전 분야에서 선도적인 역할을 수행하는 것을 당연시한다. 군국주의 시대 일본이 그러했고, 식민지 조선과 만주국이 그러했다. 군사주의라는 맥락에서 박정희 시대 정치적 기원을 설명하는 최근의 통찰력 있는 연구로는 Carter J. Eckert. *Park Chung Hee and Modern Korea: The Roof of Militarism 1866~1945*. Cambridge: The Belknap Press of Harvard University. 2016 참조.

726) 한 예로 군정 시절 유원식이 경제개발5개년계획을 세워야겠다고 하면서 예산을 지원해달라고 요청하자, 박정희가 "경제개발5개년계획이란 무엇을 하는 것이오"라고 물었다는 것이다. 유원식. 『혁명은 어디로 갔나: 5 · 16 비록』. 인물연구사. 1987. p. 322. 물론 이는 정권에서 배제된 유원식의 회고이기 때문에 액면 그대로 믿기

는 어렵지만, 그래도 집권 초기 박정희의 경제지식을 가늠하는 하나의 참고자료는 될 수 있다.

727) Carter J. Eckert. op. cit. 1991. pp. 115~116.

728) 2·26 사건은 '통제파(統制派)'와 '황도파(皇道派)'라는 당시 일본 육군 내 파벌싸움에서 비롯되었다. 통제파는 육군성과 참모본부의 관료적인 직위체계를 지배하고 있던 엘리트 집단으로서, 당시의 정치경제체제를 인정하고 군의 정치적 중립을 존중하는 온건한 세력을 말하는 반면, 황도파는 국가의 최고권위로서 천황을 받들면서 기득권을 옹호하는 당시의 정치경제체제를 혁파할 것을 주장하는 과격한 세력을 말한다. 특히, 황도파 장교들은 쇼와(昭和) 공황의 극복과정에서 보여준 정부의 무능력과 1930년에 체결된 런던 해군군축조약의 불평등한 내용에 격분하고 있었다. 결국 이들은 1936년 2월 26일 쿠데타를 감행하여 주요 인사들을 암살하고 천황에게 쇼와유신(昭和維新)을 선언할 것을 촉구했지만, 정작 자신들이 받들려고 했던 천황이 쿠데타를 추인하지 않자 실패하였다. 2·26 사건에 대해서는 카터 에커트. "5·16 군사혁명, 그 역사적 맥락." 조이제·카터 에커트(공편). 『한국근대화, 기적의 과정』. 서울: 월간조선사. 2005 참조. 쿠데타를 통한 국가개조를 꿈꿨던 황도파 장교들과 마찬가지로, 박정희도 훗날 쿠데타를 일으켜 민간정부를 전복시키고 정권을 찬탈했다. 그리고 그 이후 2·26 사건의 가르침대로 국가주의를 전 사회를 지배하는 지도이념으로 만들었다. 박정희의 개인적 학습은 역사의 큰 흐름에서 보잘 것 없는 사소한 것이었지만, 그것이 5·16 군사쿠데타라는 결정적 계기와 만나 폭발적인 양상으로 변모한 것이다. 그리고 이는 앞서 말한 '문턱효과'의 논리와 동일하다. 물론 박정희가 2·26 사건의 가르침을 그대로 실행에 옮긴 것은 아니었다. 기타 이키의 국가사회주의에 강하게 경도된 황도파 장교들과 달리, 박정희는 주요 산업을 국유화하는 것과 같은 극단적인 조치를 취하지는 않았기 때문이다.

729) 정윤재. 『정치리더십과 한국민주주의』. 서울: 나남출판. 2003. p. 289.

730) 김형아. 『유신과 중화학공업: 박정희의 양날의 선택』. 서울: 일조각. 2005. p. 56.

731) 조갑제. 『박정희 1: 불만과 불운의 세월: 1917~60』. 서울: 까치. 1992. pp. 271~272.

732) Robert O. Paxton, op. cit. 2004. pp. 444~445.

733) Todd Swanstrom. op. cit. 칼도-힉스 기준은 파레토(Pareto) 기준의 비현실성을 극복하기 위해 등장한 것이지만 기본적으로 능률성 기준이기 때문에 정책의 편익과 비용의 배분적 측면을 고려하지 않는다는 한계가 있다. 예를 들면, 칼도-힉스 기준에서 말하는 보상은 잠재적 보상으로 실제로 그러한 보상이 이루어지는 것을 전제로 하지는 않는다. 따라서 비용을 부담하는 사람들은 현존 정책에 대해 반발할 가능성이 높다. 특히, 비용이 좁은 범위의 사람들에게 집중될 때 문제가 된다. 만약 이들이 보상을 받지 못한다고 생각한다면, 이들은 비용을 좀 더 분산시키는 방식이나 직접적으로 보상을 받는 방식으로 정책을 재설계하려고 할 것이다. 이러한 이유로 "편익과 비용을 어떻게 배분할 것인가?"라는 배분적 가치(distributional values)의 문제는 실현가능성(feasibility)이라는 측면에서 중요한 변수가 된다. 칼도-힉스 기준의 의미와 그 한계에 대해서는 Michael C. Munger. op. cit. pp. 102~106, 356~358 참조. 또한 정책결정의 경제논리와 정치논리 사이의 간명한 비교에 대해서는 Robert D. Behn. op. cit. 및 Todd Swanstrom. op. cit. 참조.

734) R. Kent Weaver. "The Politics of Blame Avoidance." *Journal of Public Policy*. 6. 1987 참조.

735) Paul Pierson. op. cit. 1994 참조.

736) Bryan Caplan. op. cit. 참조. 일찍이 리플리(Randall B. Ripley)와 프랭클린(Grace A. Franklin)도 미국 정책과정의 특징 중 하나로 '배분정치'의 논리를 지적한 바 있다. Randall B. Ripley and Grace A. Franklin. op. cit. 참조.

737) Michael Howlett et al. op. cit. pp. 32~34.

738) David L. Weimer and Aidan R. Vining. op. cit. pp. 166~172.

739) Gordon Tullock. op. cit. 1980.

740) R. Kent Weaver. op. cit. 1987. p. 218.

741) borah A. Stone. op. cit. pp. 242~243.

742) Randy T. Simmons. op. cit. pp. 88~90.

743) James Q. Wilson. op. cit. 참조.

744) Paul Posner and Jón Blöndal. "Democracies and Deficits: Prospects for Fiscal Responsibility in Democratic Nations." *Governance*. 25(1). 2012.

745) Peter Gourevitch. op. cit. 2000; Jacob S. Hacker. op. cit. 2002; Paul Pierson. "Policy, Politics, and the Rise of Inequality." In Joe Soss, Jacob Hacker, and Suzanne Mettler(eds.). *Remaking America: Democracy and Public*

Policy in an Age of Inequality. New York: Russell Sage Foundation. 2010 참조. 적응적 기대가 반대 방향으로 현실화된 경우도 생각해볼 수 있다. 정책의 경로에는 현존 정책을 바꾸기 위한 노력이 실패로 돌아간 기억도 포함될 수 있는데, 이 역시 미래의 정책 선택에 영향을 미친다. 성공의 기억보다 더 현저하게 남아 있는 실패의 기억이 후속 정책 선택을 제약할 수 있다는 말이다. 비록 정책의 주창자들이 정책결정자들과 일반대중들에게 정책의 필요성을 알림으로써 정책이 채택될 수 있는 기반을 마련하더라도, 단기적인 실패가 미래의 대안 선택 전망을 낮추는 인식과 정치적 반대를 동원할 수 있기 때문이다. 따라서 이는 일종의 '자기실현적 예언'이 현실화된 결과로 볼 수도 있는데, 클린턴 행정부의 '건강보호법(Health Security Act of 1993)'의 실패가 건강보험 수혜 범위 확대 문제를 지난 십 수 년 동안 정치의제에서 배제한 것은 그 구체적인 예라고 할 수 있다. 이러한 맥락에서 '전속된 자산'이라는 정책의 이해관계는 잠재적 경쟁자들이 정책과정에 진입하는 것을 막는 일종의 '진입장벽(barrier to entry)'이라고 할 수 있다. David L. Weimer and Aidan R. Vining. op. cit. 참조.

746) Karen Orren and Stephen Skowronek. op. cit. 2002.

747) 이 경우에는 정책으로 인한 이해관계자들의 규모가 크다는 것인데, 이럴 경우 조직화 비용이나 정보비용이 커져서 집합적 행위가 어려워질 수 있다. 최병선. 전게서 참조.

748) Richard E. Wagner and Robert D. Tollison. "Balanced Budgets, Fiscal Responsibility and the Constitution." In Richard E. Wagner, Robert D. Tollison, Alvin Rabushka, and John T. Noonan Jr.(eds.). *Balanced Budgets, Fiscal Responsibility, and the Constitution*. Washington, DC: CATO Institute. 1982 참조.

749) Peter A. Hall. op. cit. 1997; Deborah A. Stone. op. cit.

750) Paul Pierson. op. cit. 1994 참조.

751) Jason Jordan. "Institutional Feedback and Support for the Welfare State: The Case of National Health Care." *Comparative Political Studies*. 43(7). 2010 참조.

752) 조던은 두 제도의 특징을 다음과 같이 요약하여 설명하고 있다. "계층적 의료보호 제도는 의료보호 제도에 대한 결정권을 정부의 수중에 놓는 것이다. 이러한 제도 하에서, 국가는 일반적인 조세 수입을 통해 모든 시민들에게 보편적인 의료보호를 제공한다. 민간 의료보험도 제도의 외곽에 존재하기는 하지만, 국가의 목표는 모든 시민들을 그들의 소득과 상관없이 질 좋은 서비스와 공적 보조를 받는 의료보호 제도에 동등하게 접근할 권리를 부여하는 것이다. 따라서 계층적 의료보호 제도는 사회적 연대와 보편주의를 강조하는 사회민주주의의 조직적 전략을 대변한다. … 계층적 의료보호 제도와 대조되게, 분권적 의료보호 제도는 복지재원을 확보하기 위해 민간 의료보험과 비영리 사회보험 기금을 통합하려고 하는 것이다. 분권적 의료보호 제도의 보편적 속성은 시민들을 수혜의 정도와 기여율에 따라 상이한 몇 개의 하위집단으로 나누는 것이다. 의료보호 제도의 분권화된 계층에게는 보다 다양한 전략을 구사한다." Jason Jordan. op. cit. pp. 868~869.

753) Andrea Louise Campbell, "Universalism, Targeting, and Participation." In Joe Soss, Jacob Hacker, and Suzanne Mettler(eds.). *Remaking America: Democracy and Public Policy in an Age of Inequality*. New York: Russell Sage Foundation. 2010.

754) 여기서 집합적 행위의 딜레마란 공통의 이해관계가 결부된 문제를 조직적・집단적으로 해결하지 못하는 현상으로, 올슨(Mancur Olson)의 선구적인 연구 이후 비교정책학 분야에서 보편적으로 사용되고 있다. Mancur Olson. op. cit. 1965. 예를 들면, 파인골드(David Finegold)와 소스키스(David Soskice)는 독일과 영국의 직업훈련제도를 이러한 관점에서 분석했는데, 독일의 '고숙련' 균형과 영국의 '저숙련' 균형의 차이는 많은 부분 집합적 행위와 결부된 '조정의 문제(coordination problem)'와 이를 조장하거나 억제하는 정책의 차이에서 비롯되었다. David Finegold and David Soskice. "The Failure of Training in Britain: Analysis and Prescription." *Oxford Review of Economic Policy*. 4(3). 1988. 비슷한 맥락에서의 연구로는 Kathleen Thelen. op. cit. 2004 참조.

755) R. Kent Weaver. op. cit. 2006. 정책대상집단의 범위가 넓으면 개개인에게 돌아가는 이해관계가 작은 것이 보통이지만, 연금정책이나 조세정책의 경우 대상집단의 범위가 광범위함에도 불구하고 개개인에게 돌아가는 이해관계가 크다. 따라서 이들 정책의 경우 '가시성'이나 '현시성'이 높은 것이 보통이다.

756) Joe Soss and Sanford F. Schram. op. cit. 참조.

757) 그런데 여기서 한 가지 주의해야 할 것은 가시성이 낮은 정책이 정치적으로 중요하지 않다는 것을 의미하지는 않는다는 사실이다. 오히려 경우에 따라서는 해커(Jacob S. Hacker)가 말한 "숨겨진 정치(hidden politics)"가 가시적인 "보이는 정치(visible politics)"보다 정치과정에 더 큰 영향을 미칠 수 있다. Jacob S. Hacker. op. cit.

2004 및 op. cit. 2005 참조. 예를 들어, 드레이어 등(Peter Dreier et al.)에 따르면, 전후 미국의 가장 심각한 도시 문제 중 하나인 "도시 간 불균등한 발전(urban sprawl)"은 시민들의 정치적 레이더에 잡히지 않은 "스텔스 도시 정책(stealth urban policy)"의 장기적이고 누적적인 결과였다. Peter Dreier et al. op. cit. 참조. 또한 독일의 직업훈련제도를 분석한 셀런(Kathleen Thelen)의 탁월한 연구도 기본적으로 이러한 관점에 입각해 있다. Kathleen Thelen. op. cit. 2004 참조. 이러한 맥락에서 정치란 해커(Jacob S. Hacker)와 피어슨(Paul Pierson)이 말했듯이, "다수에게 근본적으로 유의미한 영향을 미치는 결정 권한을 얻기 위해 소수가 다툼을 벌이는 경합의 장(contest)"이라고 할 수 있다. Jacob S. Hacker and Paul Pierson. op. cit. 2014. p. 650.

758) 정책 구조의 복잡성과 관련하여 미국의 로비스트들 사이에서는 '댄 래더 테스트(Dan Rather test)'라는 말이 자주 사용된다. 댄 레더 테스트란 만일 TV 리포터인 댄 래더가 새로운 정책의 함의를 15초 이내에 설명할 수 없을 정도로 개혁정책을 복잡하게 만들 수 있다면, 그 개혁 조치는 대중들의 저항에 부닥칠 가능성이 그만큼 낮아진다는 것을 의미한다. 댄 래더 테스트에 대해서는 Paul Pierson. op. cit. 1994 참조.

759) Kimberly J. Morgan. "Constricting the Welfare State: Tax Policy and the Political Movement Against Government." In Joe Soss, Jacob Hacker, and Suzanne Mettler(eds.). *Remaking America: Democracy and Public Policy in an Age of Inequality*. New York: Russell Sage Foundation. 2010. pp. 33~38.

760) 조던(Jason Jordan)은 정책에 대한 학습효과와 그에 따른 가시성의 문제를 다음과 같이 적절하게 설명한 바 있다. "의료보호의 본질적 속성은 국가 의료보호 제도가 가장 가시적인 사회정책의 장(arenas) 중 하나라는 사실을 입증해준다. 복지의 다른 분야와 다르게, 다양한 사회계층에 위치한 개인들은 의료보호 제도와 수없이 그리고 빈번하게 접촉을 하는 경향이 있다. 그 결과, 개인들은 복지제도의 다른 어느 분야보다도 국가 의료보호 제도의 구조에 대해 많은 지식을 습득하고 있다. 의료보호 제도의 높은 가시성은 그 구조를 대중들이 실제로 인지할 가능성과, 따라서 그들의 태도에 직접적으로 영향을 미칠 가능성을 높여준다." Jason Jordan. op. cit. p. 870.

761) Michael E. Kraft and Scott R. Furlong. op. cit. p. 94.

762) Vincent L. Hutchings. *Public Opinion and Democratic Accountability*. Princeton: Princeton University Press. 2003 참조.

763) 문제의 현시성과 관련하여 매스미디어의 역할이 중요한 변수로 부각되는 이유는, 매스미디어가 복잡한 문제를 단순화함으로써 대중들의 관심을 유발시킬 수 있기 때문이다. 킹돈(John W. Kingdon)은 이를 매스미디어의 "전달(transmission)" 기능이라고 했는데, 힐(Michael Hill)은 이와는 달리 매스미디어가 복잡한 문제를 단순화시키는 것이 아니라 애초에 단순한 문제를 선호한다는 반론을 제기한 바 있다. 매스미디어의 전달 기능에 대해서는 John W. Kingdon. *Agenda, Alternatives and Public Policies*. 2nd Edition. New York: Addison-Wesley Longman. 1995 참조. 이에 대한 힐의 반론에 대해서는 Michael Hill. op. cit. pp. 176~178 참조.

764) David L. Weimer and Aidan R. Vining. op. cit. pp. 174~177.

765) '일상의 정치'와 '선거 정치'에서의 상이한 정치과정의 논리에 대해서는 Jacob S. Hacker and Paul Pierson. op. cit. 2011 참조. 가시적인 선거정치 이면에 존재하는 일상의 정치에 주목할 경우, 정치의 주된 갈등은 선거 과정이 아니라 사회전반의 정치지형을 바꾸는 지배구조의 재편 과정에서 나타난다. 이에 대해서는 Jacob S. Hacker and Paul Pierson. op. cit. 2014 참조.

766) 소위 '버핏세'라고 불리는 고소득자에 대한 중과세는 최근 여러 차례 변화를 겪었다. 예를 들어, 2014년에는 최고세율(38%)을 적용받는 과표구간이 '3억 원 초과'에서 '1억 5천만 원 초과'로 대폭 낮아졌고, 2016년 말에는 과표구간이 5억 원을 초과하는 고소득자에게는 기존 38%에서 40%로 세율이 인상되었으며, 최근 문재인 정부는 5억 원 초과 고소득자에 대한 세율을 40%에서 42%로 올리는 한편 3억원~5억원 구간의 세율도 38%에서 40%로 인상했다. 이 같은 제도변화에 대해 찬성하는 측에서는 불공평과 불공정을 줄여 조세정의를 실현할 수 있다고 주장하는 반면, 반대하는 측에서는 세수증대 효과가 미미하고 면세자의 비율이 전체 근로소득자의 48%에 달하는 상황에서 일부 고소득자에게만 세금 부담을 더 지우는 것은 조세 형평성에 어긋난다고 비판한다. 어찌됐든 버핏세는 정책의 비용을 일부 사회계층에 전속시킴으로써 이해관계의 공유를 어렵게 하여 정책결정자에게 제기될 수 있는 정치적 비난을 회피하기 위한 전략과, '부자'와 같이 사회적으로 부정적인 인식을 가지고 있는 집단에 비용을 집중시킴으로써 정책의 정당성을 얻어 정치적 신뢰를 얻기 위한 전략이 함께 작용한 결과라고 볼 수 있다.

767) 포퓰리즘 정책의 경우, 그 비용을 국가 채무 형태로 미래 세대에 전가할 수 있기 때문에 현재 세대는 그 비용에 대해 직접적인 이해관계가 없다는 이러한 주장은, 그러나 논란의 여지가 있을 수 있다. 경제학자 배로

(Robert J. Barro)는 리카디언 대등정리(Ricardian Equivalence Theorem)를 옹호한 저명한 논문에서 미래 세대는 현재 세대와 단절된 존재가 아니라 현재 세대의 아들, 딸, 손자, 손녀이기 때문에 이들을 독립된 경제주체로 보아서는 안 된다고 주장한 바 있다. Robert J. Barro. "Are Government Bonds Net Wealth?" *Journal of Political Economy*. 82(6). 1974 참조. 이러한 배로의 견해에 의한다면, 현재 세대와 미래 세대는 밀접한 관련이 있기 때문에, 포퓰리즘 정책의 비용은 미래 세대뿐만 아니라 현재 세대에게도 직접적인 이해관계가 있다는 결론에 이를 수 있다. 그러나 이 같은 배로의 견해는 이론적으로는 의미가 있지만, 현실적으로는 적용상 한계가 있다. 특히, 부모들이 유산을 남기는 동기는 반드시 이타적인 것에만 국한된 것은 아니라는 반론이 제기될 수 있다. 부모들의 "전략적 유산 동기(the strategic bequest motive)"에 대해서는 Bernheim et al. "The Strategic Bequest Motive." Journal of Political Economy. 93(6). 1985 참조.

768) Jacob S. Hacker. op. cit. 2002 참조.

769) Peter Gourevitch. op. cit. 1986. p. 56.

770) Peter A. Swenson. *Capitalists against Markets*. New York: Oxford University Press. 2002 및 "Varieties of Capitalists Interests: Power, Institutions and the Regulatory Welfare State in the United States and Sweden." *Studies in American Political Development*. 14. 2004 참조. 이보다 급진적으로 정책이 핵심적인 정치행위자들의 선택지를 제한하는 구조적 제약에 주목하는 연구도 있다. 예를 들면, 해커(Jacob S. Hacker)와 피어슨(Paul Pierson)은 고용주의 이해관계의 중요성을 부정하지는 않지만, 결과물을 이해하기 위해서는 행위자들의 선택을 제한하는 선택 메뉴를 설정하는 구조적 조건을 분석하는 것이 중요하다고 주장한다. 이들은 의제설정에 관한 연구들이 제시하는 통찰을 언급하면서 대부분의 상황에서 핵심적인 사안은 특정 시점에 상정되어 있는 특정한 정책 선택지들 중에서 최종 선택을 하는 데 있는 것이 아니라, 행위자들이 선택하도록 허용된 '선택지들'이 그 이전 단계에서 누가 선호하는 선택 범위 내에서 정해지는가 라는 문제라고 지적한다. Jacob S. Hacker and Paul Pierson. op. cit. 2002 참조.

771) Paul Pierson. op. cit. 1994 참조.

772) Michael Howlett et al. op. cit.

773) 사회구성주의에 대해서는 Jun Jong S. op. cit. 참조.

774) Thomas Risse. op. cit.; Colin Hay. "Constructivist Institutionalism." In R. A. W. Rhodes, Sarah A. Binder, & Bert A. Rockman(eds.). *The Oxford Handbook of Political Institutions*. Oxford: Oxford University Press. 2006.

775) B. Guy Peters. op. cit. 2005.

776) Joe Soss and Sanford F. Schram. op. cit.; Helen Ingram. op. cit.

777) Paul Pierson. op. cit. 1993 참조.

778) 일반대중들은 전문성이 부족하기 때문에 해당 정책의 효과에 대해 전문가들과 다른 인식을 하는 경우가 많다. 1996년 워싱턴 포스트 지와 카이저가(家)재단(Kaiser Family Foundation), 그리고 하버드 대학교 여론조사팀이 공동으로 실시한 "미국의 일반대중들과 경제학자들의 경제에 대한 인식조사(Survey of Americans and Economists on the Economy, SAEE)"에서 이러한 점이 분명하게 드러나는데, 경제에 대한 대부분의 설문 문항에서 경제학자들과 일반대중들은 극명한 견해차를 보였다. 특히, 일반대중들은 경제학자들에 비해 문제의 심각성을 과대평가하는 "비관주의적 편향성(pessimistic bias)"이 강한 것으로 나타났다. 동 조사의 구체적인 내용과 그 함의에 대해서는 Bryan Caplan. op. cit. 참조.

779) James E. Anderson. op. cit. pp. 83~84.

780) Terry M. Moe. op. cit. 1990.

781) Paul Pierson. op. cit. 2004. p. 38.

782) 책임확보기제로서의 투표의 한계에 대해서는 Paul Pierson. op. cit. 2000 및 op. cit. 2004 참조.

783) Johan Van Overtveldt. *The Chicago School*. 2007. 박수철(역). 『시카고학파』. 서울: 에버리치홀딩스. 2011. p. 313.

784) Randy T. Simmons. op. cit. p. 60.

785) Margaret Levi. *Consent, Dissent and Patriotism*. New York: Cambridge University Press. 1997 참조. 많은 학자들이 지적하고 있듯이, 이러한 정당성의 문제에서 가장 중요하게 부각되는 것이 바로 '형평성(equity)'의 문제이다. 형평성은 도덕적 정당성을 가질 뿐만 아니라 정치체제의 유지 · 존속에 직결되는 중요한 정치적 가치이기 때문이다. 김 인. 전게논문. 1987. 영국의 대처 수상이 '인두세(poll tax)' 도입에 따른 정치적 반발로 결국 정

계를 은퇴한 것은 이러한 맥락에서 이해할 수 있다. Connor McGrath. "Policy Making in Political Memoirs: The Case of the Poll Tax." *Journal of Public Affairs*. 2(2). 2002. 따라서 정책이 "동일한 것은 동일하게 대우하고(수평적 형평성)", "서로 다른 것은 다르게 대우한다(수직적 형평성)"고 대중들이 인식할 때 정당성을 가지게 되며, 이럴 경우 정책은 안정적인 패턴을 유지하면서 지속된다. 그러나 이와는 반대로 정책이 형평하지 않아 정당성이 없다고 인식된다면 불안정한 상태에 놓이게 된다.

786) 제도 채택의 두 가지 논리에 대해서는 John L. Campbell. op. cit. 2001 및 op. cit. 2004 참조.

787) Jonathan Gruber. op. cit. p. 63.

788) David L. Weimer and Aidan R. Vining. op. cit. p. 135.

789) R. Walker and S. Duncan. "Policy Evaluation." In H. Bochel and S. Duncan(eds.). *Making Policy in Theory and Practice*. Bristol: Policy Press. 2007. pp. 169~170.

790) Paul Pierson. op. cit. 1994. 정책결정과정에서 정치엘리트들이 사용하는 정치전략에 대해서는 후술하기로 한다.

791) Deborah A. Stone. op. cit. 2012 참조.

792) 복지여왕이라는 제유는 1976년 미국 공화당 대선후보 경선에서 레이건(Ronald W. Reagan) 후보가 한 연설로 유명세를 탔다. 그는 자극적인 언사를 총동원해 시카고 남부지역에 사는 한 여성 복지수혜자가 제도의 허점(loophole)을 이용해 얼마나 호화로운 생활을 하는 지를 격한 어조로 비판했다. "그녀는 80개의 이름과 30개의 주소를 가지고 있으며, 12개의 사회보장카드를 갖고 있습니다. 뿐만 아니라 가공의 죽은 남편 4명을 내세워 퇴역군인연금까지 챙기고 있습니다. 게다가 그녀는 자신의 사회보장카드로 연금을 받기도 합니다. 그녀는 메디케이드(Medicaid)와 푸드스탬프(food stamp)의 혜택을 받기도 하며, 이름 하나하나에 대해 따로 복지 혜택을 챙기고 있습니다. 세금이 부과되지 않는 그녀의 현금 소득은 15만 달러가 넘습니다." 크루그먼(Paul Krugman)이 지적하고 있듯이, 레이건의 발언에 등장하는 시카고 남부지역의 복지여왕은 실제로 존재하지 않는 가공의 인물이었다. 그러나 진실 여부와 상관없이 그의 발언은 미국 사회에 엄청난 반향을 불러일으켰는데, 이는 복지여왕이라는 제유가 너무 헤픈 복지정책과 그것의 혜택으로 무위도식하는 흑인이라는 대중의 선입견과 맞아떨어졌기 때문이다. 이준구. 전게서. 2016. pp. 146~147.

793) David L. Weimer and Aidan R. Vining. op. cit. p. 284.

794) Ibid. p. 284.

795) Jun Jong S. op. cit. p. 109.

796) Randy T. Simmons. op. cit. pp. 105~106.

797) Gary S. Becker. "A Theory of Competition Among Pressure Groups For Political Influence." *Quarterly Journal of Economics*. 98(3). 1983.

798) 세금은 항상 정치논쟁의 중심이 된다. 한국에서 세금이 정치이슈가 된 것은 노무현 정부 이후의 일이지만, 외국에서는 오래전부터 이 문제 때문에 정권이 바뀌기도 하는 등 치열한 정치공방의 대상이 되어 왔다. 외국의 사례와 함께 세금과 선거 정치의 관계에 관한 전반적인 분석에 대해서는 강원택 외. 『세금과 정치: 각국의 경험과 한국의 선택』. 서울: 푸른길. 2007 참조.

799) 게다가 이명박 정부의 감세정책, 특히 야당 측에서 집중 부각시킨 '부자감세'는 주로 '법인세' 감면의 형태로 나타났기 때문에 일반대중들은 그 정책으로 인해 직접적인 이해관계가 없는 경우가 많았다.

800) 전술한 바와 같이, '부자'는 집단에 대한 사회적 이미지가 부정적인 경우가 많기 때문에, 부자감세는 곧바로 정치적 형평 논쟁으로 이어질 가능성이 높다. 특히, 이명박 정부는 감세를 정책의 '허점(loophole)'을 통해서가 아니라 주로 세율 인하라는 가시적인 수단을 통해 이루려고 했기 때문에 일반대중들의 정치적 반발을 불러일으킬 수 있었다. 부정적인 이미지를 가진 집단에 대한 가시적인 지원이 일반대중들의 광범위한 정치적 반발을 불러일으킨 경우는 최근의 국회의원 연금법 사례에서도 찾아볼 수 있다. 2013년 1월 1일 국회는 2013년도 예산안을 통과시키면서 128억 규모의 국회의원 연금법도 통과시켰는데, 이 소식을 접한 네티즌들은 "정말 한심하다", "국회의원 연금법을 실시간 검색어 1위로 만들자" 등의 반응을 보이며 크게 반발했다. 세계일보. 2013년 1월 4일.

801) 정치학의 오래된 연구 전통과 이에 대한 비판적 관점에 대해서는 Jacob S. Hacker and Paul Pierson. op. cit. 2014 참조.

802) Suzanne Mettler and Joe Soss. op. cit. p. 59.

803) Louis Schubert et al. op. cit. 참조.

804) Paul Pierson. op. cit. 1993.

805) 위버(R. Kent Weaver, 1987)는 이해관계자가 감지하는 편익이 작고 비용이 클 때 "신뢰추구의 정치"가 나타난다고 주장한다(아래의 〈표〉 참조). R. Kent Weaver. op. cit. 1987. 해당 정책에 대해 정책결정자가 반대함으로써 잠재적 비용부담자로부터 정치적 신뢰를 얻을 수 있다는 것이 그의 설명이다. 그런데 그가 제시하고 있는 "신뢰추구의 정치"와 "비난회피의 정치"가 명확하게 구분되지 않는 것이 사실이지만, 이 경우 정책결정자가 해당 정책을 반대한 것은 정치적 신뢰를 얻기 위한 동기보다는, 그러한 정책을 결정함으로써 그가 부담해야 할 정치적 비난을 회피하기 위한 동기에서 이루어졌다고 보는 것이 옳다. 그가 자신의 논문에서 일관되게 주장하고 있는 사람들은 편익보다 비용에 더 민감하게 반응한다는 "부정편향성"의 관점에서 보더라도 그러하다.

		정책대안의 편익	
		높음	낮음
정책대안의 비용	높음	비난회피	신뢰추구
	낮음	신뢰추구	합리적 정책 추구

806) 정치엘리트들이 사용하는 정치 전략에 대해서는 Paul Pierson. op. cit. 1994 참조.

807) 정책의 '가시성'을 떨어트리려고 하는 이러한 정치엘리트들의 전략은 상반된 효과를 지닌 '양날의 칼(double edged sword)'이라고 볼 수 있다. 정치적으로 부담이 되는 "비난회피의 정치" 상황에서는 이러한 전략이 정치적 반대를 약화시키는 주요인으로 작용하지만, 자신들의 업적을 내세워야 하는 "신뢰추구의 정치" 상황에서는 이러한 전략이 광범위한 정치적 지지연합을 형성하는 데 제약 요인으로 작용할 수도 있기 때문이다. 예를 들면, 조세지출(tax expenditure)의 대상과 범위에 변동을 가져오는 정책이 세율(tax rate)에 변동을 가져오는 정책에 비해 가시성이 낮은 경우가 많기 때문에, 조세지출 정책의 경우 정책결정자들의 비난회피에는 유리하지만 신뢰추구에는 불리하다. Kimberly J. Morgan. op. cit. 참조. 따라서 정책결정과정에서 정치엘리트들은 두 가지 과제를 수행해야만 한다. 하나는 비용부담집단의 '눈을 가리는 것'이고, 다른 하나는 수혜집단의 '눈을 뜨게 하는 것'이다. 예를 들면, 편익은 집중시키는 반면 비용은 분산시키는 전략을 구사하거나, 편익은 즉각적으로 나타나게 하는 반면 비용은 일정한 시차(time lag)를 두고 나타나게 하는 전략을 구사한다.

808) Ibid.

809) Randy T. Simmons. op. cit. pp. 70~71.

810) 국내의 대부분의 정책학 문헌에서는 골격입법의 원인을 의회의 전문성 부족에서 찾고 있다. 그러나 이는 부분적인 설명 밖에 되지 못한다. 왜냐하면 비난회피라는 정치적 동기가 더 큰 이유일 수 있기 때문이다. 비난회피의 정치라는 맥락에서 골격입법의 문제에 접근한 외국 문헌으로는 Thomas R. Dye. op. cit. 참조.

811) Paul Pierson. op. cit. 2004. p. 41.

812) Deborah A. Stone. op. cit. p. 232.

813) David L. Weimer and Aidan R. Vining. op. cit. pp. 152~153.

814) 정보의 비대칭성이라는 관점에서 민주주의의 역설을 논의한다면, 정책분석은 정책결정자와 일반대중들에게 가치 있고 유용한 정보를 제공하는 민주주의 정책과정의 핵심적인 수단으로 간주될 수 있다. 구현우. 전게논문. 2013. pp. 96~97.

815) Jacob S. Hacker and Paul Pierson. op. cit. 2014. pp. 650~651.

816) 앞서 언급한 '버핏세'도 고소득자와 여타 납세자들 사이의 이해관계의 공유를 어렵게 만들어 세율 인상에 따른 정치적 비난을 회피하기 위한 정치 전략의 일환으로 풀이할 수 있다. 그런데 이 같은 주장이 집중화된 편익과 비용이 분산된 편익과 비용에 비해 조직화의 강한 유인을 만든다는 정치학의 정설과 모순되는 것은 아니다. 이 경우에는 애초에 정책이 조직화가 가능한 특정 집단을 대상으로 했기 때문에, 정책결정자가 만일 분할 전략을 사용하지 않았다면 이해관계의 공유에 의해 더 큰 정치적 저항에 직면할 수 있었다는 말이다. Paul Pierson. op. cit. 1994.

817) 할아버지 조항은 미국에서 남북전쟁 후 1895년에서 1910년 사이에 남부의 일부 주들에서 전쟁 전부터 선거권을 가진 자와 그 후손들(주로 백인들)에 대해서는 비록 가난하고 일자무식이어도 자동적으로 선거권을 인정해주는 반면, 1867년 1월 1일에 선거권을 부여받았던 자들과 그 후손들(주로 흑인들)에 대해서는 경제적 요건 및 읽고 쓸 줄 아는 능력을 갖추지 못했다는 이유로 선거권에서 배제한 조항을 말한다. 이 조항은 1915년 연방 대법원에 의해 제15차 헌법 개정안의 위반이라는 이유로 폐지되었다. 오늘날에는 할아버지 조항이라고 하면 일

반적으로 어떤 선천적인 신분에 기초하여 법률적으로 기득권을 옹호해주는 조항을 가리킨다.
818) 정책의 표류를 포함하여 해커의 정책변동 유형에 대해서는 14장에서 구체적으로 살펴보고자 한다.
819) Paul Pierson. op. cit. 2004. p. 37.
820) Jacob S. Hacker and Paul Pierson. op. cit. 2014. p. 647.
821) 킹돈의 연구에 대해서는 John W. Kingdon. op. cit. 1984 및 본서 10장 참조.
822) Peter Gourevitch. op. cit. 1986 참조.
823) 특히, 일본의 기업들은 '오야카타(Oyakata, 親方)'라는 독립적인 장인들을 대거 고용해 이들로 하여금 직업훈련을 하도록 했는데, 이러한 기업의 전략이 노동자들 사이의 이해관계의 공유를 어렵게 만드는 한 요인이 되었다.
824) Kathleen Thelen. op. cit. 2004 참조.
825) Paul Pierson. op. cit. 2006. pp. 125~126.
826) Bo Rothstein. op. cit. 1992 참조. 또한 영국에서 19세기 노조에 가입한 노동자들에게 지급된 부조 급부(friendly benefits)가 노동자들을 노조에 가입하도록 만드는 '선별적 유인'이 됨으로써 노동조합운동을 공고화하는 데 커다란 힘이 되었다고 보는 연구가 있다. 이에 대해서는 Kathleen Thelen. op. cit. 2004 참조.
827) Ellen M. Immergut. op. cit. 1992.
828) 린드블럼(C. E. Lindblom)은 미국과 같은 분절화된(fragmented) 정치체제에서 나타나는 변화에 대한 제약을 "진흙탕 통과(muddling through)"라는 비유적인 표현으로 설명한 바 있다. Charles E. Lindblom. op. cit. 1959 참조.
829) Peter J. Katzenstein. op. cit.; Peter A. Hall. op. cit. 1986.
830) 사회적 약자에 대한 배려를 중시하는 여성주의 문화가 팽배한 국가에서는 이러한 전략이 특히 효과적이다.
831) Margaret Weir. op. cit. p. 176.
832) 예를 들면, Paul Pierson. op. cit. 1994; Duane Swank. op. cit.; Andrea Louise Campbell, op. cit.; Jason Jordan. op. cit. 참조.
833) David Vogel. *Fluctuation Fortunes: The Political Power of Business in America*. New York: Basic. 1989. pp. 13~14.
834) James Q. Wilson. op. cit. 참조.
835) Jacob S. Hacker and Paul Pierson. *American Amnesia: How the War on Government Led Us to Forget What Made America Prosper*. Simon & Schuster. 2016 참조. 이들은 이러한 집단 망각 현상을 "미국의 기억상실(American Amnesia)"이라고 부르고 있다.
836) Gary S. Becker. op. cit. p. 392.
837) Joe Soss and Sanford F. Schram. op. cit. pp. 120~122.
838) Joe Soss and Sanford F. Schram. op. cit. p. 121을 토대로 재구성.
839) Hugh Heclo. "Issue Networks and the Executive Establishment." In Anthony King(ed.). *The New American Political System*. Washington, D.C.: American Enterprise Institute. 1978.
840) 해커는 미국의 복지정책에서 큰 변화가 없었다는 피어슨(Paul Pierson)의 주장에 대한 비평에서 정책변동의 유형을 가시적인 것으로 한정하지 않고 폭넓게 규정한다면 미국의 복지정책도 유의미한 변화를 경험하였다고 주장한 바 있다. 그는 이러한 맥락에서 정책변동을 현존 정책에 대한 공식적 대체 또는 폐지를 의미하는 '수정(revision)'뿐만 아니라, '중첩(layering)'(현존 정책의 폐지가 없는 상태에서 이루어진 새로운 정책의 도입), '전환(conversion)'(현존 정책에 대한 부분적·지엽적 조정), 그리고 '표류(drift)'(환경의 변화에 따른 정책 결과의 변화) 등도 포함하는 것으로 이해하고 있다. Jacob S. Hacker. op. cit. 2004 참조. 해커의 정책변동 유형에 대해서는 제14장에서 구체적으로 살펴보고자 한다.
841) Peter Dreier et al. op. cit. 참조.
842) 이와 관련하여 피어슨(Paul Pierson)은 일반의 통념과는 다른 사회과정의 원리를 다음과 같이 적절하게 설명한 바 있다. "많은 경우에 점진적이거나 누적적인 원인이 점진적인 결과를 가져오는 것은 아니다. 오히려 이러한 과정은 어떤 결정적 수준에 이르기 전까지는 사소하거나 무시될 수 있는 원인이 주된 변화를 촉발시킨 것이다." Paul Pierson. op. cit. 2004. p. 83.
843) Jon Pierre and B. Guy Peters. op. cit. p. 50. 이와 같이 거버넌스가 이론상으로 뿐만 아니라 정치현실에서도 주목을 받게 된 이유에 대해, 피에르와 피터스는 국가의 재정위기(the financial crisis of the state), 시장에 대한

이데올로기의 변화(the ideological shift towards the market), 세계화(globalization), 국가의 실패(failure of the state), 신공공관리론의 등장(emergence of the new public management), 지역기구(EU 등)와 국제기구(WTO, IMF 등)와 같은 거버넌스의 새로운 자원(new sources of governance)의 출현, 사회의 변화와 복잡성의 증대(social changes and increasing complexities), 그리고 전통적인 정치적 책임의 유산(legacy of traditional political accountability) 등 여덟 가지를 제시하고 있다. ibid. pp. 50~67.

844) R. A. W. Rhodes. "The New Governance: Governing without Government." *Political Studies*. 44(3). 1996.

845) 임혁백. 전게서. 2000. p. 69에서 재인용.

846) R. A. W. Rhodes. op. cit. pp. 652~653.

847) 김정렬. "정부의 미래와 거버넌스: 신공공관리론과 정책네트워크." 한국행정학보. 34(1). 2000. p. 22.

848) 여기서 좋은 거버넌스란 세계은행(World Bank)에서 취하는 개념으로, 신공공관리론과 자유민주주의가 결합된 것을 의미한다. 이러한 좋은 거버넌스가 되기 위해서는 효율적인 공무원단, 독립적인 사법체계 및 계약집행을 위한 법률체계, 책임성 있는 공공기금관리, 대의제적 입법부에 책임을 지는 독립적인 공공감사기구, 모든 수준의 정부에서의 법과 인권의 존중, 그리고 다원적인 제도적 구조와 언론의 자유 등이 전제되어야 한다. 좋은 거버넌스의 의미에 대해서는 R. A. W. Rhodes. op. cit. p. 656 및 정용덕. 전게서. 2001. pp. 729~731 참조.

849) R. A. W. Rhodes. op. cit. 참조.

850) Jon Pierre and B. Guy Peters. op. cit. 참조.

851) 김정렬. 전게논문 참조.

852) 이명석. "거버넌스의 개념화: '사회적 조정'으로서의 거버넌스." 한국행정학보. 35(3). 2002 참조.

853) 정정길. 전게서. 2000. pp. 536~537.

854) James N. Rosenau. "Governance, Order, and Change in World Politics." In James N. Rosenau and E-O Czempiel(eds.). *Governance without Government: Order and Change in World Politics*. Cambridge: Cambridge University Press. 1992 참조. 로젠노우는 이후 논문에서도 '정부'와 '거버넌스'가 모두 응집성을 유지하고 바람직한 목표로 나아가기 위한 권한을 행사하는 작동기제인 '규칙체계(rule system)'라는 점에서는 공통되지만, 그 체계가 '정부'는 '구조(structure)'로 이해되는 반면, 거버넌스는 다양한 조직에 의해 다양한 방식으로 수행될 수 있는 '사회적 기능(social function)' 내지 '과정(process)'으로 이해된다는 점에서 차이가 있다고 지적한다. James N. Rosenau. "Governance in a New Global Order." In David Held and Anthony Mcgrew(eds.). *Governing Globalization: Power, Authority and Global Governance*. Polity Press. 2002. p. 72.

855) 그러나 이명석에 의하면 파트너십은 네트워크가 구체화된 것으로, 정부주도형 파트너십이 얼마든지 가능하기 때문에 단순한 파트너십의 강조와 거버넌스는 구분되어야 한다고 지적한다. 이명석. 전게논문. 2002. p. 325.

856) 서창록 외. "거버넌스의 개념: 거버넌스의 개념과 쟁점에 관한 소고." 김석준 외『거버넌스의 정치학』. 법문사. 2002 참조. 이러한 논리에 근거하여 최근에는 '더 적은 정부, 더 많은 거버넌스(less government, more governance)'라는 구호가 확산되기도 하며, 심지어는 '정부 없는 거버넌스(governance without government)'가 가능하다는 주장까지 제기되고 있다. '더 적은 정부, 더 많은 거버넌스'에 대해서는 B. Guy Peters and Jon Pierre. "Governing without Government: Rethinking Public Administration." *Journal of Public Administration and Theory*. 8(2). 1998; 김석준. "거버넌스의 분석틀: 21세기 한국사회와 정치의 뉴 거버넌스 모색." 김석준 외『거버넌스의 정치학』. 서울: 법문사. 2002 참조. '정부 없는 거버넌스'에 대해서는 Rosenau, James N. and E-O Czempiel(eds.). *Governance without Government: Order and Change in World Politics*. Cambridge: Cambridge University Press. 1992; R. A. W. Rhodes. op. cit. 1996 참조. 그런데 여기서 한 가지 주의해야 할 것은 이러한 주장이 정부가 필요하지 않다는 주장을 의미하는 것은 아니라는 점이다. 왜냐하면 '거버넌스'를 주장하는 학자들이 '거버넌스'와 대비되는 '정부'라는 용어를 사용하는 경우, 그것은 제도들의 복합체로서의 통상적인 의미의 정부가 아니라 전통적인 통치방식으로서의 '정부'를 의미하기 때문에, '정부 없는 거버넌스'가 가능하다는 주장은 정부가 기존의 통치방식에서 벗어나 새로운 통치방식으로 문제를 해결할 수 있다는 의미로 해석될 수 있다는 것이지, 정부가 필요 없다는 '무정부주의'를 주장하는 것은 아니기 때문이다. 예를 들어, 정부, 시장, 시민사회가 공존·협력하는 '네트워크 거버넌스'의 경우에도 정부는 '네트워크 관리자(network manager)'로서 중요한 역할을 담당한다. 네트워크 거버넌스에 대해서는 이현출. "거버넌스와 NGOs: 의약분업 사례를 중심으로." 한국정치학회보. 35(3). 2001; 김석준. 전게논문. 2002; 김준기·이민호. "한국의 네트워크

거버넌스에 관한 연구: 사회복지관의 네트워크와 조직 효과성." 행정논총. 44(1). 2006 참조.

857) 임혁백. 전게서. 2000. p. 69. 한편 학자에 따라서는 거버넌스를 '올드(old) 거버넌스'와 '뉴(new) 거버넌스'로 나누기도 한다. 예를 들어, 피터스(B. Guy Peters)는 '올드 거버넌스'를 효과적인 정부를 중시하는 '정부중심의 거버넌스'로, 그리고 '뉴 거버넌스'를 사회의 자발성과 자율성을 믿는 '사회중심의 거버넌스'로 정의하고 있는데, 이러한 분류에 의한다면 '올드 거버넌스'는 위에서 살펴본 전통적 통치방식을 의미하는 '정부'로, 그리고 '뉴 거버넌스'는 새로운 통치방식을 의미하는 '거버넌스'로 이해할 수 있다. B. Guy Peters. "Governance and Comparative Politics." In Jon Pierre(ed.). *Debating Governance*. Oxford: Oxford University Press. 2000 참조. 이러한 뉴 거버넌스는 다음과 같은 두 가지 이유로 주목을 받게 되었다. 첫째, 공공서비스 전달에 있어 공급과 생산 기능이 개념적으로 구분되고 신공공관리론에 따른 정부개혁이 진행됨에 따라, 공공서비스 전달의 효율성과 효과성은 정부부문과 민간부문 및 비영리부문 간 '협력적 네트워크'의 구축 및 관리에 의해 크게 영향을 받았다. 둘째, 세계화와 정보화가 진전됨에 따라, 국가, 시장, 시민사회간의 새로운 관계가 형성되기 시작했다. 따라서 뉴 거버넌스의 요체는 공공서비스 전달 또는 공공문제를 해결하는 과정에서 정부라는 제도적 장치에 전적으로 의존하기보다는 정부와 민간부문 및 비영리부문 간의 '협력적 네트워크'를 적극 활용하는 것이라고 할 수 있다. 이종수 · 윤영진 외. 『새 행정학』. 4정판. 서울: 대영문화사. 2005. pp. 175~176.

858) '공 · 사 네트워크(public-private network)' 내지 '공 · 사 파트너십(public-private partnership)'을 강조하는 최근의 뉴 거버넌스는 레짐이론(regime theory)과도 밀접하게 관련된다. 전통적으로 레짐이란 '통치체제'를 의미하는 것으로 이해되었으나, 최근에는 '여러 이해관계자들이 협력적인 네트워크를 형성하는 것'으로 이해하는 것이 일반적인 견해이다. 예를 들면, 스톤(Clarence N. Stone)은 도시레짐(urban regime)을 "통치의사를 결정하고 수행하기 위해 공공기관과 민간이해관계자들이 협력하는 비공식적 장치(informal arrangements)"로 정의하고 있다. Clarence N. Stone. "Urban Regimes: A Research Perspective." Reprinted in Dennis R. Judd and Paul Kantor(eds.). The Politics of Urban America: A Reader. New York: Longman Publisher. 2002. p. 29. 이러한 맥락에서 거버넌스 체제 하에서 공공부문과 민간부문은 엄격하게 구분되지 않는다. 즉, 거버넌스 체제 하에서도 명령과 권위가 존재하고 이러한 것을 관리하는 관리자와 관료도 존재하지만, 이러한 모든 것들은 '공공(public)'의 것이며, 단지 그 중의 일부가 '정부적인(governmental)' 것일 뿐이다. 이종열 · 이재호. "거버넌스론: 개념과 기능을 중심으로." 윤영진 · 김태룡 외 『새 행정이론』. 서울: 대영문화사. 2002. pp. 56~60.

859) Jon Pierre and B. Guy Peters. op. cit. p. 25.

860) 권기헌. 전게서. pp. 487~490; 남궁 근. 전게서. 2008. pp. 238~241.

861) 강근복 외. 전게서. pp. 283~284.

862) 통상적으로 바우처(voucher)는 일정한 계층에게 서비스를 구매할 수 있도록 구매력을 높여주는 소득보장의 한 형태이다. 서비스 공급자에게 직접 재원이 전달되는 계약방식과 달리, 바우처는 서비스의 이용자에게 재원이 전달된 다음 바우처 사용의 대가로 정부가 서비스 공급자에게 해당 비용을 정산해준다는 데 그 특징이 있다. 바우처는 서비스 수혜자에게 현금을 지급하는 것보다는 소비 패턴을 제한할 수 있기 때문에 소기의 정책목표를 달성하는 데 보다 효과적이다. 즉, 바우처는 현금 지급에 비해 소비자의 선택권은 축소되지만, 이용자가 다른 용도로 사용하는 누출의 위험은 막을 수 있기 때문에 소비자의 선택권과 사회적 통제 효과 사이에 적절한 조화를 꾀하는 제도라고 할 수 있다. 배용수. 『공공기관론: 공공기관의 지배구조와 관리』. 서울: 대영문화사. 2015. pp. 261~262.

863) Jacob S. Hacker. op. cit. 2004.

864) Mancur Olson. op. cit. 1965 참조.

865) David L. Weimer and Aidan R. Vining. op. cit. pp. 152~153.

866) 박경효. 『재미있는 행정학』. 제3판. 서울: 도서출판 윌비스. 2016. p. 217.

867) 한석태. 『정책학개론』. 제2판. 서울: 대영문화사. 2017. p. 80.

868) Paul Pierson. op. cit. 2004. p. 33.

869) 유재원 · 소순창. "정부인가 거버넌스인가? 계층제인가 네트워크인가?" 한국행정학보. 39(1). 2005; 유재원 · 이승모. "계층제, 시장, 네트워크: 서울시 구청조직의 거버넌스 실태에 대한 실증적 분석." 한국행정학보. 42(3). 2008 참조.

870) 이명석. 전게논문. 2002. p. 329.

871) 상게논문 참조.

872) Charles Wolf Jr. op. cit. 1988 참조.

873) 이러한 주장에 대해서는 이명석. 전게논문. 2002 참조.

874) Robert O. Keohane. op. cit.

875) 코핸(R. O. Keohane)은 제도개혁이 이루어지기 어려운 이유를 공공재의 무임승차자의 문제에서 찾고 있는 반면, 에거트쏜(T. Eggertsson)은 이를 신·구 제도간의 '비정합성(incompatibility)'에서 찾고 있다. Robert O. Keohane. op. cit. 및 Thràinn Eggertsson. op. cit. 참조.

876) Robert D. Putnam. op. cit. 1993 참조.

877) 유동운. 전게서. p. 420.

878) 정정길은 제도의 정합성을 내적 정합성과 외적 정합성으로 나누고 있는데, 그에 의하면 내적 정합성이란 제도 요소들 간의 상호보완적 관계 또는 중립적 관계를 유지하는 것을 의미하며, 외적 정합성이란 제도와 환경맥락과의 부합성을 의미한다고 한다. 따라서 제도의 비정합성은 제도 요소들 간의 부조화를 의미하는 '내적 비정합성'과 제도와 환경의 부조화를 의미하는 '외적 비정합성'을 포괄하는 개념이라고 할 수 있다. 정정길. 전게논문. 2002. p. 10.

879) 제도개혁에 있어서 정치적 기업가의 역할을 강조한 연구로는 Robert O. Keohane. op. cit. 참조.

880) 예를 들면, Jon Pierre and B. Guy Peters. op. cit.; R. A. W. Rhodes. "Governance and Public Administration." In Jon Pierre(ed.). *Debating Governance*. Oxford: Oxford University Press. 2000; 김정렬. 전게논문; 김재인·임미영. "한국여성정책네트워크에 관한 실태 분석." 한국행정학보. 38(6). 2004; 전영평·장임숙. "규제거버넌스와 NGO의 정책참여: 기여와 한계." 한국행정학보. 38(3). 2004 참조. 그러나 이러한 견해에 대해 김순양은 분석의 수준에 따라 정책네트워크와 거버넌스를 구분하고 있다. 즉, 그에 의하면 정책네트워크는 거버넌스의 한 양태로 거시적으로 이해되기보다는 정책행위자들 사이의 관계를 밝히기 위한 중위수준(meso-level)의 이론으로 이해된다고 한다. 김순양. "권위주의 정치체제와 정책네트워크." 한국행정논집. 16(3). 2004 참조. 그러나 정책네트워크의 개념정의를 구체적인 정책행위자들 사이의 관계구조로만 좁게 해석할 수 있는가에 대해서는 의문이 생긴다. 물론 국내의 지배적인 연구경향이 그러하지만, 국가와 사회의 관계구조와 상호작용, 그리고 이 둘을 연결하는 매개체로서의 정책네트워크가 특정 국가의 정책패턴에 중요한 영향을 미친다는 점 역시 간과할 수 없기 때문이다. Peter J. Katzenstein. op. cit.; John Zysman. *Governments, Markets, and Growth: Financial Systems and the Politics of Industrial Change*. Ithaca: Cornell University Press. 1983; Peter A. Hall. op. cit. 1986 참조. 이와 같이 정책네트워크의 개념정의를 구체적인 정책행위자들 사이의 관계구조로만 한정하지 않고 보다 폭넓게 국가와 사회의 관계구조로까지 확장한다면 정책네트워크의 분석수준과 거버넌스의 분석수준 사이에는 유의미한 차이를 발견할 수 없다. 다만, 여기서 한 가지 유의해야 할 것은 정책네트워크의 개념 자체를 거버넌스와 동일시할 수는 없다는 점인데, 정책네트워크와 거버넌스가 차이가 있다면 그것은 분석의 수준이 아니라 정책네트워크의 유형 및 성격에 따른 것이라고 할 수 있다. 정책결정구조와 관련하여 나타나는 거버넌스의 구체적인 양태가 정책네트워크라고 한다면, 정책네트워크는 그 본질적 속성이 '개방적'이어야 한다. 그러나 정책네트워크는 '내생적인(endogenous)' 관계를 전제로 한다는 점에서 그 관계가 가변적일 수는 있지만, 반드시 개방적인 것은 아니다. 예를 들면, 후술하는 이샤이(Y. Yishai)의 모형에서 정책커튼(policy curtain)이나 철의 듀엣(iron duet)은 정책결정과정에 외부의 참여가 전혀 이루어지지 않거나 극히 소수의 집단만이 참여하는 것을 상정하고 있는데, 이러한 정책네트워크 유형은 매우 폐쇄적인 것이다. 따라서 정책네트워크는 분권화된 정치체제뿐만 아니라 중앙집권화된 정치체제에서도 존재하며, 정책네트워크와 정치체제 사이에 필연적인 정합성이 있는 것도 아니다. 김순양. 상게논문. 이러한 맥락에서 보면 정책네트워크 중 개방적인 유형(예를 들면, 이슈네트워크나 개방적 정책공동체 등)은 거버넌스와 밀접하게 관련되지만 폐쇄적인 유형은 큰 관련성을 찾기 어렵기 때문에, 정책네트워크를 그 성격에 따라 구분하지 않고 정책네트워크와 거버넌스 사이의 관련성을 논의하는 것은 적절하지 않다고 생각한다.

881) Martin J. Smith. *Pressure, Power and Policy*. Harvester Wheatsheaf. 1993. p. 67.

882) 남궁 근. 전게서. 1998. p. 178.

883) F. v. Waarden. "Dimensions and Types of Policy Networks." *European Journal of Political Research*. 21. 1992 참조.

884) G. Jordan and K. Schubert. "A Preliminary Ordering of Policy Networks Labels." *European Journal of Political Research*. 21. 1992 참조.

885) 김성제. 전게서 참조.

886) 상게서. p. 83.

887) Michael Howlett and M. Ramesh. "Policy Subsystem Configurations and Policy Change: Operationalizing the Postpositivist Analysis of the Politics of the Policy Process." *Policy Studies Journal*. 26(3). 1998 참조.

888) 예를 들면, Jens Blom-Hansen. op. cit.; 정정길 외. 전게서. 2003; 김순양. 전게논문; 김주환. "의약분업정책네트워크와 정책반응의 변화: 정책패러다임의 변화를 중심으로." 행정논총. 42(1). 2004 참조.

889) 박용성. "정책네트워크의 동태적 유형분석에 관한 연구: 한강 및 낙동강 유역 정책수립 및 입법화과정을 중심으로." 한국행정학회. 하계학술대회 발표논문. 2004.

890) Michael Hill. op. cit. chapter 3 참조.

891) 성지은. "정책네트워크의 지속성과 변화: 이동통신 신규사업자선정을 중심으로." 한국행정학보. 38(1). 2004. p. 157. 한편 블럼-한센(Jens Blom-Hansen)의 설명적 정책네트워크 이론에 대해서는 후술하기로 한다.

892) Y. Yishai. "From an Iron Triangle to an Iron Duet?: Health Policymaking in Israel." *European Journal of Political Research*. 21. 1992 참조.

893) 철의 삼각 모형을 하위정부모형(sub government model)으로 표현하는 경우도 있지만, 이 둘의 기본적인 아이디어가 다르지는 않다. 다만, 철의 삼각이 주로 부정적인 의미로 사용되는데 반해, 하위정부는 보다 중립적인 의미로 사용된다는 점에서 어감상 약간의 차이는 있다. 남궁 근. 전게서. 1998 및 정정길 외. 전게서. 2003 참조.

894) 철의 삼각에 대해서는 Haruhiro Fukui. "Studies in Policymaking: A Review of the Literature." T. J. Pempel(ed.). *Policymaking in Contemporary Japan*. Ithaca: Cornell University Press. 1977; Randall B. Ripley and Grace A. Franklin. op. cit.; Y. Yishai. op. cit.; 남궁 근. 전게서. 1998; 정정길 외. 전게서. 2003 참조. 한편 철의 삼각이 엘리트론의 범주에 포함되는가, 아니면 다원론의 범주에 포함되는가에 대해서는 논란의 여지가 있다. 일본의 정치과정을 철의 삼각으로 분석한 후쿠이(H. Fukui)는 이를 엘리트론으로 분류하였으나, 정정길 외는 다원론, 좀 더 정확히 말한다면 신다원론의 범주에 포함시키고 있는 것으로 보인다. 철의 삼각 모형은 소수의 참여자로 구성된 정치적 연합으로서 신규참여의 배제성이 강하고 서로 간에 지대(경제적 지대, 행정적 지대)를 창출하며, 공익과는 괴리가 있는 정책이 결정될 가능성이 높다는 점에서 보면 엘리트론의 범주에 포함시킬 수 있으나, 정책커튼이나 철의 듀엣 등 다른 폐쇄적인 정책네트워크와는 달리 비공식적 참여자로서의 이익집단이 정책결정과정에 광범위하게 참여하는 것을 상정하고 있으며, 이는 다원주의 사회에서 가능하다는 점을 고려하면 다원론의 범주에 포함시킬 수도 있다. 따라서 이 문제는 일률적으로 판단할 것이 아니라, 그 나라의 정치현실, 다시 말해 민주적인 정치제도, 문화, 관행 등이 얼마나 정착되어 있는지, 그리고 시민사회의 성숙정도가 어떠한지를 고려하여 개별적으로 판단해야 한다고 본다.

895) James E. Anderson. op. cit. p. 71.

896) 남궁 근. 전게서. 1998. pp. 182~183.

897) Randall B. Ripley and Grace A. Franklin. op. cit.

898) Michael E. Kraft and Scott R. Furlong. op. cit. p. 67.

899) Ibid. p. 67.

900) James E. Anderson. op. cit. pp. 70~72.

901) Michael Hill. op. cit. chapter 3 참조.

902) Randall B. Ripley and Grace A. Franklin. op. cit. p. 9.

903) 남궁 근. 전게서. 1998. pp. 184~186.

904) 정정길. 『정책학원론』. 개정판. 서울: 대명출판사. 1997. p. 227.

905) Grant Jordan and William A. Maloney. "Accounting for Subgovernments: Explaining the Persistence of Policy Communities." *Administration and Society*. 29(5). 1997. pp. 558~564.

906) James E. Anderson. op. cit. p. 72.

907) 노화준. 전게서. pp. 251~252.

908) Y. Yishai. op. cit.

909) 남궁 근. 전게서. 1998. p. 89.

910) 정정길 외. 전게서. 2003. pp. 247~248.

911) Larry Bartels. *Unequal Democracy: The Political Economy of the New Gilded Age*. Princeton, New Jersey: Princeton University Press. 2008 참조.

912) 이는 베커(Gary S. Becker)가 표현한 것이다. Gary S. Becker. op. cit.

913) Jacob S. Hacker and Paul Pierson. "Abandoning the Middle: The Bush Tax Cuts and Limits of Democratic Control." *Perspective on Politics*. 3(1). 2005. p. 49.

914) 대부분의 학자들은 이 책에서처럼 정책공동체를 폐쇄적 정책공동체와 개방적 정책공동체로 나누어서 설명하고 있지 않다. 그러나 이를 개방적 관점에서 정의하는 학자들의 견해와 폐쇄적 관점에서 정의하고 있는 학자들의 견해가 크게 다르기 때문에 동일한 용어로 이를 포섭하기가 곤란하다고 판단하여, 여기서는 개방적 정책공동체와 폐쇄적 정책공동체로 나누어 살펴보고자 한다.

915) 이러한 관점에서 정책공동체를 이해한 견해에 대해서는 Grant Jordan. "Policy Community Realism versus 'New' Institutionalist Ambiguity." *Political Studies*. 38(3). 1990; D. Marsh and R. A. W. Rhodes. "Policy Community and Issue Networks: Beyond Typology." In D. Marsh and R. A. W. Rhodes(eds.). *Policy Networks in British Government*. Oxford: Oxford University Press. 1992; Jens Blom-Hansen. op. cit.; 김순양. "의료보험 정책과정에서의 참여자의 특성변화에 관한 연구." 한국행정학보. 29(2). 1995; 김주환. 전게논문 참조.

916) 이 점에서 정책공동체는 고객주의(clientelism)와 유사한 속성을 가지고 있으나 양자 간의 근본적인 차이는 전자의 경우 정책과정에서 몇몇의 관련 집단이 참여하는 데 비해, 후자의 경우는 단 하나의 고객집단만이 참여하는 것을 전제로 한다는 점이다. 그리고 정책공동체와 조합주의(corporatism)와의 차이는 정책공동체는 조합주의와 달리 이익들 간의 갈등을 해소하기 위한 것이 아니라, 개인적인 동기에서 출발한다는 점이다. 김순양. 상게논문. p. 417.

917) 이러한 관점에서 정책공동체를 이해한 견해에 대해서는 Hank C. Jenkins-Smith. *Democratic Politics and Policy Analysis*. Books/Cole Publishing Company. 1990; James E. Anderson. op. cit.; 노화준. 『정책학원론』. 서울: 박영사. 1995; 남궁 근. 전게서. 1998; 정정길 외. 전게서. 2003; 김성제. 전게서 참조.

918) 남궁 근. 전게서. 1998. pp. 186~187.

919) James E. Anderson. op. cit. p. 73.

920) 정정길 외. 전게서. 2003. p. 212.

921) Y. Yishai. op. cit.

922) 김순양. "정책분석과정에서의 정책네트워크(Policy Network) 모형: 이론적 · 실천적 적실성의 검토." 한국정책학회보. 19(4). 2010.

923) 김순양. 전게논문. 1995. p. 418.

924) Jens Blom-Hansen. op. cit. 참조. 블럼-한센은 신제도주의를 경제학적 제도주의(economic institutionalism)와 사회학적 제도주의(sociological institutionalism)로 나눈 다음 경제학적 제도주의에 기초하여 정책네트워크 모형을 설명하고 있다. 그러나 그가 말하는 경제학적 제도주의는 합리적 선택 제도주의와 일맥상통하는 논의라고 할 수 있다.

925) Ibid. p. 681.

제Ⅲ편 정책과정론

제 9 장 정책과정의 참여자

정책과정에 대해서는 학자들에 따라 다양한 견해가 제시되고 있지만, 정책의제설정(policy agenda setting), 정책결정(policy making), 정책집행(policy implementation), 정책평가(policy evaluation)로 나누는 것이 일반적이다.[1)] 여기서 정책의제설정이란 여러 사회문제 중 정부가 정책적으로 대응하기 위한 정책문제를 선택하는 과정이며, 정책결정이란 정책목표를 달성하기 위한 여러 정책대안 중 하나를 선택하는 과정이며, 정책집행이란 채택된 정책대안을 구체화하는 과정이며, 정책평가란 정책을 집행한 후 정책결정자가 의도한 효과가 발생했는가를 검토하는 과정이다.

그런데 이러한 정책과정에는 다양한 행위자들이 참여한다. 이러한 행위자들은 다시 정책과정에서 공식적으로 결정하고 집행할 권한이 있는 공식적 참여자와 그러한 권한이 없는 비공식적 참여자로 나누어진다. 공식적 참여자에는 의회, 대통령, 행정기관, 사법부 등이 있으며, 비공식적 참여자에는 정당, 이익집단, NGO, 일반국민, 전문가 및 학자, 언론기관 등이 있다. 이하에서는 이에 대해 보다 구체적으로 살펴보고자 한다.

제 1 절 공식적 참여자

1. 의회

행정국가의 진전에 따라 의회의 정책과정에서의 역할이 약화되고 있기는 하지만, 여전히 국민의 대표기관으로서 정책과정에서 중요한 역할을 수행하고 있다. 의회가 정책과정에서 수행하는 역할을 정책의제설정, 정책결정, 정책집행, 정책평가로 나누어 살펴보면 다음과 같다.

1) 정책의제설정

정책의제설정과 관련하여 전통적인 다원주의에서는 공식적인 참여자들의 역할이 경시되었지만, 최근의 연구에 의하면 미국의 정책의제설정 과정에서도 비공식적 참여자보다 공식적 참여자들이 보다 중요한 역할을 수행한다고 한다. 특히, 선거에 의해 당선된 대통령이나 의회지도자가 큰 영향을 미친다. 킹돈(John W. Kingdon)은 정책의제를 정부의제(governmental agenda)와 결정의제(decision agenda)으로 구분하고 있는데, 그에 의하면 대통령과 의회지도자들은 정부의제의 채택 과정에서 결정적인 영향을 미친다고 한다.[2) 즉, 어떤 쟁점을 의제로 삼을 것인가에 대해 대통령과 의회지도자들은 큰 역할을 담당한다.

2) 정책결정

정책결정과정에서 의회는 입법권의 행사를 통해 정책에 큰 영향을 미친다. 정책과 법률이 동일한 것은 아니지만, 중요한 정책일수록 법률의 형태를 띠고 있는 것이 많기 때문에 의회는 강력한 정책결정권을 행사할 수 있다. 다만, 행정국가의 진전에 따라 의회의 영향력이 약화되고 있는 것이 일반적이며, 후진국의 경우에는 더욱 그러하다. 특히, 법률에서는 대강만을 정하고 나머지는 하위법령에 위임하는 '골격입법(skeleton legislation)'으로 인해 이러한 경향은 심화되는 추세에 있다.

그렇다면 여기서 의회가 골격입법을 제정하는 이유에 대해 살펴볼 필요가 있다. 이와 관련하여 흔히 지적되는 것은 의회의 전문성 부족이다. 신분보장이 되는 관료제와 달리, 선거정치로 진퇴가 결정되는 국회의원들은 전문성을 쌓을 기회가 상대적으로 부족하다는 설명이다. 그러나 이는 부분적인 설명 밖에 되지 못한다. 왜냐하면 더 근본적인 이유가 있기 때문이다. 정치인이 가지는 전문성에는 일정한 한계가 있다. 그것은 전문가적인 식견이 반드시 정치적 인기와 직결되는 것은 아니기 때문이다. 예를 들어, 대부분의 국가에서 공기업 민영화 정책은 정치적 비난의 대상이 되는 경우가 많은데, 이럴 경우 전문가적인 식견으로는 공기업 민영화를 찬성한다고 하더라도 현실 정치에서는 공기업 민영화를 주장하기 쉽지 않다.[3) 따라서 "비난회피의 정치(politics of blame avoidance)"라는 맥락에서 골격입법의 문제를 생각해볼 필요가 있다. 왜냐하면 추상적인 가치에 대해 정치적 갈등이 야기되거나 비난을 받을 가능성은 거의 없기 때문이다.[4)

3) 정책집행

정책집행은 관료조직의 전속적인 기능이지만, 의회도 예산의 심의, 국정조사, 의정활동 등을 통해 참여하고 있다. 의회는 그 존립 목적이 정책결정 및 행정부의 견제와 통제에 있기 때문에, 정책집행에 직접적으로 개입하지 않고 간접적으로 정책의 집행에 개입하고 감독하게 된다.

4) 정책평가

정책평가단계에서는 예산결산 심의, 국정감사, 대정부 질의 등의 활동을 통해 정책을 평가한다. 미국의 경우, 의회 소속 하의 회계감사원(General Accounting Office: GAO)이 행정부의 정책집행에 대한 평가를 하고, 이를 근거로 하여 집행활동을 통제하는 역할을 하고 있다.

2. 대통령

대통령의 정책과정에서의 지위나 역할은 정부형태에 따라 상이하다. 의원내각제에서 대통령은 대외적으로 국가를 대표하는 의례적이고 명목상의 권한만 가지지만, 대통령제에서는 행정부 수반으로서 실질적이고 강력한 권한을 행사한다. 한국은 기본적으로 대통령제에 기초하고 있기 때문에, 대통령은 국가원수인 동시에 행정부 수반이다. 특히, 우리나라의 대통령은 헌법에 보장된 정책과정 전반에 대한 주도적인 역할과 기능을 수행할 수 있는 공식적인 권한을 가지고 있다.

1) 정책의제설정

의회와 마찬가지로 대통령의 경우에도 정부의제의 채택과 관련하여 결정적인 영향을 미친다. 특히, 한국의 경우 대통령이 관심을 갖는 대부분의 사회문제는 정책문제로 채택된다는 점에서 정책의제설정과 관련하여 대통령의 역할은 절대적이다. 예를 들어, 최근 우리나라에서 운전면허 간소화 문제라든지 공무원 시험과목 변경 문제 등이 정책의제화된 것은 모두 이명박 대통령의 정책의지에 따른 것이었다. 따라서 대통령의 정책 성향이나 가치관, 신념 등은 정책의제설정에 매우 중요한 영향을 미치는 요인이다.

2) 정책결정

법률의 형식을 취하고 있는 정책의 경우 대통령은 법률안 제출권과 법률안 거부권 등을 통해 영향력을 행사하며, 법률의 형식을 취하지 않는 정책의 경우(예를 들면, 대통령령) 직접 결정하는 권한을 가지고 있다. 리플리(Randall B. Ripley)와 프랭클린(Grace A. Franklin)의 연구에 따르면, 대외정책의 경우에는 대통령이 결정적인 역할을 하나, 배분정책의 경우에는 거의 영향력을 행사하지 못하고, 규제정책의 경우에는 약간의 영향력을 행사하며, 재분배정책

의 경우에는 중요한 조정역할을 한다.[5)]

한국의 정책결정에서 대통령이 수행하는 역할은 정치사회와 시민사회가 민주화되면서 점차 약화되는 추세에 있다. 과거 한국은 여러 가지 요인들로 인해 대통령에게 권력이 집중되어 있어(〈보론 9-1〉 참조), 대통령의 정책결정과정에서의 영향력은 절대적이었다. 예를 들어, 1970년대 중화학공업화를 추진하는 과정에서 기업뿐만 아니라 심지어 정부 내에서도 비판의 목소리가 높았지만, 박정희 대통령의 강한 정책의지에 따라 이를 결정하고 실행에 옮길 수 있었다.[6)] 하지만 민주화가 된 이후 대통령의 정책의지는 야당과 시민사회뿐만 아니라 여당 내부에서도 반대의 목소리가 나오고 있기 때문에 예전에 비해 많은 제약을 받고 있다. 이명박 대통령이 강한 의지를 가지고 추진한 감세정책이 정치권의 반대로 표류하다가 결국 무산된 것은 그 대표적인 예라고 할 수 있다.

3) 정책집행

대통령은 행정부의 수반으로서 행정기관을 지휘하여 모든 정책의 집행을 감독하는 권한과 책임을 가지고 있다. 이러한 정책의 집행권한이야말로 대통령의 전속적 권한에 해당되며, 실질적 정책결정을 할 수 있는 기반이 된다. 다만, 선진국의 경우 관료권이 확립되어 있고, 강력한 이익집단을 고객으로 가지고 있기 때문에 대통령의 집행권한은 제약을 받는 경우가 많다.

4) 정책평가

정책의 결정 및 집행과정에서 결정적 역할을 수행하는 대통령은 정책의 평가과정에서는 원칙적으로 소극적 역할을 수행하지만, 평가결과를 활용하고 이를 차후 정책결정에 반영하는 환류(feedback) 과정에서는 결정적인 역할을 담당한다.

≫ 보론 9-1 과거 한국의 대통령이 정책과정에서 막강한 영향력을 행사한 이유

대통령의 정책과정에서의 지위나 역할은 정부형태에 따라 상이하다. 의원내각제에서 대통령은 대외적으로 국가를 대표하는 의례적이고 명목상의 권한만 가지지만, 대통령제에서는 행정부 수반으로서 실질적이고 강력한 권한을 행사한다. 한국은 기본적으로 대통령제에 기초하고 있기 때문에, 대통령은 국가원수인 동시에 행정부 수반이다. 특히, 한국에서 대통령은 여러 가지 공식적·비공식적 요인에 의해 권력이 집중되어 있다. 과거 한국에서 대통령에게 권력이 집중된 이유는 다음과 같다.[7)]

첫째, 중앙집권과 행정부 우위의 전통이다. 중앙정부가 강력한 권한을 행사하고 그 권한을 행정부에서 행사하게 되면 대통령은 행정부를 장악함으로써 중앙정부, 나아가 한 나라 전체의 정치체제를 장악할 수 있다. 대통령은 장관이나 차관의 인사권을 장악하고 있고, 이들 장·차관은 행정관료의 인사권을 장악하고 있으므로 행정부는 대통령을 정점으로 한 강한 응집성을 가진 계층제를 이루게 되었다.

둘째, 한국 사회에 배태된 유교문화의 가부장적 권위주의도 대통령의 권한 강화에 일조했다. 이러한 문화적 기반 하에서 대통령은 마치 '국부(國父)'로 인식됨으로써 행정관료나 국민들은 대통령의 권한행사(경우에 따라서는 법적 근거가 없거나 법의 정신을 벗어나는 것까지도)에 무비판적으로 복종하거나 이를 정당화시켜주기도 했다.

셋째, '경제성장제일주의'나 '안보우선주의'와 같은 신중상주의의 정치이념도 대통령의 권한 확대에 중요한 영향을 미쳤다. 먼저 정부주도의 경제성장은 대통령을 '가부장(家父長)'으로 인식하는 유교적 정치·행정문화를 더욱 강화시켰을 뿐만 아니라, 대통령이 각종 특혜를 받을 사람들을 구체적으로 결정할 수 있는 지위에 있었기 때문에 수혜자들을 조정하여 정치적 자원을 상화시킬 수 있었으며, 또 이러한 특혜를 배분하는 지위에 있는 부하 공무원들의 행동을 감시·통제함으로써 행정공무원을 장악할 수 있었다. 또한 안보우선주의로 말미암아 한국에서는 비상사태를 대비하기 위해 대통령에 의한 강력한 지도력이 필요하다는 인식이 확산되었고, 외교·국방·군수산업 등 안보에 관련된 중대 정책에 대해서는 공개적인 토론보다는 비공개적인 정책결정이나 집행이 일상화되어 대통령의 권한이 더욱 강화되는 결과를 가져왔다.

넷째, 정치사회의 민주적 제도가 정착되지 못한 점도 지적할 수 있다. 한국에서는 노동조합이나 기업가단체 등 이익집단이 사회에 뿌리를 내리지 못했으며, 정당제도 역시 소수 간부중심으로 운영되는 취약성을 보였다. 또한 여당도 대통령에게 완전히 종속되어 대통령은 자신의 권력을 강화하기 위해 여당을 손쉽게 이용할 수 있었다.

≫ 보론 9-2 1970년대 중화학공업화를 추진하는 과정에서 나타난 대통령의 정책의지와 정책결정구조의 변화[8)]

1970년대는 미국 경제의 불황과 헤게모니 쇠퇴로 보호무역주의가 팽배한 시기였다. 그러나 보호무역주의가 전세계적으로 팽배했다고 하여 제3세계 모든 국가들이 중화학공업을 선택한 것은 아니었다. 오히려 대만의 사례에서 보듯이 대부분의 제3세계 국가들은 여전히 국제적 비교우위가 있었던 경공업에 치중하는 모습을 보였다. 그럼에도 불구하고 한국은 중화학공업화로 산업화 정책의 틀을 바꾸었다. 이는 홀(Peter A. Hall)의 표현을 빌린다면,[9)] '정책 패러다임(policy paradigm)'이 바뀐 것으로 이전 시기의 정책변동과 다르게 발전국가의 제도적 구조만으로는 설명이 곤란하다. 자본과 노동이 성장하여 국가와 사회의 힘의 비대칭성이 현저히 약화된 상황에서 이러한 정책변동을 설명하기 위해서는 제도적 구조 이상의 것이 필요하기 때문이다. 최근 주목받고 있는 분석적 서술방법(analytic narratives)의 논리에 의한다면, 사회현상은 외생적인 역사적 조건의 변화에 대응한 행위자의 내생적 조정과정이다. 따라서 여기에서도 통치자 박정희의 전략적 선택이 중요할 수밖에 없다.

1970년대 중화학공업화로의 정책 변화에 대해서는 정부 밖에서뿐만 아니라 정부 내에서도 비판의 목소리가 높았다. 자본가단체인 전경련에서는 국영기업의 민영화와 민간주도 경제운용으로의 정책 전환을 해결책으로 제시하였지 중화학공업화 정책의 추진을 요구하지는 않았으며, 경제기획원도 정태적 비교우위론에 입각하여 중화학공업화를 국운을 담보로 한 모험이라고 비판하였다. 그리고 이러한 비판은 당시 한국의 경제력이나 국제적 비교우위에 근거한다면 상당한 설득력이 있었다. 그럼에도 불구하고 박 대통령은 중화학공업화의 추진에 강한 정책의지를 보였고, 마치 싸움터에 나가는 장수와 같이 비장한 모습을 보이기도 했다. 그렇다면 박 대통령은 왜 중화학공업화의 추진에 그토록 집착을 보였는가? 이는 많은 부분 그의 전략적 이해관계에서 비롯된 것으로 보인다. 정통성이 부족한 박정희 정부가 그것을 보완할 수 있는 유일한 방법은 단시일 내에 급속한 경제성장을 이루는 것이었다. 그런데 1970년대 초반에는 이러한 산업화 정치의 논리가 관철되기 어려운 상황이 조성되었다. 재정적자, 국제수지 적자, 외채의 누증, 부실기업의 속출, 인플레이션, 노동자의 분규 급증 등 심각한 경제문제가 이 시기에 집중되었다. 게다가 신중상주의적 발전국가를 지탱하고 있던 양대 이념, 즉 경제성장제일주의와 안보우선주의가 전태일의 분신자살과 닉슨 독트린 이후 약화되는 모습을 보였다. 그런데 이러한 문제들은 단순히 경제문제에 그친 것이 아니라, 발전국가의 재생산 구조의 위기에서 비롯된 체제의 존립에 직결된 정치문제였다. 박정희가 8·3 조치라는 유신쿠데타에 버금가는 '경제쿠데타'를 감행한 것도 이러한 맥락에서 이해할 수 있다. 8·3 조치는 발전국가의 재생산 구조의 위기에 대응한 정책적 조치였으며, 중화학공업화를 추진하기 위한 '전주곡'이었다. 중화학공업의 특성상 기존 대기업만이 이에 뛰어들 수 있었기 때문에, 이들을 '사채의 덫'에서 구해줄 필요가 있었기 때문이다.

8·3 조치를 통해 대자본가들을 결속시킨 다음 박정희는 유신쿠데타를 통해 모든 권력을 대통령 1인에게 집중시켰다. 유신체제의 수립 이유에 대해서는 여러 가지 견해들이 있지만, 중화학공업화를 추진하기 위한 동기도 분명 있었을 것이다. 오원철이나 김종필 등 당시 핵심적인 정책결정자들의 증언이 이를 뒷받침한다. 유신체제는 박정희가 중화학공업화를 추진할 수 있는 핵심적인 동력이 되었다. 정부 내외의 비판에도 불구하고 중화학공업화를 강력하게 추진할 수 있었던 것은 유신체제가 가져다 준 권력의 집중 때문이었다. 따라서 1970년대 중화학공업화는 통치자 박정희의 전략적 이해관계와 그것을 관철시킬 있게 만들어준 유신체제를 살펴보지 않고서는 정확하게 이해할 수 없다. 1960년대 배태된 발전국가의 제도적 요소 중 어느 것도 1970년대 중화학공업화를 추진하는 데 유리하게 작용한 것이 없었기 때문이다. 정태적 비교우위론에 근거한 경제기획원의 반대, 국영기업의 민영화와 민간주도 경제운용을 주장한 자본가들의 소극적 대응, 전태일 분신자살사건 이후 나타난 노동쟁의의 급증, 정책결정구조의 응집

성 약화, 지배연합의 균열, 신중상주의적 발전국가를 지탱하는 양대 이념(경제성장제일주의, 안보우선주의)의 약화 등은 이 시기 발전국가의 위기 국면을 잘 말해준다. 이러한 발전국가의 위기에 대응하여 박정희는 산업화 정치라는 자신의 전략적 이해관계에 따라 중화학공업화를 선택했고, 유신체제가 가져다준 권력의 집중을 이용하여 '밀어붙이기식'으로 이를 관철시켰다. 요컨대, 1970년대 중화학공업화는 산업화 정치를 지속가능한 것으로 만들기 위한 박정희의 전략적 이해관계와 그것을 제도적으로 뒷받침한 유신체제가 크게 작용한 산업화 패러다임의 변화였다.

1970년대 중화학공업화를 박정희 대통령이 주도했다고 하더라도 이를 뒷받침한 "제도적 기업가들(institutional entrepreneurs)"의 역할을 과소평가해서는 안 된다. 1970년대 중화학공업화는 박정희 대통령이 키운 테크노크라트(technocrat)가 주도적인 역할을 담당했다. 쿠데타 직후 국가재건최고회의는 특히 경제 및 공업계획을 수립하고 시행하기 위해 우수한 인재들을 영입하는 데 적극적이었다. 이렇게 영입된 민간 분야 인사의 대다수가 주도적인 테크노크라트가 되었는데, 중화학공업화 3두 정치의 한 축씩을 담당한 김정렴과 오원철이 박정희에 의해 발탁된 대표적인 인물들이었다. 박정희에 의해 새로 형성된 테크노크라시(technocracy)는 테크노크라트 집단과 퇴역 장성, 기업 경영인, 전문 행정관료가 뒤섞인 이질적인 집단으로서의 성격이 강했지만, 다음과 같은 독특한 성격을 가진 동질적인 집단이기도 했다. 첫째, 그들은 고도의 자격을 갖춘 전문가들로 강한 자제력을 지녔고 효율성과 목표 달성에 중점을 두었다. 둘째, 그들은 자신들의 관료적 행정권과 자신들의 절대 통치권자가 갖고 있는 궁극적 권한의 차이점을 분명히 이해했다. 셋째, 그들은 박정희의 국가 개발에 관한 의제를 정확히 파악하고 있었다. 이러한 테크노크라트들은 어느 특정 분야에 대한 '미시적 접근'을 선호했기 때문에 정책결정의 전문성을 향상시킬 수 있다는 장점이 있었던 반면, '할거주의(sectionalism)'의 폐해가 나타나는 문제도 있었다. 특히, 경제기획원과의 정책갈등이 이 시기에 두드러지게 나타났다. 이 같은 분열양상은 1967년 3월 과학기술처가 설립되면서 더욱 명확해졌는데, 경제기획원 산하의 과학기술국이 없어진 이후 경제기획원에는 엔지니어링 테크노크라트가 한 명도 남지 않았기 때문이다. 경제기획원의 경제관료들과 상공부·중화학공업추진위원회 기획단에 속해 있는 테크노크라트들 사이에는 경제를 보는 관점과 접근방법에서 차이가 있었다. 첫째, 경제관료들은 비교우위론과 국제분업론에 기초한 '신고전주의'를 신봉한 반면, 테크노크라트들은 불균형성장론에 기초한 '신중상주의'를 신봉하였다. 둘째, 경제관료들은 국민경제 전반에 대한 '거시적 접근'을 선호한 반면, 테크노크라트들은 어느 특정 분야에 대한 '미시적 접근'을 선호하였다.

1970년대 중화학공업육성정책을 오원철 경제수석과 그가 중심이 된 중화학공업추진위원회 기획단이 주도하면서, 경쟁력 있는 중화학공업 분야부터 점진적인 방식으로 육성하자는 전략을 가지고 있던 경제기획원과의 마찰이 불가피했다. 특히, 대학에서 화학공학을 전공한 엔지니어 출신이었던 오원철은 경제적 타당성보다는 기술적 타당성에 입각하여 경제관료들에게는 기상천외하게 받아들여질 수 있는 발상들을 많이 했는데, 이 때문에 그는 '야생마'라는 별명까지 얻게 되었다. 그러나 박 대통령은 오원철을 가끔 '오 국보(國寶)'라고 부르면서 중화학공업 정책의 실행을 감독하는 한편 차관보 회의를 대표하여 대통령 및 국무총리와의 의사소통을 단독으로 책임지도록 하는 등 그에 대한 절대적인 신임을 접지 않았다. 유신헌법에 의해 대통령에게 권력이 집중된 상황에서 대통령의 정책의지는 정책의 성공에 결정적으로 중요했다. 그런데 앞서 살펴본 바와 같이, 박정희 대통령의 중화학공업화에 대한 정책의지는 확고했다. 후에 중화학공업추진위원회 기획단 소속 관료들이 회고하듯이, 박 대통령의 정책의지는 부처 간의 정책갈등을 최소화하는 데 결정적인 기여를 했다.

3. 행정기관

행정기관 관료의 원래 역할은 국민에게 정치적 책임을 지는 대통령이나 의회에서 결정한 정책을 충실히 집행하는 것이지만, 실제로는 정책결정과정에서도 광범위하게 개입하고 있다. 따라서 관료가 정책결정과정에서 실질적인 정책대안을 제시하는 경우가 많다. 또한 정책집행과정에서도 추상적으로 결정된 정책의 내용을 구체적으로 결정하는 경우가 많은데, 이를 '행정적 결정'이라고 한다. 이와 같이 관료제의 정책과정에서의 역할이 증대된 이유는 행정국가의 진전에 따라 정부가 해결해야 할 정책문제의 전문성 · 기술성이 증대되어 정보와 전문성 면에서 우위를 가지고 있는 관료들의 지식이 많이 필요하기 때문이다.

1) 정책의제설정

행정기관의 관료는 정책의제설정 단계에서 실현가능한 정책대안을 검토하는 데 중요한 영향력을 행사한다. 즉, 킹돈(John W. Kingdon)이 말한 결정의제의 채택과 관련하여 행정기관의 관료는 큰 영향력을 행사한다.[10)] 행정기관의 본래 기능은 대통령이나 의회가 결정한 정책을 효율적으로 집행하는 것이지만, 우리나라처럼 의회의 권한이 미약하고, 정치체제에 대한 정당이나 이익집단과 같은 비공식적 참여자들의 투입기능이 활성화되어 있지 못한 국가에서는 행정기관 관료들이 정책의제설정에 미치는 영향은 매우 크다.

2) 정책결정

행정기관의 관료는 정책결정의 주요 단계인 정책대안의 탐색과 분석에서 중요한 역할을 담당한다. 고전적인 정치 · 행정 이원론의 관점에서는 정책결정은 '정치'의 영역이고 정책집행이 '행정'의 영역에 속한다. 따라서 이러한 관점에서는 행정기관의 관료가 정책결정을 담당하는 것은 '분업의 원리'에 어긋나고, 결정적으로는 민주주의의 책임의 원리에도 저촉된다고 인식되었다. 왜냐하면 권한과 책임은 조화를 이루어야 하는데, 선거를 통해 선출되지 않고 시험을 통해 선발되는 관료들이 정책결정을 담당한다면 이는 권한만 가지고 책임은 지지 않는 불균형을 초래할 수밖에 없기 때문이다. 그러나 현대 국가로 넘어오면서 이러한 도식적인 이원론은 더 이상 타당하지 않은 것으로 인식되고 있다. 그렇다면 관료들이 자신들의 본연의 영역인 정책집행 이외에 정책결정에서도 중요한 역할을 담당하는 이유는 무엇인가? 이는 다음과 같은 네 가지로 정리해볼 수 있다.

첫째, 가장 많이 지적되고 있는 것은 관료들이 정치인들보다 전문성을 많이 가지고 있다는 것이다. 직업공무원제가 확고하게 제도화되어 있는 현대국가에서 관료들은 오랜 기간 동안 비슷한 업무를 처리할 수 있지만, 정치인들은 임기가 단기적으로 한정되어 있을 뿐만 아니라 다음 선거에서 반드시 당선된다는 보장도 없기 때문에 전문성을 쌓을 기회가 상대적으로 적다. 자유방임주의 사상이 지배하고 있었던 19세기의 국가와 달리, 현대국가는 정부가 처리해야 할 업무의 양과 그 내용이 복잡해지고 있기 때문에 전문성이 부족한 정치인들이 전문가들로 구성된 관료조직을 통제하기 어려운 것이 사실이다.

둘째, 정치인들이 '비난회피'라는 정치적 동기 때문에 정책을 명확하게 규정하지 않는 것도 정책결정과정에서 관료권의 확대를 가져오는 한 요인이 된다. 왜냐하면 그러한 추상적인 정책을 구체화하는 것은 관료들의 몫이기 때문이다. 추상적인 정책을 구체화하는 것은 정책결정과정뿐만 아니라 정책집행과정에서도 이루어지는 것이기 때문에 여기서의 논의는 정책집행과정에도 그대로 적용될 수 있다. 정치학자 다이(Thomas R. Dye)는 이러한 정치인들의 비난회피 동기와 그에 따른 관료권의 확대를 다음과 같이 적절하게 설명하고 있다.

> 정책결정과정에서 관료권의 확대는 의회와 백악관이 정책에 대한 책임을 관료들에게 전가하는 정치적 의사결정으로도 설명할 수 있다. 의회와 대통령은 "안전하고 효능이 있는" 의약품, "동등한 고용 기회", "불공정" 노동관행의 근절, 그리고 다른 고상하지만 모호한 목표를 규정한 법률을 통해 정치적 신뢰(political credit)를 얻을 수 있다. 그렇게 되면 이러한 상징적 수단에 실질적인 의미를 부여하는 책임은 식품의약품안전청(the Food and Drug Administration: FDA), 고용기회평등위원회(the Equal Employment Opportunity Commission: EEOC), 전국노동관계위원회(the National Labor Relations Board: NLRB) 등과 같은 관료 기구의 몫이 된다. 게다가 관료 기구가 개발한 정책이 인기가 없는 것으로 판명된다면, 의회와 대통령은 관료들을 비난할 수 있다.[11)]

셋째, 관료와 정치인들 사이에 존재하는 '정보의 비대칭성(asymmetry of information)' 문제도 간과할 수 없다.[12] 대리인이론에 의하면 본인-대리인 관계에서 나타날 수 있는 역선택(adverse selection)이나 도덕적 해이(moral hazard)와 같은 '대리손실(agency loss)'은 많은 부분 정보의 비대칭성 문제 때문에 생긴다. 특히, '비밀주의'의 제도적 관행이 관료조직에 배태되어 있는 한국의 경우, 관료제의 정보독점현상이 정치권과 시민사회의 효과적인 비판과 감시를 사전에 차단할 수 있기 때문에 대리손실의 문제가 심화될 수 있다.

넷째, 관료조직이 외부의 정치세력과 정치적 연합(political coalition)을 형성하는 경우를 들 수 있다. 이러한 정치적 연합의 대표적인 예로 '철의 삼각(iron triangle)'을 들 수 있는데, 관료조직이 외부 정치세력과 정치적 연합을 형성할 경우 관료제를 통제하는 것은 여러 거부점을 힘들게 통과해야 하는 '진흙탕 통과(muddling through)'에 비유되는 힘든 과정이 될 수 있다.

리플리(Randall B. Ripley)와 프랭클린(Grace A. Franklin)의 연구에 따르면, 행정기관의 정책결정과정에서의 역할도 정책유형에 따라 상이하다. 첫째, 배분정책의 경우 관료조직, 의회의 상임위원회, 이익집단으로 구성된 '철의 삼각(iron triangle)'이 주도적으로 활동하기 때문에 행정기관의 관료들이 큰 영향력을 행사한다. 둘째, 규제정책의 경우 의회의 본회의와 이익집단이 큰 영향력을 행사하고, 행정기관의 관료들은 약간의 영향력을 행사한다. 셋째, 재분배정책의 경우 기업체와 노조의 정상연합체(peak association), 대통령과 의회의 지도자가 중요한 역할을 하고, 관료의 역할은 소극적이다.[13]

3) 정책집행

정책결정자가 전문성 부족이나 정치적인 이유로 정책의 내용을 명확하게 규정하지 않는 경우(이른바 골격입법의 경우), 정책집행과정에서 정책의 구체적인 내용이 결정된다(행정적 결정). 정책결정자가 정책의 내용을 명확하게 규정하지 않는 이유는, 많은 부분 '비난 회피'라는 정치적 동기 때문이다. 따라서 정책집행과정에서 행정기관의 관료들은 광범위한 재량권을 행사하여 정책의 구체적 내용을 결정하거나 상호 대립되는 이해관계를 조정한다. 특히, 다음과 같은 세 가지 사항이 이에 해당된다. 첫째, 정책집행과정에 필요한 정책지침을 만든다. 둘째, 정책집행에 필요한 인적·물적 자원을 동원하고 배분한다. 셋째, 정책의 내용을 정책대상집단에 전달하는 역할을 수행한다.

정책집행과정에서 정책의 구체적 내용이 결정되는 '행정적 결정'은 다음과 같은 특징을 가지고 있다.[14] 먼저 정책집행과정에서의 의사결정은 명백하게 불평등한 권력관계를 전제로 하는 '계층제(hierarchy)' 내에서 이루어지기 때문에, 의사결정과정에 참여하는 사람들 사이의 영향력은 균등하지 않다. 다음으로 정책집행과정에서의 의사결정은 일반대중이나 매스미디어의 주목을 덜 받기 때문에 '가시성(visibility)'이 낮고, 따라서 인기가 없는 정책을 집행했을 때 나타날 수 있는 저항을 줄이고 효과적인 정책집행이 가능하다.

4) 정책평가

행정기관은 대통령이나 의회의 지시에 의해 또는 제도화된 기능이나 자발성에 의거하여 정책평가를 하는 경우가 많다. 행정기관 내부에는 전문적인 평가담당기관이 있는데, 우리나라의 경우 감사원 및 국무조정실, 그리고 각 부처의 기획관리실이 그 예이다.

4. 사법부

과거 권위주의 정권 시대에는 사법부가 행정부에 종속되어 정책과정에서 뚜렷한 역할을 수행하지 못한 것이 사실이다. 그러나 민주화 이후 사법부의 독립성이 강화되면서 사법부도 소송에 대한 판결을 통해 정책과정에서 상당한 영향력을 행사하고 있다. 특히, 헌법재판소는 위헌법률심판을 통해 정부의 정책에 중요한 영향을 미친다. 예를 들면, 군가산점 위헌판결의 경우 군가산점제도가 평등권을 침해한다는 헌법적 판단이 내려짐에 따라(정책결정/정책평가), 군가산점 제도는 그 즉시 효력을 상실하게 되었고(정책집행), 따라서 이를 보완할 새로운 대책마련이 즉각적으로 논의되는 계기가 되었다(정책의제설정).[15] 또 2004년 국회의 노무현 대통령 탄핵에 대한 기각결정, 정부의 신행정수도 이전 결정에 대한 위헌판결, 종합부동산세에 대한 일부 위헌판결, 2017년 국회의 박근혜 대통령 탄핵에 대한 인용결정 등과 같이 입법부와 행정부의 행위에 대한 위헌 여부를 결정하고, 헌법에 위배되었을 경우에는 이를 취소토록 하거나 무효를 선언함으로써, 중요한 정책결정자로서의 기능을 수행하였다. 법원이나 헌법재판소가 정책과정에 미치는 영향을 정리하면 다음과 같다.

1) 정책의제설정

사법부의 결정은 새로운 대책마련의 계기가 되는 등 정책의제설정에 간접적으로 영향을 미친다. 새만금판결이라든지 정보공개에 대한 판결 등 사법부의 결정은 직 · 간접적으로 정책형성에 많은 영향을 미친다.

2) 정책결정

사법부의 판단 자체가 새로운 정책결정에 해당되는 경우도 많이 있다. 또한 위헌 여부만 결정하고 구체적 내용의 확정은 위임할 경우에도, 정책내용의 범위를 어느 정도 규정한다는 측면에서 정책결정에 많은 영향력을 행사하고 있다. 다만, 정책결정에 대한 사법부의 역할은 위헌법률심사권이나 위헌위법명령규칙심사권의 적용 범위 및 활용 범위에 따라 상이한 경향이 있다. 예를 들어, 독일에서는 위헌법률심사를 함에 있어 재판전제성 여부를 문제 삼지 않고 있으며(추상적 규범통제), 미국의 경우에도 사법부가 수립한 정책을 사법정책(judicial policy)이라고 할 정도로 강력한 위헌법률심사권을 가지고 있다. 그러나 우리나라의 경우 위헌법률심사나 위헌위법명령규칙심사가 가능한 경우는 구체적인 사건에서 위헌・위법 여부가 재판의 전제가 된 경우에 한정되기 때문에(구체적 규범통제), 사법부의 정책결정에서의 역할은 한계가 있다고 할 수 있다.

3) 정책집행

위헌위법명령규칙심사권이나 행정소송권을 보유하여 정책집행의 지속・중단・수정 여부를 판단하여 정책집행에 개입한다.

4) 정책평가

사법부는 사전적으로 행정부의 정책내용을 평가하지 못하지만, 사후적으로 쟁송절차에 따라 정책결정 및 정책집행의 결과를 재판을 통해 법적인 판단을 함으로써 정책평가에 영향을 미친다.

제 2 절 비공식적 참여자

1. 정당

정당이란 국민의 정치적 통합의 실질적 매개체로서, 동일한 정견을 가진 사람들이 정권의 획득과 유지를 위해 정강정책을 실현하고자 하는 정치적 결사체를 말한다. 정당은 정책과정에서 큰 역할을 하지만, 그 본질이 '사적 결사체'이기 때문에 비공식적 참여자로 분류된다. 다만, 집권 여당의 경우 당정협의 등을 통해 '준공식적인' 위치에서 정책과정에 영향을 미치기도 한다. 정당의 정책과정에서의 역할과 그 한계는 다음과 같다.

1) 정책과정에서의 역할

(1) 정책의제설정

정책의제설정과 관련하여 정당은 '이익결집(interest aggregation)'의 기능을 수행한다. 여기서 이익결집이란 사회의 정책요구를 정책대안으로 전환시키는 것을 말하는데, 선거 시에 제시되는 공약사항이나 정강정책들이 이익결집 기능의 대표적인 예이다. 선거 시에 공약한 정책들은 선거에서 승리하여 집권당이 될 경우 정책의제로 설정되고, 정책으로 형성될 가능성이 높아진다. 따라서 가장 이상적인 상황에서 정당은 국가와 사회를 연결하는 '가교' 역할을 충실히 할 것으로 기대된다.[16)]

(2) 정책결정

정당은 선거 시에 공약 또는 정강정책 등의 형식으로 정책의제나 정책대안을 제시하고, 그 정당이 집권당이 되는 경우에 그대로 정책이 되거나, 구체화되고 수정 · 보완되어 정책으로 결정된다. 또한 원내 활동을 통해서는 법안을 제출하여 통과시킴으로써, 정책결정의 기능을 수행한다. 따라서 정당의 정책과정에서의 영향력은 선거주기(election cycle)에만 국한되는 것이 아니라, 그 이후의 단계에도 계속된다.[17)]

(3) 정책집행

집권여당의 경우에는 자신들이 원하는 방향으로 집행이 이루어지도록 같은 정당 소속의 장 · 차관에게 영향력을 행사하는 방법으로 정책집행에 영향을 미치는 반면, 야당의 경우에는 정부의 정책집행에 대한 비판 및 감시활동을 통해서 정책집행에 영향을 미친다.

(4) 정책평가

정당은 정책평가의 단계에서는 비교적 미약한 역할을 수행한다. 우리나라의 경우 주로 야당이 이러한 역할을 수행하는데, 야당은 정책집행 과정 중에 발생한 부정 비리에 대한 비판이나 국정조사 또는 국정감사 등을 통해 정책평가에 영향을 미친다.

2) 정책기구로서의 정당의 한계

그러나 정책기구로서 정당은 다음과 같은 한계가 있다. 첫째, 사람들이 정책본위 선거보다 정당이나 인물본위 선거를 하는 경우이다. 특히, 한국의 지역주의 투표성향은 이러한 문제를 심화시킨다. 유권자들이 정책 본위 선거를 하지 않는 이유는 여러 가지가 있지만, 가장 대표적인 것은 유권자들이 정치적 이슈나 정책에 대해 충분한 정보나 판단 능력을 구비하고 있지 못하기 때문이다.[18] 둘째, 사람들의 다양한 정책 선호에도 불구하고 유권자들은 오직 한 표만을 행사한다. 예를 들면, 경제정책의 경우 A당을 지지하지만, 사회복지정책의 경우에는 B당을 지지하는 경우 사람들은 딜레마에 빠진다. 셋째, 정당들 간의 정책차이가 크지 않은 경우이다. '중위투표자 정리(median voter theorem)'가 함의하는 바와 같이 정당들이 중위투표자의 선호에 맞춰 정강정책을 채택한 결과 정당들 간의 정책차이가 크지 않은 경우가 많다. 현대 정당의 '포괄정당(catch all party)'화 현상은 이러한 경향을 대변한다. 넷째, 가장 본질적인 문제로서 정당이 집권한 후 자신들이 공약한 사항을 지키지 않는 경우이다. 흔히 하는 말로 '공약(公約)'이 '공약(空約)'이 되는 경우이다.

2. 이익집단

1) 이익집단의 의의 및 이익집단에 관한 연구 경향

(1) 이익집단의 의의

다운즈(Anthony Downs)의 이론으로부터 연원하는 전통적인 정치학의 관점에서는 선거와 같은 가시적인 정치 이벤트와 선거에서 이기기 위한 정치인들의 경쟁이 민주적 정치과정의 핵심으로 인식한다. 선거에서 이기기 위해 정치인들은 평균적인 유권자들의 선호에 대응하여 정책을 내놓는다고 보기 때문에, 공공정책의 결정에 있어 조직화된 이익집단의 역할은 부차적인 것에 불과하다. 선거가 민주국가의 정치과정에서 중요한 행사임에는 분명한 사실이지만, 일상적으로 이루어지는 것은 아니다. 그렇기 때문에 해커(Jacob S. Hacker)와 피어슨(Paul Pierson)은 '선거 정치' 이면에 있는 '일상의 정치'가 중요하다고 갈파했던 것이다.[19] 그런데 일상의 정치과정에서는 이익집단의 역할이 중요하게 부각될 수 있다. 이익집단은 관련 정책 분야에 대해 전문가적인 식견이 있을 뿐만 아니라, 많은 이해관계를 가지고 있기 때문에 정치과정에 지속적인 참여를 할 충분한 유인과 자원을 가지고 있기 때문이다. 물론 일상의 정치가 가시적이지 않다고 하여 일반대중들에게 의미가 없는 것은 아니며, 따라서 정치는 "다수에게 근본적으로 유의미한 영향을 미치는 결정 권한을 얻기 위해 소수가 다툼을 벌이는 경합의 장(contest)"이라고 할 수 있다.[20]

이익집단(interest group)은 여러 가지로 정의될 수 있지만, 여기서는 그 목적과 활동을 중심으로 이를 '공통의 이익을 증진하기 위해 정치과정에 영향력을 행사하려고 하는 정치적 결사체'로 정의하고자 한다. 이러한 정의에서도 알 수 있듯이, 공통의 이해관계가 결부되어 있으면, 집단이 형성된다는 논리가 성립할 수 있다. 이것이 바로 벤틀리나 트루먼과 같은 초기 이익집단론자들이 주장한 것으로, 이들은 '이익 있으면 집단 있다'는 명제를 받아들인다. 그리고 이러한 집단의 형성은 그에 반대되는 집단의 형성을 가져오는 일련의 과정을 거쳐 확산된다. 루미스(Burdett A. Loomis)와 시글러(Allan J. Cigler)의 표현을 빌린다면, "이익집단 정치는 동원(mobilization)과 반동원(countermobilization)의 연속적인 파도"로 정의할 수 있다.[21]

그러나 이러한 주장은 올슨(Mancur Olson)에 의해 비판을 받았다. 올슨은 공통의 이해관계가 결부되어 있더라도 다수인들에게 따라다니는 '무임승차자의 문제(free-rider problem)'를 해결하지 못한다면 집단은 구성되지 않을 것이라고 주장하였다. 그는 집합적 행위(collective action)가 이루어지기 위한 필요조건(necessary condition)으로, 첫째, 특권집단(priviledged group)이나 중간집단(intermediated group)과 같이 규모가 작아 조직화 비용을 부담할 용의가 있는 경우이거나, 둘째, 조직구성원들에게 선별적 유인(selective incentive)이 제공되는 경우 등을 제시하고 있다.[22]

(2) 이익집단에 관한 연구경향

이익집단에 관한 연구경향은 크게 보면 다음과 같은 세 가지로 나눌 수 있다. 첫째, 국가와 이익집단의 관계에 대한 논의이다. 둘째, 규범적인 차원에서 이익집단의 활동에 대한 평가이다. 셋째, 이익집단의 정치적 영향력을 좌우하는 요인을 규명하는 것이다.

가. 이익대표체계

국가와 이익집단 사이의 관계, 다시 말해 이익대표체계는 크게 다원주의와 조합주의로 나누어진다. 슈미터(P. Schmitter)의 정의에 의하면, 다원주의적 이익대표체계는 다음과 같은 특징을 가지고 있다. "첫째, 구성단위가 다양(multiple)하고, 자발적(voluntary)이며, 경쟁적이고, 비계서적으로(non-hierarchial) 이루어진다. 둘째, 국가로부터 허가(license)·승인

(recognition)·재정보조(subsidy)를 받지 않는다(국가에 의해 창설되지 않는다). 셋째, 대표자의 선출과 이익표출에 있어서도 국가의 통제를 받지 않는다. 넷째, 각 집단은 독자적으로 이익범주를 결정하고 조직화한다. 다섯째, 어떤 집단이든 이익대표권을 독점할 수 없다."[23]

이러한 다원주의적 이익대표체계와 달리 조합주의는 이익집단간의 비경쟁적, 위계적 관계와 독점적 이익대표권을 인정하는 이익대표체계이며, 국가 또한 중립적인 심판이 아니라 개입자이기 때문에 '국가·노동·자본의 3자 연합'에 의해 공공정책이 결정된다고 보는 이론이다. 예를 들어, 조합주의적 이익대표체계를 이론적으로 집대성한 슈미터(P. Schmitter)는 조합주의를 다음과 같이 정의한다. "조합주의는 이익대표체로서, 그 속에서 구성단위들은 국가에 의해 인정되거나 허가된(비록 만들어진 것은 아닐지라도), 단일의, 강제적이고, 비경쟁적인, 계층적으로 틀 지워지고 기능적으로는 서로 다른 제한된 수의 범주들이라고 할 수 있다. 이들은 지도자의 선출, 지지와 요구의 표출에 대해 국가로부터 통제받는 것을 허용하는 대가로 관련범주를 대변할 수 있는 독점권을 부여받고 있다."[24]

나. 이익집단에 대한 규범적 평가

이익집단이 정치과정에 영향력을 행사하는 것에 대해 전통적인 이익집단 자유주의(interest group liberalism)는 긍정적인 견해를 피력하고 있다. 이익집단 자유주의는 공통의 이해관계에 따라 형성된 이익집단들 사이의 자유로운 경쟁에 의해 공공정책이 결정되는 것이 미국과 같은 다원주의 사회에서는 바람직하며, '잠재이익집단이론'이나 '중복회원이론'과 같은 자기수정기제(self correction mechanism)에 의해 어느 특정한 이익집단의 이해관계가 정치과정을 지배하지 못할 것이라고 보았다.

이러한 낙관적인 견해에 대해 공공선택이론(public choice theory)은 의문을 제기한다. 예를 들면, 올슨(M. Olson)은 *The Rise and Decline of Nations*[25]에서 이익집단의 자율성이 높은 사회에서는 사회전체의 이익보다 자신들의 배타적인 이익을 추구하는 '분배연합(distributional coalition)'을 양산하여 경제에 부정적인 영향을 미친다고 주장하였다.[26] 강력하고 잘 조직된 이익집단과 경제적 번영 및 국가의 번영 사이의 역의 관계가 존재한다는 이러한 주장은 신우파(New Right)의 경제정책에 그대로 반영되었다. 예를 들어, 영국에서는 국가경제발전협의회(National Economic Development Council)와 같은 조합주의적 기관을 정책결정과정에서 주변화시키고 종국에는 폐지시켰으며, 노동조합에 대한 단호하고 명백한 조치를 취하였다.[27]

또한 뷰캐넌(James Buchanan), 털록(Gordon Tullock), 톨리슨(Robert Tollison) 등이 중심

이 된 버지니아 학파는 올슨의 이론보다 더 강력하게 이익집단의 역기능을 제시하였다. 버지니아 학파에 의하면 국가는 사회후생을 증진하기 위한 제도가 아니라 부의 이전 및 지대추출을 중재하는 준시장적 상황을 제공하는 정치제도인데,[28] 이와 같이 국가가 사회에 지대를 제공하면 이익집단의 지대추구활동(rent-seeking activity)이 뒤따르고 그에 따른 사회적 낭비가 초래된다고 한다. 결국 버지니아 학파는 이익집단들의 지대추구활동이 사회후생의 손실을 가져온다고 인식하며, 따라서 이익집단들 간의 경쟁의 완화를 그러한 낭비를 줄이기 위한 대안으로 제시한다.[29]

다. 이익집단의 정치적 영향력

이익집단의 정치적 영향력과 관련해서는, 이를 이익집단의 정치적 자원(political resources)과 연관시켜 설명하는 경우가 많았다. 즉, 전통적 견해에서는 집단구성원의 수, 집단의 응집력, 집단의 경제력·재정력, 집단의 사회적 명성, 정책결정자와의 관계 등이 이익집단의 정치적 영향력을 설명하는 주요 변수로 간주되었다.[30] 그러나 이러한 일률적인 설명은 구체적인 정책사례를 분석하는데 한계에 부딪히는 경우가 많다. 왜냐하면 조직력과 자금력을 갖춘 잘 조직된 이익집단(organized interest group)의 정치적 영향력이 정책분야에 따라, 그리고 국가에 따라 상이한 양상을 띠는 경우가 많았기 때문이다. 예를 들어, 스웨덴에서는 보건의료정책에 대한 의사결정이 실질적으로 집행부 내에서 이루어져 의사협회가 적극적인 활동을 하지 못한 반면, 중요한 정책이 주민투표(popular referenda)로 결정되었던 스위스에서는 의사협회가 주민투표를 제기함으로써 상당한 영향력을 행사할 수 있었다.[31]

결국 이머굿(Ellen M. Immergut)이 적절하게 지적한 바와 같이, 이익집단의 정치적 영향력은 각국의 정치체제에 내재되어 있는 제도적 맥락 하에서 이해될 필요가 있다. 제도적 맥락과 관련된 이익집단의 정치적 영향력과 관련하여 여기서는 다음과 같은 세 가지 점을 강조하고자 한다. 첫째, 정치체제의 권력구조가 분권적이어서 정책을 결정하는데 많은 의사결정점(decision points)을 거쳐야 하는 경우, 이익집단의 정치적 영향력은 커진다고 할 수 있다. 이는 앞서 살펴본 이머굿의 연구와 비슷한 맥락의 논의로서, 정책결정에 필요한 일련의 의사결정점이 실질적으로는 '거부점(veto points)'으로 기능하는 경우, 정책결정은 '진흙탕 통과(muddling through)'에 비유될 수 있을 정도로 어려운 과정이 될 수 있다는 것을 의미한다. 특히, 현존 정책의 유산(policy legacies)이 광범위한 정책의 지지연합을 형성하여 정치제도의 거부점과 사회 내 권력구조의 변화를 가져와 제도적 구조가 바뀔 수 있다는 점도 주목할 필요가 있다.[32]

둘째, 이는 주로 이익대표체계와 관련되는 것으로, 분파이익을 통제하고 이를 집권적으로 조직화할 수 있는 '정상연합체(peak association)'가 존재하는 경우, 이익집단의 정치적 영향력은 커진다고 할 수 있다.[33] 왜냐하면 집권적으로 조직된 정상연합체가 개별 행위자들의 무임승차(free-riding)로 인한 '집합적 행위의 딜레마(collective action dilemma)'를 해결하는 경우, 이익집단은 정치과정에서 보다 조직적으로 활동할 수 있기 때문이다.

셋째, 국가의 정책이 이익집단의 구성과 자원에 영향을 미친다는 견해도 있다. 이러한 견해는 이익집단이 정치체제에 투입을 하면 그 결과로 정책이라는 산출물이 나온다는 체제이론적 인과구조와 반대되는 논리로써, 최근 역사적 제도주의자들을 중심으로 활발하게 논의되고 있다.[34]

2) 이익집단의 정책과정에서의 역할

사회가 다원화됨에 따라 이익집단의 정책과정에서의 역할은 클 수밖에 없는데, 이를 정책의제설정, 정책결정, 정책집행, 정책평가로 나누어 살펴보면 다음과 같다.

(1) 정책의제설정

정책의제설정과정에서는 주로 어떤 특정한 사회문제를 해결해 줄 것을 요구(demand)하는 이익표출(interest articulation)의 역할을 수행한다. 이 과정에서 이익집단은 자신의 문제가 정책문제로 채택되도록 '이슈확산(issue expansion)' 전략을 택하는데, 시위, 서명운동, 집회 등의 가시적인 방법을 사용하거나, 정책결정자들에게 접근하여 사회문제의 심각성을 적극적으로 알리고 전문가를 동원하여 실현가능한 정책대안을 제시하기도 한다. 이와는 반대로 이익집단이 어떤 특정문제가 정책의제화 되는 것을 방해하는 역할을 수행하기도 하는데, 이러한 이유로 이익집단에 의한 '무의사결정(non-decision making)'의 가능성도 존재한다. 결국 이익집단에 의한 정책의제화는 주도집단이 반대집단의 정치적 저항을 물리치고 정책결정자를 움직일 수 있는가에 달려 있는데, 이것은 집단 구성원의 수, 집단의 응집성, 집단의 경제력 · 재정력, 집단의 사회적 명성 등과 같은 이익집단의 내적 자원과 정책결정자와의 친분과 같은 외적 자원에 의존한다.

(2) 정책결정

다이(Thomas R. Dye)는 이익집단이 정책과정에서 행사하는 영향력을 "직접적 로비(direct lobbying)", "정치자금 기부(campaign contributions)", "개인적 접촉(interpersonal contracts)",

그리고 "소송 제기(litigation)" 등과 같은 네 가지 범주로 나누어 이에 대해 자세하게 살펴보고 있는데,[35] 정책결정과정에서는 문제 상황 및 문제의 원인과 결과에 대한 자료와 정보를 수집 제공하거나, 정책결정자가 자신들에게 유리한 정책을 결정하도록 정치적 압력을 가하기도 한다. 특히, 정책결정과정은 정책과 관련된 구체적인 정보가 많이 필요한 '정보집약적 과정(information-intensive process)'이기 때문에, 이익집단이 제공한 정보에 정책결정자들은 크게 의존할 수밖에 없다.[36]

이익집단은 정책의 기본방향을 정할 때보다는 정책의 구체적인 세부 내용을 정할 때 주로 영향력을 행사한다.[37] 또한 이익집단의 정책결정과정에서의 역할은 정책유형별로도 차이가 있는데, 리플리(Randall B. Ripley)와 프랭클린(Grace A. Franklin)에 의하면 배분정책의 경우에는 이익집단, 정부의 관료조직, 의회 상임위원회의 철의 삼각이 주도적인 역할을 한다고 파악하여 가장 강력한 영향력을 행사하는데 반해, 정상연합체(peak association)가 주도적인 역할을 수행하는 재분배정책의 경우에는 영향력이 약하다고 파악하고 있다.[38]

(3) 정책집행

정책집행과정에서는 정책대상집단(policy target group)으로서 규제정책과 같이 비용을 부담해야 되는 경우에는 규제기관을 포획하려고 하거나, 결정에서부터 집행에 이르는 과정의 많은 의사결정점(decision points)에서 거부권(veto power)을 행사하여 정책을 무력화시키려고 하는 반면에(공동행동의 복잡성), 배분정책과 같이 재화나 서비스를 제공받는 경우에는 정책집행의 성공을 위해서 태만하기 쉬운 관료들을 독려·자극하는 역할을 수행하기도 한다. 따라서 정책의제설정과 마찬가지로 정책집행 과정에서도 이익집단들은 자신들의 이해관계에 따라 상반된 역할을 수행한다.

(4) 정책평가

정책평가(policy evaluation) 과정에서는 자신들에게 유리한 정책효과와 정책비용에 관한 정보를 제공하고, 여론을 환기시킴으로써 정책평가에 영향을 미치려고 한다.

≫ 보론 9-3 이머굿의 보건의료정책에 대한 국가 간 비교분석[39]

이머굿(Ellen M. Immergut)은 "The Rules of the Game: The Logic of Health Policy-Making in France, Switzerland, and Sweden"에서 프랑스, 스위스, 스웨덴의 보건의료정책(보다 구체적으

로는 전 국민건강보험제도)의 상이성을 제도론적 관점에서 분석하였다. 이머굿은 거의 대부분의 서유럽 국가들이 전 국민건강보험제도(national health insurance)의 정책제안을 고려하였지만, 정책결과는 나라마다 상이하였다는 점에 착안하면서, 무엇이 이러한 정책결과의 차이를 가져왔는지에 대해 분석하였다. 먼저 이머굿은 이익집단의 정치적 영향력을 그들의 정치적 자원에서 구하는 전통적인 집단이론의 논리에 반대하고 있다. 전통적인 집단이론에서는 이익집단의 정치적 영향력을 구성원의 수, 응집성, 경제력·재정력, 사회적 명성, 정책결정자와의 관계 등과 같은 정치적 자원(political resources)에 의해 판단하였으나, 이머굿에 의하면 이러한 일률적인 설명만으로는 프랑스, 스위스, 스웨덴에서 전 국민건강보험제도가 입법화되는 과정을 체계적으로 설명할 수 없다고 한다. 왜냐하면 전 국민건강보험제도의 도입과 직접적인 이해관계를 가지고 있는 의사협회(medical association)는 정치적으로 영향력이 큰 이익집단임에도 불구하고, 일부 국가에서는 전 국민건강보험제도의 입법과정에 큰 영향을 미친 반면, 다른 국가에서는 그렇지 못한 것으로 나타났기 때문이다. 즉, 주어진 정체(polity)에서 특정한 제도적 기제(institutional mechanism)가 의사결정과정으로 구조화되기 때문에 이익집단이 정치적 의사에 영향을 미칠 수 있는 기회는 상이하고, 따라서 이익집단이 사용할 수 있는 정치적 전략과 개별 국가의 정치제도에 의해 특권이 부여되는 집단은 상이하게 나타난다는 것이다. 결국, 이머굿의 논지는 집단의 영향력이 그 집단의 조직적 자원 및 사회·경제적 지위에 의해서는 충분히 설명될 수 없기 때문에 개별 국가의 제도적 맥락 하에서 이해되어야 한다는 것이다. 이러한 맥락에서 이머굿은 그녀 스스로가 밝히고 있는 바와 같이, 정책투입(policy imput)과 정책산출(policy output) 사이의 상관관계보다는 정책투입과 정책산출이 서로 다른 정치체제에서 상이한 방식으로 연계되는 이유에 대해 주로 관심을 가지고 있다.

그렇다면 이머굿은 정책의 상이성을 가져오는 제도적 맥락을 무엇으로 이해하고 있는가? 결론부터 말한다면, 그녀는 각국의 정치체제에 내재되어 있는 거부점(veto points)의 수와 위치 - 그녀가 '게임의 규칙(the rules of the game)'이라고 표현한 - 를 그러한 제도적 맥락으로 이해하고 있다. 여기서 거부점이란 의사결정이 이루어지는 일련의 과정에서 헌법적 규칙(constitutional rules)과 투표결과(electoral results)가 정치지도자나 이익집단에게 거부할 기회를 제공하는 의사결정점(decision points)을 말한다. 이머굿은 이러한 거부점의 존재를 정치의 장(political arena)과 연계시켜 논의하고 있는데, 그녀는 이러한 정치의 장으로 집행부(Executives), 의회(Legislative), 투표(Electoral) 등 세 가지를 제시하고 있다. 먼저 집행부의 의사에 대해 의회의 승인이 필요 없는 경우 집행부의 의사가 최종적인 것이 되며, 따라서 의회는 거부권을 행사할 수 없다. 그러나 집행부의 의사결정에 의회의 승인이 필요한 경우에는 의사결정과정이 의회로 옮겨간다. 이 경우에는 집권당이 의회의 다수를 점하고 정당의 기율(party discipline)도 강한 경우에는 의회에서 실질적인 거부점이 형성될 가능성이 낮지만, 그 반대로 집권당이 의회에서 다수를 점하지 못하거나 정당의 기율이 약한 경우에는 의회에서 실질적인 거부점이 형성될 가능성이 높다. 또한 의회의 의사결정에 대해 주민투표(popular referenda)

가 인정되는 경우, 투표의 장도 실질적인 거부점이 될 수 있다. 이러한 논리에 기초하여 이머굿은 스웨덴, 프랑스, 스위스의 전 국민건강보험제도의 입법화과정을 분석하고 있다.

먼저 스웨덴의 경우, 비례대표제와 상원의 간선제가 사회민주당이 의회에서 안정적인 다수를 확보하도록 해주었다. 그리고 집행부는 안정적인 의회 다수당에 의존하였기 때문에 집행부의 의사는 의회에서 자동적으로 인준된다. 이러한 제도설계와 선거승리의 조합이 의사결정을 집행부의 장에 국한시켰다. 이 경우에 스웨덴의 의사들은 그들의 견해가 고용주 및 노조와 같은 주요 생산자 집단에 압도되는 집행부의 장 이외에 다른 대안적인 거부점을 찾지 못했기 때문에 정치적으로 불리한 입장에 놓이게 되었다. 이에 반해 프랑스 제4공화국에서는 의회의 불안정한 연합과 정당기율의 부족으로 인해 집행부의 정책제안은 의회에서 지지를 받지 못했다. 따라서 의회는 프랑스 정치과정에서 하나의 '병목(bottleneck)'이 되었으며, 실질적인 의사결정점이 될 수 있었다. 그러나 프랑스 제5공화국 헌법은 집행부가 의회를 우회할 수 있도록 규정함으로써 의회는 더 이상 실질적인 거부점이 될 수 없었고, 따라서 정치의 장은 집행부로 넘어오게 되었다. 마지막으로 스위스의 경우에는 거부점이 투표의 장까지 내려왔는데, 헌법상 유권자들에게 의회의 입법에 대한 주민투표권을 인정하였기 때문에 스위스의 의사들은 주민투표를 요구함으로써 전 국민건강보험제도의 입법화를 방해할 수 있었다. 따라서 스위스는 이들 세 나라 중 가장 많은 거부점을 가지고 있었으며, 전 국민건강보험제도의 입법화를 요구하는 집단들은 여러 거부점을 힘들게 통과해야만 했다.[40] 결국 정치체제에 내재되어 있는 거부점의 수는 이익집단의 정치적 영향력과 직결되는데, 거부점의 수가 많을수록 이익집단의 정치적 영향력은 증대되고, 그 결과 정책변동의 폭은 제한적일 수밖에 없다는 결론에 이를 수 있다. 투표의 장까지 거부점이 내려와서 가장 많은 거부점을 가졌던 스위스에서는 전 국민건강보험제도가 거부되었고, 그 결과 의료시장에서의 정부의 역할도 민간보험회사에 보조금을 제공하는데 그쳤다. 의회에서의 다수관계의 불안정성 등으로 인해 의회가 실질적인 거부점이 되었던 프랑스에서는 의사들의 진료비에 대한 규제뿐만 아니라 의료행위에 대한 비용을 지불하는 의무적인 공적 보험 프로그램인 전 국민건강보험제도를 도입하는데 성공하였다. 그리고 집행부에서 실질적인 결정이 이루어져 집행부의 의사결정에 대한 실질적인 거부점이 존재하지 않았던 스웨덴에서는 최초의, 그리고 가장 선진적인 전 국민건강보험제도를 확립한 후, 이를 공공병원에서 공적으로 임명된 의사들이 시민들에게 직접적으로 의료서비스를 제공하는 사실상의 국가의료서비스제도(national health service)로 전환시켰다.

이머굿의 연구는 정책투입과 정책산출의 상관관계뿐만 아니라, 그러한 관계가 정치체제에 따라 상이할 수 있다는 것을 거부점과 연관된 제도적 맥락으로 이해하고 있다는 점에서 기존의 비교정책연구와 차별성이 있다.[41] 특히, 의회에서의 권력구조뿐만 아니라 정당의 기율까지 고려한 점, 그리고 주민투표와 같은 정치체제 외부의 제도적 요인에 대해서도 검토한 점 등은 눈여겨볼 만하다. 그러나 그녀의 연구는 헌법 수준의 제도에 주로 초점을 맞춤으로써, 기관간 관계(여기서는 집행부와 의회의 관계)에 대해서는 논의하고 있지만, 기관 내부의 관계에 대해서는 소홀히 다루고 있다는 점은 문제로 지적할 수 있다. 카첸스타인(Peter J. Katzenstein)의 연구에서 볼 수 있는 것처럼,[42] 집행부 내부에서의 관료조직의 집권성과 자율성, 그리고 관료조직과 이익집단의 제도적 연계에 따라 국가의 제도적 구조가 상이하게 나타나고 그에 따라 정책의 내용도 차이가 나기 때문에, 보다 정치한 분석이 되기 위해서는 기관 간 관계뿐만 아니라 기관 내부의 관계에 대해서도 구체적으로 살펴볼 필요가 있다.

3. NGO

1) NGO의 의의

NGO(Non Governmental Organization)란 1945년 국제연합이 창설되면서 공식적으로 사용하기 시작한 비정부적 · 비국가적 조직체로서, 자발성을 기초로 비영리를 추구하는 집단 · 조직 · 기구 · 단체 형태의 운동세력을 말한다. 따라서 '자발성'과 '비영리성'은 NGO의 가장 중요한 특징이며,[43] 법인격 유무는 NGO의 개념규정에서 중요하지 않다.

이러한 NGO는 NPO(Non Profit Organization)와 다소 다르다. NPO는 미국을 중심으로 사용하는 국가와 시장으로부터 분리된 제3영역의 조직과 단체로, 자발, 자율, 이익 비배분, 공익 목적 외 회원의 공통 이익과 목적을 수행한다. NGO와 NPO는 모두 '자발성'에 기초한 비정부적 · 민간단체를 포괄적으로 지칭하는 용어로 사용되지만, NPO가 '비영리성'에 초점을 둔다면 NGO는 '비정부성'의 측면을 강조한다는 점에서 다소 차이가 있다.

2) NGO의 정책과정에서의 역할

(1) 정책의제설정

NGO 중 특히 Voice형 NGO의 경우 사회문제나 부조리에 대해 여론을 환기시킴으로써 정책의제설정에 영향력을 행사한다. 이 때 NGO는 단순히 사회문제를 고발할 뿐만 아니라 문제해결을 위한 실현가능한 정책대안을 제시하기도 하는데, 이러한 맥락에서 NGO는 '문제제기자'인 동시에 '정보생산자'로서의 역할을 수행한다.[44]

(2) 정책결정

NGO는 정책결정과정에서 정책문제 해결을 위한 정책대안의 개발 및 정책분석을 위한 정보를 수집 · 제공한다. 또한 정책결정자에게 자신들이 추구하는 가치나 정책을 결정하도록 정치적 압력을 행사할 수 있다. 그리고 정부를 대신하여 이해조정자 및 갈등중재자로서의 역할을 수행하고, 또한 비영리영역의 방어기제로서의 전략적 역할을 수행한다.

(3) 정책집행

NGO는 정책집행의 과정에서 행정부를 감시하고 비판하는 기능을 수행하며, 정부와의 비판적 긴장관계 혹은 협조관계 속에서 정부정책 집행의 비판자 혹은 협조자로 참여한다. 특히, Service형 NGO의 경우 정부와의 협력관계 속에서 정책집행의 일부를 담당하기도 한다.

(4) 정책평가

정부의 요청에 의해 각종 공식적 평가위원회에 참여하고, 각종 세미나 · 포럼 · 기자회견 등을 통해 비공식적 정부정책 평가활동에도 참여한다. 또한 새로운 정책을 위한 시민교육 및 홍보역할을 한다.

3) NGO의 한계

살라몬(Lester Salamon)은 NGO의 한계로 다음과 같은 네 가지를 제시하고 있다.[45)]

(1) 박애적 불충분성(philanthropic insufficiency)

NGO의 활동에 필요한 자원을 지속적이고 안정적으로 획득하기 어렵다는 것을 말한다. NGO는 내 · 외부에 대한 강제성이 없기 때문에 무임승차자의 문제로 인해 충분한 양의 자원을 지속적으로 동원하기가 어렵다. 또한 경기의 부침으로 인해 부유층의 NGO에 대한 지원이 줄어들 수 있으며, 지역적인 격차로 인해 도움을 가장 필요로 하는 곳과 도움을 많이 줄 수 있는 곳이 일치하지 않는 경우도 많다.

(2) 박애적 배타주의(philanthropic particularism)

NGO가 제공하는 서비스를 도움을 필요로 하는 모든 대상에게 전달하기 어렵다는 것을 말한다. 물론 이것은 NGO의 장점이 될 수도 있으나, 사회적으로 도움을 필요로 하는 모든 집단을 공평하게 도울 수 없는 구조적인 약점을 갖고 있다. 또한 NGO는 가장 도움을 필요로 하는 집단보다는 도움을 당연하게 생각하는 집단을 도와주는 경향이 있어 정부의 개입이 필요하게 된다.

(3) 박애적 온정주의(philanthropic paternalism)

NGO의 활동내용과 방식을 결정하는 것이 NGO에게 가장 많은 자원을 공급하는 개인이나 집단의 결정에 의해 좌우될 수 있다는 것을 말한다. 사설 자선단체가 유일한 재원공급원인 NGO의 경우 무엇을 누구에게 봉사하는가에 대한 결정이 전적으로 자원을 독점적으로 제공해주는 자선단체의 자의적인 결정에 따라 정해지는 것이 가능하다. 그 결과 NGO의 활동은 NGO가 봉사하는 공동체의 선호를 반영하는 것이 아니라 몇몇 지역유지의 의지를 반영하는 결과를 가져올 수 있다.

(4) 박애적 아마추어리즘(philanthropic amateurism)

사회문제의 해결이나 서비스의 제공은 전문적인 지식을 필요로 하는 경우가 많은데, NGO의 부족한 재원으로는 이러한 전문성을 지속적이고 충분하게 확보하기 어렵다는 것을 말한다. 즉, 도덕적 · 종교적 신념에 바탕을 둔 일반적 도움은 전문성 면에서 한계가 있을 수밖에 없다는 것이다.

4. 일반국민

일반국민들이 정책과정에 참여하는 직접적인 방법으로는 투표가 있으며, 정책과정에 새로운 아이디어 및 방향을 제시하거나, 정책대안을 직접 개발하여 정책결정자에게 전달함으로써 정책과정에 영향을 줄 수 있다. 과거에는 일반국민이 정책과정에 미치는 영향은 미미했으나, 최근에는 NGO나 대중매체, 그리고 인터넷과 같은 전자매체를 통해 영향력을 증대해가고 있다.

최근 SNS(Social Network Service) 등을 통해 일반국민들의 정책과정에서의 영향력은 증대되고 있으나, 여전히 정보나 전문성 면에서 한계가 있다. 게다가 일반국민들의 여론을 취합하는 데에도 한계가 있다. 가장 흔하게 사용되는 여론조사(poll survey)도 사람들의 의견을 깊이 있게 물어보기 힘들다. 따라서 일반국민들이 정책과정에 미치는 영향은 사안에 따라 다르다고 할 수 있다. 예를 들어, 정책의 큰 틀을 정하는 경우에는 일반국민들의 여론이 어느 정도 영향력을 행사할 수 있지만, 정책의 구체적인 내용을 정하는 경우에는 그것이 제한적일 수밖에 없다.[46] 정책의 구체적인 내용을 정하는 데에는 전문가적인 식견이 많이 필요하기 때문이다.

5. 전문가 및 학자

현대 국가에서 공공정책의 전문성이 높아지면서 전문가 및 학자에 의존하는 비중이 커지고 있다. 특히, 정책결정과정에서 전문가들은 문제해결을 위한 정책대안을 제시하고, 이들을 비교・평가하는 등 중요한 지적・분석적 작업을 수행하는 지식제공자(think tank)로서의 역할을 한다.[47] 특히, 여러 전문가들로 구성된 '정책공동체(policy community)'가 정책결정과정, 보다 구체적으로는 정책분석과정에서 중요한 역할을 수행하는 경우가 많다.

6. 언론기관

대중매체는 정책과정에서 중요한 투입기능과 산출기능을 수행한다. 보도 기능을 통해 개별 시민이나 이익집단, 또는 지역의 문제를 정책결정자에게 전달하여 정책의제화시키는 역할을 수행한다. 이 때 대중매체는 문제를 식별하는 것을 넘어서 성격과 범위를 정의하고, 해결방안을 제시하거나 암시하기도 한다.[48] 또한 일반국민이나 정책결정자가 미처 생각지 못했거나 인식하지 못한 중요한 문제를 발굴하여 이에 대한 관심을 일깨우는 촉구기능을 수행하며, 이로 인해 여론조성이 이루어져 정책형성과정에 영향력을 행사하는 경우도 많이 있다.[49] 특히, 매스미디어는 복잡한 문제를 단순화하여 일반국민들의 관심을 유발시킬 수 있는데, 킹돈(John W. Kingdon)은 이를 매스미디어의 "전달(transmission)" 기능으로 명명한 바 있다.[50] 또한 정책산출과정에서는 정부가 결정한 정책의 내용이나 방향 등을 대중에게 전달하고 이해시키며, 정책평가과정에서는 정책결정자에 대한 감시와 비판, 그리고 정책집행의 내용을 추적함으로써 정책평가자로서의 기능을 수행한다. 현대사회의 언론기관의 막강한 영향력에 비유하여, 언론기관을 입법부・행정부・사법부에 이은 '제4부'라고 지칭하기도 한다.

제10장 정책의제설정

제1절 정책의제설정의 의의 및 과정

1. 정책의제설정의 의의 및 중요성

1) 정책의제설정의 의의

정책의제설정(policy agenda setting)이란 여러 사회문제 중 정부가 해결할 필요가 있다고 판단한 문제를 정책문제로 채택하는 과정, 다시 말해 사회문제가 정책문제로 전환되는 과정을 의미하는 것으로, 정책과정의 첫 단계에 해당한다. 킹돈(John W. Kingdon)은 정책의제를 정부의제(governmental agenda)와 결정의제(decision agenda)로 구분하고 있는데, 여기서 정부의제는 정부가 공식적으로 해결할 것을 천명한 의제를 말하며 결정의제는 보다 구체적인 수준에서 대안을 마련한 의제를 말한다. 킹돈에 의하면, 대통령과 의회지도자들은 정부의제를 형성하는데 큰 영향을 미치는 반면, 행정 관료들은 결정의제를 형성하는데 큰 영향을 미친다고 한다.[51]

사회에는 무수한 문제가 존재한다. 이러한 문제들 중에는 지극히 개인적인 문제도 있고 많은 사람들이 관련되어 있는 문제도 있다. 이러한 문제 모두를 해결하기에는 정치체제와 정책결정자의 능력상 한계가 있을 뿐만 아니라, '보충성의 원칙'에 따라 민간의 자율적인 해결에 맡겨두는 것이 바람직한 경우도 많다. 즉, 정책은 정부의 주의가 필요한 문제에 대한 대응으로써의 의미를 가진다.[52] 이와 같이 여러 사회문제 중 일부만이 정책문제로 채택되기 때문에 '어떤 사회문제가 어떤 과정을 거쳐 어떤 요인에 의해 정책문제로 채택되는가?'는 정책과정에서 중요하게 작용할 수밖에 없다. 사회문제가 정책문제로 채택되지 않는다면, 후속 정책과정은 생각할 수 없기 때문이다.

2) 정책의제설정의 중요성과 적극적 문제 탐색

(1) 정책의제설정의 중요성

정책의제설정은 다음과 같은 이유로 그 중요성이 부각된다.[53]

가. 문제해결과 정치 갈등의 첫 단계

정책의제설정은 정책과정의 첫 번째 단계이기 때문에, 정책과 관련된 정치적 갈등이 처음으로 나타난다. 특히, 사회문제가 정책문제로 채택되면 문제의 해결가능성이 높아진다. 왜냐하면 정책문제로 채택이 되면 해당 문제에 대한 정부의 강한 해결 의지가 공식화되고, 이와 관련된 집단의 정치 활동이 활성화되며, 음성적 영향력을 가진 반대집단의 힘이 약화되기 때문이다.

나. 정책대안과 정책수단의 범위에 대한 영향

정책대안이나 정책수단이 구체적으로 검토되는 단계는 정책결정과정이지만, 정책의제설정과정에서도 정책대안이나 정책수단이 검토되기도 한다. 해결할 수 있는 대안이 없는 문제는 정책문제로 채택될 가능성이 낮기 때문이다. 이러한 맥락에서 정책의제는 일반대중들의 '관심의 대상'인 동시에 '가능한 정책대안'의 하나가 될 수 있다. 특히, 정책의제설정과정에서 정책대안의 범위나 선정은 정치적 실현가능성에 의해 크게 좌우된다. 이러한 맥락에서 정책의제설정과 정책결정이 엄밀하게 구분되는 것은 아니다. 예를 들어, 정책의제설정과정에서 문제를 해결하겠다는 정치적 의사표시(킹돈이 말한 '정부의제'의 경우)를 할 뿐만 아니라, 구체적인 수준의 대안을 마련하는 경우(킹돈이 말한 '결정의제'의 경우) 이 둘의 구분은 더욱 모호해진다.[54)]

다. 정책과정 전반에 대한 영향

정책의제설정이 어떤 형태로 이루어지는가에 따라 후속 정책과정이 달라지기도 한다. 예를 들면, 동원형이나 내부접근형과 같이 정책의제설정이 이루어질 경우 후속 정책결정과 정책집행이 비정치적이고 분석적으로 이루어질 가능성이 높다. 이에 반해, 외부주도형의 형태로 정책의제설정이 이루어질 경우 후속 정책과정은 린드블럼(C. E. Lindblom)이 말한 "진흙탕 통과(muddling through)"와 같이 협상 · 타협 · 정치적 흥정이 이루어지는 복잡한 정치과정으로 전개될 가능성이 높다.[55)]

(2) 적극적 문제 탐색

전술한 정책의제설정의 중요성에 대응하여 최근에는 정책의제설정을 보다 분석적으로 하여 중대한 문제, 미래의 충격적 문제 등을 적극적으로 미리 탐색하는 적극적 문제 탐색의 필요성이 높아지고 있다. 다만, 적극적 문제 탐색의 경우, 분석의 부담이 가중될 수 있을 뿐만 아니라, 불필요한 정치적 갈등을 유발할 수도 있다. 따라서 적극적 문제 탐색은 가급적 은밀하게 진행될 필요가 있다.

2. 정책의제설정의 접근방법

정책의제설정은 그 대상인 정책문제를 구성하는 방법에 따라 다음과 같은 두 가지 접근방법으로 나눌 수 있다.[56)]

1) 정책문제의 객관적 구성

정책의제설정에 관한 초창기 연구는 정책문제의 채택에 영향을 미치는 사회경제적 조건의 역할을 강조한 것이었다. 따라서 이러한 접근방법에서는 사회경제적 조건이 정부가 궁극적으로 대응하고자 하는 정책문제의 채택에 결정적으로 중요한 영향을 미친다고 가정한다. 이러한 접근방법에서는 또한 정치와 경제의 교차라는 관점에서 정책의제설정과정을 이해하기도 한다. 따라서 정치적 경기순환이론(political business cycle theory)에서 보듯이, 선거에서의 승리라고 하는 정치적 동기가 정책문제의 채택과 관련하여서도 중요한 함의를 가지고 있다. 예를 들어, 선거에 임박해서 실업이나 인플레이션과 같은 가시성이 높은 이슈가 빈번하게 정책의제로 채택되는 데에는 정책결정자의 정치적 동기가 크게 자리 잡고 있다.

2) 정책문제의 주관적 구성

11장에서 살펴보는 것처럼, 정책문제는 기본적으로 주관적 성격을 띠고 있다. 예를 들면, 스톤(Deborah A. Stone)이 적절하게 지적하고 있듯이, "문제 상황에 대한 모든 기술(description)은 단지 여러 관점들 중 하나를 반영한 것일 뿐이기 때문에 문제에 대한 정의는 대표(representation)의 문제에 직면한다."[57)] 따라서 문제 그 자체를 구성하는 객관적 사실은 없다. 관심의 대상이 되는 정책문제에 대한 사회적 · 정치적 규정은 관련 행위자들의 인식, 표현, 이해관계 및 가치관과 직접적으로 연결된 "집합적 구성(collective construction)"의 형태로 나타날 수밖에 없다.[58)] 이러한 맥락에서 대안적인 후기행태주의적 관점에 따르면, 정책의제설정의 대상인 '문제'는 사회경제적 상황이나 도시화 · 산업화와 같은 거시사회과정과는 무관한 어떤 사고(ideas)에 의해 주관적으로 구성되는 것으로 간주된다. 따라서 정책의제설정과정에서는 행위자와 사고가 결정적으로 중요하다. 특히, 새로운 사고는 행위자들이 문제를 인식하는 '렌즈'와 같은 역할을 하며, 정책문제를 야기하는 '이야기(story)'를 구성하는데 결정적으로 중요하게 작용한다.

3. 정책의제설정의 과정

1) 일반적인 과정

정책의제설정의 일반적인 과정은 다음과 같다.

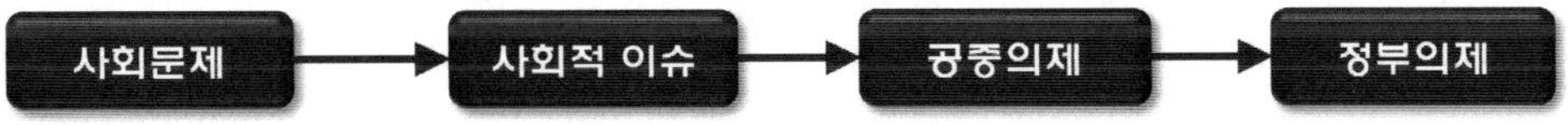

자료: 정정길 외(2003: 266).

<그림 10-1> 정책의제설정의 일반적 과정

(1) 사회적 이슈

사회적 이슈(social issue)란 문제의 성격이나 문제의 해결방법에 대해서 집단들 사이에 의견의 일치를 보기 어려운 사회문제로서 집단들 간에 논쟁의 대상이 되고 있는 사회문제를 말한다. 정치학자 아이스톤(Robert Eyestone)의 정의에 따르면, "(사회적) 이슈는 정부 행동을 추구하거나 요구하는 대중들이 존재하고, 그 문제에 대한 최선의 답을 둘러싼 의견 불일치가 있을 때 대두된다."[59] 모든 사회문제가 사회적 이슈가 되는 것은 아니며, 사회문제를 쟁점화시키는 '주도자(initiator)'와 '점화장치(triggering device)'가 있어야 한다.

(2) 공중의제

공중의제(public agenda) 또는 체제의제(systemic agenda)란 일반대중(public)의 주목을 받을 가치가 있으며, 정부가 해결하는 것이 정당한 것으로 인정되는 사회문제를 말한다. 즉, 콥(Roger W. Cobb)과 엘더(Charles D. Elder)의 정의에 의하면 체제의제란 "정치 공동체의 구성원들이 공통적으로 인식하는 모든 쟁점의 목록이며, 이러한 쟁점은 정부의 관심을 끌 만한 가치가 있거나, 정부의 정당한 권한 내에 있는 문제"를 의미한다.[60] 이러한 공중의제는 대부분 일반적이거나 추상적이며, 기술적으로 세부적인 사항이나 구체적인 해결책에 대해서는 논의되지 않는 것이 보통이다.[61]

사회적 이슈가 공중의제가 되기 위해서는, 첫째, 많은 사람들이 그 문제에 대해 알고 있거나 관심을 가지고 있을 것, 둘째, 문제를 해결할 필요가 있다는 사회의 공감대가 형성되어 있을 것, 셋째, 그 문제를 해결하는 것이 정부의 정당한 권한에 해당할 것 등을 필요로 한다. 따라서 공중의제가 되기 위해서는 '공동의 관심(shared concern)'과 '공동의 지각(shared perception)'이 필요하다. 이러한 공동의 관심과 공동의 지각은 여론 형성과 사회적 · 지배적 규범, 가치, 이념

등에 의하여 형성되며, 대부분의 경우 쟁점 주도자들의 적극적인 활동의 결과라고 할 수 있다. 물론 쟁점 주도자들의 대중 매체에의 접근력, 정치적 영향력 등은 특정 쟁점이 체제의제로 전환하는 데 큰 영향을 미친다.[62]

(3) 정부의제

정부의제란 정부의 공식적인 의사결정에 의해 그 해결을 위해서 심각하게 고려하기로 명백하게 밝힌 문제들이다. 사회문제가 공중의제가 되었다고 하여 그 문제가 당연히 정부의제로 되는 것은 아니다. 힐(Michael Hill)의 표현을 빌린다면, 공적 문제가 정책문제로 전환되는 과정은 "선형적(linear)이지도 않고 불가피한(inevitable) 것도 아니다."[63] 따라서 정부의제야말로 정책의제설정의 산출물로서 나오는 좁은 의미의 정책문제이며, 이 정부의제가 등장하게 되는 과정이 정책의제설정과정인 것이다. 정부의제는 체제의제와 달리 반드시 일반대중들에게 널리 알려질 필요는 없다. 오히려 정부의제에 대한 대중의 관심은 낮은 경우가 많고, 문제에 대한 인지와 정보는 소수의 사람들, 또는 콥(Roger W. Cobb)과 엘더(Charles D. Elder)가 말한 '관심대중(attentive public)'에 집중되는 경향을 보인다.[64] 따라서 정부의제는 체제의제에 비해 보다 세부적이고 구체적이다.[65]

(4) 이슈확산 전략

전술한 바와 같이, 정책의제설정 과정은 특정한 문제가 일반대중의 주목을 받도록 하는 '이슈확산(issue expansion)' 과정이라고 할 수 있다. 따라서 정책의제를 주도하는 집단의 이슈확산 전략은 중요할 수밖에 없는데, 콥(Roger W. Cobb)과 엘더(Charles D. Elder)는 이를 다음과 같은 세 가지로 정리한 바 있다.[66]

가. 이슈의 정의

특정 이슈를 공중의제(체제의제)로 전환시키고자 하는 측은 그것을 될 수 있으면 갈등의 범위와 가시성이 확산되고 높아질 수 있도록 정의해야 한다. 따라서 그 이슈를 되도록 ① 내용이 모호한 것으로, ② 사회적으로 심각한 것으로, ③ 장기적인 여파를 지닌 것으로, ④ 비기술적인 것으로, ⑤ 편협한 경제적 이해관계를 넘어서는 사회적 가치(social values)를 가지는 것으로,[67] ⑥ 명백한 선례를 결하고 있는 것으로 특징짓고 정의 내리도록 힘써야 한다. 이 때 주의해야 할 것은 이러한 정의에 내포된 해결방안들은 이용가능한 자원과 일반대중의 가치관에 비추어 실현가능하다고 여겨지는 것들이어야 한다는 사실이다. 그렇지 못한 경우 그 문제는 공상적이거나 적실성이 없는 것으로 간주되기 쉽다.

나. 이슈의 상징

하나의 이슈가 체제의제가 될 수 있는지의 여부는 그 이슈에 어떠한 언어와 상징이 활용되느냐에 달려 있다고 말할 수 있다. 하나의 이슈를 표현하는 언어나 상징은 그 이슈를 둘러싼 논쟁의 범위나 그 이슈를 인식하는 대중의 규모를 결정짓기 때문이다. 이슈는 상징을 통해 감정적인 이슈로 전환되는 속도가 빠를수록 공중에 대한 가시성이 높아진다. 그러므로 주어진 이슈의 주창자는 어떤 식으로든 그 이슈에 적합한 상징을 선정하고 그것의 활용을 도모해야만 한다. 상징의 조작은 자유, 경찰국가, 흑인가족, 인권, 국익 등과 같이 다양한 형태로 이루어질 수 있다.

다. 대중매체의 기능

대중매체는 특정 이슈의 현시성(saliency)을 높이고, 그에 대한 대중의 관심을 불러일으킬 수 있다. 다시 말해, 대중매체는 인위적으로 사람들의 관심을 특정 이슈에 집중시킬 수 있다. 이런 이유로 대중매체가 특정 이슈에 초점을 맞추고 추적하는 경우 그 이슈가 도달할 수 있는 대중의 규모는 급속도로 확대되게 된다. 그러므로 대중매체는 스스로의 문제를 체제의제로 만들고자 하는 집단의 입장에서는 유력한 무기가 아닐 수 없다.

2) 다양한 정책의제설정과정

그러나 현실에서는 다음 그림에서 보는 것처럼 다양한 정책의제설정과정이 있다.

제1유형: 사회문제 → 정부의제

제2유형: 사회문제 → 사회적 이슈 → 정부의제

제3유형: 사회문제 → 공중의제 → 정부의제

제4유형: 사회문제 → 사회적 이슈 → 공중의제 → 정부의제

자료: 정정길 외(2003: 266).

<그림 10-2> 다양한 정책의제설정과정

첫 번째 유형은 사회문제가 정책결정자에게 인지되어 바로 정부의제가 되는 유형으로서, 후진국에서 많이 나타난다. 우리나라의 '경제개발 5개년계획'이 이러한 유형에 해당한다고 볼 수 있다.

두 번째 유형도 첫 번째 것과 마찬가지로 후진국에서 흔히 나타나는 유형으로서, 사회문제

가 사회쟁점화하여 많은 사람들이 그 해결방법을 둘러싸고 논란이 있기는 하지만, 그 문제를 해결할 필요성이 있다는 사회의 공감대가 형성되기 이전에 정책결정자들이 정부의제로 채택하는 유형이다. 정책 문제의 내용이 전문적이고 기술적이어서 일반대중의 관심 밖에 있는 경우 이러한 형태의 정책의제설정이 이루어질 가능성이 높다.

세 번째 유형은 사회문제가 갑자기 많은 대중 또는 공중에게 알려지게 되고 그 문제를 해결할 필요가 있다는 사회의 공감대가 형성되어 정부의제로 채택되는 유형으로, 극적인 사건이 발생하여 문제의 심각성에 대한 인식이 급속하고 광범위하게 확산되었을 때 나타난다.

네 번째 유형은 앞서 살펴본 일반적인 정책의제설정과정이다.

정책의제설정과정의 일반적 절차의 가장 극단적인 예외로, 정책의제가 정기적으로 반복되거나 정기적인 것은 아니지만 반복되는 '반복적(recurrent)' 또는 '습관적(habitual)' 의제를 들 수 있다. 반복적 · 습관적 의제는 필수적(necessary) 의제라고도 할 수 있는데, 워커는 반복적 의제와 대조되는 것으로 선택적 의제를 들고 이것이 재량적 의제의 성격이 강함을 지적하고 있다.

제 2 절 정책의제설정의 주도집단

콥과 그의 동료들(Roger W. Cobb et al.)은 정책의제설정을 주도하는 집단이 정부 내의 집단인가, 아니면 외부집단인가에 따라 정책의제설정을 다음과 같은 세 가지로 유형화하였다.[68]

1. 외부주도형

1) 의의

외부주도형(outside initiative model)이란 정부 외부의 집단이 주도하는 유형으로서, 정부 외부의 집단들이 자신들에게 피해를 주는 사회문제를 해결해줄 것을 정부에 요구하여 이를 사회쟁점화하고 공중의제로 이슈를 확산시켜 궁극적으로는 정부의제로 채택하도록 하는 의제설정과정이다. 이는 다원화되고 민주화된 선진국 정치체제에서 많이 나타나는 유형으로서, 언론기관이나 정당의 역할이 중요하다. 외부주도형의 경우 다원주의 사회에서 이루어지는 경우가 많기 때문에, 그 이후의 정책결정이 점증적으로 이루어질 가능성이 높다. 예를 들어, 대학생 반값 등록금 문제는 대학생들이 촛불시위 등을 통해 줄기차게 요구하고 언론 등이 이를 집중 보도하자 정책결정자들이 정책의제로 받아들인 사례이다.

2) 특징

외부주도형은 다음과 같은 특징을 가지고 있다.[69]

첫째, 외부주도형은 정부에 대하여 압력을 가할 수 있는 이익집단들이 발달하고 정부가 외부의 요구에 민감하게 반응하는 정치체제, 즉 다원화되고 민주화된 선진국 정치체제에서 많이 나타나는 유형이다. 따라서 언론기관의 역할이나 정당의 역할 등이 모두 중요하다.

둘째, 외부주도집단과 반대집단 간의 싸움과 타협은 정책의제설정과정에서 뿐만 아니라, 정책의 집행 및 평가에 이르기까지 계속되어 나타나며, 따라서 정책과정의 전반에 상당한 시간이 소요된다.

셋째, 정책이 외부주도집단에 의하여 의제화되고 상호 대립되는 이해관계자들 사이의 조정 또는 타협의 산물이기 때문에, 정책내용이 상호충돌 모순적이며, 단기적 · 단편적인 성격을 띤다.

넷째, 외부주도집단이 반대집단을 누르고, 정부의 정책결정자를 움직일 만큼의 정치적 영향력을 가지고 있느냐에 따라, 사회문제가 정부의제로 공식적으로 거론될 수 있느냐의 여부가 결정된다.

다섯째, 주로 선진국에서 흔히 나타나며, 정책의제설정과정이 앞에서 기술한 일반적인 절차, 즉 사회문제 → 사회적 이슈 → 공중의제 → 정부의제를 모두 거치는 경우가 많다.

2. 동원형

1) 의의

동원형(mobilization model)은 정부 내의 정책결정자들이 주도하는 유형으로서, 정치지도자들이 사회문제를 정부의제로 채택한 다음 정부의 PR 등을 통해 이슈를 확산시켜 공중의제가 되도록 하는 의제설정과정이다. 즉, 이 유형은 공중의제가 된 후 정부의제로 채택되는 일반적인 의제설정과정과는 반대로, 정부의제로 채택된 다음 정부의 의도적인 노력에 의해 공중의제로 확산된다는 특징을 가지고 있다. 이처럼 정부가 정부의제로 채택한 다음 공중의제로 확산시키는 것은 일반대중의 지지를 얻어 정책집행을 원활하게 하기 위한 의도이다. 1970년대 새마을 운동이나 최근 2018년 동계올림픽 유치와 2022년 월드컵 유치 운동 등이 이러한 동원형의 유형에 해당한다. 동원형에서는 구체적인 정책의 내용을 결정하기 위해 공중의제화 과정에서 등장하는 여론을 반영하는 노력을 하는 것이 바람직하기 때문에, 정책결정과 공중의제화가 동시에 진행되는 것이 바람직하다.

2) 특징

동원형의 특징은 다음과 같다.[70]

첫째, 동원형은 정부의 힘이 강하고 민간부문이 취약한 후진국에서 많이 나타나는 유형이다. 선진국에서도 정치지도자가 특정한 사회문제 해결을 주도하는 경우에 나타난다.

둘째, 사회문제가 정부의제로 먼저 채택되고, 정부의 의도적인 노력에 의해 공중의제로 확산된다. 이 때 공중의제화는 보통 정책결정이 진행되면서 이루어지는데, 정책결정 이후에 이루어지는 경우도 있다.

셋째, 이 유형에서는 정책결정이 보다 분석적으로 이루어지며, 그 산출로서 정책의 내용도 종합적이고 체계적이며, 장기적인 성격을 띤다.

3. 내부접근형

1) 의의

내부접근형(inside access model)은 정부기관 내의 관료집단이나 정책결정자에게 쉽게 접근할 수 있는 외부집단에 의해 주도되어 최고 정책결정자들에게 접근하여 문제를 정부의제화하는 유형이다. 이 유형은 정부의제를 일반대중에게 알리지 않는다는 점에서 일종의 '음모형'에 속한다. 후진국에서 전형적으로 나타나는 유형이지만 선진국의 경우에도 기밀을 요하는 외교정책이나 국방정책의 경우, 그리고 이해관계의 대립이 별로 없어 조용한 의제채택이 일반적인 배분정책의 경우에는 이러한 유형이 나타날 수 있다. 내부접근형은 쉽게 정부의제화된다는 점에서는 동원형과 동일하지만 두 가지 면에서 차이가 있다. 첫째, 동원형의 주도집단은 최고 통치자나 고위 정책결정자들인데 비해 내부접근형의 경우에는 이들보다 낮은 지위에 있는 고위 관료인 경우가 많다. 둘째, 동원형의 경우에는 정부 PR 등을 통해 공중의제화하는 데 비해 내부접근형의 경우에는 공중의제화하는 것을 오히려 막으려고 한다는 점이다. 예를 들어, 최근 공무원 시험과목 변경 문제는 사회의 공감대가 형성된 것도 아니고 정책의제로 채택된 다음 그 필요성에 대한 여론형성 과정도 없었다. 이 문제는 대통령의 고졸 채용 확대방안 지시에 따른 것이었으며, 여론형성은 정책의제설정과정에서 중요한 의미를 가지지 않았다.

2) 특징

첫째, 선진국의 경우 특수 이익집단이 비밀리에 정부의 혜택을 보려는 배분정책이나 외교·국방정책 등에서 나타나며, 후진국의 경우에는 배분정책이나 관료들이 주도하는 경제개발계획 등에서 흔히 나타난다.

둘째, 정부가 어떤 문제를 다룰 때, 일반대중이 그것을 사전에 알면 곤란하거나 시간이 임박했을 때 흔히 나타난다. 주도집단이 정책내용을 일반대중에게 알리지 않으려고, 공중의제화를 억제하기 때문에 일종의 '음모형'에 속한다고 할 수 있다.

셋째, 이 유형은 정책의제화가 쉽게 된다는 점에서 동원형과 일치하지만, 동원형의 주도세력은 최고통치자나 고위정책결정자인 데 비해, 내부접근형은 이들보다 낮은 지위의 고위관료인 경우가 많고, 동원형의 경우에는 정부의제가 홍보활동을 통해서 공중의제화되는 데 반하여, 내부접근형은 공중의제화를 오히려 막으려고 한다는 점에서 차이가 있다.

이상에서 살펴본 세 가지 정책의제설정과정의 유형을 정리하면 다음과 같다.

외부주도형: 사회문제 → 공중의제 → 정부의제

동 원 형: 사회문제 → 정부의제 → 공중의제

내부접근형: 사회문제 → 정부의제

자료: 정정길 외(2003: 272).

<그림 10-3> 정책의제설정과정의 세 가지 모형

4. 공고화 유형

콥과 로스 등이 제시한 정책의제설정의 세 가지 기본모형에 추가하여 메이(Peter J. May)는 새로운 유형인 '공고화 모형(consolidation model)'을 제시하였다.71) 네 번째 의제설정모형인 공고화 모형은 이미 대중의 지지가 높은 정책문제에 대하여 정부가 그 과정을 주도하여 해결을 시도하는 유형이다. 이러한 사례에서는 정부가 이미 존재하는 대중의 높은 지지를 공고화하여 정책결정단계로 나아가면 된다. 정부가 이같이 대중의 높은 지지를 결합하고자 하는 것은 그렇게 할 경우 정책이 결정된 이후 집행이 유리하기 때문이다. 이러한 논의의 연장선상에서 홀렛(M. Howlett)과 라메쉬(M. Ramesh)는 콥 등의 유형론이 정체(regime)의 성격만 강조하고 있다고 비판하면서, 정책의 하위시스템(policy subsystems)과 문제 자체의 성격 간의 상호작용이라는 관점에서 정책의제설정과정을 개념화할 필요성을 제기하고 있다. 즉, 이들은 의제설정의 주도자가 민간인지 정부인지 여부와 의제설정과정에서 대중이 관여하는 정도가 높은지 낮은지에 따라 다음과 같은 네 가지 의제설정 유형을 제시하고 있다.72)

<표 10-1> 정책의제설정의 네 가지 유형73)

		대중의 관여 정도	
		높음	낮음
의제설정의 주도자	민간	외부주도(outside-initiation)	내부접근(inside-access)
	정부	공고화(consolidation)	동원(mobilization)

제 3 절 정책의제설정이론

1. 정책의제설정이론의 대두배경

정책의제설정에 관한 이론에 관심을 가지게 된 것은 1960년대 미국사회의 혼란과 밀접하게 관련된다. 1950년대 까지 미국 정치학계를 지배하고 있었던 다원론에서는 정책결정자들이 소수의 요구에도 민감하게 반응하여 그들의 요구를 신속하게 정책에 반영할 것이라고 주장하였다. 그러나 1960년대 흑인들이 폭동이라는 극단적인 방법으로 자신들의 요구를 주장하게 되자, 정치학자들은 흑인들이 그러한 행동을 하게 된 배경에 대해 연구하기 시작하였고, 인종문제가 정책의제화되지 않은 것을 발견하였다. 그렇다면 '왜 어떤 문제는 정부에서 해결하려고 노력하는데 다른 문제는 공식적인 거론도 없이 방치하는가?' 여기에 대한 해답을 구하는 것이 정책의제설정이론이다.

정책의제설정이론 중 여기서는 일부 사회문제만이 정책문제가 되는 이유에 대해 제시한 사이몬의 의사결정론과 체제이론, 그리고 엘리트이론(무의사결정론)과 다원론 사이의 논쟁에 대해 살펴보고자 한다.

2. 사이몬의 의사결정론

사이몬에 의하면 인간은 인지능력상 한계가 있기 때문에 한꺼번에 많은 문제에 대해 주의를 기울일 수 없으며, 조직체나 정치체제도 마찬가지라고 한다. 따라서 사회문제 중 정책문제로 채택되는 것은 소수일 수밖에 없다고 주장한다. 이러한 사이몬류의 주장은 무수한 사회문제 중 왜 일부 문제만 정책문제로 채택되는가에 대해서는 부분적으로 답변할 수 있지만, 왜 어떤 문제는 채택되고 다른 문제는 제외되는가에 대해서는 설명할 수 없다는 한계가 있다.

3. 체제이론

이스턴류의 체제이론도 사이몬의 의사결정론과 비슷한 맥락에서 사회체제도 기계적 체제나 유기체와 마찬가지로 능력상 한계를 지니고 있다고 생각한다. 따라서 정치체제는 전체업무량을 줄이기 위해 채택할 정책문제를 줄이게 된다고 한다. 그렇다면 누가 그러한 역할을 담당하는가? 체제이론에서는 정치체제의 문지기(gate-keeper)가 그러한 역할을 담당한다고 본다. 즉, 정치체제와 환경을 구분 짓는 경계선에는 정치체제로 들어가는 문이 있고, 이 문에는 문지기가 있어서 문지기의 허락을 얻어야만 정치체제에 대한 요구(demand)가 체제 내로 진입하게 된다는 것이다. 요컨대, 체제이론은 정치체제의 과부하를 막기 위해 소수의 사회문제만 정책문제로 채택되는데, 정치체제의 문지기가 선호하는 문제가 정책문제로 채택된다고 주장한다. 그러나 어떤 문제를 문지기가 선호하는가에 대한 설명은 생략되어 있다.

4. 다원론자와 엘리트론자 사이의 논쟁

1) 다원론

4장에서 살펴본 바와 같이, 달(Robert A. Dahl)로 대표되는 다원론은 정치권력이 소수의 엘리트에게 좁게 집중된 것이 아니라, 사회 내의 여러 집단 여러 세력에 넓게 분산되어 있어 정치권력의 실질적 소재가 다원화되어 있다고 주장한다. 정책의제설정과 관련하여 다원론자들은 정치과정이나 정책과정을 지배하는 단일의 엘리트가 존재한다는 견해에 반대하면서, 정치적 자원의 분배는 누적적이 아니라 분산적이기 때문에 엘리트는 다원적이며, 이러한 엘리트 내부에서도 경쟁관계에 있기 때문에 엘리트들은 일반대중의 정책요구에 민감하게 반응한다고 인식한다. 그 결과 엘리트들은 사회 내의 일부 집단이 어떤 문제로 인해 고통을 받고 있다면 그들의 지지를 얻기 위해 그 문제를 정책문제로 채택하여 그것을 해결하기 위해 노력한다고 주장한다. 한마디로 달의 극단적인 표현과 같이 "어떠한 사회문제든지 정치체제에 침투할 수 있다"고 파악하고 있다.[74] 물론 다원론자들도 정치체제는 능력상 한계가 있다는 점을 인정한다. 그렇기 때문에 "어떠한 사회문제든지 정치체제에 침투할 수 있다"고 주장하지 "현실적으로 침투한다"고 주장하지는 않는다. 따라서 다원론자들은 정책문제의 채택과정, 즉 정책의제설정과정을 본질적으로 '무작위적 과정'으로 이해한다.

2) 엘리트이론(무의사결정론)

다원론에서는 정책의제설정과정이 본질적으로 무작위적 과정이고, 정치엘리트들이 일반대중의 정책요구에 민감하게 반응한다고 주장하였는데, 1960년대 인종분규는 이러한 다원론의 낙관적인 기대와는 다른 일대 사건이었다. 흑인들이 합법적인 방법이 아닌 폭동이라는 가장 극단적인 방법을 사용하여 자신들의 요구를 주장한 데 대하여 미국의 정치학계나 행정학계는 큰 충격에 빠지게 되었고, 이 문제에 대해 깊이 있는 연구를 하게 되었다. 그리고 그 결론은 인종문제가 정책문제화되지 않았다는 것이다.

그렇다면 어떠한 문제는 정책문제로 쉽게 채택되는 데 반해 다른 문제는 이것이 억제되어 만성적인 불만의 원인이 되는가? 이러한 문제인식 하에서 정책의제설정에 대한 관심이 증가하게 되었고, 다원론에 반발한 무의사결정론(non-decision making theory)을 중심으로 하는 신통치엘리트이론이 등장하였다. 달로 대표되는 다원론에서는 엘리트의 다원성과 일반대중의 간접적인 영향력을 주장하지만, 바흐라흐(Peter Bachrach)와 바라츠(Morton S. Baratz)는 달의 방법론이 단순히 명성만으로 정치권력의 영향력을 분석한 헌터(F. Hunter)의 방법론보다는 우수하지만, 정치권력의 한 측면만 파악하고 다른 측면은 파악하지 않고 내린 결론이라고 비판한다. 즉, 이들에 의하면 정치권력은 두 얼굴을 가지고 있다고 한다(two faces of power). 밝은 측면의 얼굴은 정책문제를 해결하기 위한 정책결정과정에 영향력을 행사하지만, 어두운 측면의 얼굴은 정책결정과정에 선행하는 정책문제의 채택과정, 즉 정책의제설정과정에 영향력을 행사하여 자신들에게 불리한 문제는 채택자체가 봉쇄되도록 한다.[75]

이들에 따르면, 행태론자인 달(R. A. Dahl)은 정치권력의 명시적인 영향력만을 분석하여 정책의제설정과정에서 엘리트들이 은밀하게 행사하는 영향력에 대해서는 적절하게 분석하지 못했다는 것이다.[76] 예를 들면, 바흐라흐와 바라츠는 정치권력의 은밀한 영향력 행사를 다음과 같이 설명한 바 있다. "A가 자신에게 비교적 손해가 되지 않는 문제들만 대중들이 고려하도록 정치과정을 축소시키는 사회적 · 정치적 가치나 제도적 관행을 창출하고 강화시키는 데 온 힘을 쏟을 때, 또한 권력이 행사된다."[77] 권력의 행사가 오히려 권력 관계의 가시성(visibility)을 떨어트리는 이러한 역설적인 현상을 무의사결정론은 적절하게 설명하고 있다.[78] 바흐라흐와 바라츠의 정의에 의하면, 무의사결정이란 "지배적인 공동체의 가치관, 신화(myth), 그리고 정치제도 및 절차를 조작함으로써 안전한(safe) 이슈로 실제의 의사결정과정의 범위를 제한하려고 하는 관행"을 의미한다.[79]

따라서 권력은 다원론에서 가정하는 것보다 훨씬 불균등하게 배분되어 있다고 본다. 이러한 이유로 학자에 따라서는 무의사결정론을 '신엘리트이론(neo-elitist)'이라고 명명하기도 한다.[80] 엘리트들이 자신들의 이익을 위해 일반대중의 요구를 억압하는 데 권력을 행사한다는 것이다.[81]

이러한 무의사결정의 구체적인 예를 한국의 경제개발과정에서 정부가 보여준 편향된 모습에서 확인할 수 있는데, 1960년대와 1970년대 한국에서 저축문제, 외자도입문제, 수출문제 등은 쉽게 정책의제화된 반면, 노동문제, 환경문제, 복지문제 등은 당시 정치엘리트들 사이에 팽배한 경제성장제일주의나 수출지상주의와 같은 정치이념에 의해 진지한 검토의 대상이 되지 못했다.

그런데 여기서 한 가지 짚고 넘어가야 할 것은, 무의사결정이 엘리트의 무관심이나 무능으로 인해 특정 문제가 간과되거나 누락된 것은 아니라는 사실이다. 오히려 이 경우는 엘리트들이 자신들의 이해관계에 상반되는 문제가 정치체제 내부로 진입하는 것을 막기 위해 적극적으로 영향력을 행사하는 매우 '작위적인' 과정이다. 이러한 맥락에서 정부가 구체적인 조치를 취하는 공공정책의 '적극적(positive)' 측면뿐만 아니라, 아무런 조치를 취하지 않는

'소극적(negative)' 측면 역시 '의도적(deliberate)'인 것이라고 할 수 있다.[82)]

그렇다면 이러한 무의사결정이 나타나는 이유는 무엇인가? 이에 대해서는 다음과 같은 네 가지로 정리할 수 있다.[83)] 첫째, 지배적 가치에 대한 도전의 방지이다. 지배적인 개인, 집단 또는 정치체제 자체가 그 사회의 지배적인 가치관이나 이해관계에 대한 도전이 나타나는 것을 방지하고자 할 때 무의사결정이 나타난다. 둘째, 이슈의 억압이다. 지배적인 엘리트 집단이 어떠한 것에 일반대중의 주의가 집중되면 발생하게 될 사태를 두려워하거나, 발생한 사태가 그들에게 이익이 되지 않을 것을 두려워하기 때문에 공개적으로 또는 은연중에 그러한 이슈를 억압하는 행동을 할 때 무의사결정이 나타난다. 셋째, 과잉충성이다. 입후보자, 현직자, 공무원들이 엘리트 집단이 특정한 이슈를 원하지 않을 것이라고 생각하여 그러한 이슈를 기각시켜 버릴 때 무의사결정이 나타난다. 엘리트 집단은 아무런 행동도 취할 필요가 없으며, 공무원 등이 엘리트 집단의 의향을 추정하여 행동하는 것이다. 넷째, 정치체제의 구조이다. 정치체제 자체가 어떤 종류의 이슈에 대해서는 해결을 촉진하고 다른 종류의 이슈에 대해서는 그 해결을 저지하도록 구조화되었을 때 무의사결정이 나타난다. 다시 말해, 정치체제 내에 '편견의 동원(mobilization of bias)'이 있다는 것이다.[84)]

무의사결정을 추진하는 수단이나 방법은 다양하다.[85)] 첫째, 정치과정에 진입하려는 요구를 제한할 수 있는 물리적 힘을 행사하는 것이다. 예를 들어, 테러리즘, 폭력을 수반한 집회 등을 통해서 특정 쟁점이 정부의 제도적 차원에 상정되지 못하도록 억제한다.

둘째, 엘리트 집단이 그들의 권력을 사용해 '쟁점의 생성'을 억제하는 방법은 매우 다양하다고 전제하면서, 예를 들면 엘리트 집단 간의 결속을 통해 그들에게 불리한 쟁점이 정치 제도 안에 진입하지 못하도록 영향력을 행사하는 것은 물론, 그들에게 불리한 쟁점이 생성되지 못하도록 원천적으로 봉쇄한다. 또한 경우에 따라서는 반대집단을 체제 내로 흡수하는 '적응적 흡수(co-optation)' 전략을 사용하기도 한다.

셋째, 달갑지 않은 도전을 의도적으로 빗나가게 하기 위해 기존의 '규칙'이나 '제도적 과정'을 사용하는 방법이다. 즉, 부각된 혹은 부각될 쟁점이나 갈등을 처리하는 전략으로 제도화된 사회의 각종 '위원회' 및 '자문회의'를 통해 현안에 대한 구체적 연구나 전문적 자문을 구하는 방법이다. 이 과정에서 부각된 쟁점을 반국가적이거나 비도덕적인 것으로 범주화(labelling)시킨다. 이는 샷슈나이더(E. E. Schattschneider)가 말한 '편견의 동원(mobilization of bias)'과 밀접하게 관련된다. 정치 엘리트들은 자신들에게 유리한 방향으로 정치적 갈등을 관리하는데, 자신들의 이해관계에 반하지 않는 갈등은 허용하는 반면 그렇지 않은 갈등은 억압하는 편향된 모습을 보인다는 것이다.[86)]

넷째, 바흐라흐와 바라츠에 따르면, 사람들은 '예견된 반응(anticipated reaction)'에 따라 자신의 요구를 단념하기도 한다고 하면서, 이러한 '예견된 반응'을 미리 알림으로써 무의사결정이 일어나도록 유도한다는 것이다. 예를 들어, 의사결정자 집단의 쟁점에 대한 부정적인 태도나 성향을 알림으로써 생성될 쟁점을 억제하거나 잠재하게 만든다는 것이다. 클린턴 행정부의 '건강보호법(Health Security Act of 1993)'의 실패가 건강보험 수혜 범위 확대 문제를 지난 십 수 년 동안 정책의제에서 배제한 것은 그 구체적인 예라고 할 수 있는데,[87] 이 방법이 가장 간접적이고 우회적인 것이다.

요컨대, 무의사결정론은 보이지 않는 권력작용의 측면을 분석함으로써 덜 중요한 - 이해관계가 첨예하게 대립되지 않는 - 것으로 판단한 문제가 실질적으로는 매우 중요한 - 이해관계가 복잡한 - 문제일 수 있다는 점, 사안 간에 미치는 권력집단의 상대적 영향력 정도를 파악하는 데 더해 하나의 사안에 관여하는 집단의 상대적 영향력마저도 정확히 분석할 수 있다는 점 등 접근법으로서의 강점을 가지고 있는 것으로 지적된다.[88]

무의사결정은 정책과정 전반에 걸쳐 이루어진다. 우선 앞서 살펴본 바와 같이, 정책의제설정과정에서 엘리트들의 이해관계에 상반되는 문제는 정책문제로 채택되지 못하도록 영향력을 행사한다. 정책의제설정과정에서 엘리트들의 이해관계에 상반되는 문제가 정책문제화되는 것을 막지 못한다면, 정책결정과정에서 고려되는 정책대안의 내용과 범위를 한정·수정시켜서 실질적인 내용이 없는 명목에 그치는 정책이 결정되도록 노력한다. 그리고 앞의 두 단계에서 모두 실패한다면, 정책집행과정에서 정책집행에 필요한 예산배정이나 인력공급을 최소화하여 집행을 저지하려고 한다. 이러한 맥락에서 기존 정책과 많이 다른 큰 폭의 정책변동은 여러 거부점을 힘겹게 통과해야 하는 "진흙탕 통과(muddling through)"에 비유될 수 있는 힘든 정치과정을 거쳐야 한다. 특히, 정책의 지지자들은 모든 거부점에서 승리해야 하는 반면 정책의 반대자들은 거부점 중 어느 한 곳에서만 승리하면 되기 때문에,[89] 거부점의 증가는 정치 세계의 '현상유지 편향(status quo bias)'으로 이어지기 쉽다.

무의사결정론에 대한 비판도 방법론에 관한 것이다. 이들의 비판의 요지는 무의사결정의 존재 자체를 체계적으로 평가할 방법이 없다는 것이다.[90] 예를 들면, 다원론자인 메렐만(R. M. Merelman)과 울핑거(R. E. Wolfinger)는 "정책문제화되지 않은 문제나 표면화되지 않은 갈등을 어떻게 분석하고 파악할 수 있는가?" 라는 의문을 제기하면서, 막연한 짐작이나 편견만을 가지고 무의사결정이 많이 존재한다고 하여 미국사회가 기성엘리트에 의해 음성적으로 지배되고 있다고 보아서는 안 된다고 주장하였다. 이러한 비판에 대해 바흐라흐와 바라츠는 기존의 주장을 더욱 발전시켜 권력의 2차적 측면은 불만이 드러나지 않게 하는 데 사용된다고 주장한다. 예를 들면, 이들은 무의사결정을 "의사결정자의 가치관이나 이해관계에 대한 잠재적 또는 현재적 도전을 억압 내지 좌절로 귀착시키는 결정"으로 정의하고 있는데,[91] 이러한 정의에 따라 정치의 영역에 들어오지 못한 잠재적 불만이나 갈등의 존재를 밝히면 무의사결정의 존재를 규명해낼 수 있다는 것이다. 만약 불만이나 갈등을 전혀 발견할 수 없으면, 그 때는 합의가 존재하는 것이고, 따라서 무의사결정은 존재하지 않는다고 해석할 수 있다.

5. 단절된 균형 이론

지금까지 엘리트이론과 다원론에 대해 살펴보았는데, 두 이론적 관점은 논거는 다르지만 점증적인 정책의제설정을 주장한다는 점에서는 공통된다. 엘리트이론의 경우 엘리트의 가치관이나 이해관계에 상반되는 문제는 무의사결정되기 때문에 현존 정책과 크게 다른 정책의제는 엘리트들의 작위적인 선별과정을 거쳐 채택 자체가 봉쇄된다. 또한 다원론의 경우에도 정치권력의 분산으로 인한 거부점 증가가 급격한 정책의제설정을 가로막는 구조적 제약요인으로 작용할 수 있다. 그러나 현실의 정책의제설정은 점증적이 아닌 급격한 방식으로 이루어질 수 있다. 이는 특히 개발도상국의 경우에 문제가 되는데, 1960년대 한국에서 수출지향적 산업화 정책이 정책의제로 등장한 경우나 1970년대 중화학공업화 정책이 정책의제로 등장한 경우는 모두 그러한 예에 해당한다.

지금 살펴보는 단절된 균형 이론(punctuated equilibrium theory)은 바로 이러한 급격한 정책의제설정을 설명하기 위해 등장한 것이다. 5장에서 살펴본 바와 같이, 단절된 균형 이론은 안정적으로 유지되던 정책이나 제도가 특정 시점에서 급격하게 변한 후 새로운 균형 상태가 유지된다는 이론이다. 이 이론을 체계화한 크래스너(S. D. Krasner)에 따르면, 안정적으로 유지되던 제도가 전쟁이나 공황과 같은 외생적인 사건(exogenous event)에 의해 촉발된 '결정적 전환점(critical junctures)'에 이르러서는 기존의 경로에서 벗어나 급격하게 변할 수 있다고 한다.[92] 여기서 "전환점이 결정적인 이유는 그것이 제도적 장치를 본질적으로 바꾸기 어려운 경로 내지 궤적에 놓기 때문이다."[93] 따라서 단절된 균형 이론의 논리에 의하다면, 제도나 정책이 만들어지는 결정적 전환의 순간과 그것이 지속되는 정체(stasis)의 시기는 명확하게 구분된다.[94]

정책의제설정과 관련하여 단절된 균형 이론은 특히 엘리트이론과 다원론에 대한 비판을 중심으로 발전하였다. 먼저 존스 등(Bryan D. Jones et al.)은 엘리트이론에 대한 비판에서 민주주의 사회에서 정책의제설정은 경쟁의 장에서 이루어지기 때문에 독점이 지속되지는 못한다고 주장한다. 즉, 불리한 입장에 있는 정책창도자들(policy advocators)이 새로운 정책을 요구하고, 지속적으로 정책의제설정에 참여하려고 시도하는 가운데 정책의제설정이 이루어진다는 것이다. 정책독점체제(policy monopoly) 외부에는 다양한 이슈네트워크(issue network)가 활동하고 있고, 이들은 정책의제설정과정의 역동성(dynamic)을 제공하기 때문에, 더 이상 무의사결정(non-decision making)과 같은 강제는 통하지 않는다는 것이다.[95)]

또한 킹돈(John W. Kingdon)은 다원주의적 환경 속에서도 급격한 정책의제설정이 이루어질 수 있음을 '정책의 창(the policy window)' 모형을 통해 보여주었다. 그는 쓰레기통 모형(garbage can model)을 정책의제설정과정에 적용하여, 문제의 흐름, 정치적 흐름, 정책흐름 등 세 가지 흐름이 일정한 조건 하에서 만날 수 있다는 이론을 제시함으로써 급격한 정책의제설정을 설명할 수 있는 이론적 근거를 제시하였다. 즉, 이들 세 흐름이 동시에 만날 수 있는 '정책의 창'이 열릴 때 정책의제의 급격한 변화가 이루어질 수 있다는 것이다.[96)]

단절된 균형 이론에서처럼 정책의제설정에서 촉발기제에 주목하는 경우 흔히 원인과 결과가 모두 급격한 방식으로 이루어졌다고 생각하기 쉽다. 그러나 '문턱 효과(threshold effect)'에서 볼 수 있듯이, 이 경우에도 원인은 점진적이거나 누적적인 방식으로 형성되었지만, 그것이 어떤 계기를 통해 폭발적인 양상으로 변모했을 가능성이 높다. '혁명'과 같은 급격한 정치변동도 인구학적 변화와 같은 점진적이고 누적적인 원인의 장기적인 결과로 본 연구는 이러한 맥락에서 이해할 수 있다.[97)]

결국 단절된 균형 이론은 정책의제설정을 기본적으로 점증모형을 기반으로 하여 안정적 균형을 유지한다고 설명하나, 특정한 시점에서는 균형에서 이탈하는 현상이 발생하는 것을 설명하고, 새로운 균형점 하에서 다시 안정성을 유지한다고 보는 통합적 정책의제설정모형이라고 할 수 있다.

제 4 절 정책의제설정을 좌우하는 요인

1. 정책의제설정을 주도하는 집단

1) 관련 집단의 영향력

정책의제설정을 주도하는 관련 집단의 영향력은 앞서 살펴본 정책의제설정유형에 따라 상이하다. 외부주도형의 경우 정치체제 외부 집단이 큰 영향력을 행사하는 반면, 동원형이나 내부접근형의 경우에는 정치체제 내부 집단이 큰 영향력을 행사한다. 그러나 킹돈(John W. Kingdon)의 연구에 의하면 미국과 같은 다원적인 사회에서도 정책의제설정과정에서 의회의 유력한 지도자들과 행정부의 지도자들이 가장 중요한 역할을 한다고 한다.[98] 정치체제 내부의 집단이 정책의제설정을 주도하는 경우 쉽게 정책의제화되는 경향이 있다. 왜냐하면 체제이론에서 말하는 문지기 스스로가 원하는 문제이기 때문이다.

정치체제 외부집단의 경우에는 이익집단의 영향력이 가장 크다. 그런데 이익집단은 정책의제설정과정에서 상반된 역할을 하는 경우가 많다. 한편으로는 어떤 사회문제를 해결해줄 것을 주장하기도 하지만, 다른 한편으로는 어떤 문제가 정책문제화되는 것을 막으려고 노력하기도 한다. 후자의 역할은 무의사결정론에서 주장하는 엘리트집단의 역할과 유사한 것이며, 따라서 '이익집단에 의한 무의사결정의 가능성'도 있다.

정책의제설정에 반대하는 집단이 사용하는 전략에는 다음과 같은 것들이 있다.[99] 첫째, 지난 수 년 간 담배와 건강 사이의 관계에 대해서 담배 회사들이 해왔던 것처럼, 문제의 존재 자체를 거부할 수 있다. 이를 위해 문제와 관련된 사실이나 가치 체계를 왜곡하거나 은폐할 수 있다.

둘째, 문제의 존재 자체는 인정하지만, 그것에 대해 정부가 개입하는 것은 적절하지 않다는 주장을 하기도 한다. 예를 들면, 성 교육에 반대하는 사람들은 그것이 공립학교의 교과과정에 포함되는 것은 바람직하지 않으며, 여전히 교회나 가정에 맡겨야 한다는 입장을 견지한다.

셋째, 쟁점을 재규정하여 정책의제로 채택되는 것을 막기도 한다. 예를 들어, 어떤 문제를 기존의 것과 유사한 것으로 취급해 버리거나, 문제 제기집단이 문제를 정의하는 것과 다르게 문제를 정의하여 다른 해결책이 도출되도록 하는 방법이다. 또한 전문용어(jargon)를 사용하여 기술적으로 재규정함으로써 정책의제설정을 억제하기도 한다.

넷째, 제안된 정부 활동의 사회적 결과에 대해 우려를 표시하기도 한다. 예를 들어, 미국 클린턴 행정부의 의료보호 개혁의 반대자들은 그것을 지나치게 많은 비용이 소요되고, 형식주의(red tape)를 초래하며, 과도하게 관료주의적이라고 비판한 바 있다. 특히, 문제의 부정적 성격을 강조하여 이를 반사회적이고 반국가적인 것으로 규정해 대중의 관심을 끌지 못하도록 하기도 하는데, 특정 문제를 '남녀차별적'이라거나 '국가 안보에 위해적인' 것으로 규정하는 것은 그 구체적인 예라고 할 수 있다.

다섯째, 때때로 비정부적(non-governmental) 수단이 문제를 해결하는 데 있어 가장 적절한 것이라는 점을 강조하기도 한다. 예를 들어, 미국에서 보트 안전법의 반대자들은 대부분의 사람들이 보트를 타는 동안 구명조끼를 착용하고 음주를 하지 말 것을 정부가 명령할 필요가 없다고 생각한다는 점을 부각시키기도 한다.

여섯째, 또 다른 전략은 포르노그래피나 교통 혼잡과 같은 문제를 연구하는 위원회를 옹호하는 것이다. 이러한 전략은 적어도 반대자들에게 시간을 벌어주는 것이 되며, 경우에 따라서는 정부 정책에 필요한 지식이나 정보가 부족하다는 주장의 논거가 되기도 한다.

일곱째, 선거에 직접적으로 영향을 미치는 정치 활동을 하기도 한다. 예를 들어, 전미총기협회(The National Rifle Association)는 조직의 힘을 앞세워 총기 규제에 반대하는 정치 활동을 효과적으로 하여 의회의 의제 범위에서 총기 규제 문제가 누락되도록 하는 데 성공했다. 이처럼 직접적으로 영향력을 행사하지 않더라도 공포 분위기를 조성하여 심리적 강제를 통해 특정 문제 제기를 억제하기도 한다.

이익집단이 어떤 사회문제를 정책문제화하기 위해서는 반대하는 집단의 저항을 물리치고, 정책결정자의 마음을 움직여야 한다. 그리고 그것은 보통 집단 구성원의 수, 집단의 응집력, 집단의 경제력 · 재정력, 집단의 사회적 명성, 정책결정자와의 긴밀한 관계 등과 같은 정치적 자원에 의존한다.[100]

이러한 맥락에서 다음과 같은 유형론을 생각해볼 수 있다.[101] 즉, 주도집단이 정치체제 내부에 있느냐 또는 외부에 있느냐에 따라, 그리고 그들이 가지고 있는 정치적 자원이 많으냐 또는 적으냐에 따라 다음과 같은 네 가지 유형을 생각해볼 수 있다.

<표 10-2> 주도집단의 영향력

		정치체제	
		내부	외부
정치적 자원	많음	I	II
	적음	III	IV

위 표에서 Ⅰ 유형은 주도자가 정치체제 내부에 있고 정치적 자원이 풍부한 경우로서, 최고 정책결정자가 주도집단인 경우이다. 이런 사회문제는 쉽게 정책문제로 채택된다. Ⅱ 유형은 주도집단이 외부에 있으나 정치적 자원이 많은 집단으로서, 집단구성원의 수가 많거나 재정력이 풍부한 이익집단이 주도집단인 경우이다. 이 경우에도 비교적 쉽게 정책문제화된다. Ⅲ 유형은 주도집단이 정치체제 내부에 있고 정치적 자원이 적은 경우로서, 정부의 관료집단이 주도집단인 경우에 해당한다. 이 경우 역시 비교적 쉬운 과정을 거쳐 정책문제로 채택된다. Ⅳ유형은 주도집단이 외부에 있고 정치적 자원도 적은 경우로서, 집단구성원의 수도 적고 재정력도 취약한 이익집단이 주도집단인 경우에 해당한다. 이 경우에는 길고 어려운 과정을 거쳐 정책문제화된다. 사회문제들이 정책의제로 채택되기 위해 치열한 경쟁을 하는 것은 당연하다. 특히, 주도집단이 외부에 있을 때 더욱 치열한 양상이 전개된다. 위 표에서 보면 네 번째 유형보다 세 번째 유형이 두 번째 유형보다 첫 번째 유형이 정책의제로 채택될 가능성이 더 높다.

2) 관련 집단의 규모

제기된 이슈가 정책의제로 채택되기 위해서는 가능한 많은 사회구성원들에게 공통된 문제로 인식되어야 한다. 콥Roger W. Cobb)과 엘더(Charles D. Elder)는 관련 집단을 동인집단(identification group), 관심집단(attention group), 관심대중(attentive public), 일반대중(general public)으로 나누고 있다. 관심과 개입의 규모가 커질수록 그 이슈는 정책의제로 성립될 가능성이 높아진다. 콥과 엘더가 제시한 관련 집단을 구체적으로 살펴보면 다음과 같다.[102)]

(1) 동인집단

문제 제기자들의 일반적 이해관계에 깊은 공감을 가지고 있는 집단으로서, 문제 제기가 있는 경우 가장 먼저 갈등에 개입하는 민감한 집단이다. 그래서 이 집단 구성원들의 유대 관계는 안정적이며 지속적인 특징을 가진다. 예를 들어, 어떤 기업체에서 사업주의 부당노동행위로 인해 노사분규가 일어나 파업이 진행되고 있다면 이 기업체의 노동조합이 문제제기집단이고, 상부 단체인 민주노총이 여기에 개입하여 연대 투쟁에 돌입한다면 민주노총이 동인집단이 되는 것이다.

(2) 관심집단

모든 이슈에 관심을 가지는 것은 아니고, 그들의 관심 영역에 속하는 특정 이슈가 제기될 때 즉각적으로 논쟁에 개입하는 집단이다. 동인집단은 문제 제기자와 이해관계를 동일시하며 집단동맹(group affiliations)의 차원에서 가담한다고 본다면, 관심집단은 이슈가 가져올 간접적 영향권 안에 있는 사람들로 논쟁이 되고 있는 이슈 자체에 더 관심을 가진다. 따라서 문제제기 집단이나 동인집단과 이익을 달리하는 집단들도 포함될 수 있다. 관심집단의 예로는 정당, 매스미디어, 시민단체 등을 들 수 있다.

(3) 관심대중

관심대중은 공공문제 일반에 관해 이해력과 관심을 갖춘 사람들로 구성된다. 이들은 동질적이진 않지만 비교적 안정적이고, 학력과 소득 수준이 상대적으로 높은 계층에서 구성되며, 대체로 인구의 10% 정도로 추정된다. 이들은 공공문제에 직접적인 이해관계를 가지고 있진 않지만 건강한 사회에 대한 나름대로의 소신과 지식을 가지고 있어 사회적으로 관심을 끌고 있는 특정 이슈에 대해 찬성이든 반대든 자신의 견해를 가질 수 있는 사람들이다. 이명박 정부 시절 미국산 '광우병' 소고기 수입과 한미 FTA 비준을 반대하는 '촛불시위'가 있었는데, 여기에 자발적으로 참여한 일반시민들이 바로 이 관심대중에 포함되는 사람들이다.

(4) 일반대중

일반대중은 비활동적이고 관심도 적으며 공공문제에 대한 지식도 적은 계층을 말한다. 따라서 일반대중까지 논쟁에 가담하기 위해서는 이슈가 매우 일반화되고 어느 누구도 해당 이슈와 관련된 이해관계에서 결코 자유롭지 않다는 것에 대한 상징화 과정이 이루어져야 한다. 따라서 보통의 경우, 일반대중까지 이슈에 관심을 갖고 논쟁에 가담하는 경우가 그리 흔하지는 않다.

2. 정치적 요인

1) 정치체제의 구조와 운영방식

정치체제의 구조가 집권화되어 있는 정치체제에서는 동원형이나 내부접근형이 나타날 가능성이 높은 반면, 분권화 · 다원화되어 있는 정치체제에서는 외부주도형이 나타날 가능성이 높다. 또한 미국과 같은 다원적 사회에서는 영국과 같은 정당중심체제와 달리 이익집단의 영향력이 상대적으로 강하기 때문에, 이익집단에 의한 무의사결정의 가능성이 높아진다.

2) 정치이념

달(Robert A. Dahl)과 같은 행태주의자들은 경험적 검증이 곤란한 정치이념의 영향력에 대해 과소평가했지만, 실제로 정치이념은 정책의제설정을 포함한 정책과정 전반에 큰 영향을 미친다.[103] 예를 들면, 멍거(Michael C. Munger)는 정책과정에서의 이념의 영향을 다음과 같이 집약적으로 설명한 바 있다.

> 이념은 정책갈등을 조직화한다. 사람들은 이념을 정책문제를 단순화(종종 과도하게 단순화)하기 위해 사용하는데, 그 이유는 그들이 각각의 문제들에 대해 생각하고 객관적으로 분석할 수도 없고, 그렇게 하기를 원하지도 않으며, 경우에 따라서는 그렇게 할 시간도 없기 때문이다. 사실과 심오한 주장이 문제가 되는 영역에서 정치가 이루어지지는 않는다. 정치는 단순한 주장과 원리가 무엇이 옳은 것인가에 관해 사람들을 설득하는 데 매우 강력한 효과를 발휘할 때 나타나게 된다.[104]

또한 정치이념의 영향은 정치적 경기순환을 강력하게 주장한 터프티(Edward Tufte)에 의해서도 제기되었는데, 그는 정책과정에서의 이념의 영향을 다음과 같이 지적한 바 있다. "선거력(electoral calendar)이 정책의 시기(timing)를 결정하는데 영향을 미치는 것과 마찬가지로, 정치지도자의 이념도 경제정책의 내용을 결정하는데 영향을 미친다."[105] 이러한 이념은 어떤 문제를 정책의제의 장으로 진입하게 하는 "강력한 이념적 무기(powerful ideological weapons)"가 되기도 하지만, 경우에 따라서는 정책의제의 장으로 진입하는 것을 막는 "인지적 자물쇠(cognitive lock)"의 역할을 하기도 한다.[106] 예를 들면, 1960년대 이후 1980년대까지 우리나라 정치체제를 지배하고 있었던 '경제성장제일주의'라는 이념에 따라 수출문제, 외자도입문제, 저축문제 등은 쉽게 정책의제로 받아들여진 반면, 환경문제나 노동문제, 복지문제 등은 많은 경우에 정책의제로서 공식 검토되지 않았을 뿐만 아니라, 공중의제로 언론이 크게 취급하지 못하도록 하였던 것이다. 따라서 이념은 사람들이 사회문제를 인식하는 '렌즈'인 동시에 정부의 행동을 촉구하고 해결책을 제안하는 '통로'와 같은 역할을 한다.[107] 요컨대, 오렌(Karen Orren)과 스코우로넥(Stephen Skowronek)이 적절하게 지적하고 있듯이, "정부의도의 구체화로서 정책은 거의 항상 이념의 문제에 몰두하고 있는 것이다."[108]

그러나 새로운 이념이 대두되었다고 하여 당연히 정책의제설정이 이루어지는 것은 아니다. 새로운 이념이 정치체제에 진입하기 위해서는 '문지기(gate keeper)'의 허락을 받아야 하기 때문이다.[109] 이념을 형성하고 이를 확산시키는 데 국가가 여전히 중요한 역할을 한다는 맥락에서 '국가의 부활(bringing the state back in)'이 아직도 필요하다는 주장이 제기된 이유에 대해 주목할 필요가 있다.[110] 이러한 맥락에서 보면 정책이념과 정치체제는 반드시 정합적인 관계에 있지 않다. 이와 관련하여 홀렛 등(Michael Howlett et al.)은 새로운 이념의 존재 여부와 정치체제의 경쟁 여부에 따라 다음과 같은 네 가지 정책의제설정 유형을 제시한 바 있다(〈표 10-3〉 참조).[111] 이들에 따르면, 새로운 이념이 존재하더라도 정치체제의 구조가 독점적인 경우 정책의제설정은 기존 정책문제를 재정의(redefining)하는데 그치고, 정치체제의 구조가 경쟁적인 경우에 한해 문제의 확인과 정의에서 혁신적인 변화가 이루어지며 다음 단계(정책형성)로 나아가게 된다.

<표 10-3> 새로운 이념과 정치체제의 구조에 따른 의제설정 유형[112]

		하위체제의 형태	
		독점적	경쟁적
새로운 이념	존재하지 않음	현상유지 (Status Quo) 성격: 정적/패권적 (의제설정 부인)	경합 (Contested) 성격: 현상유지의 경합적 변형
	존재	재정의 (Redefining) 성격: 내적인 담론의 재구조화	혁신 (Innovative) 성격: 예측불가/혼란

3) 정치적 사건

대통령 등과 같은 정치체제의 문지기는 정책의제설정과정에서 중요한 역할을 담당하기 때문에, 이들이 교체되는 선거와 같은 정치적 사건은 정책문제의 채택에 중요한 영향을 미친다. 특히, 한국의 경우처럼 과거 정권에 대한 부정을 통해 자신들의 정통성을 확보하려는 것이 오랜 관행처럼 굳어져 내려오고 있는 상황에서는 정권이 바뀔 때마다 전임 정권의 제도나 정책에 대해 급진적인 개혁의지를 표명하는 것은 어찌 보면 당연한 일인지 모른다. 킹돈(John W. Kingdon)은 정권교체와 같은 정치적 사건을 문제를 극적으로 부각시키는 초점사건과 더불어 정치체제의 문을 여는 두 개의 점화장치로 보고 있다.[113]

≫ 보론 10-1 정권교체와 김대중 정부의 경제개혁[114)]

'97년 외환위기 이후 한국 정부가 강력한 개혁을 추진한 데에는 IMF의 요구와 같은 외적인 압력이 있었을 뿐만 아니라, 내적인 측면에서도 개혁을 하지 않을 수 없는 상황이 조성되었기 때문이다. 재정적자와 경제 불황이라고 하는 경제적 상황이 영국, 뉴질랜드, 미국에서 새로운 정권을 탄생시킨 것과 마찬가지로, 한국에서도 경제위기가 헌정 사상 최초의 여야 간 평화적 정권교체를 이루는 주요인이 되었다.

특히, 김대중 후보 진영에서는 선거 운동 과정에서 경제위기를 초래한 무능한 정권에 대한 '심판론'을 집중 부각시켰다. 예를 들면, 97년 12월 1일 대선방송토론위원회 주최 합동토론회에서 김대중 후보는 "나라는 이 꼴로 만들고, 경제를 이 지경으로 만든 세력이 다시 정권을 잡으면 희망이 없다"는 논리를 폈으며, 12월 4일 신라호텔에서 주한 유럽연합(EU) 상공회의소 초청 강연에서는 "지금까지 이 나라를 이 꼴로 만든 세력이 다시 정권을 잡으면 기득권 세력들에게 발목을 잡혀 경제개혁은 존재할 수 없다"며 "정권교체야말로 이 어려운 현실을 극복할 수 있는 절대적인 조건"이라고 역설하였다. 또 12월 9일 진주, 마산, 창원, 부산, 울산 등 영남 5개 지역을 버스투어 형식으로 방문해 거리유세를 하는 자리에서도 "이 나라 경제를 망친 총리, 부총리, 장관, 청와대 비서관 등이 다 모여 있는 당이 한나라당"이라며, "여당이 나라를 부도내 여러분 눈에 피눈물이 나게 했으니 이번만은 정권을 바꾸어야 한다"고 거듭 정권에 대한 심판론을 제기하였다. 뿐만 아니라, 김종필 선대위원장도 12일 경북 경산에서 가진 정당연설회에서 한나라당 이회창 후보를 "김영삼 대통령과 함께 나라를 부도낸 죄인"으로 규정하면서 "국민의 힘으로 나라를 망친 사람들을 끌어내 책임을 추궁해야 한다"고 역설했고, 15일 경기도 의정부시에서 있었던 국민회의의 정당연설회에서는 3김 청산에 대해 "경제를 망친 사람은 김영삼 이회창인데, 청산대상이 1金 1李 이지, 왜 죄 없는 2金을 집어넣느냐"고 반박하기도 했으며, 대선을 이틀 앞둔 16일 인천유세에서도 "경제를 망친 부도덕한 사람들에게 표를 줘서는 안된다"고 거듭 강조하였다. 또한 국민회의는 16일자 4개 조간신문 사회면에 "국가를 부도낸 사람들에게 또 다시 나라를 맡길 수는 없습니다"라는 제목의 광고를 냈으며, 현 정권의 경제책임론을 부각시킨 "아버지와 아들"이라는 제목의 TV 광고를 내보냈다.

킹돈(John W. Kingdon)에 의하면 정권교체는 극적 사건과 더불어 정치체제의 문을 여는 두 개의 '점화정치(triggering device)'로 작용한다. 게다가 여기에는 헌정사상 최초의 여야간 평화적 정권교체라는 상징적 의미가 부여되어 있다. 개혁을 요구하는 국민들의 지지를 받고 출범한 김대중 정부가 종래와 유사한 방식으로 경제를 운영할 가능성은 거의 없었다고 해도 과언은 아니었다.

3. 문제의 특성과 사건

1) 문제의 해결가능성

정책의제설정에 영향을 미치는 요인 중 가장 근본적이면서도 중요한 것은 문제를 해결할 수 있는지의 여부이다. 문제를 해결할 수 없다면 그 문제를 정책문제로 채택할 필요가 없기 때문이다.[115] 즉, 윌다브스키(A. Wildavsky)가 적절하게 지적하고 있듯이, "문제는 그것에 대해 무언가를 할 수 있을 경우에 한해 문제가 되는 것이다."[116] 그런데 상당히 많은 문제 상황이 현재의 기술수준에서는 정부가 그것을 적절하게 다룰 수 없기 때문에 정책문제로 채택되지 않는다. 예를 들어, 인간이 달에 가는 것이 기술적으로 가능해진 1950년대 후반에 이르러서야 비로소 그것이 정책문제가 될 수 있었다.[117] 따라서 기술의 진보는 정책문제의 채택 영역을 넓혀줄 수 있다.

2) 문제의 중요성

사회문제로 인한 피해자의 수가 많거나, 피해의 강도가 크거나, 문제가 사회에 미치는 영향이 큰 경우 정책문제로 채택될 가능성이 높아진다. 콥(Roger W. Cobb)과 엘더(Charles D. Elder)는 이를 '사회적 유의성(social significance)'이라고 부르고 있다.[118] 사회적 유의성에 영향을 미치는 요인은 크게 보면 다음과 같은 세 가지로 나눌 수 있다.[119] 첫째, 문제의 '규모(scale)'이다. 이는 주로 피해자의 수와 관련되며, 피해자의 수가 많은 문제일수록 중요한 문제일 가능성이 높다. 둘째, 문제의 '범위(scope)'이다. 이는 피해를 입는 사회 분야의 수를 의미하는 것으로, 전술한 규모와 비슷한 맥락이지만 다소 다른 차원의 논의이다. 예를 들면, 사교육 문제는 공교육이 붕괴되는 교육문제에만 국한되는 것이 아니라, 중산층과 서민의 경제적 부담을 가중시키는 경제문제와 '기러기 아빠'를 양산시키는 가족 해체 문제까지 초래한다. 셋째, 문제의 '강도(intensity)'이다. 이는 피해의 강약뿐만 아니라 피해 영역의 '가치'까지 포함하는 개념이다. 예를 들면, 환경 문제는 사회적으로 중요한 문제인데, 그 이유는 환경 문제로 침해되는 것이 인간의 건강과 생명이라는 본질적인 가치이기 때문이다.

그런데 문제의 사회적 중요성, 또는 콥과 엘더가 말한 '사회적 유의성'에 대한 인식은 일반대중과 전문가들이 다를 수 있다.[120] 예를 들어, 대부분의 경제학자들은 완만한 물가상승의 경우 그것이 대부분 임금과 같은 명목변수에 반영되기 때문에 심각하게 인식하지 않는 반면, 일반대중들은 물가상승을 가장 심각한 경제문제로 인식하는 경우가 많다.[121] 일반대중들에게 흔히 나타나는 "비관주의적 편향성(pessimistic bias)"이 이 경우에도 적용될 수 있다.[122)]

3) 문제의 외형적 특성

문제가 단순한 경우가 복잡한 경우보다, 그리고 문제가 추상적이 아니라 구체적일수록 정부의제화될 가능성이 높아진다. 그러나 정책목표와 수단의 내용이 추상적이고 불분명할수록 지지 세력이 많아져서 정책으로서 채택이 쉬워진다는 사실에서 보면 정책문제의 구체성이 오히려 지지 세력을 감소시켜 정부의제화의 가능성을 줄일 수도 있다. 또한 문제에서 요구하는 내용의 범위가 제한적일수록 정부가 그러한 요구를 적은 비용으로 충족시킬 수 있으므로 정책의제로 채택될 가능성이 높아진다.[123)]

4) 문제의 내용상 특성

정책유형에 따라 정책문제의 채택이 달라진다. 예를 들면, 배분정책의 경우 내부접근형과 비슷하게 조용하게 정책의제화되는데 반해, 재분배정책이나 규제정책의 경우 이해당사자들 사이의 갈등과 복잡한 정치적 과정을 거치게 된다. 이와 관련하여 크렌슨(Matthew A. Crenson)은 편익은 전체에게 돌아가고 비용은 일부 집단만이 부담하는 '전체적 문제(collective problem: 예: 환경문제, 교통문제 등)'[124)]는 정책의제화되기 어렵다고 주장한 바 있다. 그렇다면 왜 전체적 문제는 정책문제로 채택되기 어려운가? 그 이유는 '집합적 행위의 딜레마(collective action dilemma)'에서 찾을 수 있다. 2장에서 살펴본 바와 같이, 집합적 행위의 딜레마란 공통의 이해관계가 결부된 문제를 조직적 · 집단적으로 해결하지 못하는 현상으로, 공공재의 '무임승차자 문제(free-rider problem)'와 관련된다. 편익을 누리는 사람들은 이질적인 불특정다수인이기 때문에 조직적으로 자신들의 의사를 표출시키기 어렵지만, 비용을 부담하는 집단들은 상대적으로 소수이기 때문에 한 목소리로 자신들의 의사를 표출할 수 있다. 따라서 편익이나 비용이 이질적인 불특정다수인에게 넓게 분산되는 경우보다 소수의 동질적인 집단에게 좁게 집중되는 경우 정치적 행동(political action)이 쉽게 고무된다는 윌슨의 규제정치이론의 기본가정은 이 경우에도 적용될 수 있다.

5) 문제의 현시성과 갈등

문제의 현시성(salience)과 갈등(conflict)도 정책의제설정에 중요한 영향을 미친다. 여기서 현시성이란 일반대중이 인식하는 문제의 상대적 중요성(relative importance)을 의미하며, 갈등이란 문제를 둘러싼 의견 불일치의 정도를 의미한다. 정책결정자 입장에서는 일반대중들이 중요하다고 생각하는 문제를 정책문제로 다루려고 하는 것은 당연하다. 그러나 정책결정자들은 정치적 갈등을 회피하려는 성향을 가지고 있기 때문에 지속적인 논쟁의 대상이 되는 문제에 대해서는 이를 정책문제로 다루려고 하지 않는다. 따라서 현시성은 높지만 갈등의 정도는 낮은 문제는 쉽게 정책의제화되는 반면, 현시성은 낮지만 갈등의 정도는 높은 문제는 정책의제화되기 어렵다.[125)]

문제의 현시성과 관련하여서는 매스미디어의 역할이 중요한 변수로 부각된다. 즉, 매스미디어가 복잡한 문제를 단순화시킴으로써 일반대중들의 관심을 유발시킬 수 있다는 것이다. 킹돈(John W. Kingdon)은 이를 매스미디어의 "전달(transmission)" 기능이라고 했는데,[126)] 힐(Michael Hill)은 이와는 달리 매스미디어가 복잡한 문제를 단순화시키는 것이 아니라 애초에 단순한 문제를 선호한다는 반론을 제기한 바 있다.[127)]

매스미디어의 집중적인 조명을 받는다는 것은 그것이 대중의 주목을 받을 가치가 있다는 판단에 근거한 것이기 때문에 반드시 합리적인 대응이라는 보장은 없다. 예를 들면, 와이머(David L. Weimer)와 바이닝(Aidan R. Vining)은 이러한 점을 다음과 같이 적절하게 설명하고 있다.

> 매스미디어와 정치적 선전에 강하게 영향을 받는 정책의제는 사회후생을 증진시키기 위한 방식을 합리적으로 탐색하는 것으로서의 공공정책의 개념과 항상 부합하는 것은 아니다. 정책의제는 매스미디어가 정책문제로서 가치가 있다고 하는 판단에 따른 우선순위를 반영한 것일 뿐이다. … 예를 들어, 노상 범죄(street crime)는 국가 차원의 강행법보다는 대부분 지역 차원의 법규에 의존하고 있다. 그럼에도 불구하고, 1960년대 이후 미국에서 반복적으로 경험한 바와 같이, 국가 차원의 매스미디어의 주목을 받았을 때 그것은 국가적 대응을 가져오는 경우가 많았다.[128)]

6) 선례와 유행성

비슷한 선례가 있는 문제는 상례화된(routinized) 절차에 따라 쉽게 의제로 채택되고 해결책이 강구된다. 매년 편성되는 예산이 이러한 반복적 의제채택의 대표적인 예가 될 수 있다. 크렌슨은 특정한 문제가 일단 정부의제화되면, 다른 종류의 전체적 문제도 정부의제화되는 경향이 있음을 지적하고 있다. 선례와 유행성에 따라 정책문제가 채택되면 그 이후의 정책결정은 회사모형(firm model)이나 앨리슨의 조직과정모형(organizational process model)에서처럼 표준운영절차(standard operating procedure: SOP)에 따라 프로그램 목록(program repertory)에서 정책대안을 선택하는 경우가 많다.

7) 극적 사건과 위기

문제를 극적으로 부각시키는 사건 · 위기 · 재난 또는 킹돈(John W. Kingdon)이 말한 "초점 사건(focusing events)"은 정치적 사건과 더불어 문제를 정부의제화시키는 양대 점화정치(triggering device)이다. 초점 사건이 발생하면 매스미디어가 이례적으로 그 사건에 대해 대서특필하기 때문에 대중들의 관심을 유발시킬 수 있다. 그리고 이렇게 대중들의 큰 주목을 받는다면, 현존 정책의 지지자들의 반대에도 불구하고 개혁을 정책의제에 상정하도록 강제함으로써 정책 변화를 지지하는 사람들에게 정치적으로 유리한 고지를 제공해줄 수 있다.[129] 과거 한국에서 한 전자회사가 낙동강에 페놀을 방류하자 환경문제가 이슈가 된 경우나 미국에서 총기난사사건이 발생하자 총기규제 문제가 이슈가 된 경우, 그리고 최근 층간소음 문제로 살인사건이 발생하자 정부가 층간소음 문제에 대해 관심을 가지고 이에 대한 규제를 강화한 것 등이 모두 그러한 사례에 해당한다. 이러한 초점사건은 종종 국방, 치안, 공중 보건 등과 같은 국가적 과제의 우선순위와 연계되기도 하는데, 이 모든 것들이 정부 행동을 촉발시키는 기제가 된다.[130] 그러나 극적 사건과 위기는 대중들의 주목을 받는 단기간 내에서만 정책의제설정의 중요한 요인이 될 수 있다. 예를 들어, 2008년 금융위기로 촉발된 미국의 경기침체를 분석한 마거리트(Yotam Margarit)의 연구에 따르면, 경제위기는 유권자들이 가지고 있는 이념 성향과는 상관없이 사회복지정책에 대한 광범위한 지지와 선호를 형성하였지만, 경제상황에 따른 그러한 선호는 이후 경제가 호전되자 '일시적인' 것으로 판명되었다.[131] 이러한 점은 일찍이 다운즈(Anthony Downs)에 의해서도 제기되었는데, 그는 다음과 같이 설명한 바 있다.

> 비록 그것이 사회에 지속적으로 중요한 의미를 가지는 문제라고 하더라도, 어떤 국내 문제에 대해 대중들의 관심이 지속되는 경우는 드물다. 오히려 대부분의 핵심적인 국내 문제와 관련된 대중들의 태도나 행동을 설명하는 데에는 체계적인 이슈-관심 주기(issue-attention cycle)가 더 큰 영향을 미치는 것으로 보인다. 이러한 각각의 문제들은 갑자기 대중들의 주목을 받고 짧은 시간 동안 그 상태를 유지하다가, 비록 그 문제가 여전히 해결되지 않은 상태로 있더라도, 점차 대중들의 관심에서 멀어진다.[132]

시간이 지나면서 대중들의 관심에서 멀어지면 문제를 극적으로 부각시키는 초점 사건도 통상적인 이익집단 정치(interest group politics)로 대체될 가능성이 높다. 따라서 "쇠도 뜨거울 때 두드려라(strike while the iron is hot)"라는 말과 같이 대중들의 주목을 받고 있을 때 빨리 사회문제가 정책의제로 채택되도록 하는 것이 필요하며, 이는 많은 부분 정책의제설정을 주도하는 '정책기업가(policy entrepreneur)'의 역량에 의존한다.

4. 정부의제로의 전환 실패

1) 이슈 관심 주기

다운즈(Anthony Downs)는 몇몇 공적 문제가 대중의 이목(耳目)에서 멀어지는 "이슈 관심 주기(issue attention cycle)"를 제기한 바 있는데, 이를 간략히 살펴보면 다음과 같다.[133]

(1) 문제 이전 단계

이 단계에서는 바람직하지 못한 사회 상황이 존재하지만, 그것이 대중들의 별다른 주목을 받지는 못한다. 다만, 몇몇 전문가들과 이익집단들이 그 문제에 대해 관심을 가질 수 있다.

(2) 주의 깊은 발견과 과장된 열정의 단계

이 단계에서는 어떤 원인으로 인해 대중들이 그 문제에 대해 인식하고 경각심을 가지게 된다. 이 단계에서는 대중들이 문제를 빠른 시일 내에 해결하고자 하는 강한 열망을 가지게 되는데, 이는 현상을 개선하기 위한 가장 큰 장애물이 외적인 것이라는 생각을 반영한 것이다. 따라서 해결책은 사회를 근본적으로 변화시키는 것을 필요로 하지는 않는다.

(3) 의미 있는 진전의 비용에 대한 인식 단계

이 단계에서는 대중들이 문제를 해결하는 데 필연적으로 많은 비용이 소요된다는 것을 서서히 인식하기 시작한다. 사람들은 공적인 문제가 어떤 특정한 원인에 기인하는 것을 인지하게 된다. 국가의 가장 시급한 사회 문제는 보통 사회 집단의 의도적 또는 무의식적 활용을 포함한다.

(4) 문제에 대한 대중적 관심의 점진적 감소 단계

이 단계에서는 대중들이 공적 문제를 해결하는 데 많은 어려움과 비용이 소요된다는 것을 인지함에 따라, 많은 사람들이 그 문제에 대해 흥미를 잃거나 위협을 느끼기도 하고 일부는 지루함을 느끼기도 한다. 문제에 대한 대중의 관심이 약해지고, 게다가 경우에 따라서는 새로운 문제가 관심의 대상이 되기도 한다.

(5) 문제 이후 단계

이 단계에서 문제는 대중들의 관심에서 멀어지는 "쇠퇴기(twilight realm)"에 접어들게 된다. 정부기관과 정부기관의 프로그램은 문제 해결에 도움이 되는 대안을 마련하고 일부는 일정한 효과를 가져오기도 한다. 또한 정책을 지지하는 하위 체제가 형성되기도 한다.

2) 정부의제로 전환되지 못하는 이유

모든 사회문제가 정부의제로 전환되지는 않는다. 그 이유로는 체제이론에서 말하듯이 정치체제의 능력상 한계가 있기 때문이기도 하고, 무의사결정론에서 주장하듯이 엘리트의 의도적인 선택 때문이기도 하다. 또한 '보충성의 원칙'이라는 관점에서 보면 사회에 존재하는 모든 문제에 대해 정부가 정책적 조치를 취하는 것이 바람직하지도 않다. 그렇다면 어떤 이유로 사회문제가 정부의제로 전환되지 못하는가? 이와 관련하여 킹돈(John W. Kingdon)은 사회문제가 정부의 공식적인 정책의제로 채택되지 못하고 정부의 관심 밖으로 밀려나는 이유를 다음과 같은 몇 가지로 제시하고 있다.[134)]

(1) 문제의 충분한 논의

특정 의제와 관련된 정부 인사들이 그 문제가 해결되었다고 생각할 때, 그 문제는 더 이상 정부의 관심 영역 내에 머무르지 못하게 된다. 예를 들어, 의약 분업은 의사와 약사들이 의약 분업의 필요성을 인지하고 대립되는 주장의 많은 부분을 정부가 중재 · 타협 · 협상을 통해 만들어 낸 하나의 제도라고 할 수 있다. 새로운 의약 분업 제도는 의사나 약사 모두에게 만족할 만한 것이 아닌 만큼, 새로운 문제가 발생할 수 있고, 내재되어 있을 수도 있다. 그러나 정부는 일단 의약 분업 제도를 시행하게 된 이상 그 문제는 해결되었다고 생각하고 그 의제는 더 이상 정부 영역에 머무르지 못하게 된다. 의약 분업과 관련해 새로운 문제가 발생하면, 그 문제가 사회문제로 전환되어 정부의제로 인식될 때까지 새로운 과정을 밟아야 하지만, 의약 분업과 관련된 새로운 문제가 정부의제로 전환되는 것은 쉽지 않다. 따라서 의사나 약사들은 그들이 제기한 새로운 문제를 정부의제로 전환시키기 위해 파업이나 시위, 혹은 정치적 영향력 행사 등을 통해 정부의 관심을 다시 불러일으키려고 노력하게 된다.

(2) 문제의 쇠퇴

정부에 의해 의제로 전환된 문제도 해결되지 않은 채 우리의 관심 밖으로 사라질 수 있다. 킹돈은 콩코드 여객기의 미국 내 취항을 예로 들고 있다. 처음 콩코드 여객기가 미국 공항에 착륙했을 때, 그 여객기가 내는 소음은 다른 여객기에 비해 매우 커서 공항 주변의 주민들은 콩코드 여객기의 이 · 착륙을 금지시켜야 한다고 주장해 사회문제화 되었다. 그러나 시간이 지남에 따라 주민들은 콩코드 여객기의 소음에 익숙해지고 그 여객기가 다른 공항을 이용하게 될 때 그 지역 경제에 미칠 영향 등을 고려해 문제는 '쇠퇴(fade)'하여 사라지게 되었다. 이러한 예에서 볼 수 있듯이, 사회문제는 인위적으로 구성되는 것이므로, 그 문제를 사회구성원이 어떻게 받아들이는가에 따라 문제가 되기도 하고 참을 수 있는 사회적 조건이 되기도 한다.

(3) 정부행동의 유도 불능

사회문제가 성공적으로 의제로 전환되었더라도 해결하는 데 실패했다면, 그 문제는 관심 영역으로부터 멀어질 수 있다. 특정 사회문제가 의제로 전환되는 데에는 많은 시간과 다양한 참여자들의 활동 및 정치적 자원의 동원 등이 필요하다. 이러한 모든 것들이 특정 문제를 의제로 전환시켰더라도 그 의제가 합법화되는 데 실패하든가 혹은 정부의 활동을 유발시키지 못했다면 그 문제와 관련된 많은 정책 참여자들이 그 문제로부터 손을 떼기 시작한다는 것이다.

(4) 예산의 제약

사회문제가 더 이상 문제로 인식되지 못하는 이유 가운데 가장 중요한 것은 '예산'과 관련이 있다. '예산의 제약(budgetary constraints)'이 없다면, 어떤 문제든 충분히 고려할 수 있는 여유가 생길 것이지만, 항상 예산은 부족하기 마련이다. 정책이 희소한 자원의 권위적 배분이라고 정의되고 있는 것을 감안하면, 늘 부족한 자원을 어떻게 배분할 것인가는 문제가 의제로 전환되기도 하고 사라지게도 하는 큰 이유가 될 수 있다. 따라서 특정 문제에 사용 가능한 예산의 규모는 정부가 문제의 성격과 규모를 결정하는 데 영향을 미치며, 예산의 규모에 따라 실현가능성(feasibility)이 희박한 문제는 정부의 관심 영역으로부터 멀어질 수 있다.

제 5 절 킹돈(John W. Kingdon)의 '정책의 창' 이론[135)]

킹돈의 연구[136)]에서 '정책의 창(the policy window)'이란 '정책주창자들이 그들의 관심대상인 정책문제에 주의를 집중시키고, 그들이 선호하는 대안을 관철시키기 위해서 열려지는 기회'라고 정의할 수 있다. 이러한 정책의 창은 기본적으로 '문제의 흐름(problem stream)', '정치적 흐름(political stream)', 그리고 '정책흐름(policy stream)'이라는 세 가지 흐름의 변화에 의해 열리게 된다.

1. 세 가지 흐름

1) 문제의 흐름

문제의 흐름에서 공중이나 정책결정자는 특정 사회문제에 관심을 집중시켜 문제를 규정하고 문제해결을 위한 새로운 정책을 모색하게 된다. 킹돈에 의하면 문제는 주어진 조건들에 의해 구성된다. 여기서 주어진 조건은 다음과 같다.

첫째, 중요한 사회적 가치에 상반되는 조건이 주어진다면 그 조건은 문제화된다. 둘째, 다른 나라의 제도나 사례 혹은 한 사회 내의 다른 규범과 비교를 통해 주어진 조건이 문제화될 수 있다. 셋째, 어떤 유형의 조건이 다른 유형의 조건으로 전환될 때, 그 조건은 문제로 인식될 수 있다. 예를 들어, 장애인을 위한 대중교통 수단의 부재라는 조건은 대중교통 체계 문제의 범주를 벗어나 사회복지 혹은 인권 차원에서 다루어짐으로써 사회복지 문제나 인권 문제로 비약되거나 발전될 수 있다.

사회문제는 정부의제로 전환되어 해결될 수도 있지만, 일단 사람들의 관심의 대상이 되었다가도 그 의미가 퇴색하기도 한다. 예를 들어, 다른 중요한 문제의 발생, 그 문제에 대한 과거의 실패 경험, 조건의 변화, 일반 국민들이 그 문제에 익숙해졌을 때, 문제는 퇴색한다. 결국 문제는 시간이 지남에 따라 공식화되기도 하고 그 의미가 퇴색하기도 한다.

2) 정치의 흐름

정치의 흐름에서는 해결되어야 할 쟁점이나 문제들을 가리키는 정부의제(governmental agenda)가 형성되며, 국민감정, 이익집단의 활동이나 정부기관의 역학관계 등이 이에 영향을 미친다. 정치적 변수와 관련하여 킹돈은 잘 조직된 이익집단보다 '사회적 분위기와 선거'가 의제형성에 큰 영향을 미칠 수 있다고 주장한다. 특정 사회적 쟁점에 대한 여론 형성이나 사회적 분위기의 조성은 특정 정책의제 설정에 큰 영향을 미친다. 예를 들어, '독도 영유권 문제'나 '최근의 촛불집회' 등과 같은 사회적 분위기 조성은 정책의제 설정에 큰 영향을 미친다.

의제설정에 영향을 미치는 정치과정의 참여자는 '가시적 참여자(visible participants)'와 '숨은 참여자(hidden participants)'로 구분해 볼 수 있다. 여기서 가시적 참여자란 대통령, 장관, 국회의원, 대중매체, 정당 등인 반면, 숨은 참여자들은 학계 전문가, 전문 관료, 국회 전문위원 등이다. 킹돈에 의하면 의제설정은 가시적인 참여자에 의해 주도되고, 정책대안의 설정은 숨은 참여자들에 의해 주도된다. 숨은 참여자들은 그들의 정책대안을 연구 논문, 공청회, 대중매체 등을 통해 발표하여 정책대안으로 제시하게 되고, 이 과정에서 문제해결을 위한 일련의 정책대안 목록이 나타나게 된다.

3) 정책의 흐름

정책의 흐름에서는 정책결정자가 문제해결을 위한 정책으로서 선택할 수 있는 각종 대안인 결정의제(decision agenda)가 형성된다. 킹돈은 이 과정을 '정책의 원시적 상태(policy primeval soup)'라고 비유적으로 말하고 있다. 왜냐하면 이 과정에서 모든 정책대안이 떠오르게 되고, 다른 정책대안과 조합을 이루게 되며, 때로는 새로운 아이디어가 창출되기도 하기 때문에 모든 정책 문제 해결방안이 한데 엉키게 된다는 의미이기 때문이다. 이 과정에서 정책문제 해결은 또 한 번 어려움을 겪게 된다. 일반적으로 문제해결을 위한 대안의 탐색은 선택을 목적으로 한다. 즉, 한 개의 대안 선택은 다른 대안의 취소로 이어지기 때문에 정치적으로 매우 복집한 양싱을 띠게 된다.

2. 흐름의 '합류'와 정책의 창

이러한 문제의 흐름, 정치적 흐름, 정책흐름이 하나로 합쳐지면 정책의 창(policy window)이 열린다. 여기서 정책의 창이란 특정 정책대안을 선호하는 사람들에게 주어진 '기회(opportunity)'이며, 이 기회를 이용해 특정 문제를 해결하게 된다. 예를 들어, 모든 정책 전문가들은 자신들이 선호하는 정책대안을 가지고 있으며, 그들이 '선호하는 해결 방법(pet solution)'을 사용할 수 있는 기회를 기다리게 된다. 그들이 선호하는 문제 해결 방법이 사회에서 필요하다고 인정받게 되면 그들은 자신들의 해결 방법을 사용해서 문제 해결을 하게 된다. 이러한 경우를 킹돈은 정책의 창이 열렸다고 비유적으로 표현한다. 예를 들면, 킹돈은 의제설정에 관한 자신의 접근방법을 다음과 같이 설명하고 있다.

> 포괄적 · 합리적 정책결정은 비록 그것이 가능한 경우가 있다고 하더라도, 대부분의 경우에는 현실적이지 못하다는 것을 보여주고 있다. 점증주의는 과정의 일부분, 특히 정책제안 내지 정책 변동의 점진적 진화(gradual evolution)를 묘사하고 있지만, 보다 불연속적이고 급격한 변화를 묘사하지는 못한다. 이러한 접근방법 대신에, 우리는 코헨, 마치, 올센의 조직선택에 관한 쓰레기통 모형(garbage can model)의 변형된 형태를 의제설정을 이해하기 위

해 사용하고자 한다. 우리는 문제의 흐름, 정책의 흐름, 그리고 정치의 흐름이라고 하는 세 가지 흐름의 과정을 인식하고 있다. 그것들은 서로 간에 독립적으로 움직이고, 각각의 동학(dynamics)과 규칙에 따라 발전해간다. 그러나 결정적 시점(critical junctures)에 이르러서는 세 가지 흐름이 합류되고, 문제, 정책, 그리고 정치의 그러한 결합으로부터 급격한 정책 변동이 이루어진다.137)

정책의 창이 열리는 계기는 정권교제, 의회의 변동, 국민감정의 변화, 시급한 공공문제의 대두, 극적인 사건의 발생 등이다. 특히, 정권교체와 극적 사건은 정책의 창을 열게 하는 양대 점화장치(triggering device)로 작용한다. 킹돈에 의하면 이러한 세 가지 흐름을 합류시키는 중요한 역할을 '정책기업가(policy entrepreneurs)'가 담당한다고 한다. 여기서 정책기업가란 자신이 가지고 있는 시간 · 정력 · 명성 · 재력 등의 자원을 기꺼이 투자하는 정책주창자라고 정의할 수 있는데, 다른 사람들이 그 사람의 의견에 귀를 기울여줄 수 있는 능력, 다시 말해 좋은 정치적 연계와 협상기술 및 인내력과 끈기를 가진 사람이라고 말할 수 있다.

제 11 장 정책분석

제 1 절 정책분석의 개관

1. 정책분석의 개념

정책분석(policy analysis)이란 문제해결을 위한 학문분야로, 행태 · 사회과학, 사회의 전문 직업분야(social professions), 그리고 사회 · 정치철학 분야에서 개발된 이론 방법 및 실질적 연구결과에 기초하고 있다.[138] 정책분석의 목적은 협의로는 정책결정과정에서 합리적 수단 선택을 가능하게 하는 능력을 배양하는 것이며, 광의로는 정책결정과정에 국한되지 않고 정책과정 전반에 걸쳐 문제해결능력을 제고하는 것이다.[139] 정책분석이 해결하고자 하는 정책 문제는 다양한 학문 분야로부터의 통찰력을 통해서만 제대로 이해할 수 있기 때문에, 정책분석가들은 경제학, 정치학, 사회학, 심리학, 철학, 그리고 다른 과학기술 분야의 이론과 방법론에 많이 의존한다.[140]

정책분석은 부분적으로는 과학(science)이면서 부분적으로는 정치적 판단(political judgement)이며, 정책분석을 한다는 것은 과학적 지식을 정치과정과 연결시키려는 노력의 일환으로 해석할 수 있다. 정책분석은 주어진 상황 하에서 무엇이 '사실(facts)'인가를 결정하는 기술적(descriptive) 또는 경험적(empirical) 연구인 동시에 무엇이 바람직한가를 결정하는 규범적(normative) 또는 가치에 기초한 평가(value-based assessment)이기도 하다. 정책분석이 규범적인 문제에 관심을 가지지 않는다면, 그것은 샤피로(Ian Shapiro)가 말한 "현실 도피(flight from reality)"를 의미할 뿐이기 때문이다.[141] 따라서 정책분석을 정책문제를 해결하기 위한 공식(formula) 정도로 치부해서는 안 된다. 오히려 더 중요한 것은 정책분석이 정책결정자와 일반대중들에게 유용하고 가치 있는 정보를 제공함으로써, 민주주의 정책과정의 제고와 관련하여 중요한 함의를 가지고 있다는 사실에 있는지 모르기 때문이다.[142] 정책학의 아버지로 일컬어지는 라쓰웰(Harold D. Lasswell)이 말한 "민주주의 정책학(policy science for democracy)"의 함의는 이 경우에도 유용하다.[143]

이러한 맥락에서 정책분석은 다시 '기술적 정책분석(descriptive policy analysis)'과 '규범적 정책분석(normativc policy analysis)'으로 나눌 수 있다.[144] 정책분석은 부분적으로 기술적인데, 그 이유는 정책분석이 사회과학 및 행태과학에 의존하여 정책의 원인과 결과에 관한 주장을 제시하고 정당화하고자 하기 때문이다. 정책분석은 또한 규범적이다. 정책분석은 윤리학, 사회철학 및 정치철학의 다른 분과, 그리고 규범적인 경제학과 의사결정분석에 의존하여 정책의 기대효용과 도덕적인 가치에 관한 주장을 평가하고 정당화하고자 한다.[145)]

기술적 정책분석이란 정책문제, 정책의제설정, 정책결정, 정책평가로 이어지는 일련의 정책과정을 통해서 밝혀진 정책과 관련된 지식에 대한 연구를 의미한다. 예를 들면, 다이(Thomas R. Dye)는 정책분석이란 "정부가 무엇을 하며, 그 일을 왜 하며, 그것이 어떤 차이를 초래하는가"를 규명하는 것이라고 정의하고 있으며,[146)] 호그우드(Brian W. Hogwood)와 건(Lewis A. Gunn)은 "정책이 어떻게 만들어지는가"에 궁극적으로 답해 나가는 과정으로 정의하고 있다. 행태주의자들이 즐겨 사용하는 이러한 유형의 정책분석에서는 정책의 원인과 결과, 다시 말해 경험적 인과관계의 규명에 주로 관심을 가진다.[147)]

이에 대해 규범적 정책분석이란 퀘이드(Edward S. Quade)가 정의하고 있듯이, "정책결정자들이 정책결정을 하는 데 필요한 정보를 산출하고 추천하는 모든 유형의 분석"을 의미한다. 예를 들면, 호그우드와 건은 규범적 정책분석이란 정책이 어떻게 만들어져야 한다는 당위성에 입각한 연구라고 주장하였으며, 드로어(Y. Dror)도 규범적인 관점에서 정책분석이란 정책 쟁점들 가운데 바람직한 정책대안을 탐색하고 추천하는 것이라고 정의한다. 따라서 이러한 관점에서 정책분석은 바다크(Eugene Bardach)가 말했듯이, "과학(science)이라기보다는 기술(art)로 간주된다."[148)]

2. 정책분석의 개념구조

정책분석은 당위성 차원의 윤리분석, 실현성 차원의 체제분석, 그리고 인과성 차원의 관리분석을 하나의 개념으로 통합하는 분석이다. 그러므로 진정한 의미의 정책분석은 윤리분석, 체제분석, 관리분석을 모두 포함할 뿐만 아니라, 이들을 정책의 규범지향성에 따라 '윤리분석→체제분석→관리분석'의 관계로 구조화시키는 분석체계이다(〈표 11-1〉 참조).

이러한 의미에서 과학적 정책분석은 한계가 있다. 후기실증주의의 과학관에서 연유한 과학적 정책분석은 분석대상을 객관적 사실에 한정하고 주관적인 가치관은 명시적으로 배제한다. 따라서 과학적 정책분석에서 합리성은 정책 목표(가치관)의 타당성에 관한 논의를 배제하고 오직 '주어진 목표(goal as a given)'의 달성을 극대화시킬 수 있는 최적 행동과 수단의 탐색, 그리고 적용에 치중하는 이른바 '도구적 합리성(instrumental rationality)'으로 정의할 수 있다.

<표 11-1> 정책분석의 개념구조와 차원[149]

적합성 차원	대상정보	정보성격	판단유형	접근유형	분석방법
당위성 (should)	정책기조 기본방향	"어디로" (where-to)	가치판단	판단	윤리분석
실현성 (can)	정책목표 자원배분	"무엇을" (what-to)	전략판단	판단, 계산	체계분석
인과성 (will)	행동대안 운영계획	"어떻게" (how-to)	사실판단	계산	관리분석

과학적 정책분석은 정책담론에서 필수적인 사실판단과 논증의 근거를 창출·조직하고, 주어진 목표의 효율적 달성을 담보하는 최적행동과 수단을 탐색·설계하며, 관리차원의 정책문제를 정립·해결해주는 대단히 유용한 기법임에는 틀림없다. 그러나 과학적 정책분석은 엄격한 가치중립성, 탈정치성, 비민주성, 실증주의와 객관성, 문제의 분할 및 단순화, 부분극대화, 계량화, 그리고 도구적 합리성 등의 특성 때문에, 근본적으로 중요하고 복잡한 문제의 해결을 위해서는 한계가 있고, 정책의 인간적 의의와 윤리성 실현을 위해서는 더욱 취약하다. 이처럼 과학적 정책분석이 정책학의 목적구조를 충실히 반영할 수 없게 된 근본적인 이유는 그 개념의 불완전성에 있다. 즉, 〈표 11-1〉에 따르면, 과학적 정책분석은 관리분석에 치중하여 체제분석과 윤리분석을 소홀히 또는 배제시키는 결과를 초래한다. 그리고 이러한 관리분석의 치중과 윤리분석의 배제는 체제 질서 차원에서 전개되는 근본적으로 중요하고 복잡한 문제의 취급을 회피하고 정책의 인간적 의의와 윤리성을 외면하게 만든다.[150]

3. 정책분석의 특성

정책분석은 인접한 다른 분야의 학문이나 전문직종과는 다른 특성을 가지고 있는데, 이러한 특성들이 정책분석의 발전에 공헌하고 있다. 정책분석의 특성은 다음과 같이 정리할 수 있다.[151]

1) 광범위한 분석

정책분석은 좀 더 광범위한 정책이슈를 다루고 있다. 그렇기 때문에 경제학이나 운영연구(operations research) 등에 비해 여러 학문분야의 관점에서 분석한다는 것이 특징이다. 예를 들어, 공공정책에서 능률성과 형평성 간의 상충관계(trade off)와 관련된 이슈, 한국과 미국

간의 군사비분담에 관한 여러 가지 대안들이 가지는 군사적 · 정치적 의미의 분석 등은 정책분석이 다른 기존의 학문분야들보다 정치적 · 조직적 · 기술적 및 경제적인 여러 가지 측면들을 복합적으로 고려해야 함을 보여 준다.

2) 계량적 기법에의 의존

정책분석은 정치학이나 행정학에 비해서 통계학이나 체제분석에서 개발한 계량적 기법들을 더 많이 사용한다. 정책분석가나 정책을 다루는 실무자들은 정책분석과정에서 센서스 자료, 보건관계 자료, 사회복지관계 자료, 노동관계 자료, 교통관계 자료, 범죄관계 자료, 무역과 금융관계 자료, 군사관계 자료, 통일관계 자료 등 여러 가지 관련된 자료들을 수집하고 분석하며 검증하는 일에 점점 깊이 빠져들어 가고 있다. 그러나 "통계가 모든 것을 보여주는 것 같지만, 정작 중요한 것은 보여주지 못한다"는 말이 있듯이, 통계 기법에 지나치게 의존하는 것은 현상의 체계적인 분석을 가로막는 제약 요인이 될 수 있다. 따라서 계량적 기법뿐만 아니라 인터뷰, 델파이, 사례연구 등 질적인 방법도 병행하여 사용할 필요가 있다.

3) 정책과정 전반에 대한 관심

정책분석은 운영연구(operations research)나 체제분석(system analysis)에 비해 정책이 결정되고 난 이후의 정책집행이나 관리의 측면에도 많은 관심을 가진다. 만일 정책분석이 정책이 집행된 후 잘못된 결과를 가져올 경우까지를 명시적으로 고려하지 않는다면 그것은 올바른 정책분석이라고 하기 어려울 것이다.

4) 규범적 이슈에 대한 관심

전술한 규범적 정책분석에서 설명한 바와 같이, 정책분석은 여러 대안의 목적함수의 구체화, 형평성의 고려, 윤리적인 딜레마 등을 포함하는 규범적인 이슈들에 대하여 경제학보다 더 많은 관심을 기울인다.

5) 정책분석에 필요한 능력의 다차원성

정책분석은 점점 더 테크놀로지 · 공학 · 에너지 · 환경 · 교통 · 주택 등과 같은 형이하학적인 과학을 포함하는 이슈 및 선택문제 등과 관련되는 경향이 높아지고 있다. 또한 정책분석, 특히 거시적 정책분석을 위해서는 고도의 불확실성, 경악할만한 사건이 발생할 가능성에 대한 주관적 확률의 부여, 과거의 반복되는 역사, 그리고 어떤 특정한 사회의 사회 · 문화적 여건이 정책이슈형성과 정책선택에 미치는 영향 등 복합적이고 복잡한 요인들 간의 관계를 다루는 능력이 점차 더 많이 요구되는 경향을 보이고 있다.

4. 정책분석과 유사개념의 비교

1) 정책분석과 정책평가

정책분석과 정책평가(policy evaluation)는 모두 지적 · 분석적 작업으로서, 정책분석을 넓은 의미로 사용할 때에는 정책평가를 포함하며, 정책평가도 넓은 의미로 사용할 때에는 정책분석을 포함한다. 그러나 정책평가는 정책집행이 이루어진 후에 집행과정이나 정책결과를 대상으로 하는 평가적 · 지적 활동을 의미하는 반면, 정책분석은 합리적 정책결정을 위해서 주로 정책결정시에 이루어지는 지적 활동을 의미한다. 즉, 정책분석이 사전적으로 정책대안의 결과를 예측하고 이에 근거하여 정책대안을 비교 · 평가하는 데 비하여 정책평가는 주로 정책이 결정되고 집행된 후에 집행과정이나 정책결과를 사후적으로 검토하는 것이다.[152]

2) 정책분석과 체제분석

체제분석(systems analysis, SA)이란 의사결정자가 문제해결을 위한 대안을 선택하는데 도움을 주기 위한 체계적 · 과학적 접근방법을 의미하며, 그 목적은 대안의 체계적 분석이다. 체제분석은 의사결정이론의 규범적 · 이상적 접근방법에 속하며, 정책분석이나 계획예산제도(Planning Programming Budgeting System: PPBS)를 운영하는데 중요한 수단이 되고 있다. 정책분석과 체제분석은 ① 문제와 대안을 체제의 관점에서 고찰하고, ② 여러 대안 중에서 최적 대안이나 명백히 보다 나은 대안을 탐색하며, ③ 구체적인 목표에 비추어서 기대효과를 비교하고 합리적 대안을 선택한다는 점에서는 공통되지만, 구체적으로는 다음과 같은 차이가 있다.

첫째, 체제분석은 가치문제는 고려하지 않으나, 정책분석은 정책이 함축하는 기본가치 · 목적가치를 중요시한다. 정책이 지향하는 기본가치란 현실의 사회문제를 해결하며 보다 바람직한 사회상태를 실현하고자 하는 것이기 때문에 정책분석은 광범위하고 동태적인 복잡한 사회문제를 다루기 위해 사회현상과 사회변화에 대한 보다 많은 통찰력을 요구한다.

둘째, 체제분석은 자원배분의 경제적 효율성을 중요시하고 부분의 최적화를 강조하지만,

정책분석은 주어진 자원과 비용의 사회적 배분을 고려하여 거시적 통합을 강조한다.

셋째, 체제분석은 대안의 비교 · 평가의 기준을 경제적 합리성에 두지만, 정책분석은 이외에도 정치적 요인까지도 고려하여 대안평가의 기준으로 정치적 합리성, 정치적 실현가능성, 형평성, 공익 등을 중요시한다.

넷째, 체제분석은 대안의 객관적 '최적화(optimization)'를 추구하지만, 정책분석은 정책의 '선호화(preferization)'를 추구한다. 즉, 최적화의 기준은 충족시키지 못하지만 알고 있는 기존의 다른 대안들보다 나은 대안을 찾아내고자 하며, 정책대안의 쇄신을 강조한다.

다섯째, 체제분석에서 사용되는 비용편익분석, 선형계획(LP), 의사결정분석, PERT, CPM 등의 계량적 기법들은 정책분석에서도 그대로 사용되지만, 정책분석에서는 이 외에도 이념, 대중 심리, 윤리적 딜레마 등 비합리적인 요소도 고려하며, 인간의 인지, 직관, 통찰력 등을 경험적 지식과 거시적으로 통합하여 추가적 지식의 원천으로 삼는다.

여섯째, 정책분석은 체제분석에 비해 정책결정 이후의 집행이나 관리의 측면에도 많은 관심을 가진다.

<표 11-2> 체제분석과 정책분석의 비교[153)]

	체제분석	정책분석
기본이 되는 분과 학문	경제학, 운영연구, 양적 의사결정과학	체제분석에서 필요로 하는 학문 외에, 정치학, 행정학, 사회학과 심리학의 일부분
주된 강조점	양적 분석	질적 분석과 새로운 대안의 쇄신
요구되는 전문가의 자질	현명하고, 비전형적이며, 높은 분석적 능력	체제분석에서 필요로 하는 자질 외에, 지적인 성숙, 정치와 행정의 현실에 대한 명시적 · 묵시적 지식, 상상력, 이상적 현실주의
주된 의사결정 기준	자원배분의 효율성	사회적, 경제적, 정치적 기준을 포함하는 다양한 기준
주된 방법	경제적 분석, 양적 모형 구성	체제분석의 방법 외에, 질적 모형과 분석, 상상력, 미래지향적 사고, 묵시적 지식의 통합
주무부서	예산기구	다양한 형태의 사회지도기구의 집합체
정책결정에 적용되었을 때 주된 산출물	제한된 문제와 관련해서는 명백하게 나은 정책을 결정할 수 있지만, 복잡한 정치문제에 적용하는 경우에는 부메랑 효과가 나타날 수 있음	정치논쟁에 관한 교육적 효과와 공공정책 결정체제의 운영에서 장기적 개선과 같은 고도로 복잡하고 정치적인 문제와 관련하여 어느 정도 나은 정책을 결정
필요한 지식과 전문 강좌	이미 이루어지고 있는 강좌 외에 대학 교과과정의 일부 변화를 필요로 함	새로운 대학의 교과과정과 정책과학의 학제적 연구와 같은 학문으로서의 정치학과 행정학의 지향을 변화시킬 필요가 있음

5. 정책분석의 유형

정책분석은 그 목적(용도)에 따라 다음과 같이 세 가지로 나눌 수 있다.[154)]

1) 과학적 정책분석

일부 사람들, 특히 대학교에 근무하는 학자들은 공적 문제와 정책결정과정에 대한 이해를 높이기 위한 과학적 목적으로 공공정책을 연구한다. 그들은 그러한 지식이 즉각적으로 유용하거나 적절한가의 여부에 상관없이 과학적 방법을 통해 "진리(truth)"를 추구한다. 예를 들면, 과학적 범주에서의 사회과학 연구는 보통 공공정책에 직접적으로 영향을 미치려는 의도를 가지고 있지 않다. 그들의 목표는 정책결정자에게 해답을 제시하는 것이 아니라, 정책결정자의 판단 능력을 고양시키는 데 있다. 따라서 과학적 정책분석은 문제의 원인과 그 결과에 주로 관심을 가지며, 현실적인 정책대안을 제안하는 것을 목표로 하지는 않는다.

2) 전문적 정책분석

호그우드(Brian W. Hogwood)와 건(Lewis A. Gunn)은 그들의 책 *Policy Analysis for the Real World* 결론 부분에서, 그들은 "단순히 학문의 세계에 존재하는 정책과정이 아니라 실제 정책과정에서 정책분석이 수행하는 역할에 관심을 가지고 있다"고 밝힌 바 있다.[155)] 호그우드와 건의 지적과 같이, 정책분석은 좋은 의미이든 나쁜 의미이든 불가피하게 현실 문제와 결부될 수밖에 없다. 따라서 일부 사람들은 정부기관, 싱크탱크, 또는 이익집단을 위해 실천적이고 전문적인 동기에서 공공정책을 연구하기도 한다. 따라서 전문적 정책분석에서는 분석의 결과를 필요로 하는 '고객들(clients)'이 있음을 전제로 하며, 고객들에게 전문적인 조언을 하고 현실적인 대안을 제시하는 것을 목표로 한다. 예를 들면, 와이머(David L. Weimer)와 바이닝(Aidan R. Vining)은 이러한 관점에서 정책분석을 "공적인 의사와 관련된 사회의 가치를 제시하는 고객지향적 조언(client-oriented advice)"으로 정의하고 있다.[156)] 정부내외의 많은 정책분석가들은 가능한 최선의 분석을 하기 위해 노력하고, 경제적 분석의 전문적 규범에 집착한다. 이를 위해 이들은 복잡한 상황을 모형화하고, 미래의 추세를 예측하며, 현존 프로그램을 평가한다. 그러나 전문적 정책분석에서도 경제논리에 의해서만 정책을 분석하는 것은 아니며, 정책분석을 하는 기관의 이념 편향에 따라 정치논리가 개입되기도 한다.

3) 정치적 정책분석

일부 분석가들은 전문적인 견지에서 정치(精緻)하게 정책분석을 활용하지만, 그들 역시 구체적인 정책의 가치와 목표, 그리고 이념적·당파적 의제에 관심을 가지기도 한다. 정책분석가들은 특정한 가치와 목표를 고양하기 위해 자신들의 연구 결과를 강조하려고 한다. 이러한 유형의 정책연구는 전문적이거나 과학적이기보다는 정치적인 것으로 간주될 수 있지만, 어느 특정 집단을 위해 일하는 정책분석가들은 이러한 동기로 정책분석을 하려는 경향이 강하다. 따라서 정책분석이나 정책평가와 같은 분석활동이 정책의 대체물로서가 아니라 권력행사의 수단으로서의 역할을 수행하기도 한다.[157] 이러한 정치적으로 지향된 정책연구(politically oriented policy study)와 정책 옹호(policy advocacy)를 구분하는 것은 어렵지만, 현실적으로 정책은 정치적 맥락에서 결정될 수밖에 없기 때문에 정책이 결정되는 토대를 형성하는 정치과정으로부터 과학적이거나 전문적인 정책연구를 분리하는 것 자체가 불가능할 수 있다. 따라서 분석 그 자체는 스톤(Deborah A. Stone)이 말한 바와 같이 "정치의 피조물(creature of politics)"일 수 있으며, "전략적으로 정교화된 논의(strategically crafted argument)"가 실제로는 특정한 정책의 가치를 옹호하기 위해 고안된 것일 수 있다.[158]

<표 11-3> 정책분석의 유형 비교[159]

	과학적 정책분석	전문적 정책분석	정치적 정책분석
목적	진리의 탐구 및 정책대안과 그 결과에 관한 이론 개발	공적 문제를 해결하기 위한 정책대안의 분석	선호하는 정책에 대한 옹호와 지지
접근방법	가설과 이론을 검증하기 위한 과학적 방법의 사용; 객관적이고 정치한 분석이 목표; 정책의 적실성보다는 지식의 개발에 더 역점을 둠	정책대안의 결과를 이해하기 위한 연구와 이론의 통합; 현존 프로그램과 그 결과에 대한 평가; 객관성을 목표로 하지만, 정책을 둘러싼 논쟁에서의 실제적인 가치에 대해서도 관심을 가짐	정책의 가치와 부합하는 법적, 경제적, 정치적 논의의 활용; 조직의 목표와 가치를 구현하기 위해 정책 논쟁에서 영향력을 행사하는 것을 목표로 함
한계	지나치게 이론적이고 의사결정자가 필요로 하는 정보를 다루는 데에는 적절하지 않을 수 있음	연구와 분석이 시간과 자원의 제약으로 인해 지나치게 편협할 수 있고, 공적 문제의 근본적인 원인을 간과할 수 있음	종종 이념적·당파적으로 편향되어 정책을 신뢰할 수 없고, 분석의 깊이나 객관성·정교함을 결여할 수 있음

6. 정책분석의 기법

정책분석의 기법은 정책분석가의 생각을 체계적으로 정리하고 문제에 대한 이해와 예측을 도와주는 분석적인 틀을 의미하는데, 주요 분석기법으로는 다음과 같은 것들을 들 수 있다.

1) 체제분석

체제분석(systems analysis, SA)이란 의사결정자가 문제해결을 위한 대안을 선택하는데 도움을 주기 위한 체계적 · 과학적 접근방법을 의미하며, 그 목적은 대안의 체계적 분석이다. 체제분석은 의사결정이론의 규범적 · 이상적 접근방법에 속하며, 정책분석이나 계획예산제도를 운영하는데 중요한 수단이 되고 있다. 따라서 정책분석은 체제분석을 포함하며, 체제분석에 더해 질적이고 정치적인 측면을 고려한 것이라고 할 수 있다. 체제분석과 정책분석의 차이는 잎에서 실피보있다.

드로어(Y. Dror)는 체제분석의 한계를 다음과 같이 정리하고 있다.[160] 첫째, 체제분석은 주요 관련변수의 계량화와 이들 변수들의 활용을 가능케 하는 모형을 전제로 한다. 따라서 복잡한 사회문제를 다룰 수 없으며 사회과학의 지식들을 사용하지 못하는 결함을 가지고 있다. 둘째, 체제분석은 상충되는 가치들 사이의 관계에 대한 명확한 해답을 제시하지 못한다. 셋째, 체제분석은 명확한 의사결정 기준과 잘 정의된 목표를 전제로 하지만, 이를 구비하는 것은 현실적으로 어렵다. 넷째, 체제분석은 정치적 실현가능성과 정치권력의 행사와 같은 정치적 요인을 적절하게 고려하지 못한다. 다섯째, 체제분석은 창의성(creativity), 묵시적 지식(tacit knowledge), 그리고 판단력(judgement) 등과 같은 초합리적(extra-rational) 의사결정 요소를 적절하게 다루지 못한다. 여섯째, 전술한 바와 같이 체제분석은 계량화에 치중한 결과 분석결과가 협소하고, 따라서 대규모의 복잡한 체제를 다루는 데에는 한계가 있다. 일곱째, 개인적 동기(individual motivations), 비합리적 행태(irrational behavior), 그리고 인간의 특성(human idiosyncrasy) 등을 적절하게 고려할 수 있는 수단을 결여하고 있다.

2) 운영연구

운영연구(Operating Research: OR)란 조직전체와 관련하여 문제해결의 최선의 방법을 규명하려는 기술을 말하며, 의사결정의 택일적인 방법을 추구함에 있어서 기초과학적 지식뿐만 아니라 계량적 또는 수리적 모형을 사용한다. 운영연구는 체제분석과 다음과 같은 면에서 차이가 있다. ① OR은 방법지향적이며 전술적 성격을 띠고 있으나 SA는 문제지향적이며 전략적 성격을 띠고 있다. ② OR은 분석범위가 좁고 엄격한 규칙에 따르지만 SA는 넓고 다양한 방법을 이용한다. ③ OR은 계량화가 가능하지만 SA는 불확정요인이나 질적 요인을 포함하여 계량적 측정과 이론적 사고를 병용한다. ④ OR은 목표가 명확하고 한정적 목표의 달성을 위한 수단의 최적화를 추구하지만 SA는 목표 자체가 검토대상이 될 수 있고 부분적 최적화(sub optimization)를 추구한다.

3) 비용편익분석

넓은 의미의 비용-편익 분석(cost-benefit analysis)은 경쟁적인 공공투자기회의 긍정적인 효과와 부정적인 효과를 체계적으로 평가하고 가능한 한 이들을 계량화하여 대안의 비교·평가에 명시적으로 포함시키는 일련의 방법론을 지칭한다.[161] 비용-편익 분석은 정책대안의 비교·평가기준 중 능률성(efficiency)을 체계적으로 평가하기 위한 기법으로서,[162] 정부의 어떤 특정 사업이 채택되었을 때 그 사회의 모든 구성원들에게 발생되는 유형·무형의 모든 편익과 비용을 계량화의 용이성과 무관하게 체계적으로 열거하여 일정한 판단기준에 따라 그 사업의 타당성을 평가하는 분석기법이다.[163]

4) 선형계획

선형계획(linear programming: LP)은 한정된 자원을 여러 가지 활동이나 목적에 최적으로 배분하는데 도움을 주는 기법의 하나이다.[164] 여기서 선형이라는 말은 이 모형에 사용되는 모든 수리적 함수가 1차 함수(linear function)임을 의미하며, 계획이란 기획(planning)과 같은 뜻을 내포한다. 따라서 선형계획이란 가능한 모든 일차함수의 대안들 가운데서 최적의 결과를 얻기 위한 활동계획이라고 말할 수 있다.

5) 의사결정분석

의사결정분석(decision analysis)은 정책대안의 탐색에서부터 대안들이 가져올 결과에 이르기까지의 일련의 분석과정을 의사결정나무(decision tree)를 통해 일목요연하게 정리하고 분석하는 기법을 말한다. 이 모형은 대안들의 기대치를 계산하여 이것이 가장 높은 대안을 선택하며, 결과예측을 확률적 분포와 명백히 관련시키는 확률적 모형에 해당된다.

6) 게임이론

게임이론(game theory)이란 상호의존적인 상황[165] 또는 경합적인 상황에서 이루어지는 합리적 선택에 관한 이론으로서, 경기자들이 선택할 수 있는 전략들과 그 결과는 알고 있으나 상대방이 어떠한 전략을 사용할지는 모르는 상황에서 바람직한 행동대안의 선택지침을 제공하는 기법을 말한다.[166] 따라서 게임의 "경기자들(players)"은 자신의 욕구와 능력뿐만 아니라 다른 경기자들이 무엇을 할 것인지에 대한 기대(expectations)까지 고려하여 자신의 행동을 조정해야 한다.[167]

게임이론에서는 경기자(player), 전략(strategy), 균형(equilibrium)과 같은 세 가지 개념이 강조된다. 여기서 경기자는 완비성(completeness)과 이행성(transitivity)의 선호조건을 만족시키는 합리적인 존재로 가정한다.[168] 따라서 경기자는 자신의 기대보수(expected payoff)를 극대화하는 '최적 전략(optimal strategy)'을 구사할 것이라고 쉽게 예상할 수 있다.[169] 다음으로 전략이란 상호작용적 의사결정상황에서 의사결정자에게 적합한 행동계획을 의미하며,[170] 게임이론에서는 우월전략과 내쉬 균형 전략이 중요하다. 우월전략이란 상대방 경기자의 전략에 상관없이 자신에게 유리한 결과를 가져오는 전략을 말하며, 내쉬 균형 전략이란 상대방 경기자의 전략이 주어진 경우 자신에게 유리한 결과를 가져오는 전략을 말한다. 마지막으로 이러한 전략의 짝을 균형이라고 하는데, 우월전략균형과 내쉬 균형이 중요하다. 우월전략균형은 내쉬 균형보다 더 엄격한 기준이기 때문에 우월전략균형은 반드시 내쉬 균형이지만, 내쉬 균형이라고 하여 반드시 우월전략균형은 아니다. 또한 내쉬 균형은 게임에서 둘 이상 존재하거나(예: 비겁자게임, 성의 대결 게임, 보장(확신)게임), 존재하지 않을 수 있는데(예: 동전던지기 게임), 순수전략(pure strategy) 하에서는 내쉬 균형이 존재하지 않을 수 있지만 혼합전략(mixed strategy) 하에서는 반드시 내쉬 균형이 존재한다.

그러나 게임이론을 정책분석에 활용하여 결과를 예측하려고 하는 경우 한계에 봉착할 수 있다. 게임이론의 경기자는 완비성과 이행성의 조건을 만족하는 합리적 존재로 가정하는데,[171] 합리적 존재의 전략적 선택의 결과가 '복수의 내쉬 균형(multiple Nash equilibria)'으로 귀결되는 경우 어느 균형이 게임의 해(solution)가 되는 지는 이 이론의 틀 내에서는 결정할 수 없다. 왜냐하면 내쉬 균형 하에서 행위자들은 그들의 이익을 극대화할 수 있기 때문에 그러한 균형에서 벗어나려는 어떠한 유인도 갖지 않을 것이기 때문이다.[172] 따라서 게임이론의 문제는 게임의 균형이 존재하지 않는 데 있는 것이 아니라, 현실적으로 너무 많은 균형이 존재하는 데 있다.[173]

7) 시뮬레이션

시뮬레이션(simulation)이란 복잡한 사회문제를 풀기 위해서 그 사회현상과 유사한 모형을 만들고 그 모형을 조작함으로써 적절한 해답을 얻고자 하는 방법으로서 모의실험이라고도 한다.

8) 대기행렬이론

대기행렬이론(queuing theory)이란 고객이 도래하는 수가 시간마다 일정하지 않을 때 가장 적절한 서비스시설을 결정하기 위해 대기행렬을 관리하고자 하는 이론을 말한다.

제 2 절 정책분석에서의 윤리

정책분석이 사회와 개인들에게 미치는 영향이 광범위하고 심대하기 때문에 정책분석가의 윤리문제가 중요하게 부각되고 있다. 이러한 맥락에서 여기서는 정책분석에서의 윤리문제를 살펴보고자 하는데, 먼저 정책분석에서의 윤리문제가 제기된 배경에 대해서 살펴본 다음, 정책문제에서 직면하게 되는 윤리적 딜레마(ethical dilemmas), 정책분석에게 요구되는 윤리, 그리고 정책분석에서의 윤리를 확보하기 위한 방안에 대해 차례로 살펴보고자 한다.

1. 정책분석이 사회와 개인들에게 미치는 영향의 특성과 방법

정책분석에서의 윤리문제가 제기된 가장 중요한 요인은 정책분석이 사회와 개인들에게 중대한 영향을 미친다는 점이다. 이러한 맥락에서 여기서는 정책분석에서의 윤리문제가 제기된 배경으로서 정책분석이 사회와 개인들에게 미치는 영향의 특성과 방법에 대해 간략하게 살펴보고자 한다.[174)]

1) 정책이 사회와 개인들에게 미치는 영향의 특성

정책이 사회에 미치는 특성으로는 근본성, 광범성, 그리고 장기성 등을 들 수 있다. 첫째, 정책영향의 근본성은 정책이 정치・경제・사회의 가치, 규범, 행태 등의 뿌리까지 바꿀 수 있을 정도로 깊은 영향을 미친다는 것을 의미한다. 둘째, 정책영향의 광범성은 하나의 정책이 미치는 영향이 어느 한 부문에만 국한되지 않고 매우 광범위하다는 것을 말한다. 셋째, 정책영향의 장기성은 하나의 정책이 미치는 영향이 단기간에만 국한되는 것이 아니고 오랫동안 계속된다는 것을 말한다.

정책은 이와 같이 사회 전반에 근본적이고 광범위하며 장기적인 영향을 미칠 뿐만 아니라, 사회를 구성하고 있는 구성원 개개인들의 일상생활과 그들의 운명에도 때로는 중대한 영향을 미친다. 정책분석은 이러한 사회전반과 개인생활에 큰 영향을 미치는 정책의 결정과정에 영향을 미침으로써 이것을 통하여 직접 · 간접적으로 사회와 개인생활에 근본적이고, 광범위하며, 장기적인 영향을 미친다.

2) 정책분석이 사회와 개인들에게 영향을 미치는 방법

앞에서 정책이 사회와 개인들에게 중대한 영향을 미친다는 점을 살펴보았는데, 그렇다면 정책분석은 이러한 정책에 대해 어떤 방법으로 영향을 미치는가에 대해 살펴볼 필요가 있다. 이에 대해서는 다음과 같은 네 가지를 지적할 수 있다.

첫째, 정책문제의 정의와 가치 · 목적 · 목표설정을 통해 영향을 미칠 수 있다. 정책문제에 대한 정의의 과정은 가치창도의 과정이며 문제에 대한 진단의 과정이기 때문에, 정책문제에 대한 정의의 과정에서 문제의 원인과 창도하고자 하는 가치가 무엇인가를 판단함으로써 정책목표와 이를 실현하기 위한 정책대안의 개발에 영향을 미친다.

둘째, 정책대안의 개발과 설계를 통해 영향을 미칠 수 있다. 정책문제에 대한 동일한 진단이 내려지고 동일한 가치가 창도되더라도, 어떠한 정책대안이 개발되고 그것을 실현할 절차가 어떻게 설계되는가에 따라 그 정책은 전혀 다르게 나타날 수 있다. 이러한 정책대안의 개발과 설계는 정책분석과정에서 이루어지기 때문에, 정책대안의 개발과 설계가 달라짐으로써 오게 되는 정책의 영향은 주로 정책분석의 영향이라고 할 수 있다.

셋째, 여러 정책대안들 간의 소망성(desirability)의 순위는 소망성 평가기준들 가운데 어느 것에 더 높은 비중을 두느냐에 따라서 달라질 수 있는데, 정책분석은 대안평가기준의 선택과 적용을 통해 정책에 영향을 미칠 수 있다.

넷째, 평가모형의 작성과 평가의 시행을 통해 정책에 영향을 미칠 수 있다. 모형의 작성과 개념의 조작화 및 자료수집과정에서의 오류는 문제화되지 않는 경우도 많지만, 그렇다고 하여 그러한 오류에 의한 피해가 없어지는 것은 아니기 때문에 평가모형의 작성과 평가시행을 통해 정책분석이 사회 및 개인에 미치는 영향은 매우 큰 것이라고 할 수 있다.

2. 정책분석에 있어서의 윤리적 딜레마

정책분석가들이 당면하는 윤리적 딜레마(ethical dilemmas)는 정책문제의 정의, 정책대안의 탐색과 개발, 정책대안평가기준의 선택과 적용 및 평가모형의 작성과 평가의 시행이라는 정책분석과정에서 당면하는 딜레마들이다.[175] 이러한 딜레마들로는 다음과 같은 아홉 가지를 들 수 있다.[176]

첫째, 최적화의 딜레마(optimizing dilemma)는 정책분석이 단순히 정책집행이 가져올 결과들을 예측하는데 그쳐야 하느냐, 아니면 예측은 물론 처방까지 내려야 하느냐 하는 이슈이다.

둘째, 파당적 딜레마(partisan dilemma)는 정책분석가가 어떤 정당이나 또는 특수한 이익집단의 이익의 극대화를 위하여 일할 수도 있느냐, 아니면 오직 일반적인 사회적 이익을 위하여서만 일하여야 하느냐 하는 이슈이다.

셋째, 예측하지 못한 결과에 따르는 딜레마(unforseen consequences dilemma)는 정책분석가가 관심을 가진 몇 개의 결과들의 추정에만 집중적으로 초점을 맞추어야 하느냐, 아니면 예상되는 모든 결과의 추정까지도 수행해야 하느냐 하는 이슈이다.

넷째, 형평성의 딜레마는 정책분석이 추구하여야 할 목적 또는 평가기준으로서 능률성을 중시하여야 하느냐 형평성을 중시하여야 하느냐 하는 이슈이다.

다섯째, 민감도 분석 딜레마는 정책분석가가 그들이 수행한 예측결과나 처방적 결론이 자료, 측정, 표본추출방법, 분석에 도입한 가정, 제약조건 등의 변동에 의하여 얼마나 달라질 수 있는가 하는 것을 검토해야 할 의무가 있는가 하는 이슈이다.

여섯째, 효율적 연구수행의 딜레마(efficient research dilemma)는 정책분석에 사용하는 예산을 가장 능률적으로 사용하여야 한다는 것과 관련된 이슈이다.

일곱째, 연구자료 공동 활용의 딜레마는 정책분석가가 주어진 문제에 대한 분석연구를 수행하는 과정에서 연구비의 일부로 많은 비용을 투입하여 수집한 원자료(raw data)를 앞으로 자기의 연구를 수행하기 위하여 공개하지 않고 보관하여야 하느냐, 아니면 이 연구와 관련된 연구를 수행하기 위하여 이미 수집된 자료를 함께 이용하고자 하는 다른 연구자가 있는 경우 그 자료를 공개하여 공유(sharing)하여야 하는가의 이슈이다.

여덟째, 연구타당성의 딜레마는 정책분석연구에 의하여 도달된 결론이 경험적 현실과 부합하고, 유의미한 전제들(premises)로부터 논리적으로 도출되어야 한다는 이슈이다.

아홉째, 연구대상자들에게 리스크(risk)를 부담하도록 하는 데 따르는 딜레마란 정책평가 연구를 수행할 때 어떤 사람을 본인의 의사와는 관계없이 정책가설검증을 위한 정책평가연구과정에서 실험집단에 배정함으로써 그들이 신체적으로나 정신적으로 또는 기타의 피해를 입을 수 있는데, 이러한 모형을 평가연구의 대상이 되는 사람들에게 알려야 하느냐 하는 이슈이다.

3. 정책분석에서 요구되는 윤리

정책분석에서 요구되는 윤리는 크게 보면 정책분석 과정에서의 윤리와 분석결과의 제시에서의 윤리로 나누어 살펴볼 수 있다.[177]

첫째, 정책분석 과정에서의 윤리성과 관련해서는 먼저 자료수집과 관련하여 조사대상자의 개인적 비밀과 자료원(source)을 보호할 필요가 있다. 또한 정책실험을 통한 정책분석의 경우 실험 목표를 달성하기 위해 은밀하게 시행할 수 있지만, 사후에 충분한 설득과 해명을 할 필요가 있다. 이 밖에 정책분석가는 '신의성실의 원칙'에 입각하여 가장 타당성이 높은 분석 결과를 얻기 위해 최선의 노력을 다해야 한다.

둘째, 정책분석 결과 제시에서의 윤리성과 관련해서는 분석 결과를 왜곡하거나 누락하지 않고 명확하고 정확하게 제시할 필요가 있다. 이와 관련하여 정책분석가는 자신의 가치관과 관점, 분석의 전제, 정책문제와 정책수단의 분석 방법, 내용과 결과, 그리고 분석의 결과 등에 대해 숨김없이 명확하게 밝혀야 한다. 또한 정책분석가는 결론의 타당성을 검증하기 위해, 그리고 참고자료로 활용하기 위해 자료를 제공한 사람의 입장을 어렵게 만들 가능성이 있는 경우를 제외하고는 원칙적으로 자신이 수집한 자료들을 공개해야 한다.

4. 정책분석에서의 윤리의 확보방안

정책분석가의 직업윤리를 확보하는 방안으로는 다음과 같은 것을 들 수 있다.[178]

첫째, 정책분석가의 역할을 정립하여 정책분석의 윤리를 확보할 필요가 있다. 정책분석가의 역할은 그들이 추구하는 가치가 무엇인가에 따라 객관적 기술자(objective technician), 고객의 대변자(client advocate), 그리고 이슈 옹호자(issue advocate) 등 세 가지로 분류될 수 있는데,[179] 이들 역할유형은 분석적 완전성, 고객에 대한 책무, 그리고 좋은 사회(good society)의 관념에 대한 집착 등과 같은 기본적인 가치에 대해 서로 다른 입장을 견지한다.[180] 따라서 다양한 위치에 있는 정책분석가들은 그들이 처한 입장에 따라 여러 가지 정책분석가의 역할들 가운데 어떤 입장을 선택하여 분석가로서의 역할을 수행한다. 이들 다양한 입장에서 활동하는 직업인으로서의 정책분석가의 행태를 가이드하기 위하여 윤리규칙(ethics code)이 발전되어야 한다. 전문직업인으로서의 정책분석가들에 대한 접근방법은 고객에 대한 책무와 분석적 완전성을 도덕적 행태를 지배하는 가치로서 받아들이는 것이 되어야 한다. 정책분석을 전문적으로 하는 정책분석가들은 다른 사람들의 기본적인 권리들(basic rights)을 보호하고, 우리의 헌법에 명시된 민주적 과정을 지지하며, 분석적 완전성을 증진시키는 것을 명시적인 의무로 인정하여야 한다. 그리고 이러한 가치들은 일반적으로 윤리적 평가에서 고객에 대한 분석가들의 책무성 확보보다 우선적인 것으로 하여야 한다.

둘째, 정책분석방법을 통해서 정책분석윤리를 확보할 필요가 있다. 정책분석에 있어서의 행동규범인 정책분석윤리의 확보방안의 모색은 정책분석가 자신을 포함한 모든 인간과 그들이 제안한 모든 공공정책들은 도덕적으로 애매모호할 수 있다는 도덕적 모호성(moral ambiguity)을 인식하는 데에서부터 출발하여야 한다. 이와 같은 도덕적 모호성이 지배하는 상황 하에서 정책분석과정에서 직면하는 윤리적 딜레마를 해결할 수 있는 핵심적인 요소는 공개성(openness)이라고 할 수 있다. 정책분석가는 첫째로 정책의 목적, 목표 및 효과 등의 측면에서 분명하게 공개될 수 있도록 노력하여야 하고, 둘째로 그 정책분석에 사용한 방법이라는 측면에서 분명하게 공개될 수 있도록 노력하여야 한다. 이와 같이 정책이 추구하는 목적, 목표 및 효과, 그리고 논리와 방법들의 공개를 통해 목적과 목표가 올바른 방향으로 설정되어야 하고, 정책분석의 내용에 대한 공개성의 원칙과 아울러, 공공정책의 윤리적 측면을 강조하는 방향으로, 그리고 사실에 대한 전달교육에서 분석적 능력을 길러 줄 수 있는 방향으로 정책분석가를 위한 교육의 방향이 전환될 필요가 있다.

5. 정책분석가의 역할 기대

그렇다면 상충되는 가치를 둘러싼 정책분석가의 역할에는 어떤 것들이 있을까? 이와 관련하여 와이머(David L. Weimer)와 바이닝(Aidan R. Vining)은 정책분석가의 역할 기대를 다음과 같은 세 가지로 제시하고 있다.[181)]

1) 객관적 기술자

객관적 기술자(objective technicians)는 분석의 진실(analytical integrity)을 기본적인 가치

로 삼는다. 그들은 분석 기술을 자신들의 정당성의 원천으로 삼는다. 그들의 관점에서 분석의 적절한 역할은 제안된 정책대안의 결과에 대해 객관적인 조언을 하는 것이다. 객관적 기술자들은 바람직하다고 인식된 표준적인 관행에 익숙하기 때문에, 경제학, 통계학, 운영연구(operations research)와 같은 잘 알려진 방법들을 활용한다. 그들은 시간의 제약과 자료의 부족 하에서 분석을 해야 한다는 사실을 인식하고 있지만, 그럼에도 불구하고 주어진 조건 하에서 방법론적으로 가장 올바른 분석을 해야 한다고 믿는다.

객관적 기술자들은 정책분석의 고객들을 필요악(necessary evils)으로 간주한다. 고객들은 객관적 기술자들에게 분석에 필요한 자원을 제공하고, 그 대가로 가장 정확한 예측을 제공받는다. 그러나 객관적 기술자들에게 있어 고객의 정치적 자원은 분석의 진실에 비해 우선순위가 낮다. 분석가들은 고객들과 너무 긴밀한 관계를 맺지 않음으로써, 고객들이 분석과정에 지나치게 간섭하는 것을 막아야 한다고 믿는다. 일반적으로, 객관적 기술자들은 공식기구상의 고객들(institutional clients)을 선택해야 하는데, 그러한 고객들은 객관적인 분석을 준비하고 전파하는 데 보다 많은 기회를 제공할 가능성이 높기 때문이다.

객관적 분석가들은 정책대안의 선택과 관련된 가치가 확인되어야 한다고 믿는다. 그러나 모든 관련되는 가치라는 맥락에서 우월한 정책대안이 없다고 판단될 때에는, 경합적인 가치들 사이의 상충관계를 정책분석가가 해결하기보다는 고객의 판단에 맡기는 것이 바람직하다. 정책분석가는 비록 개인적으로 선호하는 대안이 아닐지라도 지속적으로 편향되지 않은 정보를 제공함으로써, 궁극적으로는 좋은 사회를 만드는 데 기여하려고 한다.

2) 고객의 대변자

고객의 대변자(client's advocate)는 고객에 대한 자신들의 책무에 주된 강조점을 둔다. 그들은 공공정책의 결정과정에 참여함으로써 정당성을 얻는다고 믿는다. 정책결정과정에 참여하는 대가로 그들은 고객에 대해 충성과 신뢰를 보낸다. 의사와 마찬가지로 분석가들도 그들의 고객에게 해를 끼쳐서는 안 되며, 변호사와 마찬가지로 고객의 이익을 열렬하게 증진시켜야 한다.

어느 정도 고객의 대변자들은 법정에서 변호사들이 고객에 대해 책무를 다하는 것과 같은 방식으로 분석의 진실을 이해한다. 분석가들의 주된 책무는 잘못된 진술이나 의도적인 누락으로 그들 고객을 오도하는 일이 되어서는 절대 안 된다. 그러나 일단 고객이 충분한 정보를 가지고 있다면, 분석가들은 공공연하게 그들의 분석을 최대한 고객의 입장에서 해석하려고 한다. 분석가들은 분명한 결론을 내리는 경우가 거의 없고, 가능성에 대해 언급하는 경우가 많다. 고객의 대변자는 분석의 진실이 거짓말을 하지 않는 것이라고 믿지만, 그것이 모든 정보의 공개나 고객에 의한 그릇된 진술을 교정하는 것을 요하지는 않는다.

고객의 대변자들은 그들이 고객에게 약속을 한 이상 자신의 정책선호는 부차적인 관심사로 두어야 한다. 따라서 그들의 고객 선택은 매우 중요하다. 분석가와 고객이 비슷한 세계관을 공유하고 있다면, 좋은 사회의 관념에 대한 의견 불일치가 나타날 가능성은 낮다. 그들의 고객이 매우 다른 세계관을 가지고 있다고 하더라도, 오랜 시간에 걸친 설득으로 자신의 세계관과 비슷해질 수 있을 것이라고 판단한다면, 정책분석가는 고객과 긴밀한 관계를 유지할 필요가 있다. 게다가 정책분석가들은 새로운 고객으로 바꾸기 이전에 고객의 신념을 바꿀 책무가 있다고 판단할 수 있다.

3) 이슈 옹호자

이슈 옹호자(issue advocates)는 정책분석이 좋은 사회에 대한 그들의 관념을 발전시키기 위한 도구가 되어야 한다고 믿는다. 실제로 그들은 정책분석과 연관된 분석의 진실이나 고객에 대한 책무와 같은 가치보다는 정책의 결과에 내재된 가치들에 초점을 맞춘다. 그들은 그들 자신을 본질적으로 정책과정에 참여하는 정당한 경기자(legitimate players)라고 인식한다. 그들은 그들 자신을 또한 환경보호론자, 빈곤층, 또는 범죄 피해자와 같은 정책과정에서 과소 대표되고 있다고 생각하는 집단이나 이해관계의 옹호자로 인식한다.

이슈 옹호자들은 기회주의적으로 고객을 선택한다. 고객이 이슈 옹호자의 정책대안을 채택하려고 하지 않거나 할 능력이 없다고 판단된다면, 그들은 그러한 고객을 버려야 한다. 정책분석가들은 어느 특정 고객에 대해 충성하는 것이 아니라 좋은 사회의 관념에 우선순위를 두어야 한다.

고객의 대변자와 마찬가지로, 이슈 옹호자도 분석의 불확실성을 이용할 수 있다고 믿는다. 만일 분석이 자신의 정책 선호와 일치하지 않는다면, 이슈 옹호자는 복잡한 문제를 다루는 데 있어 불가피하게 선택할 수밖에 없는 단순화된 가정에 의문을 표시하거나, 대안들을 평가하는 데 사용된 선택 기준에 대해 이의를 제기하기도 한다. 이슈 옹호자들이 다른 분석 결과들을 존중하려고 하는 경우도 있지만, 중요한 정책 결과를 얻기 위해 다른 분석 결과들을 무시하는 경우도 많다.

<표 11-4> 정책분석가의 적절한 역할에 관한 세 가지 관점182)

	기본적 가치		
	분석의 진실	고객에 대한 책임	선(善)의 관념에 대한 분석가의 관점
객관적 기술자	분석 자체를 강조한다. 분석의 주된 초점은 정책대안의 결과를 예측하는 것이 되어야 한다.	고객은 필요악이다. 그들의 정치적 자원은 부차적인 고려대상이 되어야 한다. 고객과 일정한 거리를 둔다. 가능하다면 공식기구상의 고객을 선택하는 것이 바람직하나.	관련되는 모든 가치들을 확인해야 하지만, 그들 사이의 상충관계는 고객의 몫으로 남겨두어야 한다. 객관적인 조언이 궁극적으로는 선을 증신한나.
고객의 대변자	분석이 명확한 결론을 제시하는 경우는 드물다. 고객에 대해 조언을 하는 데 있어 모호함을 활용한다.	고객은 분석가에게 정당성을 제공해준다. 충성은 특수한 정보와 정치과정에 참여할 접근권을 부여한 데 대한 반대급부로 주어진다.	양립 가능한 가치 체계를 통해 고객을 선택한다. 고객의 선에 대한 관념을 바꾸기 위해 장기적인 관계를 활용한다.
이슈 옹호자	분석이 명확한 결론을 제시하는 경우는 드물다. 분석이 지지를 받지 못한다면 모호함을 강조하고 특정 가치를 배제한다.	고객은 지지의 기회를 제공한다. 그들을 기회주의적으로 선택한다. 개인적 정책의제를 추가하기 위해 고객을 바꾸기도 한다.	분석은 좋은 사회에 대한 관념을 발전시키기 위한 도구이어야 한다.

제 3 절 정책분석의 과정

합리적・분석적 정책결정 또는 정책분석은 첫째, 정책문제의 정의 및 정책목표의 설정, 둘째, 정책대안의 탐색과 개발, 셋째, 정책대안의 결과예측, 넷째, 정책대안의 비교・평가, 다섯째, 최선의 정책대안 선택 등과 같은 다섯 가지 단계를 거치게 된다. 이하에서는 이들 각 단계에 대해 구체적으로 살펴보고자 한다.

1. 정책문제의 특징 및 정의

정책분석은 해결하고자 하는 정책문제를 정의(definition)하는 데서 출발한다. 여기서 정책문제(policy problem)란 "사람들 사이에 불만족을 가져오는 것으로, 정부의 활동을 통해 완화되거나 치유될 수 있는 상황"을 의미한다.[183] 정책문제의 정의 과정에서는 문제의 본질과 그 정도, 그리고 그것이 어떻게 발생했고, 그 원인은 무엇이며, 왜 그것을 공공정책으로 대응해야 하는가와 같은 근본적인 물음에 답을 구한다.[184] 따라서 정책문제를 올바르게 정의하기 위해서는 정책문제의 특성을 제대로 파악하고 문제를 원인과 결과로 구조화하는 것이 중요하다.

1) 정책문제의 특징[185]

(1) 정책문제의 상호의존성

한 영역(예를 들어, 에너지)에서의 정책문제들은 종종 다른 영역(예를 들어, 보건과 실업)의 정책문제에 영향을 미친다. 문제의 체제(혼잡한 문제)는 분석적 접근방법(즉, 문제를 구성요소나 부분으로 분해하는)을 사용함으로써 해결하는 것이 어렵거나 불가능하다. 왜냐하면 문제들은 상호 독립적으로 정의되고 해결되는 것이 거의 드물기 때문이다. 상호의존적인 문제체제는 총체적 접근방법(holistic approach), 즉 문제를 서로 관련된 부분들의 전체체제와 따로 분리될 수 없고 측정될 수 없는 것으로 보는 접근방법을 통해 해결하는 것이 적절하다.

이러한 맥락에서 문제의 체제가 가진 주요 특성은, 전체는 그 부분들의 단순한 합계보다 크며, 질적으로 다르다는 것이다. 그렇기 때문에 정책문제를 이해하기 위해서는 유기체적 접근방법이 필요한 것이다. 애코프(Russell L. Ackoff)는 이를 다음과 같이 적절하게 설명한 바 있다.

> 인간은 글을 쓰거나 달릴 수 있지만, 그 부분들은 그럴 수 없다. 더구나 체제에 소속된 구성원은 각 구성요소의 능력을 증가시키거나 감소시킨다. 예를 들어, 생명이 있는 육체의 일부가 아닌 두뇌 또는 그 대체물들은 기능을 발휘할 수 없다. 국가나 회사에 소속된 개인은 그 구성원이 아니라면 할 수 있는 것들을 할 수 없게 되고, 또한 구성원이 아니었다면 할 수 없었던 다른 것들을 할 수 있게 된다.[186]

(2) 정책문제의 주관성

정책문제는 개인이 가지고 있는 가치관이나 경험에 따라 상이할 수 있다. 정책문제는 환경에 대해 작용하는 사고의 산물이며, 분석에 의하여 이러한 상황들로부터 추상화된 문제 상황의 요소들이다. 그러므로 우리가 경험하는 것은 문제 상황(problem situations)이지 원자나 세포와 같은 개념적 구성물인 문제가 아니다. 정책분석에서 문제 상황과 정책문제를 혼동하지 않는 것이 중요하다. 왜냐하면 후자는 인간의 판단을 통하여 경험을 전환시킴으로써 생긴 정신적인 인공물이다. 이처럼 정책문제 자체는 어떤 객관적 실체를 가지고 있지만, 그것을 인식하는 것은 주관적 성격을 가질 수밖에 없다. 정책문제의 주관적 성격은 이명박 정부 초반 경제위기 원인을 둘러싼 논쟁에서 쉽게 찾아볼 수 있는데, 당시 여당인 한나라당은 노무현 정부의 경제 실정(失政)으로 인해 경제위기가 찾아왔다고 주장한 반면 야당인 민주당은 성장에 집착한 이명박 정부의 실정에서 그 원인을 찾았다. 요컨대, 정책문제는 문제시되는 '객관적' 상황을 사람들이 '주관적'으로 인식한 것이다.[187]

이러한 맥락에서 문제의 정의(problem definition)는 분석가의 관점에 따라 편향성(biases)을 가질 수 있다. 예를 들면, 스톤(Deborah A. Stone)은 이를 다음과 같이 적절하게 지적하고 있다. "문제 상황에 대한 모든 기술(description)은 단지 여러 관점들 중 하나를 반영한 것일 뿐이기 때문에 문제에 대한 정의는 대표(representation)의 문제에 직면한다."[188] 심리학자들은 이를 "프레이밍(framing)"이라고 하는데, 이는 "인지된 현실의 일부 측면을 선택하여 그것을 보다 현시적이거나 가시적으로 만드는 일련의 과정"을 의미한다.[189] 이러한 과정의 결과로 어떤 문제들은 정책문제로 받아들여지는 반면 다른 문제들은 수정되거나 완전히 배제될 수 있다.[190] 그런데 이처럼 명시적인 고려대상에서 제외된 문제는 향후에도 관심의 대상이 되기 어렵기 때문에, 문제 채택을 반대하는 측 입장에서는 기각하는 것보다 고려대상에서 제외하는 것이 더 효과적인 전략일 수 있다.[191] 4장에서 살펴본 정치체제의 '편견의 동원'이나 '권력의 두 얼굴' 문제는 이러한 맥락에서 이해할 수 있다.

그러면서 스톤은 정책문제를 정의하는 요소로 '상징(symbol)', '숫자(number)', '원인(causes)', '이해관계(interest)', '결정(decisions)' 등 다섯 가지를 제시하고 있다. 첫째, 상징은 다른 개념을 통해 일정한 현상을 표현하는 것으로 이야기하기, 제유, 은유, 모호성 등 네 가지 형태로 나타난다. 둘째, 숫자는 가장 객관적인 정책논리의 근거가 되는 것으로 이해되고 있지만, 숫자에 감추어진 의미는 정책결정자의 편의에 의해 자의적으로 해석될 수 있다. 셋째, 원인의 경우 정책문제의 정의에서 가장 중요한 요소로 간주되지만, 실제로는 정책문제와 정책수단 사이에 인과관계가 존재하지 않는 경우가 많기 때문에 정책결정자가 정책문제에 대한 인과의 논리를 자의적으로 만들거나 재구성하기도 한다. 넷째, 정책의 이해관계에 대한 정의도 누구의 이해관계인가를 규정하는 과정에서 정책결정자의 자의적 해석이 개입할 수 있다. 다섯째, 정책의 결정은 합리적·분석적 과정을 통해 이루어질 것이라고 생각하기 쉽지만, 현실에서는 해석과 재구성의 과정을 거치기 때문에 정치적 게임의 산물로 나타나게 된다는 것이다.[192]

이러한 맥락에서 문제에 대한 정의과정은 매우 '정치적'이다. 그것이 정부 정책에 의해 해결될 필요가 있는가에 대해서도 의견이 일치하지 않을 뿐만 아니라, 문제의 본질과 그 원인,

그리고 그것의 해법을 둘러싸고도 관련 이해당사자들 사이에 첨예한 대립이 있을 수 있기 때문이다.[193] 결국 이러한 이해관계의 대립을 해결하는 것은 종국적으로 '정치'의 몫이며, 그 결과는 순수한 분석과정의 그것과 사뭇 다를 수 있다.

(3) 정책문제의 인공성

정책문제는 사람들을 통해서 인식되고 만들어진다. 그런데 사람들은 각기 상이한 '평가적 틀((evaluative framework)'을 가지고 있기 때문에, 모든 사람들이 주어진 문제에 대해 동일한 인식을 하는 것은 아니다.[194] 따라서 정책문제는 주관적인 인간판단의 산물이고 또한 객관적 사회조건의 정당한 정의로서 받아들여진다. 따라서 관심의 대상이 되는 정책문제에 대한 정의는 관련 행위자들의 인식, 표현, 이해관계 및 가치관과 밀접하게 관련되는 '집합적 구성(collective construction)'의 형태를 띨 수밖에 없다.[195] 요컨대, 정책문제는 사회적으로 구조화되고, 유지되며, 변화된다.

(4) 정책문제의 역동성

전술한 바와 같이 정책문제는 문제시되는 객관적 상황에 대한 주관적 인식을 의미하는데, 상황도 변하고 문제 인식의 기초가 되는 현실에 대한 해석과 바람직한 상태를 결정하는 당위적인 가치판단의 내용도 지속적으로 변화한다. 그 결과 과거에는 문제가 되던 것이 지금은 문제로 인식되지 않거나, 과거에는 문제가 되지 않던 것이 지금은 심각한 문제로 받아들여질 수 있다. 또한 지속적으로 문제로 남아 있는 경우에도 가치관이나 인식이 변화함에 따라 그 내용이나 의미가 재해석될 수 있다.[196]

2) 정책문제의 정의

정책분석은 문제해결의 낮은 수준의 방법뿐만 아니라 문제의 정의(definition) 내지 구조화(problem structuring)라고 불리는 고차원적인 방법을 포함하는 다수준의 과정이다. 문제의 정의가 제대로 되지 않으면 틀린 문제를 푸는 '제3종 오류'를 범할 위험이 있기 때문에,[197] 문제의 구조화는 매우 중요한 단계라고 할 수 있다. 여기서 말하는 제3종 오류는 문제를 잘못 이해하여 틀린 문제를 푸는 근본적인 오류를 말한다. 예를 들어, 의사결정이론가 레이파(Howard Raiffa)는 제3종 오류에 대해 다음과 같이 설명한 바 있다.

> 가장 보편적인 패러다임은 … 수학은 연구자가 소위 귀무가설을 채택하든가 기각하든가 하

여야만 하는 사례를 기술한다. 통계학 입문에서 학생은 제1종 오류(귀무가설이 옳은데 이를 기각하는 것)와 제2종 오류(귀무가설이 거짓인데도 이를 채택하는 것) 사이에 항상 균형을 취하여야 한다. … 실무자들은 너무 자주 제3종 오류(틀린 문제를 푸는 것)를 범한다.[198]

여기서는 우선 정책문제의 정의가 중요한 이유와 정책문제의 정의에 사용되는 다양한 기법에 대해 살펴보기로 한다.

(1) 정책문제 정의의 중요성

정책문제의 정의가 중요한 이유는 여러 가지가 있겠으나, 중요한 것으로는 다음과 같은 네 가지를 들 수 있다.[199]

첫째, 정책문제의 정의는 정책과정 전반에 큰 영향을 미친다. 정책문제의 정의는 정책분석의 첫 번째 단계이기 때문에, 만일 정책문제의 정의가 잘못되면, 정책목표의 설정도 잘못될 수 있고, 정책대안의 탐색과 개발, 나아가서는 정책대안의 선택까지도 잘못될 수 있다. 게다가 잘못 내려진 정책문제의 정의는 정책의 집행과 집행결과의 사후평가에까지도 영향을 미칠 수 있다.

둘째, 정책문제의 정의가 잘못될 경우에는 메타오류(제3종 오류)를 범하게 된다. 잘못 구체화된 문제에 대한 해결방안을 찾으면 이 잘못된 문제(wrong problem)에 대한 올바른 해답을 창출해 낼 수 있다. 정책분석에 대한 과거의 경험이나 연구에 의하면 정책분석이 실패한 가장 중요한 원인 가운데 하나는 문제에 대한 잘못된 해결방안을 선택했기 때문이 아니라 문제를 잘못 형성했기 때문이라고 보고되고 있다.

셋째, 정책문제에 대한 정의가 불완전하면 정책분석을 깊이 있게 해내기 어렵다. 정책문제에 대한 정의는 정책을 깊이 있게 숙고하고 이에 대한 반응을 인도하는 역할을 하기 때문에, 정책문제가 구체적으로 기술되거나 언명되지 못한다면 깊이 있는 정책분석은 어려울 것이다. 아무리 훌륭한 문제해결방안이라고 할지라도 만일 이것이 불충분한 문제 정의에 토대를 둔 결과 실제로 존재하고 있지 않는 문제에 대한 해답이라고 한다면 현실적으로 실질적인 문제해결에 아무런 도움이 되지 못할 것이다.

넷째, 정책문제의 정의는 정책의제설정과 밀접하게 관련되어 있다. 10장에서 살펴본 바와 같이, 정책의제설정이란 어떤 특정한 이슈가 일반대중들의 관심을 모으고, 나아가서는 그것이 정책결정자들의 관심을 집중시켜서 좀 더 높은 수준의 정책심의(policy deliberation)를 하게 하는 일련의 과정을 의미하는데, 이러한 과정에서 정책문제의 정의는 특정한 문제들을 정책의제로 올려놓는 데 결정적으로 중요한 역할을 한다. 왜냐하면 정책문제의 정의는 사람들이 생각하는 방법과 이슈들에 관한 것인데, 사람들이 이슈들을 어떻게 인지하고 있고, 어떻게 해석하는가 하는 것을 포함하고 있기 때문이다.

다섯째, 정책문제의 정의는 후술하는 정책대안의 범위를 결정한다. 다시 말해, 문제를 어떻게 정의하는가에 따라 정책대안이 달라질 수 있다는 것이다. 예를 들어, 호텔 투숙객들이 엘리베이터를 오래 기다리는 것에 불만을 가지고 있는 경우를 생각해보자. 이 문제를 기술적으로 접근하는 경우 이는 느린 속도의 엘리베이터 때문이며, 따라서 그 대안으로 빠른 속도의 엘리베이터로 교체하거나 기존 엘리베이터의 운행 속도를 더 빠르게 하는 것을 생각해볼 수 있다. 반면 이 문제를 심리학적으로 접근하는 경우 이는 엘리베이터를 기다리는 동안 느끼는 '심리적 무료함' 때문이며, 따라서 그 대안으로 엘리베이터 앞 복도에 '심미적' 요소들을 추가하는 것을 생각해볼 수 있다.[200] 이러한 맥락에서 정책문제에 대한 의미 있는 해결책은 적어도 부분적으로는 문제의 본질을 파악하고, 관련되는 정보를 수집하며, 문제와 관련되어 제기될 수 있는 공적인 논쟁을 불러일으키는 문제의 정의과정에서 제시될 수 있다.[201]

(2) 정책문제 정의에 사용되는 다양한 방법들

정책문제의 정의에는 다음과 같은 여러 가지 방법들이 사용된다.[202]

가. 경계분석

경계분석은 메타문제(metaproblem)라고 불리는 개별적 문제형성들의 체제가 상대적으로 완전한 것인가를 추정하는 것으로, 구체적으로는 포화표본추출, 문제도출, 경계추정 등과 같은 절차를 통해 이루어진다.

첫째, 포화표본추출(saturation sampling)이다. 이해관계자의 포화(또는 눈덩이) 표본은 정책과 관련하여 의견이 상이한 일단의 개인 및 집단과 함께 시작되는 다단계과정을 거쳐 얻을 수 있다. 이러한 과정은 면 대 면(face-to-face)의 과정에서 시작하여 더 이상 새로운 이해관계자를 들 수 없는 단계에 이르기까지 계속된다.

둘째, 문제표현의 도출(elicitation of problem representation)이다. 이는 대안적 문제표현이나 또는 사건에 의미를 부여하는 해석체계라고 부르는 모든 것을 도출하기 위하여 고안되었다. 이러한 문제표현을 특성화하기 위해 요구되는 증거는 면 대 면의 과정 또는 포화표본추출과정에서 얻은 자료로부터 얻을 수 있다.

셋째, 경계추정(boundary estimation)이다. 세 번째 단계는 메타 문제의 경계를 추정하는 것이다. 이를 위해 분석가는 이해관계자를 수평축에, 그리고 아이디어, 개념, 변수 등 새로운 문제요소의 수는 수직축에 점으로 표시되어 있는 누적도수 분포표를 작성한다. 각 이해관계자의 새로운 중복되지 않은 문제요소가 점으로 표시됨에 따라 곡선의 기울기는 각기 다른 변화율을 나타낸다. 최초의 급격한 변화율 다음에는 느린 변화, 궁극적으로는 곡선이 평평하게 되는 정체점에 이른다. 이 점 이후에는 문제의 본질에 관한 추가정보 수집은 메타 문제의 경계가 추정되었기 때문에 집합적 문제표현의 정확성을 향상시키지 못할 것이다.

경계분석은 귀납적 추정을 위한 요구조건을 만족시키는 장점이 있지만, 다른 정책분석절차와 같이 경계분석 역시 개연성은 있지만 확실하지는 않은 결과를 산출한다는 한계도 있다.

나. 분류분석

분류분석(classification analysis)은 문제 상황을 정의하고 분류하기 위하여 사용되는 개념을 명백하게 하기 위한 기법이다. 분류분석은 두 가지 중요한 절차, 즉 논리적 분할과 논리적 분류에 기초한다. 우리가 어떤 계급을 선택하여 그것을 그 구성성분으로부터 나눌 때 그 과정은 논리적 분할(logical division)이라고 불려진다. 그 역과정인 상황, 대상, 사람을 보다 큰 집단이나 계급으로 결합하는 것을 논리적 분류(logical classification)라고 한다.

분류체계의 기초가 옳은 것인지 확실히 알 수 있는 방법은 없지만 분류체계가 문제 상황과 관련 있고 동시에 논리적 일관성을 보장하기 위하여 도움을 주는 몇 가지 규칙이 있다. 첫째, 실질적 관련성(substantive relevance)이다. 이는 분류의 기초가 분석가의 목적이나 문제 상황의 본질에 따라 개발되어야 한다는 것이다. 둘째, 총망라성(exhaustiveness)이다. 이는 분류체계에 쓰이는 범주는 총망라적이어야 한다는 것이다. 셋째, 분절성(disjointness)이다. 이는 모든 범주가 상호배타적이어야 한다는 것이다. 넷째, 일관성(consistency)이다. 이는 각 범주와 하위범주는 하나의 분류원리에 입각하여야 한다는 것이다. 다섯째, 계층적 독특성(hierarchial distinctiveness)이다. 이는 한 분류체계(범주, 하위범주, 하위-하위 범주)에 있어서 수준(level)의 의미는 조심스럽게 구분되어야 한다는 것이다.

벤 다이어그램, 분류체계와 교차분류표는 정책문제를 구조화하기 위한 중요한 기법이다. 분류분석의 절차는 집단보다는 개인 정책분석가에 초점을 맞추고 있지만, 개념이 실질적 관련성을 가질 것이라고 보장하지는 못한다.

다. 계층분석

계층분석(hierarchy analysis)은 문제 상황의 가능성 있는 원인을 식별하기 위한 기법이다. 계층분석은 분석가가 주어진 문제 상황을 발생시켰다고 인식되는 가능성 있는 원인(possible causes), 과학적 연구나 직접적 경험에 입각하여 문제라고 판단되는 상황의 발생에 중요한 영향을 미쳤다고 생각되는 개연성 있는 원인(plausible causes), 그리고 정책결정에 의하여 통제 또는 조작대상이 되는 것을 의미하는 행동가능한 원인(actionable causes) 등과 같은 세 가지 종류의 원인을 식별하는데 도움을 준다. 계층분석을 수행하기 위한 규칙은 분류분석을 위해 사용한 규칙과 같기 때문에 논리적 분할과 분류의 절차는 두 분석 모두에 적용되지만, 분류분석은 분할과 일반적 개념의 분류와 관련되는 반면 계층분석은 가능성 있고, 개연성 있는 행동가능한 원인의 특별한 개념을 구축한다는 점에서 차이가 있다.

라. 시네틱스

시네틱스(synetics)는 유사한 문제의 인식을 촉진하기 위하여 고안된 방법이다. 시네틱스는 문제들 사이에 똑같은 또는 유사한 관계를 인지하는 것이 분석가의 문제해결 능력을 크게 증가시킬 것인가 하는 가정에 기초한다. 시네틱스는 다음과 같은 네 가지 유추에 기초하고 있다.

첫째, 개인적 유추(personal analogies)로, 이는 분석가가 이해관계자들이 문제를 경험하는 것처럼 상상하는 것을 말한다. 둘째, 직접적 유추(direct analogies)로, 이는 분석가가 두 개 이상의 문제 상황 사이의 유사한 관계를 탐색하는 것을 말한다. 셋째, 상징적 유추(symbolic analogies)로, 이는 분석가가 주어진 문제 상황과 어떤 상징적 과정 사이의 유사한 관계를 발견하려는 것을 말한다. 넷째, 환상적 유추(fantasy analogies)로, 이는 분석가가 문제 상황과 어떤 상징적인 상태 사이에 유사성을 자유롭게 탐색하는 것을 말한다.

시네틱스는 적절한 유추를 하기 위하여 개인 분석가와 집단에 의존한다. 문제가 얼마나 잘 개념화되었는가에 대한 평가기준은 비교의 개연성, 즉 주어진 문제 상황이 실제로 유추로서 취해진 상황과 일치하는 정도이다.

마. 브레인스토밍

브레인스토밍(brainstorming)은 문제 상황을 식별하고 개념화하는 데 도움을 주는 아이디어, 목표, 전략을 끌어내기 위한 방법이다. 브레인스토밍은 다음과 같은 여러 간단한 절차를 포함한다.

첫째, 브레인스토밍 집단은 조사되고 있는 문제 상황의 본질에 따라 구성되어야 한다. 이것은 보통 주어진 상황에 관해 특별한 지식이 있는 사람, 즉 전문가의 선발을 의미한다.

둘째, 아이디어의 개발과정과 아이디어의 평가는 엄격히 구분하여야 한다. 그 이유는 격렬한 집단토의는 시기상조의 비판과 토론에 의해 방해받을 수 있기 때문이다.

셋째, 브레인스토밍 활동의 분위기는 아이디어 개발단계에서 가능한 한 개방적이고 자유롭게 유지되어야 한다.

넷째, 아이디어 평가단계는 첫 단계에서 모든 아이디어가 총망라된 다음에 시작해야 한다.

다섯째, 아이디어 평가단계 끝에, 집단은 아이디어에 우선순위를 부여하고 문제의 개념화와 잠정적 해결방안을 포함하는 제안서에 그러한 아이디어를 포함시켜야 한다.

브레인스토밍 활동은 지속적인 의사결정 세미나(continuous decision seminars)와 같은 집단토의를 조정하거나 초점을 맞추기 위하여 사용되는 여러 장치를 구비함으로써, 그러한 문제 상황을 바꿀 수 있는 가상적 미래사건에 대한 윤곽인 "시나리오"를 구성함으로써 문제를 구조화할 수 있다.

바. 복수관점분석

복수관점분석(multiple perspective analysis)은 문제 상황에 개인적, 조직적, 기술적 관점을 체계적으로 적용함으로써 문제와 잠정적 해결방안에 대하여 보다 큰 통찰력을 얻기 위한 방법으로, 구조화가 잘 안된 정책문제를 해결하기 위해 고안되었다. 복수관점분석의 세 가지 관점 각각은 많은 특징이 있지만, 제일 중요한 것은 다음과 같다.

첫째, 기술적 관점(technical perspective)은 과학기술적 세계관에 기초하여 인과관계, 객관적 분석, 예측, 최적화, 그리고 질적 불확실성(qualified uncertainty)을 강조한다.

둘째, 조직적 관점(organizational perspective)은 문제와 해결방안을 어떤 조직 상태에서 다른 조직 상태로 질서 있게 진행하는 것의 부분으로 본다. 조직적 관점에서는 표준운영절차(standard operating procedures), 규칙, 제도적 관행(routine) 등이 주요 특징이다.

셋째, 개인적 관점(personal perspective)은 문제와 해결방안을 개인적 자각, 욕구, 가치관과 관련시켜 논의하면서, 정책과 그 영향을 좌우하는 요인으로 직관, 카리스마, 리더십 등을 강조한다.

자. 가정분석

가정분석(assumption analysis)은 정책문제에 관한 서로 대립되는 가정의 창조적 종합을 목표로 하는 기법으로서, 여러 면에서 모든 문제의 구조화 방법 중 가장 포괄적인 것이다. 왜냐하면 가정분석은 다른 기법과 결합하여 사용되는 절차를 포함하고 있기 때문이다. 가정분석의 가장 중요한 특징은 구조화가 잘 안된 문제, 즉 정책분석가, 정책결정자, 기타 이해관계자들이 문제를 어떻게 형성하는가에 대하여 합의에 이를 수 없는 문제를 취급하도록 명백하게 고안되었다는 것이다.

차. 논변지도작성

논변지도작성은 정책논증요소의 개연성과 중요성을 지도화하기 위하여 그래프를 사용하는 것이다. 이 과정의 첫 번째 단계는 근거, 보강, 반론 등과 같은 요소들을 두 개의 서열척도에 등급을 매기는 것이다. 논변지도작성에서 성과기준은 최적개연성과 중요성이 된다.

<표 11-5> 정책문제의 구조화 방법[203)]

방법	목적	절차	지식의 출처	성과기준
경계분석	메타 문제의 경계 추정	포화표본추출, 문제도출, 축적	지식체계	한계에 있어서 정확성
분류분석	개념의 명료화	개념의 논리적 분할 및 분류	개별분석가	논리적 일관성
계층분석	가능하고, 개연적이며, 행동가능한 원인의 식별	원인의 논리적 분할 및 분류	개별분석가	논리적 일관성
시네틱스	문제들 사이의 유사성 인식	개인적·직접적·상징적·환상적 유추의 구성	개별분석가 및 집단	비교의 개연성
브레인스토밍	아이디어, 목표, 전략의 생성	아이디어의 생성과 평가	집단	의견의 일치
복수관점분석	통찰력 생성	기술적, 조직적, 개인적 관점의 사용	집단	개선된 통찰력
가정분석	갈등 있는 가정들의 창조적 통합	이해관계자 식별, 가정도출, 도전, 집계, 통합	집단	갈등
논변지도작성	가정평가	개연성 및 중요성	집단	최적 개연성 및 중요성

3) 정책문제의 정의에서 흔히 범하는 오류

바다크(Eugene Bardach)는 정책문제의 정의 과정에서 자주 나타나는 오류를 다음과 같은 두 가지로 정리하고 있다.[204)]

(1) 정책문제의 정의에서 해결책을 마련하는 경우

정책문제의 정의 과정에서 문제에 대한 해결책을 포함시켜서 논의해서는 안 된다. 문제에 대한 해결책은 경험적으로 도출되어야지 단순히 정책문제의 정의에 의해 정당화되어서는 안 된다. 따라서 정책문제의 정의는 순전히 기술(description) 과정으로 이해되어야 하며, 수많은 해결책이 존재할 수 있다는 개방적인 태도를 견지해야 한다.

(2) 정책문제의 정의에 함축되어 있는 인과적 주장을 과신하는 경우

많은 경우에 정책문제의 원인과 그 결과 사이의 인과관계에 주목하여 이를 과신하는 경향이 있다. 즉, 정책문제의 정의 과정에서 "문제를 야기하는 상황 자체도 문제"라는 인식을 가지는 경우가 많다. 그러나 문제의 원인은 현실적인 것이어야 하며, 단순히 가정된 것이어서는 안 된다. 따라서 문제의 원인과 그 결과 사이의 인과관계는 현실의 정책분석 과정에서 끊임없이 검증되어야 할 대상이다.

4) 바람직한 정책문제의 정의

바람직한 정책문제에 대한 정의는 다음과 같은 네 가지 관점에서 접근할 수 있다.[205)]

(1) 인간의 존엄성 실현

1장에서 살펴본 바와 같이, 정책학의 아버지로 일컬어지는 해롤드 라스웰(Harold D. Lasswell)이 정책학을 통해 지향하고자 한 궁극적인 목표는 인간의 존엄성 실현이었다. 따라서 정책문제의 쟁점과 본질을 규명하는 데 있어서도 인간의 존엄성 실현에 최우선 순위를 두어야 한다.

(2) 근본적 문제의 추구

정책문제의 해결을 통해 인간의 존엄성을 실현하기 위해서는 근본적인 문제에 우선순위를 두어야 한다. 근본적 문제에 대한 정의는 시간과 공간에 따라 상이할 수 있지만, 정책문제의 당위성(성찰성)에 대한 검토와 정책이 지니는 인권 · 정의 · 형평 등과 같은 민주적 요소는 근본적 문제로서 정책문제의 정의에서도 중요할 수밖에 없다.

(3) 사회 · 경제적 약자에 대한 우선 배려

정책문제는 사회 · 경제적 약자를 우선적으로 고려한 상태에서 사회 전체의 입장에서 문제를 정의하는 것이 바람직하다. 롤즈(John Rawls)가 제시한 '최소극대화 원칙(Maximin principle)'은 정책문제의 정의에서도 여전히 유효한데, 이를 위해서는 영리에 기초한 경영학적 접근보다는 사회적 형평성에 대한 진지한 성찰이 요구된다.

(4) 편견의 배제

앞서도 살펴본 바와 같이, 정책문제의 정의는 본질적으로 주관적인 성격을 띨 수밖에 없지만, 그렇다고 하더라도 문제의 정의에서 객관성이 전혀 의미가 없는 것은 아니다. 인지된 이상상태와 객관적 현실상태 사이의 차이를 문제라고 정의할 때 객관적 현실상태의 인지에 있어서는 객관성의 유지가 요구된다. 이렇게 함으로써 현실에 좀 더 가까운 상황판단을 할 수 있는데, 이를 위해서는 분석가나 특정집단의 선입관이나 편견을 배제하는 것이 중요하다.

2. 이슈여과

1) 이슈여과의 필요성

정책분석을 하는 데에는 많은 노력 · 시간 · 경비가 소요되기 때문에 모든 정책이슈를 정책분석의 대상으로 설정할 수는 없다. 따라서 이슈여과과정을 거쳐 중요한 문제만을 정밀분석을 통한 합리적 · 분석적 결정의 대상으로 설정하는 것이 필요하다.[206]

2) 이슈여과의 기준

이슈여과의 기준에 대해서는 학자에 따라 다양한 견해가 제시될 수 있지만, 여기서는 호그우드(Brian W. Hogwood)와 건(Lewis A. Gunn)의 기준에 대해서만 간략하게 살펴보고자 한다.[207]

(1) 이슈의 맥락

첫째, 정책분석을 하는 데 충분한 시간이 있는가? 분석을 하는 데 충분한 시간이 있는 경우 정책분석을 할 필요성이 있다.

둘째, 이슈가 어느 정도 정치적 함의를 지니고 있는가? 정치적 함의를 가지고 있다는 것은 정책분석을 할 필요가 있을 만큼 중요하다는 것을 의미한다. 그러나 다른 한편으로 정치적으로 민감한 문제는 정책분석이 곤란한 경우도 있다.

셋째, 이슈에 관하여 확고한 입장이 형성되었는가? 정치인이나 고위관료층이 어떤 이슈에 대해 확고한 입장을 가지고 있는 경우 정책분석이 곤란하다.

넷째, 이슈가 얼마나 조직의 핵심적인 관심사로 인식되는가? 이슈가 조직의 핵심적인 관심사로 인식되는 경우 정책분석을 할 필요성이 있다. 이러한 기준의 충족여부를 검증하는 것은 정의하기는 어렵지만, 실제로는 쉽게 인식될 수 있다.

(2) 이슈의 내적 성격

첫째, 선택의 여지가 있는가? 이슈를 다루는 데 있어서 선택범위를 넓게 설정하는 것은 중요하다. 실질적인 선택대안이 있거나 모든 선택대안이 동일한 결과를 가져오는 경우, 또는 정책이 정치적·환경적 요인에 의해 강하게 제약을 받는 경우에는 심층적인 분석을 할 필요성이 적어진다.

둘째, 이슈와 그 해결책에 관하여 얼마나 많은 합의가 형성되었는가? 이슈와 그 해결책에 관하여 많은 합의가 이루어진 경우 문제를 분석할 필요성은 적어진다. 따라서 이슈에 관한 선택범위뿐만 아니라 의견불일치의 정도도 정책분석에서 중요한 변수가 된다.

셋째, 이슈가 얼마나 복잡한가? 많은 요소들을 포함하고 있는 이슈는 정책분석을 할 필요성이 있다.

넷째, 이슈와 그 가능한 결과에 대해 얼마나 많은 불확실성이 존재하는가? 문제의 복잡성은 문제의 본질, 인과요인, 가능한 결과, 그리고 다양한 해결책의 실현가능성에 관하여 높은 정도의 복잡성이 있는 경우 증가하게 된다. 따라서 문제와 그 가능한 결과에 대해 많은 불확실성이 존재하면 정책분석을 할 필요성이 있다.

다섯째, 이슈가 얼마나 가치함축적(value-laden)인가? 주관적이거나 가치함축적인 이슈에 대해서는 정책분석이 기여하는 정도가 제한적이기 때문에, 정책분석을 하는 데 자원이 한정되어 있다면 가치함축적인 이슈에 대해서는 낮은 우선순위를 부여하는 것이 바람직하다.

(3) 이슈의 영향

첫째, 이슈의 결과가 어느 정도 규모인가? 어떤 특정한 이슈의 해결책에는 조직을 완전히 새로운 활동영역으로 통합시키거나, 기존의 활동을 폐지하거나, 점증적으로 수정하기보다는 전체 프로그램을 대체하는 것을 포함하기도 한다. 그러한 정책이슈는 보다 적은 결과를 가진 다른 이슈에 비해 정책분석에 대한 더 큰 투입을 명백하게 요구한다.

둘째, 많은 사람들이 영향을 받는가? 단순한 정치적 논리에 의한다면, 많은 사람들이 영향을 받는 이슈는 정책분석에 소요되는 비용을 정당화시켜줄 수 있다는 것을 보여준다.

셋째, 영향을 받는 집단이 얼마나 중요한가? 보다 고차원적인 정치적 논리는 영향을 받는 집단의 규모가 그 중요성의 유일한 결정요인이 아니라는 것을 보여준다. 조직의 구성원들이 잘 조직된 경우 규모가 작더라도 정치적으로 중요할 수 있다.

넷째, 집단에 영향을 주는 이슈의 결과가 얼마나 중요한가? 집단에 영향을 주는 이슈가 중요한 결과를 포함하고 있는 경우 정책분석을 할 필요성이 있다.

다섯째, 이슈가 다른 이슈에 영향을 주는가? 어떤 이슈가 다른 이슈에 영향을 주는 경우 정책분석을 할 필요성이 있다.

여섯째, 이슈가 기관의 미래 활동의 유연성을 제한하는가? 어떤 이슈는 기관의 미래의 선택대안이나 활동의 자유를 제한하는 결과를 포함하기도 하는데, 이러한 이슈나 그 해결책에 대해서는 정책분석을 할 필요성이 있다.

(4) 실행 및 분석의 비용

첫째, 이슈를 실행하는데 얼마나 많은 비용이 소요되는가? 주요 비용을 포함하고 있는 정책이슈에 대해서는 정책분석의 높은 우선순위를 둘 필요가 있다. 다만, 정책분석에서는 절대적 비용보다 상대적 비용이 더 중요하다.

둘째, 비용이 점증적으로 증가하는가? 아니면 급격하게 증가하는가? 비용이 급격하게 증가하는 프로그램의 경우, 정책분석을 할 필요성이 있다.

셋째, 얼마나 오랫동안 자료를 활용할 수 있는가? 오랫동안 자료를 활용할 수 있는 경우 정책분석을 할 필요성이 있다.

넷째, 분석에 소요되는 비용은 얼마인가? 정책분석에 소요되는 비용은 보다 나은 정책이라는 관점에서 기대되는 편익에 의해 상쇄되어야 한다.

3) 이슈여과의 절차

호그우드와 건은 이슈여과의 절차에 사용되는 방법으로 우선순위 행렬, 의사결정수, 그리고 이 둘을 종합하는 방법 등을 제시하고 있는데, 이하에서는 이에 대해 간략하게 살펴보고자 한다.[208]

(1) 우선순위 행렬

우선순위 행렬에는 다음과 같은 세 가지 형태가 있다.

가장 간단한 형태는 기준을 왼편에 정렬하고 이슈를 오른편에 정렬하여 기준의 충족여부를 예를 들면 O와 X로 표시하여 기준을 충족하는 경우에는 +1의 값을, 충족하지 않는 경우에는 -1의 값을 부여하여 각 이슈별로 합친 수치가 가장 큰 이슈에 정책분석을 하는 데 있어서의 가장 높은 우선순위를 부여하는 방식이다. 그러나 이 방식은 기준의 충족여부만을 고려할 뿐 기준을 충족하는 정도에 대해서는 고려하지 않는다는 한계가 있다.

두 번째 방식은 첫 번째 방식과는 달리 기준의 충족여부를 "예/아니오"로만 판단하지 않고 충족정도를 예를 들면 1에서 10까지의 수치로 부여하여 각 이슈별로 합친 수치가 가장 큰 이슈에 정책분석을 하는 데 있어서의 가장 높은 우선순위를 부여하는 방식이다. 이 방식은 첫 번째 방식과는 달리 기준의 충족정도를 파악할 수 있다는 장점이 있지만, 첫 번째 방식과 마찬가지로 모든 기준이 동일한 정도의 중요성을 가지고 있다고 전제하는 한계가 있다.

세 번째 방식은 첫 번째와 두 번째 방식과는 달리, 기준 자체에 예를 들면 1에서 10까지의 가중치를 부여하여 계산하는 것으로, 기준충족의 정도를 나타내는 수치에 가중치를 곱한 값을 합하여 그 수치가 가장 큰 이슈에 정책분석을 하는 데 있어서의 가장 높은 우선순위를 부여하는 방식이다.

(2) 여과장치로서 의사결정수(樹)를 활용하는 방법

의사결정수(decision tree)를 활용하는 방법은 몇 개의 의사결정점을 각 의사결정점마다 "예/아니오"의 의사를 결정한 후, "예"인 경우에만 다음 단계의 의사결정점으로 나아가고, "아니오"인 경우에는 더 이상 이슈여과과정을 거치지 않는 방법을 반복하여 최종적으로 남은 이슈를 정책분석의 대상에 포함시키는 방법이다. 이 방법은 우선순위 행렬과 달리 20개의 기준을 모두 고려하지 않고 5개 내지 6개의 핵심적인 질문만 고려하기 때문에 시간과 노력을 절약할 수 있다는 장점이 있다.

(3) 종합적이고 유연한 절차

호그우드와 건에 의하면 우선순위행렬과 의사결정수 접근방법은 서로 간에 대안이라기보다는 서로를 보충해주는 방식이라고 한다. 이러한 맥락에서 호그우드와 건은 이 두 접근방법을 종합하는 이슈여과방법을 제안하고 있는데, 이 접근방법은 또한 이슈여과절차를 보다 유연하고 역동적으로 만드는 다양한 환류 및 기타 장치들을 포함하고 있다고 한다.

3. 정책목표의 설정

1) 정책목표의 의의

(1) 정책목표의 개념

정책문제를 구조화하여 정의하면 다음 단계는 정책목표를 설정하는 것이다. 정책목표란 정책을 통해 이룩하고자 하는 미래의 바람직한 상태로, 여기서 말하는 정책목표는 정책문제의 존재를 전제로 문제가 없던 이전 상태를 지향하는 '치유적 목표'를 말한다. 정책목표의 설정단계에서는 바람직한 정책목표의 요건, 정책목표들 사이의 관계 및 우선순위 결정 등이 중요하게 부각된다.

(2) 정책목표와 정책목적

정책목표는 능률성, 형평성, 인간의 존엄성 등과 같이 규범적으로 설정되어 있기 때문에, 목표를 측정 가능한 수준으로 구체화하기 어렵다. 이러한 경우 규범적인 정책목표와 실질적인 정책 산출을 연계하는 하나의 '개념'이 사용되는데, 우리는 그것을 '정책목적(policy objectives)'이라고 한다. '정책목표'와 '정책목적'은 모두 미래지향적인 특성을 가지고 있으나, 정책목표는 '포괄적인 의미(broad purpose)'로 표현되는데 반해, 정책목적은 정책의 '구체적인 의도(specific aim)'로 구성된다. 따라서 정책목표는 실행하기 위한 혹은 측정하기 위한 '조작적 정의(operational definition)'로 전환되기 어렵다. 여기서 '조작적 정의'란 "추상적 구성개념이나 변수를 측정하는 데 필요한 활동이나 조작을 상세하게 기술함으로써 그것에 의미를 부여하는 방법"을 의미한다.[209] 이러한 조작적 정의는 '개념적 정의(conceptual definition)'와 구분되는데, 전자가 실제 세계에서 경험적 관찰을 할 수 있도록 구체적인 조사절차를 발전시키는 것이라면, 후자는 추상적인 개념을 정교화하고 구체화하는 것을 말한다.[210] 보다 구체적으로 정책목표와 정책목적을 비교하면 다음과 같다.[211]

첫째, 정책목표와 정책목적의 구체화 정도를 비교하면, 정책목표는 폭넓게 정의되는 반면, 정책목적은 구체적으로 정의된다.

둘째, 정책목표와 정책목적을 정의하는 데 사용하는 '용어(terms)'를 비교하면, 정책목표는 '형식적(formal)'인 반면, 정책목적은 '조작적(operational)'이다.

셋째, 정책목표와 정책목적이 정하는 '시간적 범위(time period)'을 비교하면, 정책목표는 구체적이지 못한 데 비해, 정책목적은 구체적으로 시간의 범위를 설정한다.

넷째, 정책목표와 정책목적의 '측정 과정(measurement procedure)'을 비교하면, 정책목표는 '계량화(quantify)'하기 어려운 반면, 정책목적은 계량화가 가능하다.

다섯째, 정책목표와 정책목적이 '정책대상집단(policy target groups)'을 정의하는 방법을 비교하면, 정책목표는 정책대상집단을 폭넓게 정의하는 반면, 정책목적은 구체적으로 정의한다.

2) 정책목표의 원천

던(William N. Dunn)은 정책목표, 정책목적, 정책대안의 원천을 다음과 같은 여덟 가지로 나누고 있다.[212)]

(1) 권위(authority)

문제 해결을 위해 정책대안을 찾아 나가는 과정에서 정책분석가들은 그 문제와 관련된 전문가들의 의견을 듣게 된다. 문제와 관련된 전문가의 의견은 정책목표의 원천이 된다. 예를 들어, 환경문제는 그 문제에 대한 전문가의 견해가 충분히 반영되어야 문제 해결을 할 수 있다. 따라서 정책목표, 정책목적, 정책대안의 원천으로 전문가집단의 권위를 들 수 있다.

(2) 통찰력(insight)

정책분석가들은 그들의 '직관(intuition)'이나 '주관적 판단(judgement)'에 의해 문제의 본질을 확인할 수 있으며, 이것은 정책목표와 정책대안의 설정에 중요한 원천이 된다.

(3) 방법(method)

정책목표나 정책대안의 탐색은 '혁신적인 분석방법(innovative methods of analysis)'의 도움을 받을 수 있다. 예를 들어, 체제분석의 새로운 기법들이 대안을 식별하는 데, 그리고 다수의 상충하는 목표들의 우선순위를 부여하는 데 도움이 될 수 있다.

(4) 과학적 이론(scientific theories)

자연과학과 사회과학 분야에서 축적된 지식은 정책목표나 정책대안의 중요한 원천이 된다. 예를 들어, 학습에 대한 사회심리학 이론은 영유아 조기 교육 프로그램의 목표와 대안을 설정하는 데 도움이 되는 원천이 된다.

(5) 동기부여(motivation)

'정책 관련 집단(policy stake holders)'의 '신념(beliefs)', '가치(values)', '결핍(needs)' 등은 정책목표와 정책대안의 원천이 된다. 예를 들어, 특정 직종에 근무하는 근로자들이 공유하고 있는 신념, 가치, 결핍 등은 그들의 근로 기준을 설정하는 목표의 원천이 될 수 있다. 즉, 그들이 공유하고 있는 신념, 가치, 결핍의 변화는 근로 조건, 휴가, 유동적 근무 시간 등과 같은 부문에 새로운 '노동윤리(work ethic)'를 만들어 내는 계기가 되며, 이것은 노동정책의 목표, 목적, 대안의 원천이 될 수 있다.

(6) 유사사례(parallel case)

다른 나라나 사회의 유사한 정책 문제에 대한 경험은 정책목표, 정책목적, 정책대안의 중요한 원천이 될 수 있다. 비교연구를 한다는 것은 비교대상의 이질성과 동질성을 확인한다는 것이며, 비교의 결과 이질성은 설명의 대상이 된다. 예를 들어, '대구지하철 참사'를 겪은 후, 우리의 지하철 체계와 일본이나 미국 · 유럽의 지하철 체계를 비교해 우리나라의 지하철 체계의 문제점을 지적하는 것을 볼 수 있다. 즉, 비교대상을 연구한 결과, 이질성은 곧 문제로 지적되어 정책목표, 정책목적, 정책대안으로 전환될 수 있다.

(7) 유추(analogies)

다른 종류의 문제들 사이의 유사성이 정책목표나 정책대안의 원천이 될 수 있다. 여성의 균등한 고용기회를 증가시키기 위한 법안이 소수민족의 권리를 보호하기 위해 채택된 정책으로 유추해석되는 경우를 들 수 있다.

(8) 윤리체계(ethical systems)

정책목표나 정책대안의 또 다른 원천은 윤리체계이다. 철학자들과 사회이론가들에 의해 주창된 사회정의에 관한 이론들이 다양한 이슈 영역에서 정책대안의 원천이 된다.

3) 정책목표들 사이의 관계

하나의 정책은 단일의 목표가 아니라 여러 가지 정책목표를 가지고 있는 경우가 많은데, 2장에서 살펴본 바와 같이 이들 목표들 간에는 다음과 같은 상호관계가 있을 수 있다. 첫째, 상하관계이다. '목표-수단의 계층제(ends-means hierarchy)'에서 하위목표는 상위목표의 수단이 될 수 있다. 둘째, 보완관계이다. 동일한 상위목표의 달성을 위해 몇 가지 하위목표들이 서로 보완관계에 있는 경우이다. 셋째, 모순 · 충돌관계이다. 하나의 정책문제를 해결하면 다른 문제가 더욱 악화되는 '상충관계(trade-off)'에 있는 경우이다. 넷째, 경쟁관계이다. 이용 가능한 자원을 획득하기 위해 목표들 간에 경쟁관계에 있는 경우이다.

4) 정책목표들 사이의 조정과 우선순위 결정

전술한 바와 같이, 정책목표는 단일하지 않고 여러 목표가 복잡하게 얽혀 있기 때문에 이들 사이의 관계를 명확하게 정립하는 것이 중요하다. 정책목표들 사이의 우선순위를 결정하는 방법에는 이상적인 방법과 차선의 현실적인 방법으로 나눌 수 있다.[213)]

(1) 이상적 방법

정책목표들 사이의 우선순위와 그 달성 수준을 바람직하게 결정하는 데에는 여러 가지 기준을 고려하게 된다. 첫째, 정책목표달성이나 정책문제의 해결로써 얻게 되는 효과, 둘째, 정책목표달성이나 정책문제 해결을 위한 비용, 셋째, 정책효과와 정책비용의 배분, 넷째, 정책목표의 달성가능성이나 정책문제의 해결가능성 등이 바로 그것이다. 정책목표의 우선순위와 각 목표의 달성수준을 결정하는 이상적인 방법은 위에서 본 네 가지 요소를 고려하여 다음과 같은 목표를 설정하는 것이다.

첫째, 정책문제 중에서 해결 불가능한 것, 즉 정책목표에서 달성 불가능한 것은 제외시킨다. 둘째, 실현가능한 정책목표 중에서 능률성(동일한 비용으로서 많은 효과를 내도록)과 공평성(비용과 효과의 배분이 사회적 정의에 합치하도록) 및 다른 기준을 고려하여 여러 가지 목표들의 달성수준을 결정한다. 이러한 방법은 여러 가지 정책수단 중에서 최선의 것을 선정할 때의 방법과 그 논리가 완전히 같다.

(2) 현실적 방법

전술한 방법은 이상적이기는 하지만 여러 가지 어려움에 부닥친다. 예를 들면, 목표들의 달성에서 얻게 되는 효과나 비용의 측정 · 비교가 어렵고 목표선택의 기준 간에 모순 · 충돌이 있는 경우에 어느 기준을 우선 적용해야 하는지를 판단하기가 어려운 점 등이다.

이러한 어려움을 극복하는 하나의 방법은 목표를 제약조건으로 취급하는 것이다. 이질적인 목표들을 각각 어떤 수준으로 하는 것이 최선인지를 판단하는 것이 아니라 몇 개의 목표를 제약조건(constraints)으로 하여 다른 목표들을 극대화시키려는 방법이다. 예를 들면, 인플레 억제와 고용증대라는 서로 모순관계에 있는 목표 중에서 양자의 상대적 효용을 측정하지 않고 인플레를 연 10% 이하로 억제하도록 하되, 그 범위 안에서 고용증대를 극대화하는 것이다. 반대로 고용에서 실업률을 5% 선으로 하되 이 범위 안에서 인플레를 최대한으로 억제하는 것이다.

이 방법에서는 제약조건으로 취급되는 목표의 달성수준을 결정하는 것이 어려운 문제이다. 경우에 따라서는 이것을 사이몬(Herbert A. Simon)의 주장대로 만족할만한 수준으로 결정할 수도 있고, 경우에 따라서는 최소한의 달성수준으로 정하는 수도 있으나 객관적이고 논리적인 해답을 찾기가 어렵다. 뿐만 아니라 이런 식으로 결정하여서는 동일한 비용에서 정책효과 전체를 극대화할 수 있는 목표수준의 설정은 불가능하다. 요컨대, 이 방법은 이상적인 방법이 불가능할 때 사용하는 하나의 차선책에 불과하다.

4. 정책대안의 탐색과 개발

1) 정책대안의 본질

정책대안의 내용과 수준에 대해서는 다양한 견해가 존재한다. 예를 들면, 1970년대 영국의 거시경제정책의 변화를 분석한 연구에서 홀(Peter A. Hall)은 정책 변동의 유형을 다음과 같은 세 가지로 나눈 바 있다. 첫째, 제1급 변동(first-order change)으로, 이는 정책수단의 지엽적 요소에만 변화가 있는 경우이다. 둘째, 제2급 변동(second-order change)으로, 이는 정책을 구체화하는 정책수단의 기본적인 유형(types) 내지 범주(categories)에서의 변화가 있는 경우이다. 셋째, 제3급 변동(third-order change)으로, 이는 정책의 목표가 바뀌는 경우를 말한다.[214)]

따라서 정책대안은 현존 정책에 대해 근본적인 수정을 가하는 것에서부터, 지엽적인 수정을 가하는 것까지 다양하게 구성될 수 있다. 예를 들면, 홀렛 등(Michael Howlett et al.)은 정책대안의 수준을 다음과 같은 두 가지로 나누고 있다. 첫째, 정책결정의 목표와 관련되는 추상적인 정책목표(policy goals) 또는 보다 구체적인 프로그램 세목(program specifications)과 관련된 변화이다. 둘째, 현존 정책수단 요소의 변화와 대조되는, 기본적인 정책수단 유형과 관련된 변화이다. 뿐만 아니라, 정책대안의 내용과 수준은 인적 요인에 의해서도 영향을 받는데, 예를 들면 정책대안이 새로운 행위자들에 의해 제기되는 경우도 있고 기존 행위자들에 의해 제기되는 경우도 있다.

이러한 맥락에서 홀렛 등은 새로운 사고의 존재 여부와 새로운 행위자의 존재 여부에 따라 다음과 같은 네 가지 정책대안 유형을 제시한 바 있다(〈표 11-6〉 참조). 이들에 따르면 현실의 정책분석과정에서는 점증적 대안, 다시 말해 정책수단의 지엽적 요소에 대한 변화를 지향하는 경향이 강하다고 한다. 그런데 이러한 경향은 현존 정책독점 체제를 확대·강화하고, 새로운 행위자와 사고가 정책 체제에 진입하는 것을 가로막는 주요인으로 작용한다.[215)]

<표 11-6> 새로운 행위자와 새로운 사고의 존재 여부에 따른 정책대안의 유형[216)]

	새로운 행위자의 등장	기존 행위자의 존속
새로운 사고의 출현	정책목표에서의 변화와 관련된 정책대안	프로그램 세목에서의 변화와 관련된 정책대안
옛 사고의 존속	정책수단 유형에서의 변화와 관련된 정책대안	정책수단 요소에서의 변화와 관련된 정책대안

2) 점증적인 정책대안 탐색의 근거

전술한 바와 같이, 정책대안은 그 정도와 내용 면에서 여러 가지로 분류할 수 있지만, 현실에서는 기존의 대안에서 크게 벗어나지 않는 '점증적인(incremental)' 형태를 띠는 경우가 많다. 그렇다면 현실의 정책결정에서 점증주의가 지배하는 이유는 무엇인가? 이에 대해 간략하게 살펴보면 다음과 같다.[217)]

(1) 제한된 합리성

사이몬(Herbert A. Simon)이 적절하게 지적하고 있듯이, 현실의 정책결정자는 인지능력상 한계가 있을 뿐만 아니라, 정보처리능력이나 수집능력 면에서도 제약이 있다.[218)] 따라서 정책결정자들은 자기의 관심 분야만 생각하게 되고, 한정된 수의 대안만 검토하며, 결과를 예측할 때에도 한정된 범위만을 살펴본다. 게다가 정책결정자들은 일정한 '편향성(bias)'을 보이는 경우가 많은데, 예를 들면 과거의 관행을 고수하거나 먼 장래의 일보다는 현재와 가까운 미래의 일을 주로 생각하는 경향이 있다.[219)]

(2) 매몰비용

합리적 · 분석적 정책결정과정에서는 이미 정책과정에 투입된 매몰비용은 미래의 대안을 선택함에 있어 고려대상이 아니다. 그러나 정치적 이해관계가 주로 검토되는 현실정치의 맥락에서는 얘기가 달라진다. 매몰비용은 비용 이전에 정부 정책의 존속에 대한 일반국민들의 신뢰라는 정치적 가치가 있기 때문이다. 특히, 사람들이 편익보다 비용에 더 민감하게 반응하는 '부정편향성(negativity bias)'의 관점에서 보더라도 이는 매우 중요한 정치적 변수가 된다. 따라서 현실의 정책결정에서는 기득권을 인정하면서 거기에 약간의 수정만 가한 점증적인 패턴이 나타날 가능성이 높다.[220)]

(3) 정치적 실현가능성

사회가 민주화되고 다원화될수록 정책대안의 결정과정은 협상 · 타협 · 정치적 흥정이 지배적인 양상으로 나타난다. 린드블럼(Charles E. Lindblom)이 '진흙탕 통과(muddling through)' 라고 평한 이러한 복잡한 정치과정을 거쳐 만들어진 정책대안은 이해관계자들 사이의 합의에 기초한 것이기 때문에, 거기에 근본적인 수정을 가하는 것은 정치적으로 받아들여지기 어렵다. 왜냐하면 기존의 정책대안이란 다양한 정치세력들 간의 타협과 조정의 산물이기 때문에, 그것에 근본적인 수정을 가하는 것은 수혜집단뿐만 아니라, 기존의 정책대안에 근거하여 행동해 온 개인이나 집단들도 그러한 새로운 정책대안을 회피하려 할 것이기 때문이다. 그렇기 때문에 사회에서 지배적인 위치를 점하고 있는 정책결정자들은 특별한 경우를 제외하고는 기존의 정책대안을 고수하거나 거기에 약간의 수정만 가하려 한다. 휴이트(Ralph K. Huitt)가 지적했듯이, "가장 실현가능한 것은 점증적인 것이다."[221)]

(4) 안정성

기존의 정책대안에 근본적인 수정을 가하지 않는 점증주의는 안정성이라는 면에서도 장점이 있다. 점증적인 정책대안은 국민들의 큰 혼란을 방지할 수 있을 뿐 아니라, 정책대안의 결과를 예측하기도 용이해 그것에 맞게 효과적인 집행 전략을 수립할 수 있기 때문이다.

3) 정책대안의 원천

정책대안의 원천(source)은 크게 보면 첫째, 과거에 채택해 봤던 정책이나 현존 정책이며, 둘째, 다른 정부(예를 들면 지방정부)나 다른 국가의 정책이며, 셋째, 이론이나 모형으로부터 새로이 창조되는 것이다.[222)] 그러나 실제로는 이보다 훨씬 다양한 원천이 있을 수 있다. 정책대안을 탐색하고 개발함에 있어서는 가급적 광범위하게 이루어질 필요가 있는데, 광범위한 대안 탐색은 협상과 타협의 여지를 증대시켜 정치적 실현가능성을 높여주기 때문이다.[223)] 이하에서는 정책대안의 다양한 원천에 대해 간략하게 살펴보고자 한다.[224)]

(1) 부작위 분석

부작위 분석(no-action analysis)은 기저(baseline)로서 현상유지(status quo) 또는 현존 정책으로부터 출발하는 것을 말한다. 그러나 부작위 분석이라고 하여 정부가 주어진 문제에 대해 아무런 조치를 취하지 않는 것은 아니며, 현존 정책이나 프로그램을 유지하거나 그것을 옹호하는 것을 가능한 대안으로 검토하려고 한다. 부작위 대안을 선택하는 하나의 장점은 현상유지에 있지 않다. 오히려 현상유지 대안에 대한 불만이 크면 클수록, 정책결정자들과 일반대중들은 새로운 대안에 대한 탐색을 선호하고 그것을 진지하게 검토하려는 경향이 강해진다. 따라서 부작위 분석은 다른 대안을 검토함에 있어 유용한 출발점이 될 수 있다.

(2) 임시조사

임시조사(quick survey)는 정책과정에 참여하는 사람들과 인터뷰를 하거나 공청회 자료, 학술회의 초고(minutes), 신문 기사, 기타 정책문제 및 정책대안과 관련이 있는 정보를 탐색하는 활동 등을 포함한다. 여기서의 기본적인 생각은 문제에 친숙한 사람들은 더 많은 대안을 제시할 수 있기 때문에, 이들과 인터뷰를 하거나 설문조사를 하는 경우, 또는 이들이 문제에 대해 쓰거나 말한 것을 검토하는 경우 가능한 정책대안의 간단한 목록을 만들 수 있다는 것이다. 이러한 방법은 주요 정책 참여자들과 쉽게 접촉할 수 있는 지방정부 수준에서 특히 유용하다.

(3) 과거의 정책

과거 또는 현존 정책은 정책결정자들이 현실적으로 고려하는 정책대안을 제공해주는 가장 중요한 원천이 된다. 정부가 과거에 사용했던 정책 중 비교적 만족할 만한 결과를 가져온 정책들을 '정책목록(policy repertory)'이라는 기억장치 속에 보관하게 되는데, 이 정책목록 속에 포함된 정책들 하나하나가 동일한 정책문제 또는 유사한 정책문제가 등장했을 때 사용할 수 있는 정책대안들이 된다. 현존 정책이나 정책목록 속에 포함된 정책들을 정책대안으로 사용할 경우 정책대안의 결과를 비교적 쉽게 예측할 수 있다는 점, 정책대안의 채택과 집행과정에서 등장할 정치적 세력의 활동 등을 쉽게 예측할 수 있다는 점, 집행과정에서 필요한 활동 및 자원 등을 미리 예측 · 계획할 수 있다는 점, 과거의 정책에서 문제가 되었던 점들을 개선할 수 있다는 점, 정책결정과정에서 정책대안의 채택이 용이하다는 점 등 여러 장점이 있는 것으로 평가된다.[225] 반면, 상황이 바뀐 경우 과거의 정책은 이전과 다른 양상을 보일 수 있다는 단점도 있다.

(4) 타정부의 정책

정책대안의 또 다른 원천은 다른 정부의 정책목록이다. 여기서 다른 정부는 외국의 정부뿐만 아니라 지방정부도 포함한다. 예를 들어, 우리나라에서 과거 차세대 이동통신으로 불리는

IMT-2000 사업자를 선정할 때, 미국에서 이동전화 사업자를 선정하는 데 활용되고 있는 '주파수 경매제도'가 하나의 대안으로 검토되었으며, 2011년 초 전파법 개정안이 발표되면서 공식적으로 도입 · 채택된 바 있다.[226] 다른 정부의 정책을 정책대안으로 고려하는 경우 앞서 살펴본 과거의 정책목록을 이용하는 경우와 유사한 장점을 가지지만, 다른 정부의 정책은 그 나름의 고유한 정치 · 경제 · 사회적 맥락 속에서 효과가 있는 것이기 때문에, 상황의 공간적 차이에 따른 문제가 생길 수 있다.

(5) 과학 · 기술 및 모형의 활용

정책대안의 또 다른 원천은 우리가 알고 있는 과학(science)과 기술(technology)인데, 이것은 이론(theory)이라고 불리기도 하며 모형설정(model building)과 직접 관련된다. 과학적 지식이나 이론으로부터 정책대안을 도출할 수 있는 이유는 과학적 지식이나 이론이 정책목표와 정책수단 사이의 인과관계를 내포하고 있기 때문이다. 앞서 살펴본 정책대안의 원천으로서 과거의 정책이나 현존 정책, 그리고 타정부의 정책도 결국 모형을 만드는데 필요한 지식을 제공하는 것으로 볼 수 있는데, 왜냐하면 외국정부에서 사용하는 것이나 과거에 채택했던 정책수단은 어느 것이든지 정책대안으로 채택될 때에는 이를 통하여 의도했던 정책목표가 달성되었는지에 대한 지식을 전제로 이들을 정책대안으로 받아들이기 때문이다.

(6) 문헌 고찰

문헌 고찰(literature review)은 관련 서적, 저널, 인터넷 사이트, 그리고 다른 원천으로부터 대안을 탐색하는 것을 말한다. 여기서의 목적은 이미 제안되거나 검토된 정책대안을 탐색하는 것이다. 이러한 유형의 대안 탐색은 다른 정책 분야에서 검토되거나 채택된 대안으로 확대 적용될 수 있다. 그러나 정책분석가는 추상적인 생각보다는 구체적인 현실 세계에서 정책대안이 어떻게 실행될 수 있는가에 주로 관심을 가져야 하기 때문에, 정책대안의 실현가능성(feasibility) 문제에 대해서도 검토하지 않으면 안 된다.

(7) 주관적 · 직관적 방법

주관적 · 직관적(intuitive) 판단을 이용하는 방법으로서 흔히 논의되는 것으로는 브레인스토밍(brainstorming)과 델파이(Delphi) 방법이 있고 이 밖에 대면적 토론법이 있는데, 이들 모두는 정책대안의 개발뿐만 아니라 정책대안의 결과를 예측하는 데에도 사용되고 있다.

가. 대면적 토론법

대면적 토론법은 한 사람의 지혜보다는 여러 사람의 지혜가 더 나은 대안을 도출할 것이라는 가정에 입각하여, 다수의 사람들이 대면하여 상호 의견을 교환함으로써 다양하고 창의적인 의견들을 제시하도록 하는 것이다. 대면적 토론법은 고려되는 변수 및 동원되는 정보의 양이 많다는 장점이 있지만, 권위적인 조직문화 하에서는 자유로운 토론이 곤란하고 다수의 의견에 동조하는 '집단사고' 현상이 나타날 수 있다는 단점도 있다.[227]

나. 브레인스토밍

브레인스토밍은 문제의 여러 가지 해결책을 고안하려는 목적으로 여러 사람으로부터 기발한 아이디어를 즉흥적이고 자유분방하게 제시하는 일종의 집단적 토론 방식으로, 주어진 문제에 대한 해결책을 찾는 데 이해관계를 공유하고 있는 사람들로 이루어진 비공식 모임에서 주로 사용된다.[228] 브레인스토밍은 '공식성'의 정도가 약하다는 점에서 전술한 대면적 토론법과 구별된다. 브레인스토밍은 다음과 같은 세 가지 특징을 가지고 있다.[229] 첫째, 연쇄반응효과(chain reaction effect)로, 이것은 하나의 방안이 다른 방안의 출현을 자극한다. 둘째, 라이벌 충격(rivalry impact)으로, 어떤 이가 제시하는 의견은 다른 견해의 출현을 자극한다. 셋째, 긍정적 강화(positive reinforcement)로, 창의적인 관점을 제시하는 사람을 포상하고 비평을 최대한 억제함으로써 대안의 질을 제고한다.

브레인스토밍은 가능한대로 많은 아이디어(즉, 정책대안)를 얻기 위하여 등장한 방법이며, 다음과 같은 과정을 거치게 된다.[230] 첫째, 다양한 아이디어를 많이 얻기 위해 다루고자 하는 문제에 정통한 전문가, 상상력이 풍부하고 선입견에 구애받지 않는 독창적인 사람, 당해 문제나 대안으로 인해 직접적인 영향을 받는 관련자들을 선정하여 집단을 구성한다. 둘째, 허심탄회하게 의견을 개진할 수 있도록 가능한 한 자유롭고 개방적인 토론 분위기를 마련한다. 비록 실현가능성이 희박하고 심지어 웃음거리가 될 수 있는 아이디어라도 잘 이용함으로써 활용 가능한 아이디어로 발전하도록 노력해야 한다. 따라서 아이디어에 대한 판단은 마지막 단계까지 유보해야 한다. 브레인스토밍이 진행되는 동안 비판이나 평가를 해서는 안 되며, 많은 아이디어가 나온 다음에 가장 좋은 것을 선택해야 한다.[231] 셋째, 모든 아이디어가 제안되고 나면 이들 대안들에 대한 평가와 종합을 하게 된다. 비슷한 아이디어의 취합, 전혀 실현가능성이 없는 대안들의 제거를 통해 몇 가지 대안을 제시함으로써 과정은 끝나게 된다. 따라서 브레인스토밍은 정책대안의 결과예측에도 당연히 사용될 수 있다.

브레인스토밍은 다양한 아이디어를 취합할 수 있다는 장점이 있지만, 외향적이고 공격적인 소수의 참가자들이 발언을 독점할 수 있다는 점, 다른 사람의 의견에 반대하기가 쉽지 않다는 점, 한 번 제시한 의견은 바꾸기가 어렵다는 점, 다른 사람의 의견에 편승(piggyback)할 수 있다는 점 등 한계도 있는 것으로 지적된다.

다. 브레인라이팅

전술한 브레인스토밍과 비슷하면서도 아이디어를 발표하고 이를 취합하는 방식이 다른 것으로 브레인라이팅(brainwriting)이 있다. 브레인라이팅은 토론자들이 진행자로부터 주어진 주제에 대한 의견이나 대안을 직접 써서 제출하게 하는 의견 발표 또는 의견 수렴의 방법이다. 이것은 아이디어의 제시 단계에서부터 참여자들로 하여금 의견을 기록해 제시하면서 중요한 대안들을 종합해 가는 방법이다. 브레인라이팅의 과정을 통해 집약된 의견은 그것이 그대로 대안이 되기도 하나, 대개는 구체적인 문제 해결을 위한 다른 토론의 작은 주제로서 활용된다.[232]

브레인라이팅은 기본적으로 브레인스토밍의 규칙을 따른다. 참가자들은 둥그렇게 둘러앉아 주어진 문제를 해결하기 위한 아이디어를 종이에 적어서 옆에 있는 사람에게 건네주고, 그 종이를 건네받은 사람은 일정한 시간 동안 아이디어를 짜내어 종이에 기록한다. 그런 후 다음 사람에게 종이를 건네준다. 이렇게 하는 목적은 다른 사람의 아이디어에 편승하여 아이디어를 개선할 수 있도록 도움을 주는 것이다. 이런 식으로 몇 번 건네 준 다음 리더는 아이디어를 참가자들에게 읽어 주고 화이트보드에 쓴다.[233]

라. 정책 델파이(Policy Delphi)

델파이는 전문가들의 의견을 종합하여 보다 합리적인 아이디어를 만들려는 시도로서, 다음과 같은 독특한 의견 취합 방법을 사용한다. 첫째, 누가 어떤 의견을 제시했는지 모르도록 하기 때문에 의견의 제시는 면 대 면(face-to-face)의 토의가 아니라 서면으로 제시한다(익명성). 둘째, 제시된 의견들은 다른 모든 사람들에게 제공되어 의견들을 회람시키는 것을 몇 차례(rounds) 되풀이한다(반복성과 환류). 셋째, 몇 차례의 회람 후에 결국은 전문가들이 합의하는 아이디어를 만들어내도록 유도한다(합의). 넷째, 개인들의 응답은 중앙경향치(보통 중위수), 분산도(사분편차), 도수분포(막대그래프, 꺾은선그래프) 등의 형태로 표현된다(집단적 통계 표현).

이러한 델파이의 기본논리를 적용하여 정책문제 해결을 위해 정책대안을 개발하고 정책대안의 결과를 예측하기 위해 만들어낸 방법이 정책 델파이이다. 정책 델파이의 목적은 개인의 이해관계나 가치판단과는 관계없이 객관적인 입장에서 지혜를 모으려는 일반적인 델파이의 목적과는 완전히 다른데, 구체적으로 살펴보면 다음과 같다.[234] 첫째, 정책 델파이에서는 정책관계자들을 모아서 의견을 얻게 한다(정책관계자의 의견 중시). 둘째, 정책대안이나 정책대안의 결과를 제시하는 첫 번째 단계에서는 익명성을 유지하지만, 대강 의견들이 종합되어 몇 가지 대립되는 정책대안이나 결과가 표면화된 이후에는 공개적인 토론을 하도록 한다(선택적 익명성). 셋째, 참가자들을 선발하는 과정은 "전문성" 자체보다는 흥미와 식견의 기준에 바탕을 둔다. 따라서 델파이 집단을 구성할 때 조사자들은 특정 상황에서 가능한 한 식견 있는 창도자 집단을 대표할 수 있도록 노력해야 한다(식견 있는 다수의 창도). 넷째, 정책 델파이에서는 서로 다른 의견들을 공개적으로 도출하도록 유도한다(유도된 의견대립). 또한 대립되는 입장에 내재된 가정과 논증을 표면화시키고 명백하게 하는 데 노력한다. 따라서 정책 델파이의 결과는 완전한 제한이 없다. 합의가 이루어질 수도 있고 갈등이 계속될 수도 있다는 뜻이다(구성된 갈등). 다섯째, 개인의 판단을 집약할 때, 불일치와 갈등을 의도적으로 부각시키는 수치가 사용된다. 전통적인 측정치(중앙값, 범위, 표준편차 등)가 역시 사용될 수 있지만, 정책 델파이에서는 여기에 개인 간 혹은 집단 간의 차이를 나타내는 여러 가지 수치를 보충한다(양극화된 통계처리). 여섯째, 가능하다면, 떨어져 있는 개인들 간의 의견 교환을 익명 상태로 계속 진행시키는 데 컴퓨터가 이용될 수 있다(컴퓨터 회의 방식).

5. 정책대안의 결과예측

정책대안이 집행 또는 실현되었을 경우 나타날 결과들을 정책대안의 실현 이전에 미리 예상하는 것을 정책대안의 결과예측(prediction)이라고 한다.[235] 이러한 정책대안의 결과예측은 정책분석의 성공과 정책결정의 개선에 중요하기 때문에[236] 정확한 결과예측은 정책분석 과정의 핵심으로 간주되고 있지만, 현실에서는 예측이 어려운 경우가 많다. 이러한 맥락에서 여기서는 현실에서 예측이 어려운 이유에 대해 살펴본 다음, 다양한 결과예측 기법들을 살펴보고자 한다.

1) 예측의 한계

현실에서 우리는 예측하기 어려운 수많은 사건들을 목도하고 있다. 소련의 붕괴, 동구권의 해체, 독일의 통일, 그리고 2011년 중동지역에서의 봉기 등은 우리가 직관적으로 예측할 수 있는 범위를 벗어난 것이다. 이러한 일련의 사건들은 우리에게 예측의 중요성과 함께 그 어려움에 대한 주의도 환기시킨다. 그렇다면 현실에서 예측이 어려운 이유는 무엇인가? 이에 대해 간략하게 살펴보면 다음과 같다.[237]

(1) 예측의 정확성

수백 개의 변수들을 포함하는 모형에 기초한 비교적 복잡한 예측방법 뿐만 아니라, 단 하나의 변수의 추세연장에 기초한 비교적 간단한 예측방법에서도 정확성은 제한되어 있다. 예를 들면, 2008년 대선을 치르는 시기에 부시 행정부는 불과 6개월 동안에 연방정부 재정적자 예상치를 4천 70억 달러에서 4천 820억 달러로 변경하기도 했으며, 1970년대부터 1980년대 초까지의 기간 동안에 GNP의 실제변화율로서의 평균예측오차는 무려 50%에 달하기도 했다.

(2) 산출의 비교

흔히 생각하는 것과 달리, 복잡한 이론모형에 기초한 예측의 정확성이 추세연장이나 주관적 · 직관적 판단에 기초한 예측모형의 정확성보다 그리 높지 않았다. 결국 간단한 모형으로도 예측할 수 있는 미래의 일을 복잡한 모형을 사용하여 예측한다면, 이는 비용효과라는 관점에서도 정당화되기 어렵다.

(3) 맥락

예측은 기관적, 시간적, 역사적 맥락의 영향을 받는다. 첫째, 예측의 정확성은 기관에 따라서 달라지는데, 예를 들면 기업체나 정부기관보다 비영리 연구기관에서 예측의 정확성이 더 높은 경향이 있다. 둘째, 예측의 시간적인 맥락이 예측의 정확성에 영향을 주는데, 예측이 이루어지는 시간 간격이 길어질수록 예측의 정확성은 낮아지는 경향이 있다. 셋째, 예측의 역사적 맥락이 예측의 정확성에 영향을 주기도 하는데, 현대에 가까울수록 복잡성이 상대적으로 크기 때문에 예측의 정확성은 낮아진다.

2) 결과예측 기법들

정책분석 과정에서 결과예측이 차지하는 비중은 실로 크다. 그렇기 때문에 그 동안 여러 가지 예측 방법들이 제시되어 왔는데, 여기서는 이를 경향치의 투사(trend extrapolation), 이론적 가정(theoretical assumption), 그리고 주관적 판단(subjective judgement) 등 세 가지로 나누어 살펴보고자 한다.[238)]

(1) 추세 연장

추세 연장은 과거부터 현재에 이르기까지 관찰된 역사적 경향을 미래의 시점까지 확장시키는 것이다. 즉, 추세 연장은 새로운 정책이나 예기치 못한 사건이 사건의 진행방향을 바꾸는 데 관여하지 않는다면, 과거에 일어났던 것들이 미래에도 똑같이 일어날 것이라고 가정한다. 따라서 추세 연장은 귀납적 논리(inductive logic)에 기초하고 있어서 특정한 관찰결과로부터 일반적인 결론이나 주장을 이끌어낸다. 이러한 추세 연장을 활용하는 방법으로는 다음과 같은 것들을 들 수 있다.

가. 시계열 분석

시계열 분석(time series analysis)이란 시간을 독립변수로 하여 과거로부터 현재에 이르는 변화를 분석함으로써 미래를 예측하는 동태적인 분석 방법이다. 시계열 분석에서는 모든 시계열이 지속적 경향, 계절적 변동, 순환적 파동, 불규칙적 진동 등 네 가지 구성요소를 가지고 있다고 본다. 첫째, 지속적 경향(secular trend)은 시계열상에서 장기적으로 평탄하게 증가하거나 감소하는 것을 말한다. 둘째, 계절적 변동(seasonal variation)은 1년 혹은 그보다 짧은 기간 동안에 주기적으로 반복해서 나타나는 시계열상의 변동이다. 셋째, 순환적 파동(cyclical fluctuations)은 주기적이기는 하지만 주기가 예상할 수 없을 정도로 수년간에 걸쳐 길어질 수 있는 것을 말한다. 넷째, 불규칙적 진동(irregular movements)은 규칙적인 방식이 없어 보이는 시계열상의 예측할 수 없는 변동을 말한다. 시계열 분석은 과거의 변화 경향에 관한 계량적인 분석을 토대로 미래를 추정하는 방법이기 때문에 예측의 객관적인 준거를 제시해 주며, 변화의 유형과 요소들을 분리시켜 파악할 수 있게 함으로써 합리적인 판단과 통제에 기여한다.

나. 선형 경향 추정

경향치의 투사에 표준적으로 사용되는 방법은 선형 경향 추정(linear trend estimation)이다. 이것은 선형회귀 방법을 사용하여 시계열의 관측치를 기초로 미래 상태의 정확한 추정치를 수학적으로 얻는 절차이다. 선형회귀 방법은 지속적인 영향을 연장하는 방법이지만 몇 가지 조건에 의해 제약을 받는다. 첫째, 시계열이 선형이어야 한다. 둘째, 역사적 경향이 미래에도 지속된다는 그럴듯한 논거를 제시해야 한다. 셋째, 시계열의 모양이 주기적 파동이나 급격한 불연속 등이 없이 규칙적이어야 한다.

(2) 이론적 가정

이론적 가정은 한 사건의 발생을 예측할 수 있는 체계적인 구조를 가지고 있으면서 경험적으로 검증 가능한 일단의 법칙과 명제를 말한다. 이론적 가정은 대개 변수와 변수 사이의 인과관계를 기초로 연역적 논리(deductive logic) 과정을 통해 예측한다. 즉, 이론적 가정은 일반적 진술, 법칙, 명제로부터 특정한 정보나 주장을 추론해 내는 과정에 기초한다. 이론적 가정에 근거한 미래 예측 방법으로는 다음과 같은 것들을 들 수 있다.

가. 예측모형의 선택과 개발

일반적으로 모형(model)은 현실에서 분석에 필요하고 중요한 측면만을 선별하여 단순화시킨 것, 즉 현실의 추상적인 표현을 의미한다. 모형은 자료의 조직화 및 인식의 도구로서 기능하지만, 모형을 만드는 가장 큰 이유는 결과를 좀 더 정확하게 예측하기 위해서이다. 따라서 정책분석에서 모형은 주로 정책대안의 결과예측을 위해 활용된다.

정책분석에서는 각 대안들이 가져올 결과를 정확하게 예측하기 위해 기존에 나와 있는 모형 중에서 적절한 것을 선택하거나 새로 개발한다. 정책분석에서 모형을 개발할 때에는 먼저 해결해야 할 정책문제를 명확히 정의하고 정책문제를 발생시킨 원인변수와 정책대안이 추진되었을 때 나타날 수 있는 결과변수들을 탐색하여 변수간의 상호관계 및 상호관계의 방향과 강도 등을 면밀히 파악해야 한다. 정책대안의 결과를 예측할 때에는 확정적 모형을 이용한 예측방법과 확률적 모형을 이용한 예측방법이 있는데, 확정적 예측모형은 예측을 할 때 한 가지 확정적인 미래 상태만을 제시하는 데 반해, 확률적 예측모형은 미래의 불확실성을 감안하여 어떤 상태에 이르게 될 가능성을 확률로 환산하여 제시한다. 선형계획과 의사결정 분석은 각각 확정적 모형과 확률적 모형의 한 예이다.

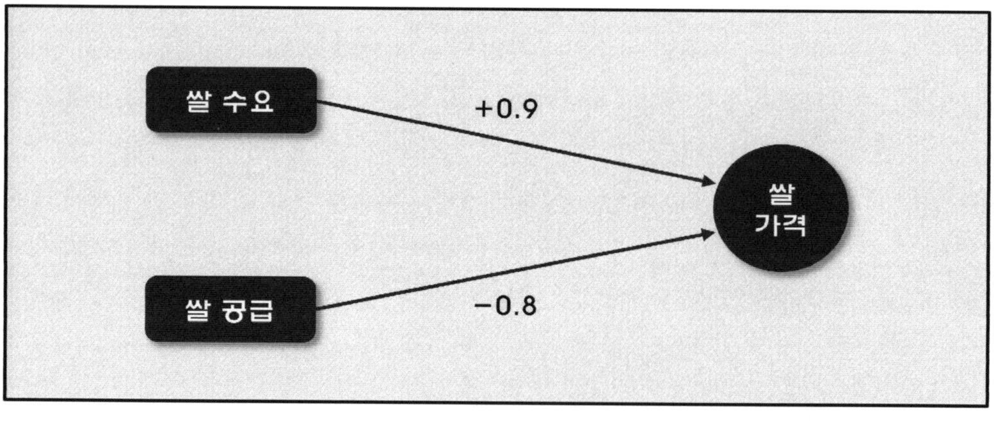

<그림 11-1> 예측모형의 예(수요-공급 모형)

〈그림 11-1〉은 간단한 수요-공급 모형의 예를 보여주고 있다. 쌀 수요가 증가할 경우 수요-공급의 법칙에 따라 쌀 가격이 상승하기 때문에 이 둘 사이의 관계는 양(+)으로 나타나 있는 반면, 쌀 공급이 증가할 경우 수요-공급의 법칙에 따라 쌀 가격이 하락하기 때문에 이 둘 사이의 관계는 음(-)으로 나타나 있다. 이 때 화살표 위의 수치는 두 변수 사이의 관계의 강도를 나타내는 파라미터(parameter) 값이며, 예를 들면 쌀 수요가 1% 상승하면 쌀 가격은 0.9% 상승한다는 것을 보여주고 있다. 따라서 이는 수요의 가격탄력성이나 공급의 가격탄력성과 같은 의미이다.

정책대안의 결과에 대한 정확한 예측을 위해서는 모형이 예측력이 있어야 하는데, 모형의 예측력은 모형이 얼마나 정확하게 설계되어 있는가와 모형을 이루고 있는 변수들에 대한 정보가 얼마나 충분하고 정확한가의 여부, 즉 모형 자체의 정확성과 모형에서 사용되는 변수들에 대한 정보의 정확성에 의해 좌우된다.

모형이 비록 정책대안의 결과를 예측하는 데 크게 기여한다고 하더라도 다음과 같은 한계가 있다. 첫째, 모형은 실제 현상을 단순화시킨 것에 불과하기 때문에 그 예측력에는 한계가 있다. 둘째, 모형은 인위적인 구성체이기 때문에 경우에 따라서는 중요한 변수들을 생략할 수 있고, 이것이 모형의 결과 예측의 신뢰성을 저하시킬 수 있다. 따라서 정책대안의 결과를 예측하기 위해 모형을 사용할 때에는 이러한 한계점을 충분히 인식할 필요가 있다.

나. 모의분석법

모의분석법은 시뮬레이션(simulation)이라 부르기도 하며, 그 기본 아이디어는 어떤 실제 체제의 성질, 행태 및 특성들을 연구하고 이해하기 위하여 그 체제를 모방한 어떤 고안물을 활용하는 것이다. 정책분석에서 모의분석법은 정책대안을 실행하지 않고도 정책대안의 실현으로 인해 어떠한 결과가 일어나는 가를 알아낼 수 있기 때문에, 정책대안을 현실적으로 직접 실행해서 그 결과를 예측할 수 없는 상황에 유용하게 활용될 수 있다.

모의분석법은 정책분석가가 시간이나 대안을 적절히 관리할 수 없는 경우에도 모의분석의 수준을 결정할 수 있을 뿐만 아니라 비교적 적은 비용으로 실험할 수 있다는 장점이 있지만, 중요한 변수들에 대한 반응이 모형에 의해 적절하게 기록될 수 없다면 문제를 제대로 파악할 수 없게 되어 실제문제의 해결에 아무런 도움을 줄 수 없으며, 때로는 잘못된 정보를 제공함으로써 정책분석의 결과를 왜곡시킬 수 있다는 한계도 있다.

다. 회귀분석

회귀분석(regression analysis)은 변수들의 관계를 이용하여 미래를 예측하는 기법으로 원인을 나타내는 독립변수를 기초로 하여 결과를 나타내는 종속변수를 비교적 정확히 예측하려는 미래 예측 방법이다.[239] 회귀분석은 원래 자연과학에서 실험에 의한 관찰결과를 분석하는데 적용되었는데, 그 후 사회현상, 특히 경제 분야의 변인들 간의 관계를 분석하여 수리모형을 개발하고 종속변인의 미래 예측치를 산출하는 데 많이 활용되고 있다.

라. 불확실성과 결과예측[240]

가) 정책분석에서의 불확실성

불확실성(uncertainty)이란 올바른 의사결정을 위하여 알아야 할 것과 실제 알고 있는 것과의 차이라고 정의할 수 있다. 또는 정책대안의 성공에 영향을 미치는 요소들에 대한 예측불가능성이라고 정의하기도 한다.

정책결정과정에서 불확실성을 느끼는 것은 ① 정책문제의 원인과 결과, ② 바람직한 정책목표, ③ 정책대안의 종류, ④ 정책대안의 결과, ⑤ 바람직한 정책대안의 평가기준이 무엇인지를 모르는 경우이다. 이 중에서 ②와 ⑤는 바람직한 가치(values)에 대해 잘 모르는 경우이나, ①, ③, ④는 사실(facts)을 잘 모르는 경우이므로 정책결정에서의 불확실성은 ①, ③, ④만을 포함한다.

나) 불확실성의 유형(퀘이드(E. S. Quade)의 분류)

(가) 양적 불확실성

무작위적(random)인 사건에 의한 사건으로서 여기에는 ① 대안의 결과, 즉 미래의 가능한 형태들은 알고 있으나, 그 발생확률을 모르는 확률적 불확실성(uncertainty)과, ② 발생확률은 알고 있으나, 어떤 특정한 결과가 나올지 모르는 위험 또는 모험(risk)이 포함된다.

(나) 질적 불확실성

미래의 가능한 형태까지도 모르기 때문에 대안적인 미래나 시나리오로서 질적으로 묘사될 수 없는 상태를 말한다. 여기에는 ① 어떤 대안의 개념은 알고 있으나, 그 결과나 확률을 모르는 경우와, ② 인간의 의도적 행동·선호·동기의 가변성으로 인해 생기는 경우가 있다.

(다) 불확실성의 발생원인

정책결정에서 불확실성이 발생하는 1차적 원인은 문제 상황에 대한 모형의 불확실성과 모형 속에 포함된 변수에 대한 자료 부족을 생각할 수 있다. 다음으로 이러한 모형의 불확실성과 자료의 부족이 생기는 원인은 모형을 작성하고 이용하는 사람의 지식·시간·경비의 부족과 문제 상황의 복잡성(complexity)과 동태성(dynamics)으로 나눌 수 있다. 이를 그림으로 나타내면 다음과 같다.

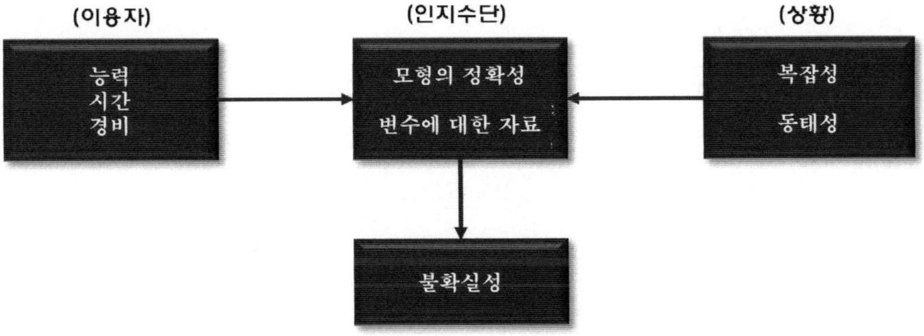

자료: 정정길 외(2003: 375).

<그림 11-2> 불확실성의 원인

라) 불확실성의 대처방안

불확실성에 대처하는 방안은 ① 불확실한 것은 적극적으로 확실하게 하려는 적극적 방법과, ② 불확실성을 주어진 것으로 전제하고 이러한 불확실성을 감안하여 정책을 결정하는 소극적 방법이 있는데, 현실적으로는 이 두 가지 방법을 동시에 사용하게 된다.

(가) 적극적 방법

첫째, 정보의 획득 및 모형의 개발이다. 상황에 대한 정보를 획득하거나 모형을 개발하여 정책대안이 가져올 결과를 확실하게 예측하는 방법이다.

둘째, 불확실한 상황의 통제이다. 불확실성을 제거하기 위하여 환경과 흥정하거나 연합함으로써 불확실성을 발생시키는 상황 자체를 통제하는 방법이다.

(나) 소극적 방법

첫째, 보수적 방법이다. 불확실한 상황에서 최악의 경우를 전제하고, 이 전제 하에서 정책대안의 결과를 예측하여 최선의 대안을 선택하는 방법이다.

둘째, 중복성을 활용하는 방법이다. 위험발생의 사태에 대비하여 중복성 또는 가외성(redundancy), 신축성(flexibility) 등의 추가안전장치를 확보하는 방법이다.

셋째, 민감도분석과 상황의존분석을 활용하는 방법이다. 민감도분석(sensitivity analysis)이란 정책대안의 결과들이 모형상의 패러미터의 변화에 얼마나 민감한지를 파악하는 방법이고, 상황의존분석(contingency analysis)이란 민감도분석과 본질적으로 동일하지만 외생변수인 정책상황의 변화 및 발생확률에 정책대안의 결과들이 얼마나 민감한지를 파악하는 방법이다.

넷째, 악조건가중분석을 활용하는 방법이다. 우수한 정책대안에서는 최악의 상태가 발생하고, 나머지 대안에서는 최선의 상태가 발생하리라고 가정함에도 불구하고 여전히 최초의 우수한 대안이 가장 우수하다면 이를 채택하는 방법이다.

다섯째 분기점분석을 활용하는 방법이다. 최선 및 차선으로 예상되는 대안들이 동등한 결과를 산출하기 위해서는 불확실한 요소들에 대하여 어떤 가정을 해야 하는지를 파악하여, 가장 발생가능성이 높은 대안을 최선의 대안으로 채택하는 방법이다.

(3) 주관적 판단

주관적 판단은 주로 내적 통찰력에 의해 예측하는 것으로, 보통 예측하고자 하는 대상에 대한 전문가나 지식인들에 의해 이루어지게 되며, 앞의 두 가지 방법 중 어느 하나 또는 둘 모두 적절하지 못하거나 이용하기 어려운 경우에 사용된다. 주관적 판단은 종종 '귀추적 논리(abductive logic)', 다시 말해 미래에 대한 주장에서 출발하여 그 주장을 뒷받침하는 데 필요한 정보나 가정을 거꾸로 찾아내는 추론과정에 기초한다. 정책대안의 주관적 예측방법으로서, 여기서는 역사적 유추법, 시나리오 기법, 미래예측 델파이, 교차영향분석에 대해 살펴보고자 한다.

가. 역사적 유추법

역사적 유추법(historical analogy)은 예측하고자 하는 대상과 유사한 과거의 사례를 비교·분석하여 미래를 예측하는 방법이다. 이 방법은 사회 내의 여러 현상이 우발적으로 발생하는 것이 아니라 일정한 규칙성과 유형에 따라 발생한다는 전제 하에 미래 상태를 예측하지만, 역사는 반드시 되풀이되는 것은 아니므로 이러한 방법에 의한 예측은 빗나갈 가능성이 크다.

나. 시나리오 기법

시나리오 기법(scenarios)이란 다양한 환경에서 발생가능한 미래의 여러 사건들을 가정하여 각각의 상황에 대응할 수 있는 여러 가지 방안들을 모색하는 탐색적(exploratory) 방법을 말한다.[241] 시나리오의 유형은 다음과 같은 두 가지로 나눌 수 있다. 첫째, 탐구적 시나리오(extrapolative scenario)로, 이는 현재를 토대로 미래를 예측하여 미래의 중요한 변수들의 조건을 탐색하는 것을 말한다. 둘째, 규범적 시나리오(normative scenario)로, 이는 탐구적 시나리오와 반대로 미래의 규범적 상황을 먼저 설정한 다음 이를 달성하기 위해 필요한 조건을 설정하는 것을 말한다. 결과예측기법으로서 시나리오가 제대로 기능하기 위해서는 인과관계에 대한 합리적 도구이어야 하고, 일관된 비교준거를 제시해주는 일관된 스토리여야 하며, 흥미와 재미를 유발할 수 있는 것이어야 한다.[242]

다. 미래예측 델파이

미래예측 델파이(delphi technique)는 전문가들로부터 미래의 사건들에 대한 계명된 판단(informed judgement)을 체계적으로 얻어내고 교환하며 개발하는 직관적 예측방법이다. 델파이 방법은 활용 의도나 상황적인 여건에 따라 여러 가지 유형으로 구분될 수 있는데, 이용하는 방법을 기준으로 보면 설문지 이용 델파이(conventional delphi)와 컴퓨터 이용 델파이(real-time delphi)로 나눌 수 있다.

전통적인 델파이는 다음과 같은 다섯 가지 원칙을 강조하였다.[243] 첫째, 익명성(anonymity)이다. 모든 전문가나 지식인들은 익명이 엄격히 보장된 실제로 분리된 개개인으로서 답변한다. 둘째, 반복(iteration)이다. 개개인의 판단은 몇 회에 걸쳐 참가한 모든 전문가들에게 다시 알려주고, 이렇게 함으로써 사회학습의 기회를 제공하고 이전의 판단을 수정하도록 해 준다. 셋째, 통제된 환류(controlled feedback)이다. 종합된 판단의 전달은 질문지에 대한 응답을 요약수치의 형태로 이루어진다. 넷째, 통계처리(statistical group response)이다. 개인들의 응답을 요약한 것은 중앙경향치(주로 중앙값), 분산도(사분편차), 도수분포(막대그림표, 도수다각형) 등의 형태로 제시된다. 다섯째, 전문가 합의(expert consensus)이다. 예외는 있지만 이 기법의 중요한 목표는 최초의 산물로서 그리고 중요한 산물로서 전문가들 사이의 합의가 도출될 수 있는 조건을 마련하는 것이다.

델파이 방법을 이용하여 미래 사회를 예측하기 위해서는 몇 가지 단계를 거쳐야 한다.

첫째, 예측의 대상을 선정하는 단계이다. 즉, 미래 예측에서 미래 사회를 결정할 가장 중요한 요인이 될 분야를 선정하는 것이다.

둘째, 선정된 예측 대상에 대해 전문가를 선정하는 단계이다. 일반적으로 전문가들은 분야별로 약 10명~30명 정도가 선정된다. 전문가들이 의견을 제시할 때에는 익명성을 유지하여 누가 어떤 의견을 제시했는지 모르도록 한다.

셋째, 설계된 설문지를 전문가들에게 보내고 전문가들이 회답하는 단계이다. 이 경우 추상적인 수준에서 좀 더 구체적인 수준으로 몇 차례에 걸쳐 질문과 응답을 반복함으로써 일정한 합의를 유도하게 된다.

넷째, 시나리오를 작성하는 단계이다. 즉, 전 단계에서 얻은 결과를 기초로 우리가 알고자 하는 미래 사회에 대한 전체적인 시나리오를 작성하는 것이다.

먼 미래를 예측하는 데에는 계량적인 방법보다는 주관적인 판단의 유효성이 크다고 할 수 있는데, 먼 미래를 예측하는 데 있어서의 델파이 방법의 장점으로는 다음과 같은 점들을 들 수 있다. 첫째, 델파이 방법은 대면적 회의에서 나타날 수 있는 부작용을 최소화한다. 둘째,

통제된 환류의 효과를 갖는다. 셋째, 델파이 방법은 참여 전문가들 간의 대면적 접촉을 필요로 하지 않기 때문에 비용 면에서 다른 방법들에 비해 경제적이다.

이러한 장점이 있는 반면에, 델파이 방법은 주관적 판단에 의한 예측방법의 공통적인 약점 외에 다음과 같은 몇 가지 단점이 있는 것으로 지적된다. 첫째, 델파이에 참여하는 전문가들의 능력 문제이다. 둘째, 델파이 방법도 조사연구 방법의 한 유형이기 때문에 표본추출, 설문지 설계, 응답의 신뢰성 등에서의 조사방법상의 문제점을 안고 있다. 셋째, 소수의견이 무시되기 쉽다. 넷째, 정치적 요인을 배제하기 곤란하다.

라. 교차영향분석

교차영향분석은 관련된 선행 사건의 발생 여부에 따른 특정 사건의 발생 가능성을 주관적인 판단에 입각하여 예측하는 방법이다. 이 분석의 주요 핵심은 다른 사건의 발생을 촉진시키거나 억제하는 데 영향을 미치는 선행사건을 규명해 내는 데 있다. 앞서 살펴본 델파이 방법은 사건들에 대한 개별적인 발생 가능성 예측에만 관심을 가지는 데 반해, 교차영향분석은 사건들 사이의 상호영향관계까지 파악하여 결과를 예측한다. 교차영향분석은 델파이 기법의 한계, 다시 말해 변수들 사이의 상호관계를 경시하는 문제에 대한 대응으로 등장하였다. 이러한 점을 초기 개발자들은 다음과 같이 설명한 바 있다.

> 델파이 방법과 기타 여러 가지 예측방법들의 단점은 예측되는 사건들 사이의 잠재적인 관계가 무시될 수 있고, 예측이 상호보강적이거나 상호독립적인 항목들을 포함할 수 있다는 점이다. 교차영향분석은 예측되는 항목 중 어떤 항목의 확률이 이들 항목들이 상호관련성에 대한 판단에 의하여 조정될 수 있도록 해 주는 방법을 개발하려는 시도이다.[244]

교차영향분석은 '연결방향', '연결강도', '연결시차' 등으로 구분하여 분석한다. 첫째, 연결방향은 시간적으로 연속된 두 사건에서 선행사건이 후행사건의 발생을 촉진시키는지 여부를 판단하는 것을 말한다. 둘째, 연결강도는 선행사건이 후행사건의 발생에 영향을 미치는 정도를 확률적으로 분석한 것을 말한다. 셋째, 연결시차는 선행사건의 발생 이후 후행사건이 발생하기까지 소요되는 시간적 간격을 말한다.[245]

교차영향분석은 다양한 사건이나 산만한 구조를 가진 여러 문제들 사이의 상호의존관계를 파악할 수 있다는 점, 한 사람의 분석가에 의해서도 수행될 수 있다는 점, 미래의 사건발생에 대한 구체적이고 체계적인 정보를 제공해줄 수 있다는 점 등의 장점이 있지만, 다음과 같은 한계도 있는 것으로 지적된다.[246]

첫째, 잠재적으로 상호의존관계에 있는 모든 사건들을 분석에 포함시키기가 어렵다. 둘째, 교차영향 행렬표를 만들고 이를 적용하기에는 상당히 많은 시간과 노력이 요구된다. 셋째, 컴퓨터를 이용함으로써 도움을 얻을 수 있기는 하지만, 행렬표의 각 항에 들어갈 수치를 계산해 내는 데 기술적인 어려움이 있다. 넷째, 현실적으로는 전문가들 사이의 합의가 어려움에도 불구하고 교차영향분석은 이를 지나치게 강조한다.[247]

(4) 정책실험

정책실험(policy experiment) 또는 사회실험(social experiment)은 주로 정책평가(policy evaluation)의 한 방법으로서, 사업(program)이나 정책이 일정한 효과를 발생시키는지 알아보기 위해서 대대적인 사업집행이나 전면적인 정책추진을 하기 전에 소규모로 일정 정책대상집단에게 시험적으로 실시해 보는 일종의 시험적 · 시범적 · 실험적 사업집행 또는 정책집행이다. 정책실험은 실험집단과 통제집단의 동질성을 전제로 하는지의 여부에 따라, 이를 전제로 하는 진실험설계(true experimental design)와 이를 전제로 하지 않는 준실험설계(quasi experimental design)로 나눌 수 있다.[248]

사회실험이나 정책실험은 정책평가에 사용되는 것 외에 동일한 정책목표를 위하여 정책수단을 약간씩 달리하여 어느 방법이 보다 좋은 결과를 내는지 알아 볼 수 있도록 추진할 수도 있는데, 이때 약간씩 다른 정책수단은 정책대안에 해당된다. 따라서 여러 가지 정책대안의 결과가 예측될 것이며, 어떻게 서로 다른지 한꺼번에 알아보기 위해 정책실험을 실시할 수 있는 것이다. 정책실험이나 사회실험은 이론(theory)이나 모형에 의한 정책대안의 결과예측이 극히 불확실할 때 사용되는 방법이다.

6. 정책대안의 비교 · 평가

정책분석 과정에서 정책대안의 결과를 예측한 다음에는 예측한 정책대안들을 비교 · 평가하는 과정을 거치게 된다. 그런데 이 과정은 가치판단이 많이 개입하는 규범적인 과정이기 때문에,[249] 정책분석가들이 보다 합리적인 결정을 하도록 하기 위해 여러 가지 기준들이 제시되고 있다. 크래프트(Michael E. Kraft)와 펄롱(Scott R. Furlong)은 이를 효과성(effectiveness), 능률성(efficiency), 형평성(equity), 자유(liberty/freedom), 정치적 실현가능성(political feasibility), 사회적 수용가능성(social acceptability), 행정적 실현가능성(administrative feasibility), 기술적 실현가능성(technical feasibility) 등 여덟 가지로 나누고 있는데,[250] 각각의 기준이 의미하는 바와 그 한계를 요약하면 다음과 같다.

<표 11-7> 다양한 정책대안의 비교 · 평가 기준[251]

	정의	적용상 한계	적용가능 영역
효과성	정책 목표와 목적의 달성 가능성 또는 정책목표와 목적의 명시적 달성	미래의 사건에 대한 측정이 곤란함	정부 프로그램이 얼마나 잘 작동하는가에 대해 관심을 가지고 있는 거의 모든 정책 영역
능률성	정책 목표의 달성 또는 편익과 정책 비용의 비율. 주어진 편익 하에서 최소한의 비용 내지 주어진 비용 하에서 최대한의 편익	모든 비용과 편익의 측정이 항상 가능하지는 않음. 정책결정은 능률성만큼이나 정치적 선택이 중요할 수 있음	소비자 보호, 식품 안전, 작업장 안전, 그리고 환경 보호 등과 같은 규제정책; 시장에 기초한 접근방법에 대한 검토
형평성	정책의 비용, 편익, 그리고 위험의 배분에 관한 공정성 내지 정의	형평성을 측정하기 위한 기법을 찾기 어려움. 형평성이 공정한 과정을 의미하는지 아니면 균등한 결과를 의미하는지 의견의 불일치가 존재함	시민권, 장애인의 권리, 부유층과 중산층에 대한 조세감면, 의료 서비스와 고등교육에 대한 접근권
자유	공공정책이 개인의 권리와 선택을 확대하거나 제약하는 정도	자유에 대한 공공정책의 영향의 평가는 종종 정부의 역할에 관한 이데올로기적 신념에 의해 흐려질 수 있음	주민등록증, 인터넷 사용의 제한, 재산권, 낙태를 할 수 있는 권리, 기업과 개인의 선택을 제한하는 규제 활동
정치적 실현가능성	선출된 공직자가 정책대안을 받아들이고 지지하는 정도	정치적 실현가능성을 결정하기 어려움. 정치적 실현가능성은 문제에 대한 인식과 정치적 · 경제적 상황의 변화에 의존함	총기규제, 이민, 유류세의 인상, 부유층에 대한 조세 감면, 또는 석유와 천연가스 시추에 대한 보조금 지급과 같은 논쟁적인 정책
사회적 수용가능성	일반대중들이 정책대안을 받아들이고 지지하는 정도	일반대중의 지지를 측정할 수 있는 경우에도 사회적 수용가능성을 결정하기 어려울 수 있음	범죄에 대한 통제나 낙태를 할 수 있는 권리, 2010년과 2011년의 의료보호 개혁과 같은 논쟁적인 정책
행정적 실현가능성	행정기관이 정책을 제대로 집행할 가능성	측정하기 어려울 수 있는 가용자원과 기관의 행태를 포함하고 있음	행정기관의 의무 확장, 새로운 정책적 접근방법 또는 새로운 기술의 활용, 복잡한 제도적 구조와 결부된 정책
기술적 실현가능성	정책집행에 필요한 기술의 활용 가능성과 의존의 정도	실현가능성을 바꿀 수 있는 기술적 변화를 예측하기 어려움	과학기술 정책, 환경 및 에너지 정책, 통신정책, 국방정책

이처럼 정책대안의 비교·평가에는 다양한 기준이 적용될 수 있지만, 여기서는 이를 소망성(desirability)의 기준과 실현가능성(feasibility)의 기준으로 나누어 살펴보고자 한다. 소망성의 기준은 다시 효과성, 능률성, 형평성으로, 그리고 실현가능성의 기준은 다시 기술적 실현가능성, 재정적 또는 경제적 실현가능성, 행정적 실현가능성, 법적·윤리적 실현가능성, 정치적 실현가능성으로 나눌 수 있다.[252] 이하에서는 이러한 정책대안의 비교·평가기준에 대해 구체적으로 살펴보고자 한다.

1) 소망성의 기준

소망성(desirability)이란 '바람직스러움'을 의미하는 것으로 정책대안의 평가기준으로서의 소망성은 정책대안이 과연 얼마나 바람직스러운가를 나타내는 것이다.[253] 소망성의 기준으로는 대표적으로 효과성, 능률성, 형평성 등을 들 수 있다.

(1) 효과성

효과성(effectiveness)이란 일반적으로 목표달성의 정도(degree of goal achievement)를 의미한다.[254] 기술적 합리성과 밀접하게 관련되는 효과성은 대체로 산물과 서비스 단위 또는 화폐 가치로 측정된다.[255] 효과성은 정의하기는 쉽지만 실제로 이를 적용할 경우 여러 가지 어려움에 직면한다. 이는 주로 정책목표가 다층적이고 목표·수단의 계층제 관계에 있기 때문에 야기되는 것인데, 만일 결과를 성과로서 나타난 상태라고 보게 된다면 이 때 사용되는 개념으로서의 목표는 산출물보다는 한 단계 다음에 있는 수준을 의미한다.[256] 따라서 성과를 다차원적으로 검토할 필요가 있는데, 이를 산출과 성과로 나누는 것이 일반적이다. 먼저 '산출(output)'이란 단기적으로 나타나고, 계량적으로 측정할 수 있으며, 통계적으로 분석할 수 있는 성과를 의미한다(예를 들면, 공무원 교육훈련에서 훈련받은 공무원 수, 1인당 훈련시간, 시험 성적 등). 다음으로 '결과(outcome)'란 장기적으로 나타나고, 계량적으로 측정하기 어려운 성과를 의미한다(예를 들면, 교육훈련을 받은 공무원의 직무수행 능력 향상). 투입, 산출, 결과의 예를 공무원 교육훈련과 청소년 상담 프로그램을 통해 설명하면 〈그림 11-3〉과 같다.

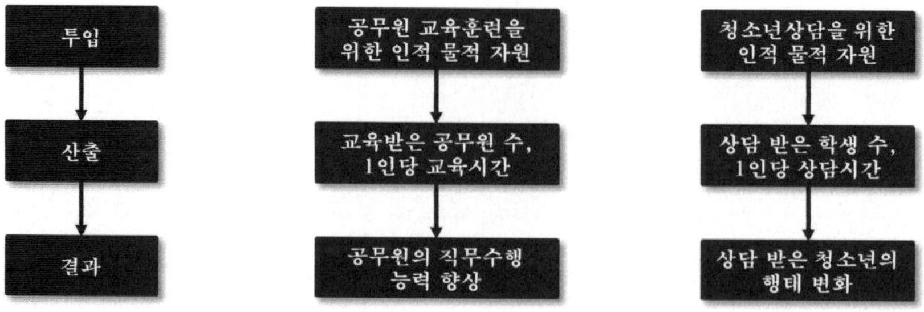

<그림 11-3> 투입 · 산출 · 결과의 예

따라서 공공정책의 전달경로는 다음과 같은 네 단계를 거치게 된다.[257] 첫째, 투입(inputs)이란 사업을 수행하는 데 소요되는 자원, 시간, 인력 등을 의미한다. 기본적으로 투입은 예산액 혹은 비용으로 표현할 수 있다. 둘째, 활동(activities)은 특정 조직에 의해 이루어지는 과정을 의미한다. 보다 구체적으로, 활동은 특정 조직의 사업을 추진하는 과정에서 조직구성원들이 수행하는 과업(works)을 의미한다. 셋째, 산출 혹은 산출물(outputs)이란 정부기관이 외부인이나 외부기관을 위해 제공하는 재화나 서비스를 의미한다. 넷째, 결과(outcomes)는 산출의 궁극적인 영향을 의미한다. 보다 구체적으로, 결과는 정부개입에 의해 개인이나 사회의 상태 혹은 물리적 환경 등에 생긴 변화를 의미한다.

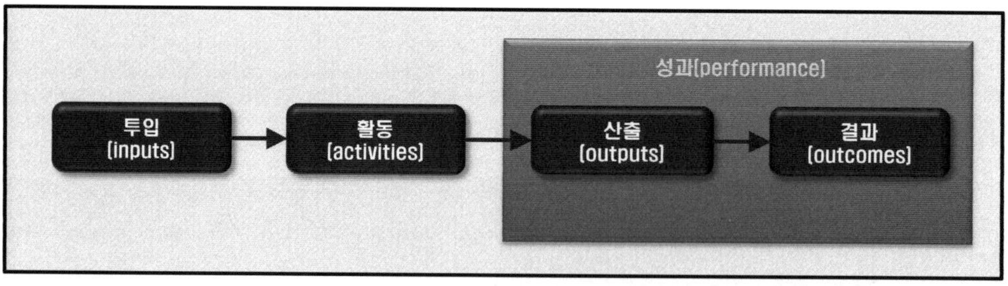

<그림 11-4> 공공정책의 전달경로

효과성을 정책대안의 비교 · 평가기준으로서 사용하는 경우에는 정책목표를 가장 잘 달성할 수 있는 정책대안이 가장 바람직스러운 것으로 평가할 수 있다. 효과성을 정책대안의 비교 · 평가기준으로 사용하는 것은 정책목표달성의 극대화를 가져다주는 정책대안을 선택하는데 커다란 장점이 있지만, 다음과 같은 한계도 있다. 첫째, 목표를 달성하기 위해서는 희생하여야 할 정책비용이 반드시 투입되어야 하는데 이에 대해서는 고려하지 않는다는 단점이 있다. 일반적으로 정책목표의 달성뿐만 아니라 정책비용도 고려해야 하므로 효과성만으로는 부족하고 다음에서 보게 될 능률성 기준에 대해서도 살펴볼 필요가 있다.[258] 둘째, 정책에 다양한 목표가 존재할 경우 어느 한 목표는 달성된 반면 다른 목표는 그렇지 못할 경우 이에 대해 어떻게 판단할 것인지가 문제로 제기된다. 목표가 다양하고 경우에 따라서는 상충되는 경우 이러한 목표들 사이에 '합의(consensus)'가 필요하지만, 그러한 합의가 이루어지는 경우는 극히 드물다.[259] 셋째, 목표는 그 성격상, 특히 상위 차원의 목표일수록 장기간에 걸쳐 달성할 수 있는 반면, 대부분의 평가는 단기적인 관점에서 이루어진다는 점에서 문제가 있다. 넷째, 정책목표의 달성 여부가 경험적 검증을 통해서가 아니라 이념적 편향성에 따라 이루어지는 경우가 많다.[260]

(2) 능률성

가. 능률성의 개념

능률성(efficiency)이란 가장 간단하게 정의하면 투입(input)과 산출(output)의 비율을 의미한다.[261] 따라서 투입이 주어져 있다면 산출이 최대인 대안을 선택하고 산출이 주어져 있다면 투입이 최소인 대안을 선택한다.[262] 이처럼 능률성은 후술하는 형평성보다 명확하게 규정될 수 있는 기준이라고 일반적으로 인식되고 있지만, 실제로는 능률의 기준이 일정하지 않기 때문에 정책분석 과정에서 논란이 생길 수도 있다. 예를 들어, 도서관의 기능이 책의 원활한 대출을 보장하는 것이라면, 높은 급료를 주고 전문 사서를 고용하는 것이 주어진 예산에서 효율적으로 운영하는 것인지, 아니면 비전문 직원을 고용하고 대신에 보다 많은 책을 구입하는 것이 효율적으로 운영하는 것인지 명확하지 않다.[263] 따라서 무엇이 능률적인가를 둘러싼 논쟁은 '해석의 문제'를 수반하며, 그 과정의 궁극적인 종착점은 '정치'인 경우가 많다.[264]

경제적 합리성과 동의어인 능률성은 효과성과 노력 간의 관계이며, 노력은 보통 화폐단위로 표현된다.[265] 이러한 능률성은 목표의 달성정도(degree of goal attainment)를 의미하는 효과성과는 구별해야 한다. 즉, 능률성은 투입 대 산출의 비율로 정의되는 '수단'의 개념인데 반해, 효과성은 보통 산출의 양이라는 관점에서 정의되는 '목표'의 개념이다. 정치학자 윌다브스키(A. Wildavsky)가 적절하게 지적했듯이, 능률성은 어디로 갈 것인지에 대해서는 말해주지 않고, 오직 가장 적은 노력으로 갈 수 있는 방법만을 말해줄 뿐이다.[266]

능률성은 경제학적 관점에서 정부 활동을 정당화하는 한 방법이다. 때때로 능률성은 정부개입의 상대적 장점이라는 관점에서 설명되기도 하고, 자유 시장의 운영이 사회후생을 증대시키는 과정이라는 관점에서 설명되기도 한다.[267] 정책대안의 비교·평가 기준으로서 능률성이 고려되는 정도는 나라마다 다르다. 미국과 같이 시장경제가 발달한 국가에서는 능률성이 지배적인 기준이 된다. 예를 들면, 스톤(Deborah A. Stone)은 능률성을 "현대 미국의 공공정책과 관련된 담론에서 지배적인 위치에 있는 사고"라고 평한 바 있다.[268]

능률성은 투입과 산출을 계량적으로 측정하기 어렵다는 한계가 있을 뿐만 아니라 정책대안의 비용과 편익의 배분적 측면을 고려하지 못한다는 한계가 있다.[269] 그런데 정책대안의 편익과 비용의 집중·분산 여부는 정책의 정당성이나 후속 정치과정에서도 중요한 함의를 가지고 있기 때문에 능률성만으로는 충분하지 않고 후술하는 형평성까지 고려해야 한다.

나. 능률성의 유형

가) 좁은 의미의 능률성과 넓은 의미의 능률성

능률성은 능률측정상의 분자의 성질에 따라 좁은 의미의 능률성과 넓은 의미의 능률성으로 나누는 경우가 있다.[270] 여기서 좁은 의미의 능률성은 능률측정상의 분자가 '산출(output)'인 경우를 의미하고, 넓은 의미의 능률성은 그것이 '결과(outcome)'인 경우를 의미한다. 전술한 바와 같은 산출은 단기적으로 나타나고 계량화하기 용이한 성과인 반면, 결과는 장기적으로 나타나고 계량화하기 곤란한 성과를 의미한다. 산출과 결과는 '목표-수단의 계층제'에서 결과가 보다 상위차원이고 산출은 보다 하위차원이라는 점에서 구별할 수 있다. 따라서 정책을 결정하는 과정에서는 산출보다 결과를 더 중시해야 하지만, 현실에서는 결과보다 산출을 더 중요시하는 '목표의 전환' 현상이 나타날 수 있다.[271] 특히, 행정기관이 의회나 이익집단과 같은 외부 정치세력의 압력에 노출되어 있을 때 더욱 그러하다. 왜냐하면 이 경우 행정기관은 "(이들에게) 나아지고 있다는 환상을 심어주는 통계 수치를 만들기 위해 결과보다는 산출에 초점을 맞출 수 있기 때문이다."[272]

나) 기술적 능률성과 배분적 능률성

학자에 따라서는 정책분석에서의 능률성 개념을 기술적 능률성(technical efficiency)과 배분적 능률성(allocative efficiency)으로 나누는 경우가 있다.[273] 여기서 기술적 능률성이 행정학이나 정책분석에서 사용하는 통상적인 의미의 능률성 개념이라면, 배분적 능률성은 경제학, 특히 후생경제학(welfare economics)에서 사용하는 능률성 개념으로 다른 사람의 후생을 감소시키지 않고서는 어느 누구의 후생도 증가시킬 없는 자원의 최적배분상태, 즉 '파레토 최적상태(Pareto optimality)'를 의미한다.[274]

다) 정책결정기준상의 능률성과 내부관리상의 능률성

능률성을 정책결정기준상의 능률성과 내부관리상의 능률성으로 나누는 경우도 있다[275] 행정활동의 핵심이 되는 정책결정에서 기준은, 주어진 목표를 가장 적은 비용으로 달성하거나 주어진 비용으로 가장 높은 목표를 달성하는 대안을 선정하는 정도이다. 이에 대해 내부관리상의 능률성은 행정의 내부 관리적 측면이 얼마나 능률적인가를 의미한다. 이러한 의미의 능률성은 조직 인원의 감축, 기구의 통폐합, 임금 인하 등을 통해 달성될 수 있다. 특히, 이런 의미의 능률성을 '기계적 능률성(mechanical efficiency)'이라고 부르기도 한다.

라) 기계적 능률성과 사회적 능률성

이 밖에 능률의 개념을 보는 관점에 따라 기계적 능률성(mechanical efficiency)과 사회적 능률성(social efficiency)으로 나누는 경우도 있다. 기계적 능률성은 행정과 경영의 유사성이 강조되던 초기 정치 · 행정 이원론 시대에 행정학에 도입된 능률관으로서, 능률을 수량적으로 명시할 수 있는 기계적 · 물리적 · 금전적 측면에서만 파악한 개념이다.[276] 그러나 귤릭(L. Guilick)은 이러한 능률성이 정치에서 다른 가치, 즉 민주성과 상충될 수도 있으므로 경우에 따라서는 능률성의 수정도 필요할 것이라고 했으며, 달(R. A. Dahl) 역시 행정에서 능률을 최상의 가치로 보았으나 능률성은 불가피하게 민주적 이념과 상충되기 때문에 양자를 조정하는 것이 용이하지 않다고 보았다.[277] 이에 대해 사회적 능률성은 디목(Marshall E. Dimock)이 강조한 개념으로, 행정의 사회 목적 실현, 다원적인 이익들 간의 통합 조정 및 행정 조직 내부에서의 구성원의 인간적 가치 실현 등을 내용으로 하는 능률관이다. 따라서 사회적 능률성은 민주성(democracy)의 개념과 동일하게 이해되기도 한다.[278]

다. 능률성의 기준

능률성을 측정하는 기준으로 가장 널리 알려진 것은 파레토 기준(Pareto criterion)과 칼도-힉스 기준(Kaldor-Hicks criterion)이며, 이 밖에도 스키토프스키 기준(Scitovsky criterion)이 있다.

가) 파레토 기준

먼저 파레토 기준은 새로운 상태에서 어떤 사람의 후생 수준도 예전보다 더 낮아지지 않으면서, 최소한 한 사람 이상의 후생 수준이 예전보다 더 높아졌다면 이를 개선이라고 평가하는 기준을 말한다.[279] 따라서 이 기준은 이미 주어진 소득분배 구조 하에서 사회전체 후생의 극대화를 도모한다는 점에서 능률성의 기준이 된다. 〈그림 11-5〉는 파레토 기준의 예를 보여주고 있다. 그림에서 원래의 상태는 甲의 효용도 2이고 乙의 효용도 2인 점 P인데, 이 상태에서 어떤 방향으로의 변화가 파레토 기준에 의해 개선으로 볼 수 있는가를 살펴보면 다음과 같다. 먼저 점 P에서 점 A로의 변화는 파레토 기준에 의해 개선임이 분명하다. 왜냐하면 이러한 변화는 甲과 乙의 효용을 모두 증가시키기 때문이다. 또한 점 B나 점 C로의 변화도 파레토 기준에 의해 개선임을 알 수 있다. 이 경우에는 甲이나 乙의 효용이 증가하지만 적어도 다른 사람의 효용이 감소하지는 않기 때문이다. 그러나 점 D나 점 E로의 변화는 파레토 기준에 의해 개선이 아니다. 이러한 변화는 어느 누군가의 효용 감소를 수반하기 때문이다. 예를 들어, 점 D로의 변화는 甲의 효용은 증가하지만 乙의 효용은 감소하는 반면, 점 E로의 변화는 乙의 효용은 증가하지만 甲의 효용은 감소한다. 따라서 주어진 그림에서 음영으로 표시된 부분이 파레토 기준에 의해 개선으로 인정되는 영역이다.

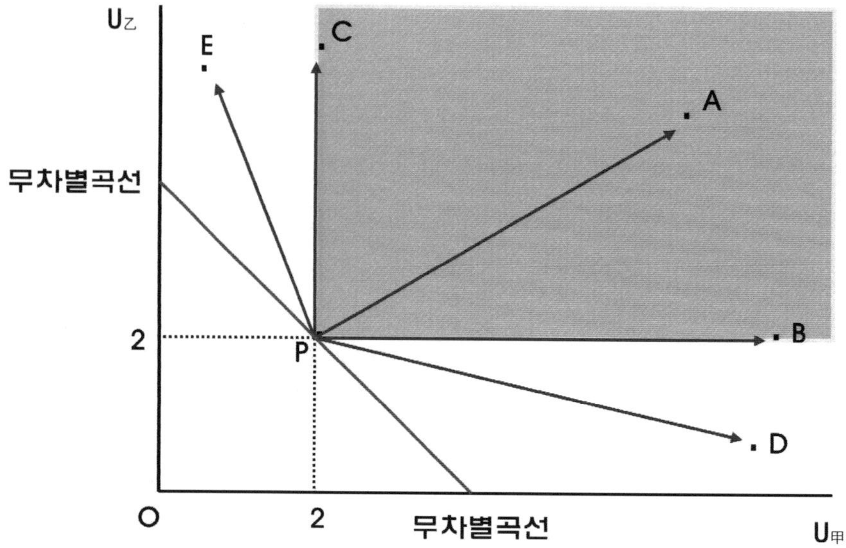

<그림 11-5> 파레토 기준과 칼도-힉스 기준

그러나 이 기준은 다음과 같은 두 가지 문제가 있다. 첫째, 만일 어떤 정책의 시행으로 일부의 사람들은 후생이 증가하지만, 다른 일부의 사람들은 후생이 감소한다면 이것을 어떻게 판단할 지가 문제가 된다. 둘째, 파레토 기준은 사회의 소득분배를 주어진 것으로 보기 때문에, 어떤 경우의 소득분배가 가장 바람직하냐에 대해서는 논의하지 않고 주어진 소득분배 구조하에서 사회전체 후생의 극대화를 도모한다는 한계가 있다.[280)] 따라서 파레토 기준은 능률성 기준이며, 형평성에 대해서는 적절한 판단기준이 되지 못한다.

나) 칼도-힉스 기준

칼도-힉스 기준은 파레토 기준의 비현실성을 극복하기 위한 대안으로 제시된 기준으로, 어떤 변화를 통해 이득을 보는 사람에 의해 평가된 이득의 가치가 손해를 보는 사람에 의해 평가된 손해의 가치보다 더 클 때 그 변화를 개선이라고 평가할 수 있는 기준을 말한다.[281] 즉, 칼도-힉스 기준은 이득을 보는 사람이 손해를 보는 사람들에게 그 손해에 해당하는 보상을 해주고도 남는 것이 있을 때, 그 변화를 개선이라고 보는 것이다.[282] 칼도-힉스 기준을 앞서 살펴본 〈그림 11-5〉를 통해 설명하면 다음과 같다. 먼저 甲과 乙의 효용이 각각 2와 2인 최초의 상태인 점 P를 지나는 무차별곡선(indifference curve)을 그어보자. 무차별곡선상에 있는 모든 점은 동일한 효용 수준을 나타내기 때문에 총효용이 4로써 동일하다. 무차별곡선이 원점에서 가까울수록 효용 수준이 낮아지기 때문에 점 P를 지나는 무차별곡선의 안쪽 영역은 효용 수준이 4보다 적은 반면, 바깥쪽 영역은 효용 수준이 4보다 크다. 따라서 무차별곡선의 바깥 영역은 이전보다 더 나은 상태를 보여주고 있다. 이 말은 변화로 인해 누군가는 편익을 누리고 누군가는 비용을 부담할지 모르지만, 적어도 편익의 합이 비용의 합보다는 커서 이전보다 효용 수준이 더 높아졌다는 의미이다. 이러한 맥락에서 보면 점 P를 지나는 무차별곡선의 바깥 영역 중 음영으로 표시된 부분을 제외한 영역은 파레토 기준에 의해서는 개선이 아니지만 칼도-힉스 기준에 의해서는 개선으로 판단되는 부분이다.

그런데 칼도-힉스 기준의 논리에 따라 수혜집단과 비용부담집단 사이에 보상이 이루어진다면, 실제로 이는 전술한 파레토 기준과 비슷한 맥락에서의 논의라고 볼 수 있다. 왜냐하면 수혜집단으로부터 보상을 받는다면 비용부담집단은 적어도 이전보다 나빠지지 않는 반면, 수혜집단은 비용부담집단에게 보상을 하고도 남는 것이 있기 때문에 이전보다 더 나은 상태를 영위할 수 있기 때문이다.[283] 예를 들면, 젠킨스-스미스(Hank C. Jenkins-Smith)는 칼도-힉스 기준의 의미를 다음과 같이 설명한 바 있다.

> 칼도-힉스 기준은 자원배분 과정에서 이익을 얻는 사람들이 손해를 보는 사람들에게 보상을 하여 손해를 보는 사람들이 이전 상태를 회복하면서도 이익을 보는 사람들이 이전보다 더 나은 상태를 영위하는 사회적 후생의 순증가(net increase)를 선호한다. 이 경우에 개인의 효용은 비교될 필요가 없다. 개인이 받는 이익과 손해의 화폐적 가치와 같은 재분배의 보편적 가치를 이용할 수 있다면, 재분배가 없었던 이전 상태보다 어느 누구도 더 나빠지지 않게 보상을 한다는 전제 하에서, 이익을 얻는 사람들이 이전보다 얼마만큼 더 나아졌는지를 결정할 수 있다. … 정책의 비교에서 적절한 기준은 사회적 후생의 순증가를 가장 많이 가져오는 대안을 선택하는 것이다.[284]

또한 칼도-힉스 기준은 1장에서 살펴본 코즈 정리와 비슷한 맥락에서의 논의라고 볼 수 있다. 왜냐하면 두 경우 모두 사회적인 관점에서 편익과 비용을 비교하기 때문이다. 다만, 자원배분이 이루어지는 기제(mechanism)가 다를 뿐인데, 코즈(Ronald H. Coase)는 이러한 점을 다음과 같이 설명하고 있다.

> 해로운 결과를 가져오는 행동을 다룸에 있어 직면하는 문제는 단순히 그러한 결과에 책임이 있는 사람들의 행동을 제한하는 것만을 의미하지는 않는다. 그것은 해로운 결과를 가져오는 행동을 금지함으로써 누군가 겪게 되는 손실보다 그 결과를 금지함으로써 얻게 되는 이득이 더 클 것인지를 결정하는 것이다. 법률 체계나 법원에 의해 설정된 권리를 재조정하는 데에는 비용이 소요되며, 실제로 불쾌한 것과 관련되는 경우에는 경제적 문제와 자원을 어떻게 배분할 것인지를 결정하는 것을 포함한다. … 법원은 … 항상 명확한 방식은 아닐지라도 해로운 결과를 가져오는 행동을 금지함으로써 얻게 되는 이득과 부담해야 하는 손실을 비교하는 경우가 많다.[285]

칼도-힉스 기준은 파레토 기준에 비하면 현실적인 기준이라고 할 수 있지만, 구체적으로는 다음과 같은 한계가 있는 것으로 지적된다.[286] 첫째, 이득과 손실의 '계산' 문제이다. 칼도-힉스 기준은 이득의 합이 손실의 합보다 클 때, 다시 말해 사회적 순후생이 증가할 때 바람직하다고 판단하지만, 현실의 분석과정에서는 이득이나 손실의 계산이 용이하지 않다. 특히, 정책의 의도와는 달리 제3자에게 이득이나 손실을 가져다주는 '외부성(externalities)'의 문제는 그러한 계산을 더욱 복잡하게 만든다. 외부성의 문제를 고려하지 않는다면, 이득이나 손실은 실제보다 과소 추정될 가능성이 높기 때문이다.

둘째, 이득과 손실의 '분배' 문제이다. 칼도-힉스 기준은 이득을 보는 집단이 손실을 보는 집단에게 '보상'을 하는 것을 전제로 하지만, 이는 어디까지나 이론적 가정일 뿐 실제로 보상이 이루어지는 것을 전제로 하지는 않는다. 즉, 칼도-힉스 기준은 사회적 순후생이 증가한다면 바람직하다고 보기 때문에 이득과 손실의 배분적 측면을 보지 않는다는 한계가 있다. 예를 들면, 스토키(Edith Stockey)와 젝하우저(Richard Zeckhauser)는 칼도-힉스 기준의 성격을 다음과 같이 집약적으로 제시하고 있다. "총수입이 증가하면 변화를 시도하되, 그것이 어떻게 배분되는지에 대해서는 생각하지 마라."[287] 따라서 칼도-힉스 기준은 전형적인 능률성 기준이다. 즉, 칼도-힉스 기준은 사회적 후생(social well-being)이라는 관점에서 정책대안을 비교・평가하기 때문에, "편익이나 비용이 누구에게 돌아가는가?" 라는 정책 효과의 배분적 측면을 고려하지 않는다.[288] 능률성에서 사회전체의 후생과 그러한 후생의 개별적 배분이 분리되는 것과 마찬가지로, 칼도-힉스 기준에서도 정책으로 인한 잉여 내지 순이득과 그러한 잉여의 배분은 분리된다. 따라서 칼도-힉스 기준은 공리주의에 기초하고 있다. 1장에서 살펴보았듯이, 공리주의에서는 사회구성원들의 효용을 합친 총효용이 큰 대안을 바람직하다고 인식한다.

그러나 칼도-힉스 기준의 가장 큰 한계는 이것이 현실 정치를 고려하지 않는다는 사실이다. 칼도-힉스 기준이나 이를 근간으로 하는 정책분석은 오랫동안 "정치가 없는 조언(advice without politics)"이라는 비난에 시달리고 있다.[289] 즉, 현실정치에서는 정책이 가지고 있는 경제적 효과보다는 과연 그 정책이 그들의 정치적 연합에 어떤 이해관계를 가지고 있는가, 다시 말해 그들이 그러한 정책을 결정함으로써 재선기회가 증가할 것인가 하는 점을 중시한다.[290] 이러한 맥락에서 "편익과 비용을 어떻게 배분할 것인가?"라는 배분적 가치(distributional values)가 정책이 '실현가능성(feasibility)'이라는 측면에서 중요한 변수가 될 수 있다. 예를 들면, 편익은 넓게 분산되고 비용은 좁게 집중되는 경우 실현가능성은 낮은 반면, 편익은 좁게 집중되고 비용은 넓게 분산되는 경우 실현가능성은 높게 나타난다. 따라서 현실의 정책분석을 체계적으로 이해하기 위해서는 칼도-힉스 기준 이상의 것을 요구한다. 즉, 칼도-힉스 기준이 "정책이 효율적인가?(Is the policy efficient?)"라는 '규범적 문제(normative question)'를 제기한다면, 배분적 가치는 "누가 정책에 대해 반대하고 누가 지지할 것인가?(Who will oppose and who will support the policy?)"라는 '실증적 문제(positive question)'를 제기한다.[291]

파레토 기준과 칼도-힉스 기준은 다음과 같은 두 가지 면에서 차이가 있다. 첫째, 파레토 기준은 후생의 증가와 감소에 대한 규범적 판단을 하지 않는 반면, 칼도-힉스 기준은 이에 대한 규범적 판단을 한다. 즉, 파레토 기준은 후생의 감소가 없이 증가를 할 경우에만 개선이라고 보는 반면, 칼도-힉스 기준에서는 후생의 감소가 있더라도 후생의 증가가 감소를 상쇄하고도 남음이 있다면 개선이라고 본다. 따라서 파레토 기준에 비해 칼도-힉스 기준은 정책의 채택 범위가 넓어진다. 둘째, 비록 이론적이고 잠정적인 보상이라고 하더라도, 칼도-힉스 기준에서는 '보상'의 문제를 언급하고 있는 반면, 파레토 기준에서는 '보상'의 문제에 대해 언급하고 있지 않다.

다) 스키토프스키 기준

이 밖에 칼도-힉스 기준을 좀 더 발전시킨 것으로 '스키토프스키 기준'이 있다.[292] 이 기준은 칼도-힉스 기준을 두 번 적용하는 기준으로, 어떤 변화에 대해 칼도-힉스 기준을 적용해 그것이 개선임이 밝혀지고, 동시에 그 반대방향으로의 변화는 칼도-힉스 기준에 의해 개선이 아니라는 것이 확인되었을 때에 한해 그 변화가 개선이라고 말할 수 있다는 것이다. 즉, 스키토프스키 기준에 의하면 이중의 판정을 모두 통과하는 변화에 한해서 개선이라고 평가해야 하며, 애매한 상황에 대해서는 평가를 유보해야 한다는 것이다.

(3) 형평성

가. 형평성의 개념

형평성은 앞서 살펴본 능률성과 달리, 다의적인 개념이기 때문에 그것이 무엇을 의미하는가에 대해서는 일률적으로 정의하기 어려운 면이 있지만, 여기서는 이익 또는 손해를 받을만한 동등한 가치가 있는 집단들에게 이익 또는 손해를 동등하게 제공하는 것으로 정의하고자 한다.[293] 따라서 형평성은 법적 · 사회적 합리성과 밀접하게 관련되어 있으며, 사회 내의 여러 집단 사이에서의 효과성과 노력의 배분을 의미한다.[294]

이러한 형평성과 비슷하면서도 구분해야 되는 개념이 '평등성(equality)'이다. 평등성이란 둘 이상의 개인, 집단 또는 지역들이 동등하게 취급받는 것을 의미한다. 예를 들어, A시와 B시에 10억 원의 복지예산을 배정할 때 양 지역의 인구 비율이나 소득 수준 등에 대해서는 전혀 고려하지 않고 각각 5억 원씩 평등하게 배분하는 것이 평등성의 기준이다. 이에 반해 형평성은 경우에 따라 '차별'을 인정한다. 예를 들어, 인구의 비율이나 소득 수준 등 두 지역의 특성을 고려하여 일정한 비율에 따라 예산을 차등적으로 배분하는 것이 형평성의 기준이다.[295]

공공서비스의 배분과 관련하여 형평성을 판단하는 세 가지 기준은 다음과 같다.[296] 첫째, 균등한 대우가 공공서비스 배분의 중요한 규범이어야 한다. 둘째, 절대적 평등에서 벗어나는 구체적 정당화의 근거가 있어야 한다. 셋째, 어떠한 경우에도 전달되는 서비스의 양이나 혹은 그 질이 더 이상 저하될 수 없는 서비스의 최저수준이 있어야 한다.

나. 사회적 형평성의 대두 배경과 그 중요성

사회적 형평성이란 행정이념이 중요하게 부각된 것은 '신행정론(new public administration)'의 등장과 밀접하게 관련된다. 신행정론자들은 1960년대 미국 사회의 심각한 문제는 미국의 관료제가 비민주적이고 공리주의적인 총체적 효용의 개념에 사로잡혀 있었기 때문이라고 진단하고, 행정가의 적극적인 역할을 통해 사회적 형평을 실현해야 한다고 주장하였다.

형평성의 경우 도덕적으로 정당성을 가질 뿐만 아니라 심각한 불평등이 존재하는 정치체제는 존속하기 어렵다는 점에서 정치현실적으로도 정당성을 가진다.[297] 이러한 맥락에서 형평성은 중요한 정치적 가치를 가질 뿐만 아니라, 그로 인하여 여러 가지 정치적으로 바람직한 효과를 가져 온다고 말할 수 있다.

다. 형평성의 유형

형평성의 유형에 대해서는 여러 가지 관점에서 다양하게 제시될 수 있지만, 여기서는 수평적 형평성과 수직적 형평성, 사전적 형평성과 사후적 형평성, 윌다브스키(Aaron Wildavsky)가 제시한 형평성의 유형, 그리고 과정의 형평성과 결과의 형평성 등에 대해 살펴보고자 한다.

가) 수평적 형평성과 수직적 형평성

먼저 수평적 형평성과 수직적 형평성의 구분은 가장 널리 알려진 형평성의 유형으로서, 수평적 형평성(horizontal equity)은 '동일한 것은 동일하게 취급하는 것'을 의미하는 반면, 수직적 형평성(vertical equity)은 '서로 다른 상황에 있는 사람들을 서로 다르게 취급하는 것'을 의미한다.[298] 이를 공공서비스의 배분과 관련하여 논의하면, 수평적 형평성은 공공서비스를 제공하는 데 있어서 그 결정기준이 되는 특성을 가진 모든 사람에게는 같은 양의 서비스가 제공되어야 한다는 것을 의미하는 반면, 수직적 형평성은 성, 연령, 지리적 위치, 건강, 소득 등에 있어서 차이가 있는 시민 사이에 서비스를 배분하는 경우에는 서비스배분의 다른 기준이 적용되어야 한다는 것을 의미한다.[299]

나) 사전적 형평성과 사후적 형평성

사전적 형평성(ex-ante equity)은 사실 전 형평으로서 위험이나 기회가 똑같이 제공될 때 얻어지는 것이며, 사후적 형평성(ex-post equity)은 사실 후 형평으로서 개인이 똑같은 몫의 비용을 부담하거나 편익을 제공받을 때 얻어지는 것이다.[300]

다) 시장적 형평성, 동등한 기회, 동등한 결과

윌다브스키(Aaron Wildavsky)는 형평성을 시장적 형평성(market equity), 동등한 기회(equal opportunity), 동등한 결과(equal results)라고 하는 세 가지로 나누고 있다. 첫째, 시장적 형평성은 정부서비스가 마치 시장에서 거래되는 것처럼, 분담한 비용(조세납부액 또는 수수료)에 비례하여 편익(서비스)이 분배되어야 한다는 것을 말한다.[301] 여기서 '시장적'이라는 말이 붙은 이유는, 시장에서는 지불 의사나 능력에 따라 자원을 배분하는 것이 정당하다고 인식하기 때문이다.[302] 둘째, 동등한 기회는 균등한 서비스 수준이 모두에게 이용 가능하도록 하기 위해 자원이 재분배되어야 한다는 것을 말한다. 셋째, 동등한 결과는 편익과 비용이 균등한 산출물과 영향을 가져올 수 있도록 재분배되어야 한다는 것으로, 규범적으로 동등한 기회의 원칙이 의미하는 것보다 더 많은 재분배를 요구한다.[303)]

라) 과정의 형평성과 결과의 형평성

학자에 따라서는 형평성을 '과정의 형평성(process equity)'과 '결과의 형평성(outcomes equity)'으로 나누기도 한다.[304)] 먼저 과정의 형평성이란 모든 참여자들에게 의사결정과정이 개방되고, 그 참여가 자발적이고 공정하게 이루어지는 것을 말한다. 이러한 과정의 형평성이 전제된다면 결과가 형평하지 않다고 하더라도 그 정책은 정당한 것이 된다. 대체로 정치적 보수주의자들이 이러한 형평성의 개념을 받아들인다. 이에 대해 결과의 형평성은 롤즈(John Rawls)가 제시한 개념으로, 부(wealth), 수입(income), 또는 정치권력(political power)과 같은 사회적 재화(societal goods)의 공정한 분배와 관련된 것이다. 따라서 이러한 견해를 가지고 있는 사람들은 사회적 자원의 공평한 분배를 증진시키기 위해 정부가 개입하는 것에 대해 찬성한다. 대체로 정치적 진보주의자들이 이러한 개념의 형평성을 받아들인다.

라. 정책대안의 비교·평가와 형평성

정책대안의 비교·평가기준으로서는 소망성(desirability)의 기준과 실현가능성(feasibility)의 기준이 있으며, 소망성의 기준은 다시 효과성, 능률성, 형평성으로 나누는 것이 보통이다. 따라서 형평성은 정책대안의 비교·평가과정에서 중요한 기준으로 작용하지만, 현실적으로는 경시될 가능성이 높다. 벤(Robert D. Behn)에 의하면 정책분석가와 정치인 모두 배경은 다르지만, 형평성과 관련하여 바람직한 역할을 수행하지 못한다고 한다. 즉, 그에 의하면 순사회편익이라고 하는 보다 간명한 측정수단을 가지고 있는 능률성과 달리, 형평성은 로렌츠 곡선이나 지니 계수 등을 통해 간접적·우회적으로 평가될 수밖에 없기 때문에 정책분석가들은 뚜렷한 측정기준을 가지고 있는 능률성의 기준을 형평성의 기준보다 분석적 가치로서 우선순위를 두게 된다는 것이다. 또한 정치인들의 경우에도 '구유통 정치(pork barrel politics)'에서 알 수 있는 것처럼 관심의 대상이 특정집단, 즉 지역구민에게 한정되어 있는 편협성으로 인해 전체적인 관점에서의 사회적 형평성을 소홀히 다루기 쉽다고 한다.[305)]

마. 능률성과 형평성의 관계

능률성과 형평성은 '능률성과 형평성의 딜레마(efficiency versus equity dilemma)'[306)]라는 표현에서 알 수 있듯이, 항상 그러한 것은 아니더라도 하나를 추구하면 다른 하나가 희생될 수 있는 '대체관계(trade off)'에 있는 경우가 많다.[307] 예를 들어, 정액세는 자원 배분의 왜곡을 가져오지 않는 '중립세(lump-sum tax)'지만, 소득, 부, 이윤 등과 같은 경제적 자원에 상관없이 동일한 세금을 부과하는 것은 형평성에 어긋난다.[308] 그런데 이 두 가지 기준 중 어느 것에 보다 높은 우선순위를 둘 것인가의 문제는 기본적으로 '가치판단의 문제'이다.[309] 예를 들어, 시장에서의 자원배분을 강조하는 시장주의자들은 형평성을 증진하기 위한 정부의 정책이 민간 경제주체들의 '도덕적 해이(moral hazard)'와 재분배를 위한 각종 국가기관의 남설(濫設)을 가져와 자원의 낭비를 초래할 뿐이라고 비판한다.[310] 그러나 한 가지 분명한 것은 자유민주주의 국가에서 민주성, 형평성 등은 목적가치인 반면, 효과성, 능률성, 생산성, 그리고 합법성 등은 수단가치라는 점이다.[311] 즉, 능률성은 정당하고 공평한 사회라는 목표에 대한 수단이고, 따라서 형평성을 지나치게 희생시키면서 능률성을 추구하는 것은 수단이 목표보다 중시되는 '목표의 전환' 현상을 초래할 수 있다. 이러한 맥락에서 능률성은 형평성의 제약 하에서 추구되어야 하며, 그것을 희생시켜서는 안 된다. 그러나 능률성과 형평성이 상충되는 경우 능률성에 커다란 문제가 있더라도 형평성만을 완벽하게 고려해야 한다는 것은 아니다. 여기서의 주장은 형평성과 능률성이 상충하는 경우에 형평성에 보다 더 높은 우선순위를 부여하고 정책분석을 해야 한다는 것이다. 예를 들면, 형평성에서 약간 벗어나는 것은 능률성이 심각하게 떨어지는 것보다는 덜 문제가 될 수 있지만, 정책이 아무리 능률적이라고 하더라도 형평성이 크게 떨어지는 것은 커다란 문제로 삼아야 한다.[312]

(4) 소망성 기준들 사이의 관계

지금까지 소망성의 세 가지 기준에 대해 살펴보았는데, 이들 기준 간의 관계가 모순·대립적인 경우 어떤 기준을 적용할 것인가가 중요한 문제로 대두된다.[313] 특히, 능률성과 형평성 사이의 관계가 문제가 되는데, 이에 대해서는 앞서 살펴본 바와 같다.

이론상으로는 소망성 기준들 사이에 다툼이 있을 경우 보다 본질적인 가치를 우선시해야 한다고 하지만, 현실적으로는 이 과정에서도 '정치'가 개입한다. 예를 들면, 바다크(Eugene Bardach)는 상충되는 기준들 사이에 갈등을 해소하는 방법에는 각 기준에 가중치(weighting)를 부여하는 방법이 가장 중요한데, 이러한 가중치 부여에서는 정책분석가의 상관이나 고객의 이해관계가 크게 반영된다는 것이다. 물론 이러한 이해관계는 편향된 것일 수 있으며, 일부 집단의 이해관계가 정책분석과정에서 "과소대표되거나(underrepresented)" "과잉대표될 수 있다(overrepresented)."[314]

2) 실현가능성의 기준

정책대안의 실현가능성(feasibility)이란 그것이 정책으로 채택되어 그 내용이 충실히 집행될 가능성을 의미한다. 따라서 실현가능성은 정책으로서의 '채택가능성'과 채택된 후의 '집행가능성'을 그 내용으로 한다.[315] 실현가능성은 정책의 실현을 제약하는 요인이나 조건을 의미하는 제약 조건(constraints)과 표리의 관계에 있다.[316] 실현가능성 기준으로는 보통 기술적 실현가능성(technical feasibility), 행정적 실현가능성(administrative feasibility), 재정적 또는 경제적 실현가능성(financial or economic feasibility), 법적 · 윤리적 실현가능성(legal feasibility), 그리고 정치적 실현가능성(political feasibility) 등 다섯 가지로 나눌 수 있는데, 이하에서는 이에 대해 구체적으로 살펴보고자 한다.[317]

(1) 기술적 실현가능성

기술적 실현가능성은 정책이나 정책대안이 현재 이용 가능한 기술로서 그 실현이 가능한 정도를 의미한다. 기술적 실현가능성은 기술의 개발 또는 기술의 획득으로 이용 가능한 기술수준이 향상되면 이에 따라 향상된다. 기술적 실현가능성은 정책수단의 기술적 실현가능성을 의미하는 것이 일반적이지만, 정책목표달성과 정책대안 사이에 인과관계가 존재하는지의 여부를 의미하는 경우와 행정적 실현가능성의 일부를 의미하는 경우도 포함하는 넓은 의미로 사용하기도 한다.

(2) 재정적 또는 경제적 실현가능성

정책 또는 정책대안의 재정적 실현가능성은 이용 가능한 재원으로서 정책 또는 정책대안이 실현가능한지의 여부를 의미한다. 가장 문제가 되는 것이 예산상의 제약 때문에 정책대안이 실현가능한 경우이지만, 재정적인 제약을 좀 더 넓게 파악하여 정부와 정책 담당기관의 예산이 아니라 사회 전체적으로 이용 가능한 자원의 제약까지도 포함할 수 있다. 이렇게 사회전체적인 경제적인 능력 면에서 판단하는 것이 경제적 실현가능성이다.

(3) 행정적 실현가능성

정책의 집행을 위하여 필요한 집행조직, 집행요원 및 전문인력 등의 이용가능성을 의미한다. 정책대안을 추진하기 위해서 기존의 행정기구로서 집행이 불가능하거나, 기존의 행정인력으로 집행이 어려우면 행정능력상 제약이 있는 것이다. 따라서 행정적 실현가능성이 전제되지 않는다면, 소망성의 측면에서 아무리 바람직한 대안이라 하더라도 '상징적인' 정책으로

그칠 가능성이 크다.[318] 행정적 실현가능성을 평가하기 위한 기준으로는 권위(authority), 기관의 공약(institutional commitment), 능력(capacity), 그리고 조직의 자원 등을 들 수 있다.[319]

(4) 법적 · 윤리적 실현가능성

법적 · 윤리적 실현가능성은 정책대안이나 정책의 내용이 타 법률의 내용과 모순되지 않을 가능성을 의미한다. 이것은 정책대안의 실현과정에서(주로 집행과정에서) 법적 제약(legal constraints)을 받지 않을 가능성을 의미한다. 법률은 정책의 한 형태인 경우가 많기 때문에 법적 실현가능성은 넓게 보면 반드시 법률의 제약에 국한되지 않고 타 정책과의 일관성도 중요하게 검토된다. 또한 법률의 내용은 규범적인 성격 때문에 윤리성 · 도덕성을 띠는 것이 일반적이며, 이 때문에 법적 실현가능성은 윤리적 실현가능성을 포함하기도 한다. 윤리적 실현가능성은 정책의 실현이 도덕적 · 윤리적 제약을 받지 않을 가능성을 의미한다.

(5) 정치적 실현가능성

가. 정치적 실현가능성의 의의

정치적 실현가능성은 정치체제에 의하여 정책대안이 정책결정의 국면에서 정책으로 채택되고 이것이 집행될 가능성을 의미한다. 즉, 정책대안의 채택과 집행에서 정치적 측면에서 지원을 받을 가능성을 정치적 실현가능성이라고 한다. 따라서 정치적 실현가능성은 바람직한 정책과 가능한 정책 사이의 간극(gap)을 메워줄 가교 역할을 할 수 있다.[320] 실현가능한 정책이란 정치적으로 수용될 수 있거나 적어도 정치적으로 수용될 수 없는 것이 아니어야 한다. 여기서 정치적 비수용성(political unacceptability)이란 너무 많은 정치적 반대가 있거나 너무 적은 정치적 지지가 있는 경우를 의미한다. 물론 정치적 수용성은 '정적인(static)' 것이 아니기 때문에 정치 상황의 변화에 따라 얼마든지 변할 수 있다. 특히, 핵심적인 정치 행위자들의 정치 전략이 정치적 수용성에 영향을 미쳐 대안 선택의 폭을 넓힐 수 있다.[321]

정책은 이해관계를 수반하고 다양한 상호작용을 통해 이루어진다는 점에서,[322] 그리고 정치체제에 배태되어 있는(embedded) 권력적 요소가 정책결정에 중요한 영향을 미친다는 점에서, 정책결정과정은 본질적으로 정치과정(political process)으로서의 성격을 가지고 있다.[323] 따라서 정치적 실현가능성이 가장 큰 대안이 결국 정책으로 채택되기 때문에 정치적 실현가능성은 곧 그 정책대안이 정책으로 선택되느냐를 결정하는 가장 중요한 요인이다.

그러나 정치적으로 실현가능한 대안이 무엇인가를 평가할 수 있는 명확한 기준은 없는 실정이다. 그래서 실제로는 정치적으로 실현가능하지 않은 대안을 탐색함으로써 간접적이고 우회적으로 정치적 실현가능성을 판단하는 경우가 많다. 예를 들면, 세율을 급격하게 높이는 정책대안이나 복지혜택의 수급 자격을 높이는 정책대안은 정치적으로 실현가능성이 떨어지는 것이다.[324] 따라서 정책의 '가시성(visibility)'과 '근접성(proximity)'은 정치적 실현가능성에 중요한 영향을 미친다. 7장에서 살펴본 바와 같이 정책의 가시성과 근접성이 높을 경우 현존 정책을 중심으로 정책의 '환류 효과(feedback effect)'가 크게 나타나기 때문이다.[325] 또한 사회적 가치의 근본적인 재분배를 초래하게 되는 새로운 정책보다는 점진적인 정책이 대체로 정치적 실현가능성이 높다. 왜냐하면 현존 정책이란 다양한 정치세력들 간의 타협과 조정의 산물이기 때문에 새로운 정책을 도입한다는 것은 기존의 관계를 파괴하기 때문이다.

정치적 실현가능성은 현존하는 정치세력의 지지에 의존하기 때문에 현존하는 정치권력의 분포가 바람직스럽게 되어 있지 못하면 정치적 강자에 의하여 정치적 약자가 희생되는 경우가 흔히 발생하고, 이러한 경우에 정치적 실현가능성은 비도덕적이고 비합리적인 성격을 띠게 된다. 특히, 정책의 가시성(visibility)이 낮은 경우 정치적 실현가능성은 소수 집단의 견해에 좌우될 가능성이 높다.[326]

정치적 합리성(political rationality)과 정치적 실현가능성(political feasibility)은 서로 다른 개념이다. 정치적 합리성은 정치적인 관점에서 바람직스러운 것으로 정치적 가치의 획득을 통해서 달성되는 것을 의미하는 것이라면, 정치적 실현가능성은 정치적인 관점에서 실존하는 것으로 정치세력의 지지 정도를 의미하는 것이다. 그러므로 정책대안의 실현가능성이 정책대안의 정치적 합리성이나 기타 측면에서의 바람직스러운 특성과 일치되려면 현존하는 정치권력의 분포가 이상적이어야 하지만, 현실은 그렇지 못한 경우가 많다. 따라서 정치권력의 민주적 분포와 정치제도의 민주적 운영을 통해서 정치적 실현가능성을 정치적 합리성이나 기타 소망성과 일치시키는 것이 민주정치제도의 이상이라고 할 수 있다.

나. 정치적 실현가능성의 평가기준

정치적 실현가능성의 평가기준에는 수용가능성, 적합성, 대응성, 합법성 등이 있다.[327]

첫째, 수용가능성은 하나의 정책이 정치과정에서 행위자들에 의하여 받아들여질 수 있는지 여부에 대한 결정과 고객 및 여타의 행위자들이 새로운 정책들을 잘 받아들이는 경향이 있는지에 대한 결정을 의미한다.

둘째, 적합성(appropriateness)은 정책목표가 여러 가지 요소 중에서 가장 바람직한 요소를 목표로 선정했느냐의 여부를 의미한다. 적합성은 정책목표들이 공동체나 사회적 가치와 조화를 이루는지 여부에 관한 이슈를 나타낸다는 점에서 수용가능성과 밀접하게 관련되어 있다.

셋째, 대응성(responsiveness)은 정책의 수혜자인 고객들의 필요와 소망을 어느 정도나 충족시킬 수 있는지를 검토하는 기준을 의미한다. 만일 어떤 정책이 고객들의 필요와 수요에 잘 부응할 수 있다면 그만큼 정책의 실현가능성은 높아진다고 할 수 있다.

넷째, 법은 정치적 행동을 통하여 만들어지고 변경되므로, 합법성은 정치적 평가기준의 카테고리에 속하는 것으로 볼 수 있다. 만일 정책분석가가 바람직한 것으로 식별한 정책이 현존하는 헌법, 법률 또는 자연법에 저촉되는 경우, 그러한 정책대안은 정치적 실현가능성이 낮다.

다. 정치적 실현가능성을 제고하기 위한 정치 전략

공식적으로 정책은 정치인이 결정한다는 점에서 정치인이 반대하는 정책대안은 정책으로 채택되기 어렵다. 따라서 정책분석가 입장에서는 그들이 바람직하다고 생각한 정책대안이 정책으로 채택되도록 하기 위해 여러 가지 정치 전략(political strategies)을 사용하는데, 이를 구체적으로 살펴보면 다음과 같다.[328)]

가) 적응적 흡수(co-optation)

자아의식이 강한 사람들은 자신의 생각에 대해 큰 자부심을 가지는 것이 보통이기 때문에, 이럴 경우 그들의 의견을 정책에 반영하는 전략을 구사할 필요가 있다. 적응적 흡수 전략에는 정책분석가가 정치인 및 관료들과 정치적 연합을 형성하는 것도 포함한다. 일반적으로 사람들은 그들의 관할 영역 밖에 있는 사람들이 제안을 하면, 그것에 대해 의구심을 가지고 상세한 검토 없이 반대하는 것이 보통이기 때문에 이러한 전략은 그 필요성이 인정된다. 물론 적응적 흡수 전략의 궁극적인 지향점은 훌륭한 정책대안이 정책분석의 고객인 정치인들에게 받아들여지도록 하는 것이며, 따라서 이 경우에도 '신뢰의 공유(sharing of credit)'는 무엇보다 중요하다.

나) 타협(compromise)

여기서 타협 전략이란 정책대안이 정치적으로 보다 수용 가능한 것이 되도록 하기 위해 정책대안의 내용에 수정을 가하는 것을 의미한다. 정책분석가 입장에서 가장 선호하는 정책대안이 정치적 지지를 결여하고 있다면, 정책분석가들은 다양한 목표를 규정하거나 일부 목표에 대해 정치인들과 흥정을 하는 방식을 통해 정책대안의 내용에 수정을 가하기도 한다.

그러나 타협 전략의 결과 원래 바람직하다고 생각한 정책대안의 내용이 크게 수정되어서는 안 된다. 따라서 바람직한 타협 전략은 채택에 필요한 최소한의 정치적 지지를 확보하기 위해 필요한 최소한의 수정을 가하는 것이다. 이러한 타협 전략은 크게 보면 두 가지이다. 첫째, 정책대안의 반대자들이 가장 반대하는 내용을 수정하거나 삭제하는 것이다. 둘째, 정책대안의 반대자들이 좋아할만한 내용을 추가하는 것이다.

이해관계자들과 흥정을 통해 합의에 이르려고 한다는 점에서, 상황에 따라 타협은 '협상(negotiation)'의 형태를 띠기도 한다. 협상의 성격과 결과에 영향을 미치는 요인에는 크게 보면 다음과 같은 두 가지가 있다. 첫째, 참여자들이 상호작용하는 '빈도(frequency)'이다. 참여자들이 빈번하게 상호작용을 하면 할수록 협상은 타협적인(amicable) 성격을 띠게 된다. 둘째, 협상을 하는 '정치적 자원(political resources)'이다. 여기에는 외부 정치세력에게 호소할 수 있는 보다 나은 위치, 선례를 활용할 수 있는 능력, 그리고 합의 지연에 따른 비용을 다른 사람에게 부과할 수 있는 능력 등이 포함된다.

다) 헤레스세틱스(Heresthetics)

라이커(William Riker)가 개념화한 '헤레스세틱스'는 의안 통제(agenda control)와 같이 사람들의 선호에 변경을 가하지 않으면서도, 정치인이 자신들이 원하는 결과를 이끌어내기 위해 의사결정상황을 조작하는 정치 전략을 의미한다. 헤레스세틱스는 투표의 역설(paradox of voting)과 같은 상황에서 특히 중요한 전략으로 부각되는데, 이 경우 고려되는 정책대안의 순서가 달라짐에 따라 채택되는 정책대안이 달라질 수 있다. 따라서 의사진행 조작(manipulation of the agenda)은 강력한 정치 전략이 될 수 있다.

의사진행을 직접적으로 조작할 수 있는 지위에 있는 사람들은 의사진행절차를 구조화하여 자신들이 원하는 결과를 이끌어낼 수 있다. 따라서 정책분석가의 고객이 의제설정자라면, 정책분석가는 자신이 선호하는 정책대안이 정책으로 채택되는 데 유리한 위치를 점하게 된다. 그러나 정책분석가의 고객이 의제설정자가 아니라면, 정책분석가는 자신이 선호하는 정책대안의 채택가능성을 높일 수 있는 다른 방법을 찾아야 한다. 그 하나의 방법은 정책분석가가 의제설정자의 마음에 들 수 있도록 자신의 제안을 설계하는 것이다.

라) 수사(Rhetoric)

가장 보편적으로 사용하는 정치 전략은 수사인데, 이는 정책분석가가 선호하는 방식으로 문제를 구조화하기 위해 설득력 있는 언어를 사용하는 것이다. 수사는 크게 보면 두 가지 상반된 내용이 포함될 수 있다. 하나는 제안된 정책대안의 가능한 결과를 명확하게 하는 정확하고 적절한 정보를 제공하는 것이며, 다른 하나는 제안된 정책대안의 가능한 결과를 불명확하게 하는 부정확하거나 부적절한 정보를 제공하는 것이다. 정책분석가는 정책대안의 결과를 명확하게 할 것인지, 아니면 불명확하게 할 것인지에 관한 윤리적 문제(ethical questions)에 직면한다. 규범적으로는 명확한 정보를 제공하는 것이 바람직하나 이럴 경우 정치적 지지를 받을 가능성이 떨어질 수 있다.

정치 행위자에게 영향을 미칠 수 있는 가장 효과적인 수사 전략은 직접적인 설득이 아니라 간접적으로 여론에 호소하는 것일 때가 많다. 여론이 형성되면 정치인들은 그에 따라 움직이는 경우가 많기 때문이다. 따라서 매스미디어는 정보 전달 면에서 중요한 역할을 한다. 즉, 정책분석가들은 기자 회견, 공청회 등을 통해 매스미디어에 정보를 제공하고, 매스미디어는 이를 보도함으로써 일반대중들에게 정책을 알린다. 그런데 매스미디어는 복잡하고 전문적인 문제보다는 단순하고 감정을 자극하는 문제를 더 선호하는 경향이 있다.[329] 따라서 이 때 제공되는 정보는 통상적인 형태를 띠는 것보다 감정에 호소하는 형태를 띠고 있을 때 매스미디어의 조명을 더 많이 받을 수 있다.

정책분석가가 주로 사용하는 수사 전략은 크게 보면 다음과 같은 두 가지이다. 첫째, 보편적이지만 윤리적으로 문제가 많은 것으로, 별로 일어날 것 같지 않은 정책의 부정적인 결과를 강조하는 것이다. 이는 사람들이 발생 확률이 낮은 것을 과대평가하는 심리적 경향과 편익보다는 비용에 더 민감하게 반응하는 '부정 편향성'의 결과라고 볼 수 있다. 예를 들어, 원자력 발전소에 반대하는 사람들은 극히 드물게 일어나는 원자력 사고를 과대평가하여 대중들의 주목을 끌려고 한다. 둘째, '이야기하기(telling stories)'도 복잡한 정책을 널리 알리는 데 효과적인 방법이다. 특히, 사회구성주의의 관점에서 봤을 때, 이야기가 희생자(victims)와 악당(villains)과 같은 상징물을 만들어내는 경우, 사람들의 관심을 집중시킬 수 있다.

전술한 바와 같이, 정책분석가는 정확한 정보를 제공하는 것을 주 임무로 삼아야 한다. 따라서 정책분석가의 직업윤리(professional ethics)는 잘못되거나 오도된 정보를 분석과정에서 배제하는 것이 되어야 한다. 정책분석가가 그들의 고객이나 국민에게 책임을 다하려고 한다면, 수사적 부정직(rhetorical dishonesty)에서 벗어나야 한다. 마키아벨리는 외관상 정직해 보이는 것이 실제 정직한 것보다 정치 행위자에게 더 중요하다고 갈파한 바 있다. 그러나 일반적으로 정직해 보이는 가장 최선의 방법은 실제로도 정직해지는 것이다.

7. 비용편익 분석

1) 비용편익 분석의 의의 및 기본가정

(1) 비용편익 분석의 의의

넓은 의미의 비용편익 분석(cost-benefit analysis)은 경쟁적인 공공투자기회의 긍정적인 효과와 부정적인 효과를 체계적으로 평가하고 가능한 한 이들을 계량화하여 대안의 비교·평가에 명시적으로 포함시키는 일련의 방법론을 지칭한다.[330] 비용편익 분석은 정책대안의 비교·평가기준 중 능률성(efficiency)을 체계적으로 평가하기 위한 기법으로서,[331] 정부의 어떤 특정 사업이 채택되었을 때 그 사회의 모든 구성원들에게 발생되는 유형·무형의 모든 편익과 비용을 계량화의 용이성과 무관하게 체계적으로 열거하여 일정한 판단기준에 따라 그 사업의 타당성을 평가하는 분석기법이다.[332] 경제학자 프리먼(Myrick A. Freeman)은 비용편익분석의 기본 논리를 다음과 같이 적절하게 설명하고 있다.

> 비용편익분석은 정책 선택에 의해 사람들을 더 낫게 만드는 이득의 합이 더 나쁘게 만드는 손실의 합보다 큰 지를 결정하는 방법이다. 이득과 손실은 모두 화폐가치로 측정되며, 이득을 얻기 위해 또는 정책이 부과하는 손실을 회피하기 위해 지불할 용의(willingness)가 있는 금액의 합계로 정의된다. 만일 이득이 손실보다 크다면, 비용편익분석의 논리에 따라 그 정책은 채택될 수 있다.[333]

비용편익분석은 프로그램과 프로젝트 자금의 다양한 이용에 대해 의사결정자가 이들의 우선순위를 정하거나 이용방법을 결정하는데 도움을 주기 위해 공공부문과 민간부문에 더해 많은 비영리 기관에서 널리 이용되고 있다.[334] 이처럼 비용편익 분석은 공공부문과 민간부문 모두에 적용될 수 있지만, 공공부문의 비용-편익 분석은 민간부문의 비용-편익 분석과 다음과 같은 측면에서 차이가 있다.[335]

첫째, 정부프로젝트의 편익과 비용은 단순히 정부세입의 증감이 아니라 사회구성원 전체의 후생의 증감으로 정의되어야만 하기 때문에, 이윤가능성에 초점을 두는 민간프로젝트보다도 훨씬 넓고 광범위한 결과에 관심을 기울여야 한다. 뿐만 아니라 정부는 어떤 활동이 초래하는 단순한 금전적인 증감의 고찰수준을 벗어나서 비금전적인 요소도 함께 고려해야 할 책임이 있다.

둘째, 정부프로젝트에 소요된 자원과 그러한 프로젝트로부터 도출되는 편익의 가치산정이 민간의 경우와 다르다. 왜냐하면 공공프로젝트의 투입요소나 산출물은 시장에서 거래되지 않기 때문에 시장가격이 존재하지 않기 때문이다. 따라서 공공영역에서 비용-편익 분석을 하기 위해서는 자원들의 진정한 가치를 반영하는 잠재가격(shadow price)을 구하여서 그것을 사회적 편익과 비용의 산출에 적용하여야 한다.

셋째, 정부는 이윤극대화를 추구하는 기업과는 달리 여러 가지 서로 다른 정책목표와 수단들을 갖기 때문에, 정부가 이와 같은 서로 다른 목표들에 대해서 어떤 태도를 취할 것인가는 프로젝트의 편익과 비용의 계산과 관련된 기본적인 문제점으로 작용한다.

비용편익분석이 정부의 공공지출이나 각종 규제에 관한 정책분석에 널리 사용되지만, 그 기본적 논리는 정부의 의사결정뿐만 아니라 합리성을 추구하는 다른 광범위한 의사결정 분야에도 적용될 수 있다.

(2) 비용편익 분석의 특징

비용편익분석은 다음과 같은 특징을 가지고 있다.[336]

첫째, 비용편익 분석은 공공 프로그램이 사회에 가져오는 모든 편익과 비용을 측정하려고 하는데, 여기에는 금전적 가치로 쉽게 환산할 수 없는 무형적인 편익과 비용도 포함된다.

둘째, 비용편익 분석은 기본적으로 경제적 합리성에 입각하고 있다. 따라서 어떤 정책이나 프로그램의 순편익(총편익-총비용)이 0보다 크고, 또한 다른 대안적인 공공투자 또는 민간투자에서 발생하는 순편익보다 많을 경우 그 정책이나 프로그램은 능률적이라고 말한다.

셋째, 비용편익분석은 공공 프로그램의 제안을 위한 출발점으로 민간시장(marketplace)을 활용한다. 공공투자의 기회비용은 흔히 민간부문에 투자했을 경우에 얻을 수 있는 순편익을 근거로 해서 계산된다.

넷째, 최근에는 비용편익 분석이 사회적 비용편익 분석으로 불리기도 하며, '재분배적 편익(redistributional benefits)'을 측정하는 데에도 사용된다. 사회적 비용편익 분석은 형평성(equity)의 기준에 관심을 가지기 때문에 '사회적 합리성(social rationality)'과 일치한다.

(3) 비용편익 분석의 기본 가정(문제점)

비용편익 분석이 내포하고 있는 가정과 이에 따른 문제점을 살펴보면 다음과 같다.[337]

비용편익 분석이 가지고 있는 첫 번째 가정 및 문제점은 소득분배에 관한 것이다. 공공사업은 민간기업의 이윤추구와는 달리 사회 전체의 후생증대를 목적으로 하고 있다. 사회후생(social welfare)을 증대시킬 수 있는 경우로서는 다음 세 가지를 생각할 수 있다. ① 공공사업을 통해 사회구성원 개개인의 후생이 모두 증가하는 경우, ② 공공사업을 통해 사회구성원 중 일부 그룹의 후생이 증가하나 나머지 그룹의 후생에는 아무런 변화가 없는 경우,[338] ③ 공공사업을 통해 사회구성원 중 일부 그룹에는 후생의 증가가, 나머지 그룹에는 후생의 감소가 이루어지는데, 후생의 총증가가 총감소보다 클 때, 즉 순증가가 존재할 경우이다.[339] 공공투자분석에 있어 문제점으로 대두되는 것은 위 세 가지 중 ③의 경우이다. 비용-편익 분석에서 순편익의 현재가치가 正이라는 것은 사회적 후생의 순증가를 의미하고 있으며, 나아가서 이 순편익으로 후생의 감소를 가져온 사람들을 보상할 수 있다는 것을 가정하고 있다. 그러나 얻은 자와 잃은 자를 분명히 구별하여 이에 따른 적절한 소득재분배를 해주는 조세정책 내지 재정정책의 메커니즘이 분명히 존재하지 않는 한 비용편익 분석에서 가정하고 있는 순편익의 소득재분배 역할은 아무런 의미가 없는 것이다.

비용편익 분석에서 두 번째 주요 가정 및 문제점은 분석에서 완전경쟁상태를 상정하고 있다는 것이다. 모든 투입물과 산출물의 가격을 실제의 시장가격에 따르는 것이 아니라 완전경쟁이 이루어질 때 존재할 수 있는 가격으로 환산하고 이것을 이용하여 모든 가치를 측정하는 것이다. 다시 말해, 모든 비용과 편익은 잠재가격(shadow price)[340]으로 계산하여야 하는데, 이렇게 하는 근거는 논리적으로 잠재가격이 진정한 사회적 편익과 사회적 비용을 대변하고 있기 때문이다. 비용편익 분석이 갖는 큰 어려움은 이 잠재가격을 얼마만큼 정확히 추정할 수 있느냐 하는 것이다.

마지막으로, 비용편익 분석의 또 다른 중요한 가정은 공공사업의 효과가 발생하는 동안 타부문 재화간의 상대가격에 변화가 일어나지 않는다는 것이다. 이러한 가정 없이는 사업기간 동안의 모든 비용과 편익을 측정하는 데 있어 일률적인 기준 아래에서 측정하는 것이 불가능해진다. 그러나 이러한 상대가격에 변화가 없다는 가정도 후진국에서는 문제점으로 대두된다. 후진국의 경우처럼 시장규모가 비교적 작은 나라에서는 대규모 공공사업을 추진할 때 타 재화간의 상대가격에 변화를 줄 가능성이 너무나 많기 때문이다.

2) 비용편익 분석의 절차

비용-편익 분석의 절차는 실현가능하고 상호배타적인 비교대안의 식별, 사업 수명의 결정, 각 대안들의 편익과 비용의 추정, 사용될 할인율의 구체화, 사업효과성 측정방법의 구체화, 선정된 효과성 측정방법에 의한 대안의 비교, 민감도분석의 수행, 적정대안의 선택 등과 같은 여덟 가지 단계로 나누어 볼 수 있다. 이하에서는 비용-편익 분석의 절차에 대해 간략하게 살펴보고자 한다.[341]

(1) 대안의 식별과 분류

공공사업평가의 제1단계는 설정된 목표를 달성하기 위하여 이용 가능한 모든 대안들을 식별하는 단계이다. 대안의 식별과 정의는 대안의 분석과 대안의 선택과정에서 중요한 영향을 미치게 되고, 특히 대안이 투자와 관련될 때에는 어느 한 대안의 선택은 타 정책결정에 있어서의 대안의 평가와 선택에까지 영향을 미칠 수 있기 때문에 더욱 신중을 기하여야 한다. 일반적으로 대안들은 상호 독립된 대안과 상호의존적인 대안으로 분류될 수 있으며, 경우에 따라서는 상호보완관계에 있는 대안들로부터 상호 대체관계에 있는 것까지 여러 가지로 구분될 수 있다.

(2) 사업수명의 결정

사업대안의 분석이 의미 있는 것이 되기 위해서는 먼저 사업의 수명을 결정해야 한다. 여기서 사업의 수명이란 그 사업을 수행함으로써 편익이 나오게 될 것으로 기대할 수 있는 기간을 말한다. 사업대안의 비교 기간은 각 사업대안들이 서비스를 제공할 수 있는 기간이고, 이 기간 동안에 발생하게 되는 모든 편익과 비용이 비교에 포함되어야 한다. 여러 개의 사업대안들을 비교하는 경우 모든 사업대안들의 수명이 일치하지 않는 경우도 있을 수 있지만, 대안의 비교를 위한 평가의 객관성을 높이기 위해서는 각 대안에 적용되는 서비스 제공의 수명이 동일하지 않으면 안 된다.

(3) 편익과 비용의 추정

계획시계 내의 각 사업대안들과 관련된 편익과 비용들은 가능하다면 금전적 가치로 계량화되는 것이 바람직하다. 편익 또는 정부투자의 적극적인 효과는 어떤 한 정부기관에 대해서가 아니라 공중에게 바람직한 결과를 말한다. 그리고 비용 역시 어떤 한 정부기관에 대해서가 아니라 공중에 대하여 바람직하지 못한 효과를 말한다. 비용편익 분석에서 비용과 편익을 추정하는 방법을 간략하게 살펴보면 다음과 같다.[342)]

먼저 비용의 추정에서, 정책분석에서의 비용은 미래에 발생할 비용만 계상한다. 과거에 이미 발생한 비용은 매몰비용(sunk cost)이라고 하여 고려하지 않는다. 정책분석에서는 비용을 민간의 원가개념이 아니라, 기회비용(opportunity cost)적 입장에서 평가해야 한다. 여기서 기회비용이란 경제적 비용(economic cost)이라고도 하는데, 차선의 선택이 가지고 있는 가치를 말하며 이를 최선의 선택의 비용으로 본다는 의미이다.[343)] 또한 비용은 자원의 투입에 따른 진정한 가치, 즉 완전경쟁시장에서 형성되는 잠재가격(shadow prices)으로 평가한다. 잠재가격을 유추하는 방법으로는 다음과 같은 다섯 가지가 있다. 첫째, 비교가격(comparable prices)이다. 여기서 분석가는 비교가능하거나 유사한 물품의 가격을 이용한다. 둘째, 소비자 선택(consumer choice)이다. 여기서는 개개인이 주어진 무형물과 화폐 중에서 선택해야만 하는 상황에서 소비자 행태를 관찰함으로써 무형물의 가치를 분석가가 추정한다. 셋째, 파생수요(derived demand)이다. 여기에서 시장가격이 없는 무형물의 가치는 방문객들이 지불하는 간접비용을 근거로 해서 추정될 수 있다. 넷째, 조사분석(survey analysis)이다. 여기서는 분석가가 우편설문지 등을 이용하여 시민들의 의견을 조사하는 것이다. 다섯째, 보상비용(cost of compensation)이다. 여기서는 분석가가 무형물, 특히 원하지 않는 외부비용의 형태로 발생하는 것의 가치를 그것을 '시정하는 데 필요한 경비'를 알아냄으로써 추정할 수 있다.

그러나 비용의 측정이 용이한 것은 아니며, 따라서 실제 사용되고 있는 관례는 투입을 비용으로 보고 실제의 지출만을 비용으로 식별하는 방식을 사용하고 있다. 이 방식에 의하면 비용의 계산이 비교적 용이해진다. 이 방식은 비용 항목의 리스트를 작성하고 각 항목의 비용을 측정하는 것이다. 예컨대, 최초의 비용으로서 연구개발비, 기획비, 토지구입비, 건물과 설비비 등과 정기적으로 투입되는 비용으로서 인건비, 자재비, 임대료, 간접적 행정비 등의 비용 항목을 식별해 이들을 각각 측정하는 것이다.[344)]

다음으로 편익의 추정에서는 미래에 발생할 편익을 현재의 화폐가치로 환산하여 평가하여야 한다. 비용편익 분석에서는 직접적인 편익뿐만 아니라 간접적인 편익도 고려하고, 특히 비용을 부담하지 않으면서 누리게 되는 간접편익도 고려해야 하지만, 상대가격(relative price)의 변화 때문에 발생하는 화폐적(pecuniary) 편익과 비용은 분석에서 제외되어야 한다.[345)] 따라서 실질적 편익과 비용은 반드시 비용편익 분석에 포함되어야 하는데, 여기에도 다음과 같이 여러 가지 종류가 있다.

이론적으로 편익은 사회후생(social welfare)의 증가분을 의미한다. 그러나 사회후생의 개념 자체가 모호하고 측정하기에는 문제가 있다. 편익을 측정하기 위해 널리 이용되고 있는 방법은 소비자 잉여(consumer's surplus)를 통한 분석 방법이다. 여기서 소비자 잉여란 소비자가 지불할 의사가 있는 금액과 실제로 지불하는 금액 간의 차이를 말한다.[346)] 따라서 소비자 잉여는 <그림 11-6> 에서 보는 것처럼, 수요곡선 아래 시장가격 위 영역에 해당한다. 수요곡선의 높이가 그 재화를 소비함으로써 얻게 되는 한계편익(Marginal Benefit: MB)이기 때문에 소비자들은 적어도 이 정도만큼은 지불할 의사가 있는 데 반해 실제 지불한 금액은 그것보다 작기 때문에 소비자들은 그 차이만큼 이득을 보았기 때문이다. 이처럼 소비자 잉여 개념은 효용을 금전적 가치로 표현하기 위한 개념이다. 따라서 사업의 편익은 그 사업에 의해 추가적으로 발생되는 편익을 의미하고, 이것은 곧 소비자 잉여의 증가분과 같은 개념이 된다.[347)]

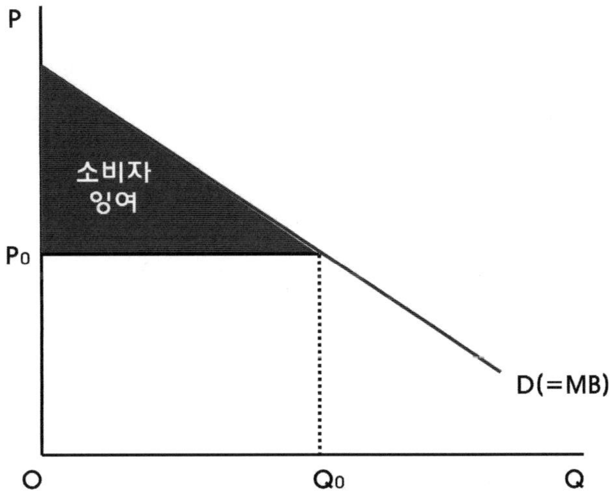

<그림 11-6> 소비자 잉여의 예

가. 직접적인 것과 간접적인 것

직접적인 편익과 비용이란 프로젝트의 주목적과 긴밀하게 연관된 것이고, 간접적인 것은 부산물의 성격을 띠는 것이다. 흔히 전자를 1차적인 편익과 비용이라고 하며, 후자를 2차적인 편익과 비용이라고 한다.[348] 직접적인 것과 간접적인 것의 구분은 통상적으로는 그 프로젝트와 관련된 입법의도를 기준으로 한다. 예를 들어, 우주개발사업의 경우 우주탐험이 주목적이지만, 방위기술의 향상이나 자동차산업의 기술향상에도 기여한다. 또한 방위산업기술의 개발은 국방력 향상이 주목적이지만, 민간영역의 기술향상에 크게 기여하는 부수효과도 있다.[349]

나. 유형적인 것과 무형적인 것

유형적(tangible)인 편익과 비용은 시장에서 측정가능한 편익과 비용을 지칭하며, 무형적(intangible)인 것은 그렇지 못한 편익과 비용을 지칭한다. 정부가 공급하는 공공재의 상당부분은 무형적인 성격을 띠며, 또한 사회적 비용(social costs)이란 개념도 대부분 무형적인 영역에 속하는 것들이다. 무형적인 편익이나 비용의 측정은 어렵기는 하지만, 비용편익분석에 반드시 포함되어야만 한다. 그렇지 않을 경우, 비용편익분석은 상당한 오류를 초래할 수 있다.

금전적 가치를 환산할 수 없는 무형적 편익을 측정하는 방법은 다음과 같다.[350] 첫째, 금전적 가치를 부여할 수는 없다고 하더라도 편익을 가능한 한 자세하게 수량적으로 표현하는 방법이다. 둘째, 측정불가능한 편익이 가질 수 있는 최소한의 금전적 가치와 최대한의 금전적 가치를 설정하고 이러한 최소치와 최대치를 비용과 비교하는 방법이다. 셋째, 어떤 정부사업이 채택가능한 사업이 될 수 있거나 혹은 다른 사업과 비교해서 우선순위를 가진 사업이 될 수 있기 위해서는 측정불가능한 편익이 얼마만큼의 금전적 가치를 가져야만 하는가를 계산해 내는 방법이다. 넷째, 정부사업의 편익을 금전적인 가치로 환산할 수는 없지만 그러한 편익을 달성하는 것을 목표로 설정해서 비용이 가장 적게 소요되는 대안을 찾는 방법이다. 이러한 방법을 통상 비용효과분석(cost effectiveness analysis)이라고 하는데, 이처럼 비용효과분석은 비용편익분석과 달리 편익을 일단 주어진 것으로 가정하고 단지 이를 달성할 수 있는 최적의 수단만 강구하는 분석기법이다.[351]

특히, 무형적인 편익과 비용의 측정과 관련하여 조건부가치평가법(contingent valuation)을 사용하기도 하는데 이에 대해 간략하게 살펴보면 다음과 같다. 조건부가치평가법이란 사람들에게 현재 선택하고 있지 않거나 선택할 기회가 없는 대안의 가치를 물어보는 것으로, 예를 들면 "통근시간을 5분 줄이는 데 얼마를 지불할 용의가 있는가?"라고 물어보는 것이다. 즉, 조건부가치평가법은 사람들의 '지불의사(willingness to pay)'를 물어보는 방법이다. 따라서 조건부가치평가법 하에서 편익은 사람들이 바람직하다고 생각하는 결과를 얻기 위해 지불할 용의가 있는 최대 금액의 합계로 정의되고, 비용은 사람들이 바람직하지 않다고 생각하는 결과를 회피하기 위해 지불할 용의가 있는 최대 금액의 합계로 정의된다.[352] 조건부가치평가법은 시장가격이 존재하지 않는 공공재의 가치를 정할 수 있는 유일한 방법이라는 장점이 있으나, 다음과 같은 한계도 있다. 먼저 조건부가치평가법은 주관적 성격이 강하기 때문에 설문의 구조를 바꾸기만 해도 응답자의 반응이 달라질 수 있다.[353] 또한 조건부가치평가법은 특정한 가치가 과소평가될 우려도 있다. 예를 들어, 가난한 사람들이 선호하는 가치나 환경의 가치와 같이 사람들의 이해관계와 직결되지 않는 가치의 경우 지불의사를 묻는 과정에서 과소추정될 가능성이 높다.[354] 지불의사는 소득수준과 연계되기 때문에 소득수준이 낮은 경우 지불의사도 당연히 낮게 나타날 수밖에 없으며, 환경의 가치와 같은 일반적 가치의 경우 많은 사람들에게 혜택이 돌아가기 때문에 개개인이 인식하는 편익은 작을 것이기 때문이다.[355]

다. 중간적인 것과 최종적인 것

공공 프로젝트로 인한 편익에는 소비자들에게 직접적으로 돌아가는 것과 다른 재화의 생산요소로 들어가서 중간재적인 성격을 띠는 것이 있다. 어떤 특정한 프로젝트는 두 가지 유형의 재화를 모두 생산하기도 한다. 즉, 일기예보는 외출을 하려는 사람들에게는 최종소비재로 간주될 것이고, 농부나 항공서비스업자들에게는 중간재로서의 성격을 띨 것이다.

라. 내부적인 것과 외부적인 것

이것은 공공 프로젝트가 추진되는 관할영역을 기준으로 하는 것으로써 관할영역 내에서 발생되는 것은 내부적인 것이고, 그렇지 않은 것은 외부적인 것이다. 즉, 낙동강 상류인 경북지역에서의 공단건설은 낙동강 하류지역에 있는 부산·경남지역 사람들에게도 영향을 미친다. 이 경우 공단건설 때문에 경북지역에 돌아가는 편익은 경북지역에서는 내부적인 것이며, 그와 같은 공단조성이 유발시킬 수 있는 낙동강 오염 때문에 부산·경남지역 사람들이 겪는 식수로 인한 고통은 그들에게는 외부적인 것이다.

(4) 할인율의 선택

편익과 비용을 추정한 다음에는 미래에 발생할 편익과 비용을 현재 가치로 추정할 필요가 있다. 이 때 사용되는 것이 '할인율(discount rate)'이다. 여기서 할인율이란 자본의 기회비용(opportunity cost of capital), 다시 말해 비슷한 위험을 갖는 차선(next best)의 투자로부터 얻을 수 있는 수익률을 말하는데 보통은 이자율의 의미로 사용된다.[356] 할인율은 현재의 가치가 미래의 가치보다 높다는 기본 가정에 근거하는데, 할인율을 어떻게 설정하는가에 따라 비용편익분석의 결과가 크게 달라질 수 있다. 일반적으로 높은 할인율은 현재의 가치를 높게 평가하는 반면, 낮은 할인율은 미래의 가치를 높게 평가하는 경향이 있기 때문에, 단기 사업의 경우 할인율을 높게 설정하는 것이 바람직한 반면 장기 사업의 경우 할인율을 낮게 설정하는 것이 바람직하다.[357] 할인율은 이자율, 물가상승률, 자본의 기회비용 등을 종합적으로 판단하여 결정하지만, 할인율을 어떻게 정할 것인가에 대해서는 과학적 근거가 없는 실정이다.[358] 따라서 할인율의 결정은 정책분석가의 개인적 선호가 반영된 결과일 가능성이 높다.[359] 현재의 가치를 높이 평가하는 정책분석가는 높은 할인율을 선호할 것인 반면, 미래의 가치를 높이 평가하는 정책분석가는 낮은 할인율을 선호할 것이기 때문이다.

전술한 바와 같이, 편익과 비용이 타당하고 정확하게 추정되었다고 할지라도 할인율의 선택이 잘못되면 사업대안에 대한 올바른 평가가 이루어지기 어렵기 때문에 할인율의 선택은 제안된 계획사업의 평가에 있어서 매우 중요한 과정이다. 그런데 공공사업과 민간사업을 구분하여 공공사업에 적용되는 할인율은 민간사업에 적용되는 할인율과 달라야 한다고 주장하는 경우가 많다. 예를 들어, 공공사업을 평가하는 데 적용되는 할인율을 '사회적 할인율(social rate of discount)'이라고 하는데, 이는 시장의 할인율뿐만 아니라 사회의 여러 다른 요인들도 함께 고려하여 결정되는 할인율을 말한다.[360] 즉, 사회적 할인율은 핀디이그(Robert S. Pindyck)와 루빈펠드(Daniel L. Rubinfeld)가 말했듯이, "현재가 아닌 미래에 사회 전체가 받는 경제적 혜택의 기회비용"을 의미하는데, 이는 기대 실질경제성장률, 사회적 위험회피도, 그리고 사회적 시간선호도 등 세 가지 요소의 영향을 받는다.[361]

공공사업의 평가에 적용될 수 있는 할인율로 몇 가지 대안이 제시되고 있는데, 이들은 크게 보면 다음과 같은 두 가지 부류로 나눌 수 있다.[362] 첫째 부류는 민간부문에서 통용될 수 있는 할인율 선택의 원칙에 준하여 사회적 할인율을 도출하는 접근법이다. 이 접근방법은 소비자주권이라는 관점에서 긍정적인 평가를 받을 수 있는데, 만약 그 경제 안의 모든 시장이 이상적으로 움직이고 있다면 아무 문제가 없다. 그러나 현실은 이와 같은 이상적 상황과는 거리가 있기 때문에 이 접근방법은 별로 바람직하지 않을 수 있으며, 나아가 공공사업의 경우에는 사회성을 중시해야 하기 때문에 사회적 관점에서 본 자금의 기회비용이라는 개념을 고려해야 할 필요도 생긴다.

이러한 맥락에서 둘째 부류는 공공사업이 사회적 관점에서 평가되어야 한다는 점을 중시하고 민간부문에서의 논리와는 다른 별개의 논리에 의해서 '사회적인' 할인율을 도출하고자 한다. 일반적으로 말해 낮은 할인율은 공공사업을 보다 효율적으로 만드는 경향이 있기 때문에,[363] '사회적인' 할인율은 민간부문에서 적용되는 할인율보다 낮아야 한다고 주장하는 사람들이 많다.[364] 이러한 주장을 하는 사람들의 논거는 다음과 같다.[365] 첫째, 민간부문의 투자계획과 달리 공공사업은 미래세대에 미칠 영향까지 감안해 평가되어야 한다는 점이 지적되고 있다. 둘째, 개인들은 본질적으로 근시안적(myopic)인 태도에 의해 의사결정을 내리기 때문에 할인율을 너무 높게 책정하는 경향이 있다는 근거를 제시하는 사람들도 있다. 셋째, 공공사업은 긍정적인 외부효과를 창출하는 것이 보통이므로 낮은 할인율을 적용함으로써 공공사업이 적정한 수준에서 수행되도록 배려해야 한다는 주장도 있다. 공공사업의 경우 민간부문에서 적용되는 할인율과 다른 '사회적인' 할인율을 적용해야 한다는 주장 그 자체에는 어느 정도 설득력이 있으나, 그것이 어떻게 도출되어야 한다는 지침이 구체적으로 마련되어 있지 못한 실정이다. 또한 사회적인 할인율이 더 낮아야 되는 필연적인 이유를 찾기 힘들 뿐만 아니라, 더 낮아야 한다면 어느 정도 차이가 나야 하는지에 대해 아무런 구체적 근거가 없다는 것이 문제로 지적될 수 있다.

그러나 사회적 할인율을 적용한다고 하더라도 사회적 시간선호율을 정확하게 측정하기가 불가능하고 또한 공공사업을 민간사업에 비해 무작정 우대하는 것도 자원의 효율적 이용이라는 측면에서 불합리하므로 공공사업의 할인율을 공공부문과 민간부문 간의 자원의 기회비용(opportunity cost)으로 파악해야 한다는 주장이 강력히 대두되어 왔다. 즉, 자원이 공공사업에 사용되지 않고 민간사업에 사용되었을 때 획득할 수 있는 수익률을 공공사업의 할인율로 해야 한다는 것이다. 이렇게 본다면 민간기업이 통상 할 수 있는 모든 산업의 평균수익률(average rate of return)을 측정하여 이것을 공공사업의 할인율로 사용할 수 있을 것이며, 이럴 경우 적용되는 할인율은 사회적 할인율보다 높아질 가능성이 크다. 전체 민간산업의 평균수익률을 공공사업에 있어서의 자본의 기회비용으로 보고 이것을 할인율로 사용한다는 것은 공공사업도 민간사업에서 통상 기대할 수 있는 수익률로 발생시켜야지 그렇지 않으면 그 공공사업은 타당성이 없는 사업으로 평가된다는 것을 의미하고 있다.

(5) 효과성 측정방법의 선택

편익과 비용이 추정되고 대안의 평가에 적용될 할인율이 결정되고 나면 그 다음에는 각 대안들의 효과성을 측정할 적정한 방법을 선택하여야 한다. 공공사업의 효과성을 측정하는 데 널리 쓰이고 있는 일반적인 방법으로서는 순현재가치(net present value: NPV), 편익비용비(benefit-cost ratio: BCR), 내부수익률(internal rate of return: IRR) 원금회수기간(pay back period), 한계편익비용비 등을 들 수 있다. 그리고 각 대안들의 효과성을 측정할 적정한 방법을 선택하여 비교하게 된다. 이들 기준 중 순현재가치, 편익비용비, 그리고 내부수익률에 대해서는 다음 항에서 구체적으로 살펴보고자 한다.

(6) 민감도 분석

지금까지의 분석은 분석모형의 모든 파라미터(parameter)의 값들이 확실히 알려진 것을 전제로 한 것이었다. 그러나 이들 가운데 만일 어떤 값이 확실히 알려져 있지 않거나 추정상에 어떤 오차가 포함되어 있다면 이것이 대안의 분석결과에 어떠한 영향을 미칠 것인가? 이와 같이 "만일 … 이라면 어떻게 되겠는가?" 라는 일련의 가상적 의문에 대답하기 위하여 각 파라미터의 값을 원래의 분석에서 사용했던 값들과는 다른 값들로 대치 사용하여 분석한 후 이것이 대안의 비교 · 평가에 미치는 영향을 분석하는 것을 민감도 분석(sensitivity analysis)이라고 한다. 즉, 민감도 분석은 최초의 예측과 실제 상황이 달라지거나 가정의 변화에 따른 결과의 변화를 분석하는 기법이라고 할 수 있다.[366]

이러한 민감도 분석은 파라미터가 어떤 값을 취할지 전혀 불확실한 경우에 사용하는 손익분기분석(break-even analysis), 파라미터가 취할 수 있는 값들을 알 수는 있으나 이들 가운데 어떤 값이 실제로 발생하게 될 것인가를 모르는 경우 사용하는 일반적으로 말하는 민감도 분석, 그리고 각 파라미터들이 어떤 값을 취할 수 있는지에 대한 확률들이 알려져 있는 경우 사용하는 위험분석(risk analysis) 등을 포함한다.

민감도 분석은 비용편익분석에 내재되어 있는 단점을 극복하는 데 도움을 준다. 예를 들어, 비용편익분석의 결과가 선택된 할인율에 따라 다르게 나타난다면, 정책결정자가 가장 바람직한 결과를 선택할 수 있도록 정책분석가는 민감도 분석에 따른 다양한 결과들을 보고할 수 있다.[367]

3) 비용편익 분석의 평가기준

비용편익 분석의 평가기준으로 여기서는 순현재가치, 편익비용비, 그리고 내부수익률 등 세 가지에 대해 살펴보고자 한다.[368]

(1) 순현재가치(Net Present Value: NPV)

비용편익 분석에서 순현재가치는 편익의 현재가치에서 비용의 현재가치를 뺀 것을 의미한다. 이를 식으로 나타내면 다음과 같다.

$$\mathrm{NPV} = \Sigma(\mathrm{B}_t - \mathrm{C}_t)/(1+r)^t$$

단일 공공사업인 경우에는 NPV가 0보다 큰 경우 이 프로젝트는 비용보다 더 많은 편익을 생산하는 것을 의미하므로 타당한 것으로 인정된다. 그러나 2개의 상호배타적인 경쟁적 프로젝트가 있을 경우에는 보다 높은 NPV를 갖는 프로젝트를 선택하게 된다.

흔히 NPV에 의한 평가기준을 칼도-힉스 기준이라고 부른다. 전술한 바와 같이, 칼도-힉스 기준은 파레토 기준의 비현실성을 극복하기 위한 대안으로 제시된 기준으로, 어떤 변화를 통해 이득을 보는 사람에 의해 평가된 이득의 가치가 손해를 보는 사람에 의해 평가된 손해의 가치보다 클 때 그 변화를 개선이라고 평가할 수 있는 기준을 말한다. 즉, 칼도-힉스 기준은 이득을 보는 사람이 손해를 보는 사람에게 그 손해에 해당하는 보상을 해주고도 남는 것이 있을 때, 그 변화를 개선이라고 보는 것이다.[369] 그러나 칼도-힉스 기준에서의 보상은 실제로 일어나는 보상이 아니라 잠재적인 보상을 의미하기 때문에, 정책변화로 인한 소득분배적인 결과를 고려하는 것은 아니라고 할 수 있다.

또한 NPV는 할인율에 영향을 받는다. 전술한 바와 같이, 할인율은 미래의 가치를 할인하는 것이기 때문에, 단기적인 것보다 장기적인 것이 더 많이 할인된다. 그런데 정부의 사업이나 정책의 경우 비용은 개시와 동시에 발생하는 반면 편익은 비교적 장기간에 걸쳐 나타나기 때문에, 비용보다 편익이 더 많이 할인된다.[370] 따라서 할인율이 높아질수록 NPV는 감소하는 경향이 있다.

(2) 편익비용비(Benefit Cost Ratio: BCR)

편익비용비는 편익의 현재가치를 비용의 현재가치로 나눈 비율을 의미한다. 이를 식으로 나타내면 다음과 같다.

$$BCR = [\Sigma B_t / (1+r)^t] / [\Sigma C_t (1+r)^t]$$

편익비용비의 기준은 어떤 프로젝트의 BCR이 1보다 크면 그 프로젝트는 타당한 것으로 간주하는 것이다. BCR이 1보다 크다는 것은 분자가 분모보다 크다는 것이고, 결국 NPV가 0보다 크다는 것을 의미한다. 이러한 맥락에서 NPV의 분석결과와 BCR의 분석결과는 대체로 일치하지만, 반드시 그런 것은 아니다. 편익과 비용은 각각 부(負)의 비용 또는 부(負)의 편익으로 계산될 수 있기 때문에 BCR의 값은 편익과 비용의 정의에 따라 달라질 수 있지만 NPV는 그렇지 않기 때문이다. 따라서 BCR의 기준은 NPV의 기준과는 달리 자의성이 개입될 소지가 있다.

여러 가지 대안들이 있을 때 BCR의 판단기준에 의하면 가장 높은 BCR의 값을 갖는 대안이 선택되지만, BCR의 값이 최대인 대안과 NPV의 값이 최대인 대안이 다른 경우에 문제가 생긴다(〈표 11-8〉 참조).

<표 11-8> 프로젝트 X · Y · Z의 비용편익분석 자료[371)]

	비용의 현재값	편익의 현재값	BCR의 값	NPV의 값
프로젝트 X	200	450	2.25:1	250
프로젝트 Y	400	800	2.00:1	400
프로젝트 Z	600	900	1.50:1	300

이러한 경우에는 BCR을 사용할 때 주의가 필요하며, 특히 예산제약이 있을 때에는 BCR와 NPV의 기준을 동시에 적용하여 NPV의 값을 최대로 하는 프로젝트를 선정하는 것이 올바른 방법이다. 왜냐하면 NPV와 달리 BCR은 동일한 사업에 대해서도 무엇을 비용으로 개념화하고 무엇을 편익으로 개념화하는가에 따라 그 결과가 달라지기 때문이다. 예를 들면, 다음과 같은 경우이다.[372)] 사업 A는 도로를 건설하는 사업으로서 편익은 500억 원이고 비용은 200억 원이 소요된다. 사업 B는 댐을 건설하는 사업으로서 편익은 350억 원이고 비용은 200억 원이

다. 사업 A와 사업 B 중 어느 한 사업만을 선정해야 할 경우에는 당연히 BCR의 값이 큰 사업 A를 선택해야 할 것이다. 그러나 도로를 건설하게 될 경우 기존의 대중교통수단, 예를 들면 철도의 이용률을 떨어뜨려서 철도사업에는 손실을 가져다 줄 수도 있다. 철도사업에 대한 손실이 100억 원이라고 가정하자. 이 때 철도사업의 손실 100억 원을 편익에서 감해주게 되면 사업 A의 편익은 400억 원이 되므로 BCR은 2.0이 된다. 반면, 이 100억 원을 비용으로 처리하게 되면 BCR은 500/300≒1.67이 된다. 따라서 100억 원을 편익으로 처리하게 되면 사업 A가 선정되지만, 100억 원을 비용으로 계산할 경우에는 사업 B가 선정되게 된다.

<표 11-9> 가상적인 사업 A와 B의 편익-비용 비율[373)]

	편익 (소비자의 후생증가)	비용 (납세자의 부담)	편익-비용비율 (BCR)
사업 A(도로건설)	500억 원	200억 원	2.50
사업 B(댐건설)	350억 원	200억 원	1.75

위의 예에서 볼 수 있는 바와 같이, 편익은 항상 부정적 비용(negative costs)으로서 개념화할 수 있고, 비용 또한 부정적 편익(negative benefits)으로서 개념화할 수 있기 때문에, 동일한 사업에 있어서도 무엇을 비용으로 개념화하고 무엇을 편익으로 개념화하는가에 따라 편익비용비율(BCR)이 달라질 수 있다. 이와는 달리, 순현재가치(NPV)는 편익과 비용의 비율이 아니라 단지 양자의 절대적 차이로써 계산되기 때문에 이러한 혼란이 발생하지 않는다.

(3) 내부수익률(Internal Rate of Return: IRR)

프로젝트의 내부수익률이란 NPV를 0으로 만드는 할인율을 의미한다. 어떤 프로젝트의 IRR이 적정한 할인율보다 높은 경우에는 그 프로젝트는 타당성이 높아 선택되며(IRR > r), 여러 가지 경쟁적인 프로젝트들 중에서 하나를 선택하는 경우에는 그 중에서 가장 높은 IRR을 갖는 프로젝트가 선택된다. 이를 그림으로 설명하면 다음과 같다. 〈그림 11-7〉에서 보듯이 순현재가치(NPV)는 할인율이 증가함에 따라 감소하는 경향이 있다. 앞서 언급한 바와 같이 할인율이 상승할 경우 장기적으로 나타나는 편익이 더 크게 할인되기 때문이다. 그림에서 보듯이 내부수익률(IRR)은 NPV가 0인 점인데, r0의 경우 IRR보다 작은 값이어서 NPV가 0보다 큰 영역에 있는 반면, r1의 경우 IRR보다 큰 값이어서 NPV가 0보다 작은 영역에 있다.

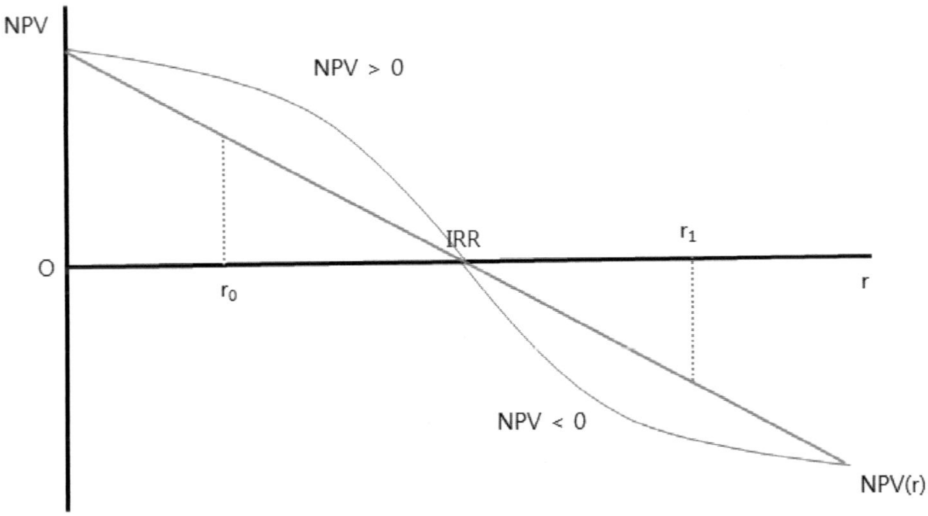

<그림 11-7> NPV와 IRR의 기본 논리

대부분의 경우 IRR은 올바른 선택기준을 제공하고 NPV와 동일한 결과를 가져온다. 특히, NPV와 BCR은 미리 어떤 할인율을 가정해야 구해지지만, IRR은 할인율을 가정하지 않은 상태에서 구해지기 때문에 편리한 점도 있다. 그러나 다음과 같은 세 가지 이유 때문에 NPV를 사용하는 것이 더 바람직하다. 첫째, IRR을 도출하는 데 사용한 방정식은 몇 개의 해를 가질 수 있는데, 그와 같은 경우에는 어떻게 해야 할지 알 수 없다. 둘째, 서로 다른 수명을 가진 프로젝트를 비교할 경우에도 애매함이 발생할 수 있다. 셋째, 경우에 따라서 정부의 의사결정자들은 1년 동안만 존속하는 투자 프로젝트를 비교할 수 있는데, 이 경우에 IRR은 계산 자체가 불가능하다.

4) 대안선택의 제약 요인

전술한 바와 같이, 복수의 대안 중 하나의 선택은 순현재가치가 최대인 대안에서 이루어진다. 하지만 이러한 대안선택은 다음과 같은 일련의 제약 요인 하에서 이루어지는데, 이에 대해 구체적으로 살펴보면 다음과 같다.[374)]

(1) 예산상 제약

정책은 때때로 상호배타적이다. 이 때 상호배타적인 여러 정책대안들 중 하나의 선택은 순편이이 최대인 대안에서 이루어진다. 예를 들면, 〈표 11-10〉에서 여러 대안 중 B 대안이 순편익이 최대(2,000만 달러)인 것이기 때문에 B 대안을 선택하게 된다. B 대안은 편익비용비

(BCR)가 3이고 A 대안은 편익비용비가 10이지만, 앞서도 언급한 바와 같이 NPV의 최대값과 BCR의 최대값이 다를 경우 NPV의 최대값을 선택하게 된다. 그러나 현실의 분석과정에서는 예산상의 제약도 고려하지 않으면 안 된다. 만약 예산상의 제약이 800만 달러라면 B 대안은 예산제약을 초과하기 때문에 선택할 수 없고 예산제약 내에 있으면서도 순편익이 양인 대안 A, C, D를 선택하게 된다. 이 경우 비용의 합은 700만 달러인 반면 편익의 합은 2,200만 달러로서 순편익의 합은 1,500만 달러가 된다.

<표 11-10> 대안 간 비용 · 편익 자료[375](단위: 100만 달러)

	비용	편익	순편익	편익비용비
대안 A	1	10	9	10
대안 B	10	30	20	3
대안 C	4	8	4	2
대안 D	2	4	2	2
대안 E	10	8	-20.8	0.8

(2) 배분적 제약

전술한 바와 같이, 비용편익분석 또는 칼도-힉스 기준은 파레토 기준의 비현실성을 극복하기 위해 등장한 것이지만 기본적으로 능률성 기준이기 때문에 정책의 편익과 비용의 배분적 측면을 고려하지 못한다. 예를 들면, 칼도-힉스 기준에서 말하는 보상은 잠재적 보상으로 실제로 그러한 보상이 이루어지는 것을 전제로 하지는 않는다. 따라서 비용을 부담하는 사람들은 현존 정책에 대해 반발할 가능성이 높다. 특히, 비용이 좁은 범위의 사람들에게 집중될 때 문제가 된다. 만약 이들이 보상을 받지 못한다고 생각한다면, 이들은 비용을 좀 더 분산시키는 방식이나 직접적으로 보상을 받는 방식으로 정책을 재설계하려고 할 것이다. 이러한 이유로 "편익과 비용을 어떻게 배분할 것인가?" 라는 배분적 가치(distributional values)의 문제는 실현가능성(feasibility)이라는 측면에서 중요한 변수로 부각된다. 예를 들면, 편익은 넓게 분산되는 반면 비용은 좁게 집중되는 경우 정책대안의 실현가능성은 낮은 반면, 편익은 좁게 집중되는 반면 비용은 넓게 분산되는 경우 정책대안의 실현가능성은 높게 나타난다. 따라서 현실의 정책분석을 체계적으로 이해하기 위해서는 비용편익분석의 '순현재가치' 이상의 것을 요구한다. 즉, 순현재가치 기준이 "정책이 효율적인가?(Is the policy efficient?)"라는 '규범적 문제(normative question)'를 제기한다면, 배분적 가치는 "누가 정책에 대해 반대하고 누가

지지할 것인가?(Who will oppose and who will support the policy?)"라는 '실증적 문제(positive question)'를 제기한다.

5) 비용편익분석의 한계

비용편익 분석은 이론적으로는 우수하지만, 특히 공공부문에 적용할 때에는 다음과 같은 한계를 인식해야 한다.[376)]

첫째, 사회구성원들은 다양한 선호를 가지고 있기 때문에 목표에 대한 합의 도출이 어렵다.

둘째, 시간, 자원, 지식, 법적인 제약이 있기 때문에 모든 대안을 합리적으로 모색하지 못한다.

셋째, 비용편익 분석에서는 편익을 화폐단위로 환산해야 하지만, 공공사업의 경우에는 편익이 무형적인 경우가 많기 때문에 이를 화폐단위로 환산하기가 어렵다. 또한 편익의 파급효과를 어느 범위까지 인정하느냐가 어려운 문제로 대두된다.

넷째, 비용편익 분석에서 비용은 잠재가격이라고 하는 안전경쟁시장에서 형성된 가치를 적용해야 하지만, 독점이나 정부개입으로 인해 이러한 가격을 적용하기가 어렵다.

다섯째, 경제적 효과만 중시하기 때문에, 소득재분배를 악화시킬 우려가 있다. 이는 비용편익 분석이 총합(aggregate)하여 계산하기 때문인데, 이러한 문제를 극복하기 위한 방법 중 하나로, 영향 받는 집단별로 비용과 편익을 배분하여 상대적인 손익을 계산하는 계획대차대조분석법(Planning Balance Sheet Analysis)을 들 수 있다.

여섯째, 과학적 분석, 합리적 의사결정이 보편화되지 못한 사회에서 분석은 정치적으로 조작될 가능성이 있다. 따라서 해석의 과정과 달리 분석과정에서는 정치적 중립이 보장될 필요가 있다.

일곱째, 비용편익 분석에서는 총편익이 총비용보다 크면 투자를 하는 것이기 때문에 비윤리적인 결과를 도출할 수 있다.

여덟째, 정치경제학적 입장에서는 비용편익 분석이 기존의 정치경제체제를 고착시키는 기능을 수행한다고 비판한다.

6) 비용효과 분석

(1) 비용효과 분석의 의의

비용편익 분석에서는 공공사업의 비용과 편익이 모두 화폐가치로 측정되고 양자의 크기를 NPV나 BCR 등과 같은 동일한 기준으로 비교할 수 있다는 것을 전제로 하고 있지만, 현실의 공공사업 중에서는 비용과 편익이 화폐가치로 측정할 수 없는 분야가 많기 때문에 이런 경우에는 비용편익 분석으로 대안을 비교 · 평가하기가 어려워진다.[377] 이러한 경우에 이용될 수 있는 분석기법이 비용효과 분석이다.

비용효과 분석(cost-effectiveness analysis)은 분석가들이 총비용 및 총효과의 계량화를 통하여 정책을 비교하고 창도할 수 있도록 하는 정책제안의 접근방법이다. 가치의 공통단위로 관련된 모든 요소를 측정하려고 하는 비용편익 분석과 대조적으로 비용효과 분석에서는 두 개의 서로 다른 가치단위를 사용한다. 즉, 비용은 화폐단위로 측정되고, 효과는 전형적으로 재화단위나 서비스단위 또는 기타 가치 있는 효과단위로 측정된다.[378]

비용효과 분석은 적용이 비교적 용이하고, 시장가격으로 그 가치를 측정할 수 없는 집합재(collective goods)나 준집합재(quasi-collective goods)를 다룰 수 있으며, 외부효과와 무형적인 것을 분석하는 데 적합하다는 장점이 있는 반면, 제안을 총사회적 후생의 문제와 쉽게 관련시킬 수 없다는 한계도 있다.[379]

(2) 비용효과 분석의 특징

비용효과 분석은 공공부문의 제안에 사용될 때 다음과 같은 특징을 가진다.[380]

첫째, 비용효과 분석은 화폐단위로 측정하는 문제를 피하기 때문에 비용편익 분석보다 훨씬 쉽게 적용할 수 있다.

둘째, 비용효과 분석은 정책대안의 결과를 총체적인 경제적 능률이나 총체적인 사회적 후생과 관련시키지 않고 정책대안의 효율성을 판단하려고 시도하기 때문에, 기술적 합리성(technical rationality)을 요약해서 나타낸다.

셋째, 비용-효과 분석은 시장가격에 거의 의존하지 않기 때문에 민간부문에서의 이윤극대화원리에 덜 의존적이다. 예를 들면, 비용효과분석은 편익이 비용을 초과하는지 여부, 또는 민간부문에서의 대안적 투자가 더 많이 이윤을 낼 수 있을 것인지 등을 판단하려고 시도하지 않는 경우가 많다.

넷째, 비용효과 분석은 외부효과(externality)나 무형적인 것(intangible)과 같이 화폐로 표시하기 곤란한 유형의 효과를 분석하는 데 적합하다. 왜냐하면 이러한 유형의 효과는 측정의 공통단위인 화폐로 표시하기가 곤란하기 때문이다.

다섯째, 비용효과 분석은 전형적으로 고정비용 또는 고정효과 문제를 다루는 반면, 비용편익 분석은 전형적으로 가변비용 가변효과 문제를 다룬다.

(3) 비용편익 분석과 비용효과 분석의 비교

비용편익분석과 비용효과분석은 모두 효용이라는 관점에서 가치가 부여되는 개별 시민들의 편익을 개념화한다는 점에서 유사하다. 비용효과 분석은 목표달성정도를 화폐가치로 표현할 수 없는 국방, 경찰, 운수, 보건 등의 분야에서 많이 활용될 수 있다.[381] 따라서 비용효과 분석에서의 비용효과비나 효과비용비는 비용편익 분석의 비용편익비와 상당한 차이가 있다. 즉, 효과비용비나 비용효과비는 사용된 화폐단위당 얼마나 많은 재화나 서비스가 산출되었는가, 또는 그에 대신하여 산출된 단위당 어느 정도 화폐가 사용되었는가에 대해 우리에게 알려주지만, 편익비용비는 비용에 비해 몇 배나 많은 편익이 산출되었는가를 알려준다.[382]

또한 비용효과 분석에서는 비용편익 분석과는 달리 다음과 같은 두 가지 기준에 의해 대안을 선택한다.[383] 첫째, 최소비용으로서 일정 수준의 효과수준을 정해 놓은 다음에 이 수준에 도달하는 몇 개의 대안들의 비용을 비교하여 이 중에서 가장 작은 비용의 대안을 선택한다. 둘째, 최대효과로서 비용의 최고 한도를 정해 놓고, 이 비용한계를 넘는 것은 제거하고 나머지 가운데서 최대효과를 발휘하는 대안을 선택한다. 또는 비용이 동일한 대안이 여럿이면 이 중에서 효과가 가장 큰 대안을 선택한다. 즉, 비용효과분석에서는 대안을 선택함에 있어 '최대효과 기준(maximum-effectiveness criterion)'과 '최소비용 기준(least-cost criterion)'이라는 두 가지 기준에 의한다.[384] 따라서 비용효과분석과 비용편익분석은 투입과 산출에 대한 인식에서 차이가 난다. 즉, 비용효과분석에서는 투입되는 자원이나 산출되는 결과를 고정된(fixed) 것이나 주어진(given) 것으로 간주하는 반면, 비용편익분석에서는 투입과 산출을 규모 면에서 상이한 '변수(variable)'로 이해한다.[385]

그런데 여기서 한 가지 분명하게 해야 할 것은 비교대상인 각 대안들이 동일한 성격의 목표나 효과를 가지고 있으며, 그 목표가 무엇인지 확실하게 규명되고, 비록 화폐단위가 아닌 물리적 단위에 의한 것이라도 동일한 잣대로 명확하게 측정될 수 있어야 한다는 것이다. 만일 목표나 효과가 물리적 단위로도 측정하기가 어려운 성질의 것이라면 이때에는 질적 목표가 동일한 수준에 도달됐다고 판단되는 시점에서의 각 대안의 비용을 추정하고, 그 중 가장 낮은 비용이 소요되는 대안을 선택하면 된다.[386]

제 4 절 정책분석(합리적 · 분석적 정책결정)의 한계

규범적으로 본다면 정책은 합리적 · 분석적 과정(정책분석과정)을 거쳐 결정되는 것이 바람직하다. 그러나 현실은 그렇지 않은 경우가 많은데, 여기서는 현실의 정책결정에서 합리적 · 분석적 과정을 적용하기 어려운 이유에 대해 살펴보고자 한다.[387)]

1. 분석논리와 기법상의 약점

정책분석이 정책문제를 해결하기 위한 '유일최선의 방법(the one best way)'은 아니다. 정책분석 역시 가능한 여러 방법들 중 하나일 뿐이며, 여러 가지 한계도 가지고 있는 불완전한 지식일 뿐이다. 정치학자 윌다브스키(Aaron Wildavsky)는 이러한 관점에서 정책분석의 성격을 다음과 같이 집약적으로 설명하고 있다.

> 정책분석은 고정된 프로그램이 아닐 수 있는 하나의 활동이며, 창의성(creativity)과 동의어인데, 그것은 이론에 의해 자극을 받고 실행에 의해 정치(精緻)해질 수 있으며, 가르치기보다는 배울 수 있는 것이다. … 대부분의 경우에, 지식은 불완전하다는 것을 인정해야만 한다. 그것은 우리로 하여금 할 수 없는 것, 갈 수 없는 곳, 그래서 오류를 범할 수 있지만, 항상 그것을 교정할 수 있는 것은 아니라는 사실을 일깨워준다. 결국 현재의 노력이 전적으로 만족스럽다고 판단된다면, 정책분석과 정책분석가에게 의지할 필요는 적어질 것이다.[388)]

정책분석의 논리나 기법이 가지고 있는 내재적 한계를 요약하면 다음과 같다. 첫째, 현실의 정책결정에서는 능률성과 형평성을 동시에 고려해야 하는 경우가 많은데, 이들 가치 기준 간에 모순이 있을 때 어떻게 해야 할지 객관적인 해결책이 없다. 따라서 가치 갈등은 정책결정자들이 정책대안을 탐색하고 개발하며 선택하는 데 있어 정책분석에 의지하지 않게 하는 하나의 이유가 된다. 오히려 그들은 가치 갈등에 직면하여 정치과정(political process)에 의존하는 경향이 있는데, 이는 협상, 타협, 정치적 흥정과 같은 형태로 나타난다.[389)] 요컨대, 다이(Thomas R. Dye)가 적절하게 지적하고 있듯이, "정책분석은 가치 갈등의 문제를 해결할 수 없다." "기껏해야 그것은 어떤 결과를 이끌어내기 위한 방법을 조언할 뿐이지, 사회에 진정으로 가치 있는 것이 무엇인지를 결정할 수는 없다."[390)]

둘째, 기준 간에 모순이 생기는 경우 이를 해결하기 위해서는 각 수단들이 가져오는 효과와 비용을 동일한 사회후생(또는 사회복지) 척도로서 측정할 수 있어야 하는데, 이것이 극히 어렵다.

셋째, 위의 두 가지 문제는 모든 사람의 가치기준에 따라 달라지는 가치판단문제를 지니고 있는데, 이 때 누구의 가치판단을 따라야 하는지를 쉽게 알 수 없고, 할 수 있더라도 실제 그들의 가치판단을 적용하기가 어렵다.

또한 합리적 · 분석적 정책결정과정에도 무수한 분석기술상의 모순점들이 있다. 첫째, 정책문제의 파악이 어렵기 때문에 정책목표가 명확하지 못한 경우가 많다. 둘째, 정책대안의 개발에서 훌륭한 대안을 보장하는 분석적 기법이 없다. 셋째, 대안의 결과예측에서 여러 가지 불확실성의 원인에 의하여 영향을 받아 결과예측을 정확하게 하지 못한다.

이 밖에 앞서 살펴본 바와 같이, 정책분석 기법이 '고객(client)'의 요구에 부응하여 왜곡될 수 있다는 점도 한계로 지적할 수 있다. 이론상으로 정책분석은 '진리(truth)'를 추구해야 하지만 현실에서는 고객의 요구에 반응할 수밖에 없다. 고객의 요구에 반응하여 결과를 미리 정해놓은 다음, 그 결과를 정당화하기 위해 '끼워 맞추기'식으로 분석을 할 수도 있다는 말이다.

2. 분석적 결정의 비용 · 효과

합리적 · 분석적 결정이 바람직스러운 것은 합리적 · 분석적 결정의 비용보다 효과가 크기 때문이다. 그런데 합리적 · 분석적 결정에는 비용이 많이 든다. 특히, 합리적 · 분석적 정책결정의 각 단계를 거치면서 상황에 대한 정보를 수집하고 분석하는데 소요되는 정보비용(information cost)은 합리적 · 분석적 결정을 할 때 지불해야 하는 가장 큰 비용이다. 또한 분석에 소요되는 시간 자체도 비용에 포함시킬 경우, 문제상황이 급박하여 신속한 결정을 해야 할 때에는 합리적 · 분석적 결정이 적합하지 않다. 따라서 분석의 편익보다 분석에 소요되는 비용이 더 클 경우, 합리적 · 분석적 정책결정은 실증적인 관점에서 비현실적일 뿐 아니라 비용편익이라는 규범적인 관점에서도 바람직하지 않다.

이러한 맥락에서 정책분석과정에서 소요되는 비용은 일종의 '제약조건(constraints)'으로 이해할 필요가 있다. 다시 말해, 비용이라는 제약조건 하에서 최선의 대안을 선택하는 일련의 과정이 정책분석이라는 것이다. 다음에서 인용하고 있는 두 학자의 주장도 바로 이러한 점을 지적하고 있다.

> 합리적 선택절차를 주장하는 어떤 분석가가 의사결정자는 그가 이용할 수 있는 모든 대안들을 체계적으로 탐색하고 평가해야만 한다고 주장하는지에 대해 의심스럽다. 이러한 탐색은 시간 낭비적일 뿐 아니라 비용도 많이 든다. 그러므로 최적의 의사결정절차에서는 이와 같은 요소들을 반드시 고려해야만 한다. 의사결정에 소요되는 비용을 극대화모형에 반드시 포함시켜야 한다.[391]

따라서 합리적 · 분석적 정책결정 여부는 '상황적합적'으로 접근할 필요가 있다. 분석에 소요되는 비용보다 분석의 편익이 더 클 경우, 정책을 합리적이고 분석적으로 결정할 필요가 있다는 말이다. 특히, 문제나 정책이 극히 중대한 경우나 문제 상황이 아주 복잡하고 동태적인 경우에는 합리적 · 분석적 정책결정이 적합하다.

3. 정책결정자의 한계

1) 정책결정자의 능력 및 시간부족(제한된 합리성)

합리적 · 분석적 결정은 많은 시간과 고도의 분석능력을 요구하지만, 정책결정자들은 보통의 경우에 시간 및 전문기술적 지식과 분석적 기법이나 논리에 대한 이해가 부족한 경우가 많다. 그렇기 때문에 사람들은 의사결정을 함에 있어 체계적인 '편향성(bias)'을 가지는 경우가 많다. 행태경제학자들이 지적하고 있듯이, 사람들은 의사결정을 함에 있어 미래의 일을 대폭 할인하거나 과거의 관행을 고수하는 경향이 있다.[392] 예를 들어, 레비트(Barbara Levitt)와 마치(James G. March)는 이러한 인간의 인지능력상 한계를 다음과 같이 적절하게 설명한 바 있다.

> 개개의 인간은 완벽한 통계학자(statisticians)가 아니다. … 그들은 역사의 사건을 기록하고 그것을 추론함에 있어 체계적인 오류를 범한다. 그들은 실제로 일어난 사건과 근접하거나 두드러져서 주목을 받는 사건의 개연성(probability)을 과대평가한다. 그들은 표본의 크기에 대해서는 무관심하다. 그들은 사건을 개인의 의도된 행동의 결과로 과도하게 간주한다. 그들은 인과관계를 시간적 · 공간적 연속성과 연계시키고, 큰 결과는 반드시 큰 원인을 가지고 있다고 가정하는 단순한 선형적(linear) · 기능적(functional) 규칙을 활용한다. 역사가로서 개인들의 이러한 속성들은 모두 해석에 있어 체계적인 편향성을 가져온다.[393]

정치학자이면서도 노벨 경제학상을 수상한 사이몬(Herbert A. Simon)은 이러한 의사결정자의 인지능력상 한계를 '제한된 합리성(bounded rationality)'이라는 개념으로 적절하게 설명한 바 있다.[394] 사이몬에 따르면 사회과학도 자연과학과 같이 엄밀한 의미에서의 과학이 되기 위해서는 경험적으로 검증할 수 있는 '행태(behavior)'에 대한 연구에 집중해야 하며, 이러한 행태에서 가장 중요한 것은 의사결정이라고 한다. 그런데 의사결정은 완전한 합리성을 가진 '경제인(economic man)'이 아니라 제한된 합리성(bounded rationality)을 가진 '행정인(administrative man)'이 하는 것이다. 사이몬의 관점에서 봤을 때 당시 지배적인 의사결정 모형인 '합리모형'은 현실에서 거의 찾아볼 수 없는 이론적 가정이다. 왜냐하면 의사결정과정에서 모든 대안을 검토한다는 것 자체가 불가능할 뿐만 아니라, 각 대안의 결과에 대한 지식도 불완전하며, 그 결과에 대한 평가 역시 불확실하기 때문이라는 설명이다.

이처럼 의사결정자는 제한된 합리성을 지닌 불완전한 존재이기 때문에 현실의 의사결정은 합리모형의 논리에 따라 이루어지기보다는 '만족모형(satisficing model)'의 논리에 따라 이루어진다는 것이 그의 설명이다. 3장에서 살펴본 바와 같이, 그가 말한 만족모형은 모든 대안을 검토하기보다는 몇 개의 대안을 무작위적(random)이고 순차적(sequential)으로 검토하고 예측하며, '최적(optimal)'의 대안이 아니라 '만족할만한(satisficing)' 대안을 선택하는 데 그친다는 것을 상정한 이론모형이다.

2) 잘못된 가치관이나 편견의 개입

정책결정자가 잘못된 가치관이나 편견을 가지고 있을 경우에는 합리적 정책결정을 기대하기 어렵다. 이러한 경우 정책결정자는 보통 자신에게 유리한 결정을 도모하는 편견을 나타낸다. 특히, 불확실성이 높은 시기에 이러한 오류가 나타날 가능성이 높다. 노스(Douglass C. North)가 적절하게 지적하고 있듯이, 고도의 불확실성에 직면한 행위자는 자신만의 '인지지도(mental maps)'로 주어진 정보를 편향되게 해석하는 경향이 강하기 때문이다.[395]

3) 비난회피 동기

정책분석의 논리에 의한다면, 정책결정자들은 이해관계자들에게 귀속되는 순편익(편익-비용)의 크기가 극대화되는, 또는 적어도 편익이 비용보다 큰 정책을 선택할 것이라고 가정하지만(칼도-힉스기준), 이러한 가정은 지나치게 단순하고 비현실적이다. 이 경우 비용부담 집단의 정치적 자원에 따라 정책은 '표류(drift)'할 수 있을 뿐만 아니라, 현실 정치에서는 편익과 비용에 대한 인식이 '비대칭성(asymmetry)'을 보일 수 있기 때문이다. 위버(R. K. Weaver)가 적절하게 지적하고 있듯이, 사람들은 "부정 편향성(negativity bias)"을 가지고 있는 경우가 많다. 즉, 사람들은 그들이 받는 편익보다 그들이 부담해야 하는 비용에 더 민감하게 반응하기 때문에, '그들을 위해서(for them)' 어떠한 조치가 있었느냐보다는 '그들에게(to them)' 어떠한 조치가 있었느냐를 더 중시하는 경향이 있다. 따라서 정책결정자들은 정책으로 인한 '편익'보다 '비용'에 더 관심을 가지며, 정책결정을 함에 있어서도 사람들에게 '이로울 것인가'를 묻기에 앞서 '해로울 것인가'부터 묻게 될 것이다.[396] 이러한 '비난회피 동기(blame avoidance motivations)'로 인해 정책결정자들은 정책으로 인한 신뢰나 정책의 합리성을 극대화하려고 하기보다는 비난을 극소화하려고 할 것이다(구체적인 정책결정자들의 동기에 대해서는 〈그림 11-8〉 참조).[397] 요컨대, 정책결정자들은 '신뢰극대화 추구자(credit-maximizer)'가 아니라 '비난극소화 추구자(blame-minimizer)'이며, 따라서 신뢰나 정책의 합리성에 대한 고려는 비난에 대한 고려에 우선되지 않는다.

		감지된 편익	
		높음	낮음
감지된 비용	높음	비난회피	신뢰추구
	낮음	신뢰추구	합리적 정책 추구

<그림 11-8> 비용과 편익의 배분에 따른 정책결정자의 동기

4. 조직 및 집단의 제약

정책결정은 본질적으로 집단적 현상이기 때문에 여러 관련자의 영향이 불가피한 것이다. 이러한 다수의 관련자는 여러 가지 측면에서 합리적 · 분석적 결정을 어렵게 하는데, 이를 구체적으로 살펴보면 다음과 같다.

① 의회와 같이 구성원들 간에 응집력이 극히 약한 집단의 경우, 서로 다른 이해관계와 선호를 가진 독립적인 정치행위자들이 정치적 결정을 통해 특정집단이나 선거구민의 이익을 보호하려고 하기 때문에 합리적 · 분석적 결정이 어렵다.

② 행정부의 관료조직과 같이 계층제 구조를 지니고 응집성이 어느 정도 강한 조직의 경우에도 다음과 같은 두 가지 이유 때문에 합리적 · 분석적 정책결정이 어려운 경우가 많다.

첫째, 조직 자체의 분석적 결정을 위한 능력이 부족하여, 확립된 표준운영절차(SOP)와 대안목록(program repertory)에 따라 의사결정이 이루어지는 경우가 많다. 이러한 의사결정은 상례화된(routinized) 결정이므로 본질적으로 습관적 의사결정에 속하고 합리적 · 분석적 결정은 아니다.

둘째, 행정부의 관료조직과 같은 조직은 조직자체가 지니고 있는 구조적 특성이 합리적 · 분석적 결정을 저해하기도 한다. ⓐ 조직의 분업구조는 할거주의(sectionalism)를 생성시키고 이것이 합리적 · 분석적 결정을 크게 제약한다. 할거주의가 심화되면 정책조정이 어려워질 뿐만 아니라, 전문성(expertise)을 무기로 왜곡된 정보를 상위 정책결정자들에게 제공할 수 있기 때문이다. ⓑ 관료조직이 지니고 있는 또 다른 측면인 계층제도 조직의 합리적 · 분석적 결정을 어렵게 하는 여러 가지 요소를 지니고 있다. 계층제의 의사전달과정에서 대안과 정보가 왜곡될 수 있기 때문이다.

5. 환경적 요인

1) 실현가능성과 정치적 반대

앞서도 지적한 바와 같이, 현실의 정책결정은 진공 상태에서 이루어지는 것이 아니다. 오히려 그 과정은 엘리트들의 가치관이나 신념, 최상층부 정치체제의 선호관계, 관련 이해관계자들이나 기관들 사이의 경쟁, 그리고 정책목표를 둘러싼 일련의 담론 과정이 복잡하게 얽혀 있다.[398] 따라서 현실적으로 합리적 · 분석적 정책결정이 어려운 가장 큰 이유는, 그러한 과정을 거쳐 결정된 정책이 자신들의 이익을 침해할 것으로 예상하는 정치세력들의 정치적인 압력과 반대일 것이다. 아무리 바람직스러운 정책대안이라도 현존하는 강력한 정치세력의 반대가 있게 되면 정책으로 채택될 수 없게 된다. 즉, 정책대안의 채택과 정책의 집행에서 정치적 차원의 지원을 받을 가능성이 없는 정책은 설사 그것이 합리적 · 분석적 과정을 통해 결정되었다고 하더라도 성공하기 어려운 것이다.

이와 관련하여 정치학자 멍거(Michael C. Munger)는 시간이나 돈과 같은 '경제적 자원의 활용 가능성'을 의미하는 "경제적 제약(economic constraints)"의 정도와 '정치적 지지'를 의미하는 "정치적 제약(political constraints)"의 정도에 따라 정책분석가의 역할을 다음과 같은 네 가지로 나눈 바 있다.[399]

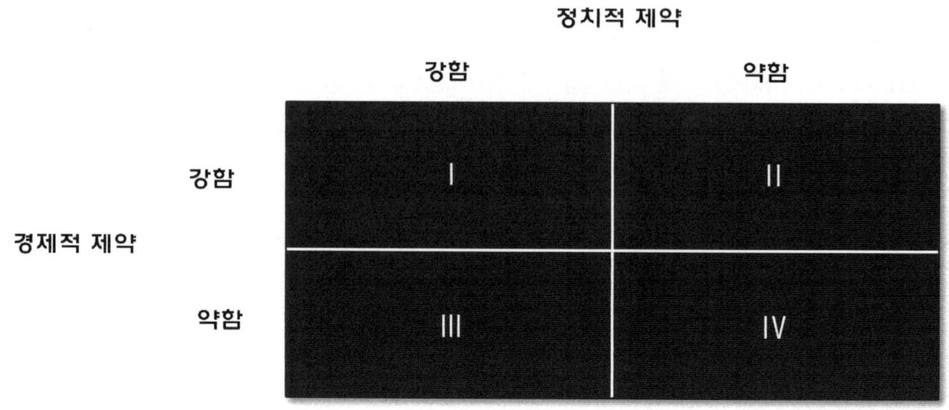

자료: Munger(2000: 148).

<그림 11-9> 정치적 · 경제적 제약에 따른 정책분석가의 역할 유형

첫째, I 유형은 경제적 제약과 정치적 제약이 모두 강한 경우이다. 이 경우에 정책분석가는 고객(client)의 요구에 부응하기 위해 노력한다. 정책분석가에게는 자신이 원하는 대안을 선택하거나 문제를 재정의할 자유가 거의 없으며, 철저한 분석을 할 시간이나 자원도 거의 가지고 있지 않다. 이 경우에는 전술한 "고객지향적 정책분석"이 이루어질 가능성이 높다.

둘째, II 유형은 경제적 제약은 강한 반면 정치적 제약은 약한 경우이다. 이 경우에는 경제적 자원의 제약이 강하기 때문에 정책분석가는 충분한 시간을 가지고 철저하게 정책분석을 하기보다는, 미리 결론에 도달한 다음 그 결론을 정당화할 수 있는 사실 확인(fact-finding) 작업에 치중하는 경향이 강하다.

셋째, III 유형은 경제적 제약은 약한 반면 정치적 제약은 강한 경우이다. 이 경우에는 철저한 정책분석을 할 충분한 경제적 자원이 있지만, 정치적 제약이 강하기 때문에 정치적 지지를 받을 가능성이 높은 대안들로 분석 범위가 제한된다.

넷째, IV 유형은 경제적 제약과 정치적 제약이 모두 약한 경우이다. 이러한 유형은 주로 대학이나 씽크 탱크에서 이루어지는 정책분석으로, 보다 철저하고 객관적인 분석이 이루어질 수 있다. 그러나 이러한 분석 결과를 학술 저널에 게재하는 경우 얘기는 달라진다. 학술 저널은 보수적인 입장을 취하는 경우가 많기 때문에. 정책분석가는 새롭거나 혁신적인 사고에 기초하여 분석을 하는 것을 꺼려할 수도 있다.

2) 매몰비용

합리적 · 분석적 정책결정을 저해하는 환경적 요인으로 '매몰비용(sunk cost)'을 드는 경우가 많다. 매몰비용이란 정부의 정책이나 사업에 이미 투입된 비용을 말하는 것으로, 이는 '사라진 기회'로서 더 이상 회복할 수 없는 성질의 것이기 때문에 대안선택의 고려대상에서 제외하는 것이 합리적이다.[400] 그러나 매몰비용은 경제적인 측면에서 비용일 뿐만 아니라, 정부사업의 존속에 대한 국민들의 신뢰라는 '정치적 가치'도 있기 때문에 정치인들은 이를 무시할 수 없다. 예를 들면, 와이머(David L. Weimer)와 바이닝(Aidan R. Vining)은 매몰비용에 대한 정치인들과 경제학자들의 상이한 인식을 다음과 같이 설명한 바 있다.

> 그들(정책결정자)의 이전 위치는 그들이 현재 선택할 수 있는 대안을 제한하는 경우가 많다. 예를 들어, 정치인과 경제학자들은 종종 매몰비용(sunk costs)에 대해 상이하게 인식한다. 경제학자들에게 있어, 과거에 어떤 사업에 투입된 자원은 다른 용도로 사용할 수 없다는 점에서 "매몰되었고(sunk)", 따라서 그 사업을 계속할 것인지 그만둘 것인지를 결정할 때 고려대상으로 삼아서는 안 된다. 그러나 사업의 폐지가 자신의 실수를 인정하는 것으로 정치적 반대자에게 비춰질 것을 두려워하는 정치인들은 사업을 폐지하는 것을 싫어할 가능성이 높다. 심지어 그들은 이전에 이루어진 지출을 사업 계속의 정당화 근거로 삼을 수도 있다. 예를 들면, 다음과 같은 주장이다. "우리가 지금 여기서 멈춘다면, 우리는 이미 지출한 수백만 달러를 허비하게 될 것이다." 이러한 주장이 사실이고, 정치적으로 의미가 있다고 하더라도, 어떤 사업에 추가적인 재원을 투입할 것인지를 결정하려고 할 때, 매몰비용을 고려하는 것은 사회적인 관점에서는 적절하지 않다.[401]

와이머와 바이닝은 자신의 실수를 은폐하기 위한 단순한 정치 전략의 일환으로 매물비용의 존재를 설명하고 있지만, 실상은 이보다 훨씬 복잡하다. 특히, 정부 사업의 구조적 특성이 매몰비용에 대한 정치인들의 인식에 중요한 영향을 미친다는 사실에 주목할 필요가 있다. 7장에서 살펴본 바와 같이, 민주 국가에서 대부분의 정책은 편익은 좁게 집중되고 비용은 넓게 분산되는 '고객정치(client politics)'와 같은 형태를 띠고 있다. 정부 부문은 시장과 달리 가격 기구가 없는 경우가 많기 때문에 편익과 비용이 직접적으로 연결되지 않는다. 이럴 경우 대부분의 사람들은 다른 누군가의 비용부담으로 사회적 잉여(지대)를 얻고자 하는 '무임승차자'가 되는 것을 선호하는데, 편익이 좁게 집중될 경우 편익의 환류 효과(feedback effect)가 크게 나타나 정치적 신뢰를 얻으면서도, 다른 한편으로는 분산된 비용이 개개인에게 귀속되는 비용을 작게 만들어 비난을 회피하기 용이하다. 한마디로 고객정치와 같은 상황은 피어슨(Paul Pierson)이 말한 "신뢰추구의 정치(politics of credit claiming)"와 "비난회피의 정치(politics of blame avoidance)" 모두에 유리하다.[402] 그런데 이러한 성격을 가지고 있는 정부사업이나 정책을 폐지·축소하는 것은 편익은 넓게 분산되고 비용은 좁게 집중되는 '기업가적 정치(entrepreneurial politics)'와 유사한 상황에 직면한다. 시몬스(R. T. Simmons)의 표현을 빌린다면, 이럴 경우 "편익은 사회화되는(socialized) 반면 비용은 개인화되는(privatized) 경향이 있기 때문에",[403] 수혜집단은 정치적 조직화가 곤란한 반면 비용부담집단은 정치적으로 쉽게 고무될 가능성이 높다.[404] 게다가 전술한 '부정편향성'의 논리에 의한다면, 잠재적 수혜자들의 지지보다 기득권자들의 반발이 더 크게 나타날 수밖에 없다. 결국 정책과정에서 매몰비용은 중요한 변수가 되는 것이며, 이러한 기득권을 고려하여 현실의 정책은 약간씩의 변화만 있는 '점증적인(incremental)' 형태를 띠는 것이 대부분이다.

6. 현상유지편향

인간사회에 존재하는 현상유지편향(status quo bias)도 정책분석의 한계와 관련된다.[405] 젝하우저(Richard Zeckhauser)의 현상유지편향에 대한 논의는 최초 선택이 강제된 것이거나 무작위적인 것이냐를 불문하고 그 후의 선택에서는 원래의 선택이 적절한 것으로 간주되는 현상을 말한다. 그렇다면 현상유지편향이 나타나는 이유는 무엇일까? 젝하우저는 다음과 같이 세 가지로 나누어 검토하고 있다.

첫째, 합리적 의사결정이다. 몇 가지 상황에서 현재 상태에 대한 애착은 합리적 의사결정의 한 형태일 수 있다. 만일 두 번째 결정이 첫 번째 결정을 내릴 때와 거의 유사한 조건 하에서 이루어진다면 동일한 대안의 선택은 '합리적 의사결정'이라는 관점에서 당연한 것이다. 또한 두 번째 결정에서 더 나은 결정에 '전환비용(transition cost)'을 수반할 때에도 현상유지편향이 나타나는 것이 '합리적'일 수 있다. 특히, 정치행위자들의 높은 시간할인율이나 좁은 시계(time horizon)로 인해 정치의 영역에서는 현상유지편향이 크게 나타날 수밖에 없다. 왜냐하면 변화로 인한 전환비용은 단기적으로 나타나는 반면, 변화의 편익은 장기적으로 나타나기 때문이다.[406]

둘째, 인식적 오류이다. 손실회피성향(loss aversion: 손실이 소득보다 더 크게 평가되는 경향)과 사람들의 준거점(reference point)으로 인해 현재 상태를 유지하려는 경향이 나타난다. 또한 걸림(anchoring) 현상도 지적할 수 있다. 이것은 최초의 결정치를 시작점으로 하여 변화하는 환경에 적응하는 연속적 결정과정에서 흔히 나타나는데, 현재 상태의 대안들이 의사결정상황에서 준거기준으로 차지하는 비대칭적인 위치가 다음의 결정에 영향을 미친 결과이다.

셋째, 심리적 관여이다. 경제학적인 판단기준이라면 '매몰비용'은 의사결정과정에서 고려되지 않아야 한다. 즉, 매몰비용은 '사라진 기회'를 의미하기 때문에, 다음 단계의 의사결정에 영향을 미치지 않아야 한다. 그러나 많은 사람들은 이전에 했던 행동을 정당화하기 위해 다음 단계에서도 같은 행동을 취하는 경향이 있다. 심리적 관여의 또 다른 요소로는 '후회기피성향(regret avoidance)'이 있다. 새로운 대안을 선택해서 그 결과가 나쁘게 나왔을 때, 사람들은 현상유지의 결과로 생길 수 있는 비슷한 나쁜 결과보다 더 강한 후회감을 느끼게 된다. 이러한 후회기피성향은 창조나 변혁보다 기존의 정책이나 표준운영절차(standard operating procedure) 및 사회규범에 부응하려는 태도로 나타난다. 또한 심리학, 사회학, 정치학 및 조직행태론에서 쓰이는 '인식불협화이론(cognitive dissonance theory)'도 심리학적 관여를 설명하는데 유용하다. 이 이론은 사람들이 두 가지 대치되는 상태나 아이디어를 동시에 유지하기 어려우며, '인식의 일치(cognitive consistency)를 위해' 현재의 정보나 새로운 정보원의 채택이 인식불협화를 최소화하는 방향으로 진행되게 한다는 것이다. 따라서 과거의 선택은 합리화되며, 사람들은 과거의 결정이 잘못되었다고 보이게 하는 정보를 버리거나 그것들이 의식되지 않게 억누르게 된다는 것이다.

현상유지편향이 강할 경우 합리적 · 분석적 정책결정은 어렵게 된다. 왜냐하면 현상유지편향이 강할 경우 어떤 정책이 한번 수립되면 그것은 정책결정관행, 방침 또는 표준운영절차 등으로 굳어지기 때문이다. 따라서 현상유지편향이 강한 조직에서는 최적의 대안이 아닌 준(quasi) 최적의 대안을 선택하는 경향이 있다.[407]

7. 경로의존성

5장에서 살펴본 바와 같이, 경로의존성은 제도나 정책의 지속성을 설명하기 위해 제시된 이론적 개념이다. 경로의존적 양상이 나타나는 이유에 대해서는 여러 가지 견해가 제시되고 있지만,[408] 여기서는 "경로의존성이 왜 정책분석의 한계로 작용하는가?"에 대해서만 간략하게 살펴보고자 한다. 일반적으로 말해 경로의존성은 제도나 정책의 지속성을 설명하는 개념이기 때문에 앞서 살펴본 현상유지 편향과 마찬가지로 합리적인 대안 선택을 제약한다고 볼 수 있지만 이 문제에 대해서는 다음과 같이 보다 다차원적인 검토를 할 필요가 있다.[409]

첫째, 정책의 경로가 이해관계를 형성하여 '외부성(externalities)'의 문제에 직면하는 경우를 들 수 있다. 여기서 외부성이란 어떤 정책의 선택이 미래 정책의 편익과 비용에 영향을 미치는 현상을 지칭한다. 정책은 많은 이해관계자들을 형성하기 때문에, 그러한 이해관계에 반하는 정책은 미래에 채택될 가능성이 매우 낮아진다. 이해관계의 정치라는 맥락에서 경로의존성이 후속 정치과정을 구조화하는 방식에 대해 해커(Jacob S. Hacker)는 다음과 같은 다섯 가지를 제시하고 있다.

> 첫째, 정책은 상당한 정도의 착수비용(set-up costs)을 가지고 있는 대규모 조직의 형성을 촉진한다. 둘째, 정책은 상당히 많은 조직화된 집단 내지 유권자들에게 직접적 또는 간접적으로 편익을 제공한다. 셋째, 정책은 수혜자들의 삶에 결정적으로 중요한 생명력이 긴 약속을 제시한다. 넷째, 정책이 보다 넓은 범위의 경제 및 사회의 속성과 긴밀하게 연결되어 있는 제도와 기대를 창출한다. 다섯째, 정책이 형성되고 집행되는 환경의 속성이 예상하지 못했거나 원하지 않는 결과를 인식하거나 대응하기 어렵게 만든다.[410]

둘째, 정책의 경로에는 현존 정책을 바꾸기 위한 노력이 실패로 돌아간 기억도 포함될 수 있는데, 이 역시 미래의 정책 선택에 영향을 미친다. 성공의 기억보다 더 현저하게 남아 있는 실패의 기억이 후속 정책 선택을 제약할 수 있다는 말이다. 비록 정책의 주창자들이 정책결정자들과 일반대중들에게 정책의 필요성을 알림으로써 정책이 채택될 수 있는 기반을 마련하더라도, 단기적인 실패의 기억이 미래의 대안 선택 전망을 낮추는 인식과 정치적 반대를 동원할 수 있기 때문이다. 따라서 이는 일종의 '자기실현적 예언'이 현실화된 결과로 볼 수도 있는데, 클린턴 행정부의 '건강보호법(Health Security Act of 1993)'의 실패가 건강보험 수혜범위 확대 문제를 지난 십 수 년 동안 정책의제에서 배제한 것은 그 구체적인 예라고 할 수 있다.[411] 이러한 맥락에서 '전속된 자산'이라고 하는 정책의 이해관계는 잠재적 경쟁자들이 정책과정에 진입하는 것을 막는 일종의 '진입장벽(barrier to entry)'이 될 수 있다.

제 5 절 정책분석과 정치

1. 들어가며

정책분석가(policy analysts)는 정부의 정책결정에 도움이 되는 구체적 대안을 제시하는 것인데, 경제적 합리성을 강조하는 분석가들의 입장이 종종 정치인들의 이해관계와 상충되는 경우가 있다. 그 결과 많은 시간과 비용을 들여 만든 분석보고서가 제대로 활용되지 못하는 경우가 나타나게 된다. 따라서 정책분석가와 정치인 사이에는 어떤 입장 차이가 존재하는가는 향후 정책분석의 활용가능성과 관련하여 중요한 함의를 가질 수밖에 없다. 이러한 점을 인식하여 여기서는 먼저 정책분석가가 강조하는 경제논리와 정치인이 강조하는 정치논리 사이에는 어떤 차이가 있는지 살펴본 다음, 정책분석가와 정치인 사이의 입장 차이를 벤(Robert D. Behn)의 논문 "Policy Analysis and Policy Politics"를 토대로 살펴보고자 한다.[412]

2. 정책결정의 경제논리와 정치논리

정책은 이해관계(stake)를 수반하기 때문에, 이해관계자들 사이의 협상과 타협이라는 '정치'가 개입될 여지가 많다. 그렇다면 정책분석에서 강조하는 경제논리와 현실 정치에서 강조하는 정치논리 사이에는 어떤 차이가 있을까? 이와 관련하여 스완스트롬(Todd Swanstrom)은 경제성장은 모든 시민들이 공유하는 '단일의 이익(unitary interest)'이기 때문에 도시의 정책결정은 대부분 경제적 힘에 의해 이루어지고, 도시정부도 경제성장을 위한 개발정책을 추구해야 한다는 피터슨(Paul E. Peterson)의 주장을 논박하는 비평논문에서, 정책결정의 경제논리와 정치논리 사이의 차이점을 다음과 같이 간명하게 제시하고 있다.[413]

1) 경제적 효과 대 정치적 동기

경제논리에서는 사회적 후생에 있어서 증가분이 손해를 입은 사람들에게 완전한 보상을 하고도 남는 것이 있다면 그 정책은 효과가 있다고 인식하는 칼도-힉스 보상기준에 따라 정부의 정책이나 사업이 영세업자나 저소득층보다 고소득자와 기업을 선호하는 것이라고 하더라도 정부의 재정적 안정을 최대화할 수 있으면 개의치 않는다. 그러나 우리가 7장에서 살펴본 바와 같이 칼도-힉스 기준은 편익과 비용을 단순 비교할 뿐 편익과 비용이 누구에게 돌아가는가라는 '배분적 가치(distributional values)'의 문제를 적절하게 고려하지 않는다는 본질적 한계가 있다. 왜냐하면 배분적 가치의 문제는 정치적 실현가능성(political feasibility)의 측면에서 중요한 변수가 되기 때문이다.

칼도-힉스 기준이 "정책이 효율적인가?(Is the policy efficient?)"라는 '규범적 문제(normative question)'를 제기한다면, 배분적 가치는 "누가 정책에 대해 반대하고 누가 지지할 것인가?(Who will oppose and who will support the policy?)"라는 '실증적 문제(positive question)'를 제기한다.[414] 따라서 정치논리에서는 당연히 정부 정책의 배분적 측면을 중요시한다. 즉, 정치논리에서는 정책이 가지고 있는 경제적 효과보다는 과연 그 정책이 그들의 정치적 연합에 어떤 이해관계를 가지고 있는가, 다시 말해 그들이 그러한 정책을 결정함으로써 재선기회가 증가할 것인가 하는 점을 중시한다. 특히, 사람들이 편익보다 비용에 더 민감하게 반응하는 '부정편향성(negativity bias)'으로 인해 정치인들은 정책으로 인한 편익이 비용보다 큰 경우에도 그러한 정책을 결정하는 데 주저할 수 있다. 이러한 점을 정치학자 위버(R. K. Weaver)는 다음과 같이 적절하게 설명하고 있다. "유권자들은 그들이 누리는 편익보다 그들이 부담해야 하는 비용에 더 민감하게 반응하는 경향이 있기 때문에, 정책의 편익이 비용을 초과하는 경우에도 정치인들은 일부 유권자 집단에게 집중적인 비용을 부과하는 정책을 결정하는 데 주저하는 모습을 보인다."[415] 따라서 경제논리에서는 합의에 도달한 목표를 성취하는 수단으로써 공공정책을 평가하는 반면, 정치논리에서는 그 효과에 의해서도 정책을 평가하지만 그것이 정치적으로 어떤 함의를 가지고 있는가에 의해서도 평가한다.

2) 선택과 집중 대 정치적 분산

경제논리에서는 유동적인 부를 유인하기에 가장 효과적인 방식으로 개발이 이루어질 수 있도록 추세가 긍정적이고 기회가 최상인 지역에 정책의 과실(果實)을 집중시켜야 한다는 '집중화 전략(targeting strategy)'을 따르는 반면, 정치논리에서는 민주주의 체제에서 정치인들은 안정적인 통치연합을 형성하기 위해 정책의 과실을 분산시켜야 한다는 다운즈(Anthony Downs)의 '정치적 분산의 법칙(law of political dispersion)'을 따른다. 정치의 영역에 '분산의 법칙'이 지배적인 이유는 많은 부분 선호의 '방향(direction)'만 표시할 뿐 선호의 '강도(intensity)'는 표시할 수 없는 현실의 투표제도 때문이다. 따라서 기업가들이 "사람들이 얼마나 많이(how much) 그것을 원하는가"에 주로 관심을 가진다면, 정치인들은 "얼마나 많은(how many) 사람들이 그것을 원하는가"에 주로 관심을 가진다.[416]

이러한 보편적인 주장에 대해서는 다음과 같은 반론도 제기될 수 있다. 앞서 살펴본 환류효과의 관점에서 사람들의 선호는 정부 사업이나 정책으로 인한 편익과 비용의 크기에 따라 달라진다. 즉, 개개인에게 귀속되는 편익이나 비용이 클수록 선호의 강도는 크게 나타난다. 그런데 만일 정책의 과실을 분산시킨다면, 개개인에게 돌아가는 편익은 작은 경우가 대부분이기 때문에 이 경우 정치인들은 자신들의 업적을 내세우기 곤란한 상황에 직면한다. 이러한 이유로 정치인들은 편익은 집중시키고 비용은 분산시키는 전략으로 '신뢰추구'와 '비난회피'라는 두 마리 토끼를 잡으려고 한다. 2장에서 살펴본 '구유통 정치'는 그 구체적인 예가 될 수 있다.

3) 기회비용 대 매몰비용

경제논리와 정치논리는 비용이라는 측면에서도 차이를 보인다. 경제학에서 비용은 크게 보면 기회비용(opportunity cost)와 매몰비용(sunk cost)으로 나눌 수 있다. 기회비용이란 그것을 선택함으로 말미암아 포기할 수밖에 없는 많은 선택가능성 중에서 가장 가치 있는 것이 보유하고 있는 가치를 의미하는 반면, 매몰비용이란 일단 지출한 다음에는 어떤 방법으로든 다시 회수할 수 없는 비용을 의미한다. 즉, 기회비용의 경우 선택가능성이 있지만, 매몰비용의 경우 선택가능성이 없다. 경제논리에서는 미래의 보수(payoff)를 중시하기 때문에 정책이나 사업이 미래에 더 이상 이득이 되지 않는다면 매몰비용을 포기하고 기회비용이라는 관점에서 선택을 하지만, 정치논리에서는 공약(commitment)을 우선 고려하기 때문에 매몰비용을 버릴 것인가에 대해 망설이게 된다. 특히, 사람들이 편익보다 비용에 더 민감하게 반응하는 '부정편향성'으로 인해 매몰비용은 중요한 정치적 변수가 된다. 사람들이 부정편향성을 가지고 있다면, 새로운 사업을 시행함으로써 얻게 되는 정치적 지지보다 기존 사업을 폐지하거나 축소함으로써 부담해야 되는 정치적 반대가 더 크게 나타나기 때문에 정치인들 입장에서는 기득권자의 반발을 결코 경시할 수 없기 때문이다. 정책효과의 '가시성'을 중시하는 정치인 입장에서는 이미 실행되어 현실화된 매몰비용을 버리고, 현실화되지도 않아 보이지도 않는 기회비용을 선택할 가능성은 높지 않다.

뿐만 아니라, 기존 사업을 조정하는 과정에서 나타나는 '비대칭적 조직화(asymmetric organization)' 현상에도 주목할 필요가 있다. 앞서 언급한 바와 같이 민주국가에서 정부 정책이나 사업은 대부분 편익은 집중되고 비용은 분산되는 '고객정치'와 같은 형태를 띠고 있다. 왜냐하면 이럴 경우 '신뢰추구'와 '비난회피'에 유리하기 때문이다. 그렇다면 기존 사업을 조정하는 것은 편익은 분산되고 비용은 집중되는 '기업가적 정치'와 같은 형태를 띨 가능성이 높다. 이럴 경우 개혁에 반대하는 비용부담집단들은 그러한 조정에 대해 강력히 반발하는 반면, 개혁을 지지해야 할 잠재적 수혜자집단들은 '집합적 행위의 딜레마'에 빠져 조직적인 활동을 하지 못하는 경우가 많다. 결국 개혁을 둘러싼 정치과정에서는 비용부담집단이 주도적인 정치행위자가 될 가능성이 높으며, 이들의 주장이 개혁과정에 많이 반영될 수밖에 없다.[417) 요컨대, 경제논리에서는 기득권을 인정하지 않는 반면, 정치논리에서는 기득권이 중요한 변수가 된다.

3. 분석적 이념과 정치적 이념

1) 능률성, 형평성, 그리고 분배

정책결정에 있어서 분석가가 중요시하는 기준은 '경제적 능률성'이다. 즉, 가장 좋은 정책이란 가장 큰 순편익을 가져오는 정책이라는 것이다. 그런데 이러한 관점은 정책의 편익과 비용이 누구에게 돌아가는가라는 분배나 형평의 문제를 간과하기 쉽다. 물론 '칼도-힉스 보상기준'의 논리에 따라 분석가들은 총편익이 총비용을 초과하는 정책대안일 경우 개인적 손실에 대해 충분히 보상해 줄 수 있기 때문에 사회적 분배를 달성할 수 있다고 주장하지만, 이 경우의 보상은 '실제적인 보상'이 아니라 '잠재적 보상'일 뿐이기 때문에 구체적인 보상수단을 결여하고 있다. 게다가 보상수단이 있다고 하더라도, 그것은 해당사업의 수정이 아닌 성격을 달리하는 별개의 재분배사업(예: 부의 소득세제도(negative income tax))을 통해 이루어지는 것이다. 그렇다면 왜 분석가들은 분배나 형평의 문제를 소홀히 다루는가? 그 이유는 형평성의 경우 로렌츠 곡선(Lorenz curve)이나 지니 계수(Gini coefficient) 등을 통해 단지 우회적으로 설명될 수 있는 반면,[418) 능률성은 순 사회편익이라는 보다 간명한 측정기준을 가지고 있기 때문이다. 이처럼 현실의 정책분석 과정에서 형평성은 경시되는 경우가 많지만, 이러한 정책분석은 부분적이고 제한적일 수밖에 없다는 한계가 있다. 로젠(Henry Rosen)은 이러한 점을 다음과 같이 적절하게 지적하고 있다.

> 형평성의 문제가 개별적인 정책 선택에서 다루어져야 하는가, 또는 개별적인 소득재분배 정책을 통해 그것이 다루어져야 하는가? … 구체적인 사례에서 모든 승자와 패자를 확인할 수 있는 방법은 없으며, 그러한 확인을 하는 데 소요되는 정보비용도 매우 높은 경우가 대부분이다. 게다가 패자에게 보상을 할 수 있는 기제는 약하거나 존재하지 않는다. … 정책의 배

분적 효과를 생략하고 총체적 효율성만을 다루는 분석은 의사결정자가 직면하는 문제 중 일부분, 그것도 매우 작은 부분만을 다루는 것이다.[419)]

한편 자신의 지지기반인 지역구민들의 이익에 민감할 수밖에 없는 정치인은 분석가와 달리 분배문제에 가장 큰 관심을 보이고 있다. 이 경우에 비용을 부담하는 집단은 분산적이어서 불만의 목소리가 좀처럼 가시화되지 않는 반면(집합적 행위의 딜레마), 편익은 한정된 집단에게만 돌아가기 때문에 집합적 행위의 문제를 쉽게 극복할 수 있고 조직적인 정치활동을 할 수 있기 때문에 정치인은 분배문제에 보다 많은 관심을 가진다. 그러나 이러한 정치인들의 분배에 대한 관심이 사회적 형평성에 대한 관심을 의미하는 것은 아니다. 오히려 정치인의 지나친 분배에 대한 관심은 사회적 형평성을 저해하는 결과를 초래하게 되는데, 이는 관심의 대상이 특정집단, 즉 지역주민에 한정되어 있기 때문이다.

이상에서 살펴본 바와 같이, 정책분석가와 정치인 모두 배경은 다르지만, 형평성과 관련하여 바람직한 역할을 수행하지 못한다고 할 수 있다. 순 사회편익이라고 하는 보다 간명한 측정수단을 가지고 있는 능률성과는 달리, 형평성은 로렌츠 곡선이나 지니 계수 등을 통해 우회적으로 평가될 수밖에 없기 때문에 정책분석가들은 뚜렷한 측정기준을 가지고 있는 능률성의 기준을 형평성의 기준보다 분석적 가치로서 우선순위를 두게 된다. 또한 정치인들 역시 자신들의 선거구민에게 집중적으로 편익이 돌아가는 정책을 선호하는 '구유통 정치(pork barrel politics)'로 인해 전체적인 관점에서의 사회적 형평성을 소홀히 다루기 쉽다.

2) 투입, 산출, 그리고 편익

정책결정에 있어서 나타나는 분석가와 정치인 사이의 또 다른 차이점은 사업편익의 성격에 관한 것이다. 예를 들어, 군사프로그램의 경우 분석가는 국가안보라는 '산출(outputs)'을 편익으로 간주하여 군사지출의 유형 및 수준에 따른 방위효과의 정도를 판단하는 것이 주요 정책과제인 반면, 정치인은 사업수행에 필요한 경비나 인원, 즉 '투입(inputs)'을 편익의 기준으로 삼기 때문에 군사지출의 유형 및 수준에 따라 자신의 지역구민들이 어느 정도 혜택을 받을 수 있는가에 관심을 집중한다. 이러한 차이점은 그들이 선호하는 예산제도에 있어서도 잘 나타나는데, 분석가는 사업예산제도의 유용성을 주장하는 반면, 정치인은 투입을 기준으로 편성된 품목별예산제도를 지지한다.

현실의 정책결정과정에서는 분배나 투입을 강조하는 정치인의 입장이 능률이나 산출을 강조하는 분석가의 관점을 압도하는 경우가 많다. 따라서 정치인의 결정은 경제적 효율성의 측면에서는 떨어지지만 여러 집단의 이익을 비교적 골고루 충족시켜 준다는 점에서, 보다 큰 설득력을 지니고 있다.

3) 매몰비용

정책분석가는 '매몰비용(sunk cost)'에 대해 무관심하다. 그 이유는 매몰비용의 경우 이미 사라진 기회이기 때문에, 앞으로 어떤 대안을 선택하더라도 결코 회복될 수 없는 성질을 지니고 있기 때문이다. 대신 사업비용에 대한 분석은 '기회비용(opportunity cost)'의 개념을 통해 이루어진다. 그러나 매몰비용의 개념이 분석가에게 전혀 무의미한 것은 아니다. 만약 매몰비용이 고정된 총지출에서 제외되는 것이라면, 그 규모가 클수록 사업완성에 필요한 앞으로의 경비는 줄어들고 따라서 사업을 계속 수행하는 것이 합리적이다. 따라서 분석가는 사업평가에 있어서 매몰비용을 제외한 채 잔여비용(remaining costs)과 잔여편익(remaining benefits)의 비교에 초점을 맞춘다.

이에 반해, 정치인들은 매몰비용을 중요시한다. 그들이 이러한 태도를 보이는 이유는 매몰비용이 경제적 변수인 동시에 정치적 변수이기 때문이다. 즉, 매몰비용의 이면에는 사업수행과 관련된 정부의 신뢰와 사업완성에 의해 혜택을 볼 지역주민들의 기대가 담겨 있는 것이다.

이상에서 설명한 분석가와 정치인 사이의 정책결정행태상의 차이점들은 조직화된 선거구민들에 대한 그들의 관심 유무에 따라 나타난다고 볼 수 있다. 분석가는 '국민들이 필요로 하는 것(needs)'에 초점을 맞추기 때문에 특정한 개인들의 조직적인 영향력 행사에 대해 부정적인 시각을 가지고 있다. 이에 반해 정치인은 명시적으로 표출된 '국민이 원하는 바(wants)'를 충족시키고자 노력하기 때문에 분석가와는 상반된 견해를 보이고 있다. 따라서 정책분석은 덜 조직적이거나 직접적인 참여를 하지 않은 개인들의 이익을 고려함으로써 조직화된 선거구민들의 왜곡된 목소리를 배제할 수 있다는 장점이 있지만, 선거구민들에 대한 무관심으로 인해 자신의 분석결과를 정책결정과정에서 지지해 줄 조직화된 정치집단이 없다는 문제점을 안고 있다.

제 12 장 정책집행

제 1 절 정책집행의 의의 및 정책집행관의 변화

1. 정책집행의 의의

정책집행(policy implementation)이란 정책의 내용이 구체적으로 실현되는 과정을 의미한다. 존스(Charles O. Jones)에 따르면 "정책집행이란 프로그램이 실제 효과로 이어지도록 하는 일련의 활동"을 의미하는데, 이러한 활동에서는 '조직(organization)', '해석(interpretation)', '적용(application)'이라는 세 가지 개념이 중요하게 작용한다. 여기서 조직이란 자원 및 집행기구의 확보와 프로그램을 관리하는 방법을 의미하고, 해석은 법이나 규정에 명시되어 있는 계획, 지침, 요구사항 등을 좀 더 이해하기 쉬운 용어로 바꾸는 것을 의미하며, 적용은 재화나 서비스를 공급하거나 정책수단을 구체화하는 일련의 활동을 의미한다.[420]

정책집행은 정책이 채택된 후, 행정기관이 어떻게 정책을 해석하여 효과가 발생하는가를 다룬다. 정책은 그 자체로서 저절로 집행되는 것은 아니며, 여러 가지 요인들에 영향을 받는다. 즉, 정책집행은 다루고자 하는 문제의 성격, 정책의 내용, 그리고 다양한 정치적 · 제도적 요인들에 영향을 받는다. 그리고 이러한 요인들에는 기관의 자원, 통치권자의 관심, 대중적 · 정치적 지지의 정도, 그리고 외부 환경으로부터의 영향 등을 포함한다.[421]

정책의 내용은 주로 정책수단으로 이루어져 있기 때문에, 정책집행을 달리 표현하면 정책수단이 구체적으로 실현되는 과정이라고 할 수 있다. 정책은 정책집행을 통해 구체화되기 때문에 이 과정이 매우 중요함에도 불구하고 전통적인 정책이론에서는 정책은 합리적으로 결정되면 자동적으로 집행될 것이라고 인식하였기 때문에, 이 과정에 대해 별다른 주목을 하지 않았다. 그러나 프레스만(Jeffrey L. Pressman)과 윌다브스키(Aaron Wildavsky)의 오클랜드 사업에 대한 분석[422] 이후 정책집행에 대한 관심이 높아지게 되었다.

2. 정책집행관의 변화

전통적인 정책이론에서는 정책집행에 대해 별다른 주목을 하지 않았다. 전통적인 정책이론에서 주장하는 고전적 집행관의 주요 내용을 살펴보면 다음과 같다. 첫째, 정치·행정 이원론에 근거하여 정책결정과 정책집행을 엄격하게 구분한다. 둘째, 정책은 합리적으로 결정되면 집행은 자동적으로 이루어진다고 보았다. 셋째, 국민에게 정치적 책임을 지지 않는 정책집행자가 정치적 책임을 지는 정책결정자가 결정한 정책의 내용을 수정하는 것은 민주주의 원리에 반한다는 맥락에서, 정책집행과정에서는 정책결정자가 결정한 정책을 기계적으로 집행만 하면 된다고 인식하였다. 넷째, 따라서 기술적인 사항을 제외하고 집행과정에서 재량권을 거의 인정하지 않았다. 다섯째, 정책집행은 정치적 성격이 없는 기술적 과정으로 이해하였다.

정책은 합리적으로 결정하기만 하면 집행은 자동적으로 이루어질 것이라는 고전적 집행관의 낙관적인 관점이 수정되게 된 계기는 의욕적으로 시작된 오클랜드 사업이 별 다른 성과를 내지 못하고 실패하면서부터이다. 오클랜드 사업은 존슨 대통령의 '위대한 사회(The Great Society)' 프로그램의 일환으로 추진되었는데, 그 주된 내용은 인종문제와 실업문제로 시달리고 있던 오클랜드 시에 공공시설건설과 사업자 및 금융업자를 위한 재원을 지원하여 이러한 문제를 해결한다는 것이었다. 그러나 계획발표 후 약 3년이 지난 1969년 4월 로스앤젤레스 타임스는 오클랜드 시에서의 소수민족 고용계획으로 단지 20개의 일자리만 생겨났다는 기사를 실었고, 같은 시기에 오클랜드에 있는 경제개발처(Economic Development Administration: EDA) 관리는 연방정부가 오클랜드의 사업자금을 위해 약 백만 달러를 투자했으나, 오직 43개 일자리만 창출됐다는 요지의 보고서를 시의회에 제출하였다.[423]

이와 같이 의욕적으로 시작하였으나 별 다른 성과 없이 끝난 오클랜드 사업에 대해 프레스만과 윌다브스키는 『집행론(Implementation)』에서 그 실패원인으로 다음과 같은 네 가지를 제시하였다.[424] 첫째, 집행과정에 너무 많은 참여자들이 개입함으로써 거부점이 증가하여 정책집행의 성공가능성이 낮아졌다(공동행동의 복잡성(complexity of joint action)). 둘째, 중요한 지위에 있는 자들의 교체로 인해 정책에 대한 기존의 지지와 협조를 유지할 수 없었다. 셋째, 정책목표와 정책수단 사이의 타당성 있는 인과이론(theory)이 결여되었다. 넷째, 적절하지 않은 기관이 정책집행을 담당하였다.

프레스만과 윌다브스키의 연구 이후 등장한 현대적 집행관은 고전적 집행관과 달리 다음과 같은 내용을 포함하고 있다. 첫째, 정치·행정 일원론에 기초하여 정책결정과 정책집행을 엄격하게 구분하지 않고 연속적인 과정으로 이해한다. 따라서 정도상의 차이는 있지만, 정책집행과정에서 정책이 결정되거나 수정되는 경우가 많으며, 이러한 맥락에서 '정책결정으로서의 정책집행'이라는 표현이 사용되기도 한다.[425] 둘째, 정책이 합리적으로 결정되었다고 하더라도 정책결정자가 의도한 효과가 나타나지 않을 수 있다고 인식한다. 와이머(David L. Weimer)와 바이닝(Aidan R. Vining)이 적절하게 지적하고 있듯이, 정책의 합리적 결정은 정책 성공의 "필요조건(necessary condition)"일 뿐 "충분조건(sufficient condition)"은 아닌 것이다.[426] 따라서 정책집행과정은 자동적인 과정이 아니다. 셋째, 정책집행과정에서 정책의 실질적 내용이 결정되거나 정책이 변경되기도 한다. 정책집행과정에서 이루어지는 의사결정을 '행정적 결정'이라고 한다. 넷째, 정책집행자에게 광범위한 재량권을 인정할 필요가 있다고 인식한다. 다섯째, 정책집행은 단순한 기술적 과정이 아닌 정치적 성격을 띠는 과정으로 이해한다.

제 2 절 정책결정자와 정책집행자의 관계

나카무라(R. T. Nakamura)와 스몰우드(F. Smallwood)는 정책결정자와 정책집행자 사이의 관계를 고전적 기술관료형, 지시적 위임형, 협상형, 재량적 실험가형, 그리고 관료적 기업가형 등 다섯 가지로 나누어 설명하고 있다. 이들 유형 중 고전적 기술관료형으로 갈수록 정책결정자의 권한이 커지는 반면, 관료적 기업가형으로 갈수록 정책집행자의 권한이 커진다. 이들 다섯 가지 유형을 정책결정자와 정책집행자의 기능이라는 관점에서 정리하면 다음과 같다.[427]

1. 고전적 기술관료형

정책결정자와 정책집행자의 관계에 관한 고전적 기술관료형의 기본가정은 다음과 같다. 첫째, 정책결정자는 명확한 목표를 제시하며 정책집행자는 그 목표를 따른다. 둘째, 정책결정자는 계층제적 명령구조를 확립하고 자신이 설정한 목표달성을 위해 특정 정책집행자에게 기술적 권위(technical authority)를 위임한다. 셋째, 정책집행자는 그러한 목표를 달성할 수 있는 기술적 역량을 가지고 있다.

2. 지시적 위임형

지시적 위임형에서는 정책결정자가 정책목표를 달성하는데 필요한 규칙을 포함하여 각종의 행정적 조치를 취할 수 있는 일반적인 권한을 위임하려고 하는 유형으로 기본가정은 다음과 같다. 첫째, 정책결정자는 명확한 목표를 제시하며 정책집행자는 그 목표가 바람직하다는데 의견을 같이한다. 둘째, 정책결정자는 정책집행자 집단에게 목표를 달성하도록 지시하며 그 정책집행자에게 재량적 행정권한을 위임한다. 셋째, 정책집행자는 그러한 목표를 달성하는데 필요한 기술적 · 행정적 협상능력을 가지고 있다.

3. 협상형

협상형에서는 정책결정자와 정책집행자 사이에 정책목표나 정책목표의 달성수단에 관하여 반드시 합의를 보고 있지는 않다. 협상의 기본가정은 다음과 같다. 첫째, 공식적인 정책결정자가 정책목표를 설정한다. 둘째, 정책결정자와 정책집행자들 사이에 목표가 바람직하다는 점에 반드시 의견이 일치하고 있지는 않다. 셋째, 정책집행자들과 정책결정자들 사이에 또는 다른 정책집행자들 사이에 목표와 목표달성수단에 관하여 협상이 이루어진다.

4. 재량적 실험형

재량적 실험형의 관계는 정책결정자가 구체적인 정책을 수립할 능력이 없고, 따라서 정책집행자에게 광범위한 재량권을 기꺼이 위임하려 할 경우에 채택된다. 이 모형에 내재하는 기본가정은 다음과 같은 세 가지이다. 첫째, 공식적인 정책결정자는 추상적인 정책목표를 지시하지만 지식의 부족 또는 기타 불확실성 때문에 목표를 분명하게 제시할 능력이 없다. 둘째, 정책결정자는 정책집행자에게 목표를 구체화시키고 목표달성수단을 강구할 수 있는 광범위한 재량권을 부여한다. 셋째, 정책집행자는 이 과업을 기꺼이 수행하려 하며, 또한 수행능력도 가지고 있다.

5. 관료적 기업가형

관료적 기업가형은 고전적 접근방법과는 뚜렷하게 대조된다. 이 유형에서는 정책집행자가 정책결정자의 권한을 장악하고 정책과정의 통제권을 행사하는데 여기에서 작용하는 기본원칙은 다음과 같다. 첫째, 정책집행자가 스스로 정책목표를 수립하고 공식정책결정자가 이 목표를 받아들이도록 확신시킬 수 있는 충분한 권한을 보유하고 있다. 둘째, 정책집행자는 정책결정자와 교섭하여 그들의 정책목표를 달성하는데 필요한 수단을 확보한다. 셋째, 정책집행자는 그들의 정책목표를 달성하려고 노력하며 달성할 능력도 보유하고 있다.

제 3 절 정책집행 연구의 접근방법

정책집행 연구의 접근방법은 다양하지만, 여기서는 상향적 · 하향적 접근방법, 그리고 이 둘을 결합한 통합적 접근에 대해서만 살펴보고자 한다.

1. 하향적 접근방법

반 미터(D. Van Meter)와 반 혼(C. E. Van Horn),[428] 사바티어(Paul A. Sabatier)와 매즈매니언Daniel Mazmanian)[429] 등의 연구에 의해 제시된 하향적 접근방법은 정책집행을 정책결정단계에서 채택된 정책목표를 달성하는 과정으로 보면서, 집행과정에 대한 자세한 기술(description)이나 집행과정에서 나타난 문제점의 원인에 대한 인과론적인 설명(explanation)보다는 바람직한 집행이 일어날 수 있는 규범적 처방(normative prescription)을 정책결정자에게 제시하는데 주로 관심을 가지고 있다.[430] 기본적으로 정치 · 행정 이원론적인 시각을 가지고 있는 하향적 접근방법은 정책결정과정에서 논의를 출발하여 바람직한 집행은 정책결정의 내용을 충실히 실현시키는 과정이라고 본다.

따라서 하향적 접근방법은 정책형성(policy formulation)과 정책집행(policy implementation) 사이의 명확한 구분에 기초하고 있다. 예를 들면, 반 미터(D. Van Mctcr)와 반 혼(C. E. Van Horn)은 정책집행을 "선행 정책결정에 뒤따라서 정책목표를 달성하고자 하는 공공부문 또는 민간부문의 행위자들(또는 집단)이 취하는 일련의 행동"으로 정의하고 있다.[431] 비슷한 맥락에서 프레스만(Jeffrey L. Pressman)과 윌다브스키(Aaron Wildavsky)도 정책집행에 선행하는 정책결정이 없다면 집행과정은 지향점이 없는 표류 현상과 같을 것이라고 지적한다.[432] 따라서 정책결정이 없다면 집행은 있을 수 없으며, 결정과정에서 지향하는 목표가 정해지지 않는다면 집행의 성공과 실패 여부는 판단할 수 없게 된다. 이처럼 하향적 접근방법에서는 정책집행보다는 정책결정에 더 강조점을 두고 정책집행은 정책결정의 후속 과정이라는 시간적 순서(sequence)를 강조하는데, 힐(M. Hill)과 후프(P. Hupe)는 이를 "결정과 의사에 따르는 집행 정리(implementation follows formulation and decision theorem)"로 명명한 바 있다.[433]

하향적 접근방법은 성공적인 정책집행이 이루어지기 위한 조건에 대해 특히 관심을 가지고 있는데, 사바티어(Paul A. Sabatier)와 매즈매니언(Daniel Mazmanian)은 이를 다음과 같은 다섯 가지로 제시하고 있다.[434] 첫째, 정책결정의 내용은 타당한 인과이론(sound theory)에 바탕을 둔 것이어야 한다. 둘째, 정책내용으로서 법령은 명확한 정책지침을 가지고 있어야 하며, 대상집단의 순응을 극대화할 수 있도록 구성되어야 한다. 셋째, 유능하고 헌신적인 집행관료가 정책집행을 담당하여야 한다. 넷째, 결정된 정책에 대해 조직화된 이익집단, 유권자 집단, 그리고 주요 입법가 또는 행정부의 장으로부터 지속적인 지지를 받아야 한다. 다섯째, 정책목표는 안정적이어서 집행과정 동안 목표의 우선순위가 변하지 않아야 하며, 상충되는 정책이나 사회경제적 상황의 변화에 의해 기존의 정책이 현저하게 달라지지 않아야 한다.[435]

2. 상향적 접근방법

상향적 접근방법은 하향적 접근방법이 너무 고위 관료들의 역할에만 관심을 집중하여 하위 관료 또는 일선관료(street-level bureaucracy)의 역할을 무시하거나 과소평가하고 있다고 비판한다.[436] 따라서 상향적 접근방법은 정책결정자가 집행과정에서 발생하는 모든 것에 결정적인 영향력을 행사할 수 있고 그렇게 해야 한다는 하향적 접근방법의 가정에 의문을 제기하면서, 집행과정에 대한 가장 큰 영향력을 행사하는 집단은 명목적인 통제만을 담당하는 정책결정권자가 아니라 정책문제 해결에 필요한 전문성과 지식을 가진 일선집행권자이므로 일선집행관료와 정책대상집단의 행태를 고찰해야 한다고 주장한다.

예를 들면, 지방자치 시대가 본격화되면서 폭발적으로 증가하고 있는 지역이기주의(NIMBY, PIMFY) 사례는 정책대상집단의 불응을 보여주고 있는데, 이러한 경우에 정책집행의 성공을 담보하기 위해서는 집행현장의 특수성과 정책대상집단의 행태에 영향을 미치는 일련의 요인들에 대해 살펴볼 필요가 있다.

또한 분명하고 일관된 정책목표의 존재가능성을 부인하고, 정책목표 대신 집행문제(implementation problem)의 해결에 논의의 초점을 맞추며, 정책결정과 정책집행 사이의 엄밀한 구분에 대해서도 의문을 제기한다. 정책집행과정에서는 단순히 결정자가 결정한 정책의 내용을 구체화하는 데 국한되는 것이 아니라, 상충되거나 상호 관련되어 있는 수많은 프로그램들 중에서 선택을 해야 하는 경우가 많다.[437]

이러한 맥락에서 정책집행의 성공을 좌우하는 요인과 같은 규범적 관점을 지향하는 하향적 접근방법과 달리, 상향적 접근방법은 집행 현장을 중시하는 실증적 관점을 지향한다. 즉, 상향적 접근방법은 "집행이 어떻게 이루어져야 하는가?"라는 규범적인 언명에서 벗어나 "실제로 집행이 어떻게 이루어지는가?"라는 실증적인 문제를 제기한다. 그리고 그 실제는 정책결정과정에서 통제할 수 있는 유형화된 수준을 넘어서는 복잡한 과정, 다시 말해 끊임없이 변화하고 변화할 수 있는 정책, 복잡한 상호작용 구조, 그리고 본질적으로 통제하기 어려운 행위자들로 구성된다.[438] 따라서 상향적 접근방법에 의하면, 정책집행의 성공 여부는 집행현장에서 활동하는 일선관료들(street-level bureaucrats)의 정치 · 행정적 기술이나 그들이 관련 이해당사자들과 맺고 있는 공식적 · 비공식적 연계에 의존한다.[439]

요컨대, 히언(Benny Hjern)과 그의 동료들이 적절하게 지적하고 있듯이, 상향적 접근방법에서는 어떤 전제조건에 대한 가정 없이 현장 수준 또는 집행 활동을 하는 행위자 수준에 초점을 맞추어 경험적 연구를 해야 한다고 주장한다.[440] 따라서 일정한 전제조건에 대한 가정에 따라 규범적 논의를 주로 한 하향적 접근방법과 달리, 상향적 접근방법은 보다 실증적이고 경험적인 차원에서 정책집행에 접근한다. 예를 들면, 바렛(S. Barrett)과 힐(M. J. Hill)은 상향적 접근방법의 이러한 특징을 다음과 같이 집약적으로 설명하고 있다.

> 정책과 활동의 관계를 이해하기 위해서는 집행과정이 어떻게 이루어져야 하는가에 관한 규범적인 행정적 또는 관리적 견해를 반영하는 집행과정의 단일한 관점에서 벗어나, 정책 효과의 발생을 추구하는 개인과 집단 사이의 상호작용의 복잡성과 역동성에 관한 보다 경험적인 증거를 반영하는 개념화를 발견하려고 노력해야 한다. 이것을 하기 위해 우리는 대안적인 관점을 제시하고 있는데, 그것은 행위자들과 행정기구 그리고 그들 사이의 상호작용에 관심을 가지고 있고, 무엇을(what), 어떻게(how), 그리고 왜(why)라는 문제에 영향을 미치는 것으로 보이는 행위자들을 보다 명확하게 확인할 수 있는 방법을 통해 행위자 중심(actor-centered) 또는 '상향적(bottom-up)' 분석 방법에 초점을 맞추고 있다.[441]

3. 통합적 접근방법

상향적 접근방법과 하향적 접근방법은 나름대로의 장·단점이 있기 때문에 이를 통합적 관점에서 접근하려는 경향이 유력해지고 있다. 즉, 정책집행연구를 위한 통합적 접근방법(mixed approach)은 하향적 접근방법과 상향적 접근방법의 개념적 취약점을 회피하기 위하여 두 모형의 요소들을 종합하여 집행과정을 연구하는 방법을 의미한다. 통합적 접근에서는 하향적 접근방법의 관심사인 효과적인 정책집행을 출발점으로, 그리고 상향적 접근방법과 다른 이론의 요소를 그들의 모형에 통합하려고 시도하였다.[442]

그러나 통합적 접근방법이 하향적 접근방법과 상향적 접근방법을 단순히 절충한 것은 아니며, 두 개의 접근방법 중 중요하게 취급한 요인들을 모두 사용해 총체적으로 접근하려고 한다. 이러한 맥락에서 통합적 접근을 '더 나은 접근방법(the better approach)' 또는 '올바른 접근방법(the right approach)'으로 명명하기도 한다.[443]

제 4 절 정책집행에 영향을 미치는 요인

1. 정책의 유형

정책유형별 집행과정상의 차이를 살펴보면 다음과 같다.[444]

1) 배분정책

국민에게 재화나 서비스를 제공하는 배분정책의 집행과정에서의 특징을 제시하면 다음과 같다. ① 정책집행과정에 의회, 행정부의 일선집행기관, 수혜집단이 적극적으로 개입한다. ② 수혜집단이 정책의 주요한 대상집단이기 때문에 집행을 둘러싼 이념논쟁이나 작은 정부에 대한 요구가 거의 없다. ③ 정부관료의 집행노력에 대한 반대는 주로 산발적으로 일어난다. ④ 집행참여자들 사이의 관계가 안정적이며, 집행에 대한 반대나 갈등이 거의 없다. ⑤ 표준운영절차(Standard Operating Procedure: SOP)[445]나 상례적 절차(routine)의 확립이 용이하고 원만한(smooth) 집행의 가능성이 높다.

2) 경쟁적 규제정책

많은 경쟁자들 중에서 몇몇 개인이나 집단에게 일정한 재화나 서비스를 공급할 수 있도록 하는 반면, 공익을 위하여 서비스 제공의 일정한 측면을 규제하는 경쟁적 규제정책의 집행과정상의 특징은 다음과 같다. ① 집행과정에서 행정부의 중앙부처와 인허가를 원하는 대상집단이 적극적으로 개입한다. ② 집행에 관한 논쟁은 규제완화의 주장과 같이 정부규제에 대한 이데올로기적 성격을 띤다. ③ 정부규제의 집행에 대한 반대는 있지만 심한 정도는 아니다. ④ 집행참여자들 간의 관계는 불안정적이며 매우 가변적이다. ⑤ SOP나 상례적 절차의 확립이 용이하고 원만한 집행이 가능하지만, 그 정도는 배분정책보다는 낮다.

3) 보호적 규제정책

공익이나 일반대중을 보호하기 위해 특정한 개인이나 집단의 재산권 행사나 행동의 자유를 제한하는 것을 내용으로 하는 보호적 규제정책의 집행과정상의 특징은 다음과 같다. ① 집행과정에서 행정부의 중앙부처, 비용부담자(피규제자)가 적극적으로 개입한다. ② 정부의 역할 및 기능과 관련한 이념논쟁이 계속되며, 작은 정부 또는 규제완화에 대한 요구가 강하다. ③ 정부규제가 완화 내지 폐지되기를 원하는 집행참여자들은 정부관료의 집행활동에 심한 반대를 한다. ④ 집행참여자들 사이의 관계는 불안정적이며 매우 가변적이다. ⑤ SOP나 상례적 절차의 확립이 곤란하며, 원만한 집행이 어렵다.

4) 재분배정책

고소득층으로부터 저소득층으로의 소득이전을 목표로 하는 재분배정책의 집행과정상의 특징은 다음과 같다. ① 집행과정에 행정부의 일선집행기관, 수혜집단과 비용부담집단이 적극적으로 개입한다. ② 재분배정책은 기본적으로 '계급정책(class policy)'으로서의 성격을 가지고 있기 때문에, 국가의 역할에 대한 이념논쟁이 정책결정과정뿐만 아니라 정책집행과정에서도 첨예하게 이루어지며, 비용부담집단의 작은 정부 또는 복지정책의 철폐에 대한 압력이 매우 높다. ③ 현재 재분배되는 복지혜택을 제한하거나 폐지해야 한다고 주장하는 집행참여자들은 정부관료의 집행노력에 지속적이고 강한 반대를 한다. ④ 집행참여자들 간의 관계는 안정적이며(정상연합체), 재분배를 반대하는 세력의 정치적 반대와 조직적인 저항이 심하다. ⑤ SOP나 상례적 절차의 확립이 곤란하며, 원만한 집행이 어렵다.

<표 12-1> 정책유형에 따른 집행과정상의 특징

	이념 논쟁	참여자간의 관계	집행상의 갈등과 반대	원만한 집행과 루틴화
배분정책	약함	안정적	약함	높음
경쟁적 규제정책	대체로 강함	불안정적	강함	낮음
보호적 규제정책	강함	불안정적	강함	낮음
재분배정책	매우 강함	안정적	매우 강함	낮음

2. 사업계획의 성격

정책집행은 정책에 포함되어 있는 사업계획의 내용을 구체화하는 활동이기 때문에, 사업계획의 성격은 정책집행에 중요한 영향을 미친다. 따라서 사업계획의 명확성, 일관성, 소망성이 높을 경우 정책집행은 성공할 가능성이 높다.

3. 정책목표의 성격

정책목표의 성격도 정책집행에 영향을 미친다. 이는 다음과 같은 몇 가지 측면으로 나누어 살펴볼 수 있다.[446] 첫째, 정책목표의 명확성 여부로, 목표가 구체적이고 명확할수록 일선기관과 관료들이 집행과정에 어려움을 적게 겪기 때문에 효과적으로 정책을 집행할 수 있다. 둘째, 정책목표의 지속성 여부로, 새로운 목표가 기존의 목표와 크게 다르다면 집행과정에 큰 어려움을 겪을 수 있다. 셋째, 정책목표의 장기성 여부로, 장기적인 목표가 단기적인 목표보다 의도한대로 집행하기 어렵다. 정책목표가 장기적일수록 예측하지 못한 여러 외재적 요인들이 개입할 수 있기 때문이다.

4. 정책목표와 정책수단 사이의 관계

하향적 접근방법에 의하면 정책목표와 정책수단 사이에 타당한 인과이론이 존재하는가의 여부는 정책집행의 성공에 중요한 영향을 미친다. 따라서 정책목표와 정책수단 사이의 관계는 정책결정과정에서만 문제가 되는 것이 아니라 정책집행과정에서도 문제가 된다. 예를 들면, 홀렛 등(Michael Howlett et al.)은 정책목표와 정책수단 사이의 조합을 다음과 같은 네 가지로 정리하고 있다.[447]

<표 12-2> 정책집행과정에서 정책목표와 정책수단 사이의 관계 유형[448]

		정책수단	
		일관적	비일관적
정책목표	일치하는	최적(Optimal) 유형	비효과적(Ineffective) 유형
	일치하지 않는	오도된(Misdirected) 유형	실패한 또는 최적 이하 (Failed or suboptimal) 유형

5. 집행주체

정책집행 담당조직의 구조적 특징(집행구조, 조직의 분위기, 관료적 규범)과 집행절차 및 재원, 그리고 집행담당자와 관련 기관과의 관계가 정책집행에 영향을 미친다. 특히, 정책집행에 관여하는 정부기관의 범위가 중요하게 부각된다. 예를 들어, 정책집행에 관여하는 정부기관의 범위가 넓으면 넓을수록 '악대차 효과(bandwagon effect)'가 나타나 정책집행이 어려움을 겪을 수 있다. 여기서 악대차 효과란 너무 많은 기관들이 정책집행과 관련된 의견을 제시하여 실제 집행에 도움을 주지 못하는 현상을 말한다.[449]

6. 정책대상집단

정책대상집단의 정치적 행동(political action)의 강도는 편익이나 비용의 집중·분산여부에 따라 달라진다. 정책으로 인한 편익이나 비용이 이질적인 불특정다수인에게 넓게 분산되는 경우에는 집합적 행위의 딜레마(collective action dilemma)로 인해 정치적 행동을 할 가능성이 낮아지는 반면, 소수의 동질적인 집단에게 좁게 집중되는 경우에는 정치적 행동을 할 강한 유인(incentive)이 형성된다. 따라서 정책으로 인한 편익은 소수에게 좁게 집중되는 반면 비용은 다수에게 넓게 분산된다면 정책집행은 큰 정치적 갈등이 없이 원만하게 이루어지지만, 정책으로 인한 편익은 넓게 분산되는 반면 비용은 소수에게 좁게 집중된다면 정책집행은 린드블럼(Charles E. Lindblom)이 말한 "진흙탕 통과(muddling through)"와 같은 어려운 정치과정이 될 수 있다.[450)]

또한 정책대상집단에게 요구되는 행태 변화의 크기에 의해서도 정책집행은 영향을 받는다. 기존의 정책으로부터 요구되는 변화의 폭이 클수록 정책대상집단이 저항할 가능성이 커지기 때문에 정책집행은 어려움에 봉착하기 쉽다.[451)]

7. 정책혜택의 유형

학자에 따라서는 정책으로 인한 혜택의 유형이 정책집행에 영향을 미친다고 주장하기도 한다. 예를 들면, 정책으로 인한 혜택이 많은 사람들에게 분산되기도 하고, 경우에 따라서는 특정 개인에게 집중되기도 한다. 그린들(M. Grindle)은 전자를 '포괄적 혜택(collective benefits)'으로, 그리고 후자를 '분할적 혜택(divisible benefits)'으로 명명한 바 있다.[452)] 우리가 7장에서 살펴본 바와 같이, 수혜집단과 비용부담집단 사이의 전통적인 구분을 모호하게 하는 정치 전략은 가치 갈등을 둘러싼 현시성을 낮춤으로써 정책의 원만한 집행이 가능하다. 따라서 '포괄적 혜택'을 추구하는 정책이 '분할적 혜택'을 추구하는 정책보다 집행과정에서 정책대상집단들 간의 갈등을 최소화함으로써 정책집행이 성공할 가능성이 높아진다.[453)]

8. 환경적 요인

정치사회의 민주화에 따라 하향적 접근방법의 인식에서 탈피한 현지적응적 집행전략의 필요성이 대두되었다. 또한 성공적인 집행을 위해서는 지속적인 대중의 지지나 여론의 반응이 중요하게 부각된다.

제 5 절 정책집행에서의 순응과 불응

1. 순응의 의의 및 중요성

1) 순응의 의의

정책집행에 있어서 순응(compliance)이란 정책집행자나 정책대상집단이 정책결정자의 의도나 정책 또는 법규의 내용에 일치되는 행위를 하는 것을 의미하며, 이와 상반되는 행위를 불응(noncompliance)이라 한다.[454)]

학자에 따라서는 순응(compliance)을 수용(acceptance)과 구별하여 설명하고 있는데, 순응은 외면적 행동이 일정한 행동규정(behavioral prescription)에 일치하는 것인데 비해, 수용은 외면적 행동의 변화만이 아니라 내면적 가치체계와 태도의 구체적 변화를 의미하는 것으로 보고 있다.[455)] 따라서 순응의 원인은 편협한 경제적 이해관계를 넘어서는 경우가 많다. 사람들이 정책에 대해 순응하는 것은 정당한 권한을 가진 정책결정자가 올바른 절차를 거쳐 정책을 결정했다는 '정당성(legitimacy)'의 문제에 기인하는 경우도 많기 때문이다. 예를 들어, 시카고 지역의 시민과 경찰의 관계에 대한 연구에서 타일러(Tom Tyler)는 사람들이 법을 준수하게 만드는 것은 "올바르고 적절한 것에 관한 사회적 가치(social values)"라고 결론짓고 있다. 다시 말해, "사람들은 그들이 그렇게 하는 것이 적절하다고 믿기 때문에 법을 준수하는 것이다."[456)]

또한 순응은 복종(obedience)과도 구별된다. 순응이 주어진 상황에서 특정한 규율과 사회적 규범에 대한 반응을 의미한다면, 복종은 구체적 상황에서 신분이 분명한 권위를 가진 인물이 내리는 명령에 대한 반응을 의미한다.[457)]

2) 순응의 중요성

정책이 의도한 목표를 달성하려면, 첫째, 정책집행과정의 참여자, 즉 정책집행자 및 대상집단이 정책결정자의 의도대로 행태를 변화시켜야 하며, 둘째, 이와 같이 행태의 변화가 원래 의도한 효과를 나타낼 것이라는 인과관계의 이론에 결함이 없어야 한다. 따라서 정책집행에 있어서 참여자의 순응은 정책효과가 나타나기 위한 '충분조건(sufficient condition)'은 아니지만, 효과가 나타나기 위하여 꼭 있어야 하는 '필요조건(necessary condition)'은 된다고 할 수 있다.[458)]

2. 순응의 주체

정책결정과정과 마찬가지로 정책집행과정에도 다양한 행위자가 참여한다. 이들 참여자 가운데 정책집행과정에서 순응 또는 불응의 가장 중요한 주체는 정책집행자와 정책대상집단으로 구분할 수 있다. 그런데 거버넌스의 대두와 더불어 정책집행에 민간부문의 각종 중간매개집단(intermediary groups)이 개입하게 되는 경우가 많아졌다. 그러므로 여기에서는 순응의 주체를 공식 정책집행자, 중간매개집단, 그리고 정책대상집단으로 나누어 살펴보고자 한다.[459)]

1) 공식 정책집행자

공식 정책집행자는 행정부 영역의 행위자로 구성되는데, 이들은 정책지시를 이행할 수 있는 합법적인 권위, 책임, 그리고 공적 자원을 공개적으로 부여받고 있다. 이러한 공식적 정책집행자에는 중앙정부 각 부처의 공무원과 지방정부 공무원이 포함된다. 공식 정책집행자들은 집행과정에 관여하는 행위자들의 활동을 조정해 나가면서 정책을 효율적으로 집행해 나가야 할 책임을 부여받고 있다. 그러므로 정책을 성공적으로 집행하고 정책목표를 효율적으로 달성하려면 공식 정책집행자들의 순응이 확보되어야 한다. 정책집행과정에서 공식 정책집행자가 불응하게 되는 상황은 첫째, 공식 정책집행자의 능력의 부족 등으로 인해 정책지시의 내용을 잘 이해하지 못하거나, 둘째, 정책의도를 파악하고 있으나 이를 실행할 수 없을 때, 셋째, 정책집행에 고의적으로 저항하는 경우를 들 수 있다. 일반적으로 공식 정책집행자의 불응은 세 번째의 경우에 해당된다. 이들 공식 정책집행자가 나타내는 불응의 형태를 다음과 같이 유형화할 수 있다.

첫째, 고의적인 의사전달의 조작이다. 정책집행자가 자신이 원하지 않는 정책지시나 그 수행에 필요한 정보를 관련 집행부서나 담당자에게 전달하지 않거나 또는 선별 전달하는 등 의사전달체계를 왜곡시키는 불응의 형태를 말한다.

둘째, 집행의 지체 또는 연기이다. 특정 정책에 대한 집행을 계속 유보하거나 매우 느리게 정책의 집행을 진척시키는 불응의 형태를 말한다. 이러한 유형은 정책결정자의 임기가 종료되기 직전이거나 정책집행자가 곧 자리를 옮기게 되는 경우에 나타나기 쉽다.

셋째, 정책의 임의변경이다. 정책의 임의변경이란 정책집행자가 주어진 재량권을 이용하여 정책목표나 이를 실현하는 데 필요한 수단 및 절차를 변경하는 불응의 형태를 말한다.

넷째, 부집행이다. 정책지시나 명령을 받았지만 정책집행자가 이를 무시하여 아예 정책을 집행하지 않는 불응의 형태를 말한다. 이러한 현상은 다양한 요인에 의하여 발생할 수 있지만, 특히 정책집행자의 관점에서 정책결정자가 자신이 내린 정책지시나 명령의 집행을 원하고 있다고 생각하지 않아 이러한 행태가 나타날 때 문제가 된다. 따라서 이러한 경우에는 정책집행자가 정책결정자의 의도를 정확하게 파악하는 것이 무엇보다도 중요하다.

다섯째, 형식적 순응이다. 형식적으로는 정책집행자가 정책적 지시사항에 순응하고 있지만 실제로는 순응하지 않는 불응의 행태를 말한다. 그러나 형식적 순응은 순응의 요소와 불응의 요소를 동시에 가지고 있기 때문에, 현실에는 이를 순응으로 볼 것인지 불응으로 볼 것인지 판단하는 것이 매우 어렵다.

여섯째, 정책을 취소하려고 한다. 가장 적극적인 불응의 행태로서 정책집행자가 정책을 집행하는 노력을 기울이지 않고 오히려 정책 자체를 없애 버리려고 하는 경우이다. 정책집행자들이 정책을 취소하도록 시도하는 노력은 다양하게 나타난다. 예를 들면, 기존 정책의 문제점을 지적함으로써 여론을 공론화시킬 수 있고, 다른 대안을 제시할 수 있으며 새로운 결정을 요구할 수 있다.

2) 중간매개집단

중간매개집단(intermediaries)이란 공공정책의 집행을 돕기 위하여 공식 정책집행자로부터 집행의 책임을 위임받은 개인 및 집단을 말한다. 만약 중앙정부의 정책을 집행하고 있다면 중간매개집단은 지방정부의 공무원, 공공기관 및 집행을 위임받은 민간부문의 행위자가 해당되며, 지방정부의 정책을 집행할 경우에는 지방공무원은 공식 정책집행자이며 중간매개집단은 지방공공기관 및 집행을 위임받은 행위자가 해당된다. 그러므로 중간매개집단에는 공식 정책집행자로부터 집행책임을 위임받고 독립성을 유지하면서 정책집행을 돕는 정부기관, 공공기관, 비영리기관 및 영리기관이 포함될 수 있다.

집행책임을 위임받는 중간매개집단이 많아지거나 위임받은 집행책임을 재위임하는 경우에는 이들의 순응을 확보하는 것이 매우 중요한 과제로 등장하고 있지만, 이들의 순응을 확보하는 것이 용이한 것은 아니다. 중간매개집단의 순응 확보가 어려운 이유는 이들이 가지고 있는 자율성 때문이다. 예를 들면, 중앙정부의 정책지시를 이행하는데 실패한 지방정부나 민간기관을 폐쇄하는 것이 불가능하다. 또한 이러한 지시를 거부하는 지방정부와 민간기관의 직원을 해고하는 것도 사실상 불가능하다. 이러한 자율성 때문에 민간기관 또는 지방정부와 같은 중간매개집단이 중앙정부의 정책지시를 무시하면서도 처벌받지 않을 수 있다.

3) 정책대상집단

정책대상집단 또는 정책대상자란 정책의 적용을 받는 집단이나 사람들을 의미한다. 일반적으로 정책은 정책대상집단의 행태 변화를 전제로 하기 때문에, 정책대상집단의 행태 변화가 수반되지 않으면 정책집행은 실패하게 된다. 그런데 행태 변화의 정도가 클수록 정책대상집단의 부담은 늘어나기 때문에, 그러한 정책에 대해 불응할 가능성도 높아진다.[460] 당연한 얘기겠지만, 수혜집단은 정책집행에 순응하려고 하는 반면 비용부담집단은 정책집행에 불응하려고 할 것이다. 여기서 정책집행의 성공 여부는 수혜집단과 비용부담집단의 정치적 힘에 따라 달라진다. 일반적으로 편익이나 비용이 다수에게 넓게 분산되는 경우보다 소수에게 좁게 집중되는 경우 더 강한 정치적 힘을 발휘한다. 전자의 경우 편익이나 비용에 대한 인식이 적고 다수인에게 항상 따라다니는 '집합적 행위의 문제(collective action problem)'에 직면하기 때문이다.

3. 불응의 원인

서두에서 지적한 바와 같이 정책집행의 참여자들의 순응이 정책의 성공을 위해서는 반드시 필요한 것이라고 한다면, 현실에서 참여자들의 불응으로 인해 정책이 실패하는 이유는 무엇인가? 불응의 원인에 대해서는 여러 가지가 제시될 수 있지만, 여기서는 다음과 같은 몇 가지 측면으로 나누어 살펴보고자 한다.[461]

1) 불명확한 의사전달에 기인한 불응

정책결정자가 정책의 내용을 명확하게 규정하지 않아 정책집행의 참여자들이 정책의 내용을 따르지 않는 경우이다. 정책결정자가 정책의 내용을 명확하게 규정하지 않는 이유는 다음과 같은 두 가지 측면에서 살펴볼 수 있다. 첫째, 정책결정자의 전문성이 부족하여 전문적이고 기술적인 사항을 규정할 수 없기 때문이다. 둘째, 정치적인 이유로 정책과정에서 생길 수 있는 정치적 갈등을 회피하기 위해 정책의 내용을 추상적으로 규정하기 때문이다.[462] 이유가 어떠하든 정책결정자의 의도가 정책대상집단에게 분명하게 전달되지 못하는 경우 기대했던 정책대상집단의 행태변화가 이루어지지 않을 가능성이 높다.

2) 부족한 자원에 기인한 불응

정책대상집단이 정책이 요구하는 사항을 분명하게 전달받은 경우에도 순응에 필요한 자금, 능력, 시간, 또는 에너지 등 자원이 부족하여 불응하는 경우가 있다. 따라서 여기서 말하는 자원은 재정적 자원뿐만 아니라, 기술이나 정신적 능력까지 포함하는 넓은 개념으로 이해된다. 예를 들면, 이러한 유형의 불응은 필요한 자원의 조달능력을 고려하지 않고 정책대상집단에게 의무를 부과하는 법률안을 국회에서 제정하는 경우에 발생한다.

3) 정책에 대한 회의에 기인한 불응

정책대상집단이 정책목표에 대해 동의하지 않거나 정책목표에 대해서는 동의하더라도 채택된 정책수단이 정책목표를 달성하기 위한 적절한 것이 아니라고 판단하여 정책 자체에 대해 의혹을 품고 정책에 불응하는 경우이다. 위의 두 경우는 불응이 모두 정책 자체에 기인한다는 공통점이 있지만, 그 대책은 다를 수 있다. 전자가 가치관이나 정부신뢰를 높이는 것과 같은 장기적인 대책을 수립할 필요가 있다면, 후자는 증거의 제시나 전문가의 동원과 같은 단기적인 대책을 수립할 필요가 있다.

4) 순응에 수반하는 부담에 기인한 불응

정책대상집단이 정책의 목표와 그 달성수단에 대하여 동의하는 경우에도, 정책에 순응하는 경우에 지불해야 하는 희생 또는 부담이 큰 경우에는 불응하게 된다. 특히, 정책대상집단은 전략적인 맥락에서 불응의 기대가치가 순응의 기대가치보다 크면 정책에 대해 불응하게 된다. 즉, 정책대상집단은 순응과 불응을 놓고 순응이 불응보다 받게 되는 손실이 더 크게 되면 불응하게 되고, 반대로 불응할 때 받게 되는 처벌이 클 때에는 순응하게 된다.

5) 권위에 대한 불신에 기인한 불응

앞서도 지적한 바와 같이, 정책에 대한 순응은 '정당성(legitimacy)'에서 비롯되는 경우도 많기 때문에, 정책을 결정하는 정책결정자나 이를 집행하는 정책집행자가 정당성이 없다고 생각하면, 정책대상집단은 이유 없이 정책에 순응하지 않으려는 경향이 있다. 1970년대 미국에서 닉슨 정부의 에너지 절약정책에 대해 국민들이 순응하지 않은 경우나 우리나라에서 박정희 정부의 공안 정책에 대해 순응하지 않은 경우 등은 그 대표적인 예가 될 수 있다. 따라서 최근에는 정책집행의 순응에 영향을 미치는 요인에 합리적 행위자 모형에서 주장하는 것처럼, 경제적 계산뿐만 아니라 정책대상집단의 정책결정자와 정책집행자에 대한 신뢰, 도덕성과 정당성도 포함시키는 경향이 강하다.

6) 기타 원인

이 밖에도 정책이 전통적인 가치 체계와 대립할 때 불응이 발생하게 된다. 미 연방법원이 1954년에 흑인과 백인을 같은 학교에 다니게 하는 판결을 내렸지만, 그것이 미국 남부의 전통적인 가치 관념에 배치됨에 따라 집행에 많은 어려움을 겪었다. 또한 불응은 사회관계에 의해서도 영향을 받는다. 한 개인은 자신의 친척, 동료, 이웃 등에 의해서도 생각과 행위에 영향을 받는다. 어떤 지역 내에 형성된 관계나 습관 등도 정책집행에 대한 태도에 영향을 미친다.

4. 순응확보방안

정책집행자와 정책대상집단의 순응이 정책집행의 성공을 좌우하는 결정적인 요인이라면, 순응을 확보하기 위한 합리적인 방안을 마련하는 것은 매우 중요한 것이라고 할 수 있다. 이에 대해서는 여러 가지 방안들이 제시될 수 있지만, 가장 대표적인 방안은 도덕적 설득, 경제적 유인, 그리고 처벌 등 세 가지이다.[463] 그런데 현실의 정책집행 사례에서는 이들 방안 중 하나만 선택하여 사용하는 것이 아니라 둘 이상을 병행하여 사용한다.

1) 도덕적 설득

도덕적 설득은 순응주체에게 특정한 정책에 순응하는 것이 국가·사회적 또는 윤리·도덕적 차원에서 올바른 것, 좋은 것임을 인식시키기 위한 설득을 말한다.

일선집행관료나 중간매개자는 정책집행을 해야 할 책임이 있기 때문에 도덕적 설득은 큰 저항 없이 받아들여질 수 있지만, 정책대상집단의 경우에는 몇 가지 전제조건이 필요하다. 즉, 정책목표와 수단이 객관적으로 보아 타당성이 있고 일관성이 있으며 분명해야 하고, 또 정책결정기관이나 집행기관이 객관적인 정통성과 신뢰성을 가지고 있어야 한다. 도덕적 설득의 경우에는 정책내용에 대한 정확한 정보가 포함되어 있는 정보제공, PR 등과 같은 활동이 이루어져야 한다.

도덕적 설득의 경우 정책집행자나 정책대상집단의 순응을 넘어서서 '수용(acceptance)'의 단계로 나아갈 수 있다는 점에서 이들의 행태 변화를 장기간 담보할 수 있다는 장점이 있다. 앞서도 지적한 바와 같이, 수용이란 정책대상집단이 정책의 내용에 대해 심리적·내면적으로 받아들이는 것을 말한다. 그러나 도덕적 설득의 경우 현실성이 떨어진다는 한계가 있다. 특히, 정부에 대한 신뢰 수준이 낮은 국가에서는 도덕적 설득만으로는 정책집행자나 특히 정책대상집단의 순응을 확보하는 데에는 한계가 있다.

2) 유인 또는 보상

순응을 하는 경우에 혜택을 제공함으로써 순응자가 자발적으로 순응하도록 하는 방법이다. 제공되는 혜택에는 특별한 권리의 부여 등도 있지만, 보통의 경우는 경제적인 것이다.

유인이 지닌 최대의 장점은 순응여부를 순응주체의 자발적인 선택에 맡긴다는 것이다. 그러나 유인이나 보상의 약점도 있다. 첫째, 자발적으로 순응하는 사람들의 도덕적 자부심이나 명예심을 손상시킬 수 있다. 둘째, 경제적 유인이 순응에 미치는 영향력을 정확하게 확인할 수 없다. 셋째, 비용이 많이 소요된다. 넷째, 적용상의 문제로 경제정책 밖의 영역에서는 효과가 제한되는 경우가 많다.[464)]

3) 처벌 또는 강압

순응하지 않는 행위에 대해서 처벌하거나 처벌하겠다고 위협하여 순응을 확보하는 방법이다. 처벌의 내용에는 벌금이나 과태료와 같은 금전적인 경우도 있고 징역과 같은 체형도 있으며, 금전적인 처벌에는 벌금뿐만 아니라 이미 누리고 있는 혜택을 박탈하는 경우도 있다.

많은 사람들이 불응을 함으로써 입게 되는 처벌이 두려워 정책에 대해 순응하지만, 사실 처벌의 주된 기능은 다른 순응확보수단을 보충하는 것이다. 처벌이 적용되기 어려운 경우가 많을 뿐만 아니라, 광범위한 처벌은 정치적으로 수용되기 어렵기 때문이다. 따라서 처벌은 자발적이거나 비강제적인 순응확보수단이 곤란한 경우에 한해 보충적으로 적용될 필요가 있다.[465)]

유인은 순응의 이익(benefit)을 높이는 방법을 사용하는 것인데 반해, 처벌은 불응의 비용(cost)을 높여서 불응을 하지 않도록 하는 방법이다. 처벌의 경우에는 자원이 거의 들지 않거나 오히려 자금을 획득하는 수도 있기 때문에 정책담당자의 비용이 들지 않는다는 것이 가장 큰 장점이다. 그러나 처벌은 유인에 비해서 여러 가지 약점이 있다. 첫째, 처벌은 강제적으로 순응을 확보하는 방법이기 때문에 개인의 인권, 재산 등을 침해하게 된다. 둘째, 감정적인 적

개심과 심리적인 역효과를 가져오기 쉽다. 셋째, 불응의 형태를 정확하게 점검하기 어렵다.

처벌은 개인의 인권이나 재산을 침해하는 행위이기 때문에 그 사용에 여러 가지 제약조건이 따른다. 첫째, 순응을 필요로 하는 정책의 소망성·정책기관의 정통성이 있어야 하고 불응행위 자체가 사회정의(social justice) 기준에서 보아 처벌을 당연히 받을 만하다는 사회적 합의가 있어야 한다. 둘째, 도덕적 정당성은 극히 주관적이기 때문에 논란이 있을 수 있으므로 국민적 합의를 제도적으로 보장하여야 한다. 특히, 인권의 침해가 큰 재산과 신체에 대한 처벌은 반드시 국회의 의결을 받은 법률에 의해서만 가능하여야 한다. 셋째, 불응행위의 파악을 위해서 점검과 확인 등의 노력이 지속적으로 이루어져야 한다.

제 6 절 정책집행에서 일선관료의 재량과 적응적 집행[466)]

1. 집행현장의 중요성

상향적 접근방법을 강조하는 학자들은 집행현장을 중요하게 생각하고 있는데, 이들이 집행현장을 강조한 이유는 다음과 같다.

첫째, 집행현장은 정책수단이 물리적으로 실현되어 정책의도가 실현되는 현장이다.

둘째, 정책의 내용이 애매모호하거나 추상적인 경우뿐만 아니라, 그렇지 않은 경우에도 상당한 재량권을 가진 일선집행관료의 집행방법이나 집행내용에 따라서 정책의 내용이 실질적으로 결정된다.

셋째, 집행현장은 정책을 통해 해결하고자 했던 문제가 발생한 현장이기 때문에, 상황 변화에 따른 신축적인 대응을 할 필요가 있다.

2. 정책집행에서의 재량

1) 재량의 의의

데이비스(Kenneth C. Davis)에 의하면 재량이란 “작위이건 부작위이건 간에 여러 가지 방안 중에서 그 어느 하나를 선택할 자유를 지니는 것"이라고 한다. 그는 작위와 부작위를 모두 재량의 개념에 포함시키고 있지만, 특히 부작위의 중요성을 강조한다.

2) 재량의 유형

재량은 여러 가지 기준에 따라 다양하게 분류될 수 있지만, 여기서는 정책유형과 재량을 연계시켜 논의한 모건(Douglas F. Morgan)의 연구에 대해 살펴보고자 한다. 모건의 연구는 솔리스버리(Robert H. Salisbury)와 하인츠(John Heinz)의 정책유형을 토대로 하고 있는데, 이들은 요구패턴(demand pattern)의 통합성(integration)과 분산성(fragmentation), 그리고 결정에 소요되는 비용의 다과(多寡)에 따라 네 가지 정책유형을 도출하였다(2장의 〈그림 2-1〉 참조). 모건은 솔리스버리와 하인츠의 정책유형을 토대로, 정책의 유형에 따라 재량의 유형이 결정된다는 주장을 폈다.

(1) 기술적 재량

배분정책과 관련이 있는 재량이 기술적 재량이다. 배분정책의 경우 정책목표와 관련하여 논란의 여지가 별로 없으며 이를 달성하기 위한 수단도 오랫동안 사용해온 기술을 토대로 한 것이기 때문에, 집행을 위해 행사하는 기술적 재량은 다른 정책의 경우보다 논란이 적다고 할 수 있다.

(2) 정치적 재량

재분배정책의 집행을 위해 행사되는 재량이 정치적 재량이다. 재분배정책의 경우 정책문제 해결과정에서 적대세력을 만드는 경향이 있기 때문에, 정책결정자들이 그 책임을 정책집행자에게 떠넘기는 경우가 많다. 이러한 상황 하에서 정책결정자들은 모호한 법률을 제정하게 되며 어려운 문제들을 집행자들에게 전가시키지만, 정책집행자들은 더 이상 결정을 떠넘길 곳이 없기 때문에 여러 이해관계자들의 주장을 적절히 반영하여 재분배정책을 추진할 수밖에 없다. 이와 같이 재분배정책의 집행과정에서 정책집행자가 행사하는 재량을 모건은 정치적 재량이라고 부르고 있다.

(3) 기획적 재량

규제정책의 집행과정에서 행사되는 재량을 기획적 재량이라고 한다. 규제정책의 경우 정책결정자가 추구하는 정책목표가 불분명한 경우가 많기 때문에, 정책집행자는 기술적인 문제뿐만 아니라 마련된 방안이 용납될 수 있는가(acceptable) 라는 정치적 문제도 해결해야 한다. 이러한 두 가지 과제를 해결하기 위해 규제정책의 집행자는 사회적 기획(social planning)을 수행해야 하며, 이 과정에서 집행자가 행사하는 재량이 기획적 재량이다.

(4) 전문적 재량

자율적 규제정책의 집행과정에서 행사되는 재량을 전문적 재량이라고 한다. 자율적 규제정책의 경우 개인이나 집단에게 규제기준을 설정할 권한과 함께 그 집행까지도 위임하기 때문에, 이들은 정책집행과정에서 전문적 재량을 행사할 수 있다.

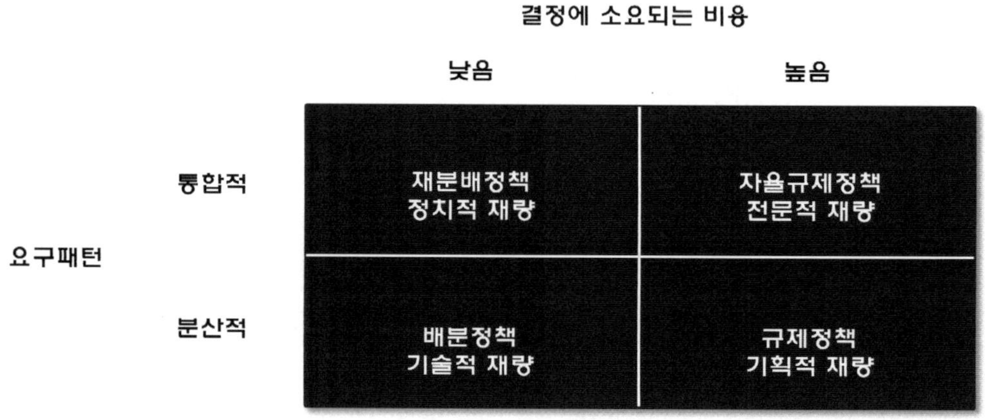

자료: 유훈(1995: 380)을 수정 보완.

<그림 12-1> 솔리스버리와 하인츠의 정책유형과 재량의 유형

3) 집행담당자의 재량권 강화의 필요성

(1) 정책내용이나 정책지침이 불명확한 경우

정책내용이나 지침(guidelines)이 불명확하거나 무리하게 정책내용이나 지침을 명확하게 만든 경우에는 일선집행담당자에게 광범위한 재량권을 부여하는 것이 성공적 집행을 위해 필요하다. 정책내용이 불명확해지는 이유로는 다음을 들 수 있다.

첫째, 정책과정의 참여자들 사이에서 이해관계가 대립하여 모순, 갈등, 대립관계에 있는 정책목표와 정책수단들이 우선순위 없이 나열되는 경우이다. 둘째, 정책목표는 명확하다고 하더라도, 정책목표와 정책수단 사이의 인과이론(theory)이나 기술(technology)이 부족한 경우이다. 셋째, 일선집행현장의 상황이 복잡한 경우 정책의 내용은 공통적인 측면만을 취급하여 일반성과 추상성을 띠게 된다. 이와 같이 정책내용이나 정책지침이 불명확한 경우에는 일선집행담당자의 광범위한 재량권이 필요하다.

이와 같은 경우 일선집행담당자에게 재량권을 인정해야 하고, 이를 인정하지 않으면 다음과 같은 문제가 생긴다. 첫째, 정책의 내용과 관련하여 이해관계자들 사이에서 의견 일치를 보지 못하는 경우에도 명확한 정책내용이나 정책지침을 개발하는 경우에는 집행과정에서 광범위한 저항과 형식적인 순응에 직면할 가능성이 높다. 둘째, 이론이 부족하고 상황이 복잡한데도 중앙에서 사전에 자세하고 구체적인 정책지침을 만들면 집행현장의 구체적 · 개별적 사례에 적합한 지침이나 결정이 이루어지지 못해 집행은 실패하게 된다.

(2) 다수의 집행관련자들이 참여하는 경우

집행현장에는 많은 이해관계인들이 참여하고 있고, 특히 민주화된 정치체제에서는 이들의 참여가 권리로 보장되어 있어 이들의 협조나 최소한의 묵인 없이는 정책집행이 어려운 것이 사실이다. 그런데 이들 참여자나 집행관련기관들은 서로 느슨하게 연결된 체제(loosely coupled system)를 형성하고 있기 때문에, 명확하고 자세한 정책지침에 따라 행동하도록 강요하면 정책참여자들 간에 타협과 흥정이 어려워지고 보고서상으로만 순응하는 현상(paper compliance)이 나타나게 된다. 이런 경우에는 관련집단의 참여를 인정해야만 획일적인 명령체계가 없는 집행기관들이 참여를 통해서 이해를 상호조정하여 집행이 용이해지게 된다. 물론 공동행동의 복잡성(complexity of joint action)에 대한 논의에서 알 수 있듯이, 정책집행과정에 참여자가 너무 많으면 거부점(veto points)이 늘어나는 것은 사실이지만, 이들의 협조가 없으면 집행이 이루어지지 못하는 더욱 큰 문제에 직면하게 된다. 따라서 참여를 위해서는 참여과정에서 흥정과 타협을 할 수 있도록 집행담당자에게 재량을 부여하는 것이 반드시 필요하다.

3. 립스키의 일선집행관료이론

1) 일선관료의 의의

일선관료(street-level bureaucrats)란 이 개념을 창안한 립스키(Michael Lipsky)의 정의에 따르면 "업무수행과정에 있어서 시민과 직접적으로 접촉하여 업무수행상 상당한 재량을 보유하는 공무원"을 말하며, 그 구성원의 상당부분이 이러한 일선관료로 구성되는 공공서비스기관(public-service agencies)을 일선관료제라고 한다.

2) 일선관료의 업무환경

일선관료들이 처하게 되는 문제성 있는 업무환경은 다음과 같은 세 가지로 정리할 수 있다.

첫째, 불충분한 자원(inadequate resources)이다. 시간과 정보의 부족, 기술적인 지원의 부족은 상대적으로 불확실성이 높은 일선관료의 업무환경을 더욱 악화시키는 요소이다. 그리고 이러한 자원의 부족으로 인해 즉흥적이고 피상적인 집행이 이루어지게 된다.

둘째, 권위에 대한 위협과 도전(threats and challenges to authority)이라는 업무환경이다. 위협이 커질수록 일선관료들은 자신들의 권위가 떨어지는 것으로 인식하기 때문에, 육체적 · 정신적 위협이 큰 작업환경에 처한 일선관료일수록 자신들의 권위를 과시하려는 경향이 있다.

셋째, 모호하고 대립되는 기대(ambiguous and contradictory expectations)의 존재이다. 모호하고 상반된 기대의 가장 큰 원인은 시민들을 불편부당하게(fairly and impartially) 대해야 한다는 이상과 실제로 집행현장에서 만나게 되는 개개인과 개별사례에 대해서는 특별한 고려(unequal treatment)가 필요하다는 현실적인 요구간의 괴리이다. 일선관료들이 고려해야 하는 역할기대에 대한 합의가 이루어지지 않은 경우에는 가능한 많은 기대를 만족시키기보다는 그 중 하나를 선택하게 되고 그만큼 재량이 커지게 된다. 따라서 일선관료는 사회에 특정한 재화와 서비스의 배분을 결정하는 정책결정 또는 정치적 역할을 수행한다.[467] 예를 들면, 립스키(Michael Lipsky)는 다음과 같이 주장한다.

> 일선관료의 본질은 그들이 다른 사람들에 대한 의사를 결정할 것을 요한다는 것이다. 일선관료는 상당한 정도의 재량을 가지고 있는데, 그 이유는 서비스 제공의 본질이 프로그램화될 수 없고 기계로 대체될 수도 없는 인간의 판단을 요하기 때문이다.[468]

3) 적응 메커니즘의 개발

일선관료들은 복잡한 문제와 불확실한 환경에 직면하여 직무를 보다 용이하게 하기 위한 적응 메커니즘(coping mechanisms)을 개발하게 되는데, 크게 보면 '단순화(simplification)'와 '정형화(routines)'이다. 여기서 단순화란 복잡한 환경을 자신이 이해하고 다룰 수 있는 환경으로 구조화시켜 인지하는 것을 의미하고, 정형화란 업무가 수행되는 방식을 규칙적이고 습관적인 것으로 유형화시키는 것을 의미한다. 불충분한 자원, 권위에 대한 위협과 도전, 모호하고 대립되는 기대라는 세 가지 문제에 직면하였을 때, 일선관료들이 단순화와 정형화라는 적응 메커니즘을 개발하여 업무를 처리하는 방식은 다음과 같다.

첫째, 부족한 자원에 대처하기 위해 일선관료들은 재빨리 결정을 내림으로써 시간을 절약하고 정책대상집단과의 갈등, 결정에 대한 심리적 불안을 피하고자 한다. 또한 문제상황을 미리 구조화하여 관심을 집중시키는 경우도 있다.

둘째, 육체적 · 신체적 위협에 대처하기 위해 '잠재적 공격자(potential assailants)'의 특징을 사전에 정의함으로써 집행현장의 의사결정을 단순화시킨다. 또한 자신들의 관여를 최소한으로 줄이는 회피전략을 사용함으로써 위협요인을 줄이기도 한다.

셋째, 모호하고 상반된 역할기대에 적응하기 위해 역할기대를 재정의하거나 고객집단을 재정의한다. 그러나 이러한 역할과 고객집단에 대한 재정의가 일선관료의 책임전가로 나타날 수 있다.

이상에서 살펴본 바와 같이, 일선관료들이 사용하는 적응 메커니즘의 큰 특징은 일반시민들을 구분하여 인식하고(segmenting the population), 특정계층에 집중적인 관심을 쏟는다는 점이다. 권위에 대한 위협과 모호하고 상반된 역할기대에 대한 대응에서 주로 이러한 메커니즘이 사용된다.

4) 고정관념의 영향

일선관료들이 처해 있는 불리한 업무환경에 적응하기 위한 메커니즘은 진공상태에서 만들어지는 것이 아니다. 개인 또는 조직의 적응 메커니즘을 형성하고 제도화시키는 데 영향을 미치는 요소 중 가장 중요한 것은 일선관료들이 가지고 있는 편견, 선입견 등으로 지칭될 수 있는 '고정관념(stereotypes)'이다. 그리고 이러한 고정관념의 가장 기본을 이루는 것은 유형화 또는 분류(categorization)인데, 이에 근거하여 일선관료들은 자신에게 위협이 되는 환경을 인지하고 어느 집단의 기대를 충족시켜 줄 것인지를 판단한다.

일선관료들이 행하는 차별은 큰 파급효과가 있기 때문에, 고정관념에 의해 형성된 단순화와 정형화가 집행조직 내에 제도화되어 있다면 사회에 자리 잡고 있는 차별은 더욱 공고화될 우려가 있다.

이상의 논의를 요약하면, 불충분한 조직적 · 인적 자원, 신체적 · 심리적 위협, 그리고 상충되거나 모호한 역할기대라는 집행 환경 속에서 일선관료들은 단순화와 정형화라는 메커니즘을 통해 복잡한 문제와 불확실한 상황에 대처하고자 한다. 따라서 일선관료들은 수단적 효율성을 증가시키고 개별적인 집행상황에 부합하는 유연한 업무수행을 하기보다는 습관적이고 정형화된 형태의 업무를 수행한다.

5) 일선관료제이론의 공과(功過)

(1) 일선관료제이론의 공헌

일선관료제이론이 정책집행과 관련하여 공헌한 점은 다음과 같다.

첫째, 정책전달자의 중요성을 부각시켰다. 일선관료제이론은 종래 정책이론에서 경시되어 온 정책전달자(policy deliverers)로서의 일선관료의 중요성을 부각시켰다는 점에 가장 큰 의의가 있다. 다시 말해, '권위의 계층제(hierarchy of authority)'와 '영향력의 계층제(hierarchy of influence)'가 일치하지 않는다는 것을 제시한 것이 일선관료제이론이다.

둘째, 일선관료에 의한 정책의 재발명(reinvention)을 조명해주었다. 앞서 살펴본 바와 같이 일선관료들은 집행현장의 특수성에 대응하기 위해 광범위한 재량권을 행사하는데, 이들이 행사하는 재량은 현지실정에 맞도록 정책을 수정하는데 이바지할 수 있다. 정책의 재발명이 정책의 성공에 이바지할 수 있다는 점에서, 정책재발명의 실태를 제시하였을 뿐만 아니라 정책의 재발명이 가능한 이유를 명확히 한 일선관료제이론은 나름대로의 의의가 있다.

셋째, 정책집행의 중요성을 부각시키는데 일조하였다. 앞서 살펴본 바와 같이, 프레스만과 윌다브스키의 『집행론(Implementation)』을 계기로 정책집행에 대한 연구가 본격화된 것은 사실이나, 하향적 접근방법에서는 정책과정에 있어서의 주된 행위자를 여전히 정책결정자로 인식하고 있었다. 그러나 일선관료의 광범위한 재량이 불가피하다고 보며 일선관료의 정책결정을 강조하는 일선관료제이론은 정책과정에 있어서 가장 중요한 단계는 정책형성이 아니라 정책집행이라는 주장을 부각시키는데 일조했다고 볼 수 있다.

(2) 일선관료제이론의 문제점

그러나 일선관료제이론에 대해서는 다음과 같은 문제도 있는 것으로 지적된다.

첫째, 민주적 통제와 조화되기 어렵다. 일선관료들이 정책의 최종적 결정을 위한 가장 중요한 활동을 담당한다는 주장은, 민주적 정치체제의 정책통제라는 규범적 관점에서 문제가 있다.

둘째, 정책결정의 중요성을 과소평가하였다. 일선관료제이론은 일선관료의 정책과정에서의 역할과 정책집행의 중요성을 지나치게 부각시킨 결과 정책결정과정의 중요성을 과소평가했다는 비판이 제기되고 있다.

셋째, 지나친 획일성이다. 일선관료제이론에 의하면 일선관료조직은 그 기능에 상관없이 공통점을 가지고 있다고 주장하지만, 실제는 이와 다른 경우가 많다. 예를 들면, 무어(Scott T.

Moore)는 같은 일선관료조직이라 하더라도 근무환경, 의사결정의 틀(framework) 등에서 큰 격차가 있는 경우가 많기 때문에, 획일적인 일선관료제이론으로 모든 일선관료의 행태나 활동을 설명하려는 시도는 문제가 있다고 지적하였다.

4. 적응적 집행(상황론적 집행)

버만(Paul Berman)은 정책집행의 문제는 정책과 그것을 둘러싼 제도적 환경(institutional setting)의 상호작용에 의해 발생한다고 이해하며, 집행의 제도적 환경을 크게 거시집행(macro-implementation) 구조와 미시집행(micro-implementation) 구조로 구분한다. 거시적 집행구조의 제도적 환경은 중앙정부에서 지방의 집행조직에까지 이르는 관련 정책분야의 전 참여자와 활동을 포함하는데 반해, 미시적 집행구조의 제도적 환경은 서비스 전달조직에만 한정된다.

1) 거시적 집행구조

거시적 집행구조는 다양한 정책참여자들이 느슨하게 연계된(loosely coupled) 연합체의 성격을 갖는다. 거시적 집행구조에서는 집행 프로그램이 종국적으로 산출하는 정책결과가 느슨하게 연계된 조직들 간 집행활동의 통로에 의해 결정된다고 보면서, 그 통로로 행정(administration), 채택(adoption), 미시적 집행(micro-implementation), 기술적 타당성(technical validity) 등 네 가지를 제시하고 있다. 첫째, 행정이란 정책결정(policy decision)을 구체적인 정부 프로그램(government program)으로 전환하는 것을 의미한다. 둘째, 채택은 행정을 통해 구체화된 정부프로그램이 집행을 담당하는 지방정부의 사업(local project)으로 받아들여지는 것을 의미한다. 셋째, 미시적 집행은 지방정부가 채택한 사업을 실행사업(implemented practices)으로 변화시키는 것을 의미한다. 넷째, 기술적 타당성은 미시적 집행을 통과하면서 실행사업으로 변환된 후에 실행사업이 정책성과(outcomes)를 산출하는 것을 의미한다.

2) 미시적 집행구조

미시적 집행이란 서비스를 전달하거나 규제를 직접 담당하는 일선집행기관 또는 지방정부의 하위수준에서 발생하는 집행단계이다. 미시적 집행구조의 특징은 다음과 같은 세 가지로 요약된다. 첫째, 집행현장은 서비스 전달자로서의 전문적인 집행관료와 서비스 수혜자간의 끊임없는 상호작용이 일어난다. 둘째, 미시적 집행구조의 성과에 대한 측정의 어려움이 존재한다. 셋째, 집행조직이 처한 환경은 개방적이다.

미시적 집행구조의 경우 사업과 조직적 환경의 상호적응(mutual adaptation)이 핵심을 이룬다. 그리고 상호적응이 일어나는 미시적 집행구조는 동원(mobilization), 전달자의 집행(deliverer implementation), 제도화(institutionalization)의 세 가지 국면으로 구분된다. 첫째, 동원은 집행조직에서 사업을 채택하고 실행계획을 세우는 국면이다. 둘째, 전달자의 집행 국면의 핵심은 적응인데, 이는 집행관료들이 자신들의 행태를 표준운영절차에 맞출 것인가의 문제이다. 구체적으로 적응은 부집행(non-implementation), 적응적 흡수(co-optation), 기술적 학습(technical learning), 상호적응(mutual adaptation) 등 네 가지로 나타난다.[469] 셋째, 채택한 사업이 지속적인 정책결과를 산출하기 위해서는 제도화의 과정이 필요한데, 이는 관리자의 의도적인 의사결정과 직접적인 서비스 전달자들에 의해 실행되는 경우에만 정착될 수 있다. 결국 버만이 주장하는 것은 정책결정자의 결정을 그대로 집행하는 것이 최선의 집행이 아니라, 개별적인 집행환경에 부합하는 적응적 정책집행이 필요하다는 것이다.

제 13 장 정책평가

제 1 절 정책평가의 개관

1. 정책평가의 의의 및 성격

1) 정책평가의 개념

일상적인 의미로 사용할 때 평가란 어떠한 것의 장점과 가치를 판단하는 일반적인 과정을 의미한다. 따라서 정책평가(policy evaluation)란 정책이 좋은지 나쁜지를 비판적으로 검토하는 활동을 의미한다.[470] 정책평가의 두 가지 본질적인 속성은 회고적인 평가를 하는 것이고, 양적인 방법뿐만 아니라 질적인 방법을 체계적으로 활용한다는 것이다.[471]

여느 분석활동과 마찬가지로 정책평가 역시 과학적 성격과 정치적 성격을 모두 가지고 있다. 이러한 맥락에서 홀렛 등(Michael Howlett et al.)은 정책평가를 '실증주의적 정책평가(positivist policy evaluation)'와 '후기실증주의적 정책평가(post-positivist policy evaluation)'로 나눈 바 있다. 전자가 정부 정책의 성공과 실패를 객관적 · 경험적으로 검증하는 것이라면, 후자는 그것을 주관적 · 정치적으로 해석하는 것을 말한다.[472] 정부의 정책은 공익의 실현을 위하여 정부가 수행하는 활동이므로, 과연 그 정책이 의미 있는 것인가 하는 정책의 당위성, 정책집행의 결과로 어떠한 결과가 나타나게 되었는가 하는 정책의 영향과 효과, 달성할 것으로 기대하였던 바를 달성하였는가 하는 목표의 달성 정도, 그러한 결과를 가져오는데 더 나은 방법은 없는가 하는 정책대안의 식별 등은 바로 정책의 성격에서 유래하는 정책평가의 이슈들이다.[473]

미국을 중심으로 정책평가가 관심을 모으게 된 이유를 정리하면 다음과 같다.[474] 첫째, 교육 · 보건 · 직업훈련 등 사회계획에 대한 방대한 예산지출이 정책효과에 대한 평가작업을 필수불가결하게 만들었다. 둘째, 일몰법(sun-set law) 등과 같은 의회의 입법조치로 사업계획에 대한 평가가 법적으로 의무화되었다. 셋째, 쉬크(Allen Schick)가 지적하고 있듯이, 현대 사회과학의 관심이 분석으로부터 평가지향적으로 전환되었다. 넷째, 비용편익분석이나 비용효과분석과 같은 정부 활동의 결과를 경제성과 능률성으로 평가할 수 있는 각종 기법이 발달하였다는 점을 지적할 수 있다. 특히, 제도적으로는 1970년 미 의회가 '의회조직개편법'을 제정함에 따라 그 직속기관인 회계검사원(General Accounting Office: GAO)으로 하여금 현행법 하에서 시행되고 있는 정부사업과 활동의 성과를 심사 · 분석하도록 요구하였다.

정책평가는 다시 정책이 제대로 집행되었는지를 평가하는 과정평가와 정책결과가 바람직한지를 평가하는 총괄평가로 나눌 수 있는데, 여기서는 총괄평가에 대해서만 살펴보고자 한다.[475] 총괄평가는 정책이 집행된 이후 효과를 추정하는 것인데, 이 효과의 의미를 어떻게 이해할 것인가에 따라 다시 산출 평가, 결과 평가, 임팩트 평가로 나누기도 한다.[476] 첫째, 산출(output)은 세 가지 효과 중에서 가장 계량적으로 측정하기 용이하며 가장 단기간에 나타나는 효과이다. 교육을 예로 들면, 산출은 교육받은 학생 수와 같은 것을 말한다. 따라서 세 가지 평가 중 산출 평가가 가장 용이한 평가 방법이라 할 수 있다. 둘째, 결과(outcome)는 산출보다는 다소 계량화하기 어려운 효과이며 보다 장기적인 효과라고 할 수 있다. 교육을 예로 든다면, 결과는 학생들의 독해력 향상이나 학습태도 변화 등을 말한다. 셋째, 임팩트(impact)는 결과보다 더 오랜 후에 나타나는 효과이다. 교육을 예로 들면 임팩트는 교양 있는 국민의 양성이나 한 국가의 생산성 향상 등을 말한다. 일반적으로 정책의 집행과 임팩트 간에는 많은 시차(time lag)가 있을 뿐만 아니라 양자 간의 인과관계의 규명에도 많은 어려움이 있으므로 세 가지 평가 중에서 가장 많은 난관이 있는 평가 방법이라고 할 수 있다.[477]

2) 유사개념

(1) 정책평가와 사업평가의 혼용

정책평가의 대상은 정책 또는 사업이라고 할 수 있고, 정책평가의 방법 또한 사업평가(program evaluation)의 방법을 기초로 하기 때문에, 정책평가와 사업평가는 혼용하여 사용하고 있다.[478] 이처럼 정책평가와 사업평가를 혼용하여 사용하는 이유는 평가의 대상이 되는 정책이나 사업이 동일한 경우가 많기 때문인데, 사업들은 정책집행을 위하여 구체화된 정책수단인 경우가 대부분이며, 경우에 따라서는 하위 수준의 정책과 거의 동일한 경우도 많다.[479]

(2) 정책분석과 정책평가

정책평가에는 광의의 개념과 협의의 개념이 있는 바, 광의의 개념은 정책분석 · 과정평가 · 사후평가(총괄평가) 등을 포함하는 견해이며, 협의의 개념은 정책이나 사업계획의 구성요인과 목표달성에의 상대적 기여도를 검토 · 판단하는 것을 의미한다.[480] 따라서 넓은 의미의 정책평가에는 정책분석도 포함하지만, 정책분석은 합리적인 정책결정을 위해 사전적으로 정책대안의 결과를 예측하고 이에 근거하여 정책대안을 비교·평가하는 것을 의미하는 반면, 정책평가는 정책이 결정된 후에 집행과정(과정평가)이나 집행결과(총괄평가)를 사후적으로 검토하는 것을 의미한다.[481] 즉, 정책분석은 미래의 정책을 계획하고 제안된 행동방안을 심사하는 데 초점을 두는 조망적 과정(prospective process)으로 보는 데 반해, 정책평가는 현재 추진 중에 있는 또는 이미 종결된 사업이 어떤 성과를 이룩하였는가에 초점을 두는 회고적 과정(retrospective process)으로 보고 있다.[482] 요컨대, 정책분석은 정책결정과정에 있어서 정책목표의 달성을 위한 최선의 대안을 모색하여 정책을 제안하는 하나의 접근방법이라고 할 수 있는데 반해, 정책평가는 정책이 결정된 이후에 정책의 성과를 판단하는 것이다.[483]

3) 정책평가의 목적

정책평가의 목적에 대해서는 다양한 견해가 제시될 수 있지만, 여기서는 다음과 같은 세 가지 관점에서 살펴보고자 한다.[484]

(1) 책임성 확보

국민의 세금으로 각종 정책과 사업을 실시하는 정부는 정책형성 과정에서 국민의 동의를 받아야 할 뿐 아니라, 수립된 정책의 집행과정 및 집행결과에 대해서도 국민에게 책임을 져야 한다. 책임성이란 공직자가 정책결정과 예산지출 등 직무수행의 내용을 정당화해야 할 책임을 의미한다. 이러한 책임성에는 일선 집행요원들의 집행활동이 법규나 회계규칙 등에 합치되어야 한다는 법적 책임성과 회계적 책임성, 관리자의 관리활동이 효율적으로 이루어질 수 있도록 자극·유도·강제하는 행정적 책임성, 선거를 통해 선출되는 정책결정자가 국민들에게 책임을 지는 정치적 책임성 등이 포함된다.

(2) 정책정보의 환류

정책의 집행과정과 정책집행으로 초래된 결과에 관한 평가정보는 정책결정자, 정책관리자, 일선집행관료들에게 환류(feedback)되어 유용한 정보로 활용될 수 있다. 정책결정자에게 환류된 평가정보는 정책 또는 프로그램을 수정·보완하거나 다른 정책을 설계하는 데 활용될 수 있다. 따라서 평가결과는 관리의 효율성을 제고하는데 도움을 준다. 그러나 평가결과가 이러한 합리적인 의도에서만 활용되는 것은 아니다. 경우에 따라서는 평가결과가 정치적으로 이용되기도 하는데, 이는 정책결정자나 정책집행자가 평가결과에 커다란 이해관계를 가지고 있기 때문이다. 정책결정자나 정책집행자들은 그들의 권한이나 프로그램을 유지하거나 확대하는데 관심을 가지고 있기 때문에 이들은 정책평가를 그들의 목표를 달성할 수 있는 수단으로 보려는 경향이 강하다.

이러한 맥락에서 정책평가의 가장 중요한 이점 중 하나는 '정책 학습(policy learning)'이라는 관점에서 이해할 필요가 있다.[485] 즉, 정책평가가 특정 정책의 성공과 실패라는 확정적인 평가보다는 정책결정자에게 자극을 주는 교육적 기능을 수행하는 데 중요한 역할을 할 수 있다는 것이다. 학습이라는 개념은 일반적으로 정책평가에 기인한 교육의 의도적, 혁신적, 인지적 결과와 연관된다. 그러나 정책학습은 정책의 의도적 · 비의도적 결과뿐만 아니라 현존 정책의 긍정적 · 부정적 함의도 포함하는 보다 넓은 의미로 사용된다. 학습이라는 관점에서, 정책평가는 정책문제의 본질과 그것을 다루는 다양한 해법에 관한 적극적 학습의 과정으로 인식되며, 정책결정과 정책평가는 단절된 것이 아니라 반복적인 연속 과정으로 이해된다.[486]

(3) 지식의 축적

학습과정으로서 정책평가의 결과, 사회현상에 대한 새로운 지식이 축적될 수 있다. 2장에서 살펴본 바와 같이, 정책은 달성하여야 할 목표와 이를 달성할 수 있는 수단으로 구성되어 있는데, 이 둘 사이에는 타당한 인과이론이 있어야 한다. 만일 타당한 인과이론이 없다면 정책을 집행해도 정책결정자가 의도했던 효과는 발생하지 않는다. 따라서 정책목표와 정책수단 사이의 인과관계를 검증하는 정책평가는 정책과정에서 중요한 위치를 차지할 수밖에 없다. 그런데 정책평가의 관점에서 보면 제안된 정책목표와 정책수단 사이의 관계는 경험적으로 검증되지 않은 연구가설(research hypothesis)에 불과하며, 정책평가를 통해 그 가설을 수용할 것인지 아니면 기각할 것인지 여부가 결정된다. 정책평가라는 검증과정을 통해 제안된 인과이론이 일반화될 수 있는 범위가 파악될 수 있다. 또한 이를 통해 사회현상에 대한 지식이 축적되며, 궁극적으로는 학문의 발전에도 기여할 수 있다.

4) 정책평가의 성격

정책평가는 국민이 희망하는 복지사회 · 민주행정을 위하여 정책이 미치는 영향을 규명한다는 측면에서는 과학적(관리적) 성격이 있으며, 다른 한편 이해관계의 조정 · 통합이라는 측면에서는 정치적 측면도 있다. 평가연구는 정책결정자들의 가치기준과 가정 그리고 목적을 수용하게 될 때 비로소 정책결정에 영향을 미치는 경우가 많은데, 이는 곧 정책결정자들은 자신들이 원하는 방향으로 도출된 평가연구의 결과에 관해서만 주의를 기울이며 활용한다는 것을 의미한다.[487] 대통령 · 의회 · 언론 · 공익단체 및 민간연구소 등이 독립 또는 보완적인 평가를 함으로써 다원적이고 대항적인 과정이 형성되며, 평가 자체는 하나의 중요한 정책과정으로 전환된다.[488] 정책평가의 성격을 보다 구체적으로 살펴보면 다음과 같다.[489]

첫째, 정책평가의 경우 법적인 책임보다는 비법적인 책임을 강조하기 때문에, 정책 활동의 합법성 여부를 판단하기보다는 효과성 · 능률성을 평가하는 것을 주된 임무로 삼는다.[490]

둘째, 정책평가는 가치에 초점을 두고 있다. 정책평가는 정책으로 인해 발생한 예상하거나 예상하지 못한 결과를 수집하는 데 목표가 있는 것이 아니라, 그러한 결과가 얼마나 가치 있는 것인지를 판단하는 데 목표가 있다. 정책목표의 적합성이 항상 의문시될 수 있기 때문에, 정책평가는 어떤 정책이 가지고 있는 목표 그 자체를 평가하는 절차를 포함하고 있다.

셋째, 정책평가는 가치와 사실의 상호의존성을 전제로 한다. 전술한 바와 같이, 정책평가는 가치판단을 전제로 하지만, 그렇다고 '사실(fact)'이 무시되거나 경시되는 것은 아니다. 어떤 특정 정책이 높은 (또는 낮은) 수준의 성과를 달성하였다고 주장하려면, 그러한 결과물을 입증할 수 있는 사실적 판단이 이루어져야 한다. 이러한 의미에서 점검은 평가를 위한 필요조건이 되는 것이다.

넷째, 정책평가는 현재와 과거 모두를 지향한다. 정책평가는 정책분석과 달리, 미래의 정책결과보다는 현재와 과거의 결과를 지향하고 있다. 다시 말해, 평가라는 것은 과거지향적 성격을 지닌 것으로서 행위가 취해진 이후(ex post)에나 이루어지는 것이다.

다섯째, 정책평가에서 가치는 이중적 속성을 지니고 있다. 이는 가치라는 것이 목적으로서뿐만 아니라 수단으로도 간주될 수 있다는 말인데, 예를 들면 건강이라는 가치가 그 자체로서 소중하다는 점에서 본질적 가치로 간주될 수 있는 동시에, 어떤 다른 목적에도 기여하기 때문에 바람직하다는 점에서 비본질적 가치로도 간주될 수 있다. 이러한 속성으로 말미암아 가치는 흔히 상하 계층적으로 배열되어 목표와 목적들의 상대적 중요성과 상호의존성을 나타낸다.

2. 정책평가의 다양한 방법들

정책평가의 방법에는 여러 가지가 있지만, 여기서는 다음과 같은 아홉 가지로 나누어 설명하고자 한다.[491]

1) 형성적 평가

형성적 평가는 과정평가라고도 하며, 정책이나 프로그램이 집행과정에 있을 때 프로그램을 개선하기 위한 프로그램의 개념화와 설계를 위한 평가를 말한다. 형성적 평가는 정부 정책의 성공을 극대화하기 위하여 새로운 프로그램을 설계하고 개발하기 위한 검증으로서, 평가의 초점은 어디까지나 프로그램 그 자체에 놓여진다.

형성적 평가는 독립적으로 수행되기도 하고, 다른 유형의 평가와 병행해서 수행되기도 한다. 형성적 평가가 독자적으로 수행될 때 그 평가의 목적은 프로그램 활동들의 과정을 기술하고 분석함으로써 이들 과정의 제 요소들을 개선하는 데 있는 반면, 다른 유형의 평가, 특히 효과성 평가와 아울러 실시할 때에는 효과성 평가의 설계를 결정하는 데 도움을 주거나 효과성 평가에 의해 발견된 사실들을 설명하는 데 도움을 주고자 하는 데 있다. 따라서 형성적 평가는 왜(why), 그리고 어떻게(how) 하나의 정책효과가 성립되는지를 다루는 평가라고 할 수 있다.

2) 프로그램 모니터링

프로그램 모니터링(program monitoring)은 프로그램 집행의 능률성과 효과성을 확보하기 위한 평가라는 점에서 전술한 형성적 평가와 구별된다. 프로그램 모니터링은 다시 두 가지로 구분될 수 있는데, 하나는 프로그램 집행의 모니터링 또는 행정적 모니터링(administrative monitoring)이고, 다른 하나는 프로그램 성과의 모니터링이다.

먼저 프로그램 집행의 모니터링은 프로그램에 대한 투입 또는 프로그램 활동들을 측정하여 이들이 사전에 설정되었거나 기대되었던 기준값이나 측정값을 달성했는지를 평가하는 것이다. 프로그램들은 행정적, 재정적, 정치적, 관리적 제약 등으로 인해 원래 의도한대로 집행되지 않는 경우가 많다. 따라서 프로그램 집행의 모니터링은 프로그램이 당초 의도한대로 운영되고 있는지 체계적으로 검토하여 수정·보완·개선·활용하도록 건의하기 위해 수행된다.

다음으로 프로그램 성과의 모니터링은 투입 활동 및 산출물들을 측정하고, 프로그램의 성과들을 사전에 설정한 성과와 비교하는 것을 말한다. 프로그램 성과의 모니터링의 주 목적은 프로그램이 그 목표를 향해서 나아가는 성과를 주기적으로 측정하자는 것이다. 대부분의 정부 프로그램에 있어서 프로그램 성과의 모니터링은 가장 실행가능성이 높고 또 유용한 평가대안의 하나이기 때문에 가장 널리 채택되어 시행되고 있다.

3) 정책영향평가

정책영향평가 또는 총괄적 평가(summative evaluation)는 가장 널리 활용되는 방법이며, 프로그램이 전체적으로 봤을 때 의도한 효과를 내고 있는지, 또는 낼 수 있는지 여부를 발견하기 위한 평가방법이다. 여기서 정책 또는 프로그램이 의도한 효과를 낼 수 있는지에 대한 평가란 앞으로 시행하려고 계획하고 있는 정책이나 프로그램들이 어떠한 효과를 낼 수 있으며, 개선할 점은 없는지를 개발과정에서 정책실험에 의하여 평가하는 것이다.[492]

정책영향평가의 목적은, 첫째, 프로그램의 대상이 되는 모집단에 어떤 변화를 가져왔는지의 여부와 그 규모를 식별하는 일이고, 둘째, 이러한 변화가 오게 된 원인이 집행된 프로그램에 의한 것이었는지의 여부를 밝혀내는 일이며,[493] 셋째, 이러한 변화가 투입된 비용에 비추어 보아 정당화될 수 있는지를 밝혀내는 일이고, 넷째, 이러한 변화가 제기된 문제해결에 적합한 것이었는가를 검토하는 것이다.

4) 프로그램 전략평가

프로그램 전략평가는 하나의 국가적인 프로그램에 사용된 서로 다른 기술이나 방법들의 상대적인 효과성을 검토하기 위한 평가이다. 프로그램 전략평가의 일반적인 목표는 프로그램 관리자들에게 국가 프로그램을 구성하고 개개 사업들에서 활용되는 서로 다른 전략이나 방법들의 상대적인 효과성에 대한 정보를 제공해주자는 데 있다. 프로그램 전략평가는 프로그램 영향평가와 밀접하게 관련되어 있기 때문에 이들 두 가지가 동시에 혼합적으로 사용되는 경우가 대부분이다.

5) 능률성 평가

프로그램의 능률성 평가는 하나의 프로그램에 의해 이루어졌다고 판단되는 효과나 편익이 투입된 비용에 비추어 정당화될 수 있는지를 검토하기 위한 것으로, 비용편익분석이나 비용효과분석은 능률성 평가의 대표적인 방법들이다.[494] 능률성 평가는 효과성 평가와 달리, 정책과정에 투입된 비용을 고려하기 때문에 정책대상집단에 의도한 변화가 이루어졌다고 하더라도 만일 투입된 비용에 비추어 그 변화가 미미하거나, 또는 그 변화가 크다 할지라도 투입된 비용이 엄청나게 큰 경우 그러한 정책은 정당화되기 어렵다.

진술한 영향평가와 능률성 평가는 상호보완적인 관계에 있다. 만일 정책이나 프로그램이 의도한 효과를 달성했다고 하더라도, 지나치게 많은 비용이 투입된 경우 그 정책은 효과가 있다고 말하기 어렵다. 따라서 정책이 효과가 있다고 주장하기 위해서는 정책이나 프로그램의 영향만 고려해서는 곤란하고, 그 과정에 투입된 비용도 아울러 살펴볼 필요가 있다.

능률성 평가는 정책분석에서 실시하는 비용편익분석의 기본 논리를 그대로 받아들인다. 다만, 차이가 있다면 정책분석에서 실시하는 비용편익분석에서는 추정된 편익과 비용들을 분석에 활용하는 반면, 능률성 평가에서는 이미 집행된 경험적 자료에 의거하여 편익과 비용들을 산출하고 이것을 활용한다는 점에서 다르다.

6) 적합성 평가

적합성 평가는 프로그램의 목표와 전반적인 프로그램의 유형이 사회전체적인 입장에서 바람직한 것이냐 하는 것을 체계적으로 검토하는 것을 말한다. 즉, 적합성 평가는 능률성 평가나 효과성 평가와 같이 목표의 달성 여부를 평가하는 것이 아니라, 목표 그 자체가 바람직한지 여부를 평가하는 것이다. 따라서 적합성 평가는 능률성 평가나 효과성 평가에 선행하는 것이며, 그 초점은 프로그램의 목표가 사회가 추구하는 가치를 반영하고 있는지의 여부에 있다.

7) 내부평가

내부평가(internal evaluation)는 프로그램을 집행하는 기관의 내부 요원들에 의하여 평가가 이루어지는 것을 말한다. 우리나라 정부기관에서 수행하고 있는 자체평가는 내부평가라고 할 수 있다. 내부평가는 실무적인 사항에 초점을 맞추며, 정치적 · 조직적 제약을 많이 받는다.

내부평가를 다른 평가들과 구분 짓는 특징들은 다음과 같다. 첫째, 내부평가의 일차적 책임은 조직내부에 있으며, 따라서 평가의 신뢰성이 낮은 경향이 있다. 둘째, 내부평가의 초점은 조직내부 사람들, 예컨대 조직의 관리자, 요원들 및 프로그램 참여자들의 관심사인 반면, 외부평가는 조직외부 사람들, 예컨대 정책결정자, 자금지원조직, 일반대중들의 관심사이다. 셋째, 내부평가자들은 그들이 평가하고 있는 프로그램이나 조직의 정책결정자와 관리자들에게 책임을 지는 반면, 외부평가는 그들이 평가하고 있는 프로그램이 조직에 독립적이다.

어떤 조직이 내부평가를 잘 수행하기 위해서는 무엇보다도 먼저 조직 내에 평가를 제대로 수행할 수 있는 평가역량을 갖춘 요원들을 다수 확보하고 있어야 한다. 따라서 양질의 내부평가 결과를 산출해내기 위해서는 조직의 평가역량구축(evaluation capacity building)이 선행되어야 한다.

8) 메타평가

메타평가(meta evaluation)는 프로그램과 정책평가를 평가하기 위한 기준들을 개발하여 적용하는 것이며, 따라서 '평가에 관한 평가'라고 할 수 있다.[495] 메타평가는 이미 수행된 평가의 효과성을 사정(assess)하기 위하여 내부를 들여다보는 과정이며, 이 때 사정되어야 할 평가의 중요한 측면은 평가의 목적, 이해관계자들의 식별, 평가질문들, 자료수집방법과 도구들, 자료의 분석과 건의내용들, 평가의 관리방법, 평가에서 발견된 사항들에 대한 의사소통 방법과 보고방법 등이다.

9) 발전적 평가

발전적 평가(developmental evaluation)란 비조직화된 시스템 동태(unorganized system dynamics) 상황이나 자체조직화 시스템 동태(self-organizing system dynamics) 상황에서 정책을 발전시키기 위한 평가이다.[496] 발전적 평가는 사회적 변혁이나 이를 위한 정부개입 프로그램을 발전시킬 목적으로 실시한다.

전통적인 평가와 발전적 평가는 여러 가지 차이가 있지만, 가장 큰 차이는 정책평가 모형에 대한 인식이다. 전통적인 평가는 프로그램이 제대로 작동하고 있는지 여부를 평가하기 위해서는 일정한 기간 동안 프로그램이 변화하지 않아야 한다는 전제에 입각하고 있다. 그래야 프로그램 수행 중간에 형성적 평가를 하고, 종료된 후에는 총괄적 평가를 하며, 그 결과를 바탕으로 모형을 검증하고 다른 장소(site), 다른 조직 또는 다른 국가에서 그 프로그램을 복제(replica)하여 사용할 수 있다는 것이다. 이에 반해, 발전적 평가는 사회혁신 프로그램이 제대로 잘 작동하고 있는지를 평가하여 수시로 프로그램을 재설계하는 과정 활용(process use)과 적응적 관리를 위하여 사용된다. 따라서 발전적 평가는 상향적인(bottom-up) 적응적 관리의 접근방법이라고 할 수 있으며, 모형의 테스트보다는 입증된 원리들(proven principles)의 식별에 중점을 둔다.

3. 정책평가의 기준

정책평가의 기준으로는 다음과 같은 것들이 있다.[497]

1) 공익성

1장에서 살펴본 바와 같이 공익은 다양한 각도에서 여러 가지로 정의되지만, 일반적으로 '개인이나 집단의 대립적 특수이익이나 특정인의 이익을 초월한 사회 전체의 고유한 가치로서의 사회일반의 공동이익'이라고 정의할 수 있다. 현대사회에서 정부의 정책은 '공익의 보호'라는 명분에서 정당화되기 때문에 공익을 얼마만큼 증진시켰는가는 정책평가의 중요한 기준이 된다.

2) 효과성

효과성이란 정책목표의 달성정도를 의미하는 것으로, 정책이 의도한 본래의 목표를 달성하였는가를 평가하는 것이다. 정책을 결정하고 집행하는 궁극적인 목표는 정책목표를 실현하는 것이기 때문에 효과성 기준은 가장 널리 활용되는 기준이다. 예를 들면, 홀리 등(Joseph S. Wholey et al.)은 정책평가를 "목표 달성이라는 관점에서의 정부 프로그램의 전반적인 효과성에 대한 사정(assessment) 내지 보편적인 목표 달성이라는 관점에서의 둘 또는 그 이상의 정부 프로그램의 상대적 효과성에 대한 사정"으로 정의하고 있다.[498)]

3) 능률성

일정한 목표를 달성하는데 있어서의 투입과 산출의 비율을 의미하는 능률성 기준은 비용과 관련시켜 성과의 질과 양을 파악하려는 것이며, 투입과 수단의 극대화에 중점을 둔다. 능률성은 비용편익분석에 의한 정책평가기준이다.

11장에서 살펴본 바와 같이, 능률성은 '산출'을 중요시하는 좁은 의미의 능률성과 '결과'를 중요시하는 넓은 의미의 능률성으로 나누어진다. 그리고 여기서 산출이란 단기적이고 계량적인 성과를 의미하는 반면, 결과란 장기적이고 비계량적인 성과를 의미한다. 산출의 경우 측정하기 용이하고 계량화가 쉽기 때문에 정책평가과정에서 이에 치중할 가능성이 높지만, 이럴 경우 수단적 가치에 매몰되어 본질적 가치를 망각하는 '목표의 전환' 문제가 생길 수 있다. 또한 성과수치 자체도 조작될 수 있을 뿐만 아니라, 성과 수치를 최대화할 수 있는 지표나 활동만 지나치게 부각시킬 수도 있다.[499)]

4) 생산성

이것은 과정의 비용을 적게 한다는 의미의 능률성뿐만 아니라 결과의 질이나 내용을 중시하는 효과성도 포함하는 개념이다. 따라서 이는 능률성과 효과성을 절충한 개념으로 '효율성'

이라고도 한다. 정책의 목표달성을 위한 노력이나 비용에 관련한 성과의 비교를 질적·양적으로 하는 것으로서, 비용편익분석과 비용효과분석 등의 기법들이 활용된다.

5) 적절성

적절성은 충족성이라고도 하는데, 이는 정책을 통한 문제해결의 정도를 의미한다. 즉, 이 기준은 정책실시의 결과가 정책문제화된 사회문제를 어느 정도 해결했느냐에 관심을 둔다.[500] 정책의 목표는 대부분의 국민들이 이익을 얻는 것, 즉 수혜자의 확산이 정책성과를 가름하는 기준이 된다. 또한 정책의 혜택은 되도록 배분적이어야 한다.

6) 형평성

형평성은 신행정론에서 강조한 개념으로서, 비용과 편익이 상이한 집단 간에 공정하고 공평하게 분배되고 있는가에 관한 평가기준이다. 앞서도 살펴본 바와 같이 형평성은 동일한 것은 동일하게 취급하는 '수평적 형평성'과 서로 다른 것을 다르게 취급하는 '수직적 형평성'이라는 두 가지 측면을 포함하고 있다.

7) 대응성

대응성은 정책이 특정집단의 욕구·선호·가치 등을 충족시키는 정도를 의미하는 것으로, 수혜집단이 정책에 의하여 어떠한 혜택을 누리며 수혜자가 받는 혜택은 인지된 욕구에 어느 정도 대응하고 있는가를 중요시한다.

8) 적합성

적합성은 특정정책의 바람직한 결과가 실제로 유용성과 가치가 있는 것인가를 평가하는 기준이다. 적합성의 기준은 목표를 실현하기 위한 수단이나 도구라기보다는 목표의 본질을 내포하기 때문에 실질적 합리성(substantial rationality)과 밀접하게 관련된다.

9) 정당성

7장에서 살펴본 바와 같이, 정책에 대한 인식은 정책의 편익이나 비용과 같은 물질적(material) 이해관계 못지않게 정책의 정당성과 같은 '보여지는(expressive)' 상징적(symbolic)

효과에 의해서도 영향을 받는다. 물론 정책의 물질적 이해관계와 정책의 상징적 효과는 반드시 일치하는 것은 아니다. 캠벨(John L. Campbell)이 말한 "도구성의 논리(logic of instrumentality)"와 "사회적 적절성의 논리(logic of social appropriateness)"는 차원이 다른 문제인 것이다.[501] 특히, 정책에 대해 직접적인 이해관계를 가지고 있지 않을 뿐만 아니라 정책에 대한 정보나 지식도 부족한 일반대중들은 정책의 상징적 측면에 의해 인식이나 태도가 바뀔 수 있다. 따라서 정책이 실질적인 측면에서는 효과가 없다고 하더라도 정책이 정당하다고 대중들이 인식한다면 그런 정책은 '좋은(good)' 정책으로 간주되어 안정적인 패턴을 형성할 가능성이 높다. 최근 우리나라에서 시행하고 있는 기업형 슈퍼마켓(SSM)에 대한 영업제한 정책이 원래 의도한 것과 달리 재래시장 상인들에게 별 도움을 주지는 못하지만, 대중들이 그 정책의 정당성을 인정하고 있기 때문에 그러한 불합리한 정책을 폐지하기 위한 어떤 움직임도 있지 않은 것은 그 좋은 예가 될 수 있다. 이러한 맥락에서 정책의 정당성이라는 상징적 측면은 정책결정과정에서 뿐만 아니라 정책평가과정에서도 중요한 변수가 된다. '좋은' 정책에 대한 판단은 정책의 물질적 이해관계 못지않게 상징적 측면에 의해서도 영향을 받기 때문이다.

4. 정책평가의 절차

정책평가는 일반적으로 다음과 같은 절차를 거친다.[502]

1) 목표의 규명

정책평가에서는 정책이 설정한 목표에 얼마나 영향을 미쳤는가를 평가하는 것이기 때문에, 정책목표를 측정 가능하도록 명확하게 규정해야 한다. 정책목표가 명확하지 않다면 과학적인 평가연구를 수행하는 것은 의미가 없다.

2) 기준의 설정

정책목표가 식별되고 나면 다음에는 성공에 대한 평가 기준을 세워야 한다. 정책평가를 위한 평가기준은 정책목표의 상태에 따라 달라진다. 정책목표가 질적인 경우 평가기준도 질적인 것이어야 하며, 양적인 경우 평가기준도 양적인 것이어야 한다. 그러나 현실적으로 정책목표는 양적인 성격과 질적인 성격이 혼재되어 있기 때문에, 기준 역시 양적인 것과 질적인 것을 혼용하는 것이 바람직하다. 주로 사용되는 평가기준으로는 능률성 · 효과성 · 대응성 · 형평성 등이 있다.

3) 인과모형의 작성

독립변수와 종속변수 사이의 인과모형을 설정해야 한다. 인과모형은 특정한 정책이 사회 구성원의 행태변화를 초래하는 과정을 인과적 논리체계로 설명하기 위한 과학적 정책연구의 한 형태이다. 모형의 구성에는 기존의 연구 결과물들을 최대한 활용해야 하지만, 정책결정자 및 정책집행 담당자와 긴밀하게 상의하며, 중요한 변수들을 포함시켜야 한다.

4) 연구설계

일단 인과모형과 가설이 설정되면 프로그램을 관찰하고 자료를 수집, 측정, 분석하여 이를 해석하는 연구설계가 필요하다. 연구설계가 구축되고 나면 정책집행의 결과 나타난 성과 및 영향자료의 수집, 측정의 표준화, 그리고 분석과 해석의 과정에 들어가게 된다.

5) 자료의 수집 및 분석

연구설계를 하고 나면 자료를 수집하고 분석해야 한다. 자료를 수집하고 분석하는 방법은 연구의 성격에 따라 달라진다. 질적 평가를 위해서는 설문조사(전문가 의견조사 포함)나 면접조사(심층 인터뷰 포함)를 통해 자료를 수집할 수 있고, 양적 평가에는 통계처리된 각종의 하드 데이터(hard data)나 인식 데이터(perception data)를 수집하게 된다. 또한 자료를 분석하는 데에는 계량분석을 많이 활용하는데, 예를 들면 경로분석을 위해 구조방정식(LISREL이나 AMOS 이용)을 활용하기도 한다.

제 2 절 정책평가의 제약 요인

정책평가는 원인과 결과 사이의 인과관계와 정책의 결과를 정치(精緻)하게 분석하는 것이 바람직하지만, 현실의 정책평가 과정에서는 다음과 같은 제약요인이 있다.[503]

1. 정책목표를 둘러싼 불확실성

정책목표가 불명확하거나 다양한 경우, 그것의 달성 정도를 결정하는 것은 어렵고 혼란스러운 작업이 될 수 있다. 이러한 상황은 정책결정 과정의 산물이다. 앞서도 살펴본 바와 같이, 다양한 이해관계와 가치를 포괄하기 위해 정책결정자는 추상적이고 불명확한 정책목표를 설정하는 경우가 많다.[504] 따라서 정책의 실제 목표를 결정하는 것은 힘들거나 상충되는 업무일 수 있다. 국회의원, 행정관료, 그리고 상이한 이념과 철학을 가진 다양한 이해관계자들은 그들의 입장에 따라 목표를 다르게 규정하고, 그에 따라 정책의 성취나 성공에 대해 상이한 결론에 이르는 경우가 많다.

2. 인과관계를 판단하는 데 따르는 어려움

체계적 평가는 정책에 의해 사회 변화가 이루어졌다는 기본 논리에 입각해 있다. 그러나 정책 A가 집행됨으로써 상황 B가 이루어졌다고 가정하는 데에는 몇 가지 문제가 있다. 정책과 상황 사이의 인과관계에는 다른 많은 변수들이 개입될 수 있기 때문이다. 비유를 하자면, 감기약을 먹지 않고서도 단순히 시간이 경과함에 따라 감기가 나았을 수도 있다.[505] 인과관계의 추론에는 '허위변수'나 '혼란변수'와 같은 '외재적 변수(extraneous variable)'가 개입될 수 있는데, 이에 대해서는 후술하기로 한다.

3. 정책 영향의 확산

정책은 구체적으로 대상으로 삼고 있는 집단들 외에도 영향을 미칠 수 있다. 복지 프로그램을 예로 들면, 이러한 프로그램은 가난한 사람들뿐만 아니라, 납세자, 관료, 그리고 복지 혜택을 받지 않는 저소득층에게도 영향을 미친다. 이러한 집단에 대한 영향은 상징적(symbolic)인 것일 수도 있고 물질적(material)인 것일 수도 있다. 이럴 경우 정책에 대한 효과는 단순히 의도한 것만 포함시켜서는 안 되며, 의도하지 않은 부수적인 효과까지 포함시켜야 한다.

일부 정책의 경우, 본질적으로 광범위하고 오랜 시간에 걸쳐 영향을 미칠 수 있다. 반독점 정책(antitrust policy)을 예로 들어보자. 이 정책은 원래 경제에서 경쟁을 유지하고 독점을 방지하기 위한 것인데, 그러한 목표는 너무 일반적이어서 '경쟁'이나 '독점'과 같은 개념을 측정하는 데에는 한계가 있다. 반독점 정책의 효과성을 평가하는 데 있어 사람들에 따라 매우 다른 결론에 도달한 것은 전혀 놀라운 일이 아니다.

4. 자료 수집의 어려움

정책평가자가 정책의 결과에 관심을 가질 때 직면하는 문제 중 하나로, 정확하고 적절한 통계자료와 정보의 부족을 드는 경우가 있다. 예를 들면, 계량경제학의 모형은 조세 감면이 경제 활동에 어떤 영향을 미치는가에 대해서는 예측할 수 있지만, 그것이 경제에 미치는 실제 영향을 알려주는 적합한 자료를 얻기란 매우 어렵다. 자료의 부족과 함께 정책평가자가 주의를 기울여야 할 것은 '편향된(biased)' 자료의 문제이다. 정책평가자가 자료를 확보하는 데 어려움을 겪을 경우 정책과 관련된 이해관계자들이 제공하는 정보에 많이 의존하게 되는데, 이럴 경우 편향된 정보의 문제가 심각하게 제기될 수 있다. 정책과 관련된 이해관계자들이 제공하는 정보는 자신들에게 유리한 점은 과대평가하고 불리한 점은 과소평가했을 가능성이 높기 때문이다. 따라서 이러한 정보를 활용하는 데 있어서는 특별히 신중을 기할 필요가 있다.

5. 관료들의 저항

정책을 평가하는 것은, 그것이 정책분석으로 불리든, 정책영향의 측정으로 불리든, 또는 다른 무엇으로 불리든 간에 결과를 보고하고 정책의 장·단점에 대한 판단을 하기 마련이다. 이는 특히 이해관계에서 벗어나 객관적으로 평가할 수 있는 대학 연구자들이 평가자인 경우 더욱 그러하다. 행정기관과 관료들은 정책평가의 가능한 결과에 주의를 기울일 가능성이 높다. 정책평가의 결과가 그들의 관점에서 바람직하지 않다면, 그들의 경력이나 프로그램의 영향은 위태로워질 수 있기 때문이다. 따라서 관료들은 자신들에게 불리한 평가가 이루어지지 않도록 영향력을 행사하거나 자료에의 접근을 거부하거나 불충분한 정보를 제공하기도 한다.

행정기관 내에서, 정책평가는 프로그램들 간의 자원배분과 주어진 프로그램의 존속에 관한 결정을 내려야만 하는 고위 관료들이 가장 많이 지지하는 경향이 있다. 그러나 그들은 또한 정책평가를 하는 것에 주저하는 경우도 있는데, 특히 그 결과가 행정기관 내에서 상반되는 경우에 더욱 그러하다. 마지막으로 행정기관은 변화에 저항하는 경향이 있다. 따라서 보다 명시적인 저항의 형태와 함께, 이러한 조직의 타성(organizational inertia)은 정책평가에 대한 하나의 장애물이 될 수 있다.

관료들을 포함한 정책의 이해관계자들은 부정적인 평가결과에 저항할 가능성이 높다. 따라서 이들은 부정적인 평가결과에 대한 대응 논리를 정교하게 개발하려고 하는데, 구체적으로 살펴보면 다음과 같다.[506] 첫째, 정책의 효과는 장기적으로 나타나기 때문에 현재의 시점에서는 그것을 측정할 수 없다. 둘째, 정책의 효과가 본질적으로 광범위하고 일반적인 경우, 단일의 기준이나 지표만으로는 그것을 적절하게 설명할 수 없다. 셋째, 정책의 효과가 명확하게 드러나지 않는 경우, 조악한 측정 수단이나 통계 기법만으로는 그것을 확인할 수 없다. 넷째, 실험설계를 하는 경우 통제집단을 서비스로부터 배제하는 것은 그들에게 불공정하다. 다섯째, 서비스를 받는 사람들과 그렇지 못한 사람들 사이에 차이가 없다는 사실은, 정책이 충분하게 이루어지지 못했다는 것을 반증하는 것이며, 따라서 더 많은 예산을 투입할 필요가 있다는 것을 보여준다. 여섯째, 정책의 긍정적 효과를 확인할 수 없는 것은 정책 때문이라기보다는, 평가 설계 자체의 부적절성(inadequacy) 내지 편향성(bias) 때문이다.

6. 제한된 시계

국회의원이나 다른 선출직 공직자들의 시계(time horizon)는 좁은 것이 보통이다. 이는 앞서도 살펴본 바와 같이 '선거정치의 논리(logic of election politics)' 때문이다. 선거에서 승리를 결정짓는 유권자들의 선택은 대부분 단기적인 관점에서 이루어지는 경우가 많기 때문에 이들은 대체로 좁은 시계를 가지고 있다.[507] 따라서 그들은 주로 정부 정책의 즉각적인 효과에만 관심을 가지고, 그것의 장기적인 결과는 대폭 할인하는 경향이 있다. 그러나 이러한 좁은 시계는 정책의 효과를 추정하는 정책평가에서는 큰 문제가 된다. 특히, 사회복지정책이나 교육정책과 같이 정책효과가 장기간에 걸쳐 나타나는 경우 더욱 그러하다.

7. 평가결과의 미흡한 활용

정책평가가 아무리 체계적으로 이루어졌다고 하더라도, 평가결과가 제대로 활용되지 않는다면 아무 의미가 없다. 따라서 정책평가의 중요성은 평가 그 자체보다는 그것의 활용에 있다. 그러나 현실에서는 체계적인 평가결과가 무시되거나 비판을 받는 경우가 많다.[508] 평가결과를 비판하는 사람들은 평가가 제대로 이루어지지 못했다거나, 자료 활용이 미흡했다거나, 결론이 적절하지 않았다는 주장을 할 수 있다. 물론 이들의 주장과 같이, 정책평가 자체에 문제가 있을 수도 있지만, 오히려 그것이 이해관계자들의 주관에 좌우되는 경우가 더 많다는 데 문제의 본질이 있다. 정책에 관심을 가지고 있는 이해관계자들도 단순히 정책의 비용이 편익보다 크다는 평가결과 때문에 정책에 대한 관심이 약해질 수 있다. 호의적이지 않은 평가결과 때문에 정부 정책이 폐지되지는 않지만, 평가결과를 적극적으로 활용하지 않는다면 환류(feedback) 장치로서의 정책평가의 의미는 퇴색될 수밖에 없다.

평가결과를 적극적으로 활용하지 않는다면, 정책평가와 정책의 개선은 논리적으로 필연적인 관계에 있지 않다. 특히, 정치적으로 첨예한 논쟁의 대상이 되는 경우 더욱 그러하다. 예를 들면, 워커(R. Walker)와 던컨(S. Duncan)은 이러한 점을 다음과 같이 적절하게 설명하고 있다.

> 잠시만 생각해도 정책평가가 항상 민주주의 체제를 수반하지 않는다는 점을 알 수 있는데, 특히 첨예한 논쟁의 대상이 되는 경우 더욱 그러하다. 정치는 유권자의 마음과 표를 얻기 위한 전쟁이다. 따라서 정책은 그것의 실제 효과뿐만 아니라 그것의 보여지는 효과에 의해서도 좌우되며, 따라서 여론은 정책과정의 핵심적인 요소이다. 만일 정치인들이 어떤 정책에 이념적으로 몰입한다면, 그들은 장래를 조망하는 평가에 내재하는 '관망하는(wait and see)' 논리를 따르려고 하지 않을 것이다.[509]

환류 정보(feedback information)로서 평가결과가 제대로 활용되지 않는다면 정책평가 자체가 무의미해질 수도 있기 때문에, 평가결과의 활용을 제고하기 위한 방안을 강구하는 것은 중요하지 않을 수 없다. 이와 관련해서는 다음과 같은 점들을 고려할 필요가 있다.[510]

첫째, 평가자의 노력으로서 적시성 있고 이용자의 욕구에 맞는 대상을 평가하되, 올바른 방법과 정확한 자료로써 평가를 진행하고 결과는 쉽게 이해될 수 있도록 보고해야 한다. 이와 관련하여 평가결과에 '전문 용어(jargon)'를 사용하는 것은 가급적 억제할 필요가 있다.

둘째, 평가의 출발부터 이용자들이 관여하도록 하는 것이 무엇보다도 중요한데, 이용자의 욕구파악과 평가에 대한 이해를 증진시켜서 원활한 의사전달을 도모하여 이용자의 저항을 크게 감소시킬 필요가 있다. 다만, 이럴 경우 이용자의 이해관계가 개입되어 평가의 객관성을 해칠 우려도 있다.

셋째, 이용자의 저항을 극복하고 의사전달상의 문제를 해결하기 위한 제도적 장치의 마련이 중요한데, 이와 관련해서는 두 가지 원칙이 필요하다.[511] 첫째, 독립적으로 운영되어 평가의 비판적 특성을 살리면서 평가가 악용되지 않도록 하기 위해 자체 평가(inside evaluation)가 아니라 제3자 평가(outsider evaluation)가 되어야 한다. 둘째, 전문지식과 평가능력을 갖춘 평가기관에게 올바른 평가결과에 저항하는 이용자를 억누를 수 있는 공식적 권한을 부여해야 한다. 이러한 원칙에 부합하는 기관으로서 우리나라의 경우 감사원이나 국무총리실이 있다.

제 3 절 정책평가의 방법[512]

1. 인과적 추론의 조건

정책평가는 과정평가(process evaluation)와 총괄평가(summative evaluation)로 나눌 수 있는데, 이 중 총괄평가는 정책을 집행한 이후 정책결정자가 의도한 정책효과가 발생하였는가를 검토하는 것으로 정책평가에서 핵심적인 과정이다. 총괄평가는 한마디로 정책수단과 정책효과 사이 또는 정책목표와 정책수단 사이의 인과관계를 검증하는 것이라 할 수 있으므로, 인과적 추론의 조건을 검토하는 것은 매우 중요한 일이라고 볼 수 있다. 인과적 추론의 조건에 대한 밀(J. S. Mill)의 논의를 간략하게 살펴보면 다음과 같다.[513]

첫째, 시간적 선행성이다. 이것은 독립변수가 종속변수보다 시간적으로 앞서야 한다는 원칙이다. 이러한 시간적 선후관계의 가정은 장래의 사건이 과거나 현재의 사건을 결정할 수 없다는 상식적인 생각에 기초하고 있다. 이러한 시간적 선행성은 실험변수의 조작에 의해 확보할 수 있다.

둘째, 상시연결성의 원칙이다. 이는 공동변화의 원칙이라고도 하며 독립변수가 변화하면 종속변수도 변화해야 한다는 원칙을 말한다. 어떤 인과관계가 규명되면 원인(정책수단, 독립변수)을 임의로 변화시킴(조작)으로써 결과(정책효과, 종속변수)를 조작할 수 있다. 정책에서는 조작할 수 있는 원인이어야 진정한 의미의 원인이라고 할 수 있다.[514] 인과관계를 주장하기 위해서는 연관관계의 강도(magnitude)와 일관성(consistency)이라는 두 가지 특징을 파악하여야 한다. 연관관계의 강도는 연관성의 크기를 의미하며, 연관관계의 일관성은 다른 상황에서도 연관관계가 일관되게 나타나는 것을 의미한다. 공동변화의 원칙은 실험집단(experimental group) 이외에 통제집단(control group)을 두고 실험집단에 대해서만 실험변수를 조작한 후 실험집단과 통제집단을 비교함으로써 확보할 수 있다.

셋째, 경쟁가설(rival hypothesis)의 배제원칙이다. 이는 종속변수상의 변화는 독립변수에 의해서만 설명이 가능해야 하고, 외재적 변수에 의해서 설명되어서는 안 된다는 원칙을 말한다. 이 원칙에서는 허위변수(spurious variable)와 혼란변수(confounding variable)의 통제가 중요한데, 여기서 허위변수란 독립변수와 종속변수 이외에 제3의 변수가 존재하여 독립변수와 종속변수에 모두 영향을 미치고 이들 사이의 관계를 모두 설명할 수 있는 제3의 변수의 변수를 말하고,[515] 혼란변수란 독립변수와 종속변수 이외에 제3의 변수가 존재하여 독립변수와 종속변수에 모두 영향을 미치고 이들 사이의 관계에 대해 일부만 설명이 가능한 제3의 변수를 말한다. 즉, 제3의 변수를 통제하면 독립변수와 종속변수 사이의 인과관계가 전혀 설명되지 않는 경우 제3의 변수는 허위변수인 반면, 제3의 변수를 통제하더라도 인과관계가 부분적으로 설명이 가능한 경우 제3의 변수는 혼란변수이다. 허위변수로 인해 인과관계가 없는 경우에도 마치 있는 것처럼 보이고, 혼란변수로 인해 인과관계가 과대 내지 과소평가되기 때문에 외재적 변수의 통제가 중요하다. 경쟁가설을 배제하기 위해서는 실험집단과 통제집단을 무작위로 배정하여(random assignment)하여 두 집단 사이의 동질성을 확보하는 것이 필요하다.

2. 실험설계의 논리

앞서 살펴본 인과적 추론의 조건을 모두 갖추고 있는 전형적인 설계를 실험설계(experimental design)라고 한다. 실험설계의 핵심적인 구성요소는 ① 연구대상을 실험집단과 통제집단에 무작위적으로 배정하고, ② 실험집단에는 독립변수(행정에서는 프로그램이나 관여방법: intervention method)를 도입하는 반면에 통제집단에는 도입하지 않고, ③ 실험집단과 통제집단의 종속변수 값의 변화정도를 비교하는 것이다. 따라서 실험설계의 주요 구성요소는 실험집단과 통제집단의 비교(comparison), 실험변수(독립변수)의 조작(manipulation), 그리고 제3변수의 통제(control)라고 할 수 있다.[516] 실험설계의 논리를 그림으로 나타내면 다음과 같다.

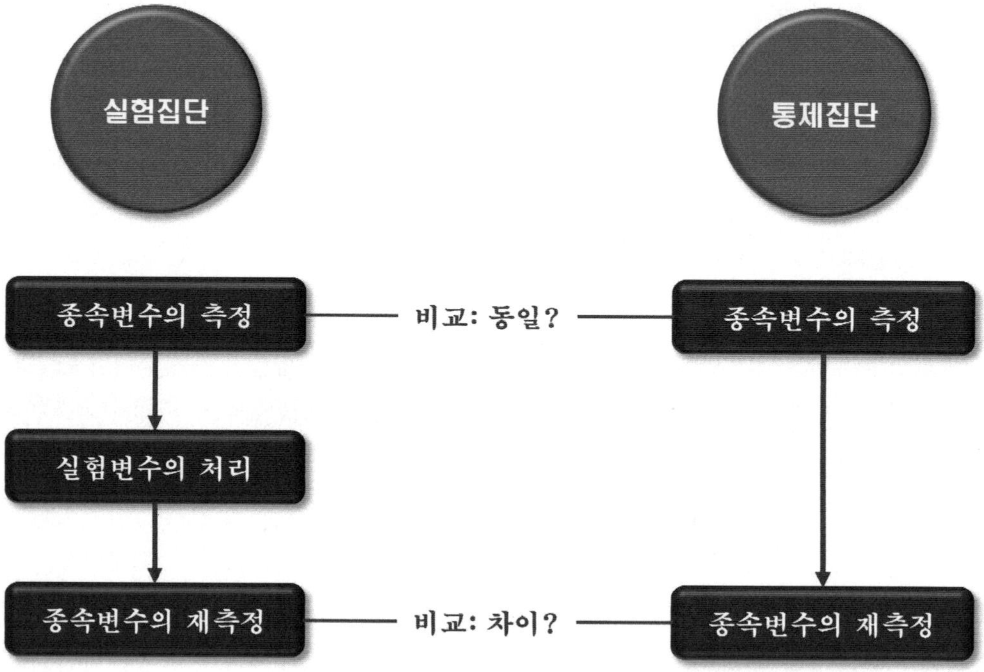

자료: 남궁 근(2003: 213).

<그림 13-1> 고전적 실험설계의 원리

실험실이라는 인위적인 조건 하에서 실행되는 자연과학의 실험과 달리, 사회과학의 실험은 그러한 인위적인 조건을 설정하기가 쉽지 않기 때문에 여러 가지 난관에 봉착하는 경우가 많다. 특히, 실험집단과 통제집단(비교집단)의 배정이 어려울 뿐만 아니라, 정치적인 측면에서 실현가능하지 않은 경우도 많다. 예를 들면, 힐(Michael Hill)은 이러한 점을 다음과 같이 적절하게 설명하고 있다.

(정책평가에서 제기되는) 핵심적인 질문은 그러한 것이 왜 현실에서는 이루어지기 어려운가? 라는 것이다. 정책평가에 대한 논의는 이러한 질문에 많은 답을 제시한다. 그러한 답 중 중요한 일부는 사회과학 방법론에 관심을 가지고 있다. 그들에게 있어 문제는 실증 사회과학을 형성하고 정책 영향을 검증하기 용이하게 하는 방법을 활용하는 데 따른 어려움에 뿌리를 두고 있다. 실증 사회과학에 집착하는 사람들에게 있어 중요한 문제는 실제 세계에서 실험 상황을 구성하는 데 따르는 어려움이다. 여기서의 모형은 임상 실험에서처럼, 하나의 집단에는 검증할 새로운 처리를 하는 반면 다른 집단에는 그러한 처리를 하지 않는다는 것이다. (그러나) 새로운 정책으로부터 편익을 받는 집단과 받지 않는 집단을 통제된 무작위 선별 과정(controlled random selection)에 기초하여 구분한다는 것은 실제로 매우 드문 일이다. 논리적으로 일부 정책들, 예를 들면 환경오염의 감소와 같이 국민들에게 일반적인 편익을 주는 정책의 경우 그러한 방식으로 평가될 수 없을 뿐만 아니라, 그러한 방식이 가능한 경우에도 윤리적 반대에 직면하거나 편익으로부터 자의적으로 배제하는 것처럼 보이는 것에 대해 정치인들이 주저할 수 있다.[517)]

3. 정책평가의 타당성

쿡(T. Cook)과 캠벨(D. Cmapbell)은 타당성을 구성적 타당성, 통계적 결론의 타당성, 내적 타당성, 외적 타당성 등과 같은 네 가지로 나누었는데,[518)] 여기서는 내적 타당성과 외적 타당성에 대해서만 살펴보고자 한다.

1) 내적 타당성

내적 타당성(internal validity)이란 원인과 결과 사이에 존재하는 인과적 추론의 정확성을 의미한다. 따라서 내적 타당성은 총괄평가에서 핵심적으로 검토하는 타당성의 종류이다. 그런데 현실의 정책평가과정에서는 다음과 같은 내적 타당성을 위협하는 여러 가지 요인이 존재한다.[519)]

첫째, 성숙요인이다. 이는 실험집단의 변화가 실험변수의 조작 때문이 아니라 단순히 시간의 경과에 따라 나타나는 경우를 말한다.

둘째, 역사요인이다. 역사요인이란 조사기간(정책 또는 프로그램의 집행기간) 중에 연구자의 의도와는 관계없이 일어난 사건으로 결과변수에 영향을 미칠 수 있는 사건을 의미한다.

셋째, 선정요인이다. 이는 실험집단과 비교되는 비교집단이 있는 준실험설계에서 문제가 되는데, 정책이나 프로그램의 집행 후에 실험집단과 비교집단 사이의 결과변수에 대한 측정값의 차이가 정책집행의 효과라기보다는 단순히 두 집단구성원들이 다르기 때문에 나타나는 경우를 말한다. 특히, 실험집단이 지원자들로 구성된 때에 선정요인이 유력한 경쟁가설로 등장할 수 있는데, 이를 자기선정요인(self-selection)이라고 부르기도 한다.

넷째, 상실요인이다. 상실요인이란 정책집행기간 중에 관찰대상집단의 일부가 탈락 또는 상실됨으로써 남아 있는 대상이 처음의 관찰대상과는 다른 특성을 가지게 되는 현상을 의미한다.

다섯째, 회귀요인이다. 회귀요인이란 극단적인 측정값(최고값 내지 최저값)을 보이는 사례의 경우 다시 측정을 하면 평균값으로 회귀하여 처음과 같은 극단적인 측정값을 보일 확률이 줄어드는 현상을 의미한다.

여섯째, 검사요인이다. 검사요인이란 정책 및 프로그램의 실시 전과 실시 후에 유사한 검사를 반복하는 경우에 프로그램 참여자들이 시험에 친숙도가 높아져서 측정값에 영향을 미치는 현상을 의미한다.

일곱째, 측정수단요인이다. 측정수단요인이란 정책 또는 프로그램 집행 전과 집행 후에 측정자의 측정기준이 달라지거나, 측정수단(measuring instrument)이 변화함에 따라 정책효과가 왜곡되는 현상을 의미한다.

또한 단일 위협요인이 상호 작용하는 경우도 있는데, 선정요인과 성숙요인의 상호작용인 '차별적 성숙요인(divergent maturation)', 선정요인과 역사요인의 상호작용인 '국지적 역사요인(local history)', 선정요인과 회귀요인의 상호작용인 '차별적 회귀요인(divergent regression)', 선정요인과 상실요인의 상호작용인 '차별적 상실요인(divergent mortality)', 그리고 선정요인과 검사요인의 상호작용인 '차별적 검사요인(divergent test)' 등이 있다.

2) 외적 타당성

외적 타당성(external validity)이란 어떤 특정한 상황, 시기, 집단에 발생한 정책효과를 다른 상황, 시기, 집단에도 일반화(generalization)시킬 수 있을 가능성을 의미한다. 이러한 외적 타당성은 주로 표본추출과정(sampling)에서의 표본의 '대표성(representativeness)' 확보와 관련된다. 외적 타당성을 위협하는 요인으로는 다음과 같은 것이 있다.

첫째, 실험상황(experimental setting)이다. 이는 크게 보면 다음과 같은 두 가지로 나눌 수 있다. 먼저 사전검사에 대한 반응의 효과이다. 검사 또는 측정이 응답자의 행동이나 태도에 미치는 영향은 내적 타당성의 저해요인과도 관련된다(검사요인). 외적 타당성의 문제는 사전측정을 받아본 연구대상에 대하여 실험변수를 처리하여 얻은 효과에 관한 결론을, 그러나 사전측정 또는 검사를 받아본 적이 없는 모집단에 일반화할 때 나타날 수 있는 문제점을 말한다. 다음으로 복수 독립변수 또는 실험처리의 개입(multiple-treatment interference)이다. 한 가지 독립변수를 한 번만 개입시킨 상황에서 얻은 결론에 비하여, 그 한 가지를 반복하여 여러 번 개입시키거나, 아니면 여러 개의 독립변수를 조합하여 개입시키는 경우는 그 효과를 일반화시키기 어렵다는 것이다.

둘째, 실험의 맥락(context)이다. 실험처리의 효과는 실험이 이루어지는 맥락과도 관계되기 때문에, 연구대상은 이러한 맥락 하에서 실험처리에 반응하게 된다. 특히, 고도로 통제된 실험실 연구에서의 연구대상의 반응은 자연적인 상황에서의 반응과 달라질 수 있다. 이와 같이 실험대상이 자신이 실험 받고 있다는 사실을 알게 되면 평소와 다른 행동을 하는 것을 '호손효과(hawthorne effects)'라고 한다. 호손효과는 실험 상황이라는 '생소함(newness)'이 가져온 효과로, 1927년 호손공장 실험에서 그 연원을 찾을 수 있다.[520)]

셋째, 통제방안이다. 외적 타당성이란 어떤 연구결과를 다른 경우에 적용하기 어려운 '일반화'의 문제인데, 이러한 일반화의 오류는 그 연구를 다른 모집단, 장소, 그리고 시기에도 반복(replication)하여 실시하는 경우 방지할 수 있다. 그러나 현실적으로 어떠한 연구팀도 그러한 반복연구를 수행하기가 불가능하다.

외적 타당성을 강화하는 방법으로는 다음과 같은 세 가지를 들 수 있다. 첫째, 표본의 대표성을 높이기 위해 무작위표본추출방법(random sampling)을 사용하는 것이다. 여기서 무작위표본추출방법이란 확률적 표본추출방법의 한 유형으로서 모집단의 모든 구성요소가 표본으로 추출될 확률이 영(zero) 이상이고 동일하게 표본을 추출하는 방법을 의미한다. 그런데 여기서 한 가지 유의해야 할 것은 모집단에서 표본을 무작위로 추출한다는 것과 추출한 표본을 실험집단과 통제집단에 무작위로 배정한다는 것은 구별해야 한다는 것이다. 즉, 전자는 표본의 대표성 확보를 통한 외적 타당성 확보와 관련되지만, 후자는 실험집단과 통제집단의 동질성 확보를 통한 내적 타당성 확보와 관련되기 때문이다.

둘째, 표본추출에서 계획적으로 이질적인 요소를 포함시키는 방법(deliberate sampling for heterogeneity model)이다. 이 방법은 연구를 일반화시키고자 하는 집단, 상황, 그리고 시기를 규정한 다음, 여기에 포함되는 여러 가지 이질적인 사례들이 포함될 수 있도록 표본을 설계하는 방법이다. 쿡(T. Cook)과 캠벨(D. Campbell)에 의하면, 이러한 표본추출방법은 할당표본추출(quota sampling)이기 때문에 이론적으로 보면 모집단에 일반화시키기가 어려우나 실제로 일반화하는 데에는 무리가 없다고 한다. 따라서 이 방법이 외적 타당성을 높이기 위한 방법 중에서 가장 실현가능성이 높은 방법이라고 지적하고 있다.

셋째, 대표적 사례(impressive modal instance model)만을 표본으로 선정하여 조사하는 방법이다. 이 방법은 연구자가 연구결과를 적용시키고자 하는 집단, 상황 및 시기의 유형을 미리 세밀하게 규정한 다음, 그와 같은 집단, 상황 및 시기의 계층(class) 중에서는 최소한 하나의 사례가 포함될 수 있도록 표본을 선정하는 방법이다. 이 때 선정된 사례는 각 계층을 가장 잘 대표할 수 있는 특성(class mode)을 갖추고 있어야 한다.

4. 정책실험

정책실험(policy experiment)은 실험집단과 통제집단의 동질성 여부에 따라 진실험설계(true experimental design)와 준실험설계(quasi-experimental design)로 나눌 수 있다.

1) 진실험설계

진실험설계는 앞서 살펴본 인과적 추론의 조건을 모두 구비하고 있는 실험설계로서, 실험집단과 통제집단을 무작위로 배정하고, 실험집단에 대해서만 실험변수를 조작하며, 실험집단과 통제집단을 비교하는 실험설계를 말한다. 특히, 진실험설계에서는 실험집단과 통제집단의 동질성 확보가 중요한데, 여기서 실험집단과 통제집단이 동질적이라는 것은 실험변수의 조작을 제외하고는 구성, 성향, 경험 등 모든 면에서 두 집단이 동일하다는 것을 의미한다. 물론 무작위배정은 표본으로 추출한 다음 대상을 실험집단과 통제집단으로 나누는 것이며, 따라서 '무작위배정'과 '무작위표본추출'은 구별해야 하는 개념이다.[521)]

진실험설계를 구체적인 예를 들어 설명하면 다음과 같다.[522)] 우유급식이 어린이 성장발육에 미치는 영향을 살펴보기 위해 진실험설계를 한다고 가정하자. 이 때 독립변수(정책처리)는 우유급식이며, 종속변수(정책효과)는 어린이 성장발육이다. 정책효과를 추정하기 위해서는 실험대상을 실험집단(experimental group)과 통제집단(control group)으로 나누어야 하는데, 진실험설계는 두 집단의 동질성을 전제로 해야 하기 때문에 같은 초등학교 같은 반 학생들을 동전 던지기나 주사위 던지기 등을 통해 무작위배정(random assignment)해야 한다. 무작위배정을 하면 실험집단과 통제집단이 실험처리를 제외하고는 비슷한 성향을 가지고 있기 때문에 두 집단의 실험처리 전 몸무게는 비슷한 결과를 보일 것이다. 〈그림 13-2〉에서 볼 수 있듯이, 가상의 실험에서 실험처리 전 평균체중은 40kg으로 설정되어 있다. 이 때 실험집단에는 우유급식이라는 실험처리를 하고 통제집단에는 실험처리를 하지 않고 1년 후 몸무게를 비교해본 결과 실험집단의 평균체중은 45kg인 반면, 통제집단의 평균체중은 43kg인 경우, 두 집단의 평균체중의 차이인 2kg이 우유급식이라는 정책처리의 효과라고 말할 수 있다. 여기서 통제집단에서의 평균체중의 변화는 실험처리와는 상관없이 단순히 시간의 경과에 따라 나타난 효과이며, 이를 '성숙효과'라고 한다.

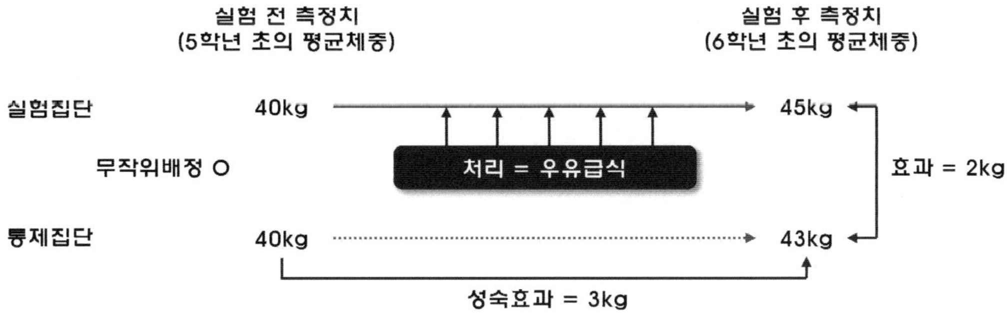

자료: 정정길 외(2010: 665)를 수정 보완.

<그림 13-2> 진실험의 예

진실험설계는 다음과 같은 한계가 있는 것으로 지적된다.[523]

먼저 내적 타당성 면에서 후술하는 준실험설계보다 우수하다는 평가를 받지만 구체적으로는 다음과 같은 한계가 있다. 첫째, '누출 효과(leakage effect)'이다. 이는 정책수단의 내용이 실험집단에만 이루어지는 것이 아니라 통제집단에도 이루어지는 것을 말하며, 실제로 많이 이루어지고 있다. 둘째, '모방효과(imitation effect)'이다. 이는 정책이나 사업의 효과로 실험집단의 사람들이 태도 변화가 있을 경우 통제집단의 사람들이 그것을 모방하게 되는 현상을 말한다. 이상과 같은 두 가지 현상, 즉 누출효과와 모방효과를 합쳐서 '오염현상(contamination)' 또는 '확산효과(diffusion effect)'라고 부르는데, 이러한 현상이 나타나면 실험집단과 통제집단의 차이는 정확한 정책효과를 나타내지 못한다. 진실험에서 실험 결과가 왜곡되지 않기 위해서는 실험 전 조건만 동일하게 하는 것으로는 부족하고, 실험의 진행과정에서 실험처리를 제외한 나머지 조건들을 동일하게 하는 것 역시 필요하다.[524] 그런데 이러한 현상이 나타나는 근본적인 원인은 실험집단과 통제집단의 동질성을 확보하기 위해 비슷한 환경에 놓여 있는 실험대상을 무작위로 실험집단과 통제집단에 배정하기 때문이다. 따라서 이에 대한 보완책은 첫째, 두 집단이 접촉이 일어나지 않도록 철저하게 관리하는 것이고, 둘째, 두 집단의 접촉이 일어나기 힘들 정도로 격리된 '준실험 설계'를 하는 것이다.

다음으로 외적 타당성이나 실현가능성의 면에서는 진실험은 준실험보다 열등한 것으로 지적된다.[525] 첫째, 외적 타당성의 면에서는 '호손효과(hawthorne effect)'를 지적할 수 있다. 이는 실험대상이 자신이 실험 받고 있다는 사실을 알게 되면 평소와 다른 행동을 하는 것을 의미한다. 청소년 상담프로그램이 청소년의 행태 변화에 어떤 영향을 미칠 것인가를 검증하는 실험을 예로 들어보자. 이 경우 서울 어느 지역의 고등학교에서 선도대상 학생을 뽑아 실험집단으로 하고 이들에게 상담과 정신교육을 대대적으로 실시할 것이다. 실험 초창기에는 보건복지부 관계자와 학교 교장, 교사, 학부모 등 여러 관계자들이 이 프로그램에 관심을 가질 것이고, 따라서 학생들은 평소와는 달리 아주 선량한 모습을 보일 가능성이 높다. 그러나 실험이 진행되고 여러 관계자들의 관심이 줄어들면 이들의 행동은 다시 이전으로 돌아갈 가능성이 높다. 사회적인 각광을 받을 때와 그렇지 못할 때 학생들의 행동에 차이가 있을 수 있으며, 따라서 이런 상황에서는 이 사업의 효과가 전혀 없을지 모른다. 호손효과는 자신이 실험받고 있다는 사실을 실험대상이 인지하기 때문에 발생하는 것이므로 이를 방지하기 위해 실험을 가급적 은밀하게 진행할 필요가 있다.

또한 진실험은 실현가능성이라는 측면에서도 문제가 있다. 전술한 바와 같이 진실험은 실험집단과 통제집단의 동질성을 확보하기 위해 무작위배정의 방법을 사용하기 때문에, 실험집단과 통제집단의 배정을 은밀하게 진행할 수 없다. 앞서 살펴본 우유급식사례의 경우 통제집단에 배정된 아동의 좌절감과 학부모들의 집단적인 항의로 인해 이러한 실험을 계속하기가 도의적으로나 정치적으로 어려워지는 경우가 많다. 따라서 진실험은 실험집단에게 혜택을 주는 정책의 경우 통제집단의 반발을 가져올 수 있고, 반대로 실험집단에게 불이익을 주는 정책의 경우 실험집단의 반발을 가져올 수 있다. 그리고 이 모든 것은 진실험이 은밀하게 진행되지 못한다는 구조적 요인 때문에 발생하며, 따라서 진실험은 실현가능성이라는 면에서 본질적인 한계가 있다.

2) 준실험설계

전술한 진실험설계와는 달리, 실험집단과 통제집단의 동질성을 확보하지 않는 실험설계를 준실험설계라고 한다. 따라서 진실험설계에 비해 준실험설계는 인과관계의 추론에서 문제가 있을 수 있기 때문에, 준실험설계를 채택하면서도 '짝짓기(matching)' 등의 방법을 통해 될 수 있는 대로 두 집단을 비슷하게 구성하려고 노력한다. 여기서 짝짓기 방법이란 가설과 관련한 변수를 중심으로 서로 비슷한 것끼리 둘씩 짝을 지어 하나는 실험집단에, 그리고 다른 하나는 통제집단에 배정하는 방법을 말한다.

전술한 진실험설계의 예와 비슷한 예를 통해 준실험설계의 논리를 설명하면 다음과 같다.[526] 진실험설계와 달리, 준실험설계는 실험집단과 통제집단의 동질성을 전제로 하지 않기 때문에, 이 경우 실험집단과 통제집단이 반드시 같은 초등학교일 필요는 없다. 예를 들어, 도시지역의 초등학교 1개 반을 실험집단으로 정할 수 있고, 농촌지역 초등학교 1개 반을 통제집단으로 정할 수 있다. 실험집단과 통제집단의 동질성을 전제로 하지 않았기 때문에, 〈그림 13-3〉에서 보듯이 평균체중이 차이가 날 수 있다(실험집단의 평균체중은 40kg, 통제집단의 평균체중은 38kg). 이 때 실험집단에는 실험처리를 하고 통제집단에는 실험처리를 하지 않은 다음, 1년 후 평균체중을 비교하니 실험집단은 45kg인 반면 통제집단은 41kg인 것으로 나타났다. 이 때에는 전술한 진실험과 달리 실험처리 전 관찰값이 실험집단과 통제집단이 달랐기 때문에 실험처리 후 관찰값을 단순히 비교하면 안 된다. 이 경우 실험집단은 40kg에서 45kg으로 5kg의 변화가 있었던 반면, 통제집단은 38kg에서 41kg으로 3kg의 변화만 있었을 뿐이다. 따라서 통제집단의 3kg의 변화는 성숙효과이며, 성숙효과를 빼고도 남는 실험집단의 변화인 2kg이 정책처리의 효과라고 할 수 있다.

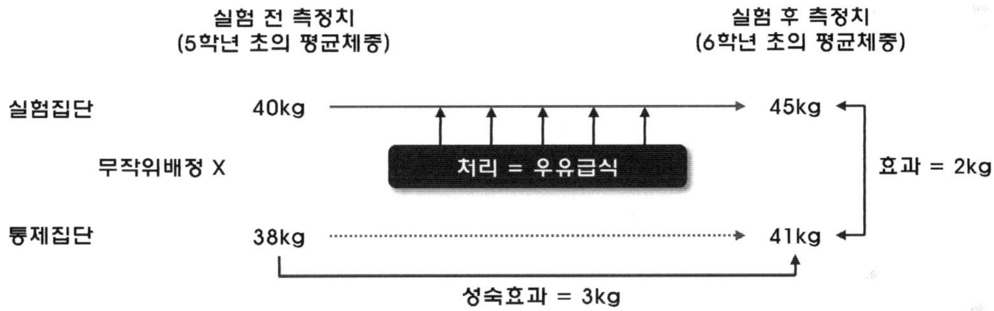

자료: 정정길 외(2010: 667)를 수정 보완.

<그림 13-3> 준실험의 예

실험집단과 통제집단의 배정은 법적 · 윤리적 문제를 야기하는 경우가 많기 때문에, 실험을 은밀하게 진행하는 준실험이 그것이 어려운 진실험에 비해 외적 타당성이나 실현가능성 면에서는 우수하다.[527] 그러나 실험집단과 통제집단의 동질성을 전제로 하지 않기 때문에, 인과적 추론의 조건 중 '경쟁가설의 배제원칙'을 충족시키기 어려워 내적 타당성 면에서는 문제가 많다. 준실험설계의 문제점을 구체적으로 살펴보면 다음과 같다.[528]

먼저 내적 타당성 면에서는 '선정과 성숙의 상호작용'을 들 수 있다. 위 실험에서 2kg이 정책처리의 효과라고 추정하기 위해서는 실험집단과 통제집단의 성숙효과가 3kg으로 같다는 전제조건이 충족되어야 한다. 그런데 도시지역의 아동과 달리 농촌지역의 아동은 영양섭취가 충분하지 못해 성장발육이 상대적으로 느릴 수 있다. 따라서 도시지역의 아동과 농촌지역의 아동은 성숙효과가 다르게 나타날 수 있으며, 극단적으로는 위 실험에서 실험집단의 변화, 즉 5kg이 실험처리와는 무관한 성숙효과의 결과로 볼 수도 있다. 또한 실험집단이나 통제집단 중 어느 한 집단에 '사건(history)'이 생겨 실험결과에 영향을 줄 수 있다. 위 실험에서 실험집단은 도시지역의 초등학생들이고, 통제집단은 어느 낙도의 초등학생들인데, 실험이 진행되는 동안 태풍이 크게 불고 이상해류에 의해 고기잡이가 제대로 되지 않은 경우 통제집단에 속한 낙도의 초등학생들은 성장발육이 도시지역 초등학생들에 비해 느릴 수 있다. 이 경우 통제집단의 성숙효과인 3kg을 실험집단의 성숙효과로 간주하는 것은 문제가 있으며, 극단적으로는 위 실험에서 실험집단의 변화, 즉 5kg이 실험처리와는 무관한 성숙효과의 결과로 볼 수도 있다. 이처럼 실험집단이나 통제집단 중 어느 한 집단에만 사건이 발생한 경우를 '선정과 역사의 상호작용' 또는 '국지적 역사요인(local history)'이라고 한다.

다음으로 준실험은 비교적 은밀하게 진행할 수 있기 때문에 외적 타당성 면에서는 진실험보다 우수하지만 그렇다고 문제가 전혀 없는 것은 아니다. 준실험과 관련하여 제기되는 외적 타당성의 문제로 '탈지 효과(creaming effect)'를 들 수 있다. 이는 원래 의도한 효과를 이끌어 내기 위해 자의적으로 실험집단과 통제집단을 배정하는 것을 의미한다. 즉, 실험집단에는 실험의 효과가 비교적 잘 나타날 가능성이 좋은 집단을 선정하고 통제집단은 그렇지 못한 집단을 선정한 후 실험처리(정책처리)를 한 다음 효과가 있다고 추정하는 경우이다. 이럴 경우 그러한 결과를 다른 상황에도 일반화시키기는 어려울 것이다. 예를 들어, 부모들의 학력수준도 높고 영어사용에 비교적 많이 노출되어 있는 서울 강남지역의 어느 고등학교를 실험집단으로 하고 그렇지 못한 중소도시의 어느 고등학교를 통제집단으로 선정하여, 실험집단인 강남지역의 어느 고등학교 학생들을 대상으로 영어특별교육을 실시한 경우, 통제집단과 비교하여 나타난 실험집단의 효과를 다른 경우에도 일반화시키기는 어려울 것이다.

제 4 절 성과관리와 정책평가

1. 성과관리

1) 성과관리의 의의

성과관리(performance management)란 쉽게 말해 한 개인 및 집단의 성과를 관리하는 제도이다. 여기서 성과는 결과(results) 중심의 성과를 말하며, 집단은 하나의 공동체로서 일반적으로 조직을 말한다. 그리고 관리는 인적 자산, 과정, 제도 등에 관한 관리를 말하며, 기능적인 차원에서는 기획, 예산결정, 집행, 평가, 환류, PR(Public Relations) 등도 포함된다.[529] 정부업무평가 기본법 제2조는 성과관리를 "정부 업무를 추진함에 있어서 기관의 임무, 중·장기 목표, 연도별 목표 및 성과지표를 수립하고, 그 집행 과정 및 결과를 경제성, 능률성, 효과성 등의 관점에서 관리하는 일련의 활동"으로 정의하고 있다.

성과관리는 기존의 목표관리제(MBO)가 여러 가지 면에서 한계가 있다는 인식에 대한 대응으로 등장하였다. 목표관리제는 조직구성원들의 광범위한 참여에 의해 목표를 설정하는 것을 강조하는 '상향적(bottom up)' 관리방식이었는데, 실제 운영 과정에서는 참여에 의해 수립된 목표가 조직의 전략이나 비전과 괴리를 보이는 경우도 있었고, 지나치게 쉽고 단순하거나 중요하지 않은 목표를 설정하는 경우도 있었다. 이러한 목표관리제의 한계에 대한 대응으로 성과관리제는 조직구성원과 하위 부서가 추구해야 할 목표로서 성과지표를 조직 전체의 목표와 연계시키려는 체계적·구조적 접근을 시도하였다. 즉, 성과관리제도는 조직의 비전과 목표로부터 하위부서나 개인의 목표와 성과지표를 제시한다는 점에서 하향적(top down) 관리방식을 채택하고 있다.[530]

2) 성과관리의 목적

공공부문 성과관리의 궁극적인 목적은 국정운영의 능률성·효과성 및 책임성을 확보하여 국민의 만족도를 향상시키는 것이다. 보다 구체적으로 성과관리의 목적을 살펴보면 다음과 같다.[531]

첫째, 국민에 대한 책임 강화이다. 공공부문 성과관리의 가장 중요한 목적은 국민에 대한 책임(accountability to citizens) 강화라고 할 수 있다. 민주국가에서 주권은 국민에게 있으므로, 주권자인 국민의 입장에서 성과가 규정되고 평가되어야 하며, 궁극적으로는 국민을 위한 성과가 되어야 한다. 이를 위해서는 정책과정에 국민의 참여가 제도적으로 보장되어야 하며, 정책 추진의 결과를 국민에게 공개하고 국민의 평가를 받을 필요가 있다.

둘째, 미래지향적 관리이다. 성과관리가 하나의 성공적인 제도로 정착되기 위해서는 단순히 과거의 잘잘못을 따지는 데에 그쳐서는 곤란하고, 성과 향상이 지속적으로 이루어지는 데 기여할 수 있는 '환류(feedback)' 기능을 적극적으로 수행해야 한다. 이를 위해 정부는 장기적 비전을 제시하고 이를 달성하기 위한 전략을 설정(strategic planning)하여 제대로 실행

(execution)해야 하는 데, 이러한 각 과정을 지원하는 관리 시스템이 바로 성과관리이다.

셋째, 체계적인 업무 개선이다. 성과관리가 환류 기능을 효율적으로 수행하기 위해서는 체계적인 업무 개선이 지속적으로 이루어질 필요가 있으며, 이러한 맥락에서 성과관리는 업무 개선을 위한 내부관리(internal control) 제도라고 할 수 있다. 따라서 성과의 높고 낮음에 따라 상벌을 주는 소극적인 차원을 넘어선 '학습효과(learning effects)'라는 관점에서 성과관리 제도를 이해할 필요가 있다. 즉, 성과관리의 결과로 얻게 된 지식을 장기적인 조직 역량의 향상과 업무 개선에 적극적으로 활용하는 것이 진정한 의미의 성과관리이다.

넷째, 조직구성원의 역량 강화이다. 전술한 바와 같이, 성과관리는 단순히 조직구성원들에게 상벌을 주는 소극적인 관리방안이 아니라, 성과가 낮은 경우 그 원인을 파악하여 개선책을 마련하는 적극적인 관리방안이다. 이러한 관리 철학은 장기적으로 조직구성원들의 역량을 강화시킬 수 있다.

다섯째, 성과중심의 조직문화 형성이다. 성과관리가 제대로 정착되는데 장애요인이 되는 정실주의, 연공서열, 연고주의 등을 완화하는 성과중심의 조직문화를 형성하는 데에도 성과관리 제도가 기여할 수 있다. 이러한 조직문화는 조직구성원의 사기를 앙양시키고 인사관리 및 보수체계를 합리화하며, 국민에 대한 책임을 강화시키는 긍정적인 효과를 거둘 수 있다.

2. 성과관리를 위한 평가[532)]

1) 성과관리를 위한 평가의 의의

성과관리를 위한 평가는 말 그대로 성과를 효율적으로 관리하기 위한 평가활동을 의미한다. 성과관리를 위한 평가는 성과측정의 효과를 제고해주는 성과평가(performance evaluation)를 포함하는 개념이며, 일반화된 평정절차 없이 성과를 측정하여 평정하는 것을 말한다. 그러나 이와 관련된 명확한 개념 정의가 실무상으로나 학문적으로 정립된 것은 아니며, 성과평가를 위한 기초적인 연구들이 이루어지고 있는 실정이다.

성과관리를 위한 평가는 단순히 성과 달성의 정도를 확인하는 성과측정과는 구별된다. 즉, 단순히 성과의 달성 여부만을 확인하는 성과측정과는 달리, 성과관리를 위한 평가는 성과와 계획 간의 인과관계를 규명하여 적절한 처방을 제시할 수 있다.

2) 성과관리를 위한 평가의 구성 요소

성과관리를 위한 평가는 그 목적이 성과관리에 있기 때문에, 그 목적에 따라 평가의 유형과 대상이 결정된다. 예를 들어, 성과관리의 과정상의 문제점을 확인하고자 한다면 성과관리를 위한 평가는 과정평가의 일환으로 간주될 수 있는 반면, 성과의 증명을 목적으로 한다면 이는 총괄평가의 일종으로 간주될 수 있다. 이러한 성과관리를 위한 평가의 구성 요소는 평가를 수행하기 위해 갖추어야 할 사항을 의미하는데, 구체적으로는 다음과 같은 것들을 들 수 있다.

첫째, 정책평가의 목적에 해당하는 성과관리를 위한 평가의 구체적인 목적을 식별해야 한다. 다시 말해, 과정적 측면에서 과정상의 문제점을 확인하고자 하는지, 아니면 결과적 측면에서 성과의 달성 여부를 판단하고자 하는지, 아니면 계획과 성과 사이의 인과관계를 검증하고자 하는지 목표를 분명하게 설정할 필요가 있다. 물론 목표를 구체적으로 설정하기에 앞서 성과에 대한 명확한 개념 규정은 반드시 필요하다.

둘째, 조직에서 성과관리를 목적으로 계획한 일련의 성과계획이 체계적이며 적절한 근거를 가지고 있어야 한다. 만일 성과계획에 체계성이 결여되어 있다면, 성과관리의 결과를 신뢰하기 어려울 뿐 아니라, 성과관리 활동과 결과 간의 인과관계를 추론하기도 어려워진다.

셋째, 성과관리를 위한 평가의 설계 및 모형을 수립해야 한다. 이는 성과관리를 위한 평가가 활동과 성과 간의 인과관계를 규명하는 이론적 틀이 있어야 함을 의미한다. 이러한 노력을 통해서만이 성과를 내기 위한 활동의 개선이 가능하다. 다만, 일반적으로 적용될 수 있는 성과모형을 개발하기 어려운 경우 이전에 사용했던 모형을 원용하거나 변용하여 사용할 수 있다.

넷째, 성과관리를 위한 평가 방법의 결정이다. 성과관리를 위한 평가를 실증적으로 실행하기 위해서는 전술한 평가 설계 및 모형에 적합한 평가 방법을 결정해야 한다. 이와 관련해서는 실험적 접근방법과 비실험적 접근방법 등 다양한 방법들이 검토될 수 있으며, 그것을 사용하는 구체적인 근거가 마련될 필요가 있다.

다섯째, 자료의 수집 및 분석이다. 이와 관련해서는 양적 자료와 질적 자료가 모두 검토 대상이 되며, 이를 위한 적합성 평가가 선행되어야 한다. 자료의 수집 및 분석은 전술한 평가 방법에 따라 달라지기 때문에, 평가 방법에 따라 적합한 수집 · 분석방법을 강구할 필요가 있다.

여섯째, 평가결과를 활용하여 이를 책임성 확보 수단으로 삼을 필요가 있다. 앞서도 언급한 바와 같이 평가 활동은 '학습과정'으로서의 의미를 가지고 있기 때문에, 이를 환류 장치로 활용하지 않는다면 의미가 없다. 결국 평가결과에 따라 적절한 유인 · 보상 · 제제가 이루어질 필요가 있을 뿐만 아니라, 더 중요하게는 이를 향후의 성과관리를 위한 중요한 '정보'로 활용할 필요가 있다.

제14장 정책변동

제1절 정책변동의 의의

정책평가로 정책과정이 종결되는 것이 아니라 정책평가결과는 정책결정과정에 환류(feedback)된다. 예를 들면, 총괄평가에서 정책효과가 없는 것으로 밝혀지면 이것을 정책결정과정에 환류시켜 그 정책이나 사업을 종결(terminate)시키는 결정에 이용한다. 이처럼 환류 활동은 정책과정에서 얻게 된 새로운 지식이나 정보를 활용하는 학습과정(learning process)으로 이해할 필요가 있다.

학습과정으로서 환류 활동의 결과, 정책은 변동할 수 있다. 정책변동이란 크래프트(Michael E. Kraft)와 펄롱(Scott R. Furlong)의 정의에 의한다면, "정책목표나 이를 달성하기 위한 정책수단, 또는 이 둘 모두에 수정(modification)을 가하는 것"을 의미한다.[533] 정책변동에는 정책내용(정책목표와 정책수단 및 정책대상집단 등)의 변동뿐만 아니라, 정책집행방법(서비스 제공 체계상의 변화를 비롯한 표준운영절차(SOP) 상의 변화 등)까지도 포함한다. 따라서 정책변동에는 정책결정과정에서 일어나는 정책의 수정·종결만이 아니라 집행단계에서 일어나는 것도 포함되지만, 정책변동론에서의 주된 연구의 초점은 정책내용의 변동 부분이다.[534]

점증주의자인 린드블럼(Charles E. Lindblom)이 적절하게 지적하고 있듯이, 연속적인 정책과정에서 다음 라운드의 정책결정은 이전 라운드에 기초해서 이루어지며,[535] 전혀 새로운 정책이 만들어지기보다는 대부분 현존 정책 수준에서 약간의 변화만 있을 뿐이다.[536] 이러한 정책의 부분적 수정은 많은 부분 현존 정책의 틀이 가하는 구조적 제약 때문이다.[537] 후술하는 바와 같이, 이러한 구조적 제약은 "긍정적 환류 효과(positive feedback effect)"라는 개념으로 적절하게 설명할 수 있다.

물론 현실의 정책변동은 전술한 점증적 수준을 넘어서는 경우도 많이 있다. 크래스너(Stephen D. Krasner)의 '단절된 균형 모형(model of punctuated equilibrium)'에서는 이러한 급격한 변화가 전쟁이나 공황과 같은 외생적인 충격(exogenous shock)에 기인한다고 보고 있다.[538] 하지만 현실의 정책은 외생적인 충격뿐만 아니라 정책 자체의 속성, 행위자의 전략적 선택, 정책이 결정되는 제도적 틀과 같은 내생적인 요인에 의해서도 변할 수 있다. 이러한 맥락에서 현실의 정책변동을 체계적으로 검토하기 위해서는 정책이 변동하는 원인과 그 결과로서의 정책변동의 다양한 양태에 대해 살펴볼 필요가 있다.

제2절 긍정적·부정적 환류의 고리

정책과정이라는 '순환 과정(cycling process)'에서 정책평가의 결과가 후속 정책과정에 미치는 영향은 "긍정적·부정적 환류의 고리(positive and negative feedback loops)"를 통해 구체화된다.[539]

1. 긍정적 환류 효과[540]

시간과 공간의 벽을 넘어 대부분의 경우에 정책은 놀라울 정도로 연속성을 보이고 있다. 비록 어떤 정책이 '새로운' 것으로 비춰지더라도, 대부분의 경우 그것은 현존 정책의 단순한 '변형(variation)'에 불과한 경우가 많다. 이러한 현상이 나타나는 근본적인 이유는 행위자, 이념, 그리고 제도와 같은 정책결정의 중요한 요소들이 매우 느리게 변하기 때문이다.[541] 이러한 맥락에서 전통적으로 환류 효과는 현존 정책의 제약으로 인해 나타나는 긍정적 환류 효과에 주목하고 있다. 즉, 현존 '정책의 유산(policy legacies)'이 후속 정책을 결정함에 있어 정책결정자가 선택할 수 있는 대안의 범위와 내용을 한정시킴으로써, 새로운 정책은 현존 정책의 틀 내에서 '고착된다(lock in)'는 것이다.[542] 따라서 정책 변동은 현존 정책의 틀 내에서 이루어지기 때문에 급격한 변화는 사실상 어려우며, 대부분 점진적이고 부분적인 수정에 불과하다. 정치학자 위버(R. Kent Weaver)는 이러한 긍정적 환류 효과를 다음과 같이 적절하게 설명하고 있다.

> 정책 변동, 특히 "정책 레짐"에 대한 급격한 변화를 제약하는 하나의 중요한 요인은 피어슨이 부각시킨 현존 정책의 "환류 효과"이다. 정책 레짐은 일단 자리를 잡으면 광범위한 지지연합을 형성하는 경향이 있다. 게다가 정책 변동은 현존 정책에 대한 그들의 기대와 전략을 수정해야 하는 정치인, 정책 수혜자, 그리고 집행 관료에게 비용을 부과하는 경향이 있다.

따라서 그러한 정책은 "고착되는(locked in)" 것은 아니더라도 적어도 "경직적인(sticky)" 모습은 보이게 된다. … "경로의존적(path-dependent)" 정책 레짐에 대한 관심은 일단 정책 레짐이 사회에 깊숙이 배태되면, 정책 변동은 그러한 레짐의 틀 내에서 주로 이루어진다는 것을 보여주고 있다.[543]

현존 정책 유산의 제약효과는 다음과 같은 관점에서 이해할 수 있다. 가장 먼저 정책으로 인한 편익은 소수에게 좁게 집중되는 반면 비용은 넓게 분산되는 경우 긍정적 환류 효과는 크게 나타난다. 이러한 유인 구조에서 정책의 변화는 윌슨(James Q. Wilson)이 말한 '기업가적 정치'와 유사한 상황에 직면하기 때문에, 수혜집단의 분절화와 비용부담집단의 조직화라는 비대칭적 조직화 양상이 나타나 정책과정은 비용부담집단이 주도할 가능성이 높기 때문이다.[544] 예를 들면, 정치학자 다이(Thomas R. Dye)는 이러한 비대칭적 조직화와 그것의 결과물인 정책의 지속성에 대해 다음과 같이 적절하게 설명하고 있다.

비효율적인 정부 프로그램과 정책이 지속되는 가장 보편적인 이유는, 아마도 편익은 소수의 잘 조직된 집단에게 집중되는 반면, 비용은 다수의 조직화되지 않은 일반대중에게 분산되기 때문일 것이다. 비록 그 수가 적다고 하더라도, 프로그램의 수혜자들은 정책에 강하게 몰입하는데, 그들은 정책에 관심을 가지고, 그것에 대해 잘 알고 있으며, 그것을 지지하는 데에도 적극적이다. (그러나) 만일 프로그램의 비용이 모든 납세자들에게 넓게 분산된다면, 어느 누구도 정책에 대해 잘 알려고 하지 않을 것이며, 조직화되거나 적극적인 반대를 하려고도 하지 않을 것이다. 비록 정책의 비용이 크다고 하더라도, 그것이 충분히 분산된다면, 개인이나 집단은 유의미한 부담을 지지는 않으며, 어느 누구도 효과적인 반대를 하기 위해 조직화하려는 유인(incentive)을 가지지 않을 것이다. … 정책의 비용이 넓게 분산되는 경우, 개별적인 작은 비용을 부담하는 개인들이 정책의 수혜집단에 반대하기 위해 시간, 정력, 그리고 돈을 쓰는 것은 비합리적이다.[545]

그런데 기업가적 정치 상황에서는 정치엘리트들의 전략이 중요한 변수가 된다. 7장에서 살펴본 바와 같이, 이러한 정치엘리트들의 전략에는 공공정책의 구조와 그것의 부정적 결과에 대한 가시성을 낮추는 "눈가리기 전략", 이해관계의 공유를 막기 위해 정책의 비용을 특정 사회계층에 전속시키는 "분할 전략", 그리고 정책으로 인한 비용을 낮추는 "보상 전략" 등이 포함된다.[546]

정책은 수혜집단과 비용부담집단 사이의 역학관계의 산물이다. 이 경우 수혜집단과 비용부담집단의 한 축이 일반대중인 경우 정책 효과의 가시성과 근접성은 중요한 변수로 작용한다. 가시성과 근접성이 모두 높아 정책 환류 효과가 크게 나타나는 경우 이는 두 가지 의미를 가지고 있다. 일반대중에게 비용 부담을 전가하는 경우 높은 수준의 환류 효과는 정책 변동으로 이어질 수 있는 반면, 일반대중에게 편익을 주는 경우 높은 수준의 환류 효과는 정책의 지속성으로 나타날 수 있다. 또한 일반대중들의 태도에는 정책의 실질적 효과뿐만 아니라 정책의 보여지는 상징적 측면도 중요하다. 정책이 정당성을 가지고 있다고 대중들이 인식할 때 환류 효과는 크게 나타난다. 물론 "집합적 행위의 딜레마" 문제로 인해 편익과 비용이 다수에게 넓게 분산되는 경우 정치적 조직화가 어렵지만, 경우에 따라서는 일반대중들이 중요한 정치주체가 되기도 한다. 예를 들면, 초점 사건이나 선거와 같은 점화계기가 작동한 경우가 바로 그러한 경우이다.

정책 효과의 가시성과 근접성이 낮아 일반대중들의 관심 밖에 있는 정책의 경우에는 전형적인 "이익집단 정치(interest group politics)"가 나타난다. 이 경우 이익집단의 힘은 여러 가지 변수들에 좌우되는데, 7장에서 살펴본 정책중심적 관점에서는 정책으로 인해 이익집단의 구성과 자원이 바뀔 수 있다는 점에 주목한다. 특히, 정책으로 인한 이해관계의 배열은 중요한데, 이해관계의 크기가 개인 입장에서 크고, 공유 정도가 높으며, 쉽게 배제할 수 있고, 정치적 현시성이 클 때 환류 효과는 크게 나타난다. 그리고 수혜집단과 비용부담집단의 환류 효과의 정도에 따라 정책과정의 결과가 달라진다. 그런데 이러한 이익집단 정치 과정에서는 두 집단이 모두 수긍할 수 있는 수준에서 타협이 이루어지는 경우가 많고, 따라서 현존 정책에서 크게 벗어나지 않는 수준에서 정책이 결정되는 경향이 있다.[547]

이러한 맥락에서 정책패턴의 지속성에 영향을 미치는 것은 일련의 구조적 변수에 국한된 것은 아니다. 오히려 더 중요한 것은 후속 정책선택을 제약하는 정책 그 자체일 수 있다. 이는 주로 복지제도를 연구하는 학자들이 주장하고 있는데, 이들의 논지를 한마디로 말하면, 광범위한 복지정책의 유산이 후속 정책선택의 범위를 제한하는 구조적 요인으로 작용함으로써 현존 정책에 대한 급격한 변화는 사실상 어렵다는 것이다.[548] 특히, 사람들이 현재 가지고 있는 것에 대해 집착하는 '부존효과(endowment effect)'나 편익보다 비용에 더 민감하게 반응하는 '부정편향성(negativity bias)'으로 인해 이러한 경향은 심화될 수 있다. 즉, 이는 정책으로 인한 혜택이 미래에도 지속될 것이라는 '적응적 기대'가 '자기실현적 예언(self-fulfilling prophecy)'을 통해 현실화된 결과이다. 5장에서 살펴본 정책단속 효과는 바로 이러한 관점에 입각하고 있다.

현존 정책이 제약효과를 의미하는 긍정적 환류 효과는 정치제도(political institution)와 같은 구조적 변수에도 영향을 받는다. 예를 들면, '거부점(veto points)'이 많은 분절화된

(fragmented) 정치제도 하에서는 긍정적 환류 효과가 크게 나타난다. 즉, 거부점이 많은 분권화된 정치체제에서는 정책유산이 후속 정책결정과정을 구조화하여 정책선택의 폭을 제한할 제도적 여지가 많다는 것이다.[549] 이러한 맥락에서 "제도적 결과의 양방향성(bidrectionality of institutional effect)"의 문제[550]는 정책단속 효과 논의에서도 중요한 함의를 가지고 있다. 정책의 형성을 가로막았던 제도적 구조의 분절화(fragmentation)가 마찬가지의 논리로 정책의 축소를 가로막는 구조적 제약 요인이 될 수도 있다는 것이다.[551]

2. 부정적 환류 효과

환류 효과에는 변화를 제약하는 긍정적 환류 효과만 있는 것이 아니라 변화를 촉진하는 부정적 환류 효과도 있다. 긍정적 환류 효과와 달리 부정적 환류 효과에는 환경적 맥락의 변화가 중요한 변수로 작용한다. 환경적 맥락이 변화하면 현존 정책의 제약 효과가 상당 부분 약화될 수 있기 때문이다. 특히, 정책이 광범위한 계급 간 동맹이 아니라 주요 이해관계자들 사이의 권력 균형에 의존하고 있는 경우 대외 환경 변화에 취약할 수 있다. 응집력이 약한 권력 균형은 대외 환경의 변화에 따라 얼마든지 변할 수 있기 때문이다.[552] 정책변동에 영향을 미치는 환경적 맥락에 대해서는 5장에서 이미 자세하게 설명했기 때문에 여기서는 간략하게 살펴보고자 한다. 첫째, 선거나 정권교체와 같은 정치적 사건을 들 수 있다. 이러한 정치적 사건이 정치적 경쟁자들에게 혁신적인 정책을 제안할 '촉매' 역할을 할 수 있다. 둘째, 사회경제적 환경의 변화이다. 사회경제적 환경의 변화는 정책 때문에 나타날 수도 있고, 정책과 무관하게 나타날 수도 있는데(예를 들면, 최근의 글로벌 경제위기로 인해 나타난 국내 경기 침체), 부정적 환류 효과에서 특히 관심을 가지고 있는 것은 전자의 경우이다. 즉, 정책으로 인해 사회경제적 환경이 바뀌면 정책을 둘러싼 정치의 지형이 바뀔 수 있는데, 피어슨(Paul Pierson)은 이를 "체제적 축소(systemic retrenchment)"라고 하여 정책 자체의 변화를 의미하는 "프로그램적 축소(programmatic retrenchment)"와 구분하고 있다.[553] 셋째, 이념(idea)과 같은 문화적 변수도 중요하게 작용한다. 즉, 소머즈(Margaret R. Somers)와 블락(Fred Block)이 말한 "이념적 배태성(ideational embeddedness)"[554]이 정책 변동의 중요한 기제가 될 수 있다는 것인데, 이 경우 이념은 현존 정책에 대한 유력한 '대안'이 되거나 정책결정자의 관심을 집중시키는 '통로'와 같은 역할을 하기도 하며,[555] 경우에 따라서는 정책의 정당성(legitimacy) 내지 '올바름(correctness)'에 대한 일반대중들의 인식에 영향을 주는 '상징적 틀(symbolic frames)'이 되기도 한다.[556]

환경적 맥락이 변했다고 하더라도 그것이 정책의 변동으로 이어진다고 속단하기는 어렵다. 오히려 현실에서는 사회경제적 환경이 바뀌었는데도 불구하고 정책이 변하지 않아 정책이 "표류(drift)"하는 사례를 심심치 않게 볼 수 있기 때문이다.[557] 일찍이 바흐라흐(Peter Bachrach)와 바라츠(Morton S. Baratz)는 다원주의를 비판한 저명한 논문에서 권력은 두 얼굴(two faces of power)을 가지고 있으며, 정책결정의 장에서 주로 영향력을 행사하는 명시적인 권력과 달리 묵시적인 권력은 엘리트들에게 불리한 문제 자체를 거론하지 못하게 영향력을 행사할 수 있다고 주장한 바 있다.[558] 설사 정치 엘리트들이 자신들에게 불리한 문제를 정책의제의 장에 진입하는 것을 막지 못한다고 하더라도, 이들은 거부점과 같은 제도적 구조를 적절하게 활용하여 "표류(drift)"나 "전환(conversion)"과 같은 정책의 실질적 내용에 변화가 없는 정책변동을 추진하기도 한다.[559]

따라서 제도적 구조나 정책도 아울러 살펴볼 필요가 있다. 먼저 제도적 구조의 경우 5장에서 살펴본 '제도적 결과의 양방향성' 문제에 주목할 필요가 있다. 제도적 구조의 결과가 정책변동을 촉진하기도 제약하기도 한다는 말이다.[560] 다음으로 정책의 경우에 부정적 환류 효과는 올슨(M. Olson)이 말한 "집합적 행위의 논리(logic of collective action)"[561]에 좌우될 수 있다는 사실에 주목할 필요가 있다. 6장에서 살펴본 바와 같이 올슨은 공통의 이해관계가 결부되어 있는 문제를 조직적·집단적으로 해결하지 못하는 현상이 나타날 수 있다고 지적한 바 있는데, 이러한 논리에 따른다면 정책의 편익은 넓게 분산되는 반면 비용은 좁게 집중되는 경우 정책을 둘러싼 이해관계 정치 상황은 불안정한 모습을 보일 가능성이 높다. 왜냐하면 이럴 경우 정책의 수혜집단은 집합적 행위의 딜레마에 빠져 조직적인 활동을 하지 못하는 반면, 비용부담집단은 조직화의 강력한 유인을 가지기 때문이다. 따라서 이 경우는 정책변동을 위한 확대된 가능성을 열어 놓고 있다.

그러나 부정적 환류 효과는 2장에서 살펴본 '기업가적 정치' 상황에 한정되는 것은 아니다. 경우에 따라서는 편익은 소수에게 좁게 집중되고 비용은 넓게 분산되는 '고객정치' 상황에서도 부정적 환류 효과가 크게 작용해 정책이 변동할 수 있다. 즉, 정책 효과의 가시성과 근접성이 높아 일반대중들의 환류 효과가 크게 나타나고 초점사건이나 선거와 같은 점화계기가 작동하는 경우 정책은 변동할 수 있다. 또한 이익집단 정치 상황에서도 수혜집단과 비용부담집단 사이에 비대칭적 조직화 양상이 나타날 경우 정책은 변동할 수 있다. 따라서 부정적 환류 효과는 '이해관계의 정치'라는 맥락에서 이해할 필요가 있다. 정책변동은 많은 경우 이해관계의 갈등에서 비롯되며, 그러한 이해관계의 갈등은 정책을 둘러싼 상이한 정치논리에서 비롯되기 때문이다.

제 3 절 정책변동의 유형

1. 호그우드와 피터스의 정책변동 유형

호그우드(Brian W. Hogwood)와 피터스(B. Guy Peters)는 정책변동을 정책혁신(policy innovation), 정책유지(policy maintenance), 정책승계(policy succession), 정책종결(policy termination) 등과 같은 네 가지 유형으로 나눈 바 있다.[562]

1) 정책혁신

정책혁신이란 정부가 종전에 관여하지 않은 분야에 진출하여 새로운 정책을 수립하는 것을 말한다. 즉, 사회문제가 처음으로 정책문제로 전환되어, 이를 해결하기 위해 정부가 정책을 결정하는 것이다. 정책혁신은 하나의 정책이 새로 만들어지는 것이기 때문에 엄밀한 의미에서는 정책의 변동이 아니라 새로운 정책을 만드는 것이다. 정책혁신은 정부가 이전에 전혀 관여하지 않았던 새로운 분야에 진출하여 정책을 수립하는 경우로서 대부분의 국가에서 특별한 경우를 제외하고는 찾아보기 어렵다.[563]

2) 정책유지

정책유지란 기존 정책을 새로운 정책으로 대체하는 것이 아니라 본래의 정책목표를 달성하기 위하여 정책수단의 부분적 변화만 이루어지는 경우를 말한다. 정책의 유지는 다음과 같은 네 가지 요인에 의해 나타난다. 첫째, 이전의 정책이 평가되지 않고, 따라서 변화되지 않는 경우이다(관성에 따른 결과). 둘째, 정책평가가 이루어진 후 이전의 정책이 합당하다고 여겨져 계속 수용되는 경우이다(명백한 결론에 따른 결과). 셋째, 정책평가가 이루어진 후 정책종결이 필요하다고 판단되었지만, 그 시도가 정책의제설정, 정책결정, 정책집행 단계에서 실패한 경우이다(실패한 정책종결의 결과). 넷째, 정책평가가 이루어진 후 정책승계가 필요하다고 판단되었지만 이전의 정책을 변경하려는 시도가 실패했을 경우, 당연한 결과로 이전의 정책을 계속하게 되는 경우이다(실패한 정책승계의 결과).

정책유지는 다른 정책변동 유형에 비해 변동의 질적 중요성은 덜 할지 모르지만, 경우에 따라서는 정책의 유지가 필요로 하는 적응적인 변동의 폭이 다른 정책변동의 유형보다 클 수 있다. 예를 들어, 영국에서 실험보험제도에 아무런 변동이 없었음에도 불구하고 실업수당이 1979~80년의 6억 5,300만 파운드에서 1980~81년에는 10억 700만 파운드로 증가했다.

3) 정책승계

정책승계란 동일한 분야에 있어서 기존의 정책이 새로운 정책으로 대체되는 것을 말한다. 즉, 동일한 문제의 영역에서 정책의 목표는 크게 변하지 않은 가운데, 그 수단만 크게 변경하는 경우를 말한다. 이 경우에는 프로그램, 예산, 담당조직이 변경된다. 낡은 정책이 폐지되고 새로운 정책이 등장했다는 점에서 새로운 요소를 지니고 있는 것은 사실이지만, 전술한 정책혁신의 경우와는 달리 정부가 새로운 분야에 처음으로 진출하는 것은 아니다. 예를 들면, 1970년대 중화학공업화 정책은 기존의 수출증대라는 정책목표는 그대로 유지하면서, 그 수단이 기존의 경공업 중심에서 중화학공업 중심으로 크게 바뀐 정책승계의 경우라고 할 수 있다.[564]

정책승계는 다음과 같은 다양한 형태가 있다. 첫째, 정책대체 또는 선형적 승계(linear succession)이다. 이는 기존의 정책을 완전히 종결시키고 같은 정책영역에서 기존 정책과 같거나 유사한 목적을 가진 정책을 채택하는 것을 말한다. 둘째, 정책통합(policy consolidation)이다. 이는 둘 이상의 정책들을 전부 또는 부분적으로 종결하고, 이를 대체하여 유사한 목적을 추구할 단일의 정책을 새로 채택하는 것을 말한다. 셋째, 정책분할(policy splitting)이다. 이는 하나의 정책(사업 · 조직)이 둘 이상으로 나누어지는 것을 말한다. 넷째, 부분적 종결(partial termination)이다. 이는 어떤 사업의 자원투입이나 정책산출이 줄어드는 정책전환이다. 이것은 양적인 변화일 뿐만 아니라 질적인 변화이며, 사업의 단순한 양적 감축과는 구별된다. 다섯째, 복합적 승계 또는 비선형적 승계(non-linear succession)이다. 이는 종결 · 중첩 · 혁신이 혼합된 양태이다. 이 경우 새로운 정책은 기존 정책과 긴밀히 연관되는 부분도 가지고 있지만, 정책목표 · 정책의 성격 · 담당조직 등이 현저하게 다르다.

4) 정책종결

정책종결이란 정책(목표, 수단 등)을 완전히 종료하는 것으로 이를 담당하는 프로그램, 예산, 조직이 없어지는 경우를 말한다. 정책종결이 선택되면 하나의 문제영역과 관련된 정책이나 프로그램, 조직 등이 일제히 폐지된다. 예를 들면, 우리나라에서 중학교 입학시험 폐지나 야간통행금지 폐지 등이 정책종결의 경우라고 할 수 있다. 정책이란 한 번 만들어지면 쉽게 없어지지 않는 속성을 가지고 있기 때문에, 정책을 폐지하는 대안은 정책결정자에게 채택되기 어려운 것이다.[565] 앤더슨(James E. Anderson)이 말했듯이, "정책에 대해 심한 비판과 반대에 직면하여 정책결정자들이 어떠한 조치를 취해야 한다는 강한 압박을 느끼는 경우에도, 정책은 종결되기보다는 단순히 변형되는 경우가 많다."[566] 따라서 현실에서는 정책을 완전히 종결시키는 경우를 찾아보기 어렵다.

바다크(Eugene Bardach)는 정책종결의 유형을 '폭발형', '점감형', 그리고 '혼합형' 등 세 가지로 나눈 바 있다.[567] 첫째, 폭발형은 특정한 정책이 일시에 종식되는 유형으로, 이 유형의 정책종결은 결정이 내려지기까지 일반적으로 전 기간에 걸친 정치적 투쟁이 선행된다. 둘째, 점감형은 특정한 정책이 서서히 소멸되는 과정을 거쳐 결국 없어지는 것인데, 자원의 계속적인 감소에 의하는 경우가 많다. 셋째, 혼합형은 폭발형과 점감형의 성격을 모두 나타내는 혼합적인 경우로, 정책을 의도적으로 종결시키고자 할 때 사용할 수 있는 전략이다.

2. 해커의 정책변동 유형

정치학자 해커(Jacob S. Hacker)는 정책변동을 정치체제의 거부점(veto points)과 같은 구조적 요인과 결부시켜 네 가지 유형으로 나눈 바 있다.[568] 여기서 거부점이란 정책을 실질적으로 무력화시킬 수 있는 의사결정점을 의미하기 때문에 새로운 정책을 만드는 경우와 현존 정책을 바꾸는 경우에 모두 적용될 수 있지만, 특히 문제가 되는 것은 정책변동의 경우이다. 그런데 정책 변동에 대한 거부점은 다음과 같은 두 가지 의미로 해석할 수 있다. 첫째, 현존 정책의 큰 틀을 바꾸는 변화를 무력화시킬 수 있는 의사결정점이다. 둘째, 현존 정책의 큰 틀 내에서 정책의 내적 조정을 무력화시킬 수 있는 의사결정점이다. 해커에 따르면, 전자의 거부점은 "권위적 정책 변동에 대한 제약(barriers to authoritative policy change)"을 의미하는 반면, 후자의 거부점은 "내적인 정책 전환에 대한 제약(barriers to internal policy conversion)"을 의미한다.[569] 그는 이러한 두 가지 변수의 정도(높음, 낮음)에 따라 다음과 같은 네 가지 정책 변동 유형을 설정한 바 있다(〈그림 14-1〉 참조).

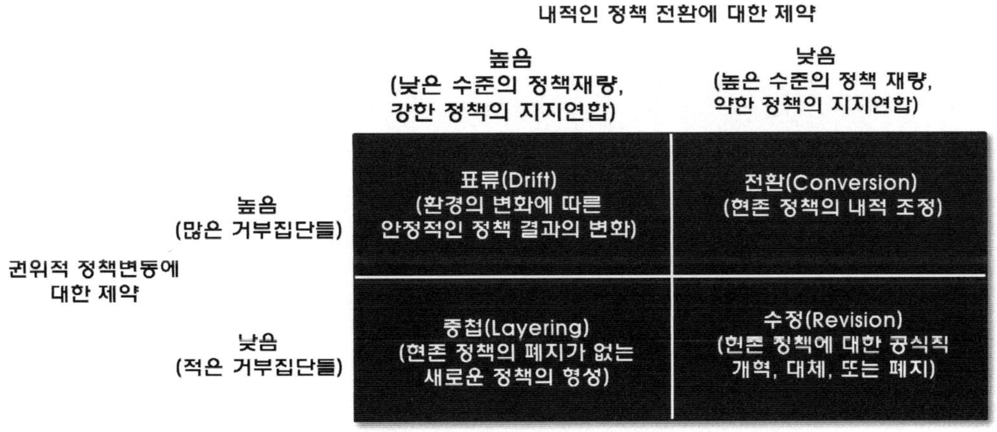

자료: Hacker(2004: 248).

<그림 14-1> 해커의 정책 변동의 네 가지 유형

네 가지 정책변동의 유형을 간략하게 살펴보면 다음과 같다. 첫째, 표류(Drift)이다. 이 경우에는 현존 정책에 대해 많은 수의 거부집단이 존재하기 때문에 현존 정책을 새로운 정책으로 대체하는 것이 힘들 뿐만 아니라, 정책을 해석하고 실행하는 데 있어서도 재량의 여지가 적기 때문에 현존 정책은 변화를 경험하지 않는다. 이처럼 정책 자체는 변하지 않았지만 환경이 바뀜으로써 정책의 결과가 바뀔 수 있는데, 해커는 이를 정책의 표류라고 표현한 바 있다. 즉, 표류는 새로운 정책이 도입되기보다는 환경의 변화로 인해 현존 정책이 상이한 영향을 미치는 것을 말한다. 정책의 표류는 미국과 같은 분절화된(fragmented) 정치체제에서 보편적으로 나타나는 현상이며, 이는 정치체제가 외부의 정책요구에 민감하게 반응한다는 전통적인 민주적 정치과정론에 대한 유력한 반론이 될 수 있다.[570]

둘째, 중첩(Layering)이다. 이 경우에는 현존 정책에 대해 작은 수의 거부집단이 존재하기 때문에 현존 정책을 새로운 정책으로 대체하는 것은 힘들지 않지만, 정책을 해석하고 실행하는 데 있어서 재량의 여지가 적기 때문에 현존 정책을 완전히 없애기는 어렵다. 따라서 이 경우에는 현존 정책과 새로운 정책이 공존하게 된다. 그런데 문제는 현존 정책과 새로운 정책이 조화되지 않을 수 있다는 것인데,[571] 이는 시차이론(time lag theory)에서 말하는 제도의 '비정합성(incongruity)' 문제이다.[572] 물론 정책의 새로운 요소가 현존 정책에 첨가되어, 현존 정책을 원래의 형태로부터 점진적으로 변화시킬 수 있다. 이러한 "차별적 성장(differential growth)" 과정을 통해 "주변부에 있던 새로운 정책이 중심부의 현존 정책을 잠식시킬 수 있는데," 이러한 잠식의 결과로 현존 정책의 점진적 "패배(defeat)"가 나타날 수 있다.[573] 그리고 이는 내생적 제

도변화이론에서 말하는 제도 내부 간 '알력(friction)'으로 인한 변화의 문제이다.[574)]

셋째, 전환(Conversion)이다. 이 경우에는 현존 정책에 대해 많은 수의 거부집단이 존재하기 때문에 현존 정책을 새로운 정책으로 대체하는 것은 힘들지만, 정책을 해석하고 실행하는 데 있어서는 재량의 여지가 많기 때문에 현존 정책의 큰 틀 내에서 내적 조정을 한다. 내적 조정을 위해 정책결정자는 현존 정책의 의미를 "재해석(reinterpretation)"하거나 정책의 실행 방향을 "새로 설정하는(redirect)"하는 작업을 거치게 된다. 즉, 전환은 새로운 정책을 도입하기보다는 전략적인 관점에서 현존 정책을 해석하고 실행하는 방식을 변화시키는 정책변동 유형이다. 전환은 정책을 해석하고 실행하는 방식의 변화를 의미하기 때문에 부분적이고 지엽적인 경우가 많지만, 시간이 경과함에 따라 자기강화과정(self-reinforcing process)을 통해 결과에 큰 영향을 미칠 수 있다. 해커가 말했듯이 이러한 내적 조정이 복지정책에서의 재분배 기능의 약화를 가져올 수 있으며, 이러한 '숨겨진 정치'가 장기적으로 복지국가의 지형을 근본적으로 바꿀 수 있다. 슈트렉(Wolfgang Streeck)과 셀린(Kathleen Thelen)은 이러한 정책변동 유형을 "점진적 변화(gradual transformation)"로 설명한 바 있다.[575)]

넷째, 수정(Revision)이다. 이 경우에는 현존 정책에 대해 작은 수의 거부집단이 존재하기 때문에 현존 정책을 새로운 정책으로 대체하는 것이 힘들지 않을 뿐만 아니라, 정책을 해석하고 실행하는 데 있어서 재량의 여지도 많기 때문에, 현존 정책을 폐지하고 새로운 정책을 도입하는 형태의 급격한 개혁이 이루어진다. 정책은 한 번 만들어지면 쉽게 없어지지 않는 속성을 가지고 있기 때문에 수정과 같은 정책변동은 현실에서 찾아보기 어렵다.

이처럼 정책 변동의 유형을 결정짓는 데에는 거부점의 수나 위치와 같은 구조적 요인이 크게 작용하지만, 이 경우에도 핵심적인 정치 행위자의 전략적 선택은 중요한 변수로 작용한다. 이러한 점을 해커는 다음과 같이 적절하게 설명하고 있다.

> 현존 정책을 바꾸고자 하는 정치 행위자들이 가질 수 있는 선택 대안들에 대한 가장 단순한 모형을 가정해보자. 가장 간단한 계산에서, 그들은 자신들의 목표를 달성하기 위해 현존 정책의 틀 "내에서 하든지(work within)", 그것을 수정하거나 폐지함으로써 현존 정책의 틀 "밖에서 하든지(work outside)"를 결정해야 한다. 이러한 방식으로 생각한다면, 다음과 같은 두 가지 질문이 중요하게 부각된다. 첫째, 정치 행위자들이 현존 정책의 틀을 통해 그들의 목표를 얼마만큼 쉽게 달성할 수 있는가? 그리고 둘째, 현존 정책을 그들이 추구하는 목표를 달성하기 위해 정교하게 다듬은 정책으로 대체하는 데 얼마나 많은 비용이 소요되는가? 만약 첫 번째 질문에 대한 답이 "매우 용이하다(very easily)"라고 한다면, 정치 행위자들은 비록 그 정책을 바꾸는데 상대적으로 적은 비용이 든다고 하더라도 현존 정책에 대한 도전을 거

부하려고 할 것이다. 만약 두 번째 질문에 대한 답이 "매우 많은 비용이 소요된다(very costly)"라고 한다면, 정치 행위자들은 현존 정책의 틀이 명백하게 그들이 추구하는 목표에 반한다고 하더라도 현존 정책의 틀 내에서 결정하려고 할 것이다.[576)]

3. 마호니와 셀린의 정책변동 유형

마호니(James Mahoney)와 셀린(Kathleen Thelen)은 전술한 해커의 유형론을 더욱 발진시켜, 거부점의 수나 정책의 속성과 같은 거시적 요인에 해커가 충분하게 논의하지 못한 행위자의 전략적 선택을 더해 다차원적인 정책변동 유형을 설정한 바 있다.[577)] 이들은 정책변동에 영향을 미치는 요인으로 정치적·제도적 속성과 행위자를 들면서, 정책변동에 유의미한 영향을 미치는 "변화 주도자(change agent)"는 일련의 정치적·제도적 속성에 영향을 받는다고 가정한다. 이들이 제시한 변화 주도자의 유형은 네 가지인데, 이를 구체적으로 살펴보면 다음과 같다.[578)]

첫째, "반란자(Insurrectionaries)"의 유형이다. 반란자는 적극적이고 명시적인 정치적 동원을 통해 의식적으로 현존 정책을 폐지하려고 하는 존재이며, 이는 정치적 맥락에서 거부 가능성이 낮고 정책의 의미를 해석하고 실행하는 데 있어 재량의 여지가 적은 경우에 주로 나타나는 유형이다. 정치적 맥락에서 거부 가능성이 낮기 때문에 현존 정책을 폐지하고 새로운 정책을 도입하는 데 따른 정치적 부담이 적고 현존 정책을 상황에 맞게 변용할 가능성 또한 적기 때문에 현존 정책을 새로운 정책으로 대체하는 전략이 지배적이게 된다. 즉, 이 경우에는 현존 정책을 폐지하고 새로운 정책을 도입하는 "대체(displacement)"가 지배적인 정책변동의 양상이 된다. 현존 정책을 폐지하기 위해 반란자들은 현존 정책에 도전하는 사람들과 정치적 연합을 형성하여 그들을 정치적으로 동원하려고 한다.

둘째, "공생자(Symbionts)"의 유형이다. 공생자는 자기 자신이 새로운 정책을 만들려고 하지 않고 현존 정책에 의존해서 번성하려고 하는 존재이며, 이는 정치적 맥락에서 거부 가능성이 높고 정책의 의미를 해석하고 실행하는 데 있어 재량의 여지가 많은 경우에 주로 나타나는 유형이다. 정치적 맥락에서 거부 가능성이 높기 때문에 현존 정책을 폐지하고 새로운 정책을 도입하는 것은 정치적 부담이 클 뿐만 아니라, 현존 정책의 의미를 해석하고 실행하는 데에도 재량의 여지가 많기 때문에 현존 정책을 새로운 정책으로 대체하기보다는 현존 정책을 유지하려고 하는 전략을 선택하게 된다. 특히, 공생자는 현존 정책으로부터 혜택을 보는 사람들이기 때문에 현존 정책에 의존하여 이를 이용하려고 할 것이다. 따라서 현존 정책이 변화된 상황과 조화되지 못하여 그 영향이 변할 수 있다. 즉, 이 경우에는 환경 변화에 따라 현존 정책의 영향이 바뀌는 "표류(drift)"가 지배적인 정책변동의 양상이 된다. 표류의 유형에서는 현존 정책이 폐지되고 새로운 정책이 도입되는 것은 아니기 때문에 현존 정책의 지지자들과는 연합을 형성할 필요가 있으나 현존 정책의 반대자들과는 연합을 형성할 필요가 없다.

셋째, "파괴자(Subversives)"의 유형이다. 파괴자는 한편으로는 현존 정책을 새로운 정책으로 대체하려고 하면서도 다른 한편으로는 현존 정책의 틀을 완전히 버리지는 못하는 존재이며, 이는 정치적 맥락에서는 거부 가능성이 높은 반면 정책을 해석하고 실행하는 데 있어서는 재량의 여지가 적은 경우에 주로 나타나는 유형이다. 정치적 맥락에서 거부 가능성이 높기 때문에 현존 정책을 폐지하고 새로운 정책을 도입하는 것은 정치적 부담이 크지만 현존 정책을 상황에 맞게 변용할 가능성 또한 적기 때문에 현존 정책의 큰 틀을 해치지 않는 범위 내에서 새로운 정책을 도입하려고 하는 전략을 선택하게 된다. 즉, 이 경우에는 현존 정책의 틀을 유지하는 가운데 그 위에 새로운 정책을 도입하는 "중첩(Layering)"이 지배적인 정책변동의 양상이 된다. 신·구 정책 간의 단순한 물리적 통합을 의미하는 중첩의 유형은 단기간 내에 이루어지는 경우가 많기 때문에 변화 주도자가 다른 집단과 연합을 형성하려는 동기를 거의 갖지 못한다.

넷째, "기회주의자(Opportunists)"의 유형이다. 기회주의자는 현존 정책을 적극적으로 유지하려고 하지 않으면서도 정책변동의 정치적 비용 때문에 변화에 대해서는 주저하는 모호한 선호를 가진 존재이며, 이는 정치적 맥락에서는 거부 가능성이 낮은 반면 정책의 의미를 해석하고 실행하는 데 있어서는 재량의 여지가 많은 경우에 주로 나타나는 유형이다. 정치적 맥락에서 거부 가능성이 낮기 때문에 현존 정책을 폐지하고 새로운 정책을 도입하는 것이 정치적으로 큰 부담이 되지는 않지만 현존 정책을 상황에 맞게 변용할 가능성 또한 병존하기 때문에 이 경우에는 정책변동의 정치적 기회비용을 고려하여 현존 정책의 의미를 새로운 방식으로 해석하거나 실행하려는 전략이 지배적이게 된다. 즉, 이 경우에는 핵심적인 정치 행위자의 전략 변화에 따라 새로운 방식으로 현존 정책의 의미를 해석하거나 실행하는 "전환(Conversion)"이 지배적인 정책변동의 양상이 된다. 기회주의자의 유형은 마호니와 셀린이 제시한 변화 주도자의 유형 중 가장 전략적인 존재를 가정한 것이며, 따라서 이들의 연합 형성 동기도 상황에 따라 가변적인 모습을 보이게 된다.

마호니와 셀린의 논의를 중심으로 변화 주도자의 유형과 그들의 정책변동 전략을 정리하면 다음과 같다.

<표 14-1> 마호니와 셀린의 변화 주도자의 유형과 정책변동 전략[579]

		핵심적인 제도의 속성	
		해석과 실행에 있어 낮은 수준의 재량	해석과 실행에 있어 높은 수준의 재량
정치적 맥락의 속성	강한 거부 가능성	파괴자 (중첩)	공생자 (표류)
	약한 거부 가능성	반란자 (대체)	기회주의자 (전환)

제 4 절 정책변동의 저항과 극복 방안

1. 정책변동의 저항

인간 사회에 존재하는 '현상유지 편향(status quo bias)'으로 인해 현상을 바꾸는 정책변동은 필연적으로 저항을 수반할 수밖에 없다. 특히, 정책을 폐지하는 '정책종결'의 경우 더욱 그러한데, 이하에서는 이에 대해 간략하게 살펴보고자 한다.[580]

1) 담당조직의 저항

조직이 하나의 정책을 담당하고 있는 경우나 다른 정책도 같이 담당하고 있는 경우 정책의 종결은 조직의 소멸을 의미하거나, 예산이나 사업의 삭감을 의미한다. 따라서 조직은 정책종결에 강하게 저항한다. 행정조직은 유기체와 같이 생존본능이 있기 때문에, 조직의 존속을 위해 목표가 달성된 이후에도 비슷한 목표를 지닌 정책을 개발하거나(월드컵이 끝난 후에 문화관광부가 스포츠 시민축제를 위한 정책을 개발하듯이), 이것이 어려우면 다른 목표를 지닌 정책을 개발하거나 종결되어야 할 사업을 다른 사업으로 대체하려고 한다. 이를 '동태적 보수주의(dynamic conservatism)'라고 부른다.

2) 정책수혜집단의 저항과 정치적 연합

현존 정책으로 인해 혜택을 보는 집단은 당연히 정책종결에 대해 저항한다. 이들은 자신들의 정치적 역량을 강화하기 위해 다른 집단들, 예를 들면 관련 행정조직 및 국회 상임위원회와 정치적 연합을 형성하려고 한다. 예를 들면, 위버(R. Kent Weaver)는 연금제도 개혁(pension reform)과 같은 현시성이 높은 사안에서는 '정책 카르텔(policy cartel)'과 같은 안정적인 정치연합이 형성될 수 있음을 강조한 있다.[581] 물론 이러한 과정을 통해 형성된 정책연합은 구조적 편향성을 가질 수 있으며, 이는 정치의 세계에 고유한 '현상유지 편향'으로 이어질 수 있다.

3) 정치적 부담

정치적 측면에서 보면 정책종결에 따른 정치적 부담(political cost)이 흔히 문제가 된다. 정치인들이나 정책입안자, 그리고 집행책임자 등과 같은 정부지도자들은 정책의 종결이 자신의 실수를 인정하는 것으로 비춰질 수 있기 때문에 정책종결에 소극적이다. 뿐만 아니라 정책의 종결은 현존 정책의 수혜자들에게 제공되는 혜택을 박탈하는 것이기 때문에 이들의 정치적 저항이 정치적으로 큰 부담이 된다.

4) 정책변동의 불합리성

정책변동, 특히 정책종결 자체가 지니고 있는 약점 때문에 정책변동의 추진이 어려워지는 경우도 많다. 이는 다음과 같은 세 가지 측면에서 살펴볼 수 있다. 첫째, 정책종결은 기존의 수혜자들에게 부여되던 혜택을 박탈하는 것이기 때문에 혜택이 처음부터 전혀 없었던 것보다 더 큰 피해를 줄 수 있다. 둘째, 정책종결로 문제가 해결될 것인지가 불확실한 상황에서 이미 투입된 막대한 규모의 '매몰비용(sunk costs)'을 버리는 것은 큰 사회적 손실이 될 가능성이 크다. 셋째, 무엇보다도 정책변동, 특히 정책종결은 정책의 일관성(consistency)을 깨뜨려 국민들의 정부에 대한 신뢰를 저하시킬 수 있다.

2. 저항의 극복방안

정책변동에 따르는 저항을 최소화하기 위한 전략에는 다음과 같은 것들이 있다.[582]

1) 동태적 전략

정책변동으로 인해 혜택이 박탈되는 기존의 정책수혜집단의 반발을 무마하기 위해 이들에게 적절한 보상을 하는 전략을 생각해볼 수 있다. 따라서 기존의 수혜집단에게 보상을 하거나 '기득권'을 침해하지 않는 '보상(compensation)' 전략을 사용할 수 있다.[583] 또한 정책변동에 대한 호의적인 여론을 형성하기 위해 정책변동의 필요성에 대해 일반국민들에게 널리 알릴 필요가 있다.

2) 제도적 전략

무엇보다도 중요한 것은 정책변동이 필요할 때 정책변동을 할 수 있는 제도적 장치를 마련하는 것이다. 대표적으로 '영기준예산제도(Zero Base Budgeting: ZBB)'와 '일몰법(Sun-Set Law)'을 들 수 있다. 먼저 영기준 예산제도는 종래의 점증주의 예산제도의 관행에서 벗어나, 모든 사업을 영(zero)에서 출발하여 사업의 타당성을 비용편익분석과 같은 계량적인 분석기법에 따라 평가한 후 사업의 우선순위에 따라 예산을 배정하는 제도를 말한다.[584] 다음으로 일몰법은 일정한 정책(사업이나 법률)을 결정할 때 미리 그 정책을 일정한 기간(3~7년)이 지난 후에 평가하여 타당성이 인정되면 계속하되, 그렇지 않으면 종결시키거나 감축시키는 제도이다.[585]

주 석

1) 정책과정을 이러한 관점에서 분류하는 견해에 대해서는 James E. Anderson. op. cit. 참조.
2) John W. Kingdon. op. cit. 1984 참조.
3) 예를 들어, 1999년 12월 국회 산업자원위원회에 상정된 한국전력의 민영화를 골자로 한 전력산업구조개편법과 전기사업법이 심의조차 되지 못한 것은, 2000년 4·13 총선을 앞둔 산업자원위원회 소속 의원들의 소극적인 대응 때문이었다. 특히, 노동계가 "법안을 찬성하는 의원에 대해서는 낙선운동을 펴겠다"고 압박하면서 처음 동조했던 의원들 중에서도 등을 돌리는 경우가 생겼다(동아일보, 2000. 4. 14). 당시 산업자원위원회 소속 국회의원의 다음과 같은 회고를 통해 우리는 공기업 민영화가 얼마나 정치적으로 부담이 되는 정책인지 잘 알 수 있다. "한전 민영화법에 찬성한다는 내색을 조금만 비쳐도 다음날 지역구엔 말도 안 되는 악성 루머를 담은 전단지가 수만 장씩 뿌려졌다. 아무리 소신도 좋지만 이듬해 4월 총선을 앞두고 있는 국회의원에게 이는 무시할 수 없는 압력이었다." 김수길 외. 『금고가 비워습디다: DJ 정권 5년의 경제실록』. 서울: 중앙 M&B. 2003. p. 99.
4) 구현우. 전게논문. 2013. p. 84. 비슷한 맥락에서 정치 엘리트들은 실행에 옮기기 어려운 비현실적 내용을 정책에 포함시켜 정치적 지지를 얻으면서도, 만일 정책이 실패하면 그 책임을 관료들에게 전가하기도 하는데, 시몬스(R. T. Simmons)는 이를 "정책 상징주의(policy symbolism)"로 표현한 바 있다. Randy T. Simmons. Randy T. Simmons. op. cit. pp. 105~106.
5) Randall B. Ripley and Grace A. Franklin. op. cit. 참조.
6) 1970년대 중화학공업화 정책은 박정희 대통령의 강한 정책의지에 따라 추진되었고, 이 과정에서 박정희 대통령은 김정렴 비서실장, 오원철 경제수석과 함께 '중화학공업화 3두 정치'라는 극도로 폐쇄적인 정책네트워크를 구축하였다. 아래의 〈보론 9-2〉 참조.
7) 정정길. 『정책결정론』. 서울: 대명출판사. 1988. pp. 217~219.
8) 여기서의 논의는 구현우. 전게논문. 2010. 제4장 "발전국가 전환기의 사례 분석"을 토대로 하였음.
9) Peter A. Hall. op. cit. 1993 참조.
10) John W. Kingdon. op. cit. 1984 참조.
11) Thomas R. Dye. op. cit. p. 57.
12) 정보의 비대칭성과 그에 따른 관료권의 확대 문제에 대해서는 Jeffrey S. Banks and Barry R. Weingast. op. cit. 참조.
13) Randall B. Ripley and Grace A. Franklin. op. cit. 참조.
14) James E. Anderson. op. cit. p. 232.
15) 헌재 판결의 요지는 가산점제도가 능력주의와 무관한 불합리한 기준으로 여성과 장애인 등의 공직취임권을 지나치게 제약하는 것으로서 이로 인하여 청구인들의 평등권과 공무담임권이 침해된다는 것이었다. 이 결정으로 즉각 군가산점제도는 효력을 상실하게 되었고, 그 파급효과를 둘러싼 논란은 상당히 격렬하게 전개되었다.
16) 주운현 외. 『쉽게 쓴 행정학』. 서울: 윤성사. 2018. pp. 143~144.
17) 노화준. 전게서. 2012. p. 187.
18) 최한수. 『현대 정당론』. 서울: 을유문화사. 1993. p. 209.
19) Jacob S. Hacker and Paul Pierson. op. cit. 2011 참조.
20) Jacob S. Hacker and Paul Pierson. op. cit. 2014. p. 650.
21) Burdett A. Loomis and Allan J. Cigler. op. cit. p. 7.
22) Mancur Olson. op. cit. 1965 참조.
23) 김호진. 전게서. pp. 192~193에서 재인용.
24) Chris Ham and Michael Hill. op. cit. p. 47에서 재인용.

25) 올슨의 초기 저작 *The Logic of Collective Action*이 이익집단의 형성에 관한 미시적 차원의 분석이었다면, *The Rise and Decline of Nations*는 이익집단의 정치적 활동이 경제에 미치는 영향을 거시적인 차원에서 분석한 연구라고 할 수 있다.
26) Mancur Olson. op. cit. 1983 참조. 이러한 올슨의 주장에 대해서는, 그가 이익집단의 영향력을 과대평가하여 국가를 수동적인 존재로 간주한다는 비판이 있다. 김행범 · 문경주. 전게논문. p. 432.
27) Andrew Heywood. op. cit. pp. 443~444.
28) 김행범 · 문경주. 전게논문. p. 440.
29) 상게논문. p. 449.
30) Frank L. Wilson. *Concepts and Issues in Comparative Politics: An Introduction to Comparative Analysis*. Prentice-Hall Inc. 1996. 이명남 · 김왕식(공역). 『비교정치학』. 서울: 동명사. 1999. pp. 161~164; 정정길 외. 전게서. 2003. pp. 188~189.
31) Ellen M. Immergut. op. cit. 1992. 이 연구에 대한 자세한 논평은 후술하는 〈보론 9-3〉 참조.
32) 예를 들면, Margaret Weir and Theda Skocpol. op. cit.; Peter Gourevitch. op. cit. 1986; Giuliano Bonoli. *The Politics of Pension Reform: Institutions and Policy Change in Western Europe*. Cambridge: Cambridge University Press. 2000. 및 op. cit. 2001; Jacob S. Hacker and Paul Pierson. op. cit. 2002; Jacob S. Hacker. op. cit. 2004; Kevin Farnsworth. "Globalisation, Business and British Public Policy." *Contemporary Politics*. 12(1). 2006 참조.
33) Peter J. Katzenstein. op. cit.; Peter A. Hall. op. cit. 1986.
34) Paul Pierson. op. cit. 2006. 정책이 이익집단의 활동에 미치는 영향에 대해서는 제7장 "정책중심적 관점" 참조.
35) Thomas R. Dye. op. cit. pp. 44~46.
36) Michael Howlett et al. op. cit. p. 69.
37) Thomas R. Dye. op. cit. p. 46.
38) Randall B. Ripley and Grace A. Franklin. op. cit. 참조. 다원주의의 전통이 강한 미국에서는 정상연합체보다는 개별 이익집단들이 정책과정에서 주도적인 역할을 한다. 따라서 정상연합체는 개별 이익집단과는 다른 정치주체로 파악하는 경우가 많은데, 그러한 이유로 리플리와 프랭클린도 정상연합체가 주도하는 재분배정책의 경우 이익집단의 영향력이 약하다고 파악한 것이다.
39) Ellen M. Immergut. op. cit. 1992 참조.
40) 이머굿의 표현을 빌리면, "전 국민건강보험제도의 입법화를 요구하는 집단에게 있어 주민투표제도는 큰 희생을 치르고 얻은 승리(Pyrrhic victories)를 가져다 줄 뿐이었다." ibid. p. 68.
41) 물론 거부점 분석을 이머굿이 처음 했던 것은 아니다. 프레스먼(Jeffrey L. Pressman)과 윌다브스키(Aaron Wildavsky)의 오클랜드 사업에 대한 집행연구가 이 분야의 효시이다. 그러나 거부점을 정치체제와 같은 거시적인 변수와 연계시켜 논의하고 있다는 점에서 그녀의 연구는 기존 연구와 차별성이 있다.
42) Peter J. Katzenstein. op. cit. 참조.
43) 민 진. 『한국정책체계론: 기구와 기능』. 서울: 대영문화사. 2015. pp. 312~313.
44) _____. 『정책관리론』. 서울: 대영문화사. 2016. p. 126.
45) 김형양. "로컬 거버넌스 형성의 영향요인에 관한 연구: 정부와 NGO간의 파트너십을 중심으로." 부산대학교 대학원 박사학위논문. 2005 참조.
46) James E. Anderson. op. cit. pp. 137~138.
47) 특히, 미국의 경우 싱크탱크라고 불리는 민간연구기관들이 정부나 기업으로부터 '지적 자율성(intellectual autonomy)'을 가지고 있다고 인식되어 정책과정에서 상당한 영향력을 행사하고 있다. Michael Howlett et al. op. cit. p. 75.
48) 노화준. 전게서. 2012. p. 185.
49) 다이(Thomas R. Dye)는 매스미디어의 기능을 ① 이슈 확인과 의제설정, ② 정책문제에 대한 태도와 가치관에 주는 영향, ③ 정책결정자와 유권자의 행태 변화 등 세 가지로 제시한 바 있다. Thomas R. Dye. op. cit. p. 42.
50) John W. Kingdon. op. cit. 1995 참조.
51) _______________. op. cit. 1984 참조.
52) Thomas A. Birkland. op. cit. p. 8.

53) 정정길 외. 전게서. 2003. pp. 283~285.
54) Michael Hill. op. cit. p. 162.
55) Charles E. Lindblom. op. cit. 1959.
56) Michael Howlett et al. op. cit. pp. 93~99.
57) Deborah A. Stone. op. cit. p. 133.
58) Michael Howlett et al. op. cit. p. 162.
59) Robert Eyestone. From Social Issues to Public Policy. New York: Wiley. 1978. p. 3.
60) Roger W. Cobb and Charles D. Elder. Participation in American Politics: The Dynamics of Agenda-Building. 2nd Edition. Baltimore: Johns Hopkins University Press. 1983. p. 85.
61) James E. Anderson. op. cit. p. 91.
62) 류지성. 전게서. p. 185.
63) Michael Hill. op. cit. p. 163.
64) Roger W. Cobb and Charles D. Elder. op. cit. 정부의제는 많은 사람들의 이해관계와 결부된 문제도 있고, 소수의 사람들만 관심을 가지는 문제도 있다. 실제로 정부의제는 '피라미드'와 같아서 최상층부는 "매우 가시적인 제한된 수의 문제들"로 구성되어 있지만, 피라미드의 하층부로 내려올수록 "점점 가시성이 떨어지는 많은 수의 문제들"로 구성된다. James E. Anderson. op. cit. p. 93.
65) Ibid. pp. 91~92.
66) 박천오. "Roger W. Cobb과 Charles D. Elder의 정책의제 설정이론." 오석홍 · 김영평(공편). 『정책학의 주요이론』. 제2판. 서울: 법문사. 2000. pp. 410~411. 이슈확산을 촉진하기 위한 전략이 있는 것과 마찬가지로, 이슈확산을 억제하기 위한 전략도 있다. 예를 들어, 대중매체를 통제하여 활발한 의사소통이 이루어지기 어렵게 만들거나 정보를 왜곡하는 경우도 있다. 그러나 최근에는 인터넷이나 SNS 등 정보통신기술이 비약적으로 발전하여 이슈확산을 통제하기 어려운 면도 있다. 강근복 외. 전게서. p. 156.
67) Deborah A. Stone. op. cit. 2012. p. 247. 예를 들어, 수입규제를 요구하는 산업계가 그것을 통해 얻을 경제적 이해관계는 숨긴 채 자국 산업의 보호라는 일반적이고 추상적인 가치로 대중들을 동원하는 경우이다.
68) 정정길 외. 전게서. 2010 참조.
69) 권기헌. 전게서. p. 140.
70) 상게서. p. 141.
71) Peter J. May. "Reconsidering Policy Design: Policies and Publics." *Journal of Public Policy*. 11(2). 1991 참조.
72) Michael Howlett and M. Ramesh. op. cit. 2003 참조.
73) Ibid. p. 140.
74) 이러한 다원론의 관점을 다이(Thomas R. Dye)는 "상향적(bottom up)" 의제설정모형으로 표현한 바 있다. Thomas R. Dye. op. cit. pp. 34~35.
75) Peter Bachrach and Morton S. Baratz. op. cit. 1962 및 op. cit. 1963 참조.
76) 루크(S. Lukes)는 권력에 대한 논의가 세 가지 차원에서 이루어져야 한다고 주장한다. 첫 번째 차원의 권력 연구는 사회의 '중요 쟁점(key issues)'을 둘러싸고 개인과 집단들이 벌이는 '공공연한 갈등(overt conflicts)'을 대상으로 하며, 이러한 연구의 대표적인 것은 다원주의 접근에 의한 것이다. 두 번째 차원의 권력 연구는 사회의 '중요 쟁점'과 '잠재된 쟁점(latent issues)'을 대상으로 행위자들이 벌이는 공공연한 갈등뿐만 아니라 '은밀한 갈등(covert conflicts)'까지를 포함해 연구하는 것이다. 이러한 권력 연구의 대표적인 것이 지금 논의하고 있는 무의사결정론 또는 신 엘리트 이론이다. 세 번째 차원의 권력 연구는 앞서 언급한 '공공연한 갈등'과 '은밀한 갈등'을 찾아볼 수 없는 상황에서 정치적 영향력이 큰 집단이 '선호(preferences)'하는 바를 '구체화(shape)'시키기 위해 사용하는 권력을 대상으로 한다. 이러한 차원의 권력 연구는 '잠재된 갈등(latent conflict)'을 대상으로 이루어지며, 여기서 잠재된 갈등이란 정치적 영향력이 큰 집단에 의해 정치적 영향력이 작은 집단이 선호하는 바가 정치과정에 반영되지 못하는 경우, 그들 간의 갈등이 표면화되지 않고 내재된 상태를 말한다. 따라서 정치적 영향력이 작다고 해서 정치과정을 통해 실현시키고 싶은 선호가 없는 것이 아니라 '잠재된 갈등'으로 남아 있게 된다는 것이다. 류지성. 전게서. pp. 171~172. 이러한 맥락에서 권력을 가지고 있는 엘리트들이 이를 행사하는 방법은 다음과 같은 두 가지이다. Terry M. Moe. op. cit. pp. 58~61. 첫째, 일반대중들이 선호하지 않는 대안으

로 그 범위를 제한하는 것이다. 둘째, 일반대중들이 선호하는 대안을 고려대상에서 배제시키는 것이다. 한편 앞서 살펴본 체제이론도 루크가 말한 권력의 두 번째 차원을 강조한다는 점에서 무의사결정론과 유사하지만, 정치체제의 유지 · 존속을 위해 요구를 제한한다고 보는 체제이론과 달리, 무의사결정론에서는 기득권을 보호하기 위한 수단으로 이를 이용한다는 점에서 차이가 있다. Chris Ham and Michael Hill. op. cit. p. 77.

77) Peter Bachrach and Morton S. Baratz. op. cit. 1962. p. 948.
78) Paul Pierson. op. cit. 2004. p. 37.
79) Peter Bachrach and Morton S. Baratz. op. cit. 1963. p. 642. 비슷한 맥락에서 프레이(Frederick W. Frey)도 무의사결정을 "정치체제내의 특정한 행위자가 다른 행위자가 영향력의 행사를 시도조차 하지 못하도록 효과적으로 권력을 사용하는 과정"으로 정의하고 있다. Frederick W. Frey. "Comment: On Issues and Nonissues in the Study of Power." *American Political Science Review.* 65(4). 1971. p. 1092.
80) Richard M. Merelman. op. cit. 참조.
81) Matthew A. Crenson. op. cit. pp. 108~109.
82) Michael Howlett et al. op. cit. p. 5.
83) 유　훈. 전게서. p. 108.
84) Jacob S. Hacker and Paul Pierson. op. cit. 2014. p. 649.
85) 류지성. 전게서. p. 128; Michael Hill. op. cit. p. 32.
86) James E. Anderson. op. cit. p. 100.
87) David L. Weimer and Aidan R. Vining. op. cit. pp. 268~269.
88) 김인철. "Peter Bachrach와 Morton Baratz의 권력양면성이론." 오석홍 · 김영평(공편). 『정책학의 주요이론』. 제2판. 서울: 법문사. 2000. p. 302.
89) Jeffrey L. Pressman and Aaron op. cit.; Paul Pierson. op. cit. 2004 참조.
90) Paul Pierson. ibid. p. 37.
91) Chris Ham and Michael Hill. op. cit. p. 77에서 재인용.
92) Stephen D. Krasner. op. cit. 1984 참조.
93) Paul Pierson. op. cit. 2004. p. 135.
94) Kathleen Thelen. op. cit. 2003. p. 19.
95) Bryan D. Jones et al. "The Destruction of Issue Monopolies in Congress." *American Political Science Review.* 87(3). 1993 참조.
96) John W. Kingdon. op. cit. 1984 참조.
97) Jack A. Goldstone. op. cit. 참조. 이러한 관점에서는 결정적 전환을 재촉하는 핵심적인 인과요인으로 촉발기제보다는 장기적이고 지속적으로 축적된 사회의 압력을 상정하고 있다. Paul Pierson. op. cit. 2004. p. 85. 비슷한 맥락에서 사소한 원인이 시간이 경과함에 따라 확대 · 재생산되는 '자기강화 과정(self-reinforcing process)'에서 '시간의 경과'보다 '사소한 원인'에 주목한 연구로는 James Mahoney. op. cit. 2000 참조.
98) John W. Kingdon. op. cit. 1984 참조.
99) James E. Anderson. op. cit. pp. 99~100; 강근복 외. 전게서. pp. 155~157.
100) 전술한 바와 같이, 이머굿(Ellen M. Immergut)은 이익집단의 영향력이 그 정치적 자원만으로는 판단할 수 없으며, 개별 국가의 제도적 맥락 하에서 이해되어야 한다고 주장한다. 이러한 맥락에서 이익집단의 정치적 자원은 그 정치적 영향력을 설명하기 위한 '필요조건'일 뿐 '충분조건'은 아니라고 할 수 있다(자세한 것은 〈보론 9-3〉 참조). 비슷한 맥락에서 기업(자본)의 "구조적 힘(structural power)"을 거부점의 수와 같은 제도적 맥락의 영향을 받는 "변수(variable)"로 이해한 연구로는 Jacob S. Hacker and Paul Pierson. op. cit. 2002 참조.
101) 백승기. 『정책학원론』. 제2판. 서울: 대영문화사. 2004. p. 109.
102) 한석태. 전게서. pp. 113~115.
103) 히니치(Melvin J. Hinich)와 멍거(Michael C. Munger)에 따르면, 이념이란 "인간 행태에 대해 금지적(proscriptive) · 처방적(prescriptive) 요구를 하는 내적으로 일관된 명제의 집합(set of propositions)"을 의미하며, 적어도 다음과 같은 세 가지 사항을 포함한다. "첫째, 무엇이 윤리적으로 옳고 그른가(what is ethically good, and bad). 둘째, 어떻게 사회의 자원이 배분되어야 하는가(how society's resources should be

distributed). 셋째, 어디에 권력이 적절하게 있는가(where power appropriately resides)." Michael C. Munger. op. cit. p. 387.

104) Ibid. pp. 386~387.
105) Edward Tufte. op. cit. p. 96.
106) 정책과정에서의 이념의 역할에 대해서는 Daniel Beland. op. cit. 참조.
107) Michael Howlett et al. op. cit. pp. 96~97.
108) Karen Orren and Stephen Skowronek. op. cit. 2002. p. 744.
109) Robert C. Liberman. op. cit.
110) Vivien A. Schmidt. op. cit. 2009 참조. 그녀는 이 논문에서 자본주의 생산양식의 다양성을 담론에 의해 만들어진 이념의 결과물로 이해하고 있다.
111) Michael Howlett et al. op. cit. 참조.
112) Ibid. p. 107.
113) John W. Kingdon. op. cit. 1984.
114) 여기서의 논의는 구현우. 전게논문. 2010. 제6장 "발전국가 해체기의 사례 분석"을 토대로 하였음.
115) 태풍이나 지진과 같은 자연재해가 정책문제로 채택되지 않는 것도 같은 이유에서이다.
116) James E. Anderson. op. cit. p. 86에서 재인용.
117) Ibid. p. 87.
118) Roger W. Cobb and Charles D. Elder. op. cit.
119) 정정길 외. 전게서. 2010. pp. 336~337.
120) James E. Anderson. op. cit. p. 90.
121) 물가문제와 관련한 경제학자와 일반대중들의 상이한 인식에 대해서는 N. Gregory Mankiw. *Macroeconomics*. 4th Edition. Worth Publisher Inc. 2000. 이병락(역). 『거시경제학』. 제4판. 서울: 시그마프레스. 2000 참조.
122) 일반대중들에게 흔히 나타나는 "비관주의적 편향성"에 대해서는 Bryan Caplan. op. cit. 참조.
123) 강근복 외. 전게서. p. 161.
124) 전체적 문제에 대해서는 Matthew A. Crenson. op. cit. 참조. 전체적 문제는 윌슨(J. Q. Wilson)이 말한 '기업가적 정치(entrepreneurial politics)', 또는 울프(C. Wolf Jr.)가 말한 '거시적 분리(macro-decoupling)'와 유사하다.
125) Michael E. Kraft and Scott R. Furlong. op. cit. pp. 93~94.
126) John W. Kingdon. op. cit. 1984.
127) Michael Hill. op. cit. pp. 176~178. 그런데 매스미디어가 어떤 특정한 문제에 대해 지속적인 관심을 보이는 경우는 드문데, 이는 기자들의 전문성 문제 때문이기도 하지만, 보다 근본적인 이유는 항상 새로운 것을 추구하는 대중들의 요구에 이들 매체가 부응하려고 하기 때문이다. 강근복 외. 전게서. p. 163.
128) David L. Weimer and Aidan R. Vining. op. cit. p. 175.
129) John W. Kingdon. op. cit. 1984. pp. 99~105.
130) Michael E. Kraft and Scott R. Furlong. op. cit. p. 92.
131) Yotam Margarit. op. cit. 참조. 어떤 문제가 지속적으로 대중의 관심을 받아 정책으로 결실을 맺는 것은 사실 쉬운 일이 아니다. 특히, 그 문제를 둘러싸고 치열한 이념 논쟁이 결부되어 있는 경우에는 더욱 그러하다. 다만, 문제가 극적 사건으로 부각되었을 때, 그 문제를 해결해야 한다는 광범위한 공감대가 형성되어 있는 경우에는 정책화가 가능하다. 예를 들어, 2011년 영화 '도가니'가 개봉된 이후 장애아동에 대한 성폭력 문제의 심각성이 부각되고 그것을 해결해야 한다는 사회의 공감대가 형성되자, 정치권에서도 아동과 장애인 여성을 대상으로 한 성폭행 범죄에 대한 공소시효를 배제하고 처벌 수위를 강화한 '성폭력범죄의 처벌 특례법 개정안'을 통과시킨 바 있다.
132) Michael Howlett et al. op. cit. p. 100에서 재인용.
133) James E. Anderson. op. cit. pp. 101~102.
134) 류지성. 전게서. pp. 169~171.
135) 김규정. 전게서. pp. 214~215; 조일홍. "John W. Kingdon의 '정책의 창' 이론." 오석홍 · 김영평(공편). 『정책학의 주요이론』. 제2판. 서울: 법문사. 2000. pp. 415~422; 류지성. 전게서. pp. 203~207 참조.
136) 킹돈의 연구는 미연방정부의 보건 · 교통정책을 담당하고 있던 고위관료들과의 4년에 걸친 면접과 정부문서,

정당정강, 신문기사, 여론조사 등을 토대로 만들어진 것이다.

137) John W. Kingdon. op. cit. 1995. p. 19.

138) William N. Dunn. op. cit. 2004. p. 1.

139) 권기헌. 『정책분석론』. 서울: 박영사. 2010. p. 5.

140) James E. Anderson. op. cit.; David L. Weimer and Aidan R. Vining. op. cit.

141) Ian Shapiro. *The Flight from Reality in the Human Sciences*. Princeton, N.J.: Princeton University Press. 2005 참조.

142) 이와 관련하여 크래프트(Michael E. Kraft)와 펄롱(Scott R. Furlong)은 정책분석이 정치적 성격을 띨 수밖에 없다고 전제하면서, 민주국가에서 정책분석이 가지는 의미를 다음과 같이 적절하게 설명하고 있다. "정책분석은 공적 문제를 해결하기 위한 공식 정도로 치부될 수는 없으며, 우리가 앞으로 살펴보는 바와 같이 정책결정자와 국민 모두에게 유용한 정보를 제공하는 것으로 보아야 한다. 정책결정 과정에서 국민의 참여가 중요한 그러한 영역에서는 정책분석 역시 민주적 과정을 제고할 수 있다. … 물론 몇몇 정책 영역, 특히 위기 시에 신속한 결정을 내려야 하는 국가안보(national security) 영역 내지 국민들이 정보가 부족하거나 감정에 휩쓸릴 가능성이 높은 영역에서는 국민의 참여가 바람직하지 않을 수 있다." Michael E. Kraft and Scott R. Furlong. op. cit. pp. 115~116.

143) 라쓰웰이 생각한 정책학의 궁극적 목표는 정책결정의 합리화에 있지 않고, '인간의 존엄성 실현'이라는 민주적 가치의 구현에 있다. 라쓰웰이 말한 "민주주의 정책학"에 대해서는 Harold D. Lasswell. op. cit. 1956 및 *A Pre-View of the Policy Sciences*. New York: American Elsevier Publishing Co. 1971 참조.

144) 류시성. 전게서. pp. 250~251.

145) William N. Dunn. op. cit. 2004. p. 3.

146) Thomas R. Dye. op. cit. p. 3. 이러한 맥락에서 다이는 "다양한 정책의 원인과 결과를 설명하는 것(explaining)과 정부가 추진해야 할 정책이 무엇인가를 처방하는 것(prescribing)은 동일하지 않다(강조는 원전)"고 지적하고 있다. 보다 구체적으로 다이가 제시하고 있는 정책분석의 성격은 다음과 같다. 첫째, 정책분석의 주된 관심은 처방(prescription)에 있지 않고 설명(explanation)에 있다. 둘째, 정책분석은 공공정책의 원인과 결과에 관한 정치한 분석이다. 셋째, 정책분석은 공공정책의 원인과 결과에 관한 일반명제를 개발하고 검증하기 위한 노력과 일반적 적합성을 가진 신뢰할만한 연구 결과를 축적하기 위한 노력이다. Ibid. pp. 7~9.

147) 강근복. 전게서. 2016. p. 31.

148) Eugene Bardach. *A Practical Guide for Policy Analysis*. New York and London: Chatham House Publishers of Seven Bridges Press, LLC. 2000 참조.

149) 허 범. "정책학의 목적구조에 적합한 정책분석의 개념화 방향." 한국정책학회보. 18(2). 2009. p. 2.

150) 상게논문 참조.

151) 노화준. 전게서. 2012. pp. 336~338.

152) 정정길 외. 전게서. 2003. pp. 739~740.

153) Yehezkel Dror. "Policy Analysts: A New Professional Role in Government Service." *Public Administration Review*. 27(3). 1967. Reprinted in Jay M. Shafritz and Albert C. Hyde(eds.). *Classics of Public Administration*. 4th Edition. Harcourt Brace & Company. 1997. p. 258.

154) Michael E. Kraft and Scott R. Furlong. pp. 125~132.

155) Brian W. Hogwood and Lewis A. Gunn. *Policy Analysis for the Real World*. New York: Oxford University Press. 1984. p. 268.

156) David L. Weimer and Aidan R. Vining. op. cit. p. 24.

157) 이윤식. "Carol H. Weiss의 정책평가연구의 정치적 성향론." 오석홍 · 김영평(공편). 『정책학의 주요이론』. 제2판. 서울: 법문사. 2000. p. 555.

158) Deborah A. Stone. op. cit. 2002 참조.

159) Michael E. Kraft and Scott R. Furlong. op. cit. p. 130.

160) Yehezkel Dror. op. cit. 1967 참조.

161) 노화준. 『기획과 결정을 위한 정책분석론』. 제2전정판. 서울: 박영사. 2003. p. 266.

162) David L. Weimer and Aidan R. Vining. op. cit.; 전상경. 전게서. 2001.
163) David L. Weimer and Aidan R. Vining. ibid.; 전상경. 상게서. p. 178.
164) Eugene Bardach. op. cit. p. 27.
165) 여기서 상호의존적 상황이란 한 사람의 단독 행동만으로는 결과를 산출하지 못하는 상황을 말한다. 따라서 게임이론은 단순히 '합리적' 선택에 관한 이론이 아니라 '전략적(strategic)' 선택에 관한 이론이다. 다시 말해, 게임이론은 항상 상대방의 존재를 전제로 한다. Ethan Bueno de Mesquita. op. cit. p. 337.
166) 이명석. "게임이론과 제도분석." 정용덕 외 『합리적 선택과 신제도주의』. 서울: 대영문화사. 1999. 게임이론은 원래 서양장기의 논리에서 나온 것이며, '게임'이라는 명칭에서 오는 뉘앙스 때문에 흔히 운동경기를 많이 생각하지만, 그것보다 훨씬 심각한 갈등 상황에도 적용될 수 있다. 예를 들면, 전쟁, 핵무기 사용, 국제관계 등에도 게임이론이 유용한 분석틀이 될 수 있다. Thomas R. Dye. op. cit. p. 27.
167) Ibid. p. 27.
168) 게임이론에서는 경기자의 합리성을 하나의 '상식(common knowledge)'으로 가정한다. 다시 말해, 게임이론에서는 경기자 A가 합리적이라는 것을 경기자 B가 알고 있고, 경기자 B가 그러한 사실을 알고 있다는 것을 경기자 A가 알고 있는 상황을 전제로 한다. 강근복. 전게서. 2016. p. 247.
169) Robert S. Pindyck and Daniel L. Rubinfeld. op. cit. p. 574.
170) 전상경. 전게서. 2001. p. 387.
171) 김영세. 전게서 참조.
172) David Lalman et al. op. cit.; Peter A. Hall and Rosemary C. R. Taylor. op. cit.; Robert H Bates et al. op. cit. 1998.
173) David Austen-Smith and Jeffrey S. Banks. op. cit.; Peter J. Katzenstein et al. op. cit.
174) 노화준. 전게서. 2003. pp. 408~412.
175) 상게서. p. 413.
176) 상게[서. pp. 414~416.
177) 강근복. 전게서. 2016. pp. 307~309.
178) 노화준. 전게서. 2003. pp. 419~424. 김규일은 정책분석가에게 요구되는 기본적인 윤리원칙을 다음과 같은 다섯 가지로 제시하고 있다. 첫째, 정책분석가는 누구나 분석방법의 타당성과 정책정보의 신뢰성을 확보할 수 있는 엄격한 분석절차 및 분석기준을 준수해야 하며, 그들이 채택한 분석방법의 타당성을 검증받아야 한다. 둘째, 정책자문가는 정책문제에 대한 해결방안을 처방하여 정책결정자에게 자문하는 역할을 수행함에 있어 다양한 윤리원칙이 요구되며, 이것이 정책분석가의 윤리에 관한 논의의 핵심을 이룬다. 셋째, 문제주창자가 준수해야 할 윤리원칙은 주창하는 신념의 합리적 근거를 제시하고 정치적 중립성을 확보하는 것이라고 할 수 있다. 넷째, 모든 정책분석의 윤리문제는 원천적으로 분석가 개인의 문제로부터 기인하는 것이므로 정책분석가는 가치, 신념, 이해관계 등 분석윤리와 관련이 있는 문제를 밝혀야 한다. 다섯째, 이상에서 제시된 윤리원칙을 종합하여 정책분석가의 윤리강령을 제정하는 것이 필요하다. 김규일. "정책분석가의 윤리문제." 한국정책학회보. 4(2). 1995. pp. 179~180.
179) 김규일은 정책분석가의 역할을 전통적 정책분석 모형, 기술적 정책분석 모형, 다원적 갈등모형 그리고 민주적 정책분석 모형 등과 같은 네 가지로 나누고 있다. 첫째, 전통적 정책분석 모형에서는 기본적으로 정책문제의 성격에 따라 다른 정책분석방법이 사용되어야 한다는 전제에서, 합리적 사고와 능력을 갖추고 있고 용기와 정의감 등 지도적 윤리기준에 도달한 소수 정예자로서의 정책분석가는 사회의 공동선을 이해할 수 있는 실용적 지혜와 윤리의식을 발휘하여 사회정의 및 복지구현에 기여한다고 본다. 둘째, 기술적 정책 분석 모형에서는 지도자의 지혜와 윤리를 강조한 전통적 모형과 달리, 인간의 불완전성과 비윤리성을 전제로, 과학적 지식과 기술을 겸비한 기술자 집단이 정책분석을 주도함으로써 그들의 전문지식을 활용하여 정책문제에 대한 합리적 해결방안을 발전시키자는 주장을 한다. 셋째, 다원적 갈등 모형에서는 개인과 공동사회를 구별하고 개별이익은 공동이익과 일치하지 않는다고 인식하면서, 정책분석가는 이해당사자간의 반대 또는 지지에 민감하게 대처하면서 사회갈등을 최소화할 수 있는 정책대안을 모색해야 한다고 본다. 넷째, 민주적 정책분석 모형에서는 정책문제의 내용을 과학적 · 기술적으로 기술함으로써 문제를 명확히 이해할 수 있고, 동시에 정책문제와 관련된 주요가치와 이해관계의 맥락을 선명하게 밝힐 수 있는 정책분석을 요구한다. 김규일. 상게논문. pp. 184~185.

180) 세 가지 정책분석가의 역할 유형에 대한 자세한 설명은 후술하기로 한다.

181) David L. Weimer and Aidan R. Vining. op. cit. pp. 40~43. 한편 강근복은 정책분석가의 역할 유형으로 세 가지 외에 '정책토론 옹호자 모형'을 제시한 바 있다. 그가 제시한 정책토론 옹호자 모형은 이슈 옹호자 모형과 마찬가지로, 정책분석가를 바람직한 가치를 추구하는 규범적 존재로 파악하며 창도적 입장에서 분석결과를 제시하지만, 이러한 입장을 취하고 있는 분석가들은 자신들이 제시한 분석결과를 근거로 하여 즉각적인 정책결정이 이루어져야 한다고 주장하지 않는다. 오히려 이성과 증거를 토대로 하여 이루어지는 합리적인 정책토론의 과정을 거쳐 정책을 결정하는 것이 바람직하다고 생각한다. 따라서 이러한 유형에서 정책분석가는 가치중립적인 입장보다는 가치판단적인 입장에서 분석결과를 제시하지만, 자신의 주장을 강하게 내세우기보다는 합리적 정책토론을 촉진시키기 위한 분석적 자료를 제공하는 데 초점을 둔다. 강근복.『정책분석론』. 전게서. 2016. pp. 259~260.

182) David L. Weimer and Aidan R. Vining. op. cit. p. 42.

183) James E. Anderson. op. cit. p. 85.

184) Michael E. Kraft and Scott R. Furlong. op. cit. p. 150.

185) William N. Dunn. op. cit. 2004. pp. 98~99.

186) ______________. op. cit. 2011. p. 103에서 재인용.

187) 강근복. 전게서. 2016. pp. 111~112.

188) Deborah A. Stone. op. cit. 2002. p. 133.

189) ______________. op. cit. 2012. p. 253에서 재인용.

190) Michael C. Munger. op. cit. pp. 7~8. 특히, 프레이밍은 언론매체가 문제에 대해 보도할 때 두드러지게 나타난다. 언론매체는 지면과 시간의 제약, 뉴스 제작 과정의 관행, 제작기관이 가진 상황과 시각 등으로 인해 불가피하게 특정한 부분은 선택, 강조하고 다른 부분은 배제하는 방식으로 현실을 보도할 수밖에 없다는 것이다. 이처럼 문제의 특정한 부분이 선별적으로 부각될 경우 현실을 왜곡할 가능성이 있다. 언론매체의 프레이밍 문제에 대해서는 19대 대선토론 방송보도를 분석한 우지숙 외. "TV토론 보도와 정책선거: 제19대 대선토론 방송보도에 대한 프레임 분석을 중심으로." 행정논총. 55(4). 2017 참조.

191) Deborah A. Stone. op. cit. 2012. p. 253.

192) 정책문제를 정의하는 다섯 가지 요소에 대해서는 Deborah A. Stone. op. cit. 2012 참조.

193) Michael E. Kraft and Scott R. Furlong. op. cit. pp. 155~157.

194) Eugene Bardach. op. cit. pp. 2~4.

195) Michael Hill. op. cit. p. 162.

196) 강근복. 전게서. 2016. p. 115.

197) William N. Dunn. op. cit. 2004. p. 97. 정책문제를 잘못 정의함으로써 나타나는 제3종 오류는 ① 특히 정책문제의 정의가 주관성과 인위성을 띠기 때문에 정책분석가가 잘못 선택한 이념 및 세계관, 편견 등에 의해 발생할 수 있으며, ② 문제와 관련된 자료가 왜곡되어 있거나, ③ 정책분석가가 정책문제와 관련된 분야에 대하여 전문지식이 결여되어 있는 경우에도 나타난다. 김성제.『정책학강의』. 도서출판 태학관. 1997. pp. 208~209. 한편 문제를 해결하는 데 적절한 정책대안을 적절하지 않다고 잘못 판단한 경우를 '제1종 오류'라고 하고, 적절하지 않은 대안을 적절하다고 잘못 판단한 경우를 '제2종 오류'라고 한다. 강근복 외. 전게서. 2016. pp. 116~117.

198) William N. Dunn. op. cit. 2011. p. 114에서 재인용.

199) 노화준. 전게서. 2012. pp. 346~347. 비슷한 맥락에서 바다크(Eugene Bardach)도 정책문제의 정의가 중요한 이유를 다음과 같은 세 가지로 정리하고 있다. 첫째, 정책을 결정하고 집행하는 데 필요한 모든 활동의 근거가 된다. 둘째, 정책과 관련된 자료를 수집하는 데 방향 감각(sense of direction)을 제시해준다. 셋째, 정책분석가가 어떻게 이야기를 전개할 것인가(how you tell your story)를 구조화하는 데 도움을 준다. Eugene Bardach. op. cit. p. 1.

200) 강근복. 전게서. 2016. p. 117.

201) Michael E. Kraft and Scott R. Furlong. op. cit. p. 157.

202) William N. Dunn. op. cit. 2004. pp. 124~148.

203) Ibid. p. 124.
204) Eugene Bardach. op. cit. pp. 5~7.
205) 권기헌. 전게서. 2010. pp. 74~77.
206) 정정길 외. 전게서. 2003. p. 318.
207) Brian W. Hogwood and Lewis A. Gunn. op. cit. pp. 91~99.
208) Ibid. pp. 99~107.
209) 남궁 근.『행정조사방법론』. 제3판. 서울: 법문사. 2003. p. 347.
210) Earl Babbie. *The Practice of Social Research*. 9th Edition. Wadsworth Group. 2001. 고성호 외(공역).『사회조사방법론』. 서울: 도서출판 그린. 2002. pp. 180~181.
211) 류지성. 전게서. pp. 217~218.
212) William N. Dunn. op. cit. 2004. pp. 174~175; 류지성. 전게서. pp. 222~223.
213) 정정길 외. 전게서. 2003. pp. 334~337.
214) Peter A. Hall. op. cit. 1993 참조.
215) Michael Howlett et al. op. cit. pp. 135~136.
216) Ibid. p. 136.
217) 강근복. 전게서. 2016. pp. 168~169.
218) 그렇기 때문에 3장에서 살펴본 바와 같이, 정책결정자는 '최선의' 대안을 선택하는 것이 아니라 '만족할만한' 대안을 선택하는 데 그친다. 이에 대해서는 3장 "만족모형" 해당 부분 참조.
219) Andrew Hindmoor and Brad Taylor. op. cit. pp. 48~49.
220) 매몰비용의 정치경제적 성격에 대해서는 후술하기로 한다.
221) 정치적 실현가능성 문제에 대해서는 후술하기로 한다.
222) 정책대안을 탐색하고 개발하는 방법은 크게 '상향식 접근방법'과 '하향식 접근방법'이 있다. 상향식 접근방법은 먼저 차하위 수단으로부터 하위 수단, 주요 수단 순으로 정책대안을 개발해 나가는 방식인 반면, 하향식 접근방법은 주요 수단들로부터 하위 수단, 차하위 수단 순으로 정책대안을 개발해 나가는 방식이다. 하향식 접근방법은 상향식 접근방법에 비해 작업 부담을 덜 수 있다는 장점이 있다. 그 이유는 평가 대상이 되는 대안들의 수가 적기 때문이다. 그러나 정책수단들의 개념이 명확하게 규정되지 않은 상태에서 선정 작업을 해야 한다는 약점이 있다. 따라서 주요 수단들을 선정했다고 하더라도 아직 방향을 명확히 점칠 수 없는 경우가 있다. 주요 수단이 포괄하는 범위가 너무 넓어서 하위 수단을 골라 어느 정도 범위를 좁혀 놓기까지는 방향 제시가 어려운 경우가 있는 것이다. 박병식 외. 전게서. p. 106. 또한 권기헌은 정책대안의 탐색개발 방법을 점증주의적 대안탐색과 창조적 대안탐색으로 나눈 바 있다. 여기서 점증주의적 대안탐색은 이미 알려진 대안들을 중심으로 점진적으로 대안을 탐색하는 방법으로 ① 과거의 정책이나 ② 타 정부의 정책 등을 들 수 있으며, 창조적 대안탐색은 발상의 전환이나 어떤 획기적인 변화를 요구하는 방법으로 ① 과학적 이론 및 모형이나 ② 주관적 판단에 의한 대안탐색 등을 들 수 있다. 권기헌. 전게서. 2010. pp. 120~130.
223) 강근복. 전게서. 2016. p. 159.
224) 정정길 외. 전게서. 2003. pp. 350~358; Michael E. Kraft and Scott R. Furlong. op. cit. pp. 171~174. 한편 정책대안을 탐색함에 있어서는 다음과 같은 점을 유의해야 한다. 첫째, 정책대안을 탐색하고 개발함에 있어서 최대한 광범위하게 이루어져야 한다. 둘째, 정책대안을 탐색하고 개발하는 과정에서 과거의 경험에 지나치게 의존하지 말아야 한다. 셋째, 정책대안을 탐색하고 개발하는 과정에서 제기되는 새로운 아이디어에 대해 비판을 자제해야 한다. 권기헌. 전게서. 2010. p. 130.
225) 강근복. 전게서. 2016. pp. 171~172.
226) 상게서. p. 173.
227) 상게서. pp. 175~177.
228) Michael E. Kraft and Scott R. Furlong. op. cit. pp. 173~174.
229) 백승기.『정책학원론』. 제3판. 서울: 대영문화사. 2009. p. 193.
230) 배용수. 전게서. 2013. p. 95.
231) 오세덕 외. 전게서. pp. 172~173.

232) 배용수. 전게서. 2013. p. 96.
233) 백승기. 전게서. 2009. p. 195.
234) William N. Dunn. op. cit. 2004. pp. 227~228.
235) 정정길 외. 전게서. 2003. p. 362. 정책분석에서 예측은 '투사', '예견', '추측' 등 세 가지 주요 형태를 갖는다. 첫째, 투사(projection)는 과거로부터 현재까지의 추세를 미래로 연장한 것에 기초하는 예측방법이다. 투사는 방법과 유사사례에 입각한 논증에 기초한 사실적 주장을 내놓는다. 이러한 논증에서는 특정한 방법(예: 시계열분석)의 타당성에 관한 가정들이나 사례(예: 과거정책이나 미래정책) 간의 유사성에 관한 가정들이 주장의 설득력을 확립하는 데 이용된다. 둘째, 예견(prediction)은 명백한 이론적 가정들에 기초하는 예측방법이다. 이들 가정은 이론적 법칙(예: 화폐의 효용체감법칙), 이론적 명제(예: 사회혼란은 기대와 능력의 차이에서 비롯된다는 명제), 혹은 유추(예: 정부의 팽창과 생물조직의 성장 사이의 유추)로 나타날 수 있다. 셋째, 추측(conjecture)은 사회의 미래 상태에 대한 식견 있는 판단이나 전문가의 판단에 기초한 예측방법이다. 이러한 판단은 직관적인 논증의 형태를 띠고, 이해관계자들의 통찰력, 창조적인 지적 능력, 혹은 묵시적 지식에 관한 가정들이 미래에 대한 사실적 주장을 지원하기 위하여 사용된다. William N. Dunn. op. cit. 2004. pp. 166~167.
236) William N. Dunn. ibid. p. 165.
237) ______________. op. cit. 2011. pp. 170~172.
238) 강근복. 『정책분석론』. 개정판. 서울: 대영문화사. 2000. pp. 129~149; William N. Dunn. ibid. pp. 176~244. 한편 예측 방법을 선택하는 데 있어서는 다음과 같은 요소들을 고려해야 한다. 첫째, 예측하고자 하는 대상에 따라 적합한 예측 방법이 달라진다. 예측 대상이 비교적 단순하고 안정적인 경우 추세 연장 등의 방법이 활용될 수 있지만, 복잡하고 불안정할 경우에는 주관적 · 직관적 방법을 활용할 필요가 있다. 둘째, 예측의 토대가 되는 가정이나 이용할 수 있는 자료를 고려하는 것이 필요하다. 시계열 자료의 축적 여부, 자료의 신뢰성 여부, 그리고 예측의 근거 자료가 이용하기에 충분한 지 여부 등이 검토 대상이다. 셋째, 예측의 시계(time horizon)가 고려되어야 한다. 일반적으로 장기에 걸친 예측일수록 주관적 · 직관적 방법에 의존하는 경향이 있다. 넷째, 예측 방법을 개발 · 활용하는 데 드는 시간과 비용을 고려하여야 한다. 예를 들어, 예측 방법을 개발하는 데 소요되는 시간과 비용이 그것으로 얻게 되는 편익보다 클 경우 그러한 예측 방법은 이용될 수 없다. 다섯째, 예측 방법을 활용할 수 있는 지식의 정도도 영향을 미친다. 예측 방법을 분석가가 활용할 수 없다면 그러한 예측 방법은 의미가 없다. 여섯째, 예측의 정확성(accuracy)에 대한 요구 역시 예측 방법의 선택에 영향을 미친다. 미래에 대한 정확한 예측이 요구된다면, 시간과 비용, 노력이 많이 들더라도 정교한 기법을 개발하거나 여러 기법들을 함께 사용하는 것이 바람직하다. 강근복. 전게서. 2016. pp. 217~218.
239) 따라서 회귀분석은 인과관계를 전제로 한 분석이며, 상관관계를 전제로 한 분석은 상관분석이다. 인과관계와 상관관계의 차이에 대해서는 13장에서 구체적으로 살펴보고자 한다.
240) 정정길 외. 전게서. 2003. pp. 373~380.
241) 권기헌. 전게서. 2010. p. 153.
242) 상게서. pp. 153~154.
243) William N. Dunn. op. cit. 2004. p. 226.
244) ______________. op. cit. 2011. p. 234에서 재인용.
245) 권기헌. 전게서. 2010. pp. 159~160.
246) 상게서. p. 160. 및 William N. Dunn. pp. 238~239.
247) Ibid. p. 239.
248) 진실험설계와 준실험설계에 대해서는 13장에서 구체적으로 살펴보고자 한다.
249) William N. Dunn. op. cit. 2004. p. 269.
250) Michael E. Kraft and Scott R. Furlong. op. cit. 참조.
251) Ibid. p. 185.
252) 정정길 외. 전게서. 2003. pp. 386~407.
253) 상게서. p. 386.
254) 상게서. p. 387.

255) William N. Dunn. op. cit. 2004. p. 281.
256) 정정길 외. 전게서. 2003. p. 387.
257) 하연섭.『정부예산과 재무행정』. 서울: 다산출판사. 2010.
258) 정정길 외. 전게서. 2003. pp. 388~389.
259) David L. Weimer and Aidan R. Vining. op. cit. p. 181.
260) Michael E. Kraft and Scott R. Furlong. p. 187.
261) 정정길 외. 전게서. 2003. p. 188.
262) Michael E. Kraft and Scott R. Furlong. p. 188.
263) 염재호. "Deborah A. Stone의 정책모순과 정치논리." 오석홍 · 김영평(공편).『정책학의 주요이론』. 제2판. 서울: 법문사. 2000. pp. 61~62.
264) Deborah A. Stone. op. cit. 2012. pp. 66~67.
265) William N. Dunn. op. cit. 2004. p. 282.
266) Deborah A. Stone. op. cit. 2012. p. 63에서 재인용.
267) Michael E. Kraft and Scott R. Furlong. op. cit. p. 188.
268) Deborah A. Stone. op. cit. 2012. p. 61.
269) Michael E. Kraft and Scott R. Furlong. op. cit. pp. 189~190.
270) 정정길 외. 전게서. 2003. pp. 390~391.
271) 게다가 수치화된 성과의 경우에도 조작가능성이 있을 뿐만 아니라, 성과 수치를 최대화할 수 있는 지표나 활동만 지나치게 부각시킬 가능성도 있다. Michael Hill. op. cit. pp. 312~313.
272) William T. Gormley Jr. *Taming the Bureaucracy: Muscles, Prayers, and Other Strategies*. Princeton: Princeton University Press. 1989. p. 5.
273) 김 인. 전게논문. p. 163.
274) 존스(Bryan D. Jones)와 그라쏘(Patrick G. Grasso)는 배분적 능률성을 후생적 능률성(welfare efficiency)이라고 부르고 있다. Bryan Jones and Patrick G. Grasso. op. cit. 참조.
275) 이달곤 외. 전게서. 2007. p. 96.
276) 이를 사이몬(H. A. Simon)은 '대차대조표적 능률성(balance sheet efficiency)'이라고 부르고 있다.
277) 신승춘 외.『현대행정의 이해』. 개정판. 서울: 대영문화사. 2009. p. 44.
278) 상게서. pp. 44~45.
279) 이준구. 전게서. 1999. p. 82.
280) 정정길 외. 전게서. 2010. pp. 390~391.
281) 이 기준은 비용-편익 분석(cost-benefit analysis)에서 말하는 '순현재가치(Net Present Value: NPV)'와 비슷한 맥락에서의 논의라고 할 수 있다. 순현재가치는 편익의 현재가치에서 비용의 현재가치를 뺀 것으로, 순현재가치가 0보다 크다면 그 대안은 일단 능률적이라고 판단할 수 있다. 순현재가치를 포함하여 비용편익분석의 기본논리에 대해서는 후술하기로 한다.
282) 이준구. 전게서. 1999. p. 84.
283) Michael C. Munger. op. cit. pp. 102~103.
284) Hank C. Jenkins-Smith. op. cit. p. 22.
285) Ronald H. Coase. "The Problem of Social Cost." *Journal of Law & Economics*. 3. 1960. pp. 26~27.
286) Michael C. Munger. op. cit. pp. 356~357.
287) Ibid. p. 356에서 재인용.
288) Ibid. p. 103.
289) Arnold J. Meltsner. op. cit.
290) Todd Swanstrom. op. cit.
291) David L. Weimer and Aidan R. Vining. op. cit. pp. 409~410.
292) 이준구. 전게서. 1999. pp. 85~86.
293) Stuart S. Nagle. op. cit. p. 79. 정치학자 멍거(Michael C. Munger)는 형평성을 "평등(equality)", "필요(need)", 그리고 "생산(production)"이라는 세 가지 관점에서 정의하고 있다. 즉, 형평성은 다음과 같은 세 가지 의미를

가지고 있다. 첫째, 모든 사람들에게 균등하게 분배되어야 한다(평등). 둘째, 각각의 사람들에게 그들이 필요로 하는 만큼 분배되어야 한다(필요). 셋째, 각각의 사람들에게 그들이 생산한 만큼 분배되어야 한다(생산). Michael C. Munger. op. cit. pp. 246~249.

294) William N. Dunn. op. cit. 2004. p. 286.

295) 박병식 외. 전게서. pp. 115~116.

296) 김 인. "공공서비스배분의 결정요인 및 형평성에 관한 연구." 서울대학교 대학원 박사학위논문. 1986. pp. 83~85.

297) 형평성의 의의에 대해서는 김 인. 전게논문. 1987 참조.

298) 정정길 외. 전게서. 2003. pp. 396~397. 수평적 형평성의 구체적 예로는 1인 1표(one man one vote), 동일노동에 동일임금(equal pay for equal work) 등을 들 수 있으며, 수직적 형평성의 구체적 예로는 누진세제도 등을 들 수 있다. 또한 수평적 공평성과 수직적 공평성에 대한 논의를 인사제도에 적용하면, 실적제도의 경우 수평적 형평성에 충실한 제도인 반면, 대표관료제도는 수직적 형평성에 충실한 제도이다.

299) 김 인. 전게논문. 1987. p. 155.

300) 상게논문. p. 154.

301) 이러한 시장적 형평성 기준에 따른다면, 사용자부담원칙(user's charge)은 무임승차자(free-rider)를 배제할 수 있기 때문에 효율적인 자원배분이 가능할 뿐만 아니라, 서비스배분의 형평성도 가져올 수 있다는 결론에 이르게 된다. 그러나 초기부존자원(initial endowments)이 상이한 상황에서 사용자부담원칙의 적용이 서비스배분의 형평성을 가져온다고 말하기는 어려울 것이다.

302) Deborah A. Stone. op. cit. 2012. p. 61.

303) Bryan Jones and Patrick G. Grasso. op. cit. p. 14; 김 인 외. "지방정부의 공공서비스 성과측정 및 결정요인." 지방과 행정연구. 3(2). 1991. p. 173.

304) Michael E. Kraft and Scott R. Furlong. op. cit. pp. 190~191.

305) 박경효. "Robert D. Behn의 정책분석과 정치." 오석홍 · 김영평(공편). 『정책학의 주요이론』. 서울: 법문사. 2000. pp. 390~391.

306) 능률성과 형평성의 딜레마에 대해서는 Stuart S. Nagle. op. cit.; 김 인. 전게논문. 1987; 김학로 외. 전게논문 참조.

307) 노화준. 전게서. 2003. p. 156.

308) 비슷한 예로 '역탄력성 규칙'을 들 수 있다. 역탄력성 규칙이란 조세부과로 인한 '초과부담'을 최소화하기 위해 수요의 가격탄력성과 반대되게 세율을 결정해야 한다는 원칙을 말한다. 그러나 이는 자원배분의 효율성을 높일 수 있을지는 몰라도 형평성에는 문제가 있다. 수요의 가격탄력성이 낮은 상품은 필수재인 경우가 많고 수요의 가격탄력성이 높은 상품은 사치재인 경우가 많은데, 소득 수준에 관계없이 소비하는 필수재인 경우에는 높은 세율을 적용하고 주로 고소득자들이 소비하는 사치재인 경우에는 낮은 세율을 적용하는 것은 형평성에 어긋나기 때문이다. 역탄력성 규칙에 대해서는 Jonathan Gruber. op. cit. pp. 701~702 참조.

309) 정정길 외. 전게서. 2003. pp. 401~402.

310) Deborah A. Stone. op. cit. 2012. pp. 80~81.

311) 김규정. 전게서. p. 139.

312) 김 인. 전게논문. 1987. p. 164.

313) 정정길 외는 소망성 기준간의 모순 · 갈등을 해결하는 방안으로, 가장 바람직한 기준을 먼저 적용하여 정책대안의 우선순위를 정하는 방법과 모든 기준을 통합하여 단일종합기준을 만드는 방법을 상정하고 있으나, 두 번째 방법은 실제적으로 불가능하고 첫 번째 방법은 현실적으로 가능한 방법이지만 무슨 기준을 우선하여야 할 것인지에 대해 논란의 여지가 있다는 점을 지적하고 있다. 정정길 외. 전게서. 2003. pp. 401~402.

314) Eugene Bardach. op. cit. pp. 23~24.

315) 정정길 외. 전게서. 2003. p. 402.

316) 강근복. 전게서. 2000. p. 156.

317) 정정길 외. 전게서. 2003. pp. 404~407.

318) 권기헌. 전게서. 2010. p. 186.

319) 노화준. 전게서.2003. pp. 140~142.
320) Arnold J. Meltsner. "Political Feasibility and Policy Analysis." *Public Administration Review*. 32(6). 1972.
321) Eugene Bardach. op. cit. pp. 24~25.
322) 박광주. "관료와 정치권력." 한국정신문화연구원. 정신문화연구. 19(1). 1996. p. 64.
323) Randall B. Ripley and Grace A. Franklin. op. cit.
324) Michael E. Kraft and Scott R. Furlong. op. cit. p. 211.
325) Joe Soss and Sanford F. Schram. op. cit. '환류효과'에 대해서는 본서 제7장 참조.
326) Michael E. Kraft and Scott R. Furlong. op. cit. pp. 211~212.
327) 노화준. 전게서. 2012. pp. 373~374.
328) David L. Weimer and Aidan R. Vining. op. cit. pp. 279~285.
329) Michael Hill. op. cit. pp. 176~178.
330) 노화준. 전게서. 2012. p. 266. 비용편익분석이라고 하면 대체로 계량적인 분석기법으로 인식되고 있지만, '질적 비용편익분석(qualitative cost-benefit analysis)'도 있다. 이는 편익과 비용을 화폐가치로 환산함이 없이 정부 정책의 장점과 단점(pros and cons)에 대해 전반적으로 검토하는 것을 말한다. Michael E. Kraft and Scott R. Furlong. op. cit. p. 201.
331) David L. Weimer and Aidan R. Vining. op. cit. p. 383; 전상경. 전게서. 2001. p. 177.
332) 비용-편익 분석이라고 하면 보통 고속도로나 교량건설과 같은 물리적 공사의 타당성을 평가하기 위한 분석기법으로 인식하고 있지만, 각종 법안 및 규제의 타당성에 관한 분석을 위해서도 유용하게 활용될 수 있다. 따라서 비용-편익 분석은 합리적 의사결정을 위한 분석기법이라고 할 수 있다. 전상경. 전게서. 2001. pp. 177~178.
333) Myrick A. Freeman. "Economics, Incentives, and Environmental Regulation." In Norman J. Vig and Michael E. Kraft(eds.). *Environmental Policy*. 6th Edition. Washington DC: CQ Press. 2000. p. 192.
334) 김혜란. "사회적 기업이 창출하는 가치의 측정에 관한 연구: SROI 기법을 중심으로." 부산대학교 대학원 박사학위논문. 2013. p. 81.
335) 전상경. 전게서. 2001. pp. 180~181.
336) William N. Dunn. op. cit. 2004. p. 299.
337) 김동건. 『현대 재정학』. 제5판. 서울: 박영사. 2005. pp. 182~184.
338) 첫째와 둘째의 경우는 남을 해침이 없이 자신이 더 좋아질 수 있는 파레토 개선의 경우로서, 사업을 선정하는 데에 문제가 없다. 전술한 바와 같이 이를 파레토 기준(Pareto criterion)이라고 한다.
339) 이것은 보상원칙에 입각하여 사업을 선정하는 것을 의미하며, 전술한 바와 같이 이를 칼도-힉스 기준(Kaldor-Hicks criterion)이라고 한다.
340) 잠재가격이란 일반적으로 말해 재화가 갖는 '진정한 가격'으로 규정할 수 있다. 따라서 완전경쟁에서의 균형상태에서 존재하는 가격이며, 재화가 갖는 기회비용(opportunity cost)에 해당한다.
341) 노화준. 전게서. 2012. pp. 270~277.
342) 이원희. 『열린 행정학』. 서울: 고시연구사. 2001. pp. 277~279; 전상경. 전게서. 2001. pp. 187~190. 비용편익분석에서 편익과 비용의 추정이 용이한 것은 아니다. 그루버(Jonathan Gruber)는 비용편익분석에서 흔히 범하는 계산상의 오류를 다음과 같은 세 가지로 정리하고 있다. 첫째, 2차적 편익의 계산 문제이다. 만일 정부가 고속도로를 개선하게 되면 도로를 따라 더욱 많은 상업활동이 일어나게 될 것이다. 연구자는 이 역시 편익으로 계상(計上)하고 싶겠지만, 이는 다른 지역에서의 상업활동이 옮겨 온 것에 지나지 않는다. 편익을 측정할 때 중요한 것은 오로지 새로운 사업을 통한 사회적 잉여의 총증가분이다. 둘째, 고용을 편익으로 파악하는 문제이다. 고속도로의 상태를 개선하는 사업의 필요성을 역설할 때 정치인들은 흔히 공공사업으로 인한 일자리 창출을 편익으로 꼽는다. 그러나 임금은 사업의 비용이지 그 편익은 아니다. 만일 이 사업으로 인해 실업이 줄었다면 근로자의 기회비용은 줄었을망정 그것이 비용을 편익으로 만들어 주지는 않는다. 셋째, 편익의 이중계산 문제이다. 공공사업은 흔히 자산가치를 상승시킨다. 예를 들어, 고속도로의 개선으로 통근시간이 줄어든다면 도시에서 멀리 떨어진 지역의 주택가격이 상승하게 될 것이다. 고속도로의 편익을 분석하면서 어떤 연구자는 통근시간의 감소와 주택가격의 상승을 모두 편익으로 계상하기도 한다. 그러나 주택가격의 상승 자체는 통근시간의 감소 때문에 나타난 것이므로 이 둘을 편익으로 계상하면 안 된다. Jonathan Gruber. op. cit. p. 261.

343) Robert S. Pindyck and Daniel L. Rubinfeld. op. cit. p. 262.
344) 윤영진. 전게서. p. 334.
345) 전상경. 전게서. p. 188. 화폐적 편익의 대표적인 예로 '지가(地價) 상승'을 들 수 있다. 지가 상승은 토지를 임대하여 쓰는 사람에게서 토지소유자로 부의 이전이 있을 뿐이기 때문이다. 한편 던(William N. Dunn)은 화폐적 편익을 재분배적 편익(redistributional benefits)으로 명명한 바 있다. 그가 말한 재분배적 편익이란 순편익(총편익-총비용)의 '실질적' 증가 없이 한 집단을 희생하여 이를 다른 집단의 소득으로 '화폐적' 이동을 초래하는 것을 말한다. William N. Dunn. op. cit. 2004. p. 303.
346) Michael C. Munger. op. cit. p. 106.
347) 윤영진. 전게서. pp. 334~335.
348) William N. Dunn. op. cit. 2004. p. 303.
349) 간접적이고 부수적인 효과를 편익과 비용에 포함시키는 데에는 논란의 여지가 있을 수 있다. 왜냐하면 홀렛 등(Michael Howlett et al.)이 말했듯이, "공공정책의 의도하지 않은 결과는 공공정책이라기보다는 단순히 예측하지 못한 부산물(unexpected by-product)에 불과"하기 때문이다. Michael Howlett et al. op. cit. p. 5.
350) 하연섭. 전게서. 2008. pp. 183~184.
351) Eugene Bardach. op. cit. p. 21.
352) David L. Weimer and Aidan R. Vining. op. cit. p. 383; 전상경. 전게서. 2001. p. 393.
353) Jonathan Gruber. op. cit. p. 250.
354) Eugene Bardach. op. cit. p. 21.
355) Michael Hill. op. cit. p. 149.
356) Robert S. Pindyck and Daniel L. Rubinfeld. op. cit. p. 669.
357) Michael C. Munger. op. cit. pp. 323~324.
358) James E. Anderson. op. cit. p. 293.
359) Michael C. Munger. op. cit. p. 364.
360) 강근복. 전게서. 2000. p. 173.
361) Robert S. Pindyck and Daniel L. Rubinfeld. op. cit. p. 802.
362) 이준구. 전게서. 1999. pp. 306~310; 김동건. 전게서. 2005. pp. 202~205.
363) David L. Weimer and Aidan R. Vining. op. cit. p. 404.
364) 이는 특히 핵폐기물 처리장과 같이 장기간에 걸쳐 영향을 미치는 사업을 평가하는 데 있어 타당하다. Ibid. p. 404.
365) 이준구. 전게서. 1999. pp. 309~310.
366) 권기헌. 전게서. 2010. p. 311.
367) Michael E. Kraft and Scott R. Furlong. op. cit. p. 200.
368) 전상경. 전게서. 2001. pp. 207~209.
369) 이준구. 전게서. 1999. p. 84.
370) Michael E. Kraft and Scott R. Furlong. op. cit. p. 200.
371) 전상경. 전게서. 2001. p. 208.
372) 하연섭. 전게서. 2008. pp. 174~175.
373) 상게서. p. 175.
374) David L. Weimer and Aidan R. Vining. op. cit. pp. 408~410.
375) Ibid. p. 409.
376) 이원희. 전게서. pp. 281~282.
377) 정정길 외. 전게서. 2003. p. 936.
378) William N. Dunn. op. cit. 2004. p. 309.
379) Ibid. p. 311.
380) Ibid. pp. 310~311.
381) 강근복. 전게서. 2000. pp. 173~174.
382) William N. Dunn. op. cit. 2004. p. 309.

383) 정정길 외. 전게서. 2003. pp. 936~937.
384) 권기헌. 전게서. 2010. p. 193.
385) Eugene Bardach. op. cit. p. 21.
386) 김혜란. 전게논문. pp. 82~83.
387) 정책분석 또는 합리적·분석적 정책결정의 한계에 대해서는 정정길 외. 전게서. 2003. pp. 408~417 참조.
388) Thomas R. Dye. op. cit. p. 11에서 재인용.
389) Ibid. pp. 77~78.
390) Ibid. p. 10.
391) William N. Dunn. op. cit. 2011. p. 69에서 재인용.
392) Andrew Hindmoor and Brad Taylor. op. cit. pp. 48~49.
393) Barbara Levitt and James G. March. "Organizational Learning." *Annual Review of Sociology*. 14. 1988. p. 323.
394) Herbert A. Simon. *Administrative Behaviour*. 2nd Edition. New York: Macmillan. 1957 참조.
395) Douglass C. North. op. cit. 참조.
396) 이 같은 논의에서 정책결정자의 비난회피동기가 발현되기 위해서는 이해관계자의 비용 또는 손실의 크기가 편익의 크기를 반드시 초과해야만 하는 것은 아니다. 이 경우 비용은 단지 '상당한(substantial)' 정도면 충분하다.
397) R. Kent Weaver. op. cit. 1987 참조.
398) Matthew M. Taylor. op. cit. p. 490.
399) Michael C. Munger. op. cit. pp. 147~149.
400) 이러한 이유로 정책분석가들은 매몰비용보다 기회비용(opportunity cost)을 중시한다. 이에 대해서는 후술하기로 한다.
401) David L. Weimer and Aidan R. Vining. op. cit. p. 176.
402) 피어슨이 말한 정치 전략에 대해서는 본서 제7장 참조.
403) Randy T. Simmons. op. cit. p. 17.
404) Paul Posner and Jón Blöndal. op. cit.
405) 현상유지편향과 정책분석에서의 함의에 대해서는 송하중. "Richard Zeckhauser의 현상유지편향." 오석홍(편). 『행정학의 주요이론』. 서울: 경세원. 1996 참조.
406) Paul Pierson. op. cit. 2000 및 op. cit. 2004.
407) 현상유지편향이 준 최적대안을 선택하는 경향을 설명한다는 점에서 사이몬의 '만족모형'과 일맥상통하는 면이 있지만, 사이몬의 만족모형은 언제, 어느 정도 수준에서 만족하는가를 예측하는데 충분한 설명을 제시하지 못하는 반면, 현상유지편향은 준 최적대안을 선택하는 상황과 그러한 행동을 취하게 되는 범위를 추적할 수 있게 한다는 점에서 차이가 있다. 송하중. 전게논문. p. 586.
408) 자세한 내용은 5장 "역사적 제도주의" 해당 부분 참조.
409) David L. Weimer and Aidan R. Vining. op. cit. pp. 268~269.
410) Jacob S. Hacker. op. cit. 2002. p. 55.
411) David L. Weimer and Aidan R. Vining. op. cit.
412) 박경효. 전게논문. 2000 참조.
413) Todd Swanstrom. op. cit. 참조.
414) David L. Weimer and Aidan R. Vining. op. cit. pp. 409~410.
415) R. Kent Weaver. op. cit. 2006. p. 218.
416) Randy T. Simmons. op. cit. p. 88.
417) Paul Posner and Jón Blöndal. op. cit.
418) 형평성을 측정하기 위한 다양한 기준에 대해서는 김 인. 전게논문. 1986 참조. 그러나 형평성의 다양한 기준이 있다고 하더라도, 그것들 중 어느 것도 만족스러운 것은 없다. 왜냐하면 전체로서 사회의 합리성 또는 재산권을 보장하는 법적 규범의 적합성에 대한 상충되는 다양한 견해들을 형식적인 경제적 법칙(예를 들면, 파레토 기준 또는 칼도-힉스 기준)이나 형식적인 철학적 원리(예를 들면, 롤즈의 최소극대화 원칙)로 해결할 수는 없기 때문이다. 오히려 형평성, 공정성, 정의 등에 관한 문제는 결국 정치적 선택의 문제로 귀결될 가능성이 높다. 한석태. 전게서. p. 397.

419) Henry Rosen. "The Role of Cost-Benefit Analysis in Policy Making." In Henry M. Peskin and Eugene P. Seskin(eds.). *Cost-Benefit Analysis and Water Pollution Policy.* Washington, DC: Urban Institute. 1975. pp. 367~368.

420) Charles O. Jones. *An Introduction to the Study of Public Policy.* 3rd Edition. Monterey, California: Books/Cole. 1984. p. 166.

421) Michael E. Kraft and Scott R. Furlong. op. cit. p. 212.

422) Jeffrey L. Pressman and Aaron Wildavsky. op. cit. 참조.

423) 유 훈. 전게서. pp. 298~299; 전상경. "Jeffrey L. Pressman과 Aaron Wildavsky의 공동선택의 복잡성과 정책집행의 역학관계." 오석홍 · 김영평(공편). 『정책학의 주요이론』. 제2판. 서울: 법문사. 2000. pp. 434~435.

424) Jeffrey L. Pressman and Aaron Wildavsky. op. cit. 참조.

425) 민 진. 전게서. 2016. p. 220.

426) David L. Weimer and Aidan R. Vining. op. cit. p. 186.

427) 남궁 근. 전게서. 2008. pp. 474~479.

428) D. Van Meter and C. E. Van Horn. "The Policy Implementation Process, A Conceptual Framework." *Administration and Society.* 6(4). 1975.

429) Paul A. Sabatier and Daniel Mazmanian. "The Conditions of Effective Implementation: A Guide to Accomplishing Policy Objectives." *Policy Analysis.* 6(3). 1979.

430) 앞서 언급한 프레스만과 윌다브스키의 연구도 기본적으로 하향적 접근방법이라고 할 수 있다. 왜냐하면 오클랜드 사업 실패 요인에 대한 분석은 바꾸어 말하면 그러한 요인을 극복할 수 있는 집행 전략을 수립하면 집행의 성공으로 이어질 수 있기 때문이다. 그러나 이러한 규범적 관점은 한계가 있다. 왜냐하면 이러한 관점은 '집행이 어떻게 이루어져야 하는가?'라는 규범적인 언명과 '현실적으로 집행이 어떻게 이루어지는가?'라는 실증적인 문제를 혼동하고 있기 때문이다. 레인(J-E Lane)이 적절하게 지적하고 있듯이, 하향적 접근방법은 "집행과 결과물로서의 성공적인 집행" 사이를 혼동하고 있는 것이다. J-E Lane. "Implementation, Accountability, and Trust." *European Journal of Political Research.* 15(5). 1987. p. 528.

431) D. Van Meter and C. E. Van Horn. op. cit. p. 445.

432) Jeffrey L. Pressman and Aaron Wildavsky. op. cit.

433) M. Hill and P. Hupe. *Implementing Public Policy.* 2nd Edition. London: Sage. 2009. p. 4.

434) Paul A. Sabatier and Daniel Mazmanian. op. cit. 참조.

435) 이 점이 후술하는 상향적 접근방법과 다른 것이다. 상향적 접근방법에서는 집행 현장을 중요시하기 때문에 집행 과정에서 정책목표의 우선순위가 신축적으로 조정될 수 있으며, 그렇게 할 경우 정책집행의 성공가능성은 높아진다고 인식한다.

436) James E. Anderson. op. cit. p. 211.

437) Michael Hill. op. cit. pp. 214~215.

438) Ibid. pp. 215~216.

439) Michael Howlett et. al. op. cit. p. 164.

440) 예를 들면, B. Hjern, B. and D. O. Porter. "Implementation Structures: A New Unit of Administrative Analysis." *Organizational Studies.* 2. 1981; B. Hjern and C. Hull. "Implementation Research as Empirical Constitutionalism." In B. Hjern and C. Hull(eds.). *Implementation Beyond Hierarchy.* Special Issue of the *European Journal of Political Research.* 1982 참조.

441) Michael Hill. op. cit. p. 215에서 재인용.

442) 남궁 근. 전게서. 2008. p. 498.

443) 류지성. 전게서. p. 429.

444) 김성제. 전게서. 1997. pp. 259~260; 최성모. "Randall B. Ripley와 Grace A. Franklin의 정책집행과 관료제." 오석홍 · 김영평(공편). 『정책학의 주요이론』. 제2판. 서울: 법문사. 2000. pp. 502~504.

445) 표준운영절차란 '조직이 과거 적용과정에서의 경험에 기초하여 유형화한 업무추진의 절차' 또는 '업무수행의 기준이 되는 표준적인 규칙 또는 절차'를 말한다. SOP는 조직의 단기적인 의사결정을 지배할 뿐만 아니라 성공

적 정책집행에 영향을 미치는 중요한 요인 중의 하나이다. SOP는 다음과 같은 장·단점이 있다.

〈SOP의 장점〉

① **조직의 안정성 유지와 불확실성의 극복**: 계속 변화하는 조직 외부의 상황에 대처하는 방식을 사전에 확보해 둠으로써 조직의 안정성을 확보할 수 있고, 불확실성 하에서의 의사결정 및 집행의 위험을 제거할 수 있다.

② **시간과 노력의 절약**: 조직업무의 대부분은 반복적·일상적 성질의 것들이기 때문에 이들 업무에 SOP를 적용함으로써 의사결정 및 집행과정에 소요되는 시간과 노력이 절약되고 조직의 능률성을 제고할 수 있다.

③ **조직운영의 합리화**: 체계적인 업무추진과 통제를 가능케 하여 조직의 효율성을 도모할 수 있다.

④ **공정성의 확보**: SOP는 정책결정자의 재량을 축소시키고, 정책집행 과정에서 정책대상집단에 대하여 전국적으로 동일한 기준을 적용케 하여 집행상의 공정성을 확보할 수 있다.

〈SOP의 단점〉

① **동일시의 위험과 조직의 타성(inertia) 조장**: 정책담당자가 환경(문제)의 변화에 대한 충분한 고려 없이 새로운 상황에 대해서도 기존의 SOP를 그대로 적용할 경우 집행이 실패할 가능성이 높고, 보수화와 타성의 조장에 따른 조직의 침체를 가져올 수 있다.

② **시간적 지연(red tape)**: 지나친 규정화는 과도한 문서처리를 수반하게 하여 형식주의를 야기하고, 특수한 경우나 일부절차를 생략하여도 좋은 경우에 엄격히 SOP를 적용할 경우 시간적 지체를 가져온다.

③ **상황적응성의 결여**: 환경의 급속한 변화와 불확실성 속에서 SOP를 엄격히 적용하려 할 경우 자칫 조직의 경직화를 가져올 수 있다.

④ **개별적 특수성의 무시**: 정책집행에 있어 전국적으로 동일한 기준을 적용할 경우, 집행현장의 특수한 사정에 적응하기 곤란하다.

446) 류지성. 전게서. pp. 450~452.
447) Michael Howlett et al. op. cit. 참조.
448) Ibid. p. 173.
449) 류지성. 전게서. p. 453.
450) Charles E. Lindblom. op. cit. 1959 참조.
451) 류지성. 전게서. p. 452.
452) 상게서. p. 452에서 재인용.
453) 상게서. p. 452.
454) 김규정. 전게서. p. 237.
455) 정정길 외. 전게서. 2003. p. 660.
456) James E. Anderson. op. cit.p. 256에서 재인용.
457) 남궁 근. 전게서. 2008. p. 510.
458) 상게서. pp. 510~511.
459) 상게서. pp. 511~514.
460) 한석태. 『정책학개론』. 제2판. 서울: 대영문화사. 2017. pp. 361~362.
461) 남궁 근. 전게서. 2008. pp. 514~518; 백승기. 전게서. 2009. pp. 397~401.
462) 앞서도 지적한 바와 같이, 국내문헌과 달리 국외문헌에서는 정책의 불명확성 문제를 정치적인 이유로 접근하는 경우가 많다. 예를 들면, Thomas R. Dye. op. cit. 참조.
463) 정정길 외. 전게서. 2003. pp. 668~672.
464) James E. Anderson. op. cit. p. 256.
465) Ibid. p. 257.
466) 여기서의 논의는 유 훈. 전게서. pp. 376~404 및 정정길 외. 전게서. 2003. pp. 704~724를 토대로 한 것임.
467) Michael Lipsky. *Street-Level Bureaucracy*. New York: Russell Sage. 1980. p. 84.
468) Ibid. p. 252.
469) 버만은 상호적응의 경로를 따를 때 가장 효과적인 결과가 나타난다고 주장하였다.
470) 정정길 외. 전게서. 2003. p. 736.
471) 이윤식. 『정책평가론』. 제3판. 서울: 대영문화사. 2018. p. 18.

472) Michael Howlett et al. op. cit. pp. 178~179. 자신이 신봉하는 이념에 따라 평가결과를 편향되게 해석한다는 다이(Thomas R. Dye)의 주장도 정책평가가 가지고 있는 정치적 성격에 주목한 것이다. Thomas R. Dye. op. cit. pp. 70~71. 한편 던(William N. Dunn)은 '평가(evaluation)'와 '가치평가(valuation)'를 구분하고 있는데, 전자가 어떤 특정한 기준(예를 들면, 능률성)에 따라 정책의 결과를 사정하는 것이라면, 후자는 기준 자체의 정당성을 검토하는 것을 의미한다. William N. Dunn. op. cit. 2011. p. 422.

473) 남궁 근. 전게서. 2008. p. 525.

474) 유종해 외. 『최신행정학연습』. 제2전정판. 서울: 박영사. 1998. p. 673.

475) 형성평가(formative evaluation) 또는 과정평가는 프로그램의 기획자나 개발자들에게 프로그램의 개선에 도움이 되는 정보를 산출하여 제공하는 것이 목적인 반면, 총괄평가(summative evaluation)는 프로그램의 일반적 효과성에 대하여 요약된 언명(summary statement)을 산출하는 것이 목적이다. 노화준. 전게서. 2012. p. 554.

476) 유 훈. 전게서. pp. 438~439.

477) 임팩트 평가의 경우 긴 시차 등으로 인해 인과관계의 추정이 어렵다는 한계가 있기 때문에, 시계열 자료(time-series data)를 활용하여 정책 개입 이전과 이후의 상황을 비교하는 경우가 많다. 그러나 이 경우에도 결과에 대한 해석과 관련하여 정치적 편향성을 보일 수 있을 뿐만 아니라, 관련 외재적 변수들을 모두 통제하기도 어렵기 때문에 시계열 자료에서 나타나지 않는 변수로 인해 변화된 결과가 나타날 수 있다. 즉, 이 경우에도 실험실에서의 실험과 같은 통제가 불가능한 '사회적으로 주어진 간여(socially given intervention)'가 개입할 수 있다는 한계가 있다. 이윤식. 전게서. p. 271.

478) 김성제. 전게서. 1997. p. 321.

479) 권기헌. 전게서. 2008. p. 330.

480) 유종해 외. 전게서. p. 672.

481) 김성제. 전게서. p. 322.

482) 권기헌. 전게서. 2008. p. 330.

483) 유 훈. 전게서. pp. 433~434.

484) 남궁 근. 전게서. 2008. pp. 529~531.

485) 다이(Thomas R. Dye)에 따르면, 정책평가란 "공공정책의 결과에 관한 학습(learning)"을 의미한다. Thomas R. Dye. op. cit. p. 63.

486) Michael Howlett et al. op. cit. pp. 179~181.

487) 이윤식. 전게논문. p. 555.

488) 유종해 외. 전게서. pp. 672~673.

489) William N. Dunn. op. cit. 2011. pp. 434~435.

490) 이윤식. 전게서. p. 23.

491) 노화준. 전게서. 2012. pp. 555~567.

492) 정책실험은 다시 '진실험'과 '준실험'으로 나누어지는데, 이에 대한 자세한 설명은 후술하기로 한다.

493) 이는 '인과적 추론의 조건'과 관련된 것으로, 자세한 내용은 후술하기로 한다.

494) 비용편익분석과 비용효과분석에 대해서는 제11장 해당 부분 참조.

495) William N. Dunn. op. cit. 2011. p. 424.

496) '발전적 평가(developmental evaluation)'와 '발전평가(development evaluation)'는 구별해야 한다. 발전평가가 주로 국제적인 원조프로그램이나 기관들의 효과성 평가에 초점을 맞추고 있다면, 발전적 평가는 사회혁신, 관여 또는 프로그램을 발전시키는 것을 도와주는 것을 목표로 한다. 노화준. 전게서. 2012. pp. 562~563.

497) 김규정. 전게서. pp. 246~247; 유종해 외. 전게서. pp. 674~675.

498) Thomas R. Dye. op. cit. p. 63에서 재인용.

499) Michael Hill. op. cit. pp. 312~313.

500) 정책분석에서 적절성(adequacy)은 다른 각도에서 이해된다. 즉, 정책분석에서 적절성은 '목표의 수준이 지나치게 높거나 낮지 않고 적당한 수준인지의 여부'를 의미한다.

501) John L. Campbell. op. cit. 2001 및 op. cit. 2004 참조.

502) 권기헌. 전게서. 2008. pp. 362~363.

503) James E. Anderson. op. cit. pp. 287~292.

504) 앞서도 여러 차례 언급한 바와 같이, 정책결정자가 정책목표를 명확하게 규정하지 않는 이유는 '전문성 부족'이라는 측면도 있지만, 비난을 회피하기 위한 '정치적 동기'도 있다.

505) 이는 후술하는 '성숙효과'에 해당하는 것이다.

506) Thomas R. Dye. op. cit. p. 75.

507) 따라서 정치에 고유한 '근시안적(myopic)' 시계는 정치인만의 문제가 아닌 정치인과 유권자가 공유하는 문제이다.

508) 정책평가 결과의 활용을 저해하는 요인으로는 다음과 같은 것들이 있다. 첫째, 평가에 사용된 자료의 정확성, 충분성, 신뢰성 등이 결여되어 있거나 평가 담당자의 객관성이 의심을 받는 경우 이용자가 평가 결과를 신뢰하지 못하여 평가 결과가 활용하지 않는 경우이다. 둘째, 이용자가 필요로 하는 정보를 정책평가가 제시해주지 못하는 경우 평가는 쓸모없는 것으로 간주되기 쉽다. 셋째, 평가 결과가 이용자가 필요로 하는 시기에 제공되지 못하여 활용되지 못하는 경우이다. 넷째, 평가 결과가 이용자에게 쉽고, 명확하며, 간결하게 제시되지 못하여 평가 결과가 활용되지 못하는 경우이다. 다섯째, 현재 상태의 문제를 지적하는 평가의 특성상 정책을 결정하고 집행하는 책임을 지고 있는 이용자가 의도적으로 평가 결과를 받아들이지 않고 저항할 수 있다. 여섯째, 정책평가 자체에 내재된 본질적 한계, 예를 들면 지표 설정이나 결과의 확인 또는 인과관계의 추정의 어려움이나 시간과 자원, 그리고 정보의 제약 등으로 인해 평가 결과가 제대로 활용되지 못할 수 있다. 강근복 외. 전게서. pp. 324~326.

509) R. Walker and S. Duncan. op. cit. pp. 169~170.

510) 정정길 외. 전게서. 2003. pp. 827~829.

511) 정정길 외. 전게서. 2010. p. 686.

512) 여기서의 논의는 Royce A. Singleton and Bruce C. Straits. Approaches to Social Research. 4th Edition. New York and Oxford: Oxford University Press. 2005. Chapter 6 "Experimentation", Chapter 7 "Experimental Designs" 및 남궁 근. 전게서. 2003. 제6장 "인과관계의 추론", 제7장 "설명적 조사설계"의 내용을 토대로 이를 보완한 것임.

513) 두 변수 사이의 관계는 크게 보면 '인과관계'와 '상관관계'로 나눌 수 있다. 인과관계란 한 변수에 생긴 변화가 다른 변수의 변화를 유발하는 원인과 결과의 관계를 의미하는 데 반해, 상관관계란 두 변수 사이에 성격은 분명하지 않아도 어떤 관계가 존재하는 것을 의미한다. 이준구 · 이창용. 전게서. p. 30. 즉, 인과관계는 후술하는 인과적 추론의 조건을 모두 충족하는 경우인 반면, 상관관계를 공동변화의 원칙은 충족하지만 시간적 선행성의 원칙이나 경쟁가설의 배제원칙은 충족하지 못하는 경우이다.

514) 권기헌. 전게서. 2008. p. 348.

515) 허위변수에 의해 연결된 두 변수 사이의 관계를 허위관계 또는 허위상관이라고 하는데, 예를 들면 다음과 같은 경우이다. 소방정책을 연구한 연구자의 관찰 결과, 출동한 소방차 및 소방관의 수가 화재로 인한 피해액 사이의 공동변화를 관찰하였다. 즉, 출동한 소방차 및 소방관의 수가 많을수록 화재피해액이 큰 것으로 나타났지만, 출동한 소방차 및 소방관의 수가 화재피해의 원인이 아닌 것은 분명하다. 이 경우 화재의 크기라는 제3의 변수(허위변수)가 출동한 소방차 및 소방관의 수와 화재피해액 모두에 영향을 미치며, 원래 관찰된 두 변수 사이의 관계를 모두 설명할 수 있다. 따라서 화재의 크기는 허위변수이며, 허위변수에 의해 연결된 출동한 소방차 및 소방관의 수와 화재피해액 사이의 관계는 허위관계(허위상관)인 것이다. 남궁 근. 전게서. 2003. pp. 173~174. 이러한 사례에서는 허위관계가 쉽게 드러나지만, 실제 연구설계에서는 허위관계를 파악하기가 훨씬 어렵다. 따라서 이를 찾는 데에는 연구자의 지식과 통찰력이 중요한 변수로 작용한다. Royce A. Singleton and Bruce C. Straits. op. cit. p. 60.

516) 특히, 정책을 추진하는 데 소요되는 비용이 크고 관련 이해당사자들이 많은 경우, 정책을 추진하는 데 따른 시행착오의 혼란을 최소화하기 위해 먼저 소규모 집단에게 실험을 하는 것이 정책효과의 타당성 제고에 많은 도움이 된다. 권기헌. 전게서. 2008. pp. 354~355.

517) Michael Hill. op. cit. pp. 296~297.

518) 정책평가의 타당성에 대해서는 T. Cook and D. Campbell. *Quasi-Experimentation: Design and Analysis Issues for Field Settings*. Houghlin-Mifflin Company. 1979 참조.

519) 내적 타당성을 저해하는 요인은 다시 추정된 원인에 기인한 대상집단의 특성변화에 따른 요인(성숙요인, 역사요인), 표본의 무작위배정 및 대표성에 관련된 요인(선정요인, 상실요인, 회귀요인), 관찰 및 측정방법에 관련된 요인(검사요인, 측정수단요인)으로 나눌 수 있다. 내적 타당성의 저해요인에 대해서는 남궁 근. 전게서. 2003 참조. 한편 내적 타당성을 저해하는 요인에는 이 외에도 몇 가지가 더 있다. 첫째, 인과적 시간순서(causal time order)로서, 이는 실험처리와 종속변수 사이의 시간적 순서가 불분명한 경우를 말한다. 둘째, 처리의 확산 또는 모방(diffusion or imitation of treatment)으로서, 이는 실험집단과 통제집단 구성원들 사이에 상호 의사소통이 있어 실험처리의 일부가 통제집단의 구성원들에게 전달되는 것을 말한다. 셋째, 보상(compensation)으로, 이는 통제집단의 구성원들에게 보상이 이루어져 실험 결과가 왜곡되는 것을 말한다. 넷째, 보상경쟁(compensatory rivalry)으로, 이는 통제집단의 구성원들이 노력으로 실험처리가 이루어지지 않은 것에 대해 보상을 받으려고 하는 것을 말한다. 다섯째, 사기저하(demoralization)로, 이는 보상경쟁과 반대로 통제집단의 구성원들이 박탈감을 느껴 포기하는 것을 말한다. Earl Babbie. op. cit. p. 291.

520) Thomas R. Dye. op. cit. p. 71. 비슷한 맥락에서의 논의로 '가짜약(placebo)' 효과가 있다. 이는 신약을 먹었다는 심리적 요인으로 인해 병세가 호전되는 현상으로, 이러한 효과를 제거하기 위해 '이중눈가림 실험(double-blind experiment)'을 하기도 한다. 이중눈가림 실험은 피험자와 실험자가 가질 수 있는 편견을 제거하기 위해 피험자와 실험자 모두에게 누가 실험집단이고 누가 통제집단인가를 알려주지 않고 진행하는 실험을 말한다. Earl Babbie. ibid. pp. 283~284.

521) Royce A. Singleton and Bruce C. Straits. op. cit. pp. 158~159.

522) 정정길 외. 전게서. 2010. pp. 665~666.

523) 상게서. pp. 672~675.

524) Royce A. Singleton and Bruce C. Straits. op. cit. p. 157.

525) 정정길 외. 전게서. 2010. pp. 674~676.

526) 상게서. pp. 666~667.

527) Thomas R. Dye. op. cit. p. 71.

528) 정정길 외. 전게서. 2010. pp. 667~669.

529) 공동성(편). 『성과관리: 한국제도편』. 서울: 대영문화사. 2013.

530) 이종수 · 윤영진 외. 『새 행정학 2.0』. 서울: 대영문화사. 2014.

531) 공동성(편). 『성과관리: 한국제도편』. 서울: 대영문화사. 2013.

532) 이윤식. 전게서. pp. 139~143.

533) Michael E. Kraft and Scott R. Furlong. op. cit. p. 102.

534) 정정길 외. 전게서. 2010. p. 700.

535) 3장에서 살펴본 것처럼 이를 '분할적 점증주의(disjointed incrementalism)'라고 한다. 이러한 논리에 의한다면 정책결정과정은 '합리적' 과정이라기보다는 '학습과정'으로서의 의미를 가진다.

536) Charles E. Lindblom. op. cit. 1959 참조.

537) Michael Howlett et al. op. cit. p. 200.

538) 단절된 균형 모형에 대해서는 제5장 "역사적 제도주의" 해당 부분 참조.

539) 오렌(Karen Orren)과 스코우로넥(Stephen Skowronek)의 표현을 빌리면, 긍정적 환류 효과는 현존 정책을 "강화하는 것(reinforcing)"인 반면, 부정적 환류 효과는 현존 정책을 "위협하는 것(threatening)"이다. Karen Orren and Stephen Skowronek. op. cit. 2002. p. 745.

540) 긍정적 환류 효과는 내생적 제도변화 이론(theory of endogenous institutional change)에서 말하는 "자기강화적 제도(self-reinforcing institution)"와 밀접하게 관련된다. 자기강화적 제도란 제도의 본질적인 속성이 제도를 특정한 경로에 고착시키는 현상을 말한다. 이러한 자기강화적 제도는 합리적 선택 제도주의에서 말하는 "자기강제적 제도(self-enforcing institution)"와 구분된다. 자기강제적 제도는 외생적 요인의 변화가 있으면 제도가 변할 수 있다는 점을 인정하는 데 반해, 자기강화적 제도는 외생적 요인의 변화가 있더라도 제도 자체의 속성이 변화를 제약할 수 있다는 점을 강조한다. 자기강화적 제도와 자기강제적 제도에 대한 보다 자세한 설명은 Avner Greif and David D. Laitin. op. cit. 2004 참조.

541) Michael Howlett et al. op. cit. pp. 202~203.

542) Ibid. p. 200.
543) R. Kent Weaver. op. cit. 2006. p. 223.
544) James Q. Wilson. op. cit.
545) Thomas R. Dye. op. cit. pp. 76~77.
546) 정치엘리트들이 사용하는 정치 전략에 대해서는 제7장 "정책중심적 관점" 해당 부분 참조.
547) James Q. Wilson. op. cit. 참조.
548) Paul Pierson. op. cit. 1996; Jacob S. Hacker. op. cit. 1998; John Myles and Paul Pierson. op. cit. 참조.
549) Margaret Weir and Theda Skocpol. op. cit.
550) Jonas Pontusson, op. cit.
551) 예를 들면, Paul Pierson. op. cit. 1994; Evelyne Huber and John D. Stephens. op. cit.; Jacob S. Hacker. op. cit. 2004 참조.
552) Kathleen Thelen. op. cit. 2004.
553) Paul Pierson. op. cit. 1994 참조.
554) Margaret R. Somers and Fred Block. "From Poverty to Perversity: Ideas, Markets, and Institutions over 200 Years of Welfare Debate." *American Sociological Review*. 70(2). 2005.
555) Margaret Weir. op. cit.; Mark Blyth. "An Approach to Comparative Analysis or a Subfield within a Subfield? Political Economy." In Mark Irving Lichbach and Alan S. Zuckerman(eds.). *Comparative Politics: Rationality, Culture, and Structure. Second Edition*. Cambridge: Cambridge University Press. 2009; Alan M. Jacobs. op. cit. 2010.
556) John L. Campbell. op. cit. 1998; Michael Howlett et al. op. cit.
557) 정책의 표류(Drift)란 정책 자체에는 변화가 없지만 정책을 둘러싸고 있는 환경이 변화하여 정책의 결과가 바뀐 현상을 지칭한다. 즉, 표류는 새로운 정책이 도입되기보다는 환경의 변화로 인해 현존 정책이 상이한 영향을 미치는 것을 의미하며, 이는 미국과 같은 분절화된(fragmented) 정치체제에서 보편적으로 나타나는 현상이다. 정책의 표류 현상에 대해서는 Jacob S. Hacker. op. cit. 2004 및 op. cit. 2005 참조. 해커의 정책변동 유형에 대해서는 후술하기로 한다.
558) Peter Bachrach and Morton S. Baratz. op. cit. 1962 참조.
559) Kathleen Thelen. op. cit. 2003; Jacob S. Hacker. op. cit. 2004; James Mahoney and Kathleen Thelen. op. cit.
560) 이와 관련하여 스웽크(Duane Swank)의 연구는 여러 가지 중요한 함의를 가지고 있다. 이에 대해서는 5장 역사적 제도주의 관련 부분 참조.
561) Mancur Olson. op. cit. 1965 참조.
562) 호그우드와 피터스의 정책변동 유형에 대해서는 유 훈. 전게서. pp. 460~464; 권기헌. 전게서. 2008. pp. 375~383; 남궁 근. 전게서. 2008. pp. 552~557 참조.
563) 우리나라에서 박정희 정부가 수립한 경제개발 5개년계획이 이 범주에 해당한다고 볼 수 있는데, 이에 대해서는 논란의 여지가 있다. 학자에 따라서는 이승만 정부나 장면 정부 때에도 경제개발계획이 있었다는 점을 근거로, 이것이 이전에 없던 전혀 새로운 정책은 아니라는 주장을 하는 경우도 있기 때문이다. 그러나 이승만 정부나 장면 정부의 경제개발계획과 박정희 정부의 그것은 '단절'이라는 측면도 강하기 때문에 이를 새로운 정책의 수립으로 볼 여지도 충분히 있다. 이에 대한 자세한 설명은 구현우. 전게논문. 2010. 제3장 "발전국가 형성기의 사례 분석" 참조.
564) 1970년대 산업정책 변동의 의미에 대해서는 상게논문. 제4장 "발전국가 심화기의 사례 분석" 참조.
565) Michael Howlett et al. op. cit. p. 202.
566) James E. Anderson. op. cit. p. 302.
567) Eugene Bardach. "Policy Termination as a Political Process." *Policy Sciences*. 7(2). 1976 참조.
568) Jacob S. Hacker. op. cit. 2004 참조.
569) "권위적 정책 변동에 대한 제약"은 우리가 일반적으로 알고 있는 거부점으로 정치체제에 내재되어 있는 의사결정점을 의미하는 데 반해, "내적인 정책 전환에 대한 제약"은 정책의 기본적인 성격에서 파생되는 제약 효과를 의미한다. 예를 들면, 정책을 결정하고 집행하는 데 가질 수 있는 재량의 여지나 정책의 편익과 비용의 유인

구조에 따른 이해관계자들의 배열 등이 "내적인 정책 전환에 대한 제약"이 될 수 있다. 따라서 이는 7장에서 살펴본 "정책 환류 효과(policy feedback effect)"와 밀접하게 관련된다.

570) 미국 정치의 난맥상과 그것이 가져온 부정적인 결과에 대해서는 Jacob S. Hacker and Paul Pierson. op. cit. 2011 참조. 또한 정책의 표류라는 관점에서 민주적 정치과정론을 논평한 최근 연구에 대해서는 Jacob S. Hacker and Paul Pierson. op. cit. 2014 참조.

571) 동일한 정책 내에 이질적인 요소가 포함되어 있는 것은 '비동시성의 동시성(the contemporaneity of the uncontemporary)'의 일종으로 해석할 수 있다. 비동시성의 동시성이란 독일의 역사철학자 에른스트 블로흐(Ernst Bloch)가 1930년대 독일 사회를 규정하면서 쓴 용어로, 동일한 '캘린더(달력) 시간'에 서로 다른 '역사의 시간'이 공존하는 현상을 말한다. 즉, 동일한 시간 내에 이질적인 전근대, 근대, 탈근대의 요소들이 뒤섞여 있는 것을 말한다. 비동시성의 동시성이라는 관점에서 한국의 현대 정치사를 분석한 연구로는 임혁백. 전게서. 2014 참조.

572) 제도의 비정합성을 포함하여 시차이론에 대해서는 정정길. 전게논문. 2002 참조.

573) Vivien Lowndes and Mark Roberts. op. cit. p. 128.

574) 이러한 관점에서 제도변화를 설명한 연구로는 Kellee S. Tsai op. cit. 및 Matthew M. Taylor. op. cit. 참조.

575) 내생적 제도변화 이론에서 살펴본 것처럼, 슈트렉과 셀린은 변화의 과정뿐만 아니라 변화의 결과도 고려하여 다차원적인 제도변화 유형을 설정한 바 있다.

576) Jacob S. Hacker. op. cit. p. 246.

577) 이들은 원래 제도변화(institutional change)에 대해 논의하고 있지만, 이들의 논의를 정책변동에도 그대로 적용할 수 있다.

578) James Mahoney and Kathleen Thelen. op. cit. pp. 22~31.

579) Ibid. p. 28.

580) 정정길 외. 전게서. 2010. pp. 724~725.

581) 정책카르텔의 개념에 대해서는 R. Kent Weaver. op. cit. 2006 참조.

582) 정정길 외. 전게서. 2010. pp. 725~726.

583) 비난회피를 위한 정치 엘리트들의 전략에 대해서는 Paul Pierson. op. cit. 1994 및 본서 제7장 참조.

584) 영기준 예산제도는 원래 피어(Peter Pyhrr)가 민간기업인 Texas Instrument에서 시행한 예산제도를, 공공부문에 도입한 것이다. 하연섭. 전게서. p. 253. 따라서 공공부문에 적용되는 데에는 일정한 한계가 있는데, 이를 구체적으로 살펴보면 다음과 같다. 첫째, 공공부문에는 분석해야 할 사업이 너무 많다. 예를 들어, 카터 대통령이 주지사였던 시절의 조지아 주의 경우, 의사결정 패키지 수가 10,000개를 상회했는데, 이와 관련된 업무량이 엄청났을 것이라는 점은 쉽게 짐작할 수 있다. 상게서. p. 257. 둘째, 정부 부문에는 경직성 경비의 비중이 민간기업에 비해 상대적으로 높다. 여기서 경직성 경비란 기본 정책의 수정이나 법률의 개정 없이는 지출을 폐지・삭감하지 못하는 경비(예: 국방비, 복지비, 인건비, 물건비, 지방교부세 등)로, 세출예산의 약 70%를 상회하고 있다. 따라서 정부사업을 영에서 출발한다는 것은 불가능한 일이다. 셋째, 정부예산을 결정하는 데에는 경제논리 못지않게 정치논리가 강하게 작용하는데, 영기준 예산제도는 이러한 예산결정의 현실을 제대로 설명하지 못한다.

585) 일몰법을 전술한 영기준 예산제도와 비교하면 다음과 같다. 첫째, 일몰법은 입법과정과 관련되는데 반해, 영기준 예산제도는 행정과정(예산과정)과 관련된다. 둘째, 일몰법은 3년 내지 7년의 중・장기적인 계획과 관련되는데 반해, 영기준 예산제도는 단기적인(1년) 계획과 관련된다.

참고문헌

1. 국내문헌

강근복. 『정책분석론』. 개정판. 서울: 대영문화사. 2000.

______. 『정책분석론』. 전정 제3판. 서울: 대영문화사. 2016.

강근복 · 김재관 · 박근후 · 박정택. 『정책학』. 서울: 대영문화사. 2016.

강　민. "한국국가의 정책자율성." 강민 외 『국가와 공공정책: 한국 국가이론의 재조명』. 서울: 법문사. 1991.

강상중 · 현무암. 『기시 노부스케와 박정희: 다카키 마사오, 박정희에게 만주국이란 무엇이었는가』. 서울: 도서출판 책과 함께. 2012.

강윤호. "제도, 제약 및 관료의 예산결정행태: 지방정부 예산결정에 대한 신제도주의적 접근." 한국정책학회보, 9(1). 2000.

강윤호 · 민　기 · 전상경. 『현대 지방재정론』. 제4판. 서울: 박영사. 2015.

강원택. "지역주의 투표와 합리적 선택: 비판적 고찰." 한국정치학회보. 34(2). 2000.

______. "행정 개혁과 관료 저항." 한국사회와 행정연구. 12(3). 2001.

강원택 외. 『세금과 정치: 각국의 경험과 한국의 선택』. 서울: 푸른길. 2007.

공동성(편). 『성과관리: 한국제도편』. 서울: 대영문화사. 2013.

구현우. "발전국가, 배태된 자율성, 그리고 제도론적 함의: 이승만 정부, 박정희 정부, 전두환 정부의 산업화 정책을 중심으로." 한국사회와 행정연구. 20(1). 2009.

______. "역사적 제도주의와 비교정책연구: 제도의 지속성, 변화가능성, 그리고 정책패턴을 중심으로." 한국정책학회보. 18(2). 2009.

______. "발전국가의 산업화 정책 변동에 관한 제도론적 분석: 역사적 제도주의를 중심으로." 부산대학교 대학원 박사학위논문. 2010.

______. "세계화, 신자유주의, 그리고 제도론적 함의: 김대중 정부의 경제개혁을 중심으로." 성균관대학교 국정관리대학원 국정관리연구. 6(2). 2011.

______. "제도변화의 통합적 접근: 신제도주의 하위 분파간 통합적 접근의 가능성." 성균관대학교 국정관리대학원 국정관리연구. 7(2). 2012.

______. "정치의 원인으로서의 공공정책: 정책중심적 관점의 정책학적 함의." 서울대학교 행정대학원 행정논총. 51(3). 2013.

______. "정책결정의 선택 논리: 합리성, 제약, 그리고 상징." 서울대학교 행정대학원 행정논총. 55(4). 2017.

______. “역사, 정책유산, 그리고 기억의 정책학: 박정희식 발전모델의 기원을 찾아서.” 서울대학교 행정대학원 행정논총. 56(1). 2018.
구현우·이정애. “합리적 선택 이론의 새로운 지평.” 한국사회와 행정연구. 19(4). 2009.
권기헌. “Mancur Olson의 집합적 행동이론.” 오석홍·김영평(공편). 『정책학의 주요이론』. 제2판. 서울: 법문사. 2000.
______. 『정책학: 현대 정책이론의 창조적 탐색』. 서울: 박영사. 2008.
______. 『정책분석론』. 서울: 박영사. 2010.
기무라 미쓰히코. “파시즘에서 공산주의로: 북한 집산주의 경제정책의 연속성과 발전.” 박지향 외 공편. 『해방전후사의 재인식 1』. 서울: 책세상. 2006.
김경순. “관료 기구의 형성과 정치적 역할.” 한배호(편). 『현대한국정치론Ⅰ: 제1공화국의 국가 형성, 정치 과정, 정책』. 서울: 나남출판. 1990.
김규일. “정책분석가의 윤리문제.” 한국정책학회보. 4(2). 1995.
김규정. 『행정학원론』. 신판. 서울: 법문사. 1997.
김난도. “신제도경제학의 제도개념과 정책연구.” 한국정책학회보. 6(1). 1997.
김동건. “세계화와 공공부문 개혁.” 오연천·이달곤 외 『세계화시대의 국가정책』. 서울: 박영사. 2004.
______. 『현대 재정학』. 제5판. 서울: 박영사. 2005.
김동노. “1950년대 국가의 농업정책과 농촌 계급구조의 재구성.” 문정인·김세중(공편). 『1950년대 한국사의 재조명』. 서울: 도서출판 선인. 2004.
김선명. “한국금융제도의 경로의존에 관한 연구: 역사적 제도주의 접근법을 중심으로.” 한국정책학회보. 9(3). 2000.
김선혁. “비교정책학의 현재와 미래: 신제도주의, 사회적 구성주의, 신비교행정학을 중심으로.” 한국정책학회보. 13(3). 2004.
김석준. “국가론 연구의 경향변천과 국가능력 개념의 전개.” 강민 외 『국가와 공공정책: 한국 국가이론의 재조명』. 서울: 법문사. 1991.
______. 『한국산업화국가론』. 서울: 나남출판. 1992.
______. “거버넌스의 분석틀: 21세기 한국사회와 정치의 뉴 거버넌스 모색.” 김석준 외 『거버넌스의 정치학』. 서울: 법문사. 2002.
김선희. “의료개혁 지체에 대한 행위자 중심 제도주의 분석: 포괄수가제 정책을 중심으로.” 한국정책학회보. 18(1). 2009.
김성제. 『정책학강의』. 서울: 도서출판 태학관. 1997.
______. 『정책혁신과 정책네트워크: 신제도론적 관점』. 경기: 한국학술정보(주). 2005.
김성칠. 『역사 앞에서: 한 사학자의 6·25 일기』. 서울: 창작과 비평사. 1993.
김성호 외. 『농지개혁사 연구』. 서울: 한국농촌경제연구원. 1989.
김수길 외. 『금고가 비워습디다: DJ 정권 5년의 경제실록』. 서울: 중앙 M&B. 2003.
김순양. “의료보험 정책과정에서의 참여자의 특성변화에 관한 연구.” 한국행정학보. 29(2). 1995.

______. "권위주의 정치체제와 정책네트워크." 한국행정논집. 16(3). 2004.
______. "정책분석과정에서의 정책네트워크(Policy Network) 모형: 이론적 · 실천적 적실성의 검토." 한국정책학회보. 19(4). 2010.
김시윤. "정책변화와 신제도주의: 통신산업정책의 사례." 한국정치학회보. 31(1). 1997.
______. "국가와 경제발전: 약탈적 국가론에 대한 비판적 고찰." 한국행정학보. 38(2). 2004.
김연수. "한국 행정개혁의 경로의존성 분석: 김영삼, 김대중, 노무현 정부를 중심으로." 성균관대학교 대학원 박사학위논문. 2006.
김영명. "이승만 정권의 흥망과 그 정치사적 의미." 한국정치학회보. 25(1). 1991.
______. 『한국의 정치변동』. 서울: 을유문화사. 2006.
김영세. 『전략과 정보: 게임이론적 접근』. 서울: 박영사. 2000.
김영평. "Herbert A. Simon의 절차적 합리성 이론." 오석홍 · 김영평(공편). 『정책학의 주요이론』. 제2판. 서울: 법문사. 2000.
김용운. "제도적 동형화와 형식적 동형화." 배병룡(편). 『제도와 행위』. 서울: 대영문화사. 2015.
김윤수. "8 · 15 이후 귀속기업체불하에 관한 일연구." 서울대학교 대학원 석사학위논문. 1988.
김 인. "공공서비스배분의 결정요인 및 형평성에 관한 연구." 서울대학교 대학원 박사학위논문. 1986.
______. "행정이념으로서의 사회적 형평성." 부산대학교 사회과학논총. 6(1). 1987.
김김인 · 김영기 · 류기형. "지방정부의 공공서비스 성과측정 및 결정요인." 지방과 행정연구. 3(2). 1991.
김인철. "Peter Bachrach와 Morton Baratz의 권력양면성이론." 오석홍 · 김영평(공편). 『정책학의 주요이론』. 제2판. 서울: 법문사. 2000.
김일영. "계급구조, 국가, 전쟁 그리고 정치발전: B. Moore 테제의 한국적용가능성에 대한 예비적 고찰." 한국정치학회보. 26(2). 1992.
______. 『건국과 부국: 현대한국정치사강의』. 서울: 생각의 나무. 2005.
______. "농지개혁을 둘러싼 신화의 해체." 박지향 외(공편). 『해방전후사의 재인식 2』. 서울: 책세상. 2006.
______. "한국에서 '기획' 개념과 제도의 역사적 기원과 발전." 한국동북아논총. 47. 2008.
______. 『한국현대정치사론』. 서울: 논형. 2011.
김재인 · 임미영. "한국여성정책네트워크에 관한 실태 분석." 한국행정학보. 38(6). 2004.
김정렬. "정부의 미래와 거버넌스: 신공공관리론과 정책네트워크." 한국행정학보. 34(1). 2000.
김정수. "John D. Steinbruner의 사이버네틱 정책결정이론." 오석홍 · 김영평(공편). 『정책학의 주요이론』. 제2판. 서울: 법문사. 2000.
김종성. "한국행정제도의 지속성에 관한 연구: 미군정과 건국정부를 중심으로." 서울대학교 대학원 박사학위논문. 1999.
김종완. "신문화이론." 정용덕 외. 『신제도주의 연구』. 서울: 대영문화사. 1999.
김종호. 『현대사회와 행정』. 서울: 형설출판사. 2003.

김준기 · 이민호. "한국의 네트워크 거버넌스에 관한 연구: 사회복지관의 네트워크와 조직 효과성." 서울대학교 행정대학원 행정논총. 44(1). 2006.

김주환. "의약분업정책네트워크와 정책반응의 변화: 정책패러다임의 변화를 중심으로." 서울대학교 행정대학원 행정논총. 42(1). 2004.

______. "정책네트워크와 정책결정: 의약분업정책을 중심으로." 한국행정학회 동계학술대회 발표논문. 2004.

김 철. "몰락하는 신생: '만주'의 꿈과 〈농군〉의 오독." 박지향 외 (공편). 『해방전후사의 재인식』. 제1권. 서울: 책세상. 2006.

김태룡. 『행정이론: 행정사와 이론을 중심으로』. 개정판. 서울: 대영문화사. 2010.

김판석. "Michael Thompson과 Richard Ellis 그리고 Aaron Wildavsky의 문화이론." 오석홍(편). 『정책학의 주요이론』. 제2판. 서울: 법문사. 2000.

김학로 · 강성철 · 김 인. "부산시 공공서비스공급의 민영화에 관한 연구: 형평과 능률의 관점에서." 지방과 행정연구. 3(1). 1991.

김행범. "투표과정에 의한 예산 결정 논리." 모한 천대승 교수 정년기념 논문집. 『현대행정의 현장과 전망』. 지방과 행정연구. 11(1). 1998.

______. "집합적 행위의 행정문제에 있어서 'Tit-For-Tat' 전략과 그 안정성에 관한 연구." 한국사회와 행정연구. 11(1). 2000.

______. "지대추구비용(Rent-seeking Cost) 규모에 관한 비판적 연구: 규범적 지대추구(normative rent-seeking theory)을 중심으로." 한국사회와 행정연구. 13(3). 2002.

김행범 · 문경주. "정부정책에 대한 압력단체 활동의 이론모형에 관한 공공선택론적 연구." 인제대학교. 인제논총. 13. 1997.

김형아. 『유신과 중화학공업: 박정희의 양날의 선택』. 서울: 일조각. 2005.

김형양. "로컬 거버넌스 형성의 영향요인에 관한 연구: 정부와 NGO간의 파트너십을 중심으로." 부산대학교 대학원 박사학위논문.

김혜란. "사회적 기업이 창출하는 가치의 측정에 관한 연구: SROI 기법을 중심으로." 부산대학교 대학원 박사학위논문. 2013.

김호진. 『한국정치체제론』. 수정7판. 서울: 박영사. 1997.

김흥회. "IMF 외환위기에 이르는 과정에서의 정부고위정책관료의 의사결정과정 연구: Janis의 집단사고(groupthink)를 분석의 틀로." 한국행정학보. 34(4). 2000.

나중식. "주민참여예산제도의 운영모형에 관한 비교연구: 브라질 · 미국 · 한국을 중심으로." 지방정부연구. 9(2). 2005.

남궁 근. 『비교정책연구: 방법, 이론, 적용』. 서울: 법문사. 1998.

______. 『행정조사방법론』. 제3판. 서울: 법문사. 2003.

______. 『정책학: 이론과 경험적 연구』. 경기: 법문사. 2008.

노화준. 『정책학원론』. 서울: 박영사. 1995.

______. 『기획과 결정을 위한 정책분석론』. 제2전정판. 서울: 박영사. 2003.
______. 『정책학원론: 복잡성과학과의 융합학문적 시각』. 제3전정판. 서울: 박영사. 2012.
류지성. 『정책학』. 서울: 대영문화사. 2007.
문상호 · 권기헌. "한국 정책학의 이상과 도전: 한국적 맥락의 정책수용성을 위한 성찰적 정책모형의 유용성에 관한 고찰." 한국정책학회보. 18(1). 2009.
문정인 · 류상영. "자유당과 경무대: 정치사회의 출현과 붕괴의 정치학." 문정인 · 김세중(공편). 『1950년대 한국사의 재조명』. 서울: 도서출판 선인. 2004.
문태훈. 『환경정책론』. 서울: 형설출판사. 1997.
민 진. 『한국정책체계론』. 서울: 대영문화사. 2015.
______. 『정책관리론』. 서울: 대영문화사. 2016.
박경효. "Robert D. Behn의 정책분석과 정치." 오석홍 · 김영평(공편). 『정책학의 주요이론』. 서울: 법문사. 2000.
______. 『재미있는 행정학』. 제3판. 서울: 도서출판 윌비스. 2016.
박광주. 『한국권위주의 국가론: 지도자본주의체제하의 집정관적 신중상주의 국가』. 서울: 인간사랑. 1992.
______. "관료와 정치권력." 한국정신문화연구원. 정신문화연구. 19(1). 1996.
박병식 외. 『정책사례연구』. 서울: 대영문화사. 2002.
박성복. 『정치경제학원론』. 서울: 법문사. 1992.
박용성. "정책네트워크의 동태적 유형분석에 관한 연구: 한강 및 낙동강 유역정책수립 및 입법화과정을 중심으로." 한국행정학회. 하계학술대회 발표논문. 2004.
박종민 · 김서용. "신자유주의 정부개혁의 문화적 분석." 박종민(편). 『정책과 제도의 문화적 분석』. 서울: 박영사. 2002.
박종민 · 왕재선. "큰 정부 대 작은 정부: 이념, 구조 및 문화." 한국행정학회. 춘계학술대회 발표논문. 2004.
박지향. 『근대로의 길: 유럽의 교훈』. 서울: 세창출판사. 2017.
박태균. "1970, 80년대 경제정책 주체의 변화와 새로운 경제담론." 유철규(편). 『박정희 모델과 신자유주의 사이에서』. 서울: 함께 읽는 책. 2004.
박천오. "한국 이익집단의 정책과정상의 영향력과 활동패턴: 정부관료제와의 관계를 중심으로." 한국행정학보. 33(1). 1999.
______. "Roger W. Cobb과 Charles D. Elder의 정책의제 설정이론." 오석홍 · 김영평(공편). 『정책학의 주요이론』. 제2판. 서울: 법문사. 2000.
박태균. "1960년대 안보위기와 제2경제론." 정성화(편). 『박정희시대 연구의 쟁점과 과제』. 서울: 도서출판 선인. 2005.
박현모. 『현대정치학』. 서울: 법문사. 1994.
방민석 · 김정해. "대기업규제정책에 대한 신제도주의적 분석: 정책변화의 경로의존성을 중심으로." 한국행정학보. 37(4). 2003.
배병룡. "조직환경론에서의 신제도주의." 정용덕 외 『신제도주의 연구』. 서울: 대영문화사. 1999.
배용수. 『규제정책론』. 전정판. 서울: 대영문화사. 2013.
______. 『공공기관론: 공공기관의 지배구조와 관리』. 서울: 대영문화사. 2015.
배응환. "권위주의정치체제하의 정부와 경제이익집단관계: 박정희정부와 전두환정부의 비교." 한국행정학보. 35(2). 2001.
백승기. 『정책학원론』. 제2판. 서울: 대영문화사. 2004.
______. 『정책학원론』. 제3판. 서울: 대영문화사. 2009.
사공영호. "제도와 마음: 현상학 및 언어 · 심리철학적 접근." 서울대학교 행정대학원 행정논총. 50(1). 2012.
________. "'틀린' 정책 문제 정의: 의미와 기원." 한국정책학회보. 24(3). 2015.
서울대학교 정치학과 교수 공저. 『정치학의 이해』. 서울: 박영사. 2002.
서재진. 『한국의 자본가 계급』. 서울: 나남출판. 1991.
서창록 · 이연호 · 곽진영. "거버넌스의 개념: 거버넌스의 개념과 쟁점에 관한 소고." 김석준 외 『거버넌스의 정치학』. 서울: 법문사. 2002.
성지은. "정책네트워크의 지속성과 변화: 이동통신 신규사업자선정을 중심으로." 한국행정학보. 38(1). 2004.
소병희. "공공선택론의 이해와 정책학 분야에서의 응용." 한국정책학회보. 5(2). 1996.
손호철. 『현대 한국정치이론과 역사: 1945-2003』. 서울: 사회평론. 2003.
손희준 · 강인재 · 장노순 · 최노순. 『지방재정론』. 개정3판. 서울: 대영문화사. 2008.
송백석. "'삼성공화국' 현상과 자본주의 국가의 한계." 한국정치학회보. 41(1). 2007.
송하중. "Richard Zeckhauser의 현상유지편향." 오석홍(편). 『행정학의 주요이론』. 서울: 경세원. 1996.
신가희 · 하연섭. "예산심의과정에서 예비타당성조사제도의 정치적 수용성에 관한 연구: 예산 결산 특별위원회 회의록 분석을 중심으로." 한국정책학회보. 24(2). 2015.
신승춘 외. 『현대행정의 이해』. 개정판. 서울: 대영문화사. 2009.
심상용. "과거 성장전략의 경로의존성과 혁신주도 동반성장의 과제에 관한 연구." 한국정책학회보. 14(4). 2005.
안병철. "정책형성과정의 정치적 성격과 특성: 의약분업정책의 사례분석." 한국정책학회보. 10(2). 2001.
안성민. "신제도주의와 문화이론." 박종민(편). 『정책과 제도의 문화적 분석』. 서울: 박영사. 2002.
안용흔. "선거, 선거압력, 그리고 거시경제정책: 한국에서의 선거의 정치경제학." 한국정치학회보. 37(1). 2003.
안희남. "신 · 구제도주의 비교연구." 현대사회와 행정. 12(3). 2002.
염재호. "국가정책과 신제도주의." 사회비평. 11. 1994.
______. "민주화와 경제개혁의 정치경제학: 정부-기업관계의 신제도주의적 접근." 노동문제논집.

12. 1996.
______. “Deborah A. Stone의 정책모순과 정치논리.” 오석홍 · 김영평(공편). 『정책학의 주요이론』. 제2판. 서울: 법문사. 2000.
에커트, 카터 J. “5 · 16 군사혁명, 그 역사적 맥락.” 조이제 · 카터 에커트(공편). 「한국근대화, 기적의 과정」. 서울: 월간조선사. 2005.
오세덕 · 이명재 · 강제상 · 임영재. 『행정관리론』. 개정판. 서울: 대영문화사. 2013.
오연천 · 이달곤 외. 『세계화시대의 국가정책』. 서울: 박영사. 2004.
우지숙 · 김한솔 · 안준규. “TV토론과 정책선거: 제19대 대선토론 방송보도에 대한 프레임 분석을 중심으로.” 서울대학교 행정대학원. 행정논총. 55(4). 2017.
유동운. 『신제도주의 경제학』. 서울: 선학사. 1999.
유영익. 『건국대통령 이승만: 생애 · 사상 · 업적의 새로운 조명』. 서울: 일조각. 2013.
유원식. 『혁명은 어디로 갔나: 5 · 16 비록』. 서울: 인물연구사. 1987.
유재원 · 소순창. “정부인가 네트워크인가? 계층제인가 네트워크인가?” 한국행정학보. 39(1). 2005.
유재원 · 이승모. “계층제, 시장, 네트워크: 서울시 구청조직의 거버넌스 실태에 대한 실증적 분석.” 한국행정학보. 42(3). 2008.
유종해 외. 『최신행정학연습』. 제2전정판. 서울: 박영사. 1998.
유　훈. 『정책학원론』. 개정증보판. 서울: 법문사. 1995.
윤성채. “트루(James L. True)의 쇄도와 점증주의: 미국의 정책결정과 예산.” 한국행정학회 재무행정연구회 『현대재무행정이론』. 서울: 대영문화사. 2007.
윤영진. 『새 재무행정학』. 제4판. 서울: 대영문화사. 2008.
원구환. 『재무행정론』. 개정판. 서울: 대영문화사. 2014.
이극찬. 『정치학』. 제5전정판. 서울: 법문사. 1993.
이달곤 외. 『테마 행정학』. 서울: 법우사. 2007.
________. 『테마 행정학』. 개정판. 서울: 법우사. 2012.
________. 『새 테마 행정학』. 서울: 법우사. 2015.
이명석. “공유재문제의 자치적 해결가능성.” 한국행정학보. 29(4). 1995.
______. “합리적 선택론의 신제도주의.” 정용덕 외 『합리적 선택과 신제도주의』. 서울: 대영문화사. 1999.
______. “게임이론과 제도분석.” 정용덕 외 『합리적 선택과 신제도주의』. 서울: 대영문화사. 1999.
______. “거버넌스의 개념화: ‘사회적 조정’으로서의 거버넌스.” 한국행정학보. 35(3). 2002.
이명석 · E 오스트롬 · J 워커. “제도, 이질성, 신뢰 그리고 사회적 딜레마 상황에서의 협동가능성.” 한국행정학보. 38(1). 2004.
이민창. “정책변동의 제도론적 분석: 그린벨트와 영월댐사례를 중심으로.” 서울대학교 대학원 박사학위논문. 2001.
이수윤. 『정치학개론: 정치과학과 정치철학과 역사철학의 통일』. 서울: 법문사. 1998.

이연경. "시민의 대규모 공익적 집합행동 요인에 관한 연구: 태안 사례에 대한 Olson 이론의 적용 가능성을 중심으로." 서울대학교 대학원 석사학위논문. 2008.

이윤식. "Carol H. Weiss의 정책평가연구의 정치적 성향론." 오석홍 · 김영평(공편). 『정책학의 주요이론』. 제2판. 서울: 법문사. 2000.

______. 『정책평가론』. 제3판. 서울: 대영문화사. 2018.

이원희. 『열린 행정학』. 서울: 고시연구사. 2001.

이정전. 『경제학에서 본 정치와 정부』. 서울: 박영사. 2005.

이종수. 『새 행정윤리』. 서울: 대영문화사. 2012.

이종수 · 윤영진 외. 『새 행정학』. 4정판. 서울: 대영문화사. 2005.

______________. 『새 행정학』. 5정판. 서울: 대영문화사. 2008.

______________. 『새 행정학』. 6정판. 서울: 대영문화사. 2012.

______________. 『새 행정학 2.0』. 서울: 대영문화사. 2014.

이종열 · 이재호. "거버넌스론: 개념과 기능을 중심으로." 윤영진 · 김태룡 외 『새 행정이론』. 서울: 대영문화사. 2002.

이종찬. "동아시아 정치경제이론들에 대한 비판적 고찰: 신제도주의 이론을 중심으로." 한국정치학회보. 29(4). 1995.

______. "한국경제의 정치적 관리: 신제도주의적 분석시각에서 본 문제점과 제도화의 방향." 한국정치학회 연례학술대회 발표논문. 1996.

______. "통신산업자유화와 거버넌스: 한국에서 제도설계의 한계와 신뢰구축의 필요성." 김석준 외 「거버넌스의 정치학」. 서울: 법문사. 2002.

이준구. 『재정학』. 제2판. 서울: 다산출판사. 1999.

______. 『미시경제학』. 제4판. 서울: 법문사. 2002.

______. 『시장과 정부: 경쟁과 협력의 관계』. 서울: 다산출판사. 2004.

______. 『미시경제학』. 제5판. 경기: 법문사. 2008.

______. 『미국의 신자유주의 실험』. 서울: 문우사. 2016.

이준구 · 이창용. 『경제학원론』. 제3판. 서울: 법문사. 2005.

이창원. "김대중 정부의 행정개혁에 있어서 행정학, 행정학자의 역할: 개혁과정과 결과를 중심으로." 한국행정학회. 춘계학술대회 발표논문. 2001.

이현출. "거버넌스와 NGOs: 의약분업사례를 중심으로." 한국정치학회보. 35(3). 2001.

이호철. "사회, 국가, 그리고 제도: 정치경제의 제도론적 접근." 한국과 국제정치. 9(2). 1993.

임승빈. 『정부와 NGO』. 서울: 대영문화사. 2009.

임의영. 『생각을 여는 행정학』. 서울: 대영문화사. 2015.

임혁백. 『시장 · 국가 · 민주주의: 한국민주화와 정치경제이론』. 서울: 나남출판. 1994.

______. 『세계화시대의 민주주의: 현상 · 이론 · 성찰』. 서울: 나남출판. 2000.

______. 『비동시성의 동시성: 한국 근대정치의 다중적 시간』. 서울: 고려대학교 출판문화원. 2014.

장지호. “김대중 정부의 대기업 구조조정정책 연구: 역사적 제도주의의 적용.” 한국정책학회보. 12(2). 2003.

재무부. 『한국세제사』. 상권. 서울: 재무부. 1979.

전국경제인연합회. 『전경련 40년사』. 서울: 전국경제인연합회. 2001.

전상경. “William A. Niskanen의 관료제모형.” 오석홍(편). 『행정학의 주요이론』. 서울: 경세원. 1996.

______. “Jeffrey L. Pressman과 Aaron Wildavsky의 공동선택의 복잡성과 정책집행의 역학관계.” 오석홍 · 김영평(공편). 『정책학의 주요이론』. 제2판. 서울: 법문사. 2000.

______. 『정책분석의 정치경제』. 개정판. 서울: 박영사. 2001.

전상인. 『고개 숙인 수정주의: 한국현대사의 역사사회학』. 서울: 전통과 현대. 2001.

______. “6 · 25전쟁의 사회사.” 유영익 · 이채진(공편). 『한국과 6 · 25전쟁』. 서울: 연세대학교 출판부. 2002.

전영평 · 장임숙. “규제거버넌스와 NGO의 정책참여: 기여와 한계.” 한국행정학보. 38(3). 2004.

전진석. “사회자본론.” 윤영진 · 김태룡 외 『새 행정이론』. 서울: 대영문화사. 2002.

정용덕. “관청형성 모형.” 정용덕 외. 『합리적 선택과 신제도주의』. 서울: 대영문화사. 1999.

______. “국가자율성의 조직론적 토대.” 정용덕 외 『신제도주의 연구』. 서울: 대영문화사. 1999.

______. 『현대국가의 행정학』. 서울: 법문사. 2001.

정용덕 외. 『신제도주의 연구』. 서울: 대영문화사. 1999.

정윤재. 『정치리더십과 한국민주주의』. 서울: 나남출판. 2003.

정정길. 『정책결정론』. 서울: 대명출판사. 1988.

______. 『정책학원론』. 개정판. 서울: 대명출판사. 1997.

______. 『행정학의 새로운 이해』. 서울: 대명출판사. 2000.

______. “행정과 정책연구를 위한 시차적 접근방법: 제도의 정합성 문제를 중심으로.” 한국행정학보. 36(1). 2002.

정정길 · 최종원 · 이시원 · 정준금. 『정책학원론』. 서울: 대명출판사. 2003.

정정길 · 최종원 · 이시원 · 정준금 · 정광호. 『정책학원론』. 서울: 대명출판사. 2010.

정정목. “Randall B. Ripley와 Grace A. Franklin의 의회와 관료제의 관계.” 오석홍 · 김영평(공편). 『정책학의 주요이론』. 제2판. 서울: 법문사. 2000.

정준표. “합리적 선택 이론에 있어서 합리성의 개념.” 대한정치학회보. 11(2). 2003.

조갑제. 『박정희 1: 불만과 불운의 세월: 1917~60』. 서울: 까치. 1992.

______. 『내 무덤에 침을 뱉어라』. 제1권. 서울: 조선일보사. 1998.

______. 『박정희의 결정적 순간들: 62개 생애의 62개 장면』. 서울: 도서출판 기파랑.

조일홍. “John W. Kingdon의 ‘정책의 창’ 이론.” 오석홍 · 김영평(공편). 『정책학의 주요이론』. 제2판. 서울: 법문사. 2000.

조찬수. “연방제, 복지개혁, 그리고 분리주의: 캐나다 사례에 대한 정책중심 시각의 적용.” 한국정치학회보. 51(2). 2017.

조희연. 『동원된 근대화: 박정희 개발동원체제의 정치사회적 이중성』. 서울: 후마니타스. 2010.
주운현 외. 『쉽게 쓴 행정학』. 서울: 윤성사. 2018.
주익종. 『대군의 척후: 일제하의 경성방직과 김성수 · 김연수』. 서울: 도서출판 푸른 역사. 2008.
진덕규. 『현대 정치사회학이론』. 서울: 삼영사. 1988.
최 광. "올슨교수의 생애와 학문세계." 공공경제. 5(2). 2000.
최병선. 『정부규제론: 규제와 규제완화의 정치경제』. 서울: 법문사. 1992.
______. "Steven Kelman의 정책결정과정 평가기준." 오석홍 · 김영평(공편). 『정책학의 주요이론』. 제2판. 서울: 법문사. 2000.
______. "경제개혁의 평가와 과제: 제도개혁과 재량적 개입의 상충성을 중심으로." 한국행정연구. 9(2). 2000.
최성모. "Randall B. Ripley와 Grace A. Franklin의 정책집행과 관료제." 오석홍 · 김영평(공편). 『정책학의 주요이론』. 제2판. 법문사. 2000.
최은봉. "일본 공공정책 결정구조와 과정 연구: 좀더 적실한 접근법의 탐색." 고려대학교 행정문제연구소. 행정과 정책. 창간호. 1992.
최정욱. "비교정치경제에서의 사회구조적 분석과 역사적 제도주의간의 논쟁: 분석수준과 인과론적 우선성을 중심으로." 한국정치학회보. 39(2). 2005.
최한수. 『현대 정당론』. 서울: 을유문화사. 1993.
하연섭. "역사적 제도주의." 정용덕 외 『신제도주의 연구』. 서울: 대영문화사. 1999.
______. "신제도주의의 최근경향: 이론적 자기혁신과 수렴." 한국행정학보. 36(4). 2002.
______. 『제도분석: 이론과 쟁점』. 서울: 다산출판사. 2003.
______. 『재정학의 이해』. 서울: 다산출판사. 2008.
______. 『정부예산과 재무행정』. 서울: 다산출판사. 2010.
하태수. "제도의 이전, 토착화 그리고 신제도주의." 한국행정학회 춘계학술대회 발표논문. 2002.
한국개발연구원. 『한국경제 60년사』. 제2권(산업). 2010.
한석태. 『정책학개론』. 서울: 대영문화사. 2013.
______. 『정책학개론』. 제2판. 서울: 대영문화사. 2017.
한홍구. 『대한민국史』. 제1권. 서울: 한겨레신문사. 2003.
행정자치부. 『정부조직변천사』. 서울: 행정자치부. 1998.
허 범. "정책학의 목적구조에 적합한 정책분석의 개념화 방향." 한국정책학회보. 18(2). 2009.
허철행. "김대중 정부의 신자유주의적 정부혁신의 비판적 재검토." 한국행정학회 춘계학술대회 발표논문. 2000.
______. "세계화와 한국의 정부혁신." 지방과 행정연구. 12(1). 2000.
황수연. "홀콤(Randall G. Holcombe)의 공공선택론 시각에서 본 조세정책." 한국행정학회 재무행정연구회 『현대재무행정이론』. 서울: 대영문화사. 2007.
황수익. "사회행위와 의도하지 않은 결과, 기능적 설명, 그리고 개인주의적 설명." 한국정치학회보. 23. 1989.
황윤원. "John Forester의 제한된 합리성모델의 재검토." 오석홍 · 김영평(공편). 『정책학의 주요 이론』. 제2판. 서울: 법문사. 2000.

2. 국외문헌

Aberbach, Joel D. and Tom Christensen. "Citizens and Consumers: An NPM Dilemma." *Public Management Review*. 7(2). 2005.

Acemoglu, Daron and James A. Robinson. *Why Nations Fail: The Origins of Power, Prosperity and Poverty*. New York: Crown Business. 2012. 최완규(역). 『국가는 왜 실패하는가』. 서울: 시공사. 2012.

Ahlquist, John S. "Navigating Institutional Change: The Accord, Rogernomics, and the Politics of Adjustment in Australia and New Zealand." *Comparative Political Studies*. 44(2). 2011.

Alavi, Hamza. "The State in Post-Colonial Societies: Pakistan and Bangladesh." In Harry Goulbourne(ed.). *Politics and State in the Third World*. London: Macmillan. 1983.

Alexander, Gerard. "Institutions, Path Dependence, and Democratic Consolidation." *Journal of Theoretical Politics*. 13(3). 2001.

Almond, Gabriel A. and G. Bingham Powell. *Comparative Politics*. 3rd Edition. Boston: Little Brown. 1980.

Amenta, Edwin. "State-Centered and Political Institutional Theory: Retrospect and Prospect." In Thomas Janoski, Robert R. Alford, Alexander M. Hicks, and Midred A. Schwartz(eds.). *The Handbook of Political Sociology: States, Civil Societies, and Globalization*. Cambridge: Cambridge University Press. 2005.

Amsden, Alice H. *Asia's Next Giant: South Korea and Late Industrialization*. New York: Oxford University Press. 1989.

Anderson, James E. *Public Policymaking: An Introduction*. 7th Edition. Boston: Wadsworth Publishing Company. 2011.

Anderson, Lisa R., Jennifer M. Mellor, and Jeffrey Milyo. "Social Capital and Contributions in a Public Goods Experiment." University of Chicago, Harris School Working Paper Series 03/17. 2003.

Arthur, W. Brian. *Increasing Returns and Path Dependence in the Economy*. Ann Arbor: University of Michigan Press. 1994.

Austen-Smith, David and Jeffrey S. Banks. "Social Choice Theory, Game Theory, and Positive Political Theory." *Annual Review of Political Science*. 1. 1998.

Axelrod, Robert. *The Evolution of Cooperation*. New York: Basic Books. 1984.

Babbie, Earl. *The Practice of Social Research*. 9th Edition. Wadsworth Group. 2001. 고성호 외(공역). 『사회조사방법론』. 서울: 도서출판 그린. 2002.

Bachrach, Peter and Morton S. Baratz. "Two Faces of Power." *American Political Science Review*. 56(4). 1962.

__________________. "Decisions and Nondecisions: An Analytical Framework." *American Political Science Review*. 57(3). 1963.

Banks, Jeffrey S. and Barry R. Weingast. "The Political Control of Bureaucracies under Asymmetric Information." *American Journal of Political Science*. 36(2). 1992.

Banting, Keith G. "The Welfare State as Statecraft: Territorial Politics and Canadian Social Policy." In Stephan Leibfried and Paul Pierson(eds.). *European Social Policy: Between Fragmentation and Integration*. Washington, DC: Brookings Institution Press. 1995.

Bardach, Eugene. "Policy Termination as a Political Process." *Policy Sciences*. 7(2). 1976.

__________. *A Practical Guide for Policy Analysis*. New York and London: Chatham House Publishers of Seven Bridges Press, LLC. 2000.

Barro, Robert J. "Are Government Bonds Net Wealth?" *Journal of Political Economy*. 82(6). 1974.

Bartels, Larry. *Unequal Democracy: The Political Economy of the New Gilded Age*. Princeton, New Jersey: Princeton University Press. 2008.

Bates, Robert H. *Beyond the Miracle of the Market: The Political Economy of Agrarian Development in Kenya*. Cambridge: Cambridge University Press. 1989.

__________. "The International Coffee Organization: An International Institution." In Robert H. Bates et al., *Analytic Narratives*. Princeton: Princeton University Press. 1998.

Bates, Robert H., Avner Greif, Jean-Laurent Rosenthal, and Barry R. Weingast. "Introduction." In Robert H. Bates et al., *Analytic Narratives*. Princeton: Princeton University Press. 1998.

Bates, Robert H., Avner Greif, Jean-Laurent Rosenthal, and Barry R. Weingast. "The Analytic Narrative Project." *American Political Science Review*. 94(3). 2000.

Becker, Gary S. "A Theory of Competition Among Pressure Groups For Political Influence." *Quarterly Journal of Economics*. 98(3). 1983.

Behn, Robert D. "Policy Analysis and Policy Politics." *Policy Analysis*. 7(2). 1981.

Beland, Daniel. "The Social Exclusion Discourse: Ideas and Policy Change." *Policy and Politics*. 35(1). 2007.

Bell, Stephen. "The Limits of Rational Choice: New Institutionalsim in the Test Bed of Central Banking Politics in Australia." *Political Studies*. 50(3). 2002.

Berger, Suzanne and Ronald Dore(eds.). *National Diversity and Global Capitalism*. Ithaca, New York: Cornell University Press. 1996.

Bernheim, B. Douglas, Andrei Shleifer, and Lawrence H. Summers. "The Strategic Bequest Motive." *Journal of Political Economy*. 93(6). 1985.

Besanko, David and Ronald R. Braeutigam. *Microeconomics: An Integrated Approach*, John Wiley & Sons Inc. 2002. 이병락(역). 『미시경제학』. 서울: 시그마프레스. 2002.

Bhagwati, Jagdish N. "Directly Unproductive Profit-seeking(DUP) Activities." *Journal of Political Economy*. 90(5). 1982.

Bird, Colin. "The Possibility of Self-Government." *American Political Science Review*. 94(3). 2000.

Birkland, Thomas A. *An Introduction to the Policy Process: Theories, Concepts, and Models of Public Policy Making*. Third Edition. New York: Routledge. 2011.

Blom-Hansen, Jens. "A 'New Institutional' Perspectives on Policy Networks." *Public Administration*. 75(4). 1997.

Blondel, Jean. "About Institutions, Mainly, but not Exclusively Political." In R. A. W. Rhodes, Sarah A. Binder, and Bert A. Rockman(eds.). *The Oxford Handbook of Political Institutions*. Oxford: Oxford University Press. 2006.

Blyth, Mark M. "Any More Bright Ideas? The Ideational Turn of Comparative Political Economy." *Comparative Politics*. 29. 1997.

____________. "An Approach to Comparative Analysis or a Subfield within a Subfield? Political Economy." In Mark Irving Lichbach and Alan S. Zuckerman(eds.). *Comparative Politics: Rationality, Culture, and Structure*. Second Edition. Cambridge: Cambridge University Press. 2009.

Bonoli, Giuliano. *The Politics of Pension Reform: Institutions and Policy Change in Western Europe*. Cambridge: Cambridge University Press. 2000.

______________. "Political Institutions, Veto Points, and the Process of Welfare State Adaptation." In Paul Pierson(ed.). *The New Politics of the Welfare State*. Oxford: Oxford University Press. 2001.

Braybrooke, David and Charles E. Lindblom. *Strategy of Decision*. New York: Free Press. 1963.

Brazinsky, Gregg. *Nation Building in South Korea: Koreans, Americans, and the Making of a Democracy*. University of North Carolina Press. 2007. 나종남(역). 『대한민국 만들기, 1945~1987: 경제 성장과 민주화, 그리고 미국』. 서울: 도서출판 책과 함께. 2011.

Brooks, Clem and Jeff Manza. "Why Do Welfare State Persist?" *Journal of Politics*. 68(4). 2006.

Buchanan, James M. "Rent Seeking and Profit Seeking." In James M. Buchanan, Robert Tollison, and Gordon Tullock(eds.). *Toward Theory of Rent-Seeking Society*. College Station: Texas A & M University Press. 1980.

________________. "Politics Without Romance: A Sketch of Positive Public Choice Theory and Its Normative Implications." In Philip Pettit(ed.). *Contemporary Political Theory*. New York:

Macmillan Publishing Company. 1991.

Büthe, Tim. "Taking Temporality Seriously: Modelling History and the Use of Narrative as Evidence." *American Political Science Review*. 96(3). 2002.

Calvert, Randall L. "Rational Actors, Equilibrium, and Social Institutions." In Jack Knight and Itai Sened(eds.). *Explaining Social Institutions*. Ann Arbor: University of Michigan Press. 1995.

Carey, John M. "Parchment, Equilibria, and Institutions." *Comparative Political Studies*. 33(6/7). 2000.

Campbell, Andrea Louise. "Universalism, Targeting, and Participation." In Joe Soss, Jacob Hacker, and Suzanne Mettler(eds.). *Remaking America: Democracy and Public Policy in an Age of Inequality*. New York: Russell Sage Foundation. 2010.

Campbell, John L. "Institutional Analysis and the Role of Ideas in Political Economy." *Theory and Society*. 27(3). 1998.

Campbell, John L. "Institutional Analysis and the Role of Ideas in Political Economy." In John L. Campbell and Ove K. Pedersen(eds.). *The Rise of Neoliberalism and Institutional Analysis*. Princeton: Princeton University Press. 2001.

________________. *Institutional Change and Globalization*. Princeton, New Jersey: Princeton University Press. 2004.

Caplan, Bryan. *The Myth of the Rational Voter: Why Democracies Choose Bad Policies*. Princeton: Princeton University Press. 2007.

Carmines, Edwin G. and James A. Stimson. *Issue Evolution: Race and the Transformation of American Politics*. Princeton: Princeton University Press. 1989.

Champney, Leonard. "Public Goods and Policy Types." *Public Administration Review*. 48(6). 1988.

Cheibub, Josè Antonio. "Presidentialism, Electoral Identifiability, and Budget Balances." *American Political Science Review*. 100(3). 2006.

Choi, Jang Jip. "Political Cleavages in South Korea." In Koo Hagen(ed.). *State and Society in Contemporary Korea*. Ithaca: Cornell University Press. 1993.

Chong, Dennis. *Rational Lives: Norms and Values in Politics and Society*. Chicago: University of Chicago Press.

Clark, William Roberts and Mark Hallerberg. "Mobile Capital, Domestic Institutions, and Electorally Induced Monetary and Fiscal Policy." *American Political Science Review*. 94(2). 2000.

Clemens, Elisabeth. *The People's Lobby: Organizational Innovation and the Rise of Interest Group Politics in the United States, 1890-1925*. Chicago: University of Chicago Press. 1997.

Clemens, Elisabeth S. and James M. Cook. "Politics and Institutionalism: Explaining Durability and Change." *Annual Review of Sociology*. 25. 1999.

Coase, Ronald H. "The Problem of Social Cost." *Journal of Law & Economics*. 3. 1960.

Cobb, Roger W. and Charles D. Elder. *Participation in American Politics: The Dynamics of Agenda-Building.* 2nd Edition. Baltimore: Johns Hopkins University Press. 1983.

Collier, Ruth Berins and David Collier. *Shaping the Political Arena: Critical Junctures, The Labor Movement, and Regime Dynamics in Latin America* Princeton: Princeton University Press. 1991.

Cook, T. and D. Campbell. *Quasi-Experimentation: Design and Analysis Issues for Field Settings.* Houghlin-Mifflin Company. 1979.

Crawford, Sue E. S. and Elinor Ostrom. "A Grammar of Institutions." *American Political Science Review.* 89(3). 1995.

Crenson, Matthew A. *The Unpolitics of Air Pollution.* Baltimore: John Hopkins University Press. 1971.

Daokui, David Li, Junxin Feng, and Hongping Jiang. "Institutional Entrepreneurs." *American Economic Review.* 96(2). 2006.

David, Paul A. "Clio and the Economics of QWERTY." *American Economic Review.* 75(2). 1985.

de Mesquita, Ethan Bueno. *Political Economy for Public Policy.* Princeton: Princeton University Press. 2016.

Diermeier, Daniel and Keith Krehbiel. "Institutionalism as a Methodology." *Journal of Theoretical Politics.* 15(2). 2003.

DiMaggio, Paul J. "Culture and Cognition." *Annual Review of Sociology.* 23. 1997.

DiMaggio, Paul J. and Walter W. Powell. "The Iron Cage Revisited: Institutional Isomorphism and Collective Rationality in Organizational Fields." *American Sociological Review.* 48(2). 1983.

__________. "Introduction." In Walter W. Powell and Paul J. DiMaggio(eds.). *The New Institutionalism in Organizational Analysis.* Chicago: University of Chicago Press. 1991.

DiMaggio, Paul J. and Walter W. Powell. "The Iron Cage Revisited: Institutional Isomorphism and Collective Rationality in Organizational Fields." In Walter W. Powell and Paul J. DiMaggio(eds.). *The New Institutionalism in Organizational Analysis.* Chicago: University of Chicago Press. 1991.

Dowding, Keith and Desmond King. "Introduction." In Keith Dowding and Desmond King(eds.). *Preferences, Institutions, and Rational Choice.* Oxford: Clarendon Press. 1995.

Dreier, Peter, John Mollenkopf and Todd Swanstrom. *Place Matters: Metropolitics for the Twenty-first Century.* University of Kansas Press. 2004.

Dror, Yehezkel. "Muddling Through: Science or Inertia?" *Public Administration Review.* 24. 1964.

__________. "Policy Analysts: A New Professional Role in Government Service." *Public Administration Review.* 27(3). 1967. Reprinted in Jay M. Shafritz and Albert C. Hyde(eds.).

Classics of Public Administration. 4th Edition. Orlando: Harcourt Brace & Company. 1997.

Dryzek, John S. "A Post-Positivist Policy-Analytic Travelogue." *The Good Society*. 11(1). 2002.

Dunn, William N. *Public Policy Analysis: An Introduction*. 3rd Edition. Prentice Hall, Inc. 2004. 남궁 근 외 공역. 『정책분석론』. 제3판. 서울: 법문사. 2005.

______________. *Public Policy Analysis: An Introduction*. 5th Edition. Prentice Hall, Inc. 2011. 남궁 근 외 공역. 『정책분석론』. 제5판. 경기: 법문사. 2013.

Dye, Thomas R. *Understanding Public Policy*. 14th Edition. Pearson Education, Inc. 2013.

Eckert, Carter J. *Offspring of Empire: The Koch'ang Kims and the Colonial Origins of Korean Capitalism, 1876~1945*. University of Washington Press. 1991. 주익종(역). 『제국의 후예: 고창 김씨가와 한국 자본주의의 식민지적 기원, 1876~1945』. 서울: 도서출판 푸른 역사. 2008.

_____________. "Total War, Industrialization, and Social Change in Late Colonial Korea." In Peter Duus, Ramon H. Myers, and Mark R. Peattie(eds.). *The Japanese Wartime Empire, 1931~1945*. Princeton: Princeton University Press. 1996.

_____________. *Park Chung Hee and Modern Korea: The Root of Militarism 1866~1945*. Cambridge: The Belknap Press of Harvard University. 2016.

Eggertsson, Thràinn. *Imperfect Institutions: Possibilities and Limits of Reform*. Ann Arbor: University of Michigan Press. 2005.

Elster, Jon. *Nuts and Bolts for the Social Sciences*. Cambridge: Cambridge University Press. 1989.

_________. "Rational Choice History: A Case of Excessive Ambition." *American Political Science Review*. 94(3). 2000.

_________. "Beyond Rational Self-Interest: Authors and Actors in French Constitution-Making." In Ian Shapiro, Stephen Skowronek, and Daniel Galvin(eds.). *Rethinking Political Institutions: The Art of the State*. New York and London: New York University Press. 2006.

Ertman, Thomas. *Birth of the Leviathan: Building States and Regimes in Medieval and Early Modern Europe*. New York: Cambridge University Press. 1997.

Esping-Andersen, Gosta. *The Three Worlds of Welfare Capitalism*. Princeton: Princeton University Press. 1990.

Evans, Peter B. *Embedded Autonomy: States and Industrial Transformation*. Princeton: Princeton University Press. 1995.

Evans, Peter B., Theda Skocpol and Dietrich Rueschemeyer(eds.). *Bringing the State Back In*. Cambridge: Cambridge University Press. 1985.

Eyestone, Robert. *From Social Issues to Public Policy*. New York: Wiley. 1978.

Farnsworth, Kevin. "Globalisation, Business and British Public Policy." *Contemporary Politics*. 12(1). 2006.

Feldman, Allan M. *Welfare Economics and Social Choice Theory*. Boston: Martinus Nijhoff Publishing. 1980. 김덕영 외 (공역). 『후생경제학과 사회선택 이론』. 서울: 경문사. 1990.

Finegold, David and David Soskice. "The Failure of Training in Britain: Analysis and Prescription." *Oxford Review of Economic Policy*. 4(3). 1988.

Finnemore, Martha. "Norms, Culture, and World Politics: Insights from Sociology's Institutionalism." *International Organization*. 50(2). 1996.

Freeman, Myrick A. Ⅲ. "Economics, Incentives, and Environmental Regulation." In Norman J. Vig and Michael E. Kraft(eds.). *Environmental Policy*. 6th Edition. Washington DC: CQ Press. 2000.

Frey, Frederick W. "Comment: On Issues and Nonissues in the Study of Power." *American Political Science Review*. 65(4). 1971.

Frieden, Jeffry and Lisa Martin. "International Political Economy: Global and Domestic Interactions." In Ira Katznelson and Helen V. Milner(eds). *Political Science: State of the Discipline*. New York and London: W. W. Norton Company. 2002.

Friedland, Roger and Robert R. Alford. "Bringing Society Back In: Symbols, Practices, and Institutional Contradictions." In Walter W. Powell and Paul J. DiMaggio(eds.). *The New Institutionalism in Organizational Analysis*. Chicago: University of Chicago Press. 1991.

Fukui, Haruhiro. "Studies in Policymaking: A Review of the Literature." T. J. Pempel(ed.). *Policymaking in Contemporary Japan*. Ithaca: Cornell University Press. 1977.

Fukuyama, Francis. *Trust: The Social Virtues and the Creation of Prosperity*. New York: Free Press. 1995.

Garret, Geoffrey and Barry R. Weingast. "Ideas, Interests, and Institutions: Constructing the European Community's Internal Market." In Judith Goldstein and Robert O. Keohane(eds.). *Ideas and Foreign Policy: Beliefs, Institutions, and Political Change*. Ithaca, New York: Cornell University Press. 1993.

Goldstone, Jack A. *Revolution and Rebellion in the Early Modern World*. Berkeley: University of California Press. 1991.

Goodin, Robert E. "Institutions and Their Design." In Robert E. Goodin(ed.). *The Theory of Institutional Design*. Cambridge: Cambridge University Press. 1996.

Gormley, William T. Jr. *Taming the Bureaucracy: Muscles, Prayers, and Other Strategies*. Princeton: Princeton University Press. 1989.

Gourevitch, Peter. *Politics in Hard Times: Comparative Responses to International Economic Crises*. Ithaca: Cornell University Press. 1986.

______________. "The Governance Problem in International Relations." In David Lake and Robert Powell(eds.). *Strategic Choice and International Relations*. Princeton: Princeton University

Press. 2000.
Granovetter, Mark. "Economic Action and Social Structure: The Problem of Embeddedness." *American Journal of Sociology*. 91(3). 1985.
________. "Business Groups and Social Organization." In Neil J. Smelser and Richard Swedberg(eds.). *The Handbook of Economic Sociology*. 2nd Edition. Princeton and Oxford: Princeton University Press. 2005.
Green, Donald P. and Ian Shapiro. *Pathologies of Rational Choice Theory: A Critique of Applications in Political Science*. New Haven: Yale University Press. 1994.
Greif, Avner. "Self-Enforcing Political Systems and Economic Growth: Late Medieval Genoa." In Robert Bates et al., *Analytic Narratives*. Princeton: Princeton University Press. 1998.
________. *Institutions and the Path to the Modern Economy: Lessons from Medieval Trade*. Cambridge: Cambridge University Press. 2006.
Greif, Avner and David D. Laitin. "A Theory of Endogenous Institutional Change." *American Political Science Review* 98(4) 2004
Gruber, Jonathan. *Public Finance and Public Policy*. 2nd Edition. New York and Basingstoke: Worth Publishers. 2007. 이인실 외 공역. 『재정학과 공공정책』. 서울: 시그마 프레스. 2009.
Hacker, Jacob S. "The Historical Logic of National Health Insurance: Structure and Sequence in the Development of British, Canadian, and U. S. Medical Policy." *Studies in American Political Development*. 12(1). 1998.
________. *The Divided Welfare State: The Battle over Public and Private Social Benefits in the United States*. Cambridge: Cambridge University Press. 2002.
________. "Privatizing Risk Without Privatizing the Welfare State: The Hidden Politics of Social Policy Retrenchment in the United States." *American Political Science Review*. 98(2). 2004.
________. "Policy Drift: The Hidden Politics of US Welfare State Retrenchment." In Wolfgang Streeck and Kathleen Thelen(eds.). *Beyond Continuity: Institutional Change in Advanced Political Economies*. Oxford: Oxford University Press. 2005.
________. "The Welfare State." In R. A. W. Rhodes, Sarah A. Binder, and Bert A. Rockman(eds). *The Oxford Handbook of Political Institutions*. Oxford: Oxford University Press. 2006.
Hacker, Jacob S. and Paul Pierson. "Business Power and Social Policy: Employers and the Foundation of the American Welfare State." *Politics & Society*. 30(2). 2002.
________. "Abandoning the Middle: The Bush Tax Cuts and Limits of Democratic Control." *Perspective on Politics*, 3(1). 2005.

_______________. *Winner-Take-All Politics: How Washington Made the Rich Richer And Turned Its Back on the Middle Class*. Simon & Schuster. 2011.

_______________. "After the "Master Theory": Downs, Schattschneider, and the Rebirth of Policy-Focused Analysis." *Perspectives on Politics*. 12(3). 2014.

_______________. *American Amnesia: How the War on Government Led Us to Forget What Made America Prosper*. Simon & Schuster. 2016.

Hacker, Jacob S., Suzanne Mettler, and Joe Soss. "The New Politics of Inequality: A Policy-Centered Perspective." In Joe Soss, Jacob Hacker, and Suzanne Mettler(eds.). *Remaking America: Democracy and Public Policy in an Age of Inequality*. New York: Russell Sage Foundation. 2010.

Hall, Peter A. *Governing the Economy: The Politics of State Intervention in Britain and France*. New York: Oxford University Press. 1986.

_______________. "The Movement from Keynesianism to Monetarism: Institutional Analysis and British Economic Policy in the 1970s." In Sven Steinmo, Kathleen Thelen and Frank Longstreth(eds.). *Structuring Politics: Historical Institutionalism in Comparative Analysis*. New York: Cambridge University Press. 1992.

_______________. "Policy Paradigms, Social Learning, and the State: The Case of Economic Policymaking in Britain." *Comparative Politics*. 25. 1993.

_______________. "The Role of Interests, Institutions, and Ideas in the Comparative Political Economy of Industrialized Nations." In Mark Irving Lichbach and Alan S. Zuckerman(eds.). *Comparative Politics: Rationality, Culture, and Structure*. Cambridge: Cambridge University Press. 1997.

_______________. "The Political Economy of Europe in an Era of Interdependence." In Herbert Kitschelt et al.(eds.). *Change and Continuity in Contemporary Capitalism*. Cambridge: Cambridge University Press. 1999.

_______________. "Historical Institutionalism in Rationalist and Sociological Perspective." In James Mahoney and Kathleen Thelen(eds.). *Explaining Institutional Change: Ambiguity, Agency, and Power*. Cambridge: Cambridge University Press. 2010.

Hall, Peter A. and Daniel W. Gingerich. "Varieties of Capitalism and Institutional Complementarities in the Macroeconomy: An Empirical Analysis." MPIfG Discussion Paper 04/5. 2004.

Hall, Peter A. and David Soskice. "An Introduction to Varieties of Capitalism." In Peter A. Hall and David Soskice(eds.). *Varieties of Capitalism: The Institutional Foundation of Comparative Advantages*. Oxford: Oxford University Press. 2001.

Hall, Peter A. and Rosemary C. R. Taylor. "Political Science and the Three New Institutionalisms."

Political Studies. 44(4). 1996.

Ham, Chris and Michael Hill. *The Policy Process in the Modern Capitalist State*. Bristol: Wheatshef Books. 1984. 강성진(역). 『현대 자본주의 국가의 정책과정』. 서울: 대영문화사. 1991.

Harari, Yuval Noah. *Sapiens: A Brief History of Humankind*. New York: Harper. 2015. 조현욱(역). 『사피엔스』. 경기: 김영사. 2015.

Hattam, Victoria C. "Institutions and Political Change: Working-Class Formation in England and United States, 1820-1896." In Sven Steinmo, Kathleen Thelen and Frank Longstreth(eds.). *Structuring Politics: Historical Institutionalism in Comparative Politics*. New York: Cambridge University Press. 1992.

Hay, Colin. "Common Trajectories, Variable Paces, Divergent Outcomes? Models of European Capitalism under Conditions of Complex Economic Interdependence." *Review of International Political Economy*. 11(2). 2004.

__________. "Constructivist Institutionalism." In R. A. W. Rhodes, Sarah A. Binder, & Bert A. Rockman(eds.). *The Oxford Handbook of Political Institutions*. Oxford: Oxford University Press. 2006.

Heclo, Hugh. "Issue Networks and the Executive Establishment." In Anthony King(ed.). *The New American Political System*. Washington, D.C.: American Enterprise Institute. 1978.

Henderson, Gregory. *Korea: The Politics of the Vortex*. Cambridge: Harvard University Press. 1968. 박행웅 · 이종남(공역). 『소용돌이의 한국정치』. 경기: 도서 출판 한울. 2013.

Heywood, Andrew. *Politics*. 4th Edition. Palgrave Macmillan. 2013. 조현수(역). 『정치학: 현대정치의 이론과 실천』. 개정신판. 서울: 성균관대학교 출판부. 2014.

Hill, Michael. *The Public Policy Process*. 6th Edition. Pearson Education Limited. 2013.

Hill, M. and P. Hupe *Implementing Public Policy*. 2nd Edition. London: Sage. 2009.

Hillman, Arye L. *Public Finance and Public Policy: Responsibilities and Limitations of Government*. Cambridge: Cambridge University Press. 2003.

Hindmoor, Andrew and Brad Taylor. "Rational Choice." In Vivien Lowndes, David Marsh and Gerry Stoker(eds.). *Theory and Methods in Political Science*. Fourth Edition. London: Palgrave Macmillan. 2018.

Hinich, Melvin J. and Michael C. Munger. *Analytical Politics*. Cambridge: Cambridge University Press. 1997.

Hira, Anil and Ron Hira. "The New Institutionalism: Contradictory Notions of Change." *American Journal of Economics and Sociology*. 59(2). 2000.

Hirst, Paul. "Democracy and Governance." In Jon Pierre(ed.). *Debating Governance*. Oxford: Oxford University Press. 2000.

Hjern, B. and C. Hull. "Implementation Research as Empirical Constitutionalism." In B. Hjern and

C. Hull(eds.). *Implementation Beyond Hierarchy*. Special Issue of the *European Journal of Political Research*. 1982.

Hjern, B. and D. O. Porter. "Implementation Structures: A New Unit of Administrative Analysis." *Organizational Studies*. 2. 1981.

Hogwood, Brian W. and Lewis A. Gunn. *Policy Analysis for the Real World*. New York: Oxford University Press. 1984.

Hollingsworth, J. Rogers and Robert Boyer(eds.). *Contemporary Capitalism: The Embeddedness of Institutions*. Cambridge: Cambridge University Press. 1997.

Howlett, Michael and Jeremy Rayner. "Understanding the Historical Turn in the Policy Sciences: A Critique of Stochastic, Narrative, Path Dependency and Processing-Sequencing Models of Policy Making over Time." *Policy Sciences*. 39(1). 2006.

Howlett, Michael and M. Ramesh. "Policy Subsystem Configurations and Policy Change: Operationalizing the Postpositivist Analysis of the Politics of the Policy Process." *Policy Studies Journal*. 26(3). 1998.

______________________. *Studying Public Policy: Policy Cycles & Policy Subsystems*. Second Edition. Toronto: Oxford University Press. 2003.

Howlett, Michael, M. Ramesh, and Anthony Perl. *Studying Public Policy: Policy Cycles & Policy Subsystems*. Third Edition. Toronto: Oxford University Press. 2009.

Huber, Evelyne and John D. Stephens. *Development and Crisis of the Welfare State: Parties and Policies in Global Markets*. Chicago: University of Chicago Press. 2001.

Hutchings, Vincent L. *Public Opinion and Democratic Accountability*. Princeton, NJ: Princeton University Press. 2003.

Ikenberry, G. John. "Conclusion: An Institutional Approach to American Foreign Economic Policy." *International Organization*. 42(1). 1988.

Ikenberry, G. John, David A. Lake, and Michael Mastanduno. "Introduction: Approaches to Explaining American Foreign Economic Policy." *International Organization*. 42(1). 1988.

Immergut, Ellen M. "The Rules of the Game: The Logic of Health Policy-Making in France, Switzerland, and Sweden." In Sven Steinmo, Kathleen Thelen and Frank Longstreth(eds.). *Structuring Politics: Historical Institutionalism in Comparative Analysis*. New York: Cambridge University Press. 1992.

____________. "The Theoretical Core of the New Institutionalism." *Politics & Society*. 26(1). 1998.

____________. "Institutional Constraints on Policy." In Michael Moran, Martin Rein, and Robert E. Goodin(eds.). *The Oxford Handbook of Public Policy*. Oxford: Oxford University Press. 2006.

Ingram, Helen. "Poverty, Policy, and the Social Construction of Target Groups." In Joe Soss, Jacob Hacker, and Suzanne Mettler(eds.). *Remaking America: Democracy and Public Policy in an Age of Inequality*. New York: Russell Sage Foundation. 2010.

Ingram, Paul and Karen Clay. "The Choice-Within-Constraints New Institutionalism and Implications for Sociology." *Annual Review of Sociology*. 26. 2000.

Iversen, Torben and David Soskice. "An Asset Theory of Social Policy Preferences." *American Political Science Review*. 95(4). 2001.

______________________________. "Electoral Institutions and the Politics of Coalitions: Why Some Democracies Redistribute More Than Others." *American Political Science Review*. 100(2). 2006.

Iversen, Torben and Jonas Pontusson. "Comparative Political Economy: A Northern European Perspective." In Torben Iversen, Jonas Pontusson, and David Soskice(eds.). *Unions, Employers and Central Banks*. New York: Cambridge University Press. 2000.

Jacobs, Alan M. "How Do Ideas Matter? Mental Models and Attention in German Pension Politics." *Comparative Political Studies*. 42(2). 2009.

____________. "Policymaking as Political Constraint: Institutional Development in the U.S. Social Security Program." In James Mahoney and Kathleen Thelen(eds.). *Explaining Institutional Change: Ambiguity, Agency*, and Power. Cambridge: Cambridge University Press. 2010.

Jenkins-Smith, Hank C. *Democratic Politics and Policy Analysis*. Pacific Grove, California: Books/Cole Publishing Company. 1990.

Jepperson, Ronald L. "Institutions, Institutional Effects, and Institutionalism." In Walter W. Powell and Paul J. DiMaggio(eds.). *The New Institutionalism in Organizational Analysis*. Chicago: University of Chicago Press. 1991.

Johnson, Chalmers. *MITI and the Japanese Miracle: The Growth of Industrial Policy, 1925-1975*. Stanford: Stanford University Press. 1982.

________________. "Political Institutions and Political Performance: The Government-Business Relationship in Japan, South Korea, and Taiwan." In Frederic C. Deyo(ed.). *The Political Economy of the New Asian Industrialism*. Ithaca: Cornell University Press. 1987.

Jones, Bryan D., Frank R. Baumgartner, and Jeffery C. Talbert. "The Destruction of Issue Monopolies in Congress." *American Political Science Review*. 87(3). 1993.

Jones, Bryan D., James L. True, and Frank R. Baumgartner. "Does Incrementalism Stem From Political Consensus or From Institutional Gridlock?" *American Journal of Political Science*. 41(4). 1997.

Jones, Bryan D. and Patrick G. Grasso. "The Policy Performance of States and Localities: An Overview." In Dennis R. Judo(ed.). *Public Policy across States and Communities*.

Greenwich, Connecticut: Jai Press Inc. 1985.

Jones, Charles O. *An Introduction to the Study of Public Policy.* 3rd Edition. Monterey, California: Books/Cole. 1984.

Jordan, Grant. "The Pluralism of Pluralism: An Anti-theory?" *Political Studies.* 38(2). 1990.

____________. "Policy Community Realism versus 'New' Institutionalist Ambiguity." *Political Studies.* 38(3). 1990.

Jordan, G. and K. Schubert. "A Preliminary Ordering of Policy Networks Labels." *European Journal of Political Research.* 21. 1992.

Jordan, Grant and William A. Maloney. "Accounting for Subgovernments Explaining the Persistence of Policy Communities." *Administration and Society.* 29(5). 1997.

Jordan, Jason. "Institutional Feedback and Support for the Welfare State: The Case of National Health Care." *Comparative Political Studies.* 43(7). 2010.

Jun, Jong S. *The Social Construction of Public Administration: Interpretive and Critical Perspectives.* State University of New York Press. 2008. 권향원 외(공역). 『행정학: 해석, 비판, 그리고 사회적 구성』. 서울: 대영문화사. 2015.

Kahler, Miles. "The State of the State in World Politics." In Ira Katznelson and Helen V. Milner(eds.). *Political Science: State of the Discipline.* New York and London: W. W. Norton & Company. 2002.

Katzenstein, Peter J. "Conclusion: Domestic Structures and Strategies of Foreign Economic Policy." In Peter J. Katzenstein(ed.). *Between Power and Plenty: Foreign Economic Policies of Advanced Industrial States.* Madison: The University of Wisconsin Press. 1978.

Katzenstein, Peter J., Robert O. Keohane, and Stephen D. Krasner. "International Organization and the Study of World Politics." *International Organization.* 52(4). 1998.

Katznelson, Ira. "Working-Class Formation and the State: Nineteenth-Century England in American Perspective." In Peter B. Evans, Theda Skocpol, and Dietrich Rueschemeyer(eds.). *Bringing the State Back In.* Cambridge: Cambridge University Press. 1985.

____________. "Structure and Configuration in Comparative Politics." In Mark Irving Lichbach and Alan S. Zuckerman(eds.). *Comparative Politics: Rationality, Culture, and Structure.* Cambridge: Cambridge University Press. 1997.

Katznelson, Ira and Barry R. Weingast. "Intersections Between Historical and Rational Choice Institutionalism." In Ira Katznelson and Barry R. Weingast(eds.). *Preferences and Situations: Points of Intersection Between Historical and Rational Choice Institutionalism.* New York: Russell Sage Foundation. 2005.

Kay, Adrian. "A Critique of the Use of Path Dependency in Policy Studies." *Public Administration.* 83(3). 2005.

Keohane, Robert O. "Governance in a Partially Globalized World." Presidential Address. American Political Science Association. 2000. *American Political Science Review.* 95(1). 2001.

Kingdon, John W. *Agenda, Alternatives and Public Policies.* Boston: Little Brown and Company. 1984.

__________________. *Agenda, Alternatives and Public Policies.* 2nd Edition. New York: Addison-Wesley Longman. 1995.

Kiser, Edgar and Shawn Bauldry. "Rational Choice Theories in Political Sociology." In Thomas Janoski, Robert R. Alford, Alexander M. Hicks, and Midred A. Schwartz(eds.). *The Handbook of Political Sociology: States, Civil Societies, and Globalization.* Cambridge: Cambridge University Press. 2005.

Kitschelt, Herbert, Peter Lange, Gary Marks, and John D. Stephens(eds.). *Continuity and Change in Contemporary Capitalism.* New York: Cambridge University Press. 1999.

Knack, Stephen. "Social Capital and the Quality of Government: Evidence from the States." *American Journal of Political Science.* 46(4). 2002.

Knight, Jack. *Institutions and Social Conflict.* Cambridge: Cambridge University Press. 1992.

Knight, Jack and James Johnson. "The Priority of Democracy: A Pragmatist Approach to Political-Economic Institutions and the Burden of Justification." *American Political Science Review.* 101(1). 2007.

Koelble, Thomas A. "The New Institutionalism in Political Science and Sociology." *Comparative Politics.* 27. 1995.

Kraft, Michael E. and Scott R. Furlong. *Public Policy: Politics, Analysis, and Alternatives.* 4th Edition. Thousand Oaks, California: Sage Publication, Inc. 2013.

Krasner, Stephen D. *Defending the National Interest: Raw Materials Investments and U.S. Foreign Policy.* Princeton: Princeton University Press. 1978.

__________________. "Approaches to the State: Alternative Conceptions and Historical Dynamics." *Comparative Politics.* 16. 1984.

__________________. "Sovereignty: An Institutional Perspective." *Comparative Political Studies.* 21(1). 1988.

Lalman, David, Joe Oppenheimer, and Piotr Swistak. "Formal Rational Choice Theory: A Cumulative Science of Politics." In Ada W. Finifter(ed.). *Political Science: The State of the Discipline II.* Washington D.C.: The American Political Science Association. 1993.

Landa, Dimitri. "Rational Choice as Social Norms." *Journal of Theoretical Politics.* 18(4). 2006.

Lane, J-E. "Implementation, Accountability, and Trust." *European Journal of Political Research.* 15(5). 1987.

Lasswell, Harold D. *Power and Personality.* New York: The Viking Press. 1948.

________. "Policy Orientation." In D. Lerner and H. Lasswell(eds.). *Policy Sciences*. Stanford: Stanford University Press. 1951.

________. "The Political Science of Science: An Inquiry into the Possible Reconciliation of Mastery and Freedom." *American Political Science Review*. 50(4). 1956.

________. *A Pre-View of the Policy Sciences*. New York: American Elsevier Publishing Co. 1971.

Levi, Margaret. "A Model, a Method, and a Map: Rational Choice in Comparative and Historical Analysis." In Mark Irving Lichbach and Alan S. Zuckerman(eds.). *Comparative Politics: Rationality, Culture, and Structure*. Cambridge: Cambridge University Press. 1997.

________. *Consent, Dissent and Patriotism*. New York: Cambridge University Press. 1997.

Levitt, Barbara and James G. March. "Organizational Learning." *Annual Review of Sociology*. 14. 1988.

Lewis, Orion and Sven Steinmo. "Taking Evolution Seriously." Paper presented at the QoG Lunch Seminar. 2008.

Liberman, Evans S. "Causal Inference in Historical Institutional Analysis: A Specification of Periodization Strategies." *Comparative Political Studies*. 34(9). 2001.

Liberman, Robert C. "Ideas, Institutions, and Political Order: Explaining Political Change." *American Political Science Review*. 96(4). 2002.

Lichbach, Mark Irving. "Thinking and Working in the Midst of Things: Discovery, Explanation, and Evidence in Comparative Politics." In Mark Irving Lichbach and Alan S. Zuckerman(eds.). *Comparative Politics: Rationality, Culture, and Structure*. Second Edition. Cambridge: Cambridge University Press. 2009.

Lin, Justin Yifu. "An Economic Theory of Institutional Change: Induced and Imposed Change." *Cato Journal*. 9(1). 1989.

Lindblom, Charles E. "The Science of Muddling Through." *Public Administration Review*. 19(2). 1959.

________. *Politics and Markets*. New York: Basic Books. 1977.

________. "The Market as Prison." *Journal of Politics*. 44. 1982.

Lipsky, Michael. *Street-Level Bureaucracy*. New York: Russell Sage. 1980.

Loomis, Burdett A. and Allan J. Cigler. "Introduction: The Changing Nature of Interest Group Politics." In Burdett A. Loomis and Allan J. Cigler(eds.). *Interest Group Politics*. Second Edition. Washington D.C.: CQ Press. 1986.

Lowi, Theodore J. "American Business, Public Policy Case Studies, and Political Theory." *World Politics*. 16. 1964.

________. *Four Systems of Policy, Politics and Choice*. Syracuse, New York: Inter-University

Case Program. 1971.

Lowi, Theodore J. *Arenas of Power.* Boulder CO: Paradigm Publishers. 2009.

Lowndes, Vivien. "Varieties of New Institutionalism: A Critical Appraisal." *Public Administration.* 74(2). 1996.

Lowndes, Vivien and David Wilson. "Social Capital and Local Governance: Exploring the Institutional Design." *Political Studies.* 49(4). 2001.

Lowndes, Vivien and Mark Roberts. *Why Institutions Matter: The New Institutionalism in Political Science.* Basingstoke: Palgrave Macmillan. 2013.

Luong, Pauline Jones. *Institutional Change and Continuity in Post-Soviet Central Asia.* New York: Cambridge University Press. 2002.

Luong, Pauline Jones and Erika Weinthal. "Contra Coercion: Russian Tax Reform Exogenous Shocks, and Negotiated Institutional Change." *American Political Science Review.* 98(1). 2004.

Mahoney, James. "Rational Choice Theory and Comparative Method: An Emerging Synthesis?" *Studies in Comparative International Development.* 35(2). 2000.

______________. "Path Dependence in Historical Sociology." *Theory and Society.* 29. 2000.

Mahoney, James and Kathleen Thelen. "A Theory of Gradual Institutional Change." In James Mahoney and Kathleen Thelen(eds.). *Explaining Institutional Change: Ambiguity, Agency, and Power.* Cambridge: Cambridge University Press. 2010.

Mahoney, James and Richard Snyder. "Rethinking Agency and Structure in the Study of Regime Change." *Studies in Comparative International Development.* 34(3). 1999.

Mainwaring, Scott. "Presidentialism, Multipartism, and Democracy: The Difficult Combination." *Comparative Political Studies.* 26(2). 1993.

Mankiw, N. Gregory. *Macroeconomics.* 4th Edition. New York: Worth Publisher Inc. 2000. 이병락(역). 『거시경제학』. 제4판. 서울: 시그마프레스. 2000.

__________________. *Macroeconomics.* 6th Edition. New York: Worth Publisher Inc. 2007. 이병락(역). 『거시경제학』. 제6판. 서울: 시그마프레스. 2007.

Mantzavinos, C., Douglass C. North, and Syed Shariq. "Learning, Institutions, and Economic Performance." *Perspectives on Politics.* 2(1). 2004.

March, James G. and Johan P. Olsen. "The New Institutionalism: Organizational Factors in Political Life." *American Political Science Review.* 78. 1984.

Mares, Isabela. "The Comparative Political Economy of the Welfare State." In Mark Irving Lichbach and Alan S. Zuckerman(eds.). *Comparative Politics: Rationality, Culture, and Structure.* Second Edition. Cambridge: Cambridge University Press. 2009.

Margarit, Yotam. "Explaining Social Policy Preferences: Evidence from the Great Recession."

American Political Science Review. 107(1). 2013.

Marquand, David. *The Unprincipled Society: New Demands and Old Politics*. London: J. Cape. 1988.

Marsh, D. and R. A. W. Rhodes. "Policy Community and Issue Networks: Beyond Typology." In D. Marsh and R. A. W. Rhodes(eds.). *Policy Networks in British Government*. Oxford: Oxford University Press. 1992.

Martin, Cathie Jo and Duane Swank. "The Political Origins of Coordinated Capitalism: Business Organizations, Party Systems, and State Structure in the Age of Innocence." *American Political Science Review*. 102(2). 2008.

Martin, Ross M. "Pluralism and the New Corporatism." *Political Studies*. 31(1). 1983.

Maxfield, Sylvia. *Gatekeepers of Growth: The International Political Economy of Central Banking in Developing Countries*. Princeton, New Jersey: Princeton: Princeton University Press. 1997.

May, Peter J. "Reconsidering Policy Design: Policies and Publics." *Journal of Public Policy*. 11(2). 1991.

McGrath, Connor. "Policy Making in Political Memoirs: The Case of the Poll Tax." *Journal of Public Affairs*. 2(2). 2002.

Meltsner, Arnold J. "Political Feasibility and Policy Analysis." *Public Administration Review*. 32(6). 1972.

________________. "The Seven Deadly Sins of Policy Analysts." In *Policy Analysis in the Bureaucracy*. 1986. Reprinted in J. M. Sharfritz and A. C. Hyde(eds.). Classics of Public Administration. Fourth Edition. Harcourt Brace & Company. 1997.

Meltzer, Allan H. and Scott F. Richard. "A Rational Theory of the Size of Government." *Journal of Political Economy*. 89(5). 1981.

Merelman, Richard M. "On the Neo-Elitist Critique of Community Power." *American Political Science Review*. 62(2). 1968.

Mettler, Suzanne and Joe Soss. "The Consequences of Public Policy for Democratic Citizenship: Bridging Policy Studies and Mass Politics." *Perspectives on Politics*. 2(1). 2004.

Meyer, John W. and Brian Rowan. "Institutionalized Organizations: Formal Structure as Myth and Ceremony." *American Journal of Sociology*. 83. 1977.

Migdal, Joel S. "Studying the State." In Mark Irving Lichbach and Alan S. Zuckerman(eds.). *Comparative Politics: Rationality, Culture, and Structure*. Cambridge: Cambridge University Press. 1997.

Miliband, Ralph. *The State in Capitalist State: An Analysis of the Western System of Power*. New York: Basic Books. 1969.

Miller, Gary. "Rational Choice and Dysfunctional Institutions." *Governance*. 13(4). 2000.

Moe, Terry M. "The Politics of Structural Choice: Toward a Theory of Public Bureaucracy." In Oliver E. Williamson(ed.). *Organization Theory: From Chester Barnard to the Present and Beyond*. Oxford: Oxford University Press. 1990.

____________. "Power and Political Institutions." In Ian Shapiro, Stephen Skowronek, and Daniel Galvin(eds.). *Rethinking Political Institutions: The Art of the State*. New York and London: New York University Press. 2006.

Molina, Oscar and Martin Rhodes. "Corporatism: The Past, Present, and Future of a Concept." *Annual Review of Political Science*. 5. 2002.

Moon, Bruce E. "The United States and Globalization." In Richard Stubbs and Geoffrey R. D. Underhill(eds.). *Political Economy and the Changing Global Order*. Oxford: Oxford University Press. 2005.

Moore Jr., Barrington. *Social Origins of Dictatorship and Democracy*. Boston: Beacon Press. 1966.

Morgan, Kimberly J. "Constricting the Welfare State: Tax Policy and the Political Movement Against Government." In Joe Soss, Jacob Hacker, and Suzanne Mettler(eds.). *Remaking America: Democracy and Public Policy in an Age of Inequality*. New York: Russell Sage Foundation. 2010.

Mueller, Dennis C. *Public Choice Ⅲ*. Cambridge: Cambridge University Press. 2002.

Munger, Michael C. *Analyzing Policy: Choices, Conflicts, and Practices*. New York and London: W. W. Norton & Company. 2000.

Myles, John and Paul Pierson. "The Comparative Political Economy of Pension Reform." In Paul Pierson(ed.). *The New Politics of the Welfare State*. Oxford: Oxford University Press. 2001.

Nagle, Stuart S. "Ethical Dilemmas in Policy Evaluation." In William N. Dunn(ed.). *Values, Ethics, and the Practice of Policy Analysis*. Lexington, MA: Lexington Books. 1983.

Nee, Victor. "Sources of the New Institutionalism." In Mary C. Brinton and Victor Nee(eds.). *The New Institutionalism in Sociology*. New York: Russell Sage Foundation. 1998.

Niskanen, William A. *Bureaucracy and Representative Government*. Chicago: Aldine-Atherton. 1971.

Nordhaus, William. "The Political Business Cycle." *Review of Economic Studies*. 42(2). 1975.

North, Douglass C. *Institutions, Institutional Change and Economic Performance*. Cambridge: Cambridge University Press. 1990.

O'Connor, James. *The Fiscal Crisis of the State*. New York: St. Martin's Press. 1973.

Offe, Claus. "Political Institutions and Social Power: Conceptual Explorations." In Ian Shapiro, Stephen Skowronek, and Daniel Galvin(eds.). *Rethinking Political Institutions: The Art of the State*. New York and London: New York University Press. 2006.

Olson, Mancur. *The Logic of Collective Action: Public Goods and the Theory of Groups*. Cambridge: Harvard University Press. 1965. 윤여덕(역). 『집단행동의 논리』. 서울: 청림출판. 1987.

_____________. *The Rise and Decline of Nations: Economic Growth, Stagflation, and Social Rigidities.* New Haven: Yale University Press. 1983. 최 광(역). 『국가의 흥망성쇠』. 서울: 한국경제신문사. 1990.

Orren, Karen and Stephen Skowronek. "Beyond the Iconography of Order: Notes for a 'New Institutionalism'." In Lawrence C. Dodd and Calvin Jillson(eds.). *The Dynamics of American Politics: Approaches and Interpretations.* Boulder, CO: Westview Press. 1994.

___________________________________. "The Study of American Political Development." In Ira Katznelson and Helen V. Milner(eds.). *Political Science: The State of the Discipline.* New York and London: W. W. Norton & Company. 2002.

Ostrom, Elinor. *Governing the Commons: The Evolution of Institutions for Collective Action.* New York: Cambridge University Press. 1990.

_____________. "New Horizons in Institutional Analysis." *American Political Science Review.* 89(1). 1995.

_____________. "A Behavioral Approach to the Rational Choice Theory of Collective Action." Presidential Address. American Political Science Association. 1997. *American Political Science Review.* 92(1). 1998.

Ostrom, Vincent and Elinor Ostrom. "Public Goods and Public Choice." In E. S. Savas(ed.). *Alternatives for Delivering Public Services: Toward Improved Performance.* Boulder, Colorado: Westview Press. 1977.

Overtveldt, Johan Van. *The Chicago School.* 2007. 박수철(역). 『시카고학파』. 서울: 에버리치홀딩스. 2011.

Paxton, Robert O. *The Anatomy of Fascism.* Vintage Books. 2004 손명희 · 최희영(공역). 『파시즘: 열정과 광기의 정치 혁명』. 서울: 교양인. 2005.

Perrson, Torstein, Gèrald Roland and Guido Tobellini. "Comparative Politics and Public Finance." *Journal of Political Economy.* 108. 2000.

Peters, B. Guy. "Governance and Comparative Politics." In Jon Pierre(ed.). *Debating Governance.* Oxford: Oxford University Press. 2000.

_____________. *Institutional Theory in Political Science: The 'New Institutionalism'.* New York: Continuum. 2005.

_____________. *American Public Policy: Promise and Performance.* 9th Edition. Washington DC: CQ Press. 2013.

Peters, B. Guy and Jon Pierre. "Governing without Government: Rethinking Public Administration." *Journal of Public Administration and Theory.* 8(2). 1998.

Peters, B. Guy, Jon Pierre, and Desmond S. King. "The Politics of Path Dependency: Political Conflict in Historical Institutionalism." *Journal of Politics.* 67(4). 2005.

Peterson, Paul E. *City Limits*. Chicago: University of Chicago Press. 1981.

______________. "Who Should Do What? Divided Responsibility in the Federal System." In Dennis R. Judd and Paul Kantor(eds.). *The Politics of Urban America: A Reader*. New York: Longman Publisher. 1995.

Pfaff, Steven and Guobin Yang. "Double-edged Rituals and the Symbolic Resources of Collective Action: Political Commemorations and the Mobilization of Protest in 1989." *Theory and Society*. 30. 2001.

Pierre, Jon and B. Guy Peters. Governance, *Politics and the State*. New York: St Martin's Press. 2000.

Pierson, Paul. "When Effect Becomes Cause: Policy Feedback and Political Change." *World Politics*. 45(2). 1993.

____________. *Dismantling the Welfare State? Reagan, Thatcher, and the Politics of Retrenchment*. Cambridge: Cambridge University Press. 1994.

____________. "The New Politics of the Welfare State." *World Politics*. 48(2). 1996.

____________. "Increasing Returns, Path Dependence, and the Study of Politics." *American Political Science Review*. 94(2). 2000.

____________. "The Limits of Design: Explaining Institutional Origins and Change." *Governance*. 13(4). 2000.

____________. "Big, Slow Moving, and ... Invisible: Macrosocial Processes in the Study of Comparative Politics." In James Mahoney and Dietrich Rueschemeyer(eds.). *Comparative Historical Analysis in the Social Sciences*. New York: Cambridge University Press. 2003.

____________. *Politics in Time: History, Institutions, and Social Analysis*. Princeton: Princeton University Press. 2004.

____________. "Public Policies as Institutions." In Ian Shapiro, Stephen Skowronek and Daniel Galvin(eds.). *Rethinking Political Institutions: The Art of the State*. New York and London: New York University Press. 2006.

____________. "Policy, Politics, and the Rise of Inequality." In Joe Soss, Jacob Hacker, and Suzanne Mettler(eds.). *Remaking America: Democracy and Public Policy in an Age of Inequality*. New York: Russell Sage Foundation. 2010.

Pierson, Paul and Theda Skocpol. "Historical Institutionalism in Contemporary Political Science." In Ira Katznelson and Helen V. Milner(eds.). *Political Science: The State of the Discipline*. New York and London: W. W. Norton & Company. 2002.

______________________________. "American Politics in the Long Run." In Paul Pierson and Theda Skocpol(eds.). *The Transformation of American Politics: Activist Government and the Rise of Conservatism*. Princeton: Princeton University Press. 2007.

Pindyck, Robert S. and Daniel L. Rubinfeld. *Microeconomics*. 8th Edition. Pearson. 2012. 박원규(역). 『미시경제학』. 제8판. 서울: 시그마프레스. 2012.

Pontusson, Jonas. "From Comparative Public Policy to Political Economy: Putting Political Institutions in Their Place and Taking Interests Seriously." *Comparative Political Studies*. 28. 1995.

Popper, Karl Raimund. *The Open Society and Its Enemies Ⅰ, Ⅱ*. 5th Edition. London: Routledge & Kegan Paul. 1966. 이한구 · 이명현(역). 『열린사회와 그 적들 Ⅰ, Ⅱ』. 서울: 민음사. 1996, 1998.

Posner, Paul and Jón Blöndal. "Democracies and Deficits: Prospects for Fiscal Responsibility in Democratic Nations." *Governance*. 25(1). 2012.

Poulantzas, Nicos. "The Problem of the Capitalist State." *New Left Review*. 58. 1969.

________________. Political Power and Social Classes. London: New Left Books. 1974.

Powell, Robert. "Bargaining Theory and International Conflict." *Annual Review of Political Science*. 5. 2002.

Pressman, Jeffrey L. and Aaron Wildavsky. *Implementation*. 3rd Edition. Berkeley: University of California Press. 1984.

Przeworski, Adam and Michael Wallerstein. "Structural Dependence of the State on Capital." *American Political Science Review*. 82(1). 1988.

Putnam, Robert D. *Making Democracy Work: Civic Tradition in Modern Italy*. Princeton, New Jersey: Princeton University Press. 1993.

________________. *Bowling Alone*. New York: Simon and Schuster. 2000.

Reinert, Erik S. "Institutionalism Ancient, Old and New: A Historical Perspective on Institutions and Uneven Development." United Nations University World Institute for Development Economics Research. Research Paper No. 2006/77. 2006.

Rhodes, R. A. W. "The New Governance: Governing without Government." *Political Studies*. 44(3). 1996.

________________. "Governance and Public Administration." In Jon Pierre(ed.). *Debating Governance*. Oxford: Oxford University Press. 2000.

Riker, William H. "Implications from the Disequilibrium of Majority Rule for the Study of Institutions." *American Political Science Review*. 74(2). 1980.

Ripley, Randall B. and Grace A. Franklin. *Congress, the Bureaucracy, and Public Policy*. 4th Edition. Homewood, Illinois: the Dorsey Press. 1987.

Risse, Thomas. "Constructivism and International Institutions: Toward Conversations across Paradigms." In Ira Katznelson and Helen V. Milner(eds.). *Political Science: The State of the Discipline*. New York and London: W. W. Norton and Company. 2002.

Rosen, Henry. "The Role of Cost-Benefit Analysis in Policy Making." In Henry M. Peskin and Eugene P. Seskin(eds.). *Cost-Benefit Analysis and Water Pollution Policy*. Washington, DC: Urban Institute. 1975.

Rosenau, James N. and E-O Czempiel(eds.). *Governance without Government: Order and Change in World Politics*. Cambridge: Cambridge University Press. 1992.

Rosenau, James N. "Governance, Order, and Change in World Politics." In James N. Rosenau and E-O Czempiel(eds.). *Governance without Government: Order and Change in World Politics*. Cambridge: Cambridge University Press. 1992.

_________________. "Governance in a New Global Order." In David Held and Anthony Mcgrew(eds.). *Governing Globalization: Power, Authority and Global Governance*. Polity Press. 2002.

Rosenthal, Jean-Laurent. "The Political Economy of Absolutism Reconsidered." In Robert H. Bates et al., *Analytic Narratives*. Princeton: Princeton University Press. 1998.

Rothstein, Bo, "Labor-Market Institutions and Working-Class Strength." In Sven Steinmo, Kathleen Thelen, and Frank Longstreth(eds.). *Structuring Politics: Historical Institutionalism in Comparative Analysis*. New York: Cambridge University Press. 1992.

____________. "Political Institutions: An Overview." In Robert E. Goodin and Hans-Dieter Klingemann(eds.). *A Handbook of Political Science*. Oxford: Oxford University Press. 1996.

____________. *Just Institutions Matter: The Moral and Political Logic of Universal Welfare State*. New York: Cambridge University Press. 1998.

Rowley, C. K. "The Political Economy of the Public Sector." In R. J. B. Jones(ed.). *Perspective on Political Economy*. London: Pinter. 1983.

Sabatier, Paul A. and Daniel Mazmanian. "The Conditions of Effective Implementation: A Guide to Accomplishing Policy Objectives." *Policy Analysis*. 6(3). 1979.

Sanders, David. "Behavioural Analysis." In Vivien Lowndes, David Marsh and Gerry Stoker(eds.). *Theory and Methods in Political Science*. Fourth Edition. London: Palgrave Macmillan. 2018.

Savas, E. S. *Privatization: The Key to Better Government*, Chatham House Publishers Inc. 1987. 박종화(역). 『민영화의 길: 보다 나은 정부를 향하여』. 서울: 한마음사. 1994.

Schachter, Hindy L. "Reinventing Government or Reinventing Ourselves: Two Models for Improving Government Performance." *Public Administration Review*. 55(6). 1995.

Scharpf, Fritz W. *Games Real Actors Play: Actor-Centered Institutionalism in Policy Research*. Boulder, Colorado: Westview Press. 1997.

_______________. "Institutions in Comparative Policy Research." *Comparative Political Studies*.

33(6/7). 2000.

Schattschneider, E. E. *The Semi-Sovereign People*. New York: Holt, Rinehart, and Winston. 1960.

Schelling, Thomas S. *The Strategy of Conflict*. Cambridge: Harvard University Press. 1960.

Schickler, Eric. *Disjointed Pluralism: Institutional Innovation and Development of the U.S. Congress*. Princeton, New Jersey: Princeton University Press. 2001.

Schmidt, Vivien A. "Discursive Institutionalism: The Explanatory Power of Ideas and Discourse." *Annal Review of Political Science*. 11. 2008.

_______________. "Putting the Political Back Into Political Economy By Bringing the State Back In Yet Again." *World Politics*. 61(3). 2009.

_______________. "Taking Ideas and Discourse Seriously: Explaining Change Through Discursive Institutionalism as the Fourth 'New Institutionalism'." *European Political Science Review*. 2(1). 2010.

Schneiberg, Marc. "Combining New Institutionalisms: Explaining Institutional Change in American Property Insurance." *Sociological Forum*. 20(1). 2005.

Schneider, Anne and Helen Ingram. "The Social Construction of Target Populations: Implications for Politics and Policy." *American Political Science Review*. 87(2). 1993.

_______________________________. *Policy Design for Democracy*. Lawrence: University Press of Kansas. 1997.

_______________________________. "Policy Analysis for Democracy." In Michael Moran, Martin Rein, and Robert E. Goodin(eds.). *The Oxford Handbook of Public Policy*. Oxford: Oxford University Press. 2006.

Scholte, Jan Aart. "Governing Global Finance." In David Held and Anthony McGrew(eds.). *Governing Globalization: Power, Authority and Global Governance*. Polity Press. 2002.

Schubert, Louis, Thomas Dye, and Harmon Zeigler. *The Irony of Democracy: An Uncommon Introduction to American Politics*. 16th Edition. Boston: Wadsworth Publishing Company. 2013.

Scott, W. Richard. *Institutions and Organizations: Ideas, Interests, and Identities*. 4th Edition. Thousand Oaks, CA: Sage Publications, Inc. 2013.

Self, Peter. *Political Theories of Modern Government: Its Role and Reform*. London: Allen and Unwin. 1985.

Shapiro, Ian. *The Flight from Reality in the Human Sciences*. Princeton, N.J.: Princeton University Press. 2005.

Shepsle, Kenneth A. "Institutional Arrangements and Equilibrium in Multidimensional Voting Models." *American Journal of Political Science*. 23(1). 1979.

_________________. "Studying Institutions: Some Lessons from the Rational Choice Approach."

Journal of Theoretical Politics. 1(2). 1989.

_________________. "Losers in Politics (and How They Sometimes Become Winners): William Riker's Heresthetic." Perspectives in Politics. 1(2). 2003.

_________________. "Rational Choice Institutionalism." In R. A. W. Rhodes, Sarah A. Blinder, and Bert A. Rockman(eds.). *The Oxford Handbook of Political Institutions*. Oxford: Oxford University Press. 2006.

_________________. "Old Questions and New Answers about Institutions: The Riker Objection Revisited." In Barry R Weingast and Donald Wittman(eds.). *The Oxford Handbook of Political Economy*. Oxford: Oxford University Press. 2006.

_________________. *Analyzing Politics: Rationality, Behavior, and Institutions*. Second Edition. New York and London: W. W. Norton & Company. 2010.

Shepsle, Kenneth A. and Barry R. Weingast. "Structure-Induced Equilibrium and Legislative Choice." *Public Choice*. 37(Jun.). 1981.

_________________. "The Institutional Foundations of Committee Power." *American Political Science Review*. 81(1). 1987.

Simmons, Randy T. *Beyond Politics: The Roots of Government Failure*. Oakland, California: The Independent Institute. 2011.

Simon, Herbert A. *Administrative Behaviour*. 2nd Edition. New York: Macmillan. 1957.

Simon, Herbert A., Peter F. Drucker, and Dwight Waldo. ""Development of Theory of Democratic": Replies and Comments." *American Political Science Review*. 46(2). 1952.

Singleton, Royce A. and Bruce C. Straits. *Approaches to Social Research*. 4th Edition. New York and Oxford: Oxford University Press. 2005.

Skocpol, Theda. "Emerging Agendas and Recurrent Strategies in Historical Sociology." In Theda Skocpol(ed.). *Vision and Method in Historical Sociology*. Cambridge: Cambridge University Press. 1984.

______________. "Bringing the State Back In: Strategies of Analysis in Current Research." In Peter B. Evans, Theda Skocpol, Dietrich Rueschmeyer(eds.). *Bringing the State Back In*. Cambridge: Cambridge University Press. 1985.

Smith, Martin J. "Pluralism, Reformed Pluralism and Neopluralism: The Role of Pressure Groups in Policy-Making." *Political Studies*. 38(2). 1990.

_____________. *Pressure, Power and Policy*. Harvester Wheatsheaf. 1993.

______________. "Pluralism." In C. May, M. Lister and D. Marsh(eds.). *The State: Theories and Issues*. Basingstoke: Palgrave Macmillan. 2006.

Smith, Rogers M. "Political Jurisprudence, the "New Institutionalism," and the Future of Public Law." *American Political Science Review*. 82(1). 1988.

Somers, Margaret R. and Fred Block. "From Poverty to Perversity: Ideas, Markets, and Institutions over 200 Years of Welfare Debate." *American Sociological Review*. 70(2). 2005.

Soskice, David. "Divergent Production Regimes: Coordinated and Uncoordinated Market Economies in the 1980s and 1990s." In Herbert Kitschelt et al.(eds.). *Change and Continuity in Contemporary Capitalism*. Cambridge: Cambridge University Press. 1999.

Soss, Joe and Sanford F. Schram. "A Public Reformed? Welfare Reform as Policy Feedback." *American Political Science Review*. 101(1). 2007.

Stark, David and L. Bruszt. *Postsocialist Pathways: Transforming Politics and Property in East Central Europe*. Cambridge: Cambridge University Press. 1998.

Steinmo, Sven. *Taxation and Democracy: Swedish, British and American Approaches to Financing the Modern State*. New Haven, CT: Yale University Press. 1993.

______. "The New Institutionalism." In Barry Clark and Joe Foweraker(eds.). *The Encyclopedia of Democratic Thought*. London: Routlege. 2001.

______. "Historical Institutionalism." In Donatella Della Porta and Michael Keating(eds.). *Approaches in Social Sciences*, Cambridge: Cambridge University Press. 2007.

Stinchcombe, Arthur L. "On the Virtues of the Old Institutionalism." *Annual Review of Sociology*. 23. 1997.

Stone, Clarence N. "Urban Regimes: A Research Perspective." Reprinted in Dennis R. Judd and Paul Kantor(eds.). *The Politics of Urban America: A Reader*. New York: Longman Publisher. 2002.

Stone, Deborah A. *Policy Paradox: The Art of Political Decision*. Second Edition. New York and London: W. W. Norton & Company. 2002.

______. *Policy Paradox: The Art of Political Decision*. Third Edition. New York and London: W. W. Norton & Company. 2012.

Streeck, Wolfgang and Kathleen Thelen(eds.). *Beyond Continuity: Institutional Change in Advanced Political Economies*. Oxford: Oxford University Press. 2005.

______. "Introduction: Institutional Change in Advanced Political Economies." In Wolfgang Streeck and Kathleen Thelen(eds.). *Beyond Continuity: Institutional Change in Advanced Political Economies*. Oxford: Oxford University Press. 2005.

Swank, Duane. "Political Institutions and Welfare State Restructuring: the Impact of Institutions on Social Policy Change in Developed Democracies." In Paul Pierson(ed.). *The New Politics of the Welfare State*. Oxford: Oxford University Press. 2001.

Swanstrom, Todd. "Semisovereign Cities: The Politics of Urban Development." *Polity*. 20. 1988. Reprinted in Dennis R. Judd and Paul Kantor(eds.). *The Politics of Urban America: A*

Reader. New York: Longman Publisher. 2002.

Swenson, Peter A. *Capitalists against Markets*. New York: Oxford University Press. 2002.

_______________. "Varieties of Capitalists Interests: Power, Institutions and the Regulatory Welfare State in the United States and Sweden." *Studies in American Political Development*. 14. 2004.

Taylor, Matthew M. "Institutional Development through Policy-Making: A Case Study of the Brazilian Central Bank." *World Politics*. 61(3). 2009.

Thatcher, Mark. "Varieties of Capitalism in an Internationalized World: Domestic: Institutional Change in European Telecommunications." *Comparative Political Studies*. 37(7). 2004.

Thelen, Kathleen. "Historical Institutionalism in Comparative Politics." *Annual Review of Political Science*. 2. 1999.

_______________. "The Political Economy of Business and Labor in the Developed Democracies." In Ira Katznelson and Helen V. Milner(eds.). *Political Science: State of the Discipline*. New York and London: W. W. Norton & Company. 2002.

_______________. "How Institutions Evolve: Insights from Comparative-Historical Analysis." In James Mahoney and Dietrich Rueschemeyer(eds.). *Comparative Historical Analysis in the Social Sciences*. Cambridge: Cambridge University Press. 2003.

_______________. *How Institutions Evolve: The Political Economy of Skills in Germany, Britain, the United States and Japan*. Cambridge: Cambridge University Press. 2004.

Thelen, Kathleen and Sven Steinmo. "Historical Institutionalism in Comparative Politics." In Sven Steinmo, Kathleen Thelen and Frank Longstreth(eds.). *Structuring Politics: Historical Institutionalism in Comparative Analysis*. New York: Cambridge University Press. 1992.

Thies, Cameron G. "A Historical Institutionalist Approach to the Uruguay Round Agricultural Negotiations." *Comparative Political Studies*. 34(4). 2001.

Thompson, Michael, Richard Ellis and Aaron Wildavsky. *Cultural Theory*. Boulder, CT: Westview Press. 1990.

Tsai, Kellee S. "Adaptive Informal Institutions and Endogenous Institutional Change in China." *World Politics*. 59(1). 2006.

Tsebelis, George. "Veto Players and Law Production in Parliamentary Democracies: An Empirical Analysis." *American Political Science Review*. 93(3). 1999.

_______________. "Veto Players and Institutional Analysis." *Governance*. 13(4). 2000.

Tufte, Edward. *Political Control of the Economy*. Princeton: Princeton University Press. 1978.

Tullock, Gordon. *The Vote Motive, with a British Commentary by Morris Perlman*. London: The Institute of Economic Affairs, Hobart Paperback No. 9. 1976. 황수연(역). 『득표동기론: 공공선택론 입문』. 부산: 경성대학교 출판부. 1994.

_______________. "Rent Seeking as a Negative Sum Game." In James M. Buchanan, Robert Tollis n, and Gordon Tullock(eds.). *Toward Theory of Rent-Seeking Society*. College Station: Texas A & M University Press. 1980.

Tullock, Gordon, Arthur Seldon, and Gordon L. Brady. *Government: Whose Obedient Servant?: A Primer in Public Choice*. London: The Institute of Economic Affair. 2000. 김정완(역). 『공공선택론: 정부실패』. 서울: 대영문화사. 2005.

Turner, Jonathan H., Leonard Beeghley, and Charles H. Power. *The Emergence of Sociological Theory*. 3rd Edition. Wadsworth Publishing Co. 1995. 김문조 외 (공역). 『사회학이론의 형성』. 서울: 일신사. 1996.

Van Meter, D. and C. E. Van Horn, "The Policy Implementation Process, A Conceptual Framework." *Administration and Society*. 6(4). 1975.

Vogel, David. *Fluctuation Fortunes: The Political Power of Business in America*. New York: Basic. 1989.

Waarden, F. v. "Dimensions and Types of Policy Networks." *European Journal of Political Research*. 21. 1992.

Wade, Robert. *Governing the Market*. Princeton: Princeton University Press. 1990.

Walker, R. and S. Duncan. "Policy Evaluation." In H. Bochel and S. Duncan(eds.). *Making Policy in Theory and Practice*. Bristol: Policy Press. 2007.

Wagner, Richard E. and Robert D. Tollison. "Balanced Budgets, Fiscal Responsibility and the Constitution." In Richard E. Wagner, Robert D. Tollison, Alvin Rabushka, and John T. Noonan Jr.(eds.). *Balanced Budgets, Fiscal Responsibility, and the Constitution*. Washington, DC: CATO Institute. 1982.

Watts, Ronald L. "The American Constitution in Comparative Perspectives: A Comparison of Canada and the United States." *Journal of American History*. 74. 1987.

Weaver, R. Kent. "The Politics of Blame Avoidance." *Journal of Public Policy*. 6(4). 1987.

____________. "Government Institutions, Policy Cartels, and Policy Change." In Ian Shapiro, Stephen Skowronek, and Daniel Galvin(eds.). *Rethinking Political Institutions: The Art of the State*. New York and London: New York University Press. 2006.

Weimer, David L. and Aidan R. Vining. *Policy Analysis: Concepts and Practice*. 5th Edition. New York: Longman Publisher. 2011.

Weingast, Barry R. "Political Stability and Civil War: Institutions, Commitment, and American Democracy." In Robert H. Bates et al., *Analytic Narratives*. Princeton: Princeton University Press. 1998.

____________. "Rational-Choice Institutionalism." In Ira Katznelson and Helen V. Milner(eds.). *Political Science: The State of the Discipline*. New York: W. W. Norton & Company. 2002.

Weingast, Barry R., Kenneth A. Shepsle, and Christopher Johnsen. "The Political Economy of Benefits and Costs: A Neoclassical Approach of Distributive Politics." *Journal of Political*

Economy. 89(4). 1981.

Weingast, Barry R. and William J. Marshall. "The Industrial Organization of Congress; or, Why Legislatures, Like Firms, Are Not Organized as Markets." *Journal of Political Economy*. 96(1). 1988.

Weir, Margaret. "When Does Politics Create Policy? The Organizational Politics of Change." In Ian Shapiro, Stephen Skowronek, & Daniel Galvin(eds.). *Rethinking Political Institutions: The Art of the State*. New York and London: New York University Press. 2006.

Weir, Margaret and Theda Skocpol. "State Structure and the Possibilities for "Keynesian" Response to the Great Depression in Sweden, Britain, and the United States." In Peter B. Evans, Theda Skocpol, and Dietrich Rueschemeyer(eds.). *Bringing the State Back In*. Cambridge: Cambridge University Press. 1985.

Wildavsky, Aaron. "Rescuing Policy Analysis from PPBS." *Public Administration Review*. 29. 1969. Reprinted in J. M. Sharfritz and A. C. Hyde(eds.). *Classics of Public Administration*. Fourth Edition, Harcourt Brace & Company. 1997.

________________. "Choosing Preferences by Constructing Institutions: A Cultural Theory of Preference Formation." *American Political Science Review*. 81(1). 1987.

________________. "Why Self-interest Means Less Outside of A Social Context: Cultural Contributions to a Theory of Rational Choices." *Journal of Theoretical Politics*. 6(2). 1994.

Wilson, Frank L. *Concepts and Issues in Comparative Politics: An Introduction to Comparative Analysis*. Prentice-Hall Inc. 1996. 이명남 · 김왕식(공역). 『비교정치학』. 서울: 동명사. 1999.

Wilson, James Q. "The Politics of Regulation." In James Q. Wilson(ed.). *The Politics of Regulation*. New York: Basic Books Inc. 1980.

Wolf, Charles Jr. *Markets or Governments: Choosing Between Imperfect Alternatives*. Cambridge, Mass: The MIT Press. 1988. 전상경(역). 『시장과 정부: 불완전한 선택대안』. 한국학술진흥재단 번역총서 119. 서울: 교문사. 1991.

Woodruff, David M. "Rules for Followers: Institutional Theory and the New Politics of Economic Backwardness in Russia." *Politics & Society*. 28(4). 2000.

Yishai, Y. "From an Iron Triangle to an Iron Duet?: Health Policymaking in Israel." *European Journal of Political Research*. 21. 1992.

Zuckerman, Alan S. "Advancing Explanation in Comparative Politics: Social Mechanisms, Endogenous Processes, and Empirical Rigor." In Mark Irving Lichbach and Alan S. Zuckerman(eds.). *Comparative Politics: Rationality, Culture, and Structure*. Second Edition. Cambridge: Cambridge University Press. 2009.

Zysman, John. Governments, *Markets, and Growth: Financial Systems and the Politics of Industrial Change*. Ithaca: Cornell University Press. 1983.

찾아보기

A~Z

ㄱ

ㄴ

ㄷ

ㄹ

ㅁ

ㅂ

ㅇ

ㅈ

ㅊ

ㅋ

ㅌ

ㅍ

ㅎ

저자 약력

| 김행범 |

서울대학교에서 행정학 박사학위를 취득하고, 현재 부산대학교 행정학과 교수로 재직하고 있다. 주요 관심분야는 공공선택론, 정책론, 예산론, 자유주의 등이며, 『새 테마 행정학』, 『나쁜 민주주의』, 『자유주의 자본론』, 『오스트리아 경제학파의 고급입문서』 등의 저역서와, "법의 지배가 국민소득에 미치는 영향", "지대추구와 경제자유가 국민소득에 미치는 영향에 관한 실증연구", "집합적 선택 상황에서의 Logrolling에 관한 연구", "공공서비스의 공급권자 선정에 관한 Rent-seeking 비용에 관한 연구", "집합적 행위의 행정문제에 있어서 'Tit-For-Tat' 전략과 그 안정성에 관한 연구", "의사결정 규칙에 관한 공공선택론적 연구", "공익 대 사익 논쟁의 핵심 쟁점들", "뷰캐넌(James M. Buchanan)의 헌법적 정치경제론" 등의 논문이 있다.

| 구현우 |

부산대학교에서 행정학 박사학위를 취득하고, 현재 부산대학교 행정학과 강사로 있다. 주요 관심 분야는 정책이론, 신제도주의, 정치경제론 등이며, "정치의 원인으로서의 공공정책: 정책중심적 관점의 정책학적 함의", "정책결정의 선택 논리: 합리성, 제약, 그리고 상징", "역사, 정책유산, 그리고 기억의 정책학: 박정희식 발전모델의 기원을 찾아서", "민주주의, 정치과정, 그리고 공공정책: 민주적 정치과정론에 대한 비판적 재검토" 등의 논문이 있다.

〈전정판〉

정책학 –이론과 사례의 통합–

초판 1쇄 2014년 2월 28일
3판 2쇄 2020년 2월 28일

지은이 김 행 범 · 구 현 우

표지디자인 배 영 미
내지 편집 박 지 현

발행인 전 호 환
펴낸곳 부산대학교 출판부
주소–부산광역시 금정구 부산대학로 63번길2
전화–(051) 510–1932~3
전송–(051) 512–7812
등록–제카 11-2 1992. 9. 10.

* 잘못된 책은 구입한 서점에서 교환해 드립니다.

값 39,000원

ISBN 978-89-7316-612-1 93350

이 도서의 국립중앙도서관 출판예정도서목록(CIP)은 서지정보유통지원시스템 홈페이지(http://seoji.nl.go.kr)와 국가자료공동목록시스템(http://www.nl.go.kr/kolisnet)에서 이용하실 수 있습니다.(CIP제어번호 : CIP2019004578)